젠틀 매드니스

A GENTLE
Madness

A GENTLE MADNESS by Nicholas A. Basbanes

Copyright ⓒ1995 by Nicholas A. Basbanes
Preface copyright ⓒ1999 by Nicholas A. Basbanes
All right reserved.

Korean translation copyright ⓒ 2006 by Daniel's Stone

This edition is published by arrangement with
Nicholas Basbanes c/o Writers' Representatives, Inc., New York
through Korea Copyright Center, Seoul.

이 책의 한국어판 저작권은 한국저작권센터(KCC)를 통한
저작권자와의 독점 계약으로 뜨인돌에 있습니다.
저작권법에 의해 한국 내에서 보호를 받는 저작물이므로
무단전재와 복제를 금합니다.

책, 그 유혹에 빠진 사람들

젠틀 매드니스

N. A. 바스베인스 지음 | 표정훈·김연수·박중서 옮김

A GENTLE
Madness

뜨인돌

젠틀 매드니스(A GENTLE MADNESS)
책, 그 유혹에 빠진 사람들

초판 1쇄 펴냄 2006년 1월 10일
9쇄 펴냄 2021년 11월 26일

지은이 니콜라스 A. 바스베인스
옮긴이 표정훈 김연수 박중서

펴낸이 고영은 박미숙
펴낸곳 뜨인돌출판(주) | 출판등록 1994.10.11.(제406-251002011000185호)
주소 10881 경기도 파주시 회동길 337-9
홈페이지 www.ddstone.com | 블로그 blog.naver.com/ddstone1994
페이스북 www.facebook.com/ddstone1994 | 인스타그램 @ddstone_books
대표전화 02-337-5252 | 팩스 031-947-5868

ISBN 978-89-5807-148-8 03900

일러두기

1. 외국 인명 및 지명은 외래어표기법에 따랐다.
2. 단일 작품은 겹꺾쇠표(《 》)로, 단편·논문·기사·매체명 등은 홑꺾쇠(〈 〉)로 표시했다.
3. 각주는 별도의 표시가 없는 한 모두 옮긴이의 것이다.
4. 영어에서는 같은 말이지만 우리말에서는 다르게 사용되는 것은 문맥에 맞게 조절해 사용했다[예 : '라이브러리(library)'는 개인의 '장서'나 그 장서가 보관된 '서재'를 가리키기도 하고, 하나의 기관으로서의 '도서관'을 가리키는가 하면, 그 도서관 내의 '문고'를 가리키기도 한다].
5. 번역 분담은 다음과 같다. 1~3장 및 마치면서(표정훈), 4~6장(박중서), 7~11장(김연수), 12~14장 및 에필로그(박중서). 그리고 용어 통일 및 전체 윤문은 박중서가 맡았다.

축복받을 문자여! 그대 안에서 하나가 될지니,
지나간 모든 시대와 함께 살게 해주는구나.
너를 통해 우리는 이미 가버린 이들과 의논하고,
죽었지만 여전히 살아 있는 자들과 상의하노라.
너를 통해 우리는 장차 세상에 태어날 이들과도,
우리의 생각이나 우리의 운명을 논의하노라.

— 새뮤얼 대니얼, 〈뮤즈의 사랑〉[1] 중에서, 1599년

나는 책 없이는 살 수 없습니다.

— 토머스 제퍼슨, 〈존 애덤스에게 보낸 편지〉 중에서, 1815년

자연에서는 가장 일찍 일어나는 새가 가장 많은 벌레를 잡는다.
하지만 도서수집에서는 벌레를 보았을 때
그게 벌레인 줄 알아채는 새가 모든 걸 차지한다.

— 마이클 새들러, 〈콜로폰〉[2] 제3호 중에서, 1930년

어디에 뭐가 있을지 알 수 없다.

— 잭 젠크스, 래리 맥머트리의 〈캐딜락 잭〉[3] 중에서

---

01. 새뮤얼 대니얼이 1599년에 발표한 장시의 제목. 대화체로 이루어져 있으며 교양, 특히 시의 중요성을 강조하는 내용이다.
02. 도서 전문 계간지로 1929년부터 1950년까지 간행되었다.
03. 래리 맥머트리의 1982년작 소설. 낡은 캐딜락을 몰고 다니는 로데오 카우보이 출신의 골동품 판매상이 주인공이다.

| 감사의 글 |

원고의 많은 부분을 읽어주고 현명한 조언을 아끼지 않은 로저 E. 스토다드(하버드 대학 호우튼 도서관 희귀본 담당 큐레이터)에게 각별한 고마움을 전한다.

워낙 많은 분들에게 많은 도움을 받았기에 필설로 감사의 마음을 다 전할 수 있을지 자신이 없다. 바트 오어바크(뉴욕의 서적상), 시드니 E. 버거(캘리포니아 대학 리버사이드 캠퍼스의 특별 컬렉션 책임자), 조지 B. 그리핀(매사추세츠 주 더글러스의 저널리스트), 프리실라 주벨리스(매사추세츠 주 케임브리지의 서적상), 그리고 고(故) 윌리엄 A. 모펫(헌팅턴 도서관 사서).

자신들이 관리하는 귀중한 보물을 보여주신 분들이 있다. 니콜라스 바커와 미리엄 M. 풋(대영도서관), 윌리엄 R. 캐글과 조엘 실버(인디애나 대학 릴리 도서관), 존 댄(미시간 대학 클레멘츠 도서관), 캐슬린 예르터와 데이브 올리펀트(텍사스 대학 해리 랜섬 인문학연구소), 플로랑스 드 뤼시(프랑스 국립도서관), 캐서린 데닝(브라운 대학 존 헤이 도서관), 킴벌 힉스와 마틴 안토네티(그롤리에 클럽), 노먼 파이어링과 수전 L. 댄포스(존 카터 브라운 도서관), H. 조지 플레처와 엘리자베스 풀 윌슨(피어폰트 모건 도서관), 폴 겔(뉴베리 도서관), 윌리엄 L. 조이스(프린스턴 대학 파이어스톤 도서관), 앨런 주치와 존 로드하멜(헨리 E. 헌팅턴 도서관), 토머스 크렌(J. 폴 게티 박물관), 존 래넌(보스턴 애시니엄), 리처드 럭케트(케임브리지 대학 모들린 칼리지 피프스 문고), 마커스 A. 맥코리슨과 조지아 B. 반힐(미국 고서협회), 버나드 맥티그(뉴욕 공립도서관), 로라 V. 몬티(보스턴 공립도서관), 레슬리 A. 모리스, 엘리자베스 E. 풀러, 그리고 엘렌 S. 던랩(이상 로젠바흐 박물관 겸 도서관), 스티븐 파크스, 크리스타 새먼스, 아치볼드 해너, 그리고 마리 데바인(이상 예일 대학 도서관), 스티븐 T. 라일리(매사추세츠 역사학회), 줄리언 로버츠(옥스퍼드 대학 보들리 도서관), 리타 스미스(플로리다 대학), 윌리엄 P. 스톤먼(프린스턴 대학 샤이드 문고), 셈 수터(시카고 대학 조셉 리젠스타인 도서관), 존 밴 혼(필라델피아 도서관 조합), 피터 M. 밴 윈젠(미국 국회도서관), 엘리자베스 윌쉬(폴저 셰익스피어 도서관), 데이비드 자이드버그(캘리포니아 대학 LA 캠퍼스).

미국 전역 여러 신문사의 친구들에게도 많은 빚을 졌다. 나의 문의에 친절히 응해 자료 파일을 뒤져 준 그들에게 감사한다. 리타 솔리스 코헨(《메인 앤티크 다이제스트》), 더그 커밍과 레베카 매카시(《애틀랜타 저널》과 《애틀랜타 컨스티튜션》), 마이클 리히텐스타인(《뉴욕 타임스》), 칼린 로마노(《필라델피아 인콰이어러》), 잭 마일스(《LA타임스》), 마이크 레이놀즈(《인사이드 미디어》), 텍사스 오스틴의 프리랜서 저널리스트 클리포드 엔드리스.

공문서를 활용하는 데 도움을 준 분들에게도 감사하지 않을 수 없다. 메리 앨리슨 포스터(뉴욕 주 포킵시의 더체스 카운티 등기소), 제임스 R. 보스버그(노스캐롤라이나 주 워싱턴의 변호사), 메리 엘리자베스 휴즈백(아이오와 주 디모인 지방법원 서기국), 글렌 V. 롱에이커(국립문서보관소 시카고 분원).

로버트 리스카와 크리스틴 리스카(뉴햄프셔 주 엑서터의 고서점 콜로폰 북스 대표), 로버트 플렉(델라웨어 주 뉴캐슬의 고서점 오크놀 북스 대표), 이들 두 분은 집필에 필요한 절판본이나 오래 된 책을 찾아주었다. 그밖에도 도널드 C. 디킨슨, 메리 앤 크로스 폴터, 스티븐 C. 매시, 니나 머신스키, 데이비드 W. 레던, 저스틴 G. 실러, 바버라 슬로언, 마이클 진먼 등이 다양한 자료를 제공해 주었다. 경매 관련 자료를 도와 준 캐롤라인 비렌봄(스완 경매회사), 수전 브릿맨(크리스티), 그리고 매튜 와이그만(소더비)에게도 감사한다.

번역 문헌에 관해 큰 도움을 준 필리스 버튼 휘튼, 날카로운 눈길로 실수를 지적해 준 조앤 폴슨 게이지에게 고마움을 전한다. 캘리포니아 지역에서 도움을 준 안드레아 브레이버, 아이오와 지역에서 도움을 준 레이 코넬에게 감사한다. 녹음한 것을 원고로 바꾸는 데 도움을 준 아네트 레보비치, 유능한 신문 기자 케네스 J. 보티와 윌리엄 T. 클루, 내가 취재 및 자료 조사 여행을 하는 동안 가게를 봐준 돌로레스 코트맨체, 여행 준비를 도와 준 보니 토비아스, 늘 가까운 데서 도와 준 일레인 J. 뉴턴, 법적인 문제를 조언해 준 조지 J. 바스베인스, 뉴욕까지 가는 길 내내 동행이 되어준 브라이언 A. 히긴스, 따뜻한 우정과 격려를 아끼지 않은 에버렛 A. 스케한, 이 모든 분들에게 감사한다.

수집가, 사서, 서적상 등 각자의 지식과 경험을 기꺼이 나누어 주었던 많은 분들의 협력이 아니었다면, 나는 결코 이 책을 쓸 수 없었을 것이다. 그분들의 성함은 참고문헌의 '인터뷰에 응해주신 분들' 목록에 실려 있다.[4] 그분들이 들려주신 모든 이야기를 이 책에 싣지 못한 것이 무척 아쉽다. 나는 함께 대화를 나눈 모든 분들로부터 정말 큰 도움을 받았다.

나의 저작권 에이전트인 글렌 하틀리와 린 추를 소개시켜 준 톰 디쉬가 어찌나 고마운지 모르겠다. 하틀리와 추는 이 책이 탄생하기까지 시종일관 최고의 전문성을 발휘해 주었다. 또한 원고를 꼼꼼하게 읽고, 읽을 만한 글로 다듬어 준 제작 및 교정 담당 편집자 제나 돌란과 캐서린 L. 스콧은 나의 두 영웅이다. 아울러 출간 과정을 매끄럽게 이끌어 준 헨리 홀트 출판사의 제니퍼 운터에게도 고마움을 전한다.

나의 친구이자 못말리는 애서가인 앨런 H. 피코크는 지적이고 성실하며 변함없는 선의를 지닌 사람이다. 그가 나의 담당 편집자였으니, 나는 그야말로 행운아가 아니었겠는가.

매사추세츠 주 로웰에 사시는 부모님 존 바스베인스와 조지아 바스베인스, 그리고 플로리다 주 폼파노 비치에 사시는 장인 어르신 루이스 G. 발렌차스, 이분들에게 깊은 감사를 드리지 않을 수 없다.

나와 내 일을 믿어준 멋지고 아름다운 네 분을 각별히 기억하고 싶다. 스텔라 발렌차스, 스텔라 쿠오모체스, 레이먼드 모린, E. 넬슨 헤이스.

나의 딸 바버러 조지아 바스베인스와 니콜 스텔라 바스베인스는 사랑과 인내로 내가 최선을 다할 수 있도록 도와주었다.

이 책 초고의 첫 독자이자 가차 없는 지적으로 나의 잘못을 일깨워 준 비평가가 있다. 바로 나의 아내 콘스턴스 V. 바스베인스다. 나의 가장 깊은 사랑과 경의와 존경을 그녀에게 바친다.

---

04. 본 번역서에서는 원서의 참고문헌을 생략했다.

A Gentle Madness

❖ 차 례 ❖

감사의 글

프롤로그

제 I 부

제1장 손을 만지다	25
제2장 영혼을 위한 향기	101
제3장 영국이여, 통치하라!	139
제4장 아메리카, 아메리카인, 아메리카나	209
제5장 영웅들은 브랜디를 마신다	279

제2부

제6장 수수께끼의 인물, 헤이븐 오모어	353
제7장 엄청난 재산	411
제8장 거울 이미지	431
제9장 인스턴트 아이비	491
제10장 신들린 애호가들	557
제11장 운명	601
제12장 미국 대륙을 가로질러	643
제13장 블룸버그 컬렉션	729
제14장 카르페 디엠	811
에필로그	825
마치면서	829
역자후기	844

제3부

용어해설	850
인명해설	856
찾아보기	1029

| 프롤로그 |

    2월의 아침, 중서부 지방 농부들이 '앨버타 클리퍼'[5]라 부르는 세찬 바람이 아이오와 주의 얼어붙은 옥수수밭 위를 질주했다. 기온은 빙점으로부터 한참 밑이었다. 구식 캐딜락이 연신 덜컹거렸지만 스티븐 블룸버그는 오히려 편안해 보였다. '과거를 구출하는 자'를 자처하는 그가 지난 25년 동안 도로에서 보낸 시간이 어찌나 많았던지, 그는 오히려 차를 타고 있어야만 불안이 가라앉고 원기가 북돋워지는 모양이었다. 그 특별한 토요일에 블룸버그와 나는 163번 고속도로를 따라 남동쪽으로 향했다. 우리의 목적지는 오텀와. 정확히 말하면 블룸버그가 저지른 범죄의 무대였다.
    디모인에서 진행 중인 재판은 주말을 맞아 휴정 중이었고, 판결이 나오려면 아직 나흘이 남아 있었다. 그는 나에게 자신의 삶에 관해, 그러니

---

05. 직역하자면 '쌀쌀맞은 앨버타(여자 이름)' 정도가 된다.

까 20세기 최대의 책 도둑으로서의 삶에 관해 솔직히 털어놓기로 한 터였다. 우리가 찾아가는 빅토리아 시대 풍의 붉은 벽돌 건물은 물론 텅 비어 있을 것이었다. 관계 당국은 그가 북미 전역의 268개 도서관에서 훔친 책들을 이미 네브래스카의 비밀 창고로 옮겨 놓았다. 하지만 아무러면 어떠랴. 블룸버그는 무려 열 달 만에 자기 집을 다시 보게 된다는 기대로 가득 차 있었다.

인구 2만 5,000명의 오팀와는 인기 TV 시리즈물 〈매쉬〉의 등장인물 가운데 한 명인 래더 오레일리의 고향으로 유명하며, 작가 에드나 퍼버가 유년시절을 보낸 곳이기도 하다. 1939년에 발표한 자전적 소설에서 퍼버는 자신의 가족이 20세기가 시작될 무렵 그곳에서 겪어야 했던 고통, 다름 아닌 반(反)유대주의의 일화를 사뭇 격앙된 어조로 회상하기도 했다. 《쇼 보트》와 《자이언트》 등의 작품으로 유명한 이 작가는 이렇게 말했다. "내가 지금 살아가는 세상을 향해 지닌 모든 분노는 바로 이곳에서 유래했다." 그리고 50년 뒤의 블룸버그에게 딱 들어맞는 말도 했다. "인디언 말 오팀와가 본래 무슨 뜻이었던 간에, 퍼버 집안에게는 오직 '불운'을 뜻할 뿐이었다."

오팀와 시 경계 안으로 들어선 우리는 어느 텍사코 주유소에서 차를 멈췄다. 내가 기름값을 치르는 동안 블룸버그는 차에 머물러 있었다. 주유소 직원이 무심한 목소리로 말했다. "스티븐 블룸버그로군." 그는 캐딜락 옆에 있는 셀프 주유기를 가리키며 고갯짓하더니, 그날 아침 〈오팀와 쿠리어〉 지 1면에 난 사진을 가리켰다. 무성한 콧수염, 헝클어진 머리, 퀭하니 크면서 튀어나와 보이는 두 눈. "제퍼슨 가에 도서관을 차렸다는 바로 그 사람이군요." 약간 난처해진 나는 재빨리 그 자리를 떠났지만, 말이야 맞는 말이었다. 오팀와의 제퍼슨 가에 있는 바로 그 집. 그곳이야말로 지금 차 안에 앉아 있는 끈질긴 한 인간이 훔친 책을 숨겨 둔 놀라운 은닉처였다.

여러 언론에서는 블룸버그가 올린 수입, 아니 그가 훔친 책이 시가로 2천만 달러에 달한다고 보도했다. 그 액수 덕분에 블룸버그는 범죄 세계에서도 제법 유명인사가 되었다. 블룸버그는 미주리의 연방 의료시설에서 사전 심리 절차의 하나로 정신감정을 받을 때에 겪은 이야기를 들려주었다. 당시 그는 같은 시설에 있던 어느 마피아 두목 앞에 불려갔다. 마피아 두목은 그렇게 특출난 재주를 갖춘 놈이 도대체 왜 금이나 다이아몬드가 아니라 책 따위를 손에 넣으려고 재주를 허비했는지 궁금해 하더라는 것이다. 블룸버그는 이렇게 말했다. "저는 팔기 위해 책을 손에 넣은 게 결코 아닙니다. 다만 책을 갖고 있을 생각이었지요." 정말로 어처구니없는 대답에 그 마피아 두목은 절레절레 고개를 흔들 뿐이었다. 블룸버그가 덧붙였다. "그는 내가 정말로 미쳤다고 판단한 거지요."

우리 둘은 웃었다. 그러나 분위기는 갑자기 심각하게 바뀌었다. 블룸버그가 갑자기 나에게 물었던 것이다. "닉, 당신이 보기에도 내가 미친 것 같아요?" 스티븐 캐리 블룸버그는 절도로 취득한 물건을 아이오와로 운반한 죄로 기소당해 디모인 지방법원의 법정에 섰다. 변호사는 그가 여러 도서관에서 책을 훔쳤다는 사실을 이미 인정했다. 다만, 핵심은 그가 책을 훔쳤다는 사실이 아니라, 오히려 그의 정신상태였다. 다음주가 되면 12명의 배심원은 그를 교도소로 보낼 것인지, 아니면 정신이상을 이유로 무죄를 선고할 것인지 결정해야 했다.

아이오와로의 그 특별한 여행 이전에도 나는 무려 3년 가까이 미국 전역의 도서수집가며, 서적상이며, 도서관 사서들을 만나 인터뷰했다. 도서수집이라는 현상의 정체를 파악하고 싶었기 때문이다. 나는 무수한 헌책방과 벼룩시장을 돌아다녔고, 여러 고서전시회와 뉴욕의 주요 고서경매를 관람했으며, 각종 연구소와 기관의 문서보관소를 뒤졌다. 외국으로 말하자면 옥스퍼드의 보들리 도서관, 케임브리지의 피프스 문고, 런던의 대영도서관, 파리의 국립도서관 등을 방문하여 조사했다. 탐사 저널리즘의 접근 방식을 통해 나는 솔직하게 터놓고 말하는 인터뷰가 아니면 접하기 힘든 흥미로운 책 이야기를, 그러니까 도서관의 서고만을 뒤져서는 입수할 수 없는 많은 이야기를 들었다.

나는 이 책을 집필하는 도중에 책의 제목으로 쓰기에 무척이나 그럴듯해 보이는 문구를 하나 발견했다. 벤저민 프랭클린 토머스가 자기 할아버지인 아이제이어 토머스를 가리켜 한 말에 바탕을 둔 것이다. 그 말인즉 이렇다. '가장 고귀한 질병, 바로 애서광증에 일찌감치 푹 젖어버린 분.'

'가장 고귀한 질병'이란 표현을 적절한 맥락에 자리 잡게 하기 위해, 나는 수많은 관련 자료를 모아 일련의 연관된 이야기들로 엮어 보았다. 이야기의 주맥(主脈)은 이렇다. 시대를 통틀어 다양하게 나타났던 이례적이고 열성적인 수집가들, 그들이 없었다면 오늘날 우리가 역사, 문학, 문화 전반에 관해 알고 있는 것들이 영원히 잊혀지지 않고 보전되기는 힘들었으리라는 것이다. 그 사로잡힌 영혼들의 열정과 헌신이야말로 내 이야기의 주제라 하겠다.

하버드 대학 와이드너 도서관의 풍부한 자료를 작전 본부로 삼아, 고대의 루키아노스와 세네카의 작품에서부터 현대의 영국 잡지 《북 컬렉터》에 이르기까지, 도서수집에 관한 내용이라면 찾을 수 있는 한 모든 책을 읽었다. 존 카터 브라운, 조지 브린리, 헨리 헌팅턴, 에스텔 도헤니, 프랭크 호건 등에 관해서는 여러 기관에 소장된 다양한 문헌을 조사함으로써 사뭇 새롭게 바라볼 수 있었다. 뉴욕의 그롤리에 클럽,[6] 필라델피아의 로젠바흐 박물관 겸 도서관, 캘리포니아의 헌팅턴 도서관, 매사추세츠의 미국 역사 전문 도서관인 미국 고서협회와 보스턴 애시니엄, 프로비던스의 존 카터 브라운 도서관, 시카고의 뉴베리 도서관, 하트퍼드의 왓킨슨 도서관, 그리고 캘리포니아 대학 LA 캠퍼스와 뉴욕의 컬럼비아 대학이 관리하고 있는 구술사(口述史) 자료 등등. 이상의 도서관, 단체, 기관 등에서 조사한 자료는 이 책 제1부의 토대와 틀이 되었다. 물론 나는 단순히 '책을 향한 열정'에 관한 백과사전적 서술을 의도한 것은 아니었다. 다만, 그런 열정의 구체적이고 생생한 사례들을 풍부하게 담아 나름의 줄거리를 엮어보고자 했다.

"지금까지는 서막에 불과하니."[7] 이것은 워싱턴 D.C. 소재 국립문서보관소의 박공벽에 새겨져 있는 문구로, 그 출전은 셰익스피어의《태풍》이다. 이 유익한 교훈을 틀과 지침으로 삼아, 나는 미국 전역을 여행하며 오늘날의 수집가들을 만나 그들의 책을 향한 열망에 관해 이야기를 나누리라 결심했다. 그리고 무엇보다도 도대체 무엇이 그들을 그런 열망으로 이끌었는지 알고 싶었다. 그 이야기는 이 책의 제2부에 실려 있다.

여행 중에 내가 누린 대단한 안복(眼福)을 어찌 잊을 수 있으랴. 보는 것뿐 아니라 손으로 펼쳐서 만져볼 수도 있었으니, 실로 숨 막히는 경험이자 차라리 지복(至福)이었다. 헌팅턴 도서관에서 나는 구텐베르크가 인쇄술을 발명한 1450년부터 1500년까지 유럽에서 활자로 인쇄된 책, 일명 '인큐내뷸러' 5,300여 권을 볼 수 있었다. 이 책들은 지하 2층에 있는 이른바 '외고(外庫)' 구역에 보관되어 있었다. 두께가 족히 40센티미터는 넘어 보이는 강철 문을 열고 '내고(內庫)'에 들어간 나는 벤저민 프랭클린의《자서전》원고, 존 스미스의《버지니아의 역사》증정본, 삽화

---

06. 1884년에 설립되었으며, 미국에서 가장 오래된 출판미술 분야의 서지학자와 애호가들의 모임이다. 르네상스 시기 출판물 수집가로 이름난 장 그롤리에의 이름을 딴 이 모임은 '서적 생산 예술의 진작과 그 문헌 조사를 육성하는' 것을 목표로 삼고 있다.
07. 《태풍》2막 1장, 253행. (김재남 옮김,《三訂 셰익스피어 全集》, 을지서적, 1995), p. 657

가 존 테니얼이 판각공에게 기증한 것으로 루이스 캐럴 – 본명은 찰스 도지슨 – 이 친필로 설명을 적어 넣은《이상한 나라의 앨리스》등을 직접 만져볼 수 있었다. 그 외에도 에이브러햄 링컨, 조지 워싱턴, 토머스 제퍼슨, 헨리 데이비드 소로, 로버트 번스, 찰스 램을 비롯, 많은 저명한 인물들의 친필 원고를 담은 상자들이 여러 서가에 보관되어 있었다. 나는 단테의 서사시《신곡》의 1472년 최초 인쇄본을 펼쳐볼 수도 있었다.

워싱턴 D.C. 소재 폴저 셰익스피어 도서관에서는 셰익스피어 희곡의 초판 2절판과 만났다. 모두 79권의 셰익스피어 초판 2절판이 한 칸에 한 권씩 반듯이 눕혀져서 층층이 보관되고 있는 광경은, 은행 금고에 금괴가 줄지어 놓여 있는 휘황찬란한 풍경을 연상시켰다. 그 가운데 일련번호 제1번이 매겨진 책을 펴보니 속표지에 런던의 인쇄업자 아이작 재거드가 1623년에 펴냈다는 간기가 적혀 있었다. 그로부터 몇 시간 뒤. 나는 피터 밴 윈젠의 안내를 받아 국회도서관의 어느 작은 방으로 들어갔다. 바로 토머스 제퍼슨의 책들을 보관하는 곳이었다. 윈젠과 나는 잠시나마 아무 말 없이 엄숙한 기분에 빠져들었다. 윈젠이 조용히 말했다. "그야말로 지성소(至聖所)[8]라고 할 수 있는 곳이죠. 바로 이 책들에서 모든 게 시작되었다고 할 수 있으니까요."

찾아가는 곳곳마다 나는 현기증이 날 지경이었다. 이런 책들을 눈으로 직접 보고 손으로 직접 만져볼 수 있다니! 언제까지라도 기억하고 싶은 놀라운 만남의 연속이었다. 매사추세츠 주 케임브리지의 호우튼 도서관에서는 존 제임스 오듀본의《미국의 새》초대형 2절판과 만났다. 그곳에서 몇 킬로미터 떨어져 있는 보스턴 공립도서관에서는 북미 최초

---

[8] 유대교의 성전에서도 가장 깊은 곳에 있는 방으로, 하느님께서 계시는 곳이라서 대제사장만이 들어갈 수 있다는 장소를 말한다.

의 인쇄본인 '베이 시편집(詩篇集)'이라는 작은 책을 펼쳐볼 수 있었다. 시카고의 뉴베리 도서관에서는 영국 최초의 인쇄업자 윌리엄 캑스턴이 16세기에 펴낸 몇 권의 책을 집어들고 감탄을 금할 수 없었다. 몇 달 뒤, 캘리포니아의 한 도서수집가는 자신이 소장하고 있는 에드거 앨런 포의 첫 시집《태머레인 : 시선집》[9] 초판본을 펼쳐볼 수 있게 해주었 다. 서부 연안 지역에서는 폴 게티 박물관의 필사본 담당 큐레이터 덕분 에 루드비히 컬렉션의 10세기 채식 필사본 가운데 여러 점을 펼쳐볼 수 있었다. 필라델피아 도서관 조합에서는 미국에 최초로 수입된 뉴턴의 저서《프린키피아》와 만났고, 케임브리지 대학 모들린 칼리지에서는 새 뮤얼 피프스의 기념비적인 일기 앞에서 황홀해 했다. 인디애나 주 블루 밍턴의 릴리 도서관 희귀본 서가에서는 허먼 멜빌의 친필 주석이 달린 수택본《리어 왕》과, 남부 연방 대통령이었던 제퍼슨 데이비스가 소장 하고 있던 미국 헌법을 만났다. 3대째 내려오는 도서수집가 가문을 이 룬 윌리엄 샤이드가 자신의 요하네스 구텐베르크 성서를 내밀면서 사상 최초로 종이에 활자가 인쇄된 부분을 만져보라고 권했을 때, 내 머리는 일순간 아찔해졌다.

그로부터 한 해 뒤, 뉴욕에서 열리는 소더비[10] 경매에 참석하지 못하 게 된 어느 서적상이, 자신을 대신해 경매에 참여해 달라고 내게 부탁해

09..에드거 앨런 포가 1827년에 펴낸 첫 시집. 단 50부만 출간되었기 때문에 이후 희귀본으로 유명해졌다. '태머레인'은 '절름발이 티무르'라는 뜻으로, 14세기 중앙아시아의 절대군 주인 티무르의 별명이기도 하다.
10..영국의 예술품 경매 회사. 1744년 서적상이었던 새뮤얼 베이커가 희귀본 경매를 위해 설 립했으며, 1778년 그의 사후에 J. 소더비가 인수하여 오늘에 이르고 있다. 본사는 런던에 있으며, 전 세계적으로 100여 곳의 지점을 설치해 운영하고 있다. 경쟁사인 크리스티와 함 께 전 세계 예술품 경매의 90% 이상을 실시하고 있으나, 1990년대 중반에 외국에서 미술 품을 밀반출하는 등의 불법행위가 폭로되어 비난을 받기도 했다.

왔다. 경매에서 25만 달러라는 거금을 운용할 수 있게 해주었으니 나로서는 긴장하지 않을 수 없었다. 다행히도 나는 이 범상치 않은 배포를 지닌 여성 프리실라 주벨리스를 대신해 여덟 점의 문헌을 입수할 수 있었다.

집필을 위한 조사와 연구를 진행하던 도중에, 나는 언론 보도를 통해 수만 권의 책을 훔친 희대의 책 절도범이 체포되었다는 소식을 접했다. 대영도서관의 니콜라스 바커가 나의 관심사를 짓궂게 "서적의학"[11]이라 일컫기도 했지만, 나는 서적의학에 관한 일종의 임상 교재를 집필할 의도는 추호도 없었다. 하지만 너무나 이례적인 블룸버그의 사례가 하나의 유익한 실마리가 될 수는 있으리라 판단했다. 의심의 여지없이 블룸버그는 도둑이었다. 하지만 린다 R. 리드 검사가 문제의 재판에서 계속 주장했듯이 그가 단지 도둑일 뿐이었을까? 나는 다만 이 질문에 대한 답을 찾고 싶었다.

제2차 세계대전 직후, 로드아일랜드 주 프로비던스에 위치한 존 카터 브라운 도서관의 사서 로렌스 C. 러스는 이렇게 썼다. "책을 수집하려는 충동은 발효작용과도 같아서 법으로도 막을 수 없고, 그런 충동을 전혀 느끼지 못하는 사람들의 따가운 눈총과 찌푸린 얼굴로도 멈추게 할 수 없다. 사람들이 무언가를 모으는 한, 그리고 책이라는 게 존재하는 한, 도서수집가들은 반드시 있을 것이다." 그의 글을 더 읽어보자.

> 미국 내 도서관을 연구하는 역사가가 던지게 될 질문은 '도서수집가들이 도서관을 위해 무슨 일을 했는가?'가 아니다. 그보다는 이렇게 물어보아야 할 것이다. '도서수집가들이 없었다면 도서관은 과연 어떻게 되었을까?' 대부분 유럽 최고 수준의 도서관에 견주어도 손색이 없는 미국 도서관의 설립

---

[11] 책을 둘러싼 다양하고도 기이한 사실을 수집하는 저자의 연구를 '법의학'이나 '가정의학' 같은 용어에 빗댄 것이다.

과 성장 과정에 관해 자세히 조사한 역사가라면, 아마 그 중에서도 무척이나 귀중하고 독특한 사실들을 깨닫게 될 것이다. 즉, 비교적 짧은 기간에 이룩된 미국 도서관의 질적 수준 향상은 단지 제한된 공적, 혹은 제도적 기금과 지원만으로는 불가능했다는 점이다. 오히려 개인 수집가들의 비범한 열성, 넓고 깊은 지식, 그리고 때로는 무분별해 보이기까지 하는 씀씀이, 바로 그런 것들 덕분에 이런 발전이 가능했던 것이다.

러스가 쓴 이 글의 제목은 〈책을 향한 광기의 주목적〉이었다.

제 I 부

A Gentle Madness

01
손을 만지다

'사려 깊다', '참을성 있다', '분별력 있다', 그리고 '책을 무척이나 사랑한다.' 이는 모두 사람의 개인적인 성격을 나타내주는 표현들이다. 물론 책에 대한 사랑이 도를 지나쳐 통제불능이 되면 보통 사람으로서는 이해하기 힘든 행동을 낳기도 한다. 독일의 서지학자 한스 보하타는 이렇게 말했다. "애서가가 자기 책의 주인이라면, 애서광은 자기 책의 노예다." 물론 이런 구분은 그 경계가 모호한 것이 사실이다.

어떻든 간에 모든 도서수집가들이 부딪히게 되는 현실은 늘 냉혹하기 짝이 없다. 여러 해에 걸쳐 정성들여 모아 둔 책이 결국 다른 사람의 서가로 직행해야 하는 때가 오고야 마는 것이다. 어떤 이는 이러한 이별 아닌 이별을 침착하게 받아들이고 미리 계획을 세우는가 하면, 또 어떤 이는 그저 이런 현실을 애써 무시하려고만 한다. 어떤 이는 마치 기념비라도 세우듯 자신의 취향에 맞는 책들로 가득한 거대한 도서관을 세우기도 하고, 또 어떤 이는 다음 세대의 안전한 항구에 도착하기를 은근히 바라면서 자신의 보물들을 기꺼이 풀어놓기도 한다.

한 세기 전에 존 힐 버튼은 이렇게 말했다. "위대한 도서관은 결코 하루아침에 건설될 수 없다. 다만, 오랜 세월에 걸쳐 조금씩 자라나는 것이다." 이러한 금언은 '수집가의 죽음'이라는 어쩔 수 없는 한계를 지닌 개인 장서 컬렉션에도 마찬가지로 적용된다. 역사적으로 이러한 딜레마에 대처하는 방법에는 과연 어떤 것이 있었는지, 19세기 프랑스에 살았던 애서가 세 사람의 경우를 통해 살펴보도록 하자.

실베스트르 드 사시(1758~1838)는 1833년부터 세상을 떠날 때까지 파리의 국립도서관에서 동양 필사본 문헌 관리자로 일한, 무척이나 섬세하고 분석적인 학자이자 명석한 인물이었다. 그런데 이 침착하기 짝이 없는 사람조차도 자기가 모은 장서의 운명에 관해 생각해보는 순간, 그만 평정을 잃고 말았다. "오! 내 사랑하는 책들이여! 언젠가 너희들이 진열대에 누워 있다가 다른 사람들에게 팔려가는 날이 오고야 말겠구나. 하지만 그 새 주인들은 아마도 옛 주인인 나만은 못할 것이다. 너희들 모두가 내게는 그 얼마나 소중했던지. 내 너희들 하나하나를 신중히 선택하였고, 이마에 땀방울이 맺히도록 공들여 한데 모아놓았지. 내 너희들을 진정 사랑하노라! 우리의 오랜, 그리고 달콤한 우정을 통해 너희들은 정녕 나의 한 부분이 되었지. 하지만 이 세상에는 언제까지라도 변하지 않고, 확고한 것이란 애당초 없는 법이니!" 이런 절규를 남긴 지 5년 뒤인 1838년에 그는 세상을 떠났다. 그의 예견대로 그의 책은 "진열대에 누워 있다가" 몇 차례의 경매를 통해 여러 사람에게 팔려나가며 뿔뿔이 흩어졌다.

그보다 반세기쯤 뒤, 소설가 에드몽 드 공쿠르(1822~1896)—동생 쥘 드 공쿠르와 함께 합작 형식으로 많은 작품을 창작한—는 다음과 같은 유언을 남겼다. "나의 그림, 판화, 골동품, 책을 비롯하여 요컨대 내 삶의 기쁨이 되어주었던 것들은 결코 박물관의 차가운 무덤 속에 들어가서는 안 된다. 그런 곳에서 지나가는 관람객들에게 시시한 구경거리가 되어서는 안 된다. 대신 나는 내 물건들이 경매인이 두드리는 망치 소리와 함께 다른 사람에게 팔려나가기를 바란다. 내가 그 각각의 물건들을 손에 넣었을 때 느꼈던 즐거움을 이제 나와 같은 취향을 지닌 누군가가 다시 한 번 느낄 수 있도록 말이다." '비블리오테크 드 공쿠르'[12]로 알려진 그의 장서가 1897년 파리에서 경매에 나왔을 때, 우아하게 제작된 경매 도서목록의 표지에는 바로 이 각별한 수집가의 유언이 나와 있었다. 에드몽의 또 다른 유언에 따라 소설 분야의 발전을 위한 아카데미 공쿠르가 설립되었고, 이는 프랑스에서 가장 권위 있는 문학상인 공쿠르 상(賞)[13]의 제정으로 이어졌다.

다른 사례로는 아카데미 프랑세즈의 회원이기도 했던 자비에르 말미에르(1809~1892)를 들 수 있다. 그는 장서를 고향 마을 퐁탈리에르의 공립도서관에 기증했다. 자신의 책이 미래 세대의 많은 독자들에게 도움이 되기를 바랐던 것이다. 이 문제를 해결하고 난 뒤에, 독신이었던 말미에르는 그 장서가 자신에게 얼마나 큰 즐거움을 주었는지를 새삼 되새겼던 모양이다. 그리하여 1892년에 그의 유언장이 공개되었을 때에는 유난히 사려 깊은 그의 면모가 다음과 같이 유감없이 드러났다. "센 강변 좌안(左岸)[14]의 헌책방을 거닐면서 누렸던 행복한 순간들, 내 삶에서 가

---

[12] .' 공쿠르 장서' 라는 뜻의 프랑스어.
[13] ..1903년에 제정되었으며, 해마다 12월 첫째 주에 지난 1년간 발표된 소설 가운데 우수작을 선정해 시상하는, 프랑스 최고의 권위를 지닌 문학상이다.
[14] ..파리 센 강의 남쪽 강변을 말한다. 이곳에는 헌책방이 늘어서 있었고, 대학생과 예술인 등이 사는 곳이었기 때문에 자연스레 문화와 예술의 중심지가 되었다. 1920년대에 파리를 방문한 헤밍웨이 등의 미국 작가들에 의해 '레프트 뱅크(좌안)' 라는 영어 이름으로 더 유명해졌다.

장 즐거웠던 순간들을 기념하는 뜻에서, 나는 그 헌책방 주인들에게 1,000프랑을 남기는 바이다. 50명쯤 되는 착하고 정직한 그들이 이 돈으로 즐겁게 저녁 식사를 하면서 나를 기억해주기를 바란다. 이는 생미셸 다리와 르와얄 다리 사이의 센 강변 좌안을 매일 거닐면서 지적으로 충일한 시간을 가질 수 있었던 것에 대한 감사의 표시이다."

이 일이 있고 난 뒤 말미에르는 '완벽하게 고상하고' 관대한 인물로 널리 칭송되었다. 센 강변 어느 헌책방 주인의 아들로 태어난 것을 자랑스러워했던 또 한 사람의 만만치 않은 애서가, 즉 작가 아나톨 프랑스는 말미에르의 장서를 가리켜 "한 사람이 자신의 형상대로 만든 장서"라고 평했다. 그것은 "매혹적인 시(詩)와 재미있는 이야기와 다양한 풍습들이 전 세계 모든 언어로 펼쳐져 있는, 진실하면서도 기분 좋은 바벨탑이었다." 말미에르가 세상을 떠난 이듬해, 옥타브 우잔느는 그를 다음과 같이 회고했다. "그 학자에게 책 사냥은 무척이나 진지하고도 중대한 행사였다. 그는 자신의 목적에 맞는 특별한 옷을 입었다. 그 옷 주머니에는 책을 무척 많이 넣을 수 있었는데, 주머니 숫자도 일반적인 옷에 비해 훨씬 많았고 그 깊이도 배낭만큼이나 깊었다. 흥정을 마친 뒤에는 책 노점상에게 담배 한 대를 꼭 권했고, 마침 노점상이 여성이라면 대신 과자상자를 꺼내 초콜릿을 좀 맛보시라고 꼭 권했다."

1892년 11월 20일, 95명에 달하는 헌책방 주인들이 부부 동반으로 르그랑 베푸에 모였다. 르 그랑 베푸는 오늘날에도 파리에서 가장 멋지고 요리도 훌륭한 레스토랑으로 손꼽힌다. 그들은 아홉 가지 요리가 나오는 정찬에 값비싼 와인과 샴페인, 그리고 코냑을 곁들여 식사를 했다. 식사가 끝날 무렵 헌책방 주인 중 한 사람인 A. 쇼팽 다르누빌이 자리에서 일어나 말미에르의 작품과 생애에 대하여 짧은 연설을 했다. "제가 어떤 학술적이고 전문적인 견해를 말할 수야 없겠지요. 하지만 거의 80권에 달하는 말미에르의 저술에 관해서는 제법 아는 편이라고 자부합니다. 그의 모든 책에서는, 아니 그 어떤 페이지나, 심지어 문장 한 줄에서조차도 어떤 좋지 않은 것, 불건전한 것, 비뚤어진 것이라곤 하나도 찾아볼 수 없다고 말입니다." 계속해서 그는 말미에르가 한결같이 보여주던 '친절함과 매력적인 대화와 다정다감함'을 회고했다. 말미에르의 장서에 관해 그는 이렇게 말했다. "그는 자신의 장서가 흩어지는 걸 원치 않았던 것 같습니다. 그 범상치 않은 독신 신사는 생전에도 자기가 사랑하는 책들로 둘러싸인 침대에서 잠들곤 했습니다. 그리고 지금도 그는 여전히 자신의 책과 가까운 곳, 즉 고향인 프랑슈콩테 깊은 곳에서 마지막 잠을 자고 있지 않습니까?"

다르누빌은 말미에르의 유별났던 여행 취미에 관해 말하면서, 비록 널리 여행을 다니긴 했지만 그가 가장 큰 만족과 위안을 얻었던 장소는 단한 군데였다는 걸 강조했다. "그곳은 매혹적인 경치를 자랑하는 곳도 아니었고, 고향의 산도 아니었으며, 그가 자신의 친척이라 일컬으며 사랑해 마지않던 키 큰 소나무가 있는 곳도 아니었습니다. 그곳은 바로 그가 매일 거닐던 센 강변 좌안이었습니다. 바로 루브르, 노트르담, 생샤펠을 거치는 산책길 말입니다. 하지만 그가 매일 산책에 나섰던 까닭은 단지 그 경치나 길 때문이 아니었지요. 그건 바로 우리들의 헌책방 진열대와 책 상자 때문이었습니다. 그는 살피고 또 살폈습니다. 자신의 지식을 살찌울 물건을 찾느라, 신간이든 고서든 정신없이 펼쳐 읽느라 여념이 없었지요. 그리고 비로소 뭔가를 발견하면 그는 너무나 기뻐했습니다!"

다르누빌의 연설이 끝난 뒤 그 자리의 모든 사람은 자비에르 말미에르에 관한 추억을 '언제까지나 생생하게 간직하자'고 다짐했고, 자신들이 사랑했던 책 사냥꾼을 기리는 뜻에서 춤을 추었다. 이 즐거웠던 '향연', 즉 당시 언론이 "헌책방 주인들의 향연"이라 일컬었던 이 자리는 옥타브 우잔느의 말을 빌리면 "단 한 사람도 주정 부리는 일 없이 정연하게 막을 내렸고, 이는 늘 태도가 방정하다고 볼 수는 없었던 센 강변 헌책방 주인들로선 놀랄 만한 절제이자 명예였다."

실베스트르 드 사시, 에드몽 드 공쿠르, 자비에르 말미에르, 이들 세 사람의 예에서 새삼 깨닫는 게 있다면, 이들은 각기 나름의 태도와 방식으로 수집가, 도서관, 중개상들 사이에서 책이 돌고 도는 중요한 길을 열었다는 점이다. 요컨대 그들 가운데 어떤 사람이 다른 사람보다 더 나은 길을 택했다고 말할 수는 없다. 수집가가 자신의 책을 놓고 나름대로 내린 결정이 무엇이든, 책은 그 나름의 적절한 경로를 거쳐 누구에겐가, 또한 어느 곳으로인가 전해지기 마련이다.

1904년 5월 17일, 존 니콜라스 브라운이라는 네 살짜리 남자아이가 어느 도서관의 개관식장에 서 있었다. 몇 년 전 사망한 이 아이의 아버지가 로드아일랜드 주 프로비던스에 위치한 브라운 대학에 도서관을 지어 기증하도록 유언을 남겼던 것이다. "이 훌륭한 아버지와 같은 이름을 지닌 아드님이 이 건물의 열쇠를 정중히 건네 드렸습니다." 로버트 헤일 아이브즈 고더드가 그 남자아이를 대신하여 연설했다. "이 소박하지만 엄숙한 의식에서, 단지 저의 몇 마디 말만으로는 결코 존엄과 애도의 뜻을 깊이 나타낼 수 없을 것입니다. 이제 이 벽 안쪽에는 비할 데 없이 귀중한 컬렉션이 자리 잡게 됩니다. 여러 세기에 걸친 학문의 결실들이지요. 이곳에서 안식을 찾은 책들은 존 카터 브라운과 존 니콜라스 브라운 부자의 열정과 학식과 인내의 영원한 기념비가 될 것입니다. 이제 책들의 주인이 될 존경해 마지않는 대학 당국 측에 당부의 말씀을 드리고자 합니다. 저희는 이 귀중한 것들을 여러분께 믿고 맡기는 바입니다."

그 남자아이의 할아버지 이름을 따서 명명된 존 카터 브라운 도서관은 로드아일랜드에서 가장 유력한 가문이 세운 것이었지만, 단순히 돈 많은 양키 집안에서 자랑삼아 마구잡이로 만들어 놓은 기관은 아니었다. 프레드릭 잭슨 터너는 개관식 연설에서 이렇게 강조했다. "경매에 나온 유명한 장서의 책들을 향해, 또한 오래 된 서점들을 전전하는 책들을 향해 열망의 눈길을 던지면서 구매 대리인을 그토록 먼 곳까지, 또한 그토록 여러 곳으로까지 파견한 수집가는 이제껏 없었습니다. 이 각각의 책을 확보하기 위한 경쟁이 그 얼마나 날카롭고 치열했는지 그 누가 알 수 있겠습니까? 이토록 엄선한 한 권 한 권의 책을 모아 훌륭한 장서를 이룬 높은 뜻을 그 누가 제대로 평가할 수 있겠습니까? 이 귀중하고도 독창적인 자료들을 모은 수집가의 숭고한 뜻을 말입니다."

존 카터 브라운 도서관이 프로비던스의 칼리지 힐에 세워질 즈음, 그곳으로부터 한 블록 정도 떨어진 곳에서도 비록 규모는 훨씬 작지만 이와 비슷한 일이 벌어지려 하고 있었다. 당시 북군의 예비역 준장이었던 러쉬 C. 호킨스는 1855년부터 열성적으로 책을 수집했는데, 특히 서양 인쇄 및 출판 역사의 '요람기'를 뜻하는 '인큐내뷸러', 즉 1501년 이전에 출간된 초기 간행본들에 집중했다. 처음에 호킨스는 자신이 수집한 그림과 책을 소장할 전통적인 양식의 도서관을 짓고자 했다. 그러나 존 니콜라스 브라운의 사촌이기도 했던 아내 앤메리 브라운 호킨스가 1903년에 43세를 일기로 세상을 떠나자, 그는 아내를 추모하기 위해 뉴욕이 아니라 프로비던스에 도서관을 짓기로 하고, 그 건물 안에 아내의 묘지를 포함시키도록 설계를 변경하여 1907년에 앤메리 브라운 기념 도서관을 개관했다. 그의 아내 앤메리 브라운이 그 안에서 영원히 쉬게 되었음은 물론이다.

남북 전쟁 당시 '호킨스 의용대'[15)]를 이끌고 싸웠던 이 전직 기병대 장군은 그로부터 13년 뒤, 맨해튼 5번가에서 자동차에 치여 89세의 나이로 세상을 떠났다. 그는 고인이 된 다른 영웅들과 달리 알링턴 국립묘지를 마다하고 자기 아내의 곁에 묻혔다. 그는 자신이 그곳에 자리를 잡아야만 이제껏 모은 귀중한 책들이 흩어지지 않으리라고 예견했던 것이다. 말하자면 그는 책들을 붙들어매는 '닻'이 되고자 했다. "그들은 언젠가 내 책들을 다른 곳으로 옮기고 싶어 하겠지. 내 그림들도 물론이고." 그는 세상을 떠나기 전 어느 친구에게 이렇게 말한 적이 있었다. "하지만 그러려면 나를 먼저 옮겨놓아야 할 걸." 1990년 10월에 바로 그런 날이 왔다. 그가 수집한 모든 책들과 그림 일부가 브라운 대학 캠퍼스에 있는 존 헤이 도서관의 보다 안전한 장소로 옮겨졌던 것이다. 그러나 장군의 뜻은 퇴색되지 않았으니, 그의 책들은 다른 서가의 책들과 뒤섞이지 않고 별도의 장소에 특별 컬렉션으로 보관되었던 것이다. 관리위원회가 1942년에 '애서가의 묘'라 명명한 이 부부의 묘당은 오늘날 방문객들에게 공개되어 있다.

영국의 저명한 의사이자 작가 토머스 브라운 경이 1682년의 75세 생일에 세상을 떠났을 때, 그의 유언장에는 다음과 같은 내용이 들어 있었다. "나의 엘제비르 판 호라티우스를 내 관 위에 놓아 함께 묻어다오. 내가 친애해 마지않는 그 책은 나와 함께 늙어왔고 내 손에 의해 낡아졌다."

이와 비슷하게 19세기의 미국 작가 겸 수집가 유진 필드는 회고록에 이렇게 적어놓았다. "나는 친구들에게 내가 세상을 떠났을 때 해야 할 일을 알려주었다. 내가 갖고 있는 책 가운데 일부를 나와 함께 묻는 것이다. 묻어야 할 책의 목록은 거실의 오래된 마호가니 책상 왼쪽 맨 위 서

---

15. 정식 명칭은 '제9 뉴욕 의용군 부대.' 남북 전쟁 당시인 1861년 뉴욕에서 호킨스의 지휘로 설립되어 이런 별칭이 붙었다.

랍에 들어 있다."

대부호 사업가인 헨리 E. 헌팅턴(1850~1927)은 남부 캘리포니아의 샌게이브리얼 산맥 근처 샌마리노의 오렌지 농장 터에 도서관을 지었다. 헌팅턴은 자신이 세운 도서관이 세계에서 가장 훌륭하고 멋진 도서관의 반열에 든다는 평가를 받자 크게 만족하여, 아예 자신과 아내의 무덤까지 그곳에 조성하려 했다. 그는 자기 소유의 토지에서 가장 높은 지대에 있는, 유칼리나무와 떡갈나무가 우거진 곳에 자리를 잡았다. 그리고 워싱턴 D.C.의 국립미술관을 설계한 존 러셀 포프에게 건축을 맡겼다. 포프는 그곳 샌마리노에서 구사했던 우아한 대리석 건축물 구조를 이후 다른 건물에도 자주 사용하곤 했다. 그것은 돔 지붕에 두 개의 주랑(柱廊)이 둥글게 배치되어 건물을 떠받치고 있는 모양으로, 포토맥 강 연안에 자리 잡고 있는 또 다른 기념관의 원형이기도 하다. 그 기념관의 주인공은 다름 아닌 버지니아 출신의 토머스 제퍼슨으로, 미국의 제3대 대통령인 동시에 둘째가라면 서러워할 애서가였다.

헨리 클레이 폴저와 그의 아내 에밀리는 윌리엄 셰익스피어 및 셰익스피어 시대 문헌에 관한 한 당대 최고의 컬렉션을 보유한 수집가였다. 그들의 유해는 화장(火葬)되어 그들이 워싱턴 D.C.에 세운 도서관 건물 안의 작은 벽감(壁龕)에 안치되어 있다. 그 벽감 옆에는 다음과 같은 글귀가 새겨져 있다. "윌리엄 셰익스피어에게 영광을, 하느님에게는 더 큰 영광을." 이를 두고 그곳 도서관 근무자들 사이에서는 이런 농담이 오가곤 한다. "영광의 크기로는 하느님이 먼저지만, 서열로만 보면 셰익스피어가 더 먼저다."

1862년 2월, 엘리자베스 엘리너 시덜 로제티가 29세를 일기로 임종을 맞이하자, 이 젊은 영국 여성의 남편은 자신의 미출간 시(詩) 원고 한 묶음을 아내 곁에 가져다놓았다. 그리고 아내가 목숨을 거두자 원고를 함께 장사지냈다. 출산 직후에 진통제로 아편을 과다 복용해 죽은 병약한 아내를 향해 단테 가브리엘 로제티가 바친 이 감동적인 경의는 당시로서는 매우 진실한 것이었다. 그러나 남편이 입은 마음의 상처는 7년이 흐른 다음에는 깨끗이 아물었던 모양이다. 그리하여 그는 찰스 어거스터스 하우얼이라는 사람을 시켜서, 자기가 사랑했던 '리지'의 관을 파내고 원고를 꺼내오게 했던 것이다. 1869년 8월 16일에 하우얼에게 보낸 편지에서 로제티는 다음과 같이 신신당부했다. "반드시 비밀로 해야 하네. 이 문제가 밖으로 알려져 사람들의 입에 오르내려서는 결코 안 되네." 로제티는 비밀 엄수에 대한 보상을 약속하는 것도 잊지 않았다. "책을 펴내게 되면, 자네가 상상할 수 있는 한 최대로 보상하겠네."

시간이 지나면서 로제티의 걱정은 커져만 갔다. 18일 뒤, 그는 다시 하우얼에게 편지를 보냈다. "온통 그 생각뿐이네." 하이게이트 묘지에 있는 그 무덤은 "그곳 관리실에서 바라보면 대번에 찾을 수 있을 걸세." 2주 뒤, 그는 다시 편지를 썼다. "2, 3년 전에 우리 친척 아주머니 한 분도 돌아가셔서 하이게이트 묘지에 묻혔다네. 같은 가족묘지에 묻혔는지 어쨌는지는 모르겠지만 아닐 가능성이 크지." 그리고 그는 가장 중요한 말을 잊지 않았다. "문제의 책은 회색 송아지 가죽으로 장정되어 있고, 내 기억에는 본문의 절단면이 붉은색이었다네. 전에 말했다시피 내 원고 말고 성서도 한 권 같이 넣어 두었으니, 내가 말한 특징을 잘 기억했다가 혹시나 혼동하는 일이 없도록 하게."

지금까지 남아 있는 것은 그가 보낸 편지뿐이므로, 이 기묘한 발굴의 자세한 경과는 알기 힘들다. 다만 로제티는 자신의 동생[16]과 그 문제를 놓고 상의한 적이 있다. 그는 1869년 10월 13일에 보낸 편지에서 기쁨

---

16. 윌리엄 마이클 로제티를 말한다.

에 겨워하며 이렇게 썼다. "관 안의 모든 게 완벽한 상태로 발견되었어. 물기에 푹 젖어서 결국 한참 동안 소독을 해야만 했지. 지금 그 책은 발굴할 때 하우얼과 함께 있었던 의사의 손에 있어. 그가 한 장 한 장 조심스럽게 말리고 있는 중이야." 로제티는 "진실은 언젠가는 새어나갈 수밖에 없겠지"라고 인정하면서도, "하우얼한테 앞으로도 혀끝을 놀리지 않도록 간곡히 부탁을 해 두었지"라고 말했다. 더 이상은 생각하고 말고 할 것도 없었다. 1870년에 이르러, 그는 하이게이트에 있는 리지의 무덤에서 꺼낸 미발표 시를 포함해 《시집(詩集)》이라는 단순한 제목의 시집을 출간했다.

그로부터 20년 뒤, 찰스 어거스터스 하우얼은 첼시의 어느 여인숙 바깥 도랑에서 시체로 발견되었다. 그의 목구멍은 심하게 손상되어 있었고 치아 사이에는 10실링짜리 동전이 박혀 있었다. 사체의 기묘한 상태에 당황한 검시관은 사인을 중증의 폐결핵으로 돌려 버렸다. 죽은 하우얼의 집에는 단테 가브리엘 로제티를 포함하여, 당시 사회적 지위가 높은 여러 사람들이 보낸 편지가 차곡차곡 보관되어 있었다. 그리하여 로제티가 무덤 속의 시를 되찾으려 했던 사건의 전말이 뭇 사람들에게까지 새어나가 버렸다. 이후 그 시 원고 묶음은 하버드 대학 호우튼 도서관의 소유가 되었다.

역사상 가장 극적인 책 발굴 사건은 아마 687년 성(聖) 커스버트의 유해와 함께 묻힌 요한복음 필사본의 경우일 것이다. 커스버트는 영국 북동부 해안에 있는 린디스판 섬의 베네딕투스 회 수도원에서 존경받는 주교였다. 그로부터 200년 뒤, 데인 족의 침략자들이 수도원을 약탈하자 수도사들은 수호성인인 커스버트의 관을 파내어 들고 도망쳤다. 그리하여 성인의 유해는 이후 여러 해 동안 이리저리 떠돌다가, 결국 더럼에 새롭게 세워진 수도원에 자리 잡게 되었다. 1104년에 이르러 웅장하게 새로 지은 수도원 묘지 헌당식에서 목각 장식이 된 관 뚜껑을 열자, 놀라우리만큼 '완벽한 상태'로 보전된 성 커스버트의 머리 바로 곁에 요한복음서 필사본이 역시 완벽한 상태로 놓여 있었다. 약 4세기부터 8세기 사이에 그리스어 및 라틴어 필사본에서 사용된 둥근 대문자 필사체, 즉 '언셜 자체(字體)'로 작성한 필사본이었다. 이후 4세기에 걸쳐 그 복음서는 더럼 대성당의 높은 제단 위에 놓인 채 보관되었고, 그곳에서는 많은 기적이 일어났다고 한다. 1540년경 헨리 8세에 의해 수도원이 박해를 당하자, 복음서는 다시 한 번 원래 있던 곳을 떠나 여러 개인 소유자들의 손을 전전했다. 1773년에 이르러, 리치필드 백작 휘하의 어느 목사가 이 책을 예수회에 기증했고, 이후 이 책은 블랙번에 있는 예수회 신학교[17]에 소장되어 이른바 '스토니허스트 복음서'라는 이름으로 알려지게 되었다. 지금은 장기 임대 형식으로 대영도서관에서 소장 및 전시하고 있는 이 책은, 얇은 참피나무판 위에 붉게 채색한 피지(皮紙)를 덧씌운 13세기 전 장정 그대로의 모습을 여전히 보여주고 있다.[18]

존 힐 버튼은 1862년에 발표한 글에서 박학을 과시해 가면서 '책을 소유하려는 기질'에 관해 논했다. 그는 대부분의 수집가들이 공통적으로 보여주는 성향을 이렇게 지적했다. "차차 설명하겠지만, 그 족속들은 아무것도 아닌 듯 보이는 것에서 가치를 발견하고 싶어 한다. 그들은 아주 특별한 기술을, 때로는 교묘한 책략을 동원하기도 한다. 쓰레기더미 한가운데로 손가락을 밀어넣어 진귀해 보이는 것들을 골라내는 것이다." 버튼은 쓰레기더미로 보이는 것들 가운데서 중요한 품목을 발굴해

---

17. 스토니허스트 칼리지를 말한다.
18. 다음 웹사이트 (en.wikipedia.org/wiki/Stonyhurst_Gospel)에는 스토니허스트 복음서의 표지와 내지 사진이 나와 있다.

내는 일이 어떻게 사회에 유익한지 설명한다. "책은 그런 방식으로 망각과 사멸의 늪에서 구출된다. 또한 그 책을 보전한 사람이 훗날 위대한 컬렉션을 남김으로써 그 가치가 제대로 평가받은 다음부터는 비로소 안전하고 행복한 거처를 갖게 된다. 바로 그런 까닭에, 우리가 지금 주목하고 있는 그 족속들은 문학에 있어 이루 말할 수 없이 큰 공헌을 하는 셈이다."

탐험, 여행, 초기 상업 등을 주제로 한 제임스 포드 벨 컬렉션을 1953년 미네소타 대학에 기증하는 자리에서 시어도어 C. 블레젠은 이렇게 말했다. "오늘 기증된 책들은 앞으로 영원히 개인 수집가들의 지식과 열정을 증명하고 기리게 될 것입니다. 그들은 수집에서 얻는 개인적 만족이라는 보상을 뛰어넘어, 보다 원대한 지평을 향하는 사람들입니다. 그들은 학문의 발전에 있어서 가늠할 수조차 없는 막대한 공헌을 해 왔습니다."

20세기의 가장 저명한 서적상인 고(故) A. S. W. 로젠바흐 박사는 도서관과 애서가의 공생에 관해 이렇게 말했다. "이 나라에서는 대학 교수들이나 대학자들이 아니라 오히려 산업계의 리더들, 이른바 비즈니스계의 제왕들이 책을 모은다는 사실이야말로 매우 훌륭하고도 대단한 일이다." 그는 미국 도서수집의 '황금시대', 즉 1870년부터 1930년 사이의 현실에 관해 언급한 것이다. "이는 역설적이지만 분명한 진실이다. 즉, 위대한 학자가 위대한 도서관을 구축한 경우는 전 세계를 통틀어 단 하나도 찾아볼 수가 없다."

학문 발전에 대한 기여와 문헌의 보전은 도서수집이 낳는 행복한 결과이기는 하지만, 그렇다고 해서 도서수집의 유일한 원동력은 아니다. "진정한 수집가에게 있어 오래된 책을 한 권 입수한다는 것은 그 책이 다시 태어나는 것과 마찬가지다." 발터 벤야민의 말이다. "이것이야말로 한 사람의 수집가 속에서 찾아볼 수 있는 노인 같은 요소와 공존하는 어린 아이 같은 요소이다."[19] 여러 세기 동안 분명하게 드러난 것은, 사람은 책과 가까울수록 창조성의 경이를 깊이 느끼게 된다는 것이다. 이야기꾼들, 철학자들, 과학자들, 모험가들, 예술가들, 경제학자들, 정치가들, 외교관들, 신학자들, 심지어 아돌프 히틀러 같은 악한 독재자들조차도 자신들의 생각을 서가와 서가 사이, 책과 책 사이, 그리고 책갈피에서 발전시켰다. 다윈의 《종의 기원》이나 뉴턴의 《프린키피아》 초판본을 직접 보고 만지는 것은, 사람들의 생활방식을 송두리째 바꿔놓은 사상을 직접 보고 만지는 것과 같다. 윌리엄 포크너의 친필 서명본이나 조지 워싱턴이 쓴 편지를 소유하는 것이나, 고치고 또 고친 흔적을 간직한 문학 작품의 친필 원고를 소유하는 것은 더욱 뜻 깊은 일이다. 작가들의 사상이 무르익어 가고 이야기가 꼴을 갖추어 가는 과정, 즉 일종의 초기 발생 과정과 만나게 해주기 때문이다. 로젠바흐 박사는 이렇게 말했다. "나는 명운을 건 모험에 나서는 이들을 알고 있다. 그들은 세계를 돌면서 우정도 잊고, 심지어 거짓말을 하기도 하고, 속이기도 하고, 훔치기도 한다. 그 모든 것이 책을 얻기 위한 행동이다." 그는 자신을 포함한 도서수집가들에 관해 이렇게 말했다. "그들은 날개를 펼쳐 비상을 준비하는 독수리와 같다. 그들은 동료들의 죽음을 끈질기게 기다리다가, 기회의 순간이 찾아오면 지체 없이 공중에서 급습하여 오래도록 열망하던 보물, 바로 친애하는 고인의 수집품을 잔인하게 낚아채곤 한다."[20]

19...에세이 〈나의 서재 소개〉(1931) 중에서.
20...로젠바크는 자기 삼촌인 모제스 폴록과 함께 한겨울에 마차를 타고 가다가 벌어진 일화를 소개하기도 했다. 그 와중에 모제스의 애장서인 《톰 존스》가 덜컹거리는 마차 밖으로 떨어지자, 그는 즉시 마차를 세우고 직접 빙판길을 걸어가 책을 도로 주워 왔다. "차라리 저를 시키시지 그러셨어요. 잘못해서 넘어져서 다리라도 부러지면 어쩌시려구요!" 하는 조카의 항변에, 모제스는 이렇게 대답했다고 한다. "이 책을 위해서라면 다리가 부러져도 어쩔 수 없지." - 원주.

필라델피아 출신의 애서가 시모어 애덜먼은 동료들로부터 자신의 문학과 책에 대한 사랑을 주제로 책을 한 권 내보라는 권고를 받았다. 하지만 이 붙임성 있고 예의바른 독신남은 친구들의 뜻에 공감하면서도 주저해 마지않았다. "내가 정말 두려워하는 것은 수집가로서의 특권, 혹은 수집가로서의 자격 같은 걸 잃어버리게 될지도 모른다는 것이다." 그는 1977년에 나온《이동 무대》의 저자 서문에서 이렇게 말했다. "나는 책을 모으기 위해 이 땅에 태어났지, 책을 쓰기 위해 태어난 건 아니다. 50년의 세월이 걸려 모은 내 컬렉션은 이제 다행스럽게도 브린머 칼리지에 자리를 잡았다. 나는 앞으로도 그 대학 서가에 책을 추가시키고 싶다. 이제 나에게 초미의 관심사는 다음과 같다. 지금 펴내는 이 책으로 인해, 그러니까 내가 책의 '저자'라는 점으로 인해 '수집가'로서의 정체성에 손상이 가기라도 한다면, 과연 어떤 끔찍한 결과로 이어질지 누가 알겠는가. 혹시 앞으로는 자존심 강한 고서점 주인들이 자기 가게에 발도 못 붙이게 하는 건 아닐까? 혹시 고서 경매에 참가하지 못하게 되는 건 아닐까? 혹시 애서가협회에서 제명되는 건 아닐까?"

1950년 미국 서지학협회 연설에서 클리프턴 월러 배러트는 '수집가'라는 부류가 어떤 사람들인지에 대해 인상적으로 묘사했다. 그는 현재 샬러츠빌의 버지니아 대학에 소장된 무척 훌륭한 미국 문학 컬렉션을 구축한 인물로도 유명하다. "무엇보다도 수집가는 탐욕스럽다는 측면에서 남달라야 한다. 책에 대한 끝 모를 갈망이 없다면, 또한 자신의 관심 영역과 멀다 할지라도 책을 손에 넣기 위해 싸울 준비가 되어 있지 않다면, 또한 제본을 비롯한 책의 모든 상태와 모든 문제를 놓고 꼬치꼬치 따지고 들 만한 의사가 없다면, 그는 무려 20센티미터가 넘는 농어를 잡았다가도 그냥 놓아주는 어리석은 낚시꾼에 지나지 않을 것이다. 그런 사람이 있다면, 그는 수집가 종족의 진정한 혈통에서 벗어난 무색무취의 보잘것없는 존재에 불과하다."

프린스턴 대학에 훌륭한 영국 문학 컬렉션을 기증한 로버트 H. 테일러는 4년 뒤 같은 협회의 모임에서 이렇게 말했다. "이 점을 분명히 이해해야 한다. 수집가란 감상적이고, 비논리적이며, 이기적이고, 낭만적이며, 낭비에 능하고, 탐욕스럽다는 것이다." 테일러는 어느 서적상과 열띤 논쟁을 벌였던 경험을 회고했다. 그 서적상은 화가 나서 이렇게 소리쳤다고 한다. "뭐가 문제인지 알아? 당신도 그 빌어먹을 '수집가'란 놈들하고 하나도 다를 게 없다는 거야!" 더 이상 부연할 필요가 없는 정확한 평가였다. 그리하여 테일러는 그 말을 자신에 대한 더 없는 찬사로 받아들였다. "나로선 그 이상의 칭찬을 바라지는 않겠소."

1923년 6월 15일, 미시건 대학 앤아버 캠퍼스에서 윌리엄 L. 클레멘츠 미국사 도서관의 개관식이 열렸다. 기증자 클레멘츠는 헨리 E. 헌팅턴, J. 피어폰트 모건 등과 공개 경매에서 치열한 경쟁을 벌여 다수의 귀중본을 입수한 바 있는 기업가이자 수집가였다. 그는 자신이 기증한 책 가까운 곳에 묻히고 싶다거나, 자신을 기리는 흉상을 세워 달라거나 하는 소망을 말하지는 않았다. 그의 가장 큰 관심은 오로지 '도서관의 정체성과 통일성'을 보전하는 것이었다. 그는 오래된 귀중본에 대해 "감상적이고 미적인 관심을 지니고 있지 못한" 사람들로부터 도서관을 "주의 깊게 보호해야만" 한다고 역설했다. "오늘 이 시간은 한 도서수집가의 경력이 끝났음을 뜻합니다." 이렇게 말한 그는 "도서관 시설을 최대한 속속들이 이용하지 않는 학생들"은 자신이 기증한 보물에 접근하지 못해야 한다고 일침을 가했다. "세상에 둘도 없는 이 자료들을 매우 주의해서 사용해 주시기 바랍니다. 아울러 이 자료들을 직접 읽고 손으로 만질 수 있을 만한 자격을 갖추지 못한 분들은 그저 겉모습을 보는 것으로만 만족해 주시기 바랍니다. 단순히 그 내용을 읽거나 연구하기 위해서라면 굳이 원본이 아니라 영인본을 봐도 되지 않습니까?"

이와는 대조적으로, 그로부터 2주 뒤에 매사추세츠 주 서부의 윌리엄스 칼리지에 기증된 영국 및 유럽 문학, 성서, 아메리카나, 과학, 인큐내뷸러 등에 걸친 방대한 컬렉션은 처음부터 학부 학생들이 이용할 수 있게 개방되어 있었다. 기증자는 윌리엄스 칼리지 출신의 변호사 겸 금융인이자, 유력한 정객으로 뉴욕 주 하원 의장과 브루클린 시장을 역임한 앨프레드 C. 채핀이었다. 1915년부터 그는 키케로의 《웅변술》 1456년판 필사본과 존 엘리엇이 아메리카 인디언의 언어로 번역한 성서 초판본—일명 '엘리엇 성서'—같은 귀중본들을 구입하기 시작했다. 하지만 그는 이렇게 구입한 귀중본들을 자신의 재산으로 여기지 않았다. 그는 책을 구입하고 나서도 곧바로 자신이 소장하지는 않았고, 윌리엄스 칼리지가 적절한 장소를 마련할 때까지 무려 8년 동안이나 맨해튼의 한 지하 금고에 보관해 두었다. 1936년에 그가 세상을 떠날 무렵, 그의 모교에는 무려 1만 2,000권에 달하는 귀중본들이 기증되어 있었다. 채핀 도서관의 초대 관리 담당자였던 루시 E. 오스본은 이렇게 썼다. "모든 책은 구입하자마자 곧바로 윌리엄스로 배달되었다. 하지만 책의 선택은 항상 채핀 씨 본인의 판단에 의한 것이었다."

고(故) 필립 호퍼는 1956년에 하버드 칼리지를 대표하여 일본을 방문한 적이 있다. 그는 하버드 칼리지의 오랜 역사에서도 가장 위대한 도서 기증자로 평가받는 인물이다. 당시 그가 구입한 책들에 대한 일본 측 세관 신고서에는 다음과 같은 내용의 글이 일본어로 적혀 있었다. "본 세관 측으로선 이 신사께서 도저히 모두 읽을 수 없을 정도로 많은 이 책들을 어떤 용도로 구입하셨는지 알 수 없습니다. 따라서 보스턴의 일본 영사에게 삼가 통지해 드립니다. 혹시나 그가 미국에서 서점을 개업한다면, 통상적인 수출 관세 지불을 요청해 주시기 바랍니다." 호퍼는 다른 수집가들에게 농담조로 다음 중 어떤 사람이 더 행복할지 물어보곤 했다. "한쪽에는 전 세계의 고전을 거의 모두 갖춘 서재를 가진 남자가, 다른 한쪽에는 딸을 열셋이나 둔 남자가 있다. 과연 이 둘 중 누가 더 행복하겠는가?" 호퍼 자신은 딸을 열셋이나 둔 남자가 더 행복하다고 말했다. "왜냐하면 그는 이 정도면 '충분하다'는 걸 알고 있기 때문이다" 반면 "행복하면서도 다른 한편으로는 탐욕 가득한 순간들을 겪어야 하는" 수집가는 결코 만족할 줄 모른다. "그는 질투와 좌절과 굴욕의 고통에 몸서리칠 것이다. 그렇지 않다면 그는 진정한 수집가가 아니다."

시모어 애덜먼, 클리프턴 윌러 배럿, 로버트 H. 테일러, 윌리엄 L. 클레멘츠, 앨프레드 C. 채핀, 필립 호퍼. 이런 사람들은 모든 면에서 '진정한 수집가'였다. 그러나 그들 가운데 어떤 사람도 자제력을 잃거나 가망 없이 미쳐버린 사람은 없었다. 하지만 가령 캔자스 대학이 더 없이 훌륭한 박물학 관련 컬렉션을 보유할 수 있게 된 것은, 범상치 않은 두 사람을 지배한 지독한 애서광증 덕분이었다. 그 중 하나는 영국의 조류학자이자 화가인 존 굴드(1804~1881) 관련 자료를 비롯하여, 다른 어느 곳에서도 접할 수 없는 귀중한 자료를 다수 포함하고 있는 랠프 N. 엘리스 조류학 컬렉션이다. "이것은 무척이나 갑작스럽게 이룩된 컬렉션이라는 점에서 다른 컬렉션들과 큰 차이가 있다." 캔자스 대학 도서관장으로 오래 일했던 로버트 보스퍼는 이렇게 썼다. 또 다른 것은 토머스 제퍼슨 피츠패트릭이 수집한 식물학 및 관련 과학 분야 도서 컬렉션이다. 이 컬렉션은 특히 주제에 대한 집중도가 무척 높다. 피츠패트릭의 책을 향한 갈망은 그야말로 구제불능이어서, '손에 무엇이든 인쇄물을 쥐고 있지 않으면 정상적으로 지내지도 못할 정도'였다고 한다.

1908년생으로, 사회적으로 유력하고 부유한 집안 출신이었던 랠프 엘리스 2세는 열두 살 때부터 새알과 새 둥지를 모으기 시작했고, 열다섯 살 때부터는 조류학 책을 모으기 시작했다. 다른 일에는 전혀 신경 쓰지 않고 어찌나 열심히 책을 모았던지, 1940년에 이르러서는 어머니가 그를 캘리포니아의 한 요양소로 보내버렸다. 이러다간 아들이 집안 재산을 모두 축낼지도 모른다는, 꽤나 '근거 있는' 두려움 때문이었다. 하지만 '정신적으로 문제가 있지만, 미치지는 않았다'는 진단 결과와 함께 엘리스는 곧 요양소에서 벗어났고, 다시 예전보다 더욱 정력적으로 책 사냥에 나섰다. 1944년부터 그는 자기 컬렉션을 영구히 보관해 줄 기관을 찾기 시작했다. 하지만 일이 뜻대로 되지 않자 실망한 엘리스는 더 이상 캘리포니아에 머물고 싶어 하지 않았다. 1945년 2월, 그는 결국 캘리포니아 주 버클리에서 출발하는 두 칸짜리 특별 화물열차에 6만 5,000점에 달하는 책, 팸플릿, 도판, 삽화 등을 가득 실어 자기 고향인 뉴욕으로 보냈다.

열차가 동쪽으로 향하는 도중, 엘리스는 어린 시절 자신의 스승이기도 했던 캔자스 대학의 박물관장으로부터 반가운 연락을 받았다. 그는 즉시 철도 회사를 통해 기관사에게 급전을 보냈다. 기차를 캔자스 주 로렌스에 세우고 화물을 그곳에 내려놓으라는 내용이었다. 기증의 대가로 엘리스가 학교 측에 요구한 것은 애장서들을 보관할 수 있는 좋은 보금자리와 자신을 위한 사무실뿐이었다. 캔자스 대학 측은 그의 요청을 흔쾌히 수락했다. 하지만 그로부터 6개월 뒤, 엘리스는 어느 호텔 방에서 폐렴으로 쓸쓸히 세상을 떠났다. 당시 그의 나이는 37세였다. 1961년에 보스퍼는 엘리스에 대해 다음과 같이 썼다. "그토록 정처 없던 엘리스의 삶도 이것으로써 평화로운 안식처를 찾았던 셈이다. 나는 확신한다. 바로 천재의 손길, 그리고 책에 미친 열정의 손길이 그토록 짧고 혼란스러웠던 삶의 와중에서도 그토록 방대하면서도 잘 정리된 장서를 이룩한 것이라고 말이다."

엘리스와 달리 토머스 제퍼슨 피츠패트릭은 50년 이상의 세월에 걸쳐 너무나도 조용히 책을 모아들였다. 아이오와 주 센터빌이 고향인 그는 1903년부터 1907년까지 아이오와 주 역사학회의 공식 '현장 수집가'로 활동하면서 전문적인 훈련을 쌓을 수 있었고, 점차 열정적인 수집가의 길로 들어서게 되었다. 1913년에 피츠패트릭은 네브래스카 대학에서 식물학을 가르치기 위해 링컨으로 이주했고, 이후 그곳에서 여생을 보냈다. 그는 박사학위를 취득하지 않았기 때문에 결국 조교수 이상으로 진급하진 못했고, 연봉도 1,800달러가 넘지 않았다. 하지만 그는 일고의 흔들림 없이 꾸준하게 책을 수집했다. 추가 수입을 확보하기 위해 그는 자신의 컬렉션에서 중복되는 책을 내다 팔았다. 또한 여러 전문지에 과학 관련 기사나 논문을 기고하기도 했다.

1950년 11월, 이 82세의 애서광은 시 당국으로부터 건축법 위반 혐의로 법원에 출두하라는 통고를 받았다. 그 지역에서 주거용 다층 건물의 하중 한도는 1평방미터 당 약 160킬로그램이었다. 하지만 시청 측 검사관은 피츠패트릭의 집이 규정 한도보다 무려 여덟 배나 많은 하중을 감당하고 있다고 평가했다. 집 전체로 보면 90톤이나 되었는데, 그 무게의 대부분은 물론 책이었다. 그러나 시 당국과 법원 측은 더 이상의 추가 조치를 취하지는 않았다. 여차하다가는 피츠패트릭의 '사생활'을 침해하는 처사가 될 것이기 때문이었다.

1952년 3월 28일, 피츠패트릭은 84세 생일을 닷새 앞두고 자기 집 부엌에서 군용 간이침대에 누운 채 세상을 떠났다. '어지럽게 널려 있는 책과 종이더미에 둘러싸여, 요리용 곤로 쪽을 향해 누운 채' 말이다. 그의 방대한 장서는 처분을 위해 서적 중개상에게 넘어갔다. 우연히 이 소식을 전해 들은 로버트 보스퍼는 그 광경을 직접 보고 싶어서 네브래스카로 향했다. "집이 온통 책 천지였다. 열세 개의 방이 모두 책으로 가득했다. 탁자 아래도 빼곡히 책이 들어차 있고, 침대 위도 마찬가지였다. 계단도 예외가 아니었다. 방마다 복도마다 천장에 닿을 만큼 책꽂이들이 줄지어 서 있는데, 책을 워낙 빽빽하게 꽂아놓은 탓에 책꽂이가 금방이라도 터질 것 같았다. 물론 책꽂이만 있는 게 아니라, 높이 쌓아올린 책 무더기들이 방마다 가득해서 움직일 공간을 찾기 힘들 지경이었다. 책만 있었다면 오히려 다행이었을 것이다. 끈으로 묶어놓은 각종 소책자며 잡지 뭉치도 만만치 않았다. 그 책꾼이 만들어 놓은 정글을 탐험하기 위해서는 조심스럽게 조금씩 발걸음을 옮겨야만 했다."

캔자스 대학 측은 피츠패트릭의 장서 중에서 식물학과 과학사 분야 자료를 중심으로 1만 권을 인수했다. 특히 스웨덴의 식물학자 카롤루스 린네우스와 18세기 미국의 박물학자 C.S. 라피네스크에 관한 것들이 훌륭했다. 그밖에 미국 중서부, 모르몬교, 미국 여행 관련 아메리카나는 캔자스 시 공립도서관으로 옮겨졌고, 나머지 것들은 조금씩 나뉘어 매각되었다. 수집가로서 피츠패트릭의 활동은 많지 않은 수입 때문에 한계가 있긴 했지만, 그는 무척이나 끈질기고 꾸준한 탐색자였으며, 거래에서도 영리하고 민첩했다. 특히 인기가 별로 없는 분야를 수집하는 선견지명을 통해 경쟁에서 결정적으로 유리한 입지를 확보했다. 지역사와 미국 과학에 관한 피츠패트릭의 관심은 실로 한 세대를 앞선 선구자적인 것이었다. 그 이후에야 그 분야의 자료를 수집하는 대중적, 학문적 관심이 폭넓게 일어났던 것이다.

1949년 〈뉴요커〉지는 윌마스 셸던 루이스를 미국의 대표적인 시골 대지주로 소개하면서 이렇게 묘사했다. "윤곽이 뚜렷한 용모, 영국식 옷차림, 권위적인 분위기, 호기심으로 가득하면서도 사뭇 회의적인 시선, 교양과 위트로 가득한 대화 스타일, 대단한 수집벽, 세속적인 매력, 돈벌이에 급급하지 않아도 되는 충분한 재산, 학문에 대한 애호." 이런 여러 면

모들 가운데 특히 '충분한 재산' 덕분에 루이스는 성인이 되면서부터 18세기 작가 호레이스 월폴(1717~1797) 관련 자료를 모으는 데 전념할 수 있었다. 호레이스 월폴은 로버트 월폴 경의 막내아들로서, 수천 통의 편지를 남긴 것으로도 유명하다. 월폴을 향한 루이스의 일편단심은 어느 경매에서 자신의 대리인보다도 더 높은 가격을 불러 문헌을 입수할 정도로 굳었다. 결국 그는 호레이스 월폴이 쓴 편지를 무려 2,500통이나 소유하게 되었다.

루이스는 코네티컷 주 파밍턴에 있는 자신의 집을 '루이스 월폴 도서관'이라 명명할 정도로 자기가 수집하는 주제에 몰두했다. 뿐만 아니라 식기류, 조명기구, 장식품, 보석류 등도 영국에 있는 그 위인의 자택이었던 스트로베리 힐에 있던 것들을 매입하여 사용했다. 그는 또한 예일 대학 출판부에서 펴낸 《호레이스 월폴 서한집》의 출판비를 지원하고 직접 편집을 맡았다. 모두 48권에 달하는 이 초대형 프로젝트에 그는 47년이라는 세월을 쏟아부었다. 루이스가 1979년에 세상을 떠나자, 식민지 시대 풍인 그의 광대한 저택과 농장은 그의 장서를 고스란히 보전한다는 조건으로 예일 대학 측에 기증되었다.

루이스는 《수집역정》, 《한 남자의 교육》, 《호레이스 월폴의 장서》 등의 저서를 통해 자신의 범상치 않은 집념에 관해 언급했다. 하지만 그의 의도가 가장 잘 드러나 있는 것은 어느 연설문의 초고이다. 그는 그 초고를 작성해 놓기는 했지만 실제로 연설하지는 못했다. "수집가들이라는 특별한 부류는 서로를 알아보고 이끌리기 마련입니다. 그들은 명시적인 서약보다 훨씬 더 끈끈한 결속력으로 뭉쳐 있습니다. 높은 자부심과 함께, 수집가가 아닌 사람들에 대한 은근한 경멸 같은 것을 공유하고 있는 것입니다. 보통 사람들이 보기에 수집가들은 이기적이고 탐욕스러우며 반쯤은 미쳐 있을 것입니다. 실제로 많은 수집가들이 그렇습니다. 하지만 그들은 지적으로 깨어 있으며, 관대하고, 사회에 공헌하는 사람들입니다. 남들이 그렇게 보지 않는다 해도, 적어도 수집가들 자신은 스스로를 그렇게 보려 합니다. 미쳐 있건 정상이건 간에, 그들은 문명을 구출해내는 사람들입니다."

월마스 루이스가 호레이스 월폴을 망각으로부터 구해내고, 월폴에게 새로운 생명을 부여했다는 것에는 의심의 여지가 없다. 한 수집가가 잊혀진 인물에 대한 새로운 학문적 관심을 진작시킨 경우는 매우 드물긴 하지만, 그렇다고 아주 없지도 않다. 최근의 가장 두드러진 예로는 영국의 애서가 고(故) 마이클 새들러를 들 수 있다. 그는 19세기 영국 및 미국 소설가들의 초판본을 수집했는데, 그가 수집에 본격적으로 착수했을 당시만 해도 경쟁 관계에 있는 수집가가 사실상 없을 정도였다. 런던의 서적상 퍼시 뮤어에 따르면 "두 사람의 유명 작가만 예로 든다면, 작품 세계가 무척 다른 멜빌과 트롤럽은 독자들이나 수집가들로부터 거의 잊혀져 있었다." 그런데 "그들에 대한 관심을 부흥시키는 데 결정적인, 아니 전적인 기여를 한 사람이 바로 새들러였다."

1951년에 〈애서광의 자서전에서〉라는 제목으로 발표한 글에서 새들러는 "내 노획물들을 하나하나 살펴보다가" 어떻게 《빅토리아 시대 서지 여행》(1922)이란 책을 쓰게 되었는지 밝히고 있다. 그 글에서는 '아무도 찾는 사람이 없어 싼값이 매겨진' 책들을 별 경쟁 없이 입수할 수 있었던 까닭도 나와 있다. 그는 자기만의 원칙을 일관되게 밀고 나가는 사람이었기 때문이다.

《빅토리아 시대 서지 여행》을 출간한 이후, 나는 앤서니 트롤럽과 그의 모친에 대한 전기를 집필하기로 결심했다. 그것은 내가 처음부터 정한 도서수집 방침을 단행본 집필로 구체화시킨 첫 사례였고, 도서수집의 한 부분이기도 했다. 나는 궁극적으로는 전기, 서지목록, 소설 등으로 이어질 수 있는 자료를 집필하려는 뜻이 없으면, 어떤 작가나 어떤 문예 사조라도 집중적으로 수집하는 데 나서지는 않았다.

이후 35년 동안 그는 《앤서니 트롤럽 : 전기적 주석》(1927), 《트롤럽 : 서지목록》(1928), 《지나간 것들》(1944), 《19세기 소설 : 개인 소장 컬렉션에 기초한 서지 기록》(1951) 등, 해당 분야에 많은 영향을 미친 책과 글을 발표했고, 또한 대부분 잊혀지기는 했지만 많은 소설도 발표했다. 1957년 새들러가 세상을 떠난 뒤 그의 19세기 소설 컬렉션은 캘리포니아 대학 LA 캠퍼스에 일괄 매각되었다.

지그문트 프로이트가 마음의 신비를 풀기 위한 실마리를 내놓기 여러 세기 전부터, 사람들은 책에 미치곤 했다. 1809년까지는 이 흥미로운 질병을 가리키는 단어가 널리 사용되지 않았다. 그러다가 1809년에 이르러, 토머스 프로그널 딥딘(1776~1847)이 《애서광(愛書狂), 혹은 책을 향한 광기: 그 역사, 증상, 그리고 이 치명적인 질병의 치료에 관하여》란 제목의 가볍고도 유쾌한 내용의 책을 펴내며 '애서광'이라는 말을 널리 퍼트렸다. 딥딘은 제2대 스펜서 백작 조지 존을 위해 일한 서적 중개상 겸 도서목록 작성자였다. 프랑스의 저명한 서지학자 A.A. 르노아르의 말에 의하면, 조지 존은 '유럽에서 가장 아름답고 훌륭한 개인 장서'를 구축했다고 평가된 인물이었다. 딥딘은 무엇보다도 도서수집의 '영웅시대', 즉 19세기 전반기 모습을 분방한 필치로 흥겹게 스케치한 인물로 명성이 높다.

그는 《애서광》에서 이렇게 말한다. "이 증세는 주로 궁전, 성, 웅장한 건물, 화려한 저택 등에서 맹위를 떨친다. 일반적으로는 건강에 좋다고 여겨지는 깨끗하고 넓고 장려한 주위 환경은 오히려 애서광의 탄생과 증식을 조장할 뿐이다! 이 증세가 무시무시한 까닭은 사시사철 맹위를 떨치는데다가, 인류가 존재했던 모든 시대에 만연할 수 있기 때문이다."

딥딘은 애서광이라는 질환을 사뭇 의학적인 기준과 용어를 들먹이며 규정하려 했던 것이다. 그의 책이 나오기 몇 달 전에 맨체스터의 유명한 의사인 존 페리어는 역시 〈애서광〉이라는 제목으로 풍자시 한 편을 써서 친한 친구인 리처드 히버에게 보냈다. 히버는 4개국에 있는 여덟 채의 집에 20만 권의 책을 가득 채워놓은 도서수집가였다. 맨체스터 문학 및 철학회의 열성 회원이었던 페리어는 문학과 의학을 비롯한 다양한 주제에 관해 많은 연구 성과를 남기기도 했다. 그가 마지막으로 출간한 논저는 이른바 '정신의 환각에 관한 독창적인 견해'를 담고 있다는 〈환영(幻影) 이론을 위한 논고〉였다. 하지만 그 연구에서 그가 제시한 '애서광 진단법'은 전적으로 농담이었다.

> 고삐 풀린 욕망, 중단 없는 고통의 포로가 된 인간, 지독히도 운 나쁜 인간,
> 서적병을 앓는 인간······.

페리어는 그런 사람들이 책 내용과는 아무런 상관이 없는 순전한 서지적 특성에 대해 얼마나 광적인 관심을 보이는지를 다음과 같이 묘사했다.

> 서치(書癡)가 외친다. 퀭한 눈을 해가지고서,
> "여백이 없는 걸!" 고개를 돌리고, 결국 안 산다.
> (······)
> 경매에서는 싱싱한 물건에 마음을 빼앗겨 버리는 법,
> 이제 근심 가득한 눈으로 도서목록을 살핀다.
> 아주 작은 이탤릭체 글자가 찍혀 있다.

"진귀하고도 희귀함." 비로소 애간장이 불타오른다.

딥딘이 《애서광》을 출간한 지 1년 뒤, 이번에는 어느 익명의 저자가 쓴 《서지(書誌), 혹은 책에 관한 지혜》라는 제목의 소책자가 영국에서 출간되어 또 하나의 대안을 제시했다. 다분히 풍자적이고 흥겨운 태도로 일관하는 그 책에서 저자는 "도서수집이라는 영광스런 사명의 자랑스러움과, 즐거움과, 각별한 명예"를 상찬해 마지않는다. 그리고 선한 목자인 딥딘을 겨냥하여 직접 말을 건넨다. "이른바 '애서광'이신 D 선생! 그 이름이야말로 책을 축적하려는 고귀한 열망, 즉 당신이 책에서 오명을 씌워 놓은 바로 그 열망에 가장 잘 어울리는 호칭이 아니고 또 무엇이겠소? 하지만 실은 정작 당신이야말로 그 열망을 향한 자원자임을 고백한 것이 아니오? 아니면 그 열정의 희생자, 미칠 듯이 기뻐하는 희생자이든가." 하버드 대학 호우튼 도서관의 윌리엄 A. 잭슨은 자신이 작성한 완정한 딥딘 관련 서지목록에서 《서지》의 저자를 제임스 비리스포드로 단정했다. 비리스포드는 자신이 고안한 신조어의 특징을 부각시키면서 이렇게 설명한다. "나는 '서지(書誌)'라는 이 말을, 책을 '수집(收集)'하는 습벽이라 정의하고자 한다. 각별히 주의할 점은, 책을 '수집하는' 것과 '읽는' 것을 분명히 구분해야 한다. 그렇다. 이것은 책을 '읽는' 것과는 아무런 상관이 없다."

옥스퍼드 영어사전을 보면 '비블리오-(biblio-, 書籍-)'라는 말이 붙은 영어 단어가 20개 이상 나와 있다. 예컨대 이런 것들이 있다. 비블리오클레이즘(biblioclasm)[21], 비블리오그노스트(bibliognost)[22], 비블리오러트리(bibliolatry)[23], 비블리오고니(bibliogony)[24], 비블리오맨시(bibliomancy)[25], 비블리오퍼지(bibliopegy)[26], 비블리오포비아(bibliophobia)[27], 비블리오포지(bibliopoesy)[28], 비블리오타프

(bibliotaph)[29], 비블리오파지스트(bibliophagist)[30], 비블리오폴(bibliopole)[31], 그리고 비블리오마니아(bibliomania)[32] 등이다. '비블리오소피아(bibliosophia),' 즉 '서지(書誌)'는 포함되지 않았고, 이제는 사실상 같은 뜻인 '비블리오매니아,' 즉 '애서광'만 남았다. 물론 딥딘과 페리어가 애서광이라는 말을 처음으로 사용한 인물들은 아니다. 그 말이 처음으로 사용된 문헌 기록으로 말하자면 새뮤얼 존슨, 조너선 스위프트, 알렉산더 포프 등과 동시대 인물이었으며, 폭넓은 학식과 위트를 겸비한 달변가이자 저명한 정치인이었던 제4대 체스터필드 백작 필립 도머 스탠호프까지 거슬러 올라가야 한다. 체스터필드 경은 그의 박학이 유감없이 발휘된 서한문의 작가로, 즉 그가 어느 프랑스 여성과의 사이에서 얻은 사생아 필립 스탠호프에게 30년의 세월 동안 꾸준히 쓴 편지로 가장 유명하다.

아들이 훌륭하게 잘 자라기를 진심으로 바랐던 자상한 아버지 체스터필드 경은 무척이나 다양한 주제에 관해 세심한 충고를 아끼지 않았다. 예컨대 이런 식이다. "걸을 때나, 앉아 있을 때나, 서 있을 때나, 우아한 몸가짐을 하도록 주의를 기울이고 있느냐?" 그는 아들이 16살 때인

---

21. 서적 파괴. 서적파괴주의.
22. 서적 전문가. 서적에 대해 깊은 지식을 가진 사람.
23. 서적 숭배. 특히 성서에 대한 광신 및 숭배.
24. 서적 제작. 출판.
25. 서적 점(占). 특히 성서를 펼쳐서 나오는 글자를 보고 치는 점.
26. 서적 제본.
27. 서적 혐오. 서적 불신.
28. 서적 제작.
29. 서적 비장가(秘藏家). 도서수집가.
30. 서적광. 독서광. 책벌레.
31. 서적상. 특히 희귀본 전문 서적상.
32. 서적광. 애서광. 서적 애호가. 장서벽. 서치(書癡).

1750년 3월 19일에 이렇게 물었다. "꼴사나운 태도, 편협한 태도, 버릇 없는 태도, 몸의 아무 곳이나 긁적거리고 손가락을 입이나 코나 귀에 넣고 쑤셔대는 따위의 지저분한 버릇, 이런 태도에 물들지 않기 위해 방비를 철저히 하고 있겠지?" 같은 편지에서 이 세심한 아버지는 희귀한 책에 대한 취미를 기르고 있다는 아들에게 충고했다. "좋은 책을 사거라. 그리고 책을 읽거라. 대개는 가장 널리 읽히는 책이 가장 좋은 책이란다. 물론 편집자가 완전한 얼간이가 아닌 다음에야, 마지막으로 나온 판(版)이 늘 가장 좋기는 하지. 그런데 말이다. 판본이나 표지에 관해서는 너무 자세히 파고들지 않도록 주의하기 바란다. 그런 관심은 늘 잰체하는 태도로 이어지기 마련이며, 내실도 없이 학자연하는 태도로 흐르기도 쉽거든. 아버지는 이미 진귀한 책들을 갖고 있지 않니? 수가 적기는 하지만 그 책들이야말로 진귀한 책들이란다. 그 책들이 너에게 충분한 도움이 될 거다." 그는 간결하면서도 단호한 충고로 끝을 맺는다. "부디 '비블리오마니(bibliomanie)'³³⁾가 되지 않도록 조심하거라."

체스터필드 경은 1773년에 78세를 일기로 세상을 떠났다. 그 이듬해에 그가 아들과 함께 소중히 간직했던 편지는 모두 1575파운드에 매각되어 두 권의 책으로 출간되었다. 1800년에 이르러 그 책 《체스터필드 백작이 그의 아들에게 보낸 서한문》³⁴⁾은 무려 11판 째가 나와 있었다. 따라서 이 범상치 않은 귀족이 아들에게 한 충고를 페리어와 딥딘 또한 잘 알고 있었다고 생각해볼 수 있다.

1966년, 한 정신의학 전문지에 기고할 논문을 준비하던 필라델피아의

---

33. '애서광'에 해당되는 영어 '비블리오마니아'의 프랑스어식 표기.
34. 이 서한문집 가운데 일부를 발췌한 것이 우리나라에서도 《내 아들아, 너는 인생을 이렇게 살아라》(을유문화사)라는 제목으로 출간되어 한때 베스트셀러가 되었다.

정신과의사 노먼 S. 와이너는 '애서광'을 "책을 향한 무절제하고 과도한 욕망을 지닌 사람"으로 정의했다. 그런 사람은 "한 권의 책을 구하기 위해 무척이나 적극적으로, 아니 때로는 볼썽사나운 방법까지 서슴지 않고 동원한다. 속이거나 훔치는 짓도 마다하지 않는다. 온갖 위험을 무릅쓰는 것은 물론이고, 전 세계를 다 돌아다니기도 하며, 심지어 원하던 책을 얻기 위해 굳이 결혼을 해야 한다면 그렇게 하고도 남을 것이다." 와이너는 자신이 조사한 사례들에 바탕을 두어 과도한 서적 애호 증상을 '불안감을 누그러트리거나 본능적인 욕구를 충족시키려는 행동, 일종의 문제 해결적 콤플렉스'라고 주장했다. 또한 그는 '책이 그 소유자에게 일종의 부적 구실을 하긴 하지만, 그 부적의 효력이란 일시적인 것에 불과하다'고 지적했다. 그의 말을 더 들어보자.

    불안과 공포가 다시 고개를 쳐들면 곧바로 또 다른 대단한 책을 찾기 시작한다. 자랑거리가 될 수 있도록 입수하는 책의 질을 끊임없이 높이는 것, 새로운 정복의 대상을 끊임없이 찾아 나서는 것, 책을 입수하게 된 경위를 무용담처럼 자랑스레 되풀이하면서 기뻐하는 것. 이런 것들은 자신이 거세당하지 않는다는 걸 지속적으로 재확인해야 하는 성욕 과잉의 남성 히스테리에서 비롯된 행동들이다. 바로 이 점에서는 화려한 엽색 행각을 일삼은 다음 보헤미아의 둑스에 있는 발트슈타인 백작의 성에서 사서 노릇을 하며 말년을 보낸 카사노바를 상기해 봄직하다.[35]

이 심리분석가의 결론은 상당수 도서수집가들이 은연중에 책을 구강, 항문, 남근 등의 만족을 얻기 위한, 다분히 성적인 감정을 느끼는 대상물

---

35. 카사노바는 1785년부터 1798년 사망할 때까지 보헤미아의 발트슈타인 백작의 개인 사서 노릇을 하며 유명한 회고록을 집필했다.

로 여긴다는 것이다. 그의 이러한 결론은 프로이트 심리학의 이른바 '거세 공포'와 관련되어 있으며, 특히 남성들에게는 잘 들어맞는 설명이다. 이런 측면에서 그는 한 세기 전 유진 필드가 한 다음과 같은 말에 크게 의존하고 있다. "왜 여성들이 책의 적인지, 왜 애서광에 대해서는 특히나 적대적인지에 대해서는 만족할 만한 설명을 찾기가 힘들다." 와이너 박사는 일단 애서광의 '징후'에 대한 분석을 남성의 범위에만 한정시킴으로써, 유진 필드의 궁금증에 나름대로 답한 셈이다.

물론 역사적으로 살펴보면 여성들도 도서수집에 열을 올린 사례가 없지 않다. 로젠바흐의 《책 사냥꾼의 휴일》이라는 책에는 〈탁월한 여성 책 사냥꾼들〉이라는 제목의 장(章)이 있다. 로젠바흐는 특히 여러 프랑스 군주들의 애인들에 주안점을 둔다. "내 생각에는 이렇게 말하는 게 어떨지 싶다. 프랑스 왕들은 친구, 아니 애인을 선택할 때 용모가 아름다울 뿐만 아니라 멋진 책을 사랑할 줄 아는 여인을 선호했다고 말이다." 그에 따르면 가브리엘 데스트레, 퐁파두르 부인, 카트린 드 메디치[36] 등은 모두 훌륭한 장서를 소유했다. 앙리 2세의 정부였던 디안느 드 포와티에는 두 사람의 이름 머릿글자인 H와 D를 엇갈리게 해서 만든 문양을 새겨 넣은 무척 아름다운 장정의 책들을 드아네 성에 소장하고 있었다. 1558년에 그녀는 프랑스의 출판사들이 모든 출간 도서를 블로이와 퐁텐블로의 도서관에 제출해야 한다는 포고를 내리게 하는 데 성공했다. 이 '책 세금'의 결과, 눈 깜짝할 사이에 800여 권의 책이 국립도서관의 도서목록에 추가되었다. 카트린 드 메디치는 이보다 교활한 면모를 보여주었다. 그녀는 먼 일족 가운데 한 사람으로 프랑스 군 사령관을 역임한 피

---

[36] 앞의 두 사람은 루이 14세와 루이 15세의 애인이었고, 마지막 사람은 앙리 2세의 정식 부인이었다.

에트로 스트로치 장군이 세상을 떠나자 그의 장서를 압수하여 차지해 버렸다. 로젠바흐는 이렇게 말한다. "그녀를 용서해주자. 그녀는 틀림없는 애서가였으니 말이다."

더욱 끈질긴 여성 수집가로는 구스타프 2세의 딸이며 1644년부터 1654년까지 스웨덴의 여왕이었던 크리스티나를 들 수 있다. 18세로 왕위에 오른 직후, 그녀는 훌륭한 국립도서관을 만들라는 명을 내리고 이른바 '30년 전쟁' 동안 점령지에서 스웨덴 장군들이 압수한 책부터 거두어들이기 시작했다. 그리고 희귀한 필사본을 구입하는 동시에, 프랑스의 신학자 드니 페토, 네덜란드의 법관 후고 그로티우스, 네덜란드의 신학자 게르하르트 포시우스 등 개인 수집가들의 컬렉션도 사들이도록 명을 내렸다. 또한 한때 마자랭 추기경의 사서였던 가브리엘 노데를 스톡홀름으로 초빙하여 책을 관리하게 했다.

1649년, 크리스티나 여왕은 프랑스의 철학자 르네 데카르트를 스웨덴으로 초빙하여 자신의 개인 교사로 삼았다. 하지만 이 저명한 철학자는 머지않아 여왕이 얼마나 성마른 성격의 소유자인지를 깨달았다. 그녀는 반드시 새벽 5시부터 수업을 시작해야 한다고 고집했던 것이다. 스칸디나비아 지방의 유별난 추위 속에 새벽 5시부터 여왕을 가르쳐야 했던 데카르트는 결국 폐렴에 걸려 1650년 2월에 세상을 떠났다. 여왕은 계속해서 다른 학자들과 교류하고자 했고, 그 가운데는 철학자 겸 수학자인 파스칼도 있었다. 파스칼은 자신이 고안한 계산기계의 모형을 여왕에게 보내주기도 했다.

왕위에서 물러나기 2년 전인 1654년, 크리스티나는 네덜란드에서 활동하던 자신의 대리인들 가운데 한 명으로, 당시 이탈리아로 건너가 책을 구하고 있던 니콜라스 하인시우스에게 다음과 같은 편지를 보냈다. "아름답고 희귀한 책이 있으면 일단 목록을 내게 보내시오. 하지만 무작정 사들이지는 마시오. 우선 진품(珍品)을 위주로 하고, 나머지 것들에 대해서는 적절히 조치하겠소." 한 전기 작가에 따르면 크리스티나의 장서는 "네 개의 큰 방에 나누어 소장되었고, 인쇄본 외에도 최소한 8,000점 이상의 라틴어, 그리스어, 아랍어, 히브리어 필사본이 있었다고 한다."

스웨덴을 떠난 뒤 크리스티나는 잠시 안트베르펜에 머물러 있다가, 훗날 가톨릭으로 개종하여 로마에 정착했다. 200명의 시종들을 거느리고 '영원의 도시'[37]로 향하는 그녀의 행렬에는 수많은 책을 실은 마차들이 뒤따랐다. 로마에서 그녀는 학술 기관을 두 곳이나 세워 학자들이 자신의 장서를 이용할 수 있게 했다. 1689년 크리스티나가 세상을 떠나자 일명 '비블리오테카 알레산드리나'[38] — 그녀는 이른바 '여성 알렉산드로스 대왕'으로 자처했다 — 는 바티칸 도서관으로 옮겨졌다. 그리고 교황 알렉산데르 8세는 화려하게 장식한 방에 그 장서를 보관하게 했다.

와이너 박사는 자신의 연구에서 이런 여성들에 관해서는 언급하지 않았으며, 부유한 상속녀인 에스텔 도헤니에 관해서도 일언반구 없었다. 도헤니의 장서는 1980년대에 크리스티[39]에서 여러 차례에 걸친 경매를 통해 모두 3,740만 달러에 매각되었고, 그 수익금은 모두 로스앤젤레스 대교구에 기부되었다. 게다가 와이너가 에이미 로웰(1874~1925)에 관해서도 말하지 않았다는 건 다소 놀랍다. 보스턴의 이 저명한 여성 수집가는 커다란 엽궐련을 무던히도 좋아했는데, 이것은 정신분석가들의 흥미를 돋울 만한 사실이기 때문이다. 하지만 피터 게이가 정신분석의 아

---

37. 로마의 별칭이다.
38. '알렉산드리나 장서'라는 뜻. '알렉산드리나'는 '알렉산드로스'의 여성형.
39. 영국의 예술품 경매 회사. 1766년에 제임스 크리스티가 영국에서 설립했으며, 경쟁사인 소더비와 함께 세계적인 명성을 얻고 있다.

버지라 할 프로이트에 대한 전기에서 분명히 밝혀두었듯이, 그런 식의 공격은 만만치 않은 반격에 부딪칠 수밖에 없다. "프로이트가 엽궐련을 무던히도 좋아했다는 사실이 그에게 초기의 구강기 욕구가 남아 있다는 증거라고 치면, 그의 골동품 수집은 초기의 항문기 욕구가 남아 있다는 증거라고 할 수 있을까?" 프로이트는 언젠가 자신의 의사에게, 책을 포함한 오래 된 물건을 수집하는 일이 자신에게는 니코틴에 이어서 '두 번째로 강한 중독'이라고 인정한 바 있다.

로젠바흐 박사는 에이미 로웰을 미국의 여성 수집가들 가운데서도 가장 위대한 인물로 평가했다. "로웰 여사는 치밀한 계획을 갖고 자신의 장서를 구축했다." 이 필라델피아 서적상의 말을 계속 들어보자.

그녀는 사상 최초로 존 키츠의 미출간 문헌만을 수집했던 솜씨 좋은 사냥꾼이었다. 그녀의 컬렉션에 포함되어 있는 키츠의 원고는 그녀의 수집벽이 얼마나 강한 것이었는지 잘 말해 준다. 그녀는 자기가 원하는 어떤 특정 품목을 손에 넣기 전까지는 마음을 놓지 못하고 안절부절했다. 내가 경매에서 구입해 넘겨준 책에 대해 뭔가 물어보려고 한밤중에 보스턴에서 장거리 전화를 거는 일이야 그녀에겐 다반사였다. 비용은 문제될 것이 없었다. 단지 책, 책, 책이 전부였던 것이다.

오늘날 에이미 로웰 컬렉션은 하버드 대학 호우튼 도서관 2층의 특별실에 보관되어 있다. 호우튼 도서관은 그 건물을 기증한 아서 A. 호우튼 2세의 이름을 딴 곳으로, 그가 소장했던 키츠 관련 컬렉션 역시 로웰의 컬렉션과 함께 보관되어 있다. 1925년에 로웰이 기증한 컬렉션 중에는 키츠의 시 〈채프먼의 호메로스를 처음 읽고〉, 〈성 아그네스일 전야〉, 〈가을에〉 등의 친필 원고가 포함되어 있다. 그녀는 자신이 소장한 품목을 토대로 이 낭만파 시인에 대한 두 권짜리 전기를 쓰기도 했다. 그녀의 컬렉션에는 또한 찰스 램의 〈고기를 놓고 올리는 감사기도〉[40]의 친필 원고와 새뮤얼 존슨의 친필 서명이 있는 《라셀라스》[41] 수택본, 월트 휘트먼, 루드비히 판 베토벤, 조지 엘리엇 등의 친필 원고 등도 포함되어 있었다.

유감스럽게도, 오늘날 뉴욕의 피어폰트 모건 도서관을 방문하는 사람들은 브루클린의 여성 도서수집가 애비 엘렌 핸스컴 포프의 이름을 딴 특별실을 발견할 수 없을 것이다. 그러나 19세기 말에 그녀가 수집한 여러 책들은 오늘날 모건 도서관에서도 가장 훌륭한 소장품으로 평가받는다. 그 중에는 1485년에 런던에서 윌리엄 캑스턴이 인쇄한 토머스 맬러리 경의 《아서왕의 죽음》의 현존하는 유일의 완정본도 있다. 1885년에 그녀는 대영박물관 측보다도 더 높은 가격을 불러 그 완정본을 입수하는 데 성공했다. 당시 그녀의 나이는 27세였다. 1894년에 포프가 갑자기 세상을 떠나자, 미국의 가장 위대한 도서수집가로 평가되는 로버트 호우 3세가 포프 장서 가운데서도 가장 훌륭한 품목들을 25만 달러에 매입했다. 1909년 호우가 세상을 떠난 뒤, 포프의 책들은 4만 권에 달하는 호우의 다른 장서들과 함께 매각되었다.

1990년 봄, 그롤리에 클럽은 〈15인의 여성 도서수집가들〉이라는 제목으로 뉴욕에서 전시회를 열었다. 디안느 드 포와티에부터 프랜시스 후퍼에 이르는, 장장 5세기에 걸친 여성 수집가들의 업적을 기리기 위한 전시회였다. 후퍼는 시카고의 저널리스트이자 광고회사 중역으로 오늘날 여러 기관에서 소유하고 있는 훌륭한 컬렉션들을 구축했다. 전시회 개막식에서는 현존하는 도서수집가 가운데 세계적으로 위대한 인물 중 하나로 평가되는 메리 하이드 에클스가 '새로운 종(種)의 탄생', 즉 여성 애

---

40. 훗날 그의 저서 《엘리아 수필집》에 수록되었다.
41. 원제는 《아비시니아의 왕자 라셀라스의 이야기》(1759). 존슨이 어머니의 병구완을 위해 돈을 벌 목적으로 쓴 '철학적 로망스'이다.

서가의 탄생에 바치는 헌사로 연설을 시작했다. "누구나 다음과 같이 매우 흥미롭고도 의아스러운 질문을 해 볼 수 있을 것입니다. '지난 5세기 동안 무려 6개국을 통틀어 보아도 여성 도서수집가들은 왜 이처럼 극소수에 불과했는가?' 답은 분명합니다. 수집의 규모를 불문하고 열정적인 수집가가 되려면 다음 세 가지를 반드시 갖추어야 하기 때문이지요. 그 세 가지란 넉넉한 재산, 교육, 그리고 자유입니다. 하지만 최근까지도 그 세 가지를 모두 누릴 수 있었던 여성은 극소수에 불과했기 때문입니다. 그러나 이제 시대는 바뀌고 있습니다!"

1940년부터 메리 하이드 에클스와 그의 첫 남편 고(故) 도널드 하이드는 뉴저지에 위치한 자신들의 저택 포 오크스 농장 내에 새뮤얼 존슨 및 존슨이 교유한 사람들로 이루어진 서클을 주제로 한 기념비적인 1차 자료 컬렉션을 구축했다. 그들의 컬렉션은 수많은 학문적 연구의 소재가 되면서 찬사를 받은 바 있다. 연설에서 에클스는 1948년에 '대서양을 사이에 둔 양국 모두를 통틀어서도' 가장 훌륭한 존슨 관련 컬렉션을 구입했던 자신들의 '가장 위대한 성공담'을 다음과 같이 회고했다. 당시 뉴욕 주 버펄로의 백화점 소유주인 로버트 B. 애덤과 그의 조카이자 상속인인 로버트 B. 애덤 2세가 2대 동안에 걸쳐 수집한 책들이 1929년 대공황이 시작된 날로부터 불과 사흘 뒤에 경매에 나왔던 것이다.

애덤 가의 의뢰를 받은 A. S. W. 로젠바흐 박사는 의심의 여지없이 무척이나 중요한 그 품목들을 매각하려 애를 썼지만, 진지하게 구입 가능성을 타진한 사람은 극소수에 불과했다. 결국 1936년에 이르러 뉴욕 주 금융당국은 수백 통의 편지와 수많은 원고 및 번역 문헌 등으로 이루어진 그 컬렉션을 애덤 가의 대출금에 대한 담보물로 인수하여 로체스터 대학 측에 보관하도록 했다. 그리하여 1948년에 이르러 도널드와 메리 하이드 부부가 굉장한 거래에 나서기 전까지 컬렉션은 그곳에 머물러 있었다. 메리 하이드는 당시의 일을 이렇게 회상했다.

1948년 12월 16일, 애덤 장서가 시장에 나온 지 19년이 지난 뒤에야 그 컬렉션은 뉴저지 주 글래드스톤의 기차역에 도착했습니다. 지척을 분간할 수 없을 정도로 눈보라가 휘날리는 날이었지요. 우리는 상자 50개와 트렁크 두 개를 트럭에 실어 포 오크스까지 운반했습니다. 그렇게 하여 새뮤얼 존슨 박사께서 이제 우리들과 함께 살게 된 것이었습니다. 그러자 한 가지는 곧 분명해졌습니다. 존슨 박사께서 거처하실 방이 따로 하나 필요했던 것이지요.

1966년 도널드 하이드가 세상을 떠나자 에클스 여사는 '장서에 대한 관심을 거의 잃다시피 하면서' 슬퍼했다. 하지만 그녀는 서서히, 그리고 주의 깊게 자신의 삶의 방식, 즉 도서수집이라는 삶의 방식으로 복귀했다. 그는 책과 장서, 그리고 책을 통해 사귄 친구 등에 대한 관심을 공유하는 영국 남성 데이비드 에클스와 재혼했다. 그리고 새뮤얼 존슨의 서한집을 펴내는 일에 전념하던 여사는 연설에서 이렇게 그간의 감회를 밝혔다. "아! 존슨의 편지를 단 하나만이라도 더 찾게 되기를 그 얼마나 바랐는지 모릅니다. 단 한 통, 단 한 조각만이라도, 그 어떤 것이라도 말입니다. 그건 정말 여전히, 아니 언제까지라도 계속될 끝 모를 추구와 열망이랍니다."

때로는 책이 갖는 치유적인 성격이 가슴에 사무치는 짧은 문장으로 다가올 때가 있다. 1994년 5월 20일 존 F. 케네디 2세는 수많은 기자들 앞에서 자기 어머니 재클린 부비에 케네디 오나시스가 뉴욕의 병원에서 5번가 아파트로 돌아온 다음날, 그러니까 바로 전날 밤 세상을 떠났다는 사실을 발표했다. 암이 퍼지는 것을 막을 수 없다는 걸 알게 된 전(前) 퍼스트레이디는, 지난 30년 간 지칠 줄 모르고 쏟아진 대중의 관심 속에서도 자신에게 평화와 만족을 준 장소에서 마지막 순간을 맞이하려 했다.

"어머니께선 친구들과 가족들과 당신의 책들, 그리고 당신이 사랑했던 사람들과 물건들이 지켜보는 앞에서 세상을 떠나셨습니다. 어머니께서 당신의 방식대로, 또 당신의 뜻대로 그 모든 것을 누리셨으니, 저희는 감사할 따름입니다."[42]

"처음에는 그저 즐겁고 여유 있는 취미 정도로 싹튼 불씨가 나중에는 파괴적이고 제멋대로인 큰 불길, 고삐 풀린 격정과 맹렬한 욕망으로 타오른다." 1943년에 작가인 맥스 샌더가 범죄학 전문가들을 대상으로 애서광이 탄생하는 과정에 관해 쓴 글의 일부다. 그는 애서광들을 '병적이고 억누를 수 없는 심적 충동'으로 고통 받는 사람들이며, '각별히 기억될 만큼 흥미로운 범죄를 낳는' 설명하기 힘든 충동에 사로잡힌 이들이라고 규정했다.

애서광들이 저지른 범죄들 가운데 역사상 으뜸가는 것으로는 19세기 에스파냐의 전직 수도사였던 돈 빈센테의 예를 들 수 있다. 1830년대에 그는 책을 향한 주체할 수 없는 욕망 탓에 무려 8건 이상의 살인을 저질렀다. 그의 병적인 집착은 에스파냐 북부 타라고나 근처 시토회 수도원에서 처음 발생하여 점차 커져 갔던 것으로 알려져 있다. 그는 본래 그 수도원에서 장서 관리자로 일했던 것이다. 그러던 어느 날 밤, 정체를 알 수 없는 침입자가 수도원에 들어와 막대한 양의 금은보화와 희귀본들을 훔쳐갔다. 그 직후 돈 빈센테는 수도회를 떠나 바르셀로나로 가서 고서점을 개업했다. 그곳에서 그는 책을 팔기보다는 오히려 사들이는 데 집중하면서 고서업계의 주목을 받았고, 가치 있는 책이라면 아무 것도 팔려고 내놓지 않았다. 1836년, 서로 경쟁 관계에 있는 서적상들이 모여,

---

42..재클린 케네디는 말년에 더블데이 출판사에서 아동서 담당 편집자로도 일했다.

에스파냐 최초의 인쇄업자였던 람베르트 팔마르트가 1482년에 펴낸 《발렌시아 칙령과 포고령》의 당시 현존하는 유일본으로 평가되던 책을 경매에서 확보하기 위해 임시 조합을 결성했다. 그 결과 동료 서적상들의 협조에 힘입어 아우구스티노 파트호트가 비교적 손쉽게 그 문헌을 확보했다. 그로부터 사흘 뒤 파트호트의 서점에 불이 났고, 파트호트는 그 안에서 시체로 발견되었다. 그 이후 바르셀로나 일대에서 다른 희생자들의 시체가 속속 발견되었다. 희생자들은 하나같이 부유하거나 학식 있는 사람들이었다. 사제도 있었고, 시의원도 있었으며, 시인과 판사도 있었다. 그들은 모두 책이나 학문과 관련이 있었다.

당시 경매에서 책을 얻는 데 실패한 직후 공개적으로 분통을 터뜨렸던 돈 빈센테가 유력한 용의자로 지목되었다. 그의 집을 수색한 결과 확실한 증거도 발견되었다. 현존하는 유일본인 《발렌시아 칙령과 포고령》이 그의 서가 맨 꼭대기에 숨겨져 있었던 것이다. 계속된 수사를 통해 다른 희생자들이 소유하고 있던 책들도 발견되었다. 처음에는 범행을 부인하던 돈 빈센테도 결국 자백했다. 무슨 처벌을 받게 되든지, 자신의 장서만은 안전하게 보호해 주겠다는 약속을 받고 나서였다.

법정에서 재판장은 이 살인자에게 왜 희생자들의 돈에는 전혀 손대지 않았느냐고 물었다. 그러자 돈 빈센테는 짐짓 점잖을 빼며 말했다. "저는 도둑이 아니니까요." 그렇다면 많은 사람들을 죽인 것에 대해서는 사과를 했을까? "사람은 언젠가는 죽게 마련입니다. 다만, 빨리 죽거나, 그렇지 않거나 차이가 있을 뿐입니다. 하지만 좋은 책은 반드시 언제까지라도 보전해야 합니다." 변호인 측은 그가 정신 이상인 것이 분명하다고 주장했다. 그리고 어떤 사건에서든 증거란 지엽적이고 우연적인 것에 불과하다고 강변했다. 그러나 너무도 분명한 증거가, 즉 검찰 측이 내놓은 람베르트 팔마르트의 책이 있었다. 그것은 더구나 현존하는 유일본이 아닌가. 그러자 변호인 측에서는 이 점을 물고 늘어졌다. 즉 똑같은 책이 프랑스에도 한 권 더 있다는 극적인 증거를 제시했던 것이다. 이 놀라운 증거에 돈 빈센테는 완전히 이성을 잃고 말았다. 그는 믿을 수 없다는 듯 소리쳤다. "내가 가지고 있던 게 유일본이 아니라니!" 그는 사형 당하는 날까지도 이 말을 중얼거리며 슬픔에 잠겨 있었다.

이 충격적인 범죄 이야기는 유럽 전역으로 빠르게 퍼져나가, 당시 프랑스에서 15세의 나이로 습작 단편을 집필 중이던 귀스타브 플로베르의 귀에도 들어갔다. 이 신인 작가의 초기 작품들 가운데 1836년, 그러니까 돈 빈센테가 사형 당하던 해에 쓴 작품의 제목은 바로 《애서광》[43]이었다. 그 작품에는 지아코모라는 바르셀로나의 서적상이 주인공으로 등장한다. 그는 '간신히 글을 읽을 줄 아는' 사람이었지만 책에 둘러싸여 앉아 글자가 찍힌 책등이며, 닳아 해진 페이지며, 누런 피지(皮紙)를 바라보면서 더 없이 행복해 했다. 그는 자신의 열정에 '완전히 정복당한' 사람이었다. "그는 잘 먹지도 않았고 잠도 설치다시피 하면서 밤낮으로 한 가지 생각에 사로잡혀 꿈꾸는 사람이었다. 바로 책에 대해서 말이다."

플로베르의 이야기는 사뭇 엽기적인 돈 빈센테의 실화와 여러 면에서 비슷하다. 전직 수도사인 지아코모는 경매에서 유일본을 입수하지 못하자 분노를 이기지 못하고, 그 책을 얻기 위해 서적상 밥티스토를 살해한다. 또 다른 살인이 이어지고 재판이 열렸으며, 그 유일본과 같은 또 한 권이 증거로 제시된다. 하지만 여기서부터 플로베르의 상상력은 실화와 다른 방향으로 전개된다. 지아코모는 자신의 변호인에게 새로 발견된 다른 한 부를 만져보게 해 달라고 부탁한다. 원래 자기가 갖고 있던 책은

---

[43] 우리말 번역본은 《애서광 이야기》(이민정 옮김, 범우문고 192, 범우사, 2004)로 출간되어 있다.

재판을 앞두고 바르셀로나로 옮겨진 터였다. 건네받은 책을 꼭 껴안고 눈물을 흘리던 지아코모는 갑자기 책을 발기발기 찢어버린다. "당신은 거짓말을 한 거야! 내 말이 맞지? 이제 내가 가진 것이 에스파냐에서 단 하나밖에 없는 책이라고!"

책 때문에 저질러진 살인은 무척 드문 편이지만, 책 도둑은 오히려 흔한 편이다. 제2차 세계대전 기간에 미국 연방수사국(FBI)의 특수요원으로 일했고, 훗날 켄터키 대학에서 고전학을 강의했던 로렌스 S. 톰슨은 1947년에 쓴 〈도서절도 행위에 관한 고찰〉에서 이와 관련한 이례적인 경우들을 언급했다. 그에 따르면, 고대 로마의 초기 컬렉션들은 로마 장군들이 그리스에서 약탈해 온 문헌들로 이루어졌다. 중세시대에 책을 서가에 사슬로 묶어 놓았던 것은 책을 훔쳐가지 못하도록 하려는 조치였다. 하지만 가장 널리 채택된 방법은 '사슬'이 아니라 오히려 '저주'였다. 어떤 수도원에서는 예수를 팔아넘긴 가룟 유다, 거짓말쟁이 아나니아, 대제사장 가야바, 총독 빌라도[44] 등과 함께 책을 훔치려는 사람을 저주하여 겁을 주었고, 다른 수도원들도 교회가 내리는 가장 엄중한 조치인 파문으로 겁을 주었다. 바르셀로나의 산페드로에 있는 수도원을 예로 들자면 다음과 같다.

이 책을 훔치는 자, 빌려가서 돌려주지 않는 자, 그런 자들의 손에서는 이 책이 뱀으로 변하리라. 그런 자의 수족은 마비되고, 그런 무리들은 모두 역병에 쓰러지리라. 고통에 몸부림치며 자비를 구하는 비탄의 소리를 지르게 되리라. 그런 자들의 고통은 영원히 멈추지 않으리니, 책벌레들이 그들의 내장

---

[44] 가룟 사람 유다는 예수를 팔아넘긴 배신자, 아나니아는 헌금 액수를 속이고 거짓말을 하다가 베드로의 저주를 받고 죽은 자, 그리고 가야바와 빌라도는 예수를 체포하여 재판한 자들이다.

을 갉아먹으리라. 또한 최후의 심판에 이르러 마침내 지옥의 불길이 그를 영원히 삼키리라.

역사가들은 최근에 일어난 가장 악명 높은 책 도둑질은 1840년대에 프랑스에서 일어난 사건이라는 데 대체로 동의한다. 이는 국가적인 중요성을 지닌 컬렉션들에서 특별히 귀중한 자료들만을 골라 체계적으로 훔쳐낸 사건이었다. 오늘날에도 '리브리 사건'이란 이름으로 각별하게 기억되는 이 희대의 도둑질을 저지른 범인은 이탈리아 출신으로 젊었을 때 프랑스로 이주하여 학자로서 커다란 명성을 얻은 귀족이었다. 구글리엘모 리브리-카루치 백작(1803~1869)은 당시 30세로 〈주르날 데 사방츠〉라는 영향력 있는 학술지의 편집자로 활동하다가 소르본 대학에서 수학을 가르치고 있었다. 1841년에 리브리 백작은 프랑스 내의 여러 국립도서관에 소장된 역사적 문헌들을 정리하여 목록을 작성하기 위해 구성된 위원회에서 중책을 맡았다. 하지만 그는 자신이 맡은 문헌들의 목록을 작성하는 임무를 수행하기는커녕, 이후 6년 동안 체계적으로 문헌들을 훔쳐냈다.

그의 동기는 순전히 탐욕, 바로 그것이었다. 1847년 리브리는 자신이 훔친 책들을 파리의 도서 경매에 익명으로 내놓아 팔았다. 또한 개인 용무를 핑계로 영국에 건너가서, 베트럼 애쉬번햄 경에게 8,000파운드를 받고 모두 1,923점에 달하는 고서 필사본을 팔아치웠다. 하지만 프랑스 당국으로부터 의심을 받게 되자 이 기민한 백작은 1848년에 영국으로 도망치고 말았다. 물론 빈손으로 도망칠 리는 없었다. 숨겨 두었던 다른 문헌들을 영국으로 밀반출하여 이후 여러 차례의 경매에서 팔아넘겼던 것이다. 1850년, 프랑스 법원은 궐석 재판에서 그에게 10년의 독방 감금형을 선고했다. 이후 리브리는 이탈리아로 가서 여생을 보내다가

1869년에 세상을 떠났다.

역사를 보면 책이 그 소유자에게 커다란 기쁨, 커다란 열정, 그리고 또한 커다란 고통을 안겨주는 경우도 있다. 19세기의 박물학자 겸 탐험가인 에밀 베셀즈는 배가 난파되어 다량의 책과 원고를 잃어버렸다. 그 일이 있고 나서 얼마 뒤, 이번에는 집에 불이 나서 서재가 잿더미로 변하고 말았다. 프랑스의 역사가 알베르 킴은 '책의 희생자'에 관한 에세이에서 베셀즈의 최후를 들려준다. "그는 거듭 몰아닥친 모진 폭풍을 견딜 수 없었다. 결국 그는 자살하고 말았다." 1888년의 일이었다. 또 하나의 예로는 미국인 망명객이었던 브라이언 씨를 들 수 있다. 그는 양적으로는 불과 150권에 불과하지만 질적으로는 매우 훌륭한 컬렉션을 파리의 국립도서관 분원인 아르세날 도서관[45]에 기증했다. 1903년의 어느 날, 늙고 초라한 행색의 한 남자가 도서관을 찾아왔다. 바로 브라이언 씨였다. 그가 말했다. "제가 기증한 책을 다시 한 번 보고 싶습니다." 그는 한 권 한 권을 자세히 살펴본 다음 조용히 도서관을 떠났다. 이틀 뒤, 그는 사망한 채로 발견되었다. 분명히 자살이었다.

1824년, 에스파냐에서 돌아 온 프랑스의 백작 앙리 드 라 베도이르는 여가 시간을 활용하여 프랑스 혁명을 주제로 한 책과 인쇄물을 모았다. 20년 뒤, 그는 자신의 컬렉션을 몽땅 팔았다. 그러나 컬렉션을 팔고 난 뒤 며칠 지나지 않아서 그는 심한 후회와 자책에 빠지고 말았다. 그리고 자신이 판 수집품을 모두 도로 사들이기 시작했다. 1861년에 그가 세상을 떠났을 때, 그의 두 번째 장서는 첫 번째 것보다도 더 완벽한 상태로

---

[45]..프랑스 국립도서관 가운데 하나. 1757년에 처음 개관했으며, 파리의 병기창(아르세날) 자리에 위치하고 있어 이러한 이름이 붙었다.

남아 있었다. 그리고 프랑스 국립도서관의 전신인 앵페리알 도서관에 매각되었다.

　18세기의 저명한 동양학자로서, 조로아스터교의 경전인 젠트 아베스타를 번역했고, 유럽 동양학 연구의 개척자 가운데 한 사람으로 평가받는 A.H. 앙케틸 뒤페롱(1731~1805)이 사는 아파트에는 변변한 세간도 하나 없었다. 침구나 잠옷도 없었고, 난방도 하지 않아 늘 냉기가 감돌았다. 그는 빵과 우유만 먹고 살았다. 다만 책, 책, 책만큼은 차고 넘칠 정도로 있었다. 그는 외출하는 일이 무척 드물었고, 혹시 어쩌다가 외출할 때면 남들의 눈에 비참하게 보일 정도로 남루한 옷을 걸쳤다. 그가 거지라고 생각한 사람들이 동전을 던져주거나 구호품을 건네는 일도 있었다.

　19세기의 철학자 장 밥티스트 보다-데몰랭은 변변치 않은 수입조차도 책을 사는 데 모두 써버리곤 했다. 어느 날 그가 수중에 남은 마지막 푼돈을 가지고 다락방을 나서 허기진 배를 채우러 갈 때였다. 식당으로 향하던 도중 어느 서점 창문을 통해 책 한 권이 보이는 것이었다. 음식이냐 책이냐, 그것이 문제였다. 그는 일순간도 주저하지 않았다. 책을 사서 다락방으로 돌아오는 그는 너무도 마음이 편안했다. 이후 그는 병원으로 옮겨져 세상을 떠나기 전까지 한번도 다락방을 떠나지 않았다.

　19세기의 프랑스 피아니스트이자 작곡가로서, 동시대인들에게는 '알칸'이란 예명으로 알려져 있는 샤를 앙리 발랑탱 모랑쥬는 10대 시절부터 뛰어난 연주가로 통했다. 그는 잠시나마 조르주 상드며 빅토르 위고 등과 같은 예술가 집단에 속해 있기도 했다. 시간이 지나면서 음악가로서의 명성을 잃게 되자 그는 은둔 생활을 하면서 오로지 책에만 빠져 지냈다. 그의 죽음에 관해서는 구구한 설들이 있는데, 그 중 하나는 이렇다. 1888년 3월 22일, 75세의 모랑쥬가 서가에서 히브리어 책을 한 권 집어드는 순간, 과도한 무게를 견디지 못한 서가가 무너져 내렸고, 그리하여 한때 '피아노의 베를리오즈' 라 불리기도 했던 그는 압사하고 말았다.

1902년도 노벨문학상 수상자인 역사학자 테오도르 몸젠 교수는 무려 1,000종에 달하는 학술 논문과 책을 집필했다. 특히 수십 년에 걸쳐 집필한 다섯 권짜리 《로마사》는 그의 최고 걸작으로 꼽힌다. 이 독일 학자의 문학에 대한 열의는 거의 전설적이었다. 한번은 몸젠이 베를린으로 향하는 합승마차 안에서 독서삼매에 빠져 있었다. 그런데 바로 곁에서 어린 소년 하나가 시끄럽게 울고 있었다. 몸젠은 그 소년을 꾸짖을 요량으로 넌 이름이 뭐냐고 물었다. 그러자 소년이 큰 소리로 외쳤다. "아빠는 내 이름도 몰라요? 저 하인리히잖아요!" 1903년 1월 26일, 몸젠은 또다시 독서삼매에 빠져 있었다. 이번에는 높은 서가 꼭대기에 있는 책을 꺼내려고 사다리를 타고 올라가서, 아예 그 위에 그냥 선 채 책을 읽고 있었다. 책을 읽는 동안, 85세의 노(老) 역사가는 그만 촛불을 얼굴에 너무 가까이 들이대고 있었던 모양이다. 결국 그의 길고 흰 머리에 불이 옮겨 붙었다. 놀란 몸젠은 옷을 머리에 덮어 겨우 불을 껐다. 하지만 그의 얼굴은 온통 불에 그슬리고 머리카락도 불타버린 다음이었다. 그로부터 10개월 뒤에 몸젠이 갑작스레 세상을 떠난 데에는 이 사건도 은연중 한몫을 담당했을 것이다.

17세기에 피렌체에 살던 안토니오 마그리아베치는 좀처럼 만족할 줄 모르는 책 사냥꾼이었다. 어떤 사람들은 그를 '탐욕스런 독서가' 라 일컫기도 했다. 그의 이름을 라틴어 식으로 읽으면 '안토니우스 마그리아베치우스' 가 되는데, 그 철자를 재배열하면 '이스 우누스 비블리오테카 마그나', 즉 '그 자신이 거대한 도서관이다' 라는 뜻이 된다.

마그리아베치는 82세까지 살았지만, 한 번도 피렌체를 벗어난 적이 없었다. 그리고 생애 가운데 절반 정도는 은둔 상태에서 책을 모으고 또 모으는 일에만 전념했다. 1633년에 '미천한 집안'에서 태어난 그는 이웃 서적상에 도제로 고용될 때까지 여러 가지 하찮은 일을 전전하며 살았다. 젊은 마그리아베치는 얼마 안 가서 방대한 서지학 지식과 문헌 정리 기술로 널리 알려졌다. 1673년, 토스카나 공작 코시모 3세가 그를 궁정 도서관으로 불러들였고, 이후 41년 동안 그는 '변함없이 책 공부의 행복에 푹 빠져' 지냈다.

그의 기억력은 경이로울 정도였고, 다양한 컬렉션에 관해 보유한 지식은 방대하기 짝이 없었다. 한 번은 공작이 그에게 어떤 희귀본을 입수할 수 있을지 여부를 물었다. 질문이 떨어지기가 무섭게 마그리아베치는 술술 대답했다. "절대로 구할 수 없습니다. 유일본이 콘스탄티노플에 있는 술탄의 도서관에 있기 때문이지요. 그 안으로 들어가 오른쪽에서 두 번째 서가에 있는 일곱 번째 책입니다." 피렌체 바깥에 있는 책에 관해 그가 알고 있는 모든 지식은 당대의 거의 모든 저명한 수집가, 도서관 사서, 서적상 등과 주고받은 상세한 서신을 통해 얻은 것이다. 그는 자신에게 제공된 궁정 안 별도의 처소를 싫어했고, 대신 도서관의 서가 사이에 직접 설치한 목제 침상에서 잠을 잤다. 자는 동안에도 책 더미에 둘러싸여 있기를 바랐던 것이다. 그는 '책 제목과 색인 위에서 살아가며, 늘 책을 베개 삼아 자는 사람'이었다.

마그리아베치는 자신이 관리하는 책에 다른 사람들이 접근하는 것을 엄격히 제한했기 때문에, 일종의 지적(知的) 독재자가 되었다. 역사가 에릭 코크레인에 따르면, 17세기 말부터 18세기 초까지의 유럽에서 모든 학문 활동의 필수 조건은 그야말로 학식에 있어서는 걸어다니는 백과사전이라 할 만한 사람, 즉 코시모 3세의 사서 마그리아베치에게 순종하는 것이었다. "마그리아베치는 책을 써서 자신의 지식을 보여주거나 증명할 필요가 없었다. 그로부터 책을 쓰거나 연구하는 데 필요한 지식을 제공받은 수많은 저자들이 자기 저서를 그에게 헌정하거나, 저서 안에 각별한 감사의 글을 남겨놓았기 때문이다. 그의 생존 시기에 유럽에서 출간된 책의 절반 정도는 그의 도움을 거쳤다고 볼 수 있다.

1714년, 그는 나무 의자에 앉아 무릎 위에 책을 펴놓은 자세로 죽은 채 발견되었다. "지저분하고 남루하기 짝이 없는 모습이었지만, 표정만은 왕처럼 행복해 보였다." 그가 개인적으로 수집한 3만 권의 책은 그가 생전에 밝힌 뜻에 따라 언제나, 또 누구에게나 공개되어야 한다는 조건으로 피렌체 시에 기증되었다. 그로부터 한 세기 이상이 지난 뒤 그의 컬렉션은 '비블리오테카 마그리아베치아나', 즉 '마그리아베치 장서' 라는 이름으로 널리 알려지게 되었다. 1860년, 이 컬렉션은 '비블리오테카 팔라티나'[46)]와 통합되어 '비블리오테카 나치오날레 첸트랄레', 즉 '이탈리아 국립중앙도서관' 의 일부를 이루었고 현재까지도 남아 있다. 오늘날, 그 도서관 앞에는 말쑥한 모양에 미소 짓는 흉상, 바로 '그 자신이 거대한 도서관' 이었던 사람의 흉상이 서 있다.

20세기 초에 브로드웨이의 뮤지컬 작가 해리 B. 스미스는 유명 작가들이 소장했던 원고, 그림, 책, 증정본 등을 열심히 수집하고 있었다. 그의 수집품 중에는 존 키츠가 패니 브라운에게 보낸 연서(戀書), 로버트 브라우닝의《반지와 책》교정쇄, 찰스 디킨스가 죽기 바로 전날 쓴 편지 등도 있었다. "만약 셸리가 익사했을 때 주머니에 넣고 있던 키츠의《시집(詩集)》, 그러니까 나중에 트렐러니가 셸리의 장례식에서 화장용 장작더미에 던져버린 그《시집》을 내가 갖고 있었다면, 나는 그것을 펼쳐 읽

---

46. 이탈리아 북부의 파르마에 위치한 유서 깊은 도서관. 1761년에 설립되었고 오늘날에는 70만 권 이상의 장서와 희귀본 등을 보유하고 있는 이탈리아의 대표적인 도서관이다.

는 대신 차라리 작은 사원을 지어 그곳에 모신 뒤 향을 피워 경배했을 것이다." 그가 자신의 컬렉션 도서목록인 '감상적인 장서'에 적어 놓은 말이다.

스미스는 자기가 가장 아끼던 책들을 훗날 A. S. W. 로젠바흐에게 팔았다. 로젠바흐는 작가를 비롯한 저명인사가 소장했던 책, 즉 '수택본'만을 집중적으로 모으는 취향을 갖고 있었다. 로젠바흐는 평생 수많은 책을 고객들에게 팔아 왔지만, 그 중에는 그가 끝까지 소장하고 있던 보물도 많았다. 그중 대표적인 것으로는 너새니얼 호손이 소장하고 있던 《모비 딕》을 들 수 있다. 《모비 딕》은 저자인 허먼 멜빌이 호손에게 헌정한 작품이었는데, 로젠바흐가 소장했던 그 책은 바로 멜빌이 호손에게 직접 증정한 것이었다. 현재 그 책은 필라델피아의 로젠바흐 박물관 겸 도서관에 영구 보존 컬렉션 가운데 하나로 보관되어 있다.

토머스 J. 와이즈(1859~1937)는 19세기에 출간된 소책자를 교묘하게 위조해서 부유한 수집가들에게 팔아넘긴 인물로 악명이 높다. 하지만 그는 당시 수집가들의 문학적 취향을 변화시키는 데 일조한 인물로서의 업적도 갖고 있다. "나는 지금 그의 악행에 관해 말하려는 게 아니다." 런던의 서적상 퍼시 뮤어는 1948년 말부터 49년 초까지 열린 연속 강연에서 이렇게 말했다. 그의 말을 계속 들어보자.

> 영문학이 셰익스피어나 스위프트와 함께, 혹은 셸리나 키츠와 함께 죽어버린 게 아니라는 것, 모든 시대에서 창조가 진행되고 있었다는 것, 한 모퉁이만 돌면 작가들은 여전히 살아 있다는 것, 우리가 작가들과 악수를 할 수도 있고 차 한 잔을 나눌 수도 있다는 것, 그리고 무엇보다도 수집가의 주의를 끌기 충분한 책을 쓰고 있다는 것. 나는 오히려 와이즈의 그런 혁명적인 발견에 관해 말하려는 것이다.

1937년에 와이즈가 세상을 떠나고 나서 3년 뒤, 젊은 서지학자인 존 카터와 그레이엄 폴라드 두 사람이 와이즈의 위조행위를 밝혀냈다. 하지만 이른바 애슐리 장서라는 이름으로 알려진 와이즈의 컬렉션은 오늘날까지도 대영도서관의 영문학 관련 컬렉션 가운데 중요한 부분으로 남아 있다. 사실 뮤어에 따르면 토머스 J. 와이즈야말로 "이른바 현대 초판본 수집이라는 흥미진진한 사업을 발명해낸 것이나 마찬가지"였기 때문이다.

	하지만 여기에서는 '것이나 마찬가지'라는 표현에 주의할 필요가 있다. 와이즈와 같은 시대에 활동한 다른 여러 수집가들 역시 생존 작가의 작품을 수집하고 보존하는 지혜를 발휘하고 있었기 때문이다. 그 중에서도 좋은 예로는 20세기 초에 뉴욕에서 열렸던 존 퀸 장서 경매를 들 수 있다. 그 경매에서는 현대의 가치 있는 자료들이 고대의 책이나 필사본과 사실상 동등하게 취급되었기 때문이다. 뉴욕에서 활동한 유명 변호사 존 퀸은 미술 작품과 문학 작품을 끔찍이 애호했다. 그는 전통적인 의미의 예술 후원자였다. 예컨대 그는 작가 조셉 콘래드와 제임스 조이스를 재정적으로 후원해 주기도 했다. 두 작가는 감사의 뜻에서 퀸에게 직접 서명한 증정본이나 친필 원고를 보내주곤 했다.

	로젠바흐 박사는 1923년부터 두 해에 걸쳐 열린 퀸 장서 경매에서 고서와 원고를 대량 매입했다. 그는 무려 7만 2,000달러를 주고 《승리》, 《올메이어의 우행(愚行)》, 《태풍》, 《노스트로모》, 《나르시소스 호(號)의 흑인》, 《섬의 부랑자》, 《로드 짐》을 비롯한 콘래드 주요 작품의 최종 원고를 구입했다. 이 모두는 지금까지도 로젠바흐의 개인 컬렉션으로 남아 있다. 기민함과 선견지명을 갖춘 이 필라델피아 사람은 1924년의 경매에서 제임스 조이스의 《율리시즈》 원고도 1,950달러에 매입했다. 지금 보기엔 터무니없이 싼 가격인지 모른다. 하지만 수많은 논란을 불러일으킨 이 작품은 그로부터 불과 2년 전에야 파리에서 간신히 출간될 수 있었던 터였고, 더군다나 미국에서는 그로부터 10년 후에야 우여곡절 끝에 출간되었다는 사실을 상기해 보자. 그 당시만 해도, 그 원고가 훗날 경매에서 무려 수백만 달러를 호가할 줄 누가 알았겠는가? 당시로서는 드물게 그 가치를 제대로 평가할 줄 알았던 에드윈 울프는 생존 작가의 자료를 적극적으로 수집하는 존 퀸을 가리켜 '우리 시대의 선각자'라고 평했다.

생존 작가의 자료를 수집한 다른 사례는 토머스 J. 와이즈나 존 퀸보다 앞선 시기에서도 찾아볼 수 있다. 뉴욕의 피어폰트 모건 도서관은 훌륭한 고전 자료 컬렉션으로도 유명하지만, 설립자인 모건이 당시에 어느 생존 작가로부터 직접 입수한 품목이야말로 최고의 물건이라 할 수 있다. 그것은 다름 아닌 소설가 마크 트웨인이 재벌 피어폰트 모건에게 1909년에 보낸 편지다. 그보다 앞서 모건이 마크 트웨인에게 《바보 윌슨》[47]의 친필 원고를 자신이 구입할 수 있는지 물어보자, 트웨인은 모건의 요청을 수락하며 이렇게 적어 보냈던 것이다. "이렇게 해서 저의 가장 큰 야망이 기쁘게 충족된 셈이군요. 제가 가진 그 무언가가 당신이 수집한 것들과 나란히 있음으로써, 이 깨어지기 쉬운 세상에서도 영원히 파괴되지 않은 채 남아 있을 수 있게 되었다니 말입니다."

당대의 자료 수집에 관한 가장 인상적인 언급이라면, 애니 애덤스 필즈가 1894년에 쓴 회고록의 한 대목을 들 수 있다. 지금은 아는 사람이 그리 많지 않지만, 당시 필즈 여사의 작고한 남편은 보스턴에서 '틱노어 앤드 필즈'라는 출판사를 운영하며 꾸준히 양서를 출간하여 높은 평가를 받고 있었다. 그가 바로 유명한 시인이기도 한 제임스 T. 필즈였다. 역시 시인이었던 필즈 여사의 회고록 《오래된 책 한 시렁》을 읽다 보면,

---

[47] 마크 트웨인의 1894년 작 소설.

우리는 마치 그 부부가 각별히 아꼈던 책들이 있는 서재를 구경하면서, 특히 가치가 높은 품목 앞에서는 잠시 멈춰 서서 진지하게 들여다보기도 하는 듯한 기분이 든다. "훌륭한 인물이나 위대한 인물이 갖고 있었던 물건에는, 그들 개인의 가치와 중요성과는 별도의 어떤 독자적인 신성함 같은 게 있게 마련이다." 필즈 여사는 이렇게 말한다. "우리는 특히 그들의 책을 각별히 사랑해 마지않았다. 한때 그들이 사랑했던 페이지들을 하나하나 넘기며, 우리는 아마 그들이 손으로 짚어가며 읽었을 법한 부분이며, 고개를 끄덕였을 법한 부분과 만날 수 있었다."

  서재의 한쪽에는 제임스 필즈가 35년 전에 영국을 여행하는 동안 리 헌트로부터 입수한 자료가 가득했다. 어쩌면 시인 키츠도 그 똑같은 자료를 보며 기뻐했을지 모른다. 키츠는 젊은 시절에 헌트의 집에 초대받아 그 서재에서 하룻밤을 보낸 적이 있었던 것이다. 그 결과로 쓰여진 작품이 바로 〈잠과 시〉라는 시였다.

    열쇠를 간직한 한 시인의 집이었으니,
    기쁨의 사원(寺院)으로 들어가는 열쇠였도다.
    노래 부르는 시인들의 찬란한 모습이여,
    냉엄하면서도 성스런 기풍이 서려 있어,
    다른 시대에 사는 그들 서로가 웃고 있도다.

  필즈 여사는 이렇게 말한다.

  위의 시를 인용하다 보니, 나도 모르게 원치도 않은 기억에 빠져들기라도 할까봐 얼른 서가에서 키츠의 작은 책을 꺼내 집어든다. 약간 흠집이 나 있는 녹색 천 표지의 작은 책. 이것은 테니슨이 오래 지니고 다니던 책이기도 했다. 테니슨의 주머니에 담긴 채 수많은 여행길을 오가느라 어느덧 낡아버린 책. 테니슨은 필즈와 헤어지면서 그 책을 건네주었고, 이후 필즈는 그 책을 늘 각별한 애정으로 대했다. 고요한 서재 한 모퉁이에서, 이 작은 책은 아직도 조용히 기다리는 중이다. 자신을 사랑하고 소중히 간직했던 위대한 시인을 기리면서, 새로운 가수가 새로운 노래를 부르게 될 날을 말이다.

《오래된 책 한 시렁》의 권두화(卷頭畵)는 제임스 T. 필즈와 앤 애덤스 필즈가 소중한 시간을 함께 했던 백 베이의 저택 서재를 묘사한 목판화 그림이다. 그림 오른쪽에는 미술품과 피아노가 있고, 왼쪽에는 책과 벽난로가 있다. 그리고 멀리 찰스 강이 내다보이는 두 개의 큰 창문이 있다. 필즈 여사는 그곳에 앉아서 자기의 이야기를 이렇게 마무리했다.

오래된 책 사이에서 매혹되어 있을 헌트와 키츠는 이제 없다. 하지만 헌트와 키츠의 책이 함께 놓인 곳 곁에서 침묵 속에 서 있노라면, 저 멀리 반짝이는 강물로부터 녹색 나뭇가지를 거쳐 온 빛과 만나게 된다. 우리는 이 특별한 영감의 원천이 여전히 우리와 함께 한다는 걸 기억한다. 그리고 책을 사랑하는 다른 사람들 역시, 서가를 열심히 탐색하면서 고귀한 책들로부터 신선한 생명을 얻는다는 것도.

필즈 여사는 자신이 갖고 있는 책에서 삶의 자양분을 얻었다. 여사는 섬세한 감각으로 모든 책을 읽었음이 틀림없다. 하지만 어떤 수집가들은 책을 단지 소유하는 것만으로도 수집 행위에는 합당한 이유가 된다고 주장한다. 윈스턴 S. 처칠은 노벨문학상을 수상하기 21년 전인 1932년에 출간한 산문집 《생각과 모험》에서 이 문제에 관해 언급한 바 있다. 거기 수록된 〈취미〉라는 글에서 처칠은 이렇게 말한다.

"내가 가진 책을 가지고 뭘 할 수 있을까?" 질문한 스스로를 확 깨게 만드는 답은 이렇다. "읽어라." 그러나 어떤 사정으로 인해 읽을 수 없다 하더라도, 최소한 손으로 만지작거리며 애지중지할 수는 있지 않은가. 자세히 들여다보라. 아무 곳이나 손 가는 대로 펼쳐서 눈길이 머무는 문장부터 읽어보라. 그리고 다른 곳으로 눈길을 옮겨보라. 측량된 적 없는 미지의 바다에서 수심을 가늠하며 발견의 항해를 계속하라. 책을 집어 서가의 제자리로 되돌려 놓아보라. 나름의 구상에 따라 배치하라. 책 안에 뭐가 있는지 알지 못하더라도, 최소한 책이 어디에 있는지는 알 수 있으리라. 설령 그것들이 당신의 친구가 되지는 못하더라도, 최소한 당신과 일면식이 있는 상대로 놓아둘 수는 있지 않은가. 설혹 그것들이 당신의 삶에서 친교의 범위 안으로 들어오지는 못한다 해도, 최소한 아는 체하며 가벼운 인사 정도는 하고 지낼 일이다.

영국의 문필가 찰스 램은 인간을 두 개의 종족으로 구분했다. 그 구분의 기준은 피부색도, 언어도, 지리적 기원도, 종교적 신념도 아니었다. 대신에 램—이른바 '엘리아'라는 필명을 사용했던—은 사람들을 단지 '빌리는 사람과 빌려주는 사람'으로 구분했다. 여기에서 빌리고 빌려주는 것은 돈이 아니다. "엘리아처럼 재물을 철제 금고 속에 넣어두기보다는 오히려 가죽 표지로 된 책갈피 속에 끼워두는 사람에게는, 내가 여태까지 이야기한 사람들보다도 더 무서운 약탈자가 있다. 바로 책을 빌려가는 족속들 말이다. 장서를 훼손시키는 자들, 서가의 균형을 무너트리는 자들, 짝이 맞지 않는 책을 만들어내는 자들 말이다."

램은 독자들을 블룸즈버리의 '그리 대단치도 않은 뒷방 서재'로 안내한다. 그는 서가 맨 아랫단의 '큰 송곳니가 빠져나간 것처럼 흉하게 벌어진 틈'을 지적하기도 하고, 한때 자신이 가지고 있던 '2절판 가운데에서도 키가 제일 큰 보나벤투라 전집이 있던 자리'를 지적하기도 한다. 그는 이와 비슷한 공격, 자신의 서재에 가해진 공격의 증거를 계속 지적한다. "이곳에는 《우울증의 해부》[48)]가 다소곳이 꽂혀 있었다. 저편에는 《조어대전(釣魚大全)》[49)]이 마치 살아서 어느 냇가를 조용히 거닐기라도 하듯 어슬렁거리고 있었다." 램의 서재를 자주 방문했던 새뮤얼 테일러 콜리지는 마치 제 서가라도 되는 양 램의 서가에서 아무 책이나 뽑아 가곤 했다. 물론 때때로 다른 책을 가져와 건네주기도 했지만 말이다.

    나의 친구를 공정하게 평가하자면, 이 친구는 때때로 바다처럼 내 보물을 쓸어가지만, 또 어떤 때는 바다처럼 자기가 쓸어간 물건만큼의 다른 보물을 내던지기도 한다. 나는 이런 종류의 보잘것없는 수집물―이 친구가 온갖 곳을 다 찾아다니며 물어 온 것들이다―을 가지고 있지만, 이 친구는 그 책들을 자기가 어느 구석에서 주워온 것인지도 잊어버리고, 심지어 내 집에 두고 갔다는 것도 기억하지 못한다. 나는 이렇게 두 번 버림받은 고아들을 수용하고 있다. 이렇게 낯모르는 개종자―우연히 입수한 책―들도 진정한 히브리인처럼 반겨 맞아들이고 있다. 거기에는 본래 있던 것들과 귀화해 온 것들이 함께 등을 맞대고 서 있다.[50]

  1991년 가을, 미국 국회도서관은 레싱 J. 로젠월드 탄생 100주년 기념 전시회를 개최했다. 시어스 로벅 사의 회장을 역임한 그는 1943년부터 세상을 떠난 1979년까지 모두 2,600권의 귀중본을 국회도서관에 기증했고, 이는 도서관 역사상 최대의 도서 기증이었다. 전시회를 위해 그 중 100권의 책이 선정되었는데, 그 가운데는 이른바 '마인츠의 대성서(大聖書)'로 알려져 있는 두 권의 채식 필사본이 포함되어 있었다. 1452년에 나온 이 책은 디자인의 전체적인 얼개와 장식 면에서 요한네스 구

48.. 영국 작가 로버트 버튼의 1621년작. 우울증의 증상과 의미 등을 고찰한 에세이.
49.. 영국 작가 아이작 월턴의 1653년작. 낚시의 즐거움을 예찬한 에세이.
50.. 책에 대한 콜리지의 습관에 대해 램은 이렇게 묘사하기도 했다. "그는 무엇보다도 책에 쓰여진 내용에 관심을 두었고, 책의 상태에는 관심이 없었다. 그는 천성적으로 탐욕이 없었던 것이다. (⋯⋯) 콜리지의 서재는 그야말로 애정과 재주가 넘치는 인물의 서재라 할만했다."―원주.

텐베르크의 42행 성서에 영향을 미친 것으로도 유명하다. 구텐베르크의 42행 성서는 마인츠의 대성서와 같은 해에 같은 도시에서 인쇄되었다. 그 외의 귀중본으로는 프톨레마이오스의 《지리학》, 윌리엄 블레이크의 《순수의 노래와 경험의 노래》, 로엔그린 전설[51]을 수록한 최초의 영어본이자 현존하는 세계 유일본인 《백조의 기사》, 베네치아의 학자이자 인쇄업자 겸 출판업자인 알두스 마누티우스가 출간한 유일한 삽화본인 프란체스코 콜론나의 《꿈속의 사랑 다툼》 등이 있었다. 이들 각각의 책은 초기 인쇄 및 삽화 분야의 초석에 해당하는 중요한 것들로, 도서수집가로서의 로젠월드는 주로 그런 분야에 오랫동안 관심을 쏟아 왔다.

1977년에 프레드릭 R. 고프는 로젠월드의 컬렉션 구축에 관해 이렇게 언급했다. "규모는 거대한 저택과도 같고, 벽돌을 한 장 한 장 쌓아올리듯 만든 것이었다." 그리고 이렇게 덧붙였다. "그 어떤 수집가나 애서가라 하더라도, 어떤 책에 완전히 '사로잡혀' 있지 않은 한, 그 책을 감히 '소유하고' 있다고 말할 수는 없을 것이다." 로젠월드는 책을 구하기 위해 벼룩시장이나 개인 가정에서 처분한 고물더미를 뒤지는 종류의 사람은 아니었다. 대신 그는 후한 값을 치르고 전문적인 서적 중개상이나 대리인을 통해 고서를 사들였다. 고서업계에서 그다지 주목받지 못하던 품목을 매입하여 의외의 큰 수확을 올리는 일도 많았다. 로젠월드는 개인적으로 기록한 글을 통해, 수집가들을 위한 여섯 가지 조언을 남겼다. 요약하면 다음과 같다. (1) 자기만의 분야에 관해 해박해져라. (2) 수집

---

51. .중세 유럽의 유명한 전설. 모함을 받아 죽게 된 어느 숙녀를 위해 어디선가 백조가 끄는 배를 타고 나타난 기사가 대신 결투에 나서 승리하고 그녀와 결혼한다. 하지만 자신의 정체를 묻지 말라는 금기를 숙녀가 깨트리자 기사는 다시 백조가 끄는 배를 타고 어디론가 떠나버린다는 이야기이다. 바그너의 오페라 《로엔그린》(1850)은 이 전설을 소재로 한 유명한 작품이다.

의 주제를 확정하라. (3) 믿을 수 있는 좋은 중개상을 찾아라. (4) 남들보다 한발 앞서 움직여라. (5) 좋은 기회가 찾아오면 결코 놓치지 말라. (6) 감식안 기르기를 절대 게을리 하지 말라.

그러나 로젠월드 본인도 이러한 규칙을 늘 지킨 것은 아니었다. 한 번은 그도 자신의 취향과 전혀 맞지 않는 물건을, 심지어 비용에 전혀 구애받지 말고 반드시 확보하라고 자신의 대리인에게 지시하기까지 했다. 그렇게 해서 기껏 입수한 물건을 그는 서슴지 않고 밀봉했고, 따라서 문제의 품목은 이후 50년 동안 공개되지 않은 채 보관되어 왔다. 그 주제나 내용의 측면에서 자신의 취향과 거리가 먼 책조차 마다하지 않았다는 점은, 고서의 적합한 보전에 관한 로젠월드의 흔들리지 않는 열정과 헌신을 잘 보여준다. 이 사건을 좀 더 자세히 살펴보자면 다음과 같다.

이야기는 1937년 12월의 어느 일요일 아침에 시작되었다. 로젠월드는 어느 고서 경매의 도서목록을 살피다가 정신이 번쩍 드는 품목을 발견했다.

《프로체스 게겐 디 유덴 폰 트렌트》. 1476~1478. 2절판 필사본으로, 고딕체 글자에 614쪽 분량. 뷔르템베르크 공(公)의 문장(紋章)이 나와 있으며, 가장자리는 금색을 비롯한 여러 색으로 장식되어 있음. 기록된 내용을 뷔르템베르크 공에게 전하는 문서. 1478년경에 출간된 피지(皮紙)본.

제553번 품목인, 이른바 《트렌토의 유대인들에 대한 재판 처리》는 15세기 트렌토의 유대인 거주지에 살던 유대인 18명이 처형당한 악명 높은 범죄 사건을 다룬 미출간 필사본이었다. 트렌토는 현재의 북부 이탈리아 지방에 있던 공국(公國)이었다. 당시 그 유대인들은 두 살짜리 남자아이를 살해하여, 그 피를 유월절[52] 희생 제물로 사용했다는 혐의로 체포되었다. 물론 그 혐의는 조작된 것이었다. 하지만 투옥된 후에 끔찍한 고문에 시달린 유대인들은 결국 허위로 자백하고 말았다. 그리하여 유대인 남성들은 사형에 처해졌으며, 여성들은 기독교로 강제 개종해야 했다.

로젠월드는 그 필사본이 독일 정부의 손에 들어가면 반(反)유대주의 선전에 이용될 수도 있겠다고 판단했다. 그는 그 책에 대한 문제를 놓고 A. S. W. 로젠바흐 박사와 의논했고, 결국 "지금까지 한 번도 해본 적이 없고, 앞으로도 다시는 없을 일, 즉 일생에서 단 한 번이면 족할 일을 감행했다." 즉, 로젠바흐 박사에게 가격을 불문하고 그 고본을 매입하도록 부탁했던 것이다. 로젠월드가 나중에 안 사실이지만, 당시 경매장에서 입찰이 끝난 뒤 자신이 최고가를 불렀다고 목소리를 높이며 입찰을 다시 실시하라고 요구한 여성이 있었다. 경매 주최측은 그 여성이 입찰 과정에서 착오를 일으켰다는 걸 정중히 통보하고 이 요구를 거절했다. "나중에 조사해 보니 문제의 여성은 오로지 553번 품목을 입수할 목적으로 파견된 독일 측 대리인이었다."

로젠월드는 펜실베이니아 주 젠킨타운에 있는 자기 저택에 도착한 그 고본을 자세히 조사해 본 뒤에, 다시 포장하여 매사추세츠 주 월샘에 있는 미국 유대인 역사학회로 보냈다. 고본을 넘겨받은 협회 측은 포장을 뜯지 않은 채로 50년 동안 보관했고, 나중에 가서야 이 책이 내용상 자신들의 주된 수집 주제인 미국 유대인의 역사와는 어울리지 않는다는 이유로 다시 경매에 내놓았다. 그리하여 문제의 필사본은 소더비 경매에서 17만 6,000달러에 유대 문화의 후원자로 유명한 뉴욕의 에리카와 루드윅 제즐슨 부부에게 낙찰되었고, 이후 1988년에 유대계 교육 기관인 예

---

52. .유대인들이 이집트에서 벗어난 날을 기념하는 유대교의 명절. 구약성서 출애굽기에는 이 날 유대인들이 사는 집의 문설주에 양의 피를 발라두어 하느님의 천사가 그냥 지나가도록 표식으로 삼았다는 이야기가 나온다.

시바 대학에 기증되어 그곳의 영구 보존 컬렉션에 추가되었다. 그로부터 4년 뒤, 예일 대학 출판부는 뉴욕 대학의 유럽사 교수 로니 포치아 시아의 고증과 연구를 거쳐 《트렌토 1475년》이라는 책을 출간했다. 어쩌면 잊혀질 수도 있었던 상황에서 다분히 극적으로 발굴된 역사적 문헌이, 결과적으로는 학문에 기여한 셈이다. 한 수집가의 남다른 안목과 선견지명을 다시 한 번 되새겨 보게 되는 것은 물론이다.

15세기 말의 독일 시인 제바스티안 브란트는 자신의 상상력을 동원해 건조 중인 흥미로운 배 한 척을 한창 마무리하고 있었다. 그 '배'의 이름, 아니 그 '책'의 제목은 《바보들의 배》로, 현재 미국 국회도서관의 로젠월드 컬렉션에도 한 부가 포함되어 있다. 1494년에 처음 출간된 이 작품은 이후 15년 사이에 라틴어, 프랑스어, 네덜란드어, 저지(低地) 독일어, 영어 등으로 번역되면서 유럽 전역에서 선풍적인 반향을 불러 일으켰다.

1873년에 비평가 T. H. 제이미슨은 이렇게 적었다. "만일 문학에 있어 '성공'의 척도를 오로지 '인기'로만 한정시킨다면, 《바보들의 배》야말로 문학사 전체를 통틀어 가장 '성공적인' 책이라고 하지 않을 수 없다." 그 작품의 대단한 인기를 얻은 요인으로는 별로 길지도 않은 각 장(章)에 걸쳐 '바보들'을 교묘히 배치했다는 점과 함께, 마치 물 흐르듯 자연스럽고 유연한 스타일로 글이 전개된다는 점이 종종 지적되곤 한다. 인간의 본질적인 약점에 관한 설득력 있는 저술이라 할 《바보들의 배》는 그 내용 가운데 당대의 사건과 실존 인물을 등장시킨 책으로도 사실상 최초의 인쇄본이라는 의의를 지니고 있다.

영어 번역본 가운데는 알렉산더 바클리가 번역하고 리처드 핀슨이 1509년에 인쇄한 책이 지금까지도 가장 유명하다. 이 번역본이 인기를 누리는 비결은 바클리의 전략에 있었다. 그는 당시 영국인들의 일상적인 삶에 맞도록 자료를 보완하여 원래 내용을 고쳤던 것이다. 때문에 바클리의 영역본은 《바보들의 배》 원본을 충실하게 옮겼다고 보기는 힘들지만, 원본 내용의 전제와 맥락만큼은 비교적 충실히 보전했다. 이 작품에서는 이른바 '바보들의 배'가 바보들의 고향인, 이른바 '바보들의 땅'으로 항해한다. 수전노, 간부(姦夫), 법률가, 위선적인 기독교 신자 등, 당시의 어리석음과 악덕이 구체적인 인물로 형상화된다. 이 작품은 모두 113개 장(章)으로 이루어져 있으며, 각 장은 대부분 각기 다른 부류의 바보들을 묘사하고 있다. 그러니 책에 빠진 바보, 이른바 '서치(書癡)'가 빠질 수 없다.

> 나는 모든 어리석은 자들 가운데에서도 첫째가는 바보라네.
> 소중한 책들을 영원히 간직하며 계속 늘려나갈 작정이네.
> 본래 이렇게 생겨먹었으니, 이것만이 나의 기쁨이라네.
> 엄청나게 많은 책들을 풍족하게 누리건만,
> 그것들로부터 지혜를 얻은 적은 없다네.

그야말로 이후 여러 세기에 걸쳐 도서수집가들을 비꼬는 언사에서는 빠짐없이 등장해 온 문구다. 특히 서치들이 오로지 책의 희귀성에만 열광할 뿐, 정작 그 내용에는 별 관심이 없다는 점이 주된 표적이다. 서치는 책의 본문에 담긴 지혜에는 오히려 관심이 없고, 다만 표지의 무늬며, 얼룩이며, 벨벳 장정 따위에만 온 정신을 집중하는 사람들이다. 이러한 서치들은 새로운 수집품을 찾기 위해 온 세상을 돌아다니는 것으로 묘사된다. 그 내용에 관해서는 알지도 못하고 알려 하지도 않으면서, 단지 희귀한 책을 많이 모으는 기쁨을 누리려는 것이다. 《바보들의 배》가 누린 인기에는 알브레히트 뒤러의 작품으로 알려져 있는 훌륭한 목판화도 큰 영향을 미쳤다. 그 가운데는 안경을 쓴 서치가 깃털로 된 먼지떨이를 들고 사뭇 조심스럽게 책의 먼지를 털어내며 책장을 넘기는 모습을 묘사한 것도 있다.

영국 작가 앤서니 버제스(1917~1993)는 〈바야돌리드에서의 만남〉이라는 단편소설에서 윌리엄 셰익스피어와 미구엘 데 세르반테스가 만났던 사건에 관해 들려준다. 물론 어디까지나 버제스가 작가적 상상력으로 꾸며낸 이야기이다. 때는 1605년, 셰익스피어는 양국의 우호 증진을 위해 에스파냐로 여행을 떠난다. 그로부터 15년 전에 에스파냐의 무적함대가 영국 해군에게 무참하게 패배한 이후, 양국의 관계는 여전히 좋지 않은 상태였다. 물론 셰익스피어가 실제로 영국을 떠나 외국에 다녀왔다는 증거는 전해지지 않으며, 그가 세르반테스와 대화를 나눈 적이 있다고 보기도 힘들다. 그러나 셰익스피어가 세르반테스의 작품에 관해 알고 있었다는 데에는 의심의 여지가 없다. 국왕 극단의 배우들이 1613년에 공연한 희극 《카르데니오》는 셰익스피어와 존 플레처의 공저로 여겨진다. 아쉽게도 그 작품은 실전(失傳)되고 말았지만, 현존하는 요약문을 볼 때 세르반테스의 《돈키호테》로부터 영감을 얻은 것이 거의 확실하다. 왜냐하면 바로 전 해에 《돈키호테》의 영어 번역본이 나와 큰 인기를 끌었기 때문이다.

1616년 4월 23일, 세르반테스는 무일푼의 가난 속에 68세를 일기로 마드리드에서 세상을 떠났다. 같은 날짜—물론 나라마다 달력이 달랐기 때문에 같은 날은 아니었다—에 셰익스피어가 스트랫퍼드[53]에서 52세를 일기로 세상을 떠났다. 전설에 가까운 이야기지만, 셰익스피어는 세상을 떠나기 2주 전만 해도 건강한 모습으로 런던 글로브 극장의 옛 동료들과 재회했으나, 바로 그 직후부터 극심한 오한에 시달리기 시작하여 결국 목숨을 잃었다. 역사 기록만으로는 이들 두 작가가 실제로도 책에 탐닉했었는지 여부를 알기 힘들다. 다만, 이들이 작품을 통해 창조한 두 인물, 즉 세르반테스의 돈키호테와 셰익스피어의 프로스페로가 책의 마력에 푹 빠진 인물들이었음을 상기할 필요가 있다.

촌구석 라만차의 별 볼일 없는 한 사내가 산초 판자를 데리고 길을 떠나 풍차와 싸우는 등의 기행을 벌인 것은 다름 아닌 기사도 이야기 때문이었다.

> 그는 일년 중 대부분을 기사도 이야기를 읽는 데 바쳤다. 그는 무척이나 열심히 기쁨과 흥분에 들떠 읽었다. 장기 두는 즐거움도 잊을 지경이었고, 영지를 돌보는 것도 완전히 잊어버렸다. 그의 호기심과 광기는 여기에서 멈추지 않았다. 그는 기사도 이야기책을 사기 위해 좋은 땅을 팔아치워 가면서 자신의 장서를 최대한 늘렸다.[54]

결국 그가 고열에 시달리며 침대에 누워 죽어가자, 마을 사제는 책을 불태우고 이 히달고[55]의 도서관을 벽돌과 모르타르로 막아버리게 했다.

셰익스피어에게 있어 창의성이란 부유하는 이미지들과 무작위의 생각들을 하나로 엮어내는 마술이나 마찬가지였다. 《한여름 밤의 꿈》에서 그 전형적인 예를 볼 수 있다.

> 시인의 눈 또한 영감에 번뜩이고
> 일견하여 천상에서 대지를 내려다보며, 지상에서 천상을 쳐다보오.

---

53. 스트랫퍼드어폰에이번. 영국의 극작가 셰익스피어의 고향으로 알려진 도시이다.
54. 《돈키호테》 제1부 1편 1장.

이렇게 해서 시인의 상상력이
미지의 사물에 일정한 형태를 주자
그의 펜은 그걸 구체화시키며,
공허한 환상에다 장소의 명칭을 부여하는 것이오.56)

런던 무대에 작별의 말을 던지기 위해 셰익스피어가 택한 캐릭터는 바로 '마법사', 그것도 자신의 힘을 '책'에서 끌어내는 마법사였다. 《태풍》이 셰익스피어 작품집 초판본의 맨 처음에 등장하는 까닭은 그것이 셰익스피어가 맨 처음에 쓴 작품이거나, 맨 나중에 쓴 작품이기 때문은 아니다. 오히려 가장 그럴듯한 이유는 《태풍》이 이 위대한 작가의 고별 작품일 수도 있기 때문이다. 작품 말미에서 주인공 프로스페로는 무대 위에 혼자 서서 관객들에게 자기가 평화와 존엄을 누릴 수 있게 해달라고 청한다.

여러분도 죄에서 용서받고 싶으시다면
관대하게 저를 해방시켜 주십시오.57)

《태풍》은 마법의 신비만큼이나 책의 힘에 관해서도 많은 것을 말해 준다. 프로스페로는 딸 미란다에게 자신이 어떻게 해서 동생에게 공국(公國)을 빼앗겼는지 이야기한다. 그는 책을 읽는 데 지나치게 탐닉한 나머지 정무를 게을리 했던 것이다. "내 서재는 공국만큼이나 거대했지."58) 궁정 쿠데타로 쫓겨나 열대의 섬에 표류한 프로스페로는 어린 딸 미란

---

55. 에스파냐의 하급 귀족을 말한다.
56. 《한여름밤의 꿈》 5막 1장, 12~17행. 위의 책, p. 178.
57. 《태풍》 에필로그, 19~20행. 위의 책, p. 675.

다, 마법의 지팡이, 최소한의 생활 도구, 그리고 자신의 서재에서 가져온 귀중한 책들과 함께 살아간다. 술에 취한 칼리반이 악당 스테파노 및 트링큘로와 작당하여 프로스페로를 죽일 음모를 꾸밀 때, 그는 반드시 먼저 프로스페로의 책을 장악하여 불태워버려야 한다고 강조한다. 책이 없으면 프로스페로는 자신과 마찬가지로 술주정뱅이에 불과하다는 것이다. 연극의 마지막 부분에서 자신의 목표를 이룬 프로스페로는 마법의 지팡이를 부러트리며, 자신의 '강력한 마법'도 포기하고, 책도 내던져버리겠노라 맹세한다.

1989년의 가든 사 경매에서는 뉴욕의 어느 수집가가 무척이나 상태가 좋은 셰익스피어 초간본 2절판 네 권을 210만 달러에 매입했다. 삽화가 없는 인쇄본의 구입가로는 사상 최고액이었다. 같은 경매에서는 에스파냐의 어느 수집가가 《돈키호테》 초판본 두 권―《돈키호테》는 1605년에 제1부, 1615년에 제2부가 출간되었다―을 165만 달러에 매입했다. 이는 소더비 측이 도서목록에서 제시한 예상가보다도 여섯 배나 비싼 금액이었다. 원 상태 그대로 남아 있는 《돈키호테》 초판본은 전 세계에 겨우 일곱 질밖에 없는 것으로 알려져 있었다. 따라서 이전까지만 해도 겨우 한 질만 보유하고 있었던 에스파냐는 자국민이 또 한 질을 확보했다는 사실에 환호했다.

"우리가 소장하고 있는 책은 가든 사 경매에서 팔린 것에 비하자면 상태가 그리 좋지는 않습니다. 하지만 우리야 이미 하나 갖고 있으니까요." 위의 뉴욕 경매가 끝나고 몇 달 뒤, 옥스퍼드 대학 보들리 도서관의 사서인 줄리언 로버츠가 한 말이다. "그 당시에 우리 측에서는 에스파냐로 구매 대리인을 보냈습니다. 당시는 영국과 에스파냐 사이에 긴장감이

---

58. 《태풍》 1막 2장, 109~110행. 위의 책, p. 648.

고조되어 있었죠. 그래서 비록 환영받지는 못했겠지만, 여하튼 그는 임무를 훌륭히 수행했습니다. 그리하여 그때 에스파냐 도서를 다섯 권 구입했는데, 그 중 하나가 바로 《돈키호테》 초판본이었죠."

줄리언 로버츠가 말한 '그 당시'란 1605년 경, 그러니까 셰익스피어가 글로브 극장에서 배우 리처드 버배지에게 리어왕 역할을 맡길 무렵이었다. 1616년에 유언장을 작성할 때 셰익스피어는 자기 장서나 문서에 관한 언급을 하지는 않았다. 그러나 셰익스피어는 존 헤밍스와 헨리 콘델에게 약간의 돈을 남겨주었다. 그 두 사람은 셰익스피어와 함께 활동한 배우들이었으며, 그로부터 7년 뒤에는 셰익스피어의 극작품을 편집하여 윌리엄 앤드 아이작 재거드 출판사에서 인쇄본으로 출간했다. 셰익스피어가 개인적으로 소장하고 있던 책이나 원고가 남아 있는지는 아직까지도 밝혀진 바가 없다. 하지만 다음 두 가지는 예외적이라 할 만하다. 원고로는 토머스 모어 경에 관한 어느 미(未)상연 극본의 세 쪽이 셰익스피어의 소장품으로 추정되며, 책으로는 표지 안쪽 면지(面紙)에 셰익스피어의 이름이 적혀 있는 대영도서관 소장본이 있다. 헤밍스와 콘델은 오늘날 보통 '초판 2절판'이라 부르는 1623년에 출간된 셰익스피어의 최초 작품집인 《희극, 사극, 비극》의 속표지에, 자신들의 판본이 "실제 원본에 근거하여 출간된 책"이라고 적었다.

작품집 서문에서 헤밍스와 콘델은 자신들의 소망을 간절하게 표현한다. "각양각색의 수많은 독자들에게. 셰익스피어를 읽기를, 읽고 또 읽기를. 모든 책의 운명은 당신의 역량에 달려 있으니, 그 역량이란 머리만이 아니라 돈지갑이기도 하다. 읽고 비판하라. 그렇게 하기 위해서는 일단 구입하라." 사람들이 그들의 말대로 '일단 구입하기'를 주저하지 않았기에, 셰익스피어의 작품은 여러 세대를 거쳐 오늘날까지 남아 있게 되었다. 현존하는 그의 많은 극작품들은 대부분 진위가 의심스러운 4절판을 통해서도 전해지지만 《맥베스》, 《태풍》, 《안토니와 클레오파트라》를 포함한 스무 편의 작품은 오직 초간본 전집에만 수록되어 있다. 그 시대의 누군가가 셰익스피어의 친필 원고를 안전한 곳에 보관해 놓아야 한다고 주장했다면 어땠을까? 예컨대 셰익스피어가 스트랫퍼드와 런던을 무수히 오가는 도중에 지나쳤던 고을인 옥스퍼드의 보들리 도서관 같은 곳에, 그러니까 일찌감치 에스파냐에서 《돈키호테》 초간본을 구입할 정도의 선견지명을 지니고 있었던 그곳에 말이다. 만일 그러했다면 셰익스피어가 인류에 남긴 유산은 지금보다도 훨씬 더 풍부해졌을 것이다.

책에 미쳐버리는 현상은 시대를 달리하는 다양한 소설 작품에 등장하기도 한다. 가장 유명한 경우라면 역시 주인공이 밤낮으로 기사도 이야기를 탐독하다가 착각에 빠지고 마는 《돈키호테》일 것이다. 비교적 최근의 예로는, 1981년에 노벨문학상을 수상한 독일 작가 엘리아스 카네티(1905~1994)가 1936년에 발표한 장편소설 《현혹(眩惑)》을 들 수 있다. 제2차 세계대전 직후에 출간된 영어 번역본의 제목은 《오토 더 페이》였다. 이른바 '신앙의 증명'으로 번역할 수 있는 이 표현은 중세 말기부터 사용되었는데, 사실은 에스파냐 종교재판소에서 이단을 심판하여 형을 집행하는 것을 뜻했다. 그 형이란 주로 화형이었고, 이에 따라 위의 표현은 장작더미 위에서 이단자를 불태운다는 뜻을 갖게 되었다.

소설의 주인공 페터 킨은 세상과 절연하고 2만 5,000권의 책을 갖춘 자신의 서재를 중심으로 살아가는 학자다. 킨은 누군가 가사와 잡무를 도맡아주었으면 해서 문맹인 가정부와 결혼하지만, 그 여인의 탐욕을 눈치 채지 못한 까닭에 결국 파멸로 치닫는다. "그녀는 내 장서를 보존하기 위해 하늘이 내린 수단이다."[59] 하지만 킨의 실수는 곧 분명해진다. 그 결혼은 무지와 독립 사이의 끝 모를 싸움이 되고 말았던 것이다. 킨은 평생의 반려들, 곧 책을 향해서 자신의 끔찍한 오판을 사죄한다. "그는 자신의 서가를 미끄러지듯 온 몸으로 부대끼며 지나갔다. 자신의 책을 몸으로 부드럽게 느낄 수 있었다. 두 눈을 크게 부릅뜬 그는 어떤 황홀경에 사로잡혔다. 그것은 기쁨의 황홀경임과 동시에 오래도록 기다려 온 죽음의 황홀이기도 했다."[60] 결말 부분에서 킨은 다시 서재에 들어와 있다. 그는 이제 도망자 신세다. 경찰들이 잠긴 문을 두드린다. 파국을 깨달은 킨은 책꽂이에서 책을 꺼내 서재 한가운데 장작더미 모양으로 쌓았다. 그는 서재 사다리 위로 올라가 기다렸다. "화염이 그에게까지 미쳤을 때 그는 크게 웃었다. 그가 살아오면서 그렇게 크게 웃은 적은 없었다."[61]

'분서(焚書)', 즉 '책을 불태운다'는 것은 《화씨 451》에서도 핵심을 이루는 은유다. 레이 브래드버리의 과학소설인 《화씨 451》은 책을 보는 것이 금지되고, 책이 발견되는 족족 불태워버리는 전체주의적인 미래 사회를 그리고 있다. 제목의 '화씨 451'은 종이가 타기 시작하는 온도다. 그런가 하면 훌륭한 도서관을 갖춘 14세기 이탈리아의 부유한 수도원을 무대로 하는 소설인 움베르토 에코의 《장미의 이름》에서 불은 지적인 편협성으로부터 해방되는 수단이다. 프란체스코회 소속의 영민한 수도사 바스커빌의 윌리엄은 그 수도원에서 일어난 연쇄 살인 사건을 조사한다.

---

59. 이 책은 카네티가 노벨문학상을 수상한 직후에 우리나라에서도 두어 가지 번역본이 출간되었다. 그 중 하나인 《현혹》(김형석 옮김, 국제문화출판공사, 1981)은 완역본이 아닌 듯하고, 또 다른 번역본 《머리 없는 세상》(박경명·김영일 옮김, 예맥, 1981)은 주인공의 이름을 '킨'이 아니라 '킹'으로 적어놓은 것으로 보아 일어 중역본인 듯하다. 따라서 번역의 질을 보장할 수는 없으나—게다가 이 문장도 모두 "가장 훌륭한 책(장서)지기가 아닌가!"로 번역되어 있긴 하지만—참고삼아 위의 인용문이 나온 페이지를 표시하자면 다음과 같다. 《현혹》, p. 51 ; 《머리》, p. 77.
60. 《현혹》, p. 95 ; 《머리》, p. 137.
61. 이것은 이 소설의 맨 마지막 문장이다. 《현혹》, p. 510 ; 《머리》, p. 710.

"이 모든 것이 한 권의 책을 훔치고 또 소유하는 것으로부터 비롯되었습니다."[62] 이 중세의 탐정이 오랜 세월 동안 사라졌던 아리스토텔레스의 텍스트를 확인함으로써 결국 미스터리가 풀린다. 그러나 발견의 대가는 컸다. 불에 타서 무너지는 수도원을 바라보며 윌리엄 수도사는 그곳이 "기독교 세계에서 가장 위대한 노서관이었다"고 말한다. "이제 그리스도의 적(敵)이 가까워지겠구나. 더 이상 그들을 방해할 학식이 없으니."[63]

런던의 유니버시티 칼리지에서 미국 문학을 강의하기도 했던 영국 작가 A. S. 바이어트는 1990년 부커 상[64] 수상작인 소설 《소유》에서 학술 기관들 사이에서 일어나곤 하는 경쟁을 소재로 삼고 있다. 소설의 클라이막스는 어느 교외의 묘지를 배경으로 하고 있다. 서로 경쟁하는 여러 기관들이 어느 유명 작가의 무덤에 파묻힌 중요한 문헌을 차지하기 위해 필사적으로 서로를 속이려 한다. 제목인 '소유'는 여러 가지 의미를 포함하고 있는데, 그중에는 물건을 '소유한다'고 할 때의 뜻 말고도 '집착', 혹은 '집념' 같은 뜻도 들어 있다.

1910년에 발표한 소설 《하워즈 엔드》를 원작으로 한 동명 영화가 개봉됨으로써, E. M. 포스터(1879~1970)는 이제 새로운 세대의 독자들을 얻게 되었다.[65] 이 작품의 클라이막스에서 등장인물 중 한 사람인 레너드 바스트는 무너진 책장에 깔려 죽는다. 포스터의 전기 작가에 따르면, 그의 작품 가운데 최소한 다섯 편에서 책이 떨어지는 장면이 나온다. 포

62.. "이 일련의 사건은 (……) 한 권의 서책과 관계가 있습니다." 《장미의 이름 : 개정증보판 (하)》(이윤기 옮김, 열린책들, 1993 개역판 12쇄), p. 697.
63.. "우리 기독교 세계에서 가장 훌륭한 장서관이었다. (……) 가짜 그리스도 올 날이 임박했다. 이제는 학문이 가짜 그리스도를 저지할 수 없게 되었으니." 위의 책, p. 762.
64.. 1968년에 제정되었으며, 매년 영국연방에 속하는 여러 국가―영국, 아일랜드, 오스트레일리아, 남아프리카 공화국, 인도 및 파키스탄까지―에서 영어로 출간된 소설 가운데 우수작을 뽑아 시상한다. 시작 당시의 스폰서인 영국 기업 부커 사의 이름을 딴 것으로, 현재는 새로운 스폰서인 맨 사의 이름을 따서 '맨 부커 상'이라고 지칭한다.

스터가 어떤 실제 사건으로부터 그런 장면의 묘사에 대한 영감을 얻게 되었는지는 알 수 없지만, 그는 그런 장면을 활용함으로써 매우 다양한 의미를 전달하곤 했다. 단편 〈안셀〉에서 주인공이 갖고 있는 책 상자는 곧 평생의 업적, 즉 그의 정체성을 나타낸다. 그런 책 상자가 골짜기로 떨어져버리고 마는 장면은 일종의 해방과 탈피로 다가온다. 그와 같은 이미지는 또 다른 단편인 〈사이렌 이야기〉와 〈자줏빛 봉투〉 등에도 등장하며, 1908년에 내놓은 장편 《전망 좋은 방》에서도 주인공인 작가 미스 레비쉬는 아말피에 있는 '집이 큰 소리를 내며 무너지는' 바람에 원고를 잃어버린다.

워낙 창조적인 과정에 몰두하기 때문인지 몰라도, 작가들은 대부분 도서수집이란 현상을 오히려 이해하기 힘들어한다. A. J. A. 시먼스가 1920년대에 런던에서 퍼스트 에디션즈 클럽을 설립했을 때, 그는 당대의 저명한 영국 작가들의 서지목록을 작성하고 있었다. 그 작업의 일환으로 그는 빅토리아 시대를 무대로 한 작품들을 써서 널리 인기를 누리던 작가 조지 무어를 인터뷰했다. "무어는 자신의 평생에 걸친 작가 생활이 서지목록으로 정리된다는 사실에 한껏 고무되었다." 줄리언 시먼스는 자기 형의 일생을 그린 전기에서 이렇게 언급했다. 그런데 이 노(老) 소설가는 시먼스가 가져 온 책에 서명을 해주면서, 자기가 마침 '어느 위대한 수집가'에 관한 이야기를 쓰고 있다면서 도리어 그의 도움을 요청했다. 무어는 수집가가 어떻게 행동하는지 궁금해 했을 뿐 아니라, 수집가가 방문객에게 보여주고 싶어 하는 책들은 어떤 것들인지도 알고 싶어 했다. 무어는 이렇게 추측했다. "제 생각에 방문객이 숙녀일 경우

---

65. 영화감독 제임스 아이보리와 제작자 이스마일 머천트는 E. M. 포스터의 작품 가운데 《전망 좋은 방》(1985), 《모리스》(1987), 《하워즈 엔드》(1992)를 영화로 옮겨 호평을 받은 바 있다.

에는 수집가가 셸리와 키츠, 또는 그들과 같은 시대 작가들의 초판본을 보여주고 싶어 하지 않을까 싶습니다. 하여간 그럴 만한 작가들 이름을 좀 들어주시겠습니까? 수집가가 그런 작가들을 놓고 함직한 말들도 알려주시면 좋겠고요."

위의 경우와는 달리, 역시 소설가였던 이언 플레밍은 도서수집이 무엇인지는 물론이고, 이른바 수집을 당하는 것이 무엇인지조차도 이해하고 있었다. 그의 대단한 성공작인 제임스 본드 시리즈는 1950년대와 60년대에 무려 수백만 부 이상 팔렸고, 첩보원 007이 벌이는 모험담의 초판본들은 오늘날까지도 여러 고서적상의 도서목록에 만만치 않은 가격으로 올라 있다. 런던의 서적상 퍼시 뮤어의 유익한 조언에 힘입어 플레밍은 자기 세대에서 유례를 찾아보기 힘들 만큼 훌륭한, 그리고 독특한 주제의 컬렉션을 구축할 수 있었다. 그는 지난 150년간 괄목할 만한 발자취를 남긴 인쇄물들, 특히 새로운 발견이나 발명과 관련이 있는 문헌을 수집하고자 했던 것이다. 그야말로 상상력을 발휘하며 수집의 틀을 세워야 하는 쉽지 않은 과제였을 것이다. 그 결과 플레밍의 컬렉션에는 다음과 같은 주제들이 포함되었다. 찰스 다윈의 진화론, 제임스 클러크 맥스웰의 빛의 성질 및 전자기장 이론, 마리 퀴리의 라듐 발견, 지그문트 프로이트의 무의식 이론, 아인슈타인의 상대성이론, 알렉산더 그레이엄 벨의 전화 발명, 프랜시스 골턴 경의 지문(指紋) 감별법, 이반 페트로비치 파블로프의 조건 반사 이론, 로베르트 코흐의 결핵 병리학, 심지어 로버트 배든 포얼의 보이스카우트 창설까지도—플레밍의 컬렉션에는 배든 포얼이 1908년에 펴낸 안내서 《소년들을 위한 스카우트 활동》도 있었다—망라하고 있었다. 그리하여 그의 컬렉션에는 대략 1,000권 정도의 책이 포함되어 있었다.

애서가로서 플레밍의 활약은 고서업계에서 진작부터 널리 알려져 있었다. 특히 그는 계간지 《북 컬렉터》를 창간한 인물이자 실질적인 발행인이었다. 런던에서 발행되는 이 잡지는 수집가, 서적상, 사서 등 이 분야의 관련 종사자들에게 정보를 교환할 수 있는 장을 제공해 왔다. 하지만 플레밍의 그러한 면모가 대중에 널리 알려진 것은 1963년에 대영도서관에서 〈인쇄와 인간 정신〉이라는 이름으로 열린 특별 전시회 이후의 일이다. 20세기 최고의 도서 전시회였다고 할 수 있는 그 전시회를 위해 플레밍은 무려 44종의 소장본을 주최 측에 대여해 주었던 것이다. 이 전시회에서는 이른바 서양 문화의 발전에 큰 영향을 끼친 464종의 책이 전시되었는데, 그 가운데 모두 51종을 보유한 케임브리지 대학 킹스 칼리지를 제외하자면, 이 현대 스파이 소설의 창시자는 다른 어떤 개인이나 기관 수집가보다도 더 많은 귀중본을 보유하고 있었다. 플레밍이 그 이듬해에 세상을 떠나자, 과연 그의 컬렉션이 흩어질 것인지 여부에 관심이 집중되었다. 하지만 오랜 협상 끝에 그의 컬렉션은 미국 인디애나 대학의 릴리 도서관이 인수하여 본래 모습 그대로 보전하고 있다.

작가 윌리엄 포크너는 좀처럼 자기 책에 서명을 해 주지 않는 것으로 유명했다. 전기 작가 조셉 블로트너 덕분에 우리는 포크너가 왜 그랬는지 알 수 있다. 저명한 출판인 베네트 서프가 뉴욕에 있는 자신의 아파트에서 파티를 열었을 때의 일이다. 역시 출판인인 앨프레드 A. 크노프가 윌리엄 포크너의 책 10여 권을 가져왔다. 그의 목적은 책에 포크너의 서명을 받기 위해서였지만, 정작 포크너는 "판매를 목적으로 한 특별 서명본 외에는 책에 서명을 하지 않는다"면서 크노프의 요청을 거절했다. 포크너의 책을 출간하던 서프는 이 난처한 상황을 맞아 무척이나 당혹스러워 했다. 그날 크노프가 포크너의 절판본을 찾기 위해 뉴욕의 헌책방을 샅샅이 뒤졌다는 걸 알고 있었기 때문이다. "거리에서나 엘리베이터에서나 사람들이 저를 불러 세워놓고 책에 서명해 달라고 합니다만, 저는 항상 거절하곤 합니다. 예외가 있다면 친한 친구들 정도라고나 할까요." 분위기가 썰렁해진 것은 당연한 일이었다. 서프가 중간에 나서서 분위기를 호전시켰고, 결국 포크너도 마음을 누그러트렸다. "하지만 크노프 여사께서 제게 각별히 친절을 베풀어 주셨으니, 한 권 가져 오시지요. 서명해 드리겠습니다."

소설가 존 업다이크는 자신이 쓴 수많은 작품 가운데 일부를 골라 권당 수백 권씩만 인쇄하고 직접 서명한 특별 한정판 서명본을 소규모 출판사를 통해 펴내기도 했다. 이미 세상을 떠난 작가든 생존 작가든 간에, 업다이크와 비슷한 경우를 찾아보기는 무척 힘들 것이다. 업다이크의 경우에는 그런 특별 한정판 서명본뿐만 아니라, 초판본에 대한 수요도 비교적 많은 편이다. 말하자면 업다이크는 수집하는 쪽과 수집당하는 쪽 사이의 관계를 잘 이해한 셈이라고 하겠다.

소설 《베크가 돌아왔다》[66]에서 업다이크는 50세 생일을 맞이한 작가 헨리 베크를 이렇게 묘사했다. "그에게는 친구도 있었고, 팬도 있었고, 심지어 자신의 저서를 모으는 수집가도 있었다." 그런 수집가들 가운데 가장 두드러진 인물은 펜실베이니아 주 시더 메도우즈에 사는 마빈 페더부쉬란 이름의 끈질긴 남자였다. 두 사람은 한 번도 만난 적이 없지만 페더부쉬는 20년 이상 꾸준히 베크를 성가시게 만들어 왔다. 즉, 페더부쉬는 베크의 새로 펴낸 책과 함께 반송용 우표를 붙인 봉투를 함께 포장해서 줄기차게 베크에게 소포로 보냈다. 베크가 그 책에 서명한 다음, 동봉한 봉투에 넣어 자신에게 다시 보내주기를 바랐던 것이다.

그러던 어느 날, 베크는 펜실베이니아 중부를 방문한 참에 한가한 오

---

[66] 존 업다이크의 '토끼 시리즈' 와 쌍벽을 이루는 '베크 시리즈' 의 제2편으로 1981년에 출간되었다. 유대계 작가를 주인공으로 한 이 시리즈는 1970년에 첫 작품이 나온 이후 1989년에 제3편이 출간되었다.

후를 틈타 페더부쉬를 방문한다. 그의 집안을 대충 둘러 본 베크가 말한다. "그런데 내 책은 보이지 않는군요." 그러자 페더부쉬는 무척이나 내키지 않는 듯한 표정을 한 채, 베크를 어느 방으로 안내한다. 문을 열자 일련의 '베키아나'[67]가 모습을 드러낸다. 여러 나라 언어로 출간된 베크의 저작들이었다. "베크의 선집이며, 베크 작품의 분석서며, 각종 애장용 판본이며, 실로 다양했다. 그 책들은 일렬로 세워져 있는 게 아니라 마치 통나무처럼, 그리고 마치 금괴처럼 차곡차곡 눕혀져 쌓여 있었다. 그리고 이 어둑어둑한 책장 안에는 그 외에도—이런 배신이 있나!—베크의 것과 비슷하게 총망라되고, 견고하게 포장되고, 거의 손도 대지 않아 깨끗하기 그지없는 로스, 메일러, 바스, 커포티[68]의 책들이 나란히 보관되어 있었다." 페이퍼백 몇 권에 서명을 남긴 뒤, 베크는 이것이야말로 이 수집가의 최후가 될 것이라는 확신과 함께 그곳을 떠난다. "이 좁은 굴 속을 파헤친 자신이 얼마나 잘못했으며, 뭔가 내키지 않아 했던 페더부쉬가 얼마나 옳았던가! 단지 2차원적인 찬사로는 만족하지 못했던 이 탐욕스러운 저자는 결국 스스로에게 치명적인 세 번째 차원을 제공했고, 자신의 기록 천사[69]에게 상처를 주고 말았던 것이다."

유머 작가 로버트 벤츨리는 1934년에 쓴 에세이에서, 어니스트 헤밍웨이의 두 번째 책인 단편집 《우리들의 시대에》 초판본을 찾는 사람들이 워낙 많고, 또 그 책의 가격도 높다는 사실에 대해 투덜거리며 이렇게 질문을 던졌다. "왜 내 책을 수집하는 사람은 하나도 없을까?" 벤츨리는 헤밍웨이의 그 초판본이 불과 175부밖에 나오지 않았기 때문에 애당초

67.. '아메리카나'나 '셰익스피어아나'처럼 '-아나'라는 접미사가 붙으면 특정 주제나 작가에 관련된 책들을 통칭하는 말이 된다. 즉 '베키아나'는 '베크 관련 문헌'이란 뜻이다.
68.. 차례대로 필립 로스, 노먼 메일러, 존 바스, 트루먼 커포티를 말한다. 모두 20세기 미국을 대표하는 유명 소설가들이다.

희귀본이었다는 사실까지는 언급하지 않았다. 하긴, 불만이 가득했을 벤 틀리로서는 그런 세부적인 사항까지 고려하려 하진 않았을 것이다.

나는 헤밍웨이보다 나이도 더 많고, 책도 더 많이 냈다. 그중에서도 《사랑은 모든 것을 이긴다》는 지금 절판되어 버렸지만, 아직 누구도 여분의 책이 있는지 관심을 보이지 않는다. 심지어 내가 직접 서명한 책은 헌책방에서 버펄로 빌의 《나의 생애와 시대》와 함께 나란히 진열되어 있기도 했다.[70] 누구 관심 있는 사람 없을까?

벤틀리는 1945년에 세상을 떠났다. 그가 만일 살아 있었다면, 오늘날 자신의 책에 관심을 기울이는 사람들도 있다는 사실에 기뻐할지 모른다. 메릴랜드 주 록빌의 앨런과 패트리시아 에이언 부부가 편찬한 현대 초판본 가격에 관한 가장 권위 있는 안내서인 《도서수집 : 도서 가격 편람》에는 벤틀리의 책이 두 권이나 나와 있다. 1924년에 나온 《모든 것 가운데》는 현재 400달러를 호가하며, 1928년에 나온 《해저 2만리, 혹은 데이비드 커퍼필드》는 300달러를 호가한다. 물론 두 경우 모두 책 커버가 온전하게 있고, 전체적인 상태가 양호하다는 것을 전제로 한 가격이다. 그러나 기뻐하기엔 이르다. 헤밍웨이의 《우리들의 시대에》 초판본은 오늘날 무려 1만 5,000달러 이상을 호가하기 때문이다.

벤틀리가 자신의 책을 모으는 수집가를 찾아보기 힘들다며 투정부리

---

69. . 이른바 각 사람을 따라다니며 그의 선악을 일일이 기록한다는 천사를 말한다.
70. . 일명 '버펄로 빌' 로 통하는 윌리엄 코디는 이른바 '와일드 웨스트 쇼' 라는 극단을 만들어 전국을 순회하며 서부 활극을 선보여 인기를 얻은 흥행사였다. 물론 한때를 풍미한 유명 인사이긴 했지만 결코 위인이라 할 정도는 아니기 때문에, "내 책이 버펄로 빌의 책과 나란히 있더라" 는 벤틀리의 말은 상당히 자조적인 발언인 것이다.

기보다 3년 전의 일이다. 여행기, 에세이, 해양 모험소설 등을 주로 쓰는 윌리엄 맥피라는 작가가 있었다. 헤밍웨이의 인기나 명성에는 한참 미치지 못하는 작가였음은 물론이다. 그런데 그의 작품이 수집가들을 위한 서지목록에 포함되면서, 이른바 고전의 반열에 올라 수집 대상이 되는 일이 벌어졌다. 《바다의 젊은 귀족들》(1916), 《마세도언의 딸》(1920), 《사라진 닻》(1925), 《항해자들》(1929) 등의 작품을 낸 맥피는 절친한 친구 제임스 T. 바브가 자신의 작품에 대한 서지목록을 작성해 주자 무척이나 기뻐한 나머지, 1931년에 발간된 그 책의 서문까지 썼다.[71] "내 작품이 수집가들의 수집 대상이 되고 나니, 뭔가 역설적인 듯한 기분도 없진 않다." 자신이 맞이한 행운에 대해 약간은 장난스럽게 기뻐하는 투다. 계속해서 그의 서문을 읽어보자.

수입은 미미하되 수집 대상이 되는 나 같은 작가에게 있어, 다시 말하자면 잡지 기고나 소설 창작으로 수십만 달러를 벌지만 수집가들로부터는 쓰레기로 취급받는 이른바 거물급 작가들이 하찮게 여기는 나 같은 작가에게 있어, 경멸과 모욕은 차라리 삶의 기쁨이나 마찬가지다. 사실 수많은 훌륭한 작가들을 오만으로부터 구해낸 것은 다름 아닌 그들의 운전사보다도 수입이 적은 비평가들로부터 '중요한 작가'라는 평가를 받고 싶은 욕망이었을 것이다. 고백하건대, 때로는 나도 무척 당혹했었다. 나는 그들의 작품을 읽을 때 그것을 이해한다고 느꼈다. 그 모든 것을 오래 전에 다른 곳에서, 즉 다른 베스트셀러에서 읽었던 것처럼 느꼈다. 얼핏 보기에는 마치 우리 작가들이 수집가들을 먹여 살리는 듯하지만, 수집가들은 오히려 그 이상이다. 누군가 문학의 출발이 되는 것들을 보전하지 않았다면, 그것들은 영원히 잊혀져 버리고 말았을 것이다. 생선 튀김 싸는 종이로 사용되던 채터턴의 원고를 발견한 어느 도서관 사서를 떠올려 보라. 그리고 이런 것도 떠올려 보라. 채터턴과 같은 시

---

[71] 《윌리엄 맥피 작품 서지목록》(더블데이, 1931)을 말한다.

대에 경제적으로는 성공한 작가들 가운데 오늘날 수집가가 결코 가치를 부여해주지 않는 소설가들, 한낱 먼지로 사라져버린 소설가들이 얼마나 많은지를 말이다! 다분히 조작된 명성, 많은 상금이 걸린 상, 북 클럽, 이런 것들이 성행하는 우리 시대에 있어 수집가들이야말로 작가의 고결과 존엄을 지켜주는 이들이라 할 수 있다. 그들은 고귀한 열정을 지녔다. 따라서 그들의 신뢰를 결코 배반하지 않는 것이야말로 우리 작가들의 의무라 하겠다.

맥피와 달리 제임스 A. 미치너는 독자도 많고 수집가도 많아서 뭇 작가들이 부러워할 만한 입지를 누린다. 사실 그의 책은 초판이 수십만 부씩 출간되기 때문에, 소장본의 가치를 높이기 위해 각별한 수고를 마다하지 않는 열성 독자들도 있다. "자동차로 수백 킬로미터를 달려와 책에 서명해 달라고 부탁하는 사람들도 있습니다." 텍사스 주 오스틴의 자택에서 전화로 인터뷰하면서 미치너는 이렇게 말했다. "저는 그런 일에서 늘 흥미롭게 지켜보는 입장이 되곤 합니다. 그리고 그런 사람들을 낙담시키고 싶지 않습니다. 하지만 저에게 그런 사람들의 행동은 여전히 이해하기 힘든 미스터리일 뿐입니다. 보통 하루에도 대여섯 권씩 서명을 요청하는 책이 도착해 제 책상에 쌓이곤 합니다. 작가로서 이름이 좀 알려진 다음부터는 늘 그래왔지요. 제가 세상을 떠나고 20년 정도 지나면, 어떤 사람들은 오히려 제 친필 서명이 '없는' 책을 구하려 할지도 모릅니다. 차라리 그런 책이 더 구하기 어려워 희귀본 대접을 받을 테니까요."

1992년의 어느 봄날 아침, 나는 작가 레이놀즈 프라이스와 함께 하버드 스퀘어의 한 카페에서 마주 앉아 있었다. 프라이스는 식탁용 종이 깔개에 낙서를 하며, 5년 전 자기가 힘겨운 치료를 통해 척추암에서 회복된 뒤에 구입했던 존 밀턴의 《실락원》에 관해 말하고 있었다. 그는 자신이 예전부터 도서수집가였으며 지금은 듀크 대학에서 존 밀턴 관련 강의를 맡고 있다고 했다. 그는 당시 구입한 그 책이야말로 자신이 존 밀턴이라는 위대한 시인의 작품에 대해 지닌 애정은 물론이고, 그보다 훨씬 더 큰 의미를 지닌다는 걸 강조했다. "밀턴은 40대 초에, 그리고 저는 50대 초에 지독한 병마에 시달렸지요. 밀턴과 저의 그 비참했던 경험은 새롭게 좋은 작품을 낳는 결과로 이어졌습니다. 저에게 못지않게 밀턴에게도 그것은 차라리 신비였을 겁니다." 프라이스는 계속 말했다. "밀턴은 시력을 잃은 뒤 자신의 가장 빼어난 작품들을 썼습니다. 저는 암에 걸린 뒤에 무려 열 권의 책을 썼지요. 그 역시 저로서는 최상의 작품들이라 생각합니다. 제가 당시 구입한 《실락원》은 존 밀턴이 시력을 잃은 뒤에, 그가 구술한 내용을 받아 적었던 딸 데보라 밀턴 클라크가 소장했던 책입니다. 그 책이 저에게까지 전해졌다는 사실—어쩌면 과도한 감상일지도 모르지만—제겐 그 사실이야말로 마치 법통(法統)이 전해져 내려오는 것과 같이 일종의 신비처럼 느껴졌습니다. 제가 그 책을 만지는 순간, 저는 단순히 책을 만지고 있는 게 아닙니다. 그 순간 저는 누군가의 손을 만지고 있고, 그 누군가의 손은 또 그 이전 누군가의 손을 만졌으며, 그 이전 누군가의 손도 역시 그러했던 거지요. 그렇게 함으로써 저는 결국 어느 위대한 시인의 손을, 즉 어떤 신비를 직접 만지고 있는 셈입니다."

02

영혼을 위한 향기

이에 비하면 문서에 남겨진 기록은 그 역사의 1백만 분의 1에 불과한 극히 짧은 기간에 불과하다. 인간의 시작, 즉 사람이 비로소 사람답게 되었을 때 일어난 중요한 사건에는 쉽게 접근할 수 없다. 직접적인 기록은 무엇 하나 전해지지 않는다. 기억을 더듬어도, 그런 사실을 가르쳐주는 연보는 어디에서도 찾을 수 없다. 그렇지만 애석하게도 인간의 역사는 놀라울만큼 짧다. 인간으로 발전하기 이전의 선조들 대다수는 이미 지상에서 사라지고, 오늘날 그들의 모습은 어디서도 찾아볼 수 없다. 우리의 선조에게는 이름도, 얼굴도, 그리고 자기과시라는 결점도 없다. 그들의 존재를 우리에게 전하는 단 하나의 가족 비사(秘史)도 남아 있지 않다. 아무것도 알려지지 않은 채 그들은 영원히 사라져 갔다.
― 칼 세이건 · 앤 드루얀,《잃어버린 조상의 그림자》중에서[72]

'언어', 곧 말하기가 우리 인간이라는 종(種)의 기적이라면 '기록', 즉

---

72. 《잃어버린 조상의 그림자 속에서》(김동광 외 옮김, 고려원, 1995), p. 14.

글쓰기는 그 기적의 오랜 목격자다. 기록된 말은 지속되지만, 진술된 말은 공중으로 날아가 버린다. 셰익스피어가 프로스페로의 입을 빌어 말했듯이 "허망한 광대극 모양 사라지고"[73] 마는 것이다. 지금으로부터 5000년 전 메소포타미아의 점토판 위에 처음 등장했던 때로부터 지금에 이르기까지, 글쓰기는 계속해서 숭상되어 왔다. 서력기원이 시작되기 직전, 이집트의 수도 테베를 여행했던 디오도루스 시켈로스는 이집트의 파라오 람세스 2세의 무덤 바깥에 있는 한 건물에 관해 기록해 놓았다. 그곳에는 그 시대로부터 11세기 이상 거슬러 올라가는 오래된 성전(聖典)들이 보관되어 있었다. 건물 문 위에는 이런 문구가 새겨져 있었다. "영혼을 치료하는 집."

문화가 발전함에 따라 책은 종교 의례의 지침 역할에만 그치지 않고, 실용적인 도구이자 계몽의 수단이 되었다. 글을 읽을 수 있는 능력은 소수의 현인이나 사제 계급을 넘어 사회의 여러 다양한 계층과 집단에까지 확산되었다. 기원전 3세기에 이르면 글을 읽을 수 있는 사람의 숫자는 물론이고, 읽을거리도 제법 많아졌다. 시라쿠사의 참주 아가토클레스에 의해 추방당한 시칠리아 출신의 역사가 티마이오스는 이후 50년 동안 아테네를 떠나지 않고 문헌 연구에 종사했다. 제정(帝政)시대 로마에는 40곳에 달하는 도서관이 있었고, 수요를 넉넉히 충족시킬 수 있을 정도로 도서 교역도 활발했다.

책의 대중화는 곧 책을 소유하려는 열망으로 이어졌다. 그런 열망은 고대 전체를 통해 널리 확산되었다. 유난히 중용과 절제에 큰 의미를 부여했던 고대 그리스인들조차도 오늘날의 도서수집가 못지않은 열의를 갖고 희귀한 책을 수집했다. 경쟁은 치열했고 사냥은 냉혹했다. 오늘날

73..《태풍》 4막 1장, 155행, 위의 책, p. 669.

에도 수집가들이 최우선으로 추구하는 '품질', 그러니까 책 상태의 양호함, 희귀성, 그리고 중요성 등은 지금으로부터 2500년 전에도 마찬가지로 추구의 대상이었다. 책에 열광하는 사람들은 예나 지금이나 비슷한 까닭에, 도서수집가들은 종종 철학자, 극작가, 풍자가의 조롱과 농담의 소재가 되곤 했다.

역사가 크세노폰(기원전 431~352)은 이른바 '아나바시스'—페르시아 왕위 쟁탈전에 참가했던 그리스 용병대의 철수 사건으로, 당시 지휘관이었던 크세노폰이 훗날 《아나바시스(進軍記)》라는 저서를 통해 자세한 전말을 기록했다—도중에도 책을 가득 넣은 상자를 갖고 다닌 것으로 유명하다. 또한 그는 소크라테스에 관한 책인 《회상록》[74]에서 시와 학문을 주제로 한 방대한 장서를 구축한 에우티데모스라는 인물에 대해 다음과 같은 이야기를 전하고 있다. 소크라테스가 말했다. "에우티데모스여, 부디 말해 주게나. 사람들에 따르면 자네가 이른바 현인(賢人)들의 저작을 방대하게 모아놓았다고 하더군. 그게 정말인가?" 에우티데모스가 답했다. "소크라테스여, 정말입니다. 저는 가질 수 있는 한 최대한의 책을 모아들일 작정입니다."

소크라테스가 말했다. "자네가 금이나 은보다는 지혜의 보고(寶庫)를 소유하고자 한다니 존경하고 싶군. 금이나 은 따위가 사람을 진정으로 보다 낫게 해주지 못한다는 걸 자네가 알고 있다는 증거가 아니겠나. 하지만 현인들의 생각을 담은 책을 소유하는 것만으로 덕이 풍부해질 수 있을까? 자네가 탁월하게 되기를 바라는 분야는 뭔가? 혹시 책을 모으는 일인가? 아니면 의사? 건축가? 수학자?" 소크라테스의 질문에 에우티데모스는 대답하지 못했다. 하지만 소크라테스는 멈추지 않았다. "그

---

[74] 우리말 번역본은 《소크라테스 회상》(최혁순 옮김, 범우사, 1976)이란 제목으로 나와 있다.

렇다면 천문학자인 게로군. 아니면 아마도 음유 시인? 자네가 호메로스의 모든 작품을 소유하고 있다고 들었는데 말이야."[75]

그로부터 100년 뒤, 아테네의 극작가 아리스토파네스는 〈개구리〉에서 비극작가 에우리피데스의 책을 향한 열렬한 사랑, 즉 많은 사람들이 찬양하는 취미를 도리어 조롱했다. 아리스토파네스의 희극 〈개구리〉는 기원전 405년에 레나에아 극 경연대회에서 1등상을 수상하기도 했다. 연극의 절정 부분에서는, 이미 세상을 떠난 아이스킬로스와 에우리피데스가 저승의 신 하데스 앞에서 누가 더 뛰어난 극작가였는지를 놓고 맞선다. 이때 제3의 경쟁자로 등장하는 소포클레스는 그들 두 사람이 서로의 작품을 놓고 꼬투리 잡으며 엎치락뒤치락 하고 있는 동안 영리하게도 슬쩍 물러나 지켜보기만 한다. 아이스킬로스와 에우리피데스는 상대방 작품의 구절, 문장 구성, 대화, 음악, 등장인물, 무대 장치, 지적인 깊이, 대사의 음절, 극적 휴지(休止) 부분 등에 이르기까지 모든 요소를 놓고 갑론을박한다. 그 와중에 지쳐버리고 짜증이 난 아이스킬로스는 일종의 막가파 식 폭로마저 서슴지 않는다. 에우리피데스가 노예 케피소폰에게 의지하여 극을 집필했다는, 근거가 희박한 소문을 은근히 입에 올렸던 것이다.

    자! 한 줄 한 줄씩 따질 필요도 없지. 다 덤비라고 해!
    그의 자녀, 그의 아내, 그의 케피소폰,
    그가 쌓아 놓은 엄청난 책들,
    나는 단 두 행만으로 그 모두를 이길 수 있으니까.

---

75. 위의 책, 제IV권 제3장.

매콜리 경이 "아티카 지방 최후의 위대한 웅변가이자 위트의 대가"라 평한 2세기의 풍자가 사모사타의 루키아노스의 작품 가운데는 《글을 모르는 책 애호가》라는 것이 있다. 루키아노스는 이 작품에서 어느 익명의 수집가를 향해 실체나 내실이 아닌 유행과 겉멋에만 빠졌다고 비판하고 있다. 그는 유명 인사들이 오래 소장하며 직접 적어 넣은 문구 등이 있는 이른바 수택본(手澤本)에 열광하는 사람들을 향해서도 조롱을 아끼지 않았다. "그대는 손이 닿는 대로 최상의 책들을 사 모음으로써, 고상한 문학적 취향을 지닐 수 있으리라 생각하겠지." 그의 신랄한 발언은 다음과 같이 계속된다.

그대는 데모스테네스의 저작은 물론이고, 그 웅변가가 직접 쓴 아름다운 투키디데스의 필사본 여덟 권을 모두 입수할 수도 있겠지. 나아가 술라가 아테네에서 이탈리아로 가져온 아리스토텔레스의 필사본조차도 전부 말이야. 하지만 말일세, 그 책들을 베개 밑에 놓고 잠들거나 찢어서 옷으로 만들어 입고 다니거나 해도, 실제로는 그런 교양의 끝자락에도 도달하지 못할 걸세. 원숭이는 언제까지나 원숭이라는 속담이 있지 않나? 원숭이가 금으로 치장한다 해도 원숭이는 원숭이인 법. 바로 지금 그대가 그렇다네. 손에는 늘 책을 들고, 또 그것을 늘 읽고 있겠지. 하지만 그게 어떻단 말인가? 정작 그대 자신은 한 치도 생각을 하지 않으면서 말일세. 그저 수금(豎琴) 타는 소리에 당나귀 같은 귀를 쫑긋 세우고만 있군 그래. 물론 책이야말로 더 없이 귀중한 물건일 거야. 그것을 갖고만 있어도 저절로 교양이 생겨나기만 한다면 말일세.

보르도에서 30년 동안 수사학을 가르친 것으로 알려져 있는 4세기의 라틴 작가 데키무스 마그누스 아우소니우스 역시 온 집안을 '급조한 장서'로 가득 채운 어느 부유한 친구를 조롱했다. "필로무수스여! 차마 들어설 자리조차 없을 정도로 책을 밀어 넣은 서재 때문에 그대는 자신을 학식 있는 사람이라 생각하나 보지. 하지만 책 사 모으는 것도 시들해지고 나면 어쩔 텐가? 이젠 갖가지 악기를 잔뜩 사서 모으기라도 한 텐가? 그렇게 하면 그대는 음악가가 되겠군 그래." 네로의 궁정에서 일하는 불운을 겪은 스토아 철학자이자 시인인 세네카는 지나치게 많은 책을 모으는 것을 가소롭게 여겼다. "수많은 책들, 완벽한 컬렉션이라고 해서 무슨 소용이 있겠는가? 그 주인이 기껏해야 평생 그 제목을 읽을 시간조차도 가질 수 없다면 말이다. 차라리 보다 적은 책에만 집중해야 한다. 그러니 이것저것 두서없이 섭렵하고 헤매지 말라." 오랜 세월이 지난 뒤, 또 한 사람의 시인이 비슷한 생각을 말했다. A. E. 하우스먼은 '애서가'를 가리켜 '바보 같은 부류'라고 일침을 가했던 것이다.

하지만 로마의 웅변가이자 정치가인 마르쿠스 툴리우스 키케로(기원전 106~43)는 이 문제에 관해 전혀 다른 견해를 갖고 있었다. 그가 이에 대한 자신의 견해를 밝힌 연설이야말로 고대 세계에서 이루어진 문학에 대한 찬사 가운데 가장 세련된 것이었다. 〈시인 아르키아스를 변호함〉이라는 제목으로 알려진 연설에서 키케로는 정치적인 이유로 시민권 박탈의 위험에 처한 그리스 출신의 시인 아르키아스를 변호한다. 기원전 62년에 법정에서 이루어진 그의 연설은 대부분 독서를 찬양하고 책에 경의를 표하는 내용으로 되어 있다.

> 모든 문학, 모든 철학, 모든 역사는 곧 고귀한 행동을 만들어내는 동기입니다. 하지만 만약 기록된 글을 통해 빛이 비추어지지 않는다면, 이러한 동기조차도 자칫 암흑 속에 묻혀 버릴 수도 있습니다. 저는 문학에 탐닉하는 사람으로서 아무 부끄럼 없이 고백하고 싶습니다. 저는 책이 너무 좋아 세상을 등지는 것조차도 마다하지 않을 겁니다. 저의 독서가 친구들의 선하고 훌륭한 행동에 어떻게 영향을 미칠 수 있을지는 잘 모릅니다. 저는 독서의 과실을 모든 이의 눈앞에 어떻게 펼쳐 보여야 할지도 잘 모릅니다. (……) 독서는 우리의

젊은 날에 신선한 자극을, 또한 노년에는 여유 있는 즐거움을 가져다줍니다. 독서는 우리를 성공적인 삶으로 이끄는 마법을 발휘하기도 하고, 우리가 실패했을 때 위안을 얻을 수 있는 천국을 만들어 주기도 합니다. 독서는 집에서는 크나큰 기쁨이요, 바깥에서는 아무 것도 방해하지 않습니다. 잠 못 이루는 밤에도, 모든 여행에서도, 시골에서 한가하게 보낼 때도, 독서는 우리의 가장 충실하고 믿음직한 동반자입니다.

키케로는 투수쿨룸에 있는 자신의 장원에 방대한 장서를 구축해 놓았다. 친한 친구이자 출판업자인 아티쿠스가 아테네에 살고 있을 때, 키케로는 그를 통해 평소 간절히 원하던 그리스 책을 구하고자 했다. 그가 기원전 67년에 쓴 한 편지를 보자. "부디 나를 위해 그대가 장서를 구해 주었으면 하네. 어떻게 하면 될지 진지하게 생각해보게나. 나는 그대의 친절에 나의 모든 희망을 걸고 있다네. 내가 은퇴했을 때 누리길 바라는 즐거움에 대한 희망을 말일세." 아티쿠스는 키케로가 요청한 책들을 기꺼이 구해 줄 수 있었다. 하지만 책을 구입하는 데 드는 비용이 키케로가 감당할 수 있는 한도를 크게 넘어섰다. 아티쿠스가 비용 문제에 관해 묻자 키케로는 시간을 좀 달라고 간청했다. "나는 노년을 위한 이 각별한 준비를 위해 내 작은 수입을 아끼고 또 아끼는 중이라네." 그로부터 1년 뒤, 키케로는 결국 책 구입을 포기하고 아티쿠스에게 더 이상 신경 쓰지 말라고 편지를 했다. 물론 언젠가는 반드시 그 필사본들을 구입할 수 있게 되리라는 열렬한 소망을 표현하긴 했지만 말이다. "그 책들을 잘 보관해두게. 나를 믿어주게. 언젠가 그 책들을 내 것으로 만들 수 있으리라는 믿음을 포기하지 말아 주게나. 뜻대로 성공한다면 나는 대부호 크라수스보다 부유하게 되고, 다른 모든 이들의 장원과 목초지를 내려다보게 될 테니까."

이집트의 클레오파트라는 후대의 많은 예술가, 작가들에게 다양한 모습으로 다가왔다. 초서에게는 여성다운 미덕의 모델이었고, 셰익스피어에게는 비극의 여주인공이었으며, 조지 버나드 쇼에게는 제멋대로인 말괄량이 소녀였다. 또한 여배우 클로데트 콜베르와 엘리자베스 테일러는 압도적인 미모로 남성을 홀리는 요부로 클레오파트라를 연기했다. 하지만 이렇게 다양하게 그려진 클레오파트라의 모습 가운데, 불안정한 시대에 지혜롭게 나라를 다스린 여성, 또한 지식의 가치를 예리하게 분별해내는 여성의 모습을 찾아보기는 힘들다. 기원전 45년에 클레오파트라가 로마를 방문했을 때, 키케로는 그녀가 알렉산드리아에서 관장하는 전설적인 컬렉션, 즉 문명 세계 전체가 선망하는 대상인 바로 그 컬렉션에서 몇 가지 중요한 책들을 빌릴 수 있을지를 무척이나 어려워하는 말투로 물어보았다. 그 컬렉션 가운데 일부는 클레오파트라와 율리우스 카이사르 및 마르쿠스 안토니우스의 관계에서 사소해 보이지만 무척 인상적인 구실을 했다.

 기원전 51년, 프톨레마이오스 12세의 딸이 18세의 나이에 클레오파트라 7세로 등극했을 때, 수도 알렉산드리아에 있는 대(大)도서관 겸 박물관은 무려 250년 가까이 발견과 학문의 등대 구실을 해오고 있었다. 대도서관은 전 세계의 지식을 한 지붕 아래 모을 수 있다는 원대한 포부 하에 클레오파트라의 마케도니아인 조상들이 건립한 것이었다. 그 조상들의 노력은 무척이나 주도면밀하게 이루어졌으며, 영광스럽고 풍부하기 짝이 없는 결과를 낳았다. 기원전 300년경부터 기원후 7세기까지, 알렉산드리아는 무려 9세기 동안 지적 영감의 장소였으며, 인간 성취의 무한한 가능성에 바쳐진 활기 넘치는 사원이었다. 알렉산드리아는 대규모 도서 보관소로서 비록 사상 최초는 아니었지만, 고대 세계에서 문자로 기록된 인류 사상을 모은 가장 방대한 컬렉션이었다는 점에서는 이론의 여지없이 가장 위대했다.

한때 알렉산드로스 대왕은 이집트를 장악한 직후에 자신의 이름을 딴 도시를 건설했고, 그곳에 문화적 위업을 이룩하기로 결심했다. 기원전 300년경, 궁정 성벽 안쪽에 왕실부속연구소라고 할 수 있는 '무세이온'—이는 '뮤즈'에게 봉사한다는 뜻으로, 훗날 '박물관(뮤지엄)'의 어원이 되었다—이 건립되었다. 시인, 역사가, 음악가, 수학자, 천문학자, 그 밖의 여러 과학자들이 왕실의 보호 아래 그곳에서 생활하고 연구할 수 있었다. 그 결과는 놀라운 것이었다. 알렉산드리아에서 에우클레이데스는 기하학의 원리를 연구했고, 프톨레마이오스는 천체를 그렸으며, 시인 겸 학자인 에라토스테네스는 지구 둘레의 길이를 계산했고, 테오크리토스는 최초의 목가시(牧歌詩)를 다듬었으며, 해부학자 헤로필로스는 심장 고동과 맥박의 관계를 분명히 인식했고 동맥과 정맥의 차이도 밝혀냈다. 또 발명가 크테시비오스는 물시계와 최초의 건반 악기[76]를 고안했고, 수학자 디오판토스는 대수학(代數學)을 발전시켰으며, 아르키메데스는 액체와 기체의 변화와 무게의 문제를 설명하는 이론을 다듬었다. 칼리마코스는 암시와 인유(引喻)가 풍부한 시 형식을 발전시켰고, 문헌을 분류하여 목록을 작성하고 보관하는 체계적인 방법을 도입했으며, 제노도토스는 입수할 수 있는 모든 텍스트를 비교, 검토하여 호메로스 서사시의 정본(定本)을 만들었다.

이렇게 창조적인 지적 성취가 이루어지기 위해서는 책이 필수품이었다. 기원전 295년, 프톨레마이오스 1세는 한때 아테네를 다스리기도 했던 데메트리오스 팔레레우스를 중용했다. 역사가 플라비우스 요세푸스에 따르면 왕은 그로 하여금 "사람이 거주하는 모든 땅의 책들을 모으도록" 했다. 데메트리오스를 돕기 위해 왕은 '지상의 모든 통치자들에게'

---

[76]. 이 악기는 수력(水力)으로 작동되는 오르간으로 추정된다.

편지를 보내 "시인, 산문가, 수사학자, 교사, 의사, 점술가, 역사가, 그 밖의 다른 모든 이들의" 논저를 제공해 줄 것을 요청했다.

왕은 아시아, 북아프리카, 유럽의 도시들로 수많은 사절을 파견하면서, 필요하다면 비용은 얼마가 들어도 좋다고 확언했다. 심지어 알렉산드리아에 입항하는 모든 외국 선박들은 두루마리나 필사본이 있는지 수색당하는 것이 관례가 되었다. 수색한 결과 무언가 주목할 만한 것을 발견하면 일단 압수하여 필사본을 만든 뒤, 원본은 대도서관으로 옮겨 보관하고 주인에게는 필사본을 돌려주었다. 팜필리아에서 알렉산드리아로 온 어느 의사가 지니고 있던 히포크라테스의 주요 논저도 바로 그런 방식으로 대도서관의 소장본이 되었다. 갈레노스에 따르면, 책을 그런 방식으로 입수하는 게 다반사였기 때문에, 그런 책들만 따로 '배의 책'이라는 명칭 아래 목록을 작성하여 정리했다고 한다. 또한 프톨레마이오스의 사절들은 아이스킬로스, 소포클레스, 에우리피데스 등의 극작품 원본을 아테네의 국가문서보관소에서 빌려왔다. 사절들은 안전하게 반환하겠다는 조건의 보증금으로 문서보관소 측에 은 15탤런트[77]를 맡겼다. 그러나 보증금도 소용없었다. 훗날 아테네로 반환된 문헌들은 원본이 아니라 필사본이었던 것이다.

문헌을 입수하는 것에서 모든 게 끝난 건 아니었다. 입수한 문헌을 활용할 수 있어야 했기 때문에, 새로운 서지학 기법이나 번역 등이 제도화되었다. 알렉산드리아에 살던 아리스테아라는 이름의 유대인은 데메트리오스가 프톨레마이오스 왕을 설득하여 중요한 유대 율법서들을 입수했다고 기록해 놓았다. 하지만 입수한 문헌을 활용하려면 해결해야 할

---

[77].. '탤런트' —신약성서의 '달란트' —는 화폐 단위가 아니라 금이나 은의 무게를 나타내는 단위였다. 따라서 지금의 화폐 가치로 어림잡아 계산하면 15탤런트는 약 2억 원에 해당한다.

문제가 있었으니, '예상과 달리 그 문헌들은 시리아어가 아니라 히브리어로 기록되어 있었고, 그 두 언어는 완전히 달랐기 때문'이었다. 보고를 받은 왕은 직접 명령을 내려 72명의 학자들로 하여금 히브리어를 그리스어로 번역하게 했다. 그렇게 번역되어 성립된 그리스어 문헌은 역사상 최초의 그리스어 구약성서로, 일명 '셉투아긴트', 즉 '70인 역'이라 불리는 성서가 되었다.

기원전 250년경, 회의주의 철학자이자 풍자 작가인 필리오스의 티몬은 알렉산드리아라는 명칭을 사용하지는 않으면서 이렇게 말했다. "사람들로 북적대는 이집트의 땅. 그곳에는 책에만 몰두하는 필사자라는 종족이 있다. 그들은 무세이온의 동굴 속에서 평생을 바쳐가며 글자를 적고 또 적는다."

이후 페르가몬 왕국, 즉 알렉산드리아에서 수백 킬로미터 떨어진 소아시아 북서부에서 또 하나의 도서관이 에우메네스 1세의 열성적인 후원으로 이룩되자, 그때부터 두 도시의 도서관 사이에는 활발한 경쟁이 시작되었다. 두 왕국 모두 막대한 부를 누렸기에 비용은 문제될 것이 없었고, 그 결과 수입이 제법 짭짤한 위조 문헌 제작 및 거래업이 생겨나기도 했다. 페르가몬 측은 그 때까지 알려진 것들보다 훨씬 더 풍부한 데모스테네스의 작품 컬렉션을 입수했노라고 자랑스레 공언했다. 특히 그 중에는 데모스테네스의 연설 가운데 이제껏 기록되지 않았던 새로운 것들도 포함된 것으로 알려져 큰 화제를 불러 일으켰다. 하지만 머지않아 알렉산드리아의 어느 식견 높은 학자가 그 '발굴된 작품'은 실상 람프사코스의 아낙시메네스가 남긴 연설문을 '완전히 그대로 베낀' 것이라는 사실을 밝혀냈다.

두 도서관 사이의 치열한 경쟁은 소(小) 플리니우스의 책에서 이른바 마르쿠스 바로가 언급한 것으로 나오는 일화에 잘 나타나 있다. 바로는 카이사르 시대에 로마 최초의 공립도서관장으로 일한 학자다. 당시 파피루스의 최대 생산지였던 이집트의 프톨레마이오스 5세(기원전 205~185 재위)는 페르가몬의 에우메네스 2세(기원전 197~159 재위)에게 파피루스를 수출하지 못하게 명을 내렸다. 페르가몬에서는 파피루스가 없으니 두루마리를 만들 수가 없었고, 결국 두루마리가 없으니 필사본을 만들 수 없었다. 그러나 알렉산드리아 측의 조치는 경쟁 도서관을 무력하게 만드는 데에는 실패했다. 오히려 그로 인해 양과 염소의 가죽을 가공해서 만드는 내구성이 뛰어난 새로운 필사 재료, 즉 피지(皮紙) 생산을 촉진시키는 결과를 낳았던 것이다. 물론 비용과 노고가 많이 드는 피지 제작 과정이 페르가몬에서 처음 고안되었다는 스트라보의 주장에 동의하는 학자는 오늘날 찾아보기 힘들다. 예컨대 디오도루스 시켈로스는 고대 페르시아인들이 국가 기록물을 피지에 작성했다고 언급했으며, 요세푸스는 유대인들도 피지에 기록했다고 주장했다. 하지만 적어도 페르가몬에서 피지 제작 기술이 '발명' 되지는 않았더라도 최소한 '개선' 된 것만은 분명하다. 사실 피지(皮紙)를 의미하는 영어 '파치먼트' 는 '페르가몬으로부터' 라는 중세 라틴어에서 유래되었기 때문이다.

물론 페르가몬 측도 이 상황에서 완전히 손을 놓고 있었던 건 아니다. 에우메네스 2세는 당시 알렉산드리아 도서관장으로 있던 비잔티움의 아리스토파네스에게 한 가지 제안을 했다. 알렉산드리아 도서관장직을 사임하고 페르가몬으로 와서 도서관장직을 맡아달라고 제안했던 것이다. 그러나 이 사실을 알게 된 프톨레마이오스 5세는 아리스토파네스를 체포하여 투옥시켜 버렸다.

두 도서관 사이의 경쟁은 당시 그 어떤 문헌보다도 더 귀중한 문헌을 놓고 가장 극명하게 벌어졌다. 그 문헌이란 고대 세계에서 영향력이 가장 막강했던 학자, 즉 아리스토텔레스가 남긴 개인 문서였다. 아리스토텔레스의 컬렉션은 논저뿐만 아니라, 그의 제자 알렉산드로스 대왕이 스승의 연구를 돕기 위해 특별히 명령하여 수집한 다양한 자료들도 포함하고 있었을 것이다. 알렉산드로스는 예전의 스승에게 자신이 점령한 아시아와 아프리카의 야생 동물을 비롯한 각종 이국적인 표본들을 대량으로 제공했던 것이다. 훗날 아리스토텔레스의 장서는 그가 아끼던 제자 테오프라스토스에게 전해졌고, 테오프라스토스의 손에서 다시 그의 동료인 넬레우스에게 전해졌다. 넬레우스는 스승의 장서를 팔라는 거듭되는 요청을 거부했다. 물론 프톨레마이오스 왕의 비위를 맞추기 위해 비교적 덜 중요한 문헌들을 넘겨주기는 했지만, 중요한 두루마리들은 자신의 상속인들에게 물려주고 집 근처 동굴 속에 감추어 보관토록 했다.

지리학자 스트라보(기원전 64~기원후 19)는 이렇게 썼다. "책들은 습기와 벌레에 손상된 상태로 테오스의 아펠리콘테스에게 팔렸다. 그는 철학자라기보다는 수집가였다. 그는 아리스토텔레스의 논저에서 손상된 부분을 복구시키려 애썼지만, 애석하게도 실력이 뛰어난 학자는 아니었던 탓에 오히려 텍스트를 부적절하게 다듬어 결함을 늘려놓고 말았다." 아펠리콘테스는 시대를 막론하고 서지학자라면 누구나 비판해 마지않을 터무니없는 짓을 했다. 원본에서 벌레가 먹어 공란이 된 부분에다가, 자기 나름대로는 아리스토텔레스가 그렇게 썼으리라 추측되는 단어나 문장을 집어넣었던 것이다. 아펠리콘테스가 저지른 사실상의 위조 행위는 19세기의 문서 위조범이었던 윌리엄 헨리 아일랜드가 이른바 '실전(失傳)된' 셰익스피어의 작품을 집필하려 했던 것에 견줄 수 있을 것이다.[78] 물론 그런 수난을 겪었지만 아리스토텔레스의 문헌이 여전히 높은 가치를 지닌 것임에는 틀림없었다. 하지만 '철학자라기보다는 수집가였다'던 사람의 이야기는 여기에서 끝나지 않는다. 아펠리콘테스는 훗날 아리스토텔레스의 책들을 그 고향이라 할 아테네로 가져가 마치 자기가 얻은 트로피처럼 전시하며 자랑했다. 포시오니우스의 말에 따르면, 아펠리콘테스의 장서에는 아리스토텔레스 외에도 다른 많은 저자들의 작품이 포함되어 있었다고 한다. 그리고 최소한 한 차례 이상, 아펠리콘테스는 아테네의 국가문서보관소에서 공문서를 훔친 혐의로 고소당했다.

포시도니우스가 아펠리콘테스의 장서에 관해 기록해 놓은 바에 따르면, 로마의 집정관 술라가 기원전 86년 아테네를 공격했을 당시에 중요한 약탈 목표 가운데 하나가 바로 그 장서였다. 술라는 그 장서를 압수해 로마로 옮겼고, 그 덕분에 키케로, 아티쿠스, 티라니온 등을 비롯한 로마의 많은 저명한 학자들이 그 장서를 활용할 수 있었다. 하지만 술라의 사후에 문제의 장서는 씀씀이가 헤펐던 아들 파우스투스에게 전해지고 말았다. 훗날 큰 빚을 진 파우스투스는 장서를 모조리 팔아버렸고, 결국 그때 이후 아리스토텔레스의 책들은 역사에서 영원히 사라져버리고 말았다.

기원전 47년, 율리우스 카이사르가 알렉산드리아 항구에 정박해 있는 함대에 불을 질렀다. 자신이 알렉산드리아를 지배하는 것에 반대하는 마케도니아인들이 공격해 오는 것을 막기 위해서였다. 그 결과 큰 불길이 바람결에 옮겨 붙으면서 항구 인접 지역이 화마(火魔)에 휩싸였고, 그 와중에 대도서관도 마찬가지로 피해를 입었다. 그러나 대도서관은 이후에도 여러 세기 동안 제 기능을 발휘했기 때문에, 당시 카이사르의 책임을 지나치게 추궁하는 건 적절치 않아 보인다. 비록 화재로 인한 피해가 있

---

78. 당시 17세였던 윌리엄 헨리 아일랜드는 몇 년 전부터 셰익스피어의 필체를 그럴듯하게 흉내 내 편지와 서류 등 여러 가지 문서를 위조한 전력이 있었다. 1796년에는 아예《보티건과 로웨나》라는 작품을 직접 쓴 뒤에, 실전된 셰익스피어의 작품을 발견했다고 주장하여 일대 소동을 일으켰으나 곧이어 위작이라는 사실이 드러났다. 그의 위조 문서는 현재 대영박물관에 전시되어 있다.

었다고 해도 미미한 것이었을 가능성이 높다. 가령 그로부터 22년 뒤에 알렉산드리아를 방문한 스트라보조차도 그 재난에 관해서는 언급하지 않았을 정도였으니까. 카이사르 자신도 《내란기(內亂記)》에서 그 사건에 관해 언급하지 않았다. 더군다나 카이사르와 정치적 경쟁 관계였고 대단한 서적 애호가였던 키케로라면 그런 일에 관해 반드시 언급할 만한데도, 그 역시 자신의 논저에서 일언반구 언급하지 않았다.

다만, 그 당시에 항구의 로마군 병영에 무려 4만 점에 달하는 파피루스 두루마리가 보관되어 있다가 그만 소실되고 말았다는 설득력 있는 증거가 있다. 4만 점이라면 분명 적지 않은 숫자이기는 하지만, 대도서관 소장 문헌 전체 숫자인 70만 점에 비교하면 꼭 많다고만 보기도 힘들다. 문제의 4만 점이 무엇이었는지, 그리고 왜 하필이면 항구의 창고에 보관되어 있었는지를 따져보면, 혹시 카이사르가 대도서관 소장 문헌을 선별하여 로마로 옮기기 위해 별도로 보관했던 건 아니었을까 하는 추측이 가능하다. 카이사르는 이집트를 원정하던 무렵, 마르쿠스 바로로 하여금 로마에 공립도서관을 세우게 했다. 그러고 보면, 아마 알렉산드리아 항구 창고에 보관했던 책을 새로 들어설 로마 공립도서관의 핵심 컬렉션으로 삼고자 했을 가능성도 있다. 또는 개인 장서를 구축하려는 로마인들의 열망을 감안할 때, 카이사르 자신의 개인 장서를 위해 선별된 문헌들이었을 가능성도 있다. 카이사르는 그리스어에 능숙했고, 그리스 문학과 철학을 애호했다. 수에토니우스에 따르면, 카이사르가 죽을 때 남긴 말은 셰익스피어가 《줄리어스 시저》에 쓴 대사처럼 라틴어 '엣 투, 브루투스(너마저도, 브루투스)'가 아니라 그리스어 '카이 수 테크논(너마저도, 나의 자식이여)'이었다. 정복한 나라의 귀중한 문화유산을 약탈하곤 했던 로마인들의 성향을 감안할 때 알렉산드리아에서도 상황이 다르진 않았을 것 같고, 더구나 그야말로 최고의 문헌들 가운데서도 가장 귀중한 것

115

들만을 가려 뽑을 수 있는 기회를 그냥 지나치지도 않았을 것이다. 고대사 관련 문헌 수집가이자, 현재 텍사스 대학 오스틴 캠퍼스에서 소장하고 있는 5만 권 규모의 '비블리오테카 파소니아나', 즉 '파슨즈 장서'의 설립자인 에드워드 알렉산더 파슨즈(1878~1962)는 비록 확실한 증거가 없고 정황상의 추정이기는 하지만 위와 같은 시나리오를 사뭇 자신 있게 밀어붙였다.

파슨즈는 고대 알렉산드리아 대도서관 건물에서 어느 날 밤에 일어난 일을 다음과 같이 상상했다. 자부심으로 가득한 대도서관 직원들은 어느 유력인사의 방문에 앞서 소장 문헌을 그 중요도 여부에 따라 다시 정리했다. 그 유력인사는 그날 밤 장군이 아니라 최고의 지식인이 되고 싶어 했다.

잠시나마 카이사르는 정치가, 군인, 그리고 세계를 지배하는 독재자가 아니었다. 그의 마음과 두 눈은 다시 한 번 청년 시절의 열정으로 가득했다. 그는 학생이자 학자였으며, 지식을 열렬히 추구하는 사람이자 책을 사랑하는 사람이었다. 대도서관 직원들은 카이사르의 날카로운 질문에 답하느라 진땀을 흘렸고, 카이사르가 지닌 문헌학적 지식의 깊이와 진지한 관심에 크게 놀랐다. 이를 지켜보던 클레오파트라는 가만히 미소 지으며 자신이 해야 할 일이 무엇인지를 정확히 간파했다. 그 어떤 대가를 치르더라도 자신의 연인이자, 이 세계의 주인인 이 남자를 기쁘게 해 주어야 한다는 것을 말이다. 카이사르의 흥미가 최고조에 달해 눈앞의 문헌들을 향한 욕망이 두 눈에 가득 어릴 무렵, 남자의 마음을 누구보다도 잘 아는 클레오파트라는 때가 되었음을 직감했다. 카이사르의 생각을 정확하게 읽어 낸 클레오파트라는 그가 살펴보고 있는 귀중한 필사본들을 그에게 선물하려 했다. 카이사르는 짐짓 예의 바르게 사양했지만, 클레오파트라는 거듭 권하며 자신의 뜻을 굽히지 않았다. 결국 카이사르는 자신이 이미 충분히 예의를 표했다는 느낌이 들어 못 이기는 척 클레오파트라의 호의를 받아들였다. 그 위대한 컬렉션 가운데 유난히 카이사르의 마음에 들었던 귀중본들을 포장하라는 명령이 내려졌음은 물론이다.

화재 사건 이후 2년이 지나지 않아 카이사르는 세상을 떠났고, 클레오파트라는 알렉산드리아로 돌아와 자신의 왕국을 로마의 통제에서 벗어나게끔 하려 했다. 대도서관은 계속 제 기능을 발휘했으며, 플루타르코스의 이야기가 정확하다면 기원전 41년에 들어서는 새로운 구애자 덕분에 오히려 형편이 훨씬 더 나아졌다. 클레오파트라의 호감을 사기 위한 적절한 방법을 찾던 마르쿠스 안토니우스가 페르가몬의 도서관에서 20만 권의 '중요한 문헌'을 압수해 알렉산드리아로 옮기도록 했던 것이다. 페르가몬은 카이사르 암살에 이어 벌어진 내전(內戰) 당시 브루투스와 카시우스 편을 든 도시이기도 했기 때문이다. 브루투스와 카시우스 등이 주도하던 공화파는 기원전 42년 필리포스에서 궤멸되었고, 그로 인해 페르가몬 역시 값비싼 대가를 치러야 했던 것이다.

알렉산드리아와 페르가몬의 경쟁은 비극적으로 끝났지만, 이후에도 로마에서는 도서수집이 계속 활발하게 이루어졌다. 세네카는 방대한 장서를 구축하여 부를 과시하려는 사람들을 지탄하기도 했다. 어느 늙은 귀족은 독특한 방식으로 자신의 문학 애호를 표현한 것으로 전해진다. 그는 다른 사람들처럼 '무수한 책을 사들이는' 대신, 학식을 갖춘 노예들을 대거 사들였다. 즉, 노예들 각각이 고전 작품 한 종의 걸어다니는 판본이 되는 셈이었다. 예컨대 한 노예는 〈일리아드〉나 〈아이네이스〉를 암송하고, 다른 노예는 핀다로스의 〈서정시〉를 암송하는 식이었다. 그리하여 모든 저자가 고유의 목소리를 갖는 셈이었다. 로마의 도서수집가들 가운데 둘째가라면 서러워할 인물로는 황제 고르디아누스 2세(192~238)가 있다. 그의 도서관에는 6만 2,000권의 장서가 소장되어 있었다.

그는 학문적인 저술도 많이 남겼지만, 22명에 달하는 처첩을 거느린 인물이기도 했다. 언뜻 생각하기에는 서로 어울리지 않는 그의 이런 두 가지 관심사를 역사가 에드워드 기번이 그냥 지나칠 리 없었다. "22명의 처첩과 6만 2,000권의 장서. 이는 그의 기질과 취미가 무척 다양했음을 말해준다. 그가 남긴 생산물들은 전자의 경우든 후자의 경우든, 겉치레나 과시가 아니라 제법 쓸모 있는 것들이었다고 볼 수 있다." 기번은 주석 부분에 이렇게 덧붙였다. "고르디아누스는 각 처첩 당 서너 명씩 자녀를 낳았다. 물론 그가 저술 분야에서 낳은 것들은 그보다 적었지만, 그렇다고 한심한 수준이라 할 수는 없다."[79]

기원후 2세기경, 로마는 출판 세계의 본부로서 굳건한 위치를 점하고 있었다. 책 수요는 꾸준했고, 필사에 능숙한 노예 노동력도 풍부하여 비교적 저렴한 비용으로 책을 만들 수 있었다. 인쇄기가 없었기 때문에, 시설비나 교정비도 들지 않았다. 저자가 쓴 작품은 곧바로 책방으로 옮겨진 다음, 필사자들의 노동을 거쳐 책으로 만들어졌던 것이다. 시인 마르티알리스에 따르면 그 모든 일이 단 하루 안에 마무리될 때도 종종 있었다. 수사학자 퀸틸리아누스는 신속한 작업 진행을 고맙게 생각한 나머지, 자신의 저서 《웅변가 교육》을 출판업자인 트리폰에게 헌정했다. 마르티알리스는 풍자시를 담은 자신의 첫 책이 한 권당 5디나르[80]의 적절한 가격에 판매되었다고 기록해 놓았다. 키케로는 당시 가장 유명한 출판업자 아티쿠스에게 이런 편지를 보냈다. "리가리우스에 관한 내 글이 무척 잘 팔렸다고 하더군. 앞으로 나올 작품도 그렇게 해주기를 믿어 의심치 않네." 소(小) 플리니우스는 동료 시민인 레굴루스가 아들을 잃은

---

[79] 《로마제국 쇠망사 I》(김영진 옮김, 대광서림, 1994), p. 238.
[80] 고대 로마의 은화 단위.

뒤 허세를 부려 애도한 것을 비판했다. "그는 애도 연설문을 작성하여 로마의 공중 앞에서 연설하는 것에 만족하지 않았다. 심지어 연설문을 수천 부나 필사하여 각 지방 곳곳에 배포하기까지 했다."

529년, 아테네의 아카데미아가 문을 닫았다. 그리스가 유럽 문화를 이끄는 주도권을 상실했음을 뜻하는 사건이었다. 그러나 나폴리 근처 몬테카시노에서 베네딕투스라는 학식을 갖춘 수도사가 수도원을 세우고 고대 문헌을 필사하는 엄격한 규칙을 정했다. 그로부터 111년 뒤, 알렉산드리아가 사라센 병사들에게 함락되었을 때에도, 지식의 보전에 있어 핵심 구실을 한 중세의 이 기관은 자신들의 임무에 전념하느라 바빴다. 사라센군의 사령관 아므르 이븐-알-아스는 메소포타미아에 있는 자신의 군주 오마르에게 보고했다. "서방의 커다란 도시를 정복했습니다. 무슬림들은 승리의 달디 단 과실을 갈망하고 있습니다." 이후 사령관은 아리스토텔레스 작품의 주석가이자 기독교인이었던 요한 필로포누스와 친교를 맺었다. 필로포누스는 알렉산드리아 도서관의 책을 무사히 보호해 달라고 사령관에게 간청하며 이렇게 말했다. "당신들이 그것을 소유할 수는 있다 해도, 어떻게 사용하는지는 모를 겁니다."

사령관은 이 문제에 관해 오마르의 지시가 필요하다고 보고 메소포타미아로 부하를 보냈다. 그러나 오마르의 지시는 이러했다. "책 내용이 알라의 책[81]과 부합된다면, 그런 책은 없어도 될 것이다. 왜냐하면 이미 알라의 책만으로 충분하고도 남음이 있으니 말이다. 하지만 책 내용이 알라의 책과 어긋난다면, 그런 책은 더 이상 보전할 필요가 없을 것이다. 그러니 하나도 남기지 말고 파괴해 버려라." 당시 알렉산드리아에는 물을 데우는 난로 시설이 잘 갖추어진 공중 목욕장이 4,000여 개나 있었다

---

81. 코란을 말한다.

고 한다. 13세기 아랍의 역사가 이븐 알-키프티에 따르면, 그 당시 알렉산드리아 전체 주민이 무려 6개월 동안 물을 데워 사용할 수 있을 정도로 많은 양의 피지(皮紙)와 파피루스가 땔감으로 배분되었다고 한다.

로마 제국이 쇠락하고 야만족들이 유럽 전역을 휩쓸고 다니자, 고대 문학은 이제 무의미하고 무가치하게 되어버렸다. 6세기에 투르의 주교 그레고리우스는 "시인들의 거짓 이야기를 멀리하라"고 권고하면서 "글을 연구하는 학문은 죽어버렸다"고 공언했다. 하지만 비록 가느다랗긴 했지만 학문의 명줄은 끊어지지 않고 계속 이어졌다. 특히 6세기 로마의 두 학자, 즉 보이티우스와 카시오도루스가 바로 그런 명줄이었으니, 그들을 통해 많은 고전 저작들이 간신히 망각의 강을 건너지 않을 수 있었다.

보이티우스(480~524?)는 그리스 언어와 문학을 연구한 최후의 로마인인 동시에, 후세를 위해 아리스토텔레스의 논리학 논저를 해석한 최초의 인물이기도 했다. 그는 종교적으로 비정통적인 입장 때문에 투옥되었다. 그는 이탈리아의 동(東)고트 왕 테오도리쿠스를 섬겼지만 신성 모독과 반역 혐의로 고발당한 끝에, 상아와 유리로 된 벽장식이 있는 자신의 유명한 서재를 강제로 떠나 파비아의 감옥으로 향해야 했다. 524년에 감옥에서 처형되기를 기다리는 동안, 그는 《철학의 위안》이라는 작품을 썼다. 모두 13가지나 되는 서로 다른 운율을 구사한 39편의 짧은 대화체 운문으로 이루어진 《철학의 위안》은 고대 작가와 철학자들에 바치는 찬사이기도 했다. 그로부터 800년 뒤, 단테는 《신곡》에서 네 번째 천국에 보이티우스를 위한 자리를 마련했다. 그리고 1535년에는 토머스 모어 경이 런던탑에서 역시 처형의 순간을 기다리는 동안 《철학의 위안》을 읽고 평안을 얻었다.

카시오도루스는 540년대까지 비서, 친위대 장관 등 여러 요직을 거치며 보이티우스와 마찬가지로 테오도리쿠스를 섬긴 인물이다. 이후 그는 학문 연구에 힘쓰면서 기독교 신앙인으로서의 삶을 살았다. 그는 고트족의 역사와 일곱 가지 학예[82]에 관한 논저를 집필했다. 하지만 그의 가장 중요한 공헌은 필사본의 필사 작업 과정을 공식화한 데에 있다. 카시오도루스가 정한 작업 규칙은 몬테카시노 수도원의 창립자이자 베네딕투스 수도회의 설립자인 베네딕투스에 의해 계승되었다. 카시오도루스의 규칙에는 독서가 핵심적인 과제로 포함되어 있다. 베네딕투스가 설립한 수도원의 필사실(筆寫室)은 다른 수도원들의 모델이 되었으며, 고대 작품을 보전하는 중요한 기술을 제공했다.

조지 헤이븐 퍼트넘은 중세사를 기술한 저서에서 "카시오도루스야말로 베네딕투스회에 문화적 동력을 제공한 인물이었다"고 지적했다. "이탈리아의 황폐해진 옛 도서관들에서 구해 낸 그의 필사본 컬렉션들 덕분에 이후 수많은 수도원 필사자들이 펜촉을 바삐 놀려야 했다." 서양 고전학의 역사에 관한 획기적인 저서를 남긴 존 에드윈 샌디스 경은 카시오도루스와 보이티우스를 다음과 같이 비교했다. "보이티우스의 시선이 오래된 고전 시대의 쇠락을 서글프게 되돌아보는 눈길이었다면, 카시오도루스의 시선은 기독교 중세의 여명을 내다보는 시선이었다." 그들 두 사람은 "위대한 과거의 전통이 야만의 폭풍을 만나 완전히 스러져버리지 않도록 했다"는 점에서 영원불멸에 가까운 명성을 부여받을 만하다. 중세를 이른바 '암흑시대'로 규정하면서 그 기간 동안 지성이 긴 잠에 빠졌던 것으로 보기도 하지만, 그럼에도 불구하고 지성의 맥박은 여전히 살아 있었다. 19세기에 이루어진 영향력 있는 연구서인 《고대에서 근대까지 도서 전래의 역사》를 저술한 영국의 역사가 아이작 테일러는 이렇게 주장했다. "그 시대를 통해 이성은, 비록 방향을 잘못 잡을 때도 있었

---

[82] 문법, 논리학, 수사학, 산수, 기하, 천문, 음악을 말한다.

지만, 결코 잠들지는 않았다. 철학은 활력을 잃었다기보다는 당황한 처지였고, 학문은 비록 감금당했을지언정 완전히 잊혀지지는 않았다."

1300년대 초, 몽펠리에 대학에서 법학을 공부하던 15세의 학생 프란체스코 디 페트라코의 아버지는 아들 때문에 걱정에 빠졌다. 프란체스코의 아버지 피에트로 디 페트라코는 단테와 마찬가지의 정치적 이유로 피렌체에서 추방당한 서기였다. 그는 자신의 아들이 법학 공부를 게을리 하면서까지 고대 라틴 작가들의 금서를 읽는 데 몰두하자 크게 걱정했던 것이다. 피에트로는 어느 날 아들의 숙소를 불시에 방문했다. 수상한 책들이 아무렇게나 널려 있는 아들의 방을 본 그는 당장 그 책들을 불 속에 집어넣어 버렸다. 그 광경을 지켜보는 아들의 히스테리컬한 반응에 놀란 피에트로는 이윽고 불 속에서 두 권의 검게 그을린 책을 도로 꺼내 아들에게 건네주었다. 베르길리우스의 장편 서사시 《아이네이스》와 키케로의 수사학 및 변론술 논저인 《토피카》였다. 그는 아들에게 말했다. "첫 번째 책은 가끔씩 마음의 휴식을 갖는 데 도움이 될 거다. 두 번째 책은 법학 공부에 도움이 되겠지."

그로부터 여러 해가 지나 프란체스코 디 페트라코, 아니 이제 '페트라르카'는 당시 자기가 '불구덩이에서 되살아난 그 친구들'을 황송하고 고맙기 그지없게 건네받았다고 회상했다. 페트라르카는 가족들을 안심시킬 요량으로 일단 자신의 때가 오기를 기다리며 볼로냐 대학에서 법학을 열심히 공부했다. 그리고 1326년에 아버지가 세상을 떠나자 법률가가 되는 길을 버리고 학자, 시인, 그리고 탁월한 지식인의 길을 택했다. 열렬한 애국자이기도 했던 그는 군주와 추기경들의 자문에도 응했고, 이탈리아 인문주의를 태동시킴으로써 '학예의 부흥', 즉 르네상스보다도 200년 앞서 그 서막을 장식했다. 페트라르카는 최초의 근대인으로도 일컬어진다. 고대 작가들의 실전(失傳)된 문헌을 찾는 데도 열심이었던 그는 수도원 소장 필사본의 수집가로서도 높은 명성을 누렸다.

학문 연구에 본격적으로 뛰어들 무렵 페트라르카는 우연히 고전 작품들의 목록을 발견했고, 많은 걸작들이 사라졌다는 걸 알게 되었다. "내 그 위대한 이름들을 그토록 간절히 떠올릴 때마다, 저 암흑의 시대에 저질러진 악을 말하지 않을 수가 없구나. 아무것도 내놓지 못한 불모의 처지를 부끄러워할 줄 몰랐도다. 우리 선조들의 비범한 재능의 결실을 완전히 파괴하고 말았도다. 우리 선조들이 그 암흑 속에 힘겹게 깨어 이룩한 책들을 버렸도다. 아무것도 내놓지 못한 그 시대는, 제 아비의 유산을 탕진하기를 부끄러워 할 줄 몰랐도다."

페트라르카는 아비뇽의 교황청[83]에서 일하면서 여러 수도원에 드나들 수 있었고, 다른 사람들에게도 필사본을 찾아주기를 간절히 부탁하곤 했다. 1346년경 그는 한 친구에게 보낸 편지에 이렇게 적었다. "그대가 나를 아낀다면 부디 학식을 갖춘 믿을 만한 사람들을 찾아, 그들로 하여금 토스카나를 샅샅이 뒤지게 하게. 수도사들의 책장은 물론이고, 다른 모든 학자들의 책장도 예외는 아닐세. 타는 목마름 같은 나의 이 열망을 잠재워 줄, 아니 혹은 더 뜨겁게 달구어 줄 그 무엇이 있는지 찾아보게 하란 말일세."

같은 편지에서 페트라르카는 자신이 "다행스럽게도 신의 자비로, 거의 모든 인간의 욕망으로부터 완전히는 아니더라도 대부분은 자유로울 수 있었지만, 도저히 다스릴 수 없고 채워지지도 않는 욕망 하나를 여전히 갖고 있다"고 고백했다. 그것은 다름 아니라 책을 향한 욕망이었다.

---

[83] 이른바 '아비뇽 유수'로 인해 1309년부터 1377년까지 로마 교황청이 프랑스의 아비뇽으로 이전되어 있었기 때문이다.

그는 "책을 흡족하게 입수할 수 없다"는 욕구 불만에 시달리면서도, 자신이 "이미 필요한 것 이상으로 많은 책을 갖고 있다"는 사실은 인정했다.

책도 다른 모든 것들과 마찬가지라네. 다행히 어떤 책을 찾는 데 성공하면 곧바로 더 많은 책, 즉 아직 찾지 못한 책을 향한 욕심으로 또다시 치닫곤 하니 말일세. 하지만 책에 관해서는 무언가 훨씬 더 특별한 것이 있다네. 고관대작이 입는 화려한 옷, 금은보화, 휘황찬란한 대리석 건물, 잘 손질된 경작지, 훌륭한 그림, 좋은 마구(馬具)를 갖춘 명마, 그런 모든 것들은 단지 한 순간 지나가는 기쁨에 봉사할 뿐이야. 하지만 책은 다르지. 책은 친절한 말과 따뜻한 조언으로 마음을 훈훈하게 해줄 수 있거든. 책은 그렇게 우리들과 더 없이 친밀해진다네. 뚜렷하고 생생하게 말이야.

페트라르카는 밀라노, 파도바, 만토바, 페라라, 파르마, 베네치아 등을 여행하면서 고대 건축물과 유적지 등을 조사했다. 그는 멀리 수도원이 눈에 들어오기 시작할 때마다 아찔할 정도의 흥분과 기대감으로 한껏 고무되었다. "나는 한시도 지체하지 않고 곧바로 그곳을 향했다. 내가 그토록 욕심 부리며 찾던 작품들을 발견할 수 있을지도 모른다는 기대를 안고 말이다."

그가 간절히 원했던 것들 가운데는 키케로의 실전(失傳)된 문헌도 있었다. 그는 1333년에 파리, 북해 연안 저지대, 그리고 독일 지역을 여행하던 중에 리에주에서 키케로의 연설문을 두 점 발견했다. 그 가운데 하나가 바로 〈시인 아르키아스를 변호함〉이었다. 베로나에서 책 사냥을 하는 동안 그는 키케로의 〈아티쿠스에게 보내는 편지〉를 비롯하여, 키케로가 동생인 퀸투스[84]에게 보낸 편지, 브루투스 등에게 보낸 편지 등을 수록한 대형 필사본을 발견했다. 페트라르카가 정말 '뜻밖의 장소에서' 발굴했을 당시, 그 코덱스 제본의 상태는 엉망이었다. L. 폴 윌킨슨이 지적한 바에 따르면, 결국 페트라르카가 새로 작성한 필사본이야말로 루소의 《고백록》에 견줄 수 있는 진솔한 고대 서간문의 유일무이한 출처가 된 것이다. 페트라르카는 그 큰 책을 자신의 가장 귀중한 소유물로 여기면서 별도로 소중히 보관했다. 그는 워낙에 커서 다루기가 거북살스러운 그 책에 종종 발이 걸려 넘어지는 바람에 심한 타박상을 입거나 정강이에 염증이 생기기까지 했다. 그는 고대 작가들에게 보내는 편지 형식을 빌려, 자신의 발견으로 인한 감격을 사뭇 열정적으로 표현했다. 예컨대 마르쿠스 툴리우스 키케로에게는 이렇게 썼다. "제가 그토록 오래 진심으로 찾았던 당신의 편지를 전혀 기대조차도 하지 않았던 곳에서 마침내 찾아내고야 말았습니다. 오, 마르쿠스 툴리우스! 많은 것을 말씀하시고, 많은 슬픈 노래를 부르시고, 수많은 생각과 느낌의 자리를 섭렵하신 당신이여. 당신이 다른 이들을 위해 닦아 놓은 길이 그 얼마나 훌륭한지 저는 알고 싶었습니다. 결국 저는 당신이 스스로에게 마련해 놓은 길이 무엇인지 알았습니다."

다른 중요한 발견들도 있었다. 아레조에서는 심하게 손상된 퀸틸리아누스를, 만투아에서는 대(大) 플리니우스의 《박물지(博物誌)》를 발견했던 것이다. 그는 한 친구에게 쓴 편지에서 자신의 노력을 이렇게 말했다. "아! 내가 바치는 기도, 내가 보내는 돈은 이탈리아뿐 아니라 프랑스, 독일, 에스파냐, 영국을 향한 것이기도 했네. 하지만 말일세, 자네가 믿을 수 있을까? 무엇보다도 그리스를 향한 것이기도 했다는 걸 말이야." 그리스, 정말 그러했다. 페트라르카는 그리스어를 마스터하지는 못했지만 호메로스의 그리스어 필사본과 플라톤의 대화편을 열여섯 편이나 입수했다.

84..퀸투스 툴리우스 키케로를 말한다.

지오반니 보카치오(1313~1375)는 오늘날 《데카메론》의 저자로서 가장 잘 알려져 있지만, 그는 페트라르카와 마찬가지로 고전 문학을 구해내기 위해 전념한 인물이기도 했다. 이탈리아의 상인이었던 아버지와 프랑스인이었던 어머니 사이에서 태어난 그는 피렌체에서 성장하면서 막 움트는 인문주의의 기운을 흡수했다. 아버지의 사업 실패 이후, 그는 필사자 일을 하며 돈을 벌기도 했다. 1350년, 페트라르카가 로마를 지나갈 때 보카치오는 도시의 관문 앞에서 그를 맞이했고, 이후 두 사람 사이에선 오랜 우정이 지속되었다. 보카치오는 페트라르카가 연구 중이던 어느 성인(聖人)의 삶에 관한 종교 문헌을 발굴하기도 했다. 페트라르카가 자신보다 나이가 어린 보카치오를 외우(畏友)로 대접했음은 물론이다. 보카치오는 페트라르카의 권유와 격려로 그리스어를 배웠다. 어느 전설에 따르면 페트라르카가 사망했을 당시, 그는 자신의 서재에서 《일리아드》의 라틴어 초판본 위에 엎드려 있었다고 한다. 그 책은 바로 보카치오가 페트라르카를 위해 특별히 구해 준 것이었다.

어느 수도사가 시(詩)를 가리켜 무의미한 짓거리에 불과하다고 비난하자, 고민이 된 보카치오는 향후 모든 연구를 중단할 것이며, 이미 써놓은 글을 없애버릴 것이며, 장서를 페트라르카에게 넘긴 뒤 수도 단체에 입회할 것을 선언하기도 했다. 페트라르카는 그런 보카치오에게 편지를 보냈다. "부디 진정하시게. 나는 문학적 소양이 없이도 무척이나 고상한 경지까지 오른 사람들을 많이 알고 있네. 하지만 나는 반대로 그런 소양이 있다고 해서 성스럽고 거룩한 것에서 멀어져 버린 사람은 한 명도 보지 못했네. 어느 길이든 축복 받을 만한 것이긴 마찬가지이지. 지식의 길은 분명히 보다 영광스럽고, 숭고하며, 밝은 길이야. 그러니 학자의 지적인 신앙과, 지식을 통하지 않은 단순한 경건을 비교하지는 않는 게 좋다네. 어디 글을 모르는 뭇 사람들 가운데 성인(聖人)이 나온 예가 있다면 말해 보게나. 그렇다면 나는 그를 다른 성인들보다 훨씬 더 위대한 성인의 반열에 기꺼이 올려놓겠네."

보카치오는 앞으로 흥미위주의 이야기를 쓰지는 않겠노라 스스로 맹세함으로써 이 문제를 일단락 짓고, 이후 고전 문헌을 복구시키는 데 열과 성을 다함으로써 몇 가지 매우 중요한 발견을 해냈다. 그는 풍자시인 마르티알리스의 시를 발굴해냈고, 오비디우스의 《이비스》와 4세기의 작가 아우소니우스의 에로틱한 시 모음 《프리아페이아》도 발굴했다. 《프리아페이아》의 현존하는 가장 오래된 필사본은 바로 보카치오가 직접 필사한 것이다. 그는 또한 로마 학자 바로(기원전 116~27)의 작품을 인용한 최초의 인문주의자이기도 했다.

고대 문헌을 구해내려는 각별한 욕구 탓이었는지, 보카치오는 1370년에 몬테카시노의 도서관에 있는 여러 종의 희귀한 필사본을 아무에게도 말하지 않고 다른 곳으로 옮겨놓기까지 했다. 그는 자기가 그 베네딕투스회 수도원을 방문했다는 사실을 한 번도 언급하지 않았지만, 그의 제자들 가운데 한 사람인 벤베누토 다 이몰라는 이에 대해 자세히 언급해 놓았다. "보카치오는 기쁨에 들떠 계단을 올라갔다. 변변한 문도 없고 빗장도 없이 방치되어 있는 학식의 보고를 향해서 말이다. 창문턱에는 풀이 무성하게 자라 있었고 책과 서가는 온통 먼지투성이였다. 그가 발견한 많은 희귀본과 고대 문헌 가운데는 낱장으로 완전히 흩어져 있거나 책장이 군데군데 찢겨나간 것들이 부지기수였다. 보카치오는 갑자기 눈물을 흘리며 한 수도사에게 해명을 요구했다. 수도사의 대답은 어처구니가 없었다. 수도원의 재정을 보충하기 위해 수도사들이 가끔 한 움큼씩 손에 집히는 대로 책장을 잘라내 예배용 책을 만들어 팔거나, 피지(皮紙)를 잘라 부적을 만들어 부인들에게 팔기도 했다는 것이다."

보카치오가 이 비밀스런 방문에서 정확히 어떤 문헌을 발견했는지는 기록되어 있지 않다. 하지만 후대의 학자들은 당시 그가 타키투스의《연대기》와《역사》의 상당 부분을 발견했을 것으로 추정한다. 18세기의 역사가 에드워드 기번이 가장 존경했던 고대 역사가인 타키투스는 14세기에 보카치오가 발굴해내기 전까지만 해도 완전히 잊혀져 있었다. 하지만 몬테카시노를 방문하고 나서 1년쯤 지나자, 보카치오는 자기 저서에서 타키투스를 무척이나 많이 인용하기 시작했던 것이다.

현존하는 그 타키투스 문헌은 몬테카시노의 수도원에서 11세기에 사용하던 작은 흘림체 글씨로 적혀 있기 때문에, 다른 곳이 아닌 바로 그 수도원에서 필사된 것은 아닌가 하는 추정도 가능하다. 하지만 보카치오는 그 문제를 미스터리로 남겨 놓았으며, 그가 비록 타키투스를 직접 인용한 최초의 인문주의자였지만 코덱스 원본이 그의 수중에 있었는지 여부를 확증하기는 힘들다. 여하튼 이후에 타키투스 코덱스는 니콜로 데 니콜리가 수집한 책들을 바탕으로 코시모 데 메디치가 1444년에 건립한 라우렌치아나 도서관에 소장되었다. 니콜로 데 니콜리는 제2세대에 속하는 인문주의자였으며 타키투스 코덱스의 소유자로 알려진 마지막 인물이다. 1437년에 세상을 떠났을 때, 그는 피렌체에서 가장 큰 규모의 장서를 소유하고 있었다. 그는 자신이 장서 수집에 들인 노고와 열정을 자랑해 마지않았다. "젊어서부터 갖은 수고를 아끼지 않고 비용도 아끼지 않으면서 이룩한 위대한 사업이자 연구였노라." 니콜리는 자신이 소장한 책들의 처분을 코시모 데 메디치, 로렌초 데 메디치, 포조 브라치올리니, 레오나르도 브루니 등 여러 사람에게 위탁하고 사망했다. 니콜리는 메디치 은행에 상당 액수의 빚을 지고 세상을 떠났기 때문에, 코시모는 그 책들을 일종의 담보물로 소유할 수 있었다. 그리하여 그 책들은 미켈란젤로가 설계한 메디치 가문의 도서관, 즉 이탈리아 르네상스의 영광을 대표하는 기념비로 남아 있는 그 도서관의 가장 중요한 소장품이 되었다.

니콜리는 타키투스 코덱스와 바로 필사본을 자신이 어떻게 입수했는지는 밝히지 않았다. 하지만 그로부터 50년 전, 신참내기 인문주의자였을 때 그는 보카치오의 사후에 고인의 소유였던 장서의 큐레이터로 잠시 일한 바 있었다. 포조 브라치올리니는 1437년에 니콜리에게 타키투스를 빌리면서, 그 문제에 관해서는 절대 언급하지 않겠다고 약속해야만 했다. 여기에서 니콜리가 자신의 장서에서 많은 책을 학자들에게 빌려주었다는 점을 각별히 언급할 필요가 있다. 니콜리가 보여준 그런 관대함은 분명히 상찬 받기에 충분하다.

다만, 문제는 이렇다. 혹시 니콜로 데 니콜리가 타키투스 코덱스와 바로 필사본을 보카치오의 장서에서 '해방시킨' 뒤에, 그 사실을 아무에게도 말하지 않았던 것은 아닐까? 아마도 그러했을 듯싶다. 또한 보카치오도 실상 문제의 문헌들을 어느 수도원 도서관에서 '해방시킨' 것은 아닐까? 이 역시 아마도 그러했을 듯싶다. 보카치오의 제자 벤베누토는 1370년 몬테카시노에서 목격한 문헌들에 관해 스승이 한 말을 인용해 놓았다. 그것이야말로 보카치오가 문헌 수집에 나선 동기를 가장 잘 말해준다. "오! 학문하는 이여, 이제 가서 골똘히 생각에 잠겨 궁리할지니, 책을 만들라. 그대가 바로 이렇게 될지도 모른다!"

페트라르카와 보카치오는 각각 1374년과 1375년에 세상을 떠났다. 당시 인문주의 문필가이자 피렌체 시의 서기관이었던 콜루치오 살루타티는 "새로운 수사법(修辭法)을 이끈 위대한 두 빛"이 스러졌다고 말했다. 살루타티 역시 라틴어 필사본 수집의 대가여서, 키케로의 편지를 발굴하여 페트라르카가 발굴한 자료에 추가시키기도 했다. 그는 리비우스와 카툴루스의 실전된 작품들을 성공적으로 발굴해 냈고, 카토의 《농업론》, 막시미아누스의 비가(悲歌), 게르마니쿠스의 《아라테아》, 도나투스의 《대(大)문법론》에 대한 폼페이우스의 주석 등을 처음 소장한 사람이었다. 그의 남다른 선견지명을 가장 잘 보여주는 일은 그리스 학자 마누엘 크뤼소로라스(1353~1415)를 콘스탄티노플에서 피렌체로 초빙해 와서 4년 동안 그리스어를 가르치게 한 일이다. 그로부터 그리스어를 배운 레오나르도 브루니는 자신이 '지난 7세기 동안' 이탈리아 사람들이 이해하지 못했던 언어를 배울 수 있었다고 말했다. 살루타티의 그러한 노력은 이탈리아 바깥 지역으로 그리스 고전을 구하러 떠나는 새로운 분위기로까지 이어졌다. 이 의욕 넘치는 새로운 수집가의 열정을 이어받은 사람은 크뤼소로라스의 제자였던 포조 브라치올리니였다.

 1380년에 태어난 포조는 무척 의욕적인 젊은 필사자였다. 그의 남다른 재능을 알아 본 살루타티는 오래된 텍스트를 정확하게 필사하는 방법을 가르쳤고, 책에 대한 열정을 북돋워주었으며, 그리스어를 공부하게 했다. 1400년대 초, 포조는 교황청을 위해 능숙한 솜씨로 많은 서한문을 작성했고, 1414년에는 교황의 비서가 됨으로써 이후 반세기 가까이 이탈리아, 프랑스, 독일, 스위스 등 유럽 각지를 여행하면서 중요한 문헌들을 체계적으로 발굴해낼 수 있었다. 그의 가장 비범한 업적은 교회의 대분열을 종식시키기 위해 1414년부터 1418년까지 독일 남부에서 진행된 콘스탄츠 공의회에서 보좌관으로 활동하는 동안 이루어졌다. 공의회에서는 각기 교황을 내세우던 교회 내의 세 파벌이 타협하여 한 사람의 단일한 교황을 선출했다. 공의회 기간을 통해 오히려 업무가 크게 줄어 든 포조는 문헌을 발견하기 위한 여행을 자주 떠날 수 있었다. 1416년, 그는 스위스의 장크트갈렌에 있는 어느 수도원을 향해 험준한 산록의 좁은 길을 따라 30킬로미터 가까이 걸어갔다. 7세기에 아일랜드 수도사들이 세운 그곳 수도원은 특히 책과 필사본을 많이 소장하고 있는 곳이었다. 그곳에서 포조는 많은 문헌을 발견했다. 가장 중요한 것은 로마의 유명한 수사학 교사 마르쿠스 파비우스 퀸틸리아누스의 《웅변가 교육》의 완전한 필사본이었다. 포조는 한 친구에게 이 발견에 관한 편지를 써서 보냈다. 그가 30년 넘는 세월에 걸쳐 600여 명의 사람들에게 보낸 무수한 편지들 가운데 하나지만, 그것은 르네상스 시대의 한 범상치 않은 책꾼의 영혼을 들여다볼 수 있는 창(窓)이다.

> 나는 확신한다네. 우리가 구해내지 않았다면 퀸틸리아누스는 머지않아 완전히 죽어버렸으리라는 걸 말일세. 품위 있고, 예절 바르고, 우아하고, 멋지고, 재치 넘치는 한 사나이가, 내가 그를 발견한 감옥의 더러움을 그토록 오랜 세월 견디어 왔다니! 간수들의 야만성과 그곳의 삭막함 속에서 기나 긴 외로움을 어떻게 견디어 왔는지.(……) 당장 목록을 작성할 수 없을 만큼 규모가 크고 책도 많은 도서실에서 우리는 퀸틸리아누스를 발견했지. 비교적 안전하게 별다른 상처를 입지 않고 지내왔더군. 물론 먼지 쌓인 지저분한 표지는 이 책이 잊혀진 채로 견뎌야 했던 오랜 세월을 말해 주었지만. 이걸 꼭 알아주길 바라네. 그 책들은 가치를 제대로 인정받아 귀하게 모셔져 있던 게 아니라는 사실을 말이야. 그 책들은 수도원 탑의 더럽고 어두컴컴한 지하 감옥에 방치되어 있었던 거야. 유죄 판결 받은 죄수들이나 강제로 들어가는 그런 곳에 말이지.

1453년, 교황 니콜라우스 5세가 로마에 바티칸 도서관을 건립하고 있을 때, 독일 마인츠에서는 한 무명의 몽상가가 자신의 발명품을 다듬고 있었다. 머지않아 피지(皮紙)나 종이 위에 말을 기록하여 보전하던 수도사들의 노고를 영원히 끝내버리게 될 발명품이었다. 요한네스 구텐베르크가 인쇄한 최초의 42행 성서는 1450년에서 1455년 사이에 나왔다. 1459년에 포조 브라치올리니가 세상을 떠나기 불과 몇 해 전의 일이었다. 생애의 대부분을 필사자로 보낸 포조 브라치올리니가 인쇄본을 다루었는지 여부를 알 수 있는 기록은 남아 있지 않지만, 물론 그랬을 가능성은 거의 없다.

이탈리아에서 인쇄된 것으로 알려져 있는 최초의 책은 독일 출신으로 수비아코[85)]에서 잠깐 가게를 운영하다가 이후 로마로 이주해 정착한 두 사람, 즉 콘라트 스베인하임과 아르놀트 판나르츠가 펴낸 것으로, 포조가 세상을 떠나고 7년이 지난 뒤에 출간되었다. 이 사건은 가스파레 다 베로나가 당시의 교황에 관해 기록한 문헌에 언급되어 있다. 그 기록에 따르면 이탈리아에 도착한 그 두 사람은 한 달 만에 무려 세 종의 책을 출간했고, 이후 매달 200권 정도의 책을 내놓아 모두 무척 저렴한 가격에 팔았다. 가스파레는 그들이 구사하는 기술에 관해 설명하기는 무척 힘들지만 위대한 천재의 발명임은 분명하고, 그들은 다른 책들도 같은 방식으로 만들어낼 계획이라고 기록했다.

시대 변화의 징후는 새로운 상업 활동에서 나타나곤 한다. 예컨대 처음에는 생계를 위해 필사자로 일하던 어떤 사람은 훗날 최초의 근대적인 서적상으로 변신해 크게 성공하기도 했다. 베스파시아노 데 비스티치(1421~1498)는 그리스어, 라틴어, 히브리어 필사본에 관한 자신의 뛰어난 지식을 변화하는 사회의 요구에 맞춰 기민하게 적용시켰다. 코시모 데 메디치가 산 로렌초의 수도사들을 위한 도서관을 건립하고자 했을 때, 베스파시아노는 45명의 필사자들을 동원하여 단 2년 만에 일을 마무리 지었다. 나중에 교황 니콜라우스 5세가 되는 토마소 파렌투첼리가 바티칸에서 필사본 컬렉션을 모을 때, 당시 피렌체의 서적상이던 베스파시아노는 토마소의 수석 고문이 되었다.

가장 인상적인 사례는 베스파시아노가 우르비노 공작 페데리코 몬테펠트로(1422~1482)를 위해 수행한 일이다. 양질의 세련된 필사본을 수

---

85. 이탈리아의 로마 근교에 있는 도시. 1464년에 이탈리아 최초의 인쇄소가 설립된 장소로도 유명하다.

집하는 데 열중하던 그의 엄격한 취향은 당시 유럽에서 진행 중이던 급격한 변화의 물결과는 완전히 동떨어져 있었다. 베스파시아노는 당시로서는 최신 발굴 작품이었던 그리스 및 라틴 저자들의 필사본 컬렉션을 구축하고, 진홍색과 은색으로 장정하는 데만 무려 14년의 세월을 보냈다. 몬테펠트로는 각각의 필사본이 완벽한 상태를 갖추어야 하며 모두 고유성을 지녀야 한다고 고집했다. 당시 유럽 전역에서 유행의 물결을 타고 있던 인쇄본은 그의 서재에 결코 발을 들여놓을 수 없었다. 그는 자신이 소장한 책은 반드시 '펜으로 쓰여진 것'이어야 하며, 그 밖의 다른 것은 수집가를 부끄럽게 만든다고 여겼다. 피렌체의 애서가들은 자신들의 필사본 전통을 무척이나 자랑스럽게 여겼다. 그들은 책이 대량생산될 수 있다는 생각을 받아들이기 힘들었다.

1472년에 이르러 피렌체에 인쇄술이 도입되기 전까지만 해도, 베네치아는 출판 산업의 수도로서의 입지를 굳건히 하고 있었다. 과도한 노동에 지친 어느 필사자 한 사람은 베네치아가 '책으로 넘쳐나는 꼴'이라고 불평하기도 했다. 1480년에 이르러서는 모두 100여 개소가 넘는 유럽 전역의 도시에서 인쇄소가 운영 중이었고, 그 가운데 무려 47개소가 이탈리아에 있었다. 인쇄본의 '요람기'라 할 15세기 말에는 베네치아에서만 150개소 정도의 인쇄소가 4,000종 이상의 책을 생산해내고 있었다. 이것은 베네치아 다음으로 인쇄가 활발했던 파리보다도 무려 네 배나 더 많은 양이었고, 이 결정적인 시기에 유럽 전역에서 생산된 책의 8분의 1에 해당하는 막대한 양이었다.

최초의 출판업자들은 판매대를 라틴 고전의 새로운 판본으로 가득 채우는 데 열중했다. 그 결과 상품의 일시적인 포화상태가 벌어졌고 시장의 수요를 평가하기 위한 신종 산업이 촉진되기도 했다. 즉 도서전이나 도서 관련 모임이 증가하는가 하면, 출판물의 수요 경향을 가늠하는 일이 행해지고 판매 전략이 개발되었던 것이다. 지금까지 알려진 최초의 판권 표시는 1486년에 나온 마르칸토니오 사벨리코의 책에 실려 있다. 무척이나 다양한 질적 차이를 보이는 고전 텍스트들이 여전히 큰 인기였지만, 라틴어가 아닌 언어로 인쇄된 많은 다른 책들도 책에 굶주린 새로운 독자들을 겨냥해 많이 만들어졌다. 1490년대에 출판사들은 지도, 악보, 동양어가 삽입된 인쇄본을 내놓는 실험을 감행하기도 했다.

그 결과 인쇄업자들과 출판업자들은 각별한 주목의 대상이 되었다. 베네치아의 일기 작가이자 애서가였던 마리노 사누도는 1470년대의 가장 유명한 인쇄업자 니콜라스 장송을 언급할 때마다 특정한 표현, 즉 '매우 부유한'이라는 표현을 사용했다. 역사가 마르칸토니오 사벨리코는 1493년 베네치아의 북적대는 서점가에 대한 흥미로운 기록을 남겼다. 베네치아를 방문한 어떤 사람이 서점가를 산책하다가 동료들과 헤어져 홀로 남게 되었다. 몇 시간 뒤, 그 사람은 수많은 종류의 책들에 둘러싸여 오도 가도 못하게 되고 말았다. 정신없이 호객을 하는 책 장사꾼들에게 포위되어 이리 밀리고 저리 밀리고 하는 사이에 그렇게 되어버린 것이다.

물론 그런 상황을 비판하는 사람도 있었다. 가장 격렬한 비판자는 도미니코 수도회의 수사이자 시인이었던 필립포 디 스트라타였다. 그는 베네치아의 인쇄업자들과 출판업자들이 "지적인 생활을 저속하게 만들 뿐 아니라 거리를 지나는 아무 사람에게나 인쇄된 허섭스레기를 한 가득 떠안기는 자들"이라고 비난했다. 필립포는 또한 그들이 취급하는 텍스트들이 '무지한 멍청이들'에 의해 허겁지겁 준비된 것들이기 때문에 구제불능으로 부정확하고, 가격이 싸기 때문에 교육받지 못한 바보들에게 "학식 높은 박사들이라도 된 듯한 헛된 기분"을 느끼게 할 뿐이라고 신랄하게 꼬집었다.

1490년경, 당시 40세였던 로마 출신의 어느 학자 겸 교사 한 사람이 베네치아로 와서 새로운 사업을 시작했다. 그는 자신의 새로운 사업, 즉 인쇄업에 관해서는 아무런 경험이 없었다. 그러면서도 그는 자신이 상업성과 아울러 질적 우수성을 동시에 성취할 수 있다는 걸 보여주고자 했다. 알두스 마누티우스(1449~1515)는 한때 몇 년간 카프리 공작의 자제들을 가르치는 가정교사로 일한 바 있었다. 그리하여 제자들 가운데 한 명이 감사의 뜻으로 훗날 알두스가 시작한 벤처사업에 보증을 서 주었던 것이다. 이탈리아에서 그리스어 서적 전문 출판사를 만들어 운영한다는 구상을 갖고 있었던 알두스는 크레타에서 기술자를 여러 명 데리고 왔다. 그의 초기 프로젝트는 미처 출간되지 못한 고대 그리스의 고전을 인쇄하고, 결함이 많은 판본으로만 남아 있는 것들을 엄밀하게 개정해서 새롭게 내놓는 것이었다. 1494년부터 그가 세상을 떠난 1515년까지 알두스의 출판사는 모두 27종에 달하는 그리스 저자들의 텍스트와 참고도서류의 '에디티오네스 프린켑스'[86]를 출간했다. 그는 또한 라틴어, 이탈리아어, 히브리어 책도 간행했다. 그가 사용한 출판사 상표는 돌고래와 닻이 교차해 있는 모양이었다. 돌고래는 '속도'를, 닻은 '안정성'을 뜻했다. 그 표시는 르네상스 시대의 주요 모토인 '천천히 서두른다'는 것과 동일시되기도 했다.[87]

알두스는 또한 최초의 이탤릭체 활자를 고안했다. 그것은 재판소 필사자들이 주로 사용하던 흘려 쓴 필기체에 바탕을 둔 것이며, 특히 페트라르카의 필기체를 모델로 한 것이었다. 당시까지만 해도 독일의 고딕체가 널리 사용되고 있었다. 이탤릭체가 고안됨으로써 활자를 좀더 조밀하게 집약적으로 담을 수 있게 되었고, 그로 인해 '8절판'이라는 보다 크기가

---

[86]. '에디티오 프린켑스'의 복수형이다.
[87]. 다음 웹사이트(http://www.lib.byu.edu/~aldine/)에는 알두스 마누티우스의 출판사에서 펴낸 책들의 목록과 사진이 나와 있다.

작은 책을 만들 수 있었다. 이로써 '손에 지니고 다니거나, 읽기에 훨씬 더 편리하여 사랑받는' 책의 출간이 가능해졌다. 알두스는 로테르담의 데시데리우스 에라스무스와도 사업적으로 관계를 맺음으로써 그 입지가 더욱 확고해졌다. 에라스무스는 당시 유럽에서 가장 저명한 학자였고, 사실상 전업 작가로 생계를 유지한 최초의 인물이기도 했다. 이후 알두스 출판사의 운영은 점차 아들 파울루스가 관장해 나갔다.

그 와중에 인쇄본은 예전에 필사본이 누리던 위치를 점령해 나갔다. 1512년, 한 독일 수집가는 친구에게 보낸 편지에 이렇게 적었다. "이탈리아에서 히브리어 책을 구입했네. 그곳에서는 알두스가 아름다운 활자로 인쇄해내고 있지." 그리고 그는 인쇄 기술을 60년 전에 고안해 낸 자기 나라 독일이 "알두스에게 많은 빚을 지고 있다"고 적었다. 그로부터 반세기 뒤, 영국의 수학자이자 도서수집가이며 엘리자베스 1세 여왕의 점성술사였던 존 디는 자신이 수집한 책들 중에서도 알두스가 출간한 책들만 별도로 보관해 두기도 했다.

알두스는 프랑스의 저명인사인 장 그롤리에 드 세비에르(1479~1565)와도 사업 관계를 맺었다. 이 남다른 귀족의 아름다운 책과 장정 및 제본에 대한 열정은 놀라운 것이어서, 그를 최초의 근대적 애서가로 평가하는 경우가 많다. 그롤리에는 외교 업무로 이탈리아에 오래 머무르는 동안 자신의 서재에 넣어 둘 책을 많이 사들였는데, 그 장정이 워낙 각별했기 때문에 오늘날 그의 이름은 곧 특정한 장정 형식과 동의어로 사용되기도 한다.[88] 그가 소장했던 장서 중에서도 지금까지 남아 있는 350권 가운데 절반 정도가 알두스 판이며, 그중 42권은 대(大) 알두스 마누티우스—알두스 마누티우스의 손자도 할아버지와 이름이 같기 때문에 그렇게 구분지어 일컫기도 한다—의 생존 당시에 만들어진 것들이다. 그롤리에는 또한 피지 인쇄본도 대량으로 구입하여, 추가 비용을 들여가며 호화 장정을 덧입히기도 했다. 알두스의 출판사에서 그롤리에 한 사람의 책을 위해 들인 공은, 그야말로 베네치아의 귀족들 전체를 위해 들인 공과 비슷할 정도로 어마어마했다. 그래서 현대의 역사가 마틴 로리는 "알두스 출판사에서 그롤리에의 특별 주문에 응해 특별 제작을 했을 가능성이 크다"고 말했다. 오늘날 뉴욕에 있는 그롤리에 클럽은 바로 그 프랑스 애서가의 이름을 본 딴 것이며, 이 클럽의 로비를 장식하고 있는 그림들 가운데는 그롤리에가 알두스 마누티우스를 방문하여 만나는 장면을 상상하여 그린 것도 있다.[89]

이탈리아 르네상스의 역사에 관한 전7권으로 된 저서에서 존 에딩턴 시먼즈는 되살아난 도서수집의 열정과 새로운 인쇄 기술의 탄생 및 보급을 다음과 같이 인상적으로 요약했다. "이후 학문 영역의 모든 성취들은 그들의 각별한 노고 앞에서는 빛을 잃을 정도라고 할 수 있다." 그는 계속해서 이렇게 지적한다. "최초의 출판업자들은 뛰어난 재능과 열정, 그리고 전 유럽의 공감을 바탕으로 그토록 거대한 업적을 성취할 수 있었던 것이다. 1470년에는 베르길리우스가, 1488년에는 호메로스가, 1498년에는 아리스토텔레스가, 1512년에는 플라톤이 인쇄되었다. 그 각각의 시기로부터 고대의 위대한 문학가와 철인들은 바야흐로 인류의 소중한 유산이 될 수 있었던 것이다." 그는 이렇게 결론짓는다. "정신의 자유에 있어서, 우리는 그들에게 더 없이 큰 빚을 지고 있다. 우리가 누리는 지적인 즐거움의 보고(寶庫)에 있어서나, 과거를 조망하는 눈에 있어서나, 인류 문화의 미래에 관한 어떤 확실성에 있어서도 마찬가지이다."

---

88. .다음 웹사이트(http://www.grolierclub.org/BindingGrolier.htm)를 참고하라.
89. .다음 웹사이트(http://www.grolierclub.org/jean_grolier_biography.htm)를 참고하라.

03
영국이여, 통치하라!

14세기에 이르러 애서광들을 위한 첫 번째 위대한 헌사를 쓴 인물이 나타났다. 영국의 고위 성직자였던 그는 화려한 책 사냥 행각으로 한때 파리, 앤트워프, 플랑드르, 로마 등의 책 시장을 떠들썩하게 만든 장본인이기도 했다. 그가 바로 더럼의 주교이자, 잉글랜드 왕 에드워드 3세의 충실한 조언자인 리처드 드 베리(1287~1345)였다. 그의 여행에는 언제나 스무 명의 서기와 서른여섯 명의 향사(鄕士)로 구성된 수행원단이 뒤따르곤 했다. 그는 평생 놀라운 활력으로 자신의 열정, 바로 책을 향한 열정을 마음껏 펼쳐나갔다. 도무지 낙담할 줄 모르는 이 중세의 애서가는 어딜 가든지 '정신을 위한 천상의 양식'을 구하기에 여념이 없었다. 이른바 의미 있는 삶을 누리기 위해서는 필요불가결한 것, 그에게 책이란 바로 그런 것이었다.

영국 동부 서퍽의 베리 세인트 에드먼드 인근에서, 그로부터 두 세기 전에 있었던 노르만 정복[90]에서 활약한, 노르만인의 후손이었던, 어느 기사의 아들로 태어난 드 베리의 본명은 리처드 엉거빌이었다. 어려서 부모를 잃은 그는 경건한 신앙심과 관조하는 삶의 태도를 지닌 외삼촌 밑에서 자라났다. 그는 옥스퍼드에서 신학과 철학을 공부하면서 학자로서 두각을 나타냈고, 곧이어 왕위를 계승할 아들의 가정교사가 필요했던 에드워드 2세의 주목을 받게 되었다. 1327년, 왕자가 왕위를 물려받자 이 현명한 스승—이 때부터 그는 출생지에서 따온 이름인 '드 베리'로 불리게 되었다—은 새로운 왕의 조언자이자 막역한 친구가 되었다.

궁정에서 활동하는 동안 드 베리는 국왕의 재정 관리인, 왕실 의상 관리인, 옥새상서(玉璽尚書)[91], 교황청 사절, 왕실 대사, 대법관 등 여러 요직을 두루 맡았다. 궁정 내의 유력자로서, 그는 원하는 것을 손에 넣기 위해 자신의 영향력을 주저 없이 행사했다. 자신의 기쁨을 추구하는 데 있어서는 더 없이 솔직했던 사람이었다고나 할까. 말년의 그는 세련미는 덜하지만 견실하고 때로는 곰살맞기도 한 라틴어 문장으로 이 '성스런 지혜를 담는 그릇'을 향한 애타는 마음을 드러냈다. 자신의 교구인 오클랜드[92]에 머무는 동안, 드 베리는 모두 스물세 개의 장(章)으로 이루어진 책에 대한 찬가(讚歌)를 쓴 뒤에, 각기 '사랑(愛)'과 '책(書)'을 뜻하는 그리스어의 두 가지 단어를 결합하여 그 제목을《애서(愛書)》라고 했다. 이는 책에 대한 탁월한 연구서인 동시에, 책에 그야말로 완전히 취해 버린 영혼의 고백록이기도 했다.

"(책이여!) 너희들은 생명의 나무이며 천국의 강물일지니, 인간의 정신

90..11세기 중엽, 노르만 족의 영국 정복을 말한다. 당시 노르망디 공 윌리엄은 잉글랜드 왕위 계승권을 주장하며 영국을 침입해 헤이스팅스 전투에서 승리하고 윌리엄 1세로 즉위하여 노르만 왕조를 열었다.
91..왕의 옥새를 보관하며 명령을 문서로 하달하는 관직을 말한다.
92..영국 북동부의 더럼 지방을 말한다. 당시 드 베리는 이 지역을 총괄하는 오클랜드 대주교로 재임하고 있었다.

을 먹여 살리고 메마른 지성을 촉촉이 적셔주는구나." 이렇게 시작되는 드 베리의 찬가를 좀 더 들어보자.

너희는 노아의 방주이며, 야곱의 사다리이며, 들여다보는 사람마다 깜짝 놀라게 만들었던 그 아기가 누운 구유로구나. 너희는 율법의 돌판이며, 기드온의 횃불을 감춘 항아리이며, 골리앗을 죽인 매끈한 자갈이 든 다윗의 전대로구나. 너희는 성전의 황금 그릇이며, 교회 군대의 무기이며, 사악한 대적이 쏜 화살마저도 무력하게 만드는구나. 너희는 잘 익은 감람열매며, 엔게디의 포도원이며, 마르지 않는 무화과나무며, 그 손에 든 빛나는 등불이구나. 옳도다. 성서의 가장 좋은 비유를 들어 책을 이야기함이 어찌 즐겁지 않을소냐.[93]

드 베리는 물불을 가리지 않는 자신의 수집 방법을 다음과 같이 묘사했다. "국왕 폐하의 눈에 든" 다음부터 그는 실로 모든 수단을 동원했다. 국왕의 총애라는 행운과 고위직이라는 조건 덕분에 그는 '대소사를 마음대로 좌지우지할 수 있는' 영향력이 있었다. 그는 늘 '학식을 갖춘 인사들, 책을 사랑하는 사람들과 나누는 친교'를 즐겼지만, 그가 지닌 영향력은 주로 '원한다면 어디든지 방문하는 데에서 발휘되었으니, 제아무리 금렵 지구라 하더라도, 개인 도서관이나 공공 도서관, 수도원의 도서관이나 세속인의 도서관을 가리지 않고 방문할 수 있었던 것이다.'

그는 "책에 대한 우리의 사랑에 관한 소문이 이제 모든 곳으로 퍼지게 되어 우리가 책, 특히 옛날 책을 향한 갈망에 사로잡혀 있다는 사실이 알려지게 되면서, 사람들은 우리의 호의를 사기 위해서는 돈이 아니라 책을 가지고 와야 한다는 것을 깨닫게 되었다"고 언급했다. 머지않아 "담보물이나 선물, 또는 상품이나 증정품 대신에 글자가 흐릿해지고 낡아빠

---

[93]. 이 대목의 비유는 모두 성서에 나오는 유명한 이야기를 원용하고 있다.

진 책이 우리에게 밀려 들어왔다." 드 베리는 자신의 정치적 영향력으로 인해 이런 선물을 받기는 했지만, 그렇다고 해서 자기가 결코 '정의(正義)를 손상시키지는 않았다'고 주장했다. 아울러 자신이 만일 "금은보화나 명마(名馬), 또는 현금 따위를 사랑했다면 손쉽게 막대한 부를 쌓을 수 있었을 것"이라고 말한다. "그러나 우리는 금보다는 책을 좋아했고, 은화보다는 피지(皮紙)를 사랑했으며, 살지고 튼튼한 말보다는 버썩 마르고 부서지기 쉬운 작은 책을 소중히 여겼다."

잦은 여행 가운데에서도 드 베리는 특히 파리 여행을 즐거워했다. 이 '지상의 천국'에서 그는 기꺼이 "갖고 있는 값진 것을 내놓고, 지갑 끈을 풀어서" 겨우 "먼지나 모래처럼 하찮은 비용"을 들여 "차마 값을 매길 수 없이 귀중한 책을" 입수했다고 말했다. 그는 이탈리아에서 한 번에 무려 5,000마르크를 쓴 적도 있었다. 희귀한 문헌들이 시장에서 귀중하고 값비싼 상품으로 팔리고 있던 로마에 이르자, 그는 비용을 아끼지 않고 각종 문헌을 구입했던 것이다. 그런 문헌들이 더욱 희귀해져 가는 상황을 크게 걱정한 페트라르카는 자신의 이탈리아 동포들을 꾸짖기까지 했다. "야만인들의 침입으로부터도 살아남았던 우리 고대 문화유산의 잔재가 당신들의 어리석은 탐욕에 의해 하루가 멀다 하고 외국인들의 손에 넘어간다는 사실이 부끄럽지도 않은가?"

페트라르카와 드 베리는 적어도 한 차례 이상 직접 만났던 것으로 알려져 있지만, 이후에도 드 베리는 가차 없는 태도로 계속 수집에 열중했다. 외국을 전전하는 탁발 수도사들이 귀중한 책을 수배하고 낚아채는 대리인 구실을 기꺼이 해준 덕분에, 드 베리는 책을 둘러싼 치열한 경쟁에서 결정적인 우위를 점할 수 있었다. "그토록 많은 사냥꾼들의 날카로운 눈앞에서 어찌 토끼새끼 하나 도망칠 수 있었으랴? 그들의 낚싯바늘과 그물과 작살 아래서 어찌 고기새끼 하나 도망칠 수 있었으랴?"

고고한 수도원들이 가슴을 열어 젖혔다. 크고 작은 상자들이 줄지어 열리고, 긴 세월 무덤에서 잠자던 책들이 갑자기 깨어났으며, 어둠 속에 감춰져 있던 것들이 새로운 빛을 맞이했다. 우아하기 그지없었던 책들이지만, 쥐똥으로 더럽혀지고 심하게 좀먹은 몰골로 잊혀지고 방치되어 거의 죽어버린 채 속속 모습을 드러냈다. 한때는 화려한 장정을 뽐내던 책들이지만, 이제는 아무렇게나 자루에 넣어져 바닥에 나뒹굴었고, 좀이 득실대는 곳에 처박혀 있었다.

이런 방법을 통해 드 베리는 "내 사랑의 동기이자 대상이었던 물건"이 어디에 있는지 알아냈으며, "성스런 지혜를 담는 그릇을 때로는 선물받고, 때로는 돈을 주고 구입하고, 때로는 잠시 빌리기도 하며 청지기로써 관리하였다." 돈을 주고도 구입하기 힘든 문헌은 갖은 수를 써서 일단 빌린 다음, 원본과 똑같이 정교한 부본(副本)을 만드는 책략을 구사했다. 그렇게 하기 위해 그는 별도로 '솜씨 좋게 책을 만들고 다룰 줄 아는 고서 전문가, 필사자, 교정자, 장정가, 채식 기술자 등을 고용했던 것'이다.

사실 리처드 드 베리는 정기적으로 가난한 사람들을 위해 돈과 식량을 기부하는 자비로운 인물이기도 했다. 또한 왕이 계획한 무모한 프랑스 원정[94)]에 반대하고 나섰을 정도로 평화를 사랑했지만, 그의 조언은 아쉽게도 효과가 없었다. 1889년에 드 베리의 《애서》를 번역한 앤드류 플레밍 웨스트는 번역본의 주석에 이렇게 썼다. "그는 자기가 살았던 시대의 인물이었지만, 분명 그 시대보다는 나은 인물이었다. 차마 위대한 인

94..1328년에 프랑스의 샤를 4세가 후계자 없이 사망하자, 영국의 에드워드 3세는 자기 모친이 샤를 4세의 누이라는 사실을 이유로 들며 프랑스의 왕위를 요구했다. 그러나 프랑스의 왕위를 이은 필리프 6세가 이에 불복하자 1337년에 이르러 전쟁을 일으켰다. 이후 1453년까지 무려 116년 동안 이어진 이 전쟁이 바로 '백년전쟁'이다.

물이라고까지 말할 수는 없을지 몰라도, 결코 범상한 인물은 아니었다."
드 베리는 오클랜드 말고 다른 여러 곳에도 서재를 두었는데, 하나같이 그 안에는 책이 가득했다. 그곳을 방문한 손님들은 걸음을 옮길 때마다 책에 발이 걸리기 일쑤였다.

드 베리가 깊이 염두에 두었던 말은 '청지기'. 보다 정확히 하자면 관리자였다. 그는 즐거움에 겨워 책을 수집했지만, 넓은 견지에서는 자신도 결국 한 사람의 관리자라는 걸 잘 이해하고 있었다. 그 누구라도 언제까지나 책을 품에 끼고 살 수는 없다는 걸 깨닫고 있었던 것이다. 《애서》의 제19장에서 그는 자신의 사후에 책을 옥스퍼드 대학으로 보내, 그곳에서 학생들이 무료로 이용할 수 있게 하겠다고 말했다. 또한 그는 장서 가운데 두 권 이상인 것은 대출도 허용하되, 대신 그에 상응하는 담보물을 반드시 받아두겠다고 했다. 책을 베껴 쓰는 것도 허락되긴 하겠지만, 반드시 책이 소장된 건물 내에서만 가능할 것이라고도 했다. 대출, 필사, 열람 등에 관해서는 기록 대장을 만들어야 하고, 매년 책의 상태와 구색을 점검해야 한다는 것도 빠트리지 않았다.

드 베리의 뜻을 의심할 필요는 없다. 그의 뜻은 기본적으로 선한 것이었다. 하지만 학자들은 그의 책이 정말로 옥스퍼드에 갔는지 여부에 관해서는 의구심을 갖고 있다. 그가 남긴 유산 가운데는 현금이 전혀 없었고, 심지어 그가 남긴 적지 않은 빚을 갚기 위해 책의 일부가 매각되었다는 증거조차 있다. 결국 옥스퍼드 대학에 최초로 책을 기증한 인물이라는 영예는 드 베리가 아니라 헨리 4세의 막내아들인 글로스터 공작 험프리(1391~1447)에게 돌아갔다. 그는 성직자가 아닌 세속인으로서 '애서가'라는 이름에 합당한 영국 최초의 인물이었다. 안타깝기 그지없는 일이지만, 드 베리의 장서는 어디로 갔는지를 불문하고, 그의 사후 200년을 채 넘기지 못하고 사라져 버렸다. 결국 그의 수많은 장서 가운데 오늘날까지도 전해 내려 오는 것은 단 두 권에 불과하다. 나머지는 영국의 모든 수도원 및 교회 도서관들―옥스퍼드에 있는 도서관을 포함해서―이 맞이한 비극 속에서 사라져버리고 말았다. 문화적 대학살이라 해도 지나친 말이 아닌 이 비극은 전적으로 헨리 8세의 이혼에서 비롯되었다.

6세기부터 로마 가톨릭 교회는 영국의 도서관에 유난히 관심을 기울였다. 그 전통의 시작은 교황 그레고리우스 1세가 어느 베네딕투스 회 수도사로 하여금 도버해협을 건너 기독교를 전하게 했던 596년부터였다. 이 교황의 사절―나중에 아우구스티누스라는 이름으로 시성(諡聖)[95]된―은 캔터베리에 선교본부를 건설하고, 새로 건립한 수도원에 아홉 권의 종교 문헌을 비치했다. 이는 사실상 영국 최초로 공공 장서에 책을 비치한 사례라고 할 수 있다. 다른 수도원들이 문을 열면서, 신학 문헌 외에 연대기나 문학 작품들도 보관되기 시작했다.

12세기에 이르러서는 영국의 여러 지역에서 상업적인 도서 판매가 이루어지고 있었고, 피지 제조공, 필사자, 채식 기술자 등으로 이루어진 기술자 집단이 옥스퍼드 지역에서 성업했다. 에라스무스는 1497년에 영국을 방문하는 도중에 자신이 본 놀라운 광경을 다음과 같이 편지에 적어 보냈다. "마치 보물과도 같은 옛날 책들이 어찌나 많고도 다양한지, 그야말로 믿을 수가 없을 정도라네. 저급하거나 평범한 종류가 아니라 하나같이 심오하고 정교하고 오래된 책들이며, 라틴어와 그리스어 책들은 물론이고 이탈리아를 백날 돌아다녀 봤자 구경도 못할 책들이 즐비하다네."

1533년에 아라곤의 캐서린과 이혼하고 앤 불린과 결혼하기 위한 새로

---

[95]..여기서는 유명한 '히포의 성(聖) 아우구스티누스'가 아니라, 브리타니아에서 활약한 '전도자 아우구스티누스'를 말한다.

운 법률을 제정하는 과정에서, 헨리 8세는 로마 가톨릭 교회의 수장인 교황에게 도전하여 영국 국교회를 세우고 그 수장이 되었다. 그는 자신이 영국의 모든 성직자들 위에 군림하는 최고 권위자임을 주장했다. 이듬해 네 명의 카르투지오 수도회[96] 수도사와 두 명의 사제가 국왕을 성스런 지도자로 받아들이기를 거부했다는 이유로 가혹하게 처형되었다. 그들은 수도복을 입은 채 런던 거리 이곳저곳으로 끌려 다니다가, 많은 사람들이 지켜보는 가운데 교수형과 능지처참에 처해졌다. 헨리 8세는 로체스터의 주교 존 피셔를 처형하라는 명령도 내렸는데, 피셔는 케임브리지에 소규모 도서관을 설립하기도 한 인물이었다. 국왕은 수도원 내의 도서관을 포함하여 가톨릭 신앙을 상징하는 모든 것을 파괴하게 했다. 영국 전역의 오래 된 수도원들이 샅샅이 수색당한 것은 물론이고, 그 대부분이 약탈당하고 파괴당하는 운명을 맞이해야 했다. 그리하여 국왕의 명령을 받든 병사들이 수도원의 지붕을 뜯어내고, 스테인드글라스를 깨트려 납을 추출했다.[97] 영국 고딕 건축 디자인의 훌륭한 사례인 글래스톤버리의 우아한 뾰족탑들도 파괴되었고, 그 잔해는 습지대에 둑길을 만드는 잡석으로 쓰였다. 대영도서관의 역사에 관한 글에서 아룬델 에스데일은 이렇게 썼다. "당시 귀금속이나 보석으로 장정된 미사용 책을 제외한 수도원 장서들은 그렇게 뿔뿔이 흩어져 버렸다."

바티칸과의 관계를 단절한 해에 헨리 8세는 자신이 관장하는 역사적 유물의 목록을 작성할 것을 명했다. 국왕의 장서 관리인이었던 존 릴런드가 실무를 맡아, 나중에 '힘겨운 여행'이라 일컬어지게 된 일대 수색 작전, 즉 영국 땅의 역사적 유물을 찾는 일에 나섰다. 그가 맡은 임무는

---

96. .1082년경 프랑스 카르투지오에서 시작된 수도회. 엄격한 규칙을 따른 것으로 유명했고, 훗날 영국에서도 번성하여 감리교의 존 웨슬리 등에게 영향을 주었다.
97. .스테인드글라스의 유리조각을 고정시키는 재료로 납이 사용되었기 때문이다.

오래된 건축물, 필사본, 화폐 등을 물색하고 그 위치나 소장처를 자세하게 기록하며 로마인, 색슨 족, 데인 족이 남긴 유적을 확인하는 것 등이었다. 수도원에 대한 탄압이 극에 달했던 1536년 7월 16일, 릴런드는 조사 감독관들에게 편지를 보내서, 수도원에 소장되어 있는 책들 가운데 가장 좋은 것들을 국왕의 장서에 귀속시켜 줄 것을 요청했다. 7, 8년에 걸쳐 이루어진 조사 작업 끝에 릴런드는 심신이 지쳐 거의 미쳐버릴 지경이 되었다고 전한다. 결국 그는 자신의 임무를 완수하지는 못했다. 하지만 그가 찾은 유물들의 목록은 사후에 출간되었고, 이는 영국에서 나온 최초의 서지학적 기록물로 간주된다.

열렬한 종교개혁운동 지지자이자, 신교(新敎)를 옹호하여 수많은 논설을 쓰기도 했던 존 베일은 책과 필사본이 아무렇게나 파괴되는 현실을 공개적으로 개탄했다. 1549년에 에드워드 6세에게 보낸 편지에서 그는 "미신에 사로잡힌 수도원들"을 국왕의 관할 하로 편입시키는 과정에서 "고귀한 유산들을 보호하기 위해 수도원 도서관에 미처 각별한 관심을 기울이지 못했다"고 주장했다. 그는 많은 사람들이 "책을 찢어서 촛대를 닦는 데 쓰거나, 신발을 닦는 데에도 거리낌 없이 쓰고, 식료품상이나 잡화상에게 포장지로 팔아넘기는 게 다반사이며, 심지어 일부는 배에 하나 가득 실려 바다 건너 외국의 채식 기술자에게까지 팔려 나가는 실정"이라며 신랄하게 지적했다. 베일은 그런 현실로 인해 결국 영국의 국가적 위신이 심각하게 훼손되고 추락할까봐 진심으로 걱정했다. "그렇습니다. 우리가 지식과 학문을 경멸하는 이들이라고 외국에 널리 소문이 퍼지는 것보다 더 큰 수치나 비난이 또 어디 있겠습니까? 하지만 저는 쓰라린 심정으로, 그런 소문이 진실이라고 말하지 않을 수 없습니다. 가령 브리튼 사람들조차도 로마인과 색슨 족 치하에서나, 심지어 데인 족과 노르만 족 치하에서나, 우리 시대에 목격한 것과 같은 막대한 손실, 바로 그들의 지적인 기념비들이 입는 이처럼 참담한 손실을 목격한 적은 없을 것이니 말입니다."

당시 신중하게 문헌 수집 및 보존에 힘쓴 인물로는 영국 국교회의 제2대 캔터베리 대주교인 매튜 파커(1504~1575)가 있다. 그는 앨프릭, 길다스, 아서, 매튜 패리스, 월싱엄, 그리고 웨일스의 역사가인 기랄두스 캄브렌시스를 비롯한 연대기 저술가들의 작품을 편집한 학자이기도 했다. 파커는 인쇄공, 필사자, 판각공 등 책 만드는 데 요긴한 일단의 기술자들을 거느리고 있었다. 그가 1572년에 펴낸 《영국 교회사》는 영국 최초의 개인 출판본으로 알려져 있다. 파커는 한때 자신이 교수로 일했던 케임브리지의 코퍼스크리스티 칼리지에 433점의 필사본 컬렉션을 포함한 장서를 기증했다.

이 시기에 영국에서 가장 큰 공헌을 한 인물은 아마도 로버트 코턴 경(1571~1631)이었을 것이다. 그는 열렬한 고서연구가로서 문서의 보전에 무척이나 신경을 썼는데, 그 이유는 그런 자료들에 수록된 특정한 정치적, 신학적 입장 때문이었다기보다는, 단지 한 번 파괴되면 복구가 불가능하다는 사실 때문이었다. 이른바 코턴 장서라고 불리는 그의 도서 컬렉션은 이후 대영박물관 도서관—훗날의 대영도서관—의 근간이 된 두 가지 컬렉션 가운데 하나로 손꼽히고 있다. 오늘날 런던에 위치한 대영도서관의 중앙 전시실을 방문하는 사람은 코턴이 얼마나 큰 공헌을 했는지 보여주는 증거를 직접 볼 수 있다.

화려하게 장식된 그 전시실의 주위를 둘러싼 것은 영국 국왕 조지 3세의 장서이다. 조지 3세는 북아메리카 식민지를 기꺼 넘치는 반역자들에게 내주었다는 점 때문에 무능한 군주로 비난받기도 하지만, 다른 한편으로 귀중한 책들을 활발하게 수집해 새뮤얼 존슨을 비롯한 많은 학자들이 이용할 수 있게 했다는 점에서는 칭찬 받아 마땅하다. 그 중앙 전시실에는 존 키츠, 찰스 디킨스, 조지 엘리엇 등의 친필 원고를 비롯하여 버지니아 울프, 에드워드 기번, 제인 오스틴 등의 작품 초판본과 같이 영국의 문인과 학자들이 남긴 국보급 책들이 자리 잡고 있다. 하나같이 창의적인 천재들이며 훌륭한 상상력의 소유자들이 남긴 그러한 결과물들 한가운데 "영국 문학 1"이라는 이름을 자랑스럽게 부여받고 주변을 조용히 압도하는 전시대가 하나 있다. 거기에는 영국의 위대한 서사시《베오울프》의 현존 유일본이 데인 족의 왕 실트 셰핑의 장례식을 묘사하는 부분이 펼쳐진 채로 전시되어 있다. 이 필사본은 이름을 알 수 없는 어느 앵글로색슨인 저자가 그 시를 지은 때로부터 약 300내지 400년 뒤인 서기 1000년경에 이르러 기록된 것으로 인정되고 있다. 전시물 설명에 따르면, 영국 중세 문학에서 가장 유명한 이 작품은 "오직 여기 전시되어 있는 책을 통해서만 전해진다." 그리고 맨 밑에는 이런 분류 표시가 있다. "코턴 MS 비텔리우스 A. xv."

웨스트민스터에 있던 로버트 코턴의 장서는 14개의 작은 '책장', 혹은 서가에 담겨 있었다. 각 서가에는 고대 로마의 황제 및 황후의 흉상 장식이 되어 있었다. 가령 어떤 필사본이 '칼리굴라'로 분류되어 있다면, 그 필사본은 칼리굴라 흉상 장식이 있는 서가에 속해 있다는 뜻이다. 그런 식으로 아우구스투스, 율리우스, 티베리우스, 네로, 클레오파트라, 갈바, 파우스티나, 티투스, 오토, 클라우디우스, 베스파시아누스, 비텔리우스, 도미티아누스 등이 책 및 서가의 분류 표시 구실을 해주었다. 이른바 '황제 분류 체계'라는 이런 책장 표시법은 이 독특한 컬렉션을 기념하는 뜻에서 이후 300년간이나 유지되었다.

《베오울프》와 같은 전시대에는 '1400년경에 필사되었고 현존 유일본인 《가웨인 경과 녹색 기사》라는 제목의 무훈시(武勳詩)도 있다. 그 문헌에 적힌 분류 표시는 "코턴 MS 네로 A. x, ff. 94b~95"이다. 같은 전시

149

대에서 볼 수 있는 또 다른 문헌으로는 1390년에서 1400년 사이에 윌리엄 랭런드[98]가 지은 시 《농부 피어스의 꿈》이 있다. '윌리엄 랭런드에 관해 알려져 있는 모든 사항들은 사실상 이 작품에서 이끌어 낸 것들'이다. 이 문헌은 "코턴 MS 베스파시아누스 B. xvi"이다. "영국 문학 1" 전시대에 놓인 아홉 점의 문헌 가운데 무려 다섯 점에서 코턴 장서 고유의 분류 표시를 볼 수 있다. 근처의 또 다른 전시대에는 7세기에 피지(皮紙)로 만든 2절판 크기의 채식 필사본인 그 유명한 린디스판 복음서가 놓여 있다. 전시물 설명에 따르면 "초기 앵글로색슨 도서 제작의 최고 걸작품"인 이 책은 "앨드레드의 앵글로색슨 번역 그 자체만으로도, 현존하는 것 중에서 가장 오래 된 영어 복음서라는 점에서 대단히 중요한 업적이다."[99] 이 물품의 분류기호는 "코턴 MS 네로 D. iv"이다.

로버트 브루스 코턴은 귀족 집안은 아니지만 가문의 문장(紋章)을 사용할 수 있는 헌팅턴셔의 지체 높고 부유한 집안에서 1570년에 태어났다. 역설적이게도 그의 집안은 수도원 해체 과정에서 재산을 모았다. 웨스트민스터 스쿨 재학 시절, 그는 《브리타니아》의 저자인 윌리엄 캠던의 피보호자가 되었다. 《브리타니아》는 르네상스의 학술 기풍을 반영하는 최초의 영국 역사서이자 당대의 베스트셀러였다. 캠던의 연구 방법은 왕국 각지를 여행하면서 역사의 현장을 찾아가 직접 조사하는 것이었다. 이런 혁신적인 접근 방식은 그의 제자에게도 큰 영향을 미쳤다. 열여섯

---

98. .. 저자는 원서에서 《농부 피어스의 꿈》의 저자를 '윌리엄 랭퍼드'라고 표기했지만, 역서에서는 '윌리엄 랭런드'로 바꾸어 표기했다. 이 시의 저자인 '윌리엄'에 대해서는 알려진 바가 적기 때문에 편의상 지명인 '랭런드,' 혹은 '랭퍼드'를 성(姓)으로 삼았는데, 오늘날에는 '랭퍼드' 대신 '랭런드' 쪽이 대세인 듯하다.
99. .. 린디스판 복음서 자체는 7세기 말에서 8세기 초 사이에 라틴어 판으로 제작되었지만, 10세기 경에 이르러 앨드레드가 본문의 라틴어 행 사이에 중세 영어로 된 번역문을 삽입했으며, 이는 역사상 최초로 이루어진 성서의 영어 번역이었다.

살 때 코턴은 엘리자베스 시대 골동애호협회를 설립했다. 그는 웨스트민스터 스쿨을 졸업하고 케임브리지의 지저스 칼리지에 입학했고, 1588년에 런던의 미들 템플[100]에 들어갈 때까지 연대기, 헌장, 선언서, 기타 영국 역사에 관한 다양한 문헌을 수집하는 데 여념이 없었다.

이후 30년간 코턴이 어떻게 그토록 많은 필사본을 수집할 수 있었는지는 자세히 알 수 없다. 다만, 같은 시대의 여러 기록들에 근거하여 희미하나마 단서를 찾을 수 있을 뿐이다. 영국의 역사학자 케빈 샤프는 코턴이 남긴 서한, 도서목록, 책에 남긴 서명, 대출 및 증정본 목록 등을 방대하게 조사한 끝에 코턴의 수집 태도와 습관, 전략 등을 재구성해 냈다. "그는 외국을 방문하는 지인과 친구들에게 부탁해 필사본을 입수했다." 1599년 무렵부터 그의 컬렉션은 골동애호협회의 다른 회원들에게 문헌을 빌려줄 정도로 풍부해졌다.

심지어 코턴은 마그나 카르타[101]의 원본 네 부 가운데서도 무려 두 부를 입수했다. 사마리아 오경(五經)[102]은 대주교 제임스 어셔에게 선물로 받았다. 궁정에서 그는 유럽을 자주 여행하는 귀족들을 만났으며, 고위직 외교관들과도 친분을 쌓아 둔 덕분에 그들의 도움으로 외국 문헌을 입수할 수 있었다. 유럽의 많은 학자들이 그에게 필사본을 제공해 주었을뿐 아니라, 코턴 자신도 혹시나 다른 개인 장서 가운데 갑작스레 매각되는 것이 있는지 늘 주의를 기울이고 있다가 기민하게 대처했다. 17세기의 고서연구가 존 오브리는, 점성술사 존 디 박사가 세상을 떠난 뒤에

---

100. 당시 런던에 네 군데 있던 법관 양성소 가운데 하나를 말한다.
101. 1215년에 존 왕이 국민의 자유와 권리를 인정한다는 뜻에서 발표한 문서.
102. 유대인의 일파인 사마리아인들 사이에서 전해 내려오는 '모세오경'—모세가 지은 것으로 알려진 구약성서의 처음 다섯 권—을 가리킨다. 기존의 구약성서와는 달리 이들만의 독특한 신학 사상이 반영된 성서로 알려져 있다.

코턴이 박사의 재산 가운데 일부를 매입했는데, 그것은 바로 존 디가 땅에 묻어 둔 마법과 유령에 관한 책 무더기였다고 썼다. 물론 이 이야기를 뒷받침해 줄 만한 문헌상의 근거는 없지만, 책을 입수하기 위해서라면 무슨 짓이라도 할 수 있는 수집가라는 코턴에 대한 평판이 이로써 더 높아진 것은 분명했다.

그야말로 비용에 상관없이 모아들인 것 같긴 하지만, 과연 코턴이 책을 구입하기 위해 얼마나 많은 돈을 썼는지는 알려져 있지 않다. 코턴의 손자는 자신의 조부가 필사본을 사들이느라 가산(家産)이 마를 지경이었다고 불평했고, 코턴의 처남은 다분히 빈정대는 투로 이 대단한 장서가 "돈 깨나 들여서 긁어모은 것"이라 말하기도 했다. 부유한 재산가였던 코턴은 자신의 열정을 실현할 만한 수단을 충분히 갖고 있었다. 그가 적어둔 목록 가운데 하나는 이렇게 시작된다. "1621년 4월 30일에 받기로 약속했던 몇 점의 필사본들." 또 다른 목록에는 이런 문구도 나온다. "내가 원하는 책들." 1603년, 엘리자베스 1세가 세상을 떠나자 코턴은 새로운 왕 제임스 1세로부터 작위를 하사받았고, 이후로는 궁정에서의 자신의 영향력을 십분 활용해 보다 많은 문헌을 입수하고자 했다.

1590년대 말부터 1600년대 초까지, 코턴은 자신의 첫 후원자였던 헌스던 경의 자택이 있는 런던의 블랙프라이어스 구역에 살았다. 그곳에서 코턴은 극작가 토머스 내시, 시인 새뮤얼 대니얼 같은 당대의 지도적인 작가 및 연극인들과 긴밀한 관계를 맺었다. 벤 존슨은 궁정의 가면극 대본 작성을 위한 배경 지식을 얻기 위해 코턴의 장서에서 정기적으로 도움을 받았던 것으로 알려져 있다. 종교사 연구가인 윌리엄 버튼 역시 코턴의 장서에서 많은 도움을 받았다. 역사가로서 《투르크의 역사》를 집필한 리처드 놀스, 《서훈(敍勳) 목록》을 집필한 토머스 밀스를 포함하여 그의 장서를 활용한 많은 인물들은 코턴의 은혜에 감사하는 글을 남겼다.

월터 롤리 경은 반역죄로 런던탑에 갇혀 있는 동안 코턴의 도움으로 《세계사》를 집필할 수 있었다. 프랜시스 베이컨 역시 《헨리 7세 시대사》를 집필하는 동안 코턴의 도움을 받았다.

그 시기는 윌리엄 셰익스피어가 위대한 극작품들을 발표하여 런던의 극장가를 석권하고 있던 때였다. 셰익스피어 작품들의 역사적, 문학적 원천을 규명하려는 많은 연구가 지금껏 이루어져 왔지만, 과연 셰익스피어가 작품의 배경을 제공한 갖가지 책들을 어디에서 읽었는지는 아직까지도 분명치 않다. 물론 영국의 가장 위대한 작가가 바로 코턴의 장서에서 영감을 얻었으리라는 것은 어디까지나 상상에 불과하지만, 그렇다고 완전히 불가능한 일도 아니다. 코턴과 셰익스피어 양쪽 모두와 친했던 벤 존슨이 일종의 다리 구실을 했을 가능성도 있다. 혹은 코턴의 후원자이자 1597년부터 1603년까지 '시종장 극단'에서 감독의 위치에 있었던 헌스던 경이 그렇게 했을 가능성도 있다. 셰익스피어는 이 극단에서 배우이자 주주(株主), 그리고 극작가로 활동했던 것이다. 엘리자베스 1세가 세상을 떠나고 1603년에 제임스 1세가 즉위하자, '시종장 극단'은 왕의 허락을 얻어 '국왕 극단'으로 이름을 바꾸었다.

도서수집가이자 연금술사, 지리학자, 수학자, 그리고 엘리자베스 1세의 점성술사였던 존 디 박사와 셰익스피어를 연관시켜 생각해 볼 수도 있다. 한때 그가 어느 들판에 묻어놓은 책과 서류를 나중에 로버트 코턴이 발굴해 냈다는 소문도 있었다. 마법사로도 알려져 있던 존 디는 마법으로 메리 1세를 시해하려 했다는 혐의를 받다가 1555년에 가서야 혐의에서 벗어난 일도 있다. 만년에 그는 북서항로[103]를 찾는 데 관심을 기

---

103).. 북대서양에서 캐나다의 북극해 제도를 빠져서 태평양으로 나오는 항로를 말한다. 이러한 항로를 개척하기 위한 시도는 수세기 전부터 있었지만, 정작 성공한 것은 20세기 초 노르웨이의 아문센에 의해서였다.

울였다. 그는 또한 죽은 사람의 영혼과 소통하는 방법을 찾느라 몰두하는가 하면, 언젠가는 글래스턴베리의 고대 유적지에서 불로불사의 영약(靈藥)을 찾았다고 주장하기도 했다.

런던의 극장가를 떠나려 할 무렵인 1611년경, 셰익스피어는 고별 작품의 주연 인물로 강력한 힘을 지닌 마법사를 내세웠다. 이 연극의 마지막에서 마법사는 자신의 권능을 상징하는 지팡이와 책을 땅 속 깊이 묻어버린다(이 작품 《태풍》에 영향을 미친 것으로 알려져 있는 셰익스피어와 같은 시대의 사건으로는 북아메리카를 탐험하기 위해 떠났던 토머스 게이츠 경의 이야기가 있다. 그는 중도에 난파당해 버뮤다에서 간신히 살아남았는데, 1609년과 1610년 사이에 그의 이야기를 담은 소책자가 여러 종 출간되었다. 따라서 이 작품 덕분에 셰익스피어가 고별 작품의 배경을 섬으로 정하게 되었으리라 여겨진다).

제프리 벌로프는 모두 여덟 권에 달하는 노작 《셰익스피어의 이야기와 희곡의 원천》(1960)에서 프로스페로와 존 디를 직접적으로 관련짓지는 않았지만, 약간은 다른 맥락에서 사실상 그 연관성을 인정하고 있다. 그에 따르면 셰익스피어가 프랑스 시 〈반역(反逆)〉[104]을 읽었다는 건 분명하다. 그가 《리처드 2세》에서 그 시의 일부분을 인용했기 때문이다. 벌로프는 셰익스피어가 그 시를 존 디의 집에서 읽었을 것이라 추정한다. 이와 관련하여 벌로프는 오늘날 램버스 궁에 소장된 〈반역〉 한 부에 한때 존 디의 소유였음을 나타내는 서명이 남아 있다는 점을 지적한다. 벌로프는 이렇게 말한다. "상상만 해 보아도 흥미롭지 않은가? 셰익스피어가 모트레이크에 위치한 그 유명한 수학자이자 강신술사의 자택으로 가서 도움을 받으려 했다고 상상만 해 보아도 말이다." 마찬가지로,

---

[104]. 정확한 명칭은 〈리처드 2세의 반역과 최후〉이다.

셰익스피어가 로버트 코턴의 장서를 이것저것 들추어보고, 또한 자신의 책을 땅에 묻은 이상한 마법사에 관한 이야기를 친구들로부터 들었다는 것 역시, 상상만 해 보아도 흥미로운 일이 아닐 수 없다.

프랜시스 예이츠는 《엘리자베스 시대의 오컬트 철학》이란 저서에서 이보다 직접적인 관련성을 주장했다. 그는 마법을 부리는 것이 중죄로 간주되던 시기에 셰익스피어가 대담하게도 착한 마법사가 주인공으로 나오는 극작품을 내놓았다는 점을 지적한다. 따라서 예이츠는 셰익스피어가 프로스페로라는 인물을, 즉 "자신의 귀중한 장서를 섬으로 어렵사리 옮겨 놓은 훌륭하고 학식 높은 마법사"를 창조해 냄으로써 엘리자베스 여왕의 직속 철학자 디 박사를 '옹호한' 셈이었다고 주장했다.

오늘날 영국 상원이 자리 잡은 웨스트민스터의 심장부에 있던 코턴의 저택은 소규모 도서관이자, 제임스 1세 시대의 문학 살롱 구실을 했던 것으로도 유명하다. 코턴의 장서는 당시 유력자들이 다양한 정보를 얻는 중요한 정보의 보고 구실을 한 것으로 여겨졌다. 말하자면 그 당시 집권 세력의 지식 센터 구실을 했다고나 할까. 때문에 동료들에게는 고마움의 대상이었겠지만, 정적들에게는 눈엣가시이자 두려움의 대상이었다고 할 수 있다. 코턴의 일기에는 이런 대목도 나온다. "화이트홀[105]에서 국왕 폐하께 책을 빌려드렸다." 코턴은 그 밖에도 재무장관을 비롯한 여러 귀족, 고위 관료, 또한 의원들에게도 책을 빌려주곤 했다. 그리하여 제임스 1세가 사망함으로써 코턴과 그 동료들이 권력을 잃게 되었을 때, 그의 정적들은 오로지 코턴을 겨냥한, 다분히 복수심에서 비롯되었다고 볼 수 있는 기이한 처벌을 생각해 냈다.

1629년 11월, 코턴은 〈이 왕국이 처한 위험과 그 치료법〉이라는 제목

105..런던 중심가의 지명으로 역대 주요 왕족 및 정치인 등이 거주한 곳이다.

의, 질서를 해치는 선동적인 문헌을 유포시켰다는 죄목으로 고발당했다. 물론 근거 없는 중상모략이었다. 코턴의 장서에 '불온한 문헌'이 포함되어 있다는 혐의가 씌워짐에 따라, 찰스 1세는 코턴의 장서에 봉쇄 조치를 내렸다. 일부 역사가들은 코턴 장서가 포함하고 있는 정보에 왕의 정적들이 접근하지 못하게 하려는 의도에서 이런 조치가 이루어졌을 것이라 추정한다. 결국 정치적 의도에 따라 조작된 사건이었던 셈이다. 코턴은 체포되어 심문을 받았지만 성실청[106]에서 기소 유예 처분을 받아 풀려날 수 있었다. 1630년 5월 29일, 코턴은 찰스 왕자[107]가 태어난 것을 기념하는 특사의 혜택을 받았다. 하지만 그의 장서에 내려진 봉쇄 조치는 여전히 풀리지 않았고, 서재 열쇠도 여전히 왕실 관리들의 수중에 있었다.

특사 혜택을 받은 이후 코턴은 아주 가끔, 그것도 추밀원 측의 엄격한 감시 하에서만 자신의 장서를 열람할 수 있었지만, 얼마 가지 않아 완전히 장서 이용을 금지 당하고 말았다. 그의 실망감이야 굳이 말해 무엇 하겠는가? 코턴은 깊은 절망에 빠졌다. 장서를 이용할 수 있게 해달라고 여러 차례 청원했지만 소용이 없었다. 코턴의 친한 친구이자 도서수집가이기도 한 시먼즈 듀스 경은 당시 코턴이 여러 달에 걸쳐 "견디기 힘든 고통과 비탄에 잠겨 있었고, 혈색 좋던 얼굴은 검푸른 빛이 도는 창백한 얼굴로 바뀐 나머지 죽은 사람의 얼굴과 비슷했다"고 회고했다. 1631년 초에 죽음이 가까워짐을 느낀 코턴은 다음과 같이 솔직하고도 대담한 전갈을 보냈다. "옥새상서께, 그리고 추밀원의 나머지 관리들께 전하노니,

---

[106]..영국의 형사재판소. 웨스트민스터 궁의 '성실(토실, 스타체임버)'에서 열렸기 때문에 이런 별칭을 얻었다. 일종의 국왕 직속 재판소로 대개는 정치범을 다루었으며, 이후에는 정권 유지를 위한 도구로 악용된 탓에 1641년에 이르러 폐지되었다.

[107]..훗날의 찰스 2세(재위 1660~1685)를 말한다.

책을 빼앗아 그토록 오래 붙잡아 두신 처사로 인해 제가 죽기에 이르렀습니다." 결국 찰스 1세는 장서 봉쇄령을 해제하는 명령을 내리고 더싯 백작을 코턴의 집으로 급파했다. 1631년 3월 6일, 더싯 백작이 왕의 명을 전하러 코턴의 집에 도착했을 때, 이 위대한 수집가는 이미 30분 전에 세상을 떠난 다음이었다.

1809년에 토머스 프로그널 딥딘 목사는 이렇게 적었다. "그런 유력한 후원자를 잃어버리게 되자, 도서수집가들은 두려움에 떨면서 창백해져 갔다. 그들은 자신의 장서를 그 어느 때보다 주의 깊게 살피기 시작했고, 책을 필사하거나 빌리거나 책과 관련하여 조언을 듣기 위해 방문하는 사람들을 의심의 눈초리로 바라보기 시작했다. 마치 햄릿의 아버지의 유령처럼, 코턴의 유령 역시 새벽마다 수집가들의 발코니와 서가 주위를 맴돌며 이렇게 전하는 듯했다. '나를 기억하라 그리고 부디 조심할지어다!'"

코턴 장서는 로버트 경의 유족이 상속했고, 이후 1700년에 증손자인 존 코턴 경이 국가에 기증했다. 그러나 코턴 장서가 적합한 안식처를 찾기까지는 이후로도 50년 이상의 세월이 흘러야 했다. 그 과정에서 코턴 장서는 이곳저곳을 떠돌다가 결국 웨스트민스터의 애쉬번햄 하우스에 자리를 잡았지만, 1731년 10월 23일 그곳에서 일어난 화재로 심각한 손상을 입고 말았다. 물론 불길에서 책을 구하려는 노력은 필사적이었다. 모든 책과 서가를 긴급히 밖으로 옮기는 작업이 시작되었지만, 촌음을 다투느라 서가를 부수고 책만 꺼내 옮기기도 했고, 창문 밖으로 책을 급히 내던지기도 했던 것이다. 화재 사고 이후 특별조사위원회는 코턴 장서에 포함되었던 958점에 달하는 필사본 가운데 114점이 "불타버리거나, 소실되거나, 분실되었다"고 보고했다. 또한 그 밖의 98점은 "부분적으로 손상을 입었다." 이후 오랜 세월 집중적인 복구 노력이 이루어진 끝에, 많은 필사본들이 부분적으로나마 복구되었다.

가장 큰 손실은 이른바 '코턴 창세기'로 일컬어지는 문헌에서 일어났다. 이것은 성서의 창세기 내용을 묘사한 삽화가 들어 있는 채식 필사본으로, 5세기에서 6세기 사이에 알렉산드리아에서 만들어진 것으로 추정되는 귀중한 문헌이다. 그 문헌에는 250점에 달하는 세밀 채식화가 그려 넣어져 있었다. 이는 당시까지 남아 있던 극소수의 고대 필사본 채식화 가운데 하나이기도 했다. 정확히 고증하기는 힘들지만, 이 문헌은 16세기에 필리포스에서 망명한 두 사람의 그리스인 주교가 헨리 8세에게 선물한 것이라고도 한다. 이후 이 책은 엘리자베스 1세에게 전해졌고, 엘리자베스 1세는 자신의 가정교사인 존 포티스큐 경[108]에게 선사했으며, 포티스큐 경은 로버트 코턴 경의 서재야말로 그 문헌의 적합한 안식처라고 판단했던 것이다. 코턴은 관대하게도 어느 프랑스 학자에게 그 문헌을 파리로 가져가 4년 동안이나 연구할 수 있도록 빌려주기도 했다. 아쉽게도 오늘날에는 검게 그을리거나 타다 남은 이 책의 극히 일부만이 남아 있을 뿐이다. 옛 문헌들이 얼마나 손상되기 쉬운 물건인지 새삼 상기시켜주기라도 하는 듯 말이다.

이와는 달리 기적적으로 보존된 것도 있으니 바로 린디스판 복음서이다. 노섬브리아 해안에서 약 3킬로미터 떨어져 있는 '성스러운 섬'에서 7세기에 베네딕투스회의 어느 필사자가 만든 채식 필사본으로, 본래는 금은과 보석으로 화려하게 장식되어 있었다. 9세기에 데인 족이 영국을 침략했을 때 수도사들은 그 복음서를 챙겨 도피했다. 하지만 그들이 바다를 건너 아일랜드로 가려고 할 때, 갑자기 세찬 파도가 몰아닥쳐 복음

---

[108] 저자는 엘리자베스의 가정교사였던 인물을 '존 폰티스큐 경'이라고 썼는데, 사실은 '존 포티스큐 경(1533-1607)'이 맞다.

서가 그만 바다에 빠지고 말았다. 이튿날 바다가 잠잠해지고 나자 복음서는 놀랍게도 본래 모습 그대로 해안에서 발견되었다. 세월이 지나 복음서는 린디스판으로 돌아왔고, 1367년에는 수도원 재물 장부에 기록되었다. 튜더 왕조 시대에 이루어진 수도원 약탈과 재산 몰수 과정에서 표지의 금은 및 보석 장식은 모두 뜯겨 나가버리고 말았지만, 그 본문만은 살아남아 로버트 코턴 경의 장서가 되었던 것이다. 코턴은 이 복음서를 영국 하원의 관리에게서 선물로 받았다. 이후 코턴의 상속자들은 복음서를 대영박물관에 기증했고, 오늘날 이 책은 그곳에서 영국 문화의 귀중한 유산으로 대접받으며 전시되고 있다.

로버트 코턴의 경험에서 뜻밖에 얻을 수 있는 교훈이 있다면, 도서수집이 매우 위험한 일일 수도 있다는 점이리라. 이러한 교훈을 가슴 깊이 새긴 런던의 어느 서적상은 낮에는 세인트폴스 처치야드[109]에서 로즈 앤드 크라운이란 간판을 내건 서점을 운영하고, 밤에는 갖가지 정치적 주장을 담은 소책자나 불법 유인물을 다량 수집했다. 자신의 장서를 기꺼이 세상에 널리 공개했던 코턴과 달리, 조지 토머슨은 수집한 것들을 조심스럽게 감추지 않을 수 없었다. 하지만 그가 수집한 것들은 나중에 더할 나위 없이 귀중한 사료가 되었다.

시작은 1640년이었다. 토머슨은 나중에 전쟁으로 치달은 왕당파와 의회파(청교도)의 치열한 논쟁을 담은 사실상의 모든 책과 소책자, 브로드시트 등을 수집하기 시작했다. 토머슨은 찰스 왕을 지지하는 입장이었지만, 양측이 내놓은 문헌을 가리지 않고 모두 수집했다. 군주정이 무너져 왕이 처형당했을 때에도, 올리버 크롬웰이 잉글랜드 공화국의 호국경이

---

[109] 런던의 세인트폴 성당 인근의 지명. 18세기에 런던에서도 출판의 중심지로 유명했다.

되었을 때에도, 이 범상치 않은 서적상은 자신의 사명에 계속 충실했다. 그는 1661년에 왕정복고로 찰스 2세가 왕위에 오른 다음에야 수집을 그만 두었다.

토머슨이 거둔 성과는 숫자로 가장 잘 표현할 수 있다. 22년에 걸쳐 계속된 수집의 결과, 그는 스크랩북으로 모두 2008권에 달하는 총 2만 2255점의 문헌을 모을 수 있었다. 한 시대를 전체적으로 조망할 수 있는 방대한 규모와 다양한 구색도 놀랍지만, 그 중에는 눈을 번쩍 뜨이게 만드는 귀중한 문헌도 드물지 않다. 예컨대 1644년에 존 밀턴이 내놓은 소책자 《아레오파기티카》가 있다. 원제가 《아레오파기티카: 검열 없는 출판의 자유를 위해 영국 의회를 상대로 작성한 존 밀턴의 연설문》인 이 격렬한 내용의 소책자에서 밀턴은 책을 가리켜 이렇게 말하기도 했다. "탁월한 정신의 귀중한 생명혈(生命血)이며, 삶 너머의 삶을 위해 썩지 않도록 처리하여 비장(秘藏)해 두는 정신의 보물이다." 토머스가 수집한 《아레오파기티카》에는 다음과 같은 문구가 적혀 있다. "엑스 도노 아우토리스", 즉 "삼가 저자가 드립니다"라는 뜻이다.

조지 토머슨 외에 1640년부터 1660년 사이에 인쇄된 문헌을 그렇게 대량으로 수집해 보존한 사람은 아무도 없다. 그 시기에 출간된 4절판 문헌의 수량이야말로, 그 전까지 영국에서 나온 4절판 문헌의 전체 수량을 능가할 정도로 많았는데도 말이다. 물론 이런 성과가 전적으로 토머슨 개인의 노력에 의한 것만은 아니었다. 이 격동의 시기를 맞아, 비록 금방 사라지는 곳들이 많긴 했지만 한때나마 인쇄소가 급증했다는 점, 왕당파의 영향력이 런던에서 사라져버리고 그들의 근거지인 옥스퍼드 일대에만 국한되었다가 그곳마저 의회파의 수중에 떨어졌다는 점 등도 중요한 요인이었다. 1897년에 대영도서관의 팔코너 머단은 서지학 관련 정기간행물인 《비블리오그라피카》에 기고한 글에서, 그런 대담한 문헌

수집이 성공할 수 있었던 요인을 다음과 같이 지적했다. "오늘날의 우리가 이 격동의 20년 세월을 잘 알 수 있게 된 것은 전적으로 범상치 않은 한 사람, 즉 자신의 사명이 얼마나 중요한 것인지 깨달은 한 사람 덕분이다. 거리에서 잽싸게 팔려나가거나 계산대 위에서, 혹은 밑에서 거래되는 온갖 문서들을 낚기 위해 그는 런던 곳곳에 촘촘한 그물을 쳐놓아야 했다. 국왕 편을 드는 소책자를 입수하기 위해서는 자신의 왕당파 친구들과 각별한 관계를 유지해야 했다. 또한 모은 것들을 안전하게 보관할 수 있어야 했으며, 무엇보다도 각 문서가 그물에 걸린 날짜를 정확히 적어두는 기민함이 필요했다."

토머슨 개인에 관해서는 별로 알려진 게 없다. 심지어 그가 언제 태어났는지도 확실치 않다. 다만, 1600년에서 1602년 사이에 태어나지 않았나 하고 추정할 뿐이다. 1626년에 서적출판조합[110]에 인쇄업자, 혹은 출판업자로 가입이 허락된 것으로 미루어, 조합의 규정상 당시 그의 나이가 적어도 24세 이상이어야 했기 때문이다. 토머슨의 서점에서는 여러 권의 도서목록을 간행하긴 했지만, 서점 운영이 잘 되었는지 어쨌는지를 알려주는 기록은 없다. 토머슨이 세상을 떠난 직후, 유족들은 그의 컬렉션을 소개하는 안내서를 두 번이나 펴냈다. 왕당파와 의회파의 갈등 및 전쟁 시기의 관련 문헌들을 정부에 매각하기 위해서였다. 여기 나온 내용을 살펴보면 토머슨이 과연 어떤 방식으로 수집에 임했는지를 대략이나마 추정해 볼 수 있다.

1680년에 브로드사이드 형태로 간행된 첫 번째 안내서는 그가 '당시의 모든 정파(政派)들이 내놓은 거의 3만 종에 달하는 문헌을 수집하기

---

[110] 서적출판조합은 메리 여왕 시절인 1556년에 설립되었으며, 이는 일종의 출판 독점제로 몇몇 선택된 인쇄업자들에게만 서적의 출판 및 판매 권한을 부여하는 제도였다. 이로부터 훗날의 '저작권' 개념이 유래했다.

위해 얼마나 많은 돈'을 썼는지, '얼마나 큰 어려움'을 겪었는지, 그리고 '모든 문헌을 완정하게 수집하는 데 얼마나 많은 위험과 운이 따랐는지'를 기록하고 있다. 그는 모든 문헌을 정확하게 분류하여 번호를 매기고 2,000권의 스크랩북에 나누어 보존했다. "그가 사용한 분류 방법은 다름 아닌 '시간,' 바로 그것이었다. 각 문헌마다 출간일을 꼼꼼하게 적어 놓았던 것이다. 그가 수집한 문헌에는 100여 점의 원고도 포함되어 있었다. 그야말로 파멸을 감수하지 않고서는 누구도 출간할 수 없는 과격한 내용의 원고였다."

토머슨은 출판업자들과 사업상 밀접한 관계를 유지했기 때문에, 별다른 의심의 눈길을 받지 않고 꾸준하게 인쇄물들을 입수할 수 있었다. 그는 오늘날 서지학자들과 수집가들이 말하는 '이페머러,' 즉 포스터, 표, 각종 유인물 등 지속적인 가치를 염두에 두지 않고 내놓은 일회성 인쇄물을 수집한 최초의 수집가였을 뿐 아니라, 사실상 전례가 없는 서지학적 기법과 체계를 고안해 낸 인물이기도 했다. 물론 가장 중요한 것은 그가 보존시킨 문헌들이 하나같이 유일무이한 것들이란 사실이었다. 그가 세상을 떠나고 14년이 지나고 나서야 그런 사실이 비로소 인식되기에 이르렀다. "시사 문제에 관심이 있는 사람이라면 누구에게나 비할 데 없는 가치와 효용을 지닌 문헌일 것이다. 오늘날에도 그렇지만 앞으로도 세상에 이와 같은 것은 없을지니, 이런 컬렉션을 구축한다는 건 불가능에 가까울 것이다."

이 무명의 필자는 또한 어떻게 '그런 계획이 바깥에 알려지지 않고 비밀리에 개인적으로 진행되었는지' 알려준다. "군대가 북쪽에 있으면 토머슨은 여러 개의 트렁크에 문헌을 담아 서리[111]에 사는 믿을 만한 친구

111..영국 남부의 지명.

에게 보내 안전하게 보관토록 했다." 그리고 "군대가 서쪽에 있으면 문헌을 다시 런던으로 가져왔지만, 토머슨은 결코 자신이 보관하지 않고 다시 에섹스[112]로 보냈으며, 문헌이 조금이라도 위험에 처할 가능성이 보이면 엄청난 비용을 들여서라도 이곳저곳으로 자주 옮겨 놓았다." 이렇게 하는 동안에도 그는 새로운 문헌을 꾸준히 추가시켰다. 한 번은 문헌을 보호하기 위해 옥스퍼드 대학 측과 모종의 관계가 있는 듯 꾸민 일마저 있었다. 즉, 자기가 모은 문헌을 옥스퍼드 대학에 매각하고 대금의 일부로 1,000파운드를 받은 것처럼 영수증까지 발행했던 것이다. 혹시나 강탈자들이─왕당파를 몰아낸 의회파를 말했다─문헌을 발견하게 되더라도, 아무래도 개인보다는 대학 측이 소유주로 되어 있는 편이 '문헌을 빼앗기지 않고 보존하는 데 보다 큰 힘을 발휘할 수 있으리라' 판단했기 때문이다.

두 번째 안내서도 첫 번째 것과 비슷한 내용을 담고 있지만, 여기에는 토머슨이 기울인 또 다른 노력이 기록되어 있다. 혹시나 발각될 것을 걱정한 토머슨은 밤낮으로 엄청난 공을 들여 문헌을 땅에 묻어 둔 적도 있다. 하지만 소중한 문헌을 땅에 묻어 보관한다는 게 내키지 않았던 토머슨은 보다 안전한 보관을 위해 아예 네덜란드로 보낼 궁리까지 했다. 하지만 문헌을 실은 배가 공해상을 지나는 동안 사고가 일어날지 모른다는 걱정이 들었다. 결국 그는 창고에 보관하고 있는 나무 탁자 안에 자신의 보물을 넣어 숨기고, 칠할 때 물건을 덮는 범포(帆布)를 탁자에 뒤집어 씌워 놓았다.

조지 토머슨의 사망 이후 그의 컬렉션이 안식처를 찾기까지는 한 세기 가까운 세월이 더 흘러야만 했다. 총 2,008권의 스크랩북은 여러 해 동

---

[112]..영국 동남부, 런던 남부의 지명.

안 옥스퍼드 대학에 보관되었고, 그 덕분에 1666년에 일어난 런던 대화재의 재앙을 피할 수 있었다. 이후 여러 명의 소장자들을 거쳐 1761년에 이르렀을 때, 토머스 홀리스 5세-1764년에 하버드 대학 도서관이 화재로 소실되었을 때 도움을 준 장본인이었던-가 당시 내무장관이었던 뷰트 경을 설득하여 컬렉션 전체를 300파운드에 매입하게 했다. 이후 토머슨의 컬렉션은 조지 3세의 명으로 대영박물관 도서관에 편입되어, 한동안은 '왕의 소책자'로 잘못 일컬어지기도 했다. 하지만 150여 년 전부터는 '토머슨 청교도 혁명 시기 문헌 컬렉션'이라는 합당한 이름으로 일컬어져 왔다.

조지 토머슨의 모습이 어땠는지 알 수 있는 초상화는 전해지지 않는다. 1666년에 그의 사망 소식을 알린 짧은 글에 따르면, 그는 '가난한 신세'로 생을 마쳤다. 이 보잘것없는 서적상이 자기 시대의 인쇄물들을 보존하는 꾸준한 사명에 착수한 지 200년 뒤에, 올리버 크롬웰의 전기를 쓰기도 했던 작가 토머스 칼라일은 이렇게 썼다. "토머슨은 영국사에 관한 가장 귀중한 문헌들을 모았다. 영국인들에게 과거의 영국이 어떠했는지를 알려주는 그런 문헌들을 말이다." 1897년에 쓴 글에서 팔코너 머단은 칼라일처럼 경의의 감정을 나타내지는 않았지만, 이 베일에 가려진 수집가의 전무후무한 업적에서 받은 큰 감동을 다음과 같이 표현했다. "그의 업적은 비슷한 성격의 것들 중에서도 단연 독보적이다. 반면 그의 이름이 이렇게 조금밖에 알려져 있지 않다는 사실이야말로, 영국 서지학의 전통에 있어서는 사실상 부끄러운 일이 아닐 수 없다."

찰스 2세 시대에 새뮤얼 피프스(1633~1703)가 9년 6개월에 걸쳐 쓴 방대한 일기는 19세기에 이르러서야 비로소 발견되었다. 발견 당시, 사람들은 피프스가 지극히 사적인 그 일기의 내용을 숨기기 위해 일부러

암호를 사용해 기록했다고 생각했다. 물론 나중의 연구 결과에 의하면 피프스는 암호가 아니라 그 당시만 해도 거의 잊혀진 구식 속기법을 사용했던 것뿐이었다. 하지만 여전히 대답하기 힘든 질문이 남는다. 그는 왜 굳이 그렇게 했을까? 이 불요불굴의 완벽주의자께서는 왕정복고 시대에 관한 공평하고 솔직한 자신의 통찰을 미래 세대가 읽을 수 있도록 나름대로의 조치를 취한 것일까? 아니면 자신의 일기가 영원히 봉인된 채 남겨지기를 바랐던 것일까?

피프스가 살았던 17세기까지만 해도 일기가 공간(公刊)된 적은 한 번도 없었기 때문에, 그가 1660년 1월 1일부터 1669년 5월 16일 사이에 쓴 125만 단어 이상의 일기를 애초부터 책으로 펴내려 의도했을 가능성은 희박하다. 오히려 피프스는 자신의 일기조차도, 갖은 노력을 다해 본래 그대로 보전하려 했던 방대한 개인 장서의 일부로 간주했다. 물론 그 여섯 권의 일기가 과연 자신이 '후손의 이익을 위하여'라고 강조했던 유산의 일부가 될 수 있을 것인지 미심쩍어 하기는 했지만.

그의 사후 3세기가 지난 뒤까지도 그의 장서는 마치 타임캡슐에 넣어져 다른 시대로 온 것처럼 고스란히 보전되어 있다. 단 일곱 권을 제외하면 이 전직 영국 해군장관이 모은 장서는 지금도 그대로 남아 있다. 모든 책은 그가 정리한 순서대로 정확하게 보관되어 있다. 책장도 그냥 책장이 아니라, 영국 해군 소속의 솜씨 좋은 목수가 그의 설계에 따라 만든 것들이다. 1724년 이후, 그 장서는 캠 강 북동쪽 연안에 있는 케임브리지의 모들린 칼리지에 있는 우아한 안뜰 뒤편의 한 건물에 소장되어 있다. 이 역시 결과적으로는 피프스가 세운 계획의 일부였다고 볼 수 있다.

그는 1703년 5월 31일에 세상을 떠났는데, 그로부터 불과 2주전에야 두 개의 유언장을 작성하여 장서의 운명을 결정했다. 34년 동안 독신으로 지낸 그에게는 자녀가 없었기 때문에, 결국 누이의 아들 존 잭슨에게

'책과 그 밖의 문서 전체'를 물려주었다. 피프스는 그 젊은이가 '천수를 다할 때까지' 장서를 마음껏 사용할 수 있게 허락했다. 피프스는 또한 자신의 장서가 "변함없이 보전되고 항구적으로 지켜지기 위해 필요한 모든 조처가 이루어져야 한다"고 명시했다. 그리고 자신의 조카가 세상을 떠난 뒤에는 장서가 "우리 대학들 가운데 한 곳에 영구히 소장되어야 하며, 개인적으로는 옥스퍼드보다 케임브리지가 낫겠다"는 뜻을 밝혔다.

피프스는 장서가 새 건물, 즉 1660년대에 자신이 동문의 한 사람으로서 건축 기금 가운데 일부를 후원한 적이 있는 모들린 칼리지에 자리 잡기를 원했으며, 다른 대안으로는 트리니티 칼리지도 나쁘지 않다고 했다. 그는 장서가 "현 상태 그대로 남아 있어야만 하고, 다른 책이 한 권이라도 새로 끼어들어서는 안 된다"고 고집했다. 이 조건을 엄수하도록 하기 위해서, 그는 심지어 양쪽 대학이 서로를 감독해야 한다는 조건을 추가하기도 했다. 즉, 자신의 책을 소장하는 대학 측은 매년 정기적으로 상대편 대학 측이 파견한 조사원의 확인에 응해야 한다는 것이다. 그 결과 피프스의 지시사항 가운데 하나라도 위반된 사실이 발견되면, 장서는 그 즉시 상대편 대학 측으로 넘겨지는 것이다. 물론 트리니티 칼리지 측에서는 지난 세기 동안 한 번도 조사원을 파견하지 않았다. 사실 조사할 필요 자체가 없었다. 피프스의 장서는 무려 265년이 넘도록 단 한 권의 다른 책도 끼어들지 못하고 원 소유주의 지시대로 보전되어 왔기 때문이다.

그의 장서가 보관되어 있는 석조 건물의 아치형 중앙문 위에는 '비블리오테카 피프시아나', 즉 '피프스 문고'라는 글귀와 함께 피프스의 좌우명이 보다 작은 글씨로 새겨져 있다. '멘스 쿠주스크 이스 에스트 퀴스크.' 부활절 휴가 기간의 어느 토요일 아침에 피프스 문고 내부를 안내해 준 그곳 사서 리처드 럭케트가 그 라틴어 문구를 해석해 주었다.

"키케로를 인용한 겁니다.[113] 매우 함축적인 문구지요. 풀이하자면 대략 '그 사람의 정신이야말로 바로 그 사람이다' 정도가 될 겁니다. 제가 생각하기에 이 말뜻은, 곧 '이것'이 바로 피프스 씨는 아니라는 거죠." 그는 제2서가와 제3서가 사이에 걸려 있는 피프스의 초상화를 가리키며 말했다. "하지만 '이것'은 바로 피프스입니다." 그리고 책을 가리키며 말했다. "그리고 '이것'도 피프스죠." 그는 계속 다른 책들을 가리키면서 말했다. "그리고 '이것,' '이것,' 또 '이것' 도……."

윤기 나도록 처리한 가죽 장정 특유의 냄새, 활자와 그림이 인쇄된 오래된 종이, 서가 안쪽에 나 있는 삼나무 목재의 무늬. 피프스 문고에 들어가 본 사람들은 이런 것들이 자아내는 고유한 분위기에 기분 좋게 젖어들 수 있다. 내화(耐火) 처리가 완벽한 그 방에 들어가려면 두 개의 철제문을 통과해야 한다. 두 문에 철저한 보안 장치가 갖춰져 있음은 물론이다. 럭케트가 설명했다. "우리는 아무나 들여보내진 않습니다. 사실 제 업무 가운데 상당 부분은 열람 요청을 하는 사람들을 심사하는 거지요." 칼리지 측이 피프스 문고를 열람할 수 있는 자격 기준을 지나치게 엄격하게 정했다는 불만의 목소리는 오래 전부터 있었다. 예컨대 윌리엄 블레이즈는 1880년에 내놓은 《책의 적(敵)들》이라는 책에서 이렇게 꼬집었다. "소장 도서를 지나치게 애지중지하는 수집가들과 애서광들이 있다. 그들은 자신의 보물을 다음 세상으로 가져가지도 못할 거면서, 그저 꼭꼭 숨겨 놓기만 한다. 그렇게 숨겨 놓은 책이 도대체 무슨 소용이 있을 것인가." 이렇게 말한 그가 피프스 문고를 그냥 지나칠 리 없었다. '유명한 일기 작가 피프스의 오래된 흥미로운 장서'를 그는 이러한 경우의 대표적인 사례로 거론한다. 하지만 이와는 다른 견해를 밝힌 이들도

---

113. 키케로의 《국가론》에 나오는 말이다.

적지 않았다. 예컨대 헨리 B. 휘틀리는 1899년에 이렇게 적었다. "그 방은 정말 독특하고 고유하다. 책들이 조용히 은거하고 있는 그곳에 발을 들여놓을 수 있는 특권을 누린 사람이라면, 그곳 피프스 문고를 언제까지나 잊지 못할 것이다."

생의 마지막이 점점 가까워 온다고 느낀 피프스는 도서수집에 관한 자신의 견해를 개괄하는 비망록을 준비했다. 그는 개인 장서란 그 주인의 독서가 감당할 수 있는 한도 안에서 "가장 작은 방에 얼마 안 되는 책을 갖추더라도" 책의 주제, 형식, 언어 등이 가능한 한 다양해야 한다고 적었다. 럭케트에 따르면 피프스는 이 말을 통해 '자신의 장서가 정확히 무엇인지' 규정하려 했다. "이것은 대학 내에 있는 공공의 장서도 아니고, 어느 교수의 개인 장서와도 전혀 다릅니다. 이것은 그저 한 개인의 장서일 뿐이죠." 피프스가 자신의 장서에 새로운 책이 끼어드는 걸 지독히도 싫어한 부분적인 이유도 그 때문이라는 것이 럭케트의 견해다. "장서에 속한 책들 가운데 하나라도 없애서는 안 된다고 요구하는 경우는 비교적 흔합니다. 그러나 새로운 책을 더 넣지 말라고 요구한 컬렉션은 제가 알기로는 한 번도 없었습니다. 그리하여 피프스의 장서는 정확하게 옛날 그대로지요."

피프스의 장서는 더도 덜도 아닌 정확히 3,000권의 책으로 이루어져 있다. 피프스가 3,000권이라는 숫자야말로 신사의 도서관에 가장 알맞은 숫자라고 판단했기 때문이다. 40년 동안 활발하게 책을 모아들이면서 피프스는 새로운 책을 보관할 공간을 확보하기 위해 필요 없는 책을 처분하곤 했다. 두 개의 닻이 교차하는 위로 모토가 적혀 있는 피프스의 장서표가 붙은 책이 고서업계의 도서목록에 자주 등장하는 까닭은 바로 이 때문이다. 도서 배열은 책의 크기에 따랐다. 아주 작은 책들은 제1서가에, 판형이 무척 큰 책들은 제5서가에 넣는 식이다. 가장 큰 책들은 피프스의 책상 주위에 배치되었고,[114] 그 결과 모두 열두 개의 서가에 책을 정연하게 수납했다. 각각의 책에는 1부터 3,000까지 번호를 부여했고, 이 순서 역시 가장 작은 것부터 큰 것으로 나아간다. 또한 이 책들의 높이를 똑같이 맞추기 위해서 피프스는 작은 책들 밑에 나무 받침대를 만들어 끼웠으며, 그 각각에는 책등의 제본과 어울리게끔 장식을 해 넣었다. 첫 번째 유언장의 추가 조항에서 그는 책의 배열은 각각의 "높이를 세밀하고 엄격하게 측정해서" 정해야 하며, 혹시나 "필요한 경우"에는 "보다 꼼꼼하고 정밀하게 바로잡아야 한다"고 엄명했다.

피프스의 삶의 태도 역시 꼼꼼하고 정밀하며 정연하고 틀림없는 것이었다. 제1서가 옆에 서서 럭케트가 말했다. "그의 일기는 바로 여기 있습니다. 어디에 깊숙이 감춰놓거나 하지도 않았죠. 유리 너머 바로 저기에 있지 않습니까?" 그는 제1서가의 세 번째 선반에서 조심스럽게 일기의 첫 권을 꺼내 나에게 건네주었다. "보시다시피 그는 단순히 '1660년' 부터 쓰기 시작한 게 아니라 '1660년 1월 1일' 부터 시작했습니다." 속기체로 썼지만 글자 하나하나가 분명하고 정연했으며 모양도 틀림이 없었다. '꼼꼼하고 정밀하게 바로잡은' 그의 까다로운 서가와 비슷한 모양새였다.

일기를 처음 쓰기 시작할 무렵, 재단사의 아들이었던 26세의 피프스는 에드워드 몬터규 제독의 집사로 일하고 있었다. 몬터규는 피프스와 먼 친척 간이었지만 사회적 출신 성분은 크게 달랐다. 몬터규는 1660년 5월, 네덜란드에 망명 중이던 찰스 2세가 영국으로 돌아올 때 함대를 이끌고 직접 호위했던 인물이기도 하다. 왕정복고 이후 피프스는 민간인

---

114. 책상을 지탱하는 양쪽 기둥을 바깥쪽에 유리문이 달린 책장으로 만들어 그 안에 큰 책을 보관했다. 피프스 문고 웹사이트(www.magd.cam.ac.uk/pepys/)의 사진을 참고하라.

신분으로 해군성에서 고위직에 올라 함선을 제작, 수리하고 공창(工廠)을 관리하며 함대에 식량과 생필품, 각종 도구를 공급하는 책임자가 되었다. 그는 찰스 2세와 제임스 2세 치하에서 해군성 장관으로 일했는데, 그의 사생활에서 엿볼 수 있는 규율과 질서에 대한 추구가 관직에서의 출세가도에도 긍정적인 영향을 미쳤을 법하다. 비록 일기를 쓰거나 장서를 남기지 않았더라도, 그는 1812년에 이르러 넬슨 제독이 트라팔가르 해전에서 승리를 쟁취할 수 있었던 원인이었던 강력한 영국 해군을 양성한 장본인으로 기억되었을 것이다. 사회적으로 피프스는 같은 시대의 또 다른 일기 작가인 존 이블린을 포함한 일단의 저명인사들과 친교를 맺고 있었다. 피프스는 공무로 바쁜 가운데에서도 음악과 연극과 연애를 무척이나 애호하는 사람이었지만, 매일 밤 잠들기 전에는 촛불 아래에서 반드시 그날의 일들을 기록했다.

1666년 7월 23일, 피프스는 뎁포드와 울리치의 해군 공창(工廠)에서 일하던 솜씨 좋은 목수 토머스 심프슨을 런던의 자택으로 데려왔다. 피프스는 심프슨과 함께 심혈을 기울여 책을 수납할 서가를 설계했다. 피프스는 이렇게 기록했다. "내 책을 넣은 서가를 주의 깊게 설계했다. 책이 늘어나 이제 의자 위에까지 쌓아놓는 지경이니, 책 한 권을 펼쳐보려면 다른 책 여러 권을 치워야 해서 불편했기 때문이다." 피프스의 까다로운 지시에 따라 심프슨이 제작한 서가는 참나무 목재에 무늬를 새겨 만들고, 문에는 직사각형의 작은 유리를 무늬 삼아 박아 넣었다. 실로 유례를 찾아보기 힘든 화려하고 훌륭한 서가였다. 심프슨은 그 다음 달에도 피프스의 서가를 하나 더 만들기 위해 런던으로 와야 했다.

럭케트는 처음에 만든 서가들에는 철제 손잡이가 붙어 있었고, 마지막에 만든 서가들에도 역시 놋쇠 손잡이가 붙어 있었다는 걸 지적했다. "서가들을 분리시켜 운반할 수 있습니다. 1724년에 런던에서 이곳으로

운반될 때도 그렇게 해서 옮겼죠. 그런데 사소하지만 차이가 있습니다. 제1서가는 선반의 높이 조절이 가능하지만 제12서가는 그렇지 않습니다. 선반들이 모두 고정되어 있기 때문입니다. 피프스는 애초에 집에서 편리하게 쓸 수 있는 실용적인 서가를 만들려고 했던 겁니다. 선반 높이를 조정할 수 있는 서가를 말입니다. 제한된 공간 안에 가능한 한 많은 책을 수납할 요량으로, 책 크기에 따라 선반 위치를 조정할 수 있게 한 거죠."

피프스의 서가는 그 꼭대기와 바닥 부분의 복잡한 장식만으로도 눈길을 잡아끈다. 럭케트의 말이다. "옛날 배의 선미(船尾) 부분에 달린 장식과 비슷합니다. 서가를 만드는 데 사용한 목재만 봐도 그렇습니다. 이 당시에 가구를 만드는 데에는 오히려 호두나무가 더 적합하다고 여겨졌지만, 이 서가는 주로 배를 만드는 참나무로 만들었으니까요. 그의 서가가 한 사람의 서가로는 전무후무한 특이성을 지니게 된 까닭은 바로 그런 측면에도 있다고 생각합니다."

책의 내용, 혹은 주제가 아니라 단순히 책의 크기에 따라 배열했기 때문에, 피프스는 어떤 책이 어디에 있는지 쉽게 찾을 수 있도록 목록 작성에 세심한 주의를 기울였다. 그는 두 개의 목록을 작성했다. 하나는 책의 번호 순서대로 제목을 기록한 목록이고, 다른 하나는 제목의 알파벳 순서대로 기록한 목록이다. 그 다음에는 주제별 색인을 작성하여 어떤 책이 몇 번째 서가의 몇 번째 선반에 있는지 기록해 놓았다. 책의 위치를 알려주는 일람표라고 할 수 있는 그 색인을 피프스는 '분류 목록'이라 일컬었다. 새로운 책들을 추가할 때마다, 그는 사실상 책을 모두 새로 배치해야 했다. 피프스는 이를 '조정(調整)'이라 일컬었다. 따라서 피프스의 '조정' 기록을 살펴보면, 그가 언제 어떤 책을 입수했는지를 가늠할 수 있다. 럭케트는 이렇게 말했다. "어떤 책이 이 컬렉션에 얼마나 오랫동안 들어 있었는지를 알려면, 그 선반 번호가 몇 번이나 바뀌었는지를 살펴보면 됩니다."

오늘날 피프스는 일종의 '전문가'로 간주되곤 하지만, 300년 전 당시였다면 아마 '비르투오조', 즉 '실험가'나 '연구가'라는 호칭으로 불렸을 것이다. 그는 자신이 '저속한 책들'이라 일컬은 대중 소설을 포함한 당대의 신간들도 폭넓게 수집했다. 물론 그는 중세 필사본, 초기 인쇄본, 항해 관련 자료들, 특히 영국 해군 관련 문헌들을 수집하는 데도 열심이었고, 자기가 관심을 가진 다양한 주제들, 예컨대 음악, 체스, 마술, 과학, 약초 등을 다룬 책들도 모았다. 피프스는 수집한 문헌들을 새롭게 장정(裝幀)하는 데도 열심이었기 때문에, 그의 장서는 17세기 영국의 제본 기술을 보여주는 가장 훌륭한 컬렉션이기도 하다.

피프스의 장서에는 1588년 이전에 인쇄된 초기 인쇄본이 200권이나 포함되어 있는데, 그 가운데는 윌리엄 캑스턴의 책이 7권, 윈킨 드 워드의 책이 8권, 리처드 핀슨의 책이 8권씩 있다. 그가 소장한 초기 인쇄본 가운데서도 25권은 다른 컬렉션에서는 찾아볼 수 없는 유일본이며, 그중에서도 대표적인 것으로는 캑스턴의 《여우 레이너드》[115]를 들 수 있다. 그 밖에도 1510년에 윈킨 드 워드가 펴낸 스티븐 호스의 《미덕의 모범》 유일본이 있으며, 아이작 뉴턴의 《프린키피아》에는 발행 허가 표시 부분에 당시 왕립학회 회장이었던 피프스의 이름이 나와 있다는 점에서 특히 흥미롭다. 그의 장서 가운데는 자신이 집필한 책도 한 권 들어 있으니, 1690년에 출간한 《해군성 시절의 회고록》이란 대형 판본이다. 또한 그의 장서에는 라신, 몰리에르, 파스칼, 데카르트 등의 초기 판본들도 포

---

[115]..이른바 '여우 이야기'라는 제목으로 유명한 중세의 동물 우화. 주인공 여우의 이름을 프랑스에서는 '르나르,' 독일에서는 '라이네케,' 영국에서는 '러셀,' 혹은 '레이너드'라고 부르며, 초서와 괴테가 개작한 작품이 전해질 정도로 유명한 작품이다.

함되어 있다.

그의 소장본 가운데 특기할 만한 것으로는 헨리 8세 당시의 해군 장비를 기록한 두루마리 문서가 있다. 당시 영국 해군의 주요 함선들의 모습이 그려져 있는 그 문서에는 특히 포츠머스에서 1545년에 침몰한 대형 전함 메리 로즈 호의 모습도 나와 있다. 이는 메리 로즈 호의 모습을 알 수 있는 유일한 자료이며, 오늘날 바로 그 문서를 바탕으로 하여 복원된 메리 로즈 호가 포츠머스에 전시되어 있다.[116] 찰스 2세가 피프스에게 준 그 문서는 해군 병기 담당관 앤서니 앤서니가 1546년에 작성한 것이다. 피프스는 그 문서에서 각 함선의 그림을 잘라낸 다음, 피지(皮紙)에 붙이고 화려하게 장정하여 책으로 만들었다. 그 밖에 눈길을 끄는 것으로는 에스파냐 무적함대(아르마다)에 관한 책이 있다. 영국을 향해 진격에 나섰던 무적함대의 모든 배를 열거하고, 그 각각이 갖춘 군수품의 명세까지 기록한 책이다. 피프스는 또한 프랜시스 드레이크 경의 항해 일지도 입수했다.

서적 및 필사본 외에도 이 컬렉션에는 1만 500여 점의 판화를 수록한 커다란 앨범도 20여 권이나 있는데, 그 가운데는 렘브란트와 뒤러 같은 유명한 대가의 작품도 있다. 그런가 하면 대중가요가 적힌 1,750장의 브로드시트가 담긴 앨범도 다섯 권이나 되는데, 그 가운데 850장은 현존하는 유일본이다. 그 밖에도 지도와 항해 기록들, 심지어 행상들이 시장에서 팔았던 각종 '이페머러' 컬렉션도 많다.

1669년 5월 31일 피프스는 일기의 마지막 문장을 적어내려 갔다. 자

---

116. 메리 로즈 호는 헨리 8세가 각별히 총애했던 전함으로, 1510년에 건조되어 30여 년간 맹활약하다가 1545년 7월 18일에 포츠머스에서 프랑스 함대와의 해전 도중 격침되었다. 1982년에 이르러 이 배의 잔해가 발견되었고, 거기서 인양된 유물을 보관하기 위해 훗날 박물관이 설립되었다.

신의 눈이 점차 멀고 있음을 고백하는 내용이었다. "내가 나의 두 눈을 가지고 일기를 적지 못하게 되리라고는 생각지 못했다. 아니 그런 날이 오리라는 걸 인정하기 싫었다. 이제 더 이상 일기를 적을 수가 없다. 손으로 펜을 쥐고 뭔가를 쓰려할 때마다 내 두 눈이 말을 듣지 않는다." 다행히 피프스는 시력을 어느 정도 회복하여 이후 34년을 더 살았지만, 밤마다 했던 명상은 결코 재개되지 않았다. 현대의 비평가들은 피프스가 절묘한 시점에 일기 쓰기를 그만 두었다고 평가한다. 극적으로 일기를 기록하기 시작해서, 열정적이면서도 꾸준하게 지속했고, 강한 여운을 남기며 끝마침으로써 일기의 문학적 완성도가 더욱 높아졌다는 것이다. 당대의 사회상을 알려주는 문헌으로서 그의 일기는 왕정복고 시기 영국의 일상적 삶을 보여주는 투명한 창이라고 할 수 있다. 피프스보다 바로 앞선 시기의 혼란한 시대 상황을 여실하게 보여주는 조지 토머슨 컬렉션의 경우와 마찬가지로 말이다. 럭케트는 이렇게 말했다. "피프스의 다른 개인 문서는 여기에 없습니다. 그 대부분은 옥스퍼드의 보들리 도서관에 가 있죠. 하지만 그의 일기는 의도적으로 장서 가운데 보관되어 있었고, 그런 까닭에 개인 문서라기보다는 일반 서적처럼 보여서 아주 오랫동안 주목을 받지 못했던 겁니다."

피프스는 평생 책을 향한 열망을 결코 버리지 않았다. 그는 가능한 수단을 총동원하여 책에 대한 갈망을 해결했으며, 특히 경매를 자주 활용했다. 그가 도서수집에 열중하던 시기의 영국에서 경매는 폭넓게 확산되어 있었다. 1580년에 설립된 레이덴의 엘제비르 출판사[117]가 1604년에 유럽 최초의 도서 경매를 개최했고, 영국에서는 피프스가 마지막 일기를

---

117. .16세기 네덜란드의 유명한 인쇄업자 가문이다. 1583년에 루이 엘제비르(1542~1617)가 처음 시작하여 그의 아들 다섯 명이 모두 인쇄업자로 일했다. 주로 작은 판형의 라틴어 고전을 펴내 명성을 얻었고, 1791년까지 모두 2,000종에 달하는 책을 펴냈다.

적고 나서 7년 뒤인 1676년에 도서 경매가 처음 시작되었다. 1676년부터 1700년까지 영국에서는 모두 100차례 정도 도서 경매가 열렸고, 거기에서 모두 35만 권에 달하는, 금액으로는 25만 파운드에 달하는 책이 거래되었다. 피프스가 도서 경매에 자주 참여한 것은 사실이지만, 그가 런던에서 열린 최초의 도서 경매에도 참여했는지 여부는 알 수 없다. 존 이블린은 자신의 일기에서, 장서를 처리하는 이 '전염성 강한' 방식이 그토록 유행하는 것에 대해 개탄했다. 이블린은 '훌륭한 장서와 귀중한 수집 컬렉션들이 겪게 되는 슬픈 이별' 로부터 피프스가 자신의 책을 구해내기를 바랐다.

조셉 에디슨은 1710년 4월 13일에 이른바 '학식을 갖춘 바보'인 톰 폴리오[118]라는 가상의 인물을 주인공으로 한 에세이를 발표하여, 이 인기 있는 도서 거래 방식을 신랄하게 꼬집었다. "톰 폴리오는 그 어떤 경매에도 빠지지 않고 모습을 나타낸다. 그 어떤 경매에서도 그의 이름이 호명되지 않는 경우는 없다. 낙찰을 알리는 망치 두드리는 소리가 나기 직전의 결정적인 순간에도 그의 이름은 결코 빠지는 법이 없다. 주최측과 내통하든, 참가자들과 함께 꼼수를 두든, 톰이 관여하지 않고 경매가 진행되는 경우는 결코 없다. 도서목록도 마찬가지여서, 인쇄가 완료되자마자 잉크가 마르기도 전에 톰에게 전달되곤 한다. 또한 그는 뛰어난 학자이기도 하다. 책의 속표지에 대해서는 물론이고,[119] 필사본의 어디에서 저자의 이름을 발견할 수 있는지도 잘 알고 있다. 또한 같은 저자의

---

118. 대표적인 남자 이름인 '톰'에 2절판을 뜻하는 '폴리오'를 붙여 만든 가상의 인물. 우리 식으로 하면 '도서수집가 이절판(李折判) 씨' 정도가 되겠다.
119. 이 당시에는 속표지에 저자와 출판사와 간행년도 등이 표시되었으므로, '속표지에 대해 안다'는 것은 결국 어떤 책의 '(내용은 몰라도) 서지사항만큼은 잘 안다'는 의미이기도 하다.

다양한 판본은 물론이고, 심지어 어떤 책에 대한 학계의 찬사나 비판에 대해서도 모조리 알고 있다."

모들린 칼리지 측은 피프스의 뜻을 지키는 데 전무후무한 공을 들였지만, 그의 장서에도 단 한 차례 변화가 있었다. 피프스는 '새로운' 책을 포함시켜서는 안 된다고 명시하긴 했지만, 대학 측에서는 가령 누군가로부터 장기간 '임대한' 책을 함께 보관하는 것은 이 일기작가의 유언과 배치되지 않는다고 판단한 것이다. 칼리지 측 관계자들은 자신들의 조치가 피프스의 뜻을 거스르는 게 아니라고 확신한다. 럭케트는 이렇게 말한다. "피프스가 살아 있다면 분명 우리의 조치를 승인했을 것이라고 믿습니다." 도서수집업계에서 간혹 일어날 수 있는 기묘한 우연의 일치를 잘 보여주는 이 사건의 전말은 다음과 같다.

1688년 3월 12일, 피프스는 런던의 한 도서 경매에서 윌리엄 캑스턴이 펴낸 오비디우스의 두 권짜리 《변신 이야기》 가운데 제10편부터 제15편까지를 수록한 하권(下卷)을 구입했다. 이후 이 책이 피프스 문고에서도 무척 중요한 가치를 지닌 자료로 평가받아왔음은 물론이다. 여러 세기 동안 학자들은 제1편에서 제9편까지에 해당하는 상권(上卷)은 완전히 사라져버렸거나, 애당초 제작되지 않았을지도 모른다고 믿어왔다. 그런데 1965년에 이르러, 도서수집가 토머스 필립스 경이 1872년에 사망하면서 남긴 컬렉션에서 이제껏 전해지지 않았던 상권이 발견되었다. 그 필사본은 1966년에 소더비 경매에서 25만 2,000달러에 뉴욕의 서적상 루 데이비드 펠드먼에게 낙찰되었다. 하지만 그 272쪽짜리 책이 영국을 떠나게 된다는 사실이 알려지자 열띤 논란이 벌어졌다. 결국 미국 미시간 주 앤아버의 유진 파워가 그 책을 구입해 모들린 칼리지에 증정함으로써 논란은 겨우 잦아들 수 있었다. 럭케트가 말했다. "지금까지는 피프스가 보유한 하권만이 현존하는 유일본이라고 간주되었기 때문에, 상권과 함께 보관하는 것이라면 피프스 또한 기꺼이 승인할 것이라고 생각한 거죠." 오랜 세월의 이별을 마감한 그 두 권은 이제 열두 개의 서가 대신 별도의 전시대에 함께 들어 있다. 피프스는 "모든 것이 말끔하고 정연하게 되어 있는 것이야말로 나의 기쁨"이라고 사뭇 자랑스레 말한 적이 있다. 그러니 이 만족스러운 대단원을 목격한 이 나이 많은 비르투오조께서도 왜 나의 유언을 어겼느냐면서 무덤에서 벌떡 일어나 모들린 칼리지를 상대로 굳이 이의를 제기할 것 같지는 않다.

피프스는 다양한 필체를 수록한 문헌을 입수하는 데도 열중했다. 럭케트가 설명한다. "그는 필체에 관해 과학적으로 연구하고자 했지요. 그는 지난 수천 년 동안 작성된 모든 필체 관련 자료를 입수하고 싶어 했습니다. 실로 대단한 계획이었지요. 필체를 시대 순으로 정리하려는 최초의 시도였다고 할 수 있습니다." 그는 자신이 입수한 필체 관련 자료를 세 권의 앨범에 붙여 정리했고, 훗날 고문서 연구가 험프리 윈리는 그 자료를 바탕으로 각각의 필체를 학술적으로 연구하기도 했다.

피프스가 세상을 떠나고 12년이 지난 1715년, 험프리 윈리(1672~1726) 역시 일기를 쓰기 시작했다. 다만, 그의 경우에는 자신이 보고 듣고 겪은 매일의 사건들을 성찰하고 기록을 남기려는 게 아니었다. 그것은 사서이자 도서목록 작성자였으며, 또한 제1대 옥스퍼드 백작 로버트 할리의 서적 중개상으로 활약한 자신의 전문적인 활동을 기록하기 위한 일기였다. 앤 여왕 치세에 막강한 권력을 휘두른 정치가이기도 했던 로버트 할리는 자신이 직접 나서지는 않고, 대신 다른 사람들의 도움을 받아 책과 문서를 수집했다. 그리하여 할리는 당시 서적업계에서 최고의 실력자였던 험프리 윈리를 자신의 대리인으로 고용했다. 이에 따라 험프리의 일기는 그로부터 250년 전에 작성된 《애서》와 함께 영국 도서수집의 발전 과정을 기록한 매우 중요한 문헌이 되었다.

원리는 영국에서 최초로 고서와 필사본에 대한 관심이 생겨났을 무렵의 상황을 잘 보여주는 인물이다. 그는 1695년부터 1700년까지 보들리 도서관에서 보조 사서로 일하면서 피프스와도 교류가 있었고, 그 외에도 영국 서지학의 역사에서 불후의 중요성을 지니는 많은 일들에 관여했다. 원리는 1701년에 조지 힉스를 위해 앵글로색슨 필사본의 도서목록을 작성했는데, 이 일에서 보여준 그의 실력에 감탄한 힉스가 원리를 로버트 할리에게 추천했다. "원리는 필사본에 관한 한 유례를 찾기 힘든 솜씨를 갖고 있습니다. 만약 이곳이 아니라 프랑스나, 네덜란드나, 스웨덴이나, 아니면 다른 어떤 곳에서 태어났다 해도 그의 솜씨는 지금과 다름없었을 것이며, 여기에서와 마찬가지의 평가를 받았을 겁니다."

로버트 할리를 위해 일하기 시작한 직후, 원리는 그로부터 22년 전에 로버트 코턴 경을 괴롭힌 '고통과 슬픔'에 대한 기록을 남기기도 했던 도서수집가 시몬스 듀스 경의 장서를 입수했다. 1708년부터 원리는 로버트 할리를 위한 일에만 전념했고, 그로부터 7년 뒤에는 일기를 적기 시작했다. 제1대 옥스퍼드 백작이 1724년 세상을 떠나자, 제2대 옥스퍼드 백작 에드워드 할리가 부친의 장서를 물려받았다. 에드워드는 온화하고 너그러운 성격의 문예 애호가이자 후원자였다. 그는 원리를 계속해서 대리인으로 삼았고, 희귀본과 필사본을 입수하는 데도 많은 관심을 기울였다.

아버지와 달리 에드워드 할리는 자신이 수집한 컬렉션을 즐길 줄 아는 사람이었다. 그는 알렉산더 포프나 조너선 스위프트 같은 친한 친구들에게 자신의 컬렉션을 개방했다. 그러나 에드워드 할리는 남성 상속자를 남기지 않은 채 1740년에 세상을 떠났고, 백작 부인 역시 남편의 장서에는 별 관심이 없었다. 결국 에드워드 할리의 장서는 매각되어 흩어질 운명에 처했다. 영국 정부는 그 가운데 필사본 컬렉션만을 놓고 백작 부인과 치열하게 흥정을 벌인 끝에, 백작 부인이 요구한 2만 파운드의 절반 가격에 컬렉션을 인수했다. 이리하여 할리 가문이 수집한 필사본들은 1753년에 이르러 코턴 장서, 한스 슬로언 경 장서,[120] 그리고 왕립도서관 장서 등과 함께 새롭게 조성된 대영박물관 도서관의 핵심 컬렉션이 되었다. 이후 지금까지도 이들 컬렉션은 영국에서도 가장 귀중한 국가적 문화유산의 위치를 차지하고 있다.

한편 할리가 수집한 인쇄본 컬렉션은 런던의 서적상이었던 토머스 오스본 2세에게 매각되었다. 오스본은 5,000권의 책을 모두 1만 3,000파운드라는 가격에 입수했는데, 이는 할리 가문이 그 책들을 장정하는 데 들인 금액보다도 무려 5,000파운드나 적었기 때문에 실상 헐값이나 다름없었다. 그러나 오스본은 구입 즉시 책을 팔아 이익을 남기려 들지는 않았다. 할리 가문의 장서는 무려 40년의 세월에 걸쳐 수집한 것이었다. 따라서 그렇게 많은 귀중본이 갑자기 시장에 나오게 되면 공급이 수요를 초과할 것은 당연한 이치였다. 오스본은 그런 사실을 모르는 사람이 아니었다. 그리하여 이후 20년이 지나도록 오스본은 할리 가문의 인쇄본을 팔지 않고 그대로 보관하고 있었다. 한편으로 이는 특유의 고집 때문이기도 했다. 그는 자신이 부른 가격보다 낮은 가격에는 절대로 책을 팔지 않으려 했던 것이다. 그는 할리 장서 가운데 일부를 골라, 마치 다른 수집가들이 매각한 장서에서 새로이 입수된 것처럼 꾸며 자기가 펴내는 도서목록에 수록하기도 했지만, 나중에 가서는 허위임이 밝혀졌다. 오늘날에는 붉은 빛이 도는 고급 모로코 가죽 장정에 금세공으로 책 모서리

---

[120]..영국의 도서수집가인 한스 슬로언 경이 수집한 장서를 말한다. 1753년에 사망했을 때, 그의 컬렉션에는 골동품 1,125점, 동전 및 메달 2만 3,000점, 도서, 그림 및 문서 5만 점 등이 포함되어 있었다.

를 장식하고 마름모꼴 무늬가 둘러쳐져 있는 '할리 장정(裝幀)' 도서를 세계 각지의 여러 도서관에서 볼 수 있다.

비록 토머스 프로그널 딥딘 목사가 '당대 최고의 서적상'이라 추켜세우긴 했지만, 토머스 오스본은 사실 많은 사람들로부터 조롱을 당했다. 알렉산더 포프는《우인열전(愚人列傳)》[121]에서 오스본을 오줌싸기 시합에서 패배하여 머리에 요강을 쓰고 집까지 걸어가야 했던 인물로 그리며 조롱했다. 또한 오스본은 종종 자신이 성공했다는 사실을 술자리에서 떠들썩하게 자랑하는 천하고 상스러운 인물로 그려지곤 했다. 가령 그가 이렇게 말했다는 이야기도 전해졌다. "젊은이! 난 40년 넘게 이 사업을 해서 지금은 4만 파운드 이상의 재산을 갖춘 부자가 되었다네. 자네도 열심히 한 번 해보게. 그러면 언젠가는 나처럼 부자가 될 수 있을 거야." 당시 떠돌던 소문 가운데는 오스본이 우연히 프랑스어로 된 어느 서사시를 발견하고, 그 작품을 영어로 번역 출간하려고 누군가에게 부탁했던 일화도 있었다. 훗날 밝혀진 바에 의하면 그 시는 바로 존 밀턴의《실락원》으로, 애초에 영어로 쓰였고 나중에 프랑스어로 번역된 작품이었지만, 오스본 자신은 이런 사실을 전혀 몰랐다는 것이다.

오스본은 할리 장서 도서목록의 처음 두 권을 출간한 뒤, 다른 서적상들에게도 권당 5실링씩 받고 판 것으로도 악명이 높았다. 또한 그는 판매하는 책의 가격을 지나치게 높게 매겼다. 할리 장서 도서목록의 세 번째 권 서문에서, 오스본은 자신이 이렇게 높은 가격을 매겨야 하는 까닭, 또한 그토록 거만하고 막무가내인 까닭에 대해 이렇게 항변을 늘어놓기도 했다. "가령 내가 어떤 책의 가치를 지나치게 높이 평가했다거나, 또

---

[121] 1728년에 펴낸 포프의 서사시로, 고전 영웅 서사시인 호메로스의 〈일리아드〉의 형식을 본떠 바보들을 풍자하는 내용이다.

는 문학을 실제보다도 훨씬 더 인기 있는 것으로 착각했다거나, 또는 이미 시대가 지나버린 취향을 뒤늦게야 되살리려 헛수고를 했을 수는 있다. 하지만 그렇다고 해서 내가 왜 이런 비난과 욕설을 들어야 하는가? 내가 저지른 잘못이라곤 단지 이처럼 몇 가지를 착각했다는 것뿐인데 말이다. 나는 오로지 이 책들을 팔기 위해 최선을 다하고 있다."

새뮤얼 존슨은 젊은 시절에 오스본을 위해 도서목록 작성 일을 한 적이 있다. 가령 모두 다섯 권짜리인 오스본의 할리 장서 도서목록 가운데 라틴어로 작성된 처음 두 권이 바로 존슨의 작품이다. 당시 오스본은 결코 지적으로 탁월한 인물이 아니었으므로, 많은 사람들은 세 번째 권에 수록된 설득력 있는 항변조차도 당시 서른한 살이었던 존슨이 대필해 준 것이 아닐까 생각하고 있다. 존슨은 영어로 작성된 다른 도서목록조차도 마치 '그물에 걸린 사자'와도 같이 열렬한 기세로 집필했다고 전해진다. 존슨은 오스본의 부탁을 받고 여러 가지 일을 했는데, 그 중에는 거의 전설처럼 전해 내려오는 일화도 있다. 언젠가 오스본은 평소처럼 존슨에게 어떤 일을 맡겨 놓고, 한참 뒤에 왜 그 일을 쓸데없이 질질 끌기만 하고 얼른 끝내지 않느냐며 화를 냈다. 이때 오스본은 어리석게도 이 젊은 학자에게 '옹졸하고, 심지어 저속하기까지 한 언사로' 갖가지 비난을 퍼부었다. 그러자 존슨은 "오스본의 부탁을 받고 내용을 검토 중이었던 커다란 판형의 책을 집어 들더니 상대방의 머리를 후려쳤고, 이에 오스본은 그만 바닥에 나동그라지고 말았다." 그런 다음, 존슨은 의자에서 일어나 오스본의 가슴을 발로 꾹 누르며 이렇게 말했다. "그렇게 자빠져 있기나 해! 이 무지하고 미천하고 어리석은 인간아!"[122]

비록 동시대의 많은 사람들이 오스본에게 갖은 조롱과 비난을 퍼붓긴 했지만, 그가 입수한 책들이 매우 뛰어나다는 사실에 대해서는 어느 누구도 이의를 제기하지 못했다. 사실 오스본에 대한 불평의 핵심은 그가 책 가격을 지나치게 높게 매기고, 결코 그 가격 밑으로는 팔지 않았다는 것이었다. 물론 하나의 컬렉션에 거액을 투자한 다음, 이익을 실현하기까지 오랜 세월을 기다린 오스본의 뜻이 다른 서적상들의 질투를 불러 일으킬 만한 것이었는지는 다소 의심의 여지가 있다. 그런 뜻이야 서적상이라면 누구나 가져 봄직한 것이기 때문이다. 따라서 오스본을 향한 이와 같은 조롱과 비난과 질투는, 실상 18세기 중반 영국의 부유한 엘리트 계층 사이에서 도서수집 경쟁이 얼마나 치열했는지를 보여주는 사례라고 보는 편이 낫다.

한편, 딥딘의 《애서광》이 출간된 뒤, 애서광이라는 말이 머지않아 일반적으로 널리 쓰이게 되었다. 이후 딥딘은 제2대 스펜서 백작 조지 존 (1758~1834)의 사서이자 목록 작성자로 일했다. 조지 존은 1501년 이전에 나온 초기 간행본 및 인쇄본에 관한 한 가장 위대한 수집가로 평가받기도 한다.

딥딘의 《애서광》이 나오고 몇 주 뒤에는 존 페리어의 풍자시 〈애서광〉이 나왔다. 그 풍자시는 "리처드 히버 선생에게 보내는 편지"라는 부제를 달고 있었다. 두 작품 모두 1809년에 나왔는데, 당시 35세였던 히버는 책을 향한 끝을 모르는 열망으로 명성이 자자했다. 부유한 목사의 아들이었던 리처드 히버(1773~1833)는 사망 당시에 책이 잔뜩 들어찬 여덟 채의 집을 남겼는데, 그 중 네 채는 영국에 있었고 나머지 네 채는 각각 헨트,[123] 파리, 브뤼셀, 안트베르펜에 있었다. 토머스 필립스 경의 전

---

122. . 이 일화는 존 호킨스의 《새뮤얼 존슨의 생애》에 처음 등장한다. 그러나 제임스 보즈웰의 《새뮤얼 존슨의 생애》에는 이 이야기가 약간 다르게 실려 있다. 즉, 보즈웰이 존슨에게 "그 서적상을 2절판으로 때려 자빠트린 뒤에 그의 목을 발로 밟아버렸다"는 소문이 사실이냐고 묻자, 존슨은 이렇게 대답한다. "그가 내게 무례하게 굴기에 한 대 갈겨줬지. 하지만 그의 서점에서가 아니라 내 방에서 그랬던 거라네." (1742년 9월 9일) — 원주.
123. . 벨기에의 지명.

기를 집필한 A. N. L. 먼비에 따르면, 아무리 적게 잡아도 히버가 소장한 책은 대략 15만 권에 달했다. 파리의 저명한 서적상이자 서지학자인 시모어 드 리치는 대략 20만 권에서 30만 권 정도라고 추정하면서, 그 정확한 숫자야 어떻든 간에 "개인이 그렇게 방대한 규모의 장서를 소유했다는 사실을 믿을 수 없을 정도"라고 말했다. 친절하고 너그러운 신사로 칭송받았던 히버는 이렇게 말한 적이 있었다. "무릇 신사라면, 한 가지 책을 최소한 세 권씩 지니지 않고서는 마음이 편치 않게 마련이다. 한 권은 일종의 전시용, 혹은 진열용으로 고향 저택에 소장하기 위해 필요하다. 다른 한 권은 직접 읽고 사용하기 위해 필요하다. 그리고 책과 헤어지기가 도무지 싫고 불안하다면, 혹은 위의 두 권 가운데 가장 좋은 책이 손상되고 마는 위험에 대비하려 한다면, 결국 친구들에게 언제든 기꺼이 빌려줄 책이 또 한 권 필요한 것이다."

문학과 역사에 대한 히버의 관심은 넓고도 깊어서 그의 외국어―특히 불어, 포르투갈어, 에스파냐어, 그리스어, 라틴어―작품 컬렉션은 무척이나 훌륭했다. 그러나 그의 장서의 가장 큰 특징이자 장점은 초기 영국 문학, 특히 시와 극작품에 있다. 1800년부터 1830년까지, 히버와 그의 대리인들은 런던의 주요 도서 경매를 휩쓸다시피 했다. 그는 종종 마음에 드는 컬렉션을 통째로 사들이곤 했다. 드 리치는 이렇게 언급했다. "당시의 모든 중요한 경매 도서목록에는 그의 이름이 낙찰자로 나와 있었다." 그가 통제력을 상실한 구제불능의 애서광이었다는 주장도 가능하겠지만, 그는 결코 무차별적으로 책을 사들이기만 하는 사람은 아니었다. 드 리치에 따르면 그는 "자신의 책을 꼼꼼히 읽고, 목록을 작성하기도 했다."

히버의 명성은 진작부터 자자했지만, 수집가로서 그의 '애서광증이 어떻게 눈을 뜨게 되었는지'가 보다 자세하게 밝혀진 것은 A. N. L. 먼비가 세상을 떠나기 직전인 1976년에 발표한 글을 통해서였다. 〈아버지와 아들〉이란 제목의 이 에세이는 현재 보들리 도서관에서 소장하고 있는 히버 가문의 편지 컬렉션을 토대로 하고 있는데, 이 편지들은 당시 그린포드의 기숙학교 학생이었던 히버가 체셔의 맬퍼스에서 목사로 일하던 부친과 주고받은 것들이다. 먼비에 따르면 리처드의 아버지인 레지널드 히버 목사는 '소박하면서도 너그럽고 자상한 성격'의 소유자였다. 히버 목사는 자기 아들이 훗날 '치명적인 결과'를 낳을지도 모르는 성향을 지니고 있으며, 더구나 그 성향이 빠른 속도로 점점 강해진다는 것을 알고 놀라게 되었다.

유약하고 민감한 아이였던 리처드 히버는 바깥 활동에는 취미가 없었고, 운동 경기에서도 또래 아이들에 비해 젬병이었다. 대신 리처드는 아주 어린 시절부터 공부에 각별한 흥미를 느꼈다. 열 살 무렵, 리처드는 이미 많은 책을 모아 놓고 있었다. 기숙학교에 다니던 어린 리처드는 아버지에게 편지를 보내 '다양한 판형의 훌륭한 고전 판본들'이 출품되는 경매에 자기 대신 참석하여 책을 구해 달라고 부탁할 정도였다. 그로부터 몇 달 뒤, 리처드는 아버지에게 109권에 달하는 시집을 구입하려 하니 돈을 좀 보태달라는 편지를 보냈다. 자기가 모아놓은 금화 8기니로는 모자란다는 것이었다.

리처드가 열두 살이 되었을 때, 그의 아버지는 서적상들로부터 날아오는 수많은 청구서를 보고 점점 걱정하기 시작했다. "리처드가 이렇게 낭비를 계속하도록 내버려 두어선 안 되겠구나." 1786년 2월 27일, 히버 목사는 런던에 사는 여동생 엘리자베스에게 편지를 보내 어느 서적상이 청구한 금액을 내주라고 지시하면서, "하지만 디키(리처드)한테 내가 더 이상은 서적상이나 제본업자한테 돈을 지불하지 않겠다는 사실을 단단히 일러주라"고 덧붙였다. 하지만 그로부터 11개월 뒤, 아버지는 다시

한 번 아들에게 편지를 써야 했다. "애야, 정말 끝이 없구나. 쓸데없이 책을 사느라 들어가는 돈이 정말 끝도 없어!"

꾸지람이라기보다는 차라리 애원에 가까운 아버지의 이런 한탄에도 불구하고, 리처드는 답장에다가 적어도 자신에게는 굉장한 소식을 적어 보냈다. 얼마 전에 이탈리아를 출발하여 런던에 도착한 중요한 장서 컬렉션이 곧 경매에 나오게 된다는 소식이었다. 1789년 4월 15일, 히버 목사는 아들에게 이렇게 답장했다. "네가 전해 준 굉장한 소식에도 나는 즐겁지가 않구나. 애야, 단지 책 숫자를 늘려나가는 데는 한도가 없으며 유익함도 없단다." 히버 목사는 결국 아들에게 다음과 같이 엄한 질책을 하기에 이르렀다.

탐닉과 방종 때문에 너의 욕망은 점점 더 커지고만 있구나. 그런 욕망은 크게 자라기 전에 그 싹을 잘라야 하는 법. 쓸데없이 많은 하인, 쓸데없이 많은 말, 쓸데없이 많은 마차, 쓸데없이 많은 그림, 쓸데없이 많은 장서. 이런 것들이야말로 거지가 되는 지름길이며, 인생을 비참하게 만들어 버리기 마련이다. 어떤 사람이건 신중하게 취사선택한 소규모의 장서만으로도 즐거움과 유익함을 충분히 누릴 수 있는 법이다. 그 밖의 모든 건 허섭스레기란 말이다.

그로부터 석 달 뒤, 질책의 수위는 한층 더 높아졌다. "내가 이미 여러 차례 주의를 주었고, 너도 내 허락 없이는 더 이상 책을 주문하지 않겠다고 거듭 약속하지 않았느냐? 그런데 이게 뭐냐? 지난 두 달 동안 서적상이 청구한 돈이 70파운드나 되더구나. 분명히 말해 두건대, 이젠 제발 이런 낭비를 그만 두어라!" 아버지는 아들이 다니는 학교 측에 아들의 일거수일투족을 일일이 감시해 달라고 부탁했다. "이번이 마지막이다. 앞으로 내 허락 없이 사는 책에 대해서는 단 한 푼도 돈을 내지 않겠다."

리처드가 아버지의 모교이기도 한 옥스퍼드의 브레이스노즈 칼리지에 입학하게 되면서, 무분별한 도서수집에 대한 아버지의 걱정도 다소 줄어들었지만, 아들의 수집벽은 완전히 끊어지지가 않았다. 히버 목사는 1804년에 세상을 떠나면서 요크셔의 마스턴과 슈롭셔의 호드넷에 있는 가문의 영지를 아들에게 물려주었다. 이후 세계에서 유례를 찾아보기 힘든 개인 장서를 마련할 수 있는 충분한 자금과 함께 말이다. 히버의 장서 가운데는 월터 스콧 경의 《수도원》 친필 원고도 있었다. 월터 경은 서사시 〈마미온〉의 제6시(詩)를 친구인 리처드 히버에게 헌정하면서, 그 안에서 히버의 장서를 다음과 같이 언급하기까지 했다.

> 그대의 가슴처럼 탁 트인 그대의 책들,
> 환희와, 기쁨과, 학문과, 예술을
> 모두의 눈과 귀에 나누어 주는구나.
> 그 누가 그것을 제대로 부릴 수 있으랴,
> 그 주인이 스스로 즐기는 것만큼, 그 누가?
> 허나, 보라! 멀리 북소리가 들린다!
> 플로든 들판의 전투의 날이 왔구나.
> 안녕, 친애하는 히버! 그대의 인생과 건강을,
> 그리고 문학의 풍요를 기원하며.

1820년대에 히버는 자신이 뒤를 봐주던 어느 젊은이와 동성애 관계가 되었고, 이 사실이 널리 알려지면서 곤란을 겪었다. 동성애 성향에도 불구하고 그는 크레이번의 이시턴 홀 출신인 리처드슨 커러(1785~1861)라는 여성에게 청혼했다. 커러는 영국 최초의 본격적인 여성 애서가로 평가되는 인물이다. 히버는 특히 그녀가 소장한 《세인트올번스의 책》을 몹시도 탐냈던 것이다. 그 책은 매사냥, 사냥, 가문 및 무기의 문장(紋章) 등에 관한 글을 수록한 것으로 1486년에 처음 출간되었다. 커러는 히버의 청혼을 거절한 것은 물론, 이후에도 평생 결혼하지 않고 자기 책을 지켰다. 커러의 장서는 1862년의 한 경매에서 6,000파운드에 매각되었다.

1833년 10월 4일, 히버는 책에 둘러싸인 채 쓸쓸히 세상을 떠났다. 다이스 목사는 자신의 친구 새뮤얼 이거튼 브리지스 경에게 보낸 편지에 이렇게 썼다. "불쌍한 사람! 핌리코[124]에서 숨을 거두었다네. 그렇게 아끼던 책들 사이에서, 눈을 감겨 줄 친구도 없이. 내가 들은 바로 짐작해 보건대, 아마 상심한 나머지 세상을 떠난 것 같더군. 종종 괴로워하면서도 자기 몸을 돌보진 않았지. 차라리 죽는 게 낫다고 생각한 듯 말이야. 그래도 그 대단했던 열정만큼은 끝까지 변함이 없었다더군."

딥딘은 《어느 문학가의 회상》(1836)에서 히버의 장서를 처음 본 순간을 다음과 같이 이야기한다. 물론 그의 방문은 히버가 세상을 떠난 뒤에야 성사되었다.

> 놀라움 바로 그 자체였다. 방, 벽장, 복도, 회랑이 온통 책, 책, 책으로 가득 차 있어서 숨이 막힐 지경이었다. 사방에 책이 두 겹, 혹은 세 겹으로 열을 지어 서 있었다. 두께가 얇은 4절판 책 수백 권이 세로로 열을 지어, 작은 12절판 책들 위로 서 있었다. 서가의 한 쪽 끝에서 다른 쪽 끝으로, 또 다른 쪽 끝으로 책들이 끝없이 이어졌다. 마루는 또 어떤가? 온통 책, 책, 책들이 흩어져 여기저기 무더기를 이루고 있었다.

히버의 유언장에 별다른 지시가 없었기 때문에, 그의 상속인은 곧바로 런던과 파리와 헨트에서 경매를 벌이기로 했고, 총 16회에 걸쳐 진행된 이 경매는 1834년에 시작되어 무려 5년간 계속되었다. 도서 경매 시장에 갑자기 물건이 넘쳐흘렀다. 하지만 새로운 구매자는 없었다. 드 리치

124.. 런던의 지명.

는 이렇게 말했다. "당시 런던 경매의 총 판매금액은 5만 6774 파운드였는데, 사실 그 책들은 세상을 떠난 원래 주인이 처음 사들일 때만 해도 무려 10만 파운드 이상 주었던 것들이었다."

하지만 히버는 딥딘이 "치명적인 질병"이라 일컬은 증상에 시달렸던 19세기의 많은 수집가들 가운데 단지 한 명에 불과했다. 1806년 11월부터 1807년 11월까지 1년 동안, 서로 다른 세 개의 업체에서 주최하여 벌어진 런던의 여러 경매에서 거래된 책의 양은 모두 14만 9,200권에 달했다. 하지만 그 시대의 결정적인 사건은 록스버그 경매에서 한 권의 책을 놓고 이루어진 역사적인 거래였다(딥딘도 애서가들의 모임인 록스버그 클럽의 회원으로 1812년 창립 당시부터 활동해 오고 있었다). 딥딘은 보카치오의 작품 형식을 빌려 집필한 세 권짜리 저서 《서지학 데카메론》에서 이 거래에 관해 언급했다. 딥딘의 저작은 대부분 서지 목록이지만, 그 내용 중에는 결함도 적지 않기 때문에 오늘날 딥딘은 단순한 호사가 정도로만 평가된다. 하지만 그런 평가는 지나치게 가혹한 감이 없지 않다. 그는 도서수집의 이른바 '황금시대'를 생동감 넘치는 필치로 묘사했으며, 이는 오늘날 독자들의 가슴속에도 흥분을 불러일으키기에 충분한 이야기이기 때문이다.

딥딘은 1817년에 '그토록 유명한 록스버그 전투'에 관해 썼는데, 당시만 해도 록스버그 컬렉션 경매에 대한 기억은 여전히 사람들의 뇌리에 생생했고, 미처 그 열기가 가시지 않은 상태였다.

록스버그 공작 존 커는 친구였던 국왕 조지 3세와 마찬가지로 열렬한 애서가였다. 그가 수집한 책 가운데는 캑스턴, 핀슨, 윈킨 드 워드, 줄리언 노터리 등이 펴낸 희귀본들도 다수 포함되어 있었다. 또한 프랑스의 로망스[125] 소설 중에서도 가장 훌륭한 판본들과, 엘리자베스 1세 시대와 자코뱅 시대의 극작품 컬렉션 등도 있었다. 그 밖에 각별한 관심을 끌었던 것으로는 베네치아에서 크리스토퍼 발다퍼가 인쇄한 보카치오의 《데카메론》1471년 판을 들 수 있다. 록스버그 컬렉션은 공작이 세상을 떠나고 8년이 지난 뒤인 1812년 5월 18일부터 경매를 통해 흩어지기 시작했다. 그로부터 2년 뒤인 1814년 7월 4일에 대단원의 막을 내린 경매에서는 모두 9,353개의 품목이 총 판매금액 2만 3,397파운드 10실링 6펜스에 팔려나갔다.

딥딘은 그 경매에 대한 사람들의 기대가 대단했다는 걸 강조했다. 그리고 《애서광》에서 그랬던 것처럼 다소 과장 섞인 태도로 이렇게 말했다. "책을 둘러싼 치열한 전투를 앞두고 있는 기사(騎士)들의 근육을 팽팽하게 긴장시키고, 열정을 한껏 고무시켰다." 세인트 제임스 광장 근처에 있는 록스버그 공작의 저택은 몰려 든 사람들로 가득했고, 딥딘은 "어느 긴 의자 위에 올라선 덕분에 간신히 숨을 쉴 수 있었을 정도"였다고 너스레를 떨었다.

지난 2년 하고도 40일에 걸쳐 일요일을 제외하고, 돌아가신 공작의 저택 식당에서는 거의 매일 같이 에반스 씨가 낙찰을 알리며 두들기는 망치 소리가 울려퍼졌다. 이제 그곳은 근사한 만찬장이 아니라, 책을 판매하는 장소로 용도가 바뀐 것이다. 그곳에서는 전쟁터에서 볼 수 있는 불굴의 무용(武勇)이 넘쳐 났고, 책을 둘러 싼 영웅들의 쟁패가 치열했으니, 이는 이전에도 볼 수 없었던 일이었고 아마 앞으로 다시는 볼 수 없을 일이라 하겠다. 승자들의 환호성이 울려퍼지는가 하면, 패자들의 신음소리가 가슴을 저리게 만들곤 했으며, 군중들, 기자들, 하릴없이 모여든 구경꾼들, 굳게 마음먹은 경매 참가자들까지 모여들어 실로 유례를 찾아보기 힘든 광경이었다.

---

125. 중세 프랑스와 에스파냐 등에서 큰 인기를 얻었던 문학 양식으로, 아서 왕이나 샤를마뉴 대왕의 이야기 같은 무용담이나 연애담이 대부분이었다. 특히 환상적이고 과장된 묘사로 인해 이후의 사실적인 소설이 등장하면서 비판을 많이 받았다.

딥딘은 그 경매에 나폴레옹 황제가 몰래 대리인을 파견했다는 것도 넌지시 언급했다. 당시 프랑스와 영국은 외교적으로 긴장 관계에 있었지만, 프랑스 황제는 이에 개의치 않았던 것이다. 발다퍼 인쇄본《데카메론》은 당시 현존 유일본으로 알려져 있었던 데다가, 나폴레옹은 열렬한 애서가였다. 하지만 보카치오를 둘러싼 본격적인 전투는 세 명의 영국인, 그러니까 블랜퍼드 후작 조지 스펜서,[126] 데본셔 공작 윌리엄 캐번디시, 그리고 딥딘의 후원자인 제2대 스펜서 백작(올소프 자작) 조지 존 사이에서 벌어졌다. 전투의 마지막 고비가 가까워질 무렵, 경매를 주재한 에반스는 경매 참가자들에게 모두 조용히 해줄 것을 요청했다. 딥딘의 말을 들어보자.

그가 서 있는 자리에서 오른쪽에, 벽을 등지고 서 있는 사람이 바로 스펜서 백작이었다. 거기에서 좀 더 아래쪽에는 정면을 바라보는 블랜퍼드 후작의 모습이 보였다. 내가 알기로 당시 데본셔 공작은 그곳에 참석하지 않았다. 내가 모시는 올소프 경[127]은 부친인 스펜서 백작의 뒤에 서 있었다. 그야말로 만만치 않은 호적수들에 포위된 형국이었다. 첫 총성을 울린 건 슈롭셔 출신의 어느 신사였다. 그가 외쳤다. "100기니!" 잠시 침묵이 흐른 뒤, 가격은 곧 500기니까지 치솟았다. 하지만 그때까지의 경쟁은 이 결사적인 대결의 결말과는 상관없는 소란에 불과했다. 드디어 모든 소란은 멈추어 버렸다. 그리고 이제는 누가 더 센지 힘을 겨루며 한 발자국도 물러서지 않는 유력한 우승 후보들만이 기세를 누그러트리지 않았다.

---

126. 제5대 말보로 공작이었던 '조지 스펜서 처칠,' 즉 윈스턴 처칠의 5대조를 말한다.
127. 이 대목에서는 '올소프 경'이 '제3대 스펜서 백작' 존 찰스를 가리킨다. '올소프'는 스펜서 백작 가문의 영지를 말하며, '올소프 자작'이란 명칭은 제2대 백작 생전인 1765년에 처음 생겼기 때문에 실제로는 제2대와 제3대 모두에게 해당된다. 다만, 제2대 백작 생전에는 혼동을 피하기 위해 아들인 제3대를 '스펜서 백작'이 아니라 '올소프 자작'이라고 불렀던 것이다. 딥딘은 제2대 사후에 제3대 백작 밑에서도 일했다.

스펜서 경이 금화 1,000기니[128]를 불렀다. 그러자 블랜퍼드 후작이 평소 습관대로 거기에 10기니를 더 불렀다. "핀 하나가 떨어지는 소리도 크게 들릴 지경이었다. 모든 이의 눈동자는 이리저리 움직이고 있었고, 숨 쉬는 사람이 아무도 없는 듯 정적이 흘렀다." 이제 전투는 스펜서와 블랜퍼드 간의 대결이 되었다. "에반스가 외쳤다. '후작께서 2,000파운드를 부르셨습니다.'" 스펜서 경은 10여 초 정도 생각하는가 싶더니 거기에 250파운드를 더 불렀다. 이에 블랜퍼드는 거기에 10파운드를 더 불렀다. 그리하여 전투는 드디어 막을 내렸다. "망치 소리의 여운이 로마와 밀라노와 베네치아의 도서관으로까지 울려퍼지는 듯 했다. 보카치오 자신조차도 500년에 걸친 긴 잠에서 깨어나 당황했을 것이다."

발다퍼의 보카치오 낙찰 금액은 이후 오랫동안 인쇄본 한 권의 낙찰가로는 최고 기록으로 남아 있다가, 1884년에 이르러 J. 피어폰트 모건이 1459년 판 마인츠 시편을 2만 4,750달러에 매입하면서 비로소 깨졌다. 당시 스펜서 경이 더 이상의 대결을 사양한 것은 아직 자신의 때가 아니라고 생각했기 때문인지도 모른다. 실제로 그로부터 7년이 채 지나지 않아서 블랜퍼드 후작은 자신의 장서를 팔아야 할 상황에 처했고, 그리하여 보카치오 역시 다시 한 번 시장에 나왔다. 그런데 이번에는 경쟁이 이전만큼 치열하지 않아서, 스펜서 경은 겨우 918파운드 15실링에 보카치오를 자신의 올소프 장서에 추가시킬 수 있었다.

록스버그 경매는 딥딘의 표현대로 "애서광들의 위대한 시대"를 특징짓는 사건이었다. 하지만 책을 향한 수집가들의 열정이 이후에도 여전히 뜨거웠다는 사실은 그로부터 28년 뒤에 열린 특이한 경매에서도 잘 드

---

[128] 1,050파운드에 해당한다.

러났다. 1840년 여름, 영국과 유럽 대륙의 저명한 수집가들과 서적상들에게는 14쪽 분량의 도서목록을 동봉한 편지가 일제히 발송되었다. 장 네폼뮈센 오귀스트 피쇼라는 이름의 어느 벨기에 귀족이 40년 이상 모은 개인 장서를 매각한다는 내용의 편지였다. 이른바 포르타스 백작으로 통칭되던 피쇼는 오래도록 은둔 생활을 한 인물이었다. 목록에 나온 책은 불과 52종에 불과했지만, 수집가들에게 각별한 흥미를 불러일으킨 대목은 다음과 같은 설명이었다. "이 수집가는 자신의 서가를 다른 서지학자들이나 목록 작성자들에게 전혀 알려져 있지 않은 책들로만 채웠습니다." 요컨대 지금까지 한 번도 알려진 바가 없는 문헌들이라는 것이 이 컬렉션의 핵심이었다. "이것은 불변의 규칙, 즉 그가 한 번도 어긴 적이 없는 규칙이었습니다." 목록에 나온 이런 설명을 접한 수집가들과 서적상들의 구미가 버썩 당긴 것은 당연한 일이었다.

이런 사정으로, 백작이 40년에 걸쳐 노력한 결실임에도 불구하고 컬렉션에 포함된 자료의 수가 얼마 되지 않는다는 것은 충분히 이해할 수 있는 일입니다. 그런데 더욱 믿어지지 않는 것은, 백작은 종종 그 무게만큼의 금을 건네고 입수한 값비싼 자료라 하더라도 자신의 장서에서 기꺼이 추방하곤 했다는 사실입니다. 웬만한 아마추어 수집가들이라면 그야말로 소장하고 있다는 사실만으로도 무한한 자부심을 느꼈을 만한 귀중한 책들조차도 말입니다. 백작은 자신이 소장하던 책이 다른 도서목록에 한 번이라도 나오게 되면 그 즉시 문제의 책을 처분해 버렸던 겁니다.

서문에 따르면, 포르타스 백작은 어느 서적상의 도서목록을 보고 나서, 지금껏 현존 유일본이라고 생각했던 자신의 소장본 가운데 일부가 다른 곳에도 있다는 사실을 알게 되었다. 이후 백작은 그토록 아끼던 장서 가운데 3분의 1 정도를 한꺼번에 처분해 버렸고, 이후에는 책에도 삶에도 염증을 느꼈는지 더 이상 단 한 권도 책을 구입하지 않았다. 자신의 소장본이 현존 유일본이 아니라는 사실은 이 애서광에게 워낙 심각한 타격을 주었고, 그리하여 목숨을 재촉하는 결과로까지 이어졌다. 1839년 9월 1일, 포르타스 백작은 69세를 일기로 벨기에 에노 지방의 뱅슈 인근에 있는 자택인 포르타스 성에서 세상을 떠났다고 한다.

52종에 달하는 그의 컬렉션 품목은 1840년 8월 10일 경매에 붙여져, 가장 높은 가격을 제시한 입찰자들에게 팔릴 예정이었다. 조건은 현금 결제에, 중개인에게는 10퍼센트의 수수료가 지급될 예정이었다. 아울러 경매 이후에는 반품을 할 수 없다는 조건도 붙어 있었고, 경매에 직접 참가할 수 없는 사람들은 몽스의 니뮈 가에 있는 M. 에마뉘엘 오이와 출판사 겸 서점에 입찰 금액을 적은 다음 서명 날인해서 보내라는 안내와 함께, 도서 경매에 한 번도 참가한 경험이 없는 사람은 소정의 보증금을 내야 한다는 조건도 있었다. 포르타스 백작은 장서를 워낙 중구난방으로 정리해 놓은 데다, 목록조차도 체계적인 서지학적 분류 없이 되는 대로 작성했다고 나와 있었다. "그의 컬렉션은 워낙 소규모여서 어떤 체계적인 분류를 시도한다는 게 무의미합니다. 품목 번호조차도 제멋대로인 까닭은 그가 장서 가운데 일부를 종종 처분했기 때문입니다." 이에 덧붙여 목록에는 백작이 각 품목에 관해 직접 작성한 글이 부분 발췌 형식으로 적혀 있었다.

오늘날 우리는 이것이 당시 벨기에 애서가협회의 회장 르니에르 샬롱이 꾸민 짓궂기 그지없는 장난이었다는 걸 알고 있다. 물론 장난으로 치부하기엔 그 의도가 의심스럽기도 하지만, 그렇다고 이걸로 한 몫 단단히 챙기려는 악의적인 사기극은 아니었다. 목록에 나와 있는 품목을 자세히 살펴보면 우리로선 실소를 금할 수 없다. 그러나 당시 사람들은 문제의 목록에 담긴 내용을 무척이나 심각하고 진지하게 받아들였다. 이 장난에서도 가장 교묘한 대목은 목록에 나온 책들에 대한 묘사였다. 물론 결코 존재하지 않는 책들이었지만, 목록을 본 사람이라면 차마 믿지 않을 수가 없을 정도로 주의 깊게, 즉 그 진위 여부를 의심하기 힘들 정도로 공들여 작성한 것이었다. 말 그대로 정말 '그럴 듯한' 목록이었다. 혹시 장난은 아닐까 의심하는 사람이 있었을지도 모르지만, 반대로 진짜라면 어쩔 것인가? 수집가들과 큐레이터들로서는 어느 한 쪽으로 결정을 내리지 않을 수 없었을 것이고, 결국 그들 대부분은 나중에 아쉬워하며 후회하기보다는 일단 경매에 참여하는 게 안전하다고 판단했다.

인쇄사(印刷史) 분야의 권위자이며 《책의 적들》의 저자로도 유명한 윌리엄 블레이즈는 이 사건의 전말을 면밀히 조사, 연구했다. 그는 이 사건을 다룬 〈포르타스 백작의 장서〉라는 글을 문제가 된 도서목록의 영어 번역문과 함께 고서 전문지 《필로비블리온》—아쉽게도 얼마 못 가서 폐간한—1863년 4월호에 기고했고, 같은 해 11월호에 일부 내용을 첨가하기도 했다. 이 사건이 벌어졌을 당시 15세였던 블레이즈는 주요 당사자들이 살아 있는 동안에 관련 정보를 다양하게 모을 수 있었다.[129]

경매일이 다가오자 오이와 서점 쪽에는 경매 수수료가 속속 답지했다. 릴에 사는 어느 신사는 1814년부터 1815년까지 벌어진 이른바 '벨기에 혁명' 관련 문헌으로, 총 2,000부가 인쇄되었지만 배포 직전에 전량 압수 되었기 때문에 지금까지 전혀 알려지지 않았던 어느 소책자를 사겠다고 나섰다. 포르타스 백작은 이 책에 대해 "한 친구가 나를 위해 특별히 구해준 유일본"이라고 적어 놓았다. 한편 리뉴 공작부인은 도서목록에 나온 제48번 품목에 관한 설명을 읽자마자 반드시 구입해야겠다고 결심

---

129. .다음 웹사이트(http://www.invisiblelibrary.com/FortsasCover.htm)에서는 포르타스 장서 카탈로그의 표지와 그 내용을 볼 수 있다.

했다. 녹색 가죽 장정에 은박 장식을 한 문제의 책의 저자는 바로 공작부인의 할아버지로, 당대의 유력한 여성 인사들과 각별한 교유 관계를 유지했던 것으로도 유명한 인물이었다.[130] 그의 '회상록' 제목은 그 내용을 분명하게 드러내지 않을 목적이었는지, 다음과 같이 알 듯 모를 듯하게 되어 있었다. 《베네룩스 지역에서 벌인 전투와 매일매일 점령한 요새들의 목록》. 그리고 이런 문구가 추가되어 있었다. "특별한 이유로 인해 저자 본인이 직접 인쇄하여 소장했던 유일본." 두말할 나위 없이 그것은 공작이 자신의 엽색 행각을 기록해 놓은 비밀 기록으로 보였다. 공작부인으로선 본인은 물론이고 가문의 불명예가 될 수도 있는 문제의 문헌이 다른 사람의 손에 들어가 공개되는 것을 우려했다. 그는 즉시 대리인에게 편지를 보냈다. "가격은 얼마라도 좋으니 반드시 구입해 주시오. 구제불능의 어리석은 건달인 우리 할아버지가 쓴 그 책을 말이오."

브뤼셀의 왕립도서관장인 라이펜베르크 남작도 여러 가지 품목을 구입하겠다는 의사를 밝혔고, 파리의 M. F. M. 크로제도 두 가지 품목을 구입하겠다고 나섰으며, 벨기에의 어느 장관은 무려 아홉 가지 품목을 주문하면서 최대 입찰가를 '무제한'으로 써서 보내기까지 했다. 저명한 서지학자 옥타브 델레피에르는 오이와에게 편지를 보내 다섯 권의 책에 대해 가격을 불문하고 구매하겠다는 의사를 밝혔다. 그 다섯 권 가운데 하나인 제47번 품목은 이러했다. "원죄를 범하기 전의 인간이 섹스를 하지 않았음을 증명하려 시도한 어느 무명 저자의 철학 논고. 콜로뉴, 1607년. 4절판."

아마 그 중에서도 가장 흥미로운 문헌은 제43번 품목이었을 것이다.

---

130. 제1대 리뉴 공작 샤를 조셉을 말한다. 그는 당대의 유명한 군인 겸 문인이었으며, 실제로 스탈 부인을 비롯한 귀부인들과 절친한 사이였다.

"저지(低地) 국가[131]에서 대왕이 겪은 기쁨과 실패의 후일담. 네덜란드, 1686년, 12절판." 포르타스 백작은 이렇게 적어 놓았다. "루이 14세의 치질 증상에 관한 다소 메스꺼운 조롱과 비방. 도판 가운데 하나는 빛줄기가 뻗어 있는 태양 아래 '짐에게 필적할 것은 없다'[132]는 모토가 적혀 있어 그것이 루이 14세임을 나타내 준다."

경매가 가까워지자 서적상들과 수집가들이 뱅슈로 모여들기 시작했다. 그들 가운데 일부는 예기치 않게 같은 숙소에 머물게 되기도 했다. 심지어 런던의 록스버그 클럽에서도 대리인을 파견했다. 그러나 경매가 벌어지기 하루 전인 1840년 8월 9일, 브뤼셀의 신문들은 일제히 짧은 기사를 실었다. 포르타스 백작의 장서는 결국 매각되지 않으리라는 내용이었다. 뱅슈 주민들이 동향인인 포르타스 백작을 기리기 위해 그의 컬렉션을 통째로 사들였고, 그곳의 공립도서관에 보관하려 한다는 것이었다. 그런데 한눈에 둘러봐도 그 작은 마을에는 귀중본을 보관할 만한 공립도서관이나 그 밖의 장소 따위는 없었다. 정말 그랬다. 포르타스 성이라는 것도 없었고, 포르타스 백작이라는 인물도 없었던 것이다.

그로부터 15년 뒤, 르니에르 샬롱은 그 모든 게 자신의 짓궂은 장난이었음을 밝혔다. 그렇게 함으로써 자기를 도와 문제의 목록을 펴냈던 M. 오이와에게 더 이상 그 가짜 목록을 인쇄하지 말도록 요구했던 것이다. 그로서도 더 이상의 혼란이 일어나는 것을 원치 않았기 때문이었다. 그러나 M. 오이와는 이에 아랑곳하지 않고 구매 신청자들의 가격 제안서와 거래 관련 편지까지 포함시켜서 일종의 후속편을 계속 펴냈다. 가짜 목록이 오히려 정교함을 더해 갔던 셈이다. 결국 그들 사이의 긴밀한 우

131..오늘날의 베네룩스 지역을 말한다.
132..이는 실제로 루이 14세의 좌우명이기도 했다.

정에도 금이 가고 말았다. 따라서 M. 오이와가 샬롱의 요청에 응했더라면 무척이나 교묘하고 독창적이기까지 했던 한바탕 장난으로 마무리되었을 이 이야기의 결말도 다소 씁쓸하다.

한편 영국에서는 어느 방직업자의 사생아 출신으로, 당시 나이 48세였던 토머스 필립스 경(1792~1872)이 종이와 피지로 된 각종 자료를 긁어모아 보존하기 위해 전력을 기울이고 있었다. "나는 이 세상의 모든 책을 한 부씩 다 갖고 싶다." 이 골동품 수집가 겸 애서가의 이러한 발언은 결코 헛소리가 아니었다. 그는 광대한 토지와 재산을 상속받았지만 필사본을 입수하는 데 아낌없이 써버렸다. 훗날 A. N. L. 먼비는 모두 다섯 권에 달하는 토머스 필립스 경의 전기를 집필한 바 있고, 나중에 니콜라스 바커가 이를 한 권으로 축약했다. 먼비와 바커 모두 필립스 경이야말로 세계에서 가장 위대한 필사본 수집가이자, 진정한 의미에서 최초의 근대적인 수집가였다고 지적했다.

초기 도서목록의 서문에서 필립스는 자신이 품었던 뜻을 솔직하게 밝혔다. "대량의 장서를 갖추는 데 있어, 나는 우선 내 힘이 닿는 범위 안에 있는 모든 것을 구입하기 시작했다. 귀중한 필사본들의 파손에 관한 기록을 읽게 되면서, 나는 더욱 열과 성을 다하게 되었다." 처음에는 어떤 것이 보존할 가치가 있으며 어떤 것이 그렇지 않은지를 정확히 판별하는 능력이 부족했기 때문에, 그로선 요행을 바라지 않고 가능한 한 많은 자료를 모을 수밖에 없었다. "나로선 뭔가 중요한 것을 골라낼 능력은 물론이고, 뭔가 하찮은 것을 버릴 능력조차 없었던 것이다." 특히 피지 필사본을 향한 그의 유별난 열정은 '여전히 금박공들이 피지 필사본을 파괴하는 걸 목격한 직후에' 생겨났다. 그 당시의 금박공들은 중세의 장정가들이 필사본에 입혀 놓은 귀금속을 재활용하기 위해 책을 망가트렸던 것이다. 물론 그가 책을 수집하게 된 데에는 필사본 자체에 대한 매력도 무시할 수는 없었다.

토머스 경은 딥딘―첼튼엄에 있는 토머스 경의 저택인 설스테인 하우스를 종종 방문하기도 했던―이 찬미한 보다 일반적인 형태의 '애서광'과는 다른, 피지 필사본을 향한 자신의 각별한 열정을 표현하기 위해 새로운 말을 만들어내기까지 했다. 그의 말을 들어보자.

나는 갈수록 점점 더 열정적으로 빠져들었고, 결국 구제불능의 '피지광(皮紙狂)'이 되기에 이르렀다. 심지어 흥정조차 없이 달라는 대로 주고 책을 사들이기도 했다. 물론 후회는 없다. 나의 목적은 나 자신의 만족을 위해 좋은 필사본을 확보하는 것이기도 했지만, 필사본에 대한 공중(公衆)의 평가를 제고시키는 것이기도 했으니 말이다. 그렇게 해서 필사본들의 가치가 훨씬 더 폭넓게 알려짐으로써, 보다 많은 필사본들이 안전하게 보전될 수만 있다면 얼마나 좋겠는가.

토머스 경은 자신이 본받고자 했던 모범에 관해서도 말했다. "내가 늘 염두에 둔 사람은 로버트 코턴 경과 로버트 할리 경이었다. 그들은 나보다 한 세기, 혹은 두 세기 정도 앞서 생존했다는 이점을 누렸으며, 워낙 방대한 컬렉션을 소유하고 있었기 때문에 흔히 그들 이후로는 더 이상 수집할 만한 물건이 남아 있지 않다고 지레짐작했지만, 나는 그 이후에 프랑스 혁명으로 수도원 장서들이 사방에 흩어졌기 때문에 오히려 전인미답의 보물들이 많이 나오리라 예견했다." 필립스 경은 이 글을 생전에 출간하지 않았기 때문에, 그 작성 시기는 대략적으로만 추정할 수 있을 뿐이다. 그리하여 먼비는 필립스가 36세 때인 1828년경에 쓴 것으로 추정했으며, 시모어 드 리치는 필립스가 총 2만 3,837점에 달하는 컬렉션 목록을 펴낸 1837년경에 쓴 것으로 추정했다. 어느 경우이든 간에, 이

'피지광'이 비교적 젊었던 때인 것은 분명했다.

먼비는 필립스가 "자만심과 허영심이 강하고, 이기적이며 독단적이고, 고집불통에다가 다른 사람들과 다투기 좋아하는" 인물이었다고 썼다. 하지만 그러면서도 "수집가로서 그가 성공할 수 있었던 까닭 또한 그런 성격에 힘입은 바가 크다"고 언급했다. "허영심이 강했던 그는 귀중한 필사본들을 최대한 많이 수집함으로써, 저명한 학자들로 하여금 자신의 장서를 활용하지 않을 수 없게 만들고 싶어 했다. 여하튼 학문에 대한 그의 존경심을 과소평가할 수는 없을 것이고, 기록물을 보전하려는 열망 역시 그러할 것이다." 이런 모든 결점에도 불구하고 먼비는 이렇게 결론짓는다. "그의 업적은 그 구상으로 보나 실천으로 보나, 그야말로 영웅적이었다고 하지 않을 수 없다."

필립스는 생전에 자신의 컬렉션을 영국 정부에 매각하려는 뜻을 밝혔고, 이 문제를 놓고 당시 재무장관이던 벤저민 디즈레일리와 서신을 주고받기도 했다. 그러나 필립스가 자신의 컬렉션 전체를 합당한 가격에 판매하고 싶어 했기 때문에 협상은 지지부진했다. 결국 디즈레일리는 이런 편지를 보내야만 했다. "경의 뜻에 충분히 공감합니다만, 지금의 상황으로선 경의 제안에 따르도록 의회를 설득하기가 어렵겠습니다."

필립스 경은 1872년에 세상을 떠났지만, 자신의 보물들에게 안전한 미래를 보장해 주지는 못했다. 물론 유언장에서 장서의 보존에 대해 언급하긴 했지만, 장서가 설스테인 하우스에 영원히 남아 있어야 한다는 둥, 서적상이나 그 밖의 사람이 장서를 재배열해서는 안 된다는 둥, 가톨릭교도는 자신의 장서에 접근할 수 없다는 둥, 갖가지 까다로운 조건을 내걸었다. 그는 또한 자신의 딸들 가운데 한 명인 헨리에타와 그녀의 남편 제임스 어처드 할리웰은 절대로 장서에 접근하지 못하게 해야 한다는 조건도 내세웠다. 그는 두 사람의 결혼을 극구 반대했고, 나아가 사위인

할리웰을 귀중한 필사본을 훔쳐내려는 도둑으로 의심했던 것이다. 더구나 필립스 경이 유지비로 남긴 돈은 장서의 보전을 위해서는 결코 충분하지 못했다. 생전에 그가 좋아했던 사위 존 펜윅조차도 장인에 관해서는 이렇게 말했다. "그 분은 생전에 다른 사람의 마음에 들려 한 적도, 다른 사람을 마음에 들어 한 적도 거의 없었다. 그러니 돌아가신 다음에도 이렇게 모든 사람들을 불쾌하게 만들 줄 짐작하고 있었다."

토머스 필립스 경이 남긴 컬렉션은 워낙 방대했기에, 경매를 비롯한 다양한 방식과 경로를 통해 완전히 매각되기까지는 한 세기가 족히 걸렸다. 적어도 대영박물관의 입장에서 불운한 일은, 필립스가 자신의 컬렉션을 나라에 내놓지 않았다는 점일 것이다. 물론 적절한 대가를 치르려 하지 않은 영국 정부의 실수 탓이기도 하지만 말이다. 결국 정부 대신 수많은 개인 수집가들이 나서서 인류 문명에 봉사한 결과, 필립스가 수집한 더 없이 귀중한 문헌들은 오늘날 세계 각지의 도서관이나 연구 기관에 소장되어 학문 발전에 기여하고 있다. 물론 필립스가 의도한 바는 아니었지만, 그것이 필립스의 유산이라는 점만은 틀림없다. 1885년, 영국 대법원이 필립스의 유언 내용에 대해 지나치게 까다롭고 제한적이라는 점을 들어 무효를 선고함으로써, 그의 장서는 비로소 매각에 들어갈 수 있었다.

새뮤얼 피프스와 비슷하게 필립스도 장서와 관련하여 사후에 후손 덕을 톡톡히 보았다. 필립스의 외손자 토머스 피츠로이 펜윅은 이후 50년에 걸쳐 필립스 컬렉션의 경매를 감독했다. 1887년, 베를린의 왕립도서관에서는 621점의 필사본을 1만 4,000파운드에 매입했다. 그 필사본들은 필립스가 1824년에 헤이그에서 열린 경매에서 입수한 것으로, 본래 《활판인쇄의 기원》의 저자인 헤라르트 메어만(1722~1771)과 그의 아들 얀 메어만(1753~1815)이 2대에 걸쳐 수집한 것이었다. 웨일스 역사에 관한 다수의 문헌들은 카디프[133]로 갔고, 중요한 벨기에 필사본들은 브뤼셀의 왕립도서관으로 갔으며, 네덜란드 문헌들은 위트레흐트의 지방 문서보관소로 진로가 정해졌다. 그 밖의 다른 문헌들은 메스, 보르도, 파리 등지의 여러 문서보관소로 향하게 되었다. 20세기 초에는 대서양 건너 미국으로 건너가 J. 피어폰트 모건과 헨리 E. 헌팅턴의 컬렉션에 포함된 문헌도 있었다.

시모어 드 리치는 1929년 케임브리지 대학에서 행한 '영국의 도서 및 필사본 수집가들' 이라는 연속 강연에서, 필립스가 세상을 떠나고 60년이 지난 뒤에도 설스테인 하우스의 상자 속에는 여전히 3만 점에 달하는 문헌이 남아 있다고 말했다. 그 문헌들은 '필립스 컬렉션의 나머지'로 일컬어지면서 수집가들로부터 주목받은 끝에, 1946년에 이르러 3대째 런던에서 서적상을 하던 필립과 라이오넬 로빈슨 형제에게 10만 파운드에 매각되었다. 결국에 가서는 무척이나 크게 이익이 남은 거래였음이 드러났지만, 로빈슨 형제는 당시 큰 모험을 한 셈이었다. 매입 당시 그 '나머지'의 90퍼센트는 목록 정리조차 되지 않은 상태였고, 각각의 가치에 대한 감정 역시 이루어지지 않은 상태였기 때문이다. 물론 로빈슨 형제는 그 가치를 믿어 의심치 않았지만, 혹시나 자신들의 신변에 닥칠지도 모르는 재난과 위험을 염려하여 하버드 대학 측에 컬렉션 전체를 11만 파운드에 매입할 수 있는 기회를 제안하기도 했다. 하버드로서는 유리한 입장에서 협상할 수 있는 천재일우의 기회였다. 하버드 대학 호우튼 도서관의 윌리엄 A. 잭슨은 구입비를 조달하기 위해 백방으로 노력했지만, 매입 협상에 있어 결정적인 시기에 그만 미국 정부의 일을 맡아 남미로 파견되고 말았다. 잭슨이 없는 상태에서 하버드 측으로선 확신도

---

133. . 영국 웨일스의 주도이다.

정보도 부족했던 까닭에 결국 협상은 더 이상 진전되지 못했다. 대영도서관 측도 수십 년 전에 저지른 비슷한 실수를 되풀이하며 역시 협상에 나서지 않았다.

그로부터 몇 달 뒤, 로빈슨 형제는 컬렉션을 다른 데 넘기지 않은 행운에 감사하게 되었다. 1946년 7월 1일에 소더비에서 열린 경매에 내놓은 필사본 34점이 무려 5만 5190파운드에 팔렸던 것이다. 그날 매각된 필사본 가운데는 프로방스 지방의 노래가 세밀 인물화 장식과 함께 기록되어 있는 14세기 필사본도 있었는데, 필라델피아의 A. S. W. 로젠바흐 박사가 7,500파운드에 매입했다. 또 런던의 맥스 브라더스[134]는 1480년에 이탈리아에서 제작된 135점의 세밀화가 포함된 이솝의 《우화집》 필사본—현재는 뉴욕 공립도서관에 소장되어 있다—을 6,200파운드에 매입했다. 그로부터 석 달 뒤, 로빈슨 형제는 다시 1만 9,740파운드를 벌었다. 식민지 시대 미국 조지아에 관한 컬렉션을 포함하여, 165점의 편지와 역사적 가치를 지닌 문서들을 매각했던 것이다. 이들은 그 밖에 영국 그리니치의 국립 해양박물관이며, 예일 대학과의 거래를 통해서도 3만 5,875파운드를 더 벌었다.

로빈슨 형제는 1956년까지 계속해서 컬렉션 가운데 일부를 나누어 매각했고, 1956년에 은퇴한 이후에도 그 '나머지'를 계속 소장하고 있었다. 그로부터 4년 뒤, 먼비가 필립스 경 전기의 마지막 권을 출간했을 때에도 '수천 점에 달하는 필사본 및 각종 문서'가 여전히 검토조차 되지 않은 채 남아 있었다. 먼비는 이렇게 지적했다. "이 컬렉션은 수집하는 데는 물론이고, 심지어 흩어지는 데만도 거의 한 세기 하고도 반 이상이

---

134. 1853년에 설립된 세계에서 가장 큰 희귀본 및 고서점 판매상 가운데 하나다. 자세한 내용은 홈페이지(www.maggs.com)를 참고하라.

걸린 셈이다. 그야말로 영국에서 개인 장서가 생겨난 이래 지금까지 역사의 3분의 1에 해당하는 긴 시간이 아닐 수 없다."

토머스 필립스 경의 전설은 여기에서 멈추지 않았다. 1964년, 텍사스 대학의 의뢰를 받은 뉴욕의 서적상 루 데이비드 펠드먼은 실물을 직접 확인하지도 않은 채, 필립스 컬렉션을 매입하는 대가로 로빈슨 형제에게 10만 달러를 제시했다. 협상은 순조롭게 진행되었으나, 바야흐로 거래 당사자들 사이의 최종 서명만 남겨놓은 상태에서 당시 미국 대통령이었던 린든 베인스 존슨이 자신의 재임 기간 중에 작성된 공문서를 텍사스 대학 오스틴 캠퍼스에 기증하겠다고 발표했다.[135] 결국 필립스 컬렉션 매입을 위해 책정된 예산은 엉뚱하게도 LBJ 도서관 건립에 전용되고 말았다. 그런데 몇 달 뒤, '나머지' 가운데서도 허섭스레기 같은 종이가 가득 들어 있던 어느 상자에서 윌리엄 캑스턴이 펴낸 오비디우스의 《변신 이야기》 상권(上卷) 번역본이 발견되었다. 무려 400년 이상 실전되었다가 발견된 이 책은, 현재 케임브리지 모들린 칼리지의 피프스 문고에 피프스가 소장했던 하권(下卷)과 함께 보관되어 있다. 1977년, 뉴욕의 서적상 한스 P. 크로스는 그때까지 남아 있던 필립스 컬렉션의 '나머지' 전체를 매입했다. 지난 90년에 걸쳐 꾸준히 매각되었으면서도, 컬렉션에는 아직 2,000점에 달하는 자료가 남아 있는 상태였다. 1979년, 크로스는 자서전에서 이렇게 적어 놓았다. "내가 매입한 컬렉션에서 여전히 많은 귀중 문헌들을 찾을 수 있을 것으로 확신한다. 나의 과감한 투자는 반드시 보상을 받을 것이다."

이듬해 크로스는 《비블리오테카 필립피카》, 즉 '필립스 서지총람'을

---

135) 린든 존슨은 텍사스 출신으로, 케네디와 손잡고 부통령이 되기 전까지 텍사스 주 상원의원을 여섯 번이나 연임하는 등, 당시 미국 남부를 대표하는 거물급 정치인이었다.

펴냈다. '나머지'에서 추려낸 보물들을 정리한 훌륭한 목록이었다. 그 서문에서 크로스는 이렇게 말했다. "나는 수백 개의 종이상자에 담겨 도착한 인쇄본과 필사본 더미를 조사했다. 마치 성탄절이 계속 이어지는 것 같았다. 한 주에도 몇 개씩은 무언가 중요한 것이 발견되곤 했다." 그가 경매에 내놓은 106점은 출간 연대만 해도 무려 900여 년에 걸친 것들이었다. 이들 가운데 대부분은 멋진 채색삽화로 장식되어 있었다. 1988년에 크로스가 81세의 나이로 세상을 떠난 뒤, 그의 딸 메리 앤 폴터는 어머니인 해니 크로스와 함께 이 대단한 사업을 이어받아 1990년대까지도 계속해서 필립스 문헌을 매각했다. 메리 앤 폴터는 1994년 10월에 이렇게 말했다. "우리가 발굴한 문헌들은 오늘날 전 세계 각지의 여러 컬렉션에 팔려 나갔습니다. 하지만 허전한 건 사실이에요. 우리의 큰 즐거움이 모두 사라져버렸으니 말입니다."

필립스 문헌이 대거 미국으로 건너가면서 영국의 큐레이터들과 학자들은 불편한 심기를 드러내기도 했지만, 막대한 자금력으로 무장한 부유한 미국인 수집가들의 공격을 막기는 현실적으로 힘들었다. 이런 추세는 필립스 문헌 이외의 컬렉션에서도 마찬가지였고, 시간이 갈수록 더욱 더해 갔다. 하지만 보다 극적인 다른 경우도 있었다. 바로 영국의 유명 컬렉션 가운데에서도 둘째가라면 서러워할 컬렉션, 즉 딥딘의 후원자이기도 했던 제2대 스펜서 백작이 모은 4,000권의 책으로 이루어진 올소프 장서의 경우였다. 이 장서는 세상을 떠난 남편을 기리려는 한 여성 덕분에 '뿔뿔이 흩어져버리는 재난'에서 간신히 벗어날 수 있었다.

엔리케타 어거스티나 테넌트 라일랜즈가 영국의 맨체스터에 대규모의 도서관을 세우겠다는 계획을 발표하자, 그녀의 남편을 알고 있던 사람들은 모두 깜짝 놀랐다. 그녀의 남편 존 라일랜즈(1801~1888)는 직물업으로 막대한 부를 쌓아 자선 활동을 한 인물로, 1888년에 세상을 떠나면서 300만 파운드의 막대한 유산을 남겼다. 존 라일랜즈는 가난한 전도사들에게 책을 기증하는 걸 기쁨으로 삼았던 사람이기는 했지만, 어느 모로 보나 애서가는 결코 아니었다. 더구나 자신의 이름을 따서 부르게 될 도서관 같은 걸 건립하라는 유언도 남긴 적이 없었다.

1890년, 라일랜즈 여사는 맨체스터 시의 딘스게이트 지역에 고딕 양식의 화려한 건물을 세우기 시작했다. 처음에는 그 건물에 무언가 특별히 귀중한 것을 넣어두어야 한다는 막연한 생각밖에는 없었다. 라일랜즈 도서관의 초대 관장이었던 헨리 거피에 따르면, 그 건물이 꼴을 갖추어 가는 동안에도 훌륭한 도서관이 이룩되어 가는 중이라는 걸 아는 사람은 전혀 없었다. 착공 후 2년이 지났을 때, 라일랜즈 여사는 재정적으로 어려움에 처한 스펜서 경의 상속인들이 소더비 사를 통해 '개인이 수집한 도서 컬렉션 가운데 가장 유명한 것'을 곧 경매에 붙일 예정이라는 사실을 우연히 알게 되었다. 라일랜즈 여사는 그 컬렉션이야말로 '자신의 계획에서 최고의 영광'이 되리라는 걸 직감하고, 지체 없이 구입 협상에 들어갔다. 다행히 그녀는 30만 파운드를 제시한 뉴욕 공립도서관을 간발의 시간차로 제치고, 21만 파운드에 스펜서 경의 컬렉션을 입수할 수 있었다.

공식적인 낙찰 발표가 있자, 영국 전역에서 "안도의 한숨이 터져 나왔다"고 거피는 썼다. "가치를 헤아리기 힘든 귀중한 지적, 문학적 보물들이 국외로 유출되는 걸 막을 수 있게 되었다는 데에 영국은 안도하지 않을 수 없었다.[136] 라일랜즈 여사가 보여준 공공의 정신은 많은 사람들로

---

136. 하지만 이후 존 라일랜즈 도서관의 관리를 맡은 맨체스터 대학 측에서는 1988년 4월 14일에 스펜서 컬렉션 중에서도 이른바 '중복'된다는 책 67권을 다른 책 23권과 함께 매각함으로써 논란이 벌어졌다. — 원주.

부터 상찬받았다." 1899년 10월 6일, 라일랜즈 여사는 자신의 결혼 24주년 기념일에 도서관 건물과 그 안의 소장품을 국가에 공식적으로 헌납했다. 당시의 기념 연설에서 옥스퍼드 대학 맨스필드 칼리지의 학장 페어번 박사는, 건축가 배질 챔프니스가 도서관 건물 설계를 통해 스스로 천재임을 증명해 보였다고 말했다. 이 건물만으로도 충분히 위대한 기여라 하겠지만, "이곳을 도서관으로 만들어준 것은 아치형 천장도, 납틀을 사용한 화려한 유리창도, 청동제 난간도, 반짝거리는 참나무제 바닥도 아니며, 바로 책인 것입니다." 페어번 박사는 계속 말했다. "이 도서관은 죽음도 갈라놓을 수 없는 사랑으로 이룩되어, 그에 합당한 이름을 부여받게 될 것입니다."

많은 사람들에게 이 도서관은 그저 존 라일랜즈 도서관, 그 아내의 배려와 노력으로 건립된 도서관으로 알려지겠지요. 하지만 이걸 아는 사람은 얼마나 될까요? 바로 이 도서관이 역사상 가장 놀랍고 훌륭한 것으로 영원히 남게 되리라는 걸 말입니다. 그렇습니다. 이 도서관은 존 라일랜즈의 아내가 남편에게 보내는 진실한 존경이며, 남편과의 사랑의 추억에 바치는 소중한 헌사 그 자체입니다. 깨어 있는 영국, 올바른 영국, 사리에 밝은 영국을 보고자 하는 모든 시민들이 이 곳을 이용하게 될지니, 이 위대한 맨체스터 상인의 부를 물려받은 아내의 간곡한 마음을 느끼게 될 겁니다. 남편에게 합당한 이런 기념비를 세우고자 한 마음을 말입니다. 이 도서관이 이곳 말고 다른 곳에 세워진다는 건 생각할 수조차 없습니다. 존 라일랜즈가 정직한 노력으로 부를 쌓은 곳, 바로 이곳 맨체스터 말고 또 어디가 있겠습니까? 이 도서관이야말로 맨체스터의 문화를 진작시키고 자유를 신장시키며, 신뢰를 더욱 굳건하게 만들고, 작지만 위대한 이곳 맨체스터의 시민들이 나아갈 길을 밝혀주게 될 것입니다.

그로부터 2년 뒤 라일랜즈 여사는 15만 5,000파운드를 도서관 측에 기부하여, 크로포드 백작 가문에서 수집한 탁월한 필사본 컬렉션을 구입하도록 했다. 1908년 세상을 떠날 때까지 여사는 20만 점의 인쇄본과 7,000점의 필사본을 구입해 기증했다. 1972년부터는 맨체스터 대학이 라일랜즈 도서관을 관리하게 되었고, 대학 당국은 라일랜즈 컬렉션을 대학 도서관 컬렉션의 일부로 통합시켰다. 오늘날에도 라일랜즈 도서관을 방문하는 사람들은 그 건물의 아름다운 외관에 매료되곤 한다. 그러나 이 도서관의 유래를 아는 사람이라면 좀처럼 다른 곳으로 눈길을 돌리기 힘든 광경이 하나 있다. 도서관의 그랜드 홀 양끝에서 서로를 마주보고 있는 두 개의 대리석 조상(彫像), 바로 존 라일랜즈와 엔리케타 라일랜즈의 조상이다. 그들은 영국에 남아 있는 가장 훌륭한 개인 장서, 바로 자신들의 사랑의 결실로 입수한 장서를 영원히 지키고 있는 것이다.

04
아메리카, 아메리카인, 아메리카나[137]

1638년, 31세의 젊은 나이에 폐병으로 사망한 그 청교도 성직자는 자기 재산 가운데 절반과, 총 329종 400여 권에 달하는 자기 책 전부를 보스턴의 찰스 강 건너편 뉴타운에 있는 약 1,200평 상당의 목초지에 건립 중인 대학에 기증해 달라고 부탁했다. 신세계로 건너온 이래 비교적 짧은 기간 동안만 성직자로 활동했던 그가 과연 어떤 업적을 세웠는지에 대한 기록은 전혀 남아 있지 않다. 하지만 이 존 하버드 목사가 임종의 자리에서 기증한 사려 깊은 선물 덕분에 영국령 북아메리카 사상 최초로 도서관이 설립되었던 것이다. 매사추세츠 주 의회는 그 뜻을 기리기 위해 새로 설립 중인 대학에 하버드 목사의 이름을 붙이기로 했으며, 나아가 하버드 목사의 모교가 위치한 영국의 지명을 따서 그때부터 뉴타운을

---

[137] 다른 장에서는 '아메리카'를 모두 '미국'으로 번역했지만, 본 장에서는 초창기 미국의 역사 및 '아메리카나(미국 관련 문헌)'와의 연관이 있기 때문에 경우에 따라 '아메리카'라고 표기했다.

'케임브리지'라고 명명하기로 했다.

1701년에 코네티컷 식민지에 설립된 칼리지에이트 스쿨 또한 이와 비슷한 경우로, 새뮤얼 러셀의 집에 모인 열 명의 조합교회파 목사들로부터 '2절판 도서 40권'을 기증받음으로써 시작된 것이었다. 수년 뒤에 이 학교는 처음으로 기부금을 내놓은 일라이후 예일의 이름을 따서 명칭이 변경되었다. 예일이 소장했던 1714년도 라틴어 판《스페쿨룸 후마네 살바티오니스》—원래 15세기 영국의 위(僞) 보나벤투라의 작품인《그리스도의 수난에 대한 묵상》을 말한다—는 미국 내 대학 도서관에 소장된 최초의 채식 필사본으로 간주된다. 그로부터 19년 뒤, 조지 버클리 주교는 자기가 영국에서 가져온 880권의 책을 이 학교에 기증했는데, 당시 예일 대학의 제2대 총장이었던 토머스 클랩은 이를 가리켜 "지금까지 한꺼번에 아메리카로 건너온 책들 중에서는 가장 훌륭한 컬렉션"이라고 격찬했다.[138]

"뉴잉글랜드 식민지에서는 책이 무척 희귀했습니다." 예일 대학 도서관의 사서로 근무하다가 은퇴한 마저리 G. 와인은 컬럼비아 대학에서 가진 한 강연에서 이렇게 강조하면서, 그럼에도 불구하고 책은 '필수품'이었다고 말했다. 초기의 식민지 주민들이 책을 얼마나 귀중히 여겼는지는 1779년, 영국군이 코네티컷 해안에 침입해 뉴헤이븐으로 진격하던 당시의 사건에서 잘 드러난다. 전해지는 말에 의하면 당시 예일 대학이 소장하고 있던 3,000여 권의 장서는 곧바로 근처의 몇 군데 마을로 분산

---

[138] 여기서 말하는 조지 버클리는 영국의 관념론 철학자로도 유명하다. 그는 버뮤다에 신학교를 설립하여 목사와 인디언 선교사를 양성하려는 목적으로 1925년에 북아메리카로 건너왔다. 영국에서 받던 봉급의 무려 10분의 1밖에 되지 않는 박봉을 감수하면서까지 노력했지만, 신학교 설립을 위한 기금이 모이지 않아 9년 만인 1734년에 결국 영국으로 돌아가고 말았다.

되어 감춰졌고, 이후 교전이 완전히 끝난 1782년까지 그대로 감춰져 있었던 것이다. 물론 당시에 책이 그렇게 귀중했던 까닭은 무척이나 구하기가 힘들었기 때문이었다. 아메리카의 영국 식민지에 인쇄기가 처음 들어온 해는 1639년이었다. 당시 열쇠 제조공이었던 스티븐 데이는 케임브리지에 인쇄소를 차리고 《시편집(詩篇集)》을 펴냈는데, 이른바 '베이 시편집'으로 알려진 이 책은 미국에서 나온 인쇄물 가운데서도 현존하는 가장 오래 된 것으로 인정받고 있다.

곧이어 다른 인쇄소들도 문을 열었는데, 당시에는 문학 작품보다는 그 지역 관청의 공문서를 주로 펴냈다. 웬만한 읽을거리는 유럽에서 들여올 수 있으니, 굳이 아메리카에서 같은 책을 또 찍을 필요가 없었던 것이다. "나라를 세우는 것, 먹고 살기 위해 농지와 숲과 바다에서 일하는 것, 또한 과거의 전통과 이론을 새로운 곳에서 적용하는 것과 같은 보다 먼저 마련해야 할 것들에 직면해 있었던 그들로서는 애초부터 실용적인 태도를 취할 수밖에 없었고, 그로 인해 저술과 출판에 있어서도 이와 같은 성격이 부각되었음은 불가피한 귀결이었다." 역사학자 로렌스 C. 러스의 말이다.

식민지에서 출간된 최초의 '훌륭한' 책—심지어 유럽에서도 '수집 가치가 있다'고 인정된 최초의 미국 출판물—은 1661년에 나온 《우스쿠우테스타멘툼 눌로두문 예수스 크리스트 누포쿼우수에네우문》이었다. 이 독특한 신약성서는 누가 보더라도 영국에서는 출간이 불가능하고, 단지 '현지에서만' 나올 수 있는 것이었다. 코튼 매더는 존 엘리엇 목사가 알곤퀸 족의 언어로 펴낸 이 '인디언 성서'에 대해 열광하며 다음과 같이 말했다. "보라, 아메리카인들이여, 이야말로 우리가 할 수 있는 가장 영광스러운 일이 아닌가." 그는 이렇게 선언했다. "이 성서야말로 우리 케임브리지에서 인쇄된 것이며, 우리 아메리카 전역을 통틀어 처음으로 인쇄된 것이다." 이 업적으로 인해 엘리엇은 이른바 '뉴잉글랜드의 아우구스티누스'이자 '인디언들의 사도'로 유럽에서 명성을 얻었다. 새뮤얼 그린[139]의 인쇄기로 찍어낸 최초의 '엘리엇 인디언 성서'는 곧바로 영국으로 건너가 찰스 2세에게 증정되었다. 대법관에게도 한 권, 또한 옥스퍼드 및 케임브리지 대학에도 한 권씩이 증정되었다. 현재 브라운 대학 소장본에는 로저 윌리엄스의 친필 주석이 적혀 있고, 예일 대학 소장본에는 존 윈스롭의 서명이 적혀 있다. 이들 중 어느 누구도 이 책을 읽을 수는 없었지만, 그럼에도 불구하고 중요한 문화 유물로 생각했던 것이다.

현재 필라델피아 도서관 조합—1731년에 벤저민 프랭클린이 동료들과 설립한 회원제 도서관—소장본은 맨 처음 인디언들과 정기적으로 교류했으며, 심지어 그들을 자기 집으로 초대하기까지 했던 어느 영국인의 소유였다. 필라델피아 도서관 조합의 200년 역사를 설명하는 글에서 오스틴 K. 그레이는, 언젠가 그곳을 방문한 어느 유럽의 학자가, 무려 2세기 전에 바로 그 영국인 제임스 로건이 수집한 오래 된 수학 및 천문학 책들 가운데 서서 '감탄하고, 또 한탄하고' 있었는지를 설명했다. "여기 있는 책들 중에는 더 이상 유럽에서는 구할 수 없는 것들도 있습니다." 그 방문객은 매우 감탄하고 있었다. "이 책들을 찾기 위해 유럽 전역의 도서관을 뒤졌지만 허사였죠. 그런데 여기 미국에, 그것도 지난 200년 동안 고스란히 보존되어 있었다니! 도대체 이 로건이란 사람이 누구이기에 이런 책들을 모아놓을 수 있었던 겁니까?"

제임스 로건(1674~1751)은 평생을 도서수집에 바친 인물로, 그의 장

---

[139]..저자는 엘리엇 인디언 성서를 인쇄한 인쇄업자의 이름을 '스티븐 그린'이라고 했지만, 이는 '새뮤얼 그린'의 오기이므로 정정했다.

서는 사실 매우 어려운 여건 속에서 이룩된 것이었다. 동시대에 살았던 영국과 미국인들의 평에 의하면 로건은 뛰어난 학자이자, 과학자이자, 사업가이자, 저명인사이자, 매우 탁월한 인물이었다고 한다. 비록 미국 최초의 비중 있는 도서수집가라고까지 할 수는 없겠지만—그러한 영광은 아마 버지니아 주 웨스트오버의 윌리엄 버드 2세(1674~1744)에게 돌아가야 마땅하리라—그럼에도 불구하고 그는 당대의 가장 흥미로운 인물 가운데 하나이며, 그의 장서는 지금까지도 거의 훼손되지 않고 보존되어 있다.

1674년에 스코틀랜드의 퀘이커 교도 집안에서 태어난 로건은 본래 사업과 교육 분야에서 활동했다. 그러던 어느 날, 로건은 윌리엄 펜—훗날 아메리카의 델라웨어 밸리에 자신의 성(姓)을 따서 명명되는 정착지를 건설한 인물[140]—으로부터 자기 측근으로 일해 달라는 제안을 받았다. 훗날 로건은 "책은 내게 있어 병이나 마찬가지였다"고 회고하기도 했는데, 어쩌면 그 평생에 걸친 고질병은 스물다섯 번째 생일을 한 달 앞두고 영국을 떠나 문명의 변방인 신천지로 떠나는 과정에서 그가 겪었던 고통으로부터 비롯된 것은 아닐까 싶다. 1699년에 캔터베리 호를 타고 아메리카로 향하기 직전, 로건은 800권에 달하는 자기 장서를 처분해야 했던 것이다.

신대륙에서 로건은 직물, 부동산, 모피 매매와 운송업 등을 통해 확고한 지위와 많은 재산을 얻게 되었다. 그러한 기반을 통해 그는 필라델피아 시장, 펜실베이니아 대법원 주심 판사, 펜실베이니아 부(副)지사를 거쳐 이후 2년간 주지사로 재직했다. "여러 가지 면에서 제임스 로건은 18세기 초반의 펜실베이니아 식민 지구에서 가장 중요하고 영향력 있는 인

---

[140]..윌리엄 '펜'의 이름을 딴 지금의 '펜실베이니아' 주를 말한다.

사 중 한 사람이었다." 에드윈 울프 2세는 이 탁월한 인물의 컬렉션 도서 목록에서 이렇게 적고 있다.

"고백하건대, 책이야말로 내 어린 시절부터의 오락이었으며, 여가 시간을 보내기에 무척 유용한 대상이었습니다." 1726년, 로건은 암스테르담의 어느 서적상에게 쓴 편지에서 이렇게 적고 있다. 사실 그는 '여가 시간'마다 독학을 했기 때문에 비교적 수준이 높은 수학, 식물학, 천문학을 비롯해서 라틴어, 그리스어, 히브리어, 프랑스어, 이탈리아어, 에스파냐어, 심지어 아랍어에 이르는 다양한 분야에 통달했다. 그의 기민한 정신은 항상 어떤 자극을 필요로 했으며, 따라서 아메리카로 온 이후에 그의 호기심을 만족시키기 위해서는 계속해서 책을 읽을 수밖에 없었던 것이다.

이후 50년에 걸쳐서 로건은 유럽에 있는 친구며, 가족이며, 지인들과 계속 편지를 주고받았는데, 현재 펜실베이니아 역사학회에서 소장하고 있는 그의 편지 사본들을 통해 우리는 그가 어떻게 장서를 수집해 왔는지를 알 수 있다. 아메리카에 정착한 이후, 로건의 주된 업무는 윌리엄 펜과 관련된 여러 가지 일을 처리하는 것이었으며, 그는 언제든지 펜— 그 지역을 다스리는 다섯 명 중 한 사람이었던—에게 충성을 바쳤다. 1708년부터 그는 유럽의 주요 서적상들과 활발한 서신 교환을 하면서, 다양한 분야의 수준 높은 책들을 연달아 주문했다. 1709년에는 아이작 뉴턴 경의 《프린키피아》를 구입했는데, 아메리카인 중에서는 최초로 뉴턴을 읽은 독자였던 로건은 그 책을 독파함으로써 당시 새로 나온 계산법인 미적분법에 정통하게 되었다.

1710년, 영국으로 출장을 간 로건은 비록 몇 달간이나마 런던의 풍부한 문화생활을 만끽했다. 그는 여러 가지 강연을 듣고, 과학 실험을 구경하고, 아이작 뉴턴의 실험을 관람하고, 망원경을 직접 다루어 보고, 수학자 찰스 헤이스와 친분을 쌓고, 런던 시내의 모든 서점과 노점을 뒤지며 읽을 만한 책을 찾아다녔다. 그는 곧 아메리카로 뒤따라 올 '책이 가득 찬 큰 상자'를 남겨두고—하지만 정작 이 책은 3년 뒤에야 도착했다—먼저 펜실베이니아로 돌아갔다. 필라델피아로 돌아온 로건은 결혼해서 가정을 꾸렸으며, 이후 더 많은 책을 사들이면서 열정적인 도서수집에 나섰다.

애서가들이라면 아마 로건의 길고도 장황하고도 종종 심술궂기까지 한 편지 속에, 그와 비슷한 사람들에게 나타나는 묘한 습관이 총 망라되어 있음을 깨닫게 될 것이다. 그는 갖가지 자료를 열거하고, 모든 판매도서목록을 보관하고, 책값을 놓고 흥정하고, 책 상태가 좋아야 한다고 신신당부하고, 어떤 책의 내용이 기대 이하라고 불평하고, 최근에 입수한 책을 자랑하고, 자기보다 못한 사람들을 무시하며, 매번 책을 살 때마다 무려 6,000킬로미터나 넓게 펼쳐진 바다를 끝없이 가로질러 올 그 보물들을 애타게 기다렸던 것이다.

"제가 보기에 책을 평가하는 데 있어, 선생의 기준과 제 기준 사이에는 매우 큰 차이가 있는 듯합니다." 그는 토머스 오스본 2세에게 보낸 편지에 이렇게 적고 있다. "왜냐하면 저는 뭔가 유용한 지식을 배울 수 있는 책을 최고로 치는 반면, 선생께서는 오래 된 책만을, 그러니까 검은색이나 붉은색 모로코 가죽으로 장정되어, 저로선 차마 엄두도 낼 수 없는 비싼 금액을 주고서야 살 수 있는 책을 최고로 치시기 때문입니다." 무려 25년간이나 거래해 온 영국의 서적상 조사이어 마틴에게 보낸 편지에는 다음과 같은 내용이 들어 있다.

이 나라에 산다는 불리한 처지에 놓인 저로서는 흔치 않은 책을 보려면 영국에서 사들이는 방법밖에 없습니다. 또한 제가 읽는 책은 저 자신의 즐거움을 위해서일 뿐, 제가 하는 일과는 무관합니다. 따라서 보고 싶은 책이 있다면 가격이 얼마이건 상관없습니다. 물론 금액으로 치자면 상당한 편이지만, 어차피 가족에게 물려준다고 해서 크게 도움이 될 만큼 많은 금액도 아니니까요.

생애의 막바지에 다다라서 로건은 런던의 서적상인 존 위스턴에게 다음과 같이 불만을 토로하기도 했다. "그러니 혹시 내게 잘못이 있더라도 양해를 바랍니다. 그쪽에서 제시한 금액이 터무니없었을 때에도 내가 아무런 이의를 제기하지 않았던 것처럼 말입니다. 그동안 거래해 보셨으니 잘 아시겠지만, 나야말로 지난 50년 넘게 책을 사 왔고, 또 책을 잘 아는 만큼, 보통의 아메리카인들과는 다른 사람 아닙니까?"

1723년, 인쇄업자의 조수로 일하던 열여섯 살의 벤저민 프랭클린이 보스턴을 떠나 필라델피아로 왔을 무렵, 로건은 생애에서 마지막으로 영국을 방문했다. 출장 중에 그는 다시 한 번 자신의 취미를 만끽했으며, 당대의 주요 사상가들과 만나면서 재충전의 시간을 가졌다. 1728년에 그는 필라델피아 북부의 교외에 스텐턴이라는 저택을 세웠으며, 2년 뒤부터는 그곳에 은거하며 새로운 열정으로 공부에 전념했다. 속표지의 오른쪽 상단 구석에 'J. 로건'이라는 서명이 적혀 있는 그의 장서 곳곳에 적힌 주석은 그의 뛰어난 지적 능력을 잘 보여주고 있다. 예를 들어 그는 안드레아 아골리의 《천체력(天體曆)》에 자신이 직접 계산한 펜실베이니아의 경도뿐만 아니라, 1639년에 있었던 금성과 태양의 합(合)[141] 현상에 대해서도 적어놓았다. 존 플램스티드의 천문도에는 원저자가 빼먹은 것으로 보이는 별들의 위치를 직접 그려 넣기도 했다. 또한 아라비아어

141.. 행성이 지구 및 태양과 일직선을 이루는 현상을 말한다.

와 이탈리아어 사전에는 본문에 누락된 단어를 부록으로 만들어 넣기도 했다. 《천문학 도표》라는 제목이 붙은 교정쇄에는 행성의 운동과 토성의 위성에 대해 에드먼드 핼리 경이 제시한 몇 가지 가설에 대한 반론을 적어놓기도 했다. 아이스킬로스의 그리스어 희곡집에는 거의 모든 장마다 다른 읽을거리며, 해설이며, 라틴어 번역문 등을 빼곡히 적어놓았다.

이때부터 로건은 자기가 쓴 논문을 유럽의 저명한 학회에 보내기 시작했다. 그가 실시한 옥수수 재배 실험에 대한 상세한 보고서인 《식물의 발생에 대한 실험 및 연구》는 1739년에 레이덴에서 출간되었는데, 이 논문에 감명을 받은 카롤루스 린네우스는 그를 기리는 뜻에서 그 식물을 '로가니아'라고 명명했다. 런던의 왕립학회에서 펴내는 학술지인 《필로소피컬 트랜스액션즈》에는 그가 쓴 〈번개의 구부러지고 각진 모양에 대하여〉와 〈해와 달이 지평선에 가까울 때 더 크게 보이는 이유에 대하여〉라는 논문 두 편이 실렸다. 하지만 로건의 가장 만족스러운 업적은 함부르크의 대학교수이며, 천문학자이며, 물리학자이며, 저명한 고전학자로 전14권에 달하는 그리스 문학사를 펴내기도 한 요한 알베르트 파브리치우스[142]와의 서신 교환을 통해 이루어졌다.

로건은 고대의 천문학에 대한 이 교수의 저서에서, 2세기의 그리스 천문학자인 프톨레마이오스의 《알마게스트》 초판본은 1538년에 이르러서야 그리스어로 출간되었다고 주장하는 대목을 발견했다. 하지만 이 책이 그보다 훨씬 먼저 라틴어로 출간된 적이 있다고 생각한—마침 자기가 예전에 더블린에 두고 온 책 중에 그 책의 라틴어 판이 있었기 때문이다—로건은 이 유명한 학자에게 라틴어로 다음과 같이 정중한 편지를 써 보

---

142. 저자는 '요한 알브레히트 파브리치우스'라고 했는데, 사실은 '요한 알베르트 파브리치우스(1668~1736)'가 맞다. 그리고 물리학과 천문학을 전공했다는 것은 비슷한 이름의 천문학자 '요한네스 파브리치우스(1587~1615)'와 혼동한 것이 아닐까 싶다.

냈다.

"존경하는 선생님께. 뮤즈의 아들들과 신비의 사제들의 방해에도 불구하고 문예를 진흥시키기 위해 노력하시는 선생님의 탁월한 연구에 대해서는 저와 같이 멀찌감치 아메리카의 해변에 떨어져 있는 서생이 감히 이의를 제기할 수 없을 줄 압니다. 그러니 가능하시다면 비록 보잘것없는 주장이긴 하지만 가상히 여겨주시고, 이 펜실베이니아의 오지에서 드리는 질문에 답변해 주시면 너무나도 감사하겠습니다." 존경의 표시로 로건은 자기 창고에서 가장 좋은 모피 10여 점을 골라 편지와 함께 교수에게 보냈다. 이에 대한 답장에서 파브리치우스는 프톨레마이오스의 책은 16세기의 그리스어 판이 초판본이라는 자신의 주장을 다시 한 번 확인시켜 주면서, 그러한 사실을 납득시키기 위해 이 호기심 많은 아메리카인에게 자기가 쓴 다른 책을 한 권 보내주기까지 했다.

하지만 교수가 보내준 친절한 답장에도 불구하고 로건은 여전히 의심을 떨치지 못했고, 그리하여 자신의 주장을 직접 증명해 보려고 했다. 1726년 1월 3일, 그는 더블린에 있는 자기 대리인 티모시 포브스에게 편지를 보내, 1698년에 자기가 '캐슬 가에 있는 어느 서적상'에게 장서를 팔았다고 설명하면서, 그 '많은 책 더미' 가운데 프톨레마이오스의 라틴어 판본이 있을 것이라고 설명했다. 그는 책의 생김새를 자세히 묘사하면서 혹시 그 책이 아직도 남아 있는지 확인해 달라고 부탁했다. "물론 가능성이야 낮지만, 혹시 어디 잡동사니 속에 파묻혀 있는지도 모르니까." 알뜰한 퀘이커 교도답게, 로건은 그 책의 가격이 지금도 아마 5실링을 넘지는 않을 것이라고 하면서, 그렇지만 '그보다 더 비싼 가격이라도' 기꺼이 지불하겠으니 책을 구해 달라고 했다.

지금 남아 있는 로건의 편지 사본 모음에는 그가 외부로 보낸 것들만 남아 있으므로 포브스가 과연 '어디서' 그 책을 찾아냈는지는 알 길이 없다. 하지만 결국 책을 찾아낸 덕분에, 갈색 송아지 가죽으로 장정한 이 묵직한 2절판은 무려 28년 만에 원래 주인의 품으로 돌아오게 되었다. 라틴어로 인쇄된 그 책의 출간년도는 1515년이었다. 1727년 2월 6일자로 포브스에게 보낸 로건의 편지는 기쁨에 넘쳐 있다. 그는 반기니[143]를 포브스에게 보내면서, 10실링은 책값으로 지불하고 나머지 돈으로는 '그 서점 주인하고 술이나 한 잔' 하라고 적고 있다. 로건의 다른 책들과 마찬가지로 《알마게스트》의 여백에도 그가 적은 일리 있는 주석이 빽빽이 들어차 있는데, 그 속표지에 적힌 다음과 같은 문장에 깃들인 애서가의 열정은 어찌나 강력한지, 무려 2세기 하고도 절반이 지난 지금까지도 퇴색하지 않고 있다. '리베르 라리시무스.' 그는 속표지에 적힌 자신의 서명 아래 굵은 글씨로 이렇게 썼다. "매우 희귀한 책."

1731년, 벤저민 프랭클린과 그 동료들은 새로 만들 회원제 도서관의 세부사항에 대한 조언을 얻기 위해 제임스 로건을 찾아갔다. 그 다음 해에 필라델피아 도서관 조합이 정한 최초의 규정에 따르면, 로건은 유일하게 비회원 자격으로도 책을 빌릴 수 있는 인물이었다. 비록 몇 년 전만 해도 로건은 프랭클린이 주도하는 토론 클럽인 '전토'[144]—그는 이 클럽의 구성원들이 지폐 발행을 지지했다는 이유로 '천박하고 허황되기 짝이 없는 무리'라고 비난하기도 했다—에 대해 심각한 우려를 나타내기도 했지만, 이제는 프랭클린과 친구가 되어 그를 매우 '탁월한' 젊은이라고 추켜세웠다. 프랭클린 또한 로건을 매우 존경했다.

도서관 조합을 설립한 지 4년 뒤인 1735년에 프랭클린은 로건이 운문 번역한 카토의 《도덕시편(道德詩篇)》을 펴냈는데, 이는 북아메리카에서

---

143. 당시 1기니는 21실링이었다.
144. '비밀결사' 혹은 '파벌'이라는 뜻이다.

출간된 최초의 고전 번역본이었다. 1744년에 프랭클린은 로건이 번역한 키케로의 《대(大) 카토》를 우아한 장정의 책으로 펴냈는데, 구식 양반이었던 이 번역가께서는 출판인에게 자기 이름을 익명으로 해 달라고 부탁했다. 그러자 프랭클린은 이 책의 서문에서 이 책이 '우리 중의 어느 신사―비록 이 책에 있어서는 큰 영예이겠지만, 차마 그 이름이나 인물에 대해서는 언급할 수가 없는―가 옮긴 것'이라고 하여 독자들의 궁금증을 자극했다.

그로부터 5년 뒤에 로건은 훗날 펜실베이니아 대학의 모태가 된 학원을 건립하려는 프랭클린의 계획에 찬동했다. 이른바 〈펜실베이니아 젊은이들의 교육에 대한 제안서〉에서 프랭클린은 책에 대한 식견은 물론이고, 광범위한 지식 면에서도 특출한 어느 신사가 오랜 세월에 걸쳐 특별한 관심을 기울여 수집한 장서에 대해 자세히 묘사하고 있다. 프랭클린은 "이 장서를 보관하기 위해서 전면의 폭이 약 18미터에 달하는 건물을 이 신사의 개인 자금으로 시내에 건립하고, 이후 그곳에 장서를 비치하여 공공의 재산으로 남기고, 장서량을 더 늘리기 위해 매년 기금도 지급할 것"이라고 설명했다. 이러한 발표는 로건이 아메리카로 건너온 지 50년째가 되는 1749년에 있었는데, 이로써 그가 제법 오랫동안 고민해 온 딜레마, 즉 다름 아닌 자기가 죽은 다음에 이 소중한 책들이 어떻게 될 것인가 하는 고민이 일거에 해결되었다. 수많은 제안을 고려해 본 뒤에 그는 아메리카 내의 어떤 다른 곳에 비해서도 손색이 없는 도서관을 만들기로 결심했다. 그는 또한 옥스퍼드 대학의 토머스 보들리 경과 보들리 도서관의 사례를 모델로 삼아, 자신의 컬렉션을 이른바 '로건 도서관'으로 명명해 달라고 했다.[145]

1751년 10월 31일, 제임스 로건은 매우 평온한 상태에서 눈을 감았다. 임종 자리에 있었던 그의 사위가 한 말에 따르면 이 노인의 마지막

말 역시 어느 서적상에게 보낼 편지를 적어 달라는 것이었다고 한다. 《펜실베이니아 가제트》에 실린 추도사—작성자의 이름이 나와 있지 않지만, 그 설립자이자 공동 소유자인 벤저민 프랭클린이 쓴 것이 분명한—는 한 명의 뛰어난 지식인이 또 다른 한 명의 지식인에게 바치는 다음과 같은 찬사로 끝맺고 있다.

하지만 그의 지혜와 공익정신과 자비심, 그리고 펜실베이니아 주민들에 대한 깊은 애정이 빚어낸 가장 고상한 기념비는 바로 그가 건립한 '도서관'이다. 그가 지난 50년간 대단한 관심과 식견을 바탕으로 수집하였으며, 지식의 고양이라는 공공의 이익을 위하는 한편, 학문을 좋아하는 모든 사람들의 이익과 효용을 위하여 기증한 도서관 말이다. 이곳에는 여러 언어로 된 예술 및 과학 분야에서 최고의 작품들이 최고의 판본으로 보관되어 있다. 이는 의심의 여지없이 이 나라 안에서는 가장 가치 있는 컬렉션이며, '로건'이라는 이름을 후세에 길이 영예롭게 할 것이다.

그로부터 반세기 뒤에, 영국의 작가인 존 데이비스는 1798년부터 1802년까지 미국을 여행했던 경험을 기록하면서, 자신이 필라델피아에 간 가장 큰 목적은 제임스 로건에게 경의를 표하기 위해서였다고 썼다. "거기서 나는 문예에 있어서 가장 큰 은인이라 할 수 있는 그분의 초상화를 바라보았다. 그분 또한 과거 이탈리아에서 활약한 관대한 문예의 후원자들 못지않은 대단한 인물이었다. 그분의 영혼은 지금쯤 메디치 가의 코지모와 로렌초와 함께 쉬고 있을 것이다.[146)] 또한 고향인 일뤼소스[147)]와 티베르[148)]에서는 이미 잊혀진, 수많은 그리스와 로마의 작가들은 로

---

145) 다음 웹사이트(http://www.coe.missouri.edu/~seaveyca/1876/Loganian.html)에는 로건이 설립한 도서관 건물의 그림이 나와 있다.

건 덕분에 델라웨어에서 그들의 독자가 생겨났다는 사실에 기뻐할 것이다."

데이비스가 이렇듯 찬사를 보내던 무렵까지도 2,000권에 달하는 로건의 장서는 수십 년 동안이나 무관심 속에 묻혀 있었는데, 그 까닭은 부분적으로나마 지나치게 장황하고 복잡한 유언장의 규정 때문이었다. 도서관 조합은 1789년부터 이 책의 영구 수탁자가 되었는데, 마침 이 때는 조합의 역사에 있어서 또 하나의 기념비적 시기를 갓 지나온 시점이었다. 1787년의 무더운 여름 내내 필라델피아에서 미국의 제헌 국회가 열렸는데, 당시 독립기념관에서 겨우 두 블록 떨어진 장소에 있던 도서관 조합이 미국 헌법을 제정한 55명의 대의원을 위한 전용 도서관 역할을 했던 것이다. 역설적인 것은 그로부터 56년 전에 필라델피아 도서관 조합을 처음 만든 벤저민 프랭클린조차도―즉, 제임스 로건의 책을 한데 보관하기 위해 노력한 장본인조차도―정작 자신의 훌륭한 장서를 완전한 상태로 보존하려 노력하지는 않았다는 사실이었다.

필라델피아에서 제헌 국회가 열리고 있던 1787년 7월 13일, 뉴잉글랜드의 목사인 매너세 커틀러가 당시 81세였던 벤저민 프랭클린의 집을 방문했다. "날이 어두워지자 우리는 그의 집으로 갔는데, 박사의 서재는 역시 그의 학식만큼이나 굉장했다." 커틀러는 자기 일기에 이렇게 쓰고 있다. "그 넓은 방안에 온통 책이 들어차 있었다. 책이 가득 찬 책꽂이가 사방 벽을 뒤덮고 있었다. 서재보다 약간 작은 네 곳의 별실도 마찬가지

---

146. 이탈리아 르네상스 시대에 피렌체를 지배한 메디치 가문의 코지모 데 메디치와 그 손자인 로렌초 데 메디치는 학문과 예술의 후원자로 유명하다.
147. 그리스 아테네 근처에 있었다는 전설의 강.
148. 이탈리아 로마 시내를 가로질러 흐르는 강. 현재는 '테베레 강'이라고 한다.

였다. 내 생각에는 이야말로 미국에서 가장 크고 가장 훌륭한 개인 장서가 아닐까 싶다."

비록 가장 훌륭한 장서는 아니었다고 하더라도—토머스 제퍼슨의 개인 장서도 그야말로 대단했으므로—프랭클린의 장서는 18세기 후반의 4반세기 동안에는 미국에서도 가장 훌륭한 것들 중 하나였다. 그의 사후인 1790년에 작성된 목록에는 장서가 모두 4,276권이라고 되어 있는데, 이야말로 당시 도서관 조합의 총 보유 도서 부수와 맞먹는 것이었다. 프랭클린은 유언장에서 이 장서 가운데 일부를 필라델피아 철학회와 미국 철학회—이는 '전토' 클럽의 후신이 되는 단체였다—그리고 필라델피아 도서관 조합 세 곳에 나누어 기증하도록 했지만, 그 외의 책 대부분은 유언장에 나온 다음과 같은 한 가지 불행한 조항으로 인해 이후 행방을 알 수 없게 되었다. "내가 소유한 나머지 책과 필사본, 그리고 문서는 모두 손자인 윌리엄 템플 프랭클린에게 증여한다."

윌리엄 템플 프랭클린—벤저민 프랭클린의 서자(庶子)인 윌리엄 프랭클린의 서자였던—은 미국 독립전쟁 이전에 할아버지를 따라 영국을 방문한 적이 있었고, 전쟁 중인 1777년부터 1785년까지는 8년 동안 파리에서 할아버지의 비서 노릇을 했다. 유언장이 발표된 지 몇 달 뒤, 템플 프랭클린은 할아버지의 《자서전》 원고를 들고 영국으로 갔는데, 그 이외의 책들은 이미 처분해 버린 다음이었다. 그로부터 11년 뒤인 1801년, 프랭클린의 장서 가운데 남아 있던 것마저도 니콜라스 구앵 뒤피에프에 의해 경매에 붙여졌는데, 당시 25세였던 프랑스 출신의 이민자 뒤피에프는 훗날 필라델피아에서 서적상으로 크게 성공했다. 뒤피에프가 어떻게 해서 그 책들을 인수하게 되었는지는 정확히 알 수 없지만, 1803년에 미국 대통령 토머스 제퍼슨에게 보낸 편지에서 그는 프랭클린의 장서 가운데 2,000여 권이 여전히 남아 있으며, 그 중 일부에는 프랭클린이 손으로 직접 쓴 주석이 적혀 있다고 썼다.

그는 1803년 1월 1일자로 제퍼슨에게 보낸 편지에서 "프랭클린 박사의 장서 중에서 제게 남아 있는 책들의 도서목록을 보내 드리겠습니다"라고 썼다. "도서목록을 다 보시고 나서, 국회도서관의 사서에게도 한 번 보여주시면 분명히 이 컬렉션을 통째로, 하다못해 그 중 일부라도 꼭 사들이자고 제안할 겁니다." 그는 국회의 예산을 가지고서 아메리카 공화국의 설립자 중 한 사람이면서, 또한 위대한 인물의 장서를 보존하는 것이야말로 가장 의미 있는 일이 아니겠느냐고 주장했다. "제가 괜히 이 책을 정부 도서관에 보존해야 한다고 주장하는 건 아닙니다. 사실 이 책들이야말로 '정치'며 '입법'이며 '아메리카'의 사건들과도 크게 관련된 것이니까요. 솔직히 저로서도 이 일로 혹시나 나중에 욕을 먹지 않게끔 적절한 가격에 넘겨드릴 생각입니다."

1803년 2월 4일, 제퍼슨은 뒤피에프가 보내 온 제안서를 국회도서관 운영위원회로 넘기면서, 이 서적상과 이전에 개인적으로 거래한 경험으로 미루어 "비교적 적절한 가격을 부르는 것 같아 다행입니다. 이 제안서에 대한 운영위원회의 답변 여부와는 별도로, 목록에 나온 몇 권에는 내가 직접 표시를 해 두었습니다. 만약 우리 도서관에 없는 자료라면 충분히 소장할 만한 가치가 있다고 판단한 것들입니다"라고 쓴 메모를 첨부했다. 그로부터 한 달 뒤, 대통령은 뒤피에프에게 현재 예산이 고갈된 까닭에 국회 측에서 현재로선 이 책의 구입이 불필요하다고 결정했다는 내용의 편지를 보냈다. 하지만 제퍼슨은 프랭클린의 책들 가운데 몇 권을 개인적으로 구입해 자기 장서에 추가했다. 곧이어 뒤피에프는 새로운 도서목록을 발행했고, 경매를 실시해 프랭클린의 장서를 모두 팔아버렸다. 하지만 당시의 도서목록 중에서 지금까지 전해지는 것이 없기 때문에, 프랭클린의 장서에 어떤 책들이 있었는지는 전혀 알 수가 없다. 물론 장서의 목록을 알아내려는 시도가 여러 번 있기는 했는데, 그 중에서도 가장 주목할 만한 것은 필라델피아 도서관 조합의 사서로 오랫동안—1955년부터 1984년까지—근무한 에드윈 울프 2세의 연구였다.

그 설립자들의 장서와 문서를 보존하는 데는 별다른 관심이 없었던 연방정부였지만, 이후 국가로서의 정체성이 확립되면서 아메리카인들이 수집하는 물품의 종류에 있어서도 근본적인 변화가 이루어졌다. 생애의 3분의 2를 아메리카에서 보냈음에도 불구하고, 제임스 로건은 오히려 영국인의 정체성을 지니고 있었고, 책에 대한 취향도 확실히 유럽적이었다. 하지만 당시에 보스턴에서는 이미 보다 지역적인 주제에 초점이 맞춰져 있었고, 그 가운데서도 자신이 살던 장소와 시대에 대해 관심을 가지고 기록을 시작한 수집가가 나타났던 것이다.

1687년에 케이프코드에 위치한 샌드위치의 부유한 집안에서 태어난 토머스 프린스는 어려서부터 플리머스 식민지의 전직 지사였던 외할아버지 토머스 힝클리와 함께 살면서 독서를 취미로 즐기게 되었다. 힝클리는 훌륭한 장서를 보유하고 있었을 뿐만 아니라, 외손자에게도 종종 책을 선물해 주곤 했다. 열여섯 살에 하버드 대학에 입학한 직후부터 프린스는 자기 고향 지역의 역사와 문화를 다룬 책들을 수집해서 이른바 뉴잉글랜드 장서라 명명한 컬렉션을 보유하게 되었다. 훗날 올드 사우스 교회의 부목사가 되어서는 '사우스 교회 장서'를 계획하고 종교 관련 문헌을 모으기 시작했다. 심지어 장서표를 별도로 제작할 정도로, 그는 이 컬렉션이 영원히 보존되기를 바라고 있었다.

1728년도에 나온 《뉴잉글랜드 위클리 저널》에는 매사추세츠 주 레스터에 있는 약 12만 평의 우량 농지를 매각한다는 공고가 나와 있었다. 광고는 원 소유주가 프린스 목사라고 밝히면서, "조만간 장서도 모두 매각할 예정이므로, 이전에 책을 빌려 가신 분들은 서둘러 반납해 주시길 바랍니다'라는 익살맞은 문구를 덧붙이고 있었다. 하지만 프린스가 실제로 장서 가운데 일부를 매각했는지 여부에 대한 기록은 남아 있지 않다. 오히려 바로 그해에 그는 '책과 소책자와 문서를, 인쇄본이건 필사본이건 간에, 여기 살았던 사람이 쓴 것이거나, 또는 우리 역사를 조명할 수 있는 종류라면 무엇이든지 수집하겠다'는 의향을 천명했다. 그는《연보 형식으로 서술한 뉴잉글랜드의 연대기》라는 제목의 책을 쓰기 위한 자료를 모으기 시작했는데, 이 방대한 연구서는 1736년부터 1756년까지 20년간에 걸쳐 모두 두 권으로 완간되었다. 내용 자체는 비록 대단히 지루하긴 하지만, 그럼에도 불구하고 프린스의 책은 아메리카 역사에 대한 최초의 비판적 연구로 간주되고 있다.

여기에서 보다 더 중요한 것은 그 저자가 취한 연구 기준이었다. "문헌 자료만을 맹목적으로 신뢰하지는 않으려 했고, 최대한 원저자들과 직접 만나 취재를 했다. 어쩌면 지나치게 비판적이라고 할 수도 있을 것이다. 하지만 사실을 서술하고자 하는 사람이라면 당연히 비판적이어야 한다. 나는 거의 매 단락마다 실제 증언자의 이름을 밝혀 두었다." 프린스는 수년간 교외 등지로 돌아다니며 여러 사람의 증언을 수집했기 때문에, 자기가 취한 자료의 증언자를 기꺼이 내세울 수 있었다. 그가 보유하고 있었던 주요 문헌 가운데는 17세기에 매사추세츠 주의 지사였던 존 윈스롭의 일기와, 존 매더가 편집한 1632년부터 1689년까지의 서한집 일곱 권 등이 있었다. 그 중에서도 프린스가 '발굴한' 가장 극적인 자료는 아마도 윌리엄 브래드포드 지사의《플리머스 플랜테이션의 역사》필사본일 것이다. 프린스는 이 책의 면지에 자기가 어떻게 해서 이 필사본을 얻게 되었는지를 자세히 설명하면서, 본래 이 책의 법적 소유주였던 전 지사의 손자가 이 책을 '뉴잉글랜드 장서'에 포함시킬 수 있도록 허락해 주었다고 적어 두었다. 혹시나 오해를 피하기 위해서 그는 이 책에 자신의 장서표를 붙여 두었다. 그런데 그로부터 한 세기 뒤인 1855년, 런던의 풀햄 궁[149]에 수십 년간이나 보관되어 있던 여러 문서 중에서 바로 그 브래드포드의 책이 발견되었다. 몇 가지 그럴듯한 가능성이 제시되긴 했지만, 그 책이 어떻게 거기까지 갔는지는 아무도 설명할 수 없었다. 하지만 책에 붙어 있는 프린스의 장서표와 그 옆에 적힌 그의 필적이야말로, 그 책의 정당한 소유권이 영국이 아닌 보스턴에 있음을 보여주는 충분한 증거였다. 1897년에 이 필사본―이른바 '메이플라워 호 일지'로 알려진―은 결국 주미 영국 대사를 통해서 매사추세츠 주지사에게 반환되었다.

아마 프린스의 뉴잉글랜드 장서가 겪은 파란만장한 역사를 잘 아는 사람이라면, 브래드포드의 일기처럼 중요한 역사적 문서가 흔적도 없이 사라져 버릴 수 있었다는 사실에도 그리 놀라지 않을 것이다. 왜냐하면 그보다 더 놀라운 일은 이 장서가 결국 살아남았다는 사실이기 때문이다. 1758년에 사망하면서, 토머스 프린스는 자기 소유의 책들을 모두 올드 사우스 교회에 기증하라는 유언을 남겼다. 그로부터 16년 후, 미국 독립전쟁이 일어나기 직전에 제레미 벨크냅 목사는 이 장서가 "부끄럽게도 완전히 뒤죽박죽이 된 상태로 보관되고 있다"고 썼다. 1775년에 영국군이 반란군의 근거지인 보스턴을 점령했을 때, 올드 사우스 교회―인지세에 반대하는 수천 명의 시민들이 모인 곳이었고, 또한 보스턴 차 사건이 모의된 곳이었던―또한 영국군의 승마 연습장으로 사용되었다. 겨울이 다가오자 영국군은 교회 안의 설교대와 의자를 박살내서 땔감으로 사용했다. 전하는 바에 의하면 그 당시에 교회 첨탑에 보관되던 장서 가운데

149..본래는 런던 주교의 공관으로 사용되었으며, 현재는 박물관으로 일반에 공개되고 있다.

일부 책과 필사본이 불쏘시개로 사용되었다고 한다. 그로 인해 아주 사라져버린 자료들도 있지만, 간혹 브래드포드의 플리머스 일지처럼 아주 멀리 떨어진 곳에서 다시 모습을 드러낸 책들도 있었던 것이다.

1811년 10월 23일자 《보스턴 패트리어트》에 기고한 글에서 훗날 미국 대통령이 된 존 애덤스는 자기가 최근 '프린스 씨가 평생을 바쳐 수집한 컬렉션이 보관되었던 올드 사우스 교회 첨탑의 전망대에 올라간 일'에 대해 썼다. "그런 보물들은 일찍이 어느 곳에도 없었으며, 또한 앞으로도 다시는 구할 수 없을 것이다." 그런데 이 미국 제2대 대통령이 1893년에 보스턴 공립도서관에 기증한 3,000여 권에 달하는 장서 중에는 올드 사우스 교회의 장서표가 붙어 있는 책이 두 권이나 있었다. "아마도 그 전망대를 한두 번 방문했을 당시, 애덤스 씨가 이 책들을 빌려왔다가 미처 돌려주지 못한 것으로 보인다." 애덤스 장서의 도서목록을 작성한 사람은 이렇게 결론 내렸다.

애덤스가 그곳에서 책을 가져온 까닭은 어쩌면 자신이 본 광경에 너무나도 놀랐기 때문인지도 모른다. 그가 첨탑을 방문한 지 1년 뒤에, 교회위원회는 프린스의 장서가 매우 황폐화된 상태에 있다고 보고하면서, 일부 책 상자들은 "산산조각이 났으며, 다른 상자들도 열려 있어서 일부 책들이 밖으로 나오거나 바닥에 떨어져 있으며, 찢어지고 먼지에 뒤덮여 있다"고 묘사했다. 이후 반세기 내내 여러 거처를 전전하던 이 책은 결국 보스턴 공립도서관의 서고에 자리를 잡게 되었다.

1847년도에 작성된 도서목록에 따르면 원래 프린스 장서 중에는 '베이 시편집'—오늘날 단 11권만이 현존하는—이 무려 여섯 권이나 포함되어 있었지만, 그 당시에는 그 중 다섯 권만이 남아 있었다고 한다. 아마도 프린스가 여섯 번째 책을 다른 자료와 맞바꾸었기 때문이었을 것이다. 1866년, 장서가 공립도서관으로 운반되는 과정에서 또다시 그 중세 권이 분실되었다. 20세기 초에 서지학자 윌버포스 임스는 당시 교회 집사들이 이 책들을 빼돌려서 수집가 세 사람—너새니얼 B. 셔틀레프, 조지 리버모어, 에드워드 A. 크라우닌실드—에게 판매했음을 알아냈다. 셔틀레프의 소장본은 현재 프로비던스의 존 카터 브라운 도서관에 보관되어 있고, 리버모어의 소장본은 현재 국회도서관에 보관되어 있다. 반면 크라우닌실드의 소장본은 좀 더 색다른 운명을 겪었다.

1860년에 크라우닌실드가 사망하자, 당시 유명한 서적상인 버몬트의 헨리 스티븐스(1819~1886)는 이 책을 구입해서 대영박물관 측에 150파운드에 매입하라고 제안했다. 하지만 박물관 측에서 제안을 거절하자, 그는 이보다 비싼 가격인 150기니[150]에 그 책을 코네티컷 주 하트퍼드의 조지 브린리에게 판매했다. 1879년에 브린리 장서 경매에서 철도왕 코넬리어스 밴더빌트는 1,500달러를 주고 이 책을 구입했고, 그의 사후에는 딸인 거트루드 밴더빌트 휘트니가 이 책을 소유하게 되었다. 19세기 말 경에 휘트니 여사는 뉴욕의 서적상인 맥스 하조프에게 이 작은 보물의 가격이 얼마나 되는지 물어보았다. 답변 대신 하조프는 이 지체 높은 부인의 5번가 아파트에서 창밖을 유심히 쳐다보고만 있었다. "사모님, 그렇다면 '저건' 가격이 얼마나 되겠습니까?" 그는 센트럴 파크를 가리키며 이렇게 물었다. 1941년에 이 책은 휘트니 여사의 서재를 떠나 경매에 붙여졌으며, 15만 1,000달러에 A. S. W. 로젠바흐 박사에게 낙찰된 뒤, 에드워드 S. 하크니스의 부인[151]에 의해 예일 대학에 기증되어 영구 보관되고 있다.

---

150. 파운드화로 계산하면 158파운드 10실링에 해당한다.
151. 미국의 자선사업가인 에드워드 S. 하크니스의 부인인 메리 스틸먼 하크니스를 말한다. 에드워드의 아버지는 록펠러 1세의 초창기 동업자였고, 메리는 시티은행의 설립자인 스틸먼 가문 출신으로 이후 각종 예술 분야의 후원자로 유명해졌다.

1866년에 보스턴 공립도서관에 자리를 잡은 이후, 프린스 컬렉션은 더 이상의 훼손을 겪지 않게 되었다. 비록 1991년에 올드 사우스 교회의 교구민들 사이에서는 아직 두 권 남아 있는 '베이 시편집'을 매각할 권리가 자기들에게 있는지 여부를 놓고 물 밑에서 격론이 벌어지긴 했지만 말이다. 때마침 이러한 논란은 바로 건너편에 있는 보일스턴 가의 보스턴 공립도서관 내에서 토머스 프린스 기념 전시회—물론 문제의 '시편집' 두 권을 포함한—가 열리던 도중에 벌어졌다. 실제로 이와 같은 책이 판매된 지 무려 50년 이상이 지났고, 또한 언제 또다시 그런 물건이 시장에 나타날지 기약이 없다는 전망에 따라, 어떤 경매인들은 예상 판매가를 최소 150만 달러에서 최대 400만 달러까지 잡고 있다. 이 정도면 도심부의 저개발 지역에 위치한 교회에게는 무척이나 큰 돈인 셈이다.

"우리 교회가 소장하고 있는 '베이 시편집' 중 하나를 팔아야 한다는 주장은 주기적으로 계속 나오곤 합니다." 이 책이 경매에 붙여질 것이라는 소문에 대해 확인을 부탁하자 제임스 W. 크로포드 목사는 이렇게 대답했다. "프린스 컬렉션도 저희에게 매우 중요하긴 합니다만, 솔직히 교회가 박물관 기능을 할 수는 없으니 그 책들에 너무 연연해서도 안 되지요. 따라서 문의하신 내용에 답변을 드리자면, 논의가 있었던 것은 사실입니다. 실제로 그 문제를 놓고 회의도 가졌고, 어느 정도까지는 논의가 진전되었습니다. 여러 가지 좋은 제안들이 나오긴 했지만, 아직까지 결론은 내리지 못한 상황입니다."

어찌 되었건 간에, 여러 권 있는 책을 매각하는 것이야 예전부터 흔히 있었던 일이니, 올드 사우스 교회 측이 결국 둘 중 한 권을 팔기로 결정하더라도 크게 놀랄 만한 일은 아니다. 예를 들어 하버드 대학 호우튼 도서관의 사서인 윌리엄 A. 잭슨은 헨리 본의 《번쩍이는 돌》을 개인 수집가 로버트 H. 테일러에게 판매한 적이 있었는데, 그 이유는 호우튼이 수집한 장서 안에 똑같은 책이 한 권 더 있었기 때문이었다. 20세기 초에 헨리 E. 헌팅턴은 다른 수집가의 컬렉션을 통째로 사들이기를 좋아한 까닭에 '잉여본'이 수백 부씩이나 생기고 말았는데, 그 중에는 희귀본으로 소문난 포의 《태머레인》도 두 권이나 있었다. 그 가운데 한 권은 훗날 헌팅턴이 중복되는 책들을 팔아버리기 위해 특별히 개최한 15차례의 경매를 통해 팔려나갔다. 현존하는 최고의 도서수집가로 평가되는 뉴저지 주 프린스턴의 윌리엄 H. 샤이드는 세계에서 가장 희귀한 인쇄본 가운데 하나인 1457년 판 마인츠 시편 두 권 가운데 하나를 프랑스 국립도서관 측으로부터 양도받기도 했다.

결국 수집가들은 지식을 보존할 뿐만 아니라 분배하기도 하는 셈이다. 토머스 프린스가 '베이 시편집'을 모으는 데 열중한 덕분에 오늘날 보스턴 공립도서관, 예일 대학, 뉴욕 공립도서관, 존 카터 브라운 도서관, 그리고 국회도서관에서는 옛날 아메리카의 훌륭한 유산을 직접 볼 수 있는 기회를 얻었던 것이다.

또한 중요하게 평가되어야 할 것은 토머스 프린스가 이후 도서수집가들의 모범이 되었다는 것이다. 1758년, 프린스가 사망했을 때 올드 사우스 교회의 신도였던 제레미 벨크냅은 겨우 14세였다. 프린스와 마찬가지로 이 조숙한 젊은이 또한 역사 문제에 대해 탐구적인 기질을 보였고, 프린스와 마찬가지로 훗날 하버드 칼리지로 진학해 성직자의 길을 걸었다. 뉴햄프셔의 교회에 부임한 직후, 벨크냅은 그 지역사를 이해하는 데 도움이 되는 자료는 무엇이든지 찾아다니기 시작했다. 그는 '오래 된 집의 다락방과 쥐구멍'을 몇 시간 동안이나 뒤지며 곰팡내 나는 필사본을 읽었던 과거의 일을 회상하며 이렇게 말했다. "혹시 그 안에 보석이 있을 것 같으면 거름더미라도 마다않고 파헤쳤을 것이다." 그런 적극적인 태도의 결실이 바로 세 권으로 된 저서 《뉴햄프셔의 역사》였는데, 훗날 윌리엄 컬렌 브라이언트는 이를 가리켜 "아메리카 역사의 매력을 보여준 최초의 작품"이라고 평가했다.

보스턴으로 돌아온 직후, 오늘날의 알링턴 가 교회에서 목사가 된 벨크냅은 이보다 훨씬 더 원대한 계획을 품게 되었다. 1790년 8월 26일, 그는 '먼 옛날부터 현재에 이르기까지 아메리카의 역사를 수집하고 논의하는 것을 목표'로 하는 '역사 연구회'를 설립하자고 제안했다. 그리하여 1791년 1월 24일, 매사추세츠 역사학회가 다음과 같은 원대한 목표와 함께 설립되었다. 즉, '역사적 사실, 전기적 일화, 한시적 계획 및 기타 유용한 내용을 수록한 서적, 소책자, 필사본 및 기록을 보존하고, 이것을 통하여 미국 사회의 위인을 발굴하고, 특성을 묘사하며, 발전 과정을 탐색함으로써 이 나라의 진정한 역사가 유실되지 않게 하고, 무지와 태만이 만연하는 것을 방지한다'는 것이었다.

비록 이름은 매사추세츠 역사학회라고 지었지만, 벨크냅은 단지 자기가 속한 주(州)에만 관심을 갖지는 않았기 때문에, 그로부터 13년 뒤인 1804년에 뉴욕 역사학회가 설립되기까지 이 단체는 그야말로 독보적인 존재였다. "우리는 결코 수동적이지 않고 오히려 능동적인 문예 집단을 지향하며, 썰물이 될 때까지 바위에 붙어 꼼짝 않고 기다리는 굴처럼 행동하지 않고, 특히 역사적인 방법으로 문학 지식을 탐구하고 발견하고 보존하고 논의하고자 합니다." 벨크냅은 1791년 2월에 이 협회의 첫 회원들 중 한 명인 이브니저 해저드에게 이렇게 편지를 썼다. 그로부터 4년 뒤, 몇 가지 중요한 문서를 입수한 직후에 벨크냅은 다시 이렇게 썼다. "이른바 훌륭한 창고를 마련해 놓고, 뭔가를 계속 찾아내는것이 가장 중요합니다. 그냥 집구석에 가만히 앉아 뭔가가 무릎 위로 툭 떨어질 때까지 기다릴 것이 아니라, 먹이를 찾는 늑대처럼 계속 쏘다녀야 하는 겁니다."

수집가로서의 벨크냅은 무척이나 철저해서 주위 사람들조차 혀를 내두를 정도였다. 그의 끈질긴 요청을 거절하다 못한 폴 리비어는 결국 한밤중에 말을 달린 그 유명한 사건에 대한 회고록을 쓰겠다고 1798년에 이르러 약속했다.[152] 존 행콕은 자기가 죽고 나면 벨크냅에게 자기 장서를 마음대로 처분할 수 있는 우선권을 주겠다고 했다. 전쟁 당시 코네티컷의 주지사를 역임한 인물의 아들인 조너선 트럼불[153]은 벨크냅의 협회에 부친의 소유였던 문서를 기증하면서 "만약 이곳이 아닌 다른 대학이나 도서관에 가면 결국 벌레 밥이 되고 말 것이기 때문"이라고 언급했다. 벨크냅은 또한 미국 및 유럽 전역에 역사적 자료를 보내달라고 요청하는 〈역사학회에서 드리는 회칙 서한〉의 초안을 작성하기도 했다.

결국 그가 사망한 후부터 여러 곳에서 기증품이 들어오기 시작했다. 협회에서 입수한 초창기의 자료 가운데는 토머스 제퍼슨이 작성한 독립선언서의 친필본도 있었다. 또한 조지 워싱턴이 체불 임금 지급과 연금제도 개선을 요구하며 반란을 일으킬 기세였던 군인들을 무마하기 위해 발표한, 이른바 '뉴버그 성명'으로 알려진 문서의 친필 초고도 있었다. 1783년 3월 14일, 뉴욕 주 뉴버그의 겨울 주둔지에서 워싱턴은 휘하의 장교들을 불러 모아 자기가 쓴 그 성명서를 읽어주었다. 종이 여섯 장의 앞뒷면에 깨끗한 필체로 적혀 있는, 그 감동적인 글이 결국 분노한 병사들이 도모하던 적대 행위로부터 미국 국회를 구해낸 것이었다.[154]

152..미국 독립전쟁 직전, 보스턴의 금세공인 폴 리비어는 영국군이 날이 밝는 대로 진격할 것이라는 정보를 입수하고, 밤새 말을 달려 주위 마을에 이 소식을 전한다. 그리하여 독립군은 영국군의 진격을 성공적으로 저지할 수 있었고, 이는 초창기 미국의 대표적인 애국적 행동 가운데 하나로 손꼽힌다.
153..코네티컷 지사이며 조지 워싱턴의 친구였던 조너선 트럼불(1710~1785)과 이름이 똑같은 아들 조너선 트럼불 2세(1740~1809)를 말한다.

애초부터 벨크냅은 역사 자료의 축적 말고도 또 다른 목표를 강조했는데, 그것은 바로 자신이 모은 자료를 책으로 출간하는 것이었다. 이 훌륭한 생각을 전해 들은 토머스 제퍼슨은 다음과 같은 답장을 보냈다.

그렇게 오랫동안 수집해 오신 귀중한 역사 자료와 정부 문서를 책으로 엮어 내실 계획이라니 무척 만족스럽습니다. 정부 관청에 소장된 원본 문서들도 세월이나 사고로 인해 점차 훼손되어 가는 실정입니다. 특히 지난 번 전쟁으로 인한 훼손은 말할 것도 없습니다. 잃어버린 것을 복구할 수야 없겠지만, 아직 남아 있는 것은 보존해야 하겠지요. 단지 지하실에 넣어두고 자물쇠를 걸어두어 사람들의 시선 밖에 두려고 노력해 봤자 헛일이고, 오히려 그렇게 사본을 많이 만들어서 사고의 여파가 미치지 않는 곳에 잘 보관해 두는 편이 나을 듯합니다.

그로부터 1년이 채 지나기 전에, 벨크냅의 아들이자 보스턴의 인쇄업자인 조셉 벨크냅이 발간하던 주간 신문에서는 역사학회에서 제공하는 자료를 한 면씩에 걸쳐 수록하기 시작했다. 벨크냅의 사업은 일군의 학자들에 의해 여러 가지 계획이 지금까지도 진행 중이며, 다음 세기가 되어도 여전히 지속될 예정이다. 현재는 애덤스 가(家)[155] 문서의 정리 사업이 진행되고 있는데, 이는 애덤스 가의 4대에 걸친 관련 문헌을 편찬 및 간행하는 일이다. "인쇄 기술 덕분에 이제는 코린트 산 놋쇠나 이집트 산 대리석을 이용하는 것보다도 훨씬 더 효과적으로 기록이 보존될

154..당시 국회에서 병사들의 월급을 체불하는 등 불공정한 대우가 이어지자, 분노한 병사들은 군 최고사령관인 워싱턴에게 국회를 해산시키고 왕위에 오르라는 제안을 했다. 하지만 워싱턴은 뉴버그 성명을 발표해 병사들의 불만을 가라앉히고, 얼마 뒤 퇴임하여 고향으로 돌아갔다.

155..애덤스 가는 미국의 제2대 대통령인 존 애덤스와, 그의 아들이며 제6대 대통령인 존 퀸시 애덤스를 배출한 명문가이다.

수 있게 되었다." 2세기 전에 벨크냅은 제퍼슨의 주장에 공감하며 이렇게 말했다. "역사적 기록과 자료를 보존하는 데 있어서는 사본을 여러 개 만드는 것이 최상이다."

벨크냅과 그 동료들이 '신선한 먹이감'을 찾아 교외를 어슬렁거리고 있을 무렵, 그로부터 75킬로미터 가량 떨어진 우스터에 살던 어느 부유한 사업가 또한 자기만의 돈키호테적인 사명에 전념하고 있었다. 제레미 벨크냅과 토머스 제퍼슨 모두 인쇄술이야말로 역사적 자료를 보존하기 위한 가장 유용한 방법이라고 칭찬하긴 했지만, 이들은 단지 그 기술이 훌륭한 목적을 이루기 위한 유용한 방법이라는 뜻으로만 그렇게 말한 것이었다. 그와 반대로 아이제이어 토머스(1749~1831)—열렬한 애국자이자, 성공한 인쇄업자이자, 인쇄술의 역사에 대한 탁월한 기록자였던—는 인쇄 과정 자체를 그 산물 못지않게 영감적인 것으로 간주하여, 이 성스러운 작업이야말로 '모든 학문을 보전하는 행위'라고 선언했다.

가난한 집안 출신인 아이제이어 토머스는 어린 시절부터 '잉크 밥'을 먹으며 자란 처지였다. 1758년 토머스 프린스가 사망했을 무렵, 그는 겨우 아홉 살이었지만 이미 보스턴에 있는 제카리어 파울의 악명 높은 인쇄소에서 3년간의 조수 생활을 끝마쳐 가고 있었다. 제레미 벨크냅이 하버드에 진학을 앞두고 있을 때 이 떠돌이 부랑자의 아들은 〈우리 폴리는 불쌍한 암캐라네〉[156]라는 노랫가락에 맞춰 부르는 저질스런 대중가요인 〈변호사의 가계〉와 같은 브로드시트를 조판하고 있었다.[157] 훗날 미국

---

156. 존 게이의 《거지의 오페라》(1728) 제1막에 등장하는 노래다. 훗날 독일의 극작가 베르톨트 브레히트는 이 작품을 각색하여 희곡 《서푼짜리 오페라》(1928)를 집필하기도 했다.
157. 이 책은 아이제이어 토머스가 6세이던 1755년에 난생 처음 혼자 활자를 조판해 만든 인쇄물이었다. 그는 이때부터 1765년까지 10년간 제카리어 파울의 인쇄소에서 일했다.

내에서도 가장 성공한 인쇄업자 겸 출판업자가 된 이후—그의 손자인 벤저민 프랭클린 토머스는 할아버지를 가리켜 아메리카의 배스커빌[158]이라고 했다—아이제이어 토머스는 자기가 차마 글을 깨우치기도 전에 활자 조판하는 법부터 배웠다고 친구들에게 곧잘 이야기하곤 했다.

토머스는 16세에 파울의 인쇄소를 그만 두고 이후 5년간 노바스코샤, 뉴햄프셔, 노스캐롤라이나, 사우스캐롤라이나, 버뮤다 등지를 돌아다니며 사업을 하다가 1770년에 보스턴으로 되돌아왔다. 그해 여름, 이 21세의 청년은 대중적이며 논쟁적인 신문 〈매사추세츠 스파이〉를 창간해, 독립을 반대하던 아메리카 내 영국 지지자들로부터 곧 문제의 인물로 낙인찍혔다. 1775년 4월 16일, 그는 친구들로부터 위험하니 몸을 피하라는 전갈을 받자마자 자신이 '제1호기'라고 명명한 인쇄기를 분해해서 마차에 싣고 우스터로 피신했다. 이틀 뒤에 그는 폴 리비어와 자경위원회를 도와 미들섹스 카운티의 주민들에게 영국군 부대가 진격하고 있다는 소식을 알렸다. 렉싱턴과 콩코드의 벌판에서 벌어진 총격전 이후, 토머스는 자기 장비를 가지고 그곳에 인쇄소를 차렸다. 1775년 5월 3일, 〈매사추세츠 스파이〉는 다음과 같은 살벌한 표제와 함께 처음으로 그 전투에 대한 기사를 담은 신문을 펴냈다. "아메리카인들이여! 자유인가, 죽음인가? 동참할 것인가, 죽을 것인가?"

전쟁이 막바지에 이르렀어도, 토머스는 여전히 우스터에 남아 그곳 사회를 기반으로 미국과 같은 신생 공화국에서는 장차 매우 큰 성공을 거두게 될 사업, 즉 인쇄소와 신문사와 출판사와 제본소와 서점과 심지어 제지소까지 겸하는 사업을 벌였다. "그는 온 나라에 자기가 만든 상품을

---

158. 영국의 인쇄업자 겸 출판업자로, 지금까지도 '배스커빌 체'로 알려진 우아한 활자체를 창안한 존 배스커빌을 말한다. — 원주.

배포했으며, 모두의 취향을 만족시켰으며, 인쇄에 관련된 모든 분야에서 확고히 자리를 잡았다." 클리포드 K. 시프턴은 토머스의 업적을 이렇게 요약했다. "아메리칸인들 중 대다수가 그가 펴낸 교재로 글을 배웠으며, 그가 펴낸 신문으로 뉴스를 들었으며, 그가 펴낸 찬송가로 노래를 불렀으며, 그가 펴낸 달력에 따라 살아갔으며, 그가 펴낸 소설과 성서를 읽었던 것이다. 그는 좋은 기회뿐만 아니라 타고난 천재성을 발휘해서 인쇄업계 최초의 아메리칸 자본가가 되었지만, 젊은 시절 그의 경쟁자였던 사람들은 그가 처음 시작했던 것과 같이 좁아터진 한 칸짜리 가게에서 결국 최후를 맞이해야만 했다."

하지만 아이제이어 토머스가 오늘날까지도 기억되는 까닭은 그의 본업인 인쇄업 때문이 아니라, 그의 개인적 취미였던 인쇄의 역사에 대한 연구 때문이다. 그는 미국 고서협회를 설립했는데, 이곳은 이 개인 수집가의 의지와 취향과 열정과 기발함을 바탕으로 이루어진 독립적인 학술 도서관으로, 유난히 미국적인 기관 중에서도 최초의 사례라고 할 수 있었다(또 다른 예로는 뉴욕 시의 피어폰트 모건 도서관, 캘리포니아 주 샌마리노의 헨리 E. 헌팅턴 도서관, 그리고 워싱턴 D.C.의 폴저 셰익스피어 도서관 등이 있겠다). 1808년부터—그가 엘리엇 인디언 성서를 단돈 7달러에 구입한 해였다—그는 오로지 수집에만 전념했다. 토머스는 가는 곳마다 오늘날 '이페머러'라고 부르는 물건들, 즉 연락선 승선권이며, 달력이며, 소책자며, 브로드시트며, 포스터며, 온갖 종류의 신문 등을 사 모았다. 1808년에 쓴 그의 일기에는 보스턴의 역사학회와 올드 사우스 첨탑의 장서를 둘러보았다는 내용도 나온다.

그는 종종 식민지와 독립전쟁 당시부터 있었던 신문사의 사무실로 찾아가 그곳에 남아 있는 옛날 자료들을 모두 사들이곤 했다. 그는 〈보스턴 이브닝 포스트〉의 기간호 거의 모두를 60달러에 구입했으며, 곧이어

한주 내내 "보스턴에서 인쇄된 옛날 책들과 오래 된 서류들을 구입했다"고 썼다. 심지어 그는 인쇄업자들로부터 자료를 구입하기 위해 신문에 광고를 내기도 했다.

아이제이어 토머스가 과연 언제 자기 직업에 대한 역사를 쓰기로 결심했는지는 정확하지 않다. 그러나 1810년에 출간된 두 권짜리《미국 인쇄사》는 대단한 찬사를 받았으며, 이후 그 분야의 대표적인 저서로 인정받았다. 그러한 성공에서 그치지 않고, 토머스는 계속해서 우스터의 코트힐에 있는 자택에 수백여 점의 자료를 계속 추가했다. 1812년에 주의회에서는 런던 고문서협회를 모델로 한 기관을 설립하자는 그의 청원을 승인했다. 결국 미국 고서협회의 초대 대표로 선출된 아이제이어 토머스는 그 설립 의도를 이렇게 선포했다. "우리는 이 다음에 올 후세 사람들의 지식을 얻을 수도 없으며, 미래에 어떤 일이 벌어질지도 확신할 수 없습니다. 하지만 우리는 후세 사람들을 위해 오늘의 지식을 축적해 물려줌으로써, 그들로 하여금 그 지식을 더욱 확장하고 향상시켜서 또 다음 사람들에게 전해 주도록 할 수 있고, 또한 그것이야말로 우리의 의무가 되어야 합니다. 즉, 우리가 선조들에게 빚진 것을 후세에 갚아야 하는 것입니다."

토머스는 자신의 컬렉션—그 당시에 8,000권 가량이었던—을 고문서협회에 기증했지만, 아직 협회 측에 버젓한 건물이 없었던 까닭에 일단 모두 자기 집에 그대로 보관해 두었다. 보기 드문 선견지명의 소유자였던 그는 그 이후에도 계속해서 많은 자료를 추가했다. 1813년의 일기에는 보스턴에서 가장 큰 악보상이었던 너새니얼 커벌리에게서 302점의 대중가요 브로드시트 악보를 구입했다고 기록되어 있다. 토머스는 이 악보를 모조리 구입한 까닭은 자신이 그런 노래를 즐겨서가 아니라, "이 당시에 하층계급 사이에서는 이런 노래가 유행했다는 것을 보여주기 위해서"라고 썼다. 19세기 초에 이르러, 세 권의 커다란 책 형태로 제본된 이 자료를 본 사람들은 무척 놀랐다. "그 시기에 대한 이런 자료는 미국 내 어느 도서관에도 없을 것이다." 워싱턴 C. 포드는 고문서협회의 컬렉션에 대해 이렇게 썼다. "또한 다른 도서관에 조금씩 흩어져 있는 자료를 모두 모아 본다고 해도 이 세 권의 분량에는 결코 미치지 못할 것이다."

그 다음 해에 토머스는 그야말로 결정적인 위업을 달성했는데, 그것은 다름 아닌 매더 가(家)에서 3대에 걸쳐—인크리스, 코턴, 그리고 리처드 매더를 말한다—소장하던 장서 1,400권을 구입한 것이었다. 또한 그가 협회에 기증한 다른 주요 입수 품목 중에는 윌리엄 허바드의 1677년 판 《뉴잉글랜드 인디언들과의 분쟁》, 1660년 판 《매사추세츠 법전》, 그리고 '베이 시편집' 등이 있었다. 시편집의 속표지에 토머스는 "혹시 이 책이 더 남아 있는지 광고를 해 보기도 하고, 뉴잉글랜드 곳곳을 수소문해 보았지만, 다른 책이 있다는 이야기는 듣지 못했다"고 썼다. 이미 토머스 프린스가 그 책을 시장에서 싹쓸이한 다음이기 때문이었을 것이다.

이 자료를 보관할 장소를 마련하기 위해 복권을 발행하자는 청원이 주의회에서 기각되자, 토머스는 자기 돈으로 우스터에 대지를 구입해 건물을 세웠다. 1820년 8월 16일, 이 자랑스러운 설립자는 "협회 소속 직원들이 우리 집에 보관된 미국 고서협회의 장서를 새로 생긴 건물로 옮기기 시작했다"고 기록하고 있는데, 이전이 완료되기까지는 무려 8일이나 걸렸다. 1828년 6월 23일, 그의 일기에는 다음과 같은 간략한 언급이 나와 있다. "AAS[159]에서 잔디를 깎았다." 그후 3년 뒤, 82세를 일기로 사망할 때까지 그는 활발히 협회 일에 관여했다. 그로부터 40년 뒤에 토머

---

159. 미국 고서협회의 약칭.

스의 손자인 벤저민 프랭클린 토머스는 자기 할아버지를 가리켜 "가장 고귀한 질병, 바로 애서광증에 일찌감치 푹 젖어버린 분"이라고 썼다.

아이제이어 토머스는 소책자와 잡지를 비롯해 온갖 종류의 책을, 특히 북아메리카는 물론이고 남아메리카에서도 초창기에 인쇄된 것들까지도 수집하라는 지시뿐만 아니라, 그보다 훨씬 큰 유산을 남겨주었다. "그는 이 협회에 지적인 활력소를 제공했다." AAS의 대표이자 사서로 재직하다가 1992년에 은퇴한 마커스 A. 맥코리슨은 이렇게 지적했다. "그는 미국 전역에서 온 사람들을 통해 협회에 필요한 자료를 수집했다."

초창기에 기증받은 어느 요상한 물건—결국 협회 측에서는 컬렉션에 포함시키지 않기로 결정한—은 이후 협회의 운영이 어디에 초점을 두어야 할 것인지를 환기시키기도 했다. 1816년에 켄터키 주의 찰스 윌킨스는 자기 소유의 땅에서 발견된 어느 인디언의 바싹 마른 미라 가운데 일부를 협회에 기증했다. "솔직히 저로선 이 말라빠진 조각을 보관함으로써 도대체 과학이나 역사나 고문서학 중 어느 곳에 도움이 될지 상상이 잘 가지 않습니다." 협회의 최초 설립자들 가운데 한 사람은 토머스에게 보낸 편지에서 이렇게 항의했다. "제 생각에 가장 좋은 해결책은 그걸 어디 의과대학에 기증하던가, 아니면 어디 묘지에 파묻어 버리는 길뿐입니다." 그로부터 60년 뒤에야 이 미라는 필라델피아 100주년 박람회에서 전시되었다가, 결국 스미스소니언 연구소에 기증되었다.

아이제이어 토머스가 남긴 유산은 미국 역사를 보관하는 도서관이었지, 결코 잡동사니나 구경거리를 보관하는 박물관은 아니었기 때문이다. 물론 한 가지 예외는 있었으니, 다름 아닌 제1호기였다. 1775년의 민중봉기 전야에 우스터로 옮겨졌던 이 인쇄기는 아직까지도 협회 건물 내부의 전시실에서도 가장 잘 보이는 자리에 놓여 있다.

우스터에 미국 고서협회를 설립하는 과정에서, 아이제이어 토머스는 보다 내륙에 위치한 장소야말로 '전쟁 시에는 노출되기 쉬운 항구 가까운 지역에 있는 큰 도시나 마을에 비해, 화재나 적의 습격으로 인한 피해가 더 적지 않을까' 하고 생각했다.

그가 이렇게 쓰고 있을 당시 1812년의 전쟁[160]이 벌어졌고, 그로부터 6개월 뒤에 미국군 부대가 어퍼캐나다[161]의 수도인 요크―지금의 토론토―를 공격하는 과정에서 국회 건물에 불을 질러 그곳의 문서와 장서를 모두 불태웠다. 마찬가지로 1914년 8월 24일에 영국군 부대가 워싱턴을 점령했을 때, 그들 또한 국회 건물에 불을 질러서 국회도서관을 잿더미로 만들었다.

신문을 통해 이 재난 소식을 알게 된 전직 대통령 토머스 제퍼슨은 이 손실을 '지식에 대한 반달리즘[162]의 승리'라고 공언하며, 이제까지는 자기가 죽고 나야만 이루어질 것이라고 생각했던 계획을 당장 실천에 옮기기로 했다. 1814년 9월 21일, 훗날 존 애덤스에게 "책 없이는 살 수 없습니다"라고 고백한 바로 그 장본인은 오랜 친구이자 당시 재무장관이었던 새뮤얼 H. 스미스에게 긴 편지를 보냈다. 이 편지에서 그는 '50년에 걸쳐 수집했고, 완벽을 기하기 위해서라면 온갖 고통과 기회와 비용을 아끼지 않았던 자신의 방대한 장서를 매각하겠다'고 제안했다. 제퍼슨은 자신이 프랑스 공사로 재직하던 당시부터 오후마다 모든 서점에 들러 모든 책을 뒤적여보곤 했으며, 아메리카에 관계된 것은 무엇이든지, 그

---

160. 영·미 전쟁(1812-1814)을 말한다.
161. 현재의 캐나다 온타리오 주를 말한다.
162. 문화예술 및 공공시설 등에 대한 파괴 행위를 일컫는 말이다. 본래는 5세기 초 유럽에서 반달족의 민족 이동 당시 지중해 연안의 로마에서 대규모 파괴 및 약탈이 벌어진 역사적 사실로부터 유래한 용어이다.

리고 모든 분야에 있어 희귀하고 귀중한 책은 무엇이든지 사들였다고 회상했다. 더 나아가 그는 아메리카에 관계된 책들 가운데 파리에서 구할 수 없는 것들을 입수하기 위해 암스테르담, 프랑크푸르트, 마드리드, 런던 등지의 주요 서점들과도 정기적으로 거래를 하곤 했다고 언급했다.

편지를 써 가면서 제퍼슨은 점차 자신의 수집품을 자랑하고픈 유혹을 숨기지 못했다. 그는 "이것이야말로 아마 다시는 만들 수 없는 컬렉션"이라고 했는데, 그 까닭은 "이와 똑같은 기회며, 시기며, 노력이며, 인내며, 비용이며, 무엇보다도 이 주제에 대한 서지학적 지식 등이 동시에 발휘될 기회가 앞으로는 없을 것"이기 때문이라고 이유를 밝혔다. 제퍼슨은 이 장서의 규모를 대략 9,000권에서 1만 권 사이라고 추정하며—실제로는 그보다 적은 것으로 확인되었다—그 안에는 과학과 문학 일반의 귀중한 작품들이 많고, 그 정도면 웬만한 아메리카 정치인들이 지닌 장서 이상이라고 주장했다. "내가 생각하기엔, 이건 국회에서 불필요하니 빼버리자고 할 만한 분야의 책은 이 장서에 전혀 없는 듯합니다. 그러니 국회의원 중 누구라도 자기가 원하는 책을 이 장서 중에서 모두 찾을 수 있을 겁니다." 책의 상태에 대해서는 거의 모두가 훌륭하게 장정되어 있으며, 우아한 상태인 것도 많고, 가장 상태 좋은 것들로만 골라 모았다고 했다.

비록 당시에 제퍼슨이 재정적으로 힘들었으며, 일부 빚을 갚기 위해 돈이 필요했던 것도 사실이었지만, 어떤 금전적 이익을 위해 장서를 팔기로 했다는 흔적은 그의 편지에 나와 있지 않다. 실제로 이 책의 가격 문제로 접어들자, 그는 국회 측에서 적당한 감정인을 골라 그 가격을 결정해 달라고 제안하면서, 현재 전쟁에 들어가는 예산이 만만찮음을 알고 있으니 지불은 천천히 해도 괜찮다고 쓰고 있다. 그에 대한 훌륭한 전기에서 듀마스 맬런이 일컬었듯이 이 '몬티첼로[163]의 현인'은 단지 한 가지 요구조건만을 내걸었다. 즉, 자신의 장서는 결코 나누거나 그 일부만을 판매하지는 않겠다는 것이었다. "내 말은 거기서 전부 가져가든지, 아니면 여기에 그대로 두겠다는 겁니다."

제퍼슨은 직접 도서목록을 작성해 동봉하면서 편지와 함께 합동 도서관 운영위원회[164] 측에 보내 검토를 의뢰해 달라고 부탁했다. 일주일이 채 지나기도 전에 상원 측에서는 이 책들의 구입에 대한 제안을 승인했으나, 하원 측에서는 미처 예기치 못한 반발이 나왔다. 사실 그 장서의 가치만 놓고 보자면 분명히 국회에도 도움이 되는 것이었음에도 불구하고, 어디까지나 정치적인 이유 때문이었다. 가령 남부 출신의 민주당원들은 버지니아 출신인 제퍼슨을 지지했고, 북동부 출신의 연방당원들은 크게 반대했던 것이다.

비난을 주도한 사람은 매사추세츠 주의 사이러스 킹이었다. "이 책들을 수집한 사람의 성격이나, 또한 이 책들을 주로 프랑스에서 수집했다는 점을 고려해 보면, 이 장서 안에는 반(反)종교적이고 비도덕적인 내용의 책들이 많이 포함되어 있으리라 생각됩니다. 가령 프랑스 혁명이라는 화산 폭발을 조장함으로써 유럽을 황폐화시켰고, 나아가서 이 나라에까지 나쁜 영향을 끼치려는 프랑스 철학자들의 저술 같은 것들이 말입니다." 킹은 제퍼슨의 책들 중에 좋은 것, 나쁜 것, 변변찮은 것, 옛날 것, 요즘 것, 쓸모없는 것이 뒤섞여 있으며, 그 대다수는 읽을 수도 없고, 또한 읽어서도 안 되는 언어로 되어 있다고 단정했다.

다른 위원들도 비슷한 불평을 늘어놓았다. 어떤 이는 제퍼슨의 장서

---

163. 버지니아 주 샬러츠빌에 소재한 제퍼슨의 저택으로 '작은 언덕'이라는 뜻이며, 현재는 제퍼슨 기념관으로 운영되고 있다.
164. 현재는 '국회도서관 합동 운영위원회'라고 부르며, 국회도서관의 사안과 운영 등을 논의하는 기구이다. 상원과 하원 측에서 각각 다섯 명씩의 위원으로 구성된다.

가운데 프랑스의 과격주의자들, 특히 장 자크 루소의 책이 포함되어 있는 것을 문제시했다. 또 어떤 이는 장서 가운데 볼테르의 책이 포함되어 있는 것을 문제시했다. 또 어떤 이는 장서 가운데 포함된 저자인 존 로크의 정치 철학을 거세게 비난했는데, 실상 그 철학은 불과 수십 년 전만 해도 이 나라의 건국자들이 열렬히 받아들인 것이었다. 뉴욕 출신의 한 위원은 자기네처럼 국민의 투표로 선출된 대표자들이 그리스어와 라틴어 같은 사어(死語)로 된 책에서 과연 무슨 도움을 얻을 수 있겠느냐고 의문을 제기했다.

제퍼슨이 예상했던 바대로 이 장서의 일부분만을 구입하자는 논의가 나오기도 했지만, 그런 제안은 곧바로 거절되었다. 그러자 하원의원 킹은 국회에서 일단 그 책들을 모두 구입한 다음, 책이 워싱턴에 도착하는 즉시, 그 중에서 무신론적이거나 반종교적이거나 비도덕적인 성향이 있는 것들은 모조리 골라내서 제퍼슨 씨에게 그대로 돌려보내자고까지 제안했다. 하지만 킹은 잠시 후 생각을 바꿔 그 발언을 취소했고, 그리하여 그러한 제안이 하원에까지 상정되진 않았다.

비록 가격이 문제가 되기는 했어도, 정작 이 컬렉션 자체의 본질적 가치에 대해서는 한 번도 논의가 이루어지지 않았다. 1814년 11월 16일자 〈내셔널 인텔리전서 앤드 워싱턴 어드버타이저〉에서 익명의 특파원은 제퍼슨의 장서에 대해 이렇게 언급하고 있다.

이것이야말로 가격을 정하기가 불가능하다. 또 어떤 가격을 매기더라도 터무니없다고 할 수 있을 만한 것으로, 그 가치는 차마 말로 표현할 수가 없다. 이것들은 일반적인 방식으로는 도무지 구입할 수가 없다. 왜냐하면 결코 가치를 매길 수 없는 수많은 절판본뿐만 아니라, 다시는 구할 수 없는 필사본들도 상당수 포함되어 있기 때문이다. 필자 또한 언젠가 그 장서를 부분적으로나마 구경할 기회가 있었는데, 그야말로 매우 특별한 장서임을 알 수 있었다.

즉, 그 주제나, 희귀성 여부나, 본질적인 가치에 있어 정말로 차마 가치를 매길 수 없이 대단한 책들이다.

제퍼슨의 조언에 따라 국회에서는 조지타운의 서적상인 조셉 밀리건에게 감정을 의뢰했는데, 그는 이 장서에 고정 가격을 적용해서 2절판 한 권에 10달러, 4절판 한 권에 6달러, 8절판 한 권에 3달러, 그리고 12절판 한 권에 1달러씩을 매겼다. 이러한 기준을 사용하여 밀리건은 제퍼슨의 컬렉션에 포함된 책 6,487권의 가격을 총 2만 3,950달러로 매겼는데, 이는 결국 권당 3달러 69센트씩이 되어 당시로선 정말 터무니없이 싼 금액이었다.

1815년 1월 30일, 4개월간에 걸친 열띤 토론 끝에 하원에서 최종 표결이 진행되었다. 결과는 찬성 81명 대 반대 71명으로, 대부분 정치적 입장에 따라 표가 나뉘었다. 가령 버몬트 주에서는 장서 구입을 찬성했지만, 뉴욕 주를 비롯한 뉴잉글랜드의 다른 주들은 반대했다. 그나마 열 표 차이로 이길 수 있었던 까닭은 동부의 펜실베이니아, 메릴랜드, 델라웨어 세 주가 남부의 버지니아, 노스캐롤라이나, 사우스캐롤라이나, 조지아, 켄터키, 테네시, 루이지애나에 합세하여 찬성표를 던졌기 때문이었다.

1939년에 앤아버의 미시간 대학 윌리엄 L. 클레멘츠 도서관의 관장인 랜돌프 G. 애덤스는 자신의 논문에서 당시 제퍼슨 장서 구입을 표결했던 13대 국회의원들의 학력을 조사한 결과, 대학 졸업자인 49명 중에서는 겨우 15명만이 구입에 찬성했고 나머지 35명은 반대했다고 밝혔다. 더욱 놀라운 사실은 당시 하버드 출신이었던 10명 모두가 장서 구입에 반대했으며, 예일 출신이었던 11명도 마찬가지였다는 것이었다. 다른 아이비리그[165] 출신들의 경우도 비슷했지만, 이처럼 극단적이지는 않았다. 대학을 나오지 못한 국회의원 130명 가운데서는 불과 30명만이 반대했고, 나머지 100명은 모두 장서 구입에 찬성했다. "이것이야말로 제퍼슨의 평소 지론이었던 '일반인(평민)'에 대한 신념을 확증해 주는 흥미로운 증거인 셈이다." 랜돌프 애덤스는 이와 같이 꼬집으면서 다음과 같은 결론을 내렸다. "결국 도서수집가였던 전직 대통령의 장서를 국회 도서관을 위해 보존한 공적은 남부에, 피드몬트 산맥 근처에 흩어져 있는 여러 주에, 새로 연방에 편입된 산맥 너머의 여러 주에, 또한 루이지애나 주와 펜실베이니아 주 등에 돌려야만 한다."

하지만 여전히 설명하기가 힘든 것은 어째서 영국 공사를 역임했으며 그 자신 또한 유명한 애서가였던 뉴욕 주의 상원의원 루퍼스 킹이나, 당대의 저명한 역사학자 중 한 사람이었던 코네티컷 주의 티모시 피트킨조차도 장서 구입에 반대했느냐는 것이다. 마찬가지로 매사추세츠 역사학회 대표를 역임했으며, 훗날 하버드 대학 도서관에 장서를 기증하기도 했던 매사추세츠 주의 크리스토퍼 고어가 반대 의사를 표명한 것도 당혹스럽기는 마찬가지다. 뿐만 아니라 대니얼 웹스터—다트머스 칼리지를 졸업하고, 듀마스 맬런의 말마따나 아직 규모가 작긴 했지만 뉴햄프셔 주 최초의 하원의원이었던—의 경우에는 반대표를 행사했을 뿐만 아니라, 더 나아가 반대 연설을 하기도 했다. 랜돌프 애덤스의 말에 따르면 '웹스터는 이후에도 여러 가지 문제에 있어 변덕을 부리곤 했다'는데, 그런 성격에 비추어 보면 어째서 몇 년 뒤에 이 위대한 연설가께서 존 제임스 오듀본의 《미국의 새》를 주문해 놓고서 정작 책값을 지불하지는 않았는지도 설명이 된다. 물론 단순한 실수일 수도 있겠지만, 그로 인한 결

---

165. .미국 동부의 명문 사립대학을 가리키는 별칭으로, 이들 대학 건물 벽에 붙어 자라는 '아이비(담쟁이)'로부터 유래한 이름이다. 보통 브라운, 컬럼비아, 코넬, 다트머스, 하버드, 펜실베이니아, 프린스턴, 예일의 8개 대학을 말한다.

과는 그리 단순하지 않았다. 도서 판매 대금을 받지 못한 오듀본은 이 책의 제4권과 제5권을 웹스터에게 보내지 않았고, 그 결과 다트머스 칼리지—1965년에 웹스터가 소장했던 오듀본의 저서 초대형 2절판을 기증받아 보관하고 있는—에서는 현재 수백만 달러 상당의 가치가 있는 이 책의 완질(完帙)을 소장할 수 없게 되었다.

하여간 제퍼슨 장서를 입수하는 단 한 번의 구매로 인해 국회도서관의 소장 도서는 화재로 소실되기 전보다도 무려 2배의 분량으로 늘어났으며, 이로써 향후 대영도서관이나 프랑스 국립도서관, 또는 바티칸 도서관에 맞먹을 정도의 국제적인 규모로 성장할 수 있는 첫발을 내딛게 되었다. 훌륭한 도서수집가였던 제퍼슨이 지정한 치수대로 만들어진 길쭉한 소나무 상자에, 역시나 그의 꼼꼼한 지시에 따라 포장된 이 책들은 도착하는 즉시 정리가 가능하게 되어 있었다. 이 책들을 몬티첼로에서 워싱턴까지 운반하기 위해 마차 10대가 동원되었다. 마지막 상자를 떠나보내면서, 제퍼슨은 새뮤얼 H. 스미스 앞으로 또 한 통의 편지를 써 보냈다. "이 책들이야말로 미국 전역에서도 가장 훌륭한 것들만 골라 모은 것으로, 분명히 우리나라의 문예에 있어 중요할 역할을 할 것이라 믿어 의심치 않습니다." 제퍼슨의 분류 기준은 프랜시스 베이컨 경의 이른바 지식을 이해하는 데 필요한 세 가지 재능, 즉 '기억'과 '이성'과 '상상력'이라는 세 가지 주제를 기준으로 삼아, 모두 44가지의 하위 분야로 분류하는 것이었다. 그의 분류 체계는 19세기 후반까지도 유지되었으며, 단지 그의 장서만이 아니라 전국 각지의 정치인과 관료들이 따르는 도서 분류 기준이 되었다.

제퍼슨이 처음 수집한 장서는 그가 윌리엄 앤드 메리 칼리지 재학생이던 시절의 것으로, 1770년에 그의 모친 집에 일어난 화재로 인해 소실되었다. 그리고 나서 두 번째로 모은 장서를 1814년 국회가 화재로 소실된 직후에 매각한 것이었다. 1851년에 또 화재가 일어나 제퍼슨 컬렉션 가운데 4,000여 권이 소실되긴 했지만, 이미 이 도서관이 나아갈 방향은 정해진 다음이었다. 국회도서관이 앞으로 나아갈 방향을 제시한 것은 그 탁월한 정신이었다. 그곳의 희귀본 담당 큐레이터는 서슴없이 그것이 바로 제퍼슨의 정신이라고 말했다.

제퍼슨의 컬렉션을 국회도서관에서 구입할 것인지를 놓고 격론이 벌어진 지 33년 뒤에, 이번에는 조지 워싱턴의 장서를 놓고 비슷한 논란이 벌어졌다. 이미 국회에서는 1834년에 2만 달러를 주고 '워싱턴 문서'로 알려진, 중요한 편지와 문서를 포함한 방대한 자료를 입수한 바가 있었지만, 그 외의 장서는 여전히 마운트 버논[166]에 고스란히 보관되어 있었다. 책은 대부분 초대 대통령의 서명이 적혀 있었고, 장서표가 붙어 있었으며, 송아지 가죽의 우아한 장정에 고유의 장식 디자인이 되어 있었다. 돈이 필요했던 워싱턴의 상속자들은 우선 정부 측에 책을 구입하라고 제안했지만 거절당했는데, 결국 1848년에 이르러 버몬트 출신의 부유한 서적상으로 대서양을 오가며 활발히 수출입 활동을 벌이던 헨리 스티븐스에게 장서를 매각했다. 스티븐스는 곧장 특유의 허풍을 발휘해 워싱턴의 책들을 모두 '대영박물관'에 판매할 예정이라고 선언했다.

그의 저서인 《제임스 레녹스에 대한 회상》—어떤 독자들은 이것이 사실은 헨리 스티븐스 자신의 회고록이 아닐까 생각했는데—에는 당시 워싱턴의 서명이 담긴 책 300권 가량을 3,000달러에 구입했다고 나와 있다. 워싱턴의 장서를 외국으로 반출한다는 그의 계획에 대해 격렬한 반발과 비판이 쏟아지자, 스티븐스는 내키지 않은 듯 그 책들을 일단의 보

---

[166]..조지 워싱턴의 고향으로, 그가 살던 저택은 현재 기념관이 되어 있다.

스턴 주민들에게 5,000달러에 판매하기로 했다. 하지만 그는 곧이어 이렇게 쓰고 있다. "두어 달 동안이나 그 낡아빠진 보스턴 모자를 돌리며 한 사람당 50달러씩 걷게 했어도 결국 3,250달러밖에 모이지 않아서, 이미 선금으로 받은 수백 달러를 써버린 나로선 곤란한 입장에 놓이게 되었다. 게다가 사람들이 나더러 모자란 금액을 벌충하라고 강요하기 시작했다." 스티븐스는 차라리 그 편이 더 낫겠다고 결심했는데, 사실은 런던에서 활동하던 또 다른 미국인 서적상 오버다이어 리치 또한 비슷한 조언을 한 적이 있었다. "워싱턴 장서 나부랭이를 사다니! 자네 곧 큰 실수를 했다는 사실을 깨닫게 될 걸세." 리치는 이렇게 편지에 썼다. "제발 부탁이니 그 책들을 원래 있어야 할 장소에 그대로 놓아두고 절대로 건드리지 말게나." 그가 말한 원래 있어야 할 장소란 바로 보스턴이나 뉴욕이었다.

조지 워싱턴의 장서를 구하기 위해 모자를 돌린 일단의 보스턴 주민 70명은 모두 보스턴 애시니엄의 회원들로, 1807년에 설립된 이 사설 독서 단체는 18세기 중반에 가서는 미국 내에서도 가장 큰 다섯 군데의 도서관 중 하나로 손꼽히기도 했다. 설립 단계에서부터 애시니엄은 입수한 모든 자료를 끝까지 보관하는 것을 원칙으로 삼았다. "그 본래 의도는 회원들을 위해 더욱 대중적이고 재미있는 자료를 모으자는 것이었지요." 현재 부대표를 맡고 있는 존 래넌은 이렇게 설명했다. "하지만 세월이 흐르다 보니 우리가 소장한 책들의 가치가 점점 높아졌습니다. 결국 저희도 모르는 사이에 학술도서관이 되어버린 셈이죠."

애시니엄에서 가장 유명한 컬렉션은 마운트 버논 장서이지만, 그 외에 가장 특이한 소장 도서를 들라면 분명 《제임스 앨런, 일명 버디 그로브의 회고록》을 언급해야 할 것이다. 이것은 당대의 악명 높은 노상강도이자, 훗날 역마차 강도 미수범으로 붙잡혀 재판에 회부되었던 인물의 저서다. 감옥에서 죽어가던 제임스 앨런은 사후에 자기 가죽을 벗겨 이 책을 장정한 다음, 자기를 체포한 장본인이며 애시니엄의 회원이기도 한 존 펜노에게 전해 달라는 유언을 남겼다.[167] 1837년에 인쇄된—그리고 저자의 유언대로 그의 가죽으로 표지를 둘러싼—이 소름끼치는 책은 지난 몇 년 전부터는 일반에 공개가 금지되었는데, 그 이유는 신(新) 팔라디오 양식[168]으로 지어진 이 도서관 건물에 소장된 다른 책들에 비해 이것만이 지나치게 사람들의 흥미를 끌기 때문이었다. "솔직히 그 책 자체에는 아무런 문학적 가치도 없습니다." 래넌은 이렇게 말했다. "단지 그 장정 때문에 사람들이 호기심을 갖는 것뿐이지요."[169]

수집가들이 조직한 이러한 단체는 여러 가지 면에서 이바지하는 바가 많은데, 그 중에는 매우 가치 있는 사업을 후원한 경우도 있다. 예를 들어, 무려 6,000여 품목에 이르는 미국 남부 연방 시절의 임프린트를 모은 가장 훌륭한 컬렉션이 소장된 곳은 애틀랜타나 리치먼드나 오스틴이 아니라, 바로 이곳 보스턴 애시니엄이다.[170] 남북전쟁이 끝나고 2개월 뒤인 1865년 6월, 당시의 저명한 역사가 프랜시스 파크먼은 전쟁 중에 남부에서 발행된 모든 종류의 신문, 서적, 정기간행물, 브로드시트, 악

167..당시 존 펜노는 집으로 돌아오다가 강도와 만나 격투 끝에 총에 맞았지만 다행히 경상에 그쳤다(일설에는 존이 그때 강도를 붙잡았다고 한다). 이후 강도는 체포되어 형무소에 수감되었는데, 죽기 직전에 존에게 사람을 보내 "오랫동안 강도짓을 했지만, 나에게 대들만큼 용감한 사람은 당신이 처음"이라며 칭찬의 말을 남겼다. 또한 형무소의 의사인 비글로우에게 자신이 죽고 나면 가죽을 벗겨 회고록의 표지로 삼아달라고 했다. 그리하여 만들어진 책 두 권을 비글로우 박사와 존 펜노가 나누어 가졌고, 훗날 존의 딸이 부친의 소장본을 보스턴 애시니엄에 기증한 것이다.
168..이탈리아의 건축가 안드레아 팔라디오의 건축 양식을 말한다. 팔라디오는 고대 로마의 건축양식으로부터 영향을 받았고, 훗날 18세기 영국의 신고전주의 건축양식에 영향을 주었다.
169..보스턴 애시니엄의 웹사이트(http://www.bostonathenaeum.org/highwayman.html)에 가면 이 책의 표지와 내용 전체를 볼 수 있다.

보, 소책자, 달력 등을 눈에 띄는 대로 모두 사들여 안전하다고 생각되는 장소에 보관했다. 이후 파크먼은 이 자료를 넘겨받은 애시니엄 측으로부터 연금조로 500달러를 받았으며, 이후 윌리엄 F. 풀에게도 후원금을 받았다. "예나 지금이나 저희는 남부 쪽에서 가장 큰 수집가이며, 저희의 가장 큰 적(敵)은 단지 점점 높아지는 가격뿐입니다." 풀은 버지니아 주의 어느 여성이 갖고 있는 자료를 구입하려는 과정에서, 더 많은 금액을 요구하는 상대방에게 이렇게 답장했다. "저희는 나중에 판매하기 위해서가 아니라, 단지 보존하기 위해 이 컬렉션을 모으는 것입니다. 그러니 저희에게 만약 여유가 있었다면 응당 넉넉히 사례를 드렸을 것입니다." 그러자 그 여성은 풀의 솔직한 답변에 감사의 뜻을 보이면서, 자신이 소유한 리치먼드 《디스패치》지를 175달러에 넘겨주었다. "파크먼은 역사가 특유의 본능에 따랐던 겁니다." 존 래년은 이렇게 말했다. "그는 전쟁이 일단 끝나고 나면 그런 자료들이 소실되거나, 분실되거나, 금지될 것임을 금세 알아챘죠. 중요한 것은 여기 소장된 개별 품목이 희귀한지 여부가 아니라, 이 컬렉션 자체가 매우 포괄적이라는 점입니다. 이것이야말로 다른 모든 사람들도 인정하는 최고의 남부 연방 임프린트 컬렉션인 것입니다."

　오늘날이라면, 굳이 돈을 들여가며 남부 연방 임프린트를 구입한 지혜로운 역사가나, 혹은 조지 워싱턴의 장서에서 나온 300권의 친필 서명본을 구입하기 위해 그 낡아빠진 보스턴 모자를 돌린 70명의 행동에 대해 아무도 이의를 제기하지 않을 것이다. 이들의 행동이 얼마나 잘한 일이었는지는 1990년 1월 31일에 워싱턴의 서명이 담긴 두 권짜리 《연방주

170..남북전쟁 당시 애틀랜타와 리치먼드는 남부 연방의 중심 도시였던 반면, 보스턴은 북부에 속해 있었기 때문에 이는 상당히 역설적인 일이 아닐 수 없다.

의자》[171])가 뉴욕에서 무려 165만 달러에 판매된 사건을 통해 잘 증명되었다.[172] 이 책을 구입한 익명의 수집가는 훗날 윌리엄스 칼리지의 채핀 도서관에 이 책을 장기간 위탁했다.

19세기 중반에 들어서면서 아메리카에서 도서수집의 성격은 크게 변화하기 시작했다. 책은 더 이상 학자들과 역사가들만의 도구가 아니었다. 물론 앞으로 더 가야 할 길이 멀긴 했지만, 이 책들은 점차 그 자체로 귀중한 대상이 되었다. "안타깝게도 이 나라에는 책이 정말 부족하다." 루터 판햄 목사는 1855년도에 펴낸 《개인 장서 일람》이라는, 미국에서 이루어진 것으로는 최초였던 개인 소유 장서에 대한 연구서에서 이렇게 썼다. "이 나라에는 10만 권 이상 되는 단일 장서가 하나도 없는 반면, 유럽에는 이보다 다섯 배나 더 많은 단일 장서가 여럿 있고, 그 중 몇 가지는 무려 100만 권 이상이나 된다." 덧붙여 그는 미국에 현존하는 장서라고 해야 그 양은 물론이고 질에 있어서도 정말 부족한 실정이라고 썼다.

또한 판햄은 공공기관의 도서 컬렉션에 대해서도 우려를 나타냈다. 하지만 이처럼 발전 도상에 있는 나라에는 기관마다 장서를 보유하는 것보다 더 중요한 일에 자원을 투입해야 했기 때문이었을 것이라고 이해하기도 했다. 1855년도의 연구 보고에서 그는 이렇게 썼다. "공공기관에서 대규모로 도서 컬렉션을 수집하는 것보다도 본질적으로 더 중요한 일들은 많다. 가령 토지를 개간하고 경작하는 일을 들 수 있다. 우선 먹을 것

171..연방주의 옹호론자인 알렉산더 해밀턴, 존 제이, 제임스 매디슨이 발표한 논설을 모은 책으로, 1788년에 출간되었다.
172..이 책은 훗날 H. 브래들리 마틴이 소장하다가 1990년에 경매를 통해 높은 가격으로 판매되며 화제에 올랐다. 여기서는 저자가 책의 가격을 165만 달러라고 하고, 뒤에서는 143만 달러라고 해서 약간의 차이가 있는데, 경매 절차에 따른 수수료 및 보험료를 계산하느냐 마느냐 여부에 따라 그런 것이 아닌가 싶다.

이 있고 난 다음에야 교회와 학교와 마을이 생기는 것이고, 그런 연후에야 넉넉한 물질적 자원을 지닌 새로운 마을에도 도서 컬렉션이 생길 수 있다. 아직은 이르지만 나중에는 큰 성과를 거둘 수 있을 것이다." 그는 확신을 갖고 이렇게 예견했다. "불과 몇 년 내에는 약 20만 권 이상의 도서를 보유한 컬렉션이 두세 개는 나올 것이며, 지금으로부터 반세기 후에는 국립도서관의 장서 수가 50만 권, 나아가 100만 권에 육박하게 될 것이다."

판햄의 연구 발표로부터 4년 뒤에 나온 찰스 코핀 쥬에트의 《미국 내 공립도서관에 대한 보고서》는 미국의 모든 주와 도시에 있는 공립도서관의 자료 보유 내역을 조사한 것으로, 판햄의 연구 결과를 뒷받침하고 있다. 쥬에트의 계산에 따르면 1850년 당시 미국 내에는 모두 694개의 도서관에 총 220만 1,632권의 장서가 보관되어 있었다. 그 중 5만 권 이상의 장서를 보유한 도서관은 단지 다섯 군데에 불과했다. 하버드 대학 도서관 8만 4,200권, 필라델피아 도서관 조합 6만 권, 예일 칼리지 5만 481권, 국회도서관 5만 권, 보스턴 애시니엄 5만 권 순이었다.

하지만 쥬에트의 연구에서 개인 수집가들의 장서는 조사 대상에 포함되지 않았다. "보스턴 및 그 근교의 개인 장서 가운데 일부를 잠깐 확인해 본 결과, 예상 밖으로 무척이나 내용이 풍부한 것으로 드러났다." 판햄은 모두 82개의 개인 장서에 총 29만 8,625권의 도서와 1만 2,000권의 소책자가 보관되어 있으며, 그리하여 개인 장서 하나 당 평균 3,500권의 도서가 있음을 확인했다. 아울러 신중히 계산해 본 결과, 그 가운데서도 가장 규모가 큰 10개에서 모두 9만 2,000권의 장서를 보유하고 있었으며, 가장 규모가 큰 12개의 장서를 모두 합치면 10만 권 이상이었다. "확신하건대, 이 외에도 모두 합치면 10만 권 이상의 책을 보유한 개인 장서가 최소한 30개 이상 있다." 그리하여 대체적으로는 이 나라의 비교적 좁은 한 지역만을 확인해 본 것에 비하면 상당히 좋은 결과라는 것이었다.

판햄이 언급한 개인 장서는 에드워드 에버레트, 윌리엄 프레스코트, 프랭클린 헤이븐, 루퍼스 코에이트, 조지 리버모어, 존 C. 워렌 박사, 그리고 상태가 완벽한 '베이 시편집'의 소유자이기도 한 에드워드 A. 크라우닌실드의 것 등이었다. 또한 그가 언급한 개인 소장 희귀본 중에는 셰익스피어 2절판과 4절판, 엘리엇 성서, 그리고 그리스어 및 라틴어 고전 컬렉션 등이 있었다. 또 다른 수집가인 데이비드 시어즈는 특히 볼테르의 책 70권을 포함한 프랑스 문학 작품을 풍부히 소장하고 있었으며, 영국 책도 상당히 많았다. 조지 티크너가 소장한 1만 3,000권의 장서는 그 중에서도 가장 돋보이는 것으로서, 외국에서는 매우 드물게 매우 양질의 에스파냐어 책들을 보유하고 있었다. "우리가 확인해 본 바에 의하면 파크 가에만 세 곳의 개인 장서가 있었고, 그 책들을 모두 합치면 2만 권에 달하므로, 여기에 티크너 씨의 훌륭한 장서를 합친다면, 이 좁은 길 안에만 무려 3만 3,000권의 장서가 서로 인접한 각 개인의 집마다 소장되어 있는 셈이다. 이와 같이 책이 밀집되어 있는 곳은 이 나라의 어느 다른 지역에서는 발견할 수 없을 것이다."

훗날 로저 E. 스토다드는 《개인 장서 일람》의 주석 및 해설판에서 판햄이 확인한 개인 장서들 가운데 25개, 총 7만 1,200여 권의 장서는 이후 공공 기관에 넘어갔다고 언급했다. 또 다른 40개, 총 14만 8,225권의 장서는 매각되었다. 다른 17개, 총 6만 9,200여 권에 달하는 장서의 행방은 밝혀지지 않았다.

판햄은 미국이 그 짧은 역사에도 불구하고 저명한 작가 몇 명을 배출했다고 언급하면서도, 곧이어 현재 사용 가능한 자료가 매우 부족한 까닭으로 미국의 역사학자들은 유럽의 방대한 도서관에 찾아가서 연구를 하거나, 혹은 매우 비싼 가격에 외국에서 책을 수입해야 한다고 지적했다. 직접 유럽에 갈 수 없는 사람들은 당시에 몇 안 되는 전문 책 사냥꾼에게 의지할 수밖에 없었다. 19세기의 도서 중개인들 중에서도 가장 수완이 좋았던 사람은 매사추세츠 출신으로 훗날 영국으로 귀화한 오버다이어 리치였다.

아우터 케이프코드에서 태어난 오버다이어 리치(1783~1850)는 22세의 젊은 나이에, 확실한 업적을 남긴 나이 지긋한 사람에게만 자격이 부여되는 매사추세츠 역사학회의 회원으로 선출되었다. 그 다음 해에는 앤솔로지협회의 설립에 관여했는데, 이 단체는 1807년에 이르러 보스턴 애시니엄이 되었다. 1816년에는 제임스 매디슨 대통령에 의해 발렌시아 주재 영사로 임명되었는데, 마침 에스파냐는 내란으로 인해 온통 혼란의 도가니였으며, 그 와중에서 수많은 옛날 장서들이 약탈의 대상이 되고 있었다. 뛰어난 선견지명을 지닌 리치는 곧바로 암시장에 있는 노점상 등으로부터 오래 된 책과 필사본 등을 입수했는데, 그 중에는 에스파냐 식민지 시대의 남북 아메리카와 관련된 자료들이 많았다. 서지학자 니콜라스 트뤼브너는 리치야말로 남북 아메리카에 관련된 서적 및 문서들을 통칭하는 용어이며, 이미 학술적으로도 인정받은 '아메리카나'라는 말을 처음 만든 사람이라고 주장했다. 트뤼브너는 저서인《미국 문학 서지학 입문》에서 이렇게 썼다. "당시 교회 및 민간에서 보유하던 수많은 장서가 약탈되긴 했지만, 정작 그걸 사겠다는 사람은 나타나지 않아서", 그리하여 리치가 등장했을 때는 "매우 희귀하고도 흥미로운 수많은 책들이 이미 휴지가 되어 버린 다음이었을 것이다."

1823년에 마드리드 주재 영사로 임명되었을 무렵, 리치는 이미 매우 훌륭한 개인 컬렉션을 소장하고 있었다. 그로부터 3년 뒤, 그는 에스파냐에 체류하면서 크리스토퍼 콜럼버스의 항해록 가운데 일부를 영어로 번역 중이던 워싱턴 어빙과 알게 되었다. 어빙은 리치의 집에 머물며 그가 수집한 에스파냐어 필사본 컬렉션을 검토해 보았다. 1828년에 출간한 저서 《크리스토퍼 콜럼버스의 생애와 항해의 역사》의 서문에서 어빙은 어떻게 해서 이 전기를 쓸 수 있었는지 설명하고 있다.

> 내가 이 책을 쓰기 시작한 것은 마드리드에 머물 당시에 대단한 편의를 제공받았기 때문이었다. 나는 미국 영사 O. 리치 씨의 집에서 묵었는데, 그 분은 유럽 내에서도 가장 뛰어난 서지학자 중 한 사람이며, 특히 지난 몇 년간 초창기 아메리카의 역사와 관련된 모든 문헌을 연구하고 있었다. 그의 방대하고도 흥미로운 장서야말로 에스파냐 식민 시대 역사에 대한 훌륭한 컬렉션으로, 다른 곳에서는 결코 찾을 수 없는 희귀한 문서들이 많았다. 그는 이렇게 희귀하고 귀중한 자료를 소장한 사람치고는 매우 보기 드물게, 솔직하고도 기꺼운 태도로 내가 이 문서들을 마음껏 활용할 수 있게 허락해 주었다. 그리하여 나는 이 책을 쓰는 데 있어서 그의 장서를 주로 참고할 수 있었던 것이다.

1829년, 리치는 자신이 보유한 필사본 93종과 도서 383종의 원본 자료 컬렉션을 구입하라고 국가에 제안했으나, 국회도서관 측에서는 결국 구입 불가라는 답변을 보냈다. "제 생각에는 미국 국회야말로 당신이 소장한 아메리카 관련 장서를 구입할 만큼 자유정신이 투철하지는 못한 모양입니다." 라틴아메리카 역사의 권위자인 윌리엄 H. 프레스코트는 워싱턴에 있는 한 친구로부터 이 실망스런 소식을 전해 듣고 나서 리치에게 이런 편지를 보냈다. "우리 입법부 사람들은 책보다 돈을 더 사랑하는 모양이니 말입니다." 하지만 리치에 대한 평판은 결코 나빠지지 않았고, 1830년에 이르러 그는 아예 런던으로 건너가 전업 서적상으로 일했으며, 그때부터 미국의 각 기관이며 학자며 개인 수집가들이 찾는 책들을 구해 판매하기 시작했다. 그는 매사추세츠의 연설가 겸 정치가인 에드워드 에버레트(1794~1865), 사서 겸 서지학자인 조셉 그린 콕스웰(1786~1871), 저명한 역사학자인 조지 밴크로프트(1800~1891), 그리고 작가이자 교육가인 조지 티크너(1791~1871)등과 교우하며 수많은 결실을 맺었다.

1829년에 프레스코트는 《노스 아메리칸 리뷰》에 기고한 글을 통해 자기 동료들에게 리치와의 거래를 적극 권장했다. "그는 언제든지 자기가 받은 주문을 신속하고, 정확하고, 매우 저렴하게 처리한다. 그는 서지학적 지식에 통달할뿐더러, 유럽 각지의 주요 도시에 거래망을 갖고 있기 때문에 필요한 책을 무척이나 용이하게 구해 줄 수 있으며, 결국 우리 공공기관이나 개인 모두에게 유용할 것이다." 하지만 리치의 도움을 크게 받으면서도—사실 두 사람은 무려 20년 동안이나 한 번도 서로 직접 만난 적 없이 거래해 왔다—프레스코트는 여전히 종종 유럽에 있는 자기 대리인이 요구하는 말도 안 되는 비싼 가격에 항의하곤 했다.

오버다이어 리치만 해도 미국의 학자들에게는 필요불가결한 인물이긴 했지만, 고객을 확보하고 목록을 작성하고 재고를 물색하는 데 있어서는 결코 헨리 스티븐스의 상대가 될 수 없었다. 1845년에 영국으로 건너갔을 무렵, 스티븐스는 훗날 국제 도서 시장에 중요한 영향력을 행사하게 될 두 사람의 미국인 백만장자들로부터 그들이 찾는 책의 목록을 넘겨받아 가지고 있었다. 예일에서 문학사 학위를 받고, 하버드에서도 법학을 공부한 스티븐스는 워싱턴 D.C.에서 일하는 동안 책 사냥에 매료되었으며, 인쇄업자 겸 신문발행인 겸 정치가인 피터 포스(1790~1868)를 도와서 포스의 야심작이었던 《아메리카의 기록》—1837년부터 1853년까지 모두 아홉 권으로 완간된—의 자료로 사용할 서적과 소책자와 필사본 등을 수집했다. 이 당시 스티븐스가 맺어두었던 인간관계는 훗날 그가 국회도서관과 스미스소니언협회로부터 거래를 따내는 데 큰 도움을 주었다. 런던에 도착했을 때, 그는 프랜시스 파크먼과 역사학자 겸 편집자 제어드 스파크스로부터 받은 소개장을 지니고 있었다. 존 카터 브라운으로부터 일종의 징발권을 부여받은 그는 곧바로 오버다이어 리치로부터 1837년에 파리에서 출간된 《미국 서지(書誌)》[173]의 저자인 H. 테르노 콩팡[174]의 특출한 장서를 1,000파운드에 매입했다. 1846년 3월 3일, 그는 무척이나 귀중한 이 500권의 책을 프로비던스로 가는 배편에 부쳤다.

직접 가게를 차린 직후에 스티븐스는 뉴욕 시의 제임스 레넉스로부터도 최초의 구입 의뢰를 받았고, 한동안 온 유럽을 샅샅이 돌아다닌 끝에 의뢰받은 희귀본들을 결국 구할 수 있었다. "어느 7월 아침, 런던에서 지금 같으면 권당 몇 파운드씩은 받았을 아메리카에 관한 희귀한 고서들을 권당 몇 실링씩에 100여 권이나 구입할 수 있었던 그때야말로 정말 행복한 시절이었다." 그가 모은 책들은 "마치 어느 칼리지 기숙사에서 아침 식사로 나온 따끈따끈한 메밀빵처럼 순식간에 보스턴과 뉴욕으로 사라졌다. 차마 새로 구해 오기가 무섭게 말이다."

스티븐스는 평생 독신으로 살았던 레넉스를 "말이 별로 없고, 가까운 친구도 별로 없지만, 다양한 정보와 대단한 학식을 지니고, 수많은 사람들과 서신을 교환하며, 방대한 장서를 보유한 인물"이라고 묘사했다. 그보다 한 세기 전에 살았던 제임스 로건과 마찬가지로, 레넉스 또한 자신의 서재를 전(前) 세대의 사상가들과 소통할 수 있는 성스러운 장소로 간

---

173. 아메리카 대륙 발견 이후 1700년까지 출간된 미국 관련 도서를 총 망라한 서지학 저서이다.
174. 저자는 《미국 서지》의 저자 이름을 'M. 테르노 콩팡'이라고 적었는데, 이는 'H. 테르노 콩팡'의 오기이므로 수정했다.

주했다. 스티븐스는 이 내성적인 뉴요커를 "꼬박꼬박 세금을 내고, 공적인 의무를 기꺼이 책임지는, 비유하자면 과부의 소를 기꺼이 자기 목초지에 들여보내 주고 가난한 사람을 기꺼이 도와주면서도, 공직과 정치만은 단연코 멀리하는" 시민이라고 묘사했다. 레넉스는 학자들이 자기 보물을 구경하는 것은 허락했지만, 외부인을 서재 안으로 들이는 것은 싫어해서 심지어 유명한 역사학자 윌리엄 프레스코트조차 못 들어오게 했다. 대신 그는 남들로부터 열람을 요청받은 책들을 애스터 도서관이나 또는 그와 비슷한 안전한 장소에 가져다주곤 했는데, 그래야만 열람 후에 도로 반납받을 수 있기 때문이라는 이유였다.

제임스 레넉스(1800~1880)와 존 카터 브라운(1797~1874)은 이전과는 다른, 새로운 형태의 미국인 수집가의 출현을 알리는 인물들이었다. 두 사람 모두 1840년에 막대한 재산을 물려받았으며, 중년에 접어들면서 도서수집을 시작했고, 단지 책을 소유한다는 순수한 즐거움 때문에 그 일을 계속한 것이었다. 더군다나 그들은 특유의 분야와 관례를 개척하여 영국의 서지학 체계에 도전했으며, 그 다음 세대까지 계속될 선례를 남겼다.

"레넉스 씨는 1845년부터 1869년까지 적극적으로 활동하며 빠른 속도로 책을 수집해 나갔고, 모든 일을 자기가 직접 관리했기 때문에 심지어 구입한 책을 목록으로 만들거나 정리할 시간조차도 없었다." 스티븐스는 이렇게 썼다. "그가 수집한 책들은 커다란 저택의 여러 빈 방에 여기저기 커다란 무더기를 이루며 쌓여 있었고, 나중에는 책이 천장까지 쌓이고 방 안에 가득 차서 문을 열지도 못할 지경이 되고 말았다." 맨해튼 중심부의 부동산 36만 평 가량을 비롯하여 막대한 재산을 상속받은 레넉스였기 때문에 충분히 사서를 고용할 수도 있었겠지만, 그는 여전히 직접 책 꾸러미를 풀고 책을 정리하는 편을 좋아했다. "그는 내게 자기가 가진 돈과 우정을 건네주었고, 나는 그에게 전 세계를 돌아다니며 구한 책과 필사본을 건네주었다." 스티븐스는 이렇게 말했다. "그에겐 자기만의 이상이 있었고, 그의 재산이 이를 실현시켜 주고 있었다."

스티븐스는 레녹스와 브라운을 주요 고객으로 삼는다는 것이 꽤나 수지맞는 일이라는 사실을 순순히 인정하면서도, 때로는 '두 사람 사이의 갈등을 방지하기가 쉽지 않다' 고 했다. 예를 들면 두 사람 모두 콜럼버스에 관련된 것이라면 뭐든지 매우 좋아했기 때문이었다. 두 사람 사이의 가장 큰 갈등은 스티븐스가 두 사람 모두로부터 의뢰를 받아 1493년에 바젤에서 인쇄된 현존하는 것으로는 유일한 삽화본 콜럼버스 서한집을 구입하기 위해 1847년의 첫 번째 리브리 경매에 참석했을 때 벌어졌다. 이 '서한'—본래 콜럼버스는 이 문서를 자신의 첫 대서양 횡단에 대한 공식적인 선언서로 작성한 것이었다—은 지금까지 알려진 것 중에서는 최초로, 그가 서인도제도에 상륙하게 된 과정을 언급하고 그 지도까지 포함하고 있기 때문에 특히 중요했다.

브라운은 자신의 입찰 한도액을 25기니로 책정했고, 레녹스는 그보다 적은 25파운드로 책정했다.[175] 경매에서 스티븐스는 이 책을 16파운드 10펜스에 구입했는데, 그는 존 카터 브라운이 한도액을 더욱 높게 책정했다는 이유로 결국 이 보물을 프로비던스로 보내려 했다. 하지만 레녹스는 이 책이 자기가 책정한 한도액의 범위 내에서 낙찰된 것이기 때문에, 마땅히 자기 차지가 되어야 한다고 주장했다. 결국 브라운이 레녹스에게 책을 양보함으로써 더 이상의 불쾌한 일은 벌어지지 않았다. 브라운은 대놓고 불쾌함을 표시하지는 않았지만 '나는 아직도 그 책에 대한 정당한 권리가 내 쪽에 있다고 생각합니다' 라고 스티븐스에게 편지를

175..1기니는 21실링이므로, 25기니는 '26파운드 5실링' 이다.

썼다. "하지만 나로선 생면부지인 L씨와 논쟁을 벌이고 싶진 않군요. 하여간에 이 책이 누구의 소유가 되어야 할지를 판단할 수 있었던 유일한 사람은 당신뿐이었다고 생각합니다." 하지만 레녹스가 '거래를 끊겠다'고 협박해 왔기 때문에, 이에 대한 적절한 해결 방법이란 있을 수가 없었다. "나 같으면 그런 협박은 하지도 않았을 것이며, 또한 큰 고객을 하나 놓치는 일에 대해서라면 당연히 당신 자신이 손해를 감수했어야 할 것입니다." 그로부터 두 달 뒤, 레녹스와 브라운은 공통의 친구를 통해 서로 인사를 나누었으며, 이후 두 사람 사이에는 우정이 지속되었다. 브라운은 훗날 레녹스에게 에스파냐어로 된 코르테스 서한집의 제4권 초판을 선물했는데, 그로 인해 레녹스는 한 질을 온전히 맞출 수 있었다.

같은 해에 스티븐스는 레녹스의 의뢰를 받고 토머스 필립스 경과 경쟁하여 결국 구텐베르크 성서를 500파운드에 구입했는데, 그때 미국에서는 이를 가리켜 '정신 나간' 가격이라고들 했다. 레녹스 자신도 이 비싼 가격에 화를 내면서, 심지어 책이 뉴욕에 도착했을 때는 관세조차도 내지 않겠다고 버텼다. 이 책이야말로 미국에 들어온 최초의 구텐베르크 성서였고, 오늘날 레녹스의 다른 책들과 함께 뉴욕 공립도서관에 소장되어 있다. 이에 스티븐스는 다른 때 같았으면 레녹스가 이처럼 중요한 희귀본의 경우에는 기꺼이 전례 없이 비싼 가격조차도 지불할 의사가 있었을 것이라고 응수했다. 레녹스는 언젠가 스티븐스에게 "사실 내겐 그런 책들보다 5파운드짜리 지폐 뭉치가 더 흔하긴 하지만, 절대로 다른 사람에게는 내가 책값을 얼마나 썼는지 말하지 말라"고 하기도 했다. 스티븐스는 레녹스를 위해 셰익스피어의 2절판과 4절판, 희귀본 성서, 존 밀턴과 존 번연의 희귀본, 그리고 심지어 '베이 시편집'까지 구해 주었다.

두 수집가 중에서는 레녹스가 더 부유한 편이었으나, 그는 중요한 책이라면 무엇이든지 우선권을 갖고 싶어 했다. 반대로 브라운은 경쟁이란 결국에 가서는 재난이나 마찬가지임을 알게 된 이후에, 한때는 도서수집을 그만 두고 이미 모은 장서까지도 모조리 팔아버릴까 생각한 적도 있었다. 하지만 결국 이 로드아일랜드의 도서수집가는 계속 수집을 해 나갔고, 1873년에 이른바 '네덜란드 판 베스푸치'로 알려진, 1506년에서 1507년에 안트베르펜에서 출간된 아메리고 베스푸치 저작집 초판의 현존 유일본을 구입함으로써, 레넉스에게 복수한 셈이 되었다. 이 책을 보유한 암스테르담의 서적상이 전보로 브라운의 구입 요청을 받은 지 두 시간 뒤에, 같은 책을 구입하겠다는 레넉스의 편지가 그날의 다른 우편물과 함께 그의 가게에 도착했던 것이다.

존 카터 브라운은 신대륙의 발견과 탐험 및 정착에 관련된 서적 및 필사본을 망라한 최고의 컬렉션을 만들었다. 1874년에 그가 사망하자, 그의 아내는 몇 가지 물품을 추가한 뒤에 장서를 아들에게 넘겨주었고, 그의 아들 존 니콜라스 브라운도 계속해서 이 장서의 수를 늘려나갔다. "흔한 책은 너무 많이 구입하지 마시오." 그는 1897년에 젊은 사서인 조지 파커 윈십에게 이렇게 지시했다. "평범한 물건들이 서재를 가득 채우는 것은 보고 싶지 않소." 사망하기 직전인 1900년에 존 니콜라스 브라운은 이 컬렉션을 보관할 건물을 짓도록 15만 달러를 내놓았고, 이후 관리 비용으로 50만 달러를 더 내놓았다. 이후 그 자체 기금과 직원들에 의해 운영되어 온 존 카터 브라운 도서관은 지금까지도 그 이름의 유래가 된 인물의 정체성을 고스란히 유지하고 있다. 그리고 도서관 정문 위에 있는 석판에는 다음과 같은 단어가 하나 새겨져 있다. "아메리카나."

레넉스와 브라운은 19세기 중반 미국의 대표적인 애서가였지만, 이들 못지않게 아메리카나의 수집에 열을 올린 다른 사람들도 있었다. 그 중에서도 가장 눈에 띄는 인물은 코네티컷 주 하트퍼드의 조지 브린리(1817~1875)였는데, 그는 헨리 스티븐스에게서 구텐베르크 성서와 '베이 시편집' 같은 희귀본을 구입하기도 했지만, 사실 도서관이나 박물관에 전시될 만한 책보다는 오히려 쓰레기더미나 펄프재생기에서 생을 마감하는 편이 더 어울릴 만한 잡다한 책에 더욱 관심을 가졌다.

매사추세츠에서 어느 상인의 아들로 태어난 브린리는 1850년대에 들어 가족의 생계는 물론이고 자신의 수집 취향도 충분히 만족시킬 만한 정도의 금액을 유산으로 상속받았다. 1845년에 코네티컷으로 이사한 직후, 그는 보스턴의 고서적상 새뮤얼 가드너 드레이크가 수집한 아메리카 인디언의 역사에 관한 장서 전체를 경매에 붙여지기도 전에 인수했다. 다음 해에 그는 한때 상원의원과 판사를 역임한 아마추어 역사가 가브리엘 퍼먼의 장서 경매에서 서인도제도와 미국 북서부지역[176]에 관계된 자료를 입수했다. 또한 그는 뉴잉글랜드의 각종 임프린트를 수집하는 데도 열심이었다. "브린리는 아메리카에 관한 가장 오래 되고, 또 가장 결정적인 자료라 할 수 있는 이런 책들을 발굴하고, 감정하고, 보존하고, 평가하기 위해 최대한 노력했다." 랜돌프 G. 애덤스는 이렇게 썼다. "이런 과정을 통해서 그는 1850년에 캘리포니아에서 출간된 책이 1650년에 매사추세츠에서 출간된 책만큼이나 중요하다는 사실을 깨달았던 것 같다."

남북전쟁 동안에는 폐지 값이 뛰어올랐기 때문에 집집마다 지하실이나 다락에 쌓여 있던 오래 된 종이 뭉치를 내다 팔곤 했다. 브린리는 코네티컷 근처의 어느 종이 공장에 부탁해서, 폐지 더미가 들어오면 펄프재생기에 집어넣기 전에 자기가 먼저 확인해 볼 수 있도록 했다. 그런 방법을 통해 다양한 자료를 건져내는 데 재미를 느낀―심지어 폐지 더미 속에서 희귀하기 그지없는 《엘리엇 인디언 성서》를 발견하기도 했다―

---

[176]..미국 북서부에 위치한 워싱턴, 오리건, 아이다호의 세 개 주를 말한다.

그는 아예 직접 돌아다니며 폐지를 모으기로 결심했다. 그리하여 브린리는 마차에 항아리와 냄비를 가득 싣고 뉴잉글랜드 곳곳을 누비며, 집집마다 주부들을 찾아가 옛날 책자와 달력 등을 주방용품과 바꿔주었다. "이런 방법을 통해 그는 수많은 자료를 발굴해 냈는데, 그야말로 그의 혜안이 아니었으면 영영 지구상에서 사라져 버리고 말았을 것들이었다." 조지 왓슨 콜은 이렇게 지적했다. "그런 까닭에 그의 장서 안에는 겹치는 책들이 무척 많았지만, 그 대부분은 그의 사후에 경매에서 팔려 나간 뒤에는 결코 다시 시장에 나오지 않았다." 그의 아들 찰스 브린리는 미출간된 회고록에서, 언젠가 자기 아버지가 어떤 집의 여주인에게 오래 된 시편집을 팔라고 '온갖 말로 구슬려 보았지만 결국 거절당했던' 이야기를 하고 있다. "아버지는 결코 낙심하시지 않았다. 이후 틈만 나면 아버지는 그 나이 많은 여주인에게 편지와 선물 공세를 퍼부었다. 결국 요지부동이었던 여주인도 어느 추운 겨울, 아버지가 보낸 아주 예쁜 플란넬 페티코트를 선물 받은 직후 무너져 버리고 말았다. 결국 아버지는 여주인으로부터 고맙다는 편지와 함께 책을 건네받을 수 있었다."

수년 뒤에 브린리는 헨리 스티븐스로부터 베이 시편집 초판을 1,000달러에 구입했다. "이 거래 내용은 결코 남에게 알리지 않았다. 심지어 가까운 친구들에게도 이 책을 갖고 있다는 사실을 이야기하지 않았는데, 왜냐하면 '그걸 얼마나 주고 샀느냐' 고 물어볼 것이 뻔한 양키의 천성을 잘 알고 있었기 때문이다." 언젠가 스티븐스는 그 '오랜 친구'에게 제임스 레녹스와 존 카터 브라운 모두가 구입하지 않겠다고 한 어떤 '책 더미'에 대해 이야기한 적이 있었는데, 마침 그 중에는 이른바 '내러건싯 선언서'로 알려진 《영국과 내러건싯 간의 기존 조약 및 조처에 관한 선언서》라는 7페이지짜리 문서도 포함되어 있었다. 브린리는 깜짝 놀랐다. "아니, 그렇다면 존 윈스롭이 서명하고 스티븐 데이가 1645년에 케임브리지에서 인쇄한 바로 그 소책자를 검토해 보라고 보내 주었는데, 두 사람 모두 10기니에도 구입하지 않겠다고 했단 말인가?"

그렇다는 대답을 듣자마자 브린리는 곧바로 자기가 그 가격에 그 책을 사겠다고 제안했지만, 그가 얻은 행운은 자칫하면 브라운에게 빼앗길 수도 있는 상황이었다. 왜냐하면 이 책은 그때까지도 다른 책들과 함께 로드아일랜드에 가 있는 상태였기 때문에, 아직은 브린리가 확실히 구입할 수 있을지가 불명확했다. '만약 그 책만 이리 보내달라고 하면, 그쪽에서도 다시 한 번 주의 깊게 살펴본 다음에 사겠다고 나설지도 몰라.' 브린리는 이렇게 생각했다. 그래서 그는 사람을 한 명 보내서 커다란 상자에 담긴 물건을 전부 가져오되, 어디로 가져가는 것인지는 말하지 말라고 한 후, 결국 비용을 본인이 부담하여 그 책들을 전부 하트퍼드로 가져왔다. 그로부터 8년 뒤, 브린리의 장서 경매에서 레녹스는 이전에 제안 받았던 가격의 다섯 배인 215달러에 이 책을 다시 구입해야만 했다. 1911년에 헨리 헌팅턴은 로버트 호우가 소장하던 내러건싯 선언서를 1만 달러에 구입했고, 그로부터 몇 년 뒤에 존 카터 브라운 도서관에서는 보스턴의 찰스 굿스피드에게 1만 5,000달러를 주고 마지막으로 시장에 나온 내러건싯 선언서를 구입했다. '미운 오리새끼가 이젠 백조가 되었다'며 스티븐스는 만족스러워 했다.

브린리는 레녹스와 브라운이 구입을 거절한 수많은 다른 '책 더미' 또한 자기 컬렉션에 포함시켰다. 1873년에 스티븐스는 브린리에게 '대서양을 건너 온 것 중에 가장 훌륭한 서지학적 희귀본'을 지금 레녹스가 검토하고 있다면서, 그는 백만장자이긴 하지만, 이미 도서수집은 그만두었으므로 아무리 가격이 싸도 거절할 수 있기 때문에, 그렇게 된다면 브린리에게 기회를 주겠다고 제안했다. 그럼에도 불구하고 물론 "자네가 구입할 수 있는 가능성은 희박"하다고 스티븐스는 덧붙였다. "나는 레녁스 씨로부터 무려 20년 전에 이 주문을 받았지만, 이제야 겨우 책을 구해 보낼 수 있게 되었네. 하지만 기다린 덕분에 좋은 점도 없진 않았지. 책값은 올라갔지만 그만큼 돈의 가치는 떨어졌으니까." 여기서 말하는 책이란 아마도 존 스미스 선장의 《버지니아의 역사》의 증정본으로, "현존하는 가장 상태 우수한 판이며, 1624년 초판 당시의 멋진 모로코 가죽 제본 그대로"인, "초창기 영국 책으로는 내가 본 것 중에서 가장 멋진 제본"이라고 자랑한 책이었을 것이다. 레녁스는 3년 전에 선언한 바와 같이 자기 장서를 공공 재산으로 등록하느라 바빴기 때문에 더 이상 책을 살 여유가 없다고 답장을 보냈고,[177] 그리하여 그 보물은 브린리의 차지가 되었다.

57세를 일기로 사망하기 한 해 전인 1874년에, 브린리는 스티븐스에게 보낸 편지에서 희귀본 시장의 상태에 대해 이렇게 언급했다. "요즘에는 책값이 매우 높아진 걸 보니 기쁘군. 미친 사람들은 남들이 자기보다 더 미쳐 있는 모습을 보기 좋아하는 법이니까." 브린리가 훗날 자기 책을 모두 팔아야 한다고 명시한 까닭도 바로 이런 확신―또한 자기 판단이 옳았고, 자기가 산 물건들이 훌륭하다는 사실을 알고 있었던―때문이었을 것이다. 하지만 일부 책들은 기관에서 구입해야 마땅하다고 생각한 그는 경매에 앞서 특이한 조건을 내세웠다. 즉, 다섯 개 기관―예일, 미국 고서협회, 하트퍼드의 왓킨슨 도서관, 뉴욕 역사학회, 그리고 펜실베이니아 역사학회―이 경매에서 자신의 장서를 구입하는 경우, 총 2만 4,500달러까지 지원금을 주기로 한 것이다.

1879년부터 1893년까지 다섯 번에 걸쳐 이루어진 브린리 장서 경매

177...제임스 레녁스가 설립한 레녁스 도서관은 1895년에 이르러 윌리엄 애스터가 설립한 애스터 도서관과 합병되어 '뉴욕 공립도서관'으로 이름이 바뀌었다.

는 "이제껏 실시된 중에서 가장 훌륭한 아메리카나 장서 경매"였다고, 클리어런스 S. 브리검은 1937년에 출간된 미국 도서경매에 대한 기념비적인 연구서의 서문에서 쓰고 있다. 그 중에서도 특혜를 받은 다섯 군데 기관이 물품 대부분을 구입했으며, 예일 한 곳만 해도 무려 1000점이 넘는 품목을 사들였다. 코넬리어스 밴더빌트는 이때 '베이 시편집'을 구입했는데, 이 책은 훗날 예일 대학에 기증된다. 하지만 첫 번째 경매 기간 중에서 가장 활발하게 책을 사들인 사람은 당시 79세였던 제임스 레녹스로, 그는 수년 전에 헨리 스티븐스가 우선권을 주었을 때 구입하지 못했던 책들을 사기 위해 거의 1만 달러 가까이 써야만 했다.

바로 이 경매 당시에 발간된 도서목록은 브린리가 남긴 기념물이라 할 수 있는데, 지금은 무척 희귀한 자료가 되었다. 1893년에 나온 마지막 권의 서문에서 브린리의 가까운 친구였던 J. 해먼드 트럼불은 "한때는 '무가치한 티끌들'로 여겨졌던, 이 나라의 초기에 대한 문학적 기념비들을 파손과 망각으로부터 구해내, 미래를 위해 보존하고 유용하게 만든 브린리 씨와 같은 분들이 이 사회와 미국 역사를 위해 바친 수고"를 측정하기에는 자신의 말이 부족하기 짝이 없다고 강조했다. 그의 아들 찰스 A. 브린리는 미출간된 회고록에서 이에 대해 다음과 같이 간결하게 말하고 있다. "아버지께서는 강한 고집과 뚜렷한 개성과 확고한 식견을 지닌 분이셨다. 아버지는 '애서가'셨고, 또한 특정 분야에 대해서는 '애서광'이시기도 했다."

제임스 레녹스와 존 카터 브라운, 그리고 조지 브린리는 모두 동시대에 살았으며, 피차 300킬로미터 이내의 지역에—레녹스는 뉴욕에, 브라운은 프로비던스에, 브린리는 하트퍼드에—거주하고 있었다. 이 세 사람이야말로 당대의 가장 저명한 수집가들이었지만, 그 외의 다른 사람들도 미국 전역에서 주목할 만한 장서를 수집하고 있었다. 영토가 확장되면서, 책에 대한 수요 또한 그만큼 더욱 늘어났다. 1833년에 도시로 승격된 시카고에서는 그로부터 38년 뒤에 큰 화재가 일어나 수천여 채의 건물이 불탔고, 동부에서 이주해 온 사람들의 소유였던 책들 대부분이 소실되었다. 그 와중에 에즈라 C. 맥캐그, 조너선 영 스캐먼, 페리 H. 스미스, 마크 스키너, 그리고 헨리 T. 먼로 등이 수집한 장서도 불길 속으로 사라져 버렸다. 맥캐그의 장서는 시카고에 들어온 최초의 1623년 판 셰익스피어 2절판, 테오도르 드 브리의 《위대한 항해》, 토머스 제퍼슨의 《버지니아 주에 대한 보고서》 등을 비롯해서 무려 3,000여 권에 달했다. 스웨덴의 신비주의자 겸 신학자인 에마누엘 스베덴보리에 관한 자료를 책으로 가득 찬 넓고도 천장이 높은 방에 보관하던 스캐먼의 장서 또한 모두 소실되었다.

시카고 대학 조셉 리젠스타인 도서관의 전직 사서였던 로버트 로젠탈은 1983년에 쓴 에세이에서, 이들 컬렉션의 풍부함은 "부와 지위를 손에 넣은 시카고 상류층의 생활 및 저택 내에서 책이 곧이어 특정한 자리를 차지했음을 시사한다"고 언급했다. 동부 연안 및 유럽과의 확실한 통신 수단이 생겨나게 되자, 양과 질 면에서 무척이나 대단한 책들이 시카고로 몰려오기 시작했다. 이전까지는 고서 매매가 전혀 없었던 시카고였지만, 그곳의 선구적인 수집가들은 곧 미국 도서업계에서도 선두에 나서게 되었다.

1871년의 대화재에서 무사히 살아남은 컬렉션은 단 세 가지—존 A. 라이스, 에드워드 G. 어세이 그리고 이브니저 레인이 모은 것들—뿐이었다.[178] 로젠탈은 라이스에 대해서 "대단한 속도와 식견으로 책을 사모았기 때문에, 불과 몇 년 만에 동부의 유명한 수집가들과 어깨를 나란히 하게 되었다"고 언급했다. 매사추세츠 주 노스보로우 출신인 그는

1861년에 시카고로 이주해 호텔 경영자가 되었다. 1866년에 그는 존 F. 맥코이가 소장하던 아메리카나 컬렉션을 1만 4,000달러에 구입했다. 대화재가 있기 2년 전에는 자기 소유의 호텔을 15만 달러에 매각하고, 그곳 길모퉁이에 곡물가게를 열었다. 그는 자금 압박으로 인해 시카고 역사학회에 자기 장서를 3만 달러에 팔겠다고 제안했다. 하지만 결국 거절당한 뒤에는 뉴욕에서 장서를 경매에 붙였다. 총 판매수익은 4만 2,252달러 69센트였고, 이는 당시 미국 내에서는 새로운 기록이었다.

필라델피아 출신인 에드워드 G. 어세이는 유명한 변호사로, 19세기 당시의 시카고에서도 다섯 손가락 안에 꼽히는 도서수집가였다. 사실 그의 장서는 매우 가치가 높았던 까닭에 소실을 면할 수 있었다. 1871년에 가족과 함께 유럽으로 떠나면서, 어세이는 자기 장서를 안전히 보관하기 위해 뉴욕 주 브루클린에 있는 조셉 세이빈에게 보냈던 것이다. 시카고의 화재 소식을 듣고 난 어세이는 세이빈에게 부탁해 자기 장서를 모두 경매에 붙이도록 했다. 다음 해에 그는 고국으로 돌아왔고, 이후 또다시 훌륭한 장서를 수집했다. 1881년에 이르러 그의 희귀본은 대부분 뉴욕 주 오스웨고의 시오도어 어윈에게 팔렸고, 어윈은 1900년에 이르러 자기 장서를 J. 피어폰트 모건에게 팔았다.

시내에서 살아남은 유일한 장서는 이브니저 레인의 것뿐이었는데, 그는 오하이오 주 대법원의 주심 판사로 오랫동안 재직했으며, 1856년에 62세의 나이로 시카고로 이주해 왔다. 그는 변호사로 개업하고 일리노이 센트럴 철도회사의 이사로 재직하면서 사우스 미시간 가의 집으로 이

178..그 외에도 당시 시카고의 위대한 도서수집가 겸 기증자로는 존 M. 웡을 들 수 있다. 그는 19세기 말엽에 나온 수백 종의 신문기사를 수집한 2절판 스크랩북을 남겼는데, 이 안에는 그의 말마따나 '책, 서지학, 장서표, 도서관 등에 대한 신문기사'가 한가득 수록되어 있었다. 이 스크랩북은 현재 뉴베리 도서관 웡 컬렉션 가운데 소장되어 있다.—원주.

사했는데, 다행히 이곳은 대화재 당시에도 피해가 없었던 것이다. 레인은 현명하게도 미국 역사 분야를 수집했으며, 특히 그가 수집한 서명(署名) 컬렉션은 서부에서 가장 훌륭한 것으로 평가되었다. 1866년에 그가 사망하자, 이 컬렉션은 아버지와 같은 이름을 지닌 아들 이브니저 레인 2세의 소유가 되었고, 그는 계속해서 여러 권의 책을 장서에 추가했다. 1892년, 레인 2세가 사망할 당시에 레인 장서는 1만 500권에 달해 시카고에서도 최대 규모로 꼽혔다. 1911년에 시카고 대학에서는 이 책들을 모두 인수했다. "그리하여 레인 장서는 단지 대화재에서 살아남았을 뿐만 아니라, 이후로도 계속해서 한 지붕 밑에 보존된 유일한 장서가 되었다." 로젠탈은 이렇게 끝맺었다.

1868년, 가족을 만나기 위해 배를 타고 파리로 향하던 부동산 사업가 월터 루미스 뉴베리가 항해 도중에 사망했다. 당시는 시카고 대화재가 벌어지기 3년 전이었고, 그가 모은 재산으로부터는 여전히 많은 수익이 들어오고 있었다. 1830년부터 그는 시카고의 토지를 "에이커 단위로 사들이고, 푸트 단위로 팔았다."[179] 애서가는 아니었지만, 뉴베리는 훗날 매우 훌륭한 학술도서관이 설립되도록 한 특이한 조항을 유언장에 삽입해 두었다. 그는 만약 자기 딸들이 후사 없이 사망하는 경우, 자기 재산을 가지고 시카고에 무료 도서관을 짓도록 하라고 지시했던 것이다. 그로부터 17년 뒤에 그의 아내가 이탈리아에서 사망하자, 애초에는 실현 가능성이 희박해 보였던 이 유언은 곧바로 효력을 발휘하게 되었다. 왜냐하면 미혼이었던 그의 두 딸 메리와 줄리아 뉴베리가 어머니보다 먼저

---

[179] 1에이커는 약 4만 3,578평방피트(푸트의 복수)이다. 하여간 구입하는 토지가 판매하는 토지보다 훨씬 많았다는 의미이다.

사망한 까닭에, 이 가족의 재산을 물려받을 사람이 전혀 없었기 때문이다.

하지만 당시에는 이미 시카고에 공립도서관이 건설되고 있었기 때문에, 뉴베리의 재산 신탁위원회에서는 그 대신 윌리엄 B. 애스터(1792~1875)가 뉴욕에 세운 애스터 도서관의 체제와 비슷한 사립 학술 도서관을 세우고, 그곳에 중요한 개인 컬렉션을 비치하기로 했다. "이제 시카고에는 미국 내에서도 가장 이상적인 도서관이 자리 잡게 될 것이며, 또한 시카고는 위대한 도서관의 중심지가 될 것이다."〈시카고 인터오션〉지에서는 이렇게 선언하며, 이 도시가 곧 '지적 성취에 있어 진정한 아테네'가 되리라고 전망했다. 1893년에 문을 연 뉴베리 도서관은 곧바로 막대한 예산을 활용해 다양한 분야의 연구 자료를 수집하기 시작했다. 이곳에서 모은 책의 다양성은 1965년에 운영위원회에서 표어로 선택한 다음 문구에 잘 나타나 있다. "특이한 컬렉션들로 구성된 특이한 컬렉션."

같은 해에 또 다른 유산 기증으로 인해 두 번째로 훌륭한 학술도서관이 시카고에 설립되었다. 독신이자 백만장자였던 존 크리어러는 자기가 기부한 돈으로 어떤 분야의 책을 수집하라고 정확히 이야기하진 않았지만, 적어도 어떤 분야의 책을 구입하면 안 된다고는 명시했다. "우리 사회에 건전한 도덕과 기독교인다운 풍조를 만들고 또 유지하는 데 도움이 되는 서적 및 잡지를 수집해야 하며, 추잡하고 비도덕적인 내용은 완전히 배제되기를 희망한다. 그렇다고 해서 단지 찬송가와 설교집만을 보관해야 한다는 것은 아니고, 가령 지저분한 프랑스 소설들이나 회의주의적인 쓰레기들, 그리고 수상쩍은 도덕적 색조를 지닌 작품들은 결코 내 도서관에 들이지 말라는 것이다." 현재 시카고 대학에서 운영 및 유지를 맡고 있는 존 크리어러 도서관 측에서는 결국 '과학사' 분야의 책들을 수집함으로써 설립자의 유훈에 최대한 어긋남이 없도록 노력하고 있다.

휴버트 하우 밴크로프트(1832~1918)는《문예 산업》이라는 제목의 흥미로운 회고록에서 이렇게 쓰고 있다. "내 운명이 펼쳐진 1856년에, 나는 당시 새로이 미국의 땅이 되었고 황금이 번쩍이던 캘리포니아의 샌프란시스코란 도시에 가 있었다. 그곳은 서부 해안의 거대한 물줄기 한가운데 있는 좁은 대륙에 위치한 도시로, 모두 13만 킬로미터에 달하는 해안선은 항구로는 사용이 불가능한 굴곡진 만으로 이루어져 있어서, 정말 세상에서 보기 드문 꼴불견이라 할 수 있었다."

으스대는 금 채굴업자들과 시끌벅적한 선원들이 우글거리던, 영토 확장의 한계선에 위치하던 그 변경 마을에서 이 나이 스물넷의 청년은 출판 사업을 시작했고, 비록 초창기에는 매우 어려웠지만 훗날 그의 사업은 엄청난 호황을 맞게 되었다. 1870년에 이르러 밴크로프트는 인쇄 기계며 제본 장비며 영업 등을 위해 5층짜리 건물을 세워야 할 지경에 이르렀다. 자기가 책에 몰두하게 될 줄은 꿈에도 몰랐다고 하던 그는 곧 '웨스턴 아메리카나'[180]를 열정적으로 사 모으기 시작했다. 밴크로프트는 "나는 애서광이 아니었다"면서 이렇게 주장했다.

무슨 필사본이니, 호화 장정이니, 희귀본이니 하는 것들은 오히려 작품 자체의 주제에 비해서는 중요하지 않아 보였다. 목표 없이 산만하게 책을 수집하는 것은 정신적으로나 경제적으로나 유익하지 않아 보였다. 목표가 없는 도서수집은 어떤 사람에게는 훌륭한 시간 때우기일지도 모르지만, 거기에 어떤 목표를 부여하는 순간부터는 어떤 품위가 생겨나게 된다. 인쇄된 책들 중

---

[180]..미국 관련 문헌을 뜻하는 '아메리카나' 중에서도, 특히 미국 서부 관련 문헌을 일컫는 용어이다.

에서 독자들에게 읽히는 것은 아마 반도 채 되지 않을 것이며, 판매되는 책들 중에서도 절반 이상은 전혀 읽히지 않을 것이다. 따라서 열광적인 애서광들보다도 우리에게 더 절실히 필요한 것은 열광적인 독서가인 것이다.

밴크로프트는 자기가 정말 우연히 책을 수집하게 되었다고 주장했다. "처음에는 그저 애매한 목표를 지녔을 뿐이었다." 그는 이렇게 말했지만, 그가 있는 곳은 바로 기회와 행운의 땅 캘리포니아였다. 뛰어난 사업가였던 밴크로프트는 책을 모으게 된 것이 일부나마 자신에게도 책임이 있다고 생각했는데, 왜냐하면 "내가 아는 어떤 책은 원래부터 가치가 높은 것도 있었고, 오래 되거나 희귀하거나 귀중한 책들은 그 가치가 떨어지기는커녕 오히려 계속 올라갔기 때문에, 때때로 나는 서부에 관련된 책들을 모두 모아보면 좋지 않을까 생각해 보기도 했다." 영국과 프랑스를 방문하는 중에 그는 수백 군데 서점을 들러 수많은 헌책들을 샅샅이 뒤져봄으로써 "눈이 열리기 시작했다"고 썼다.

컬렉션이 1,000권에 달하자 "나는 이제 다 모았다고 생각했지만, 책이 5,000권에 달하고 나서야 이제 겨우 시작이라는 걸 깨달았다." 그는 유럽 전역을 돌아다니며 책을 사 모았다.

그때까지만 해도 나는 멕시코 문학 분야의 책은 별로 찾지 않았다. 남부 캘리포니아와 북부 멕시코에 관한 것을 찾았지만, 멕시코 역사와 고고학에 대한 것은 완전히 무시해 버렸다. 그러자 한 가지 질문이 생겨났다. 과연 어디까지 선을 그어두어야 할까? 캘리포니아의 역사는 코르테스의 시대까지 그 기원을 소급할 수 있었다. 아니, 더 정확하게는 1530년에 누뇨 데 구스망이 북쪽으로 탐험을 떠난 이후, 2세기 하고도 반에 걸쳐서 누에바 갈리치아와 누에바 비즈차야,[181] 그리고 캘리포니아를 천천히 점령해 나가면서 시작되었다고 할 수도 있었다.

경험 많은 애서가라면 그의 논리가 결국 어디로 이어졌는지 알 수 있을 것이다. 그는 이 모든 분야를 망라하고자 했다. 밴크로프트의 결론은 이러했다. "캘리포니아에 대한 주제로 완벽한 컬렉션을 만들기 위해서는 멕시코의 초창기 역사 대부분이 반드시 들어가야 한다. 왜냐하면 이 두 가지는 너무 밀접히 연관되어 있어서 차마 분리할 수가 없기 때문이다." 그는 석 달 동안 런던에 머물면서 서적상들의 도서목록을 뒤져 태평양 연안에 관련된 자료라면 무엇이든지 찾아보았다. 그는 서지 목록을 작성하기 위해 조수를 고용했다. "나는 런던을 거쳐 파리로 가서 그곳의 헌책 노점이며, 고서적상의 창고며, 도서목록을 마찬가지로 샅샅이 훑었다." 그는 마드리드에서도 똑같은 절차를 거쳤고, 이후에도 계속해서 그렇게 해 나갔다.

사라고사, 바르셀로나, 마르세유, 니스, 제노아, 볼로냐, 피렌체, 로마. 그리고 나폴리, 다시 베네치아, 그리고 스위스를 거쳐 파리로. 그 후에는 잠시 휴식을 취하고 나서 네덜란드로 건너갔고, 다시 라인 강을 따라 위로 올라가서 독일에서 빈으로 갔다. 거기서 다시 독일과 스위스를 거쳐 파리와 런던, 그리고 결국 뉴욕과 버펄로로 돌아왔다. 가는 곳마다 나는 아무리 사소한 것이라도 발견하는 족족 손에 넣었는데, 그런 병에 저항하려는 생각은 애초부터 포기하고 말았다.

장서가 1만 권에 달하자, 그는 이쯤 하면 되었겠다고 생각했다. "나는 미국 곳곳에서 보물을 강탈했고, 유럽에서도 약탈했다." 하지만 그가 다 끝났다고 생각한 순간, 뭔가 그의 주의를 끄는 것이 있었다. "런던에 있

---

181. 두 곳 모두 이른바 '누에바 에스파냐', 즉 당시 북아메리카에 있던 에스파냐의 식민지 가운데 일부였으며, 현재는 멕시코 영토이다.

는 내 대리인이 우편으로 두툼한 소책자를 하나 보내 왔기에, 무엇인지 열어보았다." 그 직후, 단 한 번의 대량 구입으로 인해 멕시코에서부터 7,000권에 달하는 책이 그의 창고로 날아오자, 그는 자신이 더 해야 할 일이 무엇인지 "번쩍 하고 깨달음을" 얻었다. "나는 멕시코에서도 지난 3세기 하고도 4반세기에 걸쳐 계속 책을 인쇄해 왔음은—이른 매사추세츠보다도 100년이나 앞선 것이었다—물론이고, 심지어 그 초창기의 책들이 간혹 헌책 노점이나 경매장에 나온다는 것도 미처 생각지 못하고 있었다. 따라서 어쩌면 멕시코에서는 보다 큰 수확이 있을 것이었다."

1868년, 뱅크로프트는 멕시코시티에서 열린 경매에 나온 6,000권의 책들 가운데 거의 절반 가량을 사들였다. 8년 뒤에 그는 중앙아메리카의 역사에 대한 신문이며 서적이며 소책자며 필사본 등을 판매하는 E. 조지 스콰이어의 장서 경매에서 많은 물품을 구입했다. 1880년에는 한때 멕시코 국립박물관의 관장을 역임한 고(故) 돈 호세 페르난도 라미레즈가 수집한 장서의 경매에 서적상 헨리 스티븐스를 대리인으로 보내 입찰하기도 했다. 라미레즈 컬렉션은 다양한 인디언 언어와 방언으로 된 작품뿐만 아니라, 텍사스와 캘리포니아와 남아메리카에서 있었던 예수회의 선교 활동에 대한 수많은 필사본, 또한 16세기에 멕시코의 에스파냐인 인쇄업자들이 발행한 책들까지 포함하고 있었다.

뱅크로프트가 한창 《문예 산업》을 집필하던 1890년 당시, 그의 태평양 연안 관련 장서는 5만 권에 달하고 있었고, 그는 이를 가리켜 "특별한 장소와 시대와 주제에 관계되는 서적과 지도와 필사본을 망라한 것으로는 세계에서 가장 방대한 컬렉션"이라고 자랑했다. "나는 이 자료가 혹시나 화재로 소실될까봐 겁을 냈다." 뱅크로프트는 이렇게 쓰고 있다. "왜냐하면 일단 훼손되고 나면, 결코 다시는 회복할 수 있는 방법이 없음을 잘 알고 있었기 때문이다." 그리하여 그는 마켓 가의 창고에 보관되던 자기 컬렉션을 방화 설비가 되어 있는 발렌시아 가의 건물로 옮겼는데, 훗날 이는 매우 선견지명이 있는 행동으로 밝혀졌다. 1905년에 캘리포니아 대학 버클리 캠퍼스에서 이 책들을 15만 달러에 구입하기로 했는데, 책을 샌프란시스코 만 건너편으로 옮기려다 보니 시간이 좀 지체되었다. 그런데 책을 옮기기로 예정한 바로 전날, 엄청난 지진이 샌프란시스코 전역을 강타해 마켓 가의 건물들은 모조리 파괴되고 말았다. 하지만 발렌시아 가에 있는 뱅크로프트의 장서는 기적적으로 아무런 해도 입지 않았다. 오늘날 그가 미국에서 '강탈' 하고 유럽에서도 '약탈' 한 6만 5,000권의 책과 10만 권의 필사본은 이 대학 뱅크로프트 도서관의 중추적인 컬렉션으로 보관되고 있다.

그 와중에, 미국인들이 구입해서 대서양 건너로 가져가는 책들에 대해 유럽인들이 아무런 걱정도 하지 않았던 것은 아니었다. "사실 그런 1만 권, 혹은 2만 권짜리 장서를 잘 보관할 만한 곳이 미국밖에 더 있을까." 존 힐 버튼(1809~1881)은 루터 판햄이 개인 장서에 대한 자신의 '일람' 을 펴낸 지 7년 뒤에 이렇게 썼다. 확실한 증거들로 보건대 "그들은 당연히 사야 할 만한 책들을 사들이고 있으며, 그리하여 한때는 구세계에서만 누렸던, 즉 오랫동안 간직되어 온 문학사의 보물들을 소장하는 특권에 이 새로운 사람들도 참여하게 된 셈이다."

한참 뒤에 프린스턴 대학의 사서인 줄리언 P. 보이드는, 북아메리카로 책이 대거 유입된 것은 매우 놀라운 업적으로, 이것은 미국인들이 종종 잘 잊어버리곤 하는 물질주의의 일종 덕분에 가능했으며, 만약 그 덕분이 아니었더라면 이토록 철저하게 이루어질 수는 없었을 것이라고 지적했다. "미국 해안으로 밀려들어 온 책과 필사본의 해일을 만들어낸 것은 정복이나 전쟁이 아니었다." 보이드는 이렇게 쓰고 있다. "다름 아닌 이 나라의 돈, 즉 지불하는 사람이나 지불받는 사람 모두가 기꺼워했고, 때로는 엄청나게 지불된 바로 그것이야말로 이러한 책의 물결을 만들어낸 가장 큰 요인이었던 것이다."

05
영웅들은 브랜디를 마신다

　로버트 호우 3세(1839~1909)가 한때 훌륭한 장서를 수집했지만 결국 뿔뿔이 흩어지게 내버려 두었다는 사실을 아는 사람은 그리 많지 않다. 자신의 컬렉션을 특정 기관 등에 기증하는 대신 그냥 뿔뿔이 흩어지게 하는 사람이 종종 나오는 까닭이 무엇이냐고 묻는다면, 다음과 같은 호우의 말이야말로 그 질문에 대한 가장 적절한 대답이 될 것이다. "만약 예전에 누가 모아 놓았던 훌륭한 컬렉션이 다른 사람에게 팔리지 않았더라면, 지금 내가 모은 책들이 다 어디서 나왔겠소?" 세간에 큰 화제가 되었던 호우의 장서 경매는 1911년에 있었는데, 그로부터 80년 후인 1991년에 노르웨이의 도서수집가인 마르틴 쇠옌도 자기가 수집한 15세기 인쇄본, 즉 인큐내뷸러를 경매에 내놓으면서 그 이유를 다음과 같이 설명했다.

　인큐내뷸러를 공공 기관에 기증하거나, 그것을 관리할 사설 재단을 설립하려는—최근 일부 수집가들이 하는 것처럼—생각은 아예 해본 적이 없습니다. 오히려 이런 책들을 찾아다니는 스릴과 손에 넣는 순간의 흥분, 그런 훌륭한 책들을 소유하는 특권, 그 인쇄며 장식이며 제본이며 출처에 대한 흥미로운 연구 등이야말로 제가 다음 세대에게 남겨주는 더욱 큰 선물이 될 것입니다. 이번에 열리는 경매야말로 그들에게 그런 기회를 제공해 줄 것입니다.

딥딘의 시대인 19세기 초반이 도서수집의 '영웅시대'였다면, 그로부터 20세기로 접어들기 전까지의 60여 년간은 바야흐로 도서수집의 '황금시대'라고 할 만했다. 특히 거대한 도서관 건물이 곧 지혜와 업적의 상징처럼 여겨지던 미국에서는 말이다. 비록 한 세대 전에 있었던 브린리 경매를 통해 '아메리카나'도 수집할 만한 가치가 있음이 증명되었지만, 그래도 인기 있는 품목은 여전히 대부분 유럽의 고전들이었다. 또한 브린리 경매는 그때까지 있었던 최대 규모의 '아메리카나' 경매이긴 했지만, 그렇다고 미국 역사상 최대 규모의 '도서' 경매는 아니었다. 그 까닭은 바로 호우 장서의 경매 때문이었다.

50여 년에 걸쳐 로버트 호우는 세계적인 수준의 개인 장서를 수집했다. 그로부터 5세기 전의 리처드 드 베리와 마찬가지로, 호우야말로 도서수집에 대한 열의와 재산은 물론이고, 나아가 행운과 식견까지도 모두 겸비한 수집가였다. 1903년에 영국에서 뉴욕으로 건너온 그의 할아버지는 미국 최초로 증기 기관을 사용한 윤전기를 개발한 인물이기도 했다. 로버트 호우 3세—그는 인쇄 장비 산업이 가장 호황을 누렸던 시절에 R. 호우 사를 경영했다—는 궁극적으로는 자신의 가업과도 연관되어 있는 책을 수집하며 즐거워했다. 1896년에 뉴욕 애스터 도서관의 사서인 O. A. 비어스태트는 호우의 업적에 대해 다음과 같은 글을 남겼다. "그의 장서에 포함된 모든 책과 소책자를 어림잡아 계산해 본다면 최소한 1만

5,000권은 될 것이다." 그는 계속해서 다음과 같이 썼다.

피지(皮紙)나 종이로 된 오래 된 필사본이 특이할 정도로 많았다. (이 컬렉션의) 가장 큰 특징이라면 그 다양성을 들 수 있다. 미국의 대도시에 모여든 사람들과 마찬가지로, 전 세계 각국의 책들이 무려 30여 년 이상에 걸쳐 이곳에 모여든 것이다. 다른 장서들과 달리 이 컬렉션은 어떤 단일한 주제로도 요약할 수가 없다. 왜냐하면 이 컬렉션의 소유주는 마치 책에 미친 두더지마냥 전 세계 문학의 온갖 세부적인 분야까지도 들쑤시고 돌아다녔기 때문이다. 이야말로 세계 문학의 걸작들을 최고의 판본과 최상의 상태인 것들로만 신중하게 골라 모은 방대한 장서가 아닐 수 없다.

워낙 종류가 다양하다 보니, 어느 특별한 품목 하나 때문에 전체 컬렉션 자체가 빛을 잃는 경우는 없었다. "비유하자면 서지학적 가치가 뛰어난 어느 관악기나 현악기 하나로만 빚어내는 독주곡이 아니라, 모든 분야의 책들이 완벽하고 조화롭게 빚어내는 관현악곡인 셈이었다. 그야말로 모든 애서가들에게는 정말 '천국' 과 다름없을 정도로 완벽에 가까운 장서였다."

이러한 '천국' 같은 책들을 기증받을 수만 있다면야 그 어떤 기관이라도 열광해 마지않았겠지만, 호우는 장서 기증 요청은 결코 받지 않을 것임을 분명히 했다. 그는 유언장에서도 이 점을 특히 강조했다. "나는 유언집행인들에게 내 소유의 모든 가구와 개인 재산, 미술품과 장서를 국내 혹은 유럽에서 판매할 수 있도록 하는 바이며, 특히 내 책들에 관해서는 그 분야의 전문가들로부터 조언을 얻어 런던, 파리, 혹은 뉴욕에서 가급적 좋은 가격에 판매하도록 하는 바이다." 호우가 사망한 지 얼마 지나지 않아, 1911년 4월부터 총 19개월간에 걸쳐 열릴 예정인 일련의 경매를 통해 그의 장서가 판매될 예정이라는 발표가 나왔다. 모두 7권으로 된 경매 도서목록에 실린 추천사에서 뉴욕의 애서가이자 고인의 친구였던 비벌리 츄는 자기 친구가 한때 먼지로 뒤덮이고, 책장은 때가 타고, 제본은 떨어지고, 하여간 모든 면에서 무관심과 태만함의 흔적이 드러나던 유럽의 어느 도서관을 찾아갔을 때의 일화를 언급했다. 호우는 그 광경에 몸서리를 치면서 '책을 보호하고 관리하는 사람은 마땅히 책을 사랑하는 사람이어야 한다'는 점을 확신하게 되었다고 한다.

    로버트 호우가 고서업계에서는 매우 명망이 높은 인물이긴 했지만, 그의 사망은 미국의 '도금시대'[182]를 주름잡았던 다른 실업계 거물들의 사망에 비하면 일반 대중에게까지 별다른 반향을 일으킬 정도는 아니었다. 하지만 그의 사망은 또 다른 중요한 장서의 매매와도 연관이 있었다. 그보다 1년 먼저 사망한 브루클린의 중탄산나트륨 제조업자 E. 드와이트 처치 또한 사망 당시에는 별다른 반향이 없었고, 그가 소유했던 매우 특별한 장서는 호우 경매가 벌어지기 몇 주 전에 비공개로 누군가에게 매각되었기 때문에, 그런 사실 또한 널리 알려지진 않았다. 그리하여 처치의 장서를 실제로 매입한 인물이 캘리포니아의 헨리 E. 헌팅턴이라는 사실조차도 곧바로 밝혀지지 않고 한동안 비밀로 유지되었다. 마침 월스트리트의 서적상인 조지 D. 스미스가 언론에다가 자기가 혼자서 그 책들을 모조리 구입했으며, 그 책들을 통째로 미국 정부에 판매하기를 희망한다고 밝히면서, 만약 그게 불가능하다면 그 컬렉션을 여러 개로 나누어 개인 수집가들에게 판매할 생각이라고 말했던 것이다. 하지만 스미스는 사실 그럴 생각이 전혀 없었고—헌팅턴 장서의 매입 계산서는 실제로 헌팅턴이 처치 측으로부터 거의 모든 책을 구입했음을 알려주고 있다—

---

182. 미국의 작가 마크 트웨인이 풍자소설 《도금시대》(1873)에서 처음 사용한 말로, 이른바 '황금시대'의 패러디이다. 19세기 말부터 20세기 초에 이르는 겉만 번지르르한 경제 호황을 가리키는 말로 사용된다.

단지 장사꾼 특유의 너스레를 떨어 사실을 은폐하려는 의도였다. 그 이유는 아마도 고서업계를 발칵 뒤집어 놓을 호우 경매가 조만간 벌어질 예정이기 때문이었을 것이다.

호우는 미국에서 가장 유명한 도서수집가들의 단체인 그롤리에 클럽의 초대 대표이기도 했다. 물론 자기가 원하는 희귀본을 사들일 정도의 여력은 있었지만, 그렇다고 감히 J. 피어폰트 모건(1837~1913)에 비할 바는 아니었다. 그로부터 50년 전에 존 힐 버튼은, 모건을 비롯한 부유한 미국인들이 영국 내의 훌륭한 장서를 모조리 사들여 미국으로 가져가고 있는데, 이 세상의 다른 재화와 마찬가지로 책 또한 그 공급에는 한계가 있게 마련이니 주의해야 한다고 지적한 바 있었다. 어쩌면 그런 책들을 제공해 준 영국을 향한 감사의 표시였을까? 사상 최초로 J. 피어폰트 모건의 허락을 받고 뉴욕에 있는 그의 개인 도서관을 구경한 기자 역시 미국인이 아니라 〈런던 타임스〉의 이름이 밝혀지지 않은 어느 특파원이었다. 그는 맨해튼 중심부에 있는 대리석 궁전에 다녀온 유일한 사람으로서 의기양양하게 다음과 같은 기사를 썼다. "세계에서 가장 보안이 철저한 보물창고에 들어서자, 그 안에 있는 모든 소장품들의 면면이 그대로 드러났다." 그는 1908년 12월 4일자 신문에 이렇게 기고했다. "이처럼 멋지고, 아름답고, 희귀한 책들을 소장한 J. 피어폰트 모건 씨야말로 아마 역사상 가장 훌륭한 수집가일 것이다. 그에 비견될 만한 인물이라면 아마 로렌초 데 메디치 정도를 예외로 들 수 있겠지만, 단적으로 가톨릭 관련서를 고른 안목만 보아도 모건 씨는 그 이탈리아의 군주를 훨씬 능가하고 있다."

그는 자신이 "청동문을 통과해 희귀한 대리석으로 만든 천장이 높은 홀로 들어가면서 내가 여기서 본 것을 대략적으로나마 글로 묘사해야 한다는 임무에 대해 두려움을 느끼게 되었다"고 고백한다. 그가 바라보는 곳마다 정신이 아득해질 만큼 멋진 보물들이 눈앞에 나타났다. 어떤 멋진 보석으로 장식된 책을 가리키며 저게 뭐냐고 묻자, 초창기 영국 수공예품의 대단한 걸작인 애쉬번햄 성서로, 모건이 몇 년 전에 1만 파운드에 구입한 것이라고 했다. 대영박물관에 소장된 것보다도 더 훌륭한 인큐내뷸러를 돌아보고 나서, 그는《욥기》에 수록되었던 윌리엄 블레이크의 삽화 원본,《피크위크 클럽 회보》에 수록된 피즈의 삽화 원본, 그리고《엔디미온》,《크리스마스 캐럴》,《허영의 시장》,《아이반호》의 저자 친필 원고 앞에서 발걸음을 멈추었다. 그는 셸리의 개인 노트를 보고 나서, 새뮤얼 존슨, 찰스 디킨스, 로버트 번스, 찰스 램의 친필 문서와 편지를 구경했다.

"혹시 독자 중에도 성서를 좋아하는 분들이 있을지?" 그는 이렇게 썼다. "이 도서관에는 무려 30개의 책장이 성서로만 가득 차 있고, 그 중 두 권은 바로 구텐베르크 성서로 (……) 한 권은 종이에, 다른 한 권은 피지(皮紙)에 인쇄된 것이다. 1482년 판 히브리어 성서며, 커버데일 이후에 나온 각종 영어 성서도 모두 구비되어 있었다. 또한 역사적인 유명인사가 소장했던 성서도 있었는데, 그 중에는 표지에 문장이 새겨진 콜베르 소유의 32권짜리 성서를 비롯해, 맹트농 부인과 월터 스콧 경의 성서도 있었다. 또한 아이슬란드어를 비롯해 갖가지 색다른 언어로 된 성서를 비롯해서, 파들로가 제작한 10권짜리 복음서 전질도 있었다." 이윽고 모건 씨가 사용하는 서재로 들어서자 엘리자베스 시대와 제임스 시대의 초판본들이 잔뜩 들어차 있었다고 한다. "말 그대로 모든 책이 그곳에 모여 있었다. 셰익스피어의 2절판과 4절판, 밀턴, 필립 시드니, 에드먼드 스펜서, 벤 존슨, 마이클 드레이턴, 토머스 브라운 경, 앤드류 마블, 에드먼드 윌러, 로버트 버튼, 그리고 다른 수백 명의 작품이 말이다." 그리고 모든 유명한 인쇄업자들의 책들도 망라되어, 무려 21개의 서가가 알두스 판으로, 7개의 서가가 엘제비르 판으로 가득 차 있었다. "혹시 독자 중에 캑스턴과 윈킨 드 워드 판에 대해 관심 있는 분들도 있을지? 이 도서관에는 무려 수십 권이 소장되어 있는데다가, 그 중 몇 개는 매우 희귀한 것이다."

숨이 막힐 정도로 흥미진진한 여행이 계속되면서 새로운 보물들이 속속 모습을 드러냈다. "서가에서 뽑아드는 책마다 귀중본 아닌 것이 없고, 현존하는 중에서도 최상급 상태가 아닌 것이 없다." 이 정도면 구경할 만큼 구경했다고 생각한 찰나, 그는 '이 대리석 보석상자 속에서도 가장 값비싼 보석'이 비치된 또 다른 방으로 안내되었는데, 그 중에는 존 밀턴의 《실락원》 친필 원고 가운데 현존하는 유일한 일부분도 포함되어 있었다. "이 방은 방범장치와 방열장치가 되어 있는 것은 물론이고, 그 자체가 가장 최신의 설비를 갖춘 금고나 마찬가지다. 두툼한 강철 문에는 번호식 자물쇠가 달려 있고, 사방 벽 또한 강철로 이루어져 있으며, 밤에는 창문에도 강철 셔터가 내려진다."

비록 모건에 대해 '그저 경의를' 표시할 수밖에 없다는 점을 인정하고, '이처럼 소중한 책들에 대한 그의 관대함과 사랑, 그리고 이 책들을 발견하기 위한 노력'을 높이 평가하기는 했지만, 이 영국인 특파원은 이와 동시에 '이 영국의 보물들이 결코 다시 조국으로 돌아가진 못할 것이며, 거듭 이야기하지만 이 물건들은 애초에 이리 건너오도록 방치되지 말았어야 했다'는 현실을 인정할 수밖에 없었다. 그러면서도 그는 경쟁자의 허를 찌르는 이 사업가의 전설적인 솜씨에 대해서는 질투심 섞인 존경을 보내고 있다. "모건 씨가 바이런의 원고를 입수하기까지의 경위는 마치 대단한 박애주의자의 행적과도 같이 들린다. 그는 영국 내에도 바이런의 친필 원고가 전혀 없고, 오로지 그리스에만 몇 종류가 남아 있다는 소문을 듣게 되었다. 그 직후에 그는 가격을 불문하고 그 원고를 입수하라는 지시와 함께 자기 대리인을 현지로 급파했다. 그 결과로 입수한 것이 바로 《돈 쥬앙》, 《베르너》, 《맨프레드》, 《마리노 팔리에로》[183] 등의 원고였다." 모건의 장서를 둘러본 그는 도무지 믿을 수가 없는 광경에 고개를 절레절레 흔들었고, '애서가의 천국'을 방문하는 의기양양한 기분은 어느새 간 데 없이, 다음과 같은 침울한 말투로 기사를 끝마치고 있다. "결코 영국 바깥으로 나가서는 안 되었던 소중한 책들이 뉴욕의 이 정방형 건물 내에 얼마나 많이 보관되어 있을지에 대해서라면, 아마 영국의 어느 누구도 감히 짐작조차 못하고 있을 것이다." 그는 이렇게 덧붙였다. "과연 내가 느끼고 있는 감정이 놀라움인지, 서글픔인지 솔직히 분간이 되지 않았다."

오늘날 매디슨 가와 이스트 36번가 29번지에 위치한 모건의 '애서가의 천국'은 전 세계에서 찾아오는 관광객과 학자들에게 개방되어 있다. 그곳이야말로 모든 애서가들이 한 번씩 순례를 다녀와야 할 성지(聖地)라고 할 수 있다. 그곳에서 걸어서 10분 정도 떨어진 이스트 33번가 11번지에 있던, 로버트 호우의 가족들이 살던 갈색 사암 건물은 이미 오래 전에 철거되었고, 이제는 그 자리에 사무실용 건물이 들어서 있다. 1884년에 호우가 뉴욕에서 활동하는 다른 여덟 명의 도서수집가들을 규합해 그롤리에 클럽을 결성한 곳도 바로 이 장소였고, 그가 사망한 1909년까지 그 훌륭한 도서 컬렉션을 보관했던 곳도 바로 이 장소였다. 그의 장서가 판매된다는 소식은 미국과 영국뿐만 아니라, 이전까지만 해도 미국인에게 책을 구입하는 것보다는 판매하는 역할에 더 익숙했던 유럽의 서적

183..맨 처음의 책은 바이런의 연작 시집으로 1권과 2권이 1819년에, 3권과 4권은 1821년에, 5권부터 14권까지는 1823년에, 15권과 16권은 사망 직전인 1824년에 출간되었다. 뒤의 세 권은 앞에서부터 각각 1823년에 나온 바이런의 희곡, 그리고 1817년과 1821년에 나온 시집이다.

상들 사이에서도 엄청난 관심을 불러 일으켰다. 그리하여 세계적인 거물급 서적상들이 경매에 참가하기 위해 속속 뉴욕에 도착했다. 영국의 앨프레드 쿼리치와 어니스트 맥스를 비롯해, 파리의 테오필 벨랭 여사, 심지어 독일 프랑크푸르트의 루트비히 바에르 박사까지도 말이다.

첫 번째 경매가 열리기 11일 전인 1911년 4월 13일, 〈뉴욕 타임스〉는 "이번 경매에서 그 낙찰가에 대한 갖가지 추측을 불러일으키고 있는 물품은 다름 아닌 피지(皮紙)에 인쇄한 구텐베르크 성서다"라고 보도했다. 그때까지만 해도 인쇄본 한 권의 구입가로 최고액은 J. 피어폰트 모건이 런던의 대표적인 서적상이며 앨프레드 쿼리치의 부친이었던 버나드 쿼리치에게 1459년 판 마인츠 시편을 구입하면서 지불한 2만 4,750달러였는데, 이 책의 경우에는 구텐베르크의 42행 성서보다도 더 희귀했기 때문이었다. 다음날 〈뉴욕 타임스〉는 일요 특집면에서 또 다른 기사를 내보냈는데, 여기에는 크고 굵은 글씨로 "미국인들이 어떻게 그토록 값진 장서를 보유하게 되었나?"라는 표제가 붙어 있었다.

이 기사는 곧 벌어질 호우 경매에 때맞춰 나오긴 했지만, 정작 로버트 호우라는 사람 자체에 대해서는 거의 언급하지 않았다. 그 대신 대중의 관심은 불과 몇 주 전에 130만 달러의 가격에 판매되었지만, 경매 절차가 일반에 공개되지 않았던 탓에 당시에는 아무런 주목도 받지 못했던 E. 드와이트 처치의 장서 쪽으로 쏠렸다. 그 기사의 내용 가운데 상당 부분은 '베이 시편집'이나, 미국에서 인쇄된 최초의 법령집으로는 '현존하는 단 한 권'인 1648년 판 《매사추세츠 거류민을 위한 일반 법률 및 권리 설명서》처럼 처치 컬렉션에 포함된 책 중에서도 특별한 걸작품을 설명하는 데 할애되어 있었다. 또한 이 컬렉션에는 벤저민 프랭클린의 자서전 친필 원고가 포함되어 있었는데, 이것은 프랭클린의 손자인 윌리엄 템플 프랭클린이 1791년에 프랑스로 가져갔다가, 1867년에야 프랑스 주재 공사인 존 비글로우가 다시 미국으로 가져온 것이었다.[184] 〈타임스〉의 기사에서는 또 다음과 같이 언급하고 있었다. "이 귀중한 책들은 현재 은행의 지하 금고에 보관되어 있으나, 조만간 새로 보관될 장소가 결정되는 즉시 옮겨질 예정이다."

이 기사에서는 결국 처치 장서의 새로운 주인이 헨리 E. 헌팅턴으로 '밝혀졌다'고 하면서, 상당수의 '도서 전문가들'이 이 책들의 구입금액이 130만 달러라는 거액인 사실에 입각해, "아마 한 사람이 아니라, 서로 경쟁하는 대신 협정을 맺기로 한 일단의 부유한 수집가들이 공동으로 자금을 지원했음이 틀림없다. 이들 부유한 애서가들은 한꺼번에 구입한 장서 중에서 각자 원하는 것을 고른 다음, 나머지 책들은 다시 경매에 내놓을 예정이 아닐까"라고 추측했다고도 썼다. 따라서 호우 경매가 벌어지기 직전까지만 해도, 뉴욕의 '도서 전문가들'은 헨리 E. 헌팅턴을 어디까지나 가공의 인물이라고만 생각했다. 아무리 추측해 보아도 그 한 사람이 처치 컬렉션을 130만 달러에 구입했다는 것은 말이 되지 않았고, 따라서 처치의 장서를 구입했다고 밝혀진 그 사람은 단지 부유한 도서수집가들이 조직한 컨소시엄의 끄나풀에 불과하리라는 것이었다.

하지만 그러한 추측은 1911년 4월 24일 월요일 오후 2시 30분에 로버트 호우가 생전에 살던 집에서 걸어서 몇 분 거리에 위치한 매디슨 가와 40번가 사이의 앤더슨 경매 회사에서 호우 장서 경매가 시작됨과 동시에 극적으로 바뀌었다. 첫 번째 날에 가장 큰 관심을 끌었던 책은 1470

---

184. 벤저민 프랭클린의 손자인 윌리엄 템플 프랭클린은 1790년에 할아버지가 사망하자 유고인 《자서전》을 출판하려고 했으나, 뜻대로 되지 않자 이후 원고를 들고 프랑스로 건너갔다. 1791년에 그 원고의 일부분이 프랑스어로 번역되어 출간되었고, 1793년에는 프랑스어본을 대본으로 한 영어판이 영국에서 출간되었다. 이후 프랭클린의 원고 원본을 프랑스에서 미국으로 가져온 존 비글로우는 자신이 편집한 완전한 형태의 《자서전》(전4부)을 1868년에 출간했다.

년에 요한네스 데 스피라가 펴낸 성 아우구스티누스의 《신국론》으로, '당대 최고의 베네치아 예술가가 찬란하게 금박을 입힌' 책이며, 피지(皮紙) 인쇄본으로는 이것을 포함해 전 세계적으로 겨우 8권만이 현존하는 품목이었다. 경매가 시작되자마자 서적상인 조지 D. 스미스가 1,000달러를 불렀고, 곧이어 벨 다 코스타 그린과 치열한 경합을 벌인 끝에 결국 2,700달러에 낙찰받았다. 신문 기사에 따르면 그린 여사는 자신의 고용주인 J. 피어폰트 모건의 대리인 자격으로 경매에 참가했지만, 스미스는 단지 개인 자격으로 참가한 것이었다.

그날 저녁 8시 15분부터 시작된 제2차 경매에서 행사장 2층에 마련된 400개의 좌석에는 세계적으로 유명한 서적업계의 거물들이 모두 앉아있었다. 그롤리에 클럽의 옛날 스크랩북에는 그날 사용된 107H 좌석의 입장권이 아직까지도 보관되어 있다. 경매는 비교적 차분히 진행되어, 드디어 252번 품목인 '아주 상태가 우수한' 1486년 판 《세인트올번스의 책》의 차례가 되었다. 이 책 역시 1만 2,000달러로 쿼리치를 물리친 스미스에게 낙찰되었다. 그러고 나서 17점의 다른 품목이 낙찰된 이후에야 그날 경매의 절정을 장식할 책이 등장했으니, 그것이 바로 도서목록에는 "라틴어 성서"라고만 나온, 1450년부터 1455년 사이에 독일 마인츠에서 요한 구텐베르크와 요한 푸스트가 인쇄한 책이며, 여전히 초판 당시의 참나무 목판 표지에 돼지가죽 장정을 그대로 간직한 두 권짜리 2절판, 즉 '에디티오 프린켑스' 42행 성서였다. 도서목록에서는 "이 비할 데 없이 훌륭한 책의 탁월한 품질과 중요성에 대해서는 더 이상 설명이 필요 없다"면서도, 그럼에도 불구하고 "몇 가지 특징"을 언급하고 넘어가야 하겠다며 다음과 같은 내용을 굵은 대문자로 강조해 적어놓고 있었다.

이동식 활자[185]로 인쇄된 최초의 중요한 책들 가운데 하나인 이 기념비적인 작품의 피지(皮紙) 인쇄본을 입수할 수 있는 기회는 앞으로 결코 다시 오지 않을 것이 분명합니다.

두 권의 책이 무대 앞의 탁자 위에 진열되자, 앤더슨 측에서 호우 경매를 위해 특별히 초빙한 영국의 유명한 경매인 시드니 호지슨은 열광하는 참가자들을 향해 이렇게 물었다. "이건 과연 얼마부터 불러야 할까요?"

경매장 뒤쪽에 있던 누군가가 킥킥대는 웃음소리와 함께 100달러를 불렀다. 그러자 조지 D. 스미스가 곧바로 1만 달러를 불렀는데, 그것이야말로 더 이상은 허튼소리를 용납하지 않겠다는 굳은 의지의 표현이었다. 앨프레드 쿼리치는 현명하게도 1만 5,000달러를 불렀는데, 바로 그때부터 가격이 본격적으로 오르기 시작해서 도대체 어느 쪽에서 얼마를 불렀는지도 모를 정도로 재빠르게 치솟았다. 하지만 가격이 3만 달러에 도달하자, 쿼리치는 자기 부친이 17년 전에 로버트 호우에게 팔았던 바로 그 책을 다시 영국으로 가져가려던 희망을 포기할 수밖에 없었다. 그가 입찰을 포기하자 애국심이 넘치는 박수가 미국인들로부터 터져 나왔다. 그 이후부터는 필라델피아의 조셉 E. 와이드너와 월 스트리트의 서적상인 조지 D. 스미스 두 사람의 대결이었는데, 그제야 아연실색한 도서 전문가 들과 관람객들은 스미스가 어느 부유한 고객의 대리인으로 참가하고 있다는 사실을 깨달았다.

자기 조카인 해리 엘킨스 와이드너를 대신해 경매에 참가했다고 알려진 와이드너는 매번 스미스가 부르는 가격보다 1,000달러씩을 더 얹어

---

185. 이른바 글자 하나 당 활자 하나 꼴로 조판시에 쉽게 넣었다 뺐다 하며 '이동' 시킬 수 있는 금속활자를 말한다. 이는 구텐베르크가 세계 최초로 발명한 것으로 간주되며, 우리나라의 금속활자는 이보다 제작 연도는 빠르지만 완전한 '이동식 활자'는 아닌 것으로 간주된다.

불렀다. 하지만 가격이 5만 달러에 도달하자 결국 고개를 내젓고 말았다. "지금이 이 책을 입수할 수 있는 유일한 기회입니다." 호지슨은 그에게 마지막으로 기회를 주었다. "더 내실 분 없습니까?" 더 이상 아무도 가격을 부르지 않자, 경매장 전체를 뒤덮는 환호성 속에서 구텐베르크 성서는 조지 D. 스미스에게 낙찰되었다. 경매장 안에서는 곳곳에서 사람들의 외침이 터져 나왔다. "진짜 구매자는 누굽니까? 진짜 구매자 말입니다!" 호지슨이 스미스를 바라보자, 그는 승낙의 표시로 고개를 끄덕였다. 그러자 경매인은 이 책의 새로운 주인이 바로 헨리 E. 헌팅턴이라고 밝혔고, 사람들의 환호성이 계속되자 맨 앞줄에 앉아 있던 짙은 콧수염에 당당한 체구를 지닌 남자가 일어나 답례를 보냈다. 마치 번개처럼, 그리고 침착하면서도 아주 극적인 방법으로 이 캘리포니아인은 전 세계에서 가장 훌륭한 장서를 수집하고자 하는 자신의 의도를 만방에 선언한 셈이었다.

다음날의 경매도 전날과 똑같이 열띤 분위기에서 진행되었고, 〈뉴욕 해럴드〉의 표현에 따르면 거의 소실점(消失點)에 도달할 정도로까지 가격이 치솟았다. 고서는 물론이고 비교적 최근의 책까지도 무척 비싼 값에 판매되어, 심지어 그 자리에 참석한 유럽의 도서 전문가들조차도 깜짝 놀랄 지경이었다. 조지 D. 스미스와 벨 다 코스타 그린은 이번에도 윌리엄 블레이크의 《밀턴》을 놓고서 한바탕 경쟁을 벌였다. 블레이크의 작품 중에서도 가장 희귀한 것의 초판본으로, 현재까지 확인된 바에는 대영박물관과 레녹스 도서관에 한 권씩밖에는 없는 책이라고 했다. 그린 여사는 그 보물을 얻기 위해 분투했으나 결국 스미스 씨가 9,000달러를 부르자 포기할 수밖에 없었다. 〈뉴욕 트리뷴〉지에서는 세 번째 날의 경매 결과, 총 판매 금액은 30만 달러가 조금 못 되는 액수이며, '조지 D. 스미스가 그 대부분을 구입하는 동안 그의 고객인 헨리 E. 헌팅턴은 바로 그 옆에 앉아 있었다'고 전했다. 하지만 스미스가 모든 걸작들을 싹쓸이한 것은 아니었다. 런던의 앨프레드 쿼리치는 A. 피르맹 디도가 1495년에 파리에서 펴낸 로망스 소설 《클레리아두스와 멜라디체》의 현존하는 유일한 피지(皮紙) 인쇄본을 놓고 필라델피아의 A. S. W. 로젠바흐 박사와 치열한 경쟁을 벌였다. 로젠바흐는 당시 한창 떠오르던 신예 서적상으로, 머지않아 그의 이름은 곧 20세기 미국 도서수집의 대명사가 된다. 쿼리치는 결국 8,000달러에 로젠바흐를 눌렀지만, 로젠바흐는 그 대신 1598년에 런던에서 출간되었고 상태가 우수한 조지 채프먼의 호메로스 번역서를 3,000달러에 구입할 수 있었다.

경매의 첫째 주가 끝날 무렵, 비정상적으로 높은 가격이며, 몇몇 애서광들이 책을 싹쓸이하는 현실에 대한 비난의 목소리가 터져나왔다. "스미스 씨를 상대해서 가격을 부른다는 것은 마치 계란으로 바위치기나 마찬가지다." 시카고의 서적상인 월터 M. 힐은 이렇게 말했다. "원래는 시카고의 뉴베리 도서관에서 의뢰를 받아 최소한 300여 권은 구입하려고 했는데, 결국 한 권도 못 건졌다." 테오필 벨랭은 자기가 준비한 예산을 훨씬 웃도는 높은 가격을 보고 기자들에게 이렇게 빈정거렸다. "미국에선 책값도 빌딩만큼이나 높더군요."

헌팅턴의 이름을 단 한 줄밖에 쓰지 않았던 먼젓번 기사가 나간 지 2주 후에, 〈뉴욕 타임스〉는 '구텐베르크 성서를 5만 달러에 구입한 장본인'이라는 표제 아래 그의 주요 이력을 자세히 보도했다. 표제어 밑에 적힌 여섯 줄짜리 부제는 다음과 같았다. "헨리 E. 헌팅턴은 처치 장서를 130만 달러에, 그리고 호우 컬렉션의 주요 품목을 연달아 매입함으로써 도서수집가로서 명성을 얻게 되었다." 그 기사와 함께 로스앤젤레스에서 20킬로미터 정도 떨어진 패서디나 근교의 작은 마을 샌마리노에 지은 헌팅턴의 프랑스 풍 '목장' 사진이 그의 사진과 함께 크게 실려 있었다. "그는 어린 시절부터 사업에 뛰어들었다." 그 기사에서는 헌팅턴이 11년 전에 갑자기 도서수집가가 되기로 한 계기를 다음과 같이 설명했다. "그는 자수성가해서 서부 연안 지역에서 운송업계의 거물이 되었다. 50세가 되었을 때, 그는 이미 백만장자였다." 온갖 힘든 일을 겪고 난 다음, 헌팅턴은 한 가지 소원을 떠올렸다. "이젠 뭔가 재미있는 일을 했으면 좋겠군."

하지만 그 기사 자체보다도 더 흥미로운 것은 〈타임스〉가 5단 표제로 실은 다음과 같은 기사였다. "J. P. 모건의 사서, 비싼 책값은 오히려 해롭다고 언급." 비록 헌팅턴의 이름을 직접 언급하지는 않았지만, 벨 다 코스타 그린이 비판하는 대상이 누구인지는 쉽게 알 수 있었다. 그녀는 지금까지의 판매금액만 보아도 이번 경매는 '정말 어처구니없고도, 매우 해로운 짓'이라고 비난했다. "그로 인해 무척이나 좋지 않은 선례를 남긴 것이다."

그 기사를 작성한 기자는 본래의 기사 내용으로부터 약간 벗어나면서까지, 지난 2주간은 '매우 이상한 일'이 벌어졌다고 말했다. "전 세계 각국에서 구입 희망자들이, 대부분은 서적상들이고, 일부는 개인 수집가들이고, 또한 일부는 자신들의 컬렉션에 빠진 것들을 채우고 싶어 하는 유명 도서관들의 대리인들이 이곳에 모였다." 하지만 그런 서적상들의 손에 들어간 물건은 얼마 되지 않았고, 더군다나 '한두 사람의 부자'를 제외하면 개인 수집가들이 구입할 수 있었던 물건은 거의 없었다. "새로운 수집가의 등장이야말로 이번 경매에서 가장 놀라운 일이었다. 아마도 구시대의 애서가들로선 이런 경우에 '수집가'라는 말을 사용하는 것 자체를 반대할지도 모른다. 왜냐하면 이 새로운 수집가야말로 서점을 배회하고 도서목록을 뒤적이는 종류의 능력이라곤 전혀 없기 때문이며, 그것이야말로 곧 책을 사랑하는 사람들에게는 수집에 있어 가장 본질적인 경험으로 인식되고 있었음에도 불구하고, 새로운 수집가들은 그저 커다란 삽만 하나 들고 나타나기 때문이다. 경매가 겨우 이틀째에 접어들었음에도 불구하고, 자기 대리인으로 하여금 무려 15만 달러를 쓰게 하는 식으로 말이다."

그런 다음에, 그린 여사는 본격적인 문제를 언급했다. "호우 컬렉션은 사실상 '통째로' 한 사람에게 팔린 것이나 다름없습니다." 그녀는 기자에게 이렇게 이야기하면서, 호우 경매의 도서목록을 펼쳐 각 품목 옆에다가 실제로 낙찰받은 사람의 이름을 적어서 보여주었는데, 단 한 사람의 이름—조지 A. 스미스—이 그야말로 거의 모든 페이지마다 연이어 나와 있었다.

하지만 그린이 결코 언급하지 않은 사실이 있었다. 즉, 그녀의 고용주인 J. 피어폰트 모건이야말로 지난 몇 년간 계속해서 그렇게 경매 물품을 통째로 사들이던 장본인이었으며, 그 중 몇 번인가는 정말로 대단한 규모였다는 사실이었다. 1899년에 모건은 529권의 알두스 판을 비롯해서, 수많은 프랑스제 장정본, 그리고 레스터 백작 로버트 시드니의 문장이 새겨진 송아지 가죽 장정 초판 2절판 등이 포함된 투비 장서를 구입했다. 1년 뒤에는 뉴욕 주 오스웨고의 수집가 시오도어 어윈이 모은 옛날 필사본과 인큐내뷸러, 셰익스피어아나와 아메리카나 등의 뛰어난 컬렉션을 20만 달러에 구입했다. 1902년에는 영국 맨체스터의 리처드 베네트로부터 24권의 캑스턴 판을 비롯해 1465년에 나온 수비아코 판 《락탄티우스》, 디자이너 윌리엄 모리스의 소장본이었던 《세인트올번스의 책》 등을 13만 파운드에 구입했다. 그 다음 해에는 《욥기》에 수록된 윌리엄 블레이크의 삽화와 존 에드워드 커[186]가 수집한 프랑스의 로망스 및 기사도 소설을 구입했다. 이 모든 사실에도 불구하고 그린 여사가 여전히 조지 D. 스미스의 공격적인 매입에 불쾌한 심기를 드러낸 것을 보면, 그녀는 아마도 1900년의 어느 날 저녁 고(故) 애머스트 경이 수집한 14점의 캑스턴 판 경매에 참가했을 때, 일군의 서적상들이 저녁식사 자리에서 그녀에게 다가와 제발 자신들이 도저히 따라갈 수 없을 정도로 가격을 올리지는 말아 달라고 애걸하던 때의 일조차도 까맣게 잊어버린 모양이었다. 때마침 애머스트 경의 유족들이 경매에 앞서 그린이 제시한 12만 5,000달러의 가격에 장서를 팔기로 동의했다는 소식을 알리는 전보가 도착하자, 그녀는 시치미를 뚝 떼고 다른 서적상들에게 이렇게 말했던 것이다. "여러분께서 하신 말씀은 잘 알겠습니다. 그러면 저는 내일 경매에서 빠지도록 하죠."

〈타임스〉의 기사에는 그린 여사가 높은 판매 금액을 기록한 호우 경매를 가리켜 '정말 어처구니없고도, 매우 해로운 짓'이라고 굳이 표현한 이유가 나타나 있지 않았다. 하지만 바로 그 다음날, 도서목록에서 "현존하는 것 중에서 가장 완벽한 상태"라고 표현한, 1485년에 웨스트민스터의 윌리엄 캑스턴이 인쇄한 토머스 맬러리 경의 《아서 왕의 죽음》이 경매에 나왔다. 이미 62권이나 되는 캑스턴 판을 소장하고 있었음에도 불구하고, 모건은 이 책을 무척 갖고 싶어 했다. 입찰이 시작되자 그린 여사는 5,000달러를 불렀다. 조지 D. 스미스는 곧바로 1만 달러로 맞받아쳤다. 이윽고 가격은 1만 1,000달러, 1만 5,000달러를 거쳐 2만 달러가 되었다. 이후 1,000달러씩 올라가던 가격이 2만 4,000달러를 거쳐 곧바로 3만 달러에 도달하자, 스미스와 벨 그린을 제외한 다른 사람은 모두 물러나 버렸다. 그 이후로 두 사람은 500달러씩 가격을 올리며 스물네 번이나 주고받기를 한 끝에 가격을 4만 2,000달러로 끌어올렸다. 거

---

186. . 저자는 이 인물을 '존 에드워드 커(John Edward Kerr)'라고 했는데, 이는 역시 훌륭한 프랑스 로망스 판본을 수집했던 '록스버그 공작 존 커(John Ker)'의 오기가 아닐까 싶다. 다만, 여기서는 저자의 의견을 존중하여 '존 에드워드 커'라고 썼다.

기서부터는 가격이 100달러씩 올라가기 시작했다. 결국 스미스는 4만 2,700달러에서 물러나 버렸고, 그린 여사는 4만 2,800달러의 가격으로 모건의 장서에다 캑스턴 판을 새로 한 권 추가했다. "승리가 확정되자 커다란 박수소리가 터져나왔고, 많은 사람들이 그녀에게 다가가 축하해 주었다." 〈타임스〉는 이렇게 덧붙였다. "모건 씨는 이번 호건 경매에서 그야말로 '책 중의 책'이라 할 만한 물건을 원했던 셈"이며, 그린 여사는 마음만 먹었더라면 "헨리 E. 헌팅턴이 구텐베르크 성서에 지불한 5만 달러보다도 훨씬 더 가격을 올릴 수 있었을 것이다." 사실 이 경매가 있기 이틀 전에, 그린 여사는 엑스레뱅[187]에 가 있는 모건에게 다음과 같은 전보를 보냈다. "가격 불문하고 사들일까요?" 그러자 모건은 이렇게 답장을 보냈다. "재량껏 하시오. 단, 남에게 지느니 7만 5,000달러, 아니 10만 달러라도 쓰시오."

이 모든 일이 호우 경매가 벌어진 지 불과 2주 만에 벌어진 것이었고, 이후 1년 하고도 6개월 동안이나 이와 같은 일이 주기적으로 반복되었다. 그 결과, 비록 헌팅턴이 결정적인 승자로 떠오르긴 했지만, 그 외에도 수많은 훌륭한 책들이 여러 새로운 주인의 품으로 흩어졌다. 존 D. 록펠러의 핵심 측근 가운데 한 사람인 스탠더드 오일 사의 헨리 클레이 폴저는 이 경매에서 셰익스피어와 엘리자베스 시대 관련서를 구입해 자기 컬렉션에 추가했다. 시카고의 사업가이자, 농작물 수확기 개발자의 아들이기도 했던 사이러스 H. 맥코믹(1859~1936)[188]은 1504년에 나온 '이탈리아 판 베스푸치'와 1488년에 나온 호메로스의 5권짜리 에디티오 프린켑스를 구입했는데, 이 책들은 훗날 프린스턴 대학에 기증되었

187..프랑스의 사보아 지방에 있는 휴양지.
188..저자는 '사이러스 H. 맥코맥'이라고 표기했는데, 본래는 '사이러스 H. 맥코믹(2세)'이 맞기 때문에 수정했다.

다. 세인트루이스의 윌리엄 K. 빅스비(1857~1931)는 필사본을 잔뜩 사들여 훗날 개인적으로 헌팅턴에게 판매했다. 필라델피아의 와이드너도 비록 피지(皮紙) 인쇄본 구텐베르크 성서는 손에 넣지 못했지만, 그 대신 호우가 소장했던 종이 인쇄본을 2만 4,000달러에 구입했는데, 현재 그 책은 하버드 대학에 소장되어 있다.

해리 엘킨스 와이드너는 1911년부터 시작된 호우 경매 때 겨우 26세였지만, 자기만의 장서를 수집하기 위한 그의 열정은 일찍부터 많은 사람들에게 주목받았다. 필라델피아의 도서수집가이자 20세기 초반의 서적업계에 대해 몇 가지 흥미로운 책을 쓰기도 했던 A. 에드워드 뉴턴은 자기가 호우 경매의 첫 기간 동안에 필라델피아 전차회사의 상속자인 와이드너와 함께 참가했을 때의 이야기를 다음과 같이 회고했다. 하루는 저녁 식사 후에 나란히 5번가를 걸어가면서 와이드너는 나이 많은 수집가들이 가장 좋은 보물을 전부 가져가고 나면 자기가 과연 어떻게 훌륭한 도서수집가가 될 수 있겠느냐고 뉴턴에게 투덜거렸다. "나는 후세 사람들에게 그저 좋은 책 몇 권을 가진 사람으로 기억되고 싶진 않아." 그는 뉴턴에게 말했다. "나는 위대한 장서를 수집한 사람으로 기억되고 싶은데, 도대체 어떻게 해야 그렇게 할 수 있을지 모르겠어. 좋은 책은 헌팅턴 씨와 모건 씨가 다 사버렸고, 필사본은 빅스비 씨가 몽땅 가져갔지. 결국 내 시대가 되면─정말 그런 때가 오기나 할까?─쓸 만한 물건은 하나도 없을 것 아냐? 전부 누군가가 가져가 버린 다음일 거야."

치열한 경쟁 끝에 해리는 호우 경매에서 그나마 몇 가지 품목을 구입할 수 있었는데, 그 중에는 〈가디안〉지와 〈태틀러〉지 중에서도 비교적 희귀한 몇 호를 비롯해, 1620년에 나온 아이작 재거드의 '영어 판 보카치오' 등이 있었다. 하지만 '그의 시대'는 본인의 예상보다 훨씬 더 빨리, 그리고 전혀 예기치 못했던 방식으로 다가왔다. 1912년 3월, 와이드 너는 부모님인 조지 D. 와이드너와 엘리너 엘킨스 와이드너를 따라 모리타니아 호를 타고 영국으로 건너갔는데, 런던 체류 중에는 소더비에서 헨리 휴트와 앨프레드 휴트 부자가 2대에 걸쳐 모은 경매 예정 물품들을 구경하고, 여러 서점에 들러 책을 구입하기도 했다. 호우 경매 때문에 얼른 뉴욕으로 돌아가고 싶었던 그는 4월 1일에 쿼리치 서점[189]을 방문해 자기가 구입한 8권의 책을 카파티아 호 편으로 부쳐 달라고 했다가, 문득 그 가운데 하나이며 1598년에 나온 희귀본인 프랜시스 베이컨 경의 《수상록》을 집어 들더니, 이건 자기가 직접 가져가겠다고 했다. 이 일화는 뉴턴이 가장 먼저 언급했는데, 훗날 그 당시에 와이드너가 자신의 운명을 예언했다고 해서 여러 사람의 입에 오르내리며 유명해졌다. 즉, 와이드너는 그때 쿼리치에서 이렇게 말했다는 것이다. "베이컨 책은 작으니까 제가 주머니에 넣고 가죠. 그래야 혹시 배가 가라앉더라도 제가 가져갈 수 있으니까요."

하지만 쿼리치 서점의 아서 프리먼이 훗날 《북 컬렉터》에 기고한 에세이에 따르면, 당시 해리 와이드너가 그 작은 12절판 책을 가리켜 실제로 한 말은 단순히 자기 운명을 예언했던 것보다도 훨씬 더 눈물겹고 의미심장한 것이었다. 그는 와이드너가 이렇게 말한 것으로 묘사했다. "어머니, 베이컨 책은 제가 주머니에 넣었어요. 이건 제가 가지고 갈게요!" 하지만 프리먼에 따르면 이 말은 해리가 4월 1일에 런던 쿼리치 서점에서 한 말이 아니라, 그로부터 2주 뒤에 맞이한 절대 절명의 순간에 자기 어머니 엘리너 엘킨스 와이드너를 타이타닉 호의 구명정에 태우면서 한 말

---

[189]..영국의 고서 및 희귀본 전문 서점. 1847년에 독일 출신의 서적상 버나드 쿼리치가 런던에 설립했으며, 지금까지도 세계적인 고서점으로 명성이 높다. 자세한 내용은 쿼리치 서점의 홈페이지(www.quaritch.com)를 참고하라.

이었다.

  1912년 4월 14일, 결코 가라앉지 않는다던 이 여객선이 북대서양에서 빙산에 충돌하기 몇 시간 전, 에드워드 J. 스미스 선장은 와이드너 부부의 저녁 초대를 받고 레스토랑에서 있었던 필라델피아 출신 명사들의 만찬에 참석하기도 했다. 새벽 1시경, 아직 불이 꺼지지 않은 선실도 많았던 상황에서, 화이트 스타[190]의 자랑이었던 그 배는 주위에 떠 있는 구명정에서 705명의 공포에 질린 생존자들이 바라보고 있는 사이에 고물을 하늘 높이 쳐들고 있었다. 이윽고 타이타닉 호는 불이 모두 꺼진 채, 1,522명의 승객 및 선원과 함께 바닷속으로 가라앉기 시작했다. 제4호 구명정 위에는 와이드너 여사와 그 하녀, 그리고 존 제이콥 애스터의 부인[191]과 그 하녀를 비롯해 40여 명의 다른 여성과 아이들이 있었다.

  주말이 될 때까지 정확한 실종자 명단이 나오지 않았기 때문에, 이러한 비보(悲報)는 앤더슨 경매회사에서 호우 경매가 재개되기 몇 시간 전에서야 뉴욕에 전해졌다. 로젠바흐 박사의 전기 작가에 의하면 그는 해리 와이드너의 요청에 따라 바로 그날 경매에 나올 캑스턴 판인 존 가워의 《연인의 고백》을 매입하기로 했는데, 결국에는 다시 한 번 조지 D. 스미스가 높은 가격을 불러 헨리 헌팅턴의 손에 넘겨주었다고 한다. 4월 20일 금요일, 조지와 해리 와이드너가 실종자 명단에 포함되었다는 이야기가 전해지자, 로젠바흐는 런던의 쿼리치에 전화를 걸어 이 끔찍한 소식이 사실인지를 물었다. "해리 엘킨스 와이드너가 살아 있었더라면, 그는 분명 세계 최고의 도서수집가 중 한 명이 되었을 것이다." 그로부

190..영국의 대표적인 대서양 횡단 여객선 회사이며 타이타닉 호의 제작사였던 화이트 스타 라인을 말한다.
191..타이타닉 호 침몰 사고로 사망한 존 제이콥 애스터 4세의 아내 매들린 탤미지 애스터를 말한다. 존의 할아버지는 바로 애스터 도서관을 설립한 윌리엄 애스터다.

터 15년 뒤, 로젠바흐는 이렇게 말했다. "책이야말로 그의 일생의 과업이자, 오락이자, 열정이었다." 하지만 해리 엘킨스 와이드너는 자신이 생전에 얻을 수 있으리라 예상되는 것보다도 훨씬 더 큰 명성을 사후에 얻게 되었다.

"내 삶의 모든 기쁨은 1912년 4월 15일자로 모두 사라져 버렸습니다." 와이드너 여사는 그로부터 2년 뒤에 로젠바흐 박사에게 보낸 편지에 이렇게 썼다. 슬픔을 달래기 위해서, 그녀는 아들의 모교인 하버드 대학에 아들의 이름을 딴 기념물을 세우기로 작정했고, 로젠바흐는 그녀가 기증할 물건을 더욱 돋보이게 만드는 데 공헌했다. 로젠바흐의 전기 작가인 에드윈 울프 2세의 표현에 따르면, 이 서적상은 와이드너 여사의 지시에 따라 말 그대로 '폭풍처럼 책을 구입하기' 시작해서, 소리 소문 없이 블레이크의 《순수의 노래와 경험의 노래》, 채프먼 번역판 호메로스의 증정본, 월터 스콧 경의 스위프트 전기 친필 원고, 디킨스의 《올리버 트위스트》에 수록된 크룩섕크의 삽화 원본과 《꼬마 도리트》에 수록된 피즈의 삽화 원본과 같은 보물을 손에 넣었다. 와이드너 부인은 로젠바흐를 통해 구입한 12만 달러 상당의 이 책들을 아들이 기존에 모아 두었던 컬렉션에 추가했다. 이에 더해 그녀의 시아버지인 피터 A. B. 와이드너도 6,000달러를 주고 테니슨의 〈빛의 군대의 전쟁〉 친필 원고를 구입해 주었다. 이 책들은 모두 하버드에 기증되었으며, 그 중 3,300권에 달하는 희귀본들이 해리 엘킨스 와이드너 컬렉션이라는 이름으로 보관되었다.

와이드너 여사는 이 책들을 하버드에 보내기로 작정한 직후, 이 책들이 적절한 장소에 보관되어야 한다고 생각하고 곧바로 다음 단계를 밟았다. 처음에는 이 책들을 영원히 보관할 수 있도록 기존의 건물에 잇대어 일종의 '별채'를 증축할 예정이었다. 하지만 해리가 사망했을 무렵, 하버드 대학은 그로부터 18년 전에 대학 도서관의 사서인 저스틴 윈저가 언급했던 것처럼 기존의 도서관 건물인 고어 홀[192]의 '절대적인 공간 부족'을 타개할 방법을 찾느라 고민 중이었다. "이제는 걱정하고 안달하는 것도 지쳤습니다." 윈저는 1894년도의 연례 보고서에서 다음과 같이 썼다. "열두 달 내내 상태는 점점 더 혼돈에 가까워졌을 뿐입니다. 도서관에는 계속해서 신착자료가 들어오고 있으며, 뿐만 아니라 우리의 규모를 웃도는 증정본이 한꺼번에 들어오고 있습니다. 이제는 그런 증정본을 받으면서도 제대로 보관하여 잘 사용하겠다고 말하기조차 어려운 지경에 이르렀습니다."

1911년 11월, 영국 사우샘프턴 항에서 타이타닉 호가 출항하기 5개월 전에 새로이 하버드 대학 도서관장으로 임명된 아치볼드 캐리 쿨리지는 어느 하버드 동창생에게 새로운 건물을 만들기 위한 계획이 지연되는 상황을 이야기해 주면서, 거액을 희사할 만한 후원자가 없는 까닭에 '그저 먹고 살기도 빠듯한' 대학의 입장에선 아무런 도리가 없노라고 말했다. 결국 대학 측에서는 부유한 후원자를 찾아 나서게 되었다. 보스턴의 어느 신문에서는 다음과 같은 유쾌한 광고를 내보내기도 했다. "백만장자 구함." 이 제목 아래에는 다음과 같이 적혀 있었다. "하버드 대학에 도서관 건물을 지어주실 분을 찾습니다. 록펠러 씨, 꼭 좀 보세요. 카네기 씨, 꼭 답장 바랍니다." 이 신문 광고는 단지 장난삼아 개재된 것이었지만, 실제로 1912년 1월 31일에 하버드 대학 총장인 애보트 로렌스 로웰은 J. P. 모건 2세(1861~1943)를 통해 카네기에게 도움을 요청하기도 했다. 그로부터 2주 뒤, 모건 2세는 "하버드 같은 명문 학교에 카네기 도서

---

[192] 1838년에 건립한 하버드 대학 최초의 도서관이다. 하버드 출신인 상원의원 겸 애서가 크리스토퍼 고어가 건축비 가운데 상당액을 지원했기 때문에 그의 이름을 따서 '고어 홀'이라고 명명했다.

관이란 이름은 당치도 않겠지요?"라고 답장을 보냈다. 그러자 로웰은 만약 철강왕 측에서 '건축비 전액'을 부담하는 조건이라면, 기꺼이 '카네기 도서관이라고 명명하겠다'는 답장을 보냈다.

1912년 4월 3일, 로웰은 모건 2세에게 다시 한 번 편지를 보내 또 다른 요청을 했다. "혹시 아버님께 우리 학교 도서관 사정을 말씀드려 주실 만한 분이 없을까요? 우리 일에 관심을 갖게 되신다면 어떻게든지 도움을 주실 것 같은데요. 사실은 지금까지 우리에게 해 주신 것이 너무 많아서, 차마 부탁을 드릴 엄두가 나지 않는군요." 그로부터 6년 전에 J. 피어폰트 모건은 자기 아버지인 주니어스 스펜서 모건을 기리는 뜻에서 하버드 의과대학 측에 세 채의 건물을 지을 수 있도록 자금을 지원한 바 있었다. "이른바 '좋은 일이 하나 생기면, 곧 또 다른 좋은 일이 생겨난다'는 속담도 맞습니다. 하지만 좋은 일을 이미 한 번 하셨으니, 또 다른 좋은 일을 하시라고 부탁드리기가 송구스럽군요." 모건 2세는 4월 5일자 편지에서 자기 아버지가 현재 해외에 체류하고 있기 때문에, 그런 요청을 하려면 아무리 빨라봐야 여름이 되기 전에는 어려울 듯하다고 답장했다. 하지만 윌리엄 벤팅크 스미스가 지적했듯이, 모건을 '낚아 보려는 계획'은 불과 열흘 뒤에 '어느 비극적인 사건으로부터, 하버드 대학이 처한 곤경을 타개할 수 있는 뜻밖에 방법'이 극적으로 생겨남으로써 중단되고 말았다.

애초에 대학 측에서는 단지 해리가 소장했던 희귀본 컬렉션만을 받아들이려고 했지만, 쿨리지가 5월 24일자로 어느 친구에게 보낸 편지에 따르면 와이드너의 유족들은 '그 책들을 보관할 수 있는 적절한 장소가 있어야 한다'는 조건을 내걸었던 것이다. 쿨리지는 이에 덧붙여 몇몇 신문에서 와이드너 여사가 기존 건물에 '별채'를 증축할 의향도 있다고 보도한 것과 관련해서, 한 가지 아이디어를 떠올렸다. "여기서 '별채'가 과연 정확히 무슨 뜻인지는 명확하지가 않다. 혹시 예전 건물을 보수하는 것뿐이라면, 솔직히 이 컬렉션을 받아도 그리 기쁘지는 않을 것 같다." 한 주 뒤에 쿨리지는 J. P. 모건 2세에게 이러한 딜레마를 토로했고, 그러자 모건 2세는 다음과 같은 편지를 보냈다. "제 생각에는 오히려 와이드너가에서 건물 전체를 새로 지어줄 것 같습니다. 해리 와이드너의 책만 보관할 수 있는 별채를 짓는 것보다는 훨씬 나아보일 테니까요. 솔직히 만약 제가 그 입장이라 해도 당연히 전부 다 지어버릴 겁니다."

결국 와이드너 여사도 건물 전체를 새로 짓기로 결심했다. 그녀는 계획의 수립 단계에서부터 200만 달러를 부담하기로 했지만, 그 대신 반드시 자기가 고용한 건축가인 호레이스 트럼바우어의 설계를 따라야 한다는 조건을 내걸었다. 1913년 2월, 와이드너 여사가 공사비를 정식으로 기부한 지 한 달 하고도 보름 뒤에, 75년의 역사를 자랑하며 케임브리지 시의 인장에도 그 모습이 새겨져 있을 정도로 기념비적이었던 고어 홀은 철거되고, 그 대지는 새로운 건물을 짓기 위해 파헤쳐졌다. 1913년 6월 16일, 와이드너 여사는 검은 상복과 베일 차림으로 새 건물의 주춧돌을 놓았다. 이 건물은 그로부터 2년 뒤의 졸업식 날 완공되었다. 완공 기념식이 열리는 사이, 그 동안 캠퍼스 곳곳에 분산되어 수용되었던 장서들이 트럭에 실려 새로운 도서관으로 운반되었다. 이 책들은 한 주에 약 4만 6,000권씩, 무려 3개월 반에 걸쳐 새 도서관에 각기 자리를 잡았다. 10개의 육중한 기둥이 전면에 늘어선 이 건물은 오늘날 하버드의 방대한 도서관 시스템의 중심부로, 총 1,280만 권의 장서 가운데 4분의 1을 보관하고 있다. 이 건물의 한가운데에는 짙은 참나무와 흰 대리석으로 장식된 우아한 방이 있는데, 그곳이 바로 1907년도 하버드 졸업생인 해리 엘킨스 와이드너가 수집하기 시작했고, 그의 어머니인 엘리너 엘킨스 와이드너가 완성한 희귀본 컬렉션이다. "도서관이 완성되면 저는 모든 책을 그곳에 보관하고 싶습니다." 그녀는 건물이 완공되기 1년 전에 로젠바흐에게 이렇게 썼다. "그렇게 하고 나면 아들이 바라던 것을 이루어 준 셈이니 제 마음도 좀 더 가벼워지겠지요."

호우 경매가 한창 진행되던 무렵, 1896년도 예일 칼리지 졸업생 가운데 돋보이지는 않아도 착실했던 한 명이, 자신이 누린 멋진 대학 생활을 기념하는 뜻에서 감사의 선물을 전달했다. 1903년 당시의 시가로 5,000만 달러에 달하는 재산을 물려받은 뉴욕의 어느 카펫 제조업체의 상속자 알렉산더 스미스 코크런이 바로 그 사람이었는데, 그는 훗날 자신이 무척이나 존경했던 엘리자베스 시대 희곡 담당 교수인 윌리엄 라이언 펠프스에게 흥미로운 제안을 했던 것이다. 주된 관심사는 오히려 요트—그의 스쿠너[193]인 웨스트워드 호는 1910년 당시 세계 대회에서 셰임록, 메테오르, 저머니아 등의 다른 요트를 물리친 것으로 유명했다—쪽이었음에도 불구하고, 코크런은 규모는 작아도 내용은 알찬 희곡 작품의 장서를 기증하고 싶어 했다. 또한 이 장서를 보관하기 위해 그는 대학 캠퍼스 근처에 학부생들이 이용할 수 있는 도서관 겸 클럽을 설립하고자 했는데, 이것이 바로 훗날 엘리자베스 시대 클럽이라고 알려진 장소의 시작이었다.

몇 년 뒤, 펠프스 교수는 자신이 코크런에 대해 기억나는 것이라곤 수업 시간에 내성적이고도 과묵한 학생이었다는 게 전부였다고 시인했다. "솔직히 나로선 내 강의가 그에게 특별히 감명 깊었는지 아닌지조차 알 도리가 없었다. 그를 개인적으로 알고 지낸 적도 없었고, 더군다나 그가 백만장자인지 아닌지조차 몰랐다." 하지만 코크런이 기증하고 싶다는

---

[193] 두 개 이상의 마스트를 보유한 배를 말한다.

〈서치(書癡)〉. 알브레히트 뒤러 작. 제바스티안 브란트의 《바보들의 배》에 수록됨. 바젤, 1494년.
(국회도서관 레싱 J. 로젠월드 컬렉션 제공)

로버트 코턴 경(1571~1631).
골동품 및 고서수집가.
(대영박물관 제공)

《베오울프》(1000년경)의 한 페이지.
앵글로색슨 족의 서사시로,
이 책이 살아남게 된 것은
오로지 로버트 코턴 경의 덕이다.
(대영도서관 제공)

1693년경, 런던 요크 관(館)에 있었던 피프스의 서재 풍경. 1724년에 이르러 이 서재는 케임브리지 대학으로 옮겨져 그대로 보존되고 있다. (피프스 문고 제공)

새뮤얼 피프스(1633~1703).
그는 관료, 일기작가, '비르투오조',
그리고 뛰어난 도서수집가이기도 했다.
J. 헤일스의 초상화. 1666년.
(런던 국립 초상화 박물관 제공)

《아레오파기티카》.
존 밀턴이 조지 토머슨(1602~1666)에게
준 증정본. 한가운데에
'삼가 저자가 드립니다'라는 뜻의
'엑스 도노 아우토리스'라는 라틴어가
적혀 있다. 토머슨은 영국 내전 동안에
2만 2,255점의 문헌을 수집한
인물이기도 하다.
(대영도서관 제공)

제2대 스펜서 백작 조지 존(1758~1834).
(런던 국립 초상화 박물관 제공)

일명 '국왕 문고.' 조지 3세가 모은 장서로, 1828년에 그의 아들인 조지 4세가 대영박물관에 기증했고, 오늘날은 여러 책과 필사본을 전시하는 공간으로 사용된다. (대영도서관 제공)

토머스 필립스 경(1792~1872). 1860년경의 모습. (뉴욕 H. P. 크로스 사 제공)

존 하버드(1607~1638)의 동상. 청교도 목사였던 그가 사망하면서 기증한 책 덕분에 당시 영국령 북아메리카에서 최초로 도서관이 설립되었다. (저자 사진)

토머스 프린스(1687~1758).
보스턴 출신으로, 그의 장서 안에는
희귀본인 '베이 시편집'이
무려 여섯 권이나 있었다.
(보스턴 공립도서관 제공)

제임스 로건(1674~1751).
필라델피아 출신으로,
"책은 내게 있어 병이나 마찬가지"라고
말하기도 했다.
(펜실베이니아 역사학회 제공)

아이제이어 토머스(1749~1831).
인쇄업자, 기업가,
인쇄술 연구가, 도서수집가,
그리고 미국 고서협회의
설립자이기도 하다.
(미국 고서협회 제공)

제레미 벨크냅(1744~1798).
미국 최초의 역사학회를 설립한 인물이다.
(매사추세츠 역사학회 제공)

조지 브린리(1817~1875, 오른쪽).
1850년경의 모습.
이후 그는 4반세기에 걸친 노력 끝에
사상 최고 수준의 미국 임프린트를 수집했다.
(윌리엄 L. 클레멘츠 도서관 제공)

제임스 레녹스(1800~1880)
1870년경의 모습.
그의 뛰어난 장서는
훗날 뉴욕 공립도서관의
핵심 컬렉션으로 자리잡았다
(뉴욕 공립도서관 제공)

존 카터 브라운(1797~1874). 그는 훗날 로드아일랜드 주 프로비던스에 훌륭한 아메리카나 전문 도서관을 남겼다. (존 카터 브라운 도서관 제공)

피어폰트 모건 도서관의 동쪽 전시실 전경. 1988년. (피어폰트 모건 도서관 제공)

존 피어폰트 모건(1837~1913).
1902년의 모습. 패치 브라더즈의 사진.
(피어폰트 모건 도서관 제공)

로버트 호우 3세(1839~1909).
그는 의심의 여지없는 미국 최고의
도서수집가 중 한 명이었다.
(뉴욕 그롤리에 클럽 제공)

헨리 E. 헌팅턴(1850~1927). 캘리포니아 주 샌마리노에서. (헌팅턴 도서관 제공)

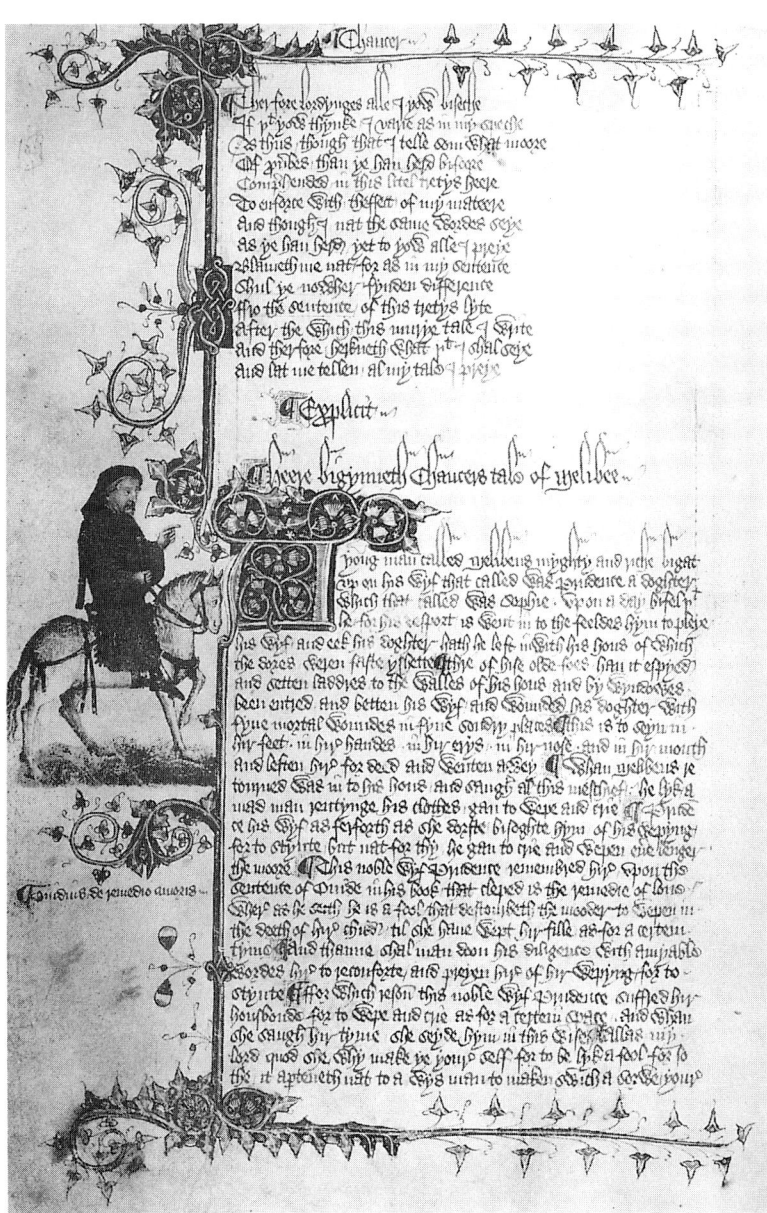

초서의 《캔터베리 이야기》 엘스미어 남작 소장 필사본의 한 페이지. 1410년경에 제작된 것으로, 왼쪽에 보이는 저자 초서의 초상화는 현존하는 가운데 가장 오래 된 것이다. (헌팅턴 도서관 제공)

42번가에서 바라본 뉴욕 공립도서관 전경. 1917년. (뉴욕 공립도서관 제공)

책들의 목록을 들여다보는 순간, 펠프스 교수는 앉아 있던 의자에서 뒤로 나자빠질 뻔했다. "그는 정말 대단한 컬렉션을 보유하고 있었다. 어떤 책이든 희귀본 아닌 것이 없었으며, 모두 합치면 가격이 수십만 달러에 달하는 것들이었다. 셰익스피어의 4절판이며, 소네트 초판이며, 베이컨의 《수상록》 등등."

이 제안의 핵심은 이 책들이 대학 도서관이 아니라 학부 1, 2학년생들을 위한 클럽 회관에 소장되어야 한다는 코크런의 요청이었다. 그는 이를 위해 칼리지 가에 있는 멋지고 오래 된 건물을 구입해 새로 꾸미도록 7만 5,000달러를 지원하고, 별도로 10만 달러를 초기 운영 자금으로 내기로 했다. 당시 총장이었던 아서 트위닝 해들리는 애초에 '지나치게 실험적'이라는 이유로 이 계획을 거절하려 했지만, 라이벌인 컬럼비아 대학 측에서 이 요트광의 제안을 그대로 수용할 용의를 나타냈다는 사실을 알고선 곧 마음을 바꾸었다. 코크런은 여기에다가 런던의 쿼리치를 통해 얻은 책들을 더해 자신의 컬렉션을 더욱 훌륭하게 만들었다. 런던에서 한창 진행 중이었던 휴트 경매에 나오기로 했던 중요한 품목들 가운데 셰익스피어의 4절판 32권을 경매가 시작되기 불과 며칠 전에 3만 파운드에 미리 구입했던 것이다. 이때 입수한 책들 가운데는 전 세계적으로 단 3부만이 현존하는 것으로 알려진 산문시 《루크리스의 능욕》 1594년 판과, 사극 《리처드 3세》의 4절판 교정쇄, 그리고 무척이나 희귀하고 상태가 우수한 4절판 《로미오와 줄리엣》의 1599년 판 등이 있었다.

이러한 책들에다가, 이후 오랜 기간에 걸쳐 다른 후원자들도 셰익스피어 시대 관련 자료를 기증했다. "엘리자베스 시대 클럽을 더욱 독특하게 만든 사실은 이 희귀본 컬렉션이 바로 학부생들을 위해서만 이루어진 것이라는 점이죠." 이 컬렉션의 큐레이터인 스티븐 파크스는 지하 서고로 들어가는 강철 문을 열면서 이렇게 말했다. "그에 비하면, 이곳에 시가로 무려 2,000만 달러가 넘는 책들이 있다는 사실은 그리 중요하지도 않습니다. 학기 중에는 일주일 내내 이곳에 학생들이 몰려들어 차와 샌드위치를 즐기곤 하는데, 그 메뉴로 말하자면 지난 30년 동안 전혀 변함이 없었습니다. 월요일에는 토마토, 화요일에는 오이, 수요일에는 치킨 샐러드, 목요일에는 계피, 금요일에는 참치, 토요일에는 대추야자, 일요일에는 땅콩버터 샌드위치죠." 건물 바깥에는 학생들이 봄과 가을에 크로케 경기를 하는 잔디밭이 있었다. "간혹 하버드의 시그넷 소사이어티와 대항 시합도 하죠." 금요일 오후마다 간이벽이 치워지면서 지하 서고가 개방되면, 뜨거운 영국식 차 특유의 향기가 수제 종이와 멋진 가죽 장정 특유의 냄새와 뒤섞인다. 펠프스 교수는 자서전에서 이렇게 적고 있다. "몇 년 전, 엘리자베스 시대 희곡을 처음 강의하기 시작했을 때만 해도 이런 결과가 생기리라고는 전혀 예상치 못했다."

예일은 알렉산더 스미스 코크런의 영국 희곡 분야에 대한 열정으로 인해 이득을 보았고, 하버드 또한 해리 엘킨스 와이드너의 덕을 크게 보았다. 이 두 가지 사례의 결과로부터 새로운 발상이 솟아났는데, 그것을 맨 먼저 행동으로 옮긴 쪽은 바로 하버드였다. 1915년에 와이드너 도서관이 개장한 직후, 로드아일랜드의 존 카터 브라운 도서관에서 일하던 1893년도 졸업생 조지 파커 윈십은 모교에서 희귀본 전문가로 일해 달라는 제안을 받아들였다. 그가 맨 먼저 한 일은 신축된 도서관 내부에 안전 구역을 설정한 다음, 그곳을 귀중본실로 만드는 것이었다. 그런 다음에 그는 하버드에서 이미 소장하고 있었던 희귀본들 중에서 일부를 추려내고, 새로운 도서관을 짓게 된 계기가 된 고마운 책 무더기 중에서도 일부를 걸러냈다. 재학생들 중에서 미래의 도서 기증자가 될 만한 인물을 정확히 알아보는 이 뛰어난 서지학자의 초인적인 능력과 아울러, 그들에게 멋진 책에 대한 관심을 일깨워 준 교묘한 방법이야말로 참으로 지대한 중요성을 지니고 있었던 셈이다.

새로운 자리에 오게 된 직후, 윈십은 그 당시 강의계획표에는 '예술 5e'라는 이름으로 올라 있던, 특히 부유한 가문의 자녀들을 수강생으로 겨냥한 일종의 '실습' 과목을 강의하기 시작했다. 윈십의 강의를 들었던 운 좋은 소수 가운데 하나인 보이스 펜로즈는 훗날 그롤리에 클럽에 기고한 짧은 에세이에서, 당시 학생들 사이에서는 그것이 단지 '유명한' 강의 이상의 존재였으며, 마치 어떤 회원 자격을 얻기 위한 것처럼 수강 경쟁이 예사로 벌어지곤 했다고 회고했다. 왜냐하면 그것은 그냥 학기 초에 신청서만 작성하면 누구나 들을 수 있는 평범한 강의와는 달랐기 때문이었다. 수강 신청자는 자신에게 적절한 재능이 있다는 것을 확증하기 위해서 학장의 서명이 담긴 신청서를 받아와야만 했다. 그 결과로 인해 '5e' 과목은 이른바 '하버드 내에서도 가장 특별한 클럽'으로 소문이 나게 되었는데, "윈십이 수강생을 까다롭게 선발하는 것조차도 평생 도서전문가로 살아갈 인재를 고른다는 구실로 정당화되었다."

단지 지원 자격 기준뿐만 아니라, 그에 못지않게 독특한 강의 방법도 이 강의를 특별한 것으로 만드는 데 일조했다. 수강생들은 해리 와이드너의 희귀본 컬렉션이 보관된 곳으로 우아하게 꾸며진 '와이드너 실(室)'에서 수업을 했는데, 그곳은 편안한 의자와 따뜻한 벽난로가 마치 궁궐과도 같이 사치스런 안락함과 전문 감정가로 활동할 수 있는 환경을 제공하는 장소였다. 윈십은 주로 긴 회의탁자의 맨 끝에 앉아 있었다.

그는 때때로 채식 필사본과 인큐내뷸러를 우리에게 건네주며 살펴보라고 했다. 전문적인 기술과 연관된 내용은 최소한으로 가르친 반면, 미적 감상과 문화적 배경에 대한 내용은 최대한으로 가르쳤다. 그는 페이지 매기기나 낙장 조사법과 같은 무미건조한 내용보다는, 오히려 책을 일종의 창조 행위로, 예술 작품으로, 그 시대와 장소에 있어 중요한 요소로 강조했다. 그는 계속해서 강조하고 또 강조했다. 결국 그의 강의를 들은 우리는 평생 그러한 열정을 간직할 수밖에 없었다.

윈십은 1915년부터 1931년까지 예술 5e 과목을 강의했다. 강의계획서에 나와 있는 이 과목의 개요는 비록 노골적이라고는 할 수 없더라도 매우 직설적이다. "이 강의는 예술품으로서의 책에 대해 관심이 있는 사람, 그리고 멋진 책을 소장하거나 제작하고픈 사람을 위해 개설되었다. 이 강의에서는 도서수집가로서의 안목을 훈련하고, 희귀본과 미장본의 가격을 정확히 판단하는 능력을 배양하는 것을 중요한 목표로 삼는다." 1929년도 졸업생이며, 뉴욕 주 코닝에 위치한 스튜번 유리회사[194]의 상속자인 아서 A. 호우튼 2세 또한 예술 5e 과목을 수강했다. 학교를 졸업한 지 11년 뒤에, 호우튼은 미국 내의 대학에서는 최초로 희귀본만을 보관하기 위한 도서관 건립에 자금을 지원했다. 1942년에 문을 연 호우튼 도서관은 '세계 최고는 아니더라도, 적어도 미국 최고 수준의 도서관 건물'로 일컬어졌다. 1927년도 졸업생인 신시내티의 베이어드 L. 킬고어 2세 역시 학생 시절에 윈십의 강의를 수강했는데, 그는 훗날 그때까지 개인이 모은 것으로는 가장 훌륭했던 T. E. 로렌스 관련 도서와 편지와 원고를 모교에 기증했으며, 또한 무려 2,000권 이상의 18세기와 19세기 러시아 문학 관련 컬렉션—당시로선 해외에서 소장하고 있는 가장 뛰어난 컬렉션으로 유명했다—을 기증하여 이른바 '슬라브 컬렉션'의 명예

---

194. 고급 유리제품을 생산하는 미국의 회사 이름. 회사 이름보다는 본사가 위치한 뉴욕 주의 지명에서 따온 '코닝'이라는 상표명으로 더욱 유명하다.

큐레이터가 되기도 했다. 킬고어는 이 자료의 대부분을 뉴욕의 어느 서적상으로부터 구입했는데, 마침 그 업자는 몇 군데 기관에 구입을 타진해 봤으나 모두 거절당한 뒤였다. "킬고어 씨는 그 자료를 거절했던 여러 기관에서 미처 깨닫지 못했던 중요성을 간파했던 것이다." 호우튼 도서관의 전직 사서였던 윌리엄 A. 잭슨은 이 컬렉션을 소개하는 도서목록에 이렇게 쓰고 있다.

예술 5e 과목의 수강생들 중에서 또 다른 저명인사로는 스탠리 마커스, 루시어스 비비, 칼 포츠하이머 2세, 월터 화이트힐 등이 있었다. 호우튼 도서관이 문을 열자, 윈십의 또 다른 제자였던 필립 호퍼는 그곳의 사서로 무료 봉사하며 평생 대학에 남아 있었다. 호퍼는 탁월한 안목과 식견으로 우수한 컬렉션을 수집했으며, 그가 기증한 삽화본과 필사본은 현재 호우튼 도서관의 큐레이터인 로저 E. 스토다드의 말에 따르면 "바야흐로 그를 하버드 도서관의 기증자 중에서도 가장 위대한 인물이라 할 만한" 수준이었다. 윌리엄 잭슨은 희귀본 담당 사서로 종신 재직하면서 하버드의 컬렉션에 매우 훌륭한 책들을 더해 '탁월한 구매자'라는 명성을 얻었는데, 그는 젊고 부유한 애서가들 사이에서 '윈십이 누리는 절대적인 영향력'을 부러워한 나머지, 하루는 윈십에게 도대체 어떤 기준으로 수강생을 선발하느냐고 물었다. 그러자 윈십은 곧바로 이렇게 대답했다고 한다. "위스키 냄새와 클럽 배지가 바로 기준이지."

1924년, 윈십의 라이벌이며 당시 예일 대학에 재직 중이던 촌시 브루스터 팅커는 예일 대학 동창회를 직접 겨냥하여, 장서 기증 쪽에서도 하버드가 '완전히 선두를 장악하고 있다'고 불평하면서, '예일은 항상 2등에만 머물러 있으면서, 그나마 5등이나 6등보단 낫다'는 사실만 받아들이고 있다며 불평했다. 팅커 또한 예일 출신의 젊은 수집가들에게 윈십과 비슷한 영향력을 행사하긴 했지만, 존 카터 브라운 도서관의 전직 사서인 토머스 애덤스의 말대로 하버드는 다른 어디보다도 최소한 25년은 더 앞서 있었다. 로저 스토다드도 이에 동의하며 다음과 같이 언급했다. "1935년 이후로 이루어진 하버드 도서관의 주요 장서 기증은 어떤 식으로든지 윈십의 예술 과목 강의와 연관을 맺고 있었다."

이와는 달리 헨리 E. 헌팅턴은 대학에 다닌 적도, 채식 필사본의 아름다움에 감탄하거나 정교한 가죽 제본을 만져볼 수 있는 특별 과목을 수강한 적도 없는 인물이었다. 1850년에 뉴욕 주 오니온타에서 태어난 그는 숙부인 콜리스 P. 헌팅턴과 함께 처음에는 남부에서, 그리고 나중에는 보다 극적으로 캘리포니아에서 거대한 철도 제국을 건설하고 유지하는 데 생애 대부분을 바쳤다. 그가 어째서 비교적 뒤늦게야 도서수집에 그토록 열과 성을 바쳤는지는 아무도 정확히 알 수 없었다.

A. S. W. 로젠바흐도 다른 사람들과 마찬가지로 대략적으로만 짐작할 수밖에 없었다. 로젠바흐에 의하면 헌팅턴은 한때 이렇게 말했다고 한다. "사람은 그저 왔다 가는 존재이지만, 책은 영원한 것이 아닌가. 그러니 훌륭한 장서를 소유하는 것이야말로 불멸을 보장받기 위한 가장 확실하고도 빠른 길이지!" 로젠바흐는 헌팅턴이 어디서 그런 생각을 얻게 되었는지는 언급하지 않았는데, 그 이유는 20세기 미국 최고의 서적상이라는 명성에 있어 자기를 위협하는 유일한 사람인 고(故) 조지 D. 스미스에게 그 공을 돌리고 싶지 않아서였을 것이다. 하지만 《리터러리 컬렉터》라는 수명이 짧았던 잡지에 기고한 글에서 스미스는 한때 이렇게 쓴 적이 있었다. "오늘날 위대한 정치인들이 먼지로 돌아가고, 그들의 이름이 사람들에게서 잊혀진 다음이라 하더라도, 위대한 컬렉션을 만든 사람들에 대한 기억은 수천 명이나 되는 사람들의 입에서 회자될 것이다. 이것이야말로 명성을 얻기 위한 확실한 길이다."

훌륭한 장서를 수집하는 것이야말로 불멸을 보장받기 위한 가장 확실하고도 빠른 길인지는 모르겠지만, 헌팅턴이 사용한 장서 수집 방법이야말로 가장 확실하고도 빠른 것이었다. 즉, 그는 한때 캘리포니아에서 거대한 운송업 제국을 건설하는 데 사용한 방법을 훗날 훌륭한 장서를 수집하는 데에도 그대로 사용했던 것이다. 1912년 4월 15일, 타이타닉 호가 침몰했을 때 그의 나이는 62세였다. 그로부터 7개월 뒤, 호우 경매의 마지막 물품이 낙찰되었을 때 총 판매금액 190만 달러 가운데 거의 절반은 그가 쓴 돈이었다. 또 그는 처치 컬렉션 전체를 130만 달러에 사들였다. 하지만 이것은 단지 시작에 불과했다.

장서를 '통째로' 사들인다는 표현이 헌팅턴으로부터 유래된 것은 아니었지만, 다른 수집가의 장서를 그대로 매입하는 관습이야말로 그의 트레이드마크가 되었다. 헌팅턴이 사망한 지 4년 뒤인 1931년에 나온 《헌팅턴 도서관 회보》의 첫 호에는 그가 1904년부터 1927년까지 무려 112종의 개인 컬렉션을 '통째로' 사들였다고 나와 있다. 시카고 대학의 조지 셔번 교수는 이렇게 썼다. "헌팅턴 장서가 말 그대로 '장서 중의 장서요, 컬렉션 중의 컬렉션' 임은 두말할 나위가 없다."

이 가운데 몇 가지 컬렉션에 대해서는 언급할 만한 가치가 있다. 1913년에 헌팅턴은 그렌빌 케인이 수집한 조지 워싱턴의 편지와 문서 컬렉션을 입수했는데, 여기 포함된 자료는 시기상으로 워싱턴이 성년이 된 이후부터 사망할 때까지에 걸친 방대한 것이었다. 그 외에도 한때 에이브러햄 링컨과 함께 변호사로 일했던 워드 힐 레이먼이 수집한 문서 컬렉션이 있었다. 캑스턴 판 수집에 있어서는 결코 모건을 따라잡지 못했지만, 헌팅턴은 1914년에 75만 달러에 데본셔 공작의 소유였던 25권의 훌륭한 캑스턴 판을 입수했으며, 그와 동시에 유명한 영국의 배우 존 필립 켐블이 수집한 7,500권의 초창기 영국 희곡과 111권의 연극 광고전단 컬렉션을 구입했다.

1915년에 헌팅턴은 뉴욕의 변호사인 프레더릭 R. 헬시가 수집한 2만여 권에 달하는 영국 및 미국 문학 컬렉션을 구입했는데, 이 안에는 특히 디킨스, 스티븐슨, 밀턴, 셸리, 포 등의 작품이 많았으며, 특히 희귀본인 《태머레인》도 두 권이나 포함되어 있었다. 2년 뒤에 헌팅턴은 제1대 엘스미어 남작의 소유였던 브리지워터 하우스 장서 4,400권을 인수했는데, 그 중에는 채프먼과 마스턴의 친필 원고와 모두 1만 2,000점에 달하는 다른 원고를 비롯해서, 특히 현재 헌팅턴 도서관에 전시된 물품 중에서도 가장 유명한 정교한 채식 삽화가 들어 있는 일명 '엘스미어 초서'[195]도 포함되어 있었다. 또한 헌팅턴은 서두르기보다는 오히려 신중하게 행동하는 편이 유리한 경우도 있다는 사실을 잘 알고 있었다. 한번은 뉴욕의 도서수집가인 비벌리 츄의 영국 희귀본 컬렉션 1,600권을 구입하기 위해 상대방의 집을 방문했는데, 책 주인이 무척이나 근심스런 얼굴인 것을 알아차렸다. "내 책들과 헤어진다고 생각하니 정말 뜬눈으로 밤을 꼬박 새우게 되더군요." 츄가 이렇게 말했다.

"선생께서 정 그렇게 아쉬워하신다면, 저도 굳이 가져가려고 하지는 않겠습니다." 헌팅턴은 이렇게 대답했다. "단, 언제든지 처분하실 생각이 있으시면 다른 사람들보다 제게 우선권을 주셨으면 합니다." 불과 1년도 지나지 않아서 헌팅턴은 50만 달러에 츄의 책을 모두 인수했다.

도서수집을 시작한 지 불과 10년 동안에, 헌팅턴은 경매장에서의 경쟁 못지않게 시가와 경마를 무척이나 좋아하는 수완 좋은 뉴욕의 서적상 조지 D. 스미스를 대리인으로 삼아 혁혁한 전과를 올렸다. 호우 경매에

---

[195]. 제1대 엘스미어 남작이 소장하던 15세기 초의 초서 필사본을 말한다. 정교한 채식 삽화가 수록되어 있는 것으로 유명하고, 제4대 엘스미어 남작인 존 프랜시스 이거튼이 소더비를 통해 처분하려는 것을 1917년에 헌팅턴이 구입한 것이다.

서 활약한 직후, 그는 이렇게 큰소리를 쳤다. "이제 영국과 유럽의 서적상들에게 결코 잊을 수 없는 교훈과 함께, 미국인의 모험심에 대해서 한 수 가르쳐주게 되어 기쁩니다." 1918년 9월 25일, 헌팅턴은 스미스에게 보낸 편지에서 최근 휴트 경매에서 구입한 30개의 품목을 언급하며 이렇게 덧붙였다. "자네가 갖고 있던 멋진 말들을 매각할 예정이라니 나로선 다행스럽구먼. 그래야 자네가 계속해서 책에 관련된 쪽에 남아 있게 되니 말일세. 솔직히 자네가 경마 쪽에서 성공했더라면 그거야말로 정말 놀라운 일이었을 걸세. 왜냐하면 내가 생각하기엔 그야말로 '완전 박살' 나기 전에 그쪽에서 순순히 발을 빼는 사람은 백 명 중에 한 명도 보기 힘들거든."

하지만 스미스 정도의 수완가라면 충분히 쉽게 발을 뺄 수 있었을 것이다. 1916년에 그는 제1차 브리트웰 코트 장서 경매에 참가하기 위해 일단의 미국 서적상들과 함께 여객선을 타고 영국으로 향했는데, 워낙에 신중했던 그는 훗날 리처드 S. 윔저가 그롤리에 클럽에 기고한 글에서 밝혔듯이 "며칠 전에 전보를 통해 그 컬렉션을 통째로 사들였음을 동행자들에게는 전혀 알리지 않았을" 정도였다. 빈틈없는 스미스는 뉴욕의 금융가인 월스트리트 48번지에 사무실을 두고 있었는데, 그 근처에는 다른 유명한 서적상들의 사무실도 있었다. "당시의 유명 수집가들은 모두 그의 고객이었다." 윔저는 이렇게 지적했다. "고객들은 그의 뛰어난 능력과 그가 보유한 훌륭한 책들 때문에 그의 매장을 찾았다. 어쩌면 부분적으로는 그의 활약상을 보며 자신들이 한 재산 벌었을 당시와 비슷한 모습을 떠올렸기 때문이었는지도 모르지만."

만약 스미스가 50세 생일 이후로도 계속 살아 있었더라면, 그는 헌팅턴을 비롯한 다른 부유한 고객들의 대리인으로 계속 활약했을 것이다. 그가 1920년에 갑자기 사망하자 그 수지맞는 자리를 차지하기 위해 경쟁자들이 일제히 몰려들었지만, 그 중에서도 가장 두각을 나타낸 인물은 필라델피아에서 활동하던 철학 박사 에이브러햄 사이먼 울프 로젠바흐로, 그는 이미 스미스가 독점하다시피 했던 헌팅턴과의 거래를 부분적으로 잠식하고 있던 참이었다. 로젠바흐 서점의 문서보관소 기록에 따르면 그는 스미스가 사망하기 전부터 헌팅턴과 몇 건의 거래를 했는데, 1916년 12월에는 윌리엄 블레이크의 삽화 컬렉션을, 그리고 2주 뒤에는 아메리카나 몇 권을 판매한 것으로 되어 있다. 확실히 스미스는 그때 이미 헌팅턴의 독점 대리인은 아니었고, 로젠바흐가 그의 지위를 서서히 잠식했던 것이다.

 1919년 8월 1일, 로젠바흐는 헌팅턴에게 전보를 보내 자기가 방금 마스든 J. 페리의 장서를 구입했음을 알리면서, '가장 오래 된 세 권이 1591년과 92년경에 출간된 것으로 알려진, 귀하의 장서에 미처 포함되지 못한 셰익스피어 4절판을 구입할 수 있는 우선권을 드릴 용의가 있다'고 했다. 이것이야말로 충격적인 소식이었다. 당시 마스든 J. 페리의 셰익스피어 컬렉션은 아직 고서업계에서는 알려지지 않았으나 매우 희귀한 물품을 대거 포함하고 있었기 때문이다. 로젠바흐 박사는 헌팅턴에게 자신이 2주 뒤에 캘리포니아로 출장 가는 길에 잠깐 만나 뵙고 이 문제를 상의할 수 있겠느냐고 썼다. "페리 구입 건은 당분간 비밀입니다." 그는 이렇게 덧붙였다. "다른 곳에 제안하기 전에 우선권을 갖고 싶으시면 전보로 곧장 답장 바랍니다." 헌팅턴이 보낸 답장은 로젠바흐 서점의 문서보관소에 남아 있지 않지만, 두 사람이 캘리포니아에서 만나 밀담을 나눈 것은 확실하다. 1919년 8월 19일자로 헌팅턴이 서명한, 손으로 적은 한 장짜리 계약서에는 1591년에 나온 《존 왕: 제1부》와 《존 왕: 제2부》, 그리고 1676년에 나온 《햄릿》과 1684년에 나온 《줄리어스 시저》를 포함한 페리 컬렉션에 있는 4절판 11권을 '모두 합쳐 현금 12만 1,000달러에 구입하며, 물건은 내일 곧바로 인도한다'는 내용이 기록되어 있다.

로젠바흐는 마스든 J. 페리 장서 가운데 일부를 훗날 세계 최고 수준의 셰익스피어 관련 컬렉션을 보유하게 되는 헨리 클레이와 에밀리 조던 폴저 부부에게도 판매했다. 7개월 뒤에 조지 D. 스미스가 사망했을 무렵, 로젠바흐는 이로써 이미 헌팅턴과의 중요한 첫 거래를 튼 다음이었다. 이런 일이 벌어진 까닭은 어쩌면 로드아일랜드의 금융업자로 1870년대부터 셰익스피어 관련 자료를 수집해 온 마스든 J. 페리가 스미스와 사이가 벌어졌기 때문인지도 모른다.

1946년에 로젠바흐 박사의 70세 생일을 축하하기 위해 쓴 에세이에서, 클리어런스 S. 브리검은 마스든 J. 페리가 데본셔의 셰익스피어 4절판 57권을 손에 넣기 위해 얼마나 노력했는지를 다음과 같이 설명했다.

> 하루는 내가 페리 씨를 만난 자리에서 이렇게 말했다. "어제 조지 D. 스미스를 만났는데, 그가 헌팅턴 씨에게 데본셔 4절판을 구해 주었다고 하더군요." 페리 씨는 얼굴에 실망의 빛을 역력히 나타내며 내게 말했다. "그렇다면 내 컬렉션은 이제 결코 최고 수준이 되진 못할 겁니다. 그러니 처분하는 수밖에 없겠군요." 1919년에 그는 자신이 수집한 셰익스피어 관련 장서를 50만 달러에 로젠바흐 박사에게 모두 매각했다. 조지 D. 스미스도 이 컬렉션을 구입하고 싶어 했지만, 워낙 만만찮은 금액이니만큼 자기 말고 다른 업자가 구입하리라고는 생각지도 못하고 있었다. (로젠바흐 박사의) 통찰력과 열정을 미처 계산에 넣지 않았기 때문에 결국 스미스는 이 컬렉션을 놓치고 말았던 것이다.

브리검의 설명에는 나와 있지 않지만, 페리가 로젠바흐를 선택한 것은 자신이 데본셔 4절판을 헌팅턴에게 빼앗긴 것이 어떤 기분인지를 스미스로 하여금 알게 하려는 의도였을지도 모른다.[196] 어찌 되었든 간에 당시 43세였던 로젠바흐는 그로 인해 당대의 가장 중요한 수집가들과 곧바로 연결될 수 있었다. 1919년 7월 23일에—헌팅턴에게 전보를 보내기 1주일 전—로젠바흐는 버지니아 주 핫스프링스의 폴저에게 보낸 편지에서 페리 장서 가운데 어느 품목의 대금인 12만 8,500달러 중 일부인 10만 달러를 영수했다고 알렸다. 박사의 편지에는 특유의 거창한 표현을 곁들인 다음과 같은 내용이 적혀 있었다. "이로써 '현존하는 것 중에 최상의 셰익스피어 책'이며, 그 어떤 가격으로도 구할 수 없는 그 유명한 1619년 판 '긴 소장본'을 입수하게 되신 것을 축하드리는 바입니다." 9권의 셰익스피어 희곡으로 구성된 이 컬렉션은 송아지 가죽으로 장정된 표지에 찍혀 있는 원 소유주의 이름을 따서 명명된 것으로, 초판 2절판보다도 4년이나 앞서 출간되었으며 셰익스피어 관련 단일 품목 가운데서는 가장 가치가 높은 것이었다. 그로부터 8년 뒤, 〈새터데이 이브닝 포스트〉에 기고한 글에서 로젠바흐는 이 컬렉션의 시가를 대략 다음과 같이 추정했다. "만약 지금 이 책이 한꺼번에 시장에 나온다면 최소한 20만 달러는 넘게 받을 수 있으리라 장담한다."

이처럼 비싼 책값에 대해 공공연히 이야기하는 것이야말로 로젠바흐의 가장 큰 단점이었고, 비록 그 어마어마한 숫자가 사람들에게 감탄을 자아냈을망정, 그에 대해 마음대로 이야기하다 보니 종종 문제가 벌어지기도 했다. 페리 장서를 대부분 팔아버린 직후—로스앤젤레스의 윌리엄 앤드류스 클라크와 필라델피아의 조셉 와이드너도 이 가운데 일부를 구입했다—박사는 어느 신문에 자기가 거둔 대성공에 대해 이야기했는데, 그로 인해 당시 스탠더드 오일 뉴욕의 대표였던 폴저로부터 항의를 받기

196..오늘날 워싱턴 D. C.에 위치한 폴저 셰익스피어 도서관의 귀중본실에는 마스튼 J. 페리가 수집한 장서와 함께, 페리의 사진이 들어 있는 액자가 가까운 곳의 벽에 걸려 있다.—원주.

도 했다. 폴저는 이 뉴스가 나간 직후에 자기 상사인 존 D. 록펠러가 자기를 불러 이렇게 말하더라고 전했다. "헨리, 신문에 보니 자네가 책 한 권에 수십만 달러를 썼다는 이야기가 나왔더군." 록펠러가 말했다. 폴저가 궁여지책으로 변명을 하자—그는 언론에서 책값을 지나치게 부풀려 보도했다고 주장했다—록펠러는 이렇게 대답했다. "그래, 사실이 아니라니 다행이군, 헨리. 솔직히 우리—그러니까 나하고 내 아들, 그리고 이 사회 전체—는 마음이 썩 편치 않다네. 우리는 가장 큰 계열사 가운데 한 곳의 대표가 책 한 권에 수십만 달러씩 지불할 정도로 멍청이란 사실을 사람들에게 알리고 싶지는 않단 말일세!"

하지만 필라델피아의 로젠바흐 박물관 겸 도서관에 보관된 기록에 의하면 폴저는 실제로 그렇게 큰 돈을 책에 투자할 만큼 '멍청이'였다. 1919년부터 1929년까지, 그는 로젠바흐를 통해서만 무려 138만 8,990달러를 썼는데, 그 가운데 32만 1,705달러는 경매에서 물건을 입수하는 데 들어갔고, 나머지는 로젠바흐가 보유한 재고 가운데 일부를 구입하는 데 들어갔다. 로젠바흐는 폴저가 세계 최고의 '셰익스피어아나' 컬렉션을 수집할 수 있도록 정말 전심전력을 다해 도와준 듯하다. 1922년 6월 27일에 로젠바흐가 '극비'라고 적어서 폴저에게 보낸 편지에서는 "16세기에 나온 단 하나의 독특한 셰익스피어 4절판 희곡을 입수했다"고 썼는데, 그것은 최근 윌리엄 A. 화이트로부터 입수한 1598년 판 《리처드 2세의 비극》이었다. "이 책에 대해서는 폴저 씨와 헌팅턴 씨 두 분께만 연락을 드리기로 했습니다." 그는 이렇게 설명했다. "그래서 우선 폴저 씨께 연락을 드리는 겁니다. 왜냐하면 폴저 씨야말로 이미 《티투스 안드로니쿠스》라는 독특한 셰익스피어 4절판을 입수한 유일한 개인 수집가이시기 때문입니다. 그것이야말로 헌팅턴 씨도 아직까지는 소유한 적이 없었던 희귀한 물건이죠." 그로부터 사흘 뒤, 폴저는 로젠바흐가 제시한 5만

5,000달러에 책을 구입하기로 했고, 대금의 절반은 3개월 뒤에 지불하기로 로젠바흐와 합의했다.

폴저와의 관계로부터 비교적 풍부한 결실을 맺긴 했지만, 로젠바흐의 주무대는 여전히 남부 캘리포니아였다. 1919년 당시만 해도 로젠바흐는 헌팅턴이 무슨 목적으로 책을 모으는지를 제대로 이해하지 못하고 있었지만, 헌팅턴에게는 나름대로 확실한 계획이 있었다. 마스든 페리의 4절판을 구입한다는 계약서를 작성한 지 이틀 후에, 헌팅턴은 뉴욕에 있는 자기 장서 담당 사서인 조지 왓슨 콜에게 기쁨에 가득 찬 편지를 보냈다. "지금 내가 가진 희곡 편수가 대영박물관에서 소장한 편수와 같아지려면 얼마나 더 사야 할지 모르겠군. 나한테 없는 셰익스피어 희곡의 목록을 적어 보내주게. 목록을 두 부 만들어서 원본은 내 책상 위에 올려두고, 사본은 이쪽으로 보내주게."

그로부터 3개월 뒤, 콜은 헌팅턴에게 그가 소장한 왕정복고 이전의 영국 희곡 및 대본이 모두 909권에 달한다고 보고하면서, 이는 대영박물관 도서관의 같은 분야 장서량에 비해 불과 13부가 모자랄 뿐이라고 덧붙였다. 이번에 산 페리의 4절판을 더하면 불과 2부밖에 차이가 나지 않았다. 훌륭한 장서를 소장하는 것이야말로 불멸을 보장받는 가장 확실한 길이라고 역설했던 장본인은 유서 깊은 대영박물관 도서관을 그 기준으로 삼고 있었다. 또한 적어도 몇 가지 분야에서는 그곳을 거의 따라잡은 상황이었다. 굳이 대영박물관을 능가해야 할 필요를 느끼지 못했던 J. 피어폰트 모건과 달리, 헌팅턴은 다른 누군가의 감정을 상하게 하는 일이 있더라도 가능한 한 최고의 장서를 수집하겠다고 결심했던 것이다. 그 결과 헌팅턴에 대한 영국 측의 감정은 그리 썩 좋지 않았다. 물론 여전히 헌팅턴은 적극적인 구매자였고 영국 측은 적극적인 판매자이긴 했지만, 그 대신 판매하는 쪽에선 그에게 무척 비싼 값을 불렀다. 헌팅턴은 필요하다면 얼마든지 자금을 동원하곤 했지만, 다른 한편으로는 동전 한 푼도 아끼고 저축하려는 버릇이 있었다.

이는 헌팅턴이 자신의 이름을 드러내지 않고 왕정복고 이전의 훌륭한 작품들을 입수했던 방법에서도 잘 드러난다. 당시 국제적으로 유명한 서지학자로 매사추세츠 주 우스터의 미국 고서협회에서 1908년부터 1930년까지 사서로 재직했으며, 이후 1930년부터 1959년까지는 회장으로 재직한 클리어런스 S. 브리검과 헌팅턴 사이의 관계에 대해서는 로젠바흐 박사조차도 전혀 몰랐던 것 같다.

클리어런스 S. 브리검(1877~1963)은 자신이 재직한 곳 말고도 미국 내의 여러 도서관 건물의 신축에 관여해 온 인물이었다. 그는 취미삼아 1640년 이전에 나온 영국 책을 수집하고 있었는데, 왜냐하면 영국의 초창기 인쇄본들은 바로 그 해를 마지막으로 사라져 버렸기 때문이다. 고문서협회에서는 단지 미국 관련 자료만 수집했기 때문에, 그의 이런 취미는 자신의 직업과도 상충되지 않는 것이었다. 1917년에 헌팅턴과 알게 된 이후부터, 브리검은 자신의 개인 소장품 가운데 일부를 자기가 구입한 가격 그대로 이 캘리포니아인에게 다시 팔곤 했다.

1920년 4월 17일자 편지에서 그는 자기 장서를 '1640년 이전에 나온 영국 문학 작품 컬렉션 중 최고'로 만들기 위해 여름 내내 유럽을 여행할 생각인데, 필요하다면 헌팅턴이 찾는 책들의 목록도 같이 갖고 다니면서 확인해 보겠다고 제안했다. "저야 서적상도 아니고, 그저 그 분야에 대한 저 자신의 관심과, 미국인의 한 사람으로서 선생의 장서에 대해 느끼는 자부심 때문에 도와드리는 것뿐입니다." 그는 이렇게 강조했다. "제 계획이 마음에 드신다면, 특별히 다른 조건은 내세우지 않겠습니다. 만약 제가 선생을 위해 책을 구입한다는 사실이 알려지거나, 또는 선생께서 영국에서 '대리인'을 통해 책을 사려고 한다는 사실이 업계에 알려지면, 가격 자체가 크게 달라질 테니까요." 그로부터 한 달쯤 뒤에 헌팅턴은 '해외 출장 중에 책을 구해다 주시겠다는 친절한 제안을 받아들이겠다'고 답장했다.

영국에 도착한 브리검은 매우 성공적이었던 자신의 활동에 대해 정기적으로 보고했다. "제가 헌팅턴 씨와 어떤 관계가 있으리란 것은 아무도 눈치 채지 못하고 있습니다." 그는 7월 27일에 이렇게 편지에 썼다. 다음 달에 브리검은 자기가 이미 책을 사는 데 사용한 9,000달러 가운데서 4,000달러는 자기가 부담한 것이라고 밝혔다. "아마 전문 업자가 사겠다고 했으면 너끈히 2만 달러는 불렀을 물건들입니다." 그는 이렇게 자랑했다. 브리검이 매사추세츠로 돌아온 직후, 영국으로부터 책이 도착하기 시작했다. 9월 20일에 그는 보내주신 1만 달러를 잘 받았으며, 요즘은 이전에 구입한 책들이 담긴 꾸러미를 풀고 확인하느라 저녁마다 정신이 없다고 헌팅턴에게 편지를 썼다. "이런 일에도 점점 더 흥미가 생기는군요." 그는 이렇게 썼다. "이런 책들을 찾아다니는 쪽이 웬만한 다른 여가활동보다도 더 재미있으니까요."

연말이 다가오자 헌팅턴의 사서인 조지 왓슨 콜은 브리검에게 보낸 1920년 11월 27일자 편지에서 다음 해 여름에도 유럽에 다녀올 예정이라는 그의 제안에 대해 쓰고 있다. "저희 때문에 다시 한 번 다녀와 주시겠다니 감사할 따름입니다. 물론 작년 가을에 다녀오시면서 사 오신 1,640권의 책들처럼 많은 양은 아니더라도, 다음 번 여행에서도 이전 못지않게 좋은 결과가 있었으면 좋겠습니다." 2주 뒤인 12월 13일에 헌팅턴은 조만간 뉴욕에서 캘리포니아까지 기차 여행을 할 것이라고 브리검에게 전하면서 '그쪽에 보관하고 있는 책을 내 차에 싣고 가져왔으면 좋겠다'고 편지를 보냈다. 1921년 1월 19일자 편지에서 브리검은 헌팅턴에게 "앞서 구입한 1,640권 말고도 지금 현재 6,300권을 더 보유하고 계신 셈인데, 여기에 제가 지난 여름에 구해드린 1,200권을 더 합치면 모두 7,500권이 됩니다. 혹시나 운 좋게 크리스티 밀러 컬렉션을 통째로 손에 넣기라도 한다면 당장 700권이 더 늘어나서 모두 8,200권이 됩니다. 물론 케임브리지에 보관하는 책들은 제외하고도 말이죠. 하지만 지금부터가 시작입니다"라고 썼다.

조지 왓슨 콜이 1921년 4월에 보낸 편지에서 암시했듯이, 이것이야말로 헌팅턴이 그토록 듣고 싶어 했던 말이었다. "헌팅턴 씨께선 선생이 보내신 편지를 읽고 나서 구입한 책들을 이곳으로 곧장 보내는 편이 어떻겠느냐고 제안하셨습니다. 하지만 저는 그러다가 우리가 하는 작은 게임이 들통 날 수도 있으니, 차라리 우선 우스터로 보내고 책이 도착할 때마다 선생께서 다시 이리로 부쳐주시는 편이 낫겠다고 말씀드렸습니다." 이 '작은 게임'이 진행되는 도중이었기 때문에, 헌팅턴과 콜이 보낸 편지는 브리검의 사무실이 아니라 그의 집으로 곧장 배달되었지만, 브리검은 이들 편지 대부분을 고문서협회 사무실의 서류철 안에 보관했다.

"최근에 저희 컬렉션에 추가해 주신 몇 가지 물품으로 미루어 보건대, 이제 저희를 위해 뭔가 더 새로운 것을 구해 주시기가 지극히 어려워지셨다는 사실을 (……) 잘 알겠습니다." 콜은 1921년 6월 10일자 편지에서 이렇게 쓰고 있다. "차후의 도서 구입 및 발송 방법에 대해 헌팅턴 씨께는, 물품을 구입하신 후에는 중복 구입을 피하기 위해 그 목록을 최대한 빨리 이쪽으로 보내주실 것과, 구입하신 책도 최대한 빨리 이쪽으로 보내주실 것, 그리고 일 처리 과정에서 절대로 선생의 신분을 노출시키지 말 것을 당부하셨습니다."

그런 와중에 브리검은 조만간 있을 여행에 대해서 다음과 같이 헌팅턴에게 편지를 썼다. "선생의 컬렉션이 이젠 거의 완벽에 가까워진 상황이기 때문에, 저로서도 한두 가지 빠진 물품을 구하기가 점점 쉽지 않게 되었습니다." 하지만 그는 이번에도 역시 헌팅턴이 찾는 도서 목록을 가지고 갈 것이라고 하면서, 그 이유를 이렇게 밝혔다.

    왜냐하면 (컬렉션을) 완벽히 마무리할 수 있는 기회라면 결코 조그만 것도 놓칠 수 없기 때문입니다. 어지간한 것은 제 능력으로도 충분히 구입할 수 있으니, 혹시나 방대한 장서를 한꺼번에 구입하지 않는 한 굳이 선금을 주실 필요는 없습니다. 혹시 로젠바흐 박사가 영국의 대규모 개인 수집가들을 방문했다거나, 또는 그럴 조짐이 있지는 않겠지요? 제 생각엔 굳이 그랬을 것 같지는 않고, 또한 물론 제가 염두에 둔 수집가들을 찾아가진 않았을 것 같은데, 어차피 그들 모두가 우리 두 사람과 피차 아는 사이니까요. 물론 중요한 점은 그들로 하여금 제가 사는 책들이 제 개인 장서라고 믿게 해야 한다는 것이겠지요.

    두 번째 여행도 역시나 성공적이었음은 브리검이 보낸 1921년 12월 19일자 편지에서 확인된다. "책들은 내일 캘리포니아로 직접 발송될 예정입니다." 그는 이렇게 썼다. "모두 두 상자이고, 보험 처리하고 나서 속달로 보내겠습니다." 덧붙여 그는 브리트웰 코트 경매에서 자기가 '혹시 도와드릴' 것이 없겠느냐고 헌팅턴에게 묻고 있다. "선생의 장서에는 빠져 있는 물품이 이번 경매에 상당수 나올 예정인데, 매우 비중 있는 것들입니다. 이번 경매의 예상 판매 수익도 지난 봄 때와 비슷할 것 같습니다. 익명으로 입찰하더라도 25퍼센트 정도는 건질 수 있을 것 같습니다. 굳이 그러지 않더라도 영국의 서적상들은 누가 선생을 위해 책을 사들였는지 곧바로 알아채지 못하겠지만 말입니다."
    두 사람 사이의 관계는 이후 1년간 더 지속되었다. 물론 서로에게 바람직한 결말로 끝났다고 하고 싶지만, 사실은 그와 반대였다. 몇 가지 사소한 문제가 불거졌던 것이다. 그 중 일부는 돈 때문이었고—영국 파운드화의 환율이 계속 변동했기 때문에 그로 인해 몇 가지 오해가 생겨났다—또한 샌마리노의 장서를 관리하는 사서들이 브리검이 구입한 책 가운데 몇 권의 상태에 대해 이의를 제기했기 때문이기도 했다. 하지만 가장 큰 불화는 브리검이 헌팅턴을 위해 구입한 어떤 책을 예일 대학에 사진 촬영차 빌려주었다는 사실을 헌팅턴이 알게 된 데서부터 비롯되었다. "선생께서 보내주신 계산서에 나온 이 책의 가격이 1923년 5월 17일자 피커링 앤드 채토 서점의 도서목록에 나와 있는 판매 금액보다 비싸다는 사실, 또한 선생께서 본인의 장서에 포함된 재산인 그 책을 다른 사람이 사용할 수 있도록 했다는 사실에 대해 해명해 주시기 바랍니다." 헌팅턴은 결국 1923년 12월 21일자 편지에서 퉁명스럽게 최후통첩을 보내고 말았다. "차후에 다시 연락드리기 전까지는 본인의 장서 수집을 위해 대리인으로 임해 주셨던 활동을 모두 중단해 주시기 바랍니다."

브리검은 대경실색했다. "저는 무려 세 번이나 해외 출장을 다녀왔고, 밤낮을 가리지 않고 이 어마어마한 책 더미를 정리했으며, 도서목록에 나온 수십만 권의 책들을 조사했고, 지난 3년 동안 남는 시간을 거의 모두 이 일에 바쳐 왔습니다." 1924년 1월 7일자로 보낸 답장에서 그는 이렇게 썼다. "그러면서도 저 자신의 이익이나 비용이나 시간 같은 것을 아까워하진 않았습니다. 솔직히 저 말고 어느 누가 단지 이 분야를 좋아한다는 이유 때문에 자기 시간을 들여 이렇게 할 수 있겠습니까?" 그는 문제의 책을 예일 측에 빌려달라는 요청에 승낙한 까닭은 "그래야만 제가 헌팅턴 씨의 장서를 대신 사들이고 있다는 사실을 감출 수 있었기 때문"이었다고 덧붙였다.

이 '작은 게임'으로 인한 가장 씁쓸한 파장은 1931년, 헌팅턴이 사망한 지 4년 뒤에 발행된 《헌팅턴 도서관 회보》를 브리검이 한 부 받아보면서 생겨났는데, 여기에는 도서관 설립자인 고인의 생애와 업적에 대한 에세이 한 편과, 그의 다양한 수집품을 입수한 순서대로 요약 설명한 내용이 담긴 에세이 한 편이 수록되어 있었다. 그 요약 설명 중에서 이 매사추세츠의 사서는 "1921년부터 1925년까지, 헌팅턴 씨는 영국 도서 컬렉션이 무려 1,640권에 육박했음에도 불구하고, 당시 미국 고서협회 회장으로 탁월한 역량을 발휘한 브리검 씨를 고용해서 이후 여러 권의 중요한 물품을 입수했다. 브리검 씨는 헌팅턴 씨의 대리인으로 일하며, 주로 영국에서 2,750여 점의 물품을 입수했는데, 그 중 대부분은 종교 관련서였다"라는 대목을 발견하고 경악했다.

헌팅턴 도서관의 관장이었던 맥스 패런드 앞으로 몰래 보낸 편지에서 브리검은 그가 한때 백만장자에게 "고용되었다"고 표현한 것에 대해 항의했다. "저는 헌팅턴 씨에게 '고용되었던' 적도 없으며, 그 분의 대리인으로 일한 적도 없습니다." 그는 이렇게 주장하면서, 애초에는 단지 자기가 보유한 여분의 책을 판매하기 시작한 것에서 어떻게 두 사람의 관계가 발전했는지를 다음과 같이 설명했다.

저는 단지 제가 해외 출장을 갈 때 그분이 필요하신 책 목록을 건네주시면, 혹시나 영국 서점에서 발견하는 대로 구해다 드리겠다고 제안했을 뿐입니다. 제가 그분께 판매한 책들은 구입한 가격 그대로였기 때문에 거기서 경제적 이익을 취하진 않았습니다. 그것은 단지 친분 때문에 한 일이었지, 결코 그분의 대리인으로 일한 것은 아니었습니다. 사실 제가 만난 영국의 서적상 중 어느 누구도 제가 헌팅턴 씨를 위해 책을 구입했다는 것은 상상도 못했을 겁니다. 따라서 이번 회보에 처음으로 밝혀진 그 사실을 그들이 보면 크게 충격을 받을 것입니다. 이 모든 활동은 사실상 헌팅턴 씨로 하여금 초창기 영국의 인쇄본 분야에서 세계 최고 수준의 컬렉션을 모을 수 있게 하기 위해서였습니다. 현재 이 컬렉션이 같은 분야에서도 세계에서 세 번째의 규모가 된 것도, 그 가운데 2,800권을 대신 구입해 주었던 저의 도움이 컸다고 해야 할 겁니다.

바로 이 대목에서 브리검은 자신이 그런 일을 하게 된 숨은 동기를 고백하고 있다.

> 솔직히 저는 그렇게 도와드림으로써, 헌팅턴 씨께서 미국 고서협회 측에 기부나 유증 등으로 최소한 2만 5,000달러 정도를 희사하시길 기대했습니다. 물론 두세 번 정도 이 문제를 직접 이야기했을 때, 헌팅턴 씨도 관심을 표명하셨지요. 헌팅턴 씨는 이 일을 염두에 두고 계셨음이 분명하고, 제 생각에는 아마 조금만 더 오래 사셨더라면 분명히 실천으로 옮기셨을 겁니다. 지금 제 생각에는 이 책들이 당연히 2만 5,000달러 이상은 나갈 것이 분명하니, 저로서도 그에 대한 권리를 주장함으로써 미국 고서협회 측에 그만한 금액이 기부되었으면 하는 바람입니다.

브리검은 특별한 정정이나 해명을 요구하지는 않았지만, 이후에는 그 문제의 대목에서 '고용해서'와 '대리인'이라는 단어를 삭제해 달라고 요청했다. 그로부터 15년 뒤에, 브리검은 그 '친분 때문에 한 일'에 대해 쓴 짧은 에세이에서 패런드에게 보낸 편지에서와 마찬가지로, 자기는 단지 훌륭한 장서를 수집할 수 있도록 해 주려는 뜻에서 그렇게 행동했을 뿐이라는 점을 다시 한 번 강조했다. 하지만 그는 자신이 그 책들을 구입하던 당시에는 남을 위해서가 아니라 마치 자신의 컬렉션을 위해 구입하는 척했다는 사실은 언급하지 않았다. 또 다른 대목에서 브리검은 자신이 한때 헌팅턴에게 이 컬렉션을 위해 쓴 돈이 얼마나 되느냐고 물어보았던 사실을 고백했다. 그러자 그 노인은 몇 분 동안이나 종이 위에 연필로 뭔가를 끄적이고 나서 이렇게 대답했다. "지금까지 책 사느라 쓴 돈이 2,000만 달러 정도, 그리고 미술품에는 그보다 좀 더 들어갔군." 혹시나 뭔가 묵은 감정이 남아 있었을지는 모르지만, 브리검이 결론 부분에서 헌팅턴에게 내린 평가에는 그런 흔적이 전혀 보이지 않는다. "그를 세계 최고의 도서수집가로 만든 것은 바로 그의 의지와 두뇌와 자금의 조화였다."

이 매사추세츠의 사서가 책을 대신 구입해 주겠다고 했을 때, 헌팅턴이 순순히 허락한 이유는 무엇일까? 이에 대한 답변은 아마도 브리검이 경악해 마지않았던 《헌팅턴 도서관 회보》의 같은 호에 실린 다음과 내용에서 찾아볼 수 있을 것이다. "헌팅턴 씨는 본인 소유의 장서를 더 늘리거나 향상시킬 수 있는 물품을 입수할 기회가 있으면 그 어떤 것도 결코 놓치지 않았다." 로버트 O. 스캐드는 헌팅턴의 약력에서 이렇게 쓰고 있다.

비록 헌팅턴이 수많은 전문가를 고용하고 있었음에도 불구하고, 어떤 품목을 추가할 것이며 얼마나 돈을 쓸 것인지는 본인이 최종적으로 결정했다는 사실은 수많은 편지와 문서를 통해서도 확인된다. 로젠바흐는 헌팅턴에게 직접 어떤 물품을 구입할 것인지를 물었으며, 간혹 그 직원들로부터 답변이 오긴 했지만 결국 모든 중요한 결정은 조지 D. 스미스의 말마따나 '노인네'가 내리는 것이었다. 1923년 1월 24일, 헌팅턴의 큐레이터인 레슬리 E. 블리스는 로젠바흐에게 곧 있을 영국의 브리트웰 코트 경매에서 168점의 품목을 구입해 달라는 위임장을 보냈다. 다음날 블리스는 로젠바흐에게 편지를 두 장 더 보냈는데, 그 중 하나에는 103점의 추가 물품을 열거하면서 "이것들은 터무니없는 가격을 치르면서까지 구입할 필요는 없습니다. 다만 우리가 생각하기에 적절한 선의 가격에 구입할 수 있다면 그 중 일부, 혹은 전부라도 매입할 의사는 있습니다"라고 적었다. 로젠바흐가 보관한 이들 편지의 사본에는 모든 품목에 표시가 되어 있는 것으로 보아, 실제로는 대부분 구입한 듯하다. 1923년 1월 25일자로 된 또 다른 편지에서, 블리스는 필라델피아의 변호사이며 로젠바흐와 절친한 사이였던 사이먼 그래츠가 수집한 초창기 미국 임프린트 140권을 구입하는 건에 대해 헌팅턴이 새로이 내놓은 제안을 이렇게 전하고 있다. "헌팅턴 씨께서는 그 컬렉션을 로젠바흐 씨가 먼저 구입하신다면, 그 중 아래의 18권—저희가 이미 보유한 책들입니다—을 빼놓은 나머지를 4만 달러에 구입하시겠다고 합니다."

로젠바흐가 원래 제안했던 가격은 모두 합쳐 5만 달러였지만, 그는 헌팅턴의 제안을 받아들였다. 그래츠가 자신의 장서를 일괄 판매하겠다는 조건을 내세웠기 때문에, 로젠바흐는 헌팅턴에게 이렇게 편지했다. "그래츠 씨의 컬렉션을 구입하셨다는 이야기는 절대 아무에게도 알리지 말아 주시기 바랍니다. 왜냐하면 본래 그 책은 남부 연방 관련 임프린트들과 함께 필라델피아의 자유 도서관—그래츠 씨와 제가 이사로 재직하는—에 기증할 예정이었기 때문에, 그걸 구입하셨다고 공식적으로 발표하시지는 않는 편이 더 나을 겁니다."

그 다음 달에 발생한 또 다른 문제는 헌팅턴이 구입한 물품을 얼마나 꼼꼼히 확인해 보는지를 잘 보여주는 사례이다. 문제의 책은 1595년에 나온 리처드 반필드의 《신시아》 초판 퍼스트 이슈[197]로, 1921년에 로젠바흐가 헌팅턴에게 판매한 것이었다. 그로부터 2년 뒤, 헌팅턴은 로젠바흐에게 그때 받은 책에서 단 한 페이지는 원본이 아니라 '꼴사나운 복사본'으로 대체되어 있더라고 전했다. 그러면서 마침 곧 있을 브리트웰 코트 경매에 "나한테 판매한 흠 있는 책과 똑같은 완전본이 나올 예정이니, 그 책을 경매에서 구해다가 1921년 6월에 나한테 판 책과 교환해 주는 것이 마땅하지 않겠느냐"고 했다. 그로부터 3개월 뒤, 이 문제에 대해 만족할 만한 답을 얻지 못하자 헌팅턴은 다시 한 번 편지를 보냈다. "이전에 《신시아》를 구입해 달라고 부탁했는데, 이번 브리트웰에서 사서 보낸 물건들 중에는 없더군요. 어떻게 된 노릇인지 알고 싶소이다."

---

[197]..초판본이나 희귀본 등을 식별하는 표식을 말한다. 자세한 내용은 용어해설을 참고하라.

결국 로젠바흐는 곧바로 답장을 내서, 이에 대해 유럽으로 떠나기 전에 서로 주고받은 편지를 인용하면서, "당시에 폴저 씨가 다른 품목은 경쟁하지 않고 헌팅턴 씨 측에 양보해 주신다고 약속했기 때문에, 이미 헌팅턴 씨가 한 부 갖고 계신 이 책 정도는 폴저 씨 측에 양보해 주는 편이 옳다고 생각했습니다"라고 설명했다. 로젠바흐는 이 책이 폴저에게 넘어갔다는 사실을 인정하면서, 이렇게 덧붙였다. "그 덕분에 이번 경매에서는 미국 측 참가자들끼리 크게 경쟁이 붙진 않았고, 특히 헌팅턴 씨가 원하시는 품목에서는 대부분의 참가자들이 경쟁하지 않고 순순히 양보해 주었습니다."

1923년 7월, 로젠바흐는 헌팅턴에게 그로부터 1세기 전에 토머스 필립스 경이 수집한 인큐내뷸러 750권을 구입하라고 제안했다. 1920년대에 로젠바흐의 중개로 이루어진 매매 중에서도 가장 대단했던 '개인 판매' 가운데 하나인 이 건이야말로, 이 훌륭한 물건을 독점적으로 매매할 수 있을 만큼 당시 로젠바흐의 영향력이 늘어나고 있었음을 잘 보여주고 있다. "지금까지 그 컬렉션을 본 서적상이 오직 저 하나뿐이었다는 사실이 매우 흥미로우실 겁니다." 그는 이렇게 썼다. "저 말고 다른 미국인 가운데서 그 장서를 본 사람이라곤, 몇 년 전에 채식 필사본 5권을 구입한 J. 피어폰트 모건 씨뿐이니까요."

1845년경에 필립스 경이 독일의 어느 수도원에서 일괄 구입한 이 책들은 대부분 처음 출간되었던 당시의 제본 상태 그대로였다. 그리고 나서 곧바로 로젠바흐 특유의 너스레가 등장한다. "이 컬렉션을 구입하는 사람이야말로 인쇄본 분야에서는 최고의 장서를 보유하게 되는 셈입니다. 소더비 측에서는 지난 몇 년 동안 펜윅 씨에게 이 책들을 개인 판매하는 것보다는 정식 경매에 붙이는 편이 낫다고 설득해 왔습니다만, 다행히 제가 다른 누구보다도 먼저 이 물건을 붙잡게 되었습니다." 로젠바호 서점의 헌팅턴 관련 서류철에 보관된 1923년 8월 3일자 판매 계산서에는 모두 105점의 품목이 총 3만 6,500달러에 판매되었음이 명시되어 있다. 그로부터 6일 뒤에, 로젠바흐는 헌팅턴에게 필립스 컬렉션 가운데 또 다른 훌륭한 품목을 구입하라고 제안했는데, 그것은 다름 아닌 배틀 수도원[198] 관련 공문서로 알려진, 윌리엄 정복왕 시대에 작성된 필사본으로 추정되는 '영국 문학 및 역사학도에겐 참으로 귀중한' 책들을 포함한 2절판 99권이었다. 그달 보름 경, 헌팅턴은 다시 5만 달러에 그 책들을 사들였다. 10월에 로젠바흐는 뉴욕 공립도서관에서 50년간 근무한 유명한 사서 윌버포스 임스가 수집한 초창기 미국 임프린트 1만 2,000권 역시 6만 5,000달러에 성공적으로 판매했다.

"헌팅턴 씨가 사용한 방법이 아니었다면, 헌팅턴 도서관의 그 다양하고도 풍부한 컬렉션을 그토록 짧은 기간 동안에 모을 수는 없었을 것이다." 로버트 O. 스캐드의 말이다. 다른 컬렉션을 통째로 사들임으로써, 헌팅턴은 책의 수량 면에서는 물론이고 그 수준에 있어서도 남들이 몇 년에 걸쳐 모아야 할 만큼의 좋은 책을 단 한 번에 낚았던 것이다. "이들 컬렉션들이야말로 한 사람이 평생, 혹은 그 이상 모아야 하는 것들이었다." 스캐드의 지적이다. 하지만 헌팅턴이 결코 소유할 수 없었던 것이 있었으니, 그것은 바로 수십 년 동안의 수집을 통해서만 체득할 수 있는 수집가로서의 전문성이었다. 그래서 비벌리 츄에게 50만 달러에 장서를 팔도록 설득하면서도, 헌팅턴은 만약 츄가 지닌 서지학적 지식을 자기가 그대로 가져갈 수만 있다면 그 두 배의 금액이라도 기꺼이 지불하겠다고

---

[198] 1094년에 영국 헤이스팅스에 건립된 수도원. 노르만의 윌리엄 정복왕이 잉글랜드의 해럴드 2세를 대파한 1066년의 헤이스팅스 전투를 기념하는 의미에서 '배틀(전투) 수도원'이라고 이름 붙였다. 이후 헨리 8세 당시 영국의 모든 수도원을 탄압하는 과정에서 완전히 파괴되어 지금은 그 터만 남아 있다.

토로했던 것이다.

헌팅턴은 1910년부터 샌마리노의 샌게이브리얼 산맥 자락에 위치한 자기의 새로운 목장에 거주하고 있었지만, 그가 수집한 책과 필사본 대부분은 10여 년 이상 뉴욕 메트로폴리탄 클럽의 자기 숙소, 5번가와 이스트 57번가 사이 3층 건물에 있는 개인 서재, 그리고 은행의 지하 금고에 나뉘어 보관되어 있었다. 이들 모두는 서부 연안에 적당한 보관처가 생길 때를 기다리고 있는 것이었다. 1920년 가을, 그가 자기 소유의 대지에 건설한 근사한 도서관이 완성되자, 속속 늘어나던 책을 관리하기 위해 이미 12명으로 늘어난 뉴욕의 직원들은 곧 이루어질 대규모 이전 준비를 하느라 바빠졌다. 이러한 극적인 이전 과정을 거친 뒤에, 캘리포니아는 이들 훌륭한 장서의 영구적인 안식처가 되었다.

다음 해에 이 도서관과 목장, 미술품과 마당의 식물원을 공공 재산으로 양도하는 증서가 작성되었다. 헌팅턴은 자신의 70세 생일을 맞아 이 도서관을 영구히 사설 기관으로 변경하고자 했다. 의미심장하게도, 이제 그는 로젠바흐에게 보낸 편지에서 설명했듯이 "집사람이 잠들어 있고, 나도 곧 그 위에 눕게 될" 샌마리노의 땅 위에 세워질 거대한 묘지를 구상하는 데 대부분의 시간을 바쳤고, 로젠바흐에게도 그쪽으로 와서 디자인상으로 조언을 해 달라고 요청했다. 비록 건축이 아니라 문학이 자신의 전문 분야이긴 했지만 로젠바흐는 그 일을 돕게 되어 무척이나 즐거워했고, 그의 편지에는 이 사업에 뭔가 의미 있는 기여를 하려는 대단한 열망이 드러나 있다.

헌팅턴의 관심이 이제 묘지 쪽으로 집중되면서부터 로젠바흐로서는 그에게 책을 판매하기가 점점 어려워졌다. 여차 하면 괜찮은 물건을 다른 수집가에게 빼앗길 수도 있다는 퉁명스런 제안조차도 이젠 그 노인네의 열정에 다시 불을 붙이지 못했다. 1926년 5월 27일, 로젠바흐는 헌팅턴에게 보낸 긴 편지에서, 최근 그가 받은 구매 요청마다 '한도 금액이 너무 적게 책정된 까닭에 얼마 전 앤더슨 경매회사에서 있었던 존 L. 클로슨의 엘리자베스 시대 문학 컬렉션 경매에서도 애초에 의도한 28가지 품목 중에서 겨우 4가지만 건질 수 있었다'고 노골적으로 불만을 표시했다. 덧붙여서 그는 "폴저 씨가 경쟁 끝에 4,000달러에 낙찰받은 물건"에 대해 헌팅턴이 제시한 한도 금액은 1,200달러뿐이었다고 지적했다. 또한 로젠바흐는 자신이 다른 중요한 품목들을 '매장용으로' 구입했으며, 그것들에 대해서는 헌팅턴에게 "구입하실 수 있도록 우선권을 드리는 것이 마땅할" 것이라고 덧붙였다. 즉, 그는 이번에 사들인 물품을 낙찰가에 10퍼센트라는 '보통 수수료'만 덧붙여서 판매할 용의가 있다고 했다.

"잘 알고 계시겠지만 1912년의 휴트 경매 이후에는 완전히 물건이 말라버리고 말았습니다." 로젠바흐는 이 편지의 핵심 대목에서 이렇게 설명했다. "클로슨 경매가 어쩌면 쓸 만한 영국 책들을 구할 수 있는 마지막 기회라고 생각한 일련의 새로운 수집가들이 기꺼이 좋은 가격을 지불할 용의가 있었던 것도 그 때문이지요. 결국 제가 이번에 입수한 물품도 그 가격에 비하면 하나같이 독특하고 가치 있는 매우 진귀한 것들이니, 구입하시는 편이 나으리라고 조언해 드리고 싶습니다." 로젠바흐는 자신이 헌팅턴을 "항상 기쁘게 해 드리려 노력했고, 저 자신의 이익을 희생하면서조차 필요하신 품목은 언제든지, 가격이 합리적인 선에서는 반드시 구해" 드렸다고 강조했다. 그는 또한 최근에 '해외에서 무척이나 흥미로운 컬렉션들'을 구입했는데, 그 중에는 스펜서의 유일한 시의 친필 원고도 들어 있다고 덧붙였다. 그리고 나서 로젠바흐는 다음 달쯤에 캘리포니아로 한 번 방문해도 되겠느냐고 물었다. 이에 대해 헌팅턴은 1926년 6월 24일에 짧으면서도 결정적인 최후통첩을 날렸다. "5월 27일에 보내신 편지는 잘 받았고, 다음 달 말경에 방문해 주시면 좋겠소만,

그 대신 책은 절대로 가져오시지 마시오."

바로 다음날, 이제는 헌팅턴 도서관의 사서로 일하고 있는 레슬리 E. 블리스로부터 일주일 전에 로젠바흐 서점에서 보낸 539달러 99센트짜리 청구서에 대해 묻는 지극히 격식을 차린 편지가 날아왔다. "귀사에서 보내주신 청구서 상의 오류에 대해 문의하고자 하오니 확인해 주시기 바랍니다." 로젠바흐 서점의 경리직원이 실수를 해서 99센트를 더 청구한 것이다. "저희 측에서는 위 금액을 539달러로 수정하고, 이 금액에 준하여 금명간에 귀사의 계좌로 송금하도록 조치하겠습니다. 이 사안에 대하여 귀사의 장부에도 수정 기입해 주신 후에 저희 측에 확인 연락 주시면 대단히 감사하겠습니다." 1927년 초에 로젠바흐의 형인 필립 로젠바흐가 캘리포니아로 가서 면담을 요청했다. 그러나 헌팅턴은 직접 만날 수는 없다는 내용의 편지를 필립이 머물던 로스앤젤레스의 빌트모어 호텔로 보냈다. "차후의 도서 구입 건에 관해서는 내일 만나보실 햅굿 씨가 아마 잘 설명해 주실 거요."

헌팅턴과 로젠바흐는 8년 동안이나 함께 일해 왔으며, 그 동안 이 캘리포니아의 수집가는 로젠바흐 서점을 통해 433만 3,610달러 어치의 책을 구입했다. 이제 몇 가지 경우를 제외하면, 두 사람 사이의 관계는 끝난 셈이었다. 필립 로젠바흐가 캘리포니아를 방문한 지 3개월 뒤인 1927년 5월 23일, 헨리 E. 헌팅턴은 77세를 일기로 필라델피아의 한 병원에서 암으로 사망했다. 헌팅턴이 사망한 지 열흘 뒤에 로젠바흐는 블리스로부터 앞으로의 일을 시사하는 다음과 같은 편지를 받았다. "오늘 귀사에서 보내주신 상자 두 개가 도착했습니다. 내용물을 확인하는 대로 계산서를 경리부서에 넘겨주긴 하겠습니다만, 최근 여건이 많이 변한 까닭에 지금 당장 수표가 발급될지는 장담할 수가 없군요. 지금 당장 캘리포니아에서는 이사회를 소집할 만한 정족수가 되지 않고, 그 외에 몇 가지

복잡한 상황이 있습니다. 하지만 가능한 한 빠른 시일 내에 대금 결제를 해 드리도록 하겠습니다."

헌팅턴은 사망했지만, 그가 죽기 1년 전쯤에 로젠바흐가 설명했듯이, 새로운 수집가들이 속속 무대에 등장하고 있었으며, 그들 대부분은 로젠바흐의 도움을 원했다. 로젠바흐는 로스앤젤레스의 윌리엄 앤드류스 클라크, 뉴욕의 칼 H. 포츠하이머, 펜실베이니아 주 타이터스빌의 존 힌스데일 샤이드, 필라델피아의 레싱 J. 로젠월드, 그리고 제너럴 일렉트릭 사의 회장인 오웬 D. 영 등과의 관계를 통해 풍부한 결실을 맺었다. 로젠바흐는 자기 고객들과 친밀하면서도 확고한 관계를 맺었으며, 심지어 J. P. 모건의 사서인 벨 다 코스타 그린과는 무척이나 편한—그녀는 편지에서 종종 로젠바흐를 '로지'라고 애칭으로 부르기도 했다—사이가 되었다.

1928년 3월 21일, 그린 여사는 런던의 칼턴 호텔에서 로젠바흐 앞으로 편지를 써서 자기 대신 루이스 캐럴의 《이상한 나라의 앨리스》 친필 원고를 구해 줄 수 있겠느냐고 요청했다. "이전부터 뭔가 우리 도서관에 선물해 주고 싶었는데, 이번 기회에 그걸 '개인적으로' 구입해서 기증하고 싶어. 우리 도서관 이사회 사람들이야 그 책에 관심조차 없으니, 나중에라도 구입할 생각조차 안할 거니까. 물론 자기가 생각해도 내가 하는 짓이 좀 멍청해 보이겠지만, 내가 원래 좀 '멍청한' 데가 있잖아?" 그녀는 로젠바흐에게 예상가를 전보로 알려달라고 했다. "워낙에 별 볼 일 없는 작은 책이니까, 솔직히 그걸 산다고 해도 별로 잘 했다는 소리는 못 들을 거야."

로젠바흐는 결국 그 책을 사긴 했지만, 그린 여사가 제시한 '적절한 가격'으로 산 것도 아니었고, 모건 도서관을 위해 산 것도 아니었다.

1928년 4월 3일에 소더비에서 벌어진 3자간의 열띤 경합에서 로젠바흐는 신중하게도 초반부에는 대영도서관의 의뢰를 받고 참가한 버나드 쿼리치 서점보다 높은 금액을 부르지는 않다가, 그쪽이 포기하고 물러난 순간부터 경합에 뛰어들어 결국 1만 5,400파운드라는 어마어마한 가격에 물건을 낙찰받았다. 이 추억이 서린 보물을 영국에 도로 판매하려는 공개적인 시도가 불발로 끝나자, 그는 이 원고를 집으로 가져가서 동부 연안의 여러 도서관을 순회하는 전시회를 개최했다. 훗날 그는 빅터 유성기 회사의 회장인 뉴저지의 엘드리지 R. 존슨에게 《앨리스》를 팔았다. 그로부터 18년 뒤에 존슨의 유족이 이 원고를 다시 경매에 내놓자, 로젠바흐가 5만 달러에 다시 구입했다. 이후 그는 기금을 조성한 다음, 미국 국민을 대신하여 이 원고를 영국 측에 기증했다.

"이제 와서야 우리가 도서수집가들에게는 가장 멋진 기회의 시기를 지나쳐 왔다는 생각이 든다." 로젠바흐는 1923년에 《퍼블리셔스 위클리》지에 이렇게 썼다. "또한 우리는 결코 그런 시기를 다시 만날 수 없을 것이라는 점도 확실한데, 왜냐하면 지금까지 시장을 거쳐 갔던 희귀본들은 투기꾼이 아니라 애서가와 수집가 사들인 까닭에, 결국에는 대학도서관이나 공립도서관 등지에 기증되고 결코 다시는 시장에 나오지 않을 것이기 때문이다." 이 대목에서 그의 예견은 비교적 정확한 편이다. 실제로 그가 판매한 물건 가운데 실제로 다시 시장에 나온 것은 얼마 되지 않았던 것이다.

1928년 말에 이르러, 《붉은 페티코트》와 《5월의 어느 따뜻한 날》과 같은 뮤지컬 코미디의 작곡가로 유명한 제롬 컨이 자기 소유의 장서를 경매에 내놓겠다는 소식이 전해지면서, 그보다 17년 전에 있었던 로버트 호우의 장서 경매 때와 비슷한 대규모 희귀본 경매가 곧 이루어질 것이라는 소문이 무성해졌다. 그의 보물들 가운데는 셸리가 친필로 각주를 단 《꿈의 요정》을 비롯해서, 자신의 시 〈까마귀〉에 대한 엘리자베스 배러트 브라우닝의 호평을 언급한 에드가 앨런 포의 편지 등이 있었다. "내 컬렉션이 점점 늘어나게 되면서부터 나는 이 책에 매료되었을 뿐만 아니라 점차 이 책의 노예가 되고 말았습니다." 컨은 경매를 공식 발표하면서 이렇게 말했다. "희귀본이 점점 희귀해질수록, 저는 그것을 얻기 위해 분투하고 그것을 보물처럼 간직하고 하면서 수집가가 되어 갔습니다. 하지만 그 결과 제가 책을 소유한 것이 아니라, 책이 저를 소유한 꼴이 되었죠." 그리하여 앤더슨 경매회사의 미첼 케널리가 그에게 장서 경매를 권유한 순간 '이 노예 상태에서 벗어날 수 있는 방법이 눈앞에 나타났다'는 것이었다.

1만 6,000점의 책과 필사본이 매물로 나와서 무려 19개월에 걸쳐 이루어진 호우 경매와는 달리, 컨 컬렉션은 1,484점의 품목을 두 기간으로 나눈 다음, 매 기간마다 다섯 번씩 경매가 있을 예정이었다. 그 첫 번째는 1929년 1월 7일부터 10일까지, 그리고 두 번째는 1월 21일부터 24일까지 있을 예정이었다. 최초의 경매가 열린 1월 7일은 컨이 작곡한 오페레타 《쇼 보트》가 브로드웨이에서 성황리에 개막된 날이었지만, 이날 뉴욕에서 사람들이 가장 많이 찾았던 입장권은 바로 그날 저녁 앤더슨 경매회사의 방청석 입장권이었다.

로젠바흐 박사는 《감성과 이성》을 3,600달러에 구입한 것을 비롯해서, 다섯 권의 제인 오스틴 품목을 1만 4,200달러에 구입하는 재빠른 행보를 개시했다. 또한 그는 엘리자베스 배러트 브라우닝의 작품 중에 최초의 것으로 알려진 《마라톤 전투》의 상태가 우수한 초판을 1만 7,500달러에 구입했다. 로버트 브라우닝 관련 품목 39점은 모두 3만 4,085달러에 구입했다. 그날 로젠바흐가 구입한 책 중에서 단연 돋보이는 것은 2만 3,500달러에 낙찰된 로버트 번스의 《스코틀랜드 방언 시집》 제2판 친필 증정본으로, 그날 저녁에 나온 단일 품목으로는 가장 비싼 것이어서 그 다음날 조간신문에 일제히 기사가 실렸다.

경매 전에 컨은 케널리에게 자기가 모은 책이 모두 합쳐 65만에서 70만 달러 정도에만 판매되어도 좋겠다고 말했다. 그러나 첫 번째 날에 경매인 앤서니 베이드가 '비(B)'로 시작하는 품목의 절반 정도의 경매를 진행한 무렵에 판매 금액은 무려 16만 6,363달러에 이르렀다. 이 소식을 들은 작곡가는 케널리에게 당장 전보를 보냈다. "세상에, 도대체 어떻게 된 거야?" 둘째 날의 판매 금액은 17만 5,071달러 50센트에 달했고, 결국 '에이치(H)'로 시작하는 품목이 경매에 붙여질 무렵, 그때까지의 총 판매 금액은 컨이 애초에 원했던 70만 달러 고지를 무난히 돌파하고 말았다. 그 결과 1월 24일에 맨 마지막 품목이 낙찰되고 나서 총 판매금액은 172만 9,462달러 50센트였고, 품목당 무려 1,165달러 41센트라는 이때의 판매기록은 이후 무려 50년 이상이나 깨지지 않고 유지되었다.

"그 대부분은 제가 구입할 때만 해도 남들이 다 너무 비싸게 줬다고, 터무니없이 잘못 샀다고 하던 것들이었죠." 경매 직후에 컨은 이렇게 말했다. "그러니 지금은 다들 또 너무 비싸다고들 하지만, 제 생각엔 몇 년만 지나면 또 달라지지 않을까 싶어요." 그는 몇몇 서적상들이 자기에게 책을 사는 데 너무 돈을 많이 쓴다고 지적하기도 했다고 말했다. "종종 경매장에서 제가 부른 가격이 지나치게 높다면서 웃음을 터트리는 사람들도 있었죠." 경매 후 9개월 뒤에 주식시장이 무너졌을 때, 컨의 만족스러웠던 미소는 아마 안도의 한숨으로 바뀌었을 것이다.

이 경매에서 가장 많이 구입한 사람은 로젠바흐 박사로 총 41만 달러어치를 구입했다. 그 가운데 일부는 그가 개인적으로 구입한 것이며, 나머지는 제너럴 일렉트릭 회장인 오웬 D. 영의 대리인 자격으로 19만 8,210달러 어치를 구입한 것이었다. 영은 훗날 로젠바흐가 이때 개인적으로 구입한 컨의 장서들 가운데 일부를 17만 5,000달러에 추가로 구입했다. 1929년 10월 18일, 주식시장에서 대폭락이 벌어지기 불과 11일 전에, 컨은 영에게 혹시 그가 《꿈의 요정》을 구입했는지 묻는 편지를 보냈다. "솔직히 고백하자면 제겐 그 책을 얻기 위해 필요했던 두 가지가 없었죠. 즉 '용기와 돈' 말입니다." 영은 이렇게 답장을 보냈다. "두 번째 것이 별 문제가 아니었더라도, 저는 아마 첫 번째 것 때문에 고생했을 겁니다. 사실 저로선 두 번째보다도 첫 번째 것이 더 용이하더군요. 제가 《꿈의 요정》을 결국 놓치긴 했지만, 그래도 이번 경매에서 개인으로선 가장 많이 구입한 사람 중 하나이긴 하더군요."

그보다 4년 전에 영은 자랑스럽게도 에드가 앨런 포의 희귀하기로 소문난 저서 《태머레인》도 한 권 입수한 바 있었다. 1925년 여름에 빈센트 스타레트가 〈새터데이 이브닝 포스트〉에 '혹시 우리 집 다락에 《태머레인》이?'라는 제목으로 희귀본에 대한 글을 발표한 적이 있었다. 그러자 매사추세츠 주 우스터에 살던 에이더 S. 도드라는 나이 많은 미망인이 이 기사를 읽고 자기 집 다락방을 뒤져서 정말 그 책을 발견했다. 그녀는 보스턴의 서적상인 찰스 굿스피드에게 연락했고, 그는 곧바로 오웬 영에게 연락을 취했다. 결국 영은 1만 7,500달러에 그 책을 입수해 자기 컬렉션에 추가했다.

당시 영은 제너럴 일렉트릭과 RCA의 주식에 비교적 많은 금액을 투자하고 있었는데, 주식시장이 무너짐과 동시에 그의 수집 활동도 돌연 중단되고 말았다. "나는 먹을 것과 입을 것을 구하기에도 벅찬 이 힘든 시기가 끝날 때까지는 희귀본 쪽에 한 푼도 쓰지 않기로 맹세하고, 벌써 2년째 지켜오고 있습니다." 그는 1931년에 매우 흥미로운 물품 몇 가지를 구입하라고 제안하는 어느 서적상에게 이렇게 답장했다. "이제는 제 아무리 희귀하고 값싼 책이라 하더라도 거기에 돈을 쓰는 것은 부당하게 생각됩니다. 왜냐하면 이제는 그런 물건들이 제게 미래에 다가올 즐거움을 주기보다는, 오히려 사치품을 구입해서는 안 될 때에 구입한 사치품이 되어 저를 저주하는 듯하기 때문입니다." 영은 이후 10년 동안 1만 권 가량 되는 자신의 컬렉션을 계속 간직했지만, 빚이 거의 300만 달러에 가깝게 되자 더 이상 희귀본을 사들일 수 없었다. 조건이 가장 좋지 않아서 책을 팔아버리고 싶은 유혹을 강하게 느꼈을 때, 그는 자기 자신에게 다음과 같이 메모를 쓰기도 했다고 그의 딸인 조제핀 영 케이스는 밝혔다.

> 오래 전에 나는 희귀하고도 가치 있는 책들을 골라 모으려는 계획을 세웠지. 어느 세대나 지원자는 있게 마련이라서 그런 보물들을 소유하고 일정 기간 동안 잘 간수해 오곤 했으니까. 그러기 위해서는 우선 물건을 주의 깊게 골라야 하고, 정말 훌륭하고 결코 가짜가 아닌 것을 택한 다음, 조심스러울 뿐만 아니라 애정을 가지고 돌봐야만 하는 거지. 훗날 학자들이 연구할 수 있도록, 그리고 결국 또 다른 지원자들에게 넘어갈 수 있도록.

1941년, 영은 이 컬렉션의 관리자로서의 자존심을 만족시키는 동시에, 늘어나는 빚을 타개할 수 있는 이중의 방법을 발견했다. 부유한 맨해튼의 도서수집가이자 외과의사인 앨버트 A. 버그 박사가 37만 5,000달러에 이 컬렉션의 절반에 대한 권리를 산 것이다. 그 직후 두 사람은 이 컬렉션을 뉴욕 공립도서관에 기증하기로 합의했는데, 버그 박사는 이미 1년 전에 자신의 훌륭한 컬렉션을 그곳에 기증한 바 있었다.

필라델피아의 로젠바흐 서점의 문서보관소에는 수천여 통의 편지가 보관되어 있는데, 그 대부분의 내용에서 현저히 드러나는 공통점은 바로 로젠바흐 박사가 책에 대해 보여주는 무한한 경외심이었다. 책에 대한 그의 열정에는 꾸미거나 뻔한 구석이 전혀 없었고, 특히 그 중 어느 특출한 고객을 상대하는 데 있어서는 그의 열정이야말로 대단한 품위와 능변을 지닌 사람에 버금가는 것이었다. 1944년에 67세를 일기로 사망한 프랭크 J. 호건을 가리켜 〈워싱턴 데일리 뉴스〉는 '미국 최고의 법정 변호사'라고 극찬했다. 그가 거둔 수많은 승리들 중에는 티폿 돔 스캔들[199]에 휘말린 캘리포니아의 석유 재벌 에드워드 L. 도헤니의 무죄 판결을 받아낸 것도 포함되어 있었다. "그는 법률에 능통했을 뿐만 아니라, 특유의 위트와 매력적인 인품과 극적 효과에 대한 직관적인 능력을 발휘해 배심원들을 사로잡았다. 그는 무척이나 유쾌한 사람이었고, 그의 위트는 언제나 친근했기 때문에 엘리베이터 보이며, 택시 운전사며, 교통경찰이며, 영화나 라디오 스타며, 심지어 연방 대법원 판사들까지도 모두 그를 좋아했다."

나이 열두 살에 학교를 중퇴하고, 주급 2달러에 세탁소에서 일하며 야학에 다니고, 조지타운 법과대학을 수석으로 졸업한 호건에게는 참으로 대단한 찬사가 아닐 수 없었다. 1931년 7월 18일, 그의 나이 54세였을 때—그의 경력에서 바야흐로 절정에 올라 있었고 곧 캘리포니아로 출장을 떠나려던 참이었다—호건은 로젠바흐 서점에 첫 편지를 보냈다. 당시 그는 처음으로 희귀본을 몇 권 구입했던 참이라서, 이 편지도 전날 구입한 몇 가지 물건의 지불에 관한 것이었다. "9월에는 제가 직접 찾아뵙겠습니다. 셰익스피어 2절판에 대한 이야기도 좀 하고, 갖고 계신 보석 같

---

199. 워렌 하딩 대통령 시절 재벌 출신 장관들이 조직적으로 벌인 부정부패 행위를 말한다. 이는 1922년에 와이오밍 주 티폿 돔을 비롯한 정부 소유의 유전지대를 도헤니와 싱클레어를 비롯한 일부 석유 재벌에게 임대하고, 그 거래로 인한 막대한 차익을 챙기는 수법으로 이루어졌다. 그 결과 하딩 행정부의 신뢰도는 바닥에 떨어지고 역사상 최악의 인선이라는 비난에 오랫동안 시달려야 했다.

은 책들도 만져 보는 호사도 누려 보게 말입니다."

열흘 뒤에 로젠바흐는 로스앤젤레스에 머물던 호건에게 편지를 보내, 이전에 부탁했던 대로 했노라고 알려 왔다. 즉, 석유 재벌의 아내인 에스텔 도헤니 여사에게 "저희 회사의 최신 도서목록 네 권"을 발송했다는 것이었다. 또한 그는 1917년에 자신의 짧은 글을 모아 펴낸 책 《출간할 수 없는 회고록》의 증정본을 호건에게 보내며 다음과 같은 제안을 덧붙였다. "9월에 필라델피아에 오실 예정이라니, 그때 뵙기를 고대하겠습니다. 저녁에 저희 가게에 들러서 하루쯤 드랜시 가에 있는 저희 집에서 머무시는 편이 어떻겠습니까? 저는 개인 컬렉션을 집에 보관하고 있는데, 워낙 책을 좋아하시니 기꺼이 보여드리고 싶군요." 호건은 곧바로 보낸 답장을 통해 갑자기 세상을 떠나버리지 않는 한 반드시 그 초대에 응하겠노라고 하면서, "그래도 제 생각에는 제가 찾아가기 전에 그 귀중한 책들에 모두 종합 보험을 들어두시는 편이 나을 것 같군요"라고 썼다. 결국 두 사람은 밤새 이야기를 나누고 나서 무척이나 친한 사이가 되었다. "자네와 알게 되어서 무척이나 기쁘네." 호건은 이렇게 썼다.

1931년 12월 30일, 호건은 이후 13년간 계속 보낼 연하장의 첫 번째를 전보로 보냈다.

> 멋진 1932년은 안녕히. 봄이 오기 전에 우리 입에서 불황에 대한 이야기가 더 이상 나오지 않게 되기를!

1932년 1월 19일, 호건은 귀중한 저녁 시간 내내 잠을 못 잤다며 로젠바흐에게 야단을 쳤다. "내가 잠을 설친 책임은 자네가 져야 하네. 아니, 정확히 말하자면 자네가 내게 갚을 빚이 있는 셈일세. 하여간 어제 소더비의 2회 연속 경매에서 얻은 물건은 열여섯 개 모두 정말 대단하더군!

정말 네빈의 〈로자리오〉란 노래에 나오는 가사처럼 '하나하나 세고 또 세고' 했다니까. 정말 마음에 들어. 모두 다." 호건은 로젠바흐가 보기엔 아주 짜릿할 만큼 멋진 책이 아닌지 몰라도, 자기는 신참자에 불과하니 그냥 좀 봐 달라고 덧붙였다. "솔직히 나야 이쪽에서 겨우 한 살 먹은 꼬마에 불과하지 않나." 몇 주 뒤에, 호건은 제 날짜에 맞춰 대금을 지불하기가 힘들다면서 또 이렇게 썼다. "나는 잠시나마 빚에서 해방되었던 참이었네. 그런데 과연 애서광이라면 영원히 빚 없이 살 수 있을까?" 로젠바흐는 답변삼아 호건에게 자기가 조만간 필라델피아 애서가협회에서 강연을 할 예정이니, 그 자리에 참석해 보라고 초청하며 이렇게 썼다. "몇몇 필라델피아 수집가들을 만나 보게. 그리고 기억하게, 존슨 박사의 말마따나 '영웅들은 브랜디를 마시는 법'[200)]이란 걸 말일세."

두 사람의 우정은 더욱 무르익어 갔고, 귀중본에 귀중본을 더하게 되면서 프랭크 호건은 영국 및 미국 문학 분야에서 매우 훌륭한 컬렉션을 보유하게 되었다. 1932년에 로젠바흐는 그에게 이런 편지를 썼다. "솔직히 자네를 유혹하고 싶진 않네만, 내가 방금 현존하는 것 중에 가장 상태가 완벽한 1598년 판 메레스의 《팔라디스 타미아》를 구했지 뭔가. 셰익스피어의 희곡 도서목록을 수록한 최초의 책이기 때문에, 2절판과 4절판을 제외하면 셰익스피어아나 중에서도 가장 유명한 물건일세. 지난 200년 넘도록 수많은 수집가들이 이 책의 상태 완벽한 판본을 그토록 찾아다녔네만 아무도 구하지 못했다네." 로젠바흐는 "평소 같았으면 아무리 못 받아도" 2만 5,000달러는 받을 수 있는 책이라고 장담했다. 하지

---

200. 보즈웰의 《새뮤얼 존슨의 생애》의 1781년 3월 30일자 대목에 등장하는 이야기. 술에 대한 이야기가 오가는 가운데, 보즈웰은 '아이들은 클라레를 마시고, 어른들은 포트를 마시고, 영웅들은 브랜디를 마시는 법'이라는 존슨 박사의 음주관을 소개한다. '클라레'와 '포트'는 비교적 도수가 약한 와인의 일종.

만 그가 제시한 가격은 9,875달러였다. "다들 힘들긴 하지만, 내 생각에는 이렇게 귀중한 책은 어떻게 해서든지 입수하는 편이 나을 걸세. 그러면 다른 어떤 셰익스피어 관련 컬렉션에도 뒤지지 않을 거니까."

호건이 결국 메레스의 책을 사긴 샀지만, 그것은 로젠바흐가 제안했을 때로부터 무려 4년이 지난 뒤의 일이었다. 이때 그는 메레스의 책과 함께 에드먼드 스펜서가 자기 부인 엘리자베스 보일에게 바치는 친필 소네트가 적혀 있는 《선녀 여왕》의 초판본을 4만 6,000달러에 구입했다. "하여간 언젠가 자네에게 신세 갚을 날이 있었으면 좋겠네." 그는 이 책들을 사면서 이렇게 말했지만, 사실 그 당시는 모두에게 힘든 시기였다. "요즘은 정말 도깨비만큼이나 쪼들리고 있다네. 지난 번 경매 때 구입한 물품 대금 4,180달러를 가급적 빨리 결제해 주면 고맙겠네." 로젠바흐는 1933년에 이런 편지를 보냈다. 호건은 이에 대해 기분 좋은 답장을 보내면서, "자네의 '도깨비만큼이나 쪼들리고 있다'는 표현이 무척 감동적이었네. 결코 자네가 혼자라거나, 외롭다거나, 괴짜라거나 하는 생각은 말게. 솔직히 나도 아무리 일시적인 것이라도 빚을 지게 되면 마치 미국 냉동 회사에서 나온 가장 좋은 물건마냥 딱딱하게 얼어버리곤 하니까." 그는 2,500달러짜리 수표를 동봉하면서 "이게 조금이나마 도움이 되었으면 좋겠고, O. 헨리의 말마따나 '시간을 좀 주면' 좋겠군." 또한 그는 "솔직히 나는 자네한테 진 빚을 한번에 전부 갚아버리고 싶진 않거든." 하고 덧붙였다.

한 달쯤 뒤에 호건은 다시 한 번 긴 편지를 보내서 조만간 로스앤젤레스로 가서 에드워드 도헤니의 소송에서 변론을 맡게 될 텐데, "거기에는 지금 전 세계 희귀본 업계에서 오가는 돈보다도 훨씬 더 큰 금액이 걸려" 있으며, 그 결과가 좋다면 "나야말로 다시 한 번 수집가들 중에서 가장 큰 손이 될 수 있을 것"이라고 적고 있다. 이렇듯 그럴 듯한 서론을 지나서 호건은 곧바로 본론으로 들어간다. "솔직히 그 상태 완벽한 초판 2절판만큼 내가 갖고 싶어 하는 것도 없다네." 마침 조만간 런던 소더비에서 경매에 붙여질 그 유명한 책을 놓고 그는 로젠바흐의 조언을 구한 것이었다. "두 눈 질끈 감고, 귀를 꼭 막고, 이를 꾹 악물고서 자네의 판단에 기꺼이 따르겠네." 그는 이렇게 썼다. "책값을 내기 위해 우리 집을 저당 잡히는 한이 있더라도, 나는 자네에게 그 초판 2절판을 구해 달라고 하고 싶은 심정일세." 호건은 그래도 돈이 모자라면 차라리 도헤니 여사에게 대신 인수하라고 부탁해 주겠다고 약속했다. "물론 나야말로 그 초판 2절판을 소유할 만한 자격이 있지만, 도헤니 여사 정도만 되어도 충분히 자격이 있지. 다만, 자네로서도 주저 없이 좋다고 말할 정도의 상태 이상은 되는 책이라야 하네." 다음 달에 로젠바흐는 호건에게 전보를 보내 그 책에 대해 알아보았더니, 상태는 그야말로 최상이더라고 전했다. "폴저조차도 이렇게 상태 좋은 것은 안 갖고 있다네." 그는 이 책이 아마도 4만 2,000달러에서 6만 달러 정도의 대단한 가격에 팔리게 될 것 같다고 했는데, 예전처럼 좋았던 시절 같으면 최소한 12만 5,000달러까지는 나갔을 것이라는 예측이었다. "나중에 후회하지 않도록 이번에 꼭 붙잡도록 하게." 그는 이렇게 장담했다. "필요하다면 패물이라도 저당 잡혀서 말일세."

호건은 패물을 저당 잡히진 않았지만, 워싱턴의 릭스 내셔널 은행을 통해 자금을 대출받았고, 결국 그 소중한 초판 2절판을 1만 4,400파운드에 구입했을 뿐만 아니라, 추가로 제2판 2절판과 제3판 2절판 한 권씩을 2,440달러에 구입했다. "지난 금요일에 로즈베리 경의 컬렉션에 포함되어 있던 셰익스피어의 초판 2절판을 우리가 결국 입수했다는 전보를 받고서 정말 흥분으로 온 몸이 짜릿했다네." 로젠바흐는 1933년 7월 11일에 이런 편지를 보냈다. "자네가 수집한 '셰익스피어아나' 컬렉션에 대해서는 옳은 판단을 내린 걸세. 심지어 오늘날까지도 개인 수집가가 모은 컬렉션 중에서는 최고 가운데 하나인데, 무엇보다도 자네는 그걸 특별히 싼 값에 구하지 않았나!" 서부 연안에서 벌어지는 소송 일로 정신이 없었던 호건은 그 와중에도 새로 입수한 이 책들과 떨어져 있는 것을 참을 수 없어 했다. "그 책들을 직접 보고, 만지고, 소유할 생각을 하면 지금까지도 정말 말할 수조차 없이 온 몸이 짜릿하네."

두 사람 사이의 친밀한 편지는 이후 7년간 더 지속되었는데, 호건은 아무리 일 때문에 바쁜 상황에서도 종종 길고도 사려 깊고도 박식한 내용의 편지를 쓰곤 했다. 로젠바흐에게 어떤 경매에서 어떤 책을 구해 달라는 부탁을 해올 때면, 호건은 자기가 어째서 그 책을 원하고 또한 그 책이 자기에게 어떤 의미가 있는지에 대해 상세히 설명하곤 했다. 그는 편지에서 종종 로젠바흐에게 윌리엄 앤드류스 클라크나 칼 포츠하이머, 그리고 A. 에드워드 뉴턴 같은 다른 수집가들에 대해 묻곤 했다. "우리의 운명, 그리고 미국 변호사협회의 회장 선거와 연관된 여러 가지 출장 일이 우리 두 사람을 정녕 갈라놓고야 마는군요." 그는 1938년에 아서 호우튼 2세에게 이렇게 편지를 썼고, 그 사본을 로젠바흐에게 보내주었다. "우리처럼 영국 문학이라는 훌륭한 주제에 대해 깊이 관심을 지닌 두 사람이 서로를 개인적으로 알고 지내지 못한다는 것은 자연 법칙에 반하는 것이므로, 가까운 시일 내에 만나 뵐 수 있기를 열망하는 바입니다. 비록 만나 뵌 적은 없지만, 이미 오래 전부터 알고 지낸 것 같은 느낌이 드는군요."

에스텔 도헤니에게 도서수집에 대한 관심을 처음 불러일으킨 사람도 분명 호건이었을 것이다. 그로부터 50여 년 후, 그녀의 컬렉션은 1987년부터 1989년까지 뉴욕 크리스티에서 여섯 번에 나뉘어 무려 3,740만 달러에 판매되면서 장서 경매 사상 최고가를 경신했다. 1934년 12월 18

일, 호건은 로젠바흐에게 곧 다가올 크리스마스를 위해 멋진 아이디어를 알려줘서 고맙다는 편지를 보냈다. "그렇지 않아도 이번 크리스마스에는 도헤니 여사에게 뭔가 좀 괜찮은 선물을 해야지 하고 (마음속으로만) 생각하고 있었는데, 마침 오늘 아침에 도착한 자네의 17일자 편지에 상태 깨끗하고 원래 제본 그대로인 1476년 판 장송 성서[201]가 있다는 소식이 있지 않겠나. 마침 나로선 785달러 이상 가는 선물을 할 생각은 없었으니, 그야말로 안성맞춤일세!" 53년 뒤, 호건이 자신의 가장 큰 고객의 부인에게 준 이 선물은 도헤니 경매의 첫 번째 날 89번 품목으로 나와 3만 3,000달러에 판매되었다.

수집가들 사이에서는 언제나 가십거리가 오가게 마련이다. 그 대부분은 그냥 말로만 오갈 뿐인데, 때로는 편지의 형태로 오가는 경우도 있었다. 1934년의 더운 여름 동안 호건은 도헤니 건으로 캘리포니아에 머물며 일하고 로젠바흐는 동부 연안에서 자기 사업으로 바빴기 때문에, 그 당시에 벌어진 20세기 최고의 책 관련 스캔들에 대해 두 사람이 이야기할 방법이라곤 결국 편지밖에 없었기 때문이다. 마침 《어느 19세기 소책자의 성격에 대한 논고》라는 평범한 제목의 책이 영국과 미국에서 동시 출간될 예정이었는데, 이 책이 출간되기 몇 주 전부터 여러 가지 소문이 무성했다. 존 카터와 그레이엄 폴라드라는 영국 출신의 두 젊은 서지학자가 이전에는 없었던 놀라운 일을 해냈던 것이다. 두 사람은 현대의 과학적 방법을 동원하여 이전까지만 해도 분명히 진품으로 여겨진 여러 초판본이 사실은 교묘한 위조품이라는 사실을 밝혀냈는데, 여기서 드러난 증거로 종합해 볼 때 범인은 바로 당대 고서업계 최고의 거물이었던 영국의 서적상 겸 수집가인 토머스 J. 와이즈라는 것이었다.

201.. 15세기에 이탈리아 베네치아에서 인쇄업자 니콜라스 장송이 제작한 성서를 말한다.

"이번에 와이즈의 위조 사건에 대해 나온 보고서 때문에 아마 업계가 발칵 뒤집어질 걸세." 로젠바흐는 7월 2일자 편지에서 이렇게 덧붙였다. "나야 이전부터 다 아는 이야기였지만 말일세." 그는 15년쯤 전에 자기가 엘리자베스 배럿 브라우닝 《포르투갈인의 소네트》의 어느 개인 출판본이 위조품이라는 사실을 알아내고 '그게 토머스 J. 와이즈 씨의 소행이라고 단정했다'고 주장했다. 로젠바흐는 자기가 칼 H. 포츠하이머에게 즉시 그 책을 팔아버리라고 조언해 준 덕분에, 결국 그 뉴욕의 수집가는 1,000달러를 간신히 건질 수 있었다고 말했다. "내가 그 이야기를 입 밖으로 꺼내지 않았던 까닭은 토머스 J. 와이즈와 오랜 친구 사이였기 때문이고, 그의 명성에 흠이 가길 원치는 않았기 때문"이었다는 것이다. 그러면서 로젠바흐가 이 사건을 폭로한 책의 교정쇄를 한 권 보내 주겠다고 하자, 호건은 그러라고 했다. 책을 보내 준 지 몇 주 뒤에 로젠바흐는 다시 이렇게 썼다. "내 생각에는 와이즈가 그 소책자들을 위조한 장본인이라는 데는 의심의 여지가 없는 것 같네." 그는 이렇게 말하면서도 한편으로 다음과 같은 내용을 궁금해 했다. "자네야 예리한 법조인이니까, 어디 자네의 의견을 한 번 들어보고 싶네. 물론 지금 당장은 아니고, 나중에 내가 신문에 나오는 추가 정보를 더 알려준 다음에 말일세."

그로부터 일주일 뒤, 미국 최고의 법정 변호사는 로젠바흐에게 자신의 의견을 다음과 같이 설명했다. "폴라드와 카터 두 사람이 극도로 신중에 신중을 거듭했음은 분명하더군. 나는 그들의 증명에 허점이 있었을 것이라고 생각하면서 책을 읽기 시작했네만, 한 장 한 장 샅샅이 읽어보고 나니 이들의 증명은 그야말로 완벽하다는 것을 확신했네. 참으로 슬프고도 내키지 않는 일이지만, 결국 여기 제시된 증거는 이 책들이 위조품이라는 사실뿐만 아니라, 토머스 J. 와이즈가 바로 위조범이라는 사실을 확증하고 있네." 비록 대부분은 정황적인 정보에 불과하지만, 호건은 이렇게 결론을 내렸다.

 확실한 것부터 하나씩 소급해 나감으로써, 그리고 수많은 증거를 면밀히 조사함으로써, 두 저자는 신중한 독자라면 어느 누구나 동의할 수 있도록 와이즈에 대해 다음 두 가지 사실을 정확하고도 틀림없이 지적하고 있네. 첫째로 와이즈가 정말 위조품을 만들었다는 것, 그리고 둘째로 사건의 정황적인 증거만으로도 이와 같은 사실이 충분히 증명된다는 것일세. 때로는 정황적인 증거가 직접적인 증거보다도 훨씬 더 확실한 법이니까. 증인조차도 종종 거짓을 말하지만, 사건의 정황은 거의 진실만을 말해 준다네.

 로젠바흐는 세 장에 걸친 편지에서 이렇게 답장하고 있다. "내가 토머스 J. 와이즈와 알고 지낸 지는 무려 25년이 넘었다네." 그는 이렇게 썼다. "솔직히 인정하기는 싫지만, 내 가장 오랜 친구가 위조범이었다는 거군." 그는 자신이야말로 '그를 의심했던 최초의 인물'이라고 다시 한 번 강조했다. 와이즈가 존 H. 렌, 존 A. 스푸어, 루터 리빙스턴, 윌리엄 해리스 아널드와 같은 미국인 수집가들에게 그 가짜 소책자들을 잔뜩 팔아먹었다는 사실을 언급하며, 로젠바흐는 이렇게 썼다. "그 친구가 영국인보다는 미국인 수집가들이 좀 더 잘 속을 거라고 생각했다고는 믿고 싶지 않지만, 실제로는 그렇게 된 셈이군." 로젠바흐는 "와이즈 씨와 같은 정말로 훌륭한 재능을 지닌 사람이 그토록 타락했다니 무척 유감"이라고 하면서도, 그에게는 뭔가 동정 받을 만한 여지가 있다고 생각했다. "그럼에도 불구하고 수집가들은 아마 와이즈 씨에 대해 한 가지는 인정할 걸세. 다름 아닌 책에 대한 그의 무한한 애정 말일세. 세상 어느 누구도 그만큼 책을 사랑하진 못했고, 그렇기 때문에 나는 그가 책을 위조한 것조차도 단지 돈 때문에 한 일은 아니라고 보는 걸세. 그 친구는 자기 컬렉션을 빛내줄 물건이라면 무엇이든지 손에 넣지 않고는 못 배겼지.

비록 그의 잔꾀를 부러워할 것까지는 없더라도, 적어도 딱하게 여겨야 하지는 않겠나?"

호건은 자기도 그 말에 동의한다고 하면서, 와이즈가 그런 일을 하게 된 동기는 단지 돈 때문이 아니라 명성 때문이었을 것이라고 추측했다. 적어도 그 사실이 발각되지 않는 한, "이 유별난 '초판본'들—사실은 '초판본 이전에 나온 판본'들이었는데, 물론 그런 일이 가능할 수야 없지만—을 완벽한 상태로 보유하고 있었다고 치면, 와이즈 씨는 수집가로서 대단한 명성을 얻는 것 아닌가." 그런 뒤에 그는 이렇게 판결을 내렸다. "솔직히 애슐리 장서 도서목록의 서문만 읽어봐도, 사람들은 와이즈가 실제보다 과도한 찬사를 받고 있음을 알게 될 걸세. 그 사람은 현대의 수집가 중에서도 최고로 손꼽히는 인물이 되고자 하는 야심이 있었던 거야. 희귀본 업계에서 최고의 권위자 겸 궁극의 지존으로 추앙받게 되는 것이야말로 그가 그토록 바랐던 것이었던 셈이지." 고서업계 사람들을 제외하면 토머스 J. 와이즈가 누구인지 아는 사람은 별로 없었다. "사실은 나만 해도 얼떨결에 수집가의 대열에 끼어들어 법정 파산의 길로 접어들기 전까지는 그런 사람에 대해 전혀 모르지 않았나." 호건은 이렇게 인정했다. "결국 이상한 변덕으로 인해 저지른 그런 짓 때문에, 앞으로 그의 이름에는 영원히 오명이 따라붙게 된 셈이군. 그에 비하자면 이러한 일탈 행위 말고 그가 정말로 책을 사랑하는 사람이었고, 위대한 수집가였다는 사실을 기억해 주는 사람이 몇이나 될까?"

또 다른 세계대전이 가까워진 1930년대 말경, 로젠바흐가 계속해서 희귀한 물품을 보여주며 마음을 끌긴 했지만, 호건의 수집 활동은 점차 둔화되기 시작했다. 호건은 한 편지에서 원래 제본 상태 그대로인 《실락원》을 보면서 "짜릿하더군. 내가 도서수집을 시작한 이래 지금껏 잘도 나를 피해 도망쳐 다닌 물건이니까"라고 언급하기도 했다. 이 상태 깨끗한 밀턴의 서사시가 그의 컬렉션에 추가된 것은 1937년 12월의 일이었다. 로젠바흐는 어느 잡지에 수록된 에세이에서 "내 친한 친구 프랭크 J. 호건"을 가리켜 '정력적이고 정열적인 애서가'라고 칭찬했다. 1944년 5월 15일에 호건이 사망하고 그의 유언장이 공개되자, 사람들은 그제야 이 저명한 법정 변호사가 어느 정도로 책을 좋아한 사람인지 알게 되었다. 호건은 자기가 모은 훌륭한 책들을 뉴욕 시에서 경매에 붙이도록 하면서 그 이유를 이렇게 설명했다.

나도 한때는 내가 소유한 값진 책들이며 친필 원고며 필사본 컬렉션, 그리고 영미 문학의 초판본 및 희귀본 등을 어느 기관에 기증하여 영원히 한데 모아두려는 생각을 했다. 하지만 결국 그렇게 하려던 생각을 포기하고, 이 책들을 소유하게 될 후세 사람들이 한때 내가 경험했던 것처럼 깊은 행복과 만족을 느낄 수 있도록, 이 책들을 뿔뿔이 흩어버리기로 하는 바이다. 책과 나누는 영적이고 친밀한 교감에는 뭔가 성스러운 것이 있다고 믿는 나로서는, 나와 함께 오랫동안 행복한 시간을 보낸 이 친구들이 아무에게도 사랑받지 못한 채, 영혼이 없는 물건으로 방치되도록 할 수는 없기 때문이다. 그 대신 나는 이 책들을 다시 한 번 세상에 내보냄으로써 다른 누군가의 애정이 담긴 손과 너그러운 가슴이 내가 사라져 버린 자리를 메워주도록 하려는 바이다.

미국의 도서수집에 있어 '황금시대'는 1929년의 대폭락과 아울러 끝나버렸지만, 레싱 J. 로젠월드, 토머스 W. 스트리터, 아서 A. 호우튼 2세, 로버트 H. 테일러, H. 브래들리 마틴, 에스텔 도헤니, 시모어 애덜먼, 윌리엄 H. 샤이드, 클리프턴 월러 배럿, 그리고 도널드와 메리 하이드 등의 수집가들은 드러나지 않으면서도 효과적으로 각자의 취향에 맞는 책들을 구입하고 있었다. 장서 가운데 일부는 다시 시장으로 나오기도 했지만, 나머지는 여러 기관에 기증되었기 때문에, 결국 개인 컬렉션의 수는 많이 줄어들었다. 하지만 그럼에도 불구하고 시장은 계속 돌아갔다.

　1933년, 미국이 한창 대공황의 늪에서 허우적거리고 있을 무렵, 캘리포니아의 평론가 겸 애서가인 폴 조던 스미스는 독자들에게 도서수집에 계속 관심과 믿음을 가질 것을 다음과 같이 촉구했다.

　수집가들은 결코 자기 책을 내놓아서는 안 된다. 하다못해 집을 내놓거나, 유럽 여행을 포기하거나, 차를 팔아버릴 수는 있다. 하지만 책은 계속해서 우리에게 위로와 웃음을 전해 줄 것이기 때문이다. 책은 우리에게 은행과 문명이 이전에도 몇 번씩 망한 적이 있었다는 사실을, 정부가 이전에도 위기에 처한 적이 있었다는 사실을, 또한 어느 시대나 인간은 고난을 겪은 적이 있었다는 사실을 알려준다. 하지만 이 모두가 결국 우스꽝스런 한 때의 일에 불과했다. 신들이라면 이 광경을 보고 재미있어 하며 깔깔거릴 것인데, 우리라고 그렇게 생각하지 말란 법이 있겠는가?

제2부

A Gentle Madness

06
수수께끼의 인물, 헤이븐 오모어

　20세기 말 10여 년간 벌어진 일련의 사건들은 열정적인 도서수집가들에게는 뜻밖의 기회를 제공하는 동시에, 한때나마 좋았던 옛날에 대한 추억을 불러 일으켰다. 경기가 좋아짐에 따라서 저돌적인 신진 수집가들은 자신들의 취향에 맞는 멋진 물건이 있다면 가격을 불문하고 기꺼이 구입하려고 했다. 그에 부응하여 수많은 기존의 소장자들 또한 차마 뿌리칠 수는 없는 솔깃한 유혹을 받았고, 그로 인해 한때는 더 이상 시장에서 볼 수 없으리라 여겨졌던 희귀본들이 갑자기 시장에 다시 나타나게 되었다. 그리하여 골동품과 미술품 분야에서뿐만 아니라 고서적 분야에서도 최고 판매가 기록이 연달아 경신되었다.
　개인의 도서수집은 더 이상 몇몇 사람들만의 전유물이 아니었다. 나날이 치솟는 그림값은 대부분의 사람들에겐 너무나 비쌌지만, 책값은 그에 비하면 저렴한 편이었고, 고서전시회가 자주 열리면서 보다 더 쉽게 책을 구할 수 있게 되었다. 전시회를 찾은 사람들은 대부분 유명한 현대 작가들의 초판본을 사 모으는 것을 '도서수집'이라고 생각했다. 즉, 존 업다이크, 앤 타일러, 윌리엄 케네디, 토니 모리슨 같은 검증된 소설가들이나, 제임스 머릴, 존 애쉬버리, 에이미 클램피트 같은 유망한 시인들, 혹은 스티븐 킹, 레이 브래드버리, 새러 패러츠키 같은 대중적인 작가들의 작품들을 말이다.

하지만 비록 이들 새로운 수집가들로 인해 흥분이 고조되긴 했지만, 지나간 '황금시대'의 장중한 분위기를 다시 한 번 불러일으킨 것은 사실상 여러 애서가와 판매업자들에게 그토록 갈망해 마지않았던 보물들을 안겨주었던 일련의 감격적인 경매들이었다. 그 중에서도 가장 열화와 같은 흥분 속에 치러진 도서 경매가 세 번이나 있었는데, 그 중 두 번은 유명한 도서수집가의 사망으로 인한 것이었고, 나머지 한 번은 소유주의 신원이 철저히 비밀에 부쳐진 채 어느 회사의 이름으로만 이루어진 것이었다. 이들 세 가지 경매는 판매 금액 면에서는 물론이고—1987년부터 1989년까지의 에스텔 도헤니 컬렉션이 3,740만 달러, 1989년부터 1990년까지의 H. 브래들리 마틴 컬렉션이 3,570만 달러, 1989년의 가든 사 컬렉션이 1,620만 달러였다—실은 그토록 짧은 기간 동안에 그토록 뛰어난 물건들이 한꺼번에 쏟아져 나왔다는 데서 더욱 특기할 만한 사건이었다.

말하자면 매우 특별한 장서를 소장할 수 있는 기회의 문이 열린 셈이었고, 그러기 위해 막대한 '여유 자금'이 동원되었다. "제가 있는 곳에서 100만 달러라는 건 솔직히 많은 돈도 아니죠." 뉴욕 소더비의 부사장이며 오랫동안 희귀본 판매를 맡아 온 데이비드 레던은 가든 사의 경매가 끝난 지 몇 주 뒤에 이렇게 말했다. "가든 컬렉션의 총 판매 금액인 1,620만 달러만 해도 제법 큰 금액이긴 합니다만, 그 경매가 벌어지기 불과 24시간 전에 우리는 똑같은 장소에서 그림 '한 점'을 무려 2,100만 달러에 팔았거든요. 그것도 무슨 역사적인 거장의 그림이 아니라, '생존 작가'인 빌렘 데 쿠닝의 작품을 말입니다. 하지만 도서 분야에서는 판매 금액이 그보다도 무려 500만 달러나 낮은 가든 컬렉션 경매 정도만 되어도 가장 비싼 경매 가운데 하나인 셈이죠."

뉴욕의 베테랑 서적상이며 크리스티의 자문 담당이기도 한 바트 오어바크도 이에 동의했다. 그는 1990년 5월에 어느 일본인 기업가가 크리스티에서 빈센트 반 고흐의 〈가셰 박사의 초상〉을 8,250만 달러에, 그리고 소더비에서는 피에르 오귀스트 르누아르의 〈물랭 드 라 갈라트〉를 7,820만 달러에 구입했던 사실을 지적했다. 그는 만약 도쿄의 부동산 재벌인 그 일본인 사이토 료에이의 수집 취향이 향후 예술품 대신 고서 쪽으로 바뀌게 된다면, 과연 어떤 일이 벌어지게 될지 궁금해 했다.[202]

"그 그림 두 점을 사는 데 들어간 돈이라면 이 세상에서 가장 훌륭한 개인 장서를 마련할 수도 있었을 겁니다." 오어바크의 말은 그 금액이면 단지 책뿐만 아니라 그 책들을 보관할 멋진 건물과 전담 직원, 그리고 유지비까지도 충분히 부담할 수 있다는 뜻이었다. "그저 대리인에게 한 가지만 지시하면 되는 거죠. '번호판을 끝까지 들고 계시오.' 그러면 경매에 나온 책은 모두 그 사람 것이 되는 겁니다." 물론 오어바크도 사이토가 '거실 벽에 걸어놓을 멋진 그림 두 점'을 구입했다는 것은 인정했지만, 다만, '그보다 더 적은 돈으로도 그는 20세기 최고의 도서수집가 중 한 사람이 될 수 있었다'는 것이었다.

---

202. 일본 제지업계의 거물 사이토 료에이는 이 당시 구입한 두 점의 그림을 개인 창고 속에 보관해 왔으며, 1993년에 뇌물 공여 혐의 등으로 구속되어 유죄 선고를 받고 3년 뒤인 1996년에 사망했다. 다음해인 1997년 5월에 뉴욕 크리스티 경매에서 사이토가 소장했던 르누아르의 그림이 비밀리에 거래되었다는 〈뉴욕 타임스〉의 기사가 있었지만 진위 여부는 확인되지 않았다.

1994년 11월 1일, 가든 사의 경매가 있었던 때로부터 거의 5년이 흐른 뒤, 바트 오어바크와 나는 파크 가의 크리스티 매장에서 수백여 명의 참가자들과 함께 어느 이탈리아 은행가의 대리인이 1506년부터 1510년까지 레오나르도 다 빈치가 기록한 과학에 대한 필기 내용과 300여 점의 삽화가 수록된 72페이지짜리 노트를 다시 고국으로 가져가기 위해 분투하는 광경을 바라보고 있었다. 1980년부터 이 책의 소유주였던 옥시덴탈 석유 회사의 회장인 고(故) 아먼드 해머를 기려 붙인 이름인 일명 '코덱스 해머', [203] 즉 창의성의 기념비와도 같은 이 필사본을 쟁취하기 위한 경쟁이야말로 오어바크가 말했던 것과 같은 역사적인 사례에 대한 연구나 마찬가지였다.

　경매인 스티븐 C. 매시는 550만 달러에서 입찰을 시작했다. 불과 15초 만에 예상 낙찰가인 1,000만 달러가 넘어가 버리자, 이후에는 100만 달러 단위로 금액이 올라갔다. 2분 30초 동안의 열띤 경합 끝에 매시는 이 물품이 전화로 입찰에 참여한 익명의 개인 수집가에게 2,800만 달러에 낙찰되었다고 알렸다. 경매 회사의 수수료를 합치면 이 문서의 총 판매가격은 3,080만 달러에 달했고, 이제까지 경매를 통해 판매된 책이나 필사본 가운데 가장 비싼 금액이었다.

　마이크로소프트 사의 설립자이자 회장이며 이 세상에서 가장 부자인 윌리엄 H. 게이츠 3세는 도서수집가로 알려져 있진 않았지만, 그 다음 날 바로 그가 다 빈치의 문서를 구입한 사람이라는 사실이 알려지자 참으로 절묘하다는 생각이 들었다. 레오나르도 특유의 역상(逆像) 글씨체[204]로 작성된 이 노트에는 어째서 하늘은 푸른색이며, 어째서 화석이 산

203..이 필사본은 본래 1717년에 처음 구입한 제1대 레스터 백작 토머스 코크의 이름을 따서 '코덱스 레스터'라고 명명된 바 있다.

꼭대기에서 발견되는지에 대한 글을 포함해서, 잠수함과 증기기관의 발명에 대한 예견 등이 포함되어 있었다. 게이츠는 이 필사본을 시애틀 근교의 워싱턴 호수에 있는 약 1,000평에 달하는 자신의 저택에 보관하기 전에 이탈리아에서 먼저 전시할 용의가 있다고 말했다.[205] "저는 항상 레오나르도 다 빈치가 이룩한 과학과 예술의 지적인 조화를 매우 존경해 왔습니다." 억만장자 빌 게이츠는 이렇게 말했다. "이 탁월한 지적 유산을 이제 전 세계와 공유하게 되어 매우 기쁩니다."

1958년에 사망한 캐리 에스텔 베졸드 도헤니는 몇 가지 기념물을 남겨두었다. 그녀의 주된 관심사는 세 가지였는데, 그것은 다름 아닌 캘리포니아의 석유 재벌로 1935년에 사망하며 막대한 재산을 물려준 남편 에드워드 로렌스 도헤니에 대한 추억, 기독교 신앙, 그리고 책이었다. 그녀는 수많은 신학교와 병원과 자선단체에 기부금을 냄으로써 자신의 신앙심을 과시했다. 1939년에 교황 피우스 12세는 도헤니의 자선 활동을 기리는 뜻에서 그녀에게 로마 가톨릭교회의 백작부인 작위를 수여했는데, 남(南) 캘리포니아 출신의 여성—그리하여 그녀의 별명도 '남캘리포니아 백작부인'이 되었다—에게 이러한 작위가 수여되기는 또 처음이었다. 그 다음 해에 그녀는 자신의 세 가지 관심사를 기념하기 위한 조치를 단 한 방에 해치웠다. 로스앤젤레스 대주교의 제안에 따라서 캘리포니아 주 카마릴로에 위치한 세인트존 신학교에 건축가 월리스 네프가 설계한

---

204. 보통 왼쪽에서 오른쪽으로 진행하는 일반적인 글씨체와는 달리, 왼손잡이였던 레오나르도 다 빈치는 글씨를 오른쪽에서 왼쪽으로 썼기 때문에, 그의 글씨를 해독하기 위해서는 거울에 비추어 보아야만 제대로 된 모양이 나온다.
205. 이 필사본은 실제로 이탈리아와 뉴욕 등에서 전시회를 마치고, 2003년부터는 시애틀 예술박물관에서 보관 전시하고 있다.

에스파냐 교회 풍의 건물을 짓게 하고, 그곳을 에드워드 로렌스 도헤니 기념 도서관으로 만든 것이다.

이 건물의 1층은 신학교의 도서관으로 사용되었고, 2층에는 도헤니 여사가 수집한 1만 6,000권의 희귀본 및 필사본이 보관되었다. 여사의 수집품 가운데는 인큐내뷸러, 옛날 성서, 기독교 관련 필사본, 그리고 영미 문학 관련서를 비롯해서 캘리포니아 탐험 및 개척사 관련 문헌이 특히 유명했다. 여사가 사망하자 그녀의 컬렉션 전체는 최소한 향후 25년간은 처분하지 말고 보관한다는 조건과 함께 해당 교구의 소유가 되었다. 1986년에 이르러 해당 교구 측에서는 수도사들의 교육 및 양성에 필요한 기금을 만들기 위해 이 책들—일명 '도헤니 컬렉션'—을 뉴욕 크리스티에 위탁 판매하기로 했다고 발표했다.

도헤니 경매가 한창 진행되던 중에, 뉴욕 철강 재벌의 상속자이며 옥스퍼드 대학의 크라이스트처치 칼리지에 다니던, 1920년대부터 도서수집을 해 온 것으로 유명한 H. 브래들리 마틴이 82세의 나이로 사망했다. 마틴은 맨해튼의 자택과 버지니아 주에 있는 조지 왕조 풍[206]의 저택인 로즈 힐 두 곳에 수집가들이라면 누구나 부러워할 만한 장서를 소장하고 있었다. 그때까지만 해도 이 장서는 어느 연구 기관에 기증될 것이라는 소문이 몇 년 동안이나 떠돌았다. 특히 조류학에 대한 마틴의 컬렉션이야말로 어느 단체나 개인 장서보다도 탁월한 세계 최고의 수준이라는 평판이 자자했다. 하지만 그가 유언장에 기증을 명시하지 않은 까닭에, 그의 장서는 사후 1년이 지난 1989년 6월 6일부터 뉴욕 소더비에서 경매에 붙여졌다. 이 경매는 모두 9회에 걸쳐 이루어졌으며 약 1만 점의 도서 및 필사본이 총 금액 3,570만 달러에 판매되면서 1990년 6월에 가서

206..영국의 조지 1세부터 4세가 통치한 18세기와 19세기 초까지의 예술 양식을 말함.

야 끝났다.

위의 두 가지 경매는 여러 번에 나누어 이루어졌으며, 그 판매 금액 면에서도 이전까지 있었던 모든 도서경매를 능가하는 새로운 기록을 달성했다. 도헤니 경매에서 가장 비싸게 팔린 물건은 바로 구텐베르크 성서의 구약편이었고, 마틴 경매에서 최고가를 기록한 물건은 오듀본의 《미국의 새》 완질(完帙)이었다. 이들 두 경매를 통해 모두 2만 6,000여 권의 도서가 팔려나갔다. 하지만 도헤니와 마틴 경매의 결과조차도 비슷한 시기에 있었던, 그리고 비교적 일반에는 덜 알려진 어느 경매에 비하면 오히려 빛이 바래는 편이었다. 1989년 11월 9일과 10일 양일에 걸쳐 실시된 이 경매에서는 모두 308점에 달하는 세계 문학사의 걸작품들이 총 금액 1,620만 달러에 팔려나갔는데, 이 경매의 품목 1개당 평균 낙찰가는 무려 5만 2,815달러에 달하여, 앞서 도헤니와 마틴 경매의 1개당 평균 낙찰가—각각 1만 5,967달러와 1만 1,053달러인—를 능가했다. 이것이 바로 가든 사 컬렉션의 경매로, 마치 60여 년 전의 대공황 직전에 벌어진 제롬 컨 경매를 연상시킬 정도로 낙찰가가 치솟았던 사건이었다.

이 경매로 인해 달성된 판매 금액의 기록이나 뜨거운 열기 외에도 특기할 만한 사실은, 가든 사 컬렉션이야말로 지난 10여 년간 고서업계에 뛰어든 수집가 중에서도 가장 특이한 인물이 모은 장서였다는 점이었다. 헤이븐 오모어는 이전까지만 해도 고서업계에서는 거의 무명의 인물이었다. 그의 이름 자체도 의혹의 여지가 있어서 사실은 '해브 노 모어'[207]라는 말에서 따온 것이라는 소문이 돌았다.

그가 처음 국제적인 주목을 받게 된 것은 1979년 가을, 스튜번 유리회

---

207. 그의 이름인 '헤이븐 오모어(Haven O' More)'와 '더 이상 소유하지 않겠다'는 뜻인 '해브 노 모어(Have No More)'의 발음이 비슷하기 때문이다.

사의 상속인으로, 하버드 대학에 자신의 이름을 붙인 도서관을 기증한 것으로도 유명한 아서 호우튼 2세가 40여 년간 수집한 탁월한 컬렉션이 판매되던 런던 경매에서였다. "호우튼 경매에서 자기가 원하는 품목만 골라서 말 그대로 완전히 쓸어 버렸죠." 뉴욕 크리스티의 고서 담당자인 스티븐 C. 매시는 이렇게 말했다. "그렇게 했기 때문에 10년 뒤에 가든 경매가 그토록 대단했던 겁니다. 그때 팔린 호우튼의 장서―대부분의 수집가들이 모두 남은 평생에는 결코 다시 시장에서 볼 수 없으리라 여겼던―가 뜻밖에 다시 한 번 시장에 나온 셈이었으니까요."

1979년 6월 13일부터 80년 6월 12일까지, 아서 호우튼이 왜 갑자기 자신의 장서를 모두 세 차례에 걸쳐서 경매에 붙이게 되었는지에 대해서는 아직까지도 해명된 바가 없다. 그는 하버드 대학 호우튼 도서관의 주요 기증자인 동시에, 한때는 존 키츠에 관계된 희귀 문헌을 대학에 기증한 적도 있었기 때문에, 사람들은 그의 컬렉션도 언젠가 모교에 기증될 것이라고 추측했다. 하지만 예상과는 달리 그는 70대가 되자 아직 살아갈 날이 10년이나 더 남았음에도 불구하고 자신의 책을 팔기로 작정했을 뿐만 아니라, 그것도 하필 영국에서 팔기로 작정했던 것이다.

그의 동기가 무엇이었든 간에, 그의 컬렉션에서 가장 훌륭한 보물들은 아마도 고서업계의 큰손인 여러 연구기관에 낙찰될 것으로 예상되었다. 오모어는 호우튼 경매가 있기 몇 년 전부터 여러 중요한 책들을 구입해 오긴 했지만, 그 대부분은 서적상을 통한 개인적인 구매에 불과했다. 예를 들어 1976년에는 뉴욕의 서적상인 루 데이비드 펠드먼으로부터 해리슨 호블리트의 소장품이었던 니콜라우스 코페르니쿠스의 《천체의 회전에 관하여》 1543년 판 증정본을 15만 달러에 구입하기도 했다. 이와는 대조적으로 호우튼 경매는 치열한 경쟁이 벌어진 국제적인 경매 행사였다. 존 플레밍을 대리인으로 삼은 오모어는 호우튼 경매에 나온 22점의 가장 좋은 책들을 최고가에 구입하며 파란을 일으켰다.

오모어가 런던에서 벌인 행적은 신참 도서수집가로선 상당히 극적인 등장이었지만, 증조할아버지와 할아버지와 아버지를 거쳐 벌써 4대째 서적상으로 일하며 다양한 경험을 쌓은 스티븐 매시가 보기엔 그리 놀라운 일도 아니었다. 하지만 매시는 1978년 4월에 처음으로 오모어를 만난 자리에서 상대방이 무척이나 서두른다는 인상을 받았다. "어느 날 아침에 멋지게 차려입은 남자가 파크 가의 우리 사무실에 나타나서 한바탕 소란이 벌어졌지요." 매시는 이렇게 회고했다. "다짜고짜 책을 보러 왔다고 하더군요. 그래서 제가 전화를 받고 아래층으로 내려가 그 사람을 상대했습니다." 매시가 책을 보여주기 꺼려하자 오모어는 이렇게 물었다. "당신 내가 누군지 아시오?" 매시는 죄송하지만 누구신지 전혀 모르겠다고 대답했다. "내가 바로 헤이븐 오모어요." 그 남자가 말했다. "그러니 그 '책'을 좀 보여주시오."

여기서 말하는 '책'이란 다름 아닌 구텐베르크 성서로, 1450년대에 독일 마인츠에서 인쇄된 42행의 두 권짜리 걸작품이었으며, 뉴욕 제너럴 신학교의 의뢰를 받아 크리스티에서 곧 경매에 붙여질 예정이었다. 유력한 고객에게는 경매 전에 물건을 구경할 수 있도록 해 주는 것이 관례였지만, 4월의 그날 아침에 찾아온 남자의 태도가 무척이나 거만했기 때문에 매시는 거절하기로 작정했다. 제아무리 헤이븐 오모어라 해도 도서목록에 나온 물품을 구경하고 싶다면 미리 약속을 해야 하는 것이 규정이었기 때문이다.

"그렇다고 고객을 잃을까봐 노심초사하진 않았죠." 매시가 말했다. "왜냐하면 그만큼 좋은 책이라면 고객 쪽에서 반드시 다시 찾아오게 마련이니까요. 정말 그 책을 사고 싶어 하는 사람이라면 자기가 오히려 굽실굽실하게 마련이죠." 하지만 오모어가 한 발짝 뒤로 물러서고 서로 악수를 나누게 되자, 결국 매시는 그에게 성서를 구경시켜 주었다. 며칠 뒤에 오모어는 샌프란시스코의 유명한 서적상인 워런 하우얼을 대동하고 경매장에 나타났으나, 독일 슈투트가르트에 있는 뷔르템베르크 국립문서보관소의 대리인으로 참가하여 2,200만 달러를 부른 버나드 브레슬로어에게 아깝게 지고 말았다.

만약 그 경매에서 오모어가 이겼다면 구텐베르크 성서는 그로부터 11년 뒤에 벌어진 가든 사 경매에 나왔을 것이다. 당시 크리스티는 가든 사 경매를 유치하기 위해 소더비와 전면전을 벌였지만 아쉽게도 패배하고 말았다. "저로선 그 경매의 결과를 보고 오히려 안도의 한숨을 내쉴 수밖에 없었죠." 매시가 말했다. "만약 구텐베르크 성서가 거기 나왔더라면, 아마 3,100만 달러는 너끈히 나갔을 겁니다. 그날 저녁과 같이 가격이 치솟은 경매에서, 더군다나 보존 상태가 완벽한 구텐베르크 성서가 나왔다면 정말 어땠을까요? 아무도 모르는 일이죠. 저야 그저 그 책이 거기 포함되지 않았다는 게 고마울 뿐이었죠. 만약 그랬더라면 정말 견디기가 힘들었을 겁니다!"

그렇게 대단한 수집가가 한 사람 나타나게 되면 곧바로 온갖 루머가 떠돌곤 했다. 어떤 사람은 오모어가 50년대에 CIA에서 일한 적이 있으며, 이후 완전히 신분을 바꾸어 활동하고 있다고 했다. 어떤 사람은 오모어가 한때 배우였다고 했다. 어떤 사람은 오모어가 한때 정부의 의뢰를 받고 제1급 비밀로 분류되는 수많은 보고서와 평가서를 작성하는 일을 했다고 직접 말한 바 있다고 했다. 또 어떤 사람들에게는 미 국방부의 의뢰를 받아 특수 무기를 설계했다고 말한 바 있다고 했다. 몇몇 사람들이 주장하는 좀 더 구체적인 정보에 의하면 그는 매사추세츠 주에 있는 일명 전통학문연구소 재단의 설립자라고 했다. 하지만 이른바 '순수한 지식'을 전하기 위해 설립되었다는 그 재단에서 발행하는 문건을 들여다

보아도, 그 목적이 정확히 무엇인지에 대한 단서를 찾을 수는 없다. 오모어는 자신이 그리스어와 히브리어로 된 고문서를 읽을 수 있으며, 과거에 미국 서부의 인디언 전사들 사이에서만 전해 내려오던 신비로운 무술을 익히기도 했다고 허풍을 떨기도 했다. 물론 이런 신파조의 허풍 때문에 누가 특별히 피해를 보거나 하진 않았을 것이다. 다만, 기존의 수집가들을 무척이나 짜증스럽게 만들었던 것은 오모어의 지나친 자랑이었다. 즉, 자신이 현존하는 수집가 가운데 최고라는 자랑 말이다.

크리스티 경매회사에서 서른 두 블록 떨어진 이스트 25번가 104번지의 수수한 건물에 있는 스완 경매회사[208]에서는 한 해에 30여 차례의 경매가 이루어진다. 이곳에서는 반 고흐나 르누아르의 그림이나 중국 도자기, 혹은 이국적인 태피스트리 대신 오로지 서적과 판화와 사진 등의 온갖 소품(小品)들만 판매하고 있다. "가령 오늘 오후라도 당장 1,500달러짜리 책을 한 권 들고 크리스티나 소더비에 가서 거기 있는 친구들이 뭐라고 하나 들어 보세요." 스티븐 매시가 말했다. "아마 그 친구들은 '멋진 책이긴 하지만, 저희가 다루기엔 좀 곤란합니다' 하고 이구동성으로 말할 겁니다." 하지만 스완이라면 기꺼이 그 책을 위탁받아 판매해 줄 것이다. "우리의 주 수입원은 약 500달러에서 2,000달러 사이의 가격에 팔리는 책들입니다." 스완의 대표인 조지 S. 로우리가 설명했다. 비교적 위상이 낮은 편이기 때문에 로우리는 다른 유명한 경매 회사들보다 몇 년 더 일찍 헤이븐 오모어와 만나볼 수 있었다.

"헤이븐 오모어는 마치 불덩어리와도 같은 사람이었죠." 로우리는 70

---

[208] 미국의 도서 전문 경매회사. 1941년에 벤저민 스완이 뉴욕에 설립했다. 자세한 내용은 홈페이지(www.swanngalleries.com)를 참고하라.

년대 초반에 오모어가 고서업계에 처음 등장했던 시절을 회상하며 이렇게 말했다. "그는 정말 튀는 사람이었어요. 이전에는 한 번도 본 적이 없었던 어떤 사람이 어느 날 갑자기 옷을 쫙 빼입고 나타나 책 사는 데 돈을 펑펑 쓰니, 주목을 하지 않을 수가 없는 노릇이었죠. 정말 돈을 잔뜩 싸들고 와서 한 10여 년간 열심히 책을 사들이더니, 그 이후로는 나타나지 않더군요. 그가 대단한 미인인 아내와 함께 우리 사무실에 와서 책을 잔뜩 사들이기 시작했을 때, 저는 벌써 3, 4년째 스완의 대표직을 맡고 있었습니다. 그런데 그가 누구인지 아무도 몰랐어요. 아직까지도 알 수 없는 노릇이지만, 그래도 무척 대단하다는 인상은 받았죠." 로우리는 어떤 면에서 오모어는 당시의 희귀본 시장을 주도한 인물이기도 했다고 평가했다. "어느 정도였냐 하면, 그 후부터는 서적상들이 오모어의 관심을 끌 만한 책들을 중심으로 도서목록을 꾸밀 정도였죠. 저처럼 이 업계에 몸담은 사람에게는 솔직히 좀 겁나는 일이죠. 왜냐하면 단 한 사람과 거래를 하긴 하지만, 그 사람의 머릿속에 뭐가 들어 있는지는 전혀 모르는 셈이니까요. 하지만 그에 대해서라면 이 한 마디는 빼놓을 수가 없군요. 그는 자기가 원하는 것은 항상 손에 넣었습니다. 그는 구경삼아 그냥 오는 법이 없었어요. 반드시 뭔가를 '사러' 왔죠."

경매에 참가하는 것 외에도, 오모어는 서적업계의 세 거물인 뉴욕의 한스 P. 크로스와 존 플레밍, 그리고 샌프란시스코의 워렌 하우얼 등으로부터 책을 사들였다. 또한 그는 런던의 버나드 쿼리치 서점의 아서 프리먼이나, 옥스퍼드 근교의 서적상인 콜린 프랭클린 같은 사람들과도 친하게 지내며 거래하고 있었다.

그의 배경이나 태도가 어찌 되었든 간에, 오모어가 책에 '막대한 돈'을 쏟아붓는다는 사실이 명백해짐과 동시에 업자들은 기꺼이 그를 위해 일했을 뿐만 아니라, 심지어 그에 대한 전설을 만들어내기까지 했다. 뉴욕의 서적상인 존 플레밍은 30년대에 A. S. W. 로젠바흐 박사 밑에서 일하며 처음 이 업계에 뛰어든 인물로, 오모어에게 여러 가지 보물을 판매한 것은 물론이고, 수많은 경매에서 그의 대리인으로 활동하기도 했다. 심지어 플레밍은 그를 뉴저지 주 프린스턴에 거주하는 아서 호우튼이나 윌리엄 샤이드와 같은 다른 저명한 수집가들에게 소개해 주기도 했다. 스티븐 매시의 말에 따르면 호우튼은 언젠가 헤이븐과 로리아 오모어 부부를 메릴랜드 주의 이스턴 쇼어에 있는 자기 저택에 초대해 며칠간 함께 보내기도 했다고 한다. 오모어는 60년대 말, 혹은 70년대 초부터 매사추세츠에서 살면서 하버드 칼리지 도서관 후원회에 가입하여 저명인사가 되었으며, 오랜 전통을 자랑하는 보스턴의 희귀본협회에서 주최하는 만찬에 참석하기도 했다. 그는 종종 멀리까지 여행했으며, 가는 곳마다 요란한 소동과 아울러 호기심을 유발시키곤 했다. 시카고 대학의 존 크리어러 도서관의 직원 한 사람은 언젠가 오모어가 과학사 분야의 희귀본들이 꽂혀 있는 서가에서 책을 한 권 꺼내더니만, 대뜸 거만하게 한 마디 하더라고 회고했다. 즉, 자기가 가진 책이 이보다는 상태가 훨씬 더 좋다고 말이다.

  하지만 그런 외양에도 불구하고 그를 진정으로 안다고 생각하는 사람은 드물었으며, 단지 그와 거래하는 업자들뿐만 아니라 그를 각자의 집으로 초대한 적이 있는 친한 사람들조차도 그렇게 생각할 정도였다. 1979년부터 존 플레밍 밑에서 일하기 시작했으며 이제는 독립해서 매사추세츠 주 케임브리지에서 자기 서점을 운영하고 있는 프리실라 주벨리스는 오모어란 사람 자체가 완전히 수수께끼 그 자체라고 말했다. "어느 누구도 그 사람에 대해 잘 알 수는 없었죠." 그녀의 말에 의하면 그 어떤 업자보다도 오모어와 더 많이 거래해 왔던 플레밍조차도 예외는 아니었다고 한다. 그녀는 언젠가 플레밍이 오모어의 오만불손한 태도에 대해 다음과 같이 이야기한 적이 있다고 말했다. "헤이븐처럼 책을 좋아하는 사람이라면 무슨 짓을 하더라도 용서해야지."

뉴욕의 서적상인 저스틴 G. 실러도 이에 동의했다. 그는 아서 호우튼 경매가 처음 열렸을 때 버나드 쿼리치 서점에서 개최한 연회에서 오모어와 처음 이야기를 나눈 이후 10여 년간 그를 종종 만났으며, 한 번은 오모어가 수집한 윌리엄 블레이크 관련 자료를 보기 위해 보스턴을 방문하기도 했다. "헤이븐은 대단한 배우였죠." 실러는 이렇게 말했다. "제 생각에 그는 현대의 공상가라고 할 수 있을 겁니다. 그는 위대한 걸작을 모두 모으려고 했습니다. 유별난 자만심을 지니긴 했지만, 그는 정말 책을 좋아하는 사람입니다. 제가 보기에 무척이나 인상적인 것은 그가 자기 소유의 책에 대해 대단한 애정을 보여주었다는 점입니다. 물론 우리는 깊이 있는 이야기까지 나눠보진 못했고, 저는 그의 배경에 대해서는 전혀 모릅니다. 사실 어느 누구도 알 수가 없었죠." 그렇다면 이 새로 등장한 수집가가 지닌 부의 원천은 무엇이었을까? 실러는 자기도 전혀 모르겠다고 대답했다. "언젠가 존 플레밍은 그렇게까지 말하더군요. 헤이븐이 도대체 어떻게 해서 그런 돈을 벌었는지를 알려줄 수 있는 사람이 있다면, 자기가 기꺼이 5만 달러를 내놓겠다고 말입니다."

크리스티의 희귀본 담당자인 스티븐 매시도 오모어와 친하게 지낸 사람 가운데 하나였다. 두 사람은 1978년에 파크 가의 크리스티 경매회사 로비에서 처음 만났던 이래 제법 친한 사이가 되었다. "물론 그 친구를 잘 안다고 생각했죠." 매시가 말했다. "사실 저는 점점 헤이븐을 무척 좋아하게 되었습니다. 그가 종종 뉴욕에 올 때마다 만나곤 했으니까요. 간혹 그 친구와 함께 점심을 먹거나, 로리아와 함께 셋이 만나곤 했죠. 한 번은 그가 자기 책을 모두 팔겠다고 해서 당황한 적도 있었고요. 무슨 일인지 자세히 이야기하진 않았지만, 분명 무슨 일이 있긴 있었던 모양이더군요. 1987년 10월에 우리 회사에서 있었던 첫 번째 도헤니 경매에도 관심을 보이긴 했지만 이전처럼 열렬하지는 않았고, 실제로 아무 것도 사지는 않았기에 뭔가 좀 잘못된 모양이구나 하고 생각했죠. 그 직후에 그 친구가 아주 모습을 감췄다는 이야길 들었습니다."

1989년 여름에 매시는 보스턴의 어느 변호사로부터 연락을 받았다. "그 사람이 뉴욕을 방문해서는 자기 고객의 이름을 밝히지도 않고, 그저 가든 사의 어느 투자자로부터 의뢰를 받았다고만 하면서, 그 회사에서 보유하고 있는 책들을 경매에 붙이려고 하니 그 가치에 대해 감정을 받았으면 한다고 하더군요. 그 변호사는 나름대로 누가 감정을 해야 적당할지를 생각해 본 다음에 다른 곳보다 우리를 먼저 찾아왔다고 했습니다." 그 변호사는 매시의 제안을 따라서 일련의 전문가들로 구성된 감정단—물론 매시 자신도 포함된—을 책이 보관되어 있는 보스턴으로 데리고 가서 감정을 실시했다.

1989년 가을에 있을 경매를 알리는 간략한 보도 자료는 이 컬렉션이 사실상 헤이븐 오모어가 계획하고 수집했던 것이라는 점을 분명히 보여주고 있었다. 하지만 전혀 새로운 인물인 마이클 데이비스라는 어느 개인 투자자가 이 책들을 수집하는 자금을 제공했다는 사실이 밝혀지자 고서업계 사람들은 깜짝 놀랐다. 과연 어떻게 그런 일이 가능했는지, 그리고 무슨 이유로 그 수집이 갑자기 종말을 고하게 되었는지는 아직까지도 수수께끼로 남아 있다. 더군다나 결국 이 수지 맞는 경매를 주관한 쪽은 크리스티가 아니라 그 경쟁사인 소더비였다. 매시는 이런 당황스러운 일이 벌어진 까닭을 80년대에 경매업체들 사이에서 벌어졌던, 한편으로는 논란의 여지가 많았던 일련의 경영 혁신 조치 탓으로 돌렸다. "소더비 측에서 선금으로 더 많은 금액을 제시했기 때문이죠." 매시가 말했다. "우리 쪽에서는 그 컬렉션의 감정가를 900만 달러로 책정했습니다. 모든 사람들이 이 감정가를 적절하다고 생각했죠. 심지어 소더비 측에서도 말입니다. 하지만 가든 쪽 변호사들은 더 많은 금액을 받아내는 데 혈안이 되어 있었죠. 훨씬 더 많은 선금을 받아내기 위해서 말입니다. 제가 듣기론 감정가의 절반 정도인 450만 달러를 선금으로 요구했다고 하더군요."

크리스티는 그 경매에서 선금을 제공할 생각이 없었다. 마침 당시의 회사 정책에도 반대되는 일이었기 때문이다. "만약 그보다 전에 그런 요청을 받았더라면 어땠을지 모릅니다만, 1989년 이후로 우리의 정책은 오히려 그와는 정반대였죠. 우리 자본이 들어간 물건을 경매에 내놓게 되면, 결국 부작용이 일어날 수밖에 없다는 것이 우리의 생각이었으니까요. 이런 원칙은 우리가 처음 만든 것이었지요. 심지어 이 문제 때문에 캐링턴 경께서 직접 이곳을 방문하시기도 했습니다. 그랬더니 보스턴 측 변호사들이 난리법석을 치더군요. 그렇게 해서 결국 이 경매 건이 소더비 측으로 넘어가게 되었다는 사실을 알고는 솔직히 충격을 받았습니다."

그때까지만 해도 매시는 마이클 데이비스란 사람에 대해서는 전혀 들어 본 바가 없었다. "하지만 그게 누구인지는 금방 알 수 있었죠." 그는 덧붙였다. "가든이 곧 헤이븐 오모어였다는 것은 이젠 분명해진 사실입니다."

가든 사의 장서는 그것을 계획하고 수집했던 인물이 수수께끼로 남아 있다는 사실에 덧붙여서, 그 자체로도 여러 가지 아이러니를 보여주고 있었다. 그 중에서도 가장 특기할 만한 일은 이 컬렉션이 소더비에서 경매에 붙여지던 바로 그 순간에서야 비로소 처음 한 자리에 모였다는 사실이다. 유력한 수집가들이 책을 구경하러 찾아오기 며칠 전까지만 해도, 그 책들은 모두 보스턴의 은행 두 곳의 지하 금고에 보관되어 있었기 때문이다.

가든 사 경매의 도서목록에는 오모어에게 자금을 댄 사람에 대해서 단지 다음과 같은 두 문장만 나와 있었다. "마이클 데이비스는 개인 투자자이다. 그는 가든 사의 유일한 동업자이며, 가든 사에서 보유한 희귀본과 필사본 수집에 필요한 자금을 제공했다." 그 아래의 세 줄 정도는 텅 빈 채로 인쇄되었다. 그에 반해 헤이븐 오모어는 자신의 이력과 생애에 대한 몇 가지 단서가 들어 있는 상당히 긴 글을 썼다. 그가 쓴 글이 수록된 페이지의 꼭대기에는 그의 청동상 사진이 나와 있다. 그게 바로 헤이븐 오모어의 얼굴이다. 눈을 감고 있는 모습이지만 그렇다고 편히 잠든 모습은 아니다. 얼굴의 근육은 경직되어 있고, 입술은 아래쪽으로 일그러져 있어서 마치 뭔가 깊은 생각에 빠져 있는 듯한 모습이다. 사진 아래쪽에는 다음과 같은 글이 실려 있다.

헤이븐 오모어는 아주 어린 시절부터 역사와 성서를 공부하며 영감을 얻었고, 실상 그 자신이 당대의 가장 뛰어난 세 인물의 직계 후손이기도 하다. 그는 초등학교에 들어가기 전부터 셰익스피어와 밀턴의 작품을 읽고 성서를 배웠으며, 특히 부모님으로부터 그리스어 성서를 배우면서 보다 뛰어나고도 고상한 소명을 생각하고 또 경험하게 되었다. 그의 고모는 가문의 족보를 연구한 분이었다. 오모어는 어린 시절 고모로부터 자신이 4세기 경 켈트의 왕이며 시인이며 학자이며 전사였던 헤이븐 오모어의 직계후손이란 사실을 알게 되었다. 또한 훗날 그는 자신이 아버지 쪽으로는 성자이며 순교자였던 토머스 모어 경의 후손이라는 사실을 알게 되었다. 또한 그의 어머니 쪽으로는 토머스 조너선 스톤월 잭슨 장군의 후손이라는 사실을 알게 되었다.

오모어는 여기서 자기 어머니나 아버지, 혹은 가문의 족보를 연구했다는 고모의 이름은 물론 그들이 어디 출신이며 자기 고향이 어디인지조차도 밝히지 않았다. 그는 상당히 오랫동안 요가를 수련해 왔다고 강조하면서 그것에 대해 제법 자세히 기술하면서도, 정작 자기가 어느 학교에 다녔는지는 이야기하지 않았다. 또한 그는 자신이 끝없이 지식을 추구하여 미국 전역뿐만 아니라 유럽, 중동, 극동, 멕시코 등지에서 거주하고, 근무하고, 여행했다고 설명했다. 그는 자신이 미 육군 소속으로 유럽과 아시아에서 근무하는 동안 고등 수학과 일반 과학 분야에서 상당한 실력을 쌓았으며, 언어 구조 분석에도 관심을 가졌고, 특히 켈트와 중동과 극동의 철학에도 관심을 가졌다고 했다. 그는 구체적인 회사명이나 연구소명을 들지는 않았지만, 자신이 국방부의 후원으로 항공 산업 분야에서 엔지니어로 근무하며 최신형 컴퓨터를 설계했으며, 논리 및 일반 구조 분석에 필요한 복잡한 프로그램을 개발했다고 주장했다.

특히 오모어는 자신이 '순수한' 지식을 전하기 위한 연구, 교육 및 출판 사업을 담당하기 위해 만든 비영리 재단인 전통학문연구소라는 기관의 설립자 겸 대표라고 언급했다. 그는 또한 뉴욕에 'SADEV'라는 이름의 출판사를 설립했고, 미술 및 사진 분야의 유명한 출판사인 애퍼튜어 재단과도 긴밀히 제휴하고 있다고 했다. 오모어는 자신이 가든 합자회사의 발기인이며, 공동 설립자이며, 무한책임사원이라고 했다. 그는 '가든'이라는 이름은 '최초의 동산'[209]이라는 뜻—문자적으로는 '울타리'라는 뜻이다—인 히브리어 '엣-하간'에서 따온 것으로, 이는 '모든 가능성이 초월적인 동시에 활동과 동일한' 장소를 의미하기 때문에 자신의 장서를 위해서는 가장 적절한 이름이 아닐 수 없다고 덧붙였다. 오모어는 자신이 수집 활동 초창기부터 가장 희귀한 책들을, 가장 보존상태가 좋은 것들로 골라 모으는 데 전념했으며, 곳곳에서 수많은 사람들의 노력으로 인해 고대 문명으로부터 오늘날까지의 훌륭한 작품들을 총망라

---

209. 성서의 '에덴동산'을 의미하는 듯하다.

하게 되었다는 점을 강조했다.

오모어는 애초부터 자신의 수집 활동에는 어떤 신성한 동기가 있었음을 암시하고 있다. 그 자신에 대해 3인칭으로 쓴 글에서, 그는 이렇게 말했다.

> 이러한 저서들이 생생한 힘과 정보를 보유하고 있다는 사실을 (……) 한 순간도 잊어 본 적이 없다. (……) 이 책들은 그 속에 담긴 정보를 통해 과거를 이해하는 빛을 제공하고, 현재에 대한 형태와 열정을 제공하듯이, 미래에도 그 대부분이 존속할 수 있을 것이다. (……) 바로 지금 이 순간부터 온 인류에게 이득이 될 수 있는 새로운 성도(聖都)를 건설하기 위해 (……) 오모어는 오랫동안 노력해 왔다. (……) 오모어는 항상 자신이 수집해 온 세계적인 보물들을 (……) 훌륭한 연구용 도서관으로 수립하려는 의도를 갖고 있었다. (……) 헤이븐 오모어는 (……) 인간의 정신을 일깨워주는 이 도서관의 소장품과 여러 사업을 통해, 온 인류가 다가오는 우주 시대에 반드시 필요한 새로운 영감과 계몽을 얻게 되기를 바라고 있다.

이처럼 뚜렷이 대조적인 데이비스와 오모어의 약력 소개는 도서목록 맨 뒤에 실려 있는데, 실상 오모어는 도서목록 서두에 실린 〈책의 신비에 대해서〉라는 10페이지짜리 에세이에서도 이미 잔뜩 이야기를 늘어놓고 있다. 거기서 그는 존 밀턴, 토마스 아퀴나스, 사도 바울, 호세 오르테가 이 가세트, 사도 요한, 그리고 전도서 등을 자유롭게 인용하고 있다. 그는 "인간 정신의 가장 위대한, 혹은 지고한 작품은 다름 아닌 인류의 정맥에 신선한 혈액을 공급하는 정신적인 심장에 해당한다고 할 수 있는데, 이 정신적인 혈액이야말로 신체에 필요한 혈액보다도 더 우월한 것으로서 인류에게 삶의 목적과 의미의 연쇄를 제공하는 것"이라고 강조했다. 따라서 이들 작품의 초기본을 '만져보고, 다뤄보고, 읽어보고, 바라보고, 냄새 맡아보는 등 마음껏 즐김으로써' 인간은 살아갈 힘을 얻으며 '진정한 자신'이 될 수 있다는 것이다.

결론에서 오모어는 훌륭한 책과 필사본을 수집하는 사람은 이들 '정신적인 자녀들'의 무리를 위탁받아 보관하는 사람들이며, 이 축복받은 자녀들은 단지 피와 살을 지닌 존재일 뿐만 아니라 또한 '하느님의 형상'을 따라 이루어진 존재라고 단언했다. 그는 이 소중한 보물들이 '미래에서 보내 온 가장 위대한 희망과 지침'인 동시에, 온 인류의 가장 귀중한 유산이라고 주장했다. 그렇다면 과연 어떻게 해야 그런 수집가가 될 수 있을까? "다른 무엇보다도, 수집가는 사랑하는 사람이다." 그는 이렇게 결론짓는다. "수집가는 실재, 혹은 본질을 사랑하는 사람이다."

이렇듯 그의 글은 과장스럽고 허황되고 애매하기 짝이 없다. 하지만 그 훌륭한 컬렉션이 뿔뿔이 흩어져 버리기 직전에서야 쓴 이 두 가지 글이야말로, 이제껏 헤이븐 오모어에 대해 가졌던 것보다도 훨씬 더 많은 의문을 여러 수집가들의 머릿속에 불러 일으켰다. 왜냐하면 그의 '정신적인 자녀들의 무리'이면서, 그의 일생에서 '가장 큰 사랑'이었던 책들이 이제 곧 흩어지게 되었기 때문이다. 언젠가 그는 자신의 소장품을 판매하라는 주위 사람들의 권고에 "당신들은 나더러 자녀를 노예로 팔라고 강요하는 셈"이라고 대꾸한 적도 있었다.

1989년 11월 9일, 경매 첫 번째 날 아침이 되자 나는 그날 저녁 경매에 나올 물건들을 미리 구경하기 위해 그롤리에 클럽의 사서인 로버트 L. 니커크와 함께 택시를 타고 소더비로 향했다. 이스트 사이드에서 차가 막혀 꼼짝 못하는 사이, 니커크는 가든 컬렉션에 대해 이렇게 말했다. "이번 경매는 뭔가 수상한 점이 없지 않아요." 그가 말했다. "소문에 의하면 데이비스 씨는 매번 책값을 지불하기는 했지만, 그 책들을 전혀 본 적도 없다고 하더군요. 무려 수백만 달러를 내면서도 자기가 산 책들을 전혀 볼 수가 없었단 말입니다. 어떻게 그런 일이 가능했는지는 아무도 모르지만, 역시 소문에 의하면 데이비스 씨가 오모어 씨에게 사기를 당한 거라고 하더군요. 이번에 오모어 씨가 도서목록에다 쓴 글을 읽어 보셨습니까? 이 모든 책들이 자기가 만든 대단한 도서관에 소장될 거라는 내용도요? 이 사람은 미친 게 분명하지만, 미친 사람이야말로 사실은 오히려 굉장히 똑똑할 수도 있는 것이고, 오모어 씨가 책에 대해 어떤 탁월한 감각을 지니고 있다는 건 어느 누구도 부정하지 못할 겁니다. 하지만 과연 무엇 때문일까요? 어떤 종교적인 의도? 최면? 세뇌교육? 다이어트 약을 너무 많이 먹어서? 사람들은 흔히 이런 질문을 하죠. 그것도 아주 진지하게요. 소더비의 친구들이야 어찌 된 영문인지 알고 있겠지만, 아마 결코 누구에게도 발설하지는 않을 겁니다. 하여간 이것이야말로 도서수집의 역사에서도 매우 특이한 사건이 될 거예요."

우리가 요크 가에서 71번가와 72번가 사이의 한 블록 전체를 차지하고 있는 거대한 경매장으로 들어섰을 무렵, 본격적인 경매가 시작되려면 아직 8시간이나 남아 있었음에도 불구하고, 3층 전시실에는 적어도 30여 명 이상이 모여 책들을 구경하고 있었다. 책들은 자물쇠 장치가 된 유리상자 속에 전시되어 있었지만, 유력한 고객이 원한다면 책을 자세히 볼 수 있도록 직원이 꺼내주기도 했다. 10A번 케이스에 들어 있는 것은 각각 1623년, 1632년, 1664년, 1685년에 출간된 셰익스피어 초간본 2절판 네 가지로, 도서목록에는 "모두 영국에서 인쇄된 책들 중에 최고"라는 적절한 묘사가 나와 있었고, 그날 저녁 경매에서는 일괄 판매될 예정이었다. 전시실 곳곳에는 훌륭한 인큐내뷸러며, 끝내주는 채식 필사본이며, 유명한 고전들이 즐비했다. 그 중에는 보이티우스, 키케로, 에우클레이데스, 플루타르코스의 초판본들을 비롯해서 코페르니쿠스, 프톨레마이오스, 에라스무스, 토마스 아 켐피스, 안드레아스 베살리우스, 존 밀턴, 몽테뉴 등의 상태가 좋은 판본들이며 플라톤과 단테의 에디티오 프린켑스, 그리고 무척이나 희귀한 프루스트의 초판본과 토머스 제퍼슨의 《버지니아 주에 대한 보고서》 증정본, 윌리엄 버틀러 예이츠의 소유였던 커다란 피지(皮紙) 노트북, 제임스 조이스의 친필 원고, 존 로크의 일기, 바슬라프 니진스키의 미발표 일기, 마르틴 루터의 '9월 성서'[210] 1522년 판, 이번 경매에 나온 물품 중에서는 유일하게 20세기에 나온 책인 독일산 돼지가죽으로 장정한 훌륭한 2절판 등등이 있었다. 하나같이 머리가 아찔해질 정도로 대단한 물건들이었다.

보스턴의 출판인이자 초창기 인쇄본의 열렬한 수집가이기도 한 데이비드 R. 고딘은 부스러지기 쉬운 4절판을 조심스레 붙잡고 탁자 앞에 앉아 있었다. 그는 웃옷을 벗고, 넥타이를 늦추고, 셔츠 소매를 걷은 채 메모판 위에 몽당연필로 뭔가를 열심히 적어대고 있었다. 우리는 인사와 함께 잠깐 이야기를 나눴다. "혹시 직접 본 적이 있어요? 저기 저 사람이 바로 헤이븐이에요." 그는 짙은 머리색의 어느 여성과 함께 한쪽 구석에 서 있는 잘 차려입은 남자를 고갯짓으로 가리키며 넌지시 말했다. 나는 곧바로 헤이븐 오모어에게 다가가 인사를 하며 내가 누구인지를 밝혔다. "저는 역사적으로 도서수집가들이 어떻게 해서 지식의 보존에 기여했는지 하는 주제로 책을 쓰려고 준비하고 있습니다." 내가 말했다. "로버트 코턴이 없었더라면 《베오울프》나 린디스판 복음서도 없었을 것이고, 포조 브라치올리니가 없었더라면 퀸틸리아누스도 없었을 것입니다."

헤이븐 오모어는 내가 이야기하는 동안 나를 뚫어져라 쳐다보고 있었다. "혹시 파라오들과 그들의 도서관에 대해서도 알고 있소?" 그가 물었

---

[210] 1517년에 '95개조 반박문'을 발표해 큰 파문을 일으킨 마르틴 루터는 1522년 9월까지 바르트부르크 성에 숨어 지내면서 그리스어로 된 신약성서를 독일어로 번역, 출간했다. '9월 성서'라는 명칭은 여기서 비롯되었다.

다. 나는 물론 알고 있다고, 그리고 내 책에서도 그 내용이 언급되어 있다고 대답했다. "알렉산드리아의 그리스인들에 대해서도?" 당연히, 그런 종류의 연구에는 절대로 빠질 수 없는 내용이라고 나는 대답했다. "내게 있어 책이란 마치 살아 있는 것과 같으며, 인간 존재에 있어 필수적인 것인 동시에, 인간 존재 그 '이상의' 것이지요." 그의 말에 나는 고개를 끄덕였다. "나는 이 책들을 무척 사랑했습니다. 내 컬렉션에 대해서는 이미 글을 쓴 적이 있고, 앞으로도 계속 쓸 겁니다. 하지만 내가 하고 싶은 이야기는 이 도서목록 안에 모두 들어 있죠."

바로 그 순간 소더비 직원 세 사람이 다가왔다. 이들은 뭔가 초조해 하는 기색이었다. "인터뷰는 하실 수 없습니다." 그 중 한 사람이 말했다. "죄송하지만 협조 부탁드립니다." 그들의 요청에 따라 자리에서 떠나기 전에 나는 오모어와 악수를 나누었다. 그는 자기 명함을 건네주면서 나중에 연락을 하라고 했다. 하지만 이후 몇 주, 몇 달에 걸쳐 연락을 시도했지만 그는 전혀 응답을 하지 않았고, 결국 우리는 이후로 한 번도 만나지 못했다. 단 한 번 그의 아내와 통화한 적이 있었는데, 단지 자기 남편은 몸이 좋지 않아서 무슨 특별한 요법—구체적인 언급은 없었지만—으로 치료를 받고 있다는 답변이었다.

그날 저녁, 첫 번째 경매가 열리기로 예정된 시간보다 2시간 전에는 소더비 측에서 서적상들과 유력한 고객들과 여러 애서가들을 위해 제공한 연회가 펼쳐졌고, 사람들은 그곳에 모여 그날의 작업을 시작하기 전에 칵테일을 한 잔씩 마시며 여유를 즐겼다. "잠시 후면 열기가 대단할 겁니다." 경매 시간이 가까워지자 데이비드 레던은 확신하는 투로 이렇게 말했다. "대단히 흥분하고들 있어요. 마치 전기에 감전된 것처럼 말입니다. 내로라하는 사람들은 모두 여기 모인데다가, 이미 제법 높은 위탁 입찰도 몇 개 들어와 있거든요."[211]

경매장 앞쪽의 작은 무대 위에 오늘의 경매 물품을 전시하기 위한 이동식 연단이 설치되었다. 그 너머에는 입찰 가격을 미국 달러, 영국 파운드, 프랑스 프랑, 일본 엔, 독일 마르크, 스위스 프랑, 이탈리아 리라의 일곱 가지 통화(通貨)로 동시에 표시하는 전광판이 설치되어 있었다. 진행 상황을 녹화하기 위해 TV 카메라가 몇 군데 설치되어 있었고, 외부 입찰자를 위한 23대의 전화가 설치되어 있었다.

경매장에서 한 층 위에 설치된 특별 관람실에서는 헤이븐 오모어가 외부에서는 보이지 않게 설치된 유리창 뒤에서 자신의 '정신적 자녀들의 무리'가 팔려나가는 모습을 보고 있을 것이었다. 경매장 앞쪽에서는 오늘의 주 경매인 존 매리언이 서 있는 곳에서 얼마 떨어지지 않은 곳에 앉은 어느 젊은 남자―그가 바로 마이클 데이비스였다―가 매번 전광판에 나타나는 판매 금액을 체크하고 있었다.

소더비 측에서는 애초에 오늘의 최대 판매 금액을 900만 달러 정도로 예상하고 있었지만, 경매가 시작된 지 불과 1분도 채 지나지 않아서 이 예상은 완전히 빗나간 것으로 판명되었다. 오시리스[212]를 그린 멋진 삽화와 함께 《사자(死者)의 서》 가운데 세 장(章)을 수록한 이집트 파피루스 두루마리가 첫 번째 품목으로 등장하자마자, 예상 낙찰가의 무려 4배인 18만 7,000달러에 뉴욕의 H. P. 크로스 사에 판매되었던 것이다. 오모어는 무려 3,000년이나 된 이 고문서를 1982년에 영국 옥스퍼드의 콜린과 샬럿 프랭클린으로부터 구입했다. 경매가 진행될수록 비슷한 경쟁이

211.. '위탁 입찰'이란 직접 참석하거나 전화를 통해 익명으로 입찰하는 방식을 꺼리는 고객이 경매인에게 여러 물품에 대해 자신이 부를 가격을 미리 정해서 알려주는 방식이다. 이 경우에 경매인은 고객이 제시한 최고 한도액의 범위 내에서 고객을 대신하여 입찰할 수 있다.―원주.
212.. 이집트의 신 이름. 흔히 바쿠스와 아도니스 등과 함께 '죽었다가 부활하는' 농경민족 신화의 대표적인 주인공이다.

되풀이되면서 비슷한 결과가 계속 나왔다. 데이비드 레던의 낙관적인 전망이 결국 맞아떨어진 것이었다. 경매장은 정말 대단한 흥분에 휩싸였고, 마치 전기에 감전된 것과도 같은 분위기였다.

 셰익스피어의 책 네 권은 예상 낙찰가보다 무려 100만 달러나 비싼 210만 달러에 뉴욕의 수집가인 리처드 매니에게 팔렸다. 첫 번째 날의 경매가 끝났음을 알리는 망치 소리가 울려퍼지자 경매장에는 열광적인 박수가 터져나왔다. 맨 앞줄에 앉아 있던 마이클 데이비스가 일어나자 큰 환호가 쏟아졌다. 그날 저녁, 그는 맨해튼을 굽어보는 록펠러 센터의 멋진 레인보우 룸에서 친구들을 불러 놓고 파티를 열었다.

 1989년 11월 10일, 소더비에서 두 번째 날의 경매가 끝나고 4시간 뒤, 제13회 보스턴 고서전시회[213]가 열리는 곳에 많은 관람객들이 줄을 지어 늘어섰는데, 이들 대부분은 그날 오후 7시 반으로 예정된 개장 시간에 맞춰 뉴욕에서 달려온 서적상들과 수집가들이었다. 가든 셰익스피어 2절판들의 새로운 주인이 된 리처드 매니는 곳곳의 진열대를 훑어가며 비교적 값이 싼 물건들을 찾아다녔다. 가든 경매의 마지막 날에 몇 가지 품목을 구입한 서적상 앤과 데이비드 브로머 부부는 불과 개장 15분 전에야 전시회장의 자기 부스에 들어섰다. "그렇게 큰 경매는 정말 매력적이지요." 리처드 매니의 대리인이기도 한 제임스 커민즈는 자기 부스를 정리하면서 이렇게 말했다. "하지만 역시 우리의 주 수입원은 오히려 이쪽이죠."

 비록 가든 경매의 총 판매금액은 도헤니나 마틴 경매의 절반 가량에 불과하지만, 스티븐 매시는 그것이야말로 '지금까지 있었던 중에서 가

---

[213] 미국 고서적상연합회(ABAA)에서 주최하는 연례 고서전시회. 자세한 내용은 홈페이지 (www.bostonbookfair.com)를 참고하라.

장 완벽한' 경매였다고 지적했다. "가령 7월에 구입해서 11월에라도 당장 판매할 수 있는 책들이었죠." 그가 설명하는 요점은 이러했다. "또한 단 두 번에 걸쳐 이루어졌다는 겁니다. 하루 밤, 하루 낮에 걸쳐서요. 순식간에 해치운 셈입니다. 도서목록도 딱 하나뿐이었고요. 그걸로 땡이었죠. 물론 도헤니나 마틴 때는 물품이 수천 종이나 되긴 했습니다. 하지만 그때 나온 도서목록을 살펴보면 정말 대단한 물건도 간혹 있었지만, 그 외에는 정말 덩치만 크고 쓸모없는 물건들도 많았죠. 그런 물건들을 다 루려면 시간과 돈이 적지 않게 듭니다. 그런데 가든의 경우를 좀 보세요. 겨우 300여 개 품목뿐인데, 하나같이 다 대단한 물건이었지요. 그러니 그야말로 대단한 컬렉션이라 할 수밖에요."

매시는 어깨를 으쓱했다. "헤이븐에 대해서 말들이 많긴 하지만, 적어도 그 사람이 최고만을 골라 모았던 건 사실인 셈이죠." 그가 말했다.

20여 년간 루틀리지 앤드 케건 폴 출판사에서 근무한 유명한 출판인 콜린 프랭클린은 1970년에 고서상으로 완전히 전업한 인물인데, 지금까지 오랫동안 출판 및 미장본 사업에 관한 글을 써 왔다. 다른 서적상들과는 달리, 그는 어디까지나 취미삼아 책을 수집하고 있었다. "헤이븐의 요청을 받고 특별히 어느 경매에서 구입한 예이츠의 친필 원고를 빼면, 내가 그에게 판 물건은 모두 개인적으로 소장하고 있던 것들이지요." 프랭클린이 말했다.

오모어가 그에게서 점점 더 많은 물건을 사들이게 되면서 두 사람은 친한 사이가 되었다. 프랭클린은 헤이븐과 로리아 오모어 부부가 자기와 아내인 샬럿에게 매우 친절하게 대해 주었다고 회고했다. "우리는 아카풀코와 아칸소에 있는 그들의 집을 방문해 환대를 받았죠." 그는 오모어의 철학적 열망에 대해서도 언급했다. "그 사람에겐 그러한 목표를 지향한다는 것이 중요합니다. 제가 생각하기에 그는 남들에게 풍부한 지혜를 지닌 사람으로 받아들여지는 데서 무척이나 큰 만족감을 얻는 것 같습니다." 프랭클린은 말했다. "그 사람에게 있어서 흥미로운 점은 이제는 우리가 모두 알고 있듯이, 제법 잘난 척하는 면이 있다는 것입니다. 하지만 제가 그를 완전 잘난 척하는 인물로 매도하지 않는 까닭은 그와 많은 이야기를—그럴싸한 말로 표현하자면 '철학적 대화'를—나누었기 때문이지요. 저는 그가 매우 활기차면서도 매우 피곤한 인물이라는 사실은 물론이고, 때로는 터무니없고 우스꽝스러울 정도로 지나치게 거만한 인물이라는 것을 깨달았지요. 하지만 그는 남들에게 우스꽝스러운 인물로 보여서는 안 된다고 생각했습니다. 그는 평생 진지한 인물로 인정되고 싶어 안달이 나 있었으니까요." 하지만 프랭클린은 항상 오모어에 대해 뭔가 미심쩍은 구석이 있었음을 인정했다. "그와 이야기를 나누다 보면 마치 그가 분명 플라톤이나 호메로스 등등을 원어로 읽은 것 같다는 인상을 받게 됩니다." 그가 말했다. "하지만 이제는 솔직히 그가 그리스어를 전혀 모른다고 해도 별로 놀라지 않을 것 같습니다. 물론 제 추측이 틀렸을 수도 있지만요." 어지간히 조심스러운 말투였다.

 프랭클린은 자기가 오모어를 잘 안다고 생각했지만, 그에게 다른 동업자가 있었다는 사실을 알게 되고 나서는 무척 놀랐다고 말했다. 어떻게 해서 돈을 벌었는지 물어본 적은 없었지만, 오모어는 프랭클린으로 하여금 마치 자기가 뛰어난 투자의 귀재로 자수성가한 사람인양 믿게 만들었다. "'그는 자기가 크게 투자한 내역에 대해 이야기하더군요. 완전 거짓말인지, 혹은 진짜인지는 저도 잘 모르겠습니다. 달리 말하자면 그는 자기가 직접 번 돈으로 책을 사들인다는 인상을 주고 싶었던 거죠. 물론 그는 생활수준이 상당히 높은 듯했지만, 솔직히 부자가 아닌 사람도 그렇게 살지 못할 건 없으니까요."

프랭클린은 경매 당시에 이르러서야 오모어가 다른 누군가의 돈을 빌려 가든 컬렉션을 만들었다는 사실을 알게 되고 나서 '뭔가 약간 환상이 깨지는 기분이었다'고 하면서, 그 까닭은 다름 아닌 오모어 자신이 돈에 대해 보인 태도 때문이었다고 말했다. "그는 매우 흥미로운 인상을 심어 주었습니다만, 드러난 현실은 그리 흥미롭지가 않았죠. 그는 마치 자신이 철인군주(哲人君主)[214]라도 되는 양 행세했습니다. 뭔가를 결정할 때면 숙고할 수 있는 능력을 지니고, 평소에도 철학적인 삶을 영위하는 사람인양 말입니다. 그리고 마음만 먹으면 철학자로서의 삶을 잠시 접어두고, 필요한 만큼 잔뜩 돈을 벌어들일 수 있는 것처럼 말입니다. 가령 돈이 필요하다 싶으면 스위치를 올려 돈을 막 벌어들이고, 그런 다음에는 다시 그 스위치를 끄고 철학자로 돌아가서 자기가 원하는 책을 사들이는 거죠. 그야말로 무척이나 대단한 시나리오죠. 하여간 제가 생각하기엔 그런 것 같았습니다."

오모어는 또한 프랭클린으로 하여금 자기가 지난 20년, 혹은 25년 동안 수백 편에 달하는 학술 논문을 썼다고 믿게 만들었다. 비록 그 어떤 것도 정식으로 출판되진 않았지만 말이다. 오모어는 프랭클린에게 《희생 갑골문》이라는 제목의 얇은 시집을 보여주었고, 그 외에도 어떤 사진집에 들어 있는 몇 편의 짧은 글들이 있었다고 한다. "제법 되긴 했지만 그렇다고 아주 많은 편은 아니었지요. 그런데 그는 매우 자랑스럽게 제게 보여주더군요. 제 생각에는 만약 그 글들이 출판되어서 사람들이 지금처럼 자기를 대단한 인물로 생각하지 않으면 어쩌나 하는 두려움에 사로잡혀 있는 듯했습니다. 바로 그 때문에 출판을 하지 않았던 거죠." 프랭클린은 오모어의 행동을 꽤이나 관대하게 해석하고 있었다. "아마 그

---

214. 플라톤의 《국가》에 나오는 것처럼 철학자인 동시에 군주인 존재를 말함.

는 만약 그 글들이 출판되어 대중 앞에 놓여지면 자기가 원치 않았던 인물로 사람들에게 받아들여지리라 생각했던 모양입니다."

깊은 학식이 있는 척하는 것과 아울러, 프랭클린은 오모어에게 있어서 젊어 보이는 척하는 것이야말로 또 하나의 중요한 목표였음을 눈치챘다. "그의 가장 큰 허영심 가운데 하나는 매우 젊게 보이려는 것이었지요." 프랭클린은 오모어를 알게 된 80년대 중반에 그가 이미 60대였다는 사실을 간파했다. "그는 한동안 모두에게 자기가 마흔 다섯이라고 믿게 하려고 애썼던 모양입니다."

오모어의 배경에 대해 점차 알게 되면서, 프랭클린은 그 사람에게 매우 실망하게 되었다. "문득 우리 사이의 관계에 어떤 사기 행위가 이루어지는 것은 아닌가 하는 생각이 들더군요. 그는 결코 자기 자신이 아닌 누군가를 연기하고 있었던 겁니다. 그래서 저야말로 그를 걱정해 주는 유일한 사람이라고 생각했죠." 프랭클린은 고개를 천천히 저었다. "그런 사실이 남들 앞에 드러나는 순간, 그는 무척이나 굴욕적인 느낌을 갖게 되겠죠." 그는 슬프다는 듯 말했다. "그야말로 남들의 눈앞에서 저열한 인간이 되는 셈이니까요."

이미 그 당시에도 그 사실을 간파한 사람들이 몇몇 있었듯이, 가든 사의 경매가 이루어진 까닭은 단순히 소더비 측의 주장대로 '두 수집가가 각자의 길을 가기로 결정했기 때문'이 아니었다. 실제로 그 경매는 매사추세츠 주 대법원의 판결에 따라 이루어진 것이었는데, 거기서 이루어진 증언이 워낙 민감한 사안의 것이라서 훗날 내가 그 내용을 조사하려 했을 때는 이미 일반에 공개되지 않도록 조치된 다음이었다.

첫 번째 경매가 열리던 날, 세 명의 소더비 직원들은 경매장 내에서는 헤이븐 오모어와 결코 이야기해서는 안 된다고 내게 말했다. 도대체 무엇 때문에? 그들은 결코 이유를 말해 주지 않았다. 두 번째 경매에서 마지막 품목의 판매 완료를 알리는 망치 소리가 들린 직후에, 나는 마이클 데이비스에게 다가가 인사를 했지만, 그는 자기 변호사와 이야기하라는 말만 남긴 채 서둘러 가버렸다. 따라서 뭔가 크나큰 불화가 있었던 것은 분명하니, 그 내막이 무엇인지 알기 위해서는 두 사람이 거주했던 바로 그 도시에서부터 시작해야 했다.

경매가 끝난 다음 주에, 나는 매사추세츠 주 케임브리지의 미들섹스 남부 고등법원으로 찾아가 '데이비스 대 오모어'의 소송 관련 문서를 열람하려 했지만, 결국 아무 것도 볼 수가 없었다. 이 사건의 담당 판사는 캐서린 라이어코스 이조였다. 내가 면담을 신청하자 그곳 직원은 2주 뒤에 다시 오라고 대답했다. 그렇게 해서 2주 뒤에 다시 찾아가자 이조 판사는 그 사건은 '아직 조사 중'이라고만 말했다. 뭔가 미심쩍었다. 2주 전에 법원에 처음 들어섰을 때, 나는 이 사건의 개요서 사본을 갖고 있었고, 그에 따르면 이 사건은 이미 그로부터 5개월 전에 양측의 합의에 의해 마무리된 것으로 되어 있었다. 그런데 어째서 이 사건이 아직 조사 중일 수 있단 말인가?

1989년 12월 14일, 나는 정식으로 매사추세츠 주 예심법원에 이들 공문서를 열람할 수 있도록 신청했다. 그로부터 한 달 뒤, 아서 메이슨 판사의 사무실에서는 "이 사건은 증거물이 압류된 까닭에 일반의 열람이 불가능하다"는 연락을 해 왔다. 실망스러운 한편으로 더욱 호기심이 자극되었기 때문에 나는 미들섹스 카운티 지방법원으로 다시 찾아가 한 번 더 문서 열람 신청을 했다. 그 사건에 관한 문서는 이미 봉인되어 열람이 금지되었다는 답변도 이젠 그리 놀랍지 않았다. 나는 이전에 사건 개요서가 비치되어 있었던 곳으로 찾아갔지만, 두 달 전에 내가 복사했던 일곱 장짜리 문서는 이제 텅 빈 한 장짜리 문서로 대체되어 있었다. 사건 번호 88-635라는 글자 위에는 누군가가 "압류"라고 손으로 적어놓은 글씨가 있었다. 그게 다였다. 심지어 '데이비스 대 오모어'라는 사건 제목조차도 없어져 버렸다. 분명 내가 여기저기 파헤치고 돌아다니는 것을 알게 된 양측이 이 문제 전체를 묻어두기 원했고, 이조 판사도 그에 응했던 모양이다. 그리하여 1988년 1월 29일부터 1989년 7월 5일까지 이곳 7A 법정에서 벌어졌던 사건에 대한 기록은 완전히 공개 금지되고 말았다. 하지만 나는 원래 사건 개요서의 사본을 갖고 있었다. 이러한 일련의 조치는 오히려 내 호기심을 전보다 더 자극할 뿐이었다.

이제는 금기시된 개요서의 내용에 따르면 1988년도에 이 회사의 합자 관계를 청산하기 위한 소송을 제기한 사람은 바로 마이클 데이비스였다. 데이비스는 전통학문연구소, 가든 사, 그리고 돌핀 부동산 신탁회사의 임원 자격으로 오모어를 고발했다. 애초에 데이비스가 소송을 건 목적은 당시 뉴잉글랜드 은행과 보스턴 대여금고사에 보관 중이던 1,000만 달러 상당의 도서 컬렉션을 손에 넣기 위해서였다. 법원 측에서는 그 외에도 200만 달러에 달하는 오모어의 개인 재산에 대해서도 압류 영장을 발부했다. 법원은 재판이 시작된 1988년 1월 29일에 총 19건의 법적 조치를 모두 승인했다. 마이클 데이비스 측의 변호를 맡은 곳은 보스턴에서도 유명한 법률회사인 헤일 앤드 도어 사였다. 원고 측의 변호사는 모두 다섯 명이었다. 헤이븐 오모어도 역시 보스턴의 법률회사인 위데트 슬레이터 앤드 골드먼 사에 의뢰했다. 피고 측의 변호사 가운데 세 명은 오모어를 담당했고, 나머지 두 명은 희귀본을 보관 중인 은행 측을 담당했다.

덧붙여 개요서에는 토머스 고든 거틸 박사의 진술서가 제출되었다는 기록이 나와 있었다. 거틸 박사는 매사추세츠 주 브루클라인의 법-정신의학 연구소 소장이며, 하버드 의과대학의 '법-정신의학' 과목 담당교수였다. 정신과 분야의 대표적인 법의학자로 유명한 거틸 박사는 이 분야의 대표적인 저서로 손꼽히는 《법-정신의학 임상 편람》의 공저자이기도 했는데, 이 책은 1982년에 초판이 나왔고, 1991년에 제2판이 나왔다. 그는 또한 1991년에 나온 《법-정신의학의 의사 결정》의 공동 편저자였으며, 지금까지 90여 편에 달하는 전문적인 논문을 발표했고, 다른 책에 수록된 22개의 장(章)을 집필하기도 했다. 그는 미국 법-정신의학회의 회원인 동시에 국제 법-정신의학회의 회원이기도 했다.

마이클 데이비스의 부모는 레너드와 소피 데이비스였는데, 이 두 사람은 뉴욕 시립 칼리지 학생 시절이던 40년대에 처음 만났다. 레너드 데이비스는 이후 콜로니얼 펜 보험회사와 연극 및 TV 드라마를 제작하는 플레이픽스 프로덕션 사를 비롯한 여러 사업체를 거느린 사업가로 성공했다. 또한 그는 내셔널 텔레필름 방송국의 사주였는데, 이 회사는 훗날 뉴저지의 TV 방송국인 WNTA-TV 채널 13번에 매각되었다. 1972년에 레너드 데이비스는 펜실베이니아 대학에서 주요 기부자의 한 사람으로서 명예 박사학위를 받았다. 1975년 5월 13일자 〈뉴욕 타임스〉 기사에 따르면 레너드 데이비스가 자신의 모교에―그는 1944년도 졸업생이었다―총 공사비 500만 달러에 달하는 예술대학 건물 건립 기금으로 250만 달러를 기부했으며, 아론 데이비스 홀로 명명될 그 건물 내에는 레너드 데이비스 공연예술 센터가 들어서게 될 예정이라고 했다. 다른 기사에 따르면 이야말로 '생존 인물이 단일 칼리지에 기부한 금액으로는 사상 최고액'이라고 했다.

마이클 데이비스가 소송을 제기하게 된 까닭도 아마 자신의 가족들로부터 그렇게 함으로써 헤이븐 오모어와의 법적 관계를 청산하라는 조언을 얻었기 때문이었을 것으로 추측된다.

나는 정말 우연히 가든 사의 합자 계약서 원본을 찾아낼 수 있었다. '데이비스 대 오모어' 소송의 목적은 합자 관계를 청산하는 것이었으므로, 이 두 사람이 한때 동업했다는 기록이 어딘가에 남아 있을 것이었다.

하지만 두 사람의 거주지이며 또한 소송이 벌어진 매사추세츠 주 행정 관청에 이에 대한 기록이 전혀 없다는 점은 매우 기묘하기만 했다. 그런데 미들섹스 카운티 등기소에서 마이클 데이비스와 헤이븐 오모어 사이에 이루어진 하버드 스퀘어 근교 부동산의 매매 계약서철을 뒤지다가, 나는 1985년도에 작성된 문서를 하나 발견했다. 그것은 케임브리지의 콘코드 가 14번지에 있는 콘도미니엄의 소유주인 헤이븐 오모어가 가든 사의 대표이사인 헤이븐 오모어에게 자기 건물에 맞닿은 19번 주차장의 사용권을 양도한다는 내용이 기록되어 있었다. 이 계약서는 일반적인 양식으로 된 것이었으나, 여기서는 가든 사가 '뉴욕 주의 합자회사'로, 그 우편주소는 '뉴욕 주, 밀러턴, 엘름 가, 애퍼튜어 내'로 되어 있었다.

뉴욕 주의 유한 합자회사라면 주도(州都)인 올바니가 아니라 각 카운티에 그 기록이 남아 있을 것이었다. 밀러턴은 뉴욕 북부의 더치스 카운티 내에 있는 도시로, 그곳의 자료는 포킵시에 가면 볼 수 있었다. 그곳의 관청에는 가든 사의 합자회사 설립 허가증이 있었다. 그 내용에 의하면 가든 사는 1983년 12월 9일에 설립된 회사로, 그 주요 목적은 '새로운 자료의 집필, 발굴, 각색, 편집, 출간과 희귀 서적 및 필사본의 보관, 수집'이며, 헤이븐 오모어를 '단독 무한책임사원'으로, 마이클 데이비스를 '단독 유한책임사원'으로 명기하고 있었다.

이 허가증에 따르면 마이클 데이비스는 설립 당시 시가로 1,005만 달러 상당의 '시장성 높은 상장주'—은행 대출금 235만 달러 포함—와 600만 달러 상당의 희귀본을 이 회사에 투자했다. 계약서상에서는 데이비스가 이 합자회사에 투자한 금액을 서둘러 회수하고자 했다는 기미를 전혀 찾을 수 없다. 데이비스는 자신의 유한책임사원으로서의 의무 기한을 '2029년 6월 16일자로 회사가 문을 닫을 때까지'로 못박아놓고 있었다. 그 때라면 데이비스는 노인이 될 테고, 그보다 25세나 더 많은 오모어는 무려 105세가 되니 아마 사망한 후일 것이다. 더군다나 데이비스는 이 합자회사에서 자신의 지분을 '타인에게 판매, 양도, 저당, 이전' 할 수 없도록 되어 있었고, 투자액을 언제쯤 회수할 수 있을지에 대해서도 아무런 명시가 되어 있지 않았다. 나아가서 무한책임사원이나 유한책임사원 중 어느 누구라도, 헤이븐 오모어의 사망이나 은퇴나 착란 시에 그의 법적 지위를 계승할 유일한 인물로 규정된 로리아 오모어의 동의가 없이는 어떠한 조치도 할 수 없도록 규정되어 있었다. 이 합자회사의 수익은 첫 10만 달러까지는 동등하게 분배하기로 했고, 마이클 데이비스는 그 금액을 제외한 나머지 수익의 25퍼센트를 연간 수당으로 받기로 했다.

결국 데이비스는 심지어 서명조차 한 번 없이 무려 1,300만 달러 이상의—그 중 770만 달러는 유가증권이고 600만 달러는 이미 희귀본을 구입하는 데 들어갔다—자산을 좌지우지할 수 있는 권한을 오모어에게 넘겨준 것이다. 이 증명서에 나와 있는 유일한 서명이라곤 '본인, 그리고 유한책임사원의 대리인 자격'으로 기입한 헤이븐 오모어의 서명뿐이었다. 합자회사가 설립된 바로 그날, 데이비스는 가든 사와 관련된 모든 서류에 있어서는 오모어가 그 "실제적, 법적 위탁자 겸 대리인으로서 그의 이름에 의한 실행, 서명, 인지, 인도, 기록은 본 회사의 것과 동등한 법적 효력을 갖는다"고 규정함으로써 그를 확고부동한 자기 대리인으로 삼아버리고 말았다. 그로 인하여 오모어는 데이비스의 합자회사를 평생, 그리고 심지어 데이비스가 사망한 이후까지도 계속해서 좌지우지할 수 있는 권리를 부여받았던 것이다.

그로부터 1년 뒤인 1984년 10월, 이 허가증은 본래 1,370만 달러였던 데이비스의 투자 금액에 '현금 410만 5,589달러 78센트'가 추가되어 도합 1,900만 1,589달러 78센트가 된 것으로 갱신되었다. 그 대가로 데이비스의 연간 수당액도 오르게 되어, 그는 향후 매년 10만 달러를 개인적 용도를 위해 사용할 수 있게 되었다. 이때도 역시 유일한 서명은 본인과 마이클 데이비스의 대리인 자격으로 헤이븐 오모어가 기입한 것뿐이었다.

1983년 당시, 헤이븐 오모어는 적어도 10년 이상 매사추세츠 주에 살고 있었다. 당시 마이클 데이비스의 법적 주소지는 세금이 면제되는 뉴햄프셔 주의 그랜섬이었는데, 다른 서류에 의하면 그는 케임브리지의 오모어가 사는 바로 옆집에도 한동안 살았던 것으로 되어 있다. 두 사람이 사들인 희귀본은 모두 보스턴 은행의 지하금고에 보관되어 있었다. 그럼에도 불구하고 허가증 상에는 두 사람의 사업장 소재지가 뉴욕 주 밀러턴으로 되어 있었다. 밀러턴에는 이 합자회사의 전화번호조차 등재되지 않았고, 오모어나 데이비스가 그곳에서 실제로 사업을 했던 것 같지도 않다. 애퍼튜어 측에서도 엘름 가의 자기네 회사에는 가든 사의 사무실이 입주한 적이 없다고 했다. 그렇다면 가든 사에서는 도대체 무엇 때문에 그 소유자들의 실제 거주지에서 무려 300킬로미터 이상 떨어진 작은 도시를 주소지로 삼았을까?

대부분의 주에는 새로운 합자회사의 설립을 지역 신문의 광고면에 1주일 이상 공고하도록 하는 규정이 있다. 따라서 가든 사를 케임브리지에서 설립했다면 그 구체적인 내역—대리인으로서의 권한을 위임하는 계약서도 포함해서—이 보스턴의 신문에 실려 모두에게 알려지게 될 것이었다. 하지만 가든 사는 미들턴으로 주소지를 설정함으로써, 〈포킵시 저널〉이나 〈밀브룩 라운드 테이블〉처럼 뉴잉글랜드 동부나 뉴욕 시 남부까지는 유통되지 않는, 더군다나 독자수도 적은 지역 신문에만 공고하면 그만이었던 것이다. 결국 고서업계의 어느 누구도—또한 데이비스 가의 어느 누구도—헤이븐 오모어가 마이클 데이비스의 재산 1,700만 달러를 마음껏 사용할 수 있게 된 계약이 있다는 사실을 미처 몰랐던 것이다.

1983년에 합자회사가 설립될 당시에 이미 희귀본을 구입하는 데 들어갔던 600만 달러의 금액 또한 모두 마이클 데이비스가 지급한 것이었다. 하지만 실상 오모어와 데이비스는 그 이전에도 한동안 사업을 같이 해왔다. 그보다 9년 전인 1974년에 두 사람은 전통학문연구소를 설립했는데, 이곳은 비영리 자선단체로 '고대 문명의 지식과 학문을 탐구하고, 오늘날의 종교, 자연과학과 생명과학, 의학 및 철학의 모든 분야를 망라하는 그러한 지식과 학문이 보다 넓은 견지에서 현대 생활에 적용되고 연관되는 방법을 연구하고, 고대의 작품들에 담겨 있는 지식과 학문과 원기를 현재와 미래의 세대에게 물려줄 수 있는 방법을 연구하는' 것을 그 목표로 하고 있었다. 이러한 목표를 달성하기 위하여, 이 연구소는 '기존에 출간된 것들은 물론이고, 미출간된 도서와 자료까지도 총 망라한 도서관과 문서보관소를 설립해, 전통학문을 연구하는 학생 및 교수에게 개방하려' 했다. 문서상으로는 헤이븐 오모어가 이 기관의 대표이며, 그의 아내가 회계담당, 그리고 데이비스는 직원으로 되어 있었다.

그와 비슷한 시기에 오모어와 데이비스는 돌핀 부동산 신탁회사라는 또 다른 법인을 설립했다. 이곳에서는 곧바로 두 사람의 집에 인접한 케임브리지의 콘코드 가와 가든 가에 있는 아서널 스퀘어의 부동산을 사들이기 시작했다. 어쩌면 '가든 사'라는 이름은 오모어가 소더비의 경매 도서목록에서 주장한 대로 '울타리'라는 뜻의 히브리어에서 따온 말인지도 모르지만, 다른 한편으로는 '가든 가'라는 지명과도 뭔가 관계가 있을지 모른다. 이들이 매입한 부동산은 약 1,800평 가량의 삼각형 형태였는데, 위에서 언급한 도서관이 바로 그곳에 들어설 예정이었다. 하지만 이 계획은 무산되고 말았다. 케임브리지는 유난히 역사 유적을 보호하는 각종 규제를 많이 가하는 곳이었고, 자신만의 '성도(聖都)'를 건설하려고 서두르던 오모어는 미처 케임브리지 역사학회 측으로부터 자신이 매입한 부지 내에 있는 오래 된 건물 몇 채를 철거할 수 있는 허가를 받지 못했던 것이다.

오모어가 추진하던 사업은 곧 이웃들의 강력한 반대에 부딪쳤다. 그곳 주민 가운데 한 사람이었던 앨비언 T. 소여가 1978년에 아서널 스퀘어의 개발을 중단하도록 하는 내용의 민원을 제기한 것이다. 한때 돌핀 부동산 신탁회사가 사실은 하버드 대학의 끄나풀이라는 소문이 떠돌기도 했는데, 이것은 이미 하버드 대학과 매사추세츠 공과 대학이 광대한 면세 부동산을 장악하고 있는 그 지역에서는 매우 불리한 소문이었다. 지역개발연구소와 시의회 등이 개입한 가운데, 여러 번의 회의와 공청회를 거쳐 이런 저런 시정 조치가 내려지고 또 연장되었다. 결국 이 사업 자체는 무기한 유보되었고, 애초의 계획 단계에서 더 이상 앞으로 나아가지 못했다.

"한때는 다들 헤이븐 오모어를 하버드의 끄나풀이라고 생각했죠." 근처에 위치한 하버드 스미스소니언 연구소의 천문학 및 과학사 담당 교수인 오웬 진저리치 박사는 몇 년 뒤에 이렇게 회고했다. 대단한 애서가이기도 한 진저리치 박사는 니콜라우스 코페르니쿠스의 《천체의 회전에 관하여》의 출판 역사에 대한 세계적인 권위자로서, 그로 인해 처음 오모어와 알게 되었다. 하버드 대학과 오모어 양측을 잘 알고 있었던 박사는 70년대와 80년대 내내 아서널 스퀘어 개발을 둘러싼 논란에 계속해서 관심을 갖게 되었다. "하지만 그런 추측은 사실이 아니었고, 오히려 억지에 가까웠습니다. 헤이븐은 하버드와 전혀 관련이 없었지만, 그의 이웃 사람들은 그 이야기를 결코 믿으려 하지 않았죠." 결국 오모어는 자신의 꿈을 접을 수밖에 없었다. 만약 그가 생각한 도서관을 설립할 수 있다 하더라도, 적어도 케임브리지 내에서는 불가능하게 되었던 것이다. 진저리치 박사가 들은 이야기에 따르면 오모어는 '자기가 수집한 책들을 스페이스 캡슐에 넣어 지구 궤도로 쏘아 올리겠다'고 했으며, 그렇게도 안 된다면 '모두 아칸소 주로 가지고 가 버리겠다'고 했는데, 아칸소는 바로 로리아 오모어의 고향인 동시에 두 사람의 집이 또 한 채 있는 곳이었다.

이조 판사의 법정에서 '데이비스 대 오모어' 재판이 한창 진행 중이던 1988년에 플로리다 주 웨스트 팜비치에 있는 레너드 앤드 소피 데이비스 재단에서는 22만 1,142달러의 금액을 무상으로 전통학문연구소 측에 지급했다. 데이비스 재단은 상당한 자산을 바탕으로 다양한 자선 활동을 펼치는 법인으로, 1961년에는 뉴욕 주의 유대계 자선, 종교 및 교육기관들을 원조하기 위해 거액을 기부하기도 했다. 그 재단의 임원은 다름 아닌 데이비스 부부와 그들의 아들인 마이클 데이비스였다. 의심할 나위 없이 이것은 데이비스 가 사람들과 오모어 사이에 오간 일종의 합의금이었을 것이다. 1991년에 전통학문연구소에서는 새로운 임원을 선임했다. 또한 그해에 케임브리지의 돌핀 부동산 신탁회사가 보유한 부동산이 공매에 붙여졌고, 한때 오모어가 훌륭한 연구용 도서관을 짓기로 했던 넓은 땅은 120만 달러에 매각되었다. 마이클 데이비스가 가든 사의 유한책임사원 자리에서 사퇴함과 동시에, 로리아 오모어가 그 자리를 승계했다. 결국 그 유명한 가든의 희귀본 경매도 마이클 데이비스와 헤이븐 오모어 사이에 있었던 재정적인 관계—정신적인 관계까지 끊었는지는 몰라도—를 끊어버리는 일련의 조치들 가운데 하나였던 셈이다.

헤이븐 오모어는 흠 없이 완벽한 책들을 원했고, 가장 훌륭한 책들을 원했다. 하지만 그와 알게 된 사람들의 말에 의하면, 그에 못지않게 다른 사람들로부터 인정받기를 원했다. 그와 가장 가까운 서적상 친구들을 비롯해 많은 사람들이 그의 이러한 성격—즉, 자신이야말로 현존하는 도서수집가들 가운데 최고수라고 인정받기를 원하는—을 그리 탐탁찮게 생각했다. 그는 심지어 윌리엄 H. 샤이드, 아서 호우튼 2세, 제프리 케인스 경과 같은 정말로 위대한 수집가들 앞에서도 종종 그렇게 떠들어대곤 했다. "바로 그 때문에 아서 호우튼은 오모어라면 질색을 했지요." 스티븐 매시가 말했다.

오모어는 정기적으로 부유하고 유명하고 영향력 있는 사람들을 찾아나섰다. 〈북 컬렉터〉지의 편집장을 오래 역임했으며, 최근 은퇴한 이후에 대영도서관의 희귀본 부서 부(副)담당자로 일하고 있는 니콜라스 바커는 가든 사 경매 도서목록의 서두에 4페이지짜리 추천사를 썼는데, 거기서 그는 1979년경에 오모어를 제프리 케인스 경의 저택으로 데리고 가서 소개시킨 적이 있다고 언급했다. 고(故) 제프리 케인스 경(1887~1982)은 존 메이너드 케인스의 동생이며, 그의 부친[215]은 케임브리지 대학 교수였고, 그 자신은 영국 학술원의 명예 회원인 동시에 서지학자였으며, 또한 윌리엄 블레이크에 대한 세계적인 권위자였다.

그는 또한 대단한 도서수집가였으며, 지금 케임브리지 대학 도서관에 소장된 그의 장서는 바커의 표현에 의하면 "과학사 및 의학사 분야에서는 가히 필적할 상대가 없다"고 했다. 바커는 오모어와 케인스 두 사람이 서로의 공통 관심사로 인해 '무척 즐거워했다'고 썼다. "두 사람은 마치 오랫동안 친밀하게 이야기를 나눠 온 사이처럼 보였고 (……) 첫 만남에서부터 서로가 갖고 있던 강박에 가까운 열정을 잔뜩 표현해 마지않았다." 오모어는 "누가 보다라도 너무 신이 났으며 (……) 그 컬렉션, 즉 그 성물함(聖物含)[216]인 동시에 성수의(聖壽衣)[217]인 책들이 잘 보전되어야 하며, 또한 그 책들의 저자들의 주장과 발언이 널리 알려져야 한다는 생

---

215. 존 네빌 케인스를 말한다.

각에 완전히 사로잡혀 버렸다."

이후에 나는 바커와 만나 두 번에 걸쳐 인터뷰를 하면서, 그에게 먼젓번에 쓴 글에 대해 물어보았다. "사실 제가 오모어를 만나 본 것은 그때 케인스의 집에서가 처음이자 마지막이었습니다." 그는 당시 도서목록의 서문을 쓴 것은 자신이 오모어와 친해서가 아니라, 마침 소더비 측으로부터 급히 좀 도와달라는 부탁을 받았기 때문이라고 말했다. "소더비 측의 말로는 이렇게 훌륭한 책들을 경매에 내놓으려면 고객들의 이해를 돕기 위해서라도 추천사가 반드시 들어가야만 한다고 하더군요. 그래서 저한테 써줄 수 있겠느냐고 하기에, 기꺼이 그러겠노라고 했죠. 사실 그때 도서목록에 쓴 글에 있는 내용이야말로 제가 오모어란 사람에 대해 아는 전부입니다." 나는 바커에게 가든 장서가 어느 정도 수준이라고 생각하는지 물었다. 그는 잠시 생각해 보더니 이렇게 대답했다. "물론 훌륭한 '물건'들을 모아 놓은 컬렉션이긴 합니다. 하지만 저로선 그 자체가 훌륭한 '컬렉션'이라고는 생각하지 않습니다. 단지 훌륭한 물건들만 갖춰 놓았을 뿐, 제가 흔히 하는 말로 '초점'은 없는 컬렉션이라고 생각되는데, 물론 오모어 씨에겐 오히려 그게 더 중요했는지도 모르지요. 말하자면 무조건 걸작품들만 골라 모은 셈이라고나 할까요."

뉴욕의 서적상인 저스틴 G. 실러는 첫 번째 아서 호우튼 경매가 끝난 직후에 오모어와 처음 인사를 나누었는데, 두 사람은 당시 전 세계적으로 단 세 부밖에 없는 윌리엄 블레이크의 《순수의 노래와 경험의 노래》 친필본을 놓고 한바탕 경쟁을 벌인 다음이었다. "블레이크야말로 제 평생의 작가였지요." 실러는 이렇게 설명했다. "어린 시절에 거기 수록된

---

216. 기독교에서 성인(聖人)의 유골이나 유품을 보관하는 상자를 말한다.
217. 예수가 입었다는 것으로 전해지는 수의. 현재 이탈리아 토리노에 한 점이 보관되어 있으나, 그 진위 여부를 둘러싸고 많은 논란이 이루어지고 있다.

시들을 배우긴 했지만, 그 원본을 직접 갖게 되리라고는 꿈도 못 꾸었거든요." 1979년 6월에 실러는 영국을 방문 중이었는데, 사실은 경매 때문이 아니라 런던 도서전에 참가하기 위해서였다. "그런데 경매가 열리기 며칠 전에 무심코 물건을 구경하러 갔더니, 정말 뜻밖에 블레이크가 있었던 겁니다. 사실 저는 책 욕심이 엄청난 편이라서, 그 책을 보고 나면 그 이후에는 무슨 일이 벌어질지 뻔히 아는 탓에 아예 눈길도 안 주려고 했죠. 그러다가 어떻게 딱 눈길이 닿은 순간…… 저는 완전히 맛이 가 버렸습니다. 저는 호텔 방으로 되돌아와 제가 가지고 있는 값비싼 희귀본들의 목록을 정리해 본 다음, 그걸 살 만한 고객들의 취향에 따라 분야별로 정리했죠. 그 다음에 저는 여기저기 국제전화를 걸었습니다. 결국 제 고객 중에서 세 사람이 그 책들을 구입하겠다고 하더군요. 그리하여 제가 경매에서 부를 수 있는 최고액은 6만 5,000파운드, 즉 16만 달러까지라는 계산이 나왔습니다. 그야말로 저로선 단지 책 한 권을 사기 위해 써본 적이 결코 없었던 거금이었습니다."

당시 그 책의 예상 낙찰가는 3만 파운드였기 때문에, 실러는 그나마 좀 여유가 있겠다고 생각했다. 그는 쿼리치 서점 측에 위탁 입찰을 의뢰하고 직접 경매장에 나타나지는 않았다. "그런데 나중에 쿼리치 측 사람이 도서전시회장의 제 부스로 직접 찾아와서는, 그 책이 7만 파운드에 낙찰되었다고 하더군요. 그런데 그 책을 구입한 헤이븐 오모어라는 사람이 그 책의 가격이 7만 파운드까지 올라갔다는 사실을 문제 삼으며 길길이 날뛰어서, 자기들의 입장이 무척 곤란해졌다는 거예요. 제법 큰 고객인 그가 이게 어찌 된 일인지 해명을 하라고 회사 측에 닦달하더라는 거죠. 자기 말고 다른 입찰자가 있었다는 걸 도무지 믿지 않으니, 헤이븐에게 제 실명을 알려줘도 되겠냐고 쿼리치 서점에서 통사정을 하더군요." 실러가 그렇게 해도 된다고 승낙했기 때문에, 그는 칵테일파티에 초대되어 그곳에서 오모어와 직접 만났다. "그때까지만 해도 그는 완전히 난리도 아니었죠. 지금은 자기가 당시에 그 책을 얻기 위해서라면 무슨 짓이든지 했을 거라고 떠벌리지만."

윌리엄 블레이크라는 공통의 관심사 때문에 실러와 오모어 두 사람 모두 케인스와도 안면이 있었다. 실러의 말에 의하면 오모어는 그 나이 많은 서지학자의 '비위를 맞추기 위해서' 블레이크 초판의 영인본을 출간하는 비용을 자기가 부담하겠노라고 제안했고, 실제로 그렇게 했다고 한다. 그러한 사실은 1981년에 출간된 케인스의 자서전에서도 확인되는데, 그는 '보스턴의 전통학문연구소의 설립자인 헤이븐 오모어 박사'가 바로 그 블레이크 출간 계획의 '주된 후원자'였다고 밝혀두었다. 하지만 그 책에서 케인스가 '헤이븐 오모어 박사'에 대해 언급한 두 대목에서는 아무런 다정함이나 친밀함이 느껴지지 않는다. 실러가 마지막으로 케인스를 방문했을 때, 케인스는 그에게 이렇게 말했다. "자네한테 특별히 보여줄 게 있네." 실러는 이후에 벌어진 일을 다음과 같이 설명했다. "그건 바로 동판(銅版) 위에 그린 블레이크의 유화 두 점이었는데, 저는 그걸 보고 정말 넋을 잃었습니다. 그러자 그가 이러더군요. '그 오모어 박사인가 하는 친구한테는 절대로 안 보여줄 걸세.' 그는 헤이븐을 무척 싫어했습니다. 제프리는 허풍장이를 정말 싫어했고, 더군다나 그 허풍장이가 자기한테 기어오르려고 했으니 더 말할 나위가 없었죠."

또 다른 뉴욕의 서적상인 프레드 슈라이버는 초창기 인쇄본의 전문가인데, 1979년 4월의 어느 날 헤이븐 오모어가 전화를 걸어 최근 나온 도서목록에 수록되어 있는 물건 두 가지를 좀 볼 수 있겠느냐고 했던 일을 이야기해 주었다. "그때 저는 브롱크스에 있는 자택에서 일하고 있었죠." 슈라이버는 인터뷰에서 이렇게 말했다. "이 업계 사람들이 다들 그 사람에 대해 이야기하기에, 저도 한 번 만나봐야겠다 싶어 약속을 잡았습니다."

오모어가 찾아가겠다고 한 지 무려 6시간 뒤에서야 슈라이버의 집 초인종이 울렸다. 문을 열자 어떤 여자가 이렇게 묻는 것이었다. "오모어 박사님께서는 리무진 안에 계십니다. 댁으로 들어가서 책 구경을 하셔도 되느냐고 물으셨습니다." 슈라이버가 그렇게 하라고 대답하자, 오모어의 아내인 로리아는 차 있는 곳으로 되돌아갔다. "오모어는 저희 도서목록을 둥글게 말아들고 손바닥에 툭툭 두들기면서 집안으로 들어오더군요. 그러더니 그걸로 제 가슴을 쿡쿡 찌르는 겁니다. '당신, 내가 누군지 아시오?' 그가 그러더군요. '내가 바로 오모어 박사요.' 그는 '박사'라는 호칭을 유난히 강조하더군요. '내가 뭐 하는 사람인지 아시오?' 그가 계속 떠들어댔죠. '도서수집가 아니신가요.' 그러자 그가 이렇게 대꾸하더군요. '난 그냥 도서수집가가 아니오. 그야말로 최고의 도서수집가지.'"

그리고 나서 슈라이버는 오모어가 이야기한 책을 보여주었다. 하나는 1495년에 그리스어로 출간된 아리스토텔레스의 저서 초판으로, 도서목록에는 가격이 4,500달러로 나와 있었다. 다른 하나는 1534년에 바젤에서 출간된 플라톤의 저서 제2판으로, 가격은 1,500달러였다. 오모어는 두 권 모두 사겠다고 하면서, 40퍼센트 할인된 가격에 달라고 우겼다. 슈라이버는 가격 협상을 거절하면서 오모어의 손에서 책을 도로 가져갔다. "마치 줄다리기 하는 식이었죠." 그가 말했다. "저는 이쪽에서 잡아당기고, 그는 저쪽에서 잡아당기면서요. 한참을 밀고 당기고 했죠. 그러고 나서 그가 그러더군요. '알았소, 알았어, 그러면 30퍼센트로 합시다. 30퍼센트만 깎아주면 결국 나한테도 잘 보이게 되는 셈이니까.' 제가 그게 무슨 말이냐고 물었죠. 그랬더니 이러더군요. '내가 말했잖소. 나야말로 세계 최고의 도서수집가라고 말이오. 그러니 나한테 잘 보여야 당신한테도 유리하다는 거요.' 그래서 결국에는 10퍼센트 할인된 가격에 책을 넘기고 말았습니다."

거래를 마치고 나서 오모어는 슈라이버가 보유한 다른 책들을 보고 싶다고 했는데, 그 책들은 마침 다락방을 개조한 창고에 있었다. 그곳 벽에는 슈라이버가 1970년에 하버드에서 취득한 고전언어학 박사학위증이 걸려 있었다. "'아, 하버드를 나오셨구만.' 오모어가 그걸 보더니 그러더군요. '나에 비하면 하버드 정도는 별 것도 아니지. 나는 박사학위가 무려 세 개나 된다오.' 저는 좀 궁금해져서 무슨 분야의 학위냐고 물어보았죠. 그랬더니 고전학, 물리학, 그리고 또 무슨 분야라고 하던데 지금은 기억이 안 나는군요. 그러면서 자기가 무려 20개 언어를 유창하게 한다고 하더군요. 저도 언어학을 공부했으니 관심이 생겨서, 어떤 언어를 아느냐고 물었죠. '그럼 당신은 어떤 말을 아시오?' 그가 되묻기에 저는 '물론 그리스어와 라틴어'라고 대답했죠. 그러자 그는 얼른 이렇게 대꾸하더군요. '아, 하필이면 또 내가 미처 공부할 기회가 없었던 것들이로군!' 그러더니 금방 다른 주제로 말을 돌리더군요. 그 대답을 듣고 나니까 뭔가 이상하다 싶은 생각이 들더군요. 왜냐하면 고전학에서 박사학위를 받은 사람이라면 그리스어와 라틴어는 기본으로 해야 할 테니까요."

그로부터 10년 뒤, 슈라이버는 가든 사의 도서목록에 실린 오모어의 글을 읽다가 자기가 의심했던 것이 옳았다는 확증을 잡았다. 오모어는 그 글의 서두에서 자신이 "인간 정신의 가장 위대한, 혹은 지고한 작품"이라 번역한 세 가지 단어를 숙고했다고—여기서 세 가지 단어란 '마그네 멘티스 오페라'라는 라틴어 문장이다—썼다. 오모어는 이것을 가리켜 가든 컬렉션의 '수집의 시작이 된 동시에, 그 과정 내내 지침이 된 대원칙'이라고 주장했다. 여기서 문제는 그의 라틴어 번역이 틀렸다는 점이다. "사실은 '위대한 정신의 작품'이라고 해야 정확한 뜻입니다." 슈라이버의 말이다.

헤이븐 오모어의 시가 수록된 얇은 책《희생 갑골문》은 1987년에 가든 사의 자회사인 SADEV에서 출간되었고, 애퍼튜어 재단을 통해 서점에 배포되었다(애퍼튜어 재단은 1952년에 당대의 유명 사진작가인 마이너 화이트, 에드워드 웨스턴, 앤젤 애덤스 등이 설립한 출판사로, 이들의 사진작품집을 출간하고 정보를 교환하는 마당 노릇을 해 왔다). 이 책은 서문과 17편의 짧은 시, 그리고 종결부로 이루어져 있으며, 애퍼튜어에서 발간된 몇 권의 도서목록에는 SADEV에서 출간한 뉴에이지 분야의 책으로 분류되어 있다. 이탈리아의 베로나에 있는 유명한 발도네가 인쇄소에서 지오바니 마르더슈타이크가 제작한 활자를 사용해 750부를 인쇄한 이 멋진 책에 수록된 오모어의 시는 오히려 좀 거슬린다 싶을 정도로 그의 시적 감수성을 노골적으로 드러내고 있다.

서문에서 그는 인간은 '무엇보다도 존재하기 위해서 기꺼이 희생해야 한다' 고 선언했다. '죽음의 달콤함을 맛보기 위해서는 피와 살을 생명의 불길로 불살라야' 한다고 주장하는 것이다. 종결부에서 그는 '외견상의 모습을 모두 죽여 버리고, 또한 그것을 위해 죽음으로써, 진정한 죽음을 완전히 맛보게 된다' 고 선언했다. 그의 주장에 따르면 '죽음, 곧 영생으로 들어가는 문을 소유하기 위해서는 반드시 삶을 그 극한까지 음미해 보아야 한다' 는 것이다.

SADEV는 이 시집과 함께 데이비드 왁스먼이 쓴《모두에게 기쁨이 되는: 헤이븐 오모어의 〈희생 갑골문〉에 대한 에세이》라는 19페이지짜리 소책자를 출간하기도 했다. 이 책자는 시인 오모어에 대한 노골적인 찬양의 글을 담고 있다. "이처럼 탁월한 품위를 지닌 시라면, 어느 누구도 거부하지 못할 것이다." 왁스먼은 이렇게 쓰고 있다. "우리는 하나의 신비와 마주하고 있다. 난해하고도 유려하며, 다채로운 어조와 분위기와 색조가 반짝이는 공감각적 생기를 지닌 시. 과연 그 중심 사상은 무엇인가?" 그의 말에 의하면 이 시집은 '깊은 우수'와 '귀족적 고상함'을 지닌, '철저히 예언적'이며 '매우 독창적'인 작품으로, '매력과 재능'과 '탁월함'과 '초월성'이 넘쳐난다는 것이다. 왁스먼은 이 작품이 '우리가 반드시 전력해야 하는 희생의 교과서'라고 주장한다. 이 작품에 담긴 의도를 이해하는 것은 어려운 만큼이나 도발적이다. "만약 여러분이 《희생 갑골문》을 정말 제대로 이해하고 싶다면, 반드시 그 내용을 전부 외워야만 한다! 그 내용을 바로 여러분이 뼛속에 깊이 새긴 다음, 여러분과 함께 거하며 말하게 하라." 이 에세이에서 발췌한 문구가 애퍼튜어의 도서목록과 시집의 표지에 나와 있기도 하다.

SADEV에서 펴낸 다른 책으로는 애퍼튜어의 도서목록에서 뉴에이지 분야에 수록된 사진집 두 권이 있다. 하나는 마릴린 실버스톤의 작품으로 '인도와 히말라야 왕국들의 모습'을 담고 있는 책이라는 설명이 나와 있다. 《생명의 바다》라는 제목을 달고 있는 그 책은 1985년에 전통학문연구소 측의 지원을 받아 출간되었다. 그 이듬해에 나온 《표식》이라는 책은 저명한 항공사진작가인 마릴린 브리지스가 '공중에서 바라본 성스러운 풍경'을 담은 책이다. 두 책 모두 헤이븐 오모어가 쓴 서문을 달고 있다.

데이비드 G. 왁스먼은 뉴욕 주 그레이트네크의 서적상으로, 그의 명함에는 자신의 전문 분야를 '최고 작가들의 최고 저서'라고 적고 있었다. 그는 인터뷰에서 자신이 오모어의 요청에 의해 그 에세이를 쓴 것은 사실이지만, 다만 '한 가지 아쉬움이 있다면, 그 내용을 좀 더 강력하게 주장하지 못한 탓에, 그 책에 어울리는 정당한 평가가 이루어지지 못했다는 점'이라고 말했다. 왁스먼은 브랜다이스 대학에 재학 중이던 1970

년대 초반부터 오모어와 알게 되었다. 그는 당시에 마이클 데이비스와도 연관이 좀 있었다고는 했지만, 데이비스가 가든 사에 투자한 사실은 전혀 모르고 있었다. "오모어가 그 합자회사를 세우기 전에는 별 볼 일 없었던 사람이었다고 생각해서는 안 됩니다." 왁스먼은 이렇게 강조했다. "제가 알기로 그는 재능이 있을 뿐만 아니라, 자기 재산도 제법 많습니다. 사실은 대단한 재능의 소유자인데다가, 그 합자회사가 생기기 전부터 책을 수집해 왔습니다." 그는 오모어가 중서부 어딘가에 살다가 60년대 말인지 70년대 초에 매사추세츠 주로 온 것 같다고 말했다.

왁스먼은 SADEV라는 이름이 '베다(Vedas)'—기원전 1500년에서 기원전 500년 사이에 성립된 고대 인도의 종교 및 철학 저술의 이름—를 거꾸로 쓴 것이라고 했다. 헤이븐 오모어라는 이름의 의미에 대해 묻자, 왁스먼은 이렇게 대답했다. "솔직히 여기서 중요한 것은 그 개인의 신상이 아니지 않습니까? 중요한 것은 그가 자신의 장서를 수집하기 위해 노력했다는 것, 그리고 그 뒤에는 대단히 뛰어난 지성이 자리 잡고 있다는 것입니다. 지금까지 알게 된 사실을 가지고 가십거리로 만들 수도 있겠지만, 그것이야말로 논점일탈이 아닐까요? 여기서 중요한 것은 그가 멋진 컬렉션을 만들었다는 사실, 그리고 그가 이 업계의 모두에게 일종의 모범을 보여 주었다는 사실입니다. 즉, 도서수집가가 된다는 것이 어떤 일인지를 알려주었다는 것, 그런 게 오히려 더 중요하게 평가되어야 하지 않을까요?"

오모어라는 사람에 대해 드러난 여러 가지 불가사의한 모순에도 불구하고, 왁스먼은 여전히 그가 매우 위대한 작가라는 사실은 아무리 강조해도 지나치지 않다고 했다. 심지어 오모어가 쓴 것이라곤 단지 책 한 권과 전통학문연구소에서 펴낸 사진집 몇 권의 서문에 불과한데도 말이다. "사람들은 그가 도대체 어디에서 왔는지는 물론이고, 그가 무엇을 하려는지도 전혀 이해하지 못합니다.《희생 갑골문》을 예로 들자면, 그 책은 가장 고차원적인 지성을 보여주고 있습니다. 읽으면 읽을수록 새롭기만 하죠. 정말 대단한 책이고, 가장 고차원적인 지성이 만들어낸 시라고 할 수 있습니다."

오모어를 재능 있고 교양 있는 인물로 생각하는 사람은 단지 왁스먼뿐만이 아니었다. 15년 동안 보스턴 대학과 하버드 대학에서 강의했으며, 이후 런던으로 이주해 쿼리치 서점에서 서적상으로 일하고 있는 미국인 아서 프리먼의 경우에는 미국에 있을 때부터 영국에 있는 지금까지 줄곧 오모어와 절친한 사이였다. 그 또한 가든 경매에 대한 공고를 통해서 오모어에게 재정적 후원자가 있다는 사실을 처음 알게 되었다고 한다. 오모어의 배경에 대해 묻자, 그는 이렇게 대답했다. "그의 이름에는 항상 '박사'라는 호칭이 붙어 있는데, 그건 학위를 취득했다는 뜻이죠." 그렇다면 오모어는 과연 어디서 박사학위를 받았을까? "아마 브랜다이스나 버클리, 아니면 오클라호마 대학에서 받았겠지요." 그는 이렇게 대답했다. 하지만 이들 학교 어디에도―또한 아칸소, 노스캐롤라이나, 그리고 텍사스 주의 모든 대학에도―헤이븐 무어, 혹은 헤이븐 오모어에 대한 기록은 전혀 없었다.

오모어가 펴낸 글에 드러나는 뉴에이지의 대가인 척하는 행동을 부분적으로나마 확인해 준 사람은, 뉴욕 토박이로 한때 런던에서 고서적상으로 일했으며 1977년부터 1987년까지는 서적상 존 플레밍 밑에서 일했던 어느 여성이었다. 그녀는 이름을 밝히지 않는다는 조건으로 오모어에 대해 자기가 아는 바를 이야기해 주었다. 그녀는 오모어가 종종 매장에 들렀을 때의 이야기를 해 주었다. "헤이븐은 상당히 묘한 사람이었지요." 그녀는 이렇게 말했다. "우리 사무실에는 그가 좋아하는 그리스 산 브랜디가 비치되어 있었는데, 그는 매장에 오기만 하면 한 병을 몽땅 마셔버리곤 했어요. 때로는 별로 큰 거래도 아니면서 밤새 사무실에 버티고 앉아 있는 경우도 있었는데, 우리 직원들 같은 경우에는 그런 괴짜들을 하도 많이 겪어봐서 별로 놀라지도 않았죠. 존 플레밍의 사무실에는 늘 그런 사람들이 드나드는 것으로 유명했으니까요."

오모어는 늘 특이하게 생긴 반지를 끼고 다녔는데, '크고 두툼한, 마치 졸업기념 반지처럼 생긴 것'이었다고 한다. "한번은 그게 무슨 반지냐고 물었더니만, 전통학문연구소의 상징이라고 하더군요. 그래서 전통학문이 뭐냐고 물었더니 아무 말도 없었어요." 오모어는 그곳 사무실에서 밤을 지내고 난 다음날 아침에는 꼭 요가를 했다고 한다. "진한 푸른색 의상을 걸쳐 입고서는 바닥 한가운데 앉아 있곤 했죠. 존의 사무실은 우리 매장에 들락날락하는 온갖 부류의 사람들이 계속해서 오가는 분주한 곳이었어요. 하루는 베니 굿맨이 거기 들어와서 연주를 하기도 했죠. 요가를 하는 바로 옆에서 계속 클라리넷을 연주했는데, 헤이븐은 옆에 누가 있는지도 모르는 것 같더군요. 요가를 할 때마다 헤이븐은 거울 속에 비친 자기 모습을 들여다보고 있었어요. 정말 특이한 사람이었죠."

1984년경, 오모어는 이후 자기가 구입하는 책에 대한 청구서는 모두 케임브리지에 있는 가든 사로 보내라고 알려 왔다. "우리는 상당히 많은 책을 구해 주었고, 그는 상당한 가격을 치렀죠." 그녀가 말했다. "마이클 데이비스라는 이름을 알게 된 것도 당시에 지불 건으로 그가 우리에게 건네 준 가든에 관련된 어떤 문서 때문이었을 거예요. 저로선 마이클을 60년대부터 알고 지냈기 때문에 정말 믿을 수가 없었죠. 마이클하고 저는 모두 10대 끝 무렵부터 20대 초까지 파크 가 근처에서 함께 놀러 다녔던 동네 친구였으니까요." 그녀는 당시 데이비스가 '파티에만 놀러 다니느라 바쁜 친구'였기 때문에, 친구들이 폴스태프[218]라고 별명을 지어 주었다고 했다. "생긴 것은 땅딸막한데, 파티에 놀러 다니길 좋아했죠.

무척이나 수줍음을 많이 타는 친구였지만, 파티가 있으면 절대로 빼놓지 않았어요."

70년대 초의 언젠가부터 마이클 데이비스는 "어디론가 사라져 보이지 않더군요. 우리 친구들 중에서는 흔치 않은 일이었는데, 아무하고도 연락이 되지 않았어요. 그리고 나서 그가 완전히 마음잡고 산다는 소문을 들었죠. 체중도 많이 빠졌고, 식이요법에다 명상까지 하면서, 더 이상 파티라곤 거들떠보지도 않는다지 뭐예요." 1987년에 존 플레밍이 사망하자 그녀는 이탈리아로 가서 1년간 살았고, 이후 영국으로 건너갔기 때문에 이후에 무슨 일이 벌어졌는지는 깜깜하다고 했다.

애퍼튜어 재단의 대표이사인 마이클 E. 호프만은 가든 사 측에 뉴욕 주 밀러턴에 있는 애퍼튜어의 주소지를 사용할 수 있도록 허락한 까닭은 오모어에 대한 '호의' 의 차원에서였다고 설명했다. 지금은 뉴욕 시에 본사가 있지만, 애퍼튜어는 본래 그 작은 도시에서 설립되었고 지금도 여전히 그곳 엘름 가에 사무실을 유지하고 있다. 호프만은 오모어가 밀러턴에서 굳이 사업을 벌인 까닭이 아마 금융 쪽 문제와 관련되어 있을 것이라고 간접적으로 시인했다. 덧붙여서 그는 이렇게 말했다. "오모어 씨는 애퍼튜어에서 나온 몇몇 뛰어난 책들을 후원했고, 직접 서문을 쓰기도 했지요." 하지만 이들 두 곳은 정식으론 아무런 관계도 맺지 않고 있다고 했다. 재단 측은 상당 부분 후원금에 의존하고 있기 때문에, 그곳에서 나온 책을 후원한 오모어는 애퍼튜어를 통해 SADEV에서 펴낸 책을 서점에 배본할 수 있었던 것이다.

218.. 셰익스피어의 희곡 《헨리 4세》와 《원저의 명랑한 아낙네들》에 등장하는 방탕하고 허풍이 센 주정뱅이 기사.

호프만은 오모어와 알게 된 지가 무려 25년이 넘었고, 그가 '몇 가지 매우 중요한 일을 했다는 사실뿐만 아니라, 도서수집은 물론이고 그가 이룩한 몇 가지 업적에 대해서도 잘 알고 있다'고 말했다. 예를 들어 오모어는 전통학문연구소를 통해 인도 고전학자인 J. A. B. 밴 뷰태넌을 후원하여 훗날 시카고 대학 출판부에서 《마하바라타》와 《바가바드 기타》의 새로운 번역본을 출간하게 했으며,[219] 또한 초월 명상에 대한 영화인 《하타 요가 다르샤나》에 직접 출연하기도 했다는 것이다. "이런 일들이야말로 그가 여러 분야에서 이룩한 중요한 업적이라 할 수 있죠." 호프만은 이렇게 이야기하긴 했지만, 그 영화를 어디 가면 구할 수 있는지에 대해서는 확답하지 못했다.

또한 호프만은 자신이 오모어의 '대단한 배경'에 대해서도 잘 알고 있다고 말했지만, 거기에 대해 자세히 이야기하긴 꺼렸다. "저로서도 그가 무슨 내용을 쓰고자 하는지는 모르겠습니다. 하지만 그는 아주 신중한 사람이기 때문에 이런저런 소문이 나도는 것을 싫어했죠. 그래서 이전에 그에 관한 여러 가지 오해가 생겨났던 겁니다." 그는 또 수수께끼 같은 말을 덧붙였다. "아마 직접 알아보시면 매우 놀라시게 될 겁니다. 솔직히 일반적인 상상을 뛰어넘는 내용이니까요." 그는 이렇게 주의를 주었다. "바로 그런 까닭에 그 자신도 설명을 하지 않는 거지요."

그렇다면 소더비의 도서목록에 적어놓은 자전적인 글은 도대체 뭐란 말인가? "제 생각엔 거기 실린 글들이 일종의 연막인 듯합니다." 그는 이렇게 대답했다. "그는 결코 자신을 드러내려는 사람이 아니니까요. 솔

---

219. .가령 1978년에 출간된 《마하바라타》의 제4권과 제5권 합본판에는 "이 책은 전통과학연구소 대표인 헤이븐 오모어의 후원금으로 출간되었다"는 헌사가 들어 있다. 밴 뷰태넌의 《마하바라타》 번역은 1973년부터 출간되었지만 1979년에 저자가 사망함으로써 처음 몇 권만 출간된 이후에 중단된 상태다.

직히 그런 방법이 잘된 것이라고는 말할 수 없지만, 그가 하는 방식이 사실 그러니까요. 아마 그가 직접 쓴 작품이나, 그의 후원으로 애퍼튜어에서 나온 책들, 그리고 그가 거기 붙인 서문 등을 읽어보시면 그 사람이야말로 뭔가 대단한 재능을 지닌 사람이라는 사실을 깨닫게 되실 겁니다." 그는 오모어가 '가십이나 루머를 너무나도 싫어하는 탓에, 차라리 남들의 입에 오르내리지 않았으면 하는 부류의 사람'이라면서, 그 이유는 '그가 비교(秘敎)와 상당 부분 관련'되어 있고 자신의 시간 대부분을 그쪽에 바치기 때문이라고 했다. "사실 흔한 경우는 아니죠. 그런 까닭에 그의 삶 자체가 그토록 상궤(常軌)를 벗어나 있는 겁니다. 대부분의 사람들과는 전혀 다른 식으로 살아가니까요. 한편으로는 바로 그 이유 때문에 이해할 수가 없는 겁니다." 그는 하타 요가[220]를 잘 모르는 사람이라면 '오모어를 상대할 만한 수준이 아니므로, 그가 도대체 무슨 일을 하는지 이해하지 못할 것'이라고 덧붙였다. 그의 말에 따르면 헤이븐 오모어는 '서구에서 활약하는 가장 뛰어난 요기[221] 가운데 한 사람'이라는 것이다.

결국 오모어의 본래 직업이 무엇인지를 밝혀보려는 시도는 완전히 실패로 돌아갔다. 호프만의 말이다. "그의 작품은 그 내용을 이해하는 사람들을 위한 것이지, 결코 이해하지 못하는 사람들을 위한 것이 아닙니다. 아주 단순하죠. 그는 널리 알려지기를 원하지 않습니다. 사람들로부터 찬양받고 싶어 하지도 않구요. 그렇다고 학생이나 제자를 구하지도 않지요. 그는 매우 집중이 필요한 아주 특별한 종류의 일을 하고 있습니다. 말하자면 특정한 비교의 수련이 필요한 매우 고차원적인 영역에서의

220..요가의 한 종류. 11세기 경부터 유래되었으며, 오늘날 전 세계적으로 가장 널리 퍼져 있는 요가이기도 하다.
221..요가 수행자를 일컫는 말.

전통적인 방식으로 일하는 거죠."

호프만은 데이비스와 오모어 간의 동업이 깨지게 된 데에는 마이클 데이비스의 아버지인 레너드 데이비스의 입김이 작용했다고 언급했다. "그 양반은 자기 아들이 오모어와 오랫동안 함께 했음을 알고서는, 아들을 다시 자기 쪽으로 끌어들이기 위해 오모어에 대해 지독한 인신공격을 퍼붓고, 오모어의 신용과 인격을 바닥으로 끌어내리려 골몰했죠. 그러자니 상당히 돈이 많이 들었겠지만, 데이비스의 아버지는 무슨 수를 써서라도 자기 아들이 거의 아버지처럼 숭배하는 오모어를 박살내려고 했던 거죠. 솔직히 누가 보더라도 터무니없는 고발이었지만, 그게 또 먹혀들었던 거구요. 하지만 오모어는 이에 대해 아무런 비난도 하지 않았고, 사실 어떤 식으로라도 그가 잘못했다는 증거는 전혀 찾을 수 없었어요."

나는 호프만에게 마이클 데이비스가 헤이븐 오모어를 자신이 물려받은 1,700만 달러의 재산을 완전 좌지우지할 수 있는 대리인으로 임명했다는 사실을 언급했다. "그건 처음 듣는데요." 그는 이렇게 대답했다. "하지만 그건 마이클 데이비스의 자유의사로 인한 행위일 테고, 사실 오모어는 오래 전에 말 그대로 그의 목숨을 구해 준 적도 있었으니까요. 당시에 데이비스는 거리를 전전하는 신세였을 겁니다." 백만장자인 마이클 데이비스가 한때 거리를 전전하는 노숙자였다는 이야기인가? 나는 그에게 물어보았다.

"맞습니다. 그는 오모어와 함께 일하면서부터 자기 삶의 의미를 찾았던 셈이죠."

한 개인이 모은 훌륭한 장서, 특히 공개 경매를 통해 뿔뿔이 흩어지고 마는 장서가 궁극적으로 남기는 것은 한때 그러한 존재가 있었음을 증명해 주는 멋진 도서목록뿐이라는 이야기가 있다. 조지 브린리, 로버트 호우 3세, 제롬 컨, 토머스 W. 스트리터, 에스텔 도헤니, H. 브래들리 마틴 같은 유명한 수집가들이 오랜 세월에 걸쳐 꼼꼼히 수집해 온 보물들은 막판에 가서 수천 명의 새로운 주인의 손으로 뿔뿔이 흩어지고 말았다. 그런 책이나 필사본이 새로운 집을 찾아가고 나면, 그 책들이 한때는 어떤 수집가에게 무척이나 각광받는 물건이었다는 사실을 알려주는 증거라고는 그 책의 상태를 표시하고, 출처를 나타내며, 원 소유주의 책에 대한 열정과 식견에 경의를 바치기 위해 제작된 도서목록뿐인 것이다.

이러한 기준에서 비춰볼 때, 가든 사의 경매는 20세기 후반 미국 도서 수집의 역사에 있어서 매우 특기할 만한 사실이었던 까닭이, 무엇보다도 그 컬렉션을 계획하고 수집했던 인물의 정체가 거의 알려져 있지 않았기 때문이었다. 소더비에서 제작해서 전 세계에 배포한, 검은 색 천 장정에 금박으로 제목을 입히고, 그리고 화려한 컬러 사진이 여러 장 들어 있는 《가든 사의 서적 및 필사본 컬렉션》은 아마 서지학 연구자들과 미장본 수집가들이 앞을 다투어 손에 넣으려는 도서목록일 것이다.

하지만 이 책은 헤이븐 오모어의 인물과 성격과 열정을 알 수 있게 해주는 통로로서도 중요한 자료라고 할 수 있다. "책을 사랑하는 것이야말로 책을 수집하는 유일한 이유이며—그 외에 다른 이유가 있을 수 있겠는가?—그런 까닭에 책을 붙잡은 수집가의 손은 강철보다도 훨씬 더 단단한 것이다." 그는 가든 사의 도서목록 서문에서 이렇게 썼는데, 사실이야말로 어느 정도 숙련된 애서가라면 누구나 할 수 있는 말이다.

과연 어떻게 이토록 수수께끼 같은 인물이 다른 누군가의 돈으로 하버드 야드[222)]에서 아주 가까운 곳에 거대한 도서관을 지으려 할 수가 있었는지 하는 것은 아직까지도 수수께끼이며, 매사추세츠 주 측에서 '데이비스 대 오모어' 사건의 재판 기록을 공개하지 않는 한 여전히 수수께끼로 남아 있을 것이다. 결국 헤이븐 오모어는 자신의 '정신적 자녀들'을 더 이상 '소유할 수 없게(해브 노 모어)' 되었다. 그가 한때 '성도'의 '심장부에' 보관하고자 했던 '세계적인 보물들'은 결국 다른 주인들의 손에 넘어가 다른 장소들에 보관되고 있다.

개인 소장본으로는 가장 상태가 좋은 것으로 도서목록에 묘사되었던 셰익스피어 초간본 2절판 네 권은 1989년 11월 9일에 210만 달러에 낙찰된 이후 이미 세 번이나 주인이 바뀌었으며, 지금은 로스앤젤레스의 어느 서적상을 통해 그 책들을 구입한 익명의 수집가 소유가 되었다고 한다. 그와는 반대로 속표지에 니콜라스 코페르니쿠스의 제자가 쓴 증정문이 들어 있어서 '개인이 소장한 16세기의 가장 중요한 출판물의 초판으로 매우 중요한 책'으로 묘사되었던 《천체의 회전에 관하여》 1543년 판은 유럽의 어느 유명한 컬렉션에 들어간 이래 당분간은 계속 거기 머물러 있을 것이다.

한때 오모어가 도서관 부지로 구입했다가 처분한 케임브리지의 아서널 스퀘어에는 곧바로 일련의 콘도미니엄이 들어서면서, 한때 세계 최고의 도서수집가로 인정받기를 열망했던 한 사람의 삶에 또 하나의 서글픈 흔적을 남기고 말았다.

80년대를 지나 90년대로 넘어가고, 그리고 새로운 세기가 다가오는 중에도 도서수집은 여전히 계속되었다. 90년대 초에 시작된 불황이 10여 년간 지속되면서 수집가들이 크게 중요하지 않다고 생각하는 작품의 가격은 크게 떨어졌지만, 찾는 사람들이 비교적 많은 작품의 가격은 여전히 높았다. 즉, 단지 수집가들의 선택이 좀 더 까다로워졌을 뿐이다.

한편으로는 다른 걱정거리들이 나타나기 시작했는데, 그 가운데 하나는 현대 기술의 발전으로 인해 21세기에 들어서면 종이책이 전혀 인쇄

222..하버드 대학 캠퍼스가 위치한 곳이다.

되지 않을 수도 있다는 전망과도 관계가 있었다. 1995년 가을, 1500년대 초에 작성된 레오나르도 다 빈치의 72페이지짜리 노트를 3,080만 달러에 구입한 지 11개월 뒤에, 윌리엄 H. 게이츠 3세는 정확히 알려지지는 않은 금액에 베트먼 기록보관소를 인수했는데, 그곳은 무려 16만 장에 달하는 역사적인 사진들을 보관하고 있으며, 바야흐로 20세기의 사진 기록을 총망라하고 있다고 할 수 있는 곳이었다. 이 거래는 수천 종에 달하는 영상물—주로 런던의 영국 국립미술관, 필라델피아 미술관, 반스 재단, 러시아 상트페테르부르크의 에르미타슈 미술관 등에 소장된 자료들—에 대한 전자 판권을 얻기 위해 마이크로소프트 사의 회장이 조직적으로 추진한 일련의 과정 중 하나로, 워싱턴 주 벨레뷰에 위치한 코비스 사라는 그의 계열사를 통해 이루어지고 있었다.

    다가올 미래에 책이 어떠한 형태를 취하게 될 것인지는 아직까지 불확실하지만, 그러한 변화가 불가피하다는 사실에는 모두가 동의하고 있다. 앞으로 벌어질 일에 대한 뚜렷한 징조 가운데 하나로, 1996년에는 매디슨 가와 34번가 사이에 있는 뉴욕 공립도서관 내에 과학·산업·비즈니스 도서관(약칭 SIBL)이 개장되었는데, 이곳은 총 예산 1억 달러 규모로 전 세계 도서관에 '완전히 새로운 방식의 컴퓨터를 통한 접속 방법의 표준을 제공하는' 것을 그 주요 목표로 삼고 있다. 물론 그곳에는 종이책도 일부 소장되어 있지만, 이 시설에서는 전혀 다른 방식으로 자료 열람이 이루어질 것이었다. "도서관 내부에는 250여 대의 컴퓨터와 함께 노트북 사용자를 위한 500여 개의 좌석이 마련되어 있다. 이곳의 주 열람실은 사실상 방대한 컴퓨터 연결 시스템이라고 할 수 있다." 건축 평론가인 폴 골드버거는 〈뉴욕 타임스〉에 이렇게 썼다. "42번가와 웨스트사이드의 분관에 나누어져 소장되어 있는 과학, 기술, 수학 및 비즈니스 관계의 수많은 자료들이 바로 이곳의 새로운 환경에서 하나로 합쳐진다는 사실, 그것이야말로 현대 기술의 개가라 할 수 있다."

1996년 2월 11일 〈뉴욕 타임스 북 리뷰〉는 무려 8면에 걸쳐서 새로이 출시된 'CD롬'이라는 매체에 대한 특집 기사를 수록했는데, 이것이야말로 그처럼 영향력 있는 언론 매체로서는 단어와 영상을 디지털화 하는 것이 무엇이며, 또한 미래의 독자들에게 어떤 영향을 끼칠지를 분석한 최초의 기사였다. 그 중에서도 애서가들의 눈길을 가장 끈 것은 〈어이쿠 세상에〉라는 제목이 달린 오웬 진저리치 박사의 기고문이었는데, 그는 케임브리지에 위치한 하버드 스미스소니언 연구소의 천문학자인 동시에 유명한 도서수집가였다. 그의 글은 주로 〈허블 우주망원경 사진자료집 CD롬〉을 다루고 있지만, 그 결론부에서는 책의 미래에 대해 다음과 같이 전망하고 있다.

내 예상으로는 이러한 디스크도 결국에는 수집가들이 즐겨 찾는 품목이 될 것이다. 아직 초창기 단계인 현재의 CD롬은 이 시대의 새로운 인큐내뷸러라고 할 수 있는데, 비록 급속히 성장하고는 있지만 그렇다고 인쇄 매체를 완전 대체할 수 있을 만큼 성숙해 있지는 않다. 하지만 특정한 목적으로 이들 영상 자료를 다운받고 싶어 하는 컴퓨터 마니아들에게는 대단한 즐거움이 될 것이다. 그리고 이들은 비록 성공하지는 못하더라도, 보다 더 나은 천문학 사진자료집을 만들기 위한 밑거름이자 첫 출발점으로 역사에 길이 남게 될 것이다.

07
엄청난 재산

그러므로 생각건대 정의의 사람들은 세속적인 거래로
자신들의 소통 수단을 마련하고,
그들의 부가 늘어남에 따라 작은 방 안에
엄청난 재산이 들어가게 된다.

— 크리스토퍼 말로
《몰타의 유대인》(1막 1장, 34~37행) 중에서

할아버지와 아버지의 뒤를 이어 3대째 애서가인 그는 철제보관소에 들어가더니 손상되기 쉬운 문헌들을 보호하기 위해 고안된 특수 보존 장치인 클램셸 박스[223]를 하나 꺼내 와서 방 한가운데 있는 독서대로 조심스럽게 옮겼다. 거기서 그는 박스를 열어 표지에 수공예풍 장식과 놋쇠

---

[223] ..중요 물품이나 문서 등을 빛과 먼지로부터 보호하기 위해 철제 등으로 만든 납작한 상자. '조개껍질'처럼 양쪽으로 열리는 형태라고 해서 이런 이름이 붙었다.

걸쇠를 갖춘 두툼한 2절판을 보여주었다.

"처음 제본 상태 그대로입니다. 참나무 판자에 돼지가죽을 씌웠죠."

윌리엄 H. 샤이드는 나지막한 목소리로 말하고는 그 진귀한 책을 손등으로 툭툭 쳤다. 앞표지 안쪽에는 '리버풀 발 기선 운송 상품 송장'이란 표제를 단, 1873년 2월 10일이라는 날짜가 기입된 빛바랜 종이 한 장이 끼워져 있었다. 미국 국적을 버린 유명한 서적상 헨리 스티븐스가 정자체로 아름답게 써놓은 증서는 수수료와 보험료 37파운드 15실링을 별도 부담하는 조건으로, 미국 코네티컷 주 하트퍼드의 조지 브린리에게 라틴어 성서가 600파운드에 매각되었음을 증명하고 있었다. 스티븐스는 또한 뉴욕 세관조사관들의 이해를 돕기 위해 다음과 같은 추신을 덧붙였다. 궁금해 하는 분들을 위해 그 내용을 잠시 소개하자면 다음과 같다.

청컨대 잠시나마 구세계에서 신세계로 향하는 이 귀중한 위탁화물의 진귀함과 중요성을 십분 음미하시기를 바랍니다. 이는 최초로 인쇄된 '성서'일 뿐만 아니라 '역사상 첫 인쇄본'의 상등본(上等本)이올시다. 이는 아메리카가 발견되기 거의 반세기 전에 유럽에서 읽혀졌습니다. 하여, 이런 제반 사정을 잘 고려하시어, 부디 세관의 지위에 위임받은 대리인에게 이 최초의 책 앞에 있는 동안에는 경의의 표시로 반드시 모자를 벗어주실 것과, 보관함이 열려 있는 상태에서는 일순간이라도 등을 돌리지 말 것을 지시하시길 바랍나이다. 불경하거나 남의 것을 탐내는 협잡꾼들이 눈독을 들이거나 손을 대는 일은 절대로 없도록 해주십시오. 이제 와서 그런 자들이 일별한다 하더라도 별다른 이익은 하나도 없는 반면, 이 성서는 고통을 받을 것입니다. 엉클 새뮤얼[224)]의 세관원이건, 혹은 정부 고관이건 누구이건 간에, 이 책 앞에서는 우선 자신의 모자를 벗어 경의를 표해 주시기를 간곡히 부탁드리는 바입니다.

224..흔히 '엉클 샘'이라고 한다. '미국 정부'를 의인화한 이름이다.

수집가들 사이에 성배(聖杯)가 있다면, 의심의 여지없이 바로 이 책일 것이다. 구약성서의 최초 인쇄본을 포함한 책 한 권이 내 앞에 펼쳐져 있는 것도 모자라, 책 주인은 내게 직접 만져보라고 권하기까지 했다. 따뜻한 봄의 어느 날, 윌리엄 샤이드가 보관소에서 꺼내온 귀중본은 수도 없이 많았다. 하지만 그날 방문의 하이라이트는 그 구텐베르크 성서의 뛰어난 점에 대해 토론하면서 보낸 반시간이었다.

필라델피아의 저명한 사서이자 A. S. W. 로젠바흐에 관한 주목할 만한 전기를 쓰기도 했던 에드윈 울프 2세는 사망하기 몇 달 전인 1991년의 어느 날, 내게 이렇게 단언한 바 있었다.

"빌 샤이드는 북미 지역에서 가장 훌륭할 뿐만 아니라, 전 세계에서도 가장 훌륭한 축에 드는 개인 장서를 보유한 인물입니다."

고(故) 존 카터는 언젠가 샤이드는 단순히 '한 명의 도서수집가'가 아니라 '하나의 기관'이나 마찬가지라고 주장하기도 했다. 구체적인 묘사는 다르더라도, 전문가들은 샤이드야말로 19세기의 수많은 거장들과 어깨를 나란히 할 만한 소장품을 지닌 고전적인 유형의 수집가로서는 최후의 인물이라는 데 하나같이 동의하고 있다. 게다가 그는 단순히 소장한다는 사실 이상의 전문성까지도 구비했다. 샤이드는 자신의 장서에 대해 자세하고도 심량(深諒)하게 알고 있었다. 그는 책들의 모든 결함, 모든 세목, 모든 미묘한 차이에 해박했다.

"저 혼자라면 결코 그렇게 할 수 없었을 겁니다."

프린스턴 대학 파이어스톤 도서관의 희귀본실과 그의 우아한 사무실을 연결하는 문 위에 걸린 세 개의 초상화를 향해 고갯짓하면서 샤이드가 말했다. 한가운데 걸린 것은 샤이드 자신의 초상화였다. 그리고 왼쪽은 그의 아버지인 존 H. 샤이드, 오른쪽은 그의 할아버지인 윌리엄 T. 샤이드의 초상화였다.

나소 가에서 파이어스톤 도서관을 바라보면, 맨 꼭대기에 덧붙여 세워진 그 사각형 방이 프린스턴 대학과는 별개로 존재한다는 사실을 전혀 알 수가 없다. 하지만 1959년에 이르러 대학 측에서는 상례에서 벗어난 절차를 거치면서까지, 샤이드가 공사비를 부담한다는 조건만으로 그 부속건물을 지을 수 있도록 허가했다. 그리하여 샤이드 문고는 학자들에게 정기적으로 이용 가능하게 되긴 했지만, 그곳 장서는 여전히 샤이드의 개인 사서인 윌리엄 P. 스톤먼이 관리하는 독립적인 컬렉션으로 남게 되었다. 사후에 장서의 처리에 대해서도 샤이드에게 선택권이 주어졌는데, 그는 이 장서를 공공 재산으로 등록하지는 않겠다고 결심했다. 그렇게 되면 이 문고야말로 완벽한 상태를 자랑하는, 가장 건실하고 세심하게 정리된 개인 장서로 남게 된다.

개인 컬렉션의 연한은 대개 이를 구축한 개인의 생애 연한에 따라 결정될 수 있는데, 그렇기 때문에 토머스 필립스 경, 조지 브린리, 로버트 호우 3세 등의 컬렉션이 특히 인상적일 수 있었던 것이다. 대개는 수집가가 죽고 나서 도서목록이 발행되거나, 경매를 통해 장서가 흩어지거나, 특정 기관들로 옮겨지면 그것으로 마지막인 셈이다. 다만, 미국에서 그런 형식에 대한 예외가 있었다면, 프로비던스의 존 카터 브라운 도서관과 뉴욕의 피어폰트 모건 도서관 정도만을 들 수 있다. 이들의 경우에는 수집가의 사후에도 다음 세대가 수집을 계속 이어갔을 뿐만 아니라, 물려받은 귀중본을 보존하기 위해 별도의 연구도서관을 건립하기까지 했기 때문이다. 샤이드 문고 역시 한 사람 이상의 취향과 열정과 세심함을 보여주는 컬렉션인 동시에, 무려 130년이 지나도록 개인 소유물로 남아 있는 경우였다.

"제가 넘겨받았을 때, 이미 4,000여 개에 달하는 품목이 있었습니다. 거기에 제가 한 1,000개 정도를 더 보탠 것 같습니다." 샤이드의 말이다.

1965년 판 《프린스턴 대학 도서관 회보》에서는 "대대로 가문의 유산처럼 전해진 이 컬렉션의 독특함은, 이처럼 이종다기(異種多岐)한 책들이 단순히 한 세대에서 다음 세대로 전해졌을 뿐만 아니라, 지금도 여전히 살아 있고 성장한다는 데 있다"고 했다. 언젠가 샤이드는 일단의 동료들에게 '자기가 이미 두 세대를 거쳐 온 이 책들 속에서 어떻게 자라났는지' 말한 적이 있었다. 샤이드가 어린 시절, 그의 놀이방 바로 아래층에는 존 폭스의 《순교사화(殉教史話)》, 무라토리의 2절판, 콤플루툼 다국어 대역본 성서[225] 등의 책들이 보관되어 있었다. 그로부터 몇 년 뒤, 샤이드는 평생에 걸쳐 책을 접한 일에 대해 다음과 같이 회상한 바 있다.

"처음부터 그런 환경에서 살아 왔기 때문에, 이를 두고 이상하다고 생각한 가족은 아무도 없었다. 그처럼 대단한 소장품들과 함께 성장하고, 그 소장품들을 물려받아 발전시키는 일을 통해 나는 겸손, 책임, 사랑 등이 어떤 감정인지 알게 되었다."

아무런 말도 없이 몇 분간이나 내게 구텐베르크 성서를 음미할 시간을 허락한 뒤, 샤이드는 5세기 이상 미답의 상태로 보존되어 온 제본 상태며 넓은 여백에서부터 시작해, 그 책에 대한 상세한 설명을 본격적으로 펼치기 시작했다.

"원래 제본 상태 그대로이기 때문에 가장자리에서 잘려나간 부분이 전혀 없습니다."

그는 이렇게 설명하면서 책장과 책장 사이의 안쪽, 그러니까 접지부

---

[225] 16세기 초에 에스파냐의 히메네스 데 시스네로스 추기경이 주도하여 출간된 다국어 대역본 성서이다. 구약 편에는 페이지마다 히브리어, 라틴어, 그리스어, 아람어(모세오경에만 해당) 본문이 동시에 수록되어 있으며, 신약 편에는 그리스어와 라틴어 본문이 동시에 수록되어 있다. 모두 여섯 권으로 나뉘어 출간되었으며, 총 인쇄 부수 600권 가운데 오늘날 123부가 전해지고 있다.

분, 혹은 종이가 접힌 부분을 하나로 묶어주는 실을 가리켜 보였다.

"여기 보면 말입니다. 이 꼰실 부분에 또 가느다란 실이 있는데, 꼰실 때문에 종이가 찢어지지 않도록 가느다란 실을 감아놓은 것이죠."

가야 할 곳이 어디인지 정확하게 알고 있었기 때문에, 샤이드는 차근차근 나아갔다.

"이제 여기를 보십시오. 이 책에서는 가장 재미있는 부분일 겁니다. 괜찮으시면 더 가까이 오시는 게 좋을 겁니다. 보세요. 이 페이지는 다른 페이지보다 행간이 조금 넓습니다. 다른 곳을 보면 약간 더 몰려 있죠. 그래서 약간 성가시긴 하지만 직접 행수를 헤아려보면—꼭 연필 뒤 지우개 쪽을 이용하세요—분명히 42행일 겁니다. 하지만 여긴 어떨까요? 40행이죠? 물론 다른 부분은 모두 42행입니다. 하지만 이 페이지는 40행이에요. 42행이 들어간 페이지와 본문의 길이는 같은데 말입니다. 자, 그럼 이 단에서 Q를 하나 찾아봅시다. 여기에 Q가 있네요. 맨 윗부분에서부터 죽 이어지는 돌출 부분이 보입니까? 다른 곳은 어떻습니까? 다른 곳에는 그런 돌출 부분이 보이지 않습니다. 가지런히 정리가 되어 있죠. 대문자 P도 한 번 볼 수 있는데, 이 때도 마찬가지입니다. 돌출 부분이 있습니까, 아니면 가지런히 정리되었습니까?"

그는 돌출 부분을 손가락으로 가리켰다.

"이 부분이 아마 첫 활자의 형태로 생각됩니다. 그런데 여기에 있는 이건 두 번째 인쇄판에서 나온 겁니다. 구텐베르크는 두 번째 인쇄판을 새로 구성해서는 성서의 바로 이 부분에서 재개한 겁니다. 미루어 짐작하자면, 그들은 처음 얼마 동안은 이처럼 40행으로 인쇄하고 있었는데, 누군가 이렇게 말한 겁니다. '아차, 주문이 점점 더 늘어나고 있어서 책을 더 많이 인쇄해야 한다구. 이렇게 하면 종이가 아까우니까 페이지마다 전보다 활자를 더 넣어야만 해.' 뭐, 그런 식으로 해서 그들은 한 페이지에 두 행을 더 넣을 수 있는 방법을 알아냈죠. 그들이 행한 방법이란 어떤 글자들의 위나 아래로 돌출된 부분—예를 들어 소문자 '에이치(h)' 나 '와이(y)'에서처럼 활자의 몸체 부분에서 위나 아래로 돌출된 부분— 을 잘라내는 것이었죠. 여러 판본을 살펴보면 어떤 것은 페이지가 모두 42행이고, 어떤 것은 모두 40행이고, 부분적으로 40행과 42행이 섞여 있는 것도 있습니다.[226] 다만, 제가 궁금해 하는 것은 이 책에서 가장 먼저 인쇄된 부분은 어디냐는 겁니다. 자, 여기 바늘구멍이 보입니까?"

모든 페이지의 바깥쪽에는, 오래 전부터 꽤 명확하게 지적되어 왔던 바와 같이, 랙 페이퍼[227]에 미세한 천공 자국이 있었다.

"괜찮아요. 만져보세요. 거기가 각 페이지들을 인쇄판에 바늘로 고정시켰던 부분입니다. 그 사람들은 종이가 뒤틀리지 않도록 인쇄판에 그런 식으로 고정시켰던 것이죠. 보세요, 여기 또 40행 페이지가 있습니다."

샤이드가 말했다.

"이번에는 다른 걸 보여드리죠. 42행 페이지로 넘어갔을 때, 그 사람들은 적판(赤板) 인쇄를 포기했습니다. 여기 이 부분이 이 책에서 볼 수 있는 유일한 적판 인쇄입니다. 제 추측에 따르면 모든 색을 다 사용해 인쇄하기에는 시간이 너무 많이 걸렸기 때문일 겁니다. 음, 여백들도 놀랍기는 하지만 이 책에서 제가 가장 재미있다고 여기는 부분은 하이픈입니

226..구텐베르크 성서는 제작 초기에 세 가지 중요한 변화가 있었다. (1) 처음에는 각 권 앞에 '붉은 색 표제(朱書)'를 적판(赤板)으로 인쇄했으나, 이후에는 시간 절약을 위해 먹판으로만 인쇄하고 붉은 색은 나중에 수작업으로 일일이 그려 넣었다. (2) 2절판의 1~5페이지 우측면과 129~132페이지 우측면은 인쇄 행수가 40행에서 42행으로 늘어나 있다. 이는 아마도 종이를 절약하기 위해서 그런 것으로 추측된다. (3) 인쇄 도중에 출간 부수를 늘려야 했기 때문에 이미 인쇄된 페이지 외에 앞으로 찍어야 할 페이지는 새로이 조판했다. 따라서 2절판 내에는 40행과 42행의 두 가지 조판 형식이 섞여 있게 되었다(대영박물관 홈페이지 소개문 중에서).

227..무명이나 아마포로 만든 최고급 종이를 말한다.

다. 뭐가 재미있냐면, 저는 아직도 한 페이지 맨 아래쪽 행에서 다음 페이지로, 혹은 한 단에서 다음 단으로 이어지는 부분에서 긴 단어를 나누어주는 하이픈을 찾지 못했습니다. 어떻게 그걸 피해갔는지, 그저 놀랍기만 하죠." [228]

구약성서를 보관실에 다시 가져다 둔 다음, 샤이드는 '블릭클링 호밀리에스' 라는 이름으로 알려진 필사본 하나를 꺼내왔다.

"이것은 우리 반구(半球)에서 발견할 수 있는 유일한 앵글로색슨 족의 책입니다. 나이는 대략 1,000살 정도입니다."

마치 누군가를 소개시키듯 샤이드가 말했다. 이 책의 이름은 2세기가 넘도록 그 보관 장소였던 노포크의 블릭클링 홀에서 따온 것이다. 1725년, 험프리 원리는 이 책을 링컨[229]의 윌리엄 포널에게서 구입하여 할리 장서에 추가시키려 했으나, 엉뚱하게도 그 책을 넣어둔 진열장의 열쇠를 찾지 못해 결국 빈손으로 돌아와야만 했다. 1066년의 헤이스팅스 전투[230]가 일어나기 약 1세기 전에 씌어진 브릭클링 호밀리에스는 당시의 설교와 설화를 엮은 것으로, 노르만 정복 이전 잉글랜드의 생활상을 보여주는 흔치 않은 자료이다. 1932년에 이르러 원래 소유주였던 로디언 후작이 현금 융통을 위해 앤더슨 경매회사에 매각한 까닭에, 이 책은 오늘날 영국이 아니라 미국에 있다.[231] 6년 뒤, 존 샤이드는 A. S. W. 로젠바흐 박사에게 3만 8,000달러를 주고 블릭클링 호밀리에스를 구입했다. 60여

228.. 영어에서는 긴 단어가 행바꿈을 할 경우, 모음 사이에 하이픈(-)을 넣어 끊어주게 마련이다. 그러나 샤이드는 오늘날의 책에서도 페이지마다 한두 개씩은 찾아볼 수 있는 그런 흔한 광경을 구텐베르크 성서에서는 전혀 찾을 수 없다는 데 감탄하고 있는 것이다.
229.. 영국 동부 링컨셔에 위치한 도시명.
230.. 1066년에 헤이스팅스에서 노르망디 공 윌리엄 1세와 잉글랜드 왕 해럴드 2세의 군대가 벌인 전투를 말한다. 이 전투에서 노르망디 공이 승리함으로써 이른바 '노르만 왕조' 시대가 열렸다.

년이 지난 지금까지도 이 역사적 문화 유물이 해외로 반출되었다는 사실은 영국인의 자존심을 자극하고 있다. 대영도서관에서 인터뷰할 당시 니콜라스 바커는 내게 이렇게 말한 바 있다.

"그야말로 수치죠. 그건 결코 대영제국 바깥으로 유출되도록 놔두어선 안 되었던 우리의 국가적 유산입니다."

샤이드가 그 다음으로 보관실에서 꺼내온 것은 존 번연의 《천로역정》으로, 이 판본은 워낙 보존 상태가 좋은 까닭에 1963년에 대영도서관에서 열린 '인쇄와 인간 정신' 전시회 당시에 임대 형식으로 잠시 영국에 갔다 온 적도 있었다. 이 책은 한때 영국의 위대한 도서수집가 로버트 스테이너 홀포드가 소유했던 것으로 '의심의 여지없이 세계에서 가장 훌륭한' 판본으로 평가되는데, 그의 컬렉션 중에서도 최고의 소장품들은 1925년에 이르러 로젠바흐 박사에게 매각되었다. 다른 귀중본을 꺼내기 위해 걸어가면서, 샤이드는 언젠가 저명한 서적상인 한스 P. 크로스와 함께 모건 도서관에서 사도행전의 콥트어[232] 필사본 가운데 일부를 구경했을 때의 재미있는 일화를 알려주었다.

"그 사람들은 거기에다가 '잔본(殘本) 완본(完本)'이라는 안내판을 붙여놓았습디다. 그 사람들은 얼추 열다섯 장(章) 정도를 모은 모양인데, 그래놓고선 '잔본 완본'이라고 부르는 거지요. 그래서 제가 크로스 씨에게 저게 무슨 뜻이냐고, 얼마나 많이 모으면 '잔본'이 '완본'이 되느냐고 물었습니다. 사실은 크로스가 그 물건을 거의 잡았다가 놓친 적이 있

231..1933년 당시 로디언 후작은 제11대인 필립 헨리 커였다. 당시 블릭클링 호밀리에스는 5만 5,000달러, 그리고 다른 희귀본 시편집 두 권이 각각 6만 1,000달러와 2만 3,000달러라는 비교적 높은 가격에 판매되었다.
232..고대 이집트어의 계통을 따른 언어로서, 그리스어와 비슷한 알파벳을 사용한다. 기독교의 콥트교회 교도들이 16세기경까지 일상어로 사용하다가 아랍어에 밀려 17세기에는 거의 죽은 말이 되었다. 콥트어는 초기 기독교 관계 문헌에 많이 쓰여졌다.

어서 조금 놀려줄 마음도 있었던 거죠. 그랬더니 그 사람이 이렇게 말합니다. '책장수의 뻥이오, 책장수의 뻥.'"

샤이드는 아담한 상자 속에 든 가로 약 10센티미터, 세로 약 12센티미터 크기의 작은 책을 꺼냈다. 신중에 신중을 기하는 태도로, 그는 피지(皮紙)에 희미하게 알아볼 수 있는 알파벳이 적힌 그 오래된 책의 표제 부분을 펼쳤다.

"하지만 이건 '잔본'이 아닙니다. 이건 마태복음 '완본' 입니다. 5세기 경 콥트어로 쓴 책이며, 같은 시기의 그리스어 성서에서 흔히 볼 수 있는 것과 마찬가지로 필사본입니다."

샤이드가 말했다. 놀랍게도 그 섬세하고도 여린 필사본은 거의 16세기에 달하는 세월에도 불구하고, 원래의 가죽 끈과 사각(斜角) 목판으로 된 제본 상태를 고스란히 유지하고 있었다. 학자들은 현존하는 가장 오래된 마태복음 완본은 모두 4개인데, 샤이드가 소장한 성서도 그 중 하나에 해당한다고 결론을 내렸다. 흔히 '화룡점정(畵龍點睛)'이라고 일컫는 판권면에는 표제, 저자, 발행인, 발행처 등의 귀한 정보가 들어 있는 경우가 많기 때문에, 샤이드는 그 마지막 부분의 기록에 있는 각 글자들을 하나하나 설명하기 시작했다.

"저기 저 글자가 '므(m)'라고 생각해 봅시다. 그 옆 글자는 '아(a)' 입니다. 그리고 가운데 직선을 그어놓은 이 둥근 글자는 '세타(θ)' 인데, 발음은 '트(th)'와 비슷합니다. 그 다음에는 차례로 '아(a),' '이(i),' '오(o)' 등이 올 것이며 여기 '크(c)'는 흔히 '스(s)'와 같이 사용되었죠. 그렇게 되면 '마타이오스'라고 읽을 수 있습니다. 아시겠지만, 바로 '마태'죠. 이 단어 앞에는 '카타'라는 단어가 있는데, 이는 '마태에 의한'이라는 뜻입니다.[233] 그리고 여기 위에 있는 단어는 영어의 '가스펠'에 해당하는 글자인 '에반젤레이온' 입니다. '복음'이란 뜻이죠. 복음서 저자를 뜻하는 영어의 '에반젤리스트'라는 단어가 여기서 비롯되었습니다. 이렇게 해서 지금 당신이 보고 있는 이 책은 마태복음의 매우 보기 드문 초기 판본인 5세기 경의 필사본 완본인 셈입니다. 사실 이 필사본에는 이후의 필사본에서는 누락된 부분도 보입니다.

그 성서를 원래의 자리에 갖다놓은 뒤, 샤이드는 '정말 놀라운 것'이라면서 '블릭클링 호밀리에스보다 100여 년은 더 오래된' 책인, 1100년 전 프랑스 카롤링 왕조 시대의 정말 멋진 필체로 쓴 필사본 하나를 들고 왔다. 그 귀중본을 음미한 뒤, 그는 다시 보관실로 가서 그만큼 진귀하고 놀라운 다른 책을 꺼내왔다.

1947년, 프린스턴 대학의 사서인 줄리언 P. 보이드는 한때 주가를 올리던 석유 산업계의 중심지였던 펜실베이니아 주 북서쪽에 위치한 엘레게니 강 근처 외진 곳에 자리한 샤이드 장서에 대한 '개요 조사서'를 작성했다.

"샤이드 장서에는 물론 세계의 위대한 책이 상당수 포함되어 있지만, 이 장서가 위대해진 까닭은 다른 이유 때문이다. 예컨대 소장 도서를 정리하는 방식이나, 이러한 장서를 만든 목적 때문에 더 위엄과 의미를 갖추게 된 것이라고 볼 수 있다."

보이드가 이 글을 썼을 때는 샤이드 장서가 2대째에 걸쳐 유지되던 상황이었다. 이제 3대째에 이른 지금, 이 장서가 더욱 위대해졌음은 말할 나위도 없다.

샤이드 장서를 처음 만든 윌리엄 테일러 샤이드는 1847년 필라델피아에서 태어나, 나이 스물에 일확천금을 노리고 펜실베이니아의 유전지대

233..콥트어와 비슷한 그리스어로도 '마태복음'을 '카타 마타이온'이라고 한다.

로 '서부행'을 결정했다. 다른 사람들이 유정(油井)을 굴착해 부자가 되는 동안, 그는 송유관을 통해 주요 저장소와 정유소로 석유를 운송함으로써 돈을 벌 수 있을 것이라고 생각했다. 그리하여 서른세 살의 나이에 샤이드는 모든 송유관 시설을 합병한 조직의 상무가 되었으며, 마흔두 살의 나이로 업계에서 은퇴할 때는 존 D. 록펠러조차도 그에게 재고하기를 권할 정도였다. 그는 일을 그만두고 자기 서재에 책을 늘려가는 데에만 전념하기로 결심했는데, 처음 몇 년 동안 그가 모은 책이라곤 타이터스빌 근방에서 쉽게 구할 수 있는 책들뿐이었다. 이웃들에게 봉사한다는 마음으로 그는 자기 서재를 개방했다. 그는 대여자들이 사용할 수 있도록 날짜, 제목, 서명(署名)을 기입할 수 있는 표를 만들었는데, 맨 밑에는 이런 주의사항이 적혀 있었다.

"빌려간 날로부터 일주일 안에 원래 상태대로 돌려주십시오."

1889년 5월 1일, 샤이드는 책을 구입하기 위해 4개월간의 일정으로 유럽을 찾았다. 그가 구입한 물품 중에는 계약서, 교황의 교서, 송장, 사면장, 증서, 유언장 등 수백 점의 중세 문헌이 있었다. 역사학을 공부한 그는 말년에 이르러 다가오는 시대가 '열띤 내전의 한가운데에 놓일 것'이라고 예측했다. 이런 지적 호기심의 결과물이 바로 그의 장서였는데, 이를 두고 보이드는 "이 장서가 전문적인 학자의 도움을 받았을는지는 모르지만 적절한 시기에, 적절한 장소에, 적절한 형태로 이런 장서를 구축했다는 사실로 미루어, 그가 원래 어떤 사람인가에 관계없이 윌리엄 T. 샤이드는 다른 무엇보다도 '학자' 였음이 분명하다"고 썼다. 더 중요한 것은 샤이드가 미국 도서수집가들의 역사에서도 가장 흥미로운 위치를 차지하며, 이후의 더 위대한 장서 수집을 위한 초석을 깔았다는 점이다.

언젠가 그는 어떤 책값이 얼마인지 어머니에게 함부로 이야기를 했다는 사실 때문에 아들 존을 꾸짖은 적도 있었다.

"몇 번이나 시도했음에도 불구하고 네 어머니는 서적의 값어치를 전혀 이해하지 못한다. 그래서 비용의 문제가 올라갈 때는 괴로움을 느끼는 거란다. 네 어머니는 서적 구입이란 멍청하기 짝이 없는 일이라고 생각해서 언젠가는 우리가 끔찍한 결과를 피할 수 없을 것이라고 겁을 내지."

1904년, 아버지로부터 그런 내용의 편지를 받았을 때, 존 샤이드는 스물아홉 살의 나이로 애디론댁 산맥에 위치한 새러넉 레이크의 요양소에서 결핵 치료를 받고 있었다. 프린스턴 대학을 졸업한 지 겨우 8년 만에, 존 샤이드는 지병으로 인해 정유업계를 떠나야만 했다. 1907년에 부친이 사망하자, 존은 그때부터 가계를 책임져야 했을 뿐만 아니라, 타이터스빌에 있는 장서에 대한 책임도 떠맡아 전체 도서목록을 작성하기도 했다. 당시 장서는 모두 2,500여 권이었는데, 그 대부분은 존재 그 자체만으로도 충분히 이름을 떨칠 만한 것들이었다. 왜냐하면 1480년에 니콜라스 장송이 베네치아에서 인쇄한 토마스 아퀴나스의 《진리론》, 1482년에 베네치아에서 인쇄된 에우클레이데스의 《기하학 원론》, 1476년 바젤에서 인쇄된 유스티니아누스 황제의 《법학제요(法學提要)》, 그리고 뉘른베르크 연대기 등의 초기 필사본과 인큐내뷸러는 매우 구하기 힘든 희귀본이었기 때문이다.

래드롭 C. 하퍼는 1910년에 존 샤이드에게 성서 한 권을 팔았다고 회고한 바 있지만, 과연 존이 언제부터 도서수집에 열을 올렸는지는 불확실하다. 아마 애초에는 훌륭한 성서 판본들을 모으는 것을 의도했는지 모르지만, 그의 계획은 이후 계속해서 다듬어졌다. 존 샤이드는 근대의 역사가 인쇄술의 발명과 아메리카의 발견이란 두 가지 사건을 통해 비로소 시작되었다고 한 어느 프린스턴 대학 교수의 발언에서 자신의 대략적인 주제를 정한 바 있다. 존은 전문 감식가의 영혼과 서지학자의 눈으로 책을 알게 되는 경지에 이르렀으나, 결코 경솔하게 굴지는 않았다. 오래지 않아, 존은 로젠바흐 박사로부터 책을 구입하기 시작했다. 그들의 첫 거래는 1914년에 시작되었는데, 이 때 존은 런던에서 열릴 예정인 휴트 경매에 나올 네 권의 책에 대해, 로젠바흐 박사의 형인 필립 로젠바흐를 통해 입찰하겠다는 편지를 썼다. 존 샤이드는 로젠바흐에게 이렇게 썼다. "저는 이들 품목을 입수할 수 있기를 간절히 바라고 있습니다. 저는 귀하의 형님께서 가능한 한 저렴한 값에 그 품목들을 입수해 주시길 믿어 의심치 않습니다."

1914년 7월 29일, 로젠바흐는 아쉽게도 네 가지 품목 중에서 마르틴 루터의 소책자 한 권만을 손에 넣었을 뿐이라고 답장을 보냈다. 그는 다음과 같이 설명했다. "경제적으로 어려운 시기이고 전쟁의 위협이 가시지 않는데도 불구하고, 탐나는 책들은 경매에서도 고가에 팔리고 있습니다. 다른 투자물품들은 가격이 하락하는데도, 책과 문학 관련 품목들은 그 어느 때보다 비싼 값에 팔리고 있다는 사실이 의아할 지경입니다." 그로부터 4년 반 뒤에 로젠바흐가 보낸 다음과 같은 편지에서 드러나듯이, 샤이드는 여전히 돈을 아끼고 있었다. "존스 경매에서 막 돌아왔습니다. 귀하의 의뢰를 받고 입찰에 참여한 물품 가운데 그 어떤 것도 인수할 수가 없었다는 점이 유감일 따름입니다." 로젠바흐는 자신이 노렸던 경매품목을 목록으로 만들었고, 몇몇 경우에는 낙찰자의 이름을 밝혀놓았다.

이런 좌절이 있었지만, 샤이드와 로젠바흐 사이의 활기찬 거래는 계속되었다. 1923년, 일단 물품을 확인 후에 매매하기로 하는 조건으로 아이슬란드어 성서[234] 한 권을 받은 뒤, 샤이드는 '우리가 가격에 대해 합의할 수만 있다면 이 책을 기꺼이 구매할 것'이라고 썼다. 책을 면밀히 검토한 뒤, 그는 '1권과 2권 사이에 앞뒤 공백 면이 있어야만 하는데 그게 없을 뿐만 아니라, 위아래 여백이 원래 길이보다 3센티미터 가량 잘려나 갔고, 좌우 여백도 1.5센티미터 가량 또 깎여 나갔다'고 지적했다. 그는 또한 손을 본 흔적과 함께, 일부 문장이 누락되었다는 사실도 발견했다. "이런 이유들 때문에 귀하가 제시한 가격인 485달러는 비싼 것 같습니다. 어느 정도 액수라면 구입이 가능하리라고 생각하는지 듣고 싶습니다." 이에 대한 로젠바흐의 답변은 그런 결함들은 인정하지만, '손을 본 흔적이 없고 공백 면을 모두 갖춘 책은 그보다 훨씬 더 가격을 쳐 주어야만 한다'는 것이었다. 결과적으로 애초의 가격은 변동이 없었고, 샤이드 역시 누그러졌다.

또 다른 우정 어린 서신 교환은 몇 달 뒤, 로젠바흐가 '완벽한 데다가 현존하는 것 중에서도 가장 훌륭한 예로 들 수 있는 그 유명한 1488년판 호메로스 초판본을 오늘 속달로 타이터스빌에 보냈다'고 샤이드에게 편지를 보내면서 시작되었다. 로젠바흐는 비록 그 책의 정가는 2,200달러로 해 놓았지만, '귀하에게는 1,950달러라는 특별 가격에 넘겨드릴 수 있다'고 적었다. 샤이드는 답장에다가 '이 책은 애정을 지니고 대하는 사람들을 즐겁게 하는 참으로 유쾌한 책이긴 하지만, 귀하께서 열정적으로 설명하신 것처럼 어디에도 비할 바 없는 책은 아닌 것 같다'고 썼다. 실제로 샤이드는 그 책이 완벽과는 거리가 멀어서, '텍스트가 시작되기 바로 직전에 있다는 그 유명한 공백 페이지가 없는데, 이는 로버트 호우와 휴트의 소장본에는 공히 포함된 것으로 다른 고서 판매목록에서도 상당히 주의 깊게 표시해 놓고 있는 특징'이라고 적었다. 샤이드는 책의 길이도 다른 소장본과 약 0.5센티미터 정도 차이가 난다고 지적했다. 이

---

234. 번역자인 홀라의 주교 구드브란두르 토르락쏜의 이름을 딴 '구드브란드스 비블리아'라는 이름으로 널리 알려진 성서본이다. 덴마크의 프레데릭 2세가 출판 비용을 보탠 뒤, 아이슬란드의 모든 교회에 한 권씩 구매할 것을 명한 바 있다.

런 단점은 분명하지만 샤이드는 이 책을 '기꺼이 소유하고 싶다' 면서, 수표를 보낼 수 있도록 계산서를 부쳐달라'고 부탁했다.

호메로스의 에디티오 프린켑스와 아이슬란드어 성서를 두고 지분거리긴 했지만 사실 이는 사소한 일에 불과했고, 몇 달 뒤 구텐베르크 성서를 타이터스빌에 비치할 수 있다는 가능성이 생기면서 판돈은 더 커졌다. 1924년 1월 3일, 로젠바흐에게 쓴 편지에서 샤이드는 최근에 나눈 대화를 언급하며, 갑자기 그런 생각이 든다는 듯이 구텐베르크 성서의 엘스워스-브린리 소장본에 관한 주제를 둘러싸고 '우리들이 어떻게 말을 얼버무렸는지' 언급했다. 로젠바흐는 그로부터 몇 달 전에 이 책을 손에 넣은 바 있었다. "운 좋게도 자금도 생기고 해서, 이 책의 대금을 전액 현금으로 결제하는 것에 관해 귀하와 좀더 자세히 이야기를 나눌 입장이 되었으니, 이번 교섭에 제가 끼어들어도 될지 의향을 여쭤보고 싶습니다"라고 샤이드는 말을 이었다.

대부분 서신을 통해서였지만, 두 사람은 당시 10년 가까이 거래를 계속하고 있었다. 샤이드는 환영할 준비는 이미 갖춰 두었으니, 지금이 로젠바흐가 타이터스빌을 처음 방문하기에 가장 좋은 시간이 될 것이라는 사실을 시사했다. 1924년 2월 5일, 로젠바흐는 "물론 저는 구텐베르크 성서를 가져가겠습니다"라고 편지에 썼다. 샤이드는 답장에 쓰기를, 만약 그 책들을 직접 가져오기가 성가시다면 속달로 '미리 보내는 게 좋을 수도 있을 것'이라고 했다. "제 서재는 현대 건축술로 만들 수 있는 한 가장 훌륭한 내화 시설을 갖췄으며, 거기에 더해 화재에 버틸 수 있는 금고도 있습니다." 이 금고는 오늘날에도 그의 아들이 프린스턴에서 사용하고 있다. 이들 편지에도 금액에 관한 논의는 없다. 분명히 철도편으로 타이터스빌을 찾은 로젠바흐는 샤이드에게 두 권의 책을 보여주고 정찰 가인 4만 6,000달러를 불렀을 것이다. 로젠바흐 서점의 장부 기록에 따르면 샤이드는 그 가격을 고스란히 지불했다.

　1932년, 로젠바흐는 샤이드에게 《성무원리(聖務原理)》, 즉 귈리엘무스 두란두스가 미사를 모시는 성직자들을 위해 마련한 안내서인, 속칭 두란두스서의 15세기 판본 한 권을 팔려고 내놓았다. 이 책은 1459년 10월 6일에 마인츠에서 요한 푸스트와 페터 쇠퍼가 인쇄한 것이었다. 로젠바흐는 이렇게 편지에 썼다. "고급 피지(皮紙)에 인쇄된 이 훌륭한 책은 구텐베르크 성서 이후에 나온 인쇄본 중에서도 가장 위대한 작품으로 평가받고 있습니다. 이 책은 구텐베르크의 동업자들과 후계자들이 만든 인쇄소에서 발행된 책 중에서 현재 손에 넣을 수 있는 가장 초기본입니다. 발행일이 인쇄된 책으로는 세 번째인데, 앞서의 두 책은 현재 구할 수도 없게 되었습니다." 샤이드는 답장에서 두란두스서가 '생각만 해도 군침이 도는 책'이라고 생각하긴 하지만, 대공황 하에서 계속되는 재정적 어려움으로 인해 사양할 수밖에 없다고 썼다. 하지만 그로부터 수십 년이 흐른 뒤, 존 샤이드의 아들인 윌리엄 샤이드는 바로 그 두란두스서뿐만 아니라, 로젠바흐 박사가 '구할 수도 없다'고 했던 두 책, 즉 1457년 판과 1459년 판 마인츠 시편조차도 입수했다. 윌리엄 샤이드는 음악 교육을 받았기 때문에 그의 입수 도서 중에는 루드비히 판 베토벤과 요한 세바스티안 바흐의 친필 악보도 있었다.

　1990년, 그롤리에 클럽은 샤이드 가(家) 장서의 '125년에 달하는 성장사'를 기리는 뜻에서, 컬렉션 가운데 일부를 선정해 전시회를 열었다. 성서 중에서는 마르틴 루터의 9월 성서와 마태복음의 12세기 프랑스어 필사본도 포함되었는데, 이는 한때 토머스 필립스 경이 소유했던 물품들이었다. 인큐내뷸러 중에는 한때 16세기 프랑스 왕이 소유했던 1494년에 나온 알두스 판 아리스토텔레스가 '전혀 가장자리를 잘라내지 않은' 원본 그대로의 모습으로 들어 있었다. 또한 미국 문헌 중에는 1783년 미국 독립전쟁을 종결 지은 파리조약의 미도련본(未刀鍊本)과, 남북전쟁 중에 율리시즈 S. 그랜트 장군이 보관해 온 서신철도 있었다. '베이 시편집'보다도 무려 80년이나 먼저 멕시코에서 인쇄된 1549년 판 영국 국교회 기도서와 다른 세 개의 문헌 자료도 함께 전시되었는데, 이는 본래 로버트 호우의 소장품이었다.

피어폰트 모건 도서관의 희귀본 큐레이터로 일했고, 지금은 소더비의 희귀본 담당자인 폴 니덤은 1976년에 샤이드 문고에 대해 이렇게 말했다. "인쇄술의 여명기를 대표하는 세 가지 기념비적인 책인 구텐베르크 성서, 1457년 판 시편, 1459년 판 시편을 모두 함께 보유한 전 세계의 다섯 군데 장서 가운데 하나다. 그 밖에 이런 영광에 동참할 수 있는 곳은 대영도서관, 라일랜즈 도서관, 프랑스 국립도서관, 독일 바이에른 주립도서관 뿐이다. (……) 지금의 소유주가 42행 성서나 시편을 통해 자신의 나아갈 바를 찾으며 느끼는 순정한 평정을 목격한 사람들이라면, '책은 사용되어야 하고 읽혀져야만 한다'는 오랜 전통이 여전히 살아 있음을 곧바로 알아차릴 것이다."

이른바 구텐베르크의 인쇄소에서 인쇄된 것으로 추정되는 또 다른 책, 즉 요한네스 발부스의 《카톨리콘》[235]도 샤이드의 장서를 대표하는 책들 가운데 하나다. 여기서 특히 관심을 끄는 것은 이 책의 판권면에 삽입된 문구이다. 1936년에 마거릿 스틸웰이 번역한 바에 따르면 이 책의 판권면은 다음과 같이 기록되어 있다.

---

[235]..오늘날 '카톨리콘'이란 말은 '만병통치약'이라는 의미로 사용되는데, 여기서는 요한네스 발부스가 1286년에 편찬한 '라틴어 사전(숨마 그라마티칼리스 콰에 보카투르 카톨리콘)'의 약칭으로, 훗날 '사전'의 대명사가 되었다. 특히 이 책은 구텐베르크가 '성서'보다도 먼저 인쇄한 작품이라 해서 더욱 유명하다.

그 발치에서는 어린 자들의 혀조차도 달변으로 만드시며, 현명한 자들에게도 감춰둔 것을 때로 너무나 비천한 자들에게 베푸시는 전능하신 하느님의 도움으로, 이 훌륭한 책 《카톨리콘》이 영광스러운 게르만 민족의 위대한 도시 마인츠에서 인쇄되기에 이르렀으며 (이는 하느님의 은총에 힘입어, 전능자께서 은혜가 넘쳐흐르는 재능과 그토록 드높이 반짝이는 재주로 지상의 다른 민족들보다 위에 우리를 등용시키고 고양하시려 의도했다는 뜻이니) 우리 주님께서 강생하신 지 1460년이 되는 해에 완성을 보게 되었나니, 이는 갈대로도, 철필로도, 깃촉으로도 쓴 것이 아니요, 다만 타인기(打印器)와 주조한 활자가 조화롭게 동시 작용한 결과로소이다. 그러므로 성부와 성자와 성령으로 비롯한 것이니 그 찬양과 영광은 하나의 하느님 안의 삼위, 그 성스러운 삼위일체에 있나니. 지금으로부터 앞으로 영원토록, 교회에 한결같은 영광이 있기를, 온 세상이여, 이 책을 기릴 것이며 또한 모든 민족이여, 복되도다, 성모 마리아를 찬미하소서. 하느님이시여, 감사받으소서.

윌리엄 샤이드와 처음 인터뷰했을 때, 그는 내게 수집품 중에서는 1457년 판 시편을 으뜸으로 여긴다고 말하며, 이는 이 책이 '손에 넣기 힘들기 때문'이기도 하지만 자신의 초기 인쇄물 수집에 있어 이 책이 지닌 영향력 때문에 그렇기도 하다고 덧붙였다. 그 몇 달 뒤인 1991년 11월 27일, 그는 또 한 번 중요한 발걸음을 내딛었다. 78세 생일을 꼭 한 달 남겨두고서 그는 구텐베르크의 활자로 인쇄한 최초의 36행 성서가 바야흐로 200년 만에 런던 크리스티에 경매 물품으로 나오자, H. P. 크로스 사의 롤런드 폴터를 대리인으로 보내 200만 달러가 약간 못 되는 가격까지 입찰하도록 했다. 경매 직후에 새로운 소유주의 이름은 발표되지 않았지만, 이른바 '36행 성서 리버풀 소장본'으로 알려진 책이 북미로 가게 되었으며—이 책이 대서양을 넘어 가기는 사상 최초였다—새로운 보금자리는 아마도 샤이드 문고가 될 것이라는 소문이 서적업계에 즉각 알려졌다.

이제 한 지붕 아래 다섯 종류의 중요한 인큐내뷸러—42행 성서, 두 종류의 마인츠 시편, 두란두스서, 36행 성서—가 모이게 되었는데, 역사상 개인 수집가가 이 모두를 한꺼번에 소유한 일은 단지 세 번뿐이었다. 즉, 샤이드 이전에는 영국 왕 조지 3세와 제2대 스펜서 백작 조지 존뿐이었던 것이다. 게다가 이들 책 중에서 네 권은—저마다 오랫동안 구할 수 없다고 여겨진 책들이었음에도—지금의 소유주가 구입한 것들이었다. 폴 니덤은 이렇게 말했다. "저는 늘 샤이드 문고야말로 개인 도서관으로는 그 어디와 비교해도 최고라고 주장해 왔습니다. 하지만 이번 책을 입수하면서 샤이드 문고는 절대적으로 특별해졌습니다. 도서수집가의 삶에 있어 이보다 더 높은 봉우리가 어디 있겠습니까?"

08
거울 이미지

 "친애하는 애서가 벗들이여, 당신의 서재는 당신의 성격을 비춰주는 거울이라는 것을 기억하시오." 프랑스의 도서수집가 모리스 로베르는 1936년, 국경을 넘어온 나치 무리들의 저속한 문학작품을 불태워 버릴 때 이렇게 경고한 바 있다. 그런가 하면 "무슨 책을 읽는지 보면 그 사람을 알 수 있다"는 옛날 속담도 있다. 시인이자 고전학자이자 과학자였던 알렉산드리아의 에라토스테네스는 노년에 접어들어 시력을 잃게 되자 어찌나 상심했던지, 더 이상 책을 벗 삼아 살아갈 수 없다면 죽는 게 낫다며 곡기를 끊고 자살했다. 존 힐 버튼이 언급한 어느 부주교는 자기 책들이 흩어져버린다는 사실에 너무 마음 괴로워하며 공황 상태로 경매장을 나가더니만, 육군 장교의 제복을 차려입고 다시 들어와 남은 경매품을 모두 사들였다는 일화가 있다. 서로 엇비슷해 보이는 책들로 꽉 들어찬 집에서 어느 책이 어디에 있는지 어떻게 기억하느냐는 질문을 받은 찰스 램은 그만의 재치 있는 반문으로 받아쳤다. "목자가 어찌 그 어린

양을 알아보지 못할쏘냐?"

수집에는 고통이 있다. 수집에는 환희가 있다. 지난 세기 초, 영국의 비평가 J. C. 스콰이어는 살러먼 이글이라는 필명으로 쓴 〈서재 옮기기〉라는 글에서 새로운 거처에 서재를 배치하는 일이 얼마나 힘든지를 아래와 같이 잘 묘사한 바 있다.

밤이면 밤마다 나는 긴 계단을 오르내리며, 어쩐지 내가 가진 것보다 훨씬 더 많게 느껴지는 책들을 양손 가득 들고 아래층으로 옮겼다. 한 번 다녀오면 다녀올 때마다, 내부순환선을 도는 전동차의 운행만큼이나 따분하기 짝이 없는 일이 반복되었다. 올라갈 때는 빈손이지만, 내려올 때는 두 손바닥과 내 턱 끝을 세 개의 버팀점으로 해서 그 사이에 금방이라도 쓰러질 듯 아슬아슬한 책 더미를 잔뜩 끼워넣고는 영감처럼 허리를 굽힌 채 조심조심 아래층으로 내려오곤 했다. 이 일은 계속해야 할 수밖에 없었다. 일단 시작되면 거기서 빠져나갈 구멍은 없었다. 이 과정을 되풀이하다 보면, 때로는 피라미드를 건설하던 노예들이 그 유명한 기념물을 저주한 것처럼 책을 저주하고 싶기도 했다. 책 때문에 생기는 엄청나고도 쓰라린 속앓이가 한 사람의 영혼으로 밀어닥쳤기 때문이다. 이 엄청난 양의 종이며, 인쇄물이며, 죽은 자들의 생각에 꼭 붙들려 있으니, 그 얼마나 한심한 일이냔 말이다! 이 쓰레기 더미가 쌓인 곳을 떠나 자유롭고 속박받지 않으며 문맹의 초인들이 사는 세계로 걸어 나가는 일이야말로 더 가치 있고 유쾌하면서도 용감한 일이 아니겠는가?

하지만 비교적 단순한 육체적 고난보다 더 끔찍한 일은 이전과는 모양이나 배치가 전혀 다른 방에 어떤 식으로건 서재를 원래대로 배치하는 일이다. 왜냐하면 어디에 무슨 책이 있는지 아느냐, 혹은 모르느냐에 따라 진정한 '수집가'와 '탐서가'가 구분되는 것이기 때문이다. 이 글은 다음과 같이 결론짓는다. "지금 이 순간, 나는 톱밥, 백색 수성 도료, 못, 담뱃재, 다 쓴 성냥개비, 그리고 세계의 위대한 스승들의 위대한 저작들로 엉망이 된 너른 마루의 한가운데 앉아 있다. 다행히도 러스킨의 말을 빌리자면, '몇 달이 흐르고, 흐르고, 또 흐른다고 해도 이 짓을 내가 다시 할 것 같지는 않구나.'"

뉴욕 시의 투자가 카터 버든은 한때 "책이 아무리 많아도 '너무' 많아 걱정이라고는 할 수 없다. 마치 어떤 사람의 몸매가 '너무' 날씬해서 걱정이라거나, 혹은 돈이 '너무' 많아 걱정이라고 할 수 없는 것처럼 말이다"라고 선언함으로써 미국의 모든 고서적상을 흥분시켰다. 이런 발언을 했던 1987년에 이르러, 무려 10여 년에 걸쳐 현대 미국문학 관련 자료를 모조리 모으겠다고 결심했던 버든의 계획은 거의 완성 단계에 도달해 있었다. 그 당시까지 그가 수집한 책, 원고, 미출간 시나리오, 특정 작품이 처음 실린 잡지, 비평문, 이페머러 등에 등장한 작가는 6,000명에 가까웠다. 어림짐작하면 그는 이미 7,000권 이상의 책을 입수한 상황이었다. 그는 이렇게 자랑했다. "그 책들은 단순히 내 방에 비치된 게 아니라, 숫제 방을 삼켜버렸다. 어디에나 책이 널려 있다. 내 연구실에, 서재에, 부엌에, 복도에, 목욕탕에, 아이들 방에."

2년 뒤, 버든은 이스트 리버가 내려다보이는 방 14개짜리 콘도미니엄을 매각한 뒤, 인테리어 디자이너 마크 햄튼에게 의뢰해 센트럴 파크가 한눈에 들어오는 5번가의 좀더 작은 아파트를 새로 고쳤다. 버든은 자신의 책들을 창고로 옮겨 보관함과 동시에 서적 구입을 중단했는데, 이와 같은 갑작스런 조치는 서적업계 전체에 상당한 걱정거리가 되었다. 어떤 서적상들은 그의 갑작스런 활동 중단으로 인해 한 시대가 드디어 마침표를 찍은 셈이라고 말하기까지 했다. 그 즈음 버든은 내게 이렇게 말했다. "책을 여기 가까이 두지 못한다는 것은 슬픈 일입니다. 저는 책을 읽는 것도 좋아하지만, 단순한 대상으로서 책을 즐기는 일도 좋아합니다. 책과 함께 사는 게 좋습니다. 책을 손에 들어보는 게 좋습니다. 책을 손수 글라신 지[236]로 포장한 뒤, 적절한 자리에 꽂아두는 일을 좋아합니다. 그렇게 손을 움직여 일하는 것이 제겐 일종의 치료 요법이나 마찬가지였습니다. 그런데 이제는 책들을 직접 만져보지도 못한 채 도서목록을 보고 추상적으로만 책을 수집하게 되었으니, 이건 더 이상 수집이라고 할 수도 없습니다. 그렇게 해서 지금은 잠시 중단하게 된 겁니다."

부계로 따져 코넬리어스 밴더빌트 제독의 6대손인 카터 버든은 자기 가문의 투자회사인 윌리엄 A. M. 버든 컴퍼니에서 부지런히 일하고 있기 때문에, 세계의 고전을 포함해 원하는 것이라면 무엇이든 실제로 수집할 수 있는 재력을 갖추고 있었다. 하지만 처음부터 버든은 20세기 미국문학 초판본만을 더 이상 비길 데 없는 수준까지 수집할 작정이었다.

그는 이렇게 말했다. "그 정도면 적당한 액수의 돈으로도 가능하겠다고 본 거죠. 저는 한동안 그림을 수집하다가 한참 뒤에야 책으로 바꿨습니다. 제가 미국 현대 미술 작품을 수집하기 시작했던 1960년대 무렵만 해도, 프랭크 스텔라의 작품은 2,000달러 정도면 충분히 살 수 있었고, 재스퍼 존스의 작품도 기껏해야 1만 달러를 넘지 않았습니다.[237] 하지만 저로선 작품 하나에 1만 달러 이상을 지불할 생각은 없었는데, 그랬더니 곧 제가 감히 따라붙지도 못할 정도로 가격이 오르더군요." 중급의 미술 작품을 수집할 수 있는 돈만 있으면 최상급의 서재를 꾸밀 수 있다고 생각한 버든은 그림들을 팔아치우기 시작했다. "솔직히 말하자면, 기본적으로 저는 그림으로 번 이익금을 갖고 책을 샀습니다. 하지만 그림을 살 때만 해도 그걸 투자라고 생각해 본 적은 없어요. 그 당시에 가족들은 저

---

236. 포장용으로 많이 사용되는 반투명 종이를 말한다.
237. 프랭크 스텔라와 재스퍼 존스 모두 지금은 작품 한 점당 수십만에서 수백만 달러를 받는 유명 작가가 되었다.

더러 꼴통이라고 했지만, 지금은 오히려 천재라고 합니다. 하지만 솔직히 말하자면 저는 그 당시에도 꼴통이 아니었고, 지금 역시 천재는 아니라는 것이죠."

버든은 더글러스 페어뱅크스 1세의 질녀인 어머니 플로벨 페어뱅크스가 배우로 활동하던 캘리포니아 주 비벌리힐스에서 성장했다. 어떤 기사에 따르면 1960년대 중반 맨해튼의 사교계에 처음 등장한 버든은 '키 큰 금발의 부유하고 매력적인 미남'으로 '엄청난 재산과 특권을 배경으로 뉴욕 사교계 엘리트들이 모이는 상류사회'에 들어가게 되었다. 1964년, CBS 회장 윌리엄 S. 페일리의 두 번째 부인 베이브 쿠싱 모티머 페일리의 딸 아만더 제이 모티머와 그의 결혼식은 모르는 사람이 없을 정도로 큰 화제를 불러 일으켰다. 카터와 아만더 버든 부부는 '젊은 기관차'니, '뉴욕 최고의 유쾌한 부부'로서 다양한 평판을 받았다. 《보그》지는 10면에 걸친 특집 기사 〈젊고 즐거운 삶〉을 통해 다코타에서 살아가는 그들의 삶을 다루며 해맑은 이미지를 한껏 부추겼다. 하지만 1972년에 이르러 '젊고 즐거운 삶'은 끝이 났고, 결혼 생활도 마찬가지였다. "우리가 너무 어렸던 거죠." 버든의 말이다. 1977년, 버든은 지금의 아내인 수전 버든과 결혼했다. 수전 버든은 수집벽이 있는 남편의 열정을 존중하긴 하지만, 함께 동참할 생각은 없었던 가족요법사[238]였다.

버든은 이렇게 말했다. "수집벽은 타고나는 것이라고 확신합니다. 하지만 단순히 아버지에게서 물려받거나 하는 게 아니라—우리 애들은 실제로 수집에는 관심이 없으니까요—다만 열정을 지녔느냐, 지니지 않았느냐의 문제입니다. 저는 여섯 살 때부터 장난감 병정이라든가 야구 카드 따위를 수집했어요. 사실 그 정도야 특이한 일은 아니겠지만, 그 장난

238..가족을 치료 대상으로 삼는 심리요법을 실시하는 사람을 말한다.

감 병정들을 지금까지도 보관하고 있다는 사실은 특이하다고 볼 수 있죠."

하버드 칼리지와 컬럼비아 법과대학을 졸업한 뒤, 버튼은 상원의원인 로버트 케네디의 보좌관으로 일하다가, 1968년 뉴욕 시의원에 당선되어 8년간 봉직했다. 하지만 버튼의 정치적 야심은 1978년에 뉴욕 시장선거에 출마하기 위해 사임한 에드 코크로 인해 공석이 된 하원의원 자리를 노림과 동시에 끝나버렸다. 선거 자금으로 사비 100만 달러를 썼음에도 불구하고, 그는 결국 패배하여 가족들이 운영하는 투자회사에 들어가게 되었다.

1981년, 마흔 번째 생일을 얼마 앞두고서 버튼은 문득 멋진 서재를 만들어보자는 생각을 떠올렸다. 왜 굳이 미국문학을 추구하기로 결정했느냐고 묻자, 버튼은 이렇게 설명했다. '최고의 물건을 언제라도 구할 수 있고 그 가격도 꽤 싸기 때문에, 그리고 몇몇 예외를 제외하고는 경쟁도 상대적으로 적었기 때문' 에 그랬다고 말이다. 우선 수집 범위를 설정한 뒤, 그는 자신의 기대치를 결정했다. "저는 제 수집품이 모두 서지학적으로 최고의 기준에 부합해야만 한다고 생각했습니다. 저는 처음 나온 그대로의 상태에, 원래의 책 표지를 지닌 초판본만을 고집했습니다. 희귀본이나 최상품 모두 원했지만, 무엇보다도 제 수집품의 깊이와 폭에 신경을 많이 썼습니다."

윌리엄 포크너와 어니스트 헤밍웨이처럼 작품성을 인정받은 거장들을 비롯하여, 버튼은 '지난 수십 년 동안 누구도 관심을 보이지 않았던' 부스 타킹턴과 펄 S. 벅 같은 작가의 작품 역시 수집했으며 소설가, 시인, 극작가뿐만 아니라 '비평가, 유머작가, 탐정소설가, 과학소설가, 서부소설가, 흑인소설가, 정치소설가' 등의 작품들까지 마다하지 않고 서가에 꽂았다. "더 나아가, 저는 주요 작가의 작품을 상당히 깊이 있게 수집하려고 노력했습니다. 교정쇄, 한정본, 이본(異本), 소책자, 브로드사이드, 영국 초판본, 심지어 작품이 수록된 정기간행물에 이르기까지 말입니다." 오래지 않아 이스트사이드에 있던 그의 큰 아파트에는 책이 가득 들어찼다. 방과 거실마다, 귀퉁이와 소파 옆 테이블마다, 차곡차곡 책이 쌓여갔다. 이 책들은 버든이 살아오는 내내 모았던 다른 수집품들, 예컨대 인도의 소품 회화, 그림, 조각, 유리장식품, 목제 코담배 갑, 심지어 각각의 구멍 위에 '찬성'과 '반대'라고 글자가 적힌 영국의 구식 투표함에 이르기까지 이른바 '자멜주리움'[239])에 해당하는 것들과 함께 집안을 가득 메웠다.

1980년대가 끝나갈 무렵, 갑자기 이런 기세가 누그러졌다. 버든이 수집을 그만 두었다는 이야기가 퍼졌고, 책을 다시 팔고 있다는 소문이 들렸다. 실제로 버든은 뉴욕 공립도서관에 상당한 양의 과학소설 관련 수집품을 기증했으며, 캘리포니아 주 샌타바버라에 있는 조셉 더 프로바이더 서점의 대표인 랠프 B. 시퍼에게 W. H. 오든에 관한 모든 저작물을 위탁 판매했다. 그러자 원래 부유한 집안 출신임에도 불구하고 버든이 책을 구입하다가 파산지경에 이르렀으며, 따라서 수집품뿐만 아니라 이스트사이드의 아파트도 팔아야 할 지경이라는 소문까지 흘러나왔다.

하지만 내부 사정을 잘 아는 몇몇은 전혀 다른 각도에서 이 상황을 바라보았다. 캘리포니아 주 버클리에 있는 고서점 세렌디피티 북스의 대표인 피터 B. 하워드는 이렇게 말했다. "저는 카터가 본인이 원하던 것을 거의 다 구했기 때문에 더 이상 책을 구매하지 않는 것이라 생각합니다. 사람들은 '카터 버든 현상'을 이해하지 못합니다. 예, 정말이지, 하나의 '현상'이라고 부를 만하죠. 왜냐하면 전례가 없었던 일이었으니까요. 저

---

[239]..독일어로 '난장판', '허섭스레기' 등의 뜻이 있다.

는 1965년부터 이 사업에 종사했는데, 제 기억을 뒤져봐도 그야말로 유일무이한 일입니다."

버든과 내가 처음으로 대화를 나눴던 1990년 당시, 버든은 자기가 살던 아파트에서 막 이사 나온 직후였다. 버든은 평소에 센트럴 파크 근처에서 살고 싶어 하던 아내 수전의 의견에 따라 5번가로 이사하게 되었다고 했다. 물론 5번가의 새로운 집이 더 좁은 탓일 수도 있겠지만, 만약 이사하지 않고 예전 아파트에서 살기로 결심했다 해도 그의 도서수집의 기세가 전보다 못하기는 마찬가지였을 것이다. 버든은 이렇게 말했다. "바닥이 아래층으로 무너져 내릴 것 같아 겁이 난 것도 사실입니다. 상당한 노력을 기울인 것만은 사실이지만, 결국 어떤 컬렉션도 완벽해질 수 없다는 사실을 금방 깨닫게 되기도 했고요. 그래서, 맞습니다, 저는 애초의 뜻을 이루지는 못했죠. 하지만 중요한 점은, 아마, 그럼에도 불구하고 노력했다는 점이겠지요. 가령 지금부터 수집을 시작한다고 하면, 아무리 노력한다고 해도 옛날에 제가 시작했을 때만큼 방대한 수집품을 모으기는 불가능할 겁니다. 6,000명의 작가를, 그리고 그들이 쓴 모든 책의 모든 판본을? 그들의 작품이 수록된 정기간행물과 서명이 들어 있는 한정판까지? 심지어 미수정 교정쇄까지 죄다 모으려고 들다니, 그게 실수였던 거죠."

미수정 교정쇄란 작가의 원고대로 조판은 마쳤으나 최종 제작 승인은 떨어지지 않은 책이다. 때에 따라 가감은 있으나 대략 100부 정도를 제작하는데, 말하자면 최종 원고와 시판용 책 사이의 중간적인 상태라 할 수 있다. 교정쇄는 대개 출판사 내부에서만 열람되지만, 그 중 일부는 적당한 시점에 주목을 받기 위해 일찌감치 평론가들에게 제공되기도 한다. 대개 교정쇄는 일반용지에 인쇄하여 제본되고, 다음과 같은 전형적인 경고문을 표지나 내지에 찍은 뒤 배포하게 된다. "이 책은 교정 및 서평용으로 사전 제작된 미수정 교정쇄입니다. 최종 인쇄 단계에서 작가가 내용 중 일부를 고칠 수도 있으므로, 서평 등의 목적으로 이 책에 실린 구절을 인용하실 때에는 반드시 최종 인쇄본을 참조하시기 바랍니다."

출판사에서 만든 교정쇄가 약 60년 전부터 나돌기 시작했는데, 현대 문학에 대한 수요가 증가하면서 주로 교정쇄가 초판본보다 더 빠른 '스테이트'[240]라 할 수 있고, 몇몇 경우에는 작품의 '이본(異本)'으로 볼 수 있다는 점 때문에 한때 교정쇄 수집이 유행하기도 했다. 많은 작가들은—네 명 정도를 들자면, 존 업다이크, 앤 타일러, 필립 로스, 그리고 고(故) 버나드 맬러무드 등—최종 식자 단계 직전까지 교정을 하곤 했다. 실제로 그런 단계를 거치며 중요한 변화가 이루어진 작품으로는 《이스트윅의 마녀들》, 《홈시크 레스토랑》, 그리고 1994년 내셔널 북 어워드[241] 수상작인 팀 오브라이언의 《숲 속의 호수에서》 등을 들 수 있는데, 이 책들은 결국 교정쇄를 두 번 찍을 수밖에 없었다. 물론 이 경우에는 먼저 찍은 판본이 더 선호된다. 물론 그 정도로 많이 바뀌지는 않더라도 수정은 언제나 가능하다. 예컨대 헨리 홀트 출판사는 1986년 루이스 어드릭의 두 번째 소설인 《비트 퀸》에 등장하는 사소한 인물들 몇몇의 이름이 바뀌었으니, 서평을 쓸 때는 그 이름들을 피해 달라고 평론가들에게 알리기도 했다.

하지만 이런 미세한 변화의 경우, 대부분 작가의 예술적인 동기에 의한 심미안에서 비롯되기보다는 오히려 법적 타당성에 대한 출판사의 우려 때문에 이루어지는 경우가 많다는 사실을 생각하면, 구태여 많은 금

---

240. ..초판본이나 희귀본 등을 식별하는 표식을 말한다. 자세한 내용은 용어해설을 참고하라.
241. ..미국의 문학상. 미국 출판인협회에서 제정한 상으로 1950년에 시작되었다. 소설, 비소설, 시, 아동문학 등 4개 부문으로 나누어 매년 시상하고 있으며, 퓰리처상과 함께 미국문학계 최대의 상이다.

액을 들여가면서까지 교정쇄를 구입할 만한 값어치는 없는 듯하다. 하지만 1988년에 중서부의 소규모 출판사인 아카데미 시카고가《존 치버 미간행 소설집》의 출간을 앞두고 홍보를 위해 배포한 견본집이 얼마나 중요한지 한 번 생각해보라. 이 견본집에는 초창기 치버가 잡지에 발표한 세 편의 단편소설, 〈베이욘〉, 〈읍내 저택〉, 〈습관〉 등이 수록되어 있었다. 겨우 23페이지짜리인 이 소책자는 수백 부가 제작되었으며, 그 해 가을에 출판된다는 예고와 함께 전쟁기념일[242]이 낀 주말에 캘리포니아 주 애너하임에서 열린 미국 서적상협회[243] 정기총회에서 배포되었다.

하지만 저자의 유족들이 아카데미 시카고의 출판 계획을 중단해 달라고 제기한 소송에 대해 일리노이 주 법원이 고(故) 존 치버의 재산권을 옹호하는 판결을 내리면서 이 책의 출간은 무기한 연기되었고, 결국 이후 6년 가까이 그 견본집은 비록 일부분이나마 그 내용을 볼 수 있는 유일한 판본으로 남았다. 1994년에 이르러서야, 상당히 많은 분량이 누락된《존 치버 미간행 소설집》이 출간되었는데, 애당초 68편의 작품이 실리기로 했던 것과는 달리 최종적으로 담긴 작품은 13편에 불과했으며, 견본집에 실린 작품 중에서는 〈베이욘〉만 수록되었다. 마치 이런 결과를 예상한 듯, 그 소책자에는 다음과 같은 문구가 나와 있기 때문에 수집가들은 특히 이 견본집에 매력을 느끼고 있다. "이 견본집은 아직 존 치버의 유족으로부터 출판 허가를 얻지 못한 상태입니다." 결국 출판 계획이 중단되기 전에 미수정 교정쇄 전체를 우송받은 몇몇 운 좋은 평론가들은 정말 구하기 힘든 희귀본을 소유할 수 있게 된 셈이다.

---

242. 매년 5월 30일을 말한다.
243. 1900년에 설립된 비영리기관으로 미국 내 독립 서점의 활성화 및 정보 공유와 독서의 대중화 등을 목표로 하고 있다. 해마다 봄에 정기총회와 함께 미국 도서전시회(BEA)를 개최한다.

교정쇄는 일반 유통을 목적으로 하지 않기 때문에 엄청난 수요에 비해 늘 그 숫자가 부족하게 마련이다. 바이킹 출판사가 스티븐 킹의 공포소설 초판본을 100만 부나 인쇄하는 경우라 하더라도, 그 책이 나오기 전에 제작되는 교정쇄의 숫자는 늘 일정하기 때문에, 서적업계에서는 그런 책들도 나름대로 프리미엄이 붙게 된다.

한 작품이 출간되기까지의 과정에서 모든 국면을 추적하기 위해 버든은 교정쇄를 많이 사들였다. 하지만 이제는 그게 실수였다고 믿고 있다. 뿐만 아니라 버든은 작가의 서명본이나 한정본 같은 '미장본'에 신경을 덜 써야만 했다고 후회했다. 일반적으로 이들 책들은 하드커버 판에는 수록되지 않은 단편을 하나 정도 더 수록하거나, 소책자 형태로 한정 판매해 수집가들의 구미를 끌게 마련이다. 어떤 수집가들은 이런 경우를 가리켜 '날조된 희귀본'이니 '인위적인 희귀본'이라고 말하기도 한다. 어떤 사람들은 트레이드 판의 초판본만을 수집하기를 좋아하는데, 시중에 유포된 이러한 초판본에는 한 작품의 출판 역사가 더 정확하게 반영되어 있기 때문이다. "제가 여전히 한정판본을 수집하는 작가는 존 업다이크가 유일합니다. 왜냐하면 벌써 그 사람 것만 500권이 넘게 모았기 때문이죠. 이 지경이 되면 차마 포기할 수조차 없게 됩니다." 버든은 말했다.

피터 하워드는 버든이 처음 먹은 마음가짐이 대담하긴 해도 꽤 선명한 것이었다고 설명했다. "카터는 윌러 배러트 이후, 미국 문학에 관한 모든 책을 수집해 왔으니까요." 1960년에 이르러 샬러츠빌에 있는 버지니아 대학에 기증된 클리프턴 윌러 배러트 문고에 소장된 자료의 범위는 자그마치 미국 건국 이전부터 20세기까지 나온 문학 전반에 걸쳐 있다. 노스 애틀랜틱 앤드 걸프 선박회사의 공동 창업자였던 배러트는 언제부턴가 찰스 브록든 브라운, 존 닐, 윌리엄 길모어 심즈, 로버트 몽고메리버드, 제임스 K. 폴딩 등, 평가를 제대로 받지 못한 작가들과 친분을 맺기 시작하면서, '이들의 진짜 미국문학을 후손들에게 물려주기 위해 원래 판본들을 완벽하게 수집하겠다는 야망에 불타게 되었다'고 말한 바 있다. 무려 반세기에 걸친 수집 활동을 통해 배러트는 주요 작가 500명의 작품을 철저하게 끌어 모았다. 그 밖에 그의 문고에서만 발견되는 책을 펴낸 수많은 19세기 무명작가들을 비롯해, 500명에 이르는 다른 작가들의 작품도 수집했다. 20세기에 활동한 작가의 경우에는 선택적으로 포함시키긴 했지만, 1900년 이전까지의 작가 컬렉션은 광범위하면서도 타의 추종을 불허한다. 1991년, 90세를 일기로 타계할 당시 배러트가 남긴 컬렉션에는 11만 2,000점의 원고와 3만 5,000권의 책이 포함되어 있었다. 헨리 제임스의 전기작가로 유명한 레온 에델은 놀라움에 찬사를 아끼지 않았다. "클리프턴 월러 배러트의 덕을 본 작가와 학자들이 얼마나 많은지 모른다. 배러트야말로 20세기 문학의 마에키나스[244]라 할 수 있다."

피터 하워드는 버든이 배러트와 겹치는 부분은 많지 않지만, 같은 방식을 활용했다고 말했다. "카터 버든은 주요 판본을 비롯해서, 중요한 증정문이 적혀 있거나 전기적으로 의미 있는 판본, 그리고 대표적인 친필 자료들을 모두 수집했습니다. 무엇보다도 기쁜 사실은 카터가 20세기 미국문학의 모든 중요한 작가의 모든 책을 죄다 수집하고 싶어 했다는 겁니다." 이런 일이 가능하게 된 데는 여러 가지 원인이 있지만, 그 중에서도 자기의 노력에 엄청난 액수의 돈을 기꺼이 쏟아 부을 수 있는

---

[244]. 카이우스 마에키나스는 로마의 정치가이자 문학 후원자이다. 부유한 가문 출신으로 아우구스투스 황제의 고문이었으며, 은퇴한 뒤에는 호라티우스, 베르길리우스 등의 작가를 후원하면서 여생을 보냈다. 그리하여 그의 이름은 예술을 후원하는데 돈을 아끼지 않는 부자를 지칭하는 보통명사가 되었다.

버튼의 마음가짐이 아주 큰 역할을 했다. 하워드는 이렇게 말했다. "그야말로 전국 서적상들의 눈을 번쩍 뜨이게 한 셈이죠. 얼마간 시간이 흐른 뒤부터 버튼은 자신이 원하는 것을 찾아낼 능력과 식견이 있는 서너 명의 서적상들을 주로 상대했습니다." 버튼에게 책을 주로 공급한 사람들은 하워드를 비롯해 캘리포니아 주 샌터바버라의 '조 더 프로' 랠프 B. 시퍼, 뉴욕 시의 글렌 호로위츠, 그리고 20세기 초판본 시장의 개척자이며 여러 해 동안 뉴욕에서 하우스 오브 북스 서점을 운영한 고(故) 마거리트 '마지' A. 콘 등이었다.[245]

비록 서적업계 사람들의 정식 대변자는 아니지만, 하워드는 미국 고서적상 연합회 회장을 역임한 바 있기 때문에 업계 사정을 잘 알았다. 그는 이렇게 말했다. "카터 버튼이 미국문학에 관한 한 모든 것을 수집하고 있다는 사실, 그리고 미국문학에 관한 자료라면 뭐든지 그에게 팔 수 있으리라는 사실 등이 점차 분명해졌습니다. 정말 대단한 것은 미국문학에 관한 모든 것이 '실제로' 그의 손에 들어갈 수 있게 되었다는 점이죠. 물론 주요 서적상 몇 명의 지하실에서 그 책들이 다 나올 수는 없는 노릇이었습니다. 그 사람들도 다른 곳에서 책을 가져와야만 했기 때문에, 결국 그가 원하는 책을 구하려는 이런 노력은 서적업계 전반에 영향을 끼쳤죠. 따라서 업계의 거의 모든 사람들이 그에게 책들을 공급했고, 그 노력의 대가를 후하게 받았습니다."

하워드의 말에 따르면, 서적업계의 문제는 '차마 아무도 내일을 기약할 수 없다는 점'이다. "그래서 일단 카터가 책 구매를 그만두게 되면,

---

[245] 마지 콘은 1930년에 남편 루이스 헨리 콘과 함께 뉴욕 맨해튼에 하우스 오브 북스를 설립했다. 그녀는 1953년에 남편이 사망한 후에도 계속해서 서점을 운영하면서 무려 50년간이나 수많은 단골손님뿐 아니라 프로스트, 헤밍웨이, 피츠제럴드, 토머스 울프 같은 저명 작가들과도 절친한 관계를 유지했다. ─원주.

서적상들은 더 이상 물건을 팔 길이 없어지는 셈이죠. 하지만 카터는 이미 현대 초판본 시장에 수백만 달러를 쏟아부었고, 결국 그 자금은 고삐 풀린 말이 되고 말았습니다." 말하자면 버든이야말로 무려 10년에서 20년, 혹은 30년 이상에 걸쳐 현대 초판본 시장이 유지되도록 활성화시켜 준 장본인이기 때문에, 업계는 세세토록 그에게 감사해야만 할 지경이 되었다는 것이다.

하워드는 이렇게 말했다. 버든의 노력을 결산하자면 "10년간, 무려 수백만 달러를 들여가며—어쩌면 1,000만이나 2,000만 달러일 수도 있겠지만, 제 생각엔 2,000만 달러까진 되지 않을 것 같습니다—그는 그야말로 대단한 컬렉션을 만들었습니다. 결과적으로 이제는 그만둬야만 하는 시점까지 이른 것이죠. 그 사람이 왜 이제 더 이상 책을 사지 않는지, 혹은 왜 수집을 그만두게 되었는지 우리로서는 전혀 알아낼 방법이 없습니다. 하지만 그 사람이 돈 때문에 책을 사지 않는다고는 도저히 믿을 수 없기 때문에, 결국 저로선 그 사람이 이미 대부분의 자료를 수집했기 때문이라고 생각할 수밖에 없습니다. 어쨌든 그 책들이 남아 있는 한에는 더할 나위 없이 아름다운 컬렉션이라 할 수 있을 겁니다."

하워드는 버든이 제일 정력적으로 활동하던 기간에는 '거래처가 지나치게 편중되어 있는 것이 아니냐는 걱정이 들 정도로, 우리 매장의 총 매출 가운데 25퍼센트 이상을 버든이 차지하기도 했다'고 시인했다. "하지만 만약 카터 버든이 아니었다면 저는 지금처럼 버클리에 있는 50만 달러짜리 빌딩을 소유할 수도 없었을 겁니다. 그러니 현실에서나 추억으로나 이른바 카터 버든 현상이야말로 이 업계에는 정말 멋진 일이었습니다." 버든에게 수많은 책들을 공급했으며, 이후 버든이 솎아낸 일부 소규모 컬렉션을 다시 매입하기도 한 랠프 시퍼는 버든이 수집을 중단한 이유에 대해 '쉽게 말해 카터의 집에 더 이상 책을 보관할 공간이 없기 때문'이라고 말했다.

그렇다면 정말 모두 끝난 것일까?

1992년 2월호 《보그》지에는 모든 공간을 책이라는 주제에 맞춰 마크 햄튼이 완전히 다시 설계한 맨해튼의 어느 아파트에 관한 멋진 특집 기사가 실렸다. 존 러셀이 쓴 이 기사에서 그 집의 소유주의 이름이 나오지는 않았으나, 수집된 책들의 정체에 관해서는 궁금해 할 필요조차 없었다. 러셀이 다음과 같이 묘사한 책들을 소유한 사람은 이 지구상에 단 한 명뿐이니까. "여기 모인 책들은 마크 트웨인에서 지금까지 활동하는 현대 미국의 모든 작가들을 총망라하고 있다." 계속해서 러셀은 "이 책들을 수집한 사람은—가능하면 출판되지 않은—초고를 읽으면서도 행복을 느끼며, 영화 대본과 일기와 리허설 대본, 줄거리 요약문과 TV 방송 대본 등등 수집할 만한 것이라면 뭐든지 달려든다"고 밝혀놓았다.

그해 여름의 어느 날 오후, 버튼과 나는 와인 한 잔씩을 앞에 두고 다시 만났다. 먼저 내 눈길을 끈 것은 버튼의 5번가 아파트의 실제 모습이 최대한 보기 좋게 찍어놓은 《보그》의 화보나, 심지어 그 뒤에 비슷한 특집으로 다룬 《하우스 앤드 가든》에 수록된 화보보다도 훨씬 더 인상적이었다는 점이었다. 이 두 기사 모두 소유주가 카터 버튼과 수전 버튼이라고 밝혀놓지는 않았지만, 이 부부의 취향은 단번에 알아볼 수 있었다. 옛집에서 가져온 물건들이 도처에서 보였다. 조지 3세 시대 풍 책상, 윌리엄 4세 시대 풍 안락의자, 조각, 동상, 도자기, 그림, 시계 등등. 그리고 마크 햄튼의 말을 빌자면, 아파트 전반에 걸쳐서 일관된 하나의 모티프는 '책, 책, 책'이었다. 거실 천장의 높이가 4미터가 넘었기 때문에 검은 색으로 된 서가에는 선반이 무려 10개나 되었다. 책은 저자의 이름에 따라 알파벳 순서대로 꽂아놓았으므로, 맨 왼쪽이 제임스 에이지로 시작해서 존 스타인벡까지 이어졌고, 다시 옆방으로 건너가 피터 테일러부터 시작해 커트 보네거트 2세, 로버트 펜 워렌, 윌리엄 칼로스 윌리엄스, 유도라 웰티, 리처드 라이트로 이어졌다. 바깥 벽 한쪽에는 클램셀 박스가 열두 개나 쌓여 있었는데, 그 각각에는 존 업다이크와 관련한 특별 수집품들이 들어 있었다. 녹색에 검정 이름표가 붙은 다른 클램셀 박스 열일곱 개에는 테네시 윌리엄스가 쓴 50편 이상의 대본 초고가 들어 있었다.

정말 잊지 못할 광경이긴 했지만, 문득 여전히 풀리지 않는 의문이 하나 남아 있었다. "저는 신문기자 생활을 오래 했기 때문에, 어디 모여 있는 사람들을 보면 그 수를 어림짐작으로 계산하는 데는 일가견이 있습니다. 그런데 여기에 모인 책들을 보아하니 겨우 1만 권에서 1만 5,000권뿐인 듯한데요." 내가 그렇게 말하자, 버든은 웃음을 터트렸다. "한 2만 권쯤 될 겁니다. 아니, 조금 모자랄 수도 있겠군요. 나머지는 창고에 있습니다. 창고비가 많이 들긴 하지만 언제라도 들어갈 수 있으니까요." 사람들은 그가 이제 더 이상 책을 구입하지 않는다고 말하는데, 그게 사실일까? "제가 수집을 멈추는 일은 절대로 없을 겁니다. 하지만 원래의 목표는 이제 포기한 셈입니다. 6,000명이나 되는 작가의 작품을 다 모은다는 건 불가능하니까요. 이제 와서야 제게 그런 능력이 없다는 걸 깨닫게 되었죠. 혼자 힘으로 다 모을 수는 없어요. 그건 오히려 멍청한 짓이죠." 버든이 대답했다.

버든이 여전히 책을 모으긴 하지만 이제는 각별히 골라 가며 모은다는 사실은, 최근 스완 경매회사에서 열린 레이먼드 엡스타인 장서[246] 경매에서 그를 대신해 입찰한 글렌 호로위츠가 싱클레어 루이스의 처녀작 《도보 여행과 비행기》를 구매함으로써 확인된 셈이었다. 1912년에 '톰

---

246. .저자는 '찰스 엡스타인 장서'라고 했는데, 사실은 '레이먼드 엡스타인 장서'가 맞다. 자세한 내용은 에필로그를 참고하라.

그레이엄'이라는 필명으로 출간된 그 책은 어린이들을 위한 소설로 '둘이 읽다가 하나 죽어도 모를 만큼 재미있는' 내용이다. 그런 연유로 초판 1,000부 중에서 책 커버가 원래 상태 그대로 보존된 책만 보면 극소수에 불과해, 결국 상태가 완벽한 책을 구하기란 하늘의 별 따기나 마찬가지였다. 경매 전의 감정가는 3,000달러에서 5,000달러 사이였는데, 버든이 구입한 가격은 무려 1만 9,250달러였다.

"이제껏 모으신 책들로 미루어 짐작하면 싱클레어 루이스의 작품도 꽤 모으셨을 것 같은데, 아니었습니까?" 내가 물었다.

"그 책이야 벌써 한 권 있지요. 다만, 책 커버가 하나 필요했던 거예요." 버든의 대답이었다.

두 사람이 서로 힘을 모아 수집에 나서면, 따로 수집할 때보다 훨씬 더 큰 결과를 낳는 역동성이 발휘되기도 한다. 20세기의 인물 중에서 그런 경우에 들어맞는 가장 유명한 예로는 미국의 수도에 폴저 셰익스피어 도서관을 설립한 헨리 클레이 폴저(1857~1930)와 에밀리 조던 폴저(1858~1936) 부부를 들 수 있다. 화장된 그들의 유골은 자신들의 유산과 함께 주 열람실의 벽감 뒤에 영원히 안치되어 있다.

그런가 하면 매사추세츠 서부에 위치한 레너드와 리자 배스킨 부부의 18세기 풍 대저택에는 약 3만 권의 책이 있다. 하지만 어느 일요일 오후, 그 미술가는 작업실에 붙어 있는 너른 서재를 의미심장하게 가로질러 걸어가면서, 사실 숫자는 중요하지 않다고 말했다.

배스킨은 세계에서도 손꼽히는 판화가로 목판화, 목판인쇄, 부식동판화, 식각요판, 석판화 등에 일가견이 있다. 배스킨은 미국에서 가장 존경받는 미술가이자 조각가의 한 사람으로, 1950년대에는 추상 표현주의에 반대하여 이단아로 여겨지기도 했지만, 그 대신 새로운 이미지와 조형을 추구해 그의 예술 세계를 따르는 사람들을 매료시켰으며, 지금은 50여 개의 기관에 작품이 영구 소장되는 영광을 누리고 있다.

"한 권의 책이 때로는 소장 권수를 무의미하게 만드는 법이니까요." 그는 《양치기 소녀의 부케》라는 제목이 붙은 책 한 권을 내게 보여주었다. 배스킨의 설명에 따르면, 1640년에 암스테르담에서 출간된 이 대형 판본에는 16세기 말부터 17세기 초에 걸쳐 활약한 플랑드르 최고의 판화가 크리스핀 판 데 파스의 판화 작품들이 수록되어 있다. "여기를 보면 플랑드르와 네덜란드의 귀족 계급과 중상류 계층 여인들이 양치기처럼 차려 입었다는 걸 알 수 있습니다. 정말이지, 이건 믿을 수 없을 만큼 희귀한 책이에요. 이런 책을 제쳐두고 내가 책을 몇 권 소장했네, 아니네 하는 말이 무슨 소용이 있겠습니까? 이 책 한 권이 다른 책 1,000권보다도 더 값진데 말입니다."

배스킨은 대공황 시기에 브루클린에서 살던 어린 시절부터 책을 수집했는데, 특히 발견하는 그 순간까지는 그 존재를 전혀 모르고 있었던 책들을 찾아냈을 때가 가장 기분 좋았다고 했다. "보는 즉시 '이건 물건이다' 하는 생각이 들 때는 얼마나 가슴이 떨리는지 모릅니다. 내가 그만큼 중요한 어떤 점을 알아차릴 수 있는 감식안을 가지고 있다는 사실을 깨달았을 때도 마찬가지로 무척 신나죠." 레너드는 1960년대 중반부터 두 번째 아내인 리자와 함께 본격적으로 도서수집에 나섰다. 리자는 당시 여성운동의 부흥에 깊이 관여하게 되면서, 16세기 이후 지금까지 여성들의 정치, 사회, 지성사와 관련된 책, 소책자 편지, 브로드사이드, 연감, 이페머러 등을 '정말 열을 내 가며 모으기 시작했다'고 말했다.

"어떤 책은 둘이서 나눠가며 수집했고, 어떤 책은 제각기 수집했다고 말할 수 있겠죠. 제가 리자보다는 나이가 많으니까 책을 모은 기간도 더 오래 되었고, 그래서 제가 수집한 컬렉션 중에는 리자가 가져갈 만한 책도 있었죠. 일단 책을 넘겨받고 나더니 본능적으로 그 책들을 더욱 돋보이게 만들 방법을 알아내더군요. 하여간 우리가 함께 살게 된 이후에 컬렉션의 주제가 더욱 뚜렷하고도 확실해졌다고 할 수 있습니다."

배스킨은 제2차 세계대전 동안 예일 미대에 다니면서 기헤너 프레스라는 출판사를 설립했다. 1992년에는 출판사 창립 50주년을 기념해 리자 배스킨이 직접 고른 품목을 소개하는 기념 전시회를 개최하기도 했다. 두 사람의 아들인 호지어는 도서목록을 준비했고, 영국의 서적상 콜린 프랭클린은 그 도서목록에 긴 글을 기고했다. 그 글에서 프랭클린은 판화가로서 레너드 배스킨의 작업을 윌리엄 모리스와 켐스콧 인쇄소에 비유하는 호평을 남겼다. 모리스와 배스킨 두 사람 모두 '인쇄술의 혁신, 책벌레다운 심미안, 예술가로서의 작품성 등을 바탕으로' 미장본을 출판했는데, 배스킨에게 있어 이 책들은 예술가로 살아가는 삶의 한 국면을 보여주는 것이라는 걸 늘 염두에 둬야만 한다. 프랭클린은 배스킨을 가리켜 '자신이 찍어내는 책이 출판의 전통 안에서 성장하기를 원하기 때문에, 책과 판화를 수집하는 삶에서 헤어나지 못한다'고 생각했다. "수집가라면 누구나 알고 있는 격언이지만, 이제는 여간해서는 이루기 힘든 것이 하나 있다. 즉, 서재와 함께 하는 삶에서 가장 훌륭한 것은 책을 소유하면서 느끼는 친밀감 그 자체라는 것이다. 그의 주변에 있는 책들과 판화들 역시 이번 전시의 성격을 규정한 예술의 정신 안에 포함된다는 사실에서도 이 점은 분명해진다."

프랭클린이 배스킨을 알고 지낸 지는 무려 25년이 넘었는데, 그는 배스킨의 서가에 책을 공급해 주었을 뿐만 아니라, 배스킨이 처음 기헤너 프레스를 설립한 이래 숙련에 숙련을 거쳐 오늘에 이른 '호사스럽지만 하찮은 작업'인 미장본 출판에 관한 한 최고 권위자의 한 사람이기도 했다. 옥스퍼드에 있는 자택에서 가진 인터뷰에서 프랭클린은 내게 이렇게 말했다. "레너드가 수집가 중에서도 꽤 특이한 존재인 까닭은, 다른 사람들은 쉽게 간과하는 물건들을 알아보는 예술가적 안목을 지녔기 때문입니다. 레너드는 한창 유행하는 것들은 구입하지 않아요. 그는 정말 독특한 사람입니다. 예컨대 초창기의 원색 판화라든가, 혹은 그가 발굴한 17세기 부식동판 제작자와 판화가에 대한 이야기는 듣기만 해도 정말 대단할 정도죠. 제가 보기에 레너드는 그저 편안한 길만 쫓으며 수집을 하는 사람들에 대해 경멸 비슷한 감정을 느끼는 게 아닌가 싶습니다."

《양치기 소녀의 부케》를 서가에 다시 꽂은 뒤, 배스킨은 몇 주 전에 문득 관심을 보이기 전까지만 해도 전혀 그 존재를 몰랐던 책이며, 그런 까닭에 자신의 컬렉션을 더 '위대하고도 새롭게' 만들었다고 할 수 있는 책을 한 권 들고 왔다. 배스킨이 말했다. "처음 봤을 때는 그저 1610년에 발행된, 성 토마스 아퀴나스의 생애를 기술한 평범한 책 같았습니다. 보시다시피 본래는 어느 추기경이 가지고 있던 책으로, 19세기 식 장정 속에 원래 표지의 일부가 잘 보존되어 있습니다. 이 장정이 원래 중심부를 감싸고 있죠. 그것 자체로도 무척 훌륭합니다. 하지만 더 자세히 살펴보면, 이 책 안에 오토 판 페엔이라는 판화가의 작품이 30점이나 수록되어 있음을 알 수 있는데, 제가 알기로 이 사람은 바로 페터 파울 루벤스의 스승이었습니다. 자, 게다가 이 책이 매우 특별한 까닭은 상당히 솜씨 좋은 장인이 이 판화에 금박을 입히고 채색을 했기 때문입니다. 정말이지, 숨이 막힐 정도예요. 제가 미처 손에 넣을 수 있다고는 꿈에서도 생각하지 못했던 그런 책이 지금 여기 있는 겁니다. 그야말로 숨이 턱 하고 막힐 정도지요."

이 책이 특별히 더 의미를 지닌 까닭은, 이 판화에 채색을 한 사람이 혹시 그 판화가와 매우 가까웠던 사람은 아닐까 하고 배스킨 자신이 생각하기 때문이다.

"저는 오토 판 페엔이 본래 위대한 이론가이자 예술가였다는 사실을 잘 알고 있습니다. 이 책에 실린 판화의 수준을 보면 의심의 여지가 없죠. 게다가 매우 솜씨 좋은 어느 예술가가 이 책에 채색을 했습니다. 이걸 보는 순간 저는 그런 사실을 분명히 알아챌 수 있었습니다. 열세 살 이후로 저는 책들을 비판적으로 보는 데 익숙한 사람이기 때문에, 그저 단순한 직관은 아니냐고 물으셔도 그만입니다만, 어쨌거나 이 책에는 그 이상의 뭔가가 있었습니다."

"그래도 운이 좋았던 거예요." 리자가 그렇게 말을 덧붙이자, 레너드는 웃음을 터트렸다.

"맞아요. 정말이에요. 저는 이 책의 값어치를 전혀 모르는 어떤 서적상에게서 책을 구했습니다. 그 사람은 원래 있던 판화에다가 누군가가 덧칠을 해놓았기 때문에 오히려 값어치가 떨어진다고 생각했던 것이죠."

그런 걸작을 발견하는 일은 물론 드문 경우지만, 배스킨 부부는 쉬지 않고 새로운 책을 찾아나선다. 둘은 어디를 가든 좋은 책을 찾아낼 수 있다고 주장한다.

"어디를 가더라도 저는 좋은 책들을 발견한답니다." 리자가 말했다.

"일전에 보스턴 도서전에 가서도, 이전까지는 한번도 보거나 전해 들은 적이 없었던 멋진 책을 구했답니다. 물의 운동에 관한 책입니다." 레너드가 말한 것은 1624년에 파리에서 출간된, 수원지에서 물을 옮길 때 필요한 역학을 설명하는 《동력의 원리》[247]란 책이었다.

"저는 이 책의 저자인 살로몽 드 카우스가 누구인지 알고 있습니다. 투시화를 담은 책을 쓴 사람으로도 유명한데, 제가 그 책을 아직 구하지

---

247. 다음 홈페이지(http://cnum.cnam.fr/DET/FDA1.html)에 가면 복사본을 볼 수 있다.

못했거든요. 하여간 이 책은 본질적으로 기계 장치와 물의 움직임과 수차에 대한 책이라고 할 수 있습니다." 레너드가 말했다.

"본질적으로 따분한 책이란 거죠." 리자가 말했다.

"아니, 절대 따분한 책은 아니라구." 레너드가 말했다.

"따분해요." 리자가 우겼다.

"그래, 어쩌면 그렇게 생각될 수도 있겠지. 하지만 이 멋진 에칭을 보면 생각이 달라질걸? 자, 이걸 좀 보세요. 이건 활인화(活人畫)[248]하고 비슷하지요? 다른 점이 있다면 모두 물로 작동된다는 것이겠죠. 이건 악기구요. 자동 피아노 같은, 뭐, 그런 것 말이죠. 그런데 이것 좀 보세요, 여기. 여기 동굴이 있고 분수가 있죠? 이 판화를 한 번 보세요. 이건 분수에서 튀어나온 공이고, 그 주변에는 카멜레온, 요괴, 요정, 동물 등이 모여 별 모양으로 서로 교차시켜서 물을 뿜으며 공을 허공에 떠 있게 지탱하죠. 정말 멋진 판화예요. 이걸 보는 순간, 저는 정말 뻑 갔어요."

또 다른 판화는 17세기에 만든 자동 기계 같은 것의 모습을 담고 있었다. "음악으로 작동하고, 물로 작동하죠. 그러면 동물들이 그 소리에 빠져듭니다. 이 동물들, 보이시죠? 구석구석 갈라진 틈마다 동물들이 있어요. 동판화인지 에칭인지 정확하게 알 수는 없지만, 여기저기 동물들을 볼 수 있을 겁니다. 저는 이 동물들을 어디서 따왔는지도 잘 알고 있어요. 여기 숨어 있는 악어 보이십니까? 저기 위에 있는 올빼미는요? 정말 멋지죠."

레너드는 마치 질문을 기다리는 듯 말을 멈추더니, 거의 속삭이듯이 이렇게 덧붙였다.

---

[248] 살아 있는 사람을 역사나 문학 속 유명한 한 장면에 나오는 모습처럼 똑같이 분장시키고 부동자세를 취하게 함으로써 그림처럼 나타낸 것. 근대 영미 유럽의 사교계에서 막간의 여흥을 즐기기 위해 하던 오락거리이기도 했다.

"이 책은 모든 면에서 저를 자극했어요. 화가로서, 수집가로서, 판화가로서, 모든 면에서. 참 여러 면에서 관심을 둘 만한 점이 많은 책이니까요. 정말 독특하죠. 정말 진귀해요."

배스킨은 자신들 부부가 끌어 모은 도판 관계 자료는 '언젠가 다시 시장으로, 즉 수집가들에게로 가야만 한다'고 생각하지만, 리자가 모은 자료만큼은 특정한 기관이 관리하는 게 좋다고 생각했다. "리자는 그동안 여기 저기 흩어진 것들을 한데 모아 둔 셈인데, 그런 자료는 모여 있을 때에만 그 진가를 발휘하거든요. 그녀가 수집한 이페머러를 비롯해서 각종 언론 자료며, 원고며, 책 등은 함께 있을 때에만 이전에 없던 새로운 가치를 보유하게 됩니다. 그렇게 모인 자료를 통해 우리는 어떤 방향을 잡을 수 있고, 정보를 얻을 수 있고, 기쁨을 찾을 수 있고, 배울 수 있고, 결국 변화할 수 있는 것이죠. 한 번 흩어지고 나면 다시는 똑같은 형태로 모을 수 없는 것들입니다. 절대로 불가능해요. 그 자료들이야 워낙에 한 번 읽고 버리는 종류의 것들이거든요. 그런 자료를 분산시키게 되면 곧 그 자료가 지닌 중요한 특성마저 없애버리는 셈이니까요. 그에 비하자면 단순히 오래 된 책들을 모아 놓은 컬렉션이야 분산되어도 그만입니다. 왜냐하면 그런 컬렉션이야 단지 책들을 이것저것 모아 놓았을 뿐, 그 자체로 어떤 특성은 없을 테니까요."

배스킨 부부가 최근에 관심을 가진 분야는 초상화 책, 그러니까 사람들의 얼굴을 그려놓은 책들인데, 아직 누구도 관심을 보이지 않는다는 점에서 레너드는 무척이나 흥미를 느끼고 있다. "모든 사람들이 알고 있고, 또 모든 유명 도서관이 소장하고 있는 위대한 초상화 책은 기껏해야 여섯 권 정도입니다만, 그 밖에도 사람들이 잘 모르는 초상화 책이 수백 권도 넘습니다. 초상화 책이란 별로 재미가 없기 때문에 일반에는 전혀 알려져 있지 않아요. 그래서 서적업계에서는 골치 덩어리가 되었죠. 서적상들은 그런 책들을 좋아하지 않으니까요. 제가 그런 종류의 책에 관심을 보이자 이제는 조금씩 거래가 이루어지기 시작하더군요. 그래서 지금은 초상화 책이 들어오면 모두 저한테 달라고 할 정도로 관심의 폭을 넓혔습니다."

배스킨 부부가 관심을 갖는 특이한 물건들은 상당히 여러 가지인데, 그 중에는 르네상스 시대의 메달과 청동상과 조각상도 있다. "저는 기념 보석이라고 불리는 것들도 수집하는데, 제가 처음 그런 보석을 구입하던 1960년대만 해도 그런 것에 관심을 보이는 사람은 아무도 없었어요." 리자가 말했다. '추념 보석'이라고도 알려진 기념 보석은 르네상스 시대에 크게 유행한 것으로 유력한 가문의 혼인, 탄생, 죽음 등 대소사가 있을 때마다 이를 축하하기 위해 제작된 것이다. 개인적인 명각(銘刻)을 해놓았기 때문에 그 하나하나마다 이야기를 담고 있는데, 리자는 이런 특색에 무척 매력을 느꼈다. "우리는 옛날 거장들의 판화를 수집하기도 했죠. 그렇게 모은 판화를 많이 팔아버렸는데, 최근에 와서야 다시 모으기 시작하고 있어요."

"혹시 '시계 문서'가 뭔지 아시나요?" 레너드가 물었다. "지금과 달리 엄청나게 큰 시계들만 있었던 시절에 시계를 고치러 가져가면, 시계공이 어떤 수리를 했는지 종이 한 장에다가 줄줄이 써놓았죠. 그 종이에는 시계공의 이름과 소재지를 찍어놓았습니다. 18세기에 처음 시작되었을 때만 해도 단순히 거래를 목적으로 했던 그런 의장이, 나중에는 선원이나 멀리 여행을 떠나는 연인에게 주기 위해서나, 좀더 일반적으로는 시계 안에다가 애정의 표시로 보관하는 데까지 이르렀죠. 그건 어딘지 수채화 풍이죠. 음, 우리는 그 분야의 수집품도 꽤 많이 가지고 있습니다. 그런 물품은 나오는 즉시 우리가 입수합니다."

레너드는 자신과 리자가 모은 수집품이 훨씬 더 방대하긴 하지만, 미국 고서협회 역시 시계 문서에 관한 상당히 멋진 수집품을 보유하고 있다고 말했다. "고서협회가 수집한 연락선 승선권들도 정말 훌륭하고 대단한 수집품이라고 생각합니다. 연락선 승선권 같은 것들은 시각예술을 통해 역사가 어떻게 흘러왔는지 살펴볼 수 있기 때문에 매우 중요합니다. 만약 1812년에 사용된 연락선 승선권이 있다면, 당시의 연락선이 과연 어땠는지 확실하게 상상할 수 있죠. 그건 그저 막연히 상상하는 것 이상입니다. 승선권이 있으면 생각이 좀더 구체화되니까요. 사실 그렇잖아요?"

반세기 이상 인쇄업에 종사했기 때문에 배스킨은 그 기술과 관련한 다양한 국면을 살펴보고자 한다. "장서표를 모으는 사람들은 많기 때문에 우리는 장서표를 모으지는 않아요. 대신에 우리는 서적상과 제본업자의 전표를 모읍니다." 레너드가 말했다. "책 속에 넣어둔 작은 전표들이 있어요. 아무개가 제본했다거나 아무개가 팔았다는 등의. 우리는 그런 것들도 엄청나게 모았어요. 또 우리가 모은 순회도서관 대출증도 상당합니다. 왜냐? 그것들 역시 출판업의 일부이고 인쇄학적으로 흥미진진하니까요. 25년인가 30년 전만 해도 저는 인쇄소를 운영하면서 하루 종일 인쇄 일만 하기도 했습니다. 물론 예술가로서 살아가려니 결국 그 일을 그만둬야 했지만요. 저는 종일토록 이런 저런 일들을 하면서 빈둥거릴 수 있는 부유한 딜레탕트가 아닙니다. 저는 종일 일합니다. 하지만 수집하는 것도 제게는 일이죠."

배스킨 부부는 자신들이 수집한 것들을 모두 간직하지는 않는다. 그들이 도로 팔아버린 물품 중에는 초기의 채색 목판화를 모은 '대단한 컬렉션'도 있었다. "그리고 투시화 책들만 모은 대단한 컬렉션도 있었습니다." 레너드가 말했다. "문장(紋章)을 담은 책들도 꽤 모으곤 했죠." 리자가 덧붙였다. "한때 우리는 16세기의 문장을 수록한 책이라면 닥치는 대로 사들이곤 했어요. 정말 어려운 일이었죠. 요즘에는 심지어 17세기 것도 구하기가 힘들답니다." 레너드가 설명했다.

배스킨 부부는 서적, 그림, 예술품 등을 떠나보내는 일이 괴롭다는 것을 인정하지만, 그런 결정을 합리화할 만한 방법도 찾아냈다. "우리는 극에 달할 때까지 문장 관련서를 찾아다녔습니다. 그러다가 수집으로는 완결된 상태에 도달하고 말았죠. 결국 더 이상 수집할 게 없었기 때문에 도로 팔아버린 거예요. 한때 우리가 모은 컬렉션 중에는 토머스 에이킨스의 그림들도 있었는데, 지금 같으면 아마 그 값어치를 따질 수 없었을 겁니다. 제일 애쓴 일이 아닌가 싶어요. 그야말로 통장을 탈탈 털어야만 했으니까요. 그러고 나니까 나중에는 어떤 일이라도 할 수 있겠더군요. 그 뒤에 채색 목판화를 수집했죠. 우리는 이른바 '모카 웨어'라고 부르는 18세기와 19세기의 영국 도자기도 300점 가량 수집했다가, 1970년대 초반에 도로 판 적이 있었습니다. 그런데 지금은 그 가격이 엄청나게 올랐죠. 끔찍하죠. 마음이 아프죠. 참을 수 없죠. 하지만 그렇다고 어떻게 하겠어요?" 레너드가 말했다.

"괴롭긴 하죠. 그래요. 하지만 둘이 학교를 다니면서 내는 수업료라고 생각해요. 그러면서 배우는 거죠." 리자가 말했다.

나는 레너드에게 창작 활동을 하는 데 있어서는 어떤 수집품이 실제적으로 영향을 끼쳤는지 물었다. "직접적인 영향 관계를 딱 꼬집어 말하기는 어렵겠지만, 분명히 제게 영향을 끼친 것들은 있다고 생각합니다. 정확하게 어떤 것인지는 말할 수 없을 것 같아요. 하지만 어떤 상관관계가 있는 것만은 의심의 여지가 없습니다."

레너드는 역사를 살펴볼 때, 사실상 예술가이면서 진정한 수집가였던 사람은 없었다고 지적했다. "그런 통례에서 가장 인상적인 예외가 있다면 당연히 렘브란트일 겁니다. 렘브란트는 회화 작품, 판화, 갑주(甲胄),

청동상, 르네상스 메달, 스케치 등 거의 모든 것을 수집했습니다. 좀더 자세히 설명하자면, 렘브란트는 아름다운 것이라면 뭐든지 수집했다고 할 수 있습니다. 하지만 그렇게 수집하다 보니 결국 가난해졌죠. 결국 사업과 금전 관계 업무는 그의 손에서 아내와 아들과 채무자의 손으로 넘어갔습니다. 렘브란트는 낭비벽이 심했는데, 그게 다 수집 때문이었습니다." 팝아트를 선보였던 앤디 워홀 역시 사후에 유산 중에서 훌륭한 골동품 및 장식품 컬렉션이 발견되어 가뜩이나 유명한 이름을 더 유명하게 만들었지만, 배스킨은 렘브란트가 모은 물품들이야말로 '훨씬 더 고차원적이고 진정으로 고귀한 것들이었다'고 단언했다.

인터뷰가 끝날 즈음, 나는 배스킨 부부에게 자신들이 가장 아끼는 물품들을 가려 뽑아 흥미를 느끼는 방문객들에게 전시하는 일도 수집품을 즐기는 한 방법이 아니겠느냐고 물었다. "책을 사랑하는 사람들과 이런 수집품을 공유하는 것도 재미는 있겠지만, 우리는 대부분 우리끼리 만족합니다. 우리는 같이 잘 놀거든요." 리자가 말했다.

"그런 일이 일어나리라고는 절대 상상할 수 없지만, 만약 어떤 것에 싫증이 나게 된다면 저는 이 서재로 들어와 모아놓은 것들을 살펴보기 시작할 겁니다. 그러면 다시 마음을 빼앗기게 되죠. 저는 우리가 여기 만들어놓은 이 세계를 사랑합니다." 레너드가 말했다.

"탐닉(madness)이라고 해야겠죠." 리자가 말했다.

"맞아, 탐닉이야." 레너드가 맞장구쳤다.[249]

어느 평일 아침 여섯 시, 우리는 미주리 주 세인트루이스를 출발해 남

---

[249] 레너드 배스킨은 2000년 6월 3일에 세상을 떠났고, 그가 소장하고 있던 자료 가운데 예술 장정 관련서 800여 권은 2001년에 예일 대학 바이네케 도서관에 매각되었다.

동쪽으로 약 20킬로미터 정도 떨어진 후미지고 작은 마을 케이프 지라도로 향했다. 이 마을에 '케이프', 즉 바다를 연상시키는 '곶'이라는 이름이 붙은 까닭은 미시시피 강을 향해 펼쳐진 모래톱 덕분이다. 어차피 시간이 넉넉했기에, 나는 서적 수집가인 루이스 대니얼 브로드스키에게 맨 처음부터 이야기를 들려달라고 청했다. 그는 거의 30년 전인 1963년에 예일 대학에서 열린 재학생 도서수집대회에서 아깝게 우승을 놓쳤을 때의 이야기부터 꺼내기 시작했다.

"그때 받은 충격은 평생 잊지 못할 겁니다."

이른바 'L. D.'라는 이니셜로 더 잘 알려진 그 열렬한 희귀본 애호가는 그때의 심정을 솔직하게 털어놓았다. 브로드스키는 당시 자기가 어떻게 해서 윌리엄 포크너의 저서 및 관련서 200여 권을 모으기로 했는지, 그리고 그런 노력에도 불구하고 대회에서 결국 2등에 그쳤을 때 얼마나 좌절했는지를 설명했다. 당시 예일 대학 축구부와 조정부에서도 활약했던—신입생 시절부터 그는 두 팀의 주장을 맡고 있었다—브로드스키였으니만큼, 어떤 시합이든 이변이 있다는 것은 잘 알고 있었다.

"단지 우승하지 못해서 기분 나빠했던 것은 아니었습니다." 그는 이렇게 주장했다. "그런데 나중에서야 철도 시간표를 모은 친구가 1등을 했다는 걸 알았죠. 그래서 화가 났던 겁니다. 그건 분명히 '도서수집' 대회였단 말입니다. 그러니까 '문학', 즉 '책'이라는 것 아닙니까? 그런데도 무슨 시간표 따위를 모은 사람에게 나가떨어지다니요. 그야말로 미치고 환장할 노릇이었죠." 2등에게 수여하는 상품을 받고 나자, 브로드스키는 더욱 심한 모멸감을 느꼈다. "저한테 《무기여 잘 있거라》 재판본을 주더군요. 그나마 책 커버도 없는 것으로요." 그가 말을 이었다. "1등에게는 상금을 주고, 저한테는 헤밍웨이 소설의 싸구려 판본을 줬단 말입니다. 지금도 저는 그 사람들이 저한테 이런 말을 하고 싶어서 그런 게 아니었겠느냐고 생각합니다. '너는 포크너 따위나 모으는 괴짜니까, 아마 헤밍웨이의 책도 재미있어 하겠지'라고 말입니다. 그렇지 않았겠습니까? 하여간 정말 황당한 일이었습니다. 오랜 세월이 흐른 지금도 그 생각만 하면 화가 치밀어 오를 정도니까요."

에이드리언 밴 사인더렌 도서수집 경연대회는 미국에서 실시되는 대학생 도서수집 대회 중에서는 가장 오래 된 것으로 명성이 높다. 이 대회는 예일 대학 1910년도 졸업생인 에이드리언 밴 사인더렌이 대학생들의 도서수집을 장려하려는 뜻에서 1957년에 만들었고, 우승자에겐 상금이 수여된다.[250] 그간의 우승자 중에는 훗날 유명한 서적상이 된 윌리엄 S. 리즈와 W. 그레이엄 어레이더 3세를 비롯해서, 일리노이 주에서 활약하는 16세기 도서 전문 수집가이며 오늘날 시카고 대학에서 이와 비슷한 대회를 후원하고 있는 T. 킴볼 브루커 등이 있다.

이런 좌절을 겪은 뒤에 브로드스키는 보기 좋게 무시당한 포크너 관련 서의 수집에 오히려 더욱 열을 올리게 되었다. 그리하여 그는 포크너의 책, 원고, 사진, 정기간행물, 편지 등 다양한 자료를 모으게 되었는데, 그 범위가 얼마나 방대했던지 한 사람이 모은 특정 작가의 컬렉션으로는 미국에서도 최고라고 할 만한 정도였다. "저는 예일 대학 신입생 시절에 처음 포크너를 읽었는데, 말로 표현할 수 없을 정도로 큰 감명을 받았습니다. 《소리와 분노》를 읽으면, 제가 바로 퀜틴 톰슨[251]이 되었죠. 그 점만 보자면 저는 예일 대학 덕분에 지적 각성을 얻게 되었죠. 제 사고력은 거기서 처음 움직이기 시작했으니 그건 언제라도 고맙게 생각합니다."

비록 예일 대학에 대해서는 아무런 감정이 없다고 말했지만, 루이스

---

[250] 매년 개최되는 이 대회의 참가 자격은 예일 대학에 재학 중인 2학년과 4학년 학생에 한하며, 우승자에게는 각각 500달러와 750달러의 상금이 수여된다.
[251] 《소리와 분노》의 주인공 가운데 한 명이다.

대니얼 브로드스키는 결국 자신의 포크너 컬렉션을 1988년에 케이프 지라도에 위치한 사우스이스트 미주리 주립대학에 영구히 기증하고 말았다. 미주리를 방문하고 나서 서너 달 뒤에, 나는 예일 대학 바이네케 도서관을 방문하던 중에 현재 밴 사인더렌 대회를 담당하는 큐레이터 스티븐 파크스를 만나 브로드스키가 1등을 놓쳤던 사건에 대해 물었다. 그러자 파크스는 어깨를 한 번 으쓱 하더니, 오히려 관대한 의견을 보였다. "그 철도 관련 컬렉션은 저도 압니다. 하지만 아주 창의적이고 독창적인 면도 많았습니다."

하지만 세월이 흐르면서, 도서수집에 있어 훨씬 더 창의적이고 독창적인 면을 보인 쪽은 오히려 브로드스키였다. 적절한 시점에 적극적으로 자료에 접근하는 태도 덕분에, 그는 중요한 물품들이 미처 시장에 나오기도 전에 남보다 앞서 입수하곤 했다. "저는 도서목록을 보고 사는 걸 오히려 싫어합니다. 그건 따분한 일이니까요. 솔직히 말하자면 그건 그저 앉아서만 해야 하는 일 아닙니까. 실제로 도서목록에서 멋진 책을 발견하고 재빨리 수화기를 집어 들어도, 결국엔 구하지 못하는 경우가 태반입니다. 그래서 저는 서적상들의 도서목록에 나오는 책들에 대해서는 별 흥미를 느끼지 못하게 되었습니다. 차라리 저는 사람들을 직접 만나 이야기하는 것을 좋아합니다. 수집도 인간적인 차원에서 하고 싶거든요. 그 중에서도 직접 찾아가서 살펴보는 걸 가장 좋아합니다." 그는 말했다.

물론 서적상들도 흥미로운 책들을 많이 보내주긴 하지만, 그가 입수한 가장 훌륭한 품목은 여전히 주요 자료들을 소장한 개인을 수소문해서 구한 것들이다. 때로는 자동차를 몰고, 때로는 세인트루이스에서 출발하는 첫 비행기를 타고, 그는 그렇게 물건을 찾아 떠나는 것이다. 제일 먼저 도착하는 게 제일 중요하다. 하지만 그가 이런 식으로 수집에 나서기 시작한 것은 도서수집 대회에서 아깝게 준우승을 한 지 무려 10여 년 뒤인

1975년부터였다. 예일 대학을 졸업한 직후, 브로드스키는 세인트루이스에 있는 워싱턴 대학과 샌프란시스코 주립대학에서 문학과 문예창작론으로 석사 학위를 받았다. 하지만 그는 곧 교직에 환멸을 느끼고, 1968년에 고향인 미주리 주 파밍턴으로 돌아가 아버지 솔 브로드스키가 1929년에 설립한 의류공장—빌트웰[252)]에 남성복을 납품하는—의 경영권을 넘겨받았다.

그러다가 1974년에 이르러 하우스 오브 북스의 마지 콘이 팔려고 내놓은 포크너의 서명본 아홉 권을 보는 순간, 도서수집에 대한 브로드스키의 열정은 다시 한 번 불타오르게 되었다. 이 책들은 포크너가 1930년대에 할리우드에서 일하면서 사귄 절친한 친구 허버트 스타에게 증정한 것들이었다. "그야말로 알코올 중독자의 코에다가 시바스 리갈 한 잔을 들이댄 것이나 마찬가지였죠. 그 책을 사려고 처음으로 은행 융자를 받았습니다. 전부 1만 1,000달러를 융자받아서 아홉 권을 모두—권당 1,000달러에서 1,500달러 정도에—샀죠."

같은 해 말에 브로드스키는 스완 경매회사에서 열린 경매에 참석해, 수집 초기부터 구하려 애썼지만 좀체 손에 들어오지 않던 《대리석 목신》과 《내려가라, 모세》의 1,000부 한정판 서명본 한 권씩을 구했다. "그리하여 인쇄본은 모두 구하게 되었습니다." 이렇게 되자 워싱턴 대학은 브로드스키에게 전시회를 개최하자고 제안했다. 1976년에 그 전시회의 개최 광고가 나가자, 당시 오클라호마 주 털사에 살던 포크너의 육촌 동생 밴스 카터 브로치가 편지를 보내 왔다. 밴스 브로치는 포크너의 각종 증정본, 편지, 습작 타자원고를 비롯해서, 심지어 포크너의 증조부이자 존 새터리우스[253)]의 모델이 된 W. C. 포크너 대령—원래 가문의 성은 '포

---

252)..미국의 의류업체명.

크너(Falkner)'였지만, 윌리엄은 훗날 나중에 여기다 '유(u)'를 덧붙여 '포크너(Faulkner)'라고 썼다—의 소유였던 철도 대장(臺帳)[254]에 이르기까지 상당한 소장품을 물려받았다. "밴스 브로치에게 연락을 받자마자, 저는 당장 차를 몰고 털사로 갔습니다." 브로드스키가 말했다. 하지만 마지 콘에게서 아홉 권의 책을 사느라 이미 은행 융자를 받은 상태였기 때문에, 브로치에게는 현금을 내놓을 수가 없었다.

"하지만 밴스 브로치는 문학을 좋아하는 사람이었기 때문에, 제가 가진 다른 책과 맞바꾸기를 원했습니다. 그래서 저는 그의 소장품을 넘겨받는 대신, 그만한 가치가 있는 희귀본 수백 권을 그에게 넘겨주었습니다. 다행히 저에겐 같은 책이 여러 권 있었기 때문에, 그에게 멋진 포크너 컬렉션을 하나 만들어줄 수 있었습니다. 다만, 《대리석 목신》은 그때 저에게도 딱 한 권뿐이었는데, 하필이면 밴스가 그 책을 갖고 싶어 하더군요. 결국 그 책 한 권에 거래가 달려 있는 상황이라 어쩔 수 없이 양보했는데, 그야말로 제 인생 최고의 선택이었습니다. 고맙게도 밴스는 제가 하는 일을 잘 이해해 주더군요. 제가 그 물품 중 어느 것 하나라도 팔아서 이익을 볼 생각이 없다는 걸 그도 알고 있었습니다. 오직 학문적인 관심 때문이라는 걸 이해해 주었던 거죠. 그런 사정이 있었기 때문에 우리는 돈이 오가지 않고도 훌륭한 거래를 할 수 있었던 겁니다."

이 일을 통해 브로드스키의 수집 방향은 완전히 바뀌게 되었다. "저는 윌리엄 포크너가 단지 위대한 작가일 뿐만 아니라, 우리와 같은 인간이었다는 걸 깨달았습니다. 세상에는 그를 아는 사람들의 연계망이 존재했

---

253. 포크너의 여러 작품의 무대가 되는 미국 남부의 가상 지역인 요크너패토퍼 카운티의 전설적 인물로, 그곳의 유력한 지주 가문의 창시자로 자주 언급된다.
254. 포크너의 증조부 W. C. 포크너는 남북 전쟁에도 참전했고, 이후 철도 건설에 관계하며 명성과 부를 쌓았다.

던 거죠. 그의 가족, 친구, 할리우드와 뉴욕에서 사귄 사람들, 문단에서 알게 된 사람들 등, 이들 모두가 각기 퍼즐의 한 조각씩을 가지고 있는 셈이었습니다."

브로드스키의 이런 생각은 두 권의 책에 영향을 받은 것이었다. 하나는 칼 피터슨이 1975년에 엮어 펴낸《모든 것이 제자리에 : 포크너 수집가의 비망록》이었다. 브로드스키처럼 세인트루이스에 거주하며 40여 년간의 수집을 통해 훌륭한 포크너 컬렉션을 만든 칼 피터슨은 이 책에서 '우선 되도록 많이 모아 두고 나면, 그 모인 것들에 따라 방향이 자연스레 정해진다'고 주장했다. 피터슨은 '체계도 갖추지 않은 채 무작정 욕심만 낸다고 잘못이라 할 수는 없으며, 오히려 그 덕분에 다양한 수집목록이 나올 수 있다는 사실을, 또한 보다 정확하게 이야기하자면 욕심을 스스로 통제할 수 없게 되는 정도에 이르러서야 어떤 식으로든 체계가 잡힌다는 사실을 후배 수집가들에게' 알리고자 했다. 브로드스키는 피터슨의 책을 거의 외우다시피 했는데, 이는 그 책이 포크너가 출간한 책에 대한 안내서일 뿐만 아니라, 자신에게 용기를 줬기 때문이었다. "칼 피터슨의 책은 제가 어떤 일을 할 수 있는지 알려준 셈이었습니다. 그렇게 높은 포부를 지닌다면 저 역시 같은 일을 할 수 있다는 사실을 알게 된 거죠."

브로드스키는 피터슨과 사귀게 되어 이후 2년 정도 친구로 지냈으나, 한 번 싸운 뒤부터는 서로 말조차 나누지 않았다. 브로드스키와 함께 케이프 지라도로 가기 전 날 밤, 나는 피터슨을 만날 수 있었다. 하지만 피터슨은 자기와 나, 단 둘이서만 만난다는 조건을 내세웠다. 'L. D.의 이야기를 들어보겠다면 그건 댁이 알아서 하시오. 나는 절대로 그 인간과 얽히고 싶지 않으니까." 피터슨은 이렇게 말했다. 둘 사이에 무슨 일이 벌어졌는지는 대강 짐작할 수 있었다. 아마 둘 다 이 세상에서 가장 뛰어난 포크너 수집가가 되고 싶어서 안달이 난 사람들이다 보니 그렇게 된 것이 아닐까? 하지만 둘 중 누구도 왜 그토록 절친했던 사이가 갑작스레 멀어졌는지에 대해서는 언급하지 않았다.

브로드스키에게는 피터슨이 좋은 역할 모델이 된 셈이지만, 새로 뛰어든 이 수집가로선 도대체 피터슨이 어디서 새로운 물품을 구하는지가 여전히 궁금했다. 그러다가 브로드스키는 1974년에 조셉 블로트너가 펴낸 기념비적인 포크너 전기[255]에서 그 해결책을 알아냈는데, 이것이 바로 그에게 영향을 끼친 두 번째 책이었다. "블로트너의 책은 제게 보물지도나 마찬가지였어요. 그 책을 통해 저는 포크너의 주위 인물 가운데 아직 살아 있는 사람이 누구이며, 어디 가면 만날 수 있는지를 알게 되었습니다. 윌리엄 포크너는 매우 내밀하고 남의 이목을 피하는 사람이었습니다. 그래서 저는 그 조각들을 한데 모으기 시작했습니다. 온 나라를 헤집고 다니며 수많은 사람들을 만났는데, 다들 뭔가 유품을 가지고 있었습니다. 그러니까 저는 인간 포크너를 만나고 다닌 셈이죠. 이 정도까지 모을 수 있게 된 것도 '칼 피터슨은 친구다. 하지만 나는 그를 이기고 싶다'는 생각이 머릿속에서 떠나지 않았기 때문이었습니다. 결국 전 해냈죠."

브로드스키는 포크너의 고향이 있는 미시시피를 비롯해 알래스카, 웨스트버지니아, 플로리다, 테네시, 뉴욕, 사우스캐롤라이나, 뉴저지, 캘리포니아, 오클라호마 등을 돌아다녔다. 브로드스키가 처음으로 입수한 가장 중요한 물품은 젊은 윌리엄 포크너의 문학적 성장에 중요한 역할을 했으며, 훗날 포크너로부터 '스노프스 3부작'[256]을 헌정받은 바 있는 미시시피 주 옥스퍼드의 변호사 필 스톤이 보관하던 것이었다. 브로드스키

---

[255] 블로트너의 책 《포크너 전기》를 말한다.

는 스톤의 미망인인 에밀리 스톤에게서 증정본 열다섯 권과 진귀한 원고를 구입했다. "부인은 5만 달러를 원하더군요. 그래서 제가 '아, 부인. 너무 많이 부르시는 것 아닙니까?'라고 말했죠. 그 부인은 앨라배마 주 버밍햄에 살고 있었는데, 저는 비행기를 타고 네 번이나 왔다 갔다 한 끝에 3만 5,000달러에 합의를 했습니다. 그래서 1만 8,000달러를 다시 융자받고, 갖고 있던 골동품을 뭉텅이로 팔아서 겨우 2만 불을 만들었습니다. 마침 그 당시에 아내와 저는 꽤 값비싼 옛날 슬롯머신을 몇 개 갖고 있었는데, 나머지 돈은 그걸 팔아 마련했습니다. 물론 제가 무슨 짓을 하고 있는지는 똑똑히 알고 있었습니다. '브로드스키, 넌 지금 정말 멍청한 장사를 하고 있는 거라구!' 그렇게 생각했죠, 뭐."

그리고 얼마 지나지 않아 브로드스키는 머틀 레이미 데머레스트라는 이름의 여자가 고등학교 시절에 포크너의 연인이었다는 사실을 블로트너의 전기에서 읽게 되었다. "포크너가 결국 발행되지는 못했던 1913년도 졸업앨범에 넣을 그녀의 스케치를 비롯해서, 직접 쓴 시와 서명한 책들을 그녀에게 선물했다는 게 밝혀졌습니다. 블로트너는 그녀가 한때 그런 물건들을 가지고 뉴저지에서 작은 전시회도 연 적이 있었다고 책에 썼더군요. 어휴. 결국 그 여자의 소재를 알아내는 데 2년하고도 반이 걸렸습니다. 뉴저지를 샅샅이 뒤졌고, 신문철을 하나하나 읽었고, 온갖 종류의 서류를 들춰봤는데도 못 찾겠더군요. 그러다가 마침내 미시시피로 돌아온 다른 레이미 집안 사람들을 만나게 되었는데, 웨스트버지니아 주 화이트 설퍼 스프링즈로 가보라고 하더군요. 거기서 결국 그녀를 찾아냈습니다. 당시 90세로 요양원에 있더군요. 그래서 그 딸과 협상해야 했죠. 케이프 지라도에 가면 그 물건을 볼 수 있을 겁니다. 정말 끝내주죠."

---

256. 포크너의 3부작 장편소설. 《촌락》(1940), 《마을》(1957), 《장원》(1959)으로 구성되어 있다.

브로드스키는 자기가 왜 그런 것을 모으고 다니는지 설명하고 나니까, 그녀가 자기를 기꺼이 도와주더라고 말했다. "1978년의 일인데, 당시 제가 갖고 있던 돈을 모두 거기에 쏟아 부었습니다. 그 전부의 가격이 1만 6,000달러였습니다. 《대리석 목신》을 비롯한 서명본 열 권과 타자 원고, 친필 원고, 그림 등을 구했죠. 지금은 《대리석 목신》 한 권만 해도 5만 달러에 달하지만, 저는 절대 그런 식으로 생각하지는 않았습니다. 저는 그저 처음부터 1만 6,000달러를 제시했습니다. 그게 제가 모을 수 있는 돈의 전부였으니까요. 하지만 그 사람들은 이 금액에도 정말 감격하더군요."

　1936년부터 1958년까지 랜덤하우스 출판사에서 포크너 담당 편집자로 일한 색스 카민즈의 미망인 도로시 B. 카민즈에게서는 구하기 어려운 수택본을 여러 권 구했다. 그 중에는 포크너가 색스 카민즈에게 헌정한 《커다란 숲》도 포함되어 있었다.

　1927년, 포크너는 몸이 마음대로 줄어들었다가 다시 정상 크기로 돌아오는 능력을 지닌 아이들에 관한 동화 한 편을 타자기로 쳐서 직접 제본한 뒤, 에스텔 올덤의 여덟 살짜리 딸 빅토리아 '초초' 프랭클린에게 선물한 적이 있었다. 에스텔 올덤은 그로부터 2년 뒤에 이혼이 확정되자마자 포크너와 결혼했다. '빌(윌리엄)이 손수 만든 책'이라는 헌사가 붙은 《소원나무》는 버지니아 대학에 장기간 대여되어 있었지만, 그 소유권은 플로리다에 사는 어머니와 같은 빅토리아라는 이름의 딸에게 있었다. 브로드스키는 그녀에게서 상당한 양의 소장품을 구했다.

　"말 그대로 가지고 있던 모든 것을 제게 팔았어요. 가족끼리 주고받은 편지, 사진 등 모든 것을요. 다만, 버지니아 대학에 있는 그 책 한 권만 빼고 말입니다. 제가 말했죠. '부인, 이건 정말 중요한 문제입니다. 그 책도 함께 있어야만 해요.' 처음에는 머뭇거렸지만, 그녀도 결국 버지니아 대학이 정말 그 책을 원한다면 왜 제 값을 주고 사들이지 않았을까 하는 데까지 생각이 미치게 되었습니다. 반면 저는 5,000달러를 제시했단 말이죠. 아시겠죠? 결국 빅토리아는 버지니아 대학에 이렇게 편지를 보냈습니다. '제 어머니가 맡겨놓으셨던 그 책을 좀 돌려주셨으면 합니다'. 그런데 3주가 지났는데도 아무 연락이 없었어요. 마침내 빅토리아가 직접 전화를 걸어서 '책을 반환해 달라, 수집가에게 팔 작정이다', 그렇게 말하더군요. 그래서 제가 깜짝 놀라가지고 '어어, 안 돼요. 사모님, 제 이야기는 절대로 하지 마세요' 하면서 말렸죠."

버지니아 대학도 그에 맞서 구입가를 제시했는데, 브로드스키가 제시한 5,000달러에는 미치지 못했다. "빅토리아가 다시 전화했을 때, 저는 판돈을 두 배로 키워 1만 달러를 제안했습니다." 브로드스키가 말했다. 천만다행으로 빅토리아는 그 제안을 받아들였다. "저는 비행기를 타고 플로리다로 가서 특송으로 소포가 올 때까지 함께 기다렸습니다. 소포가 오자 빅토리아는 울음을 터트렸고, 저도 같이 울었습니다. 제가 그 책을 갖게 되었다는 걸 도무지 믿을 수가 없었죠. 무려 2만 5,000달러에서 3만 달러, 아니 5만 달러 이상의 값어치를 지닌 물건이라는 걸 확신했으니까요. 그런 특별한 책은 값어치가 엄청납니다. 포크너가 일일이 타자를 치고, 손으로 묶어 철한 뒤에, 의붓딸에게 준다고 써놓은 책이란 말입니다. 그 책을 구입할 때도 5,000달러는 융자를 받았고, 나머지 5,000달러는 어머니에게 얻었습니다."

브로드스키는 포크너와 가까웠던 사람들 스무 명 정도에게서 소장품을 얻은 것으로 추산했다. "이들 유품을 가진 사람들은 그게 컬렉션이 된다는 생각을 한번도 해보지 못했습니다. 그 대부분은 기념품이거나 선물로 받은 것들이라, 포크너를 가장 잘 아는 사람들만이 간직해왔죠. 그래서 저는 그 사람들을 찾아가서, 그들이 정말 무의식중에 모아놓은 컬렉션 일체를 넘겨받을 수 있었죠."

오전 늦게, 우리는 사우스이스트 미주리 주립대학에 도착했다. 그곳에서 우리는 포크너를 전공한 영문학 교수이며, 1979년 이래 브로드스키가 모은 자료를 정리하며 그와 함께 모두 여덟 권의 서지학 책을 펴낸—그 가운데 일곱 권은 미시시피 대학 출판부에서 나왔다—로버트 W. 햄블린을 만났다.

그렇다면 포크너의 서명이 들어간 것 중에 가장 중요한 책은 무엇일까? 브로드스키와 햄블린은 1946년에 포크너의 작품을 엮어 《포크너 선집》을 펴낸 편집자 말콤 카울리에게 증정한 《소리와 분노》—비록 초판본은 아니지만—일 것이라는 데 의견을 같이 한다. 그 책에는 "노년의 유유자적한 행복 속으로 나를 다그친 말콤 카울리에게. 윌리엄 포크너가"라고 쓰여져 있다. 햄블린은 그 책이야말로 앞뒤 맥락을 살펴야만 그 중요성을 알 수 있다고 말했다. "카울리는 포크너의 문학적 명성이 바닥에 이르렀을 때 그를 되살린 인물이었습니다. 카울리는 그에게 대단한 정성을 기울였죠. 그렇기 때문에 이 글 속에는 자신에게 새로운 문학적 생명을 부여한 사람에게 포크너가 바치는 감사의 마음을 엿볼 수 있는 것이죠."

몇몇 책들을 더 살펴본 뒤, 우리의 이야기는 브로드스키가 모은 책들을 판매하려던 시절로 돌아갔다. "저는 두 번이나 예일 대학에 컬렉션을 팔려고 했는데, 그때마다 제가 팔려는 것들이 그렇게 중요한 자료는 아니라는 식의 반응을 접했습니다." 브로드스키는 말했다. 하지만 그런 냉담한 반응보다도 더 부정적인 영향을 준 것은, 그 자료들을 어떻게 활용할 것인지에 대해 일언반구도 없었던 예일 대학의 태도였다. "그 컬렉션이야말로 제 열정의 증거인데도, 그 사람들은 그저 모든 걸 넘기기만 하라는 태도였죠. 제게 사례를 베풀 생각은 전혀 없었습니다. 예일 대학 사람들은 '거기' 앉아서 뭐든지 그냥 먹겠다는 식이었지요. 자기네 학교를 다른 곳보다 훨씬 돋보이게 만들어 줄 책들은 바로 '여기' 있는데 말입니다."

결국 브로드스키는 컬렉션 가운데 일부를 100만 달러에 사우스이스트 미주리 주립대학에 매각했고, 나머지는 수집도서의 보관 장소를 정하는 데 돈이 유일한 동기는 아니었다고 생각해서 '이름을 밝힐 수 없는' 어느 학교에 기부했다. "간단히 말해서, 저는 현재 주 정부에서 일하고 있습니다. 루이스 대니얼 브로드스키 컬렉션의 큐레이터로 말이죠. 계약 기간은 20년이며, 제겐 모든 걸 관장할 수 있는 권한이 있습니다. 그 기간 동안에는 소장품의 매각 및 매입을 제가 결정할 수 있습니다. 계약 기간이 끝나고 나서도 재계약 우선권은 제게 있구요. 제가 그 자리를 그만두고 난 뒤에는 그 어떤 후임자가 오더라도 매각 및 매입을 결정하진 못하게 되어 있어요. 단 한 권의 책에 대해서도 말이죠." 아마 그곳이 브로드스키의 집 부근이라는 점—그래서 가족들의 적극적인 지지를 얻었겠지만—또한 결정에 있어 중요한 부분으로 작용했을 것이다.

서적업계에서는 브로드스키야말로 어떤 책을 구하겠다고 마음만 먹으면, 그 책이 어디에 있건 간에 가서 살 수 있는 인물이라는 소문이 파다한데, 이는 그런 열정을 감당할 수 있을 만큼 그의 집안이 부유하기 때문이었다. 1989년, 칼 피터슨이 자신의 포크너 컬렉션을 44만 5,000달러에 매각했을 당시, 여러 서적상과 함께 컨소시엄을 결성해 거래를 주도한 캘리포니아 주 버클리의 서적상 피터 하워드는 뉴욕의 서적상 글렌 호로위츠를 통해 브로드스키에게 이 컬렉션을 일괄 판매할 수 있을 것이라고 생각했다.

"그래서 저는 그 컬렉션에 손도 대지 않고 있다가, 그 다음날 되팔 계획이었습니다." 하워드는 말했다. "어차피 두 사람 모두 같은 동네니까, 그냥 이 집에서 저 집으로 컬렉션을 옮기기만 하면 된다는 생각이었죠."

그가 제시한 판매 금액은 67만 달러였다. "하지만 브로드스키와 그 대리인은 제가 제시한 가격에 흥미를 보이지 않았습니다. 그래서 저는 더 이상 때를 놓치지 말고 얼른 컬렉션의 도서목록이나 만들어야겠다고 생각했죠."

하워드는 서명본, 편지, 영화 대본 등을 놓고 보자면 브로드스키의 컬렉션이 피터슨의 컬렉션보다 더 훌륭하며, 두 가지가 합쳐지면 중복되는 물품들이 상당히 많을 것이라는 사실을 인정했다. "칼의 컬렉션으로 말하자면, 개인 수집가의 것 중에서는 가장 광범위한데다가 단연 '최고 상태'의 것이었습니다." 피터슨의 컬렉션은 포크너 작품의 모든 번역서, 모든 출판물, 글이 실린 정기간행물 등을 포함할 정도로 광범위했으며, 포크너 관련 2차 자료도 풍부했다.

세인트루이스에서 저녁 식사를 하는 동안, 피터슨이 내게 자신의 수집 이력을 말하는 모습을 보니, 뭔가 후회하거나 재고하는 듯한 말은 전혀 없었다. 피터슨은 무려 40년이 넘게 포크너를 수집한 뒤, 결국 컬렉션을 다른 곳으로 보낸 것이다. 화학 기술자로 평생 독신이었던 피터슨은 비록 부유하진 않았지만 편안하게 살았다고 말했다. "다른 사람의 것을 빼앗는 건 아닌가 하는 염려 없이 이런 것들을 모으는 데 돈을 쏟아 부을 수 있었죠."

하지만 1980년대 후반, 환갑이 다가오면서 피터슨에게는 여러 생각이 들기 시작했다. "제가 모은 책들 중에서 제일 중요한 것들, 이를테면《대리석 목신》의 원고 같은 것은 은행 금고에 넣어두었기 때문에 저도 직접 볼 수는 없었습니다. 그럼 제가 할 수 있는 일이 뭐겠습니까? 매주 한 번씩 은행으로 찾아가 그걸 가지고 노는 걸까요? 물론 제 컬렉션이 지켜워진 것은 아니었지만, 일단 마음을 먹게 되니까 그 물건들 없이 지내는 것도 아무런 문제가 없더군요." 피터슨은 여러 기관에 컬렉션을 매입할 의

사가 있는지 타진해 보았으나, 1년 뒤에는 결국 포기하고 말았다. "다들 제 수집품을 원하긴 했습니다. 국회도서관은 특히 흥미를 보였죠. 하지만 다들 제가 공짜로 기증해 주기만을 원했습니다." 결국 그는 1989년 고서점 세렌디피티 북스의 피터 하워드가 조직한 컨소시엄에 컬렉션을 매각했다.

"제가 모은 책보다 돈이 더 중요해지는 시점에 이르렀던 것이죠." 피터슨은 그 사실을 인정했다. "그간 그 책들은 정말 좋은 곳에 이용되었던 것이며, 이제는 또 다른 곳에서 잘 이용되는 것일 뿐입니다. 그러니 다른 사람에게도 그 책들을 즐기도록 해야죠. 결국 윌리엄 포크너를 수집하면서 저는 인생에서 얻은 것도, 잃은 것도 없었던 셈입니다." 불행하게도 안락한 은퇴 생활을 보내기 위해 자신의 컬렉션을 팔아버리고 나서 2년 6개월이 지난 뒤, 칼 피터슨은 62세의 나이로 사망했다.

왜 피터슨의 컬렉션을 구입하지 않았느냐고 묻자, 브로드스키는 마치 머리가 아프다는 듯이 자기에게도 돈이 무한정으로 있지는 않다고 잘라 말했다. "그건 제 컬렉션에 끼워 넣는데 쏟아 붓기에는 너무 금액이 컸거든요. 브로드스키 컬렉션을 만들기 위해 지금까지 무려 30년 동안 60만 달러를 썼는데, 그 정도면 충분하죠. 수집의 비결 하나를 가르쳐드릴까요? 뭔가를 결정하기 전에는 나름대로 생각을 하게 되죠. 어떤 물건을 살 수도 있고, 혹은 아닐 수도 있습니다. 어떤 물건을 오랫동안 애타게 기다려 왔거나, 혹은 아닐 수도 있죠. 하지만 이미 끝난 일을 되돌아보아선 안 됩니다. 일종의 균형 감각을 길러야만 하는 거죠. 그래야만 실수를 한다고 해도 그 다음번에는 영향을 받지 않을 테니까요."

집안의 재산에 대해서 브로드스키는 부친이 '엄청난 재산가'라고 말했지만, 아버지 솔 브로드스키가 아들의 수집에 들어가는 자금을 무조건 지원해 주는 것이 아니냐는 추측에 대해서는 단호히 부정했다. "이 컬렉션에 들어간 아버지의 돈은 30만 달러 정도입니다만, 그 돈은 제가 25년에 걸쳐 갚기로 하고 빌린 것입니다. 아버지의 돈은 결국 동전 한 푼까지 되갚아야 합니다. 차라리 책을 모으기 위해 제가 돈을 박박 긁어모았다는 편이 더 진실에 가깝습니다. 아버지는 현실적인 사업가이시기 때문에, 포크너의 책을 모으는 일이 그렇게 중요하다고 생각하시지 않았습니다. 분명히 주식이나 부동산을 사는 것만큼 좋은 일은 아니라고 생각하셨죠. 그래서 저는 항상 지금 대단한 투자를 하고 있다는 사실을 아버지에게 설명해야만 했습니다. 물론 그런 목적으로 수집하는 것은 아닐지라도 말입니다."

브로드스키는 애초부터 자신의 가장 절실한 목표는 유명한 작가가 되는 것이었기 때문에, 그 과정에서 혹시 도움을 받을 수 있을까 싶어서 포크너의 원고와 책을 모으기 시작했다고 말했다. 1963년부터 지금까지 브로드스키는 무려 서른세 권의 시집을 펴냈는데, 그 중 12권은 미국 작가의 시집만 전문적으로 펴내는 타임 비잉 북스라는 세인트루이스의 작은 출판사에서 나왔다.

"무엇보다도 제가 시인임을, 그리고 그 시가 산문에 가깝긴 했지만 포크너 역시 시인이었음을 기억해 주셨으면 합니다. 돌이켜 생각하면, 지금껏 제가 미친 듯이 포크너의 책들을 수집한 까닭은 그를 닮고 싶은 욕망 때문이었던 것 같습니다. 포크너 덕분에 작가가 되겠다는 생각을 하게 된 것만은 사실입니다. 정말 젊었을 때는 소설도 여섯 편쯤 쓴 적이 있습니다. 불행하게도 그 소설들은 포크너의 냄새가 너무 났기 때문에 하나도 출판된 적은 없었죠. 결국 저는 제가 작가로서 성공을 거둔다면 그 장르는 아마도 시가 될 것이라는 것, 즉 포크너가 그처럼 잘 쓰기를 간절히 원했으나 결국에는 실패하고 만 장르가 될 것이라는 것을 깨달았습니다. 그러니 솔직히 말하자면 저는 단지 위대한 미국 작가 '한 사람'

의 작품을 수집한 게 아니었습니다. 사실 저는 '두 사람'의 작품을 수집했습니다. 하나는 이미 눈부신 성공을 거둔 사람이고, 다른 하나는 여전히 자신의 족적을 남기기 위해 애쓰는 사람, 즉 루이스 대니얼 브로드스키였습니다. 그 정도라면 제 삶의 이유로는 충분한 것이죠."

뉴욕 주 아즐리 외곽에 있는 어느 3층짜리 목조주택 안에는 마이클 진먼이 수집한 미국 임프린트를 가득 담은 나무 상자가 수백 개나 보관되어 있다. 뿐만 아니라, 거기서 몇 킬로미터 떨어진 자택과 근처의 사무실 내에도 비슷한 내용물을 담은 비슷한 개수의 상자가 보관되어 있다. 그는 그 까닭을 이렇게 설명했다. "저는 늘 질보다는 양을 우선시했습니다. 그래서 언제나 마구잡이로 수집했죠. 일단 그렇게 하다 보면, 좋은 물건이야 저절로 따라오게 되니까요." 진먼이 말했다.

전문가들은 1800년 이전에 나온 출판물을 모아놓은 개인 컬렉션으로는 진먼의 것이 오늘날 미국 내에서도 가장 광범위하다고 입을 모은다. 진먼이 모으는 것은 이른바 '임프린트'로, 이는 특정한 시기 동안 특정한 장소에 있는 특정한 출판사에서 나온 모든 인쇄물을 뜻한다. 책도 '임프린트'에 들어간다. 소책자, 농사 지침서, 설교문, 브로드사이드, 연감도 마찬가지로 '임프린트'다. 그 중에서도 가장 유명하고 가치 있는 임프린트는 바로 '베이 시편집'인데, 그것은 이 책이 영국령 북아메리카에서 제작된 책 가운데 현존하는 가장 오래 된 것이기 때문이다.

그 시절의 출판물은 한 번 보고 버리는 것들이 많았고, 또한 오래 보존할 수 있는 기술력이 없었기 때문에, 수집가들이 임프린트의 중요성을 깨달았을 즈음에는 이미 그 중 상당수가 사라져 버린 다음이었다. 아이제이어 토머스와 조지 브린리는 열성적으로 임프린트를 수집했다. 미국에서도 임프린트를 모아놓은 가장 중요한 곳으로는 미국 고서협회, 국회

도서관, 필라델피아 도서관 조합, 매사추세츠 역사학회, 헌팅턴 도서관 등의 기관을 들 수 있지만, 개인이 소장한 경우는 거의 없다. 수집가들의 격언으로 말하자면, 어떤 주제로 수집을 하건 간에 좋은 물건을 이미 다른 사람이 모두 소유한 상황이라면, 결국 그보다 못한 물건만 남아 있는 셈이기 때문에 흥미 자체가 떨어지게 된다. 하지만 1970년대 초반에 마이클 진먼은 품질이나 상태 따위는 따지지 않고 미국 초창기 출판물을 가능한 한 모조리 수집하겠다고 결심했다.

진먼은 뉴욕 시에서 30분 정도 떨어진 곳에 거주하면서 일하는 사업가다. 그가 운영하는 어스윔 사는 건축용 중장비를 해외로 수출입하는 업체이기 때문에, 그가 하는 일은 대부분 긴장이 감도는 협상이다. "그렇습니다. 제 사업은 정말 발로 뛰어야만 합니다." 그는 자신의 업무 가운데 상당 부분이 세계 각국을 상대로 주요 장비를 거래하는 등의 에너지 부문과 연관되어 있다는 점을 강조했다.

1968년에 어스윔 사를 설립한 진먼은 사업이 성공을 거둠으로써 마음껏 도서수집을 할 수 있는 경제적 여유를 얻었다. "하지만 그렇다고 해서 이제는 책을 사면서도 쪼들리지 않는다는 뜻은 아닙니다. 오히려 전보다 더 많이 쪼들리게 되었죠. 제가 수집하는 방식은 대부분의 사람들과 다릅니다. 저는 항상 대량으로 수집하곤 했죠. 그 이유가 무엇인지는 알 수 없지만, 단순한 소유욕이 아닌 것만은 분명합니다. 소유욕이란 제게 어울리지 않는 말이니까요. 굳이 이유를 말하자면, 뭔가 하고 싶었기 때문입니다. 수집을 하게 되면 뭔가를 긁어모으는 일에 재미를 느끼게 되는데, 그러다보니 그 일 자체에 매력을 느끼게 된 거죠. 저는 항상 뭔가를 모으는 걸 좋아했습니다. 책을 소유하는 일 자체에도 즐거움이 있긴 하겠지만, 그건 일찌감치 사라지고 말았죠. 무엇보다도 책을 수집하는 건 뭔가를 배우는 과정이라고 봅니다. 일단 물건을 만져봐야만 하는 거죠. 그렇게 해서 물건을 객관적으로 다룰 수 있게 되면, 얼마 뒤부터는 감식안을 터득하게 되죠."

미국 임프린트 수집이라는 오디세이에 나서기 전에는 미국 수입인지, 그러니까 납세를 증명하기 위해 서류에 첨부하는 인지를 모았다고 진먼은 말했다. "그것도 상당히 모았죠. 아마 맥주 납세필증 컬렉션으로는 최고였을 겁니다. 정말 멋졌어요. 하지만 그 분야보다는 책 쪽이 훨씬 더 범위가 넓다는 걸 알게 된 뒤로는 더 이상 거들떠보지도 않았습니다. 더 이상 아무런 생동감도 주지 못했기 때문에 모두 내다 버렸지요. 혹시 모르니 나중을 위해 챙겨두자는 마음도 없었습니다."

아메리카나 전문 서적상 중에서는 최고라 할 수 있는 코네티컷 주 뉴헤이븐의 윌리엄 S. 리즈는, 1989년에 미국 고서협회가 주관하는 도서전 개회식에서 그를 가리켜 '아즐리의 백작'이라고 지칭하며, '마이클 진먼 그 자체로도 하나의 분야나 마찬가지'라고 격찬했다. 뉴욕 크리스티의 스티븐 매시는 이렇게 말했다. "마이클 진먼의 아메리카나 컬렉션만 해도 정말 대단합니다만, 보다 중요한 사실은 심지어 상태가 불완전한 책조차도 그가 기꺼이 수집했다는 점입니다."

진먼도 이에 동의하지만, 그래도 나름대로 몇 가지 기준은 있다고 말했다. "제 것은 어디까지나 품질, 상태, 중요성이라는 세 가지 면에서 '비교적 좋은' 것만을 모은 컬렉션입니다. 따라서 가장 크고 가장 중요한 컬렉션임은 분명합니다만, 그렇다고 상태까지 '가장 좋다'고 말할 수는 없습니다. 솔직히 제 컬렉션에는 미국 임프린트 중에서도 최상급에 속하는 물건이 별로 없습니다. 가령 엘리엇 성서만 해도 세 권이 있긴 하지만 모두 재판본입니다. 초판본도 있긴 하지만 완본이 아니라 절반뿐입니다. 물론 언젠가는 제대로 된 걸 하나 살 수도 있겠죠. 하지만 그걸 사겠다고 25만 달러를 선뜻 지불할 마음은 없습니다. 그건 너무 최상급에 속하는 물건이라서, 저로선 구입할 여력이 없습니다. 제가 쓸 수 있는 돈은 한정되어 있어서, 그 책을 한 권 사면 예산이 곧 바닥나 버릴 테니까요. 말은 그렇습니다만, 솔직히 조지 브린리 이후에 개인이 수집한 미국 임프린트 가운데에는 아마 제가 만든 컬렉션이 가장 광범위할 겁니다. 그 사람은 벌써 100년 전에 수집했잖습니까. 그런 수집에 열을 올릴 만한 사람이 이렇게 한 명은 더 나올 수 있을 정도로, 이 분야에 원체 이렇게 물건이 많은 게 아니었나 하고 저는 생각합니다."

진먼이 임프린트에 끌리게 된 까닭은 다음과 같다. "개인 수집가들에게는 이미 잊혀진 물품이기도 하고, 다른 분야의 좋은 물건들은 죄다 다른 곳에서 확보했다는 사실 때문이기도 했습니다. 지난 50년 동안 누구도 이런 걸 수집하지는 않았습니다. 그러니 이젠 팔 수도 없어요. 제가 임프린트를 사기 시작했을 때만 해도, 다들 결함이 있는 책들은 오히려 폐지보다도 못하다고 생각했죠. 차마 도서목록에 오르지도 못했으니까요. 그래서 저는 아무도 원하지 않는 이런 물건들을 모으기 시작했습니다. 수집 당시에 저의 마음가짐이란 '뭐든지 사들이자'였죠. 전혀 차별을 두지 않고 수집했습니다. 그렇게 계속 긁어모으다 보면, 언젠가는 무작정 모아놓은 것들이 갑자기 '컬렉션'으로 바뀌는 순간이 다가오죠. 그러면 잡동사니도 절대적으로 필요해집니다. 제가 모은 책 중에는 정말 희귀한 것인데도 어느 서적상의 책상 서랍 속에 3, 40년 동안이나 처박혀 있었던 것들도 있습니다. 전부 모아놓고 보면 차이가 눈에 훤히 드러납니다. 일단 물건을 모읍니다. 그 다음에는 하나하나 책상 위에 펼쳐놓습니다. 그렇게 해야 비교할 수 있죠."

'물건'을 다루면서 그에게는 일종의 감식안이 생겨났다. 단순히 금전적 가치를 따지는 게 아니라, 진정한 가치를 바로 보는 눈이 말이다. 그런 까닭에, 1985년에 이르러 오랫동안 실전(失傳)된 것으로 여겨졌던

《자유민의 서약》으로 보이는 문헌이 등장했을 때, 그 진위 문제를 맨 처음 따지고 든 사람도 바로 마이클 진먼이었다. 그 브로드사이드는 1638년에서 1639년 사이에 매사추세츠 주 케임브리지에서 나온 것으로 알려져 있는데, '베이 시편집' 보다도 출간일이 빨라서 식민지 시절의 북아메리카에서는 가장 먼저 출판된 문헌으로 평가된다. 비록 현존하는 것은 하나도 없지만, 그 내용—식민지 자유민이 시민권을 얻기 위해 행하는 서약—은 잘 알려져 있다. 많은 서적업계의 전문가들이 진본이라고 믿었음에도 불구하고, 진먼은 자신이 의심스러워하는 이유를 이와 같이 설명했다. "진짜라고 보기에는 지나치게 상태가 좋다고나 할까?"[257] 진먼은 이 문서의 진위 여부를 묻는 여러 기관에 그걸 사지 말라고 조언했다. 결국 국회도서관은 150만 달러에 이 책을 구입하려던 계획을 철회하고 말았다. 미국 고서협회도 한 회사를 통해 25만 달러를 제시했지만, 당시 그 문헌을 시장에 내어놓았던 솔트레이크 시티의 수집가 마크 호프만은 너무 싸다는 이유로 판매를 거부했다.

그러나 호프만이 솜씨가 뛰어난 위조범이었다는 사실은, 그의 행동을 이상하게 여긴 몇몇 사람들이 사제 파이프 폭탄 테러로 죽는 끔찍한 사건이 벌어진 뒤에야 만천하에 밝혀졌다. 1987년, 호프만은 살인 및 사기 혐의가 인정되어 종신형에 처해졌다.[258] 기막힌 위조문서를 만들어 모르몬교 측에 300만 달러 이상을 받고 팔아버린 일 등을 비롯한 그의 활약상을 다룬 책은 내가 아는 것만 해도 네 권인데, 서지학적인 관점에서 보자면 1991년에 미국 고서협회가 글과 논문을 모아 여러 권으로 출간

---

257. 당시 진먼이 수상쩍게 생각한 까닭은 두 가지였다. (1) 호프만이 그 문서를 단돈 2달러에 구입했다고 주장한 곳은 서적업계에서도 알아주는 고서점인 뉴욕의 아거시 북스였는데, 그렇게 중요한 문서를 무심코 헐값에 팔아넘길 정도로 아거시가 어리숙하게 행동했을 리 없다. (2) '진짜' 라고 보기에는 지나치게 상태가 좋기 때문에 도리어 의심이 간다.

한 《전문가의 판단》이 지금까지는 가장 충실한 편이다. 이 책에서도 진먼의 이름과 그의 '믿을 수 없다'는 견해는 처음부터 끝까지 거듭 소개되었다. "어디로 보나 제대로 된 게 아니었어요. 그 이상은 저도 잘 설명할 수가 없습니다. 솔직히 처음 봤을 때는 어찌나 매력적이고 마음이 끌리던지. 하지만 어딘가 잘못되었다는 느낌이 들더군요."

문헌들을 긁어모으는 과정에서 진먼은 완전한 책이건, 일부가 유실된 책이건 간에 그야말로 미국에서 출간된 갖가지 판본의 성서를 모조리 구입했는데, 그 중에서도 으뜸은 1663년에 출간된 엘리엇 인디언 성서이다. 그 외에도 1743년에 크리스토퍼 사우어가 펜실베이니아에서 펴낸 최초의 독일어 성서, 1782년에 로버트 에이트컨이 미국에서 펴낸 최초의 영어 성서, 1790년에 매튜 캐어리가 펴낸 로마가톨릭용 성서인 일명 '두에이 성서', 미국에서 펴낸 최초의 히브리어, 그리스어, 에스파냐어, 포르투갈어, 네덜란드어, 프랑스어 성서, 미국에서 펴낸 최초의 시각장애인용, 아동용, 삽화본 성서 등이 있다.

"저한테는 《혜성에 대하여》가 스무 권이나 있습니다. 17세기에 매사추세츠의 목사이자 작가였던 인크리스 매더가 쓴 뛰어난 과학 논문이죠. 저는 제 손에 들어오는 17세기 문헌이라면 예외 없이 사들입니다. 이것도 이제는 단순히 긁어모은 수준에서 벗어나 독특한 컬렉션이 되었습니다. 제가 책을 구하는 방법을 알려드리지요. 우선 눈에 보이는 모든 서점에 들어가서, 거기서 구할 수 있는 책을 다 삽니다. 이때 흥정에 있어서

---

258. 1997년 6월 3일, 뉴욕 소더비에서는 시인 에밀리 디킨슨의 작품으로 추정되는 원고가 2만 4,150달러에 애머스트의 존스 도서관에 낙찰되었다. 그러나 6월 28일에 소더비 측은 문제의 원고가 사실은 마크 호프만의 위작일 수도 있다는 사실을 시인했다. 이 사건으로 다시 한 번 마크 호프만의 이름이 언급되면서, 1980년대에 그의 손을 통해 유포된 여러 희귀본 및 원고들의 위작 가능성이 제기되기도 했다.

칼자루를 쥔 쪽은 접니다. 왜냐하면 대개의 경우, 서점 주인들은 공연히 장소만 차지하던 물건들을 치워버릴 수 있다는 것만으로도 기뻐하니까요. 가장 적절한 때, 가장 적절한 곳에서 물건을 살 수 있으니 그야말로 행운인 셈이죠. 무작위로 사들이다 보니, 그런 물건은 정말 엄청나게 보유하게 되었습니다. 오늘날, 여기에 비할 만큼 잔뜩 모아 놓은 건 어디에도 없을 겁니다."

또한 흥미를 잃은 책은 서슴없이 처분하기 때문에, 진먼은 자기가 모은 것을 종종 매각하거나 도서관 등지에 기증한다. "아메리카나를 모으기 전에는 박물학에 관한 책을 수집했습니다. 한 번은 퀴리치를 방문해서 이쪽에 가서는 제가 모은 박물학 관련서를 팔고, 저쪽에 가서는 다른 아메리카나를 산 적도 있었습니다."

진먼은 왜 그토록 열성적으로 수집을 하느냐는 질문에는 명확한 대답을 하지 않았다. "제가 할 수 있는 일이니까요. 하지만 일종의 상호작용이기도 합니다. 역사의 어떤 메커니즘이 저와 서로 공명하는 지점이 있었다고나 할까요. 저는 의미 있는 일을 하고 있습니다. 무엇보다도 임프린트를 소유하게 되어서 좋습니다. 하지만 저는 어디까지나 관리자에 불과하니까, 제가 죽고 난 뒤에는 이것도 뿔뿔이 흩어지겠죠. 저보다 더 훌륭한 컬렉션을 보유한 기관이 이미 다섯 군데나 있으니까요. 이 세상이 다섯 번째와 열 번째 사이의 어떤 것, 이를테면 여섯 번째랄까, 하여간 그 언저리의 것을 원하지는 않는다고 생각합니다." [259]

미국 고서협회가 주관하는 소장품 전시회에 내놓은 그의 소장품 중에

259...2000년에 진먼은 자신의 미국 임프린트 컬렉션을 500만 달러에 필라델피아 도서관 조합에 매각했다. 이로써 기존에 보유하던 미국 임프린트 관련 자료보다 무려 2배나 많은 진먼의 컬렉션을 인수한 필라델피아 도서관 조합은 이 분야에 있어서는 미국 역사학회 다음 가는 제2의 장서 보유수를 자랑하게 되었다.

는 1670년에 출간된 《매사추세츠 법률》, 기록에도 나와 있지 않은 18세기 보스턴의 어느 공개처형장에서 행한 설교문, 서너 권의 초창기 찬송가집, 원고 형태로만 몇몇 시들이 전해 오는 식민지 시대 시인 에드워드 테일러의 시기 포함된 유일한 인쇄본인 일종의 '명상' 선집 등, 다른 곳에는 잘 알려지지 않은 것들이 있었다. 진먼은 자기가 1800년대에 활약한 조지 브린리와 1960년대에 활동한 토머스 스트리터의 선례를 따르고자 한다고 말했다. 이들 수집가들은 자기가 모은 책들을 훗날 매각했을 뿐만 아니라, 여러 기관에 지원금을 주면서까지 경매에 입찰하라고 독려하기도 했다. "좋잖아요. 저는 도와주고 싶은 곳을 도와줄 수 있고, 그 사람들은 원하는 책을 구할 수 있으니까요. 또 그렇게 되면 모든 사람들이 그걸 향유할 수 있으니까요."

모든 도서수집가들에게는 다른 사람들에게 들려줄 만한 멋진 이야기가 적어도 한 가지는 있는 법인데, 진먼의 경우에는 무차별적으로 자료를 긁어모은다는 그의 자세와는 전혀 연관이 없는 듯한 이야기가 하나 있었다. "1980년 무렵이었던 것 같은데, 하루는 짐 리직이라는 서적상에게서—멋진 사람이죠—전화가 왔습니다. 이렇게 말하더군요. '외설물 컬렉션이 있는데 사시려우?' 엄청난 컬렉션으로, 그야말로 물건 중에 물건이라고 하더군요. 저는 '아니, 필요 없소.' 그랬죠. 그랬더니 그냥 거저 주다시피 팔겠다는 겁니다. 그래서 내가 '알겠소, 알겠소, 좋습니다.' 그랬죠. 그러고 나니까 '내가 지금 왜 이러지?' 하는 생각이 들더군요. 뭐, 그때는 물건을 열심히 모으기도 했고, 현금도 많았던 모양이지요. 그래서 사원 두 사람을 시켜서 트럭에 싣고 오라고 했는데, 그 사람들이 돌아오더니 이런 말을 해요. '사장님, 지금 뭘 사셨는지 아마 상상도 못하실 겁니다. 야한 책이 자그마치 집 한 채 분량이에요, 집 한 채 분량.' 그 사람들이 다 부려놓은 걸 보니 상자만 268개더군요. 1950년부터 1975년 사이에 출간된 외설물의 세계가 어떤 것인지, 그야말로 아주 밑바닥부터 보여주는 컬렉션을 샀지 뭡니까. 에로소설 2만 권, 도색잡지 1만 권, 음란사진 5만 5,000점 등이었어요. 세상에나. 그걸 일단 사무실 지하에 갖다 뒀는데, 그 때부터 아주 미치겠는 거예요. 그야말로 쓰레기 아닙니까? 그것도 구제불능의 쓰레기, 세상에 둘도 없이 끔찍한 것들이죠. 뭘 상상하던 간에, 그 안에 가면 다 있더군요. 그야말로 창고의 암적 존재가 되어 버렸는데, 도무지 어떻게 해야 할지 모르겠더군요."

너무 저속한 것들이라, 쓰레기장에 내다 버릴 엄두조차 내지 못했다고 한다. "이 동네에서는 그래도 제가 좀 알려진 사람이거든요. 길가에 내다 버릴 수도 없었습니다. 너무 많았으니까요. 태워버릴 수도 없었습니다. 도무지 처분할 방법이 없더라구요. 혹시나 소문이라도 나면 어쩌나 싶기도 하구요." 진먼은 인디애나 주에 있는 킨제이연구소에 전화를 걸었지만, 그쪽에선 별로 관심이 없는 듯했다. "텍사스에 있는 자니 젠킨스에게도 전화를 걸었는데, 하나도 갖고 싶은 생각이 없다더군요." 결국 진먼은 텍사스에서 서적상 테리 할러데이와 함께 동업하던 서적상 레이 윌튼에게 모든 걸 한 번 운에 맡겨보자고 설득했다. "우리는 이렇게 합의를 봤죠. 일단 물건을 가져가라. 하지만 다시는 그걸 보고 싶지는 않다. 그 물건을 팔아서 혹시 얼마라도 생긴다면 그냥 반반씩 나눠 갖자. 그리고 이렇게 말했어요. '거지 같은 것이기는 해도, 그 안에 없는 건 없다' 고 말입니다."

1년이 지나서야, 할러데이가 진먼에게 소식을 전해 왔다. "그놈의 물건, 드디어 없애버릴 수 있게 되었습니다. 텍사스 대학에 기증하는 건 어떻습니까?" 진먼이 동의함으로써 결국 그 컬렉션은 오스틴에 있는 해리 랜섬 인문학연구소로 옮겨졌다. "린든 존슨 대통령은 1968년에 외설 및 음란물에 관한 대통령 직속위원회라는 걸 만든 적이 있는데, 마침 그때의 모든 기록이 텍사스 대학에 보관되어 있었습니다. 활동 기록이며 청문회 자료며 모든 것들이 말입니다. 그런데 정작 미국에서 나온 외설물 자료만 없었던 거죠."

그 자료들은 높은 평가를 받았고, 수집 및 기증자는 진먼으로 간주되었다. "결론을 말씀드리자면, 1990년 5월에 저는 텍사스 대학의 법과대학장 명의로 보낸 편지를 한 통 받았습니다. 그 편지에는 이렇게 씌어져 있더군요. '우리는 이번에 진먼 씨가 수집하신 외설물 컬렉션을 인수하게 되었습니다. 지금은 그 자료들을 분류하는 작업을 하고 있는 중인데, 선생님의 간단한 이력과 아울러 이 자료를 수집하시게 된 계기와 과정에 대해 알고자 이렇게 연락을 드리게 되었습니다.' 그래서 제가 당장 전화를 걸어 그 학장이란 사람에게 말했습니다. '도대체 이게 무슨 말입니까?' 그 사람 말로는 법과대학 도서관에서 그 자료에 아주 크게 흥미를 느껴 인수하게 되었다고 하더군요. 아주 진지한 어투였어요. 그래서 제가 물었죠. '그걸 꼭 진먼 컬렉션이라고 불러야만 합니까?' 그 사람 말로는 대학에서 처음 그 자료를 인수할 때부터 '진먼 컬렉션' 이라고 불렀다고 하더군요. 마이클 진먼이 기증한 것이라고 하면서요. 그래서 테리 할러데이에게 전화를 걸어서 이런저런 일들이 생겼다고 이야기했죠. 그랬더니 테리가 한술 더 뜨더군요. '거기 아예 장서표도 붙어 있던데, 그건 물어보시지 않았습니까?'"

지금부터 100년 뒤, 이 땅에 살아남을 유일한 진먼 컬렉션은 아마 텍사스 대학 법과대학 도서관에 있는 '진먼 외설물 컬렉션' 일 뿐이라는 게 참 역설적인 일이 아니냐고 내가 물었다.

"아니, 전 좋습니다. 아주 좋아요." 진먼이 대답했다.

어윈 T. 토비 홀츠먼을 한 번이라도 만나본 사람이라면, 그야말로 유별나게 열정적인 수집가라는 사실에 틀림없이 동의할 것이다. 인쇄물을 향한 홀츠먼의 열정이 어찌나 뜨거웠던지, 나는 그와 함께 이틀을 보낸 뒤에야 그가 디트로이트 타이거즈에 대해서도 뜨거운 애정을 지니고 있다는 사실을 알고 또 한 번 놀랐다. 나더러 미시간에 가서 홀츠먼을 만나보라고 권했던 피터 하워드는 이렇게 말했다. "토비라면 당신도 완전히 질려버릴 겁니다. 하지만 책에 관한 한 그 사람의 열정은 타고난 것이니까, 그게 뭔지 꼭 직접 한번 알아보시기 바랍니다."

홀츠먼은 오랜 노력 끝에 미시간 주에서도 가장 잘 나가는 주택업자가 되었지만, 지금도 문학 이야기만 나오면 완전히 홀딱 빠져든다. 홀츠먼은 책과 책 수집에 관한 이야기밖에는 하지 않는다. 내가 찾아갔을 때, 홀츠먼과 그의 아내 셜리는 세인트 클레어 호숫가의 고급 주택가 그로스 인트 팜즈에 있는 아일랜드 조지 시대 양식[260]의 아름다운 집에서 살고 있었다. 그 지역은 수십 년 전부터 자동차회사의 중역들이 부유함을 표내지 않고 살아오던 곳이었다. 붉은 벽돌로 지은 주택 옆으로 돌아가면 멋진 정원이 나왔다. 집안에도 모든 게 꼼꼼하고도 멋스럽게 정리되어 있었다. 하지만 어쩐지 뭔가가 빠진 듯한 느낌이 들었는데, 홀츠먼을 따라 가족 서재에서도 꽤 떨어져 있고 살림 공간과도 분리된 인상적인 도서수집실에 들어가고 나서야 그게 뭔지 분명해졌다.

벽에 그림이 하나도 없었던 것이다.

홀츠먼이 반기면서 대답했다. "알아차리셨군요. 좋아요. 마음에 듭니다. 잘 모르시겠다면, 우선 여기는 책의 집이라는 걸 이해해야만 합니다. 아름다운 그림도 몇 점 소장하고는 있지만 액자에 넣거나 벽에 걸어 두지는 않았습니다. 저는 이 점에 대해 아주 오랫동안 생각해왔죠. 이 집에

---

[260]..아일랜드의 전통적인 건축 양식을 말하며, 오늘날까지 보존되고 있는 그런 양식의 건물이 대부분 조지 왕 시대에 세워진 것이기 때문에 '아일랜드 조지 시대 양식'이라고 통칭하고 있다.

서만큼은 책과 미술이 감히 경쟁할 수 없습니다. 저는 책에 관한 한 광신자에 가까운 사람이었기 때문에 수집가로서도 성공할 수 있었죠." 그러더니 홀츠먼은 자기 책상 뒤에 있는 의자를 가리켰다. 그 도서수집실에 의자라고는 그것뿐이었디. "여기는 한가하게 잡담이나 나누는 곳이 아닙니다. 앉아서 이야기하고 싶으면 차라리 서재로 가야죠. 여기서는 오직 책만 생각해야 합니다."

방의 한가운데는 전시대가 서너 개 있었다. 각 기관에 기증되기 위해 목하 분류 수집 중인 컬렉션도 한두 개가 아니었다. 내가 방문했을 때, 홀츠먼은 한창 이스라엘 문학 작품을 수집하고 있었다. 수집이 어느 정도 완료되었다 싶으면 그는 그 자료들을 예루살렘에 있는 이스라엘 국립 히브리도서관에 보낼 계획이었다. 1973년부터 수집하기 시작한 그 컬렉션에는 1948년부터 지금까지 미국에서 구할 수 있는 모든 이스라엘 문학 작품에 해당하는 대략 4,000권의 책이 포함되었다. 홀츠먼은 자신이 관리하던 책을 내놓는 일이야말로 그 의미에 있어서는 수집하는 일과 똑같은 비중이며, 따라서 비슷한 정도의 고려와 노력이 필요하다고 믿고 있다. "저는 지금 모든 자료를 내놓는 과정에 있습니다. 그렇다고 열정이 조금이라도 줄어드는 것은 아닙니다. 왜냐하면 책을 모으는 과정에는 결국 그 자료가 흩어지는 단계까지도 포함되어 있으니까요." 홀츠먼이 말했다.

홀츠먼은 예루살렘에 홀츠먼 가(家) 이스라엘 작가 컬렉션을 만들 계획인데, 그는 1989년에 이미 모교인 미시간 대학에 어윈 T. 앤드 셜리 홀츠먼 윌리엄 포크너 컬렉션을 만든 바 있었다. 홀츠먼은 포크너의 모든 판본뿐만 아니라 번역본과 전기물과 비평서도 수집했다. "제 스테이션왜건에 1,400권의 포크너 관련서를 싣고 직접 운전해서 갔습니다. 배치도 손수 다 했죠. 제가 직접 디자인한 서가에, 제가 만든 순서에 따라 책을 꽂았습니다. 기증할 때 그렇게 하기로 합의를 봤죠. 그래야 제대로 활용할 수 있으니까요. 이 컬렉션을 만든 사람도 저고, 책들을 사들인 사람도 저고, 하다못해 이것 때문에 아쉬워하는 사람도 저니까요. 제가 포크너의 책들을 어떤 순서로 서가에 꽂았는지 아실 겁니다. 그의 생애, 그의 작품, 그의 의미, 그에 대한 수집품, 그에 대한 연구 순이죠. 아마 한 작가를 설명하는 데 있어 이보다 더 나을 수는 없을 겁니다. 그 모든 것을 다 포함해야만 컬렉션은 비로소 도서관이 될 수 있습니다."

한때 홀츠먼은 350명이나 되는 미국 작가들의 작품을 이처럼 철저하게 수집한 적이 있었다. "저는 주택을 짓고 주거지를 만드는 사람이기 때문에, 처음에 사들인 책도 역시 주택 건설, 설계, 주거 형태, 건축 등에 관한 것들이었습니다." 홀츠먼은 말했다. 프랭크 로이드 라이트, 벅민스터 풀러, 루이스 설리번 등 건축가들이 직접 쓴 책이나 그들에 관한 책을 모은 것만 해도 엄청났지만, 홀츠먼이 수집가로서 평판을 얻은 것은 현대 초판본을 열성적으로 모으면서부터였다. 홀츠먼은 자신의 수집 범위를 1927년 이후 출판본으로 정해 버렸다. "왜냐하면 바로 제가 태어난 해이기 때문입니다. 그러니까 제가 살아 있는 동안 출판된 미국 문학에만 관심이 있는 셈이죠." 홀츠먼이 설명했다. 그 책들은 두 분야로 나뉘어져 정리되었다. 하나는 생존 작가, 다른 하나는 작고 작가였다. "어떤 작가가 죽었다는 소식을 전해 들으면, 바로 그날 그의 작품들을 생존 작가들의 작품 맨 위쪽에 있는 서가로 옮겨놓습니다. 저는 생존 작가들, 그러니까 아직 미래가 남아 있는 작가들을 아주 좋아합니다. 제가 고를 수 있는 것이야 언제나 과거에 이미 씌어진 것들이 아니겠습니까? 그래서 저는 앞으로 출판될 책들에 더 관심이 갑니다. 현대물을 수집하려고 드는 사람들에게는 그 점이 아주 도전적이라고 생각합니다."

책에 희귀성의 얼룩이 생겨나기를 기다리는 대부분의 수집가들과는 달리, 홀츠먼은 앞으로 중요해질 작품을 미리 짐작해 내려고 항상 노력한다. 1950년, 소설을 모아야겠다고 결심한 뒤부터 홀츠먼은 출간 예정인 책들을 미리 알려주는 서적업계 전문지 〈퍼블리셔스 위클리〉를 구독하면서까지 열심히 공부했다. 일단 관심이 가는 책을 발견하면, 홀츠먼은 정기적으로 뉴욕의 스트랜드[261] 같은 고서점에 전화를 걸어 서평용 책이나 미수정 교정쇄를 미리 구했다. 책이 아니라 작가를 수집하려는 홀츠먼의 고집 덕분에, 미국 전역의 작가들은 자신들이 펴낸 책에 서명을 부탁하는 미시간에서 온 어느 고집 센 남자를 잘 기억하고 있었다. "저는 편지 따위로 작가들을 괴롭히는 사람은 절대로 아닙니다. 오히려 사람은 일단 만나고 봐야만 한다고 생각하는 사람입니다. 작가들을 따라다니기도 합니다만, 꼭 공개적인 자리에만 따라다니죠. 이를테면 공항 같은 곳을 찾아가는 종류의 수집가인 셈입니다." 홀츠먼이 말했다. 현대 초판본 수집에 나선 지난 30여 년간, 그는 500여 명의 작가들에게서 서명을 받은 것으로 추정했다.

  홀츠먼은 작가들이 책에 서명하는 장소에도 매우 신경을 쓴다. "대부분의 작가들은 보기가 좋다는 이유 때문에 본능적으로 제목이 나와 있는 속표지에 서명을 하려 하더군요. 하지만 저는 그렇게 하면 책을 망치는 것이라고 생각하기 때문에, 책을 펼치면 바로 나오는 빈 면지에다가 해달라고 부탁합니다. 초판본의 경우에는 서점에 나올 때의 깨끗한 상태가 그대로 보존되어야만 한다고 생각합니다. 그래야만 책에 대한 합당한 대우를 하는 셈이라고 보거든요."

---

[261]..미국의 고서점. 1927년에 벤저민 배스가 뉴욕의 유명한 '헌책방 거리'인 4번가에 설립했다. 1956년에 아들 프레드 배스가 경영을 이어받으며 현재의 위치인 브로드웨이와 12번가 사이로 옮겼으며, 이후 직원 수만 200여 명에 이른바 '8마일에 이르는 책들'을 보유한 초대형 헌책방이 되었다. 자세한 내용은 홈페이지(www.strandbooks.com)를 참고하라.

좋은 책을 골라내는 능력 덕분에, 홀츠먼은 자기가 소유한 책 중에서도 정가에 구입한 것은 불과 40퍼센트 정도에 불과하고, 나머지는 재고나 헌책으로 사들인 것이라고 말했다. 1979년에 피터 하워드는 홀츠먼을 가리켜, 비록 투자한 금액은 도합 15만 달러 정도로 비교적 수수한 편에 속하지만, 그가 모은 1만 권의 책은 '미국을 통틀어 개인 소장 컬렉션으로는 가장 훌륭한 것'으로, 큰 대학 도서관에 있는 비슷한 규모의 컬렉션과 비교해도 결코 뒤지지 않는다고 평가했다.

"대부분의 수집가들은 항상 '수집할 만한' 책이 나오기를 기다렸다가 구입하는데, 그때는 이미 희귀본이 된 상태이기 때문에 권당 75달러에서 100달러는 지불해야 하죠. 하지만 제 신조는 인쇄기에서 갓 나온 책을 구한다는 것입니다. 저는 서적 문화의 모든 측면을 파악하려고 항상 노력하기 때문에, 어떤 책이 수집할 만한 가치가 있는지 금방 알 수 있습니다." 홀츠먼은 자신의 수집 대상에 오른 작가의 책뿐만 아니라, 그 작가와 관련된 책까지도 수집한다. "저는 평론가들을 매우 존경합니다. 독자이자 수집가로서, 저는 모두의 견해를 파악한 뒤에야 판단을 내립니다. 말하자면 최소한 두 편 정도의 영화평을 읽은 뒤에야 극장을 찾아가는 종류의 사람이죠. 깜짝 놀라고 싶은 마음이 제겐 전혀 없습니다. 마냥 즐기고 싶은 마음도 제겐 전혀 없습니다. 다만, 알고 싶은 것입니다."

1973년에 처음으로 이스라엘을 여행하면서 홀츠먼은 향후 '국제적으로도 유명한 수집가'로 성장할 수 있는 새로운 방향을 결정하고, 지금까지 자신이 보유한 현대 초판본들을 처리하기로 마음먹었다. 1980년, 홀츠먼은 현대문학 작품 대부분을 피터 하워드에게 팔았다. "최상급과 상급의 작가들을 제외하고는 모두 처분하기로 결심했죠." 윌리엄 포크너와 너새니얼 웨스트의 작품들만은 왜 계속 수집하는지 설명하면서 홀츠먼이 덧붙였다.

우리가 대화를 나눌 당시, 그의 도서수집실은 이스라엘 작가들이 쓴 4,000여 권의 책으로 가득 차 있었다. "여담이지만, 저로선 누가 이스라엘 작가이고 누가 아닌지 먼저 확인해야만 합니다. 아직까지 신뢰할 만한 도서목록이 없거든요. 지금 여기서 하는 작업이 완성되면, 그제야 기준이 될 만한 도서목록이 나올 겁니다. 가령 여기에는 히브리어와 아랍어로 쓰여진 책들이 있습니다. 여기서 가중 중요한 것은 1948년 5월 15일이라는 날짜죠." 홀츠먼은 《곡식과 금속》이라고 번역되는 나단 샤함의 단편집 하나를 고르더니 판권면을 펼쳤다. '이스라엘 국(國)'이라는 글자 아래에 1948년이라는 연도가 표시되어 있었다. 홀츠먼은 그 작가에게 직접 문의하여, 이 책이 그해 봄에 출판되었음을 확인했다. "그해 5월 15일이 포함된 한 주 동안에 출간된 책이 있는지 없는지는 아직 확인되지 않았기 때문에, 현재로서는 이 책이 이스라엘에서 출간된 최초의 문학 작품입니다. 만약 그 이전에 예루살렘에서 출판되었다면, 이스라엘이 아니라 팔레스타인 책이라고 해야겠죠."

그 컬렉션을 이스라엘에 기증할 때에도 홀츠먼은 역시 모든 책을 직접 배치할 계획이다. "그 어디에도 이런 컬렉션은 없습니다." 홀츠먼은 말했다. 그 계획이 매듭지어진다고 하더라도, 그의 도서수집실에는 보리스 파스테르나크와 이삭 바벨의 책을 비롯한 러시아 문학 컬렉션과, 지난 수년간 모은 아메리카 인디언 문학 컬렉션이 여전히 남아 있을 것이다.[262]

"뭔가를 갖고 싶어 하는 마음만 있으면 누구나 수집가가 될 수 있습니다. 하지만 어느 순간에 이르면, 갖고 싶은 마음 그 자체가 최우선이 되

---

[262] 홀츠먼의 파스테르나크와 바벨 컬렉션은 2004년에 미시간 대학 러시아-동유럽 연구소에 기증되었다.

고 말죠. 모든 수집가가 적당한 나이에 이르기만 하면 자기가 모은 책을 내놓고, 컬렉션을 기증하고, 그 중 일부를 매각하는 건 아닙니다. 저는 건축가로서의 소양은 전혀 갖추지 못했지만, 건축가들의 책을 수집했기 때문에 최대한 건축가에 가까워졌습니다. 책을 수집하는 일에도 비슷한 면이 있다고 생각합니다. 작가는 아니지만, 저는 글에 대한 집착이며 글에 대한 사랑이 있기 때문에 가능한 한 작가와 아주 흡사해졌습니다. 저를 만나서 이제 아시겠지만, 다른 사람의 삶을 살아가는 일이야말로 제게는 일종의 체질이 된 셈입니다."

09
인스턴트 아이비

한때는, 그러니까 1950년대 후반에서 1960년대 초반까지는 오스틴에 위치한 텍사스 대학에 희귀본 및 희귀자료를 담은 상자들이 들어오는 속도가 어찌나 빨랐던지, 그 물건들을 어떻게 하면 빨리 분류할 것이며 언제쯤 필요한 학자들에게 공개할 것인가 하는 문제는 고사하고, 그걸 당장 어디다 놔둬야 할지조차도 아는 사람이 아무도 없었다. 하지만 그건 일단 책을 사들이는 잔치가 끝난 뒤에 결정할 문제였다. 가장 중요한 것은, 석유 산업이 최고조에 달했던 그 시절만 해도 자금이 넘쳤고 의욕도 넘쳤다는 점이다.

1956년, 텍사스 대학의 사무처장이었던 해리 헌트 랜섬이 급속도로 발전하던 오스틴 캠퍼스에 인문학연구소를 설립하자고 제안하자, 모든 사람은 그야말로 너무나 적절한 시기라고, 또한 모든 게 가능하다고 믿어 의심치 않았다. 텍사스 사람들은 미국 남서부 지역에 하버드, 예일, 컬럼비아, 프린스턴 같은 대학에 버금가는 도서관을 만들려 한 랜섬의 열정을 가리켜 '선견지명'이라고 칭송하곤 한다. 하지만 그런 업적에 별로 감명을 받지 못한 어떤 사람들은 그것이야말로 '인스턴트 아이비'[263)]를 만들려는 조악한 시도였다고 깎아내리기도 한다. 사무처장 겸 부총장으로 임명되기 직전, 랜섬은 텍사스 주의 지식인 사회를 향해 자신의 목표를 간략하게 설명한 바 있다. "저는 텍사스 주의 어딘가—일단은 주도(州都)인 오스틴이라고 해둡시다—에 문화적 나침반 역할을 할 연구소, 가령 프랑스의 국립도서관 같은 연구 중심지를 설립해 텍사스 주를 유일하게 독립된 국가처럼 만들고 싶습니다." 그럼에도 불구하고 확신이 부족해 망설이는 사람들을 위해 랜섬은 이렇게 차근차근 설명했다. "텍사스 주 정부는 지금 연방 내의 다른 그 어느 주보다도 많은 수입을 거둬들이고 있기 때문에, 실용적인 방식으로 지적 의무를 다할 수 있는 물질적 능력을 갖추고 있습니다." 다른 식으로 이야기하자면, 지금 현금이 남아돌고 있긴 하지만 그게 영원히 남아돌지는 않을 것이라는 이야기였다.

'텍사스'라고 하면 대뜸 무식한 카우보이들과 광적인 미식축구 팬들이 득실거리는 황량한 변경지대라고만 생각하는 외지인들은, 실상은 모든 면에서 가장 크고 가장 좋은 것만을 추구하는 게 그 지역의 가장 뚜렷한 특성이라는 사실을 종종 망각한다. 러복 출신의 언론인 몰리 아이빈즈는 텍사스에 관한 대담한 논평을 수록해 베스트셀러가 된 책[264)]에서 "지난 25년간 그 지역을 취재했지만, 나는 아직까지도 어딘가 술에 취하기라도 한 듯 이 주에 만연한, 그러니까 뭐든지 실제보다도 더 크게 보이려 하고 과장하려고 하는 도무지 이해할 수 없는 습벽의 원인을 설명할

---

263. . 미국 동부의 전통적인 명문 대학인 '아이비리그'에 빗댄 말. 즉, 랜섬이 마치 인스턴트 음식을 만들어내듯 단기간에 편법을 동원하여 텍사스 대학을 '아이비리그' 수준으로 끌어올리려고 했다는 뜻이다.
264. . 1991년에 펴낸 《몰리 아이빈즈는 차마 말 못 할걸, 안 그래?》를 말한다.

수가 없다"고 썼다. "다만, 나는 그런 게 분명히 존재한다는 것을 알 뿐이다. 그런 게 없는 것처럼 군다면 아마 거짓말을 하는 셈일 것이다."

물론 세계 최고의 도서관과 어깨를 겨룰 만한 희귀본과 필사본을 텍사스 안에 모으겠다는 계획을 실현시키기 위한 길에는 장애물이 가득했다. 랜섬은 유서 깊은 지역에 설립된 기관들에 비하자면 텍사스 대학은 아무리 돈을 많이 쓰더라도 결국 몇 세대는 뒤처질 수밖에 없다는 사실을, 따라서 텍사스 대학이 우뚝 서기 위해서는 경쟁 기관들이 눈여겨보지 않은 분야에 집중할 수밖에 없다는 사실을 깨달았다. 이런 복안을 가지고, 랜섬은 꼭 죽었거나 유명해진 사람이 아니어도 그에 대한 자료를 수집하겠다고 선언했다. 다른 도서관들이 역사의 재를 체로 거르는 일을 계속하더라도 랜섬에게는 아무런 상관이 없었다. 왜냐하면 그는 여전히 창작력의 불길이 타오르는 20세기를 가장 중요하게 여겼기 때문이다. 이에 비판적인 사람들은 지나치게 즉흥적인 행동은 단순한 충동에 불과하며, 따라서 헛수고로 돌아갈 수도 있다고 지적했지만, 논쟁의 여지는 남아 있었다. 아마 랜섬이었다면, 일단 그물을 넓게 던지면 어쨌든 뭐든지 흥미로운 것들이 잡히지 않겠느냐고 대답했을 법하다.

"제 아무리 현명하다고 해도, 지금 살아 있는 사람들의 지식 또한 결국에는 없어지고 만다는 것이야말로 너무나 명백한 자연의 법칙입니다." 랜섬은 설명했다. "계몽된 인간의 정신은 새로운 지식, 새로운 종합을 갈망하는 그 자신의 욕망 때문에 결국 시대에 뒤처지게 됩니다. 더 나아가 제아무리 위대한 업적이나 광범위한 성과를 남긴 사람이라 하더라도, 진리를 아는 사람들은 늦든 빠르든 모두 죽음에 따라잡힙니다. 그러므로 자료를 한데 모아 영구히 보존하는 일이야말로 우리의 문명에 있어 필수적입니다." 즉, 시간이 흐르면 귀중한 것들은 스스로 자리를 잡아가게 마련이라는 뜻이었다. 그러니 그때까지는 일단 광범위하게 긁어모으는 일에 착수하는 게 가장 중요했다.

시기로 보자면 제임스 조이스, 오스카 와일드, T. E. 로렌스, 테네시 윌리엄스, 그레이엄 그린, 이블린 워 등의 낯익은 이름들을 환영하는 게 당연했으나, 랜섬은 또한 그 당시에는 잘 알려지지 않았던 사람들은 물론이고 지금도 그 의미가 희미하게 퇴색해 버린 사람들에게까지도 그 영역을 넓혔다. 책을 모으는 데는 작가들이 중심축이긴 했지만, 인간의 창의력이 발휘할 수 있는 모든 영역, 그러니까 연극, 미술, 음악, 건축, 사진, 영화, 언론, 방송, 정치 등의 모든 영역도 망라되었다. 인쇄본은 당연히 포함되었지만, 랜섬은 책을 창작 과정에 있어 논리적인 최종 단계라고 여겼을 뿐, 첫 단계라고 생각하지는 않았다. 그래서 그는 원고, 편지, 일기 같은 이른바 원(原)자료도 찾아다녔다.

그 당시 텍사스 대학 도서관이 보유한 자료 가운데 가장 중요한 것이라곤, 한때 토머스 J. 와이즈에게 속아 문학 소책자 위조본을 사들이기도 했던 시카고의 수집가 존 헨리 렌으로부터 1918년에 매입한 19세기 영국 문헌뿐이었다. "텍사스 대학 도서관은 물론 '좋은' 도서관이었습니다." 인문학연구소의 현 소장인 토머스 F. 스테일리가 말했다. "하지만 '위대한' 도서관은 아니었습니다. 반면 해리 랜섬은 위대한 도서관이 무엇인지 알고 있었던 것이죠." 그로부터 13년이 지난 1970년에 이르러 영국의 서지학자 앤서니 홉슨은 권위 있는 자신의 저서 《위대한 도서관들》에 텍사스 대학 인문학연구소를 포함시켰으며, 1975년에 이르러 〈뉴욕 타임스〉는 텍사스 대학 도서관을 하버드 대학 도서관, 예일 대학 도서관, 뉴욕 공립도서관, 헌팅턴 도서관 등과 같은 반열이라고 평가했다.

하지만 랜섬이 거둔 가장 놀라운 성과는 단지 그렇게 빠른 시간 안에 큰 업적을 이뤘다는 점뿐만 아니라, 또한 공적 자금을 관리하는 지독하고도 무자비한 정치 조직으로부터 막대한 후원을 얻어내서 그런 일을 행했다는 점이었다. 솔직히 텍사스 주 정부에 대해서라면 '황당'이라는 단어로 묘사하는 것도 매우 점잖은 편에 속한다. 몰리 아이빈즈는 이렇게 썼다. "텍사스에서 이른바 '제대로 된' 정치인이란 평판을 얻으려면 어떻게 해야 할까? 텍사스 주민들의 돈을 뜯어내고, 위스키를 공짜로 얻어 마시고, 그들의 마누라를 희롱하고, 결국에 가서는 그들의 기대와 정반대되는 정책을 결정하는 것, 이 정도는 되어야 감히 텍사스의 정치인으로 행세할 수 있다."

해리 랜섬은 물론 정치인이 아니었지만, 그의 꿈이 실현될 수 있느냐의 여부는 결국 대학 평의회와 주 의회를 얼마나 능수능란하게 다루느냐에 달려 있었다. 정말 놀랍게도 랜섬은 자기가 원하는 돈을 항상 얻어냈는데, 그건 대개 뛰어난 언변의 힘을 빌린 것이었다. "그는 사람들에게 모든 일이 가능하다고 믿게 하는 특별한 능력이 있었습니다. 심지어는 정말 불가능한 일조차도 말입니다." 랜섬 밑에서 무려 15년 동안 인문학연구소의 핵심 간부를 역임한 워렌 로버츠는 어느 토요일 아침, 오스틴 캠퍼스 근처에 위치한 자택에서 가진 인터뷰에서 이렇게 말했다. "해리 랜섬은 대학 평의회에서 돈을 끌어내는 데 천부적인 재능을 지녔었죠." 로버츠는 머리를 설레설레 흔들었다. "어떻게 그럴 수 있었는지는 아직도 모르겠지만, 어쨌든 매번 그랬습니다."

갤버스턴에서 태어난 랜섬은 텍사스 대학에서 생애 대부분을 보낸 인물이었다. 그는 1935년에 영문학과 조교수로 부임한 이래, 1947년에는 정교수로 승격되었고, 1954년에는 인문교양대학 학장, 1957년에는 부총장 겸 사무처장, 1960년에는 텍사스 대학 오스틴 캠퍼스의 총장이 되었으며 이듬해에는 주 전역의 캠퍼스를 모두 관장하는 자리에 올랐다.[265)] 워렌 로버츠는 해리 랜섬 박사의 지도로 D. H. 로렌스에 관한 영문학 박사학위 논문을 제출한 직후인 1961년에 인문학연구소 소장에 임명되어 1976년까지 봉직했다. 랜섬의 도서 확보 계획을 실무 지휘한 사람으로서, 로버츠는 종종 대학의 정력적인 정책들을 폄하하는 외부의 공격과 직접 맞서 싸워야만 했다. "우리를 두고 진가도 모르면서 책을 마구 사들이는 촌뜨기 졸부라고 생각하는 사람들이 많았거든요. 우리는 가능한 한 모든 사람들로부터—정말이지 모든 사람들로부터—책을 사들였고, 또 가능한 한 빠른 시간 안에 그 일을 해내려고 일부러 그렇게 하기도 했기 때문에, 노회한 눈초리로 경계하는 자들에게는 평판이 좋을리 없었습니다." 워렌은 말했다.

그런 정력적인 수집으로 20세기 서적의 시세를 지나치게 올려놓는 바람에 다른 도서관들은 경쟁에 나서지도 못하게 만든 게 아니냐고 묻자, 워렌은 그저 어깨를 으쓱해 보였다. "책값이 그처럼 높이 올라간 데는 물론 우리의 책임도 있을 수 있다고 봅니다. 하지만 아무리 돈이 많다고 해도, 이제 와서는 어느 누구도 감히 하버드나 예일에 버금가는 수준의 도서관을 만들 수는 없다고 봅니다. 아무리 돈이 많아도 그런 도서관에서 소장한 책들을 결코 구할 수 없기는 30년 전이나 지금이나 마찬가지입니다. 하지만 훌륭한 20세기 전문도서관 정도면 돈만 있다면 얼마든지 만들 수 있습니다. 우리가 일단 얼마든지 돈을 쓰겠노라고 결정하고 나면, 그 책은 그 다음날로 값어치가 뛰어올랐습니다. 이건 어쩔 수 없는 일이었죠. 원래 시장이라는 게 그런 것이니까요."

랜섬이 자신의 제안을 표명한 지 16년이 지난 1972년, 21번가와 과달루페 가 모퉁이에 향후 HRC—인문학연구소의 약자—로 알려지게 될, 석회암으로 만든 요새 모양의 건물이 들어섰다. 그러니까 그때까지만 해

265..텍사스 주립 대학 산하의 기관은 오스틴, 알링턴, 엘패소, 댈러스 등에 위치한 9개의 캠퍼스를 포함하여 그 부속기관까지 합치면 모두 28개에 달한다.

도, 즉 있는 힘껏 자료를 사들이는 동안에도 그 물건들을 보관할 영구적 보관 시설은 전혀 없었다는 뜻이다. "그는 곳곳에 자료를 쌓아놓았습니다. 둘 만한 곳이 있다면 어디든 말입니다. 본관은 물론이고, 시계탑 안이며, 심지어 지금의 총장실 자리도 마찬가지였죠. 다른 사람들이 어떻게 말하든 간에, 우리가 그저 닥치는 대로 책을 사들인 것은 아니었습니다. 그리고 장소가 좀 그렇기는 했지만, 우리는 보관에도 최대한 신경을 썼습니다."

그렇긴 해도 숱하게 널린 저질 유정만큼이나 많은 희귀문헌들이 한꺼번에 오스틴으로 쏟아져 들어오는 모습을 본 많은 사람들은 비웃음과 조롱을 보내기 일쑤였고, 그리하여 서적업계에서도 그런 인식이 꽤 오랫동안 사라지지 않았다. 뉴욕의 필사본 전문 서적상인 찰스 해밀턴은 자세한 설명도 없이 무조건 그 대학이 '정말 쓰레기 같은' 자료를 모으느라 수백만 달러를 낭비했다고 어느 책에다 썼으며, 영국의 저명한 수집가 존 카터 역시 시카고의 어느 유명한 수집가의 미망인에게 보낸 편지에서 텍사스 대학은 "서지학적으로 볼 때, 미국에서 가장 평판이 나쁜 도서관을 보유하고 있다"고 썼다.

하지만 특별히 개인적인 편견을 갖지 않은 사람들은 오히려 더 긍정적인 평가를 내리고 있다. "텍사스가 쓰레기를 샀다고 말하는 사람들은 그게 뭔지도 모르고서 그러는 거죠. 그뿐입니다." 하버드 대학 호우튼 도서관의 희귀본 담당자인 로저 E. 스토다드는 그렇게 말했다. 20년 동안 그롤리에 클럽에서 사서로 일한 로버트 L. 니커크도 이 말에 동의했다. "징징대는 소리가 많이 들렸다면, 그건 포도가 몹시도 시어보여서 그러는 거겠죠."[266] 영국의 서적상 콜린 프랭클린은 텍사스 대학이 수집한 도서들은 그 품질을 보증할 수 있다면서, 그 까닭은 '그렇게 긁어모으다 보면 변변치 못한 자료도 많긴 하지만, 그래도 역시 유용한 자료를, 그것도 어마어마한 양으로 사들일 수 있기 때문'이라고 논한 바 있다. 워싱턴 D. C.의 국립 미국사박물관 관장을 역임한 바 있으며, 건축사 및 사회사에 관한 많은 책을 펴내기도 한 로저 G. 케네디는 이렇게 반문한 적도 있었다. "그렇다면 이른바 '쓰레기 같은 자료'란 무엇인가? 누가 그런 판단을 내리는가? 나는 걸작을 감상하는 유일한 방법이란 걸작을 창조해 낸 과정을 이해하는 것이라고 믿어 왔다. 최종적인 생산물, 완전히 다듬어낸 작품만을 들여다봐서는 안 된다. 걸작을 제대로 이해하려면 그런 작품이 탄생되도록 이끈 모든 것들을 다 살펴봐야만 한다."

대영도서관의 니콜라스 바커 역시 케네디의 이 말이 중요하다는 데 동의하며 그와 비슷한 의견을 제시했다. "알려지지 않은 사람이라고 해서 반드시 수집의 대상에서 제외되란 법은 없습니다. 지금 이 순간에도 이 건물 안 어딘가에는 16세기 어느 무명 시인의 작품을 들여다보는 학자들이 있습니다. 그 사람들이 어떤 걸 찾아낼지 누가 알겠습니까? 중요한 것은 그런 자료들이 살아남았고, 또 여기서 연구된다는 점이죠." 이름난 서지학자이자 구겐하임 재단의 부이사인 G. 토머스 탄셀은 유행이란 항상 변하게 마련이라고 지적하며, 저자가 유명하든 그렇지 않든 일단 책을 보존하는 일이 가장 시급한 과제라는 데 동의했다.

1958년에 펜실베이니아 주 브래드포드에 살던 토머스 에드워드 핸리에게서 어마어마한 양의 문학 관련서들을 사들임으로써, 해리 랜섬은 그 엄청난 도서수집의 첫 발을 내딛었다. 벽돌공장을 운영하던 토머스 에드워드 핸리의 집에는 중요한 그림과 수천 권의 책과 원고가 가득했다. 로

---

266. 이솝우화의 〈여우와 신 포도〉 이야기에서 유래한 말. 즉, 남들로선 그저 바라보기만 할 뿐 자기 손에 넣을 수는 없기에, 무조건 그 가치를 깎아내린다는 뜻이다.

버츠는 이렇게 말했다. "제가 핸리를 알게 된 것은 좀 특이한 인연을 통해서였습니다. 1954년에 저는 뉴멕시코로 가서 D. H. 로렌스에 관한 자료를 조사하다가, 로렌스의 미망인이었던 프리다와 꽤 친해졌습니다. 그녀는 펜실베이니아에 사는 어떤 남자가 있는데, 자기 남편의 원고를 상당히 많이 사들였다고 말했습니다. 일부는 로스앤젤레스의 제이크 자이틀린을 통해서, 또 일부는 그녀에게서 직접 사들이고 나서 대금은 분할 납입을 했다고 하더군요. 그 사람에 대해 좀 더 알아본 뒤에 저는 편지를 썼고, 한동안 서신이 오가게 되었죠."

랜섬은 제이콥 슈와츠를 통해 핸리와 교섭을 시작했다. 브루클린에서 치과의사로 활동하기도 했고, 1920년대에는 런던에서 율리시즈 서점을 운영한 바 있는 제이콥 슈와츠는 돈에 쪼들리는 작가들에게 원(原)자료들을 사들이는 수완을 발휘하면서 유명해졌다. 실제로 '제이크' 슈와츠는 자신이 사용하는 편지지에다가도 '유명 작가들의 초판본과 원고'를 전문으로 다룬다고 인쇄해 놓았다. 핸리는 슈와츠로부터 조지 버나드 쇼, 오스카 와일드, 제임스 조이스, 딜런 토머스, 에즈라 파운드, T. S. 엘리엇, T. E. 로렌스 등과 같은 작가들의 원고, 편지, 수첩 등을 수천 점이나 사들였다. 새뮤얼 베케트는 작가에게서 각종 자료를 뽑아내는 그 엄청난 능력을 염두에 두고 슈와츠를 가리켜 '탁월한 추출 장치'라고 말하기도 했다.

핸리는 제법 자산가였지만 정신없이 물건을 사들이는 바람에 통제력을 상실해, 1958년 당시에는 제이크 슈와츠 한 사람에게만 무려 12만 8,000달러의 빚을 지고 있었다. 무려 30년에 걸쳐서 책과 그림을 사들이는 동안 핸리가 진 빚은 어마어마했다. 하지만 핸리가 책을 내놓게 된 궁극적인 이유는 외상 빚 때문이 아니라, 어느 날 보험회사 측에서 사람이 찾아왔기 때문이었다. 로버츠는 이렇게 말했다. "핸리는 브래드포드의 오래 된 빅토리아 양식 목조 주택에서 살고 있었습니다. 그런데 보험회사 측에서는 그에게 노골적으로 더 이상 보험증권을 줄 수 없다고 말했습니다. 그 집이 불쏘시개나 다름없는데도 안전장치라곤 전혀 없는데다가, 집안에는 값비싼 물건이 가득하다는 게 그 이유였습니다. 벽에는 그림이 가득했습니다. 르느와르, 세잔, 모네, 반 고흐, 고갱 등의 그림이었죠. 결국 핸리는 그림을 택하고 책은 모두 팔아치우기로 결심했습니다. 정말 알맞은 때에 우리가 찾아간 것이죠."

대학 측에서는 서너 번에 걸친 분할 납입의 방식으로 15만 5,000점의 책과 원고를 사들였는데, 로버츠는 정확하게 얼마를 지불했는지 기억하지 못했다. 하지만 당시 인문학연구소의 실무 담당 큐레이터였던 칼턴 레이크는 1987년에 쓴 글에서 그때의 도서 구입비가 무려 "일곱 자리 숫자의 거래"[267]였다고 썼다. 그 대가로 텍사스 대학은 영국의 저명한 서지학자 앤서니 홉슨이 '세계적으로도 중요하다'고 평가한 컬렉션을 얻게 되었다. 로버츠는 자신이 때마침 이탈리아에서 막 귀국한 덕분에, 연구소로 맨 먼저 도착한 상자들을 뜯어볼 수 있었다고 말했다. "그 배송분에서 나온 것들이 어땠는지 아마 상상하시지도 못할 겁니다. 당시 어느 누구도 지금 자기 앞에 있는 게 무엇이며, 또 그 다음에는 무엇이 나올지 알 수가 없었을 겁니다. 지금껏 살면서 그처럼 신나는 일은 또 없었어요."

그 횡재 가운데는 로렌스의 《캥거루》, 《잃어버린 소녀》, 《무지개》, 《사랑에 빠진 여인들》, 《처녀와 집시》를 포함한 무려 2,500매에 달하는 친필 원고가 있었다. 새뮤얼 베케트 관련 자료 중에는 《고도를 기다리며》, 《와트》, 《몰로이》, 《말론 죽다》, 《무제》 등의 친필 원고와, 새까맣게 교정

---

[267] 그러니까 100만 달러 단위였다는 뜻.

을 본 흔적이 있는《베케트의 부랑자들》이라는 제목의 미완성 원고도 있었다. 수백 점에 달하는 T. E. 로렌스 관련 자료 중에는《지혜의 일곱 기둥》의 원고 가운데 가장 오래 된 것도 포함되어 있었다. 로버츠는 1986년에《텍사스 대학 도서관 회보》에 기고한 글에서 쓴 요점을 재확인하며 이렇게 말했다. "정말 끝이 없었다. 토머스 에드워드 핸리는 빈틈없는 수집가에다가 비범한 사람이었다. 학자는 아니었지만, 가장 좋은 원고나 책을 사들이는 본능에 있어서만큼은 수집가들 중에서도 아주 뛰어났다고 말할 수 있다. 후대의 학자들은 핸리에게 고맙다고 말해야만 할 것이다. 왜냐하면 현대문학을 수집하겠다고 나선 그의 열정이 없었더라면, 차마 말로 다 할 수 없을 정도로 중요한 것들이 대부분 사라졌을 테니까."

핸리는 돈이 필요했기 때문에 현금을 받고 자신이 소장한 책과 원고를 텍사스 대학에 팔았지만, 나눠주는 일의 즐거움 덕분에 오래 전부터 운이 덜 좋은 사람들을 도와야겠다고 생각해 왔다. 가령 애리조나 대학은 개교 이래 가장 중요한 도서 기증자로 핸리를 꼽는데, 이는 대공황 시기에 그가 우연히 그 대학을 찾아갔던 일을 계기로 시작되어 이후 25년간 계속되었다. 핸리는 책을 사들이기 위해 매년 겨울마다 3개월간 캘리포니아에 머무르는 습관이 있었다. 1936년, 기차를 타고 로스앤젤레스로 향하던 핸리는 애리조나 대학에 근무하는 하버드 동창을 만나러 투손에 잠깐 들른 적이 있었다. 핸리는 그 학교에 인문학과 순수 예술 분야의 연구 자료가 터무니없이 부족하다는 것을 알고는 깜짝 놀랐다. 그 당시만 해도 애리조나에 사는 사람의 숫자가 50만 명이 넘지 않았던 데다가, 주립대학 역시 살아남는 데만 총력을 기울이고 있었기 때문에, 도서 구입은 우선순위에 오르지 못했던 것이다.

그때부터 시작해서 1960년대까지 핸리는 애리조나 대학을 위해 미국 전역에서 희귀본과 중요 서적 수백 권을 사들인 다음, 정기적으로 그 자료의 분류, 비치, 사용 범위 등을 적은 독특한 지침서와 함께 투손으로 보냈다. "책을 구하는 그의 열정은 너무나 대단해서, 차마 자신의 재산이 감당할 수 있는 수준을 넘어서는 경우도 잦았다. 핸리가 보내오는 책꾸러미는 그 시대나 그 출처나 그 형태에 있어 그야말로 다양하기 그지 없었다." 애리조나 대학 도서관 후원회가 펴낸 기념책자에서 리 소렌슨은 이렇게 썼다. 핸리가 1969년에 사망할 때까지 평생에 걸쳐 기증한 책은 모두 9만 1,500권이었는데, 그 가운데 무려 3만 8,550권이 애리조나 대학으로 갔다. 그 밖의 다른 곳을 들자면 뉴욕 주의 세인트 보너벤튜어 대학, 펜실베이니아 주 레딩의 올브라이트 칼리지, 펜실베이니아 주 브래드포드의 카네기 도서관 등이었다.

텍사스 대학의 입장에서 보자면, 핸리에게서 입수한 도서들은 바야흐로 새로운 사업의 방향을 제시한 셈이었다. 워렌 로버츠가 지적한 바와 같이 이제는 다른 컬렉션을 입수하는 일 말고도, '유산 상속자와 집행인을 찾아가는 일, 작가나 그들의 친지, 서적상, 에이전트, 다양한 친구, 집주인, 엉겨 붙는 진드기들 등과도 호의적이고 친한 관계를 만드는 일'도 업무 가운데 포함되었다. 이렇게 하면 작가들은 본인에 대한 자료들이 새로운 시장에서 환영받는다고 생각하며 즐거워하곤 했다.

1962년 4월 15일, 시릴 코널리는 런던에서 발행되는 〈선데이 타임스〉에 기고한 글에서, 차마 이름을 밝힐 수는 없는 어떤 미국의 대학이 '작가가 쓴 글뿐만이 아니라 공책, 편지, 쓰다 만 도입부 등 차마 없애버리고 싶어 하는 것들까지 구입하려' 하던 일에 대해 소개했다. "그 대학 사람들은 작가를 대신해 한 번도 공개된 적이 없는 그 자료들을 분류하고 가져간 뒤, 작가에게는 그 사본들과 심지어는 글을 쓸 수 있는 장소까지 제공하면서 자서전을 쓰게 만든다." 시릴 코널리의 결론은 이러했다.

"(이것이야말로) 아마 최근 몇 년 사이에 작가들에게 일어난 일들 중에는 가장 반가운 일일 것이다."

코널리의 원고와 공책들이 곧 다른 자료들과 함께 대서양을 건너 오스틴으로 옮겨진 것은 그리 놀라운 일도 아니었다. 그의 기고문이 등장한 지 정확하게 2년 뒤, 똑같은 신문에는 훗날 영국에서 가장 존경받는 서적상인 피커링 앤드 채토의 대표가 된 윌리엄 리즈모그가 쓴, 약간은 다른 의견이 실렸다. 그는 현대문학 서적과 원고의 가격이 꾸준하게 상승한다는 사실과, 그 중에서도 영국의 기관이나 대학으로 가는 것은 거의 없다는 사실 등으로 미루어 볼 때, 어쩌면 '향후 10년이 지나면 영국 내 대학에서는 온전한 의미의 영국 문학 컬렉션을 이루기가 불가능해질' 수도 있다고 경고했다. "그 기회도 이미 사라지고 있는 중이다. 텍사스 대학이 잔뜩 가져가고 있기 때문이다. 결국 우리는 빈털터리가 되고 마는 것이다."

확신에 찬 목소리로 이런 추세에 대해 경고하는 사람들의 목소리는 영국뿐만 아니라 미국에서도 점점 높아지고 있었다. 특히 다음에 소개할 어느 소송 사건에는, 1964년에 어느 미국인 수집가가 모은 영국 서적을 오스틴으로 가져오려던 275만 달러짜리 거래가 지역적 편견에 의해 무산되기까지의 과정이 고스란히 드러나 있다. 판매자의 갑작스러운 변심으로 인한 중개수수료 손실분에 대하여 서적상 측에서 손해배상 소송을 건 것이었다. 뉴욕의 서적상 존 플레밍은 1964년 8월 6일에 일리노이 주에서 법적 절차에 들어갔다. 그때까지 존 플레밍은 관련자들 모두의 명백한 합의 하에, 시카고의 호텔 소유주인 루이스 H. 실버의 장서를 텍사스 대학에 판매하도록 주선한 바 있었다. 그런데 텍사스 대학 관계자들이 거래를 마무리하기 위해 시카고로 찾아가기로 한 바로 그날, 합의는 갑작스럽게 취소되었고 그 책들은 뉴베리 도서관에 매각되어 버렸다.

소송에서 플레밍은 자신이 실버의 재산권 행사에 적법한 구매자를 찾아냈으므로, 20만 달러의 중개수수료를 받아야만 한다고 주장했다.

제임스 B. 파슨즈 판사의 주재 하에 증언과 심리와 설전이 오가며 4년이 흐르고 난 1968년 12월 17일, 플레밍은 결국 실버의 유족들로부터 9만 2,000달러를 받는 조건으로 합의했다. 플레밍의 개인적인 청구권이 정당함을 확인시켜 준 것 외에도, 이 소송 사건은 경쟁자들 사이에서 랜섬의 도서 확보 계획이 얼마나 큰 어려움을 겪었는지를 보여주는 사례가 되었다. "이는 실버 씨의 희귀본 컬렉션을 구매할 자격요건이 충분히 갖춰진 구매자를 구한 원고에게 당연히 지불되어야만 하는 수수료를 청구하기 위한 소송이다. 모든 계약조건에 관한 완전한 합의에 도달한 이후, 피고가 매매를 성사시키는 것을 거부했기 때문에 거래는 완료되지 못했다." 플레밍은 고소장에서 이렇게 밝혔다.

법정에 제출한 상당한 분량의 소송 사건 적요서에서 플레밍은 시카고의 변호사이자 골드코스트 호텔 체인의 회장인 루이스 실버를 도와 16년 동안에 걸쳐 '세계에서 가장 이름난 개인 소유의 희귀본 컬렉션'을 구축해 주었던 일을 설명해 놓았다. 그런 뒤에 플레밍은 1963년 6월 런던에 머물던 당시, 긴급한 호출을 받고 뉴욕으로 돌아와 실버를 만났던 일을 언급했다. 즉시 귀국한 플레밍에게 실버는 자신이 암 말기에 이르렀다며, 장서의 판매를 맡아달라고 말했다.

실버는 자신의 장서를 파는 일에 대해서는 아무런 유감이 없었으나, 그 책들이 일괄 판매되어야 하며 금액도 최소한 220만 달러는 되어야 한다고 못박았다. 이후 4개월 동안 플레밍은 폴 멜론, 아서 A. 호우튼 2세, 예일 대학 등에 실버 장서의 구매를 제안했다. 실버의 위임을 받은 플레밍은 뉴욕의 파크 버넷 사와 런던의 소더비 사에도 경매 개최 여부를 타진해 보았다. 1963년 10월 27일, 플레밍은 실버의 집에서 일찍이 30여 년 전 토머스 J. 와이즈의 위조품을 식별해 낸 일로 명성을 얻은 영국의 희귀본 전문가 존 카터를 만났다. 당시 소더비의 자문역으로 일하고 있었던 카터는 실버의 가족들에게 장서를 경매에 붙이자고 제안했다.

하지만 에이미 실버는 남편의 뜻을 따를 생각이었기 때문에 소장 도서들이 경매에서 개별적으로 팔리는 것보다는 통째로 팔려야만 한다고 주장했다. 법정 기록에 따르면 이후의 일은 다음과 같았다. "그런 연유로 플레밍은 장서를 일괄 매입할 구매자를 계속 물색했다." 1963년 11월 15일, 플레밍은 텍사스 대학 평의회의 이사 한 사람에게서 전화를 받았다. 다음날, 해리 랜섬은 플레밍과 직접 통화하며 곧바로 요점에 대해 이야기했다. 텍사스 대학이 실버 장서를 구입하려고 하는데 얼마면 가능한가? 플레밍은 250만 달러에서 300만 달러 정도의 가격이면 가능할 것이라고 대답했다. 그러자 랜섬은 275만 달러면 가능하겠느냐고 물었다. 플레밍은 그 정도 액수면 합당할 것이라고 생각한다고 말했다.

한 달 후에 랜섬은 대학 평의회에서 필요한 자금을 얻어낸 뒤, 자기가 말한 가격으로 구매 요청을 했다. 하지만 플레밍이 실버의 가족들에게 계약이 성사되면 최소한 20만 달러의 중개수수료를 받아야겠다고 말하면서부터 문제가 발생하기 시작했다. '피고인들은 그 같은 액수의 수수료를 내놓는 것을 거부하면서, 수고에 대한 약간의 사례를 내놓겠다'고만 했다고 플레밍은 단언했다. 실버의 법정상속인들은 텍사스 대학의 제안에 환영의 뜻을 나타냈으며, 특히 랜섬이 그 서적들을 영구적으로 실버라는 이름 아래 보관하겠노라고 확언하자 더욱 기뻐했다.

텍사스 대학에 장서가 팔린다는 소문은 금방 서적업계에 퍼졌고, 이에 존 카터는 1964년 1월 2일자로 실버 부인에게 열띤 편지를 쓰게 되었다. 이 편지는 관련 문서 수집 과정에서 플레밍 측 변호사들의 손에 들어와 법정 증거 서류로 채택되었다. 편지는 이렇게 시작한다. "친애하는 에이미에게. 당신도 잘 아실 테니 더 말할 필요는 없지만, 당신과 저와 밥이 소더비에서 그 장서를 팔기로 합의한 그날 저녁 이후 몇 주가 흘러가는 동안, 저는 일과 생각에 매달리면서도―시카고에서는 연기, 또 연기 되기만 했기 때문에―얼마나 속이 타고 고민스럽고 마음이 아팠는지 모릅니다. 그런데 갑자기 존 플레밍이 그 책들을 텍사스 대학에 판다는 이야기를 듣게 되었습니다." 존 카터는 에이미에게 '그쪽 사람들이 계약서에 서명하라고 권할 때 부디 신중하게 생각하기를' 간절히 부탁했다. 존 카터는 결국 중요한 것은 루이스의 명예를 지키는 일이지, 돈이 아니라고 역설했다. 그 책들이 뉴베리 도서관, 시카고 대학, 하버드 대학, 혹은 심지어 일리노이 대학에 가는 것은 존 카터 자신도 충분히 이해할 수 있다고 했다. "하지만 텍사스 대학이라니, 루이스나 당신이나 언제 한 번이라도 생각해 본 적이 있었겠습니까? 거기에는 돈이야 많겠고, 빈 서가도 남아돌고, 기껏해야 남들 앞에 거들먹거리고 싶은 욕망이나 있겠지요."

'거들먹거리고 싶은 욕망'을 지닌 대학에 책들을 넘김으로써 빚어질 치욕 말고도, 실버 부인에게는 그 거래와 관련해 좀더 복잡한 문제가 있었다. 카터는 그런 점에 대해서는 분명히 모호한 것을 싫어했다. "존 플레밍은 우리가 그들이 제시하는 금액보다 훨씬 많은 돈을 받아낼 수 있다는 사실을 너무나 잘 알고 있습니다." 실버의 이름을 역사에 길이 남긴다는 문제에 있어서, 카터는 화려한 도서목록을 만들어주겠다고 약속했다. "미래의 수집가들의 눈에 쏙 드는 최고의, 진정한 기념물이 될 것입니다." 소더비의 경매는 '전 세계 많은 수집가들과 학자들과 도서관들에게 더할 나위 없는 책들을 살 기회와 함께 루이스도 수집할 때 즐겼을 것이 분명한, 긴장된 경쟁을 즐기게 할 게 분명하다'고 했다. 카터는 그게 수천 킬로미터 떨어진 곳의 유리장 속에 컬렉션을 넣어두는 것보다는 고인을 기리는 데 훨씬 더 합당하다고 주장했다.

다시 한 번 카터는 실버 부인이 텍사스 대학에 대해 품을 만한 불안감에 호소했다. 실버 씨의 장서를 '미국 전역을 통틀어서도 서지학적으로는 가장 보잘 것 없는 기관에 포로로 실어 보내는 신세보다는 차라리 국가적인 영예로서 그 절정을 맞이하는 게 옳다'는 것이었다. 카터는 개인적이면서도 핵심적인 간청으로 편지를 끝맺었다. "에이미, 제발 부탁하건대 어떤 계약서에 서명하기 전에 반드시 이 모든 점을 고려해 좀더 신중하게 생각하기를. 우리 면전에서 그들이 문을 닫게 하지는 마시기를." 카터는 편지의 끝에다 '친애하는'이라고 쓴 다음 자기 서명을 적었다.[268)]

법정 서류만으로는 실버 부인이 카터의 간청에 마음이 움직였는지 아닌지 판단을 내릴 수 없지만, 이제 무대 옆에 또 다른 가능성이 숨어 있다는 사실을 부인이 알게 된 것만은 의심의 여지가 없다. 카터의 편지가 실버 부인에게 배달된 지 이틀 뒤, 텍사스 대학과의 교섭은 동요하기 시작했고, 물밑에서 소더비와의 협상이 시작되었다. 하지만 법적 소송의 위험이 도사리고 있었기 때문에 랜섬과의 교섭도 재개되었다. 플레밍은 법정 서류에서 '존 카터가 실제와는 다르게 랜섬과의 거래가 수포로 돌아갔다고 온 세상에다 떠들기 시작했으며, 그로 인해 텍사스 대학의 코가 납작해지기를 원했다'고 주장했다. 1964년 5월 13일, 결국 실버의

268..텍사스 대학을 향한 이런 편견은 오늘날까지도 마찬가지이다. 1994년 초에 대영도서관은 1526년에 출간된 윌리엄 틴들의 영어 번역본 신약성서를 100만 파운드에 매입했다고 밝혔다. 1784년 이래 이 책의 소유주인 브리스톨 뱁티스트 칼리지 측은 대영도서관과 9개월간에 걸친 협상 끝에 이런 결정을 내렸다면서, 외국에서도 이 책을 구입하겠다며 더 높은 가격을 제시하는 곳이 많았지만, 이 책이 영국 내에 머물러 있어야 한다는 생각에 비교적 낮은 금액에 책을 대영도서관에 넘기게 되었다고 말했다. 이후 칼리지 측에서는 언론에 귀중한 유물이 더 이상 텍사스의 지하창고에 들어가서는 안 된다고 노골적으로 불만을 표시하기도 했다. — 원주.

가족들은—6개월 전 랜섬이 제안한 가격과 동일한—275만 달러에 뉴베리 도서관과 계약을 체결하기에 이르렀는데, 그날은 마침 인문학연구소 직원들이 거래를 체결하려고 시카고로 찾아가기로 한 날이었다. 플레밍은 고소장에서 '시카고에 있던 실버 측은 텍사스 대학 측에 이 사실을 알리지도 않았을 뿐더러, 심지어 텍사스 대학 관계자들이 시카고에 와서 권리를 주장하기 전에 서둘러 뉴베리 도서관으로 달려가 도서관 측과 컬렉션의 매매를 마무리하기에 필요한 모든 절차들을 밟았다'고 썼다.

5월 16일, 랜섬은 뉴베리 도서관 관장인 허먼 스미스에게 전보를 쳤다.

> 매우 고명한 도서관에 매우 고명한 도서 컬렉션이 추가된 점에 대해 축하드리는 바입니다. 텍사스 대학에서는 모든 대학 관계자 및 평의회, 그리고 주 정부기관이 만장일치로 루이스 실버 컬렉션을 입수하는 데 275만 달러를 현금으로 지불하기로 한 바 있습니다. 그 금액은 언제라도 지불 가능하며, 도서관 설비 계획도 모두 끝마쳤습니다. 하지만 그처럼 훌륭한 컬렉션이 단순히 특정 지역의 관심사에만 그치지는 않겠지요. 뉴베리 측에 행운을 빌 따름입니다.

랜섬의 문장이 매우 정중하기는 하지만 그들은 275만 달러를 '현금'으로, 그것도 언제라도 지불 가능하게 준비했으며 컬렉션을 원래 상태로 보관할 수 있는 시설도 구비했음을 대문자로 강조해 놓았다. 반면에 뉴베리 도서관 측은 도저히 여유가 없었다. 텍사스 대학과 맞추기 위해 275만 달러를 제시하긴 했지만, 그 돈을 언제라도 지불 가능하게 마련할 수는 없으며, 현금으로는 더더욱 불가능하다는 게 곧 명백해졌다. 실제로 도서관은 78년 역사상 처음으로 구매 계약을 체결하기 위해 기금을 조성했으며, 일련의 은행 융자를 협상했다. 또한 기금을 모으는 과정에서 도서관 측은 실버 컬렉션 중에서 자신들이 이미 소장한 것들과 겹치는 책들은 물론이고, 자신들의 수서 원칙상 부적절하다고 여겨지는 책들 역시 매각하겠다고 공언했다.

뉴베리 도서관 측에서 입수한 실버의 장서는 모두 900점이었는데 그중에서 무려 300점이 필요 없는 것으로 밝혀졌다. 그런 책들 중에는 뉴베리 도서관이 이미 소유한 판본보다 훨씬 뛰어난 것들, 예컨대 19세기 영국의 미장본 인쇄 및 장정의 전통을 잘 보여주는 책들도 있었다. 도브스 성서,[269] 돼지가죽으로 장정한 켐스콧 판 《초서》, 탁월한 상태의 아센덴 판 맬러리 피지본, 원래 표지 그대로인 킬마넉 판 번스 시집[270] 등이 이에 해당한다. 패니 버니의 1778년작 소설 《이블리너》의 원래 표지 그대로인 미도련본, 1450년에 구텐베르크가 인쇄한 소책자, 호메로스의 에디티오 프린켑스 등도 매각 대상 품목에 들어갔다. 1965년 1월 22일, 뉴베리 도서관 서적분과위원회 회의가 열렸다. 여기에는 당시 관장인 조지 B. 영과 사무차장인 제임스 M. 웰스, 그리고 런던 소더비의 존 카터가 참석했다. 뉴베리 도서관에 보관된 회의록에 따르면 이 회의에서 결정된 사항 중에는 '실버 컬렉션 덕분에 발생하는 중복되는 희귀본과, 도서관에서 소장하기가 부적절한 서적'은 경매를 통해 매각하며, 그 경매는 소더비를 통해 이루어진다는 내용이 있었다. 결국 존 카터는 실버의 장서를 판매할 수 있게 된 셈이었다.

그 다음 해에 《북 컬렉터》에 실린 두 편의 기고문을 본 희귀본 수집가

---

[269]..1900년에 설립되어 1916년까지 운영된 영국의 도브스 인쇄소—설립자 가운데 한 명이 본래 '도브스 제본소'의 소유주였기 때문에 이런 이름이 붙었다—에서 1903년부터 1905년까지 모두 다섯 권으로 펴낸 영어 성서로, 20세기 초반의 가장 아름다운 인쇄본 가운데 하나로 손꼽히고 있는 걸작품이다.

[270]..1786년에 스코틀랜드 킬마넉의 인쇄업자 존 윌슨이 펴낸 《스코틀랜드 방언 시집》을 말한다. 초판 발행 부수는 612부였다.

들은 하나같이 눈을 동그랗게 뜰 수밖에 없었다. 존 카터는 1951년에 런던에서 창간된 이 계간지에 정기적으로 기고했을 뿐만 아니라, 편집위원회에도 참여했다. 실버 장서의 여분을 매각하겠다는 결정이 내려지기 훨씬 전인 1964년 여름호에 실린 논평에서, 그 계간지는 뉴베리 도서관의 도서 매입을 '대식(大食)'의 욕구 안에서—그러니까 탐욕스러운 방법으로—벌어진 일이라고 설명했다. 존 카터를 비롯한 그 잡지의 편집위원들은 실버의 소장도서가 뉴베리 도서관에 '일괄' 판매된 것은 '대단히 유감스러운 일'이라고 밝혔다.

하지만 그로부터 1년이 조금 더 지난 뒤인 1965년에 뉴베리 도서관이 갑작스럽게 실버의 물품 중 3분의 1에 해당하는 물량을 소더비에 위탁 판매하게 되자, 그러니까 정확하게 말해 4호 전에 그 잡지에서 주장했던 것과 같은 일종의 자료 분산이 실제로 이루어지게 되자,《북 컬렉터》는 그 직후에 나온 가을호에서 단호하게도 전과는 다른 태도를 취함으로써 독자들의 궁금증을 불러 일으켰다. 그 호의 발행인 란에 존 카터의 이름이 보이지 않은 것도 중요한 점이었다. 잡지를 만든 편집위원 중 한 명으로 공인된 존 헤이워드만이 이 기고문에 자기 이름을 밝혀 놓았다. 존 헤이워드는 소더비가 '루이스 H. 실버 컬렉션의 판매권을 획득하려던 희망의 잔해에서 뭔가를 얻어냈으며, 이런 재활용 과정은 계속되는 좌절과 실망에도 불구하고 끈기를 발휘한 그의 동료인 존 카터의 노력이 뉴베리 도서관 도서구매자들에게 마침내 보상받게 된 것'이라고 지적하면서 글을 시작했다.

그 시점에서 헤이워드의 논평은 날카로워지기 시작한다. 그는 '그 재활용 과정은 기대했던 것 이상으로 훨씬 더 중요하고 가치 있는 것으로 밝혀졌다'고 못박았다. 면밀히 검토해 본 결과, 이번에 매각되는 물품들은 엄격하게 선택한 진열장에서 버려진 불량품들이 결코 아니었다. 거기에는 흩어지게 된 인쇄본뿐만 아니라 카스틸리오네, 마키아벨리, 갈릴레오, 하비, 체스터필드 등이 친필로 쓴 편지와 원고, 그리고 버나드 쇼가 정자로 쓴 몇 안 되는 원고 중 하나인 《존 불의 다른 섬》의 친필 원고도 포함되어 있다고 했다.

"모든 수집가들, 판매상들, 도서관들은 불필요한 여분으로 판정한 품목들을 처분하겠다는 뉴베리의 결정을 환영하겠지만, 그리하여 시장에 나온 그 자료들이 대부분 모든 훌륭한 연구도서관―뉴베리야말로 그런 도서관 중에서도 최고 수준에 이른다는 것은 스스로도 자랑스러운 일이 아닐 수 없다―을 만들기 위해서는 반드시 필요한 자료라는 점은 매우 특이한 일로 여겨진다"고 헤이워드는 썼다. 헤이워드는 어떻게 그런 일이 있을 수 있는지 '당황스러울 정도로' 의문이라고 했다.

어떻게 그 사람들은 소장 자료의 빈틈을 메우고 전반적으로 풍부하게 만들기 위한 목적으로 구입한 컬렉션에서 뭔가 팔 것을 찾아낼 여유가 있었을까? 그러니까 단 하나뿐이기 때문에 아무리 생각해도 '여분'으로 분류할 수는 없는 원고며 친필 편지 등과, 넓게 보자면 그럴 수도 있겠으나 알 만한 서지학자라면 절대로 '여분'이라고 말할 수 없는 희귀본, 이를테면 중간에 몇 페이지가 잘못 들어간 마인츠 판 키케로나, 그 당시 판목(板木)의 상태를 짐작하게 해주는 특징을 지닌 목판본 같은 책들을 말이다. 간단히 말해서, 아마 그런 의문에 대한 해답은 이런 것이 아닐까? 즉, 뉴베리 측으로선 부득이하게 그래야만 한다는 것, 다시 말해 그들은 컬렉션의 전부를 원한 것도 아니었고, 아울러 실제 감당할 수 있는 여유보다 더 많이 지불해야만 했기 때문이라는 것이다.

헤이워드는 그 정도 자료라면 향후 텍사스 대학 인문학연구소가 크게 발전되었을 것이라든지, 또한 텍사스 측의 자금 동원력이 어느 정도였다든지, 또한 그 컬렉션을 해리 랜섬이 '고스란히 가져가겠다'면서 단 한 권도 빼놓지 않고 보존하려고 했다는 등의 이야기는 일언반구도 하지 않았다.

뉴베리 측에서 도로 내놓은 자료의 경매 도서목록 앞에는 긴 서문이 들어 있는데, 필자의 이름은 그저 '소더비 주식회사'라고만 되어 있다. 이 글은 평상시와는 달리 오히려 방어적인 투의 다음과 같은 문장으로 끝을 맺는다.

> 우리는 이로써 뉴베리 도서관이 '만약 모든 도서관이 소장도서의 재고를 조사하여, 앞으로 사용할 일이 거의 없는 책들을 매각한다면, 그로 인해 재정 상태를 개선하고 필요한 수서 공간을 얻게 되어 결국 공공의 이익에 기여하게 될 것'이며, 궁극적으로는 '판매라는 방법을 통해 도서가 광범위하게 유통됨으로써, 결국 도서관을 도와주고, 수집가를 일깨우고, 연구를 증진시킬 것'이라고 했던, 워싱턴 D. C.의 폴저 도서관 관장 루이스 B. 라이트 박사의 말에 부합하는, 이른바 식견 있는 도서관 중의 하나에 이름을 올리게 된 것을 국내외 도서수집가, 희귀본 담당 사서, 서적상들이 모두 기뻐할 것임을 믿어 의심치 않는다.

'앞으로 사용할 일이 거의 없는' 것으로 판정된 그 책들의 경매는 1965년 11월 8일부터 9일까지 런던에서 이루어졌으며, 그 '수서 원칙상 부적절한' 물품의 판매를 통해 뉴베리는 80만 달러를 벌었다.

그러는 동안 해리 랜섬은 또 다른 자료를 사들이는 일에 몰두해 있었다. 비록 시카고에서는 뜻을 이루지 못했지만, 해리 랜섬은 이미 끝난 일은 더 이상 따지지 않고 다른 곳으로 눈을 돌렸다. 시카고에서의 거래가 좌절된 지 넉 달 뒤, 텍사스 대학 평의회는 문제의 275만 달러를 실버 장서 대신, 그에 상당하는 분량의 문서와 컬렉션과 도서를 구입하는 데 모두 사용할 수 있도록 랜섬에게 넘겨주었다.

1972년부터 1992년까지 해리 랜섬 인문학연구소에서 미술품 담당 큐레이터로 근무한 캐슬린 G. 예르터는 나와 함께 앨프리드 A. 크노프 실(室)을 지나가다가 랜섬 총장의 초상화 앞에서 걸음을 멈췄다. "저 눈을 좀 보세요." 캐슬린은 마침 근처에서 진행 중인 한 연구 모임에 방해가 되지 않도록 나지막한 목소리로 속삭였다. "뭐가 보이세요?"

"당신에게는 뭐가 보이는데요?" 내가 되물었다.

"우릴 사로잡는 저 눈동자죠. 저 눈동자가 당신이든 뭐든 모든 걸 꿰뚫어본다고는 말할 수 없겠지만, 결코 당신에게서 떨어지지는 않을 겁니다. 일단 저 눈동자 속으로 들어가게 되면 빠져나올 길이 없었어요. 또 그분은 상당히 듣기 좋은 목소리를 지녔죠. 부드러운 목소리는 아니지만, 매우 충만하고 감미로운 데다가 말씨가 더없이 아름다웠어요. 무슨 말을 하더라도 너무나 멋지게 들렸답니다. 듣는 사람이 수위건 주지사건 아무 상관이 없었어요. 일단 그분의 말을 듣고 있노라면 자신이 이 세상에서 가장 중요한 사람이 된 듯한 느낌이 들었으니까요. 다른 누구도 아닌 꼭 저에게만 들려줘야 하는 어떤 중요한 말을 하는 것처럼 느껴졌다니까요."

몇 분 뒤, 출판인 앨프리드 A. 크노프와 블랜치 크노프 부부가 한때 맨해튼의 아파트에서 사용하던 아르데코 풍의 가구 몇 점이 놓인 곳 앞에 서서, 캐슬린은 해리 랜섬을 위해 '매일 밤 으슥할 무렵까지 헌신적으로 일했던 비서인 프랜시스 허드스페스에 관한 이야기'를 들려줬다. "랜섬 박사님이 꿈꾸던 건물이 거의 완공되었을 무렵, 프랜시스는 심장 발작을 일으켰죠. 의사는 만약 당장 일을 그만두지 않는다면 1년 안에 죽을 거라고 이야기했나 봐요. 그 말에 프랜시스는 '나는 랜섬 씨가 그 건물에 들어가는 걸 볼 때까지만 살면 된다'고 대답했어요. 그리하여 건물이 완공되자, 하루는 프랜시스가 우리 사무실로 와서 새 사무실에 걸어 놓을 그림 몇 점을 가져갔고, 곧 랜섬 박사님도 짐을 옮겼죠. 사흘 뒤, 그녀는 병원으로 실려갔답니다. 겨우 사흘간 그 건물에서 지내다가 죽은 거예요. 그때 그녀가 가져간 그림 하나가 아직까지도 기억나네요. 멕시코 화가인 하이메 플로레스의 〈사자(死者) 기일(忌日)의 헌정〉이었지요. 프랜시스는 그 그림이 벽에 걸리는 걸 보지도 못했죠. 죽는 순간까지도 일했답니다. 하지만 그 당시에 사람들이 해리 랜섬을 생각하는 마음은 다 그랬어요."

랜섬이 풍기는 매력은 어떤 점에서 장교들이 '지상명령(至上命令)'이라고 부르는, 거의 초월적인 자질에서 나왔다. 캐슬린은 이렇게 말했다. "그 분이 방안으로 들어오면 모든 게 정지되었어요. 사람들은 뭐든지 기꺼이 그 분을 위해 해드리려 했죠. 랜섬 박사님에 관한 유명한 일화가 있답니다. 하루는 그분의 사무실에서 막 나온 어떤 사람에게 밖에서 기다리던 사람이 '뭐라고 말씀하시던가?'라고 물었답니다. 그랬더니 그 사람은 '뭔지는 모르겠소. 어쨌든 그분의 계획을 듣고 나서 2만 달러를 드리고 나오는 길이오'라고 대답하더라나요." 랜섬의 가장 중요한 능력은 자신의 열정을 다른 사람들과 나누는 일이었다. "대학 평의회는 그 분을 무척이나 존경했습니다. 그 분이 한 일이라고는 1년에 한 번씩 그 사람들을 찾아가서 '200만 달러가 필요합니다'라고 말하는 것뿐인데도 말이에요. 그러면 그들은 이유조차 묻지 않고 돈을 내밀었어요. 전적으로 그 분을 신뢰한 까닭이죠."

은퇴할 때까지 예르터는 주로 문학과도 연관이 있는 화가들이 남긴 10만 점에 달하는 다양한 미술품을 관리하는 일을 맡았다. 1986년에 그녀는 해리 N. 에이브럼즈 출판사에서 《두 가지 재능》이라는 책을 펴내기도 했는데, 이것은 유명 작가들이 남긴 시각예술 작품에 대한 연구서로, 그녀가 오스틴에서 관리하는 작품들을 바탕으로 하고 있었다. 거기에는 T. E. 로렌스의 연필 스케치, 장 콕토의 캐리커처, e. e. 커밍스의 수채화, G. K. 체스터턴의 드로잉, O. 헨리의 만화, 에드워드 리어의 풍경화, 윌리엄 블레이크의 채색 판화, D. H. 로렌스의 유화 등이 있었다. 어떤 작품은 작가의 충동에 관해 뭔가 암시하고 있다는 점에서 흥미로웠고, 어떤 작품은 그 자체만으로도 대단히 아름다웠다.

이러한 미술품은 랜섬이 엄청난 물량으로 사들이던 문학작품과 동시에 구입한 것이었는데, 그 대부분은 작가의 친필 원고를 구할 수가 없기 때문에 꿩 대신 닭이라는 식으로 구입한 것들이었다. 하지만 수많은 그림들이 자신의 재량에 맡겨지자, 랜섬은 기꺼이 일부를 외부에 빌려주기도 했다. 예르터는 그 작품들의 안식처인 너른 방을 가로질러 가면서 이렇게 말했다. "그것도 제 일의 하나였어요. 다른 대학 기관이나 정부 부처에서 사람들이 찾아와 그림을 빌려달라고 하면 빌려주었죠. 이 그림들은 곧 랜섬 박사님의 명함이나 마찬가지였어요. 이 그림들을 통해 우리는 많은 사람들을 만나 도움을 줄 수 있었는데, 그 때문에 훗날 그들로부터 도움을 받을 수도 있었던 거죠."

오늘날 인문학연구소에 있는 모든 것들은 깔끔하게 체계를 갖춰 정리되어 있다. 물론 3,000만 매에 달하는 원고 가운데 30퍼센트는 아직 목록화되지 못했지만, 모두 튼튼한 클램셀 박스에 담겨 7층 건물 안에 조심스럽게 보관되어 있다. 예르터는 한때 모든 상황이 혼란 그 자체였던 시기가 있었음을 떠올렸다. "1960년대 초에 상자들이 막 도착하기 시작했을 때는 그냥 본관 시계탑 안에 채워 넣기만 했거든요. 사람들이 새로 지은 건물로 막 입주하기 시작했을 무렵, 하루는 제가 랜섬 박사님의 비서를 찾아갔던 일이 생각나네요. 홀을 걸어서 그녀의 사무실로 들어갔더니 바닥부터 천장까지 종이상자가 가득 쌓여 있어서 옆으로 서서 간신히 지나갈 수 있을 정도였죠. 도착하는 물건들이 너무나 많아서 그 속도를 감당할 수 없을 정도였어요."

1971년에 텍사스 대학을 졸업하고 나서 《텍사스 대학 도서관 회보》의 편집자로 일했던 데이브 올리펀트는 어느 날 랜섬이 뜻밖에도 자신에게 직접 전화를 걸어 어떤 일을 매우 잘 처리했다며 칭찬했던 일을 다음과 같이 회고했다. 올리펀트는 이렇게 말했다. "마치 하느님의 목소리를 직접 듣는 것 같았죠. 해리 랜섬이라면 다들 그렇게 생각했어요. 정말 대단한 양반이었으니까요."

데이브 올리펀트는 랜섬이 마치 '하느님' 같았다고 내비쳤고, 캐슬린 예르터는 그를 '전하'라고도 불렀다. 하지만 모든 왕실에는 으레 폴스태프처럼 광대 노릇을 하는 인물도 한 사람씩 있게 마련인데, 해리 헌트 랜섬의 곁에서 그런 필수불가결한 조연 역할을 맡은 사람은 수십 년간 맨해튼에서 명성을 날린 서적상이자, 랜섬이 인문학연구소를 열정적으로 만들어나가던 시절에 도서 구입 대리인으로 활동한 루 데이비드 펠드먼, 즉 요란스럽기 짝이 없는 하우스 오브 엘 디에프 사의 사장이었다.

워렌 로버츠는 이렇게 말했다. "루 펠드먼은 그 컬렉션을 만든 사람의 뒤에 있는 사람으로 알려지기를 원했습니다. 나는 그가 자기 경력에서도 가장 중요한 순간에 텍사스 대학을 만났다고 봅니다. 그는 우리가 원하는 서적과 원고를 가져온 것은 물론이고, 대금을 지불할 때까지 기꺼이 기다려주었기 때문에, 우리로선 그와 일하는 게 꽤 즐거웠습니다. 그리고 한 가지 중요한 사실이 있었습니다. 그는 종종 우리를 위해 물건을 먼저 구입해 두었다가, 우리가 평의회에서 돈을 얻어낼 수 있을 때까지 자기가 보관해 두곤 했는데, 때로는 그 기간이 1년이 되기도 했고 그 이상이 되기도 했으니까요. 하지만 저희는 보관 기간 동안의 이자까지 계산해 준 것은 아니고, 그저 10퍼센트를 수수료로 지불했을 뿐입니다. 나중에는 수수료가 15퍼센트로 오르기는 했지만 말입니다. 하지만 제가 아는 한, 그런 일을 기꺼이 해줄 수 있는 서적상은 어디에도 없었습니다. 그 사람에게 지불할 금액이 무려 200만이나 300만 달러에 달하는 경우도 있었지만, 우리는 늘 더 사들이곤 했습니다."

로버츠는 이런 과정에서 생기는 문제점을 해결하기 위해 뉴욕으로 자주 출장을 갔다고 말했다. "저는 종종 루 펠드먼과 함께 은행에 가서 '안녕하세요, 점장님. 예, 텍사스 대학에서 왔습니다. 이런저런 물건 때문에 이분께 돈을 좀 드려야 하거든요'라고 말하곤 했습니다. 그러면 그는 은행에서 돈을 빌린 뒤, 책을 담보물로 잡혀놓았죠. 이걸 아는 사람은 많지 않습니다. 사실상 우리에겐 그가 은행이나 마찬가지였습니다. 그 사람에게 책을 사면서 이자를 물지 않고 수수료만 지불한 것은 우리뿐이었습니다."

1976년에 〈뉴욕 타임스〉에 실린 일곱 단락으로 된 부고기사에서는 펠드먼을 '자신의 판단력을 어마어마한 현금으로 뒷받침한, 상상력이 풍부하고 끈기가 넘치던 서적상이자, 중요한 거래 때문에 새벽이 되어서야 잠자리에 들었다가 일어나서 잠옷 바지와 헐렁한 웃옷, 그리고 레인코트 차림으로 런던 소더비에서 56번에 걸쳐서 연속적으로 물건을 낙찰받은 유일한 인물'로 묘사했다. 그 기사에는 나오지 않았지만, 펠드먼은 17년 전인 그 11월의 어느 날, 로버트 사우디의 편지 173통을 1,950파운드에, 오스카 와일드의 편지 다섯 통을 220파운드에, D. H. 로렌스의 《에트루리아 기행》의 친필 원고를 2,000파운드에 사들이는 등, 자신이 원하는 품목을 모조리 입수했다. 그보다 5개월 전에 열린 소더비의 또 다른 경매에서는 총 판매금액의 절반이 그가 지불한 돈이었다. 그는 당시 경매에 나온 T. E. 로렌스 컬렉션을 모조리 구입했다. 그런 위업을 달성한 며칠 뒤, 그는 텍사스 대학의 의뢰를 받고 크리스티에서 열린 경매에 참석했다. 그는 여기서도 현대문학 원고 경매 사상 기존의 영국 최고가 기록을 무려 세 배 이상 경신하면서 E. M. 포스터의 《인도로 가는 길》 친필 원고를 6,500파운드에 사들인 것을 포함해, 그날 나온 중요한 물품을 싹쓸이했다.

펠드먼이 개인적으로 구매해서 텍사스 대학에 넘긴 물건 중에는 윌리엄 포크너의 어머니 집에서 나온 자료들도 있었다. 그때의 편지, 원고, 자료 등은 20여 년이 지난 지금까지도 붉은 상자에 담겨 봉인된 채 인문학연구소에 보관되어 있다. 언젠가—아마도 이 구매에 관여했던 사람들이 모두 죽은 뒤가 되겠지만—포크너를 연구하는 사람들은 이들 자료를 마음껏 이용할 수 있다는 사실에 큰 기쁨을 느낄 것이 분명하다. 마찬가지로 1972년에 펠드먼은 19세기 멕시코의 막시밀리안 황제와 카를로타 황후 사이에 오간 400여 통의 연애편지를 12만 5,000달러에 텍사스 대학에 판매하기도 했다. 그 물품의 출처에 대해 언론에서는 카를로타의 친척이었던 벨기에 왕실의 누군가가 1세기 이상 몰래 보관한 것이라고만 모호하게 설명했을 뿐이었다.

"북아메리카뿐만 아니라 유럽에서도 몹시도 탐내는 그 편지들을 어떻게 랜섬 박사가 입수하게 되었는지는 여전히 분명하지 않다. 랜섬 박사는 언제 어디서 희귀본과 희귀자료를 구하게 되었는지를 여간해서는 밝히지 않으려 한다." 마틴 월드론은 〈뉴욕 타임스〉에 이렇게 썼다. 월드론은 이어서 랜섬의 말을 그대로 인용했다. "우리는 벨기에 왕실에서 그 편지들을 매각하게 되었다는 사실과 함께, 마침 우리 학교 졸업생 가운데 한 명에게 그걸 사들일 권한이 있다는 사실을 알게 되었습니다. 이런 편지들이 있었다는 사실은 지금껏 일반에게는 알려지지 않았습니다."

그리고 월드론은 1960년이 되자, 즉 '랜섬 박사가 텍사스 대학 도서관의 연구 자료의 수준을 향상시키겠다고 나선 지 이태가 지나자, 지금까지 적은 자금으로 개인 장서와 컬렉션을 위해 자료를 구입하던 수집가들이 분노하기 시작했다'고 썼다. "하지만 랜섬 박사는 오히려 텍사스 대학은 하버드나 예일 등과 같은 견인력이 없기 때문에, 물건이 나오면 돈을 주고 살 수밖에는 없다고 말했다."

워렌 로버츠는 텍사스 대학이 막시밀리안의 편지들을 구하게 된 경로 역시 익명의 모교 졸업생을 통해서가 아니라, 바로 펠드먼을 통해서였다고 말했다. 현재 연구소 소장인 토머스 F. 스테일리 역시 그 사실을 확인하고 출처가 'L. D. F.'[271]임을 분명하게 밝히는 서류를 만들었다. 로버츠는 이렇게 말했다. "사실대로 말씀드리자면, 무슨 엄청난 비밀이 숨겨져 있어서 그랬던 것은 아니었습니다. 루 펠드먼 쪽에서 먼저 우리한테 가져와서 소장하라고 권유했던 것이며, 우리는 기꺼이 그 자료를 입수했습니다." 입수 경로가 왜 모호했건 간에 ― 아마도 펠드먼은 유럽의 자기 정보원을 보호하려고 했던 모양인데 ― 언제 어디서 희귀본과 희귀자료를 구할 수 있는지 잘 아는 해리 랜섬의 능력에 대한 언론의 찬사는 그를 둘러싼 신비를 한층 드높였다. 교육에 대한 그의 헌신적인 태도 역시 마찬가지로 믿을 만했다. 랜섬은 월드론에게 이렇게 말한 바 있다. "이용되지 않는 컬렉션은 텅 빈 허영에 불과하다."

1928년에 카네기 서점을 설립했으며, 오랜 경험을 통해 뉴욕의 서적상 가운데서도 원로로 대접받은 ― 그는 1994년 1월, 99번째 생일을 맞은 지 1주일 뒤에 사망했다 ― 데이비드 커센바움은 1950년대 후반에 루 펠드먼이 자기와 같이 힘을 합쳐 텍사스 대학에 책을 팔자고 제안하던 상황에

---

271. . '루 데이비드 펠드먼' 의 이니셜.

대해 내게 설명해 준 바 있었다. 커센바움은 1911년에 자신이 심부름꾼으로 일했던 로버트 호우 경매를 시작으로, 1991년 10월의 리처드 매니 경매에 이르기까지 80년에 걸쳐 한 번도 쉬지 않고 주요 도서 경매에 모두 참가한 것으로 인해 업계에서는 전설이 된 인물이었다. 작고한 H. 브래들리 마틴도 커센바움에게서 조지 워싱턴의 《연방주의자》 서명본을 구입한 바 있는데, 이 책은 1990년에 열린 경매에서 무려 143만 달러에 판매되었다. 50년 전에 마틴이 구입했을 때의 가격은 5,000달러였다.

나는 커센바움이 즐겨 찾는 이스트사이드의 어느 레스토랑에서 함께 점심을 먹으며, 서적업계에서 보낸 80성상에 대해 그와 이야기를 나눴다. 그의 이야기에서는 어김없이 펠드먼의 이름이 등장했다. 커센바움은 이렇게 말했다. "여기 비슷한 식당에 앉아 있는데, 갑자기 느닷없이 그 사람이 '봉'을 하나 잡았다고 말합디다. 텍사스 대학을 말하는 셈이었죠. 그 사람이 하려던 말로 미뤄보건대, 그 모든 창구를 자신이 독점한 것이 분명했습니다. 나야 늘 혼자 생각하고 움직이는 사람이었으니까 그런 일에는 관심이 없다고 대답했죠. 하지만 나중에 가서는 루가 텍사스 대학과 꽤 중요한 거래를, 정말 매우 중요한 거래를 했었다는 게 밝혀졌지요."

1973년 1월부터 1976년 6월까지 엘 디에프 사에서 일했던 바트 오어바크에 따르면, 펠드먼은 그때 커센바움과 힘을 합치려다 실패했던 일을 이후에도 종종 언급했다고 한다. 그러면서 오어바크는 펠드먼 같은 인물이라면 '봉'이란 속된 표현을 쓸 만도 하다고 덧붙였다. 오어바크는 이렇게 말했다. "그야말로 루의 성격을 잘 보여주는 말이죠. 언젠가 한번은 제가 이전에 거래하던 어떤 고객을 언급하며, 왜 더 이상 그 사람에게는 신경 쓰지 않느냐고 그에게 물어본 적이 있었는데, 그랬더니 대뜸 '무릎에 황금 알을 낳는 거위가 있는데, 여러 마리 수탉 때문에 머리를 썩을 필요가 어디 있느냐' 는 식으로 대답하더군요." 오어바크의 말에 따르면, 펠드먼은 커센바움과의 제휴 관계를 무척이나 바랐던 모양이다. "왜냐하면 데이브는 중요한 컬렉션을 많이 만들어준 것으로 유명했으니까요. 데이브는 어디에 어떤 물건이 있는지 잘 알고 있었고, 발도 무척이나 넓었습니다. 루는 데이브와 제휴하기만 하면, 이전까지는 본 적도 없는 훌륭한 물건들을 입수해서 해리 랜섬에게 판매할 수 있으리라 기대했습니다. 따라서 루가 어떻게든 데이브를 움직여 보려고 애썼다는 이야기는 상당히 일리가 있습니다."

    두 서적상이 함께 점심을 먹은 시기와 텍사스 대학이 도서 확보 계획의 실시하기 시작한 시기가 비슷하다는 점 또한 위와 같은 이야기가 일리 있는 것임을 확증해 준다. 커센바움은 자기와 가장 절친한 고객 중 한 사람이 수십 년에 걸쳐 만들어놓은 훌륭한 개인 장서의 새로운 거처를 물색해 달라고 요청했던 어느 아침의 일을 회상하면서 이렇게 말했다. "멋진 이야기라오. 이름이 드코시 페일즈라는 양반이었는데, 뉴욕 어느 대형은행의 은행장이었죠. 그는 영국문학을 대상으로 한 엄청난 컬렉션을 가지고 있었습니다. 정말 아름다운 컬렉션이었죠. 그는 초판본, 번역본, 비평서, 소책자, 브로드사이드, 수백 통의 편지 등 모든 걸 다 모았습니다. 자기가 좋아하는 작가들과 조금이라도 관계 있는 물품이 있다면 모조리 사버렸죠. 그리고는 그 물건을 사랑했고, 그 물건에 빠져버렸습니다. 그러던 어느 날, 그가 우리 사무실로 찾아오더니—여전히 59번가에 있을 무렵이었는데—할 말이 있다고 하더군요. 그 전에 먼저, 그 사람 집안에는 오만 가지 물건들이 가득했다는 걸 알아야만 합니다. 그야말로 수천, 수만 가지 물건들 때문에 집이 박살날 지경이었지요. 그 양반이 저더러 그러더군요. '데이브, 문제가 생겼습니다. 마누라가 이젠 더 이상 못 견디겠다고 합니다. 책이냐, 마누라냐, 둘 중 하나만 택하라고 하는군요. 어떻게 하면 좋겠습니까?"

도서수집가들에게 있어, 그런 집안 문제는 비교적 흔한 일이었다. 토머스 필립스 경의 아내는 자기 친구에게 보낸 편지에서, 첼튼엄에 위치한 자택 설스테인 하우스가 얼마나 복잡한지 설명하면서 화가 난 듯 이렇게 쓰고 있다. "집의 한쪽 구석은 책이 완전히 점령해 버려서, 나는 다른 한쪽 구석에서 쥐새끼처럼 웅크리고 살아가고 있어." 그런가 하면 토머스 필립스 경에 관한 전기를 썼으며, 그 자신도 결코 무시할 수 없는 수집가였던 A. N. L. 먼비 역시, 정기적으로 책을 구입하면서도 혹시나 아내가 화를 낼까봐 겁이 나서 감히 집으로 가져가지는 못하고 구입한 도서를 그냥 서점에다 맡겨놓은 자기 친구 두 사람에 관해 글을 쓴 적도 있었다. "책을 택하느냐, 아내를 택하느냐의 타협 지점은 내게 풀기 어려운 수수께끼처럼 여겨지기 때문에, 내 마음 속에는 늘 그런 문제가 남아 있다"고 먼비는 덧붙였다.

비슷한 반대에 직면한 드코시 페일즈는 생활공간이 책으로 어수선해지는 것을 바라지 않는 아내의 요구와, 자신이 사랑하는 물건들을 가까운 곳에 두기를 원하는 자신의 희망을 절충시킬 수 있는 해결책을 모색 중이었다. 당시 커센바움은 책들을 보관할 만한 별도의 공간을 제공하는 주위의 어느 기관에 장서를 기증하면 어떠냐고 제안했다. "뉴욕에 사는 사람이라면 누구나 그의 컬렉션을 갖고 싶어 했지만, 문제는 그를 위해 별도의 공간을 내놓을 만한 사람은 아무도 없다는 것이었지요. 그러다가 제가 뉴욕 대학에 찾아가 그런 이야기를 했더니, 총장이 그 자리에서 컬렉션을 인수하겠다고 하더군요. '우리가 한 번 애써보겠습니다' 하면서 말이죠. 그래서 우리는 5번가와 8번로 모퉁이 건물에 방 세 칸을 얻었습니다. 그래서 처음에는 모든 책들을 그리로 옮겼다가, 나중에는 워싱턴 스퀘어에 있는 더 넓은 장소로 옮겼지요. 드코시 페일즈의 컬렉션이 오기 전에 뉴욕 대학에 무슨 특별한 컬렉션이 있기나 했는지 가서 한번 물어보십시오. 하나도 없었답니다." 커센바움의 말이다.

뉴욕 대학의 페일즈 문고에서 희귀본을 담당하는 큐레이터 프랭크 워커 역시 이 이야기를 확인해 주었다. "여기에서는 드코시 페일즈를 정말 사심이 없었던 인물로 알고 있습니다. 이 문고의 이름도 자기 이름이 아니라 아버지인 헬리버튼 페일즈의 이름을 따서 지었고, 책을 기증한 뒤에도 여기서 무급으로 사서 노릇을 했습니다. 1966년에 사망하던 그날까지 여기서 월급이라곤 한 푼 받지 않고 일하면서, 오로지 혼자 힘으로 처음보다 규모 면에서 무려 네 배는 증가한 컬렉션을 만들었습니다. 게다가 페일즈 문고가 생기고 나자, 다른 사람들도 우리에게 자료를 기증하기 시작했습니다. 페일즈의 책들이 오기 전까지만 해도, 뉴욕 대학에는 사실상 특별한 컬렉션이 아무 것도 없었습니다. 우리로선 뉴욕 공립 도서관이나 피어폰트 모건 도서관, 컬럼비아 대학 도서관이나 뉴욕 역사 학회 도서관 등과 어깨를 나란히 한다는 것은 불가능했던 거죠. 그러니 대학으로서는 드코시 페일즈만한 은인도 없었던 셈입니다."

그 뒤를 이어 뉴욕 대학에 기증된 장서는 루이스 캐롤 관련 자료만을 모은 로버트 베롤 컬렉션이었는데, 이 역시 커센바움이 다리를 놓아 준 것이었다. "나는 언제나 잘 어울리는 사람들을 서로 연결시켜 주는 일에 큰 만족을 느꼈지요." 자신은 에이전트가 아니라 중개인으로 그런 일에 개입했으며, 결국 루 펠드먼의 제안에 마음이 끌리지 않은 것도 그 때문이라고 설명하면서 커센바움이 말했다. "그런 물건이 마땅히 가야 할 곳에 가는 모습이야말로 정말 보기 좋지 않습니까?"

커센바움은 루 펠드먼이 어떤 사람들에게는 제멋대로이고 요란스런 속물로 보이기도 했겠지만, 어떤 사람들에게는 예민하고 지적인 감식가로 보이기도 한 독특한 인물이란 점을 인정했다. 그런 펠드먼이 도대체 어떻게 하다가 어느 주립대학과 독점적인 거래를 틀 수 있는 위치에까지 이르렀는지는 오늘날까지도 대단히 흥미로운 문제로 남아 있다. 바트 오어바크에 따르면, 펠드먼은 해리 랜섬과 만나게 된 계기에 대해 이렇게 말한 바 있다고 한다. "루는 1950년대 후반에 런던의 버트럼 로타 서점에서 어떤 편지를 몇 통 입수한 적이 있었는데, 마침 그 편지는 랜섬이 탐내던 물건이었지요. 랜섬은 곧장 루에게 전화를 걸었고, 루는 랜섬이 부른 가격에 수수료 10퍼센트를 얹어서 그 물건을 팔기로 합의했습니다. 그 직후에 그들은 자리를 함께 하게 되었고, 처음 만나는 그 순간부터 서로 마음이 통하는 관계로 발전시키게 된 것이죠."

오어바크 역시 워렌 로버츠의 말마따나 루 펠드먼이 텍사스 대학과 뭔가 상궤에서 어긋난 금전적 관계를 맺고 있었다는 것을 인정하면서, 바로 그 점 때문에 다른 서적상은 텍사스 대학과 그만큼 큰 거래를 할 수 없었던 것이 아니었겠느냐고 운을 띄웠다. 오어바크는 이렇게 말했다. "과연 다른 서적상이라면 그렇게 오랜 기간 동안 그런 식의 신용 거래를 할 수 있었을까요? 게다가 무엇보다도 흥미로운 것은 다음과 같은 루 펠드먼 식의 일처리였습니다. 그는 자신의 외상매출 송장을 담보로 제시하고 뱅커스 트러스트 은행에서 대출을 받곤 했습니다. 상환이 분명한 외상 거래임을 증명함으로써, 다른 자료를 구입할 수 있는 대출금을 미리 얻은 것이지요. 은행에서 돈을 얻고 나면 그는 이자 수익을 노리고 그 돈의 일부를 다시 양도성 예금증서로 바꾸었습니다. 사업을 하는 재간만큼은 보통이 아니었던 셈이죠. 제가 아는 한, 그건 루 펠드먼과 해리 랜섬 사이에 일종의 신사협정이 맺어져 있었기 때문에 가능한 일이었습니다. 물론 그런 내용을 문서로 남겨 두진 않았을 거구요."

9년 동안 필라델피아에 있는 로젠바흐 박물관 겸 도서관 관장을 역임한 뒤, 1992년부터 마커스 A. 맥코리슨의 뒤를 이어 미국 고서협회 회장으로 활동했던 엘렌 S. 던랩 역시, 1971년부터 1983년까지 여러 직책을 두루 거치며 인문학연구소에서 일한 바 있었다. 던랩은 당시의 일을 이렇게 회상했다. "저는 여러 직책을 맡았는데, 그러다가 연구담당 사서가 되었습니다. 연구소에 소장된 원고를 이용하려는 사람들을 돕는 업무였죠. 저는 우선 취득한 품목들의 연혁을 분류하고 언제, 누구를 통해 그 자료들이 들어오게 되었는지 알아내느라 많은 시간을 보냈습니다. 그런데 수서 장부라든가, 그런 종류의 기록이 전혀 없었다는 것이야말로 깜짝 놀랄 만한 일이었죠. 지금은 어떤지 모르겠지만, 제가 있을 때만 해도 기록된 내용과 사실과는 큰 차이가 있었습니다. 저는 딱 한 번 랜섬 박사님을 뵈러 간 일이 있었는데, 저로선 도무지 알 수 없는 문제가 하나 있었기 때문이었죠. 그런데 질문을 던질 때마다 박사님은 매번 똑같은 대답뿐이었어요. '이 사람아, 그건 여간 복잡한 문제가 아닐세.'"

오어바크는 랜섬과 펠드먼 사이의 합의가 상궤에서 어긋난 것이긴 해도, 그렇다고 특별한 문제가 생긴 적은 없었다는 사실을 인정했다. "제가 기억하는 한, 어떤 거래에 대해 문서가 작성된 적은 한 번도 없었습니다. 루의 말에 따르면 해리가 뉴욕으로 오면, 종종 공항을 오가는 리무진 안에서 둘이 만나 거래에 대해 이야기했다곤 하더군요." 대개의 경우에는 좋은 결과를 낳았지만, 이처럼 서로를 전폭적으로 믿고 거래하다 보니 오해도 생겼다. "1971년에 루는 텍사스 대학에 판매할 생각으로, 아서 호우튼이 소장했다가 훗날 한스 크로스가 입수한 구텐베르크 성서에 10만 달러의 우선권을 걸어놓은 적이 있습니다. 랜섬이 이 책을 원할 것이라고 생각한 것이죠. 하지만 이야말로 루의 추측이 어긋나게 된 정말 드문 경우였는데, 결국 텍사스 대학 측에 책을 팔지 못하게 되자 루가 그 금액을 고스란히 지불해야만 했죠. 루가 그러더군요. '서류상으로는 이럴 때 어떻게 한다고 되어 있더라?' 완전히 뒤통수를 맞은 셈이었는데도, 서류 같은 건 전혀 없었습니다. 서면으로 작성된 것은 정말 하나도 없었어요."

현재 인문학연구소에 소장되어 있는 랜섬과 펠드먼 사이의 서류들은 좋게 말하자면 '복잡하고', 나쁘게 말하자면 모호하고 피상적이고 요령부득이었던 모양이다. 인문학연구소 소장인 토머스 F. 스테일리가 그 서류를 보고 싶다는 내 요청을 거부했던 까닭도 아마 그 때문이었을 것이다.

루 펠드먼에 관한 다른 사람들의 의견을 청취하기는 그리 어렵지 않았다. 영국의 서적상 콜린 프랭클린은 펠드먼과 함께 했던 몇 가지 '꽤 중요했던 일들'을 회상한 뒤, 거래에 있어서 그는 항상 '완벽할 정도로 정확했다'고 평가했다. 프랭클린은 이렇게 말했다. "저는 루 펠드먼을 존경했습니다. 그는 저를 믿었고, 저는 그를 믿었죠. 그는 약속을 굳게 지키는 사람이었습니다." 영국의 출판사인 루틀리지 앤드 케건 폴의 부사장을 역임한 바 있는 프랭클린은, 1967년에 런던 출판계를 떠나 옥스퍼드 근교에서 고서 전문 서적상으로서 새 인생을 시작했다.

"많은 서적상과 마찬가지로, 그 역시 일에 있어서는 거친 면모를 보였습니다." 프랭클린은 말했다. "하지만 책에 대해서는 누구보다도 헌신적이었습니다. 게다가 그는 자신이 구하는 책을 이해했습니다. 그에게도 한밤중에 잠들지 못하고 벌떡 일어나 책들 사이를 어슬렁거리던 시절이 있었습니다. 그 사람 머릿속에 떠다니는 게 책이었는지, 돈이었는지는 저도 모르겠습니다만, 어쨌든 그는 책이 있다는 사실을 좋아했습니다." 프랭클린은 펠드먼이야말로 텍사스 대학에게는 오히려 '고마운' 존재였다고 믿고 있다. "참으로 대단한 시절이었다고 생각합니다. 아직 살아 있는 사람들에 대한 온갖 자료들을 완벽히 구비하다니, 그야말로 독창적인 컬렉션이었죠."

과학과 의학 분야에 관해 전 세계적으로 명성이 높은 도서 컬렉션을 수집한 샌프란시스코의 정신과 의사 해스켈 F. 노먼 박사는 다음과 같이 말했다. "태도가 오만하기는 했지만, 저는 그를 좋아하는 편이었습니다. 한번은 그와 뉴욕에서 만나 저녁을 먹기도 했죠. 그는 상당히 젠체하기를 좋아했습니다. 그때도 커다란 옷깃이 달린 멋진 모피 코트를 입고, 황금이 박힌 지팡이를 들고 있었죠. 그가 사는 아파트는 정말 멋있었습니다. 해리 랜섬으로부터 자금을 제공받는 한, 그에게는 백지수표가 있는 것이나 마찬가지였습니다. 그래서 그는 서적업계에서도 시샘의 대상이 되었죠."

할리우드의 TV 프로그램 제작자이자, 30년 넘게 저명한 수집가로 활약한 윌리엄 셀프는 펠드먼에 대한 매우 색다른 추억을 지니고 있었다. "1974년에 스톡하우젠 경매가 열리기 전날 밤, 우리는 같이 저녁을 먹으면서 그 다음날 경매에 나올 《태머레인》에 관해 이야기했습니다. 그는 저한테 그 책의 가격이 최소한 5만 달러까지는 올라갈 것이라고 장담하더군요. 그러면서 이미 자기를 통해 4만 5,000달러까지는 내겠다는 곳이 있는데, 그 정도 가격이면 다른 대학들도 입찰을 포기할 수밖에 없으므로, 결국 제가 그 이상으로 내야 책을 살 수 있을 거라고 했습니다. 저는 좋다고 했죠. 만약 거기까지라면 내가 사겠다. 그리고 만약 그 이상으로 가격이 올라간다면, 우리 두 사람 모두 거기서 그만 둘지 어쩔지는 그때 가서 생각해 보자고 말입니다." 다음날 아침, 셀프는 미국문학사상 가장 탐이 나는 책 중 하나를 마침내 소유하게 된다는 생각으로 '완전히 흥분에 사로잡혀서' 소더비 파크 버넷[272]의 경매장에 도착했다. "그런데 거기에 가자마자 루가 나타나더니 이러는 겁니다. '또 다른 친구가 나를 찾아왔어요. 나는 전에 이 친구와 거래를 한 적이 있는데, 매우 평판이 좋은 사람입니다. 제 오랜 고객이지요. 그런데 이 사람은 우리와 어제 말했던 것보다 더 높은 입찰가를 내려고 합니다.' 전날 밤까지만 해도, 얼마나 높은 가격까지 부를 것인지는 미처 결정하지도 못한 상태였기 때문에, 저는 약간 당황했습니다. 그가 말하더군요. '저, 빌. 정말 솔직하게 이야기하는 것이지만, 내 생각에 그 사람이 제시하는 입찰가는 당신이 감당할 수 있는 수준보다 훨씬 높아요.' 그래서 내가 말했죠. '뭐, 그래도 괜찮습니다.'" 경매가 시작되고 나서 셀프가 10만 5,000달러를 부르자, 마침내 펠드먼도 입찰을 포기하고 말았다.

한순간이나마 만끽한 승리는 달콤했지만, 책과 관련한 다른 많은 이야기들과 마찬가지로 이 이야기 역시 그렇게 바람직한 결말로 끝나지는 않았다. 셀프는 말을 이었다. "입찰에서 펠드먼을 눌러버리고 나니 문득 이런 생각이 들더군요. '맙소사, 내가 정말로 이 책을 갖게 되는 모양이군.' 왜냐하면 펠드먼이 떨어져나갔을 때 끝까지 남은 입찰자는 저 혼자뿐이었으니까요. 그런데 바로 그 순간 존 플레밍이 처음으로 입을 열고는 10만 6,000달러를 불렀습니다. 저는 그에 맞서서 몇 차례나 가격을 올렸지만, 결국 존이 12만 3,000달러에 그 책을 낙찰 받았죠. 얼마 뒤에 존과 만나 이야기해 보니, 그는 저를 재미있는 사람이라 생각했다고 하더군요. 당시 그는 가격이 얼마나 오르든 간에 《태머레인》을 구입할 작정이었다니까요. 그러니 저로선 제아무리 가격을 올려도 그걸 사진 못했을 겁니다. 암튼 그게 저와 루 펠드먼 사이에 있었던 일입니다." 한 달 뒤, 〈볼티모어 선〉지는 플레밍이 시카고에 있는 조셉 앤드 헬렌 리젠스타인 재단을 대신해 《태머레인》을 구입했으며, 이로써 '시카고 대학 조셉 리젠스타인 도서관에는 포의 초판본이 모두 갖춰지게 되었다'고 보도했다.

---

272. 영국의 본사를 둔 세계적인 경매회사 소더비가 1964년에 미국 최대의 경매회사인 파크 버넷을 인수하여 한동안 '소더비 파크 버넷' 이라는 이름으로 운영하며 미국 시장을 장악하게 되었다. 지금은 본사인 '소더비' 의 이름으로만 운영된다.

하지만 지난 수십 년간 각종 위조문서들—1983년에 발견된 아돌프 히틀러의 친필 일기라고 주장되었던 물건을 비롯한[273]—을 밝혀내는 데 중요한 역할을 담당하여 여러 번 신문의 헤드라인을 장식했던 뉴욕의 필적 감정 전문가 찰스 해밀턴은, 펠드먼에 대한 내 질문에 대답하는 것조차도 시간이 아깝다는 식의 태도였다. 어느 날 아침, 전화로 가진 인터뷰에서 그는 이렇게 말했다. "그야말로 같잖은 도둑놈이죠. 그 작자를 좋게 여긴 적이 한 번도 없습니다." 그의 이런 거부감은 1981년 출판한 《경매 탐닉》이라는 책에도 신랄하고도 분명하게 나타나 있다. 그는 이렇게 썼다.

경매에서 고객을 등쳐먹는 일이 가히 예술에 가깝다는 건 결코 틀린 말이 아니다. 들키거나 발각되지 않고 일생에 걸쳐 그 일을 해내기 위해서 경매 사기꾼은 족제비의 교활함과 가봉 독사[274]의 마음가짐과 쇠똥구리의 탐욕을 지녀야만 한다. 자신의 보잘 것 없는 이름 이니셜에서 따온 엘 디에프 사[275]란 이름으로 노련하게 희귀본과 원고 장사를 해온 고(故) 루 데이비드 펠드먼이야말로 이런 동물적인 자질을 여지없이 갖춘 인물이었다. 몇 명의 현대 희귀본 황제들과 마찬가지로 펠드먼의 열렬한 야망은 요란스런 구매와 화려한 도서목록으로 도서 경매계를 장악하는 것이었다. 1974년에 그는 무려 1만 5,000달러를 들여 자신의 마흔 번째 도서목록을 만들었는데, 여기에는 모두 40권의 값비싼 희귀본과 원고가 수록되어 있었다. 이 도서목록의 판권면에서

---

273. 1983년에 독일에서 히틀러의 일기로 추정되는, 무려 60여 권에 달하는 노트가 발견되어 세상을 떠들썩하게 만들었다. 하지만 이 노트는 공개된 지 불과 2주 만에 종이와 잉크가 최신의 제품인 데다가, 내용상 부정확한 것이 많다는 등의 이유로 인해 가짜로 판명되었다. 이 노트를 처음 발견했다고 주장한 독일의 잡지 기자와 위조범은 1985년에 사기죄로 재판에 회부되어 3년 6개월의 실형을 선고받았다.
274. 북아프리카의 열대 지방에 서식하는 대형 독사 가운데 대표적인 종으로, 길이는 최대 2미터까지 자란다.
275. '루 데이비드 펠드먼(Lew David Feldmann)'의 이니셜인 '엘. 디. 에프(L. D. F.)'를 가지고 '하우스 오브 엘 디에프 사(House of El Dieff)'라고 이름 지은 것이다.

그는 이 40개 품목의 가격 총 합계(192만 5,077달러)를 밝혀놓았는데, 이는 자신의 가장 평범한 경쟁자들까지도 공격하는 못된 버릇을 보여준 실수였다.

이런 개인적인 비난 말고도 해밀턴은《경매 탐닉》이 출판될 당시 랜섬이든 펠드먼이든, 둘 중 어느 한쪽이라도 살아 있었더라면 분명히 소송을 걸었을 만한 심각한 수준의 주장까지도 서슴지 않았다. 자신의 비난에 대한 특정한 사례나 구체적인 정황을 제시하지도 않은 채, 랜섬과 펠드먼이 수천 개에 달하는 허섭스레기 자료들을 텍사스 주에 팔아치우고 돈을 챙겼노라고 노골적으로 비난한 것이다. 해밀턴은 이렇게 썼다. "루가 해치운 거래 가운데 최고의 것은, 당시 총장인 해리 랜섬과 돈을 우려내기로 짜고 벌인 텍사스 대학과의 거래였다. 그들은 대학 도서관을 속여서 수백만 달러를 챙겼다. 그들은 정말 허섭스레기에 불과한 컬렉션들을 비밀리에 사들인 다음, 어마어마한 이윤을 남기며 이를 대학에 팔았다. 루는 언제나 자기가 받는 돈의 일부를 총장에게 챙겨주었기 때문에, 랜섬은 루가 청구하는 금액에 대해서는 언제나 즉시 지불하도록 했다. 두 사람은 죽을 때까지 부자였으니 이른바 '범죄는 득이 된다'는 오랜 이치가 또 한 번 들어맞은 셈이다."

《경매 탐닉》이 출간된 지 9년 후에, 나는 찰스 해밀턴에게 그런 주장의 근거는 무엇이냐고 물었다. 해밀턴은 이렇게 지적했다. "살아 있는 사람에게라면 제가 루 D. 펠드먼에게 한 것처럼 공격할 수는 없는 노릇입니다. 하지만 죽은 사람에게는 명예훼손이라는 게 있을 수 없으므로, 저는 가진 정보를 마음대로 밝혀놓을 수 있었어요. 그건 펠드먼 밑에서 개인 비서로 일했던 사람에게서 얻은 정보입니다. 저하곤 친한 친구예요." 그는 그 비서의 이름을 밝히려 하지 않았지만, 자신이 당시 그녀를 '며칠에 한 번 꼴'로 만났고, 그녀가 펠드먼에 대해 상당히 많이 알고 있었으며 '셀 수도 없이 많은 의심'을 품게 되었다고 말했다. 하지만 그는 그 전직 비서에게서 얻어낸 정보가 과연 어떤 것이었는지까지는 자세하게 말하지 않았다. 다만 그는 '랜섬과 펠드먼이 돈을 상당히 챙겼다'는 점만을, 그것도 '몇 톤에 달하는 쓰레기들'을 사고팔면서 그랬다는 점만을 강조했다.

나는 루 펠드먼이 죽기 직전까지 3년 동안 그와 함께 일했던 바트 오어바크에게 이 '전직 비서'에 대해, 또한 그녀가 찰스 해밀턴에게 들려줬을 만한 의심스러운 일에 대해 혹시 아는 게 있는지 물어봤다. 오어바크는 이렇게 대답했다. "그야 뻔하지 않습니까? 그렇지 않아도 저 역시 지난 몇 년 동안 그 책에서 해밀턴이 도대체 뭘 말하는 건지 알아내 보려고 했는데, 이제는 뭔지 확실히 알겠군요." 오어바크는 그녀의 이름까지 언급하면서 다음과 같이 설명했다. "그 개인 비서는 사실 루의 말년에 있어서 배우자나 마찬가지였던 사람이었습니다. 루의 아내가 그보다 조금 먼저 죽자, 그때 집도 없이 YWCA에 얹혀 살던 그 여자가 나타나서 배우자 노릇을 대신해 주었습니다. 그래서 루가 유언을 남길 때 그녀는 자기에게도 뭔가 돌아오는 몫이 있을 것으로 예상했지만, 실제로는 그렇지가 않았습니다. 솔직히 저로선 그 여자가 루의 사업에 대해서 해밀턴에게 무슨 말을 했을지 도무지 상상이 가질 않습니다. 왜냐하면 그 여자는 사업에 대해서는 아무 것도 몰랐으니까요. 그런데 그 여자가 그 따위 비판의 근거를 제공할 수 있다구요? 그야말로 말도 안 되는 수작입니다."

펠드먼의 윤리 의식을 비판한 것에 그치지 않고, 해밀턴은 펠드먼의 유명한 광고문구인 '크발리티'를 조롱하기 위해 단어 분석에까지 나섰다. "내 아내인 다이앤이라면 루가 이걸 이디시어 식으로 읽으려고 일부러 이렇게 써놓은 것인지, 아니면 그저 '유(u)'를 라틴어처럼 끼워넣음으로써 자신의 속물근성에 어떤 고전적 향취를 불어넣으려고 그런 것인지 몰라 당황했을 것이다."[276] 더 나아가 해밀턴은 뉴욕 공립도서관 같은 고객들이 왜 '두툼한 윗입술로 남을 깔보는 듯한 냉소를 짓고, 마크 트웨인이나 하고 다녔을 은 손잡이가 달린 지팡이를 휘두르는, 이 엄청나게 멋대가리 없는 사람을 대리인으로 고용했는지' 궁금하다고 했다.

실제로 '크발리티' 라는 단어를 갖고 펠드먼을 놀린 사람은 종종 있었다. "하지만 결코 나쁜 뜻은 없었습니다. 한 번은 펠드먼이 소더비 경매에서 자기가 원하는 물건을 싹쓸이하자, 모건 도서관의 허브 커훈이 그에게 '어이, 루. 이제는 크발리티로도 모자라서 크반티티까지 갖추려고 하는가'[277]라고 말한 적도 있었죠." 오어바크의 말이었다.

런던에서 4대째 서적상을 하고 있는 존 맥스는 버클리 스퀘어 50번지에 있는 자신의 서점에서 가진 인터뷰에서 루 펠드먼을 아주 잘 알긴 하지만, 그가 어떻게 해서 텍사스 대학과 독점적으로 거래하게 되었는지는 전혀 모른다고 대답했다. "제가 보기에 확실한 사실은, 그가 결코 학자는 아니었다는 겁니다. 하지만 그는 랜섬과 함께 텍사스 대학의 유전이 거의 말라버릴 때까지 최대한 자금을 뽑아냈습니다. 그 결과, 그들은 당시로서는 너무나 많은 돈을 썼지만, 하여간 그 덕분에 책을 구할 수 있었던 겁니다. 저도 텍사스 주 오스틴에 가서 방마다 책이 가득한 광경을 본 적이 있습니다만, 정말 장관이었습니다. 그들은 차마 자기들이 감당할 수 있는 능력 이상으로 사들였습니다. 하지만 다른 한편으로는 이제까지는 아무도 거들떠보지 않아서 그냥 쌓여만 있던 책을, 그들이 기꺼이 제

276..라틴어에서는 '우' 발음에 해당하는 '유(u)' 를 '브이(v)' 로 표시했다. 즉, 여기서 '크발리티(QVALITY)' 는 '품질' 이란 뜻의 영어 '퀄리티(quality)' 를 라틴어처럼 고풍스럽게 표현한 것이다.

277.. '크반티티(QVANTITY)' 는 '수량' 이란 뜻의 영어 '퀀티티(quantity)' 를 말한다. 즉, '이제는 품질 못지않게 수량도 밝히느냐' 는 조롱이다.

값을 치르고 가져갔다고도 할 수도 있을 겁니다. 그건 분명히 시사하는 바가 있습니다."

텍사스 대학이 차마 '감당할 수 있는 능력 이상'으로 사들였다는 것은, 도서 확보 계획이 수립된 지 37년이 지난 지금까지도 연구소에 소장된 원고의 30퍼센트와 도서의 50퍼센트가 여전히 목록화되지 않았다는 사실에서도 알 수 있다. 목록화 작업을 담당하는 부소장 메리 베스 비거는 인문학연구소의 소장 자료가 도서 100만 권, 원고 3,000만 매, 그리고 사진 600만 점에 달한다고 말했다. 1989년에 비거는 이 사실을 언급하면서 이렇게 썼다. "우리는 점점 나아지고 있다. 이제 우리는 자료를 한 점씩 목록화하는 작업에서, 나아가 묶음으로 목록화하는 작업으로 전환하고 있는데, 이는 우리가 이 일을 예상보다 더 빨리 끝낼 수 있다는 뜻이다." 그녀는 가장 중요한 자료를 먼저 목록화하는 우선순위 지침이 엄격하게 지켜지고 있다고 언급했다. 그녀는 '목록 작업만 담당하는 상근 직원이 세 명이나 있다'면서, 1980년대에 입수한 엄청난 자료들인 글로리아 스완슨과 데이비드 O. 셀즈닉 관련 자료 일체가 1993년이면 '완전히 체계를 갖추게 된다'고 기쁨에 찬 목소리로 알렸다. 그러는 동안에도 기존의 작업 목록에는 새로 입수한 자료들이 속속 추가되었다. 1994년 1월에는 노벨문학상 수상작가인 아이작 바셰비스 싱어의 유족 측과 한 달 내내 벌인 교섭의 결과로 거의 기증이나 다름없는 싼 가격에 자료를 구입하게 되어, 무려 4개 국어로 쓴 편지며, 모든 출판본의 원고며, 몇 개의 미출판본과 미번역본 등을 포함한 싱어의 유품에 대한 정리 작업이 진행되기 시작했다. 그런 자료와 함께, 무려 50년간에 걸친 수천 점의 문서들도 함께 입수되었다.

이처럼 20세기의 문화유산에 대한 해리 랜섬의 열정은 지금도 여전히 이어지고 있지만, 1964년에 영국문학을 모아놓은 루이스 실버 장서를 구입하기 위해 끈질기게 노력한 바에서 알 수 있다시피, 그는 전투기 조종사들이 이른바 '절호의 기회'라고 부르는 순간을 찾아 쉴 새 없이 헤매고 다녔다. 그리하여 다음해인 1965년에는 그보다 훨씬 더 큰 구매 건이 걸려들었다. 이때 랜섬은 실물을 확인하지도 않은 채 토머스 필립스 경 컬렉션의 '나머지'를 구입하려 했는데, 그 당시 이 물건은 영국의 유명한 서적상 로빈슨 형제가 소유하고 있었다. 이 일화에 대해서는 루 펠드먼 자신도 언급한 바 있다. 1973년 12월 18일, 컬럼비아 대학의 구술사(口述史) 자료 가운데 하나로 뉴욕 고서업계에 대해 설명하는 인터뷰에서 이 사건에 대해 자세히 소개했던 것이다. 전체 분량은 기껏해야 타자용지로 20장에 불과했지만—당시 펠드먼은 루 게릭 병을 앓고 있었다—그 인터뷰에는 그가 생각하는 자신의 모습과 서적상으로서의 업적에 대해 소중한 기록이 담겨 있다.

펠드먼의 회고에 따르면 당시 고급 피지에 기록된 450여 점의 중세 및 르네상스 시대 필사본을 비롯해서, '종이에 기록된 수만 점의 필사본'이 매물로 나왔다고 한다. 로빈슨 형제의 런던 사무실을 '성소(聖所)'라고 부르고, 그들이 가진 대화를 '담화'라고 지칭하는 등, 인터뷰 내내 펠드먼 특유의 요란스러운 표현과 부자연스러운 말씨가 여지없이 드러나 있다. 그 당시 런던 외곽에 있는 어느 집에 보관되어 있던 필립스 컬렉션에 대해 설명한 뒤, 로빈슨 형제는 펠드먼에게 정말 실물을 하나도 보지 않고서도 구입할 의사가 있느냐고 물었다.

그래서 저는 그 사람들에게, 나는 지금 말을 둘러서 하거나 일을 배배 꼬고 있는 게 아니다, 나는 상처를 받을지도 모를 정도로 허심탄회한 상태이다, 하지만 그렇다고 해서 위험 부담을 계산하지 않을 수는 없다, 내가 지금 현금 천만 달러짜리 계약을 맺으려는 것이 아니냐, 이렇게 말했습니다. 그랬더니 그 사람들은 원체 비밀스런 협상에 능해서인지, 제 말을 듣고는 주춤거리면서 뭔가 생각해 볼 게 있다고 하더니, 잠시 밖에 나가 그 문제를 가지고 서로 이야기를 나눠본 뒤에 다시 돌아와서 어떻게 진행시킬 수 있는지 대답을 해 주겠다고 말하더군요.

15분 뒤에 돌아온 로빈슨 형제는 펠드먼의 제의가 '매우 흥미롭다'고 말하면서도, 뭔가 의문이 있다고 했다. "그들의 의문이란 어떻게 컬렉션의 내용에 대해서는 아무 것도 모르는 상태에서, 무려 1,000만 달러에 달하는 액수의 돈을 기꺼이 내겠다며 자신들을 찾아올 수 있느냐는 것이었습니다. 좋은 질문이었습니다만, 그 질문 때문에 마음이 흔들릴 이유는 없었죠. 왜냐하면 저는 그런 질문 따위야 단숨에 쓸어버릴 수 있는 눈부신 목표만을 바라보고 있었으니까요. 그래서 이렇게 대답했습니다. '음, 거기에 대해서는 확실히 말해 두겠지만, 일단 전체 컬렉션을 한 번만 보면 됩니다. 그 후의 상황에 대해서는 우리가 모두 책임지겠습니다.'"

그 다음 주에 필립스 컬렉션에서 나온 물건들을 한번 보기로 약속하면서, 로빈슨 형제는 6개월 뒤에 반납한다는 조건으로 우선 보증금 10만 파운드를 걸고 구입 우선권에 대해 정식으로 문서를 작성하도록 '자신들과 함께 변호사에게 가자'고 펠드먼에게 말했다. "그때 저는 벌떡 일어서서 이렇게 말한 것으로 기억합니다. '선생님, 이미 잘 아시겠지만, 저는 텍사스 주 정부를 대행하고 있습니다. 그리고 분명히 말씀드리지만, 텍사스 주 정부는 구입 우선권에 대해서는 결코 한 푼도 돈을 걸지 않을 것입니다.'"

그 다음 주, 펠드먼은 미국으로 돌아가 랜섬과 이 문제를 끝맺기 전에 일부 자료를 살펴볼 기회를 가졌다. 그 다음에 일어난 일은 '기록에도 남아 있고, 서신으로도 확인할 수 있다'고 펠드먼은 인터뷰에서 말했다.

대학 평의회와 존 B. 커널리 주지사는 실물도 보지 않고, 또 어떤 전문적인 평가단의 조사가 없었음에도 불구하고, 이 컬렉션의 구매에 필요한 1,000만 달러까지의 자금 동원을 승인했다. "제가 미국으로 귀국한 뒤에 운명의 수레바퀴가 어떻게 돌아갔는지 이해하기 위해서는, 저와 제 회사가 텍사스 주 오스틴에 있는 사람들과 매우 가깝고 친밀한 관계를 유지했다는 사실을 이해해야만 합니다"라고 펠드먼은 설명했다. 그는 해리 랜섬을 가리켜 '여러 컬렉션들의 운명에 대한 순전한 예지력과 인내력이 있었으며, 또한 1956년부터 1972년 사이에 우리가 세운 수많은 업적들을 이룰 수 있도록 확신에 가깝게 자신을 믿어줬다'고 하면서 랜섬을 치켜세웠다. 그는 또한 랜섬이 아니었더라면 '그 수많은 도서 입수는 아예 착수조차 할 수 없었을 것이고, 우리가 함께 해낸 도서 확보 계획의 일환이었던 그 멋진 일들을 이뤄낼 기회를 나 혼자만으론 결코 가질 수 없었을 것'이라고 덧붙였다.

하지만 랜섬과 펠드먼 두 사람에게는 무척이나 불행하게도, 필립스 컬렉션에서 나온 자료들의 입수는 그 '멋진 일들'에 포함되지 않았다. 왜냐하면 1,000만 달러의 지출이 승인된 지 얼마 지나지 않아 전혀 예상치 못한 일이, 즉 대통령 직에서 물러나는 린든 베인스 존슨이 재임 기간 동안의 모든 기록을 오스틴으로 보내겠다는 통고를 해왔기 때문에, 대학으로서는 그 자료들을 수용할 대형 도서관을 시급히 건설해야만 했다. 결국 린든 존슨이냐 토머스 필립스 경이냐, 이 둘 중에서 한쪽을 선택해야만 했는데, 결국 텍사스로 옮겨진 것은 필립스 경의 컬렉션이 아니라 린든 존슨의 기록이었다. 그로부터 8년 뒤에 가진 인터뷰에서 펠드먼은 이렇게 말했다. "그 일에 대해 더 자세하게 말하자니 무척 괴롭습니다. 지금 이 순간까지도 슬픈 일처럼 느껴지기는 하지만, 그건 분명히 대통령과의 약속을 지키기 위한 것이었던 만큼, 그 일에 관계한 그 어떤 사람도 비난하고 싶은 생각은 없습니다."

논란의 여지가 많은 정치적 견해를 가졌으며, 1990년에는 매사추세츠 주지사 선거에 나와 7만 6,000표를 획득한 바 있는, 입바르기로 유명한 보스턴 대학 총장 존 실버는 1957년에 텍사스 대학에서 교수로 임명되면서 공직 활동을 시작했다.[278] 실버의 예리한 정신과 권위를 인정하지 않는 태도는 곧 해리 랜섬의 시선을 사로잡았고, 결국 그는 역사학과 교수를 거쳐 1967년에 문리대학 학생과장의 자리에까지 올랐다. 이 자리는 문리대학 학장의 자리로 이어지는 게 거의 확실시되는, 매우 영향력 있는 직위였다. 1971년에 오스틴을 떠나온 뒤부터 계속 사용했던 보스턴의 사무실로 내가 그를 방문한 어느 날 아침, 실버는 텍사스 식 비음을 섞어 이렇게 말했다. "그렇습니다. 저도 이른바 '해리의 장학생' 중 하나였습니다." 오스틴을 떠나기 몇 달 전, 그는 텍사스 대학 평의회 의장인 프랭크 C. 어윈에 의해 약식 절차를 거쳐 갑작스럽게 해고되었다. "저를 비롯해 해리가 키운 몇몇 사람들, 예컨대 노먼 해커먼과 로저 섀턱 등을 가리켜 모두들 그렇게 불렀습니다. 우리는 모두 '해리의 장학생'이었죠."

실버는 랜섬이 자신에게 실제로 대학 운영을 맡기려 했다고 인정하면서, 그로 인해 텍사스 대학을 미국에서 제일 좋은 대학으로 만들려고 했다고 얼른 덧붙였다. 이런 생각을 하게 된 이유는 다음과 같았다. "굳이 그러지 못할 이유가 없기 때문이었습니다. 돈은 풍족했거든요. 필요한

---

[278] 존 실버는 1986년에 매사추세츠의 한 TV 뉴스 프로그램에 출연해 미국의 대(對) 엘살바도르 정책에 대해 노암 촘스키와 대담을 나누었는데, 이 자리에서 레이건 정부의 엘살바도르 반군 지원을 비판하는 촘스키를 가리켜 '노회한 거짓말쟁이'라고 매도하며 보수 논객의 면모를 유감없이 드러낸 바 있다. 이 대담은 촘스키의 저서 《실패한 교육과 거짓말》(강주헌 옮김, 아침이슬, 2001)에 수록되어 있다.

건 지침뿐이었습니다. 아마 그대로 갔더라면 지금쯤은 세계에서도 가장 훌륭한 대학이 되었을 겁니다. 저는 확실히 그렇게 믿고 있어요. 그런 일이 성취되지 못한 까닭은 방향을 제대로 잡지 못했기 때문입니다. 물론 처음에는 올바른 방향이 있었어요. 처음에는 로건 윌슨이, 그 다음에는 특히 해리 랜섬이 세운 계획이었으나 해리 랜섬이 총장으로 있던 마지막 해부터 프랭크 어윈에 의해 묵살당하다가, 결국 프랭크 어윈이 노먼 해 커먼과 저를 쫓아낸 뒤부터는 아예 계획 자체가 없어져 버렸죠."

실버는 처음 자신이 찾아갔을 때만 해도 텍사스 대학은 '사막'이나 마찬가지였다고 말했다. "제가 텍사스에 갔을 때, 도서관에서 찾을 수 있는 자료라고는 그 빌어먹을 토머스 와이즈의 위조품뿐이었습니다. 물론 어느 정도 과장된 면도 있습니다만, 해리 랜섬은 그곳을 완전히 탈바꿈시켜 버렸습니다. 저는 13년 동안 텍사스 대학에 있었는데, 그 기간 동안에 랜섬은 수많은 원고를 확보했단 말입니다. 그건 절대로 미미한 성과가 아닙니다." 그는 랜섬이 위대한 뭔가를 꿈꾼 사람이었다는 사실을 인정했다. "그야말로 비정상적인 계획이었고, 비정상적인 투지였습니다. 그의 힘은 보통 사람의 방식을 무시하는 데 있었습니다. 그는 이른바 필요한 것, 가능한 것, 그리고 불가능한 것 사이에 무슨 차이가 있는지 알지 못했기 때문에, 결과적으로 상식이 있는 사람들이라면 불가능하다고 하거나, 또는 할 만한 가치도 없는 일이라고 결론을 내릴 만한 일도 기꺼이 해냈습니다. 그러니까 그는 그런 방법상의 문제를 전혀 이해하지 못했던 것이죠. 그러니까 상상력이 풍부한 사람이었습니다. 어떤 생각이 마음에 들면 거기에다만 목을 맸죠." 실버는 교과과정을 바꾸기 위해 랜섬에게 처음으로 중요한 보고서를 올렸을 때를 회상했다. "읽어보더니 이렇게 말하더군요. '전혀 불가능한 일에 이렇게 멋지게 접근하다니, 정말 대단한 보고서야.'"

실버는 찰스 해밀턴이 비난한 것처럼 랜섬이 협잡꾼일 수는 없다고 말했다. 왜냐하면 "제가 분명히 말해두지만, 그 일에는 사적인 것이 전혀 개입되지 않았기 때문입니다. 해밀턴은 해리 랜섬이 수백만 달러를 챙겼다고 주장하지만, 그가 그 돈을 쓰는 것을 본 사람은 아무도 없으며, 그가 죽고 난 뒤에 부인이 부유하게 살아가지도 않았습니다." 랜섬이 종종 약속을 제멋대로 깨트렸다는, 비교적 자주 나오는 비난에 대해서는 그도 '상당 부분 진실'이라고 동의했지만, 곧바로 이렇게 반박했다. "그건 해리가 누구하고나 가까워지기 위해서 일단 무슨 약속이건 해버렸기 때문이었습니다. 어떤 생각이건 간에, 무슨 좋은 점이 있건 간에, 그는 누군가에게 '안 된다'고 말하는 것을 참 어려워했습니다."

지난 20여 년간 오스틴에 떠돌던 소문 가운데 하나는, 바로 1970년에 랜섬이 존 실버의 운명을 놓고 프랭크 어윈과 '악마의 거래'라고 할 만한 일을 했다는 것이었다. 당시 평의회 의장이었던 어윈은 인문학연구소 건립에 필요한 자금 운용을 감독하고 있었는데, 그가 어떤 이유에선지 실버를 쫓아내기로 결정했음에도 불구하고, 랜섬은 자신의 오른팔이었던 실버를 보호하기 위한 어떤 조치도 취하지 않았던 것이다. 어떤 사람들은 만약 랜섬이 실버를 보호해 준다면 인문학연구소에 대한 지원금을 끊어버리겠다고 어윈이 협박했기 때문이었다고 말하기도 했다.

실버는 이에 대해 이렇게 말했다. "그렇게 얄팍하게 생각할 문제는 아닙니다. 둘 중에 하나를 선택하라고 강요당했다면, 물론 해리는 저를 보호하기보다는 다른 쪽을 택했을 것입니다. 원한다면 충분히 저를 지켜줄 수도 있었겠지만, 그랬더라면 아마 이후로는 기세를 펼 수 없었을 겁니다." 실버의 추측은 차라리 어윈이 '해리에게 실버를 보호하려고 든다면 가만 두지 않겠다, 그리고 내게는 충분히 그럴 만한 힘이 있다, 이런 말들을 분명하게 하지 않았을까' 하는 쪽이다. 랜섬이 왜 그런 위협에 굴복할 수밖에 없었는지에 대해서는 구체적으로 말하지는 않았지만, 실버는 다음과 같이 확신했다. "저야 알고 있지만, 그 문제에 대해서는 그냥 추측에 맡기겠습니다. 하지만 이것만은 말씀드리고 싶군요. 저는 해리 랜섬도 매우 잘 알고, 프랭크 어윈도 잘 압니다. 저는 프랭크 어윈이란 사람이 언제나 사람들의 약점을 찾아내 그걸 가지고 이용하려고 드는 인물이라는 걸 알고 있습니다. 프랭크 어윈은 매우 똑똑하고 야망이 크긴 하지만, 편협하게 배운 사람인지라 훌륭한 대학을 만들기 위해서 필요한 것들이 뭔지에 대해서는 아무 것도 몰랐습니다. 다만 그 사람은 진짜 정말 똑똑하다는 것, 그리고 정치적으로도 참 교활하다는 것입니다. 그 사람이 생각하는 대학이란 캠퍼스 안을 건물로 가득 채우고, 실력이 뛰어난 미식축구팀에다가 훌륭한 운동장, 그리고 멋진 농구팀을 갖추는 것뿐이었습니다. 물론 해리 랜섬이 훌륭한 연구소를 만들자고 했을 때는 그것도 나쁘지 않다고 생각했습니다. 그 제안만큼은 그도 좋아했어요. 왜냐하면 돈이야 넘쳐났으니, 뭐든지 할 수 있었거든요. 프랭크 어윈은 여러 측면에서 린든 존슨과 꽤 닮았습니다. 그 사람은 자기 마음대로 조종할 수 없는 사람은 결코 신뢰하지 않았습니다. 만약 그가 자기 마음대로 할 수 없었다면, 결국 해리 랜섬조차도 마음대로 할 수 있는 일이 하나도 없었을 겁니다."

실버는 자신이 '그런 식으로 조종당하지는 않았다'는 점도 어윈에게 해고당한 이유 중 하나일 것이라고 말했다. 문리대학 학장에 지명되었을 때, 실버는 개발업자의 권유로 사들인 오스틴의 고층 기숙사에 대한 이권을 포기했다. "학장이 되자마자, 저는 그 이권을 팔아치웠습니다. 왜냐하면 그 당시에 저는 대학을 대신해 캠퍼스 내에 거주 시설을 건설할 수 있는 결정권을 가진 위치에 올랐기 때문이었습니다. 그렇게 되면 제가 가진 이권 때문에 문제가 생길 것이라고 여겨서, 기꺼이 그 이권을 버렸습니다. 저는 이렇게 생각합니다. 프랭크 어윈은 제가 그 이권을 버렸다는 사실을 알아내고는 상당히 안 좋은 징조라고 여겼던 것입니다. 그 사람이 생각할 때는 그렇겠죠. 그건 실버라는 놈이 그야말로 번쩍거릴 정도로 '깨끗하다'는 뜻이었으니까요."

그 시절, 문리대학에 등록한 학생 수는 2만 2,000명에 달했는데, 이는 오스틴 캠퍼스에 등록한 전체 학생 수의 절반이 훨씬 넘는 숫자였다. 실버가 가장 먼저 취한 조치는 교양 과목에 더 많은 중점을 두는 식으로 교과과정을 개편할 것을 제안한 일이었다. 하지만 자기에게 주어진 시간이 얼마 남지 않았다는 것을 알게 된 것은 1969년 가을이었다고 실버는 말했다. 당시 그는 오스틴 캠퍼스가 질적으로 살아남으려면 등록 학생의 숫자가 3만 5,000명 수준에서 머물러야지, 그 이상 늘어나면 안 된다고 어윈에게 경고했다. "그런 일이 일어난다면 그건 학장을 자르고 대학을 박살 내야 할 때가 되겠지요." 하지만 어윈은 이렇게만 대꾸하더라고 했다.

그로부터 여덟 달 뒤인 6월의 어느 무더운 금요일 오후에 드디어 실버는 해고되었다. 아울러 문리대학은 해체되어 보다 작은 규모의 세 가지 학부로 재편되었다. 프랭크 어윈은 후에 문리대학이 '행정적으로 감당하기 어려울 정도로 기형발전한 까닭에, 실버가 대학의 반 이상을 움직일 수 있는 치우친 권한을 갖게 되었기 때문' 이었다고 말했다. 어윈은 기자들에게 당시 문리대학에 등록한 학생들의 성격 때문에라도, 더 작은 규모의 세 가지 학부를 만들지 않을 수 없었다고 말했다. "그 기간에 대학에 들어온 많은 학생들은 이전 같으면 결코 대학에 입학하지 않았을 학생들이었습니다. 대다수는 징집되어 베트남에 파병될까봐 겁을 내던 사람들이었습니다. 그래서 일단 문리대학에 등록부터 한 것이죠. 결국 자기들이 뭘 전공해야만 할지도 모르는 사람들이었으니까요"라고 어윈은 주장했다.

1977년 댈러스에서 발행되는 〈모닝 뉴스〉의 매거진 섹션에 실린 한 특집 기사는 프랭크 어윈을 '불굴의 막후 실력자'로 묘사하면서, 어떤 이들에게 그는 '의장 프랭크'로, 또 어떤 이들에게는 '망나니 프랭크'와 '텍사스 대학의 황제 폐하'로 알려져 있다고 덧붙였다. 어윈은 전직 로비스트 겸 변호사로, 1960년대 존 커널리 주지사의 측근이 되면서 정치적 영향력을 키우기 시작했다. 1963년, 그는 커널리에 의해 대학 평의원으로 지명되었으며, 동시에 민주당 주 위원장 겸 중앙위원으로도 임명되었다. 주지사인 존 커널리와 백악관의 린든 존슨 등으로부터 막대한 지원을 받는데다가, 게다가 주 정부 소유의 유전과 천연가스 임차권에서 나오는 막대한 배당금의 사용처를 결정할 수 있었기 때문에, 어윈의 권한은 그야말로 대단했다. 어윈의 재직 기간 동안 오스틴 캠퍼스의 학생 수는 2만 6,000명에서 4만 2,000명으로 증가했다. 그는 1966년부터 1971년까지 평의회 의장으로 봉직했으며, 1975년에 평의회를 떠나 1980년에 60세를 일기로 심장발작으로 사망했다. 영부인이었던 버드 존슨은 그에 대해 특별한 추도사를 남겼다. "보기 드문 사람이었던 그는 이제 외롭기 그지없는 곳에 그를 알고 사랑했던 사람들의 마음만을 남겨놓고 떠났습니다. 사람들에게는 대부분 이상이 있습니다. 프랭크 어윈 역시 이상을 지녔고, 그 이상을 위해 힘껏 달렸습니다."

1971년 1월, 실버는 보스턴 대학의 총장이 되어달라는 요청을 수락했다. 같은 시기, 해리 랜섬은 명예 총장이 되기를 고사하고 막 완성된 인문학연구소의 사무실로 옮겨갔다. 그가 죽기 이태 전인 1974년에 그 건물에는 '해리 랜섬 인문학연구소'라는 이름이 붙여졌다. 캐슬린 예러터는 그것이야말로 불가피한 일이었다고 언급했었다. "왜 굳이 랜섬 박사님이 처음부터 이곳의 이름을 '인문학연구소(HRC)'라고 지으셨을까요?" 그녀는 이렇게 물었다. "사람들이 그 건물에 당신의 이름을 붙이든, 붙이지 않든 간에 그 건물에 당신의 이니셜을 넣으려고 작정하셨기 때문이죠."[279]

인문학연구소에 있는 전시실 중에는 각각 유명인사들의 이름이 붙어 있는 곳이 열아홉 군데나 있는데, 그 안에는 각 유명인사가 기탁한 자료들이 보관되어 있다. 가령 얼 스탠리 가드너 실(室)에는 이 추리작가의 책과 각종 물품뿐만 아니라, 그가 페리 메이슨 시리즈[280] 가운데 대부분을 집필한, 미국삼나무로 치장된 캘리포니아의 서재가 그대로 옮겨져 있다. 그 외에도 존 포스터 덜레스 실, J. 프랭크 도비 실, 칼 앤드 에스터 호블리첼 실 등이 있다. 사람들의 공명심에 호소하는 이런 방법이야말로 텍사스 대학이 쓸 수 있는 최고의 카드였다. 캐슬린 예르터는 이렇게 말했다. "사람들은 대부분 '자료를 주겠다, 대신에 별도의 전시실을 달라'고 말하죠. 가령 앨프레드 크노프가 어디다 자신의 책들을 보낼 것인가를 놓고 고민했을 때, 우리는 굳이 그 기회를 붙잡으려 노력할 필요도 없었습니다. 왜냐하면 그는 이렇게 크고 좋은 방을 기꺼이 내놓을 수 있는 곳은 우리뿐이라는 사실을 알고 있었으니까요. 이후 그는 1년에 한 번씩은 꼬박꼬박 여기로 찾아와 하나하나 일일이 살펴보면서, 모든 게 제대로 되어 있는지 확인했습니다."

엘렌 던랩은 그런 기증자들에게는 '우리가 당신 물건을 정말 간절히 원한다'는 사실을 확신시켜줘야만 한다고 언급하면서, '그렇게 확신시

---

[279] '인문학연구소'의 이니셜인 HRC는 '해리 랜섬 연구소(Harry Ransom Center)'의 이니셜로도 해석할 수 있기 때문이다.
[280] 얼 스탠리 가드너의 인기 추리소설 시리즈로, 변호사 겸 탐정 페리 메이슨이 주인공으로 등장하는 50여 편의 장편 소설로 구성되어 있다. 훗날 영화와 TV 드라마로 각색되어 더욱 큰 인기를 끌었다.

키기 위해서는 단순히 말 이상의 것이 필요하다'고 말했다. 가령 영국 작가 이블린 워의 장서와 함께, 책장과 기타 가구를 포함한 실제 서재 자체가 고스란히 영국에서 텍사스로 조심스럽게 운송되어 올 수 있었던 것도 그 덕분이었다. 또한 영화배우 글로리아 스완슨은 자기 자료만을 관리하는 큐레이터가 별도로 고용될 것이라는 확언을 받고 나서야, 1982년에 이르러 자기가 보유한 문서들을 오스틴으로 보내기로 합의했다. "제가 바로 그 계약으로 인해 채용된 사람이었습니다." 레이먼드 W. 돔의 말이다.

스완슨의 자료들이 오스틴으로 갈 것이라는 소식을 듣고 가장 낙심한 인물은 바로 보스턴 대학 도서관의 사서인 하워드 B. 고틀립이었다. 고틀립은 자신의 매력과, 유창한 편지와, 점잖은 설득만으로 20세기 최고의 기록보관소를 만들었다는 사실 때문에 그 능력을 널리 인정받은 사람이었다. 고틀립은 씁쓸한 웃음을 지으면서 그때의 일을 회상했다. "제가 아는 방법을 다 동원했어요. 꽃다발을 보내고, 예쁘장하게 편지를 써서 보내고, 직접 찾아가기도 하고, 배가 터질 때까지 나란히 앉아 건강식품을 먹었죠.[281] 하지만 결국 저는 그녀가 원하는 것과 같은 장소를 제공할 수가 없었고, 더 결정적으로는 전혀 돈을 줄 수도 없었습니다."

1971년, 제임스 A. 미치너 부부는 토머스 하트 벤튼, 헬렌 프랑켄탈러, 마스던 하틀리, 한스 호프만, 래리 리버스, 막스 웨버 등의 작품을 비롯한 총 375점의 미술품을 보관할 수 있는 곳을 물색하고 있었다. 소설가인 미치너는 인터뷰에서 그때의 일을 다음과 같이 회고했다. "우리는

---

281. 글로리아 스완슨은 만년에 들어 설탕을 완전히 끊고 건강식품의 찬미자가 된 것으로도 유명하다. 그녀의 설탕 무용론은 마지막 남편이자 작가인 윌리엄 더프티에게도 영향을 주어, 이후 '설탕의 백해무익함'을 설파한 《슈거 블루스》(1975)라는 베스트셀러를 쓰게 만들었다.

늘 그 작품들이 유용하게 사용될 수 있도록 20세기에 세워진 교육기관 가운데 한 곳에 기증할 생각이었습니다. 일단 보내고 싶은 기관의 목록을 작성한 다음, 하나하나 빼는 방식으로 하다 보니 결국 시러큐스, 미시간, 네브래스카, 텍사스 대학 등으로 후보가 좁혀졌습니다." 비록 자신의 이름을 붙인 큰 전시실을 원한 것은 아니었지만, 적어도 그 컬렉션이 한 곳에 보관되기를 원한 것은 사실이었다.

"저는 한평생 그 무엇에든 제 이름이 남는 것을 피해 오긴 했습니다만, 그 물건들만큼은 제대로 대접받는 것을 보고 싶었습니다. 그렇기 때문에 해리 랜섬이 그간 해온 일들이 중요했으며, 그가 제시한 조건들이 결정적이었습니다. 아내는 그 사람에게 완전히 푹 빠져버렸죠." 미치너가 기증한 것은 자신에 관한 자료가 아니라 자신이 모은 미술품뿐이었지만, 랜섬은 인문학연구소의 1층 전체와 2층 일부를 전시실로 기꺼이 내어주고 자기는 캠퍼스의 다른 곳으로 사무실을 옮겼다. 그리하여 이 자료는 기존의 아처 M. 헌팅턴 미술관—콜리스 헌팅턴의 아들이자, 나중에는 헨리 E. 헌팅턴의 양자가 된 아처 M. 헌팅턴은 1927년에 미술관을 설립할 수 있도록 텍사스 대학에 돈을 기탁했다—내에 별도의 컬렉션으로 받아들여졌다. 그리하여 메리 앤드 제임스 M. 미치너 20세기 미국 미술 컬렉션은 그 건물로 들어가 지금까지 보관되어 왔는데, 이런 상황 때문에 1981년부터 1988년까지 인문학연구소의 소장으로 재임한 데처드 터너는 몹시 불만에 찬 발언을 하기도 했다.

미치너는 이렇게 말했다. "저는 혹시 그 그림들이 해리 랜섬 연구소에 부담이 되는 건 아닌가 하고 늘 생각해 왔습니다. 그런데 이제는 거기 갈 때마다 미안한 생각을 가지게 됩니다. 물론 멋진 건물이긴 합니다. 하지만 책을 보관할 곳이지, 그림을 보관할 곳이 아니라는 건 저도 인정합니다. 때문에 기본적으로 반대와 충돌이 있을 수밖에 없다는 것도 알고 있습니다. 그래서 그 사람들에게 제 그림들을 다른 곳으로 옮기는 게 어떻겠느냐고 권했습니다." 문제는 인문학연구소에서 그 그림들을 빼내는 것이야 쉽지만, 그렇게 되면 다른 곳으로 옮겨야 할 텐데 오스틴 캠퍼스에는 그런 작품들을 제대로 전시하고 보관할 건물이 없다는 점이었다. 1994년이 끝나갈 무렵, 확실한 계획도 없는 상황에서 일단 그림들을 다른 곳으로 옮기는 문제가 논의되었다. "가능한 한 시급하게 관리 인력과 그림들이 옮겨갈 수 있는 새 건물을 캠퍼스에 짓겠다는 우리의 소망은 여전합니다." 아처 M. 헌팅턴 미술관의 큐레이터인 패트리셔 D. 헨드릭스는 말했다.

나와의 인터뷰에서 미치너는 자기가 맡긴 그림들이 너무 많은 공간을 차지한다는 지적은 사실이지만, 그런 의견이 표출되는 방식이 너무 무례하기 때문에 화가 났다고 분명히 밝혔다. 그런 마음의 상처와 오해는 데처드 터너가 연구소장으로 재직한 8년 내내 계속되었다. 감리교 목사 출신인 터너는 1988년에 이르러 소장 직에서 물러났는데, 자유기고가인 클리퍼드 엔드리스는 1988년 5월에 〈텍사스 먼슬리〉에 쓴 기사에서, 그 '골 때리는 소장이 자리에서 물러나는 것을, 다들 너무 늦은 일이었다고 생각했으며, 차마 이름을 밝힐 수는 없는 수많은 숨은 비판자 및 내부 관계자들이 비로소 기쁨과 안도의 한숨을 내쉬었다'고 묘사했다.

텍사스 대학에 있는 동안 터너는 중요한 컬렉션들을 많이 확보하긴 했지만, '성마르고 싸움을 만드는' 성격 때문에 많은 동료들을 무시해서 적으로 돌렸다. 자기 말마따나 텍사스 대학이 보유한 컬렉션이 지닌 '믿을 수 없을 정도로 엄청난 결함'을 채우려고 노력하는 과정에서, 그는 20세기 문서 자료들의 중요성을 깎아내리는 대신에 프랑스제 호화 장정본과 마티스, 피카소, 샤갈, 루오 등의 저명한 화가들이 삽화를 그린 '리브르 다티스테'[282] 같은 것들을 추구했다. 그는 전직 하버드 대학 교수인 로버트 리 울프가 모은 1만 7,000권의 빅토리아 시대 베스트셀러 컬렉션을 260만 달러에 사들였고, 1986년에는 H. 로스 페로에게 빌린 1,500만 달러로 칼과 릴리 포츠하이머 부부의 영국 문학 관련 장서를 입수했다.

하지만 터너가 저지른 가장 가혹한 행동은 해리 랜섬을 비난한 일로, 그것도 자체 발행하는 〈HRC 소식〉이라는 소식지에다가. 때로 경박하게 느껴질 만큼 공개적으로 행한 것이었다. '블룸즈데이,' ─제임스 조이스의 소설 《율리시즈》의 시간적 배경이 되는 6월 16일[283]─에 쓰어진 글에서 그는 조이스의 문체를 모방하여 다음과 같이 썼다. "정말 하찮은 허섭스레기 원고마저도 그야말로 납치범이 부르는 '몸값' 수준의 가격이 책정되었으니 거래는 그야말로 '랜섬'[284]이라는 이름에 걸맞게 이뤄진 셈이고 최종적 생산물 이전에 나오는 것들이 출판본보다 훨씬 더 많은 돈을 요구한다니 이 얼마나 괴기스런 일이며 나로서는 출판되기 이전의 껍데기도 없는 서평용 책이 첫 출판본보다 500달러는 더 나간다는 사실이 좀체 믿기지 않는 것인데 (……)." 이런 식으로 마침표나 문장 부호를 생략하고 행간 여백도 없이 타자용지로 세 장을 가득 채운 글이었다. 다른 소식지에서 그는 이른바 '랜섬 식' 으로 돌아가려는 일에 대해 경고했다.

터너가 사임하기 6개월 전, 엔드리스는 《텍사스 먼슬리》에 기고한 기사에서 그가 '더 이상 기다릴 수 없을 정도로' 떠나고 싶다고 말했노라고 인용했다. "42년 동안─그 중에서 41년 6개월 동안은 밴더빌트, 서던 메서디스트 대학, 그리고 이곳 텍사스에서 도서관장으로 일했는데─나

---

282. 영어로는 '아티스츠 북,' 즉 '유명 화가의 삽화본' 이라고도 한다.
283. 조이스의 《율리시즈》는 이날 오전 8시부터 다음날 새벽까지 주인공 두 사람이 겪는 사건을 중심으로 하는 소설이다.
284. '랜섬' 에는 누군가의 '몸값' 혹은 '합의금' 이란 뜻도 있다.

는 직접적으로 나와 맞서는 전임자들의 존재 속에서 살아왔다. 이제 나는 손을 흔들며 '마침내 자유다'라고 외치면서 귀향길에 나설 것이다."

터너의 후임으로는 오클라호마 주 털사 대학의 사무처장을 역임했으며, 제임스 조이스를 연구한 학자이자 수집가인 토머스 F. 스테일리 박사가 선임되었다.[285] 그가 곧바로 내세운 목표는 사기를 진작시키고 연구소의 방향을 안정시키는 일이었는데, 여러 가지 면에서 그는 성공을 거둔 것으로 평가되고 있다. 1992년에 어느 중견 간부는 이렇게 말한 바 있다. "마침내 수십 년 만에 처음으로 우리는 드디어 제대로 된 지도자를 모신 셈이었습니다. 우리에게는 다시 한 번 비전이 생겼습니다. 그 분은 창의적이고 혁신적이었으며 다른 사람들과 어울려 일하는 것을 좋아했습니다. 누구와도 적대적인 관계를 맺지 않았습니다."

미치너 컬렉션을 인문학연구소에 보관하는 문제에 관해 스테일리도 여러 가지 생각은 했겠지만, 건물 바깥의 사람들과 그 생각을 나눈 적은 한 번도 없었다. 미치너는 나름대로 이 상황에 대해 마음을 놓고 있다. "이런 일을 꽤 많이 경험해 보아서 하는 말인데, 약속은 쉽게 이뤄지지만 결코 지켜지지는 않는다는 게 제 생각입니다. 그때그때 연구소 측과 여러 가지 사항을 결정하지만, 실현되려면 꽤나 시간이 걸리죠. 그때는 분명히 모든 것을 결정할 수 있는 사람들과 이야기를 나누었지만, 그 사람들조차도 다른 사람들로 하여금 그 약속을 지키게 할 만한 권한은 없습니다. 결국 해리 랜섬이 죽음으로써, 저와 한 약속은 깨져버린 겁니다. 아주 간단하게 설명할 수 있는 일이죠."

---

[285]..토머스 F. 스테일리는 조이스 연구의 권위자로, 한국에서 출간된 김종건 교수의 《율리시즈》와 《피네간의 경야》 번역본에 추천사를 쓰기도 했다.

칼턴 레이크는 1980년부터 해리 랜섬 인문학연구소에서 전임 큐레이터로 일해 왔는데, 이 자리는 월급도 상당할 뿐만 아니라 학계에서 유력한 위치를 얻을 수 있는 자리이다. 하지만 1969년에 처음 매사추세츠에서 오스틴으로 올 때만 해도, 그는 원래 무급 직원이었다. 피카소의 청동 두상이 위압적으로 내려다보는 조용한 칸막이 사무실에서 어느 2월의 아침에 만났을 때, 그는 이렇게 말했다. "그때는 진짜로 1년에 1달러만 받았습니다."

여러 전도유망한 직종에 종사했지만—《뉴요커》와 《애틀랜틱 먼슬리》를 비롯한 서너 개의 잡지에 글을 기고했으며, 1950년부터 1965년까지는 〈크리스찬 사이언스 모니터〉지에 파리 미술계의 동향을 소개한 바 있다—레이크의 주 관심사는 언제나 도서수집이었다. "그 세계로 일단 한 번 발을 들여놓으면 절대로 빠져나올 수가 없습니다. 더 정확하게 말하자면 빠져나오기가 싫은 것이죠. 피가 달라지는 게 분명해요."

뉴잉글랜드의 상인 집안에서 태어나 1936년에 보스턴 대학을 졸업한 레이크는, 작지만 인정받는 어느 대학에서 낭만주의 문학을 가르치는 미래를 꿈꿨다. 관대하셨던 할머니의 도움으로 레이크는 어린 시절부터 샤를 보들레르, 폴 발레리, 아르튀르 랭보, 스테판 말라르메 등의 19세기 프랑스 시인들의 책을 수집하기 시작했다. 열아홉 살 되던 해에 그는 처음으로 중요한 책을 구입하게 되었다. 마침 뉴욕에서 곧 경매에 들어갈 유명한 뮤지컬 코미디 작곡가 해리 B. 스미스의 장서 도서목록을 살펴보다가, 보들레르의 《악의 꽃》—시인이 친구 나다르에게 건넨 증정본이라는 점이 특징이었다—이 그의 눈길을 사로잡았다. "그 책을 사지 않을 수 없었습니다." 그의 말이다. 그 책에는 보들레르가 쓴 편지 서너 통과, 책에 실린 시 가운데 보들레르가 직접 수정한 〈사탄 연도(連禱)〉의 교정쇄도 포함되어 있었다. 당시 구입가는 210달러였다. 1957년에 이르러 그는 이 책을 프랑스 국립도서관에서 열린 어느 전시회에 대여해 준 적이 있었는데, 그때 파리의 한 서적상이 1만 5,000달러에 사겠다고 말했지만 간단하게 거절했다. 그는 마치 즐기는 듯한 표정으로 당시의 일을 회상했다. "제가 처음으로 산 대단한 책이었죠. 어디를 가든 꼭 가지고 다니는 책이랍니다. 그걸 놔두고 다닌다는 것은 절대로 있을 수가 없는 일이죠."

레이크는 《어느 문학 고고학자의 고백》이라는 제목의 저서에서 자신의 수집 이력을 회고했는데, 여기서는 특히 책을 발견하는 순간의 희열감에 대한 언급이 자주 등장한다. 그는 파리의 서점에서 루이-페르디낭 셀린이 쓴 소설 《꼭두각시》의 완본 두 개와, 그 속편인 《런던교》의 완본 하나로 구성된 4,200매짜리 2절판 원고본을 살펴봤을 때의 심정을 이렇게 적어놓았다.

> 나는 자리에 앉아서 원고 뭉치를 훑어보기 시작했다. 얼마나 오랫동안 그렇게 앉아 있었는지 모른다. 내가 아는 것이라고는, 나처럼 무려 35년에서 40년 가량 세계의 여러 문명국가를 돌아다니며 희귀본과 원고를 찾아다니다 보면, 그런 책이나 원고를 펼치고 손으로 어루만지다가 어느 순간 그 책이나 원고에서 어떤 떨림이 손가락으로, 손으로, 두 팔로, 머리로 전해져 오고, 그러다가 느닷없이, 그리고 매우 분명하게도 이것이 좋은 것인지 아닌지, 훌륭한 것인지 아닌지, 그리고 만약 훌륭한 것이라면 얼마나 훌륭한 것인지 바로 알아차리게 되는 순간이 온다는 것뿐이다.

그러다가 도서수집 경력 30년 만에 마침내 레이크도 진퇴양난의 곤경에 빠지게 되고 말았다. 그는 "내가 모은 자료들이 세상에 둘도 없는 것들이 되면서—편지와 원고만 해도 엄청난 것이었다—점차 학자들을 위해 그 자료를 함께 보관할 곳이 필요하다는 생각에 이르게 되었다"고 썼다. 동시에 "이제는 모아놓은 분량이 내가 감당할 수 있는 수준을 넘어서게 되었다. 나는 수집품으로 꽉 찬 파리의 아파트뿐만 아니라, 방돔 광장[286]의 어느 커다란 대여금고에도 귀중본을 별도로 보관하고 있었다. 고향인 매사추세츠의 상황도 그와 다를 바가 없었다. 체스너트 힐에 있는 집은 방마다 책으로 가득했고, 보스턴에도 사람이 드나들 수 있는 크기의 금고가 있었다. 내 곁에 늘 두고 볼 수 있는 책은 보들레르의 것을 비롯한 몇 권에 불과했다. 그러니 모종의 조치를 취해야만 했다."

서적업계에서는 인문학연구소에 대한 소문이 여전히 자자했기 때문에, 비록 매사추세츠에서 태어나 보스턴 대학을 졸업한 이른바 '동부 뺀질이'였던 레이크조차도 자신이 수집한 25만 여점의 수집품을 보관할 장소로 오스틴을 점찍게 되었다. "텍사스 대학은 현대문학 분야에서도 영국과 미국문학 관련 자료는 상당히 우수한 편이었지만, 같은 시기의 프랑스문학 관련 자료는 결코 자랑할 만한 수준이 아니었습니다. 그러므로 거기야말로 제 수집품들을 보관할 수 있는 최적의 장소라 생각했습니다." 그의 말이다. 당시 텍사스 대학에서 강의하던 어느 친구의 도움을 받아 해리 랜섬과 연결되면서, 1969년에 이르러 긴급하게 합의가 이루어졌다. 물론 그 대가로 돈을 받긴 했지만, 레이크는 당시 자신의 컬렉션이 영원한 안식처를 얻게 되었다는 사실이 너무나 기뻤으므로, 시세에 비하자면 무척이나 적은 금액에 컬렉션을 매각했다고 말했다.

일단 레이크가 거래에 동의하자, 랜섬은 또 다른 제안을 담은 편지를 보냈다. "제가 앞으로 할 이야기를 무례하다거나 거북하다고 여기지 말아주셨으면 좋겠습니다. 저는 귀하를 이 컬렉션을 관리하는 종신 큐레이터로 임명하고 싶습니다. 귀하의 조언을 얻을 수 있다면 학교로서도 큰

---

286. 프랑스 파리의 지명. 근처에는 은행 및 보석상 등이 많은 것으로 유명하다.

도움이 될 것이며, 새로 건립되는 연구소와 귀하가 개인적인 협력 관계에 놓일 수 있다면 로버츠 박사와 제게도 많은 격려가 될 것입니다. 더 중요한 것은 귀하와 같이 사려 깊고도 민첩한 수집가의 모습을 볼 수 있다는 사실만으로도, 연구소를 이용하는 젊은 학생들과 중견 학자들에게는 교육적인 효과가 있으리란 점입니다."

1969년부터 1975년까지 레이크는 '연봉 1달러짜리' 고문으로 일했으며, 1975년부터는 인문학연구소의 '종신 전임 큐레이터'에 임명되었다. 그는 이렇게 말했다. "물론 계약에 없었던 자리였습니다. 저는 그런 조건을 내세운 적이 없어요. 그냥 다 믿고 맡겼을 뿐이죠. 칼턴 레이크 컬렉션이라는 이름을 붙여달라고 요구한 적도 없습니다. 그냥 한 곳에 모여 있으면 좋겠다고 생각했을 뿐이죠. 솔직히 해리 랜섬 같은 사람은 세상에 또 없을 겁니다. 그 사람이라면 나뭇가지에 앉은 새조차도 자기한테 날아오도록 홀릴 수 있을 걸요. 그 사람 이야기를 들으면 사람들은 뭐든지 '정말 멋진 일이구나!' 하고 생각하게 됩니다. 어째서 그런 것인가 궁금하시겠죠? 그는 사람들로 하여금 '이 사람이 정말 훌륭한 인물이구나!' 하는 생각을 하게끔 만들 수 있는 사람이었습니다."

그 컬렉션을 가장 잘 아는 인물의 봉사를 받는다는, 그 무엇과도 비교할 수 없는 조치를 취한 것 외에도, 랜섬은 그 컬렉션을 계속 발전시킬 수 있는 방안까지도 마련했다. 레이크는 이렇게 말했다. "저로선 마치 여전히 그 컬렉션의 소유권을 갖고 있는 듯한 책임감을 느꼈습니다." 그렇지 않고서야, 텍사스 대학으로 소유권을 넘긴 뒤에도 그가 오랫동안 자기 돈을 들여가며 그 컬렉션에 자료를 계속 추가할 이유가 없었을 것이다.

그렇다면 칼턴 레이크 컬렉션은 과연 얼마나 중요한 위치를 차지하는 것일까? 1990년의 어느 서늘한 4월에 가진 인터뷰에서, 파리에 있는 프랑스 국립도서관의 원고본 보존 담당자인 플로랑스 드 뤼시는 이 질문에 대해 솔직한 대답을 내놓았다. 그녀는 강한 억양의 영어로 이렇게 대답했다. "므슈 레이크는 우리말로는 '웅 옴 드 구(un homme de goût),' 그러니까 '멋을 아는 사람'입니다. 가령 어떤 분야, 20세기 프랑스문학에 있어 가장 중요한 작가인 폴 발레리를 예로 들어보죠. 지금 발레리를 철저하게 연구하자면 반드시 텍사스 대학에 가야 할 것입니다. 거기에는 발레리가 마지막으로 사랑한 사람에 대한 원고뭉치가 있는데, 이는 프랑스에는 미처 알려지지도 않은 자료입니다. 개인적으로 저는 그런 텍스트가 있었다는 것조차 미처 몰랐습니다. 따라서 칼턴 레이크 컬렉션은 여기 프랑스에서도 반드시 한 번은 거쳐가야만 하는 곳으로 널리 알려져 있습니다. 솔직히 저는 그 자료들이 미국이 아니라, 여기 프랑스에 있었으면 좋았겠다고 생각합니다."

마담 드 뤼시는 적합한 영어 단어를 생각하느라 잠시 말을 멈췄다가, 이윽고 말을 이었다. "물론 그는 우리의 적이 아닙니다. 하지만 경쟁자이긴 하죠. 우리가 찾는 것과 똑같은 것을 찾기 때문에, 그는 경매에서 종종 우리와 맞붙곤 합니다. 하지만 우리는 한편으로 친구이기도 합니다. 물론 여기에 있는 우리들은 프랑스 역사와 관련한 것들이라면 편지든, 문학이든, 과학이든 그 어떤 것에든 관심이 있습니다. 마찬가지로 그는 20세기 프랑스에 관한 한 전문가이니까요. 정말 똑똑한 사람입니다. 놀랄 만한 본능을 지니고 있어요."

해리 랜섬에 대한 레이크의 존경심은 끝이 없었다. "그에 대해서라면 저는 부정적인 말을 단 한 마디도 할 수 없습니다. 그는 바로 이 인문학 연구소를 만들었단 말입니다. 그렇게 그 사람이 역사에 남는다면 그건 정말 엄청난 일입니다. 사람들이 여기에 어떤 물건을 들고 왔건 간에, 그걸 얻는 데 얼마나 지불했든 간에, 그리고 그 금액이 어마어마하든 어떻든 간에 아무 상관이 없는 일입니다. 저는 진심으로 그가 이곳에 20세기의 알렉산드리아를 만들었다고 믿고 있으니까요."

처음 15년 동안 텍사스 대학이 책과 원고를 사들이는 데 들인 돈이 어느 정도인지는 불확실하다. 어떤 사람은 5,000만 달러라고 주장하고, 어떤 사람은 그 이상이라고 말하기도 한다. 누구도 확실하게 말할 수는 없는 까닭은 도서 구입에 들어간 돈이 주 정부에서도 나왔지만, 그 밖에 랜섬에게 매료된 사람들이 개인적으로 기증한 금액에서도 나왔기 때문이기도 하며, 또한 랜섬은 단호하게도 비정상적인 구매 절차를 주로 이용했기 때문이었다. "제 생각에는 아무리 해 봐야 2,000만 달러 이상은 되지 않을 겁니다." 금액을 대강이나마 추산해 달라고 조르자, 워렌 로버츠는 이렇게 대답했다. "하지만 그게 얼마건 간에, 돈은 어디까지나 돈에 불과하다는 제 생각에는 변함이 없습니다. 사람들이 다른 곳에다 어떻게 돈을 쓰는지 따져 보면, 그야말로 믿을 수 없을 정도입니다. 사람들이 이른바 과학 연구랍시고 얼마나 많은 돈을 아무 생각 없이 쓰는지 아십니까? 그 사람들은 실제 사용하기도 전에 퇴물이 되어버리는 기계 하나를 구입하는 데 무려 500만 달러를 씁니다. 그에 비하면 인문학 분야로 들어간 돈은 사실 얼마 되지도 않아요. 차마 비교 대상도 안 됩니다. 그런데 우리가 산 것들은 해가 갈수록 점점 값어치가 올라간단 말이죠."

지금의 소장인 토머스 F. 스테일리는 해리 랜섬에 대한 신화가 갈수록 점점 커진다고 믿고 있다. "왜 '신화'라고 하느냐고요? 랜섬에 관해 말할 수 있는 사람을 서른 명 정도 모으기는 쉽지만, 과연 랜섬의 '진짜' 임무와 목표가 무엇이었을까 하고 물어보면 서른이면 서른 명 모두 답변이 제각각이기 때문이지요." 1989년 케임브리지 대학에서 가진 한 강연회에서 스테일리는 해리 랜섬을 '탈신화화'하는 일이 얼마나 어려운지 설명한 적이 있었다.

교육 기관을 이끈 많은 총명한 지도자와 마찬가지로 랜섬 역시 솔직함과 은밀함을 동시에 지니고 있었고, 따라서 그가 상황을 어떻게 인식하느냐에 따라 이 두 가지 태도를 병용할 수 있었습니다. 랜섬은 거부할 수 없는 낙관주의적 풍조를 만들었기 때문에, 때로는 자신이 감당할 수 있는 선을 넘어서는 기대마저도 갖게 만들었습니다. 많은 서적상들도 그렇게 생각했으리라고 봅니다. 특히 최종 결정을, 그리고 지불을 기다리는 동안에 말입니다. 도서수집가들이 대개 그렇듯이, 그 사람도 지갑보다는 눈이 더 컸던 사람입니다. 거꾸로 그가 사용한 지갑의 크기를 놓고 보면, 그 눈 역시 얼마나 컸을지 상상할 수 있을 겁니다. 게다가 지갑이 그만큼 컸던 다른 도서관도 분명히 있었겠지만, 그 지갑을 그처럼 쉽게 펼칠 수 있는 사람은 또 없었을 겁니다.

텍사스에서 수천 킬로미터 떨어진 영국의 책 창고 안에서 텍사스 대학의 변화에 대해 이야기하던 중, 콜린 프랭클린은 스테일리야말로 안정화가 필요한 시기에 '인문학연구소에 가장 적합한 사람'이라고 평가했다. "무척 점잖은 사람입니다. 외교적 수완도 좋을 겁니다. 그렇기 때문에 지난날과 같은 일들을 답습하지는 않을 겁니다. 그는 현대 작가들, 여성 작가들, 그러니까 반드시 있어야 하지만 지금은 부족한 면을 채우는 데 흥미가 있습니다. 그 사람들도 이제 모험은 다 끝냈으니까 제가 보기에는 그야말로 인문학연구소에 지금 꼭 필요한 사람이지요. 지금은 모든 것을 제자리에 배치한 다음, 제대로 관리하는 게 필요하니까요."

10
신들린 애호가들

1983년 6월 1일, 〈뉴욕 타임스〉는 윌리엄 포크너가 1925년경에 쓴 《아버지 에이브러햄》이라는 제목의, 확실치는 않지만 훗날 이른바 '스노프스 3부작'에서 구체화되는 주제와 인물들이 처음 등장한 것으로 여겨지는 미완성 소설을 발견했다고 보도했다. 미완성 장편의 '멋진 도입부'라고 묘사된 이 24매짜리 친필 원고는 지난 수십 년 동안 문학 전공자들에 의해 무시되어 왔는데, 그 까닭은 이 원고가 서너 군데 대학이 보유한 주요 포크너 관련 문서보관소에서 나오지 않았다는 점, 그리고 이 위대한 미시시피 출신 작가의 생애와 작품만을 추구하는 주요 개인 수집가들 가운데 어느 누구도 소유한 적이 없었다는 점 때문이었다.

《아버지 에이브러햄》의 존재가 밝혀진 곳은 바로 뉴욕 공립도서관의 아렌츠 컬렉션이었다. 여기에는 '담배'가 중요한 역할을 담당했다. 원고의 앞부분에서 포크너는 주인공 플렘 아저씨를 "끊임없이, 꾸준히, 천천히 담배를 씹어대며 그 누구도 그의 눈꺼풀이 눈동자를 덮는 것을 보지 못한" 사람으로 묘사해 놓았다. 빈센트 반 고흐가 그린 유일한 에칭화로 알려진 작품도 이 원고와 똑같은 이유, 즉 '파이프 담배'를 피우는 가셰 박사의 모습을 담은 것이라는 이유만으로 아렌츠 컬렉션에 포함되어 있다. 오스카 와일드의 작품 《정직함의 중요성》 원고 역시 '담뱃갑'을 둘러싸고 벌어지는 플롯이 중요한 역할을 담당하는 통에 컬렉션에 포함되었다. 컬렉션에 있는 또 다른 작품으로는 에섹스 백작 로버츠 데브루의 원고도 있는데, 이는 16세기 후반에 그가 쓴 시에 담긴 "담배 때문에 내 머리가 둔해진 것은 아니었다"라는 바로 그 한 구절 때문이었다.

조지 아렌츠 2세(1885~1960)는 뉴욕의 저명인사로, 아메리칸 담배 회사의 주식을 상당량 보유한 가문에서 태어난 자산가였다. 1900년, 아렌츠는 여송연 생산 기계에 대한 발명특허를 획득했는데, 그 결과로 아메리칸 기계 주물 회사와 인터내셔널 여송연 기계 회사라는 자회사를 설립하게 되었다. 도서수집가로서의 아렌츠는 상상할 수 있는 한, 자신의 부유한 생활의 모든 국면을 기록으로 남겨 보여주고자 했다. 거기에는 담배 산업의 역사, 민속, 문학 등이 모두 포함되어 있었다. 그는 그 작물의 재배 과정에서부터 완제품의 판매 과정까지를 자세히 보여주는 자료들을 모았으며, 옹호하는 것이든 반대하는 것이든 간에 담배에 대한 내용이라면 가능한 한 모든 출판된 자료를 긁어모았다. 서적, 원고, 정기간행물, 소책자, 그림, 판화, 스케치 등은 물론이고, 아렌츠는 12만 5,000여 점의 담배 카드[287]도 모았다. 1943년, 아렌츠는 특별실, 전담 직원, 서지 연구비를 충당하고도 수집을 계속할 수 있을 만한 넉넉한 기금과 함께 이 모든 자료들을 뉴욕 공립도서관에 넘겼다. 사실 《아버지 에이브러햄》의 원고도 아렌츠가 컬렉션을 맡긴 지 10년 만인 1953년, 그 기금에서

287..예전에 담배를 사면 그 안에 들어 있었던 카드를 말한다.

나온 돈으로 뉴욕의 서적상 필립 C. 더친스에게서 사들인 것이었다.

뉴욕 공립도서관의 전직 희귀본 관리인이었으며, 지금은 플로리다 대학에서 특별소장품부 부장으로 근무하고 있는 버나드 맥티그는 아렌츠 컬렉션이야말로 그저 '신들린 애호가만이' 모을 수 있는 것일 뿐만 아니라, 오직 그런 사람만이 상상할 수 있는 대단한 것이라고 말했다. 1990년 가을의 어느 오후, 자신이 기획한 〈수집가들을 위하여: 뉴욕 공립도서관에 찾아온 역사적 기증〉이라는 전시회를 안내하면서 맥티그는 이렇게 말했다. "조지 아렌츠, 제임스 레녹스, 버그 형제,[288] 아서 알폰소 숌버그, 메리 스틸먼 하크니스, 플로렌스 블루멘탈 등, 여기 소개된 개인 수집가들이 아니었더라면 오늘날 이 도서관의 모습은 지금과는 사뭇 달랐을 겁니다."

그는 이렇게 덧붙였다. "개인 수집가들은 흩어진 것들을 한데 모으는 사람들이라고 할 수 있습니다. 이런 컬렉션을 구성할 수 있게 된 원동력은 그들의 열정이죠. 거기에 아울러 정력, 경제력, 감식안도 있어야 합니다. 그들은 스스로 모든 일을 다 해냅니다. 그리고 뜻을 이룬 뒤에는—정말 우리에게는 행운이 아닐 수 없는데—그 모든 것을 그대로 우리에게 넘겨줍니다. 최근의 경우를 들자면 카터 버튼의 과학소설 컬렉션이 좋은 예가 되겠군요. 우리는 과학소설을 모은 적이 없는데다가, 있었다고 하더라도 그 사람처럼 까다로운 기준으로 모으지는 못했을 것이 분명하기 때문에, 그 자료야말로 저희에겐 무척이나 큰 보완이 되는 셈이라고 할 수 있습니다. 그 사람은 단 한 번의 기증으로 과거에 우리가 빠트린 책들을 보충해 주었을 뿐만 아니라, 우리가 모았더라도 그보다 더 잘 모을 수

---

[288] 현재 뉴욕 공립도서관에서 소장한 헨리 W. 앤드 앨버트 A. 버그 영미문학 컬렉션의 기증자이기도 한 헨리 버그와 앨버트 버그를 말한다.

는 없을 만큼 훌륭한 컬렉션을 우리에게 선사한 셈입니다."

요리사이자 식당 경영인인 루이스 I. 사트마리는 고희를 맞이한 직후인 1989년에 시카고의 니어 노스사이드에 자리한 인기 있는 자기 식당의 문을 닫았다. 드디어 책들을 돌볼 시간이 찾아왔다고 생각한 까닭이었다. 몇 년 전부터 그는 미국 전역에 위치한 대여섯 군데의 기관에 자신이 모은 30만 여 권의 도서를 기증하는 큰 사업을 벌이고 있었는데, 이는 최대한 주의를 골똘히 기울여야만 하는 일이었기 때문이다.

1951년에 미국으로 온 헝가리 출신의 이민자 사트마리는 지난 26년 동안 대로변에서 '베이커리' 라는 이름의 소박한 간이음식점을 운영해 왔다. 1989년에 베이커리가 문을 닫자, 요리 전문지인《구르메》는 이 사건을 가리켜 '맛집 역사의 충격적 사건' 이라고 표현하면서, "셰프 루이스가 이제 더 이상 요리를 하지 않고, 그 식당의 간판이 내려지고 그 자리에 사무실이 들어서면 베이커리의 모든 자취는 순식간에 사라지고 말 것이다"라며 아쉬워했다. 사트마리는 그만의 독특한 유럽풍 요리로 널리 알려져 있지만, 그의 식당에서 가장 인기를 끈 메뉴는 비프 웰링턴[289]이었다. 문을 닫을 날이 가까워질 무렵, 그는 기자에게 이렇게 말했다. "지금은 음식평론가들도 비프 웰링턴에 대해 농담을 할 여유가 생겼지만, 처음에만 해도 다들 그 요리를 격찬하느라 정신이 없었죠. 지난 26년 동안 우리 매출의 절반 정도는 아마 비프 웰링턴이었을 겁니다." 현역에 있는 동안에는 그 요리만 거의 매년 1억 달러 이상을 팔아치웠다. "그것도 일주일에 다섯 번, 그것도 저녁 시간에만 말입니다. 우리는 점심도, 술도, 아침도 팔지 않았습니다."

---

[289] 쇠고기 등심살을 파이로 싸서 구워낸 요리를 말한다.

거구에다가 사람 좋은 얼굴에는 짙은 콧수염이 나 있는 사트마리는 모두 다섯 권의 요리책을 썼는데, 그 중에서도 《셰프의 비법 요리책》은 한때 〈타임〉지 선정 베스트셀러 목록에도 올랐다. 그는 또한 아르노 출판사에서 모두 열다섯 권으로 펴낸 요리 백과사전인 《미국 요리백과》의 총괄 편집을 담당하기도 했다. 이름보다는 '셰프 루이스'라는 별명으로 불리는 걸 더 좋아하는 그는 비록 억양은 강하지만 어휘는 정확한 영어를 구사한다. 매체에 실리는 사진 속에서 그는 늘 맨 윗부분에 주름진 플레어가 장식된 높은 요리사 모자에, 빳빳하게 풀 먹인 흰 앞치마를 두르고 있다.

내가 처음 셰프 루이스를 만났을 때, 그는 주방에 있지도 않았고 크고 흰 조리사 모자를 쓰고 있지도 않았다. 대신 그는 로드아일랜드 주 프로비던스에 있는 동굴 같은 커다란 창고 안을 자기 집처럼 정말 마음 편하게 어슬렁거리고 있었다. 익히 잘 알고 있는 수많은 책들과 잡동사니에 둘러싸인 채, 사트마리는 자기가 시카고 시절부터 사용하던 나무 책상 앞에 앉아, 최근에 세계에서 가장 큰 음식 관련 산업 전문학교인 존슨 앤드 웨일스 대학에 보낸 바 있는 20만 개가 넘는 다채로운 물품들의 배치를 감독하고 있었다. 이 대학은 사트마리에게 '계관 요리사'라는 영예를 선사한 바 있었다. 그는 자부심에 가득 찬 목소리로 이렇게 말했다. "이 책들을 가지고 박물관을 만들 겁니다. 세상 어디에도 이런 박물관은 없을 겁니다."

거기서 2,500킬로미터 떨어진 또 다른 학교인 아이오와 대학 도서관에는 시기적으로 무려 5세기에 걸친 요리법에 관한 자료들, 즉 희귀한 요리책과 소책자, 유일본 원고 등의 또 다른 컬렉션이 이미 자리 잡고 있었다. 또한 그에게 있어 제2의 고향인 시카고에서는 1만 2,000권의 '헝가리학' 관련 자료가 시카고 대학 조셉 리젠스타인 도서관에 기증되는 중이었다. 그 밖의 다른 도서관에 기증된 도서까지 헤아려 보면 대략 다음과 같았다. 라스베이거스에 있는 네바다 대학에는 3,000에서 4,000개에 달하는 메뉴 컬렉션이, 인디애나 대학에는 1만 권의 헝가리 문학서가, 보스턴 대학에는 프란츠 리스트의 편지를 모은 소규모 컬렉션이 기증되었다. 이 모든 것이 그로부터 40여 년 전, 겨우 동전 몇 푼과 영어 몇 마디만 갖고 빈털터리로 유럽을 떠나 미국에 온 한 남자에게서 나온 것이었다.

조리법 컬렉션의 임시 거처인 존슨 앤드 웨일스 대학의 창고는 프로비던스 부두에 있는 오래된 공장 지대에 있었다. 학교 측에서는 샤트마리 조리법 컬렉션의 자료를 보관하기 위해 500평에 달하는 이 창고를 제공했는데, 내가 찾아갔던 당시만 해도 시카고에서 막 도착한 컬렉션은 대부분이 상자와 철제 박스에 담겨 기둥과 기둥 사이마다 빼곡하게 차 있었다. 무려 16대의 트레일러에 나뉘어 운반된 컬렉션은 그곳에서 다시 합쳐졌다. 창고 바닥에는 오래 된 주방용품을 포장한 상자들이 여기저기 흩어져 있었고 치즈 강판, 고기 분쇄기, 호두까기, 건포도 씨 빼는 기계, 초콜릿 틀, 과일 으깨는 기계, 체리 씨 빼는 기계, 커피 분쇄기, 아이스크림 퍼내는 숟가락 등이 밖에 나와 돌아다니고 있었다. 또한 창고 곳곳에는 온 나라에서 긁어모은 한 번 읽고 버리는 이페머러를 비롯해서, 음식과 요리에 관해 인간이 상상할 수 있는 모든 연감과 잡지가 무더기로 쌓여 있었다. 하지만 이건 다만 빙산의 일각에 불과하다고 셰프는 말했다.

나는 도대체 그동안 이 많은 것들을 어디에다가 보관해 왔느냐고 물어보았다.

"1층에 있는 식당은 좌석이 117개 정도니까 비교적 좁은 편이었죠. 하지만 사실은 그 건물 전체가 제 것이었습니다. 그러니까 그 위에 있는 아파트 열일곱 채에 방이 서른한 개나 있었지요. 바로 거기다가 이 책들을 모두 보관했습니다." 담갈색 눈을 반짝이면서 셰프 루이스가 말했다.

나는 아주 우연한 기회에 셰프 루이스 사트마리에 관해 듣게 되었다. 스티븐 블룸버그가 미국 전역의 도서관을 턴 혐의로 아이오와 주 오텀와에서 체포된 직후, 아이오와 대학의 희귀본 담당 사서인 데이비드 스쿠노버는 FBI로부터 블룸버그가 훔친 물건에 대한 사전 감정을 해달라는 요청을 받았다. 그런 연유로 내가 그 흥미진진한 블룸버그 사건에 대한 정보를 얻기 위해 가장 먼저 만난 사람들 중의 하나가 바로 스쿠노버였다. 그 책 도둑에 대해 자기가 아는 바를 내게 말해 준 뒤, 스쿠노버는 최근에 아이오와 대학에 '그 어디를 가든 견줘볼 수 없는 최상의 요리서 컬렉션을 기증한 시카고 출신의 엄청난 수집가'에 대해 언급했다. 덕분에 그 도서관은 불과 하룻밤 만에 '조리법에 관한 한, 세계에서도 가장 중요한 연구소가 되었다'는 것이었다.

사트마리 컬렉션에는 대단한 물건들이 많았는데, 그 중 몇몇은 무려 서너 세기를 거쳐 온 것들이었다. 스쿠노버는 에스파냐어, 이탈리아어, 독일어, 프랑스어 등 네 가지 언어로 인쇄된 최초의 식탁용 예의범절 책, 즉 고기를 자르는 방법을 가르쳐주는 안내서도 거기 있더라고 했다. 그런가 하면 대공황 시기에 시행된 연방작가지원계획의 일환으로 소설가 넬슨 올그런이 쓴 요리책의 타자원고도 있었다. 1992년, 아이오와 대학 출판부는 이 책을 아이오와 사트마리 요리서 시리즈라는 새로운 총서 가운데 한 권으로 출판했다. 그 컬렉션에서 흥미를 끄는 또 다른 책으로는 1849년에서 1916년까지 오스트리아의 황제였으며, 동시에 1886년부터 1916년까지 헝가리의 국왕이었던 프란츠 요제프의 애인 카타리나 쉬라트가 친필로 작성한 요리책이 있다. 이 책에는 그곳 왕실 주방의 흥미진진한 조리법이 기록되어 있다.

스쿠노버는 그 문헌이 수많은 학문의 영역에서 유용하게 사용될 것이라고 지적했다. 음식과 그 문화의 발달 과정은 '인류학'에 해당한다. 먹거리의 종류와 재배 과정은 '농업학'에, 식량의 수출입은 '경제사학'에, 사람들이 음식을 받아들이는 과정은 '민속학'에, 화가와 음악가가 음식을 어떻게 다루었는가 하는 문제는 '문화사'에, 치료제로서 음식의 기능은 '의학사'에 해당한다. "사트마리 조리법 컬렉션은 그 모든 분야에 훌륭한 근거 자료를 제공합니다. 그러니 우리로서는 100퍼센트 완벽한 선물이었던 셈이죠." 그는 말했다.

제2차 세계대전 동안 헝가리 군대에서 복무하던 루이스 사트마리는 독일군과 소련군 포로수용소에서 연이어 세월을 보냈다. 그 다음에는 '강제추방자'의 딱지가 붙여진 채 오스트리아의 미군 점령지로 쫓겨났다. 그는 부다페스트 대학에서 심리학으로 박사 학위를 취득했지만, 전쟁 직후의 유럽에서는 학위조차도 일자리를 구하는 데는 아무런 소용이 없었다. 그는 이렇게 말했다. "우리 집안은 아주 오래 전부터 책을 수집했습니다. 단골 서적상과 처음 거래를 시작한 게 1790년대였으니까요. 하지만 전쟁이 휩쓸고 지나가자 모든 게 사라졌습니다. 죄다 박살이 나거나 도둑맞은 거죠. 그러니 1951년에 제가 미국에 왔을 때 가진 것이라곤 주머니에 현금 1달러 10센트, 가방에 책 열네 권뿐이었답니다."

셰프는 자신의 생각을 가다듬기 위해 잠시 말을 멈췄다가, 다시 이렇게 말을 이었다. "원래 역사나 본성이 그런 까닭인지도 모르겠지만, 제 모국인 헝가리 사람들은 이런 이야기를 곧잘 합니다. 즉, '우리 뒤통수에는 눈알이 없다는 사실을 알아두어야 한다'는 것이지요. 그러니까 하느님이 우리더러 항상 뒤를 살펴보는 게 더 좋겠다고 생각하셨다면, 적어도 뒤통수에 눈알 하나 정도는 만들어 놓으셨을 게 아니었겠느냐 하는 거죠. 그런데 우리에겐 눈알이 두 개나 있지만, 뒤를 보거나 옆을 보는 눈알은 없고, 두 개가 모두 앞쪽만을 바라보는 것 아닙니까? 그러니 뒤를 돌아보지 말고 앞만을 바라보라는 이야기인 겁니다. 잃어버린 것을 생각하며 울 일이 아니라, 앞으로 뭘 해야 할 것인지 배워야 한다는 뜻이지요. 그래서 저도 지금 이렇게 책을 나눠주고 있는 겁니다. 다른 책들과 마찬가지로 그 책들도 제 가슴 속에 남아 있으니까요. 꼭 뭐가 눈에 보여야만 사랑할 수 있는 것은 아니지 않습니까."

나는 잠시 말없이 앉아 있다가, 예전에 유럽에서 가져온 그 열네 권의 책은 지금 어디 있는지 물어보았다. 그러자 그는 이렇게 대답했다. "물론 제 눈에 흙이 들어가기 전에는 그 책들을 놔줄 수 없죠." 당시 셰프 루이스가 미국에 들고 온 책은 어렸을 때 선물 받은 성서 한 권, 모차르트에 관한 책 세 권, 헝가리 시집 몇 권, 독일 브레머하펜에서 미국 뉴욕으로 향하는 제너럴 허쉬 호에 승선하기 직전에 '다른 오스트리아 출신의 이민자로부터 사들인 책 서너 권' 등이었다. "미국에서는 이것만 있으면 충분하리라 생각했던 거죠. 모차르트 책과, 위대한 헝가리 시인들의 시집과, 성서만 있으면 말입니다."

1959년에 시카고로 이주하기 전까지 사트마리는 뉴욕과 뉴잉글랜드에서 온갖 직업을 전전했다. "첫 월급을 수표로 받았을 때, 42번가와 브로드웨이 교차로 모퉁이에 있는 말보로 서점에 가서 19센트를 주고 루드비히 베멜만스가 쓴 요리책을 샀습니다. 그 시절에는 시간 여유가 많았기 때문에 종종 구세군회관 지하 1층에 가서 하루 종일 헌책을 뒤지기도 했죠. 대여섯 시간쯤 거기 죽치고 앉아 있으면 권당 5센트짜리 책을 몇 권 구할 수 있었습니다. 시간이 조금 흐른 뒤에는 상당히 좋은 일자리를 구할 수 있어서 월급도 제법 받았습니다. 낮 동안 일하고 나서 밤에는 또 다른 일을 했어요. 그러다가 일요일이 되면 일주일 내내 번 돈을 책 사는 데 다 써버리곤 했죠."

1962년에 아내인 사다코와 함께 베이커리를 개업하기 전까지 사트마리는 아머 식품회사에서 신상품개발부장으로 일했다. 그는 오늘날 대부분의 식품회사에서 사용하는 냉동건조 기술을 향상시켜 높은 평가를 받았으며, 전쟁터에 낙하산으로 투하된 즉시 구축이 가능한 야전병원용 주방도 설계했다. 베이커리가 성공을 거두자 셰프 루이스는 식당 전문 컨설팅 회사를 차렸는데, 식당을 폐업한 뒤에도 이 회사만은 여전히 운영하고 있다.

사트마리는 평생 책을 사들인 이유로 다음 몇 가지를 들었다. "경마라면 일착, 이착, 삼착, 이렇게 나눠 돈을 걸지 않겠습니까. 책을 사는 이유도 읽기 위해서, 그냥 갖고 싶어서, 언젠가는 참고가 될 것 같아서, 그랬던 것이죠. 책을 소유하고 싶고, 나만의 것으로 만들고 싶고, 손에서 놓고 싶지 않으니까요. 그러다 보면 아마도 읽는 날이 올 것이라고 생각할 수도 있죠. 하지만 제 경우에는 일단 손에 들어온 책에 든 내용은 대부분 알고 있었노라고 장담할 수 있습니다. 우리 식당의 조리법은 제가 모은 책들에서 나온 경우가 많았습니다. 강연할 때나 책을 쓸 때도 그 자료들을 꽤 유용하게 써먹었습니다." 사트마리는 자기가 모은 조리 관련서가 서너 개의 대학으로 분산된 까닭을 이렇게 설명했다. "각 분야마다 어울리는 도서관이 따로 있으니까요. 그런데 말이죠, 아이오와 대학 이야기인데, 그 사람들은 뭐든지 제일 좋은 책들만 원하더군요. 어찌나 까다롭게 굴던지! 그래서 결국 제가 그랬죠. '이것 봐요, 알맹이는 당신들이 쏙쏙 빼 가고, 나는 쭉정이만 가지라는 겁니까?' 그래서 우리는 매우 우호적이고 선린적인 합의에 이르렀습니다. 그러니까 이미 보낸 책까지는 어쩔 수 없는 일이고, 앞으로는 책 기증을 하지 않기로 말입니다."

존슨 앤드 웨일스 대학에 기증한 서적 중에는 이른바 '컬렉션 중의 컬렉션'이라고 부를 수 있는 대통령 관련 자료가 포함되어 있는데, 이는 미국의 최고 수장들이 직접 쓰거나 서명한, 음식과 음료와 연회에 직간접적으로 관련된 문서들이다. 가령 조지 워싱턴이 친필로 기록한 자료에는 그가 친척에게 물려받은 도자 식기 목록이 나열되어 있다. 메리 토드 링컨이 볼티모어에 사는 한 친구에게 백악관으로 저녁 먹으러 오라며 보낸 편지도 있다. 율리시스 S. 그랜트는 아내인 줄리아에게 쓴 쪽지에다가 오벌 오피스[290]에서 국회 지도부들과 환영 만찬을 가질 예정이니 샴페인을 두 병만 준비해 놓으라고 연필로 적어 놓았다. 드와이트 D. 아이젠하워는 자기 집안에 전해 오는 쇠고기 스튜 조리법을 적은 종이에 서명을 남기기도 했다. "저는 어디까지나 음식문화의 관점에서만 대통령들에게 관심이 있습니다. 이 주제로 책을 한 권 써볼까 하는 생각도 있는데, 제목은 《대통령의 뱃속》이라고 지을 참입니다. 지금 제가 계획하고 있는 일이죠." 셰프는 설명했다. 친필 원고 컬렉션에는 나폴레옹 보나파르트에서 찰스 디킨스에 이르는 역사적인 인물들의 자료뿐만 아니라, 오늘날 전 세계 사람들이 가장 많이 주문하는 요리를 만들어낸 제4대 샌드위치 백작[291]에 대한 기록도 포함되어 있다.

책을 모으는 데 쏟아 부은 대단한 열정에 비하자면, 정작 그 책들을 여러 기관에 기증하는 데 있어 셰프 루이스는 그다지 심한 괴로움을 토로하지는 않았다. "밤이면 간혹 눈물이 맺힐 때가 있기는 합니다. 하지만 그것도 사랑의 일부니까요." 그는 말했다. 서너 해 뒤에 내가 그를 다시 만났을 때, 존슨 앤드 웨일스 대학 학생들은 이미 그가 기증한 자료들을 이용하고 있었으며, 나머지 책이 보관된 부두 창고를 영구 보관소로 만들려는 계획도 상당히 진전된 상태였다. "저는 요즘도 책을 사들이고 있

290..백악관의 대통령 집무실을 말한다.
291..18세기 영국의 귀족이었던 제4대 샌드위치 백작 존 몬터규를 말한다. 그는 도박을 좋아해서 게임 중에도 먹을 수 있는 간단한 식사를 개발했는데, 그것이 오늘날 우리가 즐겨 먹는 '샌드위치'의 원형이라고 한다.

습니다. 마치 폐경기가 지났는데도 계속 임신하는 여자처럼 말입니다. 그야말로 일어날 수 없는 일이 일어나는 셈이라고나 할까요?" 셰프는 넌지시 이야기했다.

1960년대에 워터게이트 아파트의 건설 공사가 한창 진행되던 무렵, 그곳 동관(東館)에 있는 어느 스위트룸에서는 위아래 두 층으로 나뉜 아파트 내부를 주인의 요청에 따라 특수강과 콘크리트로 보강하는 별도 공사가 이루어지고 있었다. 그곳 주인은 워싱턴 D. C.에서 자동차로 30분 정도 떨어진 버지니아 주 랭글리의 어느 정부 기관에서 근무하고 있었으며, 또한 두 가지 특정 분야에 대한 1만 권에 달하는 장서를 소장한 유능한 도서수집가이기도 했다. 월터 L. 포츠하이머의 서재 한쪽에는 그가 30여 년 전에 아버지에게서 물려받은 우아한 프랑스 호화 장정본과 희곡집 컬렉션이 진열되어 있었다. 다른 한쪽에는 음지에서 활동하는 자기 직업의 역사를 조명하는 서적, 원고, 관련 물품 컬렉션이 진열되어 있었다. 미국 중앙정보국(CIA)에서 근무하는 포츠하이머의 예전 동료들은 이 책들을 가리켜 '스파이 컬렉션'이라고 불렀다.

포츠하이머의 아파트 벽에는 KGB의 스파이였던 루돌프 아벨 대령이 애틀랜타 연방교도소에 수감되어 있는 동안 만든 네 장의 실크스크린 작품이 걸려 있었다. 포츠하이머는 이렇게 설명했다. "아벨 대령은 우리가 '불법'이라고 부르는 첩보원, 그러니까 공식적인 위장 표식이 없는 소련 첩보원이었습니다. 그가 자신의 신분을 감추기 위해 택했던 직업 분야 중에는 상업 미술도 있었죠. 그래서 이 멋진 그림들이 나온 겁니다. 그는 미국에서 암약한 소련 첩보원 중에서도 최고의 인물이었는데, 끝까지 입을 열지 않았습니다. 그래서 그가 도대체 무슨 일을 했는지는 우리도 아직 모르고 있어요."

서재는 두 층으로 나뉜 아파트 내부의 위층에 있는데, 그 안으로 들어가려면 복잡한 보안장치를 갖추고 늘 굳게 닫혀 있는 단철 문을 지나가야만 했다. 창살 위에는 레이스로 장식한 이니셜 WP가 새겨진 이름표가 붙어 있었다. 서재 내부로 들어가면 벽에 상당히 큰 명판 두 개가 동일한 공간을 차지하고 붙어 있는데, 하나는 너무나 낯익은 CLA의 문장(紋章)이고, 다른 하나는 예일 대학의 기장(記章)이다. "아버지는 서재 문을 제게 항상 개방해 두셨습니다. 제가 책과 친해지도록 하기 위해서였죠. 저는 아버지의 서재에 드나들기를 좋아했습니다. 스물한 살 생일이 되자, 아버지께서 저를 부르더니 이렇게 말씀하시더군요. '너한테 자동차가 한 대 더 필요할 리는 없을 테니, 생일 선물로 이 서재를 주마. 네가 가져라.' 그때는 좀 뜻밖이라고 생각했는데, 세월이 흐른 뒤에도 그 선물은 여전히 제게 남아 있습니다. 원래 상태 그대로 말입니다."

포츠하이머는 1935년에 문학사 학위를, 1938년에 법학사 학위를 모두 예일 대학에서 취득했다. 제2차 세계대전이 시작되자 그는 사관후보생학교에 입학했고, 1942년에 미국 육군 소속 공군[292] 장교로 임관했다. "사관후보생학교에서 졸업하기 1주일 전일 겁니다. 그 전까지는 물론이고, 그 이후에도 한 번도 본 적이 없는 어느 장교가 제 어깨를 두들기더니, 혹시 첩보 분야에 관심이 없느냐고 묻더군요. 상당히 솔깃했지요. 그래서 그때부터 이 일을 하게 된 겁니다. 심지어 은퇴하고 난 지금까지도 말입니다." 전쟁 기간 동안 포츠하이머는 유럽 주재 미국 공군 사령부 소속 정보부원으로 근무했으며, 1945년 6월에 다른 미군 장교들과 함께 베를린으로 진군했다. 포츠하이머는 서가에서 책 한 권을 꺼내면서 이렇게 말했다. "비록 전쟁 중이라 책을 수집할 기회는 종종 찾아

---

[292]..본래 미국 육군 산하의 공군부대였으며 현재는 공군에 흡수되었다.

옵니다. 그런 상황에서는 책이 더 이상 아무 소용이 없다고 생각하는 사람들이 있게 마련이니까요. 그때 베를린에서 이 친구 사무실에 들어가 보았더니 책들이 제멋대로 방치되어 있더군요. 그래서 그 가운데 다섯 권을 기념 삼아 가져왔습니다."

《트리에 전투》[293]라는 제목으로 1930년대에 출간된, 이 잘 알려지지 않은 독일 소설의 표지 안쪽에는 장서표가 하나 붙어 있었는데, 거기엔 독수리의 옆모습과 나치 표식, 그리고 '아돌프 히틀러'라는 이름이 적혀 있었다. 저자인 로베르트 알머스는 1933년 3월, 이 책을 총통에게 바친다고 헌사를 써놓았다. "마침 총통 집무실에 갔더니 그 책들이 있더군요. 어차피 총통에게는 그 책들이 더 이상 필요할 것 같지 않았습니다. 그래서 다섯 권을 가져와서 저를 베를린으로 발령해 준 사람에게 한 권, 훗날 그롤리에 클럽과 예일 대학에 한 권씩 기증하고, 나머지 두 권은 제가 가졌습니다."

히틀러의 서가에서 다섯 권의 책을 가져올 때까지만 해도, 포츠하이머는 그걸 기반으로 해서 앞으로도 계속 책을 수집하겠다고 생각하진 않고 있었다. 그는 당시에 '그저 본능적으로 행동했을 뿐'이라고 말했다. 새로 설립된 중앙정보단의 법률 고문으로 합류하여 이후 CIA를 조직하는 법률 초안 작성에 참여한 1947년부터 포츠하이머는 첩보 관련 자료를 수집하기로 결심했다. 그는 1956년까지 그 자리를 지켰고, 1974년에 퇴직할 때까지 다양한 분야에서 임무를 수행했다.

도서수집가로서의 결정적인 순간은 1950년, 그가 뉴욕의 정부기관에서 일할 때 찾아왔다. "그때까지 관계 문서들을 항상 곁에 두긴 했는데,

---

293...저자는 이 책의 제목을 '캄츠 배틀 움 투란트'라고 적어놓았는데, 정확한 독일어 제목은 '캄프 움 투란트(트리에 전투)'이기 때문에 수정했다.

그건 어디까지나 읽기 위해서지 수집하기 위해서가 아니었습니다. 잘 아시겠지만, 거기에는 근본적으로 차이가 있죠. 책 몇 권을 사들이긴 했습니다만, 그다지 진지했다고는 볼 수 없었습니다. 하지만 서적상 친구들이 다그친 덕분에 옛날에 나온 책에도 서서히 관심을 갖게 되었죠. 예를 들면, 스크라이브너즈 서점의 데이브 랜들에게서 앨런 핑커튼이 쓴 《배반의 스파이》라는 책을 구입한 덕분에, 남북전쟁 시기까지는 관심을 갖게 되었던 것처럼 말입니다. 그러던 어느 날, 오랜 친구인 서적상 빌 맥카시가 보유한 문헌에 대해 알아볼 게 있어서 로젠바흐 서점의 뉴욕 지사에 들렀더니, 그 친구가 그러더군요. '월터, 자네가 꽤 관심 있어 할 만한 물건도 여기 있다네.' 그러더니 탁자 위에다가 1777년 6월 26일이라고 날짜가 적힌 워싱턴의 편지를 하나 올려놓는 겁니다. 당시 뉴저지에 있던 자기 휘하의 정보부장 엘리아스 데이턴 대령에게 보내는 편지였습니다. 이 편지의 마지막 문장은 캐피털 힐[294]에서 종종 인용되곤 했는데, 사실은 꽤나 오랫동안 잘못 인용되는 문장이기도 합니다."

무릎 위에 그 편지가 놓여져 있었음에도 불구하고 포츠하이머는 그 구절을 줄줄이 암송했다. "좋은 첩보를 수집하는 일의 필요성이야말로 명백하며, 더 이상 강조할 필요조차 없네. 내가 더 덧붙일 만한 말이 남아 있다면, 그건 바로 가능한 한 첩보의 기밀을 완벽하게 유지해야만 한다는 점이지. 이와 같은 종류의 사업에 있어서 성패는 바로 기밀에 있기 때문이며, 또 기밀을 유지하지 못한다면 제 아무리 잘 계획되고 유리한 경우에도 패배하게 마련이기 때문이라네. 경백(敬白). G. 워싱턴."

포츠하이머는 당시 베이즈 천[295]이 깔린 서점 탁자 위에 놓여진 그 편지를 바라보면서, 이제 막 일어나려고 하는 일에 담긴 의미를 숙고했다

---

[294] 미국 국회의사당의 별칭.

고 말했다. "그야말로 일대 전기였다고나 할까, 결정적 순간이라고나 할까, 암튼 그런 순간에 서 있었던 겁니다. 혹시 도서를 수집해 보신 적이 있습니까? 이 문헌을 마주하기 전까지만 해도, 저는 한 번도 저 자신이 첩보 문헌 수집가라고 생각해 본 적이 없었는데, 이럴 땐 과연 어떻게 했어야 할까요? 솔직히 그거야 물어보고 말고 할 것도 없지 않겠습니까. 그런 엄청난 물건을 그냥 놓쳐버릴 수는 없는 것 아닙니까. 그래서 저는 그 물건을 손에 넣었고, 그 순간부터 도서수집에서 빠져나올 수가 없게 된 겁니다. 지금 여기서 보는 물건들은 그날 뉴욕에서 일어난 일의 논리적 연장이라고 보면 될 것입니다." 포츠하이머는 조지 워싱턴의 편지를 세 통이나 더 가지고 있지만, 가장 중요한 편지는 바로 그 편지였다.

포츠하이머가 소유한 또 다른 진귀한 문헌 중에는, 1916년에 마르가레테 게르트루이다 젤레 매클레오드라는 이름의 네덜란드 여성이 프랑스에 입국하기 위해 제출한 비자 신청서가 있다. 포츠하이머의 설명은 다음과 같다. "그 여자는 결국 프랑스에서 다시는 빠져나가지 못했죠. 이쪽 업계에서 잘 알려진 대로 비자에는 그녀의 본명과 예명이 모두 서명되어 있습니다." 그녀의 예명은 바로 '마타 하리'다. "저기 밑에는 불운한 문서들을 모아 두었습니다." 포츠하이머는 파일 속에 담긴 71개의 서류 묶음을 가리키면서 말을 이었다. 그 문서는 1979년에 미국대사관에 난입한 이란인들에 의해 강탈당한 기밀문서들이었다.[296] 대부분의 문서는 당시 문서절단기로 폐기되었으나, 침입자들은 그 문서들을 다시

---

295. 당구대나 탁자 위에 까는 초록색 천을 말한다.
296. 1979년 11월 4일, 혁명으로 축출당한 팔라비 왕이 미국으로 간 것에 항의하는 이란인들이 테헤란의 미국 대사관에 난입해 70여 명에 달하는 미국인들을 인질로 억류한 사건을 말한다. 당시 카터 행정부는 이듬해인 1980년에 무력 진압을 시도했으나 실패하여 위신만 깎이고 말았으며, 결국 레이건 행정부가 들어선 뒤에야 인질이 모두 석방될 수 있었다.

복원해 영어본과 이란어본으로 인쇄했다.

포츠하이머는 1699년에 영국에서 출간된 《첩보부의 회상》이라는 책을 가리켜 "이 컬렉션의 초석이 되는 책인 동시에, 제 입장에서 보자면 첩보 분야만을 온전하게 다룬 최초의 영어 책"이라고 말했다. 그가 가진 책에는 저자인 매튜 스미스가 영국 대법관에게 헌정한 글귀가 남아 있다. 포츠하이머에 따르면 미국 첩보 분야의 토대가 된 책은 1780년 9월 29일자로 된 〈미국 육군 총사령관 워싱턴 장군의 명에 의해 열린 장성 회의에서 다루어진, 영국 육군 소속 참모장 존 앙드레 대위에 대한 공판 기록〉이란 제목의 보고서였다. 존 앙드레는 베네딕트 아널드와 공모하고 웨스트포인트[297]에서 변절 사건을 일으킨 공작원으로, 결국 이 공판에서 '정오에 교수형에 처한다'는 선고를 받았다. 또한 포츠하이머에게는 현대의 첩보원들이 쓴 수많은 회고록들이 있었는데, 그 대부분의 책에는 저자의 헌사가 붙어 있다.

은퇴한 뒤에도 포츠하이머는 국방정보 대학에서 강의를 하면서, 그곳에 소장된 첩보 관련 문헌들에 대한 서지정보를 정리하고 있다. 월터 포츠하이머 첩보 컬렉션에 포함된 자료의 수는 5,000점에 달하는데, 지금도 새로운 자료가 계속 추가되고 있다. "랭글리에 있을 때, 앨런 덜레스 국장이 처음으로 CIA의 자료를 정리하라고 지시했습니다. 국장은 그 어떤 언어로 된 것이건 간에 지금까지 출판된 첩보 관련 자료를 모두 갖춘 도서관을 만들고 싶다면서, 제게 꽤 많은 예산을 안배해 주었습니다. 그래서 저는 CIA에 첩보의 역사에 관한 컬렉션을 만든 뒤, 다른 임무를 맡으면서도 수년 동안 사서로 일했습니다. 법률 고문으로 10년 동안 근무

---

[297]..미국 뉴욕 주의 지명. 오늘날 미국 육군사관학교가 위치한 곳으로 유명하며, 당시 군사적 요충지였던 웨스트포인트 요새를 장악하고 있던 아널드가 앙드레에게 포섭되어 미국 대신 영국 측에 가담하기로 했던 것이다.

한 뒤에는 아예 사서 일이 제 직무가 되었습니다. 마침 다른 일들을 맡았기 때문에 해외에 나갈 기회가 많았는데, 그때마다 도서관에 비치할 책들을 수집했습니다. 제가 물러날 즈음에는 자료의 수가 무려 2만 1,000점에 달했습니다. 물론 지금은 훨씬 더 많아졌지요."

하지만 포츠하이머는 자신이 CIA에 만든 건 단순히 열람용 도서관에 불과하다고 강조했다. "반면 여기에 모아놓은 것들은 순전히 저 자신의 취미를 위해 만든 개인 도서관입니다. CIA에는 온갖 언어로 된 첩보에 관한 자료들이 모두 모여 있습니다. 하지만 제가 수집한 것들은 오로지 영어로 쓰여진 초기 문헌들입니다. 그에 비하면 CIA에는 희귀 문헌이 별로 없죠." 포츠하이머는 자신의 직책이 CIA의 '사서장'이었기 때문에, 훗날 제임스 그래디의 소설 《콘돌의 엿새》의 모델이 되기도 했다고 덧붙였다. 이 소설은 1975년에 〈콘돌의 사흘〉이란 제목으로 영화화되었는데, 그 영화에서는 CIA의 '검서원'이었던 로버트 레드포드가 엄청난 음모의 소용돌이 속으로 빠져들게 된다. CIA라면 이런 책들을 무척 반갑게 인수하려 하겠지만, 포츠하이머는 반드시 그 책들을 훗날 자기 모교로 보내겠다고 마음먹고 있다. "정보부에서는 시시때때로 이런 저런 잡음이 일어나는데도 그저 모른 척하며 손뼉을 쳐주고 있습니다. 말 많은 사람들이 한두 명이 아닙니다. 후버 연구소에서도 말들이 많았어요.[298] 그 사람들은 감당할 능력이 없어요. 책들은 예일 대학으로 보낼 겁니다. 그게 다입니다. 모든 걸 다 예일로 보낼 겁니다. 그쪽에서 받으려고만 한다면, 아예 제 유골까지도 보내버릴 작정입니다."

국회의 여러 위원회를 상대로 법조문의 세칙(細則)을 협의하던 전문

---

298. 허버트 후버 대통령을 기념하기 위해 1919년에 그의 모교인 스탠포드 대학에 설립된 정치 연구소 겸 도서관을 말한다. 냉전시대에는 반공주의를 주도해 나간 곳이며, 오늘날 부시 정권의 강력한 신임을 얻고 있는 등, 미국의 대표적인 보수주의 기관으로 유명하다.

변호사로 활약했던 경력을 살려, 포츠하이머는 예일 대학으로 넘길 유품의 양도 조건을 일찌감치 명명백백하게 만들어놓았다. 그가 사망한 바로 그날부로, 예일 대학은 포츠하이머의 아버지가 아들의 스물한 번째 생일을 맞이해 선물한 5,000권의 책과 함께, 그의 첩보 분야 서적 일체를 양도받게 된다. "둘 중의 하나만 인수할 수는 없게 되어 있습니다. 저는 예일 대학이 몰리에르 관련 서적에 군침을 흘리리라는 걸 잘 알고 있습니다. 그게 더 돈이 될 테니까요. 하지만 모든 걸 함께 인수해야지, 그렇지 않으면 넘기지 않겠다는 걸 확실히 해 두었습니다."

그의 아버지가 수집한 몰리에르 컬렉션은 "아마도 개인이 수집한 것으로는 미국에서 최고일 것입니다. 흥미로운 컬렉션이죠. 저기 왼쪽 마지막 서가에 꽂힌 책들은 모두 영국의 어느 유명한 극작가가 쓴 희곡들입니다. 그런데 왜 하필 저 희곡들이 몰리에르 컬렉션에 포함되어 있는 걸까요? 바로 그가 몰리에르의 희곡에서 훔쳐온 부분들이 들어 있기 때문이죠." 16세기에 장 그롤리에를 위해 제작된 것을 포함하여, 정교한 프랑스 호화 장정본들을 모은 부친의 컬렉션은 그 자체만으로도 대단할 뿐더러, 프랑스 작가들의 친필 원고들도 상당량 포함되어 있다. "몰리에르 컬렉션에 제가 몇 가지를 더 추가하기는 했지만, 호화 장정본은 더 추가하지 못했습니다. 그걸 모으겠다면 여기에 없는 것을 모아야만 하니까요."

그와 이름이 같은 아버지 월터 포츠하이머가 프랑스 작가들의 서적, 육필 원고, 멋진 장정본 등을 모으게 되기까지의 과정에는, 또한 그 나름대로 흥미진진한 이야기가 있다. 이 이야기는 그의 삼촌이었던 칼 H. 포츠하이머의 수집 취미와도 연관이 있다. 그의 삼촌은 영국 문학 관련 자료를 수집하여 칼 앤드 릴리 포츠하이머 컬렉션을 구축했는데, 20세기의 가장 훌륭한 도서목록을 만들어내기도 했던 이 컬렉션은 1986년에 이르러 무려 1,500만 달러라는 거금에 텍사스 대학의 인문학연구소에 매각되었다. 사실 1978년에 이미 텍사스 대학은 이 컬렉션에 포함되어 있던 구텐베르크 성서를 240만 달러에 구입한 바 있었다. 그 컬렉션에 포함된 퍼시 비시 셸리와 낭만주의 시인들 관련 자료는 대영도서관을 제외하면 세계에서도 가장 뛰어난 컬렉션이었는데, 훗날 뉴욕 공립도서관에 기증되었다.

포츠하이머 가의 삼형제인 칼, 월터, 아서는 석유회사 주식을 전문적으로 다룬 증권브로커로 월스트리트에서 큰 성공을 거두었으나, 1920년대 중반 이후 여러 가지 개인적인 사정으로 각기 다른 길을 걷게 되었다. "아서 삼촌은 아버지와 함께 회사에서 나온 뒤, 희귀본 판매 사업을 시작했습니다." 월터 포츠하이머는 말했다. "특별히 큰 성공을 거둔 것은 아니었지만, 저는 삼촌에 대해 좋은 기억을 갖고 있습니다. 삼촌은 아버지를 만나면 항상 제가 요즘 뭘 공부하고 있는지 물어보시곤 했죠. 그래서 뭘 공부하건 간에, 그 다음날이면 제 책상 위에는 그 분야를 공부하는 데 가장 적절한 책이 한 권 놓여져 있었습니다. 물론 희귀본이야 아니었지만, 그런 식으로 삼촌은 젊은 사람들에게 관심이 많았으며, 제가 독서를 좋아한다는 사실도 알고 계셨습니다."

한편으로 월터의 아버지와 삼촌인 칼은 서로 안 맞는 부분도 있었기 때문에, 도서수집가로서는 서로 방향이 달랐다. 기본적으로 두 사람의 관심사는 전혀 일치하지 않았다. 칼 포츠하이머는 영국 문학에 대한 광범위한 자료를 모았던 반면, 월터 포츠하이머는 프랑스 자료에만 집중했다. "아버지는 꽤 조용하고 예민하고 좋은 분이셔서, 당신의 이름이 남들 앞에 거론되는 것을 무척 꺼리셨습니다." 포츠하이머는 말했다. "기부를 할 때면 늘 익명을 요구하셨죠. 다른 사람과 충돌을 일으키는 것을 원치 않았습니다. 반면에 칼 삼촌과 릴리 숙모는 당신들의 이름이 빛나는 일이 아니라면 전혀 하지 않을 분들이었죠. 그분들이 구축하신 그 엄청난 장서도 결국 그런 한계 안에 있었습니다. 하버드에서는 칼 삼촌을 위해 따로 건물을 지으려고 하지 않았습니다. 거기엔 이미 호우튼 도서관이 있었는데, 삼촌은 그곳 출입문 위에다가 '칼 H. 포츠하이머와 릴리 포츠하이머 도서관'이라는 표시를 달고 싶어 하셨고, 그래서 더 이상 일이 진척되지 않았습니다. 그러다가 1957년에 삼촌이 돌아가셨죠. 그때까지 텍사스 대학과도 교섭을 계속하고 있었는데, 갑작스레 영영 떠나버리신 겁니다."

적어도 그런 관점에서 보자면, 월터 포츠하이머와 삼촌인 칼 사이에는 비슷한 점이 없지 않다. "이제 제가 죽고 나면, 이 책들은 뉴헤이븐으로 갈 겁니다." 그는 말했다. "저는 지금껏 이 책들을 '월터 포츠하이머 첩보 컬렉션'이라고 불러 왔습니다. 하지만 예일로 가게 되면 그때부터는 그냥 '스파이 컬렉션'이라고 불리게 되고 말 겁니다."[299]

1990년의 어느 따뜻한 봄날, 플로리다 대학 중앙도서관 2층에 있는 희귀본 자료실에 어딘가 불안해 보이는 표정을 지은 학생이 한 사람 나타났다. 그는 이곳에 엄청난 규모의 아동서 컬렉션을 만들고 거기에 자신의 이름을 남긴 장본인 루스 M. 볼드윈 여사와 면담하고 싶다고 요청했다. 하지만 직원들이 마침 볼드윈 여사가 얼마 전에 돌아가셨다고 대답하자 그 학생은 애도하는 듯한 표정은커녕, 오히려 정말 다행이라는 듯한 반가운 반응을 보였다. 그야말로 의외의 반응이었던 까닭에, 직원

---

[299] 2001년에 이르러 월터 포츠하이머는 자신의 '스파이 컬렉션'과 부친의 '몰리에르 컬렉션'을 모교인 예일 대학 바이네케 도서관에 나란히 기증했다. 이 두 가지 컬렉션 모두 현재까지는 그냥 '월터 L. 포츠하이머 컬렉션'으로 불리고 있다. 포츠하이머는 그로부터 2년 뒤인 2003년에 사망했다.

들은 그 학생에게 도대체 무슨 일이냐고 캐어물었다. 알고 보니 그 학생은 교내의 어느 남학생 동아리에 들어가려고 했는데, 입회 자격 조건 중에는 볼드윈 여사에게서 책을 한 권 빌려올 수 있을 만큼 배짱이 두둑해야만 한다는 것도 포함되어 있었던 것이다.

"학교에서 그분의 명성은 거의 전설적이었거든요"라고, 볼드윈 문고에서 기획 편집 사서로 일하는 리타 스미스가 말했다. "루스 선생님은 엄격한 원칙을 갖고 컬렉션을 관리했어요. 그래서 열람을 하겠다고 찾아온 사람이 그 이유를 충분히 납득시키지 못하면 결국 빈손으로 돌아가야만 했답니다. 심지어 하찮은 이유로 교수들이 학생들을 시켜 책을 빌려오라고 하면 불 같이 화를 내셨죠. 선생님은 저기 입구에다가 아예 당신 책상을 갖다 놓았어요. 거기에 앉아서 매번 누가 들어오고 누가 나가는지를 파악했죠. 혹시나 자리를 비워야 할 때면, 문이 열릴 때마다 요란한 소리가 나는 알람을 문에다가 달아놓곤 했어요. 그분은 1978년에 책을 이곳에 기증하면서 큐레이터로 함께 오셨죠. 돌아가시는 그날까지 당신의 컬렉션을 지켜본 셈입니다."

150센티미터가 겨우 될까말까한 키, 다부지지만 결코 뚱뚱하지는 않은 몸매에 안경을 낀 은발의 노부인 루스 볼드윈은 단순히 깐깐한 사서의 전형적인 이미지만을 보여준 것은 아니었다. 그녀의 삶에서는 자기 책들만이 가장 중요한 힘의 원천이었으므로, 또 한편으로는 도서수집가들에게 있어서 소유욕이란 낯선 게 아니었으므로, 기증 당시 학교 관계자들과 볼드윈이 맺은 계약에는 그녀의 굽히지 않는 열정도 포함되어 있었다. 볼드윈은 자신의 특별 컬렉션과 관련된 한에서는, 플로리다 대학마저도 자신의 계획을 따르도록 했다. 볼드윈이 책을 기증하고 마침내 그 책들로부터 자유로워질 때까지의 기간은 단지 12년에 불과했지만, 사실은 그것만으로도 충분했다. 왜냐하면 1990년에 72세를 일기로 볼드윈이 사망했을 때, 그녀가 수집한 19세기와 20세기에 출간된 아동서 관련 컬렉션은 타의 추종을 불허할 정도로 완벽한 체제를 갖추고 학자들에게 개방되었기 때문이었다.

플로리다 대학의 특별 컬렉션 담당 사서로 부임하러 뉴욕에서 게인즈빌로 이사한 직후에 가진 인터뷰에서 버나드 맥티그는 이렇게 말했다. "엄청납니다. 그분이 한 일을 생각하면 정말 소름이 끼칠 정도예요. 특정한 부분을 놓고 보면 그 컬렉션에 필적할 만한 것이라고는 하나도 없을 지경입니다. 또 반드시 아이들이 실제로 봤던 책만을 고집했다는 점이 이 컬렉션을 더욱 특별하게 만들었습니다. 볼드윈은 그런 특별한 책들, 사실 그대로의 그 책들이 아이들의 삶에 영향을 끼쳤다는 사실을 아주 좋아했던 거죠."

볼드윈 문고는 플로리다 대학 게인즈빌 캠퍼스의 도서관 동관 2층 건물 남쪽 서가의 대부분을 차지하고 있다. 발코니들로 연결된 네 개의 큰 열람실 안에는, 대성당 식의 드높은 천장 아래 놓인 단정한 나무 서가와 우아한 호두나무 칸막이가 인상적이었다. 컬렉션은 출간 연도에 따라 18세기, 19세기, 20세기로 구분되고, 크게 영국과 미국의 아동서로 나눠져 있었다.

루스 볼드윈은 30대 중반부터 아동서를 수집하기 시작했는데, 그건 16세기와 17세기 책을 수집해서 그 이름을 널리 알린, 일리노이 대학의 영문학 교수였던 아버지에게서 자극받은 바가 많다. 1953년에 영국으로 도서수집 여행을 떠난 토머스 W. 볼드윈 박사와 엘리자베스 볼드윈 부부는 싸구려 이야기책을 스무 권 남짓 구입해서, 당시 도서관학으로 박사학위를 준비하며 일리노이 주 어배나에 살고 있던 딸에게 보냈다. 그 선물에는 '여자에게는 아동서를 수집하는 일이 그럭저럭 괜찮은 취미가 될 수 있다'는 암시가 담겨 있었다. 하지만 볼드윈은 의외로 열정을 갖고 그 일을 시작했다.

1988년에 은퇴한 직후, 루스 볼드윈은 고서업계 잡지인 〈AB 북맨스 위클리〉[300]의 편집자인 제이콥 L. 셔노프스키와 가진 인터뷰에서 '책을 열심히 읽기는 했지만, 책을 수집하리라는 생각을 해본 적이 한 번도 없었다'고 말했다. "고등학생이었을 때도 오락회나 무도회 같은 곳에는 갈 수가 없었다. 부모님 때문이었다. 부모님은 그런 일을 해서는 안 된다고 생각했다. 아버지는 전형적인 남부 사람이어서 해가 진 뒤에는 집 밖에도 못 나가게 했다." 볼드윈은 아버지가 도서수집에 몰두한, 그러나 오직 '셰익스피어에 대한 글을 쓰거나 가르칠 때 도움이 될 수 있다고 여기는 것'만 관심을 가졌던 사람이라고 설명했다. 셔노프스키가 쓴 기사 내용만으로는 루스 볼드윈이 수집가로서 아버지를 이기려고 애썼는지에 대해서는 전혀 알 수가 없지만, 리타 스미스는 그런 소망이 있었으니까 그만큼 집착을 보이지 않았겠느냐고 생각했다.

1918년 사우스캐롤라이나에서 태어난 루스는 어려서부터 의과대학에 들어가겠다는 야망을 지녔던 조숙한 아이였다. 훗날 볼드윈은 셔노프스키와의 인터뷰에서, 자기가 일리노이 대학에 다니다가 오하이오 주 뉴콩코드에 있는 장로교 계통 학교인 머스킹엄 칼리지로 전학하게 된 원인 중에는 부모에게서 조금 떨어져 지내고 싶은 소망도 포함되어 있었다고 회고했다. 물론 머스킹엄 칼리지의 분위기는 그녀의 집안 분위기와 별로 다르지도 않았지만 말이다. 1939년에 학교를 졸업한 볼드윈은 다시 일리노이 대학으로 돌아가, 그곳에서 세 개 이상의 학위를 받게 된다.

---

300. 미국의 도서수집 전문지. 1949년부터 발간되어 약 반세기 동안 미국의 고서 및 희귀본 거래에 있어 큰 영향력을 발휘했다. 그러나 실시간으로 도서정보 검색이 가능한 인터넷 헌책방 등이 출현하면서 경쟁력을 상실하게 되었고, 결국 1999년에 마지막 호를 낸 이후로는 간행이 중단되었다.

이후 미국 이곳저곳을 다니며 여러 흥미로운 직업에 종사한 뒤, 그녀는 1956년 배턴루지에 있는 루이지애나 주립대학에 취직해 20여 년간 일했으며, 1977년에 명예교수로 퇴임했다. 환갑을 한 해 앞둔 바로 그 즈음, 플로리다 대학에서 온 방문 교수 한 사람이 볼드윈의 집에 있던 서가를 우연히 보게 되면서 도서수집가로서 그녀의 삶은 전환점을 맞이했다. 이윽고 플로리다 대학에서 파견된 사람들이 볼드윈의 집을 방문하여 모든 것을 게인즈빌로 옮기라고 제안하자, 그녀는 자신이 큐레이터로 함께 가야만 한다는 조건 하에 그 제안을 받아들였다. 책들을 영구 보존할 수 있는 공간을 얻었을 뿐만 아니라, 볼드윈 자신도 정식 관리 담당자로 일하면서 이후에도 자기 컬렉션을 관리할 수 있는 길이 열린 셈이었다. 대학에서 명예교수로 은퇴한 볼드윈 박사가 이제 다른 대학에서 정말 멋진 일을 맡은 셈이었다. 1988년, 볼드윈은 70세를 일기로 두 번째 은퇴를 했는데, 이번에는 대학의 명예사서라는 직함을 얻었다.

"저는 오후에 그분과 개인적인 이야기를 나눌 기회가 많았습니다." 스미스는 말했다. "저는 미시간에서 자랐는데, 마침 그분의 고향집도 미시간에 있는 인디언 리버 밸리에 있었죠. 게다가 우린 둘 다 일리노이 대학에서 도서관학을 전공했습니다. 서로 공통점이 많았기 때문에 이야기가 잘 통했죠. 정말 당찬 성격을 가진 분이었지만, 유머 감각도 상당했어요. 그분이 어린 시절의 일들이나 가족에 대해서 말할 때면 차라리 녹음해 두고 싶다는 생각이 들 정도였답니다. 여자니까 아동서를 수집하는 일이 어울릴 것이라고 말했던 부친의 말에 그분이 상처를 받았는지 아닌지에 대해서는 저도 분명하게 말할 수는 없어요. 하지만 분명한 것은, 그분이 부친의 말을 받아들인 그 순간부터 삶이 완전히 바뀌었다는 점이겠죠."

토머스 휘트필드 볼드윈은 훨씬 더 무거운 책들을 수집했고, 5,500점이 넘는 그의 컬렉션은 오늘날 어배나에 있는 일리노이 대학에 보관되어 있다. 그 대학에서 희귀본 큐레이터로 일하는 프레더릭 내시에 따르면 '16세기와 17세기 책들에 관한 한 대단히 훌륭한 컬렉션'이라고 한다. "컬렉션에는 성서, 고전, 대화체 문학, 설교문, 싸구려 이야기책, 교리문답서, 논리학서, 기도책 등 셰익스피어의 생전에 구할 수 있었던 갖가지 서적들이 포함되어 있습니다. 아마 셰익스피어가 글을 쓰거나 자기 생각을 발전시키는 데 그 책들로부터 큰 영향을 받은 것 같습니다."

토머스 볼드윈 박사는 일곱 권의 책을 펴낸 저명한 학자로, 그 중 서너 권은 이 세심하게 수집한 컬렉션에서 비롯되었다고도 할 수 있다. 토머스 볼드윈 박사의 저서 중 가장 널리 알려진 책은 엘리자베스 시대의 지식, 학습, 교육에 초점을 맞춘 《윌리엄 셰익스피어의 빈약한 라틴어와 어설픈 그리스어》다. 그보다 먼저 나온 《윌리엄 셰익스피어의 마을 학교》에는 기도서, 교리문답서, 신앙서 등 볼드윈의 컬렉션에 포함된 책들의 사진이 실려 있다.

토머스 볼드윈의 책들은 일리노이 대학의 특별 컬렉션 중에서 중요한 지위를 차지하고 있지만, 그렇다고 가장 중요한 컬렉션은 아니다. 실제로 그 컬렉션은 칼 샌드버그와 마크 트웨인 관련 문헌 등과 함께 관리되고 있으며, 그 목록도 다른 소장 자료 목록과 함께 모두 11권에 달하는 총 도서목록 안에 들어 있다. 반면에 루스 볼드윈의 컬렉션은 큰 대학 도서관 안에서도 자기 나름대로의 위치를 차지하고 있으며, 지금도 그 목록에 추가되는 자료가 있을 정도로 미국 내에서는 최고 수준에 해당한다.

루스 볼드윈이 아버지에 대해 심하게 말한 적은 한 번도 없지만, 스미스는 아버지와 그녀가 서로 경쟁 관계였을 것이라는 데 동의한다. "그분은 언젠가 제게 말하길, 당신의 아버지는 특별히 용기를 내서 집에까지 찾아오는 남자들마저도 쫓아버리곤 했다고 말한 적이 있습니다. 정말 그렇게 말하더라구요. 제 생각엔 그분이 아버지를 존경한 것은 맞지만, 어딘가 야속한 마음 같은 것도 있었던 것 같아요. 그분에겐 자매가 둘이나 있었는데, 공교롭게도 결혼을 한 사람은 아무도 없어요. 재미난 사실은 그 중 한 사람은 영국의 어느 고아원에서 일했고, 다른 사람은 일리노이 주의 어느 유치원 선생님이었다는 점이죠. 볼드윈 박사의 딸들은 모두 결혼하지도 않았고, 가정을 꾸리지도 않았습니다. 하지만 세 딸 모두 어떤 식으로든 아동과 연결되어 있었죠."

아동서 분야에 있어서는 국제적으로 유명하며, 또한 주목할 만한 컬렉션을 소장한 뉴욕의 서적상 저스틴 G. 실러는 볼드윈이 영국의 수십 군데 서점 재고를 모두 털어가는 바람에 몇 번이나 좌절을 겪던 1960년대 중반, 거의 이태 가까이 루스 볼드윈과 만나보려고 애썼던 일을 이렇게 회고했다.

"볼드윈 여사는 정기적으로 영국을 방문했는데, 한 번 가면 서너 주씩 머물렀고, 그보다 짧은 기간이라고 하더라도 매번 모든 책방을 방문했습니다." 실러는 말했다. "솔직히 한때는 그 사람이 혹시 유령은 아닐까 생각하기도 했습니다. 예컨대 제가 어느 책방에 찾아가서 아동서가 없느냐고 물으면 책방 주인들은 깜짝 놀란 듯 저를 쳐다보곤 했죠. 마침 제가 오기 얼마 전에 볼드윈 여사가 먼저 다녀갔다면서요. 여사는 결코 한 번에 한두 권씩 책을 고르지는 않았습니다. 대신 뭐든지 싹 다 긁어모았죠. 몇 번째 판본이든, 어떻게 다른 종류든 간에, 영어로 씌어진 아동서라면 모두 소장하려고 했습니다. 그 시절에는 아동서가 비싸지 않았던 데다가, 볼드윈 여사는 책의 상태도 그다지 중요하게 고려하진 않았으니까요. 여사는 책방으로 들어가서 적당한 가격대를 알아보기 위해 책을 쭉 훑어본 뒤, 그 전부를 도매가로 불러 한꺼번에 사들였습니다. 그리고 1, 2주가 지난 뒤에 제가 책을 사러 그 지역을 방문하면, 서점 사람들이 볼드윈 여사에게 보낼 책들을 포장해서 우체국으로 들고 가는 광경을 그저 지켜볼 도리밖엔 없었던 거죠. 서점 사람들은 한때 아동서가 있었던 텅 빈 서가를 가리키면서 볼드윈 여사가 이미 다 훑어갔다고 하는 겁니다. 이런 일이 몇 년 간이나 계속되다 보니, 나중에는 정말 미칠 것 같더라구요."

그 시절, 루스 볼드윈은 루이지애나 주립대학에서 강의를 맡고 있었기 때문에 구입한 책들을 배턴루지의 자택에 보관하고 있었다. 견디다 못한 실러는 볼드윈에게 자신을 소개하는 글과 함께, 한번 만났으면 좋겠다는 편지를 보냈으나 답장은 오지 않았다. "그러다가 결국 매년 열리는 런던 소더비 아동서 경매장에서 서로 만나게 되었죠." 실러는 말했다. 거래하던 영국 서적상이 '유령' 볼드윈 여사가 누구인지 가르쳐줬기 때문에, 실러는 경매 목록에 뭔가를 적고 있던 볼드윈에게 다가갔다.

"볼드윈 여사는 쓰던 글을 다 쓰더니, 마치 내가 누구이며 언제부터 거기에 있는지 다 안다는 듯이 고개를 들고 나를 쳐다봤습니다. 웃음기는 하나도 없었어요. 악수를 하기 위해 손을 내밀자, 그저 적당한 반응으로 인사를 내게 건넸지만 낯선 인사였고, 그걸로 끝이었습니다. 이야기를 나눌 기회는 없었습니다. 마치 내가 적이라도 된다는 듯 굳은 표정이었어요. 여사에게는 한 가지 사명이 있었는데, 그건 세계에서 둘도 없는 영어 아동서 전문 도서관을 만드는 것이었죠. 사실 그건 성공적이었습니다. 여사는 아동서가 어떻게 생겨나서 발달했는지에 대한 모든 문헌을 다 찾아냈고, 그런 바탕 위에서 도서관의 틀을 잡았습니다."

우연하게도 실러는 루스 볼드윈에 대해서 듣기 전부터 그 아버지인 토머스 W. 볼드윈의 명성을 이미 알고 있었다. "저도 원래 셰익스피어를 공부하던 사람이었으니까, 그 사람의 책에 대해서는 알고 있었습니다. 셰익스피어 연구에 있어서 최고의 성과를 올린 사람이라기보다는, 오히려 그 주변의 인물에 가깝습니다만, 그렇다고 해서 그의 학문적 성과를 깎아내릴 생각은 없습니다. 다만, 그 연구 방법이 어찌나 뜬금없던지, 혹시 그저 사람들을 놀라게 하려는 의도는 아닐까 하고 의심할 정도였던 거죠. 그의 가장 놀라운 업적은 셰익스피어의 서가에 꽂혀 있었음직한 책들을 복원해 낸 일입니다. 자기 딸과 마찬가지로 그 역시 책의 상태에 대해서는 그다지 신경 쓰지 않았어요. 그분은 구체적인 책, 그러니까 책 그 자체만을 원했죠."

1960년대를 거쳐 1970년대가 되면서 실러는 루스 볼드윈 여사에게 자신은 적대적인 사람이 아니라고 설득하기 시작했으며, 그 때부터 두 사람은 거래를 하는 사이에서 친분을 키워가는 사이로 바뀌게 되었다고 말했다. 볼드윈은 겨우 몇 개의 단어로 자신이 원하는 바를 표현했다고 실러는 말했다. 예컨대 '내가 하는 일이 뭔지 이해하려면 서가를 봐야만 한다' 같은 표현으로 말이다. 그리하여 1980년대 초반, 실러는 게인즈빌로 볼드윈을 찾아갔다. "가서 직접 보기 전까지만 해도 여사가 도대체 무슨 말을 하는지 알 수 없었습니다. 웅장한 성당식 천장을 갖춰놓은 건물은 그 아우라의 일부일 뿐이었죠. 다양한 주제로 정교하게 꽂아놓은 책 1만 권의 모습은 정말 감동적이었습니다." 실러는 그 자리에서 자기가 할 수 있는 일을 말해 주었다고 한다. "저는 여사를 돕고 싶었습니다. 좋은 고서적상이란, 가장 적당한 고객에게 가장 적당한 책을 제공하는 게 그 목표가 되어야 한다고 평소부터 생각해 왔기 때문이죠. 제가 원하는 바는 그것뿐이었습니다. 게다가 그런 일을 하면서 약간의 이익까지 챙길 수 있다면, 더할 나위 없이 좋은 일 아니겠습니까?"

루스 볼드윈은 '딱히 희귀본을 원한 적은 한 번도 없고', 특별히 구하는 책의 리스트를 공개한 일도 없지만, 그녀의 컬렉션에는 엄청나게 값진 책들이 몇 권 있었다고 실러는 말했다. "볼드윈 여사의 컬렉션이 지닌 가치는 컬렉션 그 자체, 그러니까 책을 읽을 줄 아는 사람들, 비싼 책을 살 수 없었던 사람들을 위해 출판된 책들을 모아놓은 그 컬렉션 자체에 있습니다. 여사가 책 한 권에 다섯 자리 숫자의 금액을 지불했다고 하면 믿을 사람이 아무도 없겠지만, 그런 일도 있었습니다.《시가선(詩歌選)》이라는 책으로 제가 가방 속에 넣어 직접 전달했죠. 아마 여사가 소유한 책 중에서도 최고일 겁니다."

1808년에 존 해리스가 런던에서 출판한《시가선》은 초기에 나온 서른 권의 싸구려 책을 네 권의 분량으로 정리한 것인데, 대부분의 동판화가 그대로 남아 있으며, 그 중 일부는 직접 손으로 채색한 것이다. "여사조차도 그런 책이 있으리라고는 상상하지 못했던 거죠." 실러는 말했다. 두 사람은 10만 달러라는 가격에 합의했고, 실러는 볼드윈에게 1년이라는 기간 안에 자유롭게 지불할 수 있도록 배려했다. "여사의 컬렉션에 이 책이 포함되기를 진심으로 원했기 때문에, 저는 오늘날까지도 그 사실이 너무나 기쁩니다."

리타 스미스는 1989년에 도서목록 작성자로 그곳 도서관에서 일을 시작했다. 볼드윈은 1년 전에 이미 은퇴했지만 여전히 막강한 존재였다. "저는 그분이 돌아가실 때까지 반 년 동안 함께 일했습니다." 스미스는 말했다. "취직하자마자 바로 일을 시작해야만 했는데, 제가 생각한 것보다 훨씬 빨리 시작되었기 때문에, 첫 주 동안에는 당시 열 살이고 무척이나 얌전했던 제 딸아이 레이첼을 낮 동안 맡길 만한 곳이 없어서 전전긍긍했죠. 그래서 하루는 오후에 부득이하게 딸을 데리고 도서관에 간 일이 있었는데, 볼드윈 여사는 딸아이가 도서관 안에 있는 책상에 앉아 있지도 못하게 하는 거예요. 그래서 딸아이는 열람실 바깥에 있는 책상에 앉아 있어야만 했습니다. 레이첼이 책을 꺼내서 읽거나, 또는 그 근처로 갈까봐 그랬던 것은 아니었습니다. 그분은 아이들이 자신의 책 근처에 있는 것 자체를 원하지 않았기 때문이죠."

스미스의 말에 따르면, 그때 문득 이런 느낌이 들었다고 한다. "볼드윈 여사는 당신 스스로를 위해서 도서관을 만든 것이지, 절대로 다른 사람들을 위해서 만든 건 아니라는 점이죠. 다른 사람들이 이 책들을 이용하는 건 전혀 바라지도 않는다는 느낌을 그때 받을 수 있었습니다. 이 책들이 모두 그분의 것이라는 사실이 너무나 분명하게 느껴졌죠. 물론 그분이 직접 그렇게 말한 적은 없지만, 한 마디 말보다는 오히려 한 가지 행동에서 더 많은 것을 알 수 있는 법이죠. 이 도서관에 있는 책들은 모두 한때 아이들이 읽었던 책이라는 게 가장 중요하긴 하지만, 그렇다고 이 도서관이 아이들을 위한 것은 아닌 셈이었죠."

역설적인 일을 또 하나 들자면, 볼드윈 여사는 책을 찾아내 구입하는 일에서 오히려 큰 만족을 느꼈기 때문에, 일단 컬렉션에 들어오게 된 책은 더 이상 즐기지 않았다는 점이었다. "혹시 그분이 책을 좋아하지 않았다거나, 혹은 책을 소유하는 일을 싫어했다는 말로 들릴까봐 조심스럽게 말씀드리는 것이지만, 그분은 일단 어떤 책이 도착하면 그 즉시 흥미를 잃어버리곤 했습니다." 스미스는 말했다.

"책을 찾는 일이야말로 그분에겐 모든 것이나 다름없었습니다. 책을 찾아내고, 결국 손에 넣는 일의 즐거움 말이죠. 볼드윈 여사가 평생 한 여행이라곤, 그저 책을 찾아나서는 여행뿐이었습니다. 미시간 주 인디언 리버에는 그분 가족들이 해마다 찾아가는 가족 별장이 있었는데, 거기에 가는 동안에도 가족 모두가 마을마다 들러 책방을 찾았답니다. 영국에 사는 동생을 만나러 갈 때도 마찬가지였구요. 은퇴한 뒤에도 그 분은 매주 토요일 아침이면 벼룩시장을 찾아갔어요. 그렇게 해서 월요일 아침이면 주말에 구입한 책들을 한 묶음 들고 와서는 우리에게 떠넘겼죠."

"도서관을 떠나고 싶지 않았던 모양이군요"라고 내가 말하자, 스미스는 그 말을 바로잡았다.

"도서관을 떠날 수 '없었던' 거죠. 그 분은 평생을 바쳐 도서관을 만들었어요. 삶에서 빠져든 유일한 열정이었죠. 물론 정말 멋진 분이었다는 것, 유머 감각이 없는 분이 아니었다는 점도 말씀드리고 싶어요. 책에 집중하고 책을 구하기 위해 온힘을 바친 그분의 열정은 제게 큰 자극이 되었으니까요. 저는 그 분의 그 작은 몸에서 뿜어나는 열정을 모두 사랑했습니다."

서가에 꽂힌 책들을 이것저것 뽑아내서 살펴보니, 책마다 두 가지 이야기가 담겨 있다는 사실이 드러났다. 하나는 하드커버 사이에 인쇄되어 들어 있는 이야기였고, 다른 하나는 책 주인이 남겨놓은 것들로 추정할 수 있는 이야기였다. 책들은 대부분 책장 끝에 벌레가 먹거나 모서리가 닳은 것들, 책등이 부서졌거나 이음끈이 느슨해진 것들이었다. 그 밖의 책들에도 낙서가 되어 있거나, 잼이나 핫초콜릿 같은 것이 묻어 책갈피 여기저기에 지문이 묻은 것들도 있었다. "100년 전에 이 책들을 뒤적이다가 이 안에 흥미진진한 내용이 담겼다는 사실을 발견한 조그만 손들이 있었다는 뜻이죠." 스미스는 말했다. "앞에다 뭔가 적어놓은 책들도 많아요"라고 덧붙이면서 스미스는 그 자리에서 좋은 예가 될 만한 책을 한 권 꺼냈다. "1896년 여름. 도리스 녹스에게 엄마가"라는 글귀는 《아이들이 좋아하는 이야기》라는 제목의, 한때는 대단히 인기가 좋았으나 이제는 너덜너덜해진 책에서 발견할 수 있었다. 스미스가 꺼내든 또 다른 책에는 "1880년 크리스마스. 가시브 선생님이 레이먼드 라빈스에게"처럼 선생님이 학생에게 쓰는 글귀 같은 게 씌어져 있었다. "산타클로스에게, 그의 친구 성 니콜라스가"라고 씌어진 책도 봤다.[301]

"이렇게 예상치도 못한 보물이 감춰진 책이 너무나 많아요." 스미스는 말했다. "볼드윈 여사에 대해서 책에 쓰실 생각이라니 너무나 기뻐요.

그 분은 음지에서 너무나 열심히 일했어요. 개인적으로는 정말 대단한 일을 했기 때문에 그 어떤 것과도 비교할 수 없다고 생각해요. 요즘에도 이런 책을 살 수 있다고 한다면 그건 대단한 행운일 거예요. 볼드윈 선생님이 이 책들을 구할 때는 권당 50센트, 많아봐야 1달러 정도만 냈을 뿐이에요. 책방에 들어가면 그 분은 이렇게 말하셨죠. '당신 책을 보아하니 2,000권쯤 되는 듯한데, 내가 1,000달러에 다 사겠소.' 누구라도 그런 말을 들으면 멋지다고 생각하겠죠. 지금으로부터 50년 뒤, 20세기 중반에 나온 골든 북스 시리즈를 500권이나 소장한 곳이 과연 또 어디 있겠어요? 단지 우리뿐이죠."

예일 대학에 있는 바이네케 희귀본 및 희귀원고 도서관은 문자의 장엄함을 강력하고도 극적으로 증언하는, 수십만 권의 책이 들어찬 6층 높이의 지식 창고이다. 은은한 조명이 부드럽게 밝히는 유리벽 저편의 서가에는 특히 1991년에 열린 〈이야기 들려주세요, 그림책 읽어주세요〉 전시회를 비롯한 여러 훌륭한 전시회의 원천이 된 희귀본들이 꽂혀 있다.

책은 보기 좋은 물건일 수도 있지만—사실 많은 책들이 절묘할 정도로 아름답지만—이것은 누군가를 가르치고, 정보를 제공하고, 깨우치고, 시간을 보내게 해 준다는 원래 쓰임새에 비하면 어디까지나 부차적인 것에 불과하다. 하지만 아동서의 경우에는 이런 본래 쓰임새는 물론이고, 더 나아가 책의 순결함과 즐거움과 경이를 누리는 새로운 차원을 만들어냈다. 그래서 사람들이 문자를 해독하게 된 뒤부터, 모든 사회의 어린이들은 늘 한결 같은 요구 사항을 내걸었다. 그러니까, '이야기 들려주세요, 그림책 읽어주세요' 라고 하는 요구를 말이다.

301.. '산타클로스' 와 '성 니콜라스' 는 사실 동일 인물이다.

하지만 바이네케의 도서전에 전시된 아동서—그 장르나 깊이, 정교함의 측면에서 모두 광범위했던—는 이 대학이 소장한 희귀본 중에서 고른 것이 아니라, 뉴저지 출신의 한 여인이 혼자서 모은 것이었다. 이 여인은 전시할 책들을 선정했을 뿐만 아니라 전시장의 내부 설치, 도록 해설, 안내문, 그리고 전시 제목에 이르기까지 모든 것을 혼자 담당했다. 벳시 B. 셜리는 펜실베이니아 주 채드포드의 브랜디와인 리버 박물관에서 열린, 비교적 초창기 전시회의 이름을 〈아이가 꾸는 꿈의 정원〉이라고 붙였다. 1993년 초에 애틀랜타의 하이 박물관에서 열린 전시회에는 〈꿈을 그리는 사람들 : 미국 아동서 삽화가들〉이라는 이름을 붙였다.

저스틴 실러는 벳시 B. 셜리에 대해 이렇게 말했다. "대단히 열정적이면서도 정말 점잖은 부인이었답니다. 물론 한 번 보기만 해도 쉽게 잊혀지지 않고 호감을 갖게 되는 사람이었죠. 부인이 모은 아동서 컬렉션은 현재 개인 소장품으로는 미국 최고 수준에 듭니다."

벳시 B. 셜리의 가운데 이름이 '바이네케'이기 때문에, 어쩌면 그녀가 책을 수집한 것 또한 집안 내력이라고 생각하기 쉽다. 1963년에 문을 연 바이네케 도서관은 지금은 S&H 그린 스탬프로 이름을 바꾼 스페리 앤드 허친슨 사의 사주였던 에드윈, 프레더릭, 월터 바이네케 삼형제가 예일 대학에 기증한 것이다. 세 형제 중에서 가장 부지런한 애서가였던 에드윈은 새뮤얼 존슨, 로버트 루이스 스티븐슨, 파피루스, 초기 채식 필사본, 인큐내뷸러 등을 수집했는데, 훗날 모두 자기 모교에 기증했다. 60세를 훌쩍 넘긴 뒤에야 웨스턴 아메리카나에 빠져든 프레더릭 바이네케는 엄청난 열정을 품고 지도, 원고, 책, 팸플릿, 브로드사이드 등을 모았다. 이들 품목들도 계속 소장 자료를 늘려간다는 조건 하에 예일 대학에 기증했다. 셜리 여사의 아버지인 월터는 책을 수집하지는 않았지만, 도서관을 만드는 데에는 돈을 아끼지 않고 참여했다.

어느 여름날 오후, 내게 자신의 매혹적인 컬렉션을 보여주던 셜리 여사는 이렇게 말했다. "책을 좋아하는 건 집안 내력이에요. 하지만 저는 딸아이들을 다 키우고 나서 하도 적적하기에 책을 모으기 시작했어요. 남편 칼은 지하실에서 켄터키 화승총(火繩銃)을 만드느라 바빴기 때문에, 저도 나름대로 시간을 때워야 했답니다." 우리 대화를 잠자코 듣고 있던 칼 셜리는 거실에서 나가더니, 잠시 뒤 개머리판에는 정교한 장식이 새겨졌고 기름을 먹이고 깨끗하게 손질해서 언제라도 사용할 수 있는 긴 화승총을 하나 들고 나타났다. 25년 이상 갈고 닦은 솜씨가 그대로 드러나는 총이었다.

"마침 남편을 위해서 켄터키 화승총의 삽화가 나와 있는, 대니얼 분이나 데이비 크로켓의 그림책을 찾아보는 것도 괜찮겠다고 생각했어요."[302] 셜리 여사는 말했다. "그런 생각으로 1970년의 어느 날 뉴욕에 있는 저 스틴 실러의 서점을 방문하게 되었는데, 그때부터 아동서의 세계에 빠져들기 시작한 거예요. 남편에게 대니얼 분의 책을 구해 준 다음부터 저는 도서수집가의 삶을 피하지 못하게 된 거죠."

초기의 아동서들은 매우 종교적이고 도덕적이며 교훈적인 소책자들이었기 때문에, 셜리 여사는 차라리 1815년 무렵의 책부터 수집을 시작하는 게 좋겠다고 생각했다. "왜냐하면 그 무렵의 책들부터 채색이 시작되었고, 재미가 더해지고, 흥미로웠으니까요. 하지만 곧 저는 다른 것들도 흥미롭기 때문에 그 책들도 수집해야만 한다는 사실을 알아차렸죠. 그 당시만 해도 그런 책들을 수집하는 사람들이 많지 않았기 때문에 가격이 그렇게 비싸지 않았어요. 대부분의 수집가들은 영국, 프랑스, 독일의 초판본들에만 열을 올렸지, 미국의 초판본에는 그렇지 않았어요. 그

---

[302]. 대니얼 분과 데이비 크로켓은 모두 미국 서부시대의 개척가로 유명하다.

점에서는 제가 앞서나간 거죠."

벳시 셜리의 지하 서고에는 4,000권은 족히 될 만한 책이 소장되어 있으며, 그 외에도 집안 곳곳에 대략 1,000권 남짓한 책들이 꽂혀 있었다. 셜리 여사는 직접 모든 책들의 목록을 작성해 분류한 뒤 서가에 꽂았는데, 얼마나 모았는지에 대해서는 누구도 알 수 없다. 다만, 알 수 있는 것은 셜리 여사가 모은 책들의 종류와 주제일 뿐이다. "컬렉션을 제대로 알려면 제가 직접 목록을 작성하는 수밖에 없어요." 왜 전문적인 큐레이터나 사서의 도움을 받지 않는지 설명하면서 여사는 말했다.

셜리 부인이 개조한 지하실 한가운데의 파티션 양쪽과 삼면 벽에는 반짝반짝 광을 내는 진열대가 줄지어 서 있었다. "교과서를 별도로 수집하지는 않았는데, 마침 여기 몇 권이 있네요." 옛날 교본이 꽂힌 서너 개의 책꽂이를 가리키며 셜리 여사가 이야기를 시작했다. "여기 있는 것들은 모두 취미 활동에 관한 책들이에요. 천문학이라든가, 서커스 공연하는 법, 소년들이 보는 책, 소녀들이 보는 책 같은 것들이죠. 여기에는 크리스마스에 관한 책들이 있어요. 저기 있는 건 알파벳을 익히는 책들이구요. 이것들은 모두 근대의 책이라고나 할까요. 그러니까 1920년대부터 지금까지 출판된 책들이죠." 다른 진열대에는 미국의 역사, 지리, 과학에 대한 책이며, 선물용 책과 우스개 책 등이 완벽한 구색을 갖춰 꽂혀 있었다. "칼데콧 상과 뉴베리 상을 받은 책들도 전부 가지고 있어요." 그녀는 화가인 랜돌프 칼데콧과 18세기 아동서 출판업자였던 존 뉴베리의 이름을 따서 만든, 아동문학 분야의 가장 권위 있는 상을 수상한 책들을 가리켰다.[303] "찰스 디킨스 책도 다 가지고 있어요. 물론 그 사람은 영국인이지만, 그렇다고 원칙과 어긋나는 것은 아니에요. 여기 있는 책들은 모두 미국 초판본이거든요. 여기에는 제가 모은 마더 구스[304] 책들이 있는데, 멋지다는 말밖에는 할 말이 없지요."

초판본 중에는 약간의 설명만 들으면 누구라도 알 만한 책들이 있었다. 예컨대 메이벌 C. 브랙의 《힘센 작은 엔진》, 닥터 수스의 《알을 품은 호턴》, 휴 로프팅의 《두리틀 선생 이야기》, 프랜시스 호지슨 버닛의 《비밀의 정원》, 제임스 페니모어 쿠퍼의 《정탐꾼》, 모리스 센닥의 《괴물들이 사는 나라》, E. B. 화이트의 《샬럿의 거미줄》 등이다. 그런 책들이 계속 이어진다. 예를 들어 《토끼 팻》[305], 《마들린느》[306], 《톰 스위프트와 오토바이》[307], 《오즈의 마법사》, 《아기사슴 플랙》[308] 등등, 셜리 여사의 말에 따르면 '하나같이 재미있는 책'이다.

또한 흔히 '혼북'이라고 해서 라켓 모양으로 생긴 18세기의 교재들도 있었는데, 하나는 가죽으로 만들었고 하나는 은으로 만들었다. 혼북은 알파벳이나 주기도문이나 삼위일체송 같은 것을 적어놓은 종이를 라켓 모양의 판지에 붙이고, 소의 뿔을 얇게 벗겨서 만든 투명한 조각을 그 위에 덮어서 만든다.[309] 2세기 반 동안 이런 교보재가 널리 사용되었다. 또한 식민지 아메리카 시절에 나온 것 중에서 가장 널리 사용된 학습서인

---

[303] 뉴베리 상(1922년 제정)과 칼데콧 상(1938년 제정)은 모두 미국 도서관협회(ALA)에서 주관하여, 매년 출간된 가장 우수한 아동 그림책과 이야기책 분야에 각기 시상하고 있다. 이들 상의 이름은 18세기 영국의 아동서 출판인 존 뉴베리와 19세기 영국의 그림책 삽화가 랜돌프 칼데콧을 기념하는 뜻에서 붙여졌으며, 오늘날 전 세계적으로 권위 있는 아동서 분야의 상으로 인정받는다.
[304] 마더 구스는 오늘날 유럽에서 전해지는 여러 가지 전래 동요의 작자로 간주되는 가상의 인물이다. 이후 프랑스의 샤를 페로가 《마더 구스의 이야기》(1697)를, 그리고 영국의 존 뉴베리가 《마더 구스의 노래》(1765)를 펴내며 유명해졌다. 그리하여 '마더 구스'는 오늘날 영미 유럽권의 전래 동요를 가리키는 대명사가 되었다.
[305] 도로시 컨하트의 1940년작 유아용 놀이책으로 미국에서 베스트셀러가 되었다.
[306] 루드비히 베멜만스의 아동용 그림책 시리즈. 1939년에 첫 작품이 나온 이래, 사후인 1999년에 발견된 원고까지 포함해서 모두 일곱 권이 간행되었다.
[307] 아동용 모험소설 전문 작가집단인 스트레이트메이어 신디케이트에서 1910년부터 1941년까지 빅터 애플턴이란 필명으로 쓴 톰 스위프트 시리즈 가운데 하나.
[308] 마저리 키넌 롤링스의 1938년작 아동 소설.

《뉴잉글랜드 교본》이 있는데, 이 책은 물론 셜리 여사의 컬렉션에도 포함되어 있다.

초기에 나온 알파벳 자습서 중에는 《어린이 ABC》와 《새 그림 교본》이 소장되어 있다. 이야기책으로는 너새니얼 호손의 《어린이를 위한 원더북》, 새뮤얼 그리스월드 굿리치의 《피터 팔리의 아메리카 이야기》, 루시 몽고메리의 《빨간 머리 앤》 등이 있다. 동요, 그러니까 마더 구스 컬렉션은 1794년에 아이제이어 토머스가 출판한 것부터 1958년에 프레더릭 윈저가 펴낸 《우주시대의 마더 구스》까지 망라되어 있다.

컬렉션에 있는 다른 종류의 책으로는 시집, 수제 채색 삽화본 이야기책, 종교서, 여성작가들의 책, 예의범절 책, 1861년에 나온 찰스 D. 매킨지의 《소년 고수(鼓手)》[310]와 1881년에 나온 조엘 챈들러 해리스의 《엉클 레무스의 노래와 말: 식민지 시절의 옛 이야기》[311]처럼 북부와 남부에 관한 책 등이 있다. 셜리 여사가 소장한 세 통의 편지도 눈에 띄는데, '철없는 일들은 이제 그만하고 어른으로서 더 고귀한 소임을 맡으라'며 조지 워싱턴이 조카에게 보낸 편지, 존 퀸시 애덤스가 스물한 살 때 에스파냐의 어느 항구 도시에서 남동생에게 보낸 편지, 앤드류 잭슨이 양아들에게 제발 자기 말 좀 새겨듣고 편지도 자주 보내라고 간청하는 편지

309.. 그렇기 때문에 '혼북', 즉 '뿔로 만든 책'이라고 일컬은 것이다.
310.. 이 대목은 저자의 착각일 수도 있다. 즉, 저자가 언급한 책의 제목인 '소년 고수(鼓手)'가 누구인지 인터넷에서 검색해 보면 남북전쟁 당시 북군 측의 '소년 고수'로 참전했다가 '1861년'에 전사한 12세의 '클리어런스 D. 매킨지'라고 나오기 때문이다. 반면 '찰스 D. 매킨지'라는 저자의 이름은 찾아볼 수 없다. 따라서 여기서 "1861년에 나온 찰스 D. 매킨지의 《소년 고수》는 실상 '1861년에 전사한 소년 고수 클리어런스 D. 매킨지'라고 하거나, 혹은 '소년 고수 클리어런스 D. 매킨지에 대한 책'이라고 해야 옳을 듯하다.
311.. 미국 남부에서 노예로 살아가던 흑인들 사이에서 떠돌던 민담과 민요를 모은 책이다. 화자인 늙은 흑인 노예 '엉클 레무스'가 백인 주인집 아들에게 해 주는 이야기 중에는 '토끼 씨(브러 래빗)'가 '여우 씨(브러 폭스)'에게 속아 '타르로 만든 꼬마 인형(타르 베이비)'에 철썩 달라붙는다는 유명한 이야기도 포함되어 있다.

등이다.

아동문학의 검열 문제는 J. D. 샐린저의 《호밀밭의 파수꾼》, 로버트 코마이어의 《초콜릿 전쟁》 등과 같은 작품이 아이들을 보호하려는 어른들의 손길에 의해 자주 판금되었다는 것에서 잘 드러난다.[312] 1983년에 출간된 《빨간 모자》는 트리나 샤트 하이먼이 그린 삽화에 할머니가 점심을 먹으며 와인 한 잔을 마시는 모습이 담겼다고 해서 비난의 대상이 되기도 했다. 셜리 여사의 컬렉션 중에서 특히 희귀한 책은 작가 겸 삽화가인 가스 윌리엄즈가 1958년에 발표한 그림책 《토끼의 결혼식》으로, 이 책은 하얀색 암컷 토끼와 검정색 수컷 토끼가 결혼하는 내용이라 해서 여러 지역에서 판매금지 당했다.[313]

벳시 셜리의 컬렉션에는 미국에서 출간된 아동문학이 총망라되어 있는 셈인데, 특히 그림책 분야에서는 그 컬렉션의 색다른 면모를 부엌, 다용도실, 구석방, 복도, 침실, 심지어는 화장실에 이르기까지 집안 곳곳에서 발견할 수 있다. 벽이 있는 공간이라면 어디에서나 그림책 원화를 볼 수 있는데, 그 작가들로 말하자면 맥스필드 패리시, 하워드 파일, 모리스 센닥, 펠릭스 O. C. 달리, A. B. 프로스트, E. W. 켐블, 에드윈 애비, 윈슬로 호머, 차일드 해섬, 루드비히 베멜만스, 록웰 켄트, 자니 그루얼, 저스틴 하워드, 제시 윌콕스 스미스 등 거장들이다. 출판된 작품과는 다른 버전의 그림도 있고 단순한 스케치도 있어, 그 모든 게 어우러져 창작 과정을 말해 준다. 셜리 여사의 거실에 걸려 있는 《보물섬》의 유화 작품 원

---

[312]..각각 1951년과 1974년에 출간되어 이제는 '고전'의 반열에 드는 작품이지만, 출간 후 수십 년이 지난 1990년대까지도 종종 저속하다는 이유로 미국 내 각급 학교 및 도서관에서는 청소년의 열람금지를 요구하는 학부모의 소송이 벌어지곤 했다.
[313]..이 동화를 그 당시만 해도 금기시되던 흑인 여성과 백인 남성, 즉 서로 다른 인종 간의 결혼에 대한 은유로 이해했던 까닭이다.

화는 1911년에 N. C. 와이어스가 그린 것으로, 두 자루의 머스킷 총을 쥔 해적, 칼을 휘두르는 해적, 그리고 해적 깃발을 들어올리는 해적 등 세 명의 해적이 등장하는 그림으로 유명하다. 1891년에 수십 명의 브라우니[314]들이 긴 식탁에 앉아 있는 모습을 담은 작품 〈크리스마스 저녁 식사〉는 애틀란타의 하이 박물관에서 개최된 전시회에서 큰 인기를 끌었다.

미국의 거의 모든 대학들과 마찬가지로 예일 대학은 아동서를 수집하려고 특별히 노력한 적이 한 번도 없는데, 이는 20세기로 접어든 뒤에도 한참 동안이나 그 주제를 학문적으로 연구하려는 사람이 없었던 탓이기도 하다. 하지만 바이네케 도서관에 자신의 컬렉션을 비치하겠다는 셜리 여사의 결정은 그로 인한 공백을 단숨에 메워버렸다. 그만한 공적을 세운 도서 기증의 또 다른 예로는 역사적으로 중요한 아동서를 광범위하게 모았던 인디애나 주 먼시의 조지 A. 볼과 엘리자베스 W. 볼 부녀가 2대에 걸쳐 수집한 장서로, 훗날 그 유족이 인디애나 대학에 기증한 릴리 도서관을 들 수 있다. 사실 여러 기관에 소장되어 있는 대규모의 아동서 컬렉션은 하나같이 벳시 셜리나 엘리자베스 볼, 혹은 플로리다 대학의 루스 볼드윈 같은 개인 수집가가 모아 기증한 것뿐이다. 가령 1566년에서 1910년까지 출간된 영국 아동서 컬렉션으로는 그 양으로 보나 질로 보나 북아메리카에서 최고 수준인 토론토 공립도서관의 컬렉션은, 그 자료를 유용하게 사용할 방법을 찾아 캐나다에 컬렉션을 보관할 장소를 찾던 영국인 부부 에드가와 메이블 오스본이 1949년에 기증한 것이다. 오스본 초기 아동서 컬렉션에는 다른 곳에서는 찾을 수 없는 역사적인 아동서가 많이 포함되어 있다.

314..영국의 옛이야기에 나오는 집요정의 이름.

그 컬렉션이 어떻게 시작되었는지에 관한 에드가 오스본의 회상에는 한 가지 눈에 띄는 사연이 있다. 두 권으로 나온 도서목록의 서문에서 그는 다음과 같이 썼다. "처음 시작은 아주 드문 경우라고 할 수 있는데, 영국 햄프셔에 있는 고향집에 갔을 때였다. 헛간에 갔다가 나는 내가 아주 좋아했던 동요 책이 아무렇게나 방치되어 있는 것을 발견했다. 그 일이 흥미로웠든지 아내도 영국 북부 지방에 있는 고향집에 가면 어릴 적에 보던 책들을 구할 수 있지 않을까 생각하게 되었다. 그리하여 우리는 지금까지도 흥미진진한 책 모으기를 함께 하게 되었고, 아내 역시 1946년에 사망할 때까지 그 일에 푹 빠지게 되었다."

"책들이 토론토로 왔을 때, 우리 손에 정말 독특한 선물이 도착했다는 사실을 깨닫게 되었다." 1958년에 나온 오스본 컬렉션의 도서목록에 수록된 진 톰슨의 말이다. "영어 사용권 국가에서 나온 모든 형태와 모든 종류의 아동서 수백 권이 있었다. 그리고 이 컬렉션은 그 상태에서 점점 더 늘어나, 활발하게 움직이는 큰 아동도서관이 되었다. 그 역사는 비록 늦게 시작되었으나, 그 가치를 이루 말할 수 없는 이 선물 덕택에, 캐나다에 사는 우리들은 아동문학을 연구하는 모든 학생들에게 유용한 컬렉션을 만들 수 있었다. 그렇지 않았더라면 이 나라에서 그만한 자료를 볼 수는 결코 없었을 것이다."

영국에서는 1988년에 찰스 황태자가 적극적으로 나서서 모금한 기금 100만 파운드로 이오나 앤드 피터 오피 아동문학 컬렉션을 사들여 옥스퍼드 대학의 보들리 도서관에 기증했다. 오피 부부가 수집한 2만여 권의 희귀본, 만화, 그리고 기타 이페머러는 이후 40여 년간 수많은 아동문학 선집과 학술 연구의 밑거름이 되어 왔다. 가령 《옥스퍼드 동요사전》, 《학생들의 전래동화와 언어》, 《옛날이야기》, 《아이들의 길거리와 운동장 놀이》 등도 이 컬렉션에 주로 근거해 저술된 책이다.

벳시 B. 셜리 컬렉션은 무엇보다도 미국의 아동문학, 그리고 지난 300년 동안 아동문학의 역사와 떼려야 뗄 수 없는 관계를 유지했던 삽화의 전개에 주목한 점이 크게 눈에 띈다. "비록 영국 것을 그대로 베낀 것이라고 하더라도, 저는 처음부터 미국에서 출판된 것들만 원했습니다." 셜리 여사는 말했다. "미국의 어린이들이 지난 시절 어떤 책들을 읽었는지 목록을 작성해 본다면, 그간 우리 사회에서 일어난 일들에 대해 더 많이 알 수 있을 것이라고 생각했어요. 사람들이 아이들을 어떻게 여겼는지, 아이들을 위해 만든 것들은 무엇인지, 또 금지시킨 것은 무엇인지, 남북전쟁 동안에는 양 진영에 대한 태도가 어땠는지, 그런 모든 일들을 말이에요."

셜리 여사는 1947년에 그롤리에 클럽에서 열린 〈1900년 이전에 출판된 가장 중요한 미국 서적 100권〉 전시회에서도 선정도서의 3분의 1 가량인 무려 29권이 어린이들을 위해 씌어졌거나, 어린이들이 주로 읽었던 책이었다는 점을 지적했다. 처음에 셜리 여사는 1899년 이전까지의 책만 모으는 게 좋다고 생각했다. "하지만 그러다 보면 1900년에 출간된 《오즈의 마법사》를 빼야만 한다는 것을 알게 되었어요. 그러니 어떻게 그 뒤의 책들을 안 모을 수 있었겠어요?" 훗날 예일 대학에 기증될 그 컬렉션은 지금까지 어린이들이 읽고 즐긴 책이라는 관점에서 미국의 문화사를 보여주고 있다.

"셜리 여사가 한 일은 아동문학 컬렉션의 한계를 뛰어넘는 일이었습니다." 바이네케 도서관의 현대서 담당 사서인 빈센트 지로드는 설명했다. "셜리 컬렉션은 이 나라 아동문학의 시작부터 지금까지의 모든 출판 자료를 모은 놀라운 기록물입니다. 셜리 여사는 단 한 권밖에 없다고 알려진 책들도 구할 수 있었습니다. 부인은 너무나 중요한 판본들을 다양하게 손에 넣었으며, 책 그 이상의 것들까지 손을 뻗쳤습니다. 그 컬렉션에는 원화, 원고, 편지, 심지어는 작가들의 어린 시절 물건까지 포함되어 있습니다. 이 분야에서 부인의 영향력은 놀랄 만합니다." 지로드는 예일 대학 영문학과에서도 아동문학 과정이 개설되어 큰 인기를 끌고 있다며 다음과 같이 덧붙였다. "이 컬렉션 덕분에 그런 교과과정도 가능한 것이죠. 컬렉션이 너무나 방대하기 때문에 연구할 수 있는 것들은 무한정으로 존재한다고 말할 수 있습니다."

II
운명

제게 있어 이디시어와 그 말을 사용하는 사람들의 행동은 동일했습니다. 이디시어와 이디시 스타일에서는 독실한 기쁨의 표현, 삶에 대한 갈망, 메시아에 대한 열망, 인내심, 인간성에 대한 깊은 음미 등이 발견됩니다. 이디시어에는 조용한 유머와 일상의 매순간, 모든 작은 성취, 모든 사랑의 순간에 대한 감사가 있습니다. 이디시어의 마음가짐은 오만하지 않습니다. 그 마음가짐은 승리를 당연하게 여기지 않습니다. 그 마음가짐은 뭘 요구하거나 지배하려고 하지 않으며, 창조를 위한 하느님의 계획이 여전히 첫 단계에 있다는 것을 어느 정도 알기 때문에, 파괴적인 힘들 사이에서도 얼렁뚱땅, 슬금슬금, 구렁이 담 넘어가듯이 넘어갑니다.

— 아이작 바셰비스 싱어
1978년 노벨문학상 수상기념 강연 중에서

매사추세츠 주 뉴 베드포드 출신의 어느 꿈 많은 젊은이가 있었다. 그는 대학을 졸업하고 몬트리올에 있는 맥길 대학에서 공부를 계속하려고 마음먹은 지 얼마 지나지 않아, 절멸의 위협 앞에 놓인 책들을 구하고 그 문화를 보호하는 일을 자기 삶의 목표로 정하게 되었다. 하지만 이 젊은이 아론 랜스키가 도움을 요청했을 때, 몇몇 큰 유대인 조직에서는 이렇게 대꾸할 뿐이었다. "이디시어는 이미 죽은 언어다. 헛수고 하지 마라. 학교로 돌아가라. 아니면 차라리 이스라엘로 가든가."

그게 1979년의 일이었다. 그로부터 10년 뒤, 나는 폐지절단기와 쓰레기매립장의 아가리에서 수많은 책들을 구해낸 이 수완 좋은 낙천주의자가 존 D. 앤드 캐서린 맥아더 재단으로부터 일명 '천재 장학금'[315] 22만 5,000달러를 받았다는 뉴스를 듣게 되었다. 1981년에 그 기금이 조성된 이래 지금까지 그 영예의 수혜자가 된 사람들 중에는 시인, 화가, 소설가, 고고학자, 고생물학자, 과학자, 음악가, 영화제작자 등을 비롯해 심지어 어릿광대와 목수까지도 있었다. 하지만 사라져 가는 삶의 방식을 보여주는 책을 보존하는 일에 헌신한 사람으로서는 그가 유일했다.

"처음엔 2년 정도면 충분할 거라고 생각했죠." 매사추세츠 주 애머스트 시내에 있는 어느 학교의 오래 된 벽돌 건물에서 우리가 처음 만났을 때, 랜스키는 이렇게 말했다. 처음 10년 동안은 그곳에 미국 이디시 도서연구소 사무실이 있었다. 거기서 네 블록만 더 가면 에밀리 디킨슨이 눈부신 시들을 창작하면서 성년의 삶을 보낸 집이 있었다. "그 당시 미국에 돌아다니는 이디시 책들의 숫자는 대략 7만 5,000권 정도일 것이라는 게 지배적인 견해였는데, 저는 그렇다면 그 책들을 모두 찾아내고 싶다는 생각에 사로잡혔습니다. 그 일을 다 한 후에 대학원에서 유대학 연구를 마치고 나면 교직에서 일할 수 있을 것이라고 생각했죠." 하지만 3년 뒤, 랜스키는 예상보다 무려 다섯 배나 많은 35만 권의 책을 모았

---

[315]..존 D. 맥아더가 설립한 맥아더 재단에서 해마다 미국 시민이나 거주자 가운데 각 분야에서 뛰어난 재능을 보이고 장래가 촉망되는 인물을 선정해, 향후 5년간 매년 10만 달러씩 지급하는 장학금을 말한다.

고—책을 찾기 시작한 지 8개월 만에 이미 7만 5,000권을 돌파했다—여전히 1주일에 1,000권씩의 비율로 책들이 늘어나고 있었다.

1980년대 말까지도 랜스키의 수집은 지칠 줄 모르고 계속 이어져, 그 숫자는 결국 100만 권에 이르렀다. 책들은 종류별로 분류되어 매사추세츠 주 홀리오크에 있던 4층짜리 옛 제지공장 건물에 소장되었다. 1990년대의 시작과 함께, 그가 위기에서 구해낸 수천 권의 책들은 예일 대학과 옥스퍼드 대학을 비롯한 다섯 개 대륙의 150여 군데 도서관에 비치되었다. 이제는 텍스트 자체가 학문적으로만 의미가 있었기 때문에, 이디시어에 대한 기본 과정을 가르치는 곳마저도 기껏해야 전 세계에 50개 대학뿐이었고, 주요 이디시 저작물의 개정판 출판 계획도 아직 걸음마 단계였다.

"저는 책을 소중하게 여기는 가정에서 성장했습니다." 랜스키는 말했다. "어머니와 할머니가 책 읽는 것을 아주 좋아하시기도 했지만, 일반적으로 유대인 문화에서 책은 언제나 중요한 것이었으니까요. 가령 책을 떨어뜨렸을 때는 그 즉시 주운 뒤 입을 맞춰야만 했습니다. 책이라는 건 원래 기도서를 뜻했으니까 그랬던 것인데, 나중에는 그 내용에 상관없이 모든 책을 그렇게 다뤄야만 했지요."

정치적으로 민감했던 1970년대에는 법조계에 있던 아버지의 뒤를 따를 것인지를 고민하기도 했지만, 1972년 햄프셔 칼리지에 입학했을 때만 해도 어떤 삶을 보낼지에 대해서는 결정하지 않은 상태였다고 랜스키는 회상했다. "첫 학기에 홀로코스트에 관한 과목을 들었는데, 오래지 않아 유대인 문화가 상당히 많이 파괴되었다는 사실을 깨닫게 되었습니다. 그 과정에서 저는 어떻게 이런 일들이 일어났는지 하는 의문보다도, 오히려 내가 얼마나 풍부한 문화 속에 있었는지에 더 관심을 갖게 되었습니다. 어떤 과정을 거쳐서 나치가 그런 일들을 했느냐는 건 사악한 목표가 달성되는 역학의 문제였습니다. 다만, 제가 알고 싶었던 것은 그들이 없애고자 했던 그 사람들이 누구인가, 또 그들의 세계는 어떤 모습이었는가 하는 점이었습니다."

애머스트 인근의 햄프셔 칼리지는 인습타파적이고 자유로운 지적 탐구를 권장하는 학교로, 랜스키에게 비슷한 지적 호기심을 느끼는 교수 밑에서 유대사를 연구할 수 있도록 배려했다. 두 사람은 공동 연구를 통해 서기 900년에서 1900년까지 약 1,000년간, 유대인 가운데 90퍼센트 가량이 이디시어를 제1의 회화용 언어로 사용했다는 사실을 밝혀냈다. "공부를 하면 할수록, 그 사람들을 이해하려면 그들의 경험을 이해할 필요가 있다는 사실을 알게 되었는데, 이는 제가 이디시어를 배워야만 한다는 뜻이었습니다. 동유럽에서는 유대교 예배조차도 그 언어로 이루어지고 있었습니다만, 미국에 동화된 유대인이었던 저는 멀찌감치 떨어져서 그 사실을 알 수 있을 뿐이었습니다. 어렸을 때 집에서 이디시어를 들을 기회가 있었지만, 그건 어디까지나 '디 아이니클레크 졸른 니쉬트 파르쉬타인', 그러니까 '아이들은 들어선 안 되는 이야기'를 어른들끼리 나눌 때뿐이었습니다."

그 시절에 이디시어를 가르치는 미국의 대학은 오직 세 군데뿐이었다. 하지만 원하는 과목을 자유롭게 수강할 수 있는 햄프셔 칼리지에 다녔기 때문에, 랜스키는 직접 스승을 찾아나선 끝에 애머스트에 있는 매사추세츠 대학에서 딱 맞는 인물을 찾을 수 있었다. '텁수룩한 백발과 새하얀 턱수염을 지닌 열정적인 남자'인 쥘 피커스 박사는 거기서 중세 에스파냐 문학을 가르치고 있었는데, 이디시어를 포함해 스무 개 언어를 구사하는 능력으로 학계에서도 유명했다. "교수님은 우리가 열심히 공부한다는 조건 하나만 가지고 학생 몇몇을 가르치겠노라고 약속하셨습니다. 우리는 수업 때마다 각자 와인 한 병과 집에서 만든 빵 한 조각씩을 수업료로 가져갔습니다. 2년 동안 일주일에 한 번씩 저녁마다 만나서 공부했는데, 보통 매번 세 시간에서 다섯 시간 정도 배웠습니다."

1976년에 햄프셔 칼리지를 졸업한 뒤, 랜스키는 몬트리올에 있는 맥길 대학에서 루스 M. 위스 박사의 지도하에 대학원 과정을 시작했다. 그는 '멘델레 모이헤르 스포림', 그대로 번역하면 '책 도붓장사 멘델레'라는 뜻의 필명으로 책을 펴낸 숄렘 얀케브 아브라모비치(1836~1917)를 석사논문의 주제로 삼기로 했다. 1864년에 출간된 멘델레의 소설 《작은 인간》은 현대 이디시 문학의 효시로 여겨진다. 랜스키는 몇 년 뒤에 쓴 석사학위 논문에서 '멘델레 역시 처음에는 이디시어는 꼴사납고 불합리하다는, 그렇지 않다면 최소한 권장할 만한 게 아니라는 동시대의 선입견을 벗어나지 못하여, 그 언어가 더 많은 독자층에게 다가가기 위한 필요악에 불과하다고 여겼다'고 밝혔다. 하지만 일단 그가 돌파구를 마련하기 위해 이디시어로 작품을 쓰기 시작하자, 그때부터는 생각이 완전히 달라졌다. "그는 이디시어가 선전의 도구에 불과한 게 아니라, 그 자체로 훌륭한 예술적 수단이라고 생각하게 되었다."

이 시기, 그러니까 논문을 쓰기 위해 연구를 시작할 무렵, 랜스키는 오하이오에 사는 친구에게서, 어느 랍비가 900권의 이디시어 책을 남기고 죽었다는 이야기를 들은 적이 있다는 편지를 받았다. "어디다 쓰는 책인지 알 수 있는 사람이 없으니, 곧장 폐지절단기로 들어가는 처지가 되었죠. 그로부터 얼마 뒤, 부모님을 뵈러 뉴 베드포드에 갔다가 랍비를 만나려고 우리가 다니던 시나고그[316]에 갔습니다. 사무실로 들어가는 복도에는 옛날 이디시책이 잔뜩 담긴 과일 바구니가 있었는데, 거기에 마침 멘델레 모이헤르 스포림 전집이 있더군요. 그래서 제가 말했죠. '죄송합

---

[316] 유대교의 회당을 말한다.

니다만, 랍비님. 멘델레 선생께서 복도에 있는 과일 바구니 안에서 뭘 하고 계신 거죠?'"

랍비는 장례 예배를 볼 때 몇몇 낡은 히브리어 기도서와 함께 그 책들을 땅에 묻을 예정이라고 대답했다. "더 이상 읽지 않는 기도서와 함께 그 책들을 땅에 묻는다고 하더군요. 이건 오랜 유대 전통입니다. 더 이상 사용할 수 없을 정도로 닳아빠진 책들에게 합당한 장례를 치러주는 셈이죠. 랍비는 그 책들을 가져가겠다는 사람이 없으니 어쩔 수 없다면서 그러더군요. '자네가 원한다면 가져가게나.' 그래서 저는 그 과일 바구니를 어깨에 둘러메고 말했습니다. '랍비님, 이게 전부인가요? 이런 책을 읽을 수 있는 사람들이 몇 명 더 있는데요. 이런 책이 나오면 저희 부모님께 전화로 알려주세요. 그러면 아마 책을 가져가실 거예요.' 그런 뒤에 맥길 대학으로 돌아와서 저는 이렇게 생각해 보았습니다. 뉴 베드포드에서도 그런 식으로 책을 찾을 수 있었는데, 몬트리올이라면 과연 어떨까?'"

별수 없이 책을 찾아다니기 시작했다. 처음에는 자전거를 타고, 그 다음에는 오토바이를 타고 캐나다에서 책을 찾기 시작했다. "사람들이 전화를 하면 도시를 가로질러 달려갔어요. 순식간에 제 아파트는 책으로 가득 찼습니다. 부엌이며 욕실이며, 온통 책뿐이어서 통제할 수가 없었어요. 말 그대로 책에 깔려 죽을 지경이었죠." 그로부터 얼마 지나지 않아 뉴 베드포드에서 결정적인 전화가 걸려왔다. "어머니였습니다. '얘야, 네가 빨리 좀 와야겠다. 랍비님이 책을 어찌나 많이 가져오셨는지 2층이 무너져 내릴 지경이란다.'"

쌓이고 또 쌓이는 책들 때문에 랜스키가 막다른 골목에 이른 건 바로 그때였다. "정확한 날짜도 기억할 수 있습니다. 추운 날이었는데 우리는 교실에 앉아 있었어요. 우리는 공부에 필요한 책을 어디에서 찾아야만

하는가에 대해서 다시 토론하고 있었습니다. 그러다가 '이거 참 한심한 일이구나' 하는 생각이 들었어요. 대학에서는 원하는 책을 찾을 수 없는데, 대학 밖에서는 그 책들이 사라지고 있으니까요. 뭔가 결단이 필요했습니다." 그는 그런 목적을 수행할 수 있는 기관을 만들어 이디시 책들을 보존하는 원대한 계획에 나서겠다고 결심했다. 그렇게 해서 탄생한 것이 바로 미국 이디시 도서연구소였다.

지금은 하버드 대학으로 갔지만, 그 당시만 해도 맥길 대학에서 유대학 교수로 재직하던 루스 R. 위스 박사는 랜스키에게 용기를 북돋워줬다. "정말 멋진 계획이라고 생각했어요." 위스 박사는 말했다. "누군가 그 책들을 모은다면 유대인 공동체의 숙원사업이 될 것이라고 말했습니다. 이건 매우 특별한 상황이었어요. 무엇이 특별하냐면 세계에서 가장 책과 친한 사람들의 문화가 있는데, 그 사람들은 문화적으로 너무나 활기가 넘치는 사람들인 탓에 갑자기 어느 순간 자신들의 언어마저도 버리게 된 상황이었으니까요."

위스 박사는 청년 시절의 아론 랜스키에게 받은 인상을 다음과 같이 회상했다. "아론은 당시의 '히피', 그러니까 매우 점잖은 청년이라고 할 만한 자질을 지니고 있었죠. 하지만 동시에 진정한 미국의 정신이라고 할 수 있는 진취적인 사업가 기질도 볼 수 있었답니다. 이디시 도서연구소가 그만한 성공을 거둔 배경이 바로 거기에 있다고 생각해요. 아론은 현실에 발을 디딘 채 그 문제에 접근했어요. 감정에 휩쓸려 허우적대는 일을 안 하는 현실주의자죠. 그는 할 수 있는 일만 했어요. 그렇기 때문에 과거가 아니라 미래에 초점을 맞췄던 것이죠."

일을 시작하기 전에 랜스키는 미국에 있는 주요 유대인 관련 기관에 도움을 요청했다. "옷을 잘 차려입고 뉴욕 행 기차에 올라탔는데, 가는 곳마다 들은 말은 모두 똑같았습니다. '이디시어는 죽었다. 무엇 때문에 그런 언어에다가 시간을 낭비하느냐?' 다들 그런 식이었기 때문에 책에다가 돈을 쓰진 않겠다는 거였죠. 그런 작가들이랑 앉아서 떠들어대느라 시간을 낭비하는 대신, 저는 차라리 밖으로 나가 뭔가 일을 해야만 했습니다. 그 순간에도 책들이 사라지고 있다는 것을 알고 있었으니까요."

아론은 그야말로 가혹한 손실을 가져오게 되는 경우를 이렇게 설명했다. "노인이 돌아가시고 나면 자녀들이 그분의 아파트를 청소합니다. 그러다가 도저히 알아볼 수 없는 언어로 쓰여진 낡은 책들을 한 움큼 발견하게 되고, 결국 쓰레기통에 버립니다. 이런 식으로 오랫동안 계속되어 왔어요." 특히 비참한 것은 그 같은 냉담한 태도야말로, 그간 유대인들이 책에 대해 지녔던 애착과는 완전히 상반된다는 점이다. "유대인들은 '암 함세페르', 즉 '책의 사람들' 입니다." 아론은 말했다.

이디시어는 독일어, 히브리어, 슬라브어를 뒤섞어서 히브리 문자로 쓰는 언어다. 따라서 히브리어와 마찬가지로 이디시어는 오른쪽에서 왼쪽으로 읽는다. 지난 1,000년 동안의 좋은 시절에 이디시어는 아슈케나지 유대인─넓은 의미에서 중부와 동부 유럽의 유대인을 가리킨다─의 주요 언어였다. 아슈케나지 유대인은 19세기 말까지만 해도 전 세계 유대인의 90퍼센트를 차지했다. 이디시어는 중부 유럽에서 발달했고 언어역사학자들에 의해서는 서부 독일 언어로 규정되지만, 다른 언어와 달리 그 모국을 명확하게 규정하기 어렵다. 〈이디시어의 사회학〉이란 논문에서 사회언어학자 조슈아 A. 피시먼은 1940년까지만 해도 이디시어를 모국어로 사용하는 사람이 약 1,070만 명에 달했다고 밝혔다. 하지만 40년 뒤에는 그 숫자가 370만 명으로 줄었는데, 그나마 대부분은 노인이며 그 언어는 자손들에게 전해지지도 못하는 형편이다. 하지만 하시딕 유대인[317]들은 여전히 그 언어의 사용을 고집하고 있기 때문에 피시먼은 2,000년쯤에도 이디시어를 사용하는 사람들의 숫자는 약 200만 명 선에서 고정될 것이라고 확신했다.

"전통적인 세계가 손상되지 않았다면 유대인들은 히브리어로 글을 썼을 겁니다." 랜스키는 설명했다. "이디시어는 토박이말입니다. 낡은 세계가 무너지기 시작했을 때, 유대인들은 느닷없이 현대 세계에서 살아가는 일이 지닌 의미가 무엇인지 알아내야만 했고, 그래서 전혀 새로운 문학을 만들기 위해 유대인들의 일상적 경험을 대변할 수 있는 이 토박이말을 끌어냈습니다."

지금까지 가장 저명한 현대 이디시어의 대변인은 작고한 소설가 아이작 바셰비스 싱어다. 어른이 된 뒤에는 거의 대부분의 시기를 뉴욕에서 보냈음에도 불구하고, 싱어는 어린 시절 바르샤바의 고향집에서 랍비였던 아버지에게 배운 그 언어로 글을 썼다. 초창기에 미국 이디시 도서연구소가 신뢰성과 안정성을 얻을 수 있었던 까닭도, 싱어가 특별히 지원해 주었기 때문이었다. 1991년에 작고할 때까지 싱어는 연구소의 명예이사를 맡았다. 1978년 노벨문학상을 수상했을 때, 싱어는 이디시어를 향해 감동적인 헌사를 바쳤다. 싱어는 다음과 같이 이디시어로 말했다.

"스웨덴 한림원이 제게 수여한 이 고귀한 명예는 영토도 없고, 국경도 없고, 어떤 나라의 지원도 받지 못하는 망명의 언어, 무기와 탄약과 군사훈련과 전략전술을 지칭하는 단어가 전무한 언어, 기독교도와 전통에서 자유로운 유대인들 모두가 경멸하는 언어 이디시어에 대한 찬사라고 생각합니다." 그 다음에 싱어는 영어로 말을 이었다. "이디시어가 죽었다고 말하는 사람들도 있습니다만, 지난 2,000년 동안 히브리어도 그런 말을 들어왔습니다." 하지만 그 언어는 '아직 끝나지 않았다'고 그는 주장

317..18세기에 폴란드와 우크라이나 등지에서 일어난 경건주의 운동인 '하시디즘'을 신봉하는 유대인들을 말한다. 한때는 정통파 유대인들로부터 이단 취급을 받기도 했지만, 20세기 들어 마르틴 부버 등의 사상가들이 그 의미를 높이 평가함으로써 주목을 받았다.

했다. 다만 '세계 모든 사람들이 그 언어가 지닌 귀중한 보물을 아직 보지 못했을 뿐'이라고 덧붙이며 말이다. 그는 이디시어가 '우리 모두의 현명하고도 변변찮은 언어, 끔찍하고도 희망에 찬 인류의 통용어'라고 결론 내렸다.

그러나 싱어의 유창한 연설에도 불구하고, 현실을 따져보자면 이스라엘 이외의 국가에서 그 언어를 주된 표현 수단으로 사용하는 작가는 거의 없다. 뉴욕에 위치한 YIVO 유대연구소의 사서인 재커리 M. 베이커에 따르면 매년 이디시어로 출판되는 소설, 시, 비소설 등 신간의 숫자는 겨우 100권 정도인데, 그나마 대부분 이스라엘에서 출판된다. 양차 세계 대전 사이에만 해도 신간 서적이 매년 평균 1,000권 정도 나왔다. "1939년에만 해도 이디시어를 말할 수 있는 사람의 숫자가 약 1,100만 명이었는데, 1945년에 이르러 그 사람들은 두 명 중 한 명꼴로 살해되고 말았습니다." 랜스키는 설명했다. "그래서 이 이디시 문화는 말 그대로 유럽에서 뿌리가 뽑힌 셈이죠. 이 책들에 지난 1,000년 동안의 유대 역사가 들어 있다고 제가 말하는 까닭은 그 때문입니다. 책들이 그 모든 문화의 저장고입니다."

예일 대학에서 유대학과 비교문화를 가르치는 블라우스타인 기념교수[318] 벤저민 하르샤브 역시 《이디시어의 의미》라는 제목의 저서에서 똑같은 이야기를 했다. "물론 히틀러와 스탈린이 유럽에 본거지를 둔 이디시 문화를 파괴한 건 사실이다. 그로 인해 3분의 1에 해당하는 유대인들이 사라졌지만, 그럼에도 불구하고 그들은 살아남았다. 하지만 이디시어의 파괴는 완벽했다. 스탈린은 이디시 작가들을 살해했고, 히틀러는 이디시 작가는 물론 독자들도 학살했다. 이디시어로 하는 예배도 이제

318..제이콥 앤드 힐다 블라우스타인 재단에서 제공하는 지원기금을 받는 교수직을 말한다.

더 이상 없다." 그러나 홀로코스트 이전에도 자신이 사는 국가에 동화되려는 유대인들의 경향은 '세계 어디에서나 어쩔 수 없는 것'이었다고 하르샤브는 인정한다. 북미 지역으로 이주한 유대인들은 자녀들에게 이디시어가 아니라 영어를 가르쳤다. 1920년대를 거치는 동안, 뉴욕의 공립학교에서 이디시어를 가르치려던 시도는 비참한 실패로 이어졌다. 시간이 흐른 뒤에 이스라엘에서는 히브리어가 공식 언어로 등장한 반면, 이디시어는 그 언어로 씌어진 많은 신문이며 그 독자들과 함께 사라지기 시작했다. "문화적으로 자율적이면서 역사적 가치와 관련성에 깊이 침윤된 독자적 언어로 현대적이고 세계주의적인 문화를 창조하려던 시도는 실패할 운명에 처해졌다. 자신들의 독자가 사라진다는 사실을 예감한 작가들에게는 이 일이 말로 표현할 수 없을 만큼 엄청난 비극이었다."

그 순간부터 랜스키는 삶의 기록을 보존하기 위해서 책을 구해내는 일 이상을 꿈꾸게 되었다. 활동은 대부분 미국에서 이루어졌기 때문에 랜스키는 몬트리올에서는 조직을 결성하지 않기로 마음먹었다. "저는 뉴욕도 마음에 들지 않았습니다. 거기에는 낡아빠진 유대인 단체들이 많았고, 제가 피하고자 했던 정치적 문제도 많았습니다. 입씨름은 더 하고 싶지 않았습니다. 우리가 하려는 일들이 당당한 것이라는 느낌을 주는 것이 반드시 필요했습니다. 제 목표는 다음 세대에게 책들을 고스란히 물려주는 일입니다."

햄프셔 칼리지, 애머스트 칼리지, 마운트 홀리오크 칼리지, 스미스 칼리지, 매사추세츠 대학 등, 애머스트 반경 40킬로미터 안에 있는 다섯 개 대학이 랜스키의 계획을 후원하기로 하자, 거기에 용기를 얻은 랜스키는 1979년 미국 이디시 도서거래소를 만들었다. 이 거래소는 이듬해에 미국 이디시 도서연구소와 합쳐졌다. 1980년 6월, 랜스키는 3개월 뒤에 임대료를 지불하는 조건으로 노샘프턴의 스미스 칼리지에서 약 4

킬로미터 떨어진 낡은 공장의 위층을 빌려 사무실을 차렸다. 사무실 안의 가구는 야외용 식탁 하나와 임시변통한 책장 두 개뿐이었고, 비용을 줄이기 위해 랜스키는 직공, 도공, 염소젖 파는 여인 등과 함께 공간을 나누어 사용했다.

당시 스물네 살의 대표이사는 정부 재고용품 경매에서 구한 타자기로 수없이 많은 보도자료를 만들어 배포했다. 그해 6월, 소설가 레온 유리스의 아버지인 86세의 노인 윌리엄 유리스에게서 편지 한 통이 도착했다. 편지는 이렇게 되어 있었다. "우리 집에 이디시 책이 300권쯤 있습니다. 아직 다락이나 지하실로 쫓겨나지 않고 여전히 방에 꽂혀 있습니다만, 이 책을 당신에게 보낼 수 있는 방법을 모르겠군요." 두 달 뒤에는 포크가수 우디 거스리의 미망인이었던 마저리 거스리가 보낸 편지가 도착했다. "우리 집에 모아놓은 책들에 관심이 있으실지 알고 싶군요. 제 어머니 얼라이자 그린블라트는 이디시 시인으로, 저명한 이디시 작가들과 친분이 있으셨습니다."

시작할 때부터 랜스키는 서너 개의 원칙을 정했는데, 가장 최우선적으로 지켜야 할 원칙이라면 이디시어로 인쇄된 것이라면 무엇이든 받아들인다는 것이었다. "역사적으로 중요한 작품과 중요하지 않은 작품을 구분하기에는 아직 시간이 너무나 짧기 때문이죠." 랜스키는 설명했다. "또 다른 원칙으로는 기증만 받는다는 점입니다. 우리는 절대로 책을 사들이지 않습니다." 시작하고 처음 5년 동안은 수집이 가장 중요했기 때문에, 랜스키는 종종 인근의 대학에서 빌린 밴을 타고 혼자서 책이 있는 곳으로 달려가곤 했다. "혹시 어디 쓰레기장에 그런 책들이 있다는 이야기를 들으면, 곧바로 찾아가는 길을 물어본 뒤 직접 가지러 갔습니다. 1981년에는 뉴욕에 사는 친구가 전화를 하더니, 마침 16번가에 있는 어느 건물을 수리하던 인부들이 8,000권에 달하는 이디시 책을 발견했다는 소문을 들려주더군요. 그 책들을 모두 쓰레기장에 내다 버렸다는데, 하필이면 그때가 한겨울이었습니다." 급히 사람을 수소문해 함께 뉴욕으로 달려간 랜스키는 진눈깨비가 떨어지는 한겨울밤에 버려진 책들을 트럭에 싣고 매사추세츠로 돌아왔다.

책이 하나둘 모이고 소문이 퍼지기 시작하자, 1981년 2월에는 〈뉴욕타임스〉에 이에 대한 짧은 기사가 실리기도 했는데, 그 즉시 수백 건의 문의가 몰려들었다. 많은 사람들이 책을 기증했고, 몇몇은 기부금을 냈으며, 자원봉사를 지원한 사람들도 있었다. 석 달 뒤, 애머스트 시는 미국 이디시 도서연구소가 올드 이스트 스트리트 스쿨 건물을 무료로 사용할 수 있게 허가했다. 1983년 말경에는 30만 권의 책으로 그 건물이 꽉 차버렸지만, 책 기증은 계속되었다. 1984년에 이르러 미국 이디시 도서연구소는 도서 소장 공간을 늘릴 수 있도록 기금을 조성해 달라고 청원했고, 이에 따라 세계 각지에서 기부금이 답지하여 결국 랜스키는 매사추세츠 주 서부의 코네티컷 강 옆에 있는 오래된 공업도시인 홀리오크 시내에 위치한 어마어마하게 큰 4층짜리 옛 제지공장 건물을 임대할 수 있었다. 훗날 이디시 도서연구소 별관이라고 불리게 되는 그 건물은 미식축구 경기장만한 길이에 총건평이 약 700평으로, 그간 모은 책을 모두 넣을 수 있었다. 1990년, 연구소가 창립 10주년을 맞이했을 때, 총 소장 자료는 무려 100만 권에 달했다.

분명히 랜스키 혼자서 그 모든 책들을 모을 수는 없었다. 도움이 필요했으므로, 랜스키는 이디시어로 '수집가'라는 뜻인 '잼러'라고 부르는 자원봉사자들을 모집했다. 랜스키는 20세기 러시아의 유대인 역사학자로서 그와 비슷한 방식으로 자기 연구에 필요한 1차 자료를 구한 시몬 두브노프의 사례에서 영감을 얻었다. "도서연구소를 시작할 때부터 두브노프는 제 정신적 지주였습니다. 그래서 그가 생각해 낸 '잼러', 즉 이런 자료들을 찾아내기 위해 기꺼이 돌아다닐 수 있는 사람들을 부활시키자고 생각했습니다. 두브노프의 경우에는 어디까지나 문서 수집이 목적이었습니다. 반면 지금 우리는 책을 모으고 있죠. 결국 제가 한 일은 북미 지역에 '잼러' 네트워크를 구축한 일이라고 봅니다."

10년 동안 랜스키는 200명이 넘는 '잼러'를 구했는데, 그들 대부분은 랜스키처럼 현 사태의 심각성에 동의하는 노년층으로서, 지금도 미국과 캐나다 각지에서 랜스키를 도와주고 있다. 예컨대 뉴욕 시에서 자동차로 한 시간 달리는 거리에 사는 소렐과 네이션 스콜닉 부부는 70대 후반부터 책을 수집하기 시작해, 80대가 되어서도 계속 활발하게 활동하고 있다. 소렐 스콜닉—1920년대에 사회운동가로 일했던 그녀는 언젠가 '결국 각자의 언어를 잃어버리게 된다는 뜻이라면, 나는 그 어떤 용광로에도 포함되고 싶지 않다'[319)]고 말한 적이 있다—은 혼자서만 약 5,000권 이상에 달하는 책의 소재를 알아냄으로써 랜스키를 도왔다. 로스앤젤레스에 거주하는 아우슈비츠 생존자 제이콥 셰퍼는, 랜스키의 말에 따르면 '가장 열정적인 잼러'라고 한다. "지칠 줄 모르는 사람입니다. 책을 구하기 위해서라면 낡은 체비노바 자동차를 몰고 캘리포니아 주 어디든지 달려갈 겁니다. 우리가 추정하기엔 그 사람 혼자서 4만 권 정도는 해치운 것 같습니다." 브루클린의 모리스와 새러 월도프 부부도 마찬가지로 적극적이다. 연구소에서 뉴욕에 갈 일이 있으면 매번 월도프 부부의 집에 들러 차고에 보관된 책을 가져온다고 랜스키는 말했다.

랜스키는 전체 이디시 책 가운데 단지 0.5퍼센트 정도만이 영어로 번역되었으며, 그나마도 초판 이상으로 찍어내진 못했으리라 추정했다. 문

---

319. 이른바 미국 사회를 다인종, 다언어, 다문화를 지닌 사람들이 모여 하나로 뭉쳐지는 일종의 '용광로'로 표현한 것에 대한 반발이다.

학적 언어로 이디시어가 활발하게 사용된 기간은 미처 1세기도 안 되었기 때문에, 그 사이에 얼마나 많은 책들이 인쇄되었는지 대략적으로나마 추정이 가능하기 때문이다. 나이 많은 유대인들이 죽거나 요양소로 들어가는 일이 많아지면서, 방대한 장서를 발견하던 초기의 흥분되던 상황들은 점점 더 줄어들었다. "하지만 여전히 해마다 약 5만 권의 책들, 그러니까 1주일에 1,000권씩은 책들이 꾸준히 우리 손에 들어오고 있습니다." 랜스키는 말했다.

이후 연구소는 다른 기관에 책을 보내주는 프로그램을 시작했다. "제일 멋진 일은 지금까지 1만 권의 책을 다른 곳으로 보냈다는 점입니다. 우리는 매년 이전 해에 구한 책의 두 배 정도를 다른 곳에 넘기고 있습니다." 이제 랜스키의 두 번째 할 일은 원하는 기관에 책들을 보내기 전에 청구서를 작성하는 일이 되었다. "우리가 일을 시작할 때만 해도 이런 책들을 원하는 사람은 아무도 없었습니다. 그저 내다버리는 사람들뿐이었죠. 결국 우리가 한 일은 그 책들이 왜 중요한지 세상 사람들에게 가르친 것이었죠."

책을 적당한 곳에 넘기는 일은 수집과 거의 동시에 시작됐지만, 거기에도 결정적인 순간은 있었다. 1989년, 예일 대학은 뉴욕 시의 로절린[320] 과 조셉 뉴먼 부부가 제공한 기금을 바탕으로 이디시 도서연구소의 책 1만 권을 인수할 예정이라고 발표했다. "예일 대학의 발표는 현대 유대학을 연구하는 사람이라면 반드시 이디시어를 익혀야만 한다는 사실을 뜻했죠. 그야말로 우리가 시작한 모든 일의 정당성을 입증하는 일이었습니다." 랜스키는 말했다.

---

[320] 저자는 '조셜린 뉴먼'으로 표기해 놓았으나, '로절린 뉴먼'의 오기인 것으로 확인되어 정정했다.

더 많은 교육기관에서 이디시 책을 원하고 이디시어를 가르치는 과정을 개설하자, 랜스키는 이제 자신이 할 일들이 바뀌었음을 알게 되었다. "10년 뒤나 20년 뒤가 되면 책을 구하는 일에는 그다지 많은 시간을 두지 않게 되겠지만, 할 일은 점점 늘어날 겁니다." 랜스키는 예상했다. "제 마음에 쏙 드는 계획 중에는 이디시 문학 작품을 재출간하는 일이 있습니다. 복사본으로는 정말 성에 차지 않아요. 왜냐하면 어떤 이디시 책을 보더라도 그 중 대략 15퍼센트에서 20퍼센트 정도의 단어는 어떤 이디시어 사전에도 나오지 않습니다. 그 단어들은 러시아, 리투아니아, 우크라이나 등지에서 사용한 단어들인데, 제각기 다른 의미를 지니고 있습니다. 그래서 우리는 데이터베이스를 개발할 작정입니다. 소설을 통째로 컴퓨터에 입력한 뒤, 데이터베이스를 작성해서 사전에 나오지 않는 단어들을 파악할 예정입니다." 새로운 판본에는 주석도 삽입할 예정이다. "현대 독자들로서는 파악할 수 없는 이런 단어와 구절과 낯선 문화를 아직도 기억하고 있는 유대인 노인, 그리고 학자들과 함께 우리는 작업할 예정입니다. 우리가 재출간하는 책들 속에는 모든 이디시어 문장의 하단에 새로운 번역과 설명이 담긴 각주를 첨부해야지요."

우리가 처음 만난 1990년, 당시 34세였던 아론 랜스키는 도서 재활용 사업에 매일 열여섯 시간을 쏟아 붓고 있었다. 강연과 기금 조성을 위해 쉬지 않고 돌아다니면서도 여름 강좌를 조직하고 새로운 프로그램들을 개발했으며, 연구소의 소식지인 《책 도붓장사》를 펴내는 일을 했다. "어머니는 일 좀 그만하고 참한 유대인 처녀를 찾아 장가나 좀 가라고 야단이시죠." 좀 쑥스럽다는 듯이 어깨를 으쓱해 보이며 그 노총각은 말했다. 물론 랜스키에게 잘 사는 길이 뭔지 귀띔해 주는 중매쟁이들이 부족한 것은 아니었다.

그로부터 2년 반이 지났을 때, 나는 다시 한 번 미국 이디시 도서연구소를 방문하게 되었다. 그 즈음 〈월 스트리트 저널〉에는 랜스키가 뉴욕에서 낡은 라이노타이프[321]를 구입해서 홀리오크의 별관에 설치했다는 기사가 실렸는데, 이는 미국에서는 유일하게 이디시어 금속 활자로 조판할 수 있는 시설인 셈이었다. 또한 랜스키는 마운트 홀리오크 칼리지로부터 매사추세츠 주 서부의 구릉지대가 보이는 우아한 옛날식 대저택을 1년에 1달러라는 거저나 다름없는 임대료로 빌린 뒤, 연구소의 본사를 애머스트에서 그곳 사우스 해들리로 옮겼다. 그 계약은 일시적인 것이기는 해도 햄프셔 칼리지의 교정에서 조금 떨어져 있는 새 거처로 옮기기 전까지 어느 정도 시간을 벌 수는 있었다. 1994년 가을부터 한때 사과 과수원이었던 자리에 400만 달러의 건축비로 연구소 건물을 짓는 공사가 시작되어 1996년까지 완결될 예정이었다.[322]

서로의 근황에 대해 묻는 과정에서 나는 랜스키의 왼손에 결혼반지가 있는 것을 발견하고 꽤나 기뻤다. 환한 얼굴로 "딸도 생겼어요"라고 말하며, 랜스키는 내게 새러 레이절 랜스키의 사진을 보여주었다. "그렇다고 일이 적어졌다는 건 아니구요, 오히려 제 일을 도와줄 아내 게일이 생겼다는 뜻이죠." 랜스키는 재빨리 덧붙였다.

그럼에도 불구하고 지금도 그는 종종 뭐가 잘못되지나 않았는지 걱정이 되어 한밤중에 홀리오크에 있는 별관으로 찾아가곤 한다. "뭐랄까, 종교적인 경험을 찾아서 공장에 가는 것은 아니구요, 말하자면 경고음이 울리기 때문에 가는 것이죠." 랜스키는 말했다. 그렇지만 일을 마치고

---

321. 인쇄물의 조판에 사용하는 식자기(植字機)를 말한다. 이 식자기의 키보드로 원고의 문자나 기호들을 두드리면 1행씩 한 덩어리로 주자(鑄字)되는 동시에 자동적으로 식자가 된다.
322. 미국 이디시 도서연구소 건물은 예정보다 1년 늦은 1997년에 개원했다. 센터 설립 25주년이 되는 2005년 현재 아론 랜스키는 여전히 소장직을 역임하고 있으며, 최근에 회고록을 발표하기도 했다. 자세한 내용은 홈페이지(www.yidisshbookcenter.org)를 참고하라.

불을 모두 끄고 나면, 랜스키는 늘 그랬듯이 잠시 그곳에 머물러 있다가 문을 잠그고 집으로 돌아온다.

"1,000년에 걸친 삶과 활기와 문화가 그 서가들에 꽂혀 있는 셈이니, 단 한 번도 그걸 당연한 것으로 여긴 적은 없습니다." 랜스키는 말했다. "어둠 속이라도 100만 권의 책이 지닌 무게는 느껴집니다. 나이가 들어가면서, 또한 아이가 생기면서 책들에 대한 제 생각도 점점 더 깊어집니다. 우리 아이야말로 제가 하는 이 일생의 사업이 지닌 의미를 말해 주는 존재니까요. 제가 누구를 위해 이 책들을 보존하는 것인지는 아이를 보면 금방 알 수 있지요."

아서 알폰소 숌버그는 버진아일랜드 출신의 세탁부 메리 조셉과 당시 산후안[323)]에 살고 있던 독일계 혼혈 상인 카를로스 페데리코 숌버그 사이의 아들로, 1874년 푸에르토리코에서 태어났다. 아버지의 성을 물려받기는 했지만, 아서가 푸에르토리코의 유명 가문인 숌버그 가의 적자로 성장했다고 추측할 만한 증거는 하나도 없다. 아서 숌버그는 1911년 뉴욕으로 이주한 뒤 1938년에 죽을 때까지 거기서 살았다. 그의 전기를 쓴 엘리너 데스 버니 시너트는 숌버그 역시 즐거운 여가 활동을 위해 책을 수집했다기보다는, 오히려 다른 초창기 흑인 도서수집가들과 마찬가지로 자기 종족의 역사적 기록물들을 보존하려는 사명감에 책을 수집했다고 지적했다. 비록 흑인 최초의 도서수집가는 아니었지만 숌버그는 그 일에 모든 열정을 다 쏟아부었고, 그 결과 그의 업적은 전 세계적으로 유명한 할렘의 숌버그 흑인문화연구소—현재는 뉴욕 공립도서관 산하에 있다—로 남게 되었다.

323..도미니카 공화국의 도시명.

특히 남북전쟁 직후인 1865년부터 19세기 말까지, 흑인 역사를 기록으로 남겨야만 한다는 사실에 공감한 사람들이 하나 둘씩 생겨나기 시작했다. 그런 사람들 가운데는 미국 니그로역사학회의 정신적 지주이자, 1873년부터 1903년까지 발행된 신문에서 뽑은 수천 건의 기사를 모은 스크랩북을 388권이나 남긴 필라델피아의 윌리엄 도지도 있었다. 윌리엄 도지가 모아놓은 기사들은 부고기사, 행사 안내, 정치적 선전 등을 포함해 흑인들의 일상생활 속에서 일어나는 모든 일들을 보여주는 것이었다. 1923년에 도지가 죽은 뒤, 펜실베이니아에 있던 체이니 주립대학에 위탁 보관된 스크랩북은 누구의 관심도 끌지 못한 채 반세기 가까이 잊혀졌다가, 1976년에 어느 대학원생에 의해 도서관 지하실에서 다시 발견되었다. 그때부터 도지의 스크랩북은 그 중요한 전환기에 도시 흑인들의 생활상을 보여주는 중요한 1차 자료로 평가받게 되었다.

도지와 달리 아서 알폰소 숌버그는 자신의 노력이 무시되지 않도록 일종의 장치를 마련했다. 1983년에 하워드 대학[324]에서 열린 〈흑인 장서가들과 수집가들 : 흑인의 역사를 지킨 사람들〉이라는 세미나에서 시너트 박사는 자신의 연구 도중에 숌버그가 캘리포니아의 도서수집가 휴버트 하우 밴크로프트의 말을 인용한 글을 발견했다고 발표했다. 그 글에서는 '니그로'를 '불완전하고 신뢰할 수 없는' 시민, 또한 십중팔구 '영원히 성가신 존재로 남을 게 분명한 골칫덩어리'로 묘사하고 있다. 또 숌버그는 다음과 같은 문장도 옮겨놓았다. "제 아무리 배운다고 하더라도, 이상과 포부가 제 아무리 높다고 하더라도, 흑인들은 자신을 포함해서 자손들까지 영원히 무시와 노예의 표지를 달아야만 한다. 하느님이

---

[324] 1867년에 워싱턴 D. C.에 설립된 흑인 전용 대학이다. 제2차 세계대전 이후로는 백인 학생도 입학이 가능해졌다.

그렇게 만드셨도다. 니그로는 그 어떤 목적에도 필요 없으며 내내 그럴 것이다." 두 번째 문장 밑에다 숌버그는 굵은 글씨로 이렇게 써놓았다. "어째서 우리 니그로에게는 우리 종족에게 그토록 비열한 죄악을 저지르는 밴크로프트에게 맞설 만한 역사가도, 논설가도 없단 말인가?"

도지, 숌버그, 제시 E. 무어런드, 마커스 가비 등의 초창기 흑인 도서 수집가들은 그런 분별없는 사이비 학자들을 반박할 만한 자료뿐만 아니라, 흑인을 비방하는 자료들도 함께 수집했다. "이들 선도적인 흑인 도서수집가들이 활동했던 당시의 사회는 인간으로서의 그들의 존엄을 부정할 뿐만 아니라, 뭔가 성취할 수 있는 그들의 능력 자체를 의심했다." 시너트 박사는 이렇게 썼다. 그러므로 그들이 모은 책 가운데 1914년에 나온 찰스 H. 맥코드의 《의존적이고 불완전하고 사악한 미국 니그로》나, 1906년에 로버트 빈이 《미국 해부학회지》에다 쓴 논문 〈니그로 인종의 두뇌에 나타나는 몇 가지 특이성〉 등과 같은 '과학 저술'이 들어 있다는 사실도 그리 놀랍지는 않다.[325]

숌버그는 이른바 '할렘 르네상스'[326]로 알려진 기간 동안 정열적으로 활동했으며, 랭스턴 휴즈와 폴 로브슨 등을 친구로 사귀었다. 1913년에 숌버그는 이렇게 썼다. "여명의 시기에 있는 우리에게는 우리의 미래를

---

325. 로버트 빈의 연구는 연고자 없는 흑인 103명과 백인 49명의 시신에서 적출한 두뇌를 가지고 각각의 크기와 무게 등을 비교한 것이었다. 그러한 '과학적' 연구를 통해 빈은 흑인의 두뇌가 크기와 무게에서부터 백인의 두뇌에 미치지 못한다는 결론을 내렸다. 물론 실제로 양쪽의 차이가 현격히 드러나진 않았지만, 빈은 자신의 연구에 사용된 백인의 시신이 대부분 '가난한 백인 빈민의 것'이라는 점을 들어, 결국 '잘난 흑인'도 기껏해야 '못난 백인'의 수준에 불과하다는 증거로 삼았다.

326. 1920년대 뉴욕 할렘 지대를 중심으로 일어난 미국 흑인 예술가들의 새로운 경향을 일컫는 말이다. 이 시기의 중요한 저작으로는 제임스 웰던 존슨의 자전적 소설 《전(前) 유색인》(1912)과 《하느님의 트롬본》(1927), 클라우드 맥케이의 《할렘의 그림자》(1922)와 《할렘의 집으로》(1928) 등이 있다. 시인으로는 카운티 컬렌, 랭스턴 휴즈 등이 여기에 참여했다.

제시할 사람이 필요하다. 그런 사람이 대학의 회랑에서 나타나든, 들판의 밭고랑 사이에서 등장하든 말이다." 그로부터 3년 뒤, 숌버그는 미국, 아프리카, 서인도제도, 남아메리카, 유럽 등지에 흩어져 있는 모든 도서수집가들이 서로 만날 수 있는 공간을 제공하기 위해, 니그로 도서수집가 거래소를 설립하고 그들이 각자의 컬렉션을 여기에 등록하도록 만들었다. "그들은 흑인들이 이룬 역사적 성취물의 자취를 찾고자 하는 공동의 열정을 공유했으며, 서로 같은 목적의식으로 똘똘 뭉쳤다." 시니트 박사는 이렇게 썼다. "그들은 매우 밀접하고 친밀한 네트워크를 구축해 서로 편지를 주고받거나, 서재를 방문하기도 했으며, 함께 책을 찾기 위해 돌아다니는 등 같은 관심사를 가진 사람으로서 동지애를 나누었다."

23년 동안 월스트리트에 있는 뱅커스 트러스트 은행에서 은행원으로 일했던 숌버그는 그 모임 중에서도 가장 활동을 많이 한 사람으로, 그의 우선적인 관심사는 언제나 도서수집이었다. 숌버그는 인종차별에 맞서 싸우다가 영문학에서 흑인 작가들의 작품들로 수집의 대상을 옮긴 부유한 백인 변호사 아서 스핑간과 우호적인 경쟁 관계를 유지했다. 스핑간은 1911년에 전국 유색인지위향상협회의 법률 고문이 된 직후부터 관련 자료들을 모으기 시작했고, 이 자료들은 훗날 컬렉션으로 발전했다. 1962년에 《니그로 다이제스트》에 실린 한 기사에서는 스핑간을 흑인의 인권을 위해 싸운 '백인 투사'로 묘사하기도 했다. 스핑간은 1940년부터 1965년까지 전국 유색인지위향상협회 회장을 역임했다.

서적, 정기간행물, 연극 광고지, 연설문, 편지, 이페머러 등 5,000점에 달하는 스핑간의 자료들은 1946년에 하워드 대학에 매각되었으며, 이후 제시 E. 무어런드의 장서와 합쳐져 무어런드-스핑간 연구소로 발전했다. 스핑간의 소장품은 특히 쿠바와 브라질의 흑인계 작가 및 아이티 작가들의 책에서 강세를 보이는데, 여기에는 희귀본도 많이 포함되어 있다. 현재 하워드 대학에 소장된 미출간 회고록 원고에서 스핑간은 자기가 숌버그를 처음 만난 시기가 제1차 세계대전이 일어나기도 훨씬 이전이라고 말하며, 변호사인 자신이 여행을 더 많이 다녔음에도 불구하고 종종 탐내던 책을 라이벌인 숌버그에게 빼앗기곤 했다고 회상했다. "니그로 서적을 구할 수 있는 길을 찾았다고 생각할 때마다, 나는 숌버그가 이미 그 길을 지나갔거나 적어도 뒤를 바짝 쫓아오고 있다는 사실을 발견했다." 스핑간은 숌버그가 '언뜻 보기에는 무용지물 같았던 엄청난 책 더미로 다가가, 그 많은 책들 사이에서 노련한 수집가가 아니라면 분명히 놓치고 말았을 만한 보물 한두 개를 발견해 내는' 광경을 본 순간들을 회고하기도 했다. "도대체 어떻게 그런 책들을 발견해 내는 것인지 나로서는 이해되지 않았으므로, 혹시 냄새로 알아낸 것은 아닌가 생각했을 정도였다." 신비에 가까운 이 능력에 대한 가장 적절한 설명은 숌버그에게 '희귀본에 대한 육감'과 '무한한 인내심'이 있었다는 것이리라.

많다고는 할 수 없는 수입 때문에 숌버그로선 여행할 수 있는 기회가 많지 않았지만, 적어도 수집의 영역에서만큼은 그렇지 않았다. 숌버그는 미국 전역과 해외의 서적상들과 정기적으로 연락을 주고받았으므로, 그가 니그로의 삶과 관련해서 세계 모든 곳의 자료를 수집했다는 사실은 의심의 여지가 없다. 숌버그는 언제나 항상 정신을 바짝 차리고 책들을 살펴보는 친구들과 지인들의 조직망을 전 세계에 걸쳐 갖고 있었다. 예컨대 숌버그와 펜팔을 시작한 아이티의 한 교사는, 그 즉시 아이티 관련 자료들이 있는 곳을 직접 찾아냈다고 알려왔다. 비슷한 경우로, 버뮤다에서 휴가를 보낼 예정이었던 어느 피아니스트는 숌버그로부터 그곳에 흑인 작곡가들이 작곡한 악보가 있는지 알아봐 달라는 부탁을 받았다. 절친한 친구였던 엘레인 로크는 유럽에 갈 때마다 숌버그로부터 찾아봐 달라는 자료 목록을 건네받곤 했으며, 중미와 남미를 여행했던 제임스 웰던 존슨도 마찬가지 부탁을 받았다. 랭스턴 휴즈는 러시아 여행 중에 알렉산더 푸슈킨의 흑인 어머니에 관한 자료와, 소련 최초로 셰익스피어 연극 무대에 오른 흑인 배우 아이라 앨드리지에 관한 자료를 발견해 뉴욕의 숌버그에게 보냈다.[327] 숌버그는 라이베리아에 미국 특사로 파견된 레스터 A. 월튼에게, 어느 여인을 찾아가 아프리카의 교육자이자 정치가인 에드워드 윌모트 블라이든에 관한 자료들을 구해 달라고 부탁하기도 했다. '흰개미의 식사거리가 되는 것보다는 나은 일'이라고 1937년 숌버그는 월튼에게 썼다. 숌버그 컬렉션이야말로 아마 얼마 안 남은 이런 자료들이 안전하게 보관될 수 있는 곳이었을 테니까.

세계 각지의 희귀 자료를 다 구했음에도 불구하고, 숌버그가 직접 해외로 나간 것은 단 한 번뿐이었다. 카네기 재단으로부터 10만 달러를 받고 자신의 컬렉션을 뉴욕 공립도서관에 매각한 뒤인 1926년 여름, 숌버그는 증기선 마누엘 아르누스 호를 타고 에스파냐를 향해 여행을 떠났다. "출발 전날 밤, 흑인을 위한 포도원에서 땀 흘려 일했던 지난 몇 년간의 일들을 나름대로 기려봤다네. 나는 이제 잃어버린 유산을 되찾으려는 기꺼운 사명을 위해 출발한다네." 친구에게 보낸 편지에서 숌버그는 썼다.

1929년, 59세의 나이로 뱅커스 트러스트에서 은퇴하자마자 숌버그는 테네시 주 내슈빌에 있는 피스크 대학에서 흑인사 문헌 정리를 맡아 달라는 제안을 수락했다. 1932년에 뉴욕으로 돌아온 그는 6년 전에 자신이 뉴욕 공립도서관에 매각한 컬렉션을 담당하는 큐레이터가 된 뒤, 1938년 사망할 때까지 그 운명을 지켜보았다. 카네기 재단으로부터 약

---

[327] 훗날 랭스턴은 미국의 유명한 흑인들의 전기인 《저명한 미국 흑인들》(1954)에 아이라 앨드리지에 대한 글을 수록하기도 했다. 우리말 번역본은 《위대한 흑인들》(이병섭 옮김, 현대신서 4, 대한기독교서회, 1968)로 나와 있다.

간의 지원금을 받은 숌버그는 장서의 양을 늘리기 위해 친구들에게 계속 도움을 요청했다. 자금이 부족했던 대공황 시기에는 숌버그가 뉴욕 공립 도서관의 상사들에게 승낙조차 구하지 않은 채, 문제가 될 일은 나중에 해결하기로 하고 일단 책을 먼저 주문한 일도 있었다. 간혹 도서관에서 그 대금을 지불한 일도 있지만, 대부분은 그렇지 않아서 여기저기서 돈을 모으거나 사비를 털어야만 했다.

숌버그는 흑인들의 전통과 문화 등 다양한 주제에 대해 강의를 하기도 했다. 정규적인 교육은 거의 받지 않았지만, 그는 자신이 수집한 책을 통해 독학한 지식으로 《크라이시스》와 《아퍼튜너티》 같은 잡지에 날카로운 글을 발표했다. 숌버그의 가장 유명한 글은 1920년대의 할렘 르네상스를 다룬 〈과거를 캐내는 니그로〉로, 1925년 《서베이 그래픽》 3월호에 수록되었다. 숌버그의 글은 몇 년 뒤 엘레인 로크가 편집한 중요한 앤솔로지인 《뉴 니그로》에 재수록되기도 했다. 숌버그는 다음과 같이 썼다. "(우리는) 노예제도가 앗아간 역사를 되찾아야만 한다. 그렇게 함으로써 지금의 세대들은 노예제의 사회적 손실을 복구하고 벌충할 수 있기 때문이다. 니그로는 값진 문화가 없는 인종으로 여겨졌기 때문에 그동안 역사가 없는 인종이었다."

펜실베이니아 주립대학의 어느 미식축구 감독은 한때 자신이 가르친 찰스 L. 블록슨을 가리켜 '인간에 대한 우리의 믿음을 완전히 바꿔놓은 젊은이'라고 설명한 바 있다. 러닝백을 담당한 블록슨을 눈여겨 본 상대팀 감독은 경기장에서 보여준 그의 용기에 대해 다음과 같이 말했다. "블록슨은 상대방을 향해 곧장 달려간다. 그는 멋있게 보이는 일 따위는 관심이 없다."

1950년대에 펜실베이니아 주립대학에서 4년을 보내는 동안, 찰리 블록버스터 블록슨은 백필드 담당 레니 무어, 태클 담당 루스벨트 그리어와 함께 활약하며 니타니 라이온[328] 팀을 이끈 공로로 총장상을 받았다. 1953년에서 1955년까지 그들의 성적은 21승 9패였다. 대학 시절, 블록슨은 육상부에서도 투포환과 원반 선수로 활약한 스타였으며, 펜실베이니아의 노리스타운 고등학교에 다닐 때는 1,000미터 달리기를 비롯해 440미터와 880미터 계주에도 참가했다. 그로부터 수십 년이 흐른 뒤, 옛날 스크랩북을 넘기며 블록슨은 '10종 경기를 해볼까 심각하게 고민한 적도 있었다'고 말했다. "그런데 장대높이뛰기가 도무지 자신이 없어서 말이죠."

1956년, 프로 미식축구팀인 뉴욕 자이언츠의 테스트에 응한 블록슨은 정식 입단하라는 제의를 받았지만 거절했다. 40년 가까이 세월이 흐른 지금까지도 그 계약서는 서명되지 않은 채 그의 개인 파일 안에 보관되어 있다. "사실 그리 어려운 결정은 아니었죠. 저는 운동을 좋아하고, 운동이 제게 미친 영향이 있다는 것을 인정합니다. 하지만 제 인생에는 제가 할 수 있는 다른 일들도 있다는 것을 알고 있었어요. 저는 중학교 시절부터 운동에 제 몸을 바쳤습니다. 그래서 이제는 제 정신을 저 자신에게 쓰고 싶다고 생각했어요."

스포츠팬이라면 다들 알겠지만, 그의 동료였던 레니 무어와 루스벨트 그리어는 프로 무대에서도 두각을 나타냈다. 프로미식축구 명예의 전당에 이름을 올린 러닝백 무어는 키 191센티미터, 몸무게 98킬로그램의 대학 시절 동료가 계약서에서 결국 등을 돌렸다는 사실을 듣고는 '깜짝 놀랐다'고 회상했다. 그 당시 볼티모어 콜츠에서 프로 경력을 막 시작하고 있던 무어는 자기보다 한 해 먼저 자이언츠에 들어간 루스벨트 그리

---

[328]..펜실베이니아 주립대학 체육부의 별칭이다.

어에게 전화를 받았을 때의 일을 회상했다. "찰스와 저는 고등학교 시절부터 늘 함께였죠." 무어는 말했다. "저는 레딩에서, 찰스는 노리스타운에서 뛰었는데, 두말할 여지없이 찰스는 펜실베이니아에서 가장 운동을 잘 하는 학생이라 못 하는 게 없었죠. 육상 경기에서 찰스가 세운 기록을 보면 제가 무슨 말을 하는지 아실 겁니다. 찰스는 그 누구보다도 덩치가 컸기 때문에 주위에 누가 있건 말건 신경 쓰지도 않았어요. 찰스가 달려올 때는 마치 라인백커가 쏜 총알처럼 빨랐죠."

고등학교 시절에는 라이벌이었지만, 펜실베이니아 주립대학 신입생 시절에는 블록슨과 절친한 사이로 방을 같이 쓰기도 했다고 무어는 말했다. "찰스가 자이언츠의 훈련 캠프를 떠났다는 이야기를 루스벨트에게서 듣고 제 귀를 의심했죠. 루스벨트는 찰스가 자기 팀의 일원이 되었는데, 갑자기 그만 두고 떠났다고 말했어요. 지금도 마찬가지지만, 그 당시에도 프로 스포츠계에 들어오라는 말을 거절하는 흑인 학생을 찾아보기는 힘들 겁니다. 그 시절에는 존경할 만한 흑인 영웅들이 거의 없었습니다. 해서 원한다면 먼저 두들길 수 있었죠. 물론 운이 좋았다면 말입니다."

당시에는 몰랐으나, 수십 년이 흐른 뒤에서야 레니 무어는 비로소 자기 친구가 가장 원한 것은 '흑인 도서수집가'가 되는 일이었음을 알게 되었다. 그의 목표가 훌륭하게 이루어졌음을 잘 보여주는 책, 소책자, 인쇄물, 원고, 구술자료, 포스터, 사진, 악보, 브로드사이드 등 2만 점의 자료로 구성된 찰스 L. 블록슨 아프로아메리칸 컬렉션은 1984년에 이르러 필라델피아에 있는 템플 대학에 기증되었다. 블록슨의 지속적인 관리 덕분에 10년 뒤에 컬렉션의 도서목록은 네 배인 8만 권으로 늘어났다.

"찰스 블록슨 컬렉션에서도 가장 중요한 요소는 찰스 블록슨 그 자신입니다." 템플 대학의 피터 J. 리어쿠러스 총장은 인터뷰에서 이처럼 장담했다. 그 자료들이 대학에 제공될 때, 자료를 수집한 사람이 큐레이터로 함께 따라간다는 점 또한 상호간에 합의되었다. 또한 블록슨이 향후 그 자료를 발전시키는 방향을 자유롭게 설정하고, 학계가 그 자료를 가장 효율적으로 사용할 수 있는 방법을 마련하도록 일한다는 점도 중요하게 언급되었다.

"찰스 블록슨의 미덕은 다양한 사람들을 차별하지 않는다는 점입니다"라고 리어쿠러스 총장은 말했다. "블록슨은 학자, 교사, 학생, 어린이 등 지적 수준에 있어서 다양한 사람들과도 훌륭하게 관계를 맺었습니다. 이 대학에서 가장 유명한 건물에다가 블록슨의 컬렉션을 두게 된 까닭도 거기에 있습니다. 블록슨의 매력은 학자들 사이에서만 통하는 게 아니고 다른 사람들에게도 쉽게 옮겨가기 때문에, 무슨 특수 분야의 컬렉션처럼 외딴 곳에 두고 싶지 않았습니다. 블록슨이 템플 대학에 왔을 때는 우리가 대학을 모든 사람들에게 봉사할 수 있는 공간으로 만들자고 마음먹던 시기였습니다. 아이들도 자유롭게 대학 총장이 있는 건물로 들어와 직접 찰스 블록슨의 자료를 가지고 조상들에 대해 공부할 수 있습니다."

리어쿠러스 총장은 블록슨 컬렉션에는 만약 도서관의 전문 직원이었다면 결코 획득하지 못했을 어떤 독창성이 있다고 설명했다. "학교에서 컬렉션을 만드는 일은 연구 프로젝트를 위한 인가를 얻어내는 일과 매우 비슷합니다. 기금으로 운영되는 대부분의 프로그램은 다른 사람들의 검토를 거치기 때문에, 부담스런 위험 요소를 감수하지 못하고 그저 안전하게만 운용할 뿐이죠. 이런 절차로부터 유일하게 자유로운 사람들은 대부분 소설 관련 자료를 개발한 사람들뿐입니다. 조직에 얽매이지 않는 사람만이 사회를 혁신할 수 있다는 것은 누구나 다 아는 사실입니다. 블록슨은 사업가도 직업적인 학자도 아닙니다. 그는 오히려 예술가이자 수집가입니다. 제가 할 일이란 그에게 더 많은 자유를 줘서 재능을 발휘하도록 만드는 일입니다."

블록슨은 그 컬렉션을 가리켜 '내 영혼의 연장(延長)'이라고 설명하면서, 한편으로는 수많은 잡지 기사와 일곱 권의 책을 쓰는 데 이 컬렉션이 1차 자료가 되었음을 강조했다. 그는 1975년에 《펜실베이니아 흑인사》를 펴냈고, 뒤이어 1977년에는 오늘날 자신들의 뿌리를 찾는 흑인들에게 반드시 필요한 자료로 인정받는 《흑인 계보학》을 펴냈다. 1984년 6월호 《내셔널 지오그래픽》은 36페이지에 걸쳐서 블록슨의 기사 〈노예로부터의 탈출 : 언더그라운드 레일로드〉를 싣고 표지에도 크게 다루었다.[329] 3년 뒤에 블록슨은 이 주제를 더 발전시켜, 속박에서 탈출한 한 노예의 1인칭 시점으로 쓴 《언더그라운드 레일로드》를 발표했다. 블록슨은 1856년에 자유를 찾아 도피한 증조할아버지에 관한 이야기를 어린 시절에 전해 들은 경험으로부터 이런 일들을 하게 되었다.

아홉 남매 중 장남인 블록슨은 할아버지가 들려준 증조할아버지에 관한 이야기를 들을 때 얼마나 떨렸는지 잘 기억하고 있다. 증조할아버지인 제임스 블록슨은 델라웨어에서 노예 상태로 있다가 캐나다로 탈출했는데, 제임스 블록슨을 포함해 남북전쟁이 일어나기 전 수십 년 동안 은밀한 역(驛)에서 몸을 숨기면서 '눈에 보이지 않는 철길'을 따라 북쪽으로 도망칠 수 있었던 수만 명의 흑인 노예들은 죽는 순간까지도 언더그라운드 레일로드에 관한 비밀을 지켜야만 했다. 집에 전해 오는 이런 이야기 때문에 블록슨은 아주 어린 시절부터 크게는 아프리카계 미국인에 관한, 그리고 좁게는 언더그라운드 레일로드에 관한 정보를 모으기 시작했다.

329.. '언더그라운드 레일로드'는 '지하로 연결되는 철길'이란 뜻으로, 노예제가 실시되던 미국 남부에서 흑인들을 도와 북부나 캐나다로 비밀리에 도망칠 수 있게 해 주었던 비밀 조직을 말한다.

단순히 작가뿐만 아니라, 흑인사와 흑인문학에 관한 자료를 모으는 도서수집가가 되겠다는 결심이 확고해지게 된 데에는 어린 시절의 또 다른 경험이 작용했다. 블록슨은 자신으로 하여금 악감정 없이 조상들의 연대기를 수집하게 만든 그 원동력에 대해 이렇게 설명했다. "4학년이던 여덟 살 때, 선생님에게 니그로의 역사도 있느냐고 물은 적이 있었습니다." 블록슨은 말했다. "그 당시 교실에는 흑인이 세 명 정도 있었는데, 제가 던진 질문은 정확히 이랬습니다. '니그로들만의 역사가 있나요?' 물론 당시 저의 우상이던 부커 T. 워싱턴, 조지 워싱턴 카버, 제시 오언스, 폴 로브슨 등에 대해서는 알고 있었지만, 분명히 예외적인 그런 인물들을 제외하면 흑인들은 미국을 만드는 데 조금도 기여하지 못한 것처럼 보였으니까요. '없어. 니그로들에게는 역사가 없어. 니그로들은 백인들을 섬기기 위해 태어났거든.' 당시 담임선생님은 여자분이었는데, 그렇게만 대답하시더군요."

우연의 일치겠지만, 그로부터 정확하게 50년의 세월이 흐른 1991년, 이른바 '감사의 날' 행사에서 노리스타운 시는 찰스 L. 블록슨에게 시장, 주지사, 주의회, 필라델피아 시의회의 이름으로 감사장을 수여했다. 그 때까지 이 노력파 도서수집가는 빌라노바 대학과 링컨 대학으로부터 명예박사 학위를 받았으며, 흑인 역사에 관한 강의를 해달라는 요청을 줄곧 받고 있었다. 이런 여러 가지 표창이 있었지만, 블록슨은 자신이 겪은 가운데 가장 의미 있었던 일로 이미 은퇴한 초등학교 시절 선생님이 자신을 찾아와서 오래 전 생각 없이 한 말을 사과했던 일을 꼽았다. "찰스, 네 덕분에 우리는 우리 자신과 역사에 대해 많은 것을 배우게 되었구나." 그 여교사는 자기 제자에게 말했다.

"그분도 당신이 배운 대로 말씀하신 것뿐이기 때문에, 제가 선생님을 미워한 것은 아니라는 사실을 거듭 말씀드려야 했습니다." 블록슨은 말했다. "물론 나쁜 의도로 한 말이라고는 생각하지 않습니다. 다만 그분은 더 나은 사실을 모르셨던 것뿐이니까요. 하지만 돌이켜보면, 당시 제가 선생님의 말에 깜짝 놀라기도 했고 당황스럽기도 했다는 것만은 분명합니다. 게다가 정신이 혼란스러웠어요. 왜냐하면 나는 할아버지에 대해서 알고 있었고, 할아버지와 같은 처지에 놓였던 수많은 사람들이 있다는 사실도 알고 있었으니까요. 선생님은 그 많은 사람들이 역사에 아무런 흔적도 남기지 않고 사라졌다고 말씀하신 셈이죠. 그렇다면 그 사람들에게는 아무런 역사도 없단 말인가요? 그들만의 문화도? 선생님의 말이 틀렸다는 사실을 증명하는 일이야말로 제겐 너무나 중요하게 여겨졌습니다. 제 생각에, 도서수집가가 되어야만 하겠다고 생각한 것은 4학년 바로 그날부터의 일이었습니다. 제가 수집가란 사실을 알기 오래 전부터 저는 수집가였습니다."

블록슨은 교회 바자회, 벼룩시장, 중고품 가게, 헌책방 등을 돌아다니기 시작했다. "아무도 관심을 두지 않는 것들을 집기 시작했습니다. 고등학교에 입학하기도 전에 찾아낸 것들이 아직도 컬렉션에 포함되어 있는데, 무척 좋은 것들입니다. 게다가 몇 푼 주지도 않고 산 것이니까요." 구세군과 굿윌 상점[330]은 좋은 물건을 발견할 수 있는 곳이었다. "거기 가면 책 한 권에 10센트였습니다. 언젠가는 제가 원하는 책을 다른 책 아래에 숨겨놓고 반값 세일을 할 때까지 기다린 적도 있었습니다."

그 소년 도서수집가는 단순한 목표에 초점을 맞췄다. '흑인, 니그로, 아프리카, 유색'이라는 단어가 언급된 것이라면 무엇이든 수집했다. 초창기에 발견한 책들 중에는—흑인들의 업적에 관한 서너 권의 책을 집필

---

[330]..장애인과 소외계층을 후원하기 위해 기업체 등으로부터 기증받은 재고물품을 싸게 판매하는 중고물품점으로 1902년부터 시작되었다.

했으며 이른바 '아프리카계 미국인 역사의 달'[331]을 만든—카터 G. 우드슨이 쓴 두 권의 책, 그러니까 1945년에 출간된 《니그로 역사 개척자들》과 1939년에 출간된 《아프리카 영웅전》도 포함되어 있는데, 이 책들은 선생님의 말에 반박할 수 있는 초창기의 좋은 자료들이었다. 1953년에 펜실베이니아 주립대학에 가게 될 당시까지 블록슨은 10년 가까이 책을 수집해 왔고, 그 양상은 점점 더 세련되어 갔다. "원정 경기에 나섰을 때 레니와 루스벨트가 제일 먼저 하는 일은 그곳 여학생 클럽을 찾아보는 일이었습니다. 하지만 저는 헌책방을 찾아갔어요. 굳이 책을 사진 않더라도, 책 사이에 있다 보면 저도 모르게 마음이 안정되었으니까요."

매디슨 스퀘어 가든에서 열린 육상 경기에 참석차 뉴욕에 왔을 때, 블록슨은 어느 오후 자유시간을 어퍼 맨해튼에서 보내기로 결심했다. "할렘으로 가는 A 열차를 탔죠." 블록슨은 이렇게 말하고 나서 듀크 엘링턴이 작곡한 그 유명한 노래[332]를 흥얼거렸다. "135번가 역에서 하차한 뒤, 레녹스 가에 있는 숌버그 흑인문화연구소 쪽으로 갔습니다. 제 생애 가장 중요한 순간이 그렇게 해서 찾아왔습니다. 그 곳을 둘러보자마자 저는 혼자가 아니라는 걸 알게 되었습니다. 저보다 앞서 다른 흑인이 한 일을 보게 된 것이죠. 아서 숌버그가 한 일은 저의 모델이 되었습니다. 제 인생의 목표를 발견한 것이죠. 그 뒤로는 한 번도 뒤를 돌아보지 않았습니다." 어쩌면 찰스 블록슨을 오늘날의 아서 알폰소 숌버그라고 부를 수 있을 듯하다. 왜냐하면 숌버그처럼 블록슨도 자신의 소중한 컬렉션을

---

331. 설립 당시에는 '흑인 역사의 달'이라는 이름이었다. 미국에서는 본래 '흑인 역사 주간'이었던 2월 둘째주에서 비롯된 것이다. 1926년에 카터 G. 우드슨 박사가 미국 역사에 끼친 흑인들의 업적에 대중의 관심을 모으기 위해 매년 2월을 이렇게 정하면서 시작됐다.
332. 듀크 엘링턴의 〈A 열차를 탔다네〉라는 노래로, 지금은 유명한 재즈 스탠더드 넘버가 되었다.

보관이 용이한 장소에 맡겼을 뿐만 아니라, 그 자료를 활용하고자 하는 다양한 종류의 사람들이 원하는 지식을 찾을 수 있도록 개인적으로 안내했다는 점에서 말이다.

육군에 입대해 2년을 복무한 뒤, 블록슨은 1958년에 노리스타운으로 돌아와 주택관리업을 시작했다. "수입은 좋았는데, 제 마음은 온통 수집, 수집, 수집에만 빠져 있었습니다." 블록슨은 말했다. 1970년, 블록슨은 노리스타운 지역 교육위원회에서 인간관계 및 교양 관련 업무를 맡게 되었는데, 이 자리는 어린 학생들의 자부심과 이해력을 키우는 일을 생의 목표로 삼은 그와 같은 사람에게는 더 없이 이상적이었다. 블록슨은 윤리학과 지역사를 가르쳤고, 교사들을 위한 세미나와 워크숍을 이끌었으며, 학교와 지역사회 사이의 연락원으로 활동했다. 그러는 사이에 블록슨은 전 생애에 걸쳐 수집한 자료들을 토대로 흑인 계보학과 역사에 대한 글을 쓰기 시작했다.

블록슨은 강의에서 다음과 같은 말을 즐겨 들려준다. "펜, 깃촉, 연필을 쥔 손이 역사를 움직입니다." 이어, 블록슨은 자신이 성장하던 1940년대와 1950년대에는 '펜과 연필을 움직이는 사람들이 아프리카계 미국인들의 합당한 역사를 서술하지 못했다'고 지적한다. "하지만 그 당시에는 노예들에게 읽는 법을 가르치는 것이 범죄 행위였던 시절로부터 그다지 오랜 시간이 지나지 않은 상황이었습니다. 흑인들이 책을 읽는 것은 법률 위반이었습니다. 흑인들은 자신들의 역사와 자신들의 문화유산에 대해 배울 권리를 거부당했습니다. 그러므로 흑인들이 자신들의 피부색을 부끄럽게 여기는 데 익숙한 것도 놀랄 만한 일은 아닙니다." 블록슨은 이렇게 덧붙인다.

레니 무어와 찰스 블록슨은 50년이 지난 지금까지도 친밀한 사이로 지내면서 서로의 인생 역정에서 눈을 떼지 않고 있다. "찰스에 관해서라면 할 말이 너무나 많습니다." 무어는 말했다. "가장 하고 싶은 말은 블록슨은 언제나 우리보다 더 집중력이 강했다는 점이죠. 자이언츠의 훈련 캠프를 떠났을 때, 저는 그 친구가 미쳤다고 생각했지만, 그때는 그 친구 마음속에 뭐가 들었는지 알지 못했습니다. 블록슨은 자신이 하고자 하는 일이 뭔지 우리보다 훨씬 더 일찍 알고 있었으니 놀라운 일입니다. 지금까지도 블록슨과 알고 지낼 수 있어서 정말 다행이에요. 저는 그 친구를 사랑하니까요. 그리고 블록슨을 친구라고 부를 수 있어서 자랑스럽게 생각하니까요."

코네티컷 주 스탬포드에 사는 프레드 J. 보드의 집에는 작가별로, 혹은 주제별로 수집한 책들이 가득하다. 호화판화본도 얼마간 있고, 성냥갑보다 크지 않은 꼬마 책도 수천 권씩 있고, 대공황 시기에 연방작가지원계획으로 출판된 여행 안내서도 수백 권이나 있다. 보드에게는 원형으로 생긴 책들, 자주색 종이에 인쇄된 책들, 강철 나사로 제본한 책, 콘크리트로 제본한 책 등도 있다. 또한 소처럼 '음매' 하고 우는 책, 아코디언처럼 펼쳐지는 책도 있다.

다채로운 책들을 내게 보여주며 보드는 "여기 있는 이 책은 정말 엄청나게 희귀합니다"라고 말했다. "프랑스 책으로 1799년에 나온 것인데, 이른바 '도지도', 즉 서로 등을 맞댄 책입니다. 결국 표지가 세 개짜리죠." [333] 보드에게는 서로 마주보고 앉은 두 사람이 같은 책을 읽을 수 있게 만든 '테이타테잇' [334]과, 서로 마주 보는 페이지에다가 아래 위를 거

333.‥말하자면 두 권의 책을 위아래가 반대로 가도록 해서 뒤표지끼리 붙인 형태다. 따라서 책의 앞뒤 모두가 '앞표지'이며, 본문 한가운데 '뒤표지' 하나를 공유하기 때문에, 표지가 '세 장' 뿐이다. 최근에 우리나라에서 출간된 책 가운데 '도지도' 방식을 취한 것으로는 다음을 들 수 있다. 김영·홍근수,《나의 걸음·좋은 것을 깨는 여자》(한울, 2003).

꾸로 해서 두 개의 이야기를 인쇄한 '업사이드다운' 책도 있다. "이 책을 펼칠 때는 나방이 튀어나올까봐 늘 걱정입니다." 보드는 스코틀랜드 특산품인 양털 타탄[335]에 인쇄한 아름다운 책을 내게 건넸다. "책에 벌레가 생길까봐 걱정하는 사람들도 있죠." 이번에는 큰 파스타에 인쇄한 책을 꺼내들었다. "이 책은 아무래도 생쥐한테 먹힐 것 같아요."

보드에게는 신기한 책들이 정말 많지만, 50년 전에 그를 처음 수집에 나서게 했던 책들은 집 1층에 있는 작은 사무실에 보관되어 있다. 그는 거기 있는 서너 개의 서가에 모두 호수 이름을 붙여놓았다. 휴런, 슈피리어, 위니페소키, 그레이트솔트 등이다. "강들은 여기에 있고 산들은 저기에 있습니다." 보드는 말했다. "맨 위가 제 프랭크 스톡턴 컬렉션입니다. 그 사람이 쓴 책은 다 가지고 있는데, 딱 한 권, 그러니까 《연방 해체를 향한 북부의 목소리》라는 희귀한 소책자 하나만 구하지 못했습니다. 그건 영영 구하지 못할 것 같습니다. 과자회사인 크래커 잭을 사는 데는 겨우 5년밖에 안 걸렸는데, 프랭크 스톡턴 전집을 사는 데는 벌써 50년이나 지났습니다만 결국 성공하지 못할 것 같습니다."

지난 30년 동안, 보드는 뉴욕에 있는 보던 사의 마케팅 부서에서 근무했다. "2년 전 은퇴할 때까지 저는 기업개발파트의 부책임자였습니다. 저는 보던의 계획 입안과 합병 관계 업무를 맡았죠. 그래서 와이즈 포테이토칩, 리레몬, 새크라멘토 토마토 주스, 스노우즈 클램 차우더 등과 같은 회사들을 사들였습니다." 보던으로 옮기기 전, 보드는 프록터 앤드 갬블(P&G)과 스탠더드 브랜즈에서도 비슷한 업무를 맡았다. "1940년대

---

334. 책 두 권을 하나로 붙였다는 점에서는 도지도와 유사하나, 두 권의 위아래가 '거꾸로' 붙어 있는 도지도와는 달리, 테이타테잇은 위아래가 '바로' 붙어 있는 형국이다. 따라서 본문의 설명에서처럼 서로 마주보고 앉은 사람이 양쪽에서 책을 펼쳐 읽을 수 있다.
335. 스코틀랜드 특산 모직물의 이름.

초반, P&G에서 처음 일을 시작할 때, 여기저기 여행을 많이 다녔습니다. 그러던 어느 날, '내가 초판본에 대해서 아는 게 하나도 없구나' 하는 생각이 들어서 좀 배워야겠다고 생각했습니다. 저는 누구도 수집하지 않던 프랭크 스톡턴을 택했습니다. 스톡턴은 50여 권에 가까운 책을 썼는데, 대부분은 어린이용이라서 상태가 좋은 책을 찾기가 매우 어려웠습니다. 그 사람을 택하게 된 것은 어차피 찾는 사람이 없는데다가 값이 쌌기 때문이죠. 그 시절에 제 한 달 수입이 150달러에 불과했는데, 마침 아내 제인과 신혼을 보내고 있었으니 책을 살 돈이 뭐 얼마나 되었겠습니까?"

직장 생활 초기에 보드가 맡은 일의 특성상 출장이 많았는데, 빈약한 출장비로는 어딜 가든 똑같이 썰렁한 호텔방에서 혼자 지낼 수밖에 없었다. "새 쿠폰 사업을 시험하기 위해 웨스트버지니아 주 블루필드에 다녀오거나, 비누 상품 진열을 위해 아이오와 주 메이슨시티에 다녀오는 식이었죠. 그 방들은 지금도 눈에 선합니다. 하나같이 2층짜리 콘크리트 건물에 있는 방들이었는데, 낡은 철제침대 바로 위에는 전등갓도 없는 전구가 달랑거리고, 한쪽 구석에서는 검은색 대형 라디에이터가 쉭쉭대고, 욕실이 딸려 있긴 해도 변기는 고장이 나고 녹슨 욕조에는 물이 새는 수도꼭지가 달려 있었죠. 어쨌든 그 시절에는 술을 마시지도 않았기 때문에, 마을에 있는 술집이 아니면 갈 곳이라고는 헌책방뿐이었습니다. 전국에 헌책방이 없는 곳이 없었는데, 솔직히 열 군데 중에 아홉 군데는 가봤다고 장담할 수 있습니다. 지금은 다 사라졌지만, 정말 멋졌습니다. 제가 만난 책방 주인들은 하나같이 재미있는 양반들이었어요. 저는 문을 닫을 때까지 그 사람들과 이야기하며 놀다가 책을 사서 나왔죠."

형편이 좀 나아져 출장길에 아내와 동행하기 시작하면서 보드는 1935년에서 1939년까지 공공사업촉진국의 지원하에 연방작가지원계획으로 출간된 전국 각 도시 및 지역 안내서를 중고로 사들이기 시작했다. 당시 WPA 미국 여행안내서 시리즈에 참여함으로써 생계를 유지한 6,600명의 작가, 언론인, 편집자, 연구자 등의 면면은 대부분 당시에는 알려져 있지 않았지만, 사실 그 가운데는 존 치버, 스터즈 터켈, 랠프 엘리슨, 솔 벨로우, 리처드 라이트, 콘래드 에이컨, 새뮤얼 퍼트넘, 캐서린 던햄, 프랭크 여비, 로렌 아이즐리, 넬슨 올그런, 마가렛 워커 등이 포함되어 있었다. 그들이 만든 책들의 초판본은 최근 들어 수집하려는 사람들이 늘어나고 있다. 가령 판테온 출판사는 1980년대에 몇몇 WPA 여행안내서의 새 판본을 출판했다.

"원래는 필요했기 때문에 산 책들이었습니다." 보드는 말했다. "그 시리즈를 모두 가지고 있는 것인지는 모르겠으나, 500종 이상은 되는데 몇 권씩 가지고 있는 것도 많아요. 여기 있는 아이다호 주 여행안내서는 7달러 50센트를 주고 산 것인데, 어느 도서전시회에 갔더니만 150달러에 파는 것도 봤습니다. 창고에 가면 《미네소타 애로우헤드 카운티》 스물다섯 권이 뜯지도 않은 상자 채로 있습니다."

그런데 같은 책을 스물다섯 권이나 사야만 하는 이유가 있을까?

"안 될 것은 없지 않습니까? 괜찮은 가격이었어요. 재고본을 싸게 샀으니까요. 권당 1달러에 샀죠."

1950년대 초반, 스탠더드 브랜즈로 직장을 옮기면서 보드는 뉴욕에서 일하기 시작했다. "광고와 홍보 관련 업무를 많이 했고, 잠깐 동안이지만 거기서 분말우유 사업을 시작해 보려 하고 있었는데, 관심을 보이는 사람이 아무도 없었습니다. 그래서 제가 해야 할 일 중에는 신문 기자들을 만나 그 일에 관해 설명하는 일도 포함되어 있었습니다. 그렇게 해서 〈뉴욕 타임스〉의 식품담당자였던 이디스 애즈베리라는 여기자를 만나게 되었습니다. 그런데 그 기자가 허버트 애즈베리라는 작가와 결혼했다는 것을 우연히 알게 되었고, 그때부터 그 사람 책을 모으기 시작했습니다. 허버트 애즈베리를 수집하는 사람은 아무도 없습니다. 그때도 그랬고, 지금도 말입니다.[336] 저는 허버트 애즈베리가 쓴 책을 스무 권쯤 모으고 말았는데, 어느 날 이디스가 그러더군요. '세상에나, 아마 허버트가 자기 책에다 분명히 사인해 주고 싶어 할 거예요.' 그렇게 해서 어느 날 그 사람이 제 사무실로 찾아왔어요. 그 사람 책을 제 책상 밑에 보관하고 있었는데, 결국 모든 책에 서명을 받았죠."

보드는 한쪽 서가로 가더니 《캐리 네이션》, 《도박꾼의 여정》, 《뉴욕의 갱들》, 《감리교에서 벗어나》, 《북아프리카 해변》, 《옛날 소방관들》, 《시계 소리》, 《페이링의 악마》 등의 책들을 가리켰다. 모든 책에는 허버트 애즈베리라는 이름과 1954년 3월 30일이라는 날짜가 적혀 있었다. 따뜻한 헌사가 적힌 책도 있었지만, 대부분은 그저 이름뿐이었다. "그러고 나더니 주스 한 잔을 다 마셔버리더군요." 보드는 설명했다.

라프카디오 헌, 노먼 더글러스, 메리 웹 등 다른 작가들의 책들도 비슷한 열정에서 찾아 나서기 시작했다. "단지 읽으려고 책을 사는 건 아닙니다." 보드는 털어놓았다. "솔직히 말해서 제가 읽은 책은 하나도 없지만, 그저 손에 넣는 일이 즐겁고 집념이 생깁니다. 그게 제가 직업적으로 하는 일이니까요. 다른 회사들도 그렇게 해서 손에 넣는 거죠. 그 다음에는 메인 주 포틀랜드에 있는 개인출판사 모셔 프레스에 관심을 가지게 되었죠. 그 출판사에서는 모두 500권 정도의 책이 나왔는데, 서너 권을 제외하고는 다 가지고 있습니다. 그 다음에는 묘비명을 담은 책에 얼마

---

[336] 그러나 보드의 '확언'과는 달리, 애즈베리의 작품 가운데 하나인 《뉴욕의 갱들》이 2002년에 영화화(우리말 제목은 '갱스 오브 뉴욕')되면서 애즈베리는 다시 한 번 주목을 받게 되었다. 그리하여 지금은 지난 수십 년간 절판 상태였던 그의 대표작들이 재출간되고 있다.

간 관심을 가졌습니다."

허버트 애즈베리의 컬렉션을 모두 갖출 무렵, 보드는 자줏빛 종이에 백색 잉크로 인쇄한 단테의 《신곡》 가운데 〈지옥편(地獄篇)〉을 한 권 구입했다. 이탈리아어로 인쇄된 그 책은 1800년대 초에 발간되었다. "뭔가 색다르다고 생각해서 샀습니다." 보드는 말했다. "아마 그때부터 이상한 책들을 사 모으기 시작한 것 같아요. 그 다음에는 초록색 종이에 자주색 잉크로 인쇄한 책을 찾아냈고, 그 다음에는 들소 머리 모양의 책을 손에 넣었습니다. 여기에는 방패 모양의 책도 있습니다." 보드는 전혀 알아볼 수 없는 언어로 씌어진 책 한 권을 뽑아냈다. "데저릿 알파벳[337]이라고 들어보신 적이 있나요? 1860년대에 모르몬교도들이 만들어낸 알파벳입니다. 솔트레이크 시티의 어느 모르몬교 회당 지하실에서 변호사들이 이 책을 발견했어요. 이 문자를 읽을 수 있는 사람이 아직 있을까요? 있다면 꼭 만나고 싶습니다."

1954년에 월터 하트 블루멘탈이 쓴 《책장수의 정신병원》이라는 제목의 책은 보드가 수집한 책들과 같은 종류의 '괴상한 책'들을 보여준다. 조지아 주의 지도 모양처럼 생긴 책, 하트 모양의 책, 약 170센티미터 길이의 지도, 침몰한 배에서 건져낸 책, 사람 가죽으로 제본한 책 등 온갖 종류의 기괴한 책들이 나온다. 필라델피아 출신의 작가이자 수집가인 블루멘탈은 자신이 모은 괴상한 책들을 도서관에 전시하기도 했으며, TV에 들고 나가기까지 했다. 그게 꽤 인상적이어서, 보드는 그에게 모은 책들을 팔 수 없는지 물어보는 편지를 보냈다. 즉시 품목 리스트가 도착했

---

337. 19세기 중엽에 모르몬교의 지도자인 브리검 영의 지시에 의해 데저릿 대학(유타 대학의 전신)의 연구팀이 만들어낸 표음문자를 말한다. 하지만 기존의 알파벳을 대체하기 위해 만든 이 문자는 모르몬교 내부의 적극적인 권장에도 불구하고 불과 25년을 채 넘기지 못하고 폐기되어 버렸다.

고, 보드는 가격을 제안했다. 2년 뒤, 그 책들은 결국 보드의 손에 들어왔다. "그 사람은 수십 년간 그 책들을 모은 뒤, 은행 창고에 보관하던 중이었습니다. 그래서 알맞은 때에 제가 나선 것이죠." 그에 보답하기 위해 보드는 월터 하트 블루멘탈이 출간한 책을 모두 수집하기도 했다.

200년이나 된 자기 집이 너무 많은 책 때문에 신음하기 시작하자, 보드는 점점 줄어드는 수납공간과, 어쩌면 자신과 아내에게 해를 끼칠지도 모를 구조적 손상 가능성에 대해 걱정하기 시작했다. "아직 젊으시니까 콜리어 형제에 대해서는 아마 잘 모르실 겁니다"라며 보드는 웃음을 터트렸다. "하지만 장담하건대 뉴욕에 있는 그 사람들 집도 여기와 별반 다를 게 없었을 겁니다."

호머 러스크 콜리어와 랭글리 콜리어 형제는 20세기의 시작과 동시에 무려 40년 동안, 할렘 5번가 2078번지에 있는 적갈색 사암으로 만든 폐가에서 거주한 도시의 은둔자들이었다. 콜리어 형제는 수집의 달인이라고 할 수 있어서, 그들 주위에는 책과 신문과 잡지가 가득했고 열일곱 대의 피아노, 포드의 모델 T에서 꺼낸 엔진 블록, 말의 턱뼈 같은 온갖 '허섭스레기'를 보관해 놓고 있었다. 창문은 아예 판자로 막아 놓았고 집에는 전기도, 가스도, 물도, 하수도도 설치하지 않았다. 콜리어 형제는 변호사였던 호머가 시력을 잃고 활동불능 상태에 빠진 1930년대부터 사회와 연을 끊은 것으로 알려졌다. 한때 피아니스트가 되기를 열망했던 랭글리는 두 사람이 읽을 것과 먹을 것을 사기 위해서 밤에만 밖으로 나왔다.[338]

1947년 3월 21일, 익명의 전화를 받은 경찰이 2층의 한 의자에서 굶

---

[338] 저자가 위에 서술한 바와 달리, 호머는 대학에서 공학을 전공했다. 오히려 변호사였던 쪽은 랭글리로, 그는 컬럼비아 대학을 졸업하고 한때 해군 법무관으로 근무했지만 본래는 발명 쪽에 관심이 있었으며, 취미로 피아노를 연주했다고 한다.

어죽은 호머의 시신을 발견하게 되면서 콜리어 형제는 신문 1면을 장식하게 되었다. 하지만 랭글리는 어디에서도 발견되지 않아, 잠시 동안 그가 넋이 나간 상태로 거리를 쏘다닐지도 모른다는 우려가 생겼다. 3주에 걸쳐 건물의 방 하나하나를 샅샅이 수색하는 과정에서, 수백 명의 사람들이 건물 바깥 거리에 몰려들었다. 지켜보던 사람 중에는 '랭글리가 저기 창문 밖을 내다보면서 웃고 있다' 며 농담을 하는 사람도 있었다. 하지만 4월 8일, 랭글리는 눈사태라도 당한 듯 커다란 신문 더미 아래에 깔려 죽은 채로 발견되었다. 도둑을 막으려고 설치한 덫에 자신이 깔린 것이었다. 곧이어 랭글리가 형에게 음식을 가져다가 죽었다는 게 확인되었다.

콜리어 형제의 장례가 치러지고 한 달이 지난 뒤, 시 보건 관리들은 그들의 집이 공공의 안전에 위험 요소로 작용하므로 철거하라는 명령을 내렸다. 그때 150톤이 넘는 잔해가 시 쓰레기장으로 옮겨졌다. 언젠가 랭글리가 밤에 잠깐 집에서 나왔을 때, 이웃 사람이 그에게 왜 그렇게 많은 책들로 집을 가득 채우느냐고 물은 적이 있었다. 랭글리는 호머가 시력을 되찾을 때 읽을 수 있도록 신문, 잡지, 책을 모으고 있다고 설명했다.[339]

"콜리어 형제보다는 수집 분야를 조금 좁혔다뿐이지, 저도 별반 다를 게 없습니다." 보드는 말했다. "게다가 공간 문제를 덜기 위한 방법을 알아냈으니 그 사람들하고는 천지차이라고나 할까요." 보드는 큰 서랍 세 개가 달린 사무용 책상 앞에 멈춰서더니 그 중 하나를 열었다. "이 안에는 3,000권이나 되는 꼬마 책들이 있습니다." 보드는 한 움큼 책을 꺼내

---

339. 오늘날에는 두 형제 모두 정신질환의 일종인 '강박성인격장애(OCD)' 와 '디스포소포비아', 즉 '아무 것도 못 버리는 병'에 사로잡혀 있었던 것으로 여겨진다.

보여주더니, 책 1만 권이 더 보관되어 있는 다른 방으로 안내했다.

보드는 자신의 다채로운 컬렉션을 처분할 방법에 대해 몇 가지 생각도 말했지만, 아직까지 마음을 정하지는 못하고 있다. 단기적인 해결책으로는 여러 권이 있는 책들, 예컨대 WPA 여행안내서 같은 책들을 다른 수집가에게 파는 일 등이 있다. 예일 대학은 이런 괴상한 책들에 깊은 관심을 보였지만, 보드는 이 책들이 너무 재미 있어서 얼른 처분하고 싶은 생각은 없다고 했다.

"제가 모은 특별한 분야의 가장 멋진 점은 끝이 없다는 것이죠. 서지사항조차도 알려지지 않은 것들이 이 세상에는 수백 가지나 있는데, 그게 이상하고 신기한 물건인지 아닌지 알아볼 수 있는 사람은 저뿐이라는 겁니다. 다 모았다고 말할 수 있는 사람도 저 혼자이고요. 아울러 이런 물건을 모은 미국인도 내가 유일하니까요. 문제가 있다면 제가 관심 있어 하는 물건을 가진 서적상을 찾아내기가 쉽지 않다는 점입니다. 제가 무슨 책을 찾는지 전국 각지의 서점에 편지를 보냈지만, 답장이 온 적은 거의 없어요. 아니, 몇 년 전에 답장이 하나 오긴 왔는데, '그런 얼간이 같은 책은 다루지 않습니다'라고 적혀 있더군요."

12
미국 대륙을 가로질러

미국의 서적상 가운데 아무나 붙들고 국내에서 가장 성황리에 펼쳐지는 도서전시회가 무엇이냐고 물어보면, 아마 매년 2월 캘리포니아에서 열리는 3일간의 대잔치라는 대답이 서슴없이 튀어나올 것이다. 다른 전시회의 경우에는 종종 전국을 순회하면서 벌어지지만, 이 전시회는 상당히 규모가 큰 까닭에 매년 로스앤젤레스와 샌프란시스코에서만 번갈아 개최하고 있다. 여기 참가하는 도서수집가만 약 1만 명 가량 되는데―이들 대부분은 입장료만도 15달러씩 내야 한다―이들은 단지 구경만 하러 가는 것이 아니라 뭔가를 사러 가는 것이다.

"캘리포니아는 새로운 돈이 노니는 고장이니까요." 작가인 래리 맥머트리와 함께 워싱턴 D. C.에서 북트 업 고서점을 운영하는 마샤 맥기 카터는 이렇게 주장했다. 그녀는 일부 서적상들과 수집가들 중에서는 동부 연안에서 점차 대규모 희귀본 경매가 사라지고 있다는 사실을 불평하는 이야기도 나온다고 했다. "새로운 돈은 쉽게 번 돈이니까요." 카터가 설명했다. "쉽게 번 돈은 쓰기도 쉬운 편이죠."

'옛날' 돈이든 '새로운' 돈이든 간에, 캘리포니아는 20세기 내내 여러 저명한 도서수집가들의 고향이 되어 왔다. 서부 연안에 거대한 도서관을 짓기로 한 헨리 헌팅턴의 결심으로 시작된 대규모 컬렉션 매입은, 오늘날까지도 중요한 필사본 구입에 매년 수백만 달러를 지출하고 있는 샌타모니카의 J. 폴 게티 예술사 및 인문학 센터 등지에서, 조용하지만 매우 효과적으로 지속되고 있다. 1,280만여 권의 도서를 소장한 하버드 대학은 지금까지 다른 어느 대학보다도 더 많은 장서 보유량을 자랑하고 있지만, 사실 캘리포니아 대학의 로스앤젤레스와 버클리 캠퍼스 두 곳의 책을 합치면 대략 그만한 규모가 된다.

대영도서관의 희귀본 담당자로 일하다가 은퇴한 니콜라스 바커는, 1940년대와 1950년대에 UCLA 특별 컬렉션의 수준을 매우 크게 향상시켰고 현재는 은퇴하여 애리조나 주에서 살고 있는 로렌스 클라크 파웰을 '현존하는 미국 최고의 기관 소속 수집가'로 꼽았다. 또한 동부 연안에서는 아마도 A. S. W. 로젠바흐 박사나 한스 P. 크로스, 그리고 존 플레밍 등을 20세기 최고의 서적상으로 거명하겠지만, 캘리포니아에서는 서슴없이 로스앤젤레스의 고(故) 제이크 자이틀린이나 샌프란시스코의 위렌 하우얼을 대표적인 인물로 들 것이다. 이와 같은 비교는 1980년대에 있었던 두 가지 기념비적인 도서 경매인 H. 브래들리 마틴 경매와 에스텔 도헤니 경매를 통해서도 가능한데, 이 두 가지는 각기 뉴욕과 로스앤젤레스에서 오랜 세월에 걸쳐 대규모로 수집된 장서라는 특징을 지니고 있었다. 두 가지 경매 모두 각각 3,500만 달러 이상의 판매수익을 거두었는데, 그 와중에서도 도헤니 경매가 브래들리 마틴 경매보다 약 170만 달러 가량 앞섰던 것이다.

로스앤젤레스의 로데오 드라이브와 비벌리힐스에서 몇 블록 떨어진 멜로즈 가 8540번지에 위치한 헤리티지 서점은 주위의 다른 가게들과 마찬가지로 세련미 넘치는 상점이었다. 도로 가장자리에 드문드문 주차된 롤스로이스나, 한때 이 영화 산업 중심지에서는 유명한 장례식장으로 사용되었던 튜더 양식 풍의 건물 외관만 보아도, 이 서점의 고객이 대략 어떤 부류인지를 알 수 있었다. 1986년에 이 사업을 인수한 현 소유주는 르네상스 시대의 어느 인쇄업자가 웃는 얼굴의 두 조수와 함께 인쇄기 앞에 서 있는 모습을 표현한 스테인드글라스를 설치해 두었다. 가까이 다가가 살펴보니 이 두 명의 조수란 다름 아닌 루와 벤 와인스타인 형제로, 1963년에 브루클린에서 캘리포니아로 이주해 이 도시 한구석에서 이른바 '싸구려 책장수'—업계에서 쓰는 표현에 따르면—로 사업을 시작한 인물들이었다. 오늘날 이 형제가 과거의 어려웠던 시절을 웃으면서 회상할 수 있는 까닭은, 그들이야말로 현재 미국 고서업계에서도 가장 큰손으로 인정받기 때문이다.
　루 와인스타인은 미래가 불확실했던 사업 초창기의 몇 달간을 아직까지도 생생히 기억하고 있었다. 그 중에서도 어느 날 고서점 세렌디피티 북스의 피터 하워드가 가게 안으로 들어와서, 혹시 윌리엄 포크너의 책이 뭐든지 있느냐고 물어보았을 때의 일을 회고하면서는 퍽이나 감상적인 기분이 드는 모양이었다. 루나 벤으로선 그런 저자에 대해 전혀 들어본 바가 없었기 때문에, 하워드는 무척이나 신이 난 모양이었다. 결국 버클리에서 온 이 약삭빠른 업자는 이후 세 시간여에 걸쳐 가게 안에 있는 4,000부 가량의 재고를 샅샅이 훑어본 다음, 그 중에서 모두 열네 권의

340..《리더스 다이제스트》사에서 발행하는 단행본으로, 한창 베스트셀러인 신간 소설 및 비소설 가운데 서너 권을 골라 그 내용을 대폭 축약해서 한 권에 싣는 것을 말한다. 우리나라에서도 이 중 몇 권이 발간되어 있다.

소설을 골라냈다. "그는 《리더스 다이제스트 축약본》[340]이나, 요리책, 그리고 실용서 같은 것은 거들떠보지도 않고, 대뜸 27달러를 우리에게 내밀더군요." 루의 말이다. "그걸 보고 우리는 '꽤나 수지맞는 장사구나' 하고 생각했습니다. 왜냐하면 우리가 사들인 가격보다 무려 26달러 하고도 30센트를 더 번 셈이었으니까요. 게다가 그는 깎아 달란 말도 하지 않더군요. 바로 그때부터 우리는 본격적으로 서적업에 뛰어들기로 결심했죠."

그로부터 몇 달 뒤, 또 다른 손님이 가게로 들어오더니, 루 와인스타인이 서가에서 버리려고 솎아낸 책들을 넣어 둔 상자 네 개를 뒤적였다. 루가 '새로 들어온 책이라서⋯⋯' 하고 중얼거리며 가격을 부르자, 그 손님은 군말 없이 돈을 내고 그 중에서 여덟 권을 골라 사갔다. "저로선 그야말로 기겁할 일이었지요." 와인스타인의 말이다. "제가 버리려고 내 놓은 쓰레기를 누가 돈 주고 사간 셈이었으니까요. 저는 곧바로 그 상자에 든 책들을 모조리 원래 자리에 꽂아둘 수밖에 없었죠."

물론 이것은 모두 1963년, 그러니까 자기가 이 도시 한구석에서 처음으로 사업을 시작한 당시의 일이었다고 루 와인스타인은 강조했다. 그로부터 30년 뒤인 지금, 루와 그 동생은 정기적으로 멋진 도서목록을 발행하고, 서가에 매우 특별한 책들을 보유하고, 호화장정 제작도 병행하면서 여러 전문 인력을 고용하고 있다. 1991년 10월에 소더비에서 열린 리처드 매니 경매에서 헤리티지는 무려 100만 달러 어치 이상의 품목을 구입했다. 그로부터 2년 반이 채 지나기 전에, 와인스타인은 경매 당시에는 미처 주인을 만나지 못한 두 가지 중요한 품목을 이와 비슷한 가격에 구입했는데, 그것은 바로 엘리엇 인디언 성서와 셰익스피어 초간본 2절판 네 권이었다. 서지학을 너무 모르기 때문에 좀 배워야만 한다고 비웃는 몇몇 냉소적인 사람들의 말에도, 와인스타인은 그저 고개를 으쓱할 뿐이었다. "우리에겐 도서목록 작성 전문가들이 있습니다. 또한 참고 자료도 완벽히 갖추고 있구요. 그러니 모르는 건 찾아보면 그만입니다. 왜냐하면 이것도 결국 다른 것과 마찬가지로 '사업'이니까요."

1994년 10월에 발행한 헤리티지 서점의 30주년 기념 도서목록에는 모두 52점의 품목이 포함되어 있는데, 이는 하나같이 세계 문학의 최고봉이라 할 수 있는 조이스, 셰익스피어, 셸리, 프루스트, 블레이크 등의 작품들이다. 가격은 4,500달러인 1643년 판 영어 성서에서부터 영국 최초의 인쇄업자인 윌리엄 캑스턴이 출간한 12만 5,000달러짜리 인큐내뷸룸[341])까지 다양했다. "서적업계에 뛰어든 초창기에 우리는 훗날 A. S. W. 로젠바흐나 H. P. 크로스, 그리고 다른 유명한 인물들이 회고록에서 언급한 그런 물건들을 거래하고자 하는 꿈을 품었다." 벤과 루 와인스타인은 도서목록 서문에서 이렇게 쓰고 있다.

근처에 있는 비벌리힐스와 벨에어는 다양한 종류의 부자들이 사는 지역으로, 대부분 높은 담장과 복잡한 경비 시스템을 갖추고 있었다. 이곳 사람들은 조용하면서도 열성적으로 뭔가를 수집했고, 이들 중 대다수가 와인스타인 형제의 손님이었다. 한때 루돌프 발렌티노, 스펜서 트레이시, 클라크 게이블 같은 유명 배우들의 장례식이 벌어지기도 했던 이 우아하게 지어진 서점 건물 내부를 안내받아 돌아보다가, 우리는 문득 루 와인스타인이 특별히 자랑스러워하며 이른바 '컬렉션 개발'이라고 부르는 기능을 수행하는 위층 사무실에 닿게 되었다. "이곳은 특정 저자나 특정 분야에 대해 관심은 갖고 있지만, 아쉽게도 그걸 찾아다닐 시간은 없는 사람들을 위한 곳입니다." 그는 《로드 짐》, 《바다의 아이들》, 《노스트로모》를 위시한 조셉 콘래드의 주요 초판본들이 여러 권 꽂혀 있는 책

341.. '인큐내뷸러'의 단수형이다.

장을 가리켰다. "사실 이것은 얼마 전에 찾아 온 어느 손님 때문에 시작하게 된 일이죠. 다짜고짜 '콘라드 책의 초판본을 갖고 싶습니다. 다 모으시는 대로 연락만 주세요' 하더군요. 물론 이런 종류의 주문이 극히 드물긴 합니다만, 금액상으로는 가장 큰 주문이기도 하죠. 어쩌면 이런 것은 진정한 '수집'이라 할 수 없다고 비판받을 수도 있겠지만, 저야 어디까지나 '사업'을 하고 있으니까요. 솔직히 어떤 바보가 그런 요청을 받고 '싫다'고 대답하겠습니까? 다만, '혹시 제가 도와드릴 수 있는 방법이 있을지 알아보겠습니다. 마음에 드셨으면 좋겠군요'라고 할 뿐이죠."

와인스타인은 이른바 '개발' 단계에 있는 여러 가지 컬렉션을 보여주었는데, 그 가운데 하나는 '갑자기 세계 최고의 갑부 가운데 한 사람이 된' 어느 고객을 위해 수집 중인 것으로, 너무나도 중요하고 또 유명한 인물이라서 '믿거나 말거나, 우리는 가게 안에서 그 손님 이름을 차마 언급할 수도 없다'고 덧붙였다. "이런 식으로 단지 암호로만 지칭할 수 있는 손님이 한 여섯 명쯤 되죠. 머리글자만 따서 말할 수도 없습니다. 심지어 대놓고 '결코, 절대로 내 이름을 말해서는 안 된다'고 하는 손님도 있으니까요. 바로 이 책들을 부탁한 사람도 그런 손님 중 하나입니다."

그가 보여 준, 한창 수집 중인 컬렉션은 찰스 디킨스, 존 스타인벡, 제인 오스틴, 조지 엘리엇, 이디스 워튼을 비롯한 총 21명의 저자로 구성되어 있었다. "그 고객은 어느 날 자기 부인과 우리 가게로 찾아왔죠. 결혼한 지 21년째이니, 한 해당 한 명씩 해서 모두 21명의 서로 다른 저자가 남긴 책들의 초판본을 모조리 모아 달라는 것이었습니다. 예산은 얼마든지 써도 된다고 했는데, 사실 그런 책들을 모으려면 당연히 그래야 하죠. 아마 전부 모으려면 2, 3년은 족히 걸릴 겁니다. 일이 마무리되고 나면 그쪽으로 연락을 해서 배달을 할 겁니다. 이 고객의 경우에는 한 번도 뭔가를 수집해 본 적이 없었습니다. 우리 가게로 찾아온 것도 단지 그때뿐이었고, 솔직히 저로서도 그를 다시 만날 일은 없을 것 같군요." 그런가 하면 집안에 새로 장서를 꾸미고 있다고 전화로 연락하는 또 다른 고객들도 있다. "그들의 경우에는 책장에 꽂을 만한 멋진 희귀본을 찾는 것이죠. 그들은 제게 자금을 건네주고, 저는 그 덕분에 이익을 보는 거죠. 때로는 제가 그 책을 제법 오랫동안 가지고 있어야 할 때도 있습니다. 왜냐하면 그들이 책을 가지러 올 때까지 몇 년이 걸리는 경우도 있거든요." 1994년에는 와인스타인이 또 다른 '암호로 지칭되는 고객'을 대신해 활동한다는 소문이 퍼졌는데, 최고 수준의 도서수집가로 알려진 그 고객은 헤리티지를 통해 뉴욕의 리처드 매니로부터 엘리엇 인디언 성서와 셰익스피어 2절판들을 구입한 장본인이었다.

와인스타인은 자신의 사업이 '도서수집'이라기보다는 사실상 '인테리어 디자인' 쪽에 가깝지 않느냐는 지적에도 그저 담담할 뿐이었다. "실제로 그런 경우도 있습니다." 그는 순순히 인정했다. "하지만 인테리어 디자인이라고 해서 나쁠 것은 없지요. 더군다나 제 고객 대부분이 비벌리힐스와 벨에어에 사는 사람들이라면 말입니다." 실제로 이곳에서 판매되는 책 못지않게 헤리티지 서점에서 중요시되는 것은 바로 '품위'라 할 수 있다. "아마 이곳 사람들이 다른 고서점에 가서 500달러짜리 책 한 권을 사려면 무척이나 어색한 기분이 들 겁니다. 하지만 우리 서점처럼 호화로운 곳에 들어오면 똑같은 돈을 쓰더라도 훨씬 더 마음이 편할 수 있는 거죠." 루 와인스타인의 동생인 벤은 이 서점의 출입문이 항상 잠겨져 있는 까닭도 그 때문이라고 지적했다. "여기 들어오려면 초인종을 눌러야만 합니다." 그의 말이다. "사실 들어오려는 쪽에서 보자면 좀 귀찮은 일이기는 하죠. 하지만 그 덕분에 일단 들어온 사람은 뭔가를 사 가지고 나가지 않으면 안 된다고 느끼는 거죠."

이곳에서 몇 킬로미터 떨어진 노스 라치몬트 가 535번지에는 도슨 서점이 있는데, 원 창업주의 가족이 여전히 운영하고 있는 곳으로는 아마 미국 내에서도 가장 오래 된 서점일 것이다. 1905년에 어니스트 도슨이 처음 문을 열었을 당시, 이 서점은 전 세계 각국의 애서가들이 남부 캘리포니아를 방문할 때면 꼭 찾는 명소였다. 외관상으로는 평범해 보였지만—이 서점 건물은 큰길에서 좀 떨어져 있었기 때문에 미처 못 알아보고 지나가는 경우가 많다—도슨에서는 일찍이 에스텔 도헤니, 윌리엄 앤드류스 클라크(1877~1934), 토머스 W. 스트리터(1883~1965) 등의 유명한 고객과 거래한 바 있었다. 지금은 무려 50년 넘도록 설립자의 아들인 글렌과 무어 도슨이 서점을 운영하고 있는데, 이 형제는 뛰어난 지식과 전문성으로도 유명해서 때때로 다른 곳으로부터 조언 및 지도 요청을 받기도 했다. 가령 FBI 측에서도 아이오와에서 열린 스티븐 블룸버그의 책 절도사건 재판에 증인으로 출석해 달라고 글렌 도슨에게 요청했을 정도였다.

도슨 서점의 출입문은 영업시간 내내 활짝 열려 있었고, 여기저기 책장을 둘러보기만 해도 뜻밖의 물건들이 많아 재미있기만 했다. 매장 안에는 약 5만 권의 책이 열댓 가지의 분야별로 정리되어 있었다. "저는 어려서부터 서적상이 되고 싶었습니다." 어느 날 아침, 2층에 있는 자기 사무실에서 인스턴트 커피 한 잔을 앞에 두고서 글렌 도슨이 한 말이다. "이것이야말로 제 삶 자체였고, 저도 이 일을 무척이나 즐겼죠. 어린 시절부터 이 일을 시작했으니까요. 1945년에 아버지께서 돌아가시고 나서, 제 동생과 함께 공동 경영자가 되어 가게를 물려받았죠. 사실 이것 말고 다른 일을 하겠다는 생각은 애초부터 없었어요."

도슨은 '백작부인', 즉 에스텔 도헤니를 처음 만났을 때의 일을 이렇게 회상했다. "서적업계에 뛰어들고 나서 가장 처음 한 일 중에 하나는 크리스마스 이브에 도헤니 여사께 책을 배달하는 것이었습니다. 여사께서는 심부름꾼 꼬마인 제게 은화를 팁으로 주셨죠." 여러 해 뒤에 그는 종종 도헤니의 대리인이 되어 경매에 참가하곤 했다. "여사께선 당신이 원하시는 책이라면 가격은 얼마라도 상관없다고 늘 말씀하시곤 했죠."

도슨은 토머스 스트리터와도 오랜 세월 거래해 왔지만, 정작 매장에서 그를 만난 것은 단 한 번뿐이었다고 말했다. "그는 매우 바람직한 도서 수집가였다고 할 수 있습니다. 제가 항공우편으로 편지를 보내면, 곧바로 항공우편으로 답장을 보내주었죠. 제가 전보를 치면, 곧바로 전보로 답장을 보내주었습니다. 내용도 간단했어요. 가령 '사겠습니다', 또는 '확인하고 사겠습니다' 하거나, 아니면 '가격이 좀 셉니다', 또는 '가격은 좋은데 2주 전에 이미 샀습니다' 하는 식이었죠. 그는 구입할 것인지 말 것인지도 빨리 결정했고, 지불도 빨리 했죠. 어떤 책을 안 사기로 결심하면, 곧바로 알려주곤 했습니다. 워낙에 완벽한 신사라서 거래하는 데에도 빈틈이 없었죠. 그는 미국 각 주에서 최초로 펴낸 책들과, 또한 미국 각 주에 대한 책들에 특히 관심을 갖고 있었습니다."

자기가 알고 지낸 모든 도서수집가들 중에서도, 도슨이 가장 기억에 남는 인물로 꼽은 사람은 마이클 D. 헐리라는 이름의 우체국 말단 직원이었다. "그는 평생 독신이었고, 차도 없었습니다. 1년 내내 똑같은 옷만 입었고, 매우 좁은 집에 세 들어 살았죠. 그 집안에 유일한 가구라곤 책장뿐이었습니다." 도슨의 말이다. "그는 자신의 모든 능력과 재산을 총동원해 책을 수집했습니다. 평생 한 번도 책을 내다 팔지 않았고, 평생에 걸쳐 책을 사들였습니다." 아이오와 주 시더 래피즈 출신이었던 헐리는 스물세 살이던 1930년에 캘리포니아로 왔다. 그는 대공황 시기에도 안정적인 직업을 갖고 있었던 탓에 자기만의 컬렉션을 구축할 수 있었던 것이다.

"그는 다른 직원들이 꺼려하는 주말 근무나 야간 근무에 기꺼이 자원했죠." 도슨의 말이다. "그렇게 해서 조금이라도 더 번 돈을 가지고, 근무가 없는 낮 동안에는 책을 사러 다녔습니다. 그는 여러 경매를 비롯해서 로젠바흐, 맥스, 쿼리치 같은 여러 업자들로부터 책을 사들였죠. 우체국에 근무하다 보니, 우리 같은 업자들을 위해 물건의 우편 발송을 대행해 주기까지 했습니다. 우리는 그 대가로 종종 돈을 주기도 했습니다만, 사실 그가 무엇보다도 바란 것은 우리가 누군가의 개인 장서를 입수할 때마다 자기를 가장 먼저 불러주었으면 하는 것이었지요."

헐리가 무조건 책을 사들이는 타입이긴 했지만, 도슨의 말에 의하면 그의 수집에는 분명히 어떤 목적과 방향이 있었다고 했다. "그는 영국 문학을 폭넓게 읽었고, 특히 몇몇 저자들을 좋아했죠. 가령 P. G. 우드하우스, A. A. 밀른, 그리고 낭만주의 시인들을요. 물론 생애 막바지에 이르러서는 온갖 허섭스레기를 잔뜩 사들인 것도 사실이고, 자기 자신도 아마 왜 그랬는지 몰랐을 겁니다. 우리 가게의 직원들 가운데 한 사람이 언젠가 그 책들을 전부 자기한테 물려주고 돌아가시라고 농담한 적도 있었다지만, 솔직히 헐리의 심정으로는 그 책들을 모두 가지고 무덤에 들어가고 싶었을 겁니다. 그는 유언장도 없이 죽었기 때문에, 결국 주 정부에서는 책을 모두 경매에 붙이기로 했죠. 우리는 그의 여동생을 통해 그 소식을 듣고 나서, 그 중 수백 권을 골라 저희 도서목록에 수록했습니다."

1984년 8월에 도슨에서 펴낸 제477호 도서목록은 당시 헐리의 책들 중에서 주 정부로부터 위탁받아 판매하기로 했던 물품을 수록하고 있다. 그 가운데는 루이스 캐럴이 자기 여동생에게 헌사를 써서 선물한《지하세계의 앨리스》[342] 필사본 원고의 1886년 판 영인본과, 〈라미아〉와 〈성 아그네스일 전야〉가 포함된 존 키츠의 1920년 판 시집도 있었다. 그 외에도 허먼 멜빌의 첫 책인 《타이피》의 1846년 초판본과, 제임스 보즈웰의 《새뮤얼 존슨의 생애》 두 권짜리 초판본, 그리고 셰익스피어 작품집의 1632년 재판 2절판 등이 있었다.

이 도서목록에 수록된 생애 소개에 따르면, 헐리가 자연사했을 때 그의 집안 풍경은 다음과 같았다고 한다. "한쪽 방에는 책들이 천장까지 잔뜩 쌓여 있었고, 안쪽에서부터 책 더미가 쌓이는 바람에 거의 발 디딜 틈조차 없었다. 그는 차고조차도 서재로 삼았는데, 그곳에는 낱권으로 쌓인 책 무더기는 물론이고, 그 지역 서점에서 산 책이 들어 있는 상자와, 외국에서 부쳐 온 소포 더미들이 뜯지도 않은 채 뒤섞여 있었다." 도슨의 도서목록을 작성한 스티븐 테이버는 이 짧은 글에서 우체국 직원인 마이클 D. 헐리가 그 수많은 책 더미 사이에서 외로이 죽어갔다면서, 그야말로 '이 책들을 함께 무덤까지 가져가기 위해 노력한 셈'이라고 결론지었다.

할리우드 힐스의 그리피스 파크 천문대 아래쪽, 그러니까 지난 반세기 동안 이곳의 기념비가 되어 왔던 그 거대한 글자판[343]에서 멀지 않은 곳에 사는 포리스트 J. 애커맨은 전적으로 과학소설에 관련된 기념품 및 5만여 권의 책을 포함한 휘황찬란한 컬렉션을 보유하고 있다. 한때 영화계에서 에이전트로 활약했던[344] 그의 집을 방문하면, 우선 괴물의 목소리가 녹음기에서 울려퍼지고, 안으로 들어가면 공룡이며 미라며 흡혈귀

---

[342] 루이스 캐럴이 쓴 작품의 원제는 이것이었으나, 1865년에 맥밀런 출판사 측에서 책을 펴내며 제목을 《이상한 나라의 앨리스》로 바꾼 것이다.
[343] 이 지역의 상징인 '할리우드'라는 커다란 흰색 글자판을 말한다.
[344] 그는 영화 분야뿐만 아니라 아이작 아시모프, 레이 브래드버리, L. 론 허바드, 휴고 건스백 등 유명 과학소설 작가들의 저작권 에이전트로도 활약했다.

며 비행접시에 이르는 수백여 점의 옛날 영화 소품들이 책장 사이사이에 야릇하게 진열되어 있다.

애커맨은 무려 40여 년 넘게 이들 품목을 열성적으로 수집해 왔으며, 그런 까닭에 그의 수집품은 매우 다양하다. 페이퍼백과 펄프 잡지만 해도 하드커버 못지않은 분량이며, 사실 이 컬렉션의 진정한 가치는 특정한 희귀본보다도 그 수집 영역의 방대함에 있다고 할 수 있다. 애커맨은 자기 집의 넓은 지하실에 마련된 유별난 성소(聖所)에 들어찬 흥미로운 물건들을 하나하나 구경시켜 주다가, 문득 한 곳에 멈춰 서서 L. 론 허바드가 자신에게 쓴 헌사가 들어 있는 증정본을 꺼내 보여주었다. 그런데 가만 보니 그 페이지는 사진복사본이어서, 원본은 지하실 어디에 보관하고 있느냐고 물어보았더니, 그는 눈썹을 치켜 올리며 말했다. "어떤 수집가가 이 책을 1만 달러에 팔라고 하던걸요. 그래서 수표를 받고 책을 판 다음에, 대신 이 복사본을 갖고 있는 거죠."

애커맨은 자기 책들을 미국 내에 모아두고 싶어 했기 때문에, 몇 번인가 유럽 쪽에서 제안해 온 판매 요청을 모두 거절했다고 했다. 그의 컬렉션은 워낙이 뛰어난 까닭에, 몇몇 전문 사서들조차도 경탄할 정도였다. "포리스트 애커맨이 모은 책들은 우리가 소장한 컬렉션에 맞먹을 정도인데, 사실 우리 컬렉션만 해도 웬만한 기관을 통틀어서는 가장 훌륭한 것으로 손꼽히니까요." 캘리포니아 대학 리버사이드 캠퍼스의 특별 컬렉션 담당 큐레이터이며, 미국 도서관협회에서 발간하는 《희귀본 및 필사본 담당 사서 회보》지의 편집자이기도 한 시드니 E. 버거의 말이다. "우리 컬렉션의 경우, 1969년에 J. 로이드 이튼이라는 어느 수집가로부터 7,500권의 자료를 구입하면서부터 시작된 것입니다. 이후 지금은 그보다 열 배는 더 많은 양이 되었죠. 제가 이런 말을 하면 다른 곳의 전문가들은 코웃음을 치겠지만, 이것이야말로 우리 도서관에서도 가장 많이 열람되는 컬렉션이며, 그 사용자 중에는 학생들뿐만 아니라 전 세계 각국에서 찾아온 학자들도 포함되어 있습니다."

버거는 애커맨의 책을 이곳 대학의 컬렉션에 추가하고 싶어 했지만, 두 사람 사이의 구매 교섭은 결렬된 상태이다. "문제는 포리스트 애커맨의 장서 가운데는 허접한 물건도 상당하다는 것입니다. 그는 자기가 모은 잡동사니도 우리가 모두 가져가고, 게다가 별도의 박물관을 설립해서 거기 모두 보관하길 바라죠. 하지만 그런 요구를 순순히 받아들일 만한 기관이 어디 있겠습니까? 기껏 많은 돈을 들여서 해골이니 괴물이니 관(棺)이니 하는 것을 잔뜩 사들여야 하고, 게다가 더 많은 돈을 들여서 그 물건들을 대대로 관리해야 하니 말입니다. 그러니 책과 문서 정도라면 기꺼이 받아들이고 싶지만, 박물관에 대해서라면 고개를 저을 수밖에요."

또 다른 문제는 박물관 내에 디즈니랜드의 유령의 집에 설치된 것과 비슷한 3차원 홀로그램 영사기를 설치해야 한다는 애커맨의 요구였다. 이 기구를 통해 수집가 자신의 살아 있는 듯한 모습을 보여 주어야 한다는 것이다. "애커맨은 그렇게 함으로써 자기 컬렉션을 영원히 직접 안내하고 싶어 하는 거죠." 버거의 설명이다. 별난 이야기이긴 하지만, 아직까지는 멀쩡히 살아 있는 현실의 포리스트 애커맨은 여전히 자기 집을 찾아오는 수많은 관람객들에게 환상과 공포와 경이의 상징들을 안내하고 있다.[345]

1990년대 초, 캘리포니아의 영화사들이 만들어내는 갖가지 황당한 이

---

345) ..다음 홈페이지(http://4forry.best.vwh.net/)에는 애커맨의 자택인 '애커맨션'의 소개가 나와 있다.

야기들 못지않게 놀라운 예금 및 대출 스캔들이 실제로 일어났다. 어느 은행장이 고객의 예금을 유용해서 유명한 도서 컬렉션을 구입한 사건이 있는데, 훗날 문제의 컬렉션이 사실은 당시 구입가보다 훨씬 더 높은 가치를 지니고 있다는 사실이 밝혀지면서, 이 서부 연안에서 벌어진 금융 스캔들에도 약간의 희극적인 성격이 부여되었다.

1990년에 로스앤젤레스의 퍼스트 네트워크 예금 은행이 1억 달러의 손실을 내며 파산했을 때, 연방 정부 측에서 압류한 은행 자산 가운데는 은행장인 칼 M. 루번의 개인 '취미용품'도 포함되어 있었다. 이것은 바로 그보다 한 세기 전에 저명한 마술사이며, 역사가이며, 작가이며, 해리 후디니의 친구이기도 했던 존 멀홀랜드가 수집한, 세계 최고 수준의 마술 관련 서적과 물품 및 미술품 컬렉션이었다. 1970년에 멀홀랜드가 사망하자 이 컬렉션은 뉴욕의 플레이어스 클럽[346]으로 넘어갔다. 그로부터 14년 뒤, 멀홀랜드가 뛰어난 식견을 발휘해 모은 이 컬렉션을 경매로 매각해 달라는 요청이 스완 경매회사 측에 들어 왔던 것이다.

그 다음 해에 칼 M. 루번은 이 멀홀랜드 마술 및 관련 분야 장서를 총 57만 5,000달러에 익명으로 구입하여 로스앤젤레스의 센츄리 시티라는 지역으로 가져간 뒤, 자신이 근무하던 은행 공금을 유용하여 저명한 전문 마술사이며 애서가인 리키 제이를 큐레이터로 고용했다. 제이는 루번의 회사 건물 내에 사무실을 얻었고, 세 명의 조수를 고용했으며, 이 컬렉션을 유지하고 보완하기 위해 넉넉한 예산까지 받아냈다. 하지만 이 장서를 로스앤젤레스 시내의 새로운 지역으로 옮기려는 장기적인 계획은 1990년 4월에 이르러 캘리포니아 금융감독위원회 측에서 퍼스트 네

---

[346]. 1888년에 미국 뉴욕에 설립된 미국 최초의 사교 클럽으로 미술, 문학, 건축, 연극 등 예술 분야 종사자와 은행가와 변호사 등의 저명인사 겸 후원자들에게 회원 자격을 부여했다. 설립자인 에드윈 부스는 링컨 암살범 존 윌크스 부스의 형이기도 하다.

트워크 은행에 영업 정지 명령을 내림으로써 갑자기 중지되고 말았다.

이런 문제를 처리하는 연방 기구인 부실정리공사 측에서는 예금 및 대출에서 발생한 수십억 달러에 달하는 손실을 벌충하기 위해 압류된 수천 가지의 자산을 매각했지만, 실제로 벌어들인 돈은 극히 일부에 불과했다. 하지만 이와 달리 멀홀랜드 장서는 오히려 대공황 이후 최악의 불경기에도 불구하고 책의 가치가 상당히 올라갔음은 물론이고, 나아가 극적으로 치솟았음을 보여주는 사례가 되었다. 1992년 초에 RTC 측에서는 이 컬렉션을 총 220만 달러에 라스베이거스의 마술사 데이비드 커퍼필드에게 판매했는데, 이는 그때까지 루번이 이 컬렉션의 구입 및 유지비용으로 신고한 85만 달러의 두 배가 넘는 금액이었다.

이 스캔들이 터지기 6개월 전에, 나는 보스턴에서 리키 제이와 만나 이야기를 나눈 적이 있다. 우리의 이야기는 주로 매우 중요하고 또 유명한 그의 마술 관련 도서수집에 대한 것이었으며, 또한 그가 뉴욕에서 자라던 어린 시절인 1960년대부터 수집해 온 컬렉션을 토대로 하여 '돌을 먹는 사람, 마음을 읽는 사람, 독약을 먹는 사람, 용감무쌍한 사람, 그리고 노래하는 생쥐'를 비롯하여 '특이하고도 괴상하고도 놀라운' 마술사들을 망라한 저서인 《머리 좋은 돼지와 불을 먹는 여인》에 관한 것이었다. 1991년에 윌리엄 앤드류스 클라크 도서관에서는 제이의 개인 장서 가운데 희귀본 일부를 보여주는 전시회를 개최하기도 했다.

당시 우리의 대화에서 멀홀랜드 장서는 결코 핵심 주제가 아니었지만, 그 장서를 구입한 익명의 소유주가 누구인지 하는 것은 내 호기심을 자극했다. "말하자면 일종의 아마추어 마술사이고, 마술을 좋아하는 사람이라고 해야죠." 제이는 그저 이렇게만 말할 뿐이었다. 그 익명의 소유주는 이전까지는 한 번도 도서수집을 해 본 적이 없었지만 '지금은 하고 있고, 어느 순간 이 분야에서 가장 훌륭한 컬렉션을 손에 넣은 것'이라고 했다. 제이는 그 익명의 소유주가 뉴욕 스완 경매회사에서 경매에 붙여질 예정이었던 이 장서를 예정일에 앞서 개인적으로 구입했다고 덧붙였다.

"그야말로 전 세계에서 가장 유명한 마술 관련 컬렉션 가운데 하나입니다. 사실 플레이어스 클럽 측에서는 한동안 이 컬렉션을 비공개로 매각하려고 했습니다만 뜻대로 되지 않자 스완 측에 경매를 의뢰했고, 저도 그때쯤에 일종의 자문 역할로 그 일에 관여하게 된 것이죠. 그러던 어느 날, 어디선가 나타난 누군가가 그 컬렉션을 모두 소장하고 싶다고 한 겁니다. LA에서 그를 몇 번 만나 본 뒤에, 그는 제게 그 컬렉션의 큐레이터로 일하지 않겠느냐고 하더군요. 저는 이전과 마찬가지로 공연 및 저술 활동을 자유롭게 하도록 허락해 달라는 조건을 내걸었고, 그는 선선히 수락했습니다. 여기서 중요한 점은 이 매우 놀라운 컬렉션이 하마터면 뿔뿔이 흩어질 뻔했다는, 그리고 심지어 국외로 유출될 뻔했다는 겁니다. 그렇게 되었더라면 큰 비극이었을 겁니다. 다행히 우리가 그런 일을 막을 수 있었던 거죠."

윌리엄 셀프의 멋진 장서표에는 그의 이름 머리글자가 우아한 글씨체로 적혀 있다. 또한 그 주위를 둘러싼 테두리 선—TV 스크린 모양을 한—은 이 노련한 영화 제작자가 세계 최고 수준의 찰스 디킨스 관련서를 보유한 개인 수집가가 될 수 있었던 능력의 원천이 무엇인지를 잘 보여준다. 오하이오 주 데이턴 출신의 셀프는 1940년대 초에 배우가 되기 위해 할리우드로 진출했고, 이후 7년 동안 단역이긴 하지만 〈나는 남자 전쟁신부였다〉에서는 캐리 그랜트와, 〈붉은 강〉과 〈유황도의 모래〉에서는 존 웨인과, 그리고 〈팻과 마이크〉에서는 캐서린 헵번이며 스펜서 트레이시와 함께 공연하기도 했다. 이들과 절친한 사이가 된 이후, 셀프는 뛰어난 배우인 트레이시로부터 직업을 바꿔 보라는 솔직한 충고를 받게 되었다. "스펜서는 제가 스타가 아닌 이상, 연기라는 건 결국 힘든 일일 뿐이라고 말해 주었습니다." 곧바로 제작 쪽으로 돌아선 셀프는 CBS 측에 새로운 시리즈의 파일럿 프로그램을 제안했는데, 그 작품이 바로 〈환상특급〉이었다. 이 작품의 대단한 성공 이후에도 〈매쉬〉, 〈페이튼 플레이스〉, 〈배트맨〉, 〈대니얼 분〉, 〈해저 여행〉 등에 포함된 여러 에피소드와, 수백 편의 TV용 영화 및 미니시리즈 등이 잇따라 성공했다. 그가 제작한 비교적 최근의 작품으로는 홀마크 명예의 전당[347] 시리즈 가운데 하나로 방영된 그레이엄 그린 원작의 〈열 번째 사나이〉와, 여배우 글렌 클로즈가 출연해 큰 성공을 거둔 TV용 영화 〈구혼 광고〉[348]가 있다.

"이 모든 것이 TV 덕분이었죠." 셀프의 말이다. 이 짧은 한 마디와 함께, 우리의 이야기는 어느새 그의 경력으로부터 그가 수집한 탁월한 찰스 디킨스 컬렉션에 대한 것으로 넘어갔다. 상태가 완벽에 가까우며 출처가 확실하다는 점 외에도, 그가 보유한 《두 도시 이야기》, 《황량한 집》, 《크리스마스 캐럴》을 비롯한 스물 세 권의 책들이 지닌 또 다른 공통점은 바로 '증정본'이라는 점이다. 각각의 책마다 저자의 서명이 적혀 있다. 셀프가 소장한 《피크위크 클럽 회보》[349]의 속표지 맨 위에는 다음과 같은 헌사가 적혀 있다.

　　한스 크리스티안 안데르센 님께,
　　당신의 친구이자 애독자인

---

[347]..카드 및 문구 제조업체인 홀마크 사에서 1951년부터 제작 방영하고 있는 명작 소설 원작 드라마 시리즈.
[348]..패트리시아 매크러클런의 소설을 원작으로 1991년에 제작한 드라마. 글렌 클로즈와 크리스토퍼 워큰이 주연을 맡아 호평을 받고 1999년에 속편이 나오기도 했다.
[349]..디킨스의 첫 장편소설.

찰스 디킨스 드림.
1847년 7월, 런던에서.

셀프는 1985년에 로스앤젤레스에서 활동한 작사가이며 바로 전 해에 사망한 폴 프랜시스 웹스터의 장서 경매에서 이 책을 구입했다. 웹스터는 〈남 몰래 한 사랑〉[350], 〈모정〉[351], 〈미소 속의 그늘〉[352] 등으로 아카데미상을 수상한 유명한 작사가로, 1971년에 본인이 지칭한 대로 '얼마 안 되지만 애써 골라 모은' 장서에는 지난 600여 년간의 서양 사상 및 문화를 대표하는 총 180점의 품목이 소장되어 있었다. "언젠가 폴의 집을 방문해 그 책들을 본 적이 있었죠." 셀프의 말이다. "하지만 제가 그 책들을 갖게 되는 날이 오리라고는 꿈에도 생각지 못했습니다." 마찬가지로 셀프는 자기가 에드가 앨런 포의 《태머레인》이나, 1865년에 나왔다가 곧 폐기된 《이상한 나라의 앨리스》 초판본[353]을 소장하게 되리라고도 전혀 생각지 못했다. 하지만 현재 이 두 가지 희귀본은 그의 소장품 중에서도 가장 돋보이는 물품이다. "특히 《태머레인》이야말로 제가 이전에 두 번이나 놓쳤던 책이었기 때문이죠." 셀프가 입가에 슬며시 미소를 띠며 말했다.

그의 아내인 페기 셀프는 비록 도서수집가는 아니지만, 남편과 함께 여행하며, 경매에 참석하고, 원하는 책을 구입하도록 남편을 격려하는

---

350. 도리스 데이와 하워드 킬이 주연한 뮤지컬 영화 〈컬래머티 제인〉(1953)의 주제가.
351. 윌리엄 홀든과 제니퍼 존스 주연의 영화 〈모정〉(1955)의 주제가.
352. 엘리자베스 테일러와 리처드 버튼 부부가 함께 공연한 영화 〈고백〉(1965)의 주제가.
353. 이 책은 1865년 6월에 루이스 캐럴이 가족과 친구에게 선물하기 위해 50부만 특별히 제본해 나눠준 것이었으나, 삽화가인 존 테니얼이 삽화의 인쇄 상태가 나쁘다며 폐기할 것을 주장해, 결국 그 중 35부를 다시 거두어들여 헌사를 지워버리고 아동 전문 병원에 기증했다.

역할을 해 왔다. "저는 오히려 그 언저리에 서 있는 편이 좋습니다." 그녀의 말이다. "저도 이 일을 알고 있고, 어느 정도 관여한다고 할 수 있죠. 하지만 도서수집가는 제가 아니라 바로 남편이니까요. 물론 남편이 해야 할 일의 스케줄을 정리해 주는 것은 제 쪽이지만 말입니다. 남편이 간혹 뭔가를 사들이는 데 있어 망설이거나 하면, 저는 남편을 격려해서 사게 하는 거죠. 하지만 솔직히 말해서, 언젠가 남편이 어떤 책을 12만 달러에 구입하려고 했을 때는 우리 집을 저당 잡혀야 할 형편이 되기도 했어요." 빌 셀프는 자기가 처음 《태머레인》을 사려고 했을 때는 정말 돈이 한 푼도 없었다고 덧붙였다. "재산이 어느 정도는 있었습니다. 잘만 하면 될 수도 있었죠. 하지만 아이들의 대학 등록금으로 모아놓은 돈까지 털 수는 없는 일이었습니다." 결국 그때는 포기할 수밖에 없었다. "결국 그 책은 사지 않았습니다. 적어도 어느 선에서 멈춰야 할지는 알았으니까요."

한 시간 가량 이야기를 나눈 뒤, 셀프는 자리에서 일어나 이번 방문을 위해 준비해 놓은 책들이 놓여 있는 긴 탁자 쪽으로 안내했다. "오늘은 특별히 시내의 지하 금고에 보관하고 있는 물건을 몇 가지 꺼내 왔습니다." 그는 이렇게 말하며 조심스럽게 종이 표지에 쐐기 모양의 구멍이 양쪽에 나 있는, 손상되기 쉬워 보이는 작은 책을 집어 들었다. 이 책의 저자 이름은 나와 있지 않았고, 단지 '어느 보스턴 사람'이라고만 되어 있었으며, 출간년도는 1827년이었다. "이게 바로 '저의' 《태머레인》입니다." 그는 이렇게 말하며 이 작은 책을 내게 건네주었다. 그가 뉴욕의 H. 브래들리 마틴 경매에서 이 책을 16만 5,000달러에 구입한 사건이 매우 인상적이었던 탓에, 나는 그 익명의 입찰자의 신원을 확인한 다음 인터뷰를 신청했던 것이다. "그저 '쓸 만한' 포 컬렉션을 가진 사람은 많을 겁니다." 그의 말이다. "하지만 《태머레인》을 소장하기 전까지는 결코 '훌륭한' 포 컬렉션을 가졌다고 말할 수 없죠. 마찬가지로 1865년 판 《앨리스》를 소장하기 전까지는 결코 '훌륭한' 루이스 캐럴 컬렉션을 가졌다고 말할 수 없습니다."

경매에서 구입한 《태머레인》과는 달리, 빌과 페기 셀프는 1970년에 시카고의 여성 서적상인 프랜시스 해밀과 마저리 바커로부터 《앨리스》를 구입했다. 이 책은 전 세계적으로 열아홉 권만이 현존하며, 그 가운데 개인 소장본은 불과 세 권인 것으로 알려져 있다. "페기는 이 책을 제 생일 선물로 주고 싶어 했는데, 당시에는 한 500이나 600달러 정도면 살 줄 알았다고 나중에서야 말하더군요. 하루는 제가 우연히 해밀 여사에게 전화를 걸어 혹시 뭔가 특별한 책이 들어온 게 있느냐고 물었는데, 그야말로 제때에 맞춰 연락한 셈이었지요." 그의 말이다. "그랬더니 여사가 바로 이 책이 곧 들어올 참이라고 대답하지 않겠어요. 그래서 저는 대뜸 혹시 뭔가 착오가 있는 게 아니냐고 물었죠. 당시 1865년 판 《앨리스》는 절대로 시장에 나올 수가 없었어요. 왜냐하면 저는 현존하는 책들이 몇 권이며, 그 각각이 어디어디에 소장되어 있는지를 다 알고 있었던 데다가, 제가 알기론 아직 그 중 한 권도 시장에 나오진 않았으니까요. 그러자 여사는 그저 이렇게만 대답하더군요. '글쎄요, 빌. 하여간 여기 한 권이 있어요. 우리가 지금 살 거라구요.'

해밀 여사는 곧 들어올 책은 다름 아닌 칼과 릴리 포츠하이머 부부가 수집하고, 훗날 텍사스 대학에서 매입하게 된 유명한 장서 가운데 포함되어 있던 것이라고 셀프에게 설명했다. "가만 보니 포츠하이머의 유족 측에서는 종종 새로운 책을 구입하기 위해서 일부 자료를 정리해서 내다 판 모양이더군요." 셀프의 말이다. "그래서 그보다도 몇 년 전에 어느 여자 분에게 《앨리스》를 매각했던 것인데, 제가 시카고에 전화를 걸었던 그때 마침 그 여자 분이 이 책을 다시 내다 팔기로 결심했던 거죠. 우리는 결국 2만 5,000달러에 그 책을 구입했습니다. 사실은 돈이 조금 더 들었죠. 마침 매물로 나온 1866년 판《앨리스》도 한 권 있었는데, 지금까지 제가 본 것 중에 가장 완벽한 상태였기 때문에, 2,000달러를 더 주고 아예 그것까지 사들였거든요."

셀프는 자기와 아내가 '그 책들을 덮어놓고 사들인 것은 아니라'고 강조하면서, 오히려 그들은 진지하게 고민할 수밖에 없었다고 덧붙였다. "그야말로 지금까지 책 한 권을 사는 데 들인 돈보다도 훨씬 더 많은 금액이었기 때문이었습니다. 제 생각에 결국 우리가 이 책을 산 까닭은, 그로부터 20년 뒤에 우리가《태머레인》을 산 까닭과 똑같다고 해야 할 겁니다. 즉, 지금이 아니면 앞으로는 기회가 없으리라고 생각했던 것이지요. 저는 최근에《앨리스》를 상당히 비싼 가격에 사겠다는 누군가의 제안을 물리치기도 했습니다. 우리는 결코 투자 목적으로 책을 구입한 것이 아니니까요. 다만, 우리가 수십 년간이나 공연히 돈을 낭비한 것은 아니라는 사실을 확인한 것만으로도 충분히 만족스럽습니다."

셀프의 탁자 위에 놓인 다음 책은 에밀리 브론테가 어린 시절에 몇 년간 쓴 일기였고, 그 외에도 포가 친필로 쓴 8연시(聯詩) 원고, 딜런 토머스가 쓴 연애편지 몇 통이 있었다. 그러고 나서 셀프는 탁자 위에서 8절판 한 권을 집어 들더니 속표지를 내게 펼쳐 보여주었다. "제가 가장 좋아하는 책 중 하나죠." 그의 말이었다. "바로 디킨스가 소장하고 있던《데이비드 커퍼필드》로, 여기에는 J. L. 리카즈라는 사람에게 바치는 특별한 헌사가 적혀 있습니다. 이렇게 되어 있죠. '친애하는 선생님께. 선생님이 멕시코에서 겪으신 대단한 모험을 기리는 뜻에서, 우리 사이에 뭔가 작지만 뚜렷한 기념물을 남겨두었으면 하는 바람입니다. 그 모험에 대해서는 저도 무의식적이나마 책임이 있으니까요.' 그런데 제가 물어본 사람들 중에 이게 무슨 이야기인지 아는 사람은 하나도 없더군요. 하여간 디킨스의 헌사는 이렇게 계속됩니다. '선생님을 향한 특별한 애정의 표시로, 제가 소장하고 있던 이 책을 받아주시면 감사하겠습니다. 비록 제 서재 책장에서 꺼낸 것이기는 해도 선생께서 좋아하시리라 믿습니다. 아울러 감사와 행운의 인사를 건네는 바입니다. 찰스 디킨스 드림.'"

짙은 초록색 천으로 장정된 이 책의 표지 안쪽, 그러니까 보통 면지라고 부르는 곳에는 두 개의 장서표가 붙어 있는데, 그 중 하나는 윌리엄 셀프의 것이고, 다른 하나는 KS라는 머리글자와 함께 작은 새의 실루엣이 그려져 있는 모양이었다. "이 책은 찰스 디킨스가 자기 서재에서 직접 꺼내 누군가에게 선물로 준 것이었죠." 셀프의 말이다. "이후 오랜 세월동안 이 책은 여러 사람의 손을 거쳤고, 그러다가 절친한 친구 한 사람이 제게 선물로 남긴 겁니다. 그 친구의 이름이 바로 '케넌 스탈링'이고, 우리 두 사람은 오랜 세월 함께 디킨스 책을 모아 왔습니다. 이야말로 그 중에서도 매우 특별한 책이라 할 수 있지요."

개인 수집가의 경우에는 특별히 협조를 하는 경우가 드물고, 간혹 있더라도 워싱턴 D. C.에서 자신들의 이름을 따서 지어진 탁월한 셰익스피어 관련 장서를 수집한 헨리 클레이와 에밀리 폴저의 경우처럼 부부가 함께 하는 경우가 있을 뿐이다. 그러니 서로 경쟁하는 두 수집가가 서로 협조하고 사냥감을 공유하는 경우도 결코 흔치는 않지만, 빌 셀프가 개인수집가로선 세계 최고의 디킨스 컬렉션을 보유하게 된 까닭도 알고 보면 자기 동네에 케넌 스탈링이라는 경쟁자가 있었기 때문이었던 셈이다.

1971년 11월, 빌과 페기 셀프 부부는 소더비에서 이틀 동안 열릴 예정이었던 알랭 드 수잔네 백작 디킨스 컬렉션에서 몇 가지 물품을 구매하기 위해 영국으로 갔다. "우리는 구입할 품목과 예상 구입 가격을 미리 생각해 두고 있었습니다. 하지만 몇 가지 자잘한 것들을 빼면, 우선적으로 생각해 두었던 품목은 하나도 못 건지고 말았습니다. 뭔가 괜찮다 싶은 것만 있으면, 다른 누군가가 더 높은 가격을 불러 버리더군요."

"하우스 오브 엘 디에프였어요." 페기 셀프가 말했다.

"그랬죠." 빌 셀프가 덧붙였다. "그래서 저는 결국 누군가에게 물었죠. '루 펠드먼은 이번에 누구의 대리인으로 나온 건가요?' 그러자 상대방이—누군지는 잊어버렸지만—그러더군요. '오하이오 주 데이턴에서 온 어떤 사람이라던데.' 그래서 제가 그랬죠. '이봐요, 나도 고향이 오하이오 주 데이턴이지만, 내가 알기론 그 동네엔 디킨스를 모으는 사람이 없다구요.' 그러자 상대방이 그러더군요. '글쎄요. 그 사람은 은둔하는 편이라서, 별로 알려진 인물은 아닌 모양이던데.' 그러다가 문득 그 데이턴 사람의 이름이 '스털링'이라는 걸 알게 되었죠. 그래서 그 이름을 분명히 기억해 두었습니다. 집으로 돌아온 뒤에 우리는 어느 TV 토론회 때문에 시카고에 갈 일이 있었는데, 제가 그때 페기한테 그랬죠. '우리 데이턴에 가서 친구들에게 물어보자구. 그러면 경매 때 우리를 박살낸 스털링이란 친구가 누구인지 알 수 있을 거야. 혹시 그 사람의 컬렉션을 구경할 수 있을지도 모르니까.' 문제는 과연 그를 만나려면 어디서부터 접촉해야 할지 몰랐다는 것이었죠. 루 펠드먼에게는 당연히 전화를 걸지 않았습니다. 왜냐하면 그가 고객에 대한 정보를 쉽사리 알려줄 리 없을 테니까요. 그래서 저는 뉴욕의 존 플레밍에게 전화를 걸어서 혹시 데이턴에 사는 스털링이라는 수집가를 아느냐고 물어보았죠. 그러자 존 플레밍이 그러더군요. '그 사람 이름은 스털링이 아니라 스탈링, 케넌 스탈링이에요. 마침 제 옆에 계시니 바꿔드리죠.' 저는 그렇게 해서 결국 케넌 스탈링과 만나게 된 겁니다."

스탈링은 사람들에게 자기 책을 구경시켜 주기 좋아해서, 빌과 페기 부부에게도 언제 시카고에 오면 데이턴의 자기 집으로 찾아오라고 말했다. "제가 모은 것이야말로 그의 장서에 비하면 초라하기 그지없었죠."

셀프의 말이다. 그로부터 1년 뒤, 이번에는 스탈링이 캘리포니아에 있는 셀프 부부를 방문했다. "또 1년쯤 뒤에 저는 뉴욕의 어느 서점에서 우연히 그를 만났죠. 파이프를 물고 서 있기에 뉴욕에는 어쩐 일이냐고 물었더니 '책을 좀 사러' 왔다고 대답하더군요. 그래서 저는 그와 함께 저녁 식사를 했고―우리는 연극 쪽 사람들이 주로 모여드는 '팜'이란 식당으로 갔는데, 그는 거기서 완전히 넋이 나갔죠―그때부터 우리는 본격적으로 친해지게 된 겁니다."

빌과 페기 셀프 부부는 스탈링과 함께 파리를 여행하고, 알래스카에서 유람선을 타기도 했으며, 함께 의논하여 책을 고르고 구입했다. 머지않아 빌 셀프는 곧 경매에 나올 예정인 어떤 디킨스 책에 대해 스탈링의 의견을 물을 때마다 약간 기묘한 대답을 얻게 되었다. "그는 이렇게 말하곤 했습니다. '난 그걸 사지 않을 생각이네.' 그러면 저는 이렇게 대답했죠. '자네가 왜 사지 않겠다고 하는지 알겠군. 자네야 워낙 책 상태를 꼼꼼하게 보니까, 정말 끝내주는 상태가 아니면 안 사겠다는 거군. 하지만 난 아직 그 책이 없거든.' 그러면 그는 이렇게 말했죠. '자네 말이 맞아. 하여간에 상태가 썩 좋진 않으니, 나는 사지 않을 생각이네.' 그러면 저는 알았다고 대답하고 말았죠. 그러다가 또 다른 디킨스 품목이 나왔는데, 제가 보기엔 상당히 괜찮아 보였는데도 그는 여전히 싫다는 겁니다. 그래서 왜 안 사느냐고 계속 물어보았더니, 그가 이러더군요. '결국 자네한테 말할 때가 된 모양이군.' 그래서 '뭐가?' 하고 물었더니, 그가 이러는 겁니다. '내가 죽으면 이 디킨스 컬렉션을 자네가 물려받도록 유언장을 작성해 두었다네. 자네도 데이턴 출신이고, 나도 데이턴 출신 아닌가. 나야 자식도 없고 하니, 이 책들도 결국 어디 대학으로 가고 말겠지. 그래서 차라리 자네한테 이 디킨스 컬렉션을 물려주려고 하네.'"

뉴햄프셔 주 엑서터에 있는 서점 콜로폰 북스의 주인인 로버트 리스카는 1970년대에 두 사람 모두와, 특히 종종 케넌 스탈링과 거래한 경험이 있었다. "제가 집사람과 함께 이 사업을 시작한 후, 처음으로 뉴욕 도서 전시회에 참가했을 때였죠. 좋은 인상을 주고 싶어서 제가 그때까지 모아 두었던, 결코 어디 내놔도 뒤떨어지진 않는다고 자처하던 존 스타인벡 컬렉션 가운데서도 최고만을 골라 들고 나갔습니다. 하나같이 거의 완벽에 가까운 상태로만—심지어 표지가 완전 새것인《황금 잔》도 있었으니까요—대략 스물에서 스물다섯 권쯤 골라 가지고 유리 진열장 안에 넣어두었죠. 가격도 제 나름대로는 일부러 상당히 비싸게 보이도록 붙여 두었습니다. 물론 장사를 하러 나오긴 했지만, 솔직히 누군가에게 빼앗기고 싶진 않았으니까요. 그런데 전시회가 시작되자마자 대단한 멋쟁이 신사가 쓱 다가오더니, 이 스타인벡 책은 파는 거냐고 묻더군요. 저는 그렇다고 대답하면서, 어떤 것을 원하시느냐고 물었죠. 그러자 '전부 가져가겠소' 하더군요. '뭐라구요?' 하고 반문하자, 다시 그러는 겁니다. '이 책 전부 다 가져가겠다구요.' 흥정 한 번 하지도 않았고, 심지어 책을 꺼내보지도 않았죠. 첫눈에 완벽한 상태라는 걸 알고선 주저 없이 사들인 겁니다." 리스카는 그때 받은 책값이 약 1만 7,000달러 정도 되었다고 회상했다.

1983년에 스탈링이 사망하자, 그의 디킨스 컬렉션은 셀프에게 넘어갔다. 그리고 1만여 권에 달하는 다른 책들은 스탈링이 1927년에 졸업한 모교 스탠포드 대학에 기증되었다. 스탠포드의 희귀본 담당 사서인 데이비드 설리번의 말에 의하면 '그의 책들 중에는 조셉 콘라드, W. 서머셋 몸, 앤서니 트롤럽, 윌키 콜린스, 토머스 하디 등의 상태가 완벽한 초판본들을 비롯해서, 19세기와 20세기의 주요 소설가들의 매우 상태 좋은 책들도 있어서, 스탈링은 책의 상태를 무척 따지는 사람이었다는 사실이 잘 드러나 있을 정도'라고 한다. 설리번의 말에 의하면 대학 측에서는 이렇게 훌륭한 선물을 받으리라고는 전혀 생각도 못했다고 한다. "이 컬렉션에 대한 서류철 맨 앞에는 그의 유족이 보내 온 편지가 있고, 바로 그 다음에는 본인의 장서를 나누어 기증하겠다는 고인의 유언장 사본이 있습니다. 그 편지를 받기 전까지만 해도 고인과 대학 사이에는 아무런 교섭이 없었죠. 그러니 이렇게 훌륭한 책을 기증받게 되리라고는 아무도 예상 못했던 겁니다."

1980년대 초에 루이즈 테이퍼는 링컨의 생애와 시대에 대한 저술을 쓰기로 결심하고 링컨이 남긴 편지, 증서, 자격증, 일기와 그 가문의 유물 등을 수집하는 데 전념했다. 그런데 일단 시작하고 보니 그 일은 곧 전 시대를 통틀어 최고 수집가들과의—현존하거나 고인이거나 간에—경쟁으로 발전하고 말았다. "언젠가는 반드시 다 모으고 말 거라고 생각했죠." 이 비벌리힐스의 여성 수집가는 이렇게 예측하면서 언젠가 그날이 온다면—즉, 다른 어느 경쟁자보다도 훨씬 더 많은 품목을 수집하게 되는 날이 온다면—그때야말로 이 세상에서 자기 컬렉션을 능가할 것은 전혀 없으리라고 자신했다.

루이즈 테이퍼의 하루는 길고도 바쁘지만, 서술하기는 비교적 용이하다. 왜냐하면 아침에도 '링컨,' 점심에도 '링컨,' 저녁에도 '링컨'이기 때문이다. "맞아요. 하루 온종일 그 일만 하죠." 그녀는 활짝 웃어보였다. "하지만 저로선 즐거운 일이에요. 정말 좋아하는 일이니까요. 완전히 거기에 몰입해 있죠." 이 컬렉션을 모으게 된 까닭이 단지 링컨과 그의 가문에 대해 알고 싶었기 때문이었는지, 아니면 이 분야에 대해 한 사람이 모을 수 있는 가장 훌륭한 컬렉션을 갖고 싶었기 때문이었는지를 질문하자, 그녀는 주저 없이 이렇게 대답했다. "말씀하신 두 가지 모두가 해당되고, 또 다른 이유도 있지요. 일단 한 가지 분야에 뛰어들어 그에 대한 연구를 시작해 놓으면, 저도 모르는 사이에 또 다른 내용으로 접어들게 되더군요. 제가 존 윌크스 부스[354]에 대해 연구하게 된 것도 바로 그런 식이었죠. 제가 했던 식으로 이것저것 구입하고 돌아다니다 보면, 저에 대해 알게 된 사람들이 나중엔 이런저런 물품이 있다고 먼저 알려주더군요. 일단 한번 시작해 놓으면, 정말 제어할 수조차 없이 되는 거예요. 그러니 여간해서 제어하기가 쉽지 않겠다 싶으면, 애초부터 시작하지도 말아야 하는 거죠."

간혹 자신의 목표에 대한 자극이 다시금 필요하다 싶을 때면, 테이퍼는 그보다 약 반세기 전에 고(故) 올리버 R. 배러트가 수집한 품목의 도서목록을 훑어보면서, 자신이 모은 것이 그의 컬렉션과 맞먹으려면 얼마나 더 많은 품목을 모아야 할지를 계산하곤 했다. 배러트는 시카고의 변호사로 어린 시절부터 수집에 열을 올렸다. 1880년 당시 일곱 살이었던 그는 러더퍼드 B. 헤이스 대통령에게 다음과 같은 편지를 보내기도 했다. "저는 서명을 수집하고 있습니다. 함께 보내드린 노트 한쪽에 서명해 주시고 나서, 노트와 편지를 다시 봉투에 넣어 다음에 적힌 분께 우편으로 보내주세요. 그러면 모든 분들이 노트에 서명해 주실 수 있을 테니까요."

헤이스 대통령 외에 배러트가 주소를 적어 둔 사람은 올리버 웬델 홈스, 새뮤얼 클레멘스, 찰스 더들리 워너, 해리엇 비처 스토우, 윌리엄 T. 셔먼 장군 등이었다. 이 명단에 나온 사람들 모두가 그의 요청을 기꺼이 수락한 탓에, 이 책은 결국 모두의 서명을 담아서 배러트에게 되돌아왔다. 그 중 새뮤얼 클레멘스(마크 트웨인)는 배러트가 시키는 대로 노트에 서명한 다음, 봉투에다가 '이 뻔뻔스럽기 짝이 없는 물건'을 얼른 다음

---

[354] 링컨의 암살범이다.

사람에게 보내버리라'고 적어두기도 했다.

칼 샌드버그가 배러트를 알게 되었을 당시, 그의 링컨 컬렉션은 가히 독보적이었다. 샌드버그는 배러트가 수집한 물품을 무제한적으로 열람할 수 있었고, 그 덕분에 제16대 대통령에 대한 기념비적인 여섯 권짜리 전기를 써서 1940년에 퓰리처상[355]을 수상했던 것이다. 이 책의 저술에 있어 배러트의 컬렉션이 중추적인 역할을 했기 때문에, 샌드버그는 훗날 배러트의 생애를 다룬 《링컨 수집가》라는 책을 쓰기도 했다. "만약 수집가들이 없었다면, 우리가 과연 역사나 전기를 쓸 수 있었을까?" 샌드버그는 이렇게 묻고 나서, 배러트를 향해 최고의 격찬을 아끼지 않았다. "배러트가 어린 시절부터 보여 왔던 수집가로서의 재능 덕분에, 여차 하면 영영 잃어버리고 말았을 수많은 역사적 유물과 자료가 매우 지혜롭고도 훌륭하게 발굴되었던 것이다."

샌드버그는 교외에 있는 배러트의 자택 안에는 관계 자료가 너무나도 많이 쌓여 있었던 탓에, 배러트가 새로 구입한 물건을 아내 몰래 지하실 창문으로 던져 넣어야 했다는 사실까지도 언급했다. 1950년에 배러트가 사망하자, 이 컬렉션은 경매에 붙여졌고, 뉴베리 도서관의 폴 겔의 말마따나 사방팔방으로 흩어져 버렸다. 링컨 관련 물품의 거래에 있어서 세계적인 권위자로 유명한 시카고의 랠프 G. 뉴먼은 자기가 1950년에 파크 버넷 경매회사에서 있었던 '배러트 경매에서 무려 80% 이상을 구입했다'고 주장하면서, 원래는 그의 유족들로부터 컬렉션을 통째로 사들이려고 했다고 덧붙였다. "결과적으론 경매로 인해 얻은 최종 수익보다도 제가 처음에 제시한 가격이 더 높았습니다. 하지만 그의 유족들은 경

---

[355]..미국의 문학상. 유명한 신문 재벌 조셉 퓰리처의 유산 100만 달러를 기금으로 하여 1917년에 창설되었다. 뉴스, 보도사진, 소설, 연극, 음악 등의 여러 부문에 걸쳐 해마다 수상자를 발표한다.

매를 열면 더 많은 돈을 벌 수 있으리라 생각하고 거절했던 거죠." 하지만 뉴먼은 만약 자기가 컬렉션을 통째로 사들였다 하더라도, 훗날 매각하는 과정에서는 부득이하게 몇 무더기로 쪼개어야만 했으리라는 점을 인정했다.

자신의 전문 분야 덕분에 루이즈 테이퍼와도 잘 아는 사이였던 뉴먼은 지난 60여 년간 서적상으로 일한 경험으로 미루어 그녀의 업적을 제대로 평가할 수 있었다. 그는 테이퍼를 가리켜 전 시대를 통틀어 가장 훌륭한 링컨 수집가 가운데 한 사람이라고 단언했다. "제가 좋아하는 점은 루이즈가 단지 즉흥적으로 결정하고 사들인 물건이라 하더라도, 이미 갖고 있던 다른 물건들과는 기막히게 어울리게 된다는 점이었지요. 그 컬렉션은 아무렇게나 사들인 물건이 아니라, 하나하나 꼼꼼하게 골라 모은 것이고, 그렇게 할 수 있었던 것도 그녀 자신이 열심히 연구를 한 까닭입니다. 루이즈는 단지 이런저런 풍문만 듣고 움직이는 타입은 아니니까요. 특히 그녀가 모은 부스 관련 컬렉션은 정말 대단하고, 메리 링컨 관련 컬렉션만 해도 개인 수집가로서는 어느 누구의 것보다도 더 훌륭합니다. 그녀는 매우 경쟁의식이 강한 편이지만—사실 경쟁의식이 없다면 애초부터 뭔가를 모을 수가 없었겠죠—그렇다고 어리석게 굴진 않습니다. 가령 뭔가를 갖고 싶어 하고, 뭔가를 기꺼이 구입하려 하고, 이미 어느 정도 손을 뻗었다 싶더라도, 자신의 컬렉션을 어디까지 끌고 갈 수 있을지에 대한 문제에 있어서는 결코 자기 위치를 망각하는 법이 없습니다."

테이퍼의 경쟁의식은 그녀가 어떻게 해서 목표를 설정하게 되었는지도 잘 보여준다. "저는 배러트뿐만 아니라 모든 중요한 링컨 수집가들을 연구한 뒤에, 그들 각각이 수집한 편지가 몇 종이나 되는지를 확인해 보았죠." 그녀의 말이다. 1985년에 이르러 남부 캘리포니아의 저명한 은행가이자 자선사업가인 마크 테이퍼의 아들이며 로스앤젤레스의 금융 및 부동산 투자가로 활동하던 배리 테이퍼와 결혼하기 전까지, 루이즈는 저명한 링컨 학자인 동시에 훌륭한 링컨 컬렉션을 소유했던 저스틴 터너 밑에서 일하고 있었다. "한번은 저스틴과 나란히 앉아서 그가 보유한 편지의 숫자를 세어보았죠." 그녀는 나와의 첫 인터뷰 때 이렇게 말했다. "나중에 제가 모은 편지 숫자가 그의 것보다 더 많아지자 무척 신이 났어요. 하지만 그의 메리 링컨 컬렉션은 그때까지만 해도 최고 수준이었기 때문에, 저는 또 다른 목표를 갖게 된 셈이었고, 결국 지금은 불과 다섯 점 정도의 차이로 그를 거의 따라잡게 되었죠." 이 이야기를 한 지 10개월 뒤, 테이퍼는 자기가 메리 링컨에 있어서도 스승의 컬렉션을 능가하게 되었다고 연락해 왔다. 그로부터 1년 뒤에 그녀는 링컨이 사용했던 만찬용 접시를 구입하면서, 미국 역대 대통령들이 사용했던 도자기며 접시며 유리그릇 수집이라는 새 분야를 개척했다.

"저는 칼 샌드버그의 책을 통해 올리버 배러트가 어떤 일을 했으며, 얼마나 열성적이었는지, 얼마나 경쟁의식이 강했는지, 그리고 어떻게 해서 물건을 입수했는지를 알게 되고서 이렇게 생각했죠. '세상에, 나랑 똑같잖아. 나도 이렇게 해야지' 하구요." 테이퍼의 말이다. "물론 제가 여자이다 보니 더 힘든 면도 없진 않았어요."

나는 어떤 면이 그렇게 힘들었는지 물어보았다.

"우선 제대로 인정받지를 못했어요." 그녀의 대답이었다. "남편과 결혼한 지 3년쯤 되었을 때, 남편 친구들이 우리 집을 방문한 적이 있어요. 당시 저는 상당히 많은 링컨 관련 물품을 보유하고 있었는데, 그 사람들이 집안에 들어오더니 배리한테 그러는 거예요. '와, 나는 자네가 링컨에 관한 자료를 모으는 줄은 몰랐네.' 그래서 제가 말했죠. '아니, 저 사람이 아니라, 제가 모으는 거예요.' 그랬더니 남편 친구들이 대뜸 머리도 텅 비고 나이도 어린 것이—남편이 사실 저보다 나이가 훨씬 많거든

하버드 대학 해리 엘킨스 와이드너 도서관. 타이타닉 호 침몰 사고로 사망한 애서가 아들을 기념하기 위해 그 어머니가 세운 건물이다. (저자 사진)

텍사스 대학 해리 랜섬 인문학연구소. (텍사스 대학 오스틴 캠퍼스 제공)

헌팅턴 도서관의 전시실. 캘리포니아 주 샌마리노. (헌팅턴 도서관 제공)

새뮤얼 존슨의 《영어사전》(1755).
대리석 무늬가 들어 있는 원래 제본 그대로이며
1989년 가든 사 경매에서
6만 6,000달러에 낙찰되었다.
(소더비 제공)

셰익스피어 작품집 초판 2절판(1623)의 속표지. 1989년 가든 사 경매 당시, 이 책을 비롯한 셰익스피어 2절판의 초기 판본 네 권이 모두 210만 달러에 리처드 매니에게 낙찰되었다. 하지만 2년 뒤에 매니가 이 책들을 매각했을 때에는 이전만큼 인기가 없었고, 현재는 캘리포니아의 어느 수집가가 소장하고 있다. (소더비 제공)

윌리엄 블레이크의 《순수의 노래와 경험의 노래》에 수록된 시 〈호랑이〉.
저자가 직접 그린 동판화에 채색한 삽화가 들어 있는 이 책의 초판본은 1989년 가든 사 경매 당시 132만 달러에 낙찰되었다.
(소더비 제공)

riverrun brings us back to
Howth Castle & Environs. Sir Tristram, violer d'amores,
fr' over the short sea, had passencore rearrived from
North Armorica on this side the scraggy isthmus of Europe
Minor to wielderfight his penisolate war; nor had topsawyer's
rocks by the stream Oconee exaggerated themselse to Laurens
County's gorgios, while they went doublin their mumper all
the time; nor avoice from afire bellowsed mishe mishe to
tauftauf thuartpeatrick: not yet, though venissoon after,
had a kidscad buttended a bland old isaac; not yet, though
all's fair in vanessy, were sosie sesthers wroth with twone
nathandjoe. Rot a peck of pa's malt had Jhem or Shen
brewed by arclight and rory end to the reggimbrow was to be
seen ringsome on the waterface.

The fall (badalgharaghtakammim rrounkotmbrountonnerrount-
Mounthunntrovarrhounawnskawntoohoohoordenenthunnuck!) of a once
wallstrait oldparr is retaled early in bed and later on
life down through all christian minstrelsy. The great fall
of the offwall entailed at such short notice the schute of
Finnigan, erse solid man, that the humptyhillhead of humself
prumptly sends an unquiring one well to the west in quest of
his tumptytumtoes: and their upturnpikepoint and place is
at the knock out in the park where oranges have been laid

《피네건의 경야》의 타자원고 교정쇄 가운데 시작 페이지. 제임스 조이스가 친필로
1926년 12월 16일이라고 적고 서명한 것으로, 1989년 가든 사 경매 당시 9만 9,000달러에 낙찰되었다. (소더비 제공)

아서 알폰소 숌버그(1874~1938). 그는 흑인의 역사와 문화에 대한 문헌을 수집하는 데 평생을 바쳤다. (뉴욕 공립도서관 숌버그 흑인문화연구소 제공)

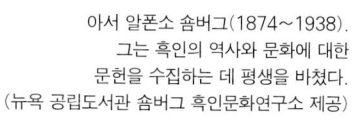

칠스 L. 블록슨.(왼쪽, 아래) 1955년에 펜실베이니아 주립대학 미식축구팀에서 풀백을 맡은 스타였으며, 이후 템플 대학의 찰스 L. 블록슨 아프로아메리칸 컬렉션을 수집한 인물이다. (템플 대학 찰스 L. 블록슨 아프로아메리칸 컬렉션 제공)

메사추세츠 주 홀리오크에 위치한
미국 이디시 도서연구소 별관의 모습.
1980년대 초엽.
(미국 이디시 도서연구소 제공)

여름방학을 맞아 미국 이디시 도서연구소에서 일하고 있는 수련생들의 모습. (저자 사진)

아론 랜스키. 미국 이디시 도서연구소의 설립자. (미국 이디시 도서연구소 제공)

셰프 루이스 사트마리 2세.
요리사 복장을 한 모습과
시카고에 있는 자기 서재에 있는 모습.
(존슨 앤드 웨일스 대학 사트마리 조리법 컬렉션 제공)

루스 볼드윈(1918~1990).
18세기부터 20세기까지의 아동서 10만 권을
보유한 컬렉션을 만들고
게인스빌의 플로리다 대학에 기증했다.
(플로리다 대학 제공)

루이스 테이퍼.
캘리포니아 주 비벌리힐스의 도서수집가.
1994년에 헌팅턴 도서관에서 열린,
자신의 수집품을 대거 포함한 에이브러햄 링컨 관련 전시회에서.
(루이스 테이퍼 제공)

해리 헌트 랜섬.
텍사스 주립대학 오스틴 캠퍼스에 오늘날
자신의 이름을 따서 명명된 인문학연구소를
설립한 장본인. 로버트 조이의 초상화.
(텍사스 대학 오스틴 캠퍼스 제공)

윌리엄 H. 셰이드. 뉴저지 주 프린스턴의 도서수집가. 알브레히트 피스터가 밤베르크에서 펴낸
36행 성서를 들여다보고 있다. (저자 사진)

《연방주의자》.
맨 위에 조지 워싱턴의 서명이 들어 있는 이 책은
1990년 H. 브래들리 마틴 경매에서
143만 달러에 낙찰되었다.
(소더비 제공)

독립선언서.
1990년 H. 브래들리 마틴 경매에서
159만 달러에 낙찰되었다.
(소더비 제공)

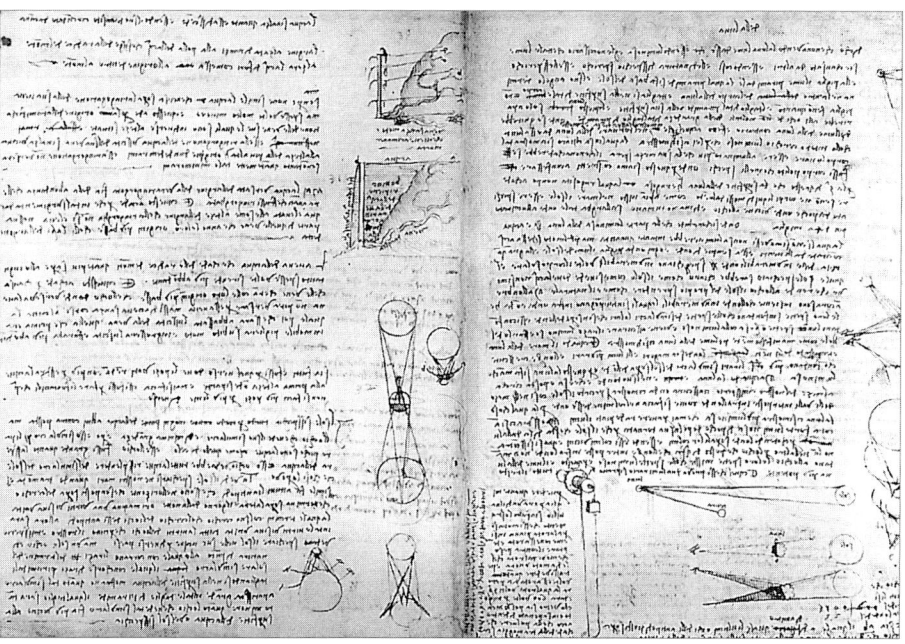

레오나르도 다 빈치의 72페이지짜리 원고의 한 페이지.
1994년 11월에 열린 경매에서 3,080만 달러에 빌 게이츠에게 낙찰되었다. (크리스티 제공)

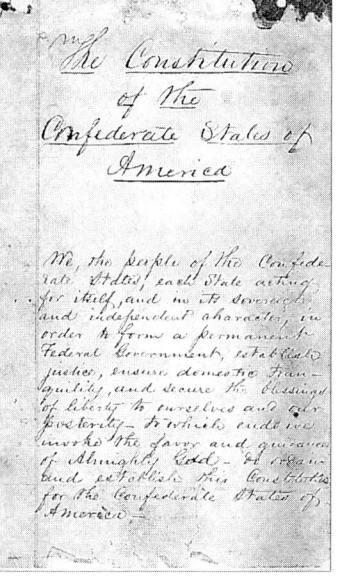

미국 남부 연방 헌법 초안.
캘리포니아 주 샌타바버라의 데이비드 카플스 소장.
(카플스 필사본 문서 도서관 제공)

존 라로케트. 4회 연속 에미상 수상자이며 현대 초판본 수집가. (저자 사진)

데이비드 카플스. 캘리포니아 주 샌타바버라.
100만 점 이상의 필사본 문서를 수집했다.
(저자 사진)

해스켈 F. 노먼 박사.
캘리포니아 주 마린 카운티의 도서수집가.
신성로마제국 황제 카를 5세 소유였던 베살리우스의
《인체의 구조에 관하여》(바젤, 1543) 증정본을 펼쳐보이고 있다.
(저자 사진)

윌리엄 셀프. 캘리포니아의 도서수집가. (저자 사진)

스티븐 블룸버그. 오텀와에 있는 자기 집의 일명 '캘리포니아 실'에서.
한때 그의 보물을 보관했던 서가는 이제 텅 비어 있었다. (저자 사진)

1991년에 열린 선고 공판 나흘 전의 모습.
스티븐 블룸버그는 자신이 훔친 책을 보관하던
아이오와 주 오텀와에 위치한 자신의 집으로
저자를 안내했다.
(저자 사진)

FBI에 책을 모두 압수당한 뒤에 기적적으로 한 권 남아 있던 책을 들여다보는 블룸버그.
그의 창고 안에는 문고리며, 스테인드글라스 창문이며, 오래 된 레코드판 등이 수북이 쌓여 있었다. (저자 사진)

'청소차 몰기' 수법을 직접 보여주는 블룸버그. 그는 다른 사람들이 버린 쓰레기통을 뒤져 보물을 구출해 내곤 했다.
(저자 사진)

리처드 매니의 장서. 1991년에 소더비에서 매각되기 전의 모습. (엘리어트 카우프먼 제공)

요—어딜 감히 끼어드느냐는 식으로 저를 쳐다보는 거예요. 이런 상황이 한참 계속되다가, 하루는 결국 남편이 친구들에게 결정타를 날렸죠. 남편이 테니스 시합에 늦게 갔더니 친구들이 '자네 어디 갔다 오나?' 하고 묻더래요. 그래서 '아, 집사람이 존 윌크스 부스의 편지를 사러 간다기에, 거기 따라갔다 왔어' 라고 했더니 다들 멍하니 할 말을 잃어버리더라나요? 흠, 저로선 상당히 만족스러웠죠."

그러고 나서 배리 테이퍼가 비벌리힐스 테니스 클럽에 다시 갔을 때, 그의 친구들 가운데 한 사람이 작은 검은색 상자를 하나 건네주면서 집에 가서 루이즈에게 보여주라고 했다. 그 안에는 에이브러햄 링컨이 1864년 5월 28일, 어느 죽어가는 병사의 붕대 위에 쓴 위로의 글이 적혀 있었다. "저는 이걸 보자마자 진품이라 생각하고 남편에게 물었죠. '그래서요, 이걸 판다고 하던가요? 아니면 그냥 보여주기만 하는 거래요?' 알고 보니 이걸 건네준 사람은 변호사였는데, 자기 고객 중 한 사람으로부터 그걸 위탁받아 보관하고 있다고 하더군요. 그래서 저는 그에게 전화를 걸어 그랬죠. '제가 이걸 갖고 싶은데요.'" 변호사는 자기 고객이 여간해서는 판매하지 않을 것 같다고 대답했다. "그래서 제가 그랬죠. '일단 가격이나 물어봐 주세요. 모두가 알아야만 하는 이런 자료를 그냥 묻어두기엔 너무 아까운 걸요.' 그래서 그 변호사도 자기 고객에게 물어보았고, 결국 제가 그걸 구입하게 되었죠. 저는 그걸 스프링필드로 가져가서 일리노이 주 역사 도서관에서 사진 촬영을 하도록 했죠. 알고 보니 정말 진품이었어요." 그로 인해 테이퍼는 링컨이 종종 병원을 방문해서 그렇게 특이한 문서를 남기기도 했으리라고 추측했다. "그 병사는 아마 죽어가고 있던 모양이고, 링컨은 그를 위로하고 싶긴 했는데 마침 종이가 없었기 때문에 이 붕대에 적었던 거죠." 날짜가 적혀 있던 까닭에, 그녀는 워싱턴의 전쟁기록보관소에서 사실을 확인해 볼 수 있었다.

그 '붕대'를 잘 보관해 놓은 뒤에, 테이퍼는 연달아 다른 문서들을 입수했다. "제가 가진 자료는 링컨의 5대조 조상까지도 거슬러 올라가는 것들이죠." 그녀의 말이다. "링컨의 증조부며, 숙부들이며, 종조부며, 전부 다요. 그 후손들에 대한 자료도 하나씩 다 갖고 있죠. 그 손자들에 대한 것들도 마찬가지구요." 그녀가 '갖고 있다'고 하는 자료는 단지 '그들이 직접 쓰던 것' 뿐만 아니라, 증손녀들 가운데 한 사람이 그린 수채화라든지, 어느 개인의 소장품이었던 링컨이 쓰던 실크해트처럼 매우 독특한 물건을 포함한 관련 자료를 모두 망라하고 있었다. "저로선 마치 에이브러햄 링컨의 생애는 물론이고 그 전후를 모두, 즉 그의 계보에서 맨 마지막인 로버트 토드 링컨 벡위드[356)]까지를 총망라하는 셈이죠. 로버트란 사람은 바로 여기 있는 자료들을 모두 소장했던 인물이었어요. 사실 제가 수집한 유물은 대부분 그 사람으로부터 입수한 것이죠. 저는 특히 링컨의 일생에서 그의 가족을 비롯한 즐거운 부분이 마음에 들어요."

물론 이들 물품을 입수하기 위해서는 자금 또한 넉넉해야만 했지만, 단지 돈이 있다고 해서 훌륭한 컬렉션을 만들 수 있는 건 아니었다. "수집가 특유의 자세가 되어 있지 않고, 또한 한 분야에 집중하지 않으면, 결코 이와 같은 컬렉션을 만들지는 못할 거예요." 그녀의 말이다. "일단 그 분야에 대한 지식과 방향을 알고 있어야지요. 제가 아는 어떤 수집가들은 단지 대리인을 시켜서 물건을 가져오게 하고, 단지 남이 모은 것을 자기 컬렉션에 더하기만 하더군요. 남이 다 해주는 거예요. 하지만 저는 필요하다면 어디든지 달려가고, 새로운 물건을 직접 만져보고 나서 구입

---

[356] 로버트 토드 링컨 벡위드는 링컨의 손녀인 제시 링컨의 아들로, 링컨에게는 증손자가 된다.

하곤 하죠. 그 다음에는 목록을 작성해요. 산성화 방지 처리를 해서 잘 보존되도록 하고. 그 다음에는 그 내용을 토대로 연구를 하죠. 그런 과정을 거쳐서 제 컬렉션에 자료 하나가 추가되는 거예요."

그녀가 특별히 아끼는 자료 가운데 하나는 에이브러햄 링컨의 필적 중에서도 가장 오래 되었다고 알려진 것이었다. 1824년에서 1826년 사이에 쓴 것으로 알려진 이 자료는 링컨이 청소년 시절에 수학을 공부하는 데 사용한, 집에서 직접 만든 공책의 처음 10페이지 가량이다. 여기에는 세 개의 서명이 적혀 있고, 다음과 같은 대구(對句)가 운율에 맞춰 기록되어 있다.

> 내 이름은 에이브러햄 링컨,
> 재빠르고, 또 날렵하게
> 내 펜으로 여기 적어보나니
> 이걸 읽은 사람은 바보올시다.

또 다른 문서는 링컨이 사업상으로 돈을 빌린 유일한 경우를 보여주고 있다. 1833년 10월 19일자로 된 약속어음은 링컨이 다른 사람과 동업하여 일리노이 주 뉴세일럼에 잡화점을 열었을 때 발행한 것이다. 이 약속어음에는 링컨의 친필과 서명이 들어 있다. 1988년 2월 1일, 에스텔 도헤니 경매에서 캘리포니아 주 사상 최초로 간행된 〈노예 해방 포고문〉을 7만 1,500달러에 구입한 익명의 수집가는 바로 테이퍼였는데, 그 문서에 포함된 세 사람의 서명 가운데 하나는 바로 링컨의 것이었다. 당시 경매 전의 예상 판매가는 대략 1만에서 1만 5,000달러 정도였다. 그로부터 1년 뒤, 같은 경매의 다섯 번째 기간 동안 그녀는 랠프 뉴먼을 통해 링컨 대 스티븐 A. 더글러스의 정치 토론집[357] 초판본을 1만 9,800달러에 구입했는데, 그 책은 링컨이 직접 서명하여 자기 친구인 R. M. 엘더에게 증정한 것이었다.

1990년에 그녀는 자기 비서와 함께 메인 주 케너번크의 부스베이 극단 박물관 근처에서 열린 경매에 참석했다. 애초에 그녀의 의도는 그날 경매에 나올 부스 가문과 연관된 편지와 필사본 몇 가지를 사는 것이었다. "하지만 경매에 참석한 사람들이 예상 외로 적었던 까닭에 저는 결국 물품 가운데 절반 이상을 구입하게 되었죠." 당시 《메인 앤티크 다이제스트》에 실린 기사에 따르면 그리 성공적이진 않았던 이 경매에서 그나마 다행으로 '캘리포니아에서 참석한 어느 개인 구매자가 부스 컬렉션의 주요 품목을 사들였는데, 그 가운데는 이날 경매 최고가인 1만 3,200달러에 팔린, 미국의 풍경화가인 저비스 매킨티에게 보낸 에드윈 부스의 친필 편지 45통 등이 포함되어 있었다'고 전했다.

나는 그녀에게 혹시 뭐가 아깝게 놓쳐 본 물건은 없었느냐고 물어보았다. "전혀요." 그녀는 한참 생각해 본 뒤에 이렇게 대답했다. "사실상 전혀 없었어요. 한 번도 없었던 것 같아요. 왜냐하면 어떤 것을 정말 갖고 싶어 한다면, 꼭 그래야만 한다면 어떤 대가라도 지불할 테니까요. 저는 애초부터 단지 현존하는 것 중에서뿐만 아니라, 역사상 가장 훌륭한 링컨 컬렉션, 또한 역사상 가장 훌륭한 개인 컬렉션이면서 모든 내용을 총망라한 것을 만들고 싶어 했으니까요. 저는 다른 사람들이 모두 최고로 쳐줄 만한 컬렉션을 만들고 싶어 했던 거예요."

그녀가 자신의 목표에 거의 다가갔다는 사실은 1993년에 헌팅턴 도서

357..1858년에 일리노이 주 상원의원 선거에서 격돌한 공화당 소속 링컨과 민주당 소속 더글러스 사이에 일곱 번에 걸쳐 열린 토론회를 말한다. 특히 미국 내의 새로운 주에서는 노예제가 적용되어선 안 된다는 링컨 측의 주장과, 노예제 채택 여부는 어디까지나 각 주에서 알아서 결정할 문제라는 더글러스 측의 주장이 팽팽히 맞서 큰 화제가 되었다.

관에서 열린 전시회를 통해 증명되었다. 이 전시회에는 헌팅턴 도서관에서 소장한 훌륭한 링컨 컬렉션을 비롯하여 일리노이 주 역사 도서관에서 제공한 자료 일부, 그리고 유일한 개인 컬렉션으로 비벌리힐스의 배리와 루이즈 테이퍼 부부의 자료 일부가 전시되었다. 퓰리처상을 수상한 역사학자인 마크 E. 닐리 2세는 이 전시회에 맞춰 하버드 대학 출판부에서 《지상 최후의 가장 큰 희망: 에이브러햄 링컨과 미국의 약속》이라는 평론서를 펴냈다. 1994년 10월에 막을 내리기까지 이 전시회를 관람하기 위해 무려 30만 명 이상이 샌마리노의 도서관을 찾았다.

앞으로도 25년은 더 열심히 수집을 할 것이라고 자신하던 루이즈 테이퍼는 자신의 컬렉션이 어떤 운명을 맞게 될 것 같으냐는 질문을 받고 다음과 같이 대답했다. "그런 질문을 받아 보기는 처음이군요." 그녀는 웃음을 띠며 말했다. "지금 문득 든 생각인데, 조각상 같은 것, 가령 로버트 토드 링컨이 원래 소장했던 이런 물건 같은 유물은 아마 여기저기 흩어지게 될 것 같네요. 하지만 친필본이나 편지 같은 경우라면 어떨지? 그건 저도 아직 모르겠어요."

한 가지 가능한 방법이라면 컬렉션 가운데서 특정 분야의 자료는 그대로 유지하도록 하는 것이다. "사실 저는 이 컬렉션이 수많은 개별 컬렉션의 총합이라고 생각해요. 가령 이 안에 '메리 링컨 컬렉션'과 '에이브러햄 링컨 컬렉션'과 '링컨 가 컬렉션'이 있는 거죠. 마찬가지로 '존 윌크스 부스 컬렉션'과 '부스 가 컬렉션'도 있는 거구요. 그렇기 때문에 저는 뉴욕의 플레이어스 클럽에서 소장하고 있는 햄든 부스 극단 도서관의 이사회에 소속되어 있기도 하죠. 플레이어스 클럽은 한때 훌륭한 셰익스피어 극 전문 배우이자 존 윌크스 부스의 형이었던 에드윈 부스의 주 활동 무대였거든요. 그러니 부스 관련 컬렉션은 대부분 그쪽으로 가게 될 겁니다."

하지만 그녀는 이런 결정이 당분간은 실천에 옮겨지지 않을 것이라고 얼른 덧붙였다. "지금 당장으로선 저도 잘 모르겠어요." 그녀의 말이다. "우선 지금은 단지 제 컬렉션을 즐기고 있을 뿐이니까요."

약 2만여 권의 현대 초판본이 들어찬 자기 서재로 나를 안내하기 전에, 장수 코미디 프로그램인 〈야간법정〉에서 유난히도 여자를 밝히는 변호사 댄 필딩 역을 맡아 수백만의 TV 시청자들에게 유명한 이 배우는, 내게 치커리 뿌리를 펄펄 끓여 만든 진한 루이지애나 식 커피를 대접했다. 함께 부엌에 앉아 있는 동안 존 라로케트는 1983년부터 1987년까지 무려 네 번이나 에미상[358]을 연속 수상한 배우답게 멋진 유머를 발휘하며 이야기를 끌어나갔다.

"제가 언제부터 도서수집가가 되었는지 아십니까." 그는 지금으로부터 10여 년 전, 자기가 여러 극단에서 별볼일없는 배역을 맡아 공연하던 시절을 회고했다. "당시에 마침 어느 지역 극단에서 공연하던 〈승부의 종말〉[359]에서 햄 역할을 맡은 참이었는데, 저는 고향인 뉴올리언즈에서 열네 살 무렵에 베케트를 처음 읽은 이래 줄곧 좋아했기 때문에 무척이나 흥분해 있었죠."

연극이 초연되기 며칠 전, 라로케트는 캘리포니아 주 베니스에서 조개껍질을 전문적으로 판매하는 어느 상점에 들어가 물건을 구경하고 있었다. "마침 상점 뒤쪽에 책이 가득 꽂힌 작은 책장이 있었는데, 그 가운데 그로브 출판사에서 1970년에 펴낸 베케트의 열여섯 권짜리 작품 선집이 있더군요. 다른 서점에서는 똑같은 책에 저자가 직접 서명한 한정판 세

---

[358]. 1949년에 제정되었으며, 미국 텔레비전 예술과학 아카데미 주관으로 매년 5월에 TV 분야의 우수 작품 및 관계자를 선정해 시상하고 있는 권위 있는 상이다.
[359]. 1957년에 발표된 새뮤얼 베케트의 단막 희곡이다.

트를 400달러에 판매하고 있었는데, 당시 저한테는 무척이나 비싼 가격이었죠. 그런데 마침 그 가게에서는 열여섯 권이 겨우 125달러였어요. 물론 초판은 아니었지만 베케트의 작품이었으니까요. 저는 고민 끝에 결국 그 책을 샀죠. 그 책들을 사들이는 순간, 너무나도 기분이 좋더군요. 대단한 만족감을 느꼈던 거죠."

1980년에 〈야간법정〉에서 댄 필딩 역을 맡은 직후에는 라로케트의 경제 사정도 훨씬 좋아졌고, 그에 따라서 그의 도서수집 활동 역시 활발해졌다. 우리가 만나기 몇 주 전에, 라로케트는 무려 800점에 달하는 베케트 관련 품목을 구입했는데, 그의 말에 따르면 '역대 최고의 베케트 해석자 중 한 사람이었던 어느 배우의 소장품'이었다고 한다. 당연한 일이지만, 이 책들은 라로케트의 말쑥한 서재 내에서도 비교적 좋은 자리에 진열되었다. 하지만 이곳에서도 가장 좋은 자리에 놓여 있는 책은 역시나 그가 조개껍질 상점에서 구입한 열여섯 권짜리 베케트 선집이었다.

라로케트가 수집한 책들은 오늘날 '현대 초판본'으로 통칭되지만, 그보다는 '당대 초판본'이라고 지칭하는 편이 오히려 더 적절할 것이다. 이는 현재 생존해 있는 작가의 작품은 물론이고, 여전히 작품 활동을 하고 있는 작가의 작품을 통칭하는 용어이다. 하지만 그가 집중하는 분야는 대부분의 미국인 도서수집가들과는 일치하지 않는다. 그는 앤 타일러의 책 중에서도 이 볼티모어 출신 작가가 초기에 발표한 두 권의 소설인 《아침이 오면》과 《깡통 나무》를 특별히 좋아하는데, 이 책들의 초판본은 도서전시회나 도서목록에서는 보통 750달러에서 1,000달러 정도면 살수 있다. "정확히 왜 그런지는 모르겠지만, 제가 좋아하는 작가들의 책을 읽을 때면 꼭 초판본으로 읽고 싶더군요." 그는 이렇게 말하면서 존 파울즈, 앤서니 버제스, 배리 해너 등의 책들을 가리켰다.

라로케트는 희귀본을 구입하기 시작하면서 진지한 수집가라면 누구나 숙달하게 되는 미묘한 통찰력을 갖게 되었다. 다름 아닌 초판본을 식별하는 방법이며, 포인트[360]를 찾아내는 방법이며, 커버의 중요성이며, 좋은 상태의 기준 등을 말이다. "그러다 보니 나중에는 그 자체가 일종의 목표처럼 되더군요. 책 한권을 집어 들고 뭔가를 알아내는 것이 말입니다." 그의 말이다. "저로선 서명본을 찾아낼 때가 좋았습니다. 제가 무척이나 존경하는 작가가 한때나마 소장했던 책이라고 생각하면 정말 신이 났죠."

처음에 라로케트는 단지 자기가 원하는 책들만 하나씩 골라 사곤 했지만, 곧이어 특정 저자의 모든 책을 모으는 것이 더 낫다는 사실을 알게 되었다. "물론 지금도 여전히 어느 저자의 특정한 작품만을 사기도 합니다. 가령 최근에는 《욕망이라는 이름의 전차》의 상태 좋은 판본을 하나 샀습니다. 저야 테네시 윌리엄스를 특별히 모으지는 않지만, 마침 제가 태어나던 해에 나온 책인데다가, 문득 뉴올리언스에서 어린 시절에 타고 다니던 전차에 대한 생각이 떠오르기에 구입했죠."

라로케트의 열성적인 도서수집은 로스앤젤레스 지역에서는 잘 알려진 이야기라서, 딕 클라크가 진행하는 〈몰래카메라〉 같은 TV 프로그램에서는 할리우드의 어느 골동품 상점에서 도서 경매를 실시한다며 그를 불러내 골탕을 먹이기도 했다. "그러니까 가짜로 경매를 벌인다고 해 놓고, 제 집사람까지 끌어들여 모두 한통속이 되었던 거죠." 그의 말이다. "제게도 초청장이 날아와서 누가 분장실에 갖다 놓았더군요. 집사람은 아무 말도 없이 모른 척하고 있었구요. 마침 또 제가 한창 수집하는 것과 같은 분야의 물품을 경매한다고 해 놓았기에, 그때쯤 맞춰서 집사람에게

---

[360]. 일명 '포인트 오브 이슈', 초판본이나 희귀본 등을 식별하는 표식을 말한다. 자세한 내용은 용어해설을 참고하라.

그랬죠. '여기 한 번 가 봐야겠는데?' 그랬더니 집사람이 '그래요, 나도 같이 가요' 하는 거예요."

경매장에 도착하자 라로케트 부인은 잠시 바깥으로 빠져나왔다. 라로케트가 자리에 앉자마자 곧바로 그림 경매가 끝나고 도서 경매가 시작되었다. "제작진은 저하고 종종 거래하는 서적상들에게 물어봐서, 제가 이미 구입한 것과 똑같은 책들을 그날 경매에서는 훨씬 싼 값에 낙찰되게 해서 저를 당황스럽게 만들기로 했던 거죠. 이 사람들은 제가 이미 갖고 있는 책이기 때문에 어차피 경매에 뛰어들진 않을 거라고 생각했던 겁니다. 하지만 저는 바보가 아니었죠. 제가 알기론 80달러는 줘야 하는 책이 여기서는 5달러라는데 가만히 있을 수는 없잖아요? 하지만 결국 가격이 80달러에서 85달러 정도로 치솟으면, 저는 그 이상으로 가격을 올리진 않았죠. 결국 그렇게 해서 제작진의 애초 의도와는 어긋난 셈이 되자, 이번에는 두 번째 작전을 실시하더군요. 이번에는 제가 알기론 100달러면 충분히 살 수 있는 책을 무려 1,000달러나 2,000달러에서부터 시작하는 거였죠. 물론 그때쯤엔 제 집사람 리즈도 마이크를 연결하고 제 옆에 앉아 있었기 때문에, 제작진도 제 반응을 확인할 수 있었구요. 제가 그 터무니없는 가격을 보면서 어찌나 흥분했던지, 나중에 제작진은 제가 한 말의 대부분을 '삑' 하는 효과음으로 처리해야만 했을 정도였죠.[361] 마침내 제작진이 모습을 드러내고, 저한테 다가오더니 책을 건네주더군요. 그제야 정신을 차리고 사방에 놓인 거울을 둘러보니, 카메라 렌즈가 눈에 들어오더군요. 감쪽같이 속았던 겁니다. 하긴 책에 정신이 나간 사람이라면 무슨 일이라도 믿지 않을 수 없었을 테니까요."

---

[361]..가령 대화 중에 상스러운 욕설 등이 나오면 그 부분에 '삑' 하는 효과음을 넣어서 원래 말이 들리지 않도록 편집하는 것을 말한다.

당시 TV 프로그램 제작진이 사전에 접촉한 사람 가운데는 캘리포니아 샌타바버라에서 조셉 더 프로바이더 서점을 경영하는 랠프 B. 시퍼도 있었다. 고서업계에서는 일명 '조 더 프로'로 통하는 시퍼는 자기가 찾을 수 있는 최고의 책을 고객에게 제공한다는 목표를 갖고 1970년부터 이 사업을 시작했다. 조셉은 그가 존경하던 할아버지의 이름이었으며, 또한 토마스 만이 성서를 토대로 쓴 4부작 소설 《요셉과 그 형제들》(1933~1942)을 연상시키기도 했기 때문에 더욱 안성맞춤이었다.[362] 시퍼는 본인도 책을 좋아하긴 하지만, 전문 서적상으로 활동하다 보면 아무래도 책을 수집하기가 쉽지 않다고 말했다. "어떤 멋진 책이 내 손을 거쳐 가서 결국 훌륭한 컬렉션을 만들게 된다는 데서 만족감을 찾을 수밖에 없는 거죠."

시퍼는 존 라로케트를 가리켜 서적상으로선 가장 거래하기 좋은 수집가의 한 예라고 칭찬했다. "저는 존으로부터 신뢰를 얻고 있다는 사실과, 또한 그에게 종종 멋진 책들을 구해 줄 수 있었다는 데 자부심을 갖고 있습니다." 그의 말이다. "제가 그를 만난 것은 이곳 캘리포니아가 아니라 다른 지방에서 열린 도서전시회에서였습니다. 그는 처음 2, 3년 동안은 말없이 전시회를 조용히 둘러보기만 했죠. 한번은 보스턴에서 우리 부스로 다가온 적도 있었지만, 저야 TV를 볼 시간이 없었으니 그가 누구인지도 몰랐습니다. 하지만 이야기를 나눠보니 초보자임에도 불구하

---

[362] 토마스 만은 구약성서 창세기에 나오는 '요셉(조셉)'의 이야기를 4부작 소설로 썼는데, 그 중 제4부의 영어 번역 제목이 '조셉 더 프로바이더'였기 때문이다. 이는 독일어 원제인 '요제프 데어 에어네러'의 직역으로, 한국어 번역본에서는 '먹여 살리는 자 요셉'으로 번역되었다. 창세기에서 야곱의 열두 아들 가운데 하나인 요셉은 아버지의 사랑을 독차지한 까닭에 형들의 질투를 사서 노예상인에게 팔려간다. 우여곡절 끝에 이집트의 총리로 출세한 요셉은 7년간의 풍년 동안 식량을 넉넉히 저장해, 다음 7년간의 흉년 동안 이집트뿐만 아니라 그 인근의 모두를 '먹여 살리는 자(부양자) 요셉'이 된다.

고 비교적 올바른 질문을 하는 편이더군요. 제가 보기에 그는 진정한 관심뿐만 아니라, 실용적 지성 또한 지니고 있었습니다. 그때 이후로 그가 몇 가지 책을 사는 걸 보니, 책을 살 수 있는 능력도 되는구나 싶더군요. 그래서 우리는 매우 친한 친구 사이가 되었죠."

그가 라로케트에게 구해 준 새뮤얼 베케트 컬렉션은 책과 그 소유주가 기막히게 잘 어울리는 경우라고 할 수 있다. "오늘날 베케트를 수집하려면 그 당시에 존이 그 컬렉션을 구입했던 것보다 최소 다섯 배에서 열 배를 더 주더라도 물건을 구하기가 쉽지 않을 겁니다. 구하더라도 시간이 상당히 걸리겠지요. 제 말은 결국 돈만 있다고 다 되는 게 아니라, 적절한 시기에 적절한 책을 구입해야 한다는 겁니다. 존이 모은 정도의 책이라면 대개 지금쯤은 어느 기관의 컬렉션으로 들어가 버리고 없을 테니까요."

라로케트의 서재 내에서도 또한 가장 돋보이는 작가는 1994년에 사망한 시인 찰스 부코우스키이다. "제가 그를 알게 된 것은 1980년대였죠." 라로케트의 말이다. "당시에는 저도 엄청나게 술을 마셨습니다. 정말 엄청나게요. 그래서 그의 자전적 소설을 읽으며 공감이 가더군요. 제가 보기에는 정말 밑바닥 인생을 사는 사람의 이야기인 동시에, 그나마 한 손을 들어 타자를 칠 수 있는 힘이 남아 있는 사람의 이야기였죠. 물론 굳이 그런 고통 속에 살아야만 한다면, 그게 어떤 것이며 또 얼마나 끔찍한지를 이야기하는 것도 그리 나쁘진 않을 겁니다. 하지만 저라면 결코 그렇게는 못할 거예요."

서재 한쪽 벽에 있는 책장에는 라로케트가 1983년부터 1987년까지 4회 연속이라는 유례없는 기록을 세우며 수상한 네 개의 에미상 트로피 가운데 두 개가 놓여 있었다. 이 두 개의 작은 금빛 조각상 사이에는 어쩌면 영영 오지 않을지도 모르는 버스를 기다리며 벤치에 앉아 있는 두 명의 노인을 묘사한 특이한 조각상이 놓여 있었다. "그걸 거기 둔 까닭은 제가 누구인지, 또 제 인생이 어디로 향하고 있는지를 잊지 않으려 하기 때문입니다." 그가 차분한 목소리로 말했다.

라로케트는 자기가 책을 열정적으로 수집한다는 사실은 인정하면서도, 그렇다고 해서 도서수집이 알코올 섭취에 대한 바람직한 대안이라고는 생각하지 않는다고 했다. "이렇게 주위에 책이 많으면 저 혼자서 서재 안에 틀어박혀 있어도 뭔가 안전한 느낌, 확실한 느낌, 많은 사람에 둘러싸여 있는 듯한 느낌이 들더군요. 하지만 술은 술이고, 책하고는 사실 아무런 상관이 없습니다. 저는 한때 알코올 중독자였고, 그런 상황에서는 계속 술을 마시거나 끊거나 하는 양자택일밖엔 없었던 거죠. 그래서 어느 날 밤에 저는 술을 끊기로 결심했습니다. 그때 저는 에미상 트로피 사이에 저 조각상을 놓아두기로 한 거죠. 제가 이루어낸 어떤 업적에도 결코 자만하지 않기 위해서 말입니다. 사실 세상 모든 것이 결국 그토록 깨져버리기 쉬우니까요."

이 배우는 자기 서재를 둘러보며 네 개의 에미상 트로피를 향해 고개를 끄덕여 보이고, 두 팔을 벌려 자신이 모은 훌륭한 현대 초판본들을 가리켜 보였다. "바깥에서 이 안으로 들어오면, 문득 저 자신이 상당히 대단한 인물이구나 하고 중얼거릴 때도 있습니다." 그의 말이다. "거짓 겸손처럼 들릴지 몰라도, 저는 되도록 지금까지의 업적으로 인해 자만하지 않으려 노력하는 편입니다. 저는 열심히 일을 하고, 최선을 다해 기회를 활용하고, 무슨 일이 벌어지든 긍정적으로 받아들이려 합니다. 하지만 과연 저 자신이 실제로 그렇게 살고 있다고 말할 수 있을지는 모르겠군요. 솔직히 제게도 멋진 일이 많았지만, 그 대부분은 단지 행운이었으니 말입니다."

본격적으로 수집에 뛰어들기로 결심한 지 불과 15년 만에, 샌타바버라의 한 부동산 투자가는 모두 합쳐 수백만 페이지에 달하는 방대한 역사적 문서들을 수집했고, 결국 폭이 3미터, 길이가 9미터에 달하는 강철 지하금고를 설치해야 할 처지가 되었다. 데이비드 카플스는 일종의 선교사적인 열정을 지니고 역사, 탐험, 지도, 종교, 미술, 음악, 정치, 과학, 문학, 의학에 이르기까지 사실상 모든 분야의 원본 문서를 수집했다. "제가 모으는 자료는 최소한 5학년 학생이 이해할 수 있는 정도의 수준이라야 합니다. 유일한 기준이 있다면 바로 그것이지요." 어느 8월의 오후, 그의 넓은 집을 방문해서 가진 인터뷰에서 그는 이렇게 말했다. "훌륭한 문서를 발굴해 내는 것이야말로 솜사탕이나 수박이나 섹스보다도 더 멋진 것이니까요."

카플스가 자신의 보물을 전시하기 위해 전국 각지에서 운영하고 있는 다섯 군데의 개인 박물관 중 한 곳에서는, 마침 그의 딸 셰릴의 결혼 피로연을 겸해서 두 가지 문서를 전시하고 있었다. 진열장 한쪽에는 결혼식 '신부 입장' 곡으로 유명한 리하르트 바그너의 오페라 〈로엔그린〉 가운데 '결혼행진곡'의 친필 악보가 놓여 있었고, 다른 한쪽에는 결혼식에서 이른바 '신랑 신부 행진' 곡으로 유명한 펠릭스 멘델스존의 부수음악(附隨音樂)[363] 《한여름 밤의 꿈》 가운데 여섯 번째 곡의 친필 악보가 놓여 있었다. 그리고 한쪽에서는 현악 사중주단이 이 유명한 두 곡을 관람객들에게 연주해 주고 있었다.

"우리는 중요한 일이 있을 때마다 이 컬렉션에 들어 있는 재료를 가지고 기념행사를 하곤 하죠." 카플스의 말이다. 가령 1987년 미국 헌법 제정 200주년을 기념하기 위해, 그는 다음과 같은 다섯 가지의 문서를 전

---

[363] 연극에 부수되어 공연되는 음악을 말한다.

시하기도 했다. 연방 규약 이행을 위한 위원회의 보고서, 미국 초대 대통령 선거에 대한 국회의 성명서, 뉴욕 주의 헌법 비준서,[364] 에이브러햄 링컨 대통령과 상원의원 전원이 서명한 노예제도 금지 헌법 수정안,[365] 그리고 루이 16세에게 제출된 프랑스 왕정의 헌법 초안이 바로 그것이었다.

1989년, 카플스는 지그문트 프로이트의 사망 50주년을 맞아 이 정신분석학의 아버지가 두통, 꿈, 자기분석 등에 대해 남긴 수많은 친필 원고를 전시했다. 그 다음 해에는 전자 통신 분야의 발명을 기리는 뜻에서 새뮤얼 모스, 알렉산더 그레이엄 벨, 구글리엘모 마르코니 관련 문서를 전시했는데, 그 중에는 최초의 라디오 디자인 연필 스케치도 포함되어 있었다. 1991년에 열린 음악 분야 전시회에서는 모차르트의 〈피가로의 결혼〉, 베토벤의 '황제' 협주곡, 스트라빈스키의 〈봄의 축전〉, 푸치니의 〈나비부인〉을 비롯해 파데레프스키의 G장조 미뉴에트 등의 친필 악보가 전시되었다.

카플스는 이러한 자신의 수집이 중년에 접어들면서 갑자기 나타난 돌연한 자각에서 비롯된 것으로, 자기 나이 마흔둘이었던 1978년에 아내인 마샤와 함께 샌마리노에 있는 헌팅턴 도서관을 방문하고 나서 생긴 것이라고 설명했다. "우리는 진열장 안에서 도무지 거기 있으리라곤 상상도 못했던 물건을, 그러니까 스미스소니언 연구소에서나 소장하고 있을 만하다고 생각했던 물건을 발견했죠." 그의 말이다. "그건 다름 아닌, 링컨 대통령이 암살당하던 날 자기 경호원 중 한 사람에게 건네준 연극

---

364. 뉴욕 주는 다른 주들에 비해 반대론이 드세었던 까닭에, 당시 13개 주 가운데 11번째로 비교적 뒤늦게 헌법을 비준했다.
365. 미국 헌법 수정 제13조로, 1865년 2월 1일에 통과되어 같은 해 12월 18일부터 효력이 발생했다.

입장권이었습니다.[366] 그래서 도서관 측에 물어보았더니 이 정도 입장권이야 사실 아무 것도 아니고, 말 그대로 정말 기절초풍할 만한 문서들조차 종종 주인이 바뀐다는 사실을 알게 되었습니다. 결국 저는 바로 그 자리에서 이 일을 해야겠다고 결심했고, 이후 이 일에만 전념해 왔던 겁니다. 덕분에 저는 사람들이 미처 깨닫기도 전에 이렇게 수많은 훌륭한 자료를 모을 수 있었던 겁니다."

카플스는 전국의 서적상들과 경매업체들이 발행한 도서목록을 샅샅이 뒤졌고, 머지않아 미국 전역은 물론이고 심지어 유럽에서도 대리인을 통해 경매에 참가하기 시작했다. "우리가 찾는 문서는 노예 해방 포고문이나 페루 독립선언서 같은 종류의 원본, 그러니까 이런 유명한 문서의 필사본 초안이었는데, 뜻밖에도 팔려고 내놓은 것들이 제법 되더군요!" 기꺼이 팔고자 하는 사람들이 있었고, 기꺼이 사고자 하는 카플스가 있었던 덕분에, 그는 머지 않아 1980년대의 가장 유명한 필사본 문서 수집가이며 1990년에 사망한 출판인 말콤 포브스에 필적하는 유력한 필사본 문서 수집가로 자리매김할 수 있었다.

카플스의 수집 전략은 무엇보다도 그 단순명료함 때문에 특기할 만하다. "일단 뭐든지 중요하게 생각되면 무조건 사들이는 거죠. 우리는 도서목록을 뒤져서 원하는 것은 모두 표시해 두었다가, 그 물건이 나오면 무조건 낙찰될 때까지 가격을 높였습니다. 그렇게 4년이 지나자 웬만큼 중요한 문서는 거의 모두 입수할 수 있더군요. 우리는 남들이 다 떨어져 나갈 때까지 계속 가격을 높였습니다. 혹시나 다른 유명한 사람이 경쟁에 뛰어들기라도 하면, 그 문서야말로 그들이 거는 돈 만큼의 가치가 분

---

[366]..에이브러햄 링컨은 1865년 4월 14일 워싱턴의 포드 극장에서 연극을 관람하던 중에 존 윌크스 부스에게 암살당했다.

명히 있는 것이구나 하면서 더더욱 가격을 높였죠. 하여간 남들보다 더 오래 버티기만 하면 우리 것이 되는 셈이었으니까요."

종종 '낙찰자의 원리'라고 부르는 이 방법에서는, 한 품목의 진정한 가치는 여러 명의 입찰자가 공개적으로 가격 경쟁을 벌이는 상황에서만 드러난다고 가정한다. 맨 마지막까지 남아 있는 사람이 낙찰자가 되기 때문에, 결국 그 품목의 가격은 낙찰자가 얼마를 부르느냐에 따라 결정된다. 물론 카플스도 인정했듯이, 이런 전략에는 수많은 함정이 존재한다. 그 중 하나는 특정 품목에 대해 잘 알지도 못하는 사람들이 맹목적으로 상대방을 뒤따라 가격을 올리는 경우이다. 이보다 심각한 위험은 누군가 가격을 불문하고 모든 품목을 사들이겠다고 할 경우, 혹시 이런 소문이 새어나가기라도 해서 다른 사람들이 관심도 없으면서 뒤따라 경쟁에 뛰어들어 가격만 올려놓는 경우이다. "그렇다고 저의 구매 행위가 시장에 영향을 주었다고는 생각하지 않습니다." 카플스의 말이다. "때로는 저조차도 최대 한도액을 설정해야 할 경우가 생기니까 말입니다. 이제 저는 모든 자료를 다 사들이진 않습니다. 이젠 제 경쟁자들도 경우에 따라선 제가 물러설 때도 있다는 사실을 알아야 하고, 아무리 싼 값에라도 자기들로선 전혀 원치 않은 물건들을 떠맡게 될 수 있다는 사실을 알아야 하니까요."

비록 그가 사들인 문서의 수량만 해도 상당하긴 하지만, 카플스는 그렇다고 자신이 경매에 나온 종이부스러기 하나까지 모조리 사들인 것은 결코 아니라는 점을 강조했다. 그와는 반대로, 자기는 오로지 중요한 것이라면 무엇이든지 구입했고, 그 기준을 유연하게 적용하다 보니 매우 다양한 분야의 자료를 얻게 되었을 뿐이라면서 말이다. 우리가 처음 만나 이야기를 나누는 동안, 그는 이 점을 보여주기 위해 시내에 있는 지하 금고에서 꺼내 온 몇 가지 필사본 문서를 보여주었다. 그가 보여 준 자료는 권리장전의 초안, 십자군 중에서 성당기사단의 성스러운 임무를 규정한 교황 루키우스 3세의 1183년도 교서, 그 다음 달의 네 번째 주 목요일을 추수감사절로 한다는 내용에 조지 워싱턴이 서명한 1789년 10월 3일자 포고문, 신성로마제국 황제 카를 5세 측에서 프로테스탄트를 인정하기 위해 1532년도에 제안한 협정에 마르틴 루터가 서명한 문서 등이었다.

카플스는 이 문서들을 다 보여준 뒤, 자리에서 일어나 몇 가지를 더 가져왔다. 우선 그가 내게 건네준 것은 미국 독립전쟁에서 가장 자주 인용되는 문서 가운데 하나인, 조지 워싱턴 장군이 1777년 12월 29일 펜실베이니아 주 밸리 포지에서 쓴 편지였다. '의원 여러분께' 보낸 편지에서 식민지군 총사령관은 국회에 원조를 요청하면서 자기 병사들이 '맨발에다가, 거의 벌거벗다시피' 하고 있다고 썼다. 이야말로 지금은 수많은 역사책에서 찾아볼 수 있는 유명한 일화가 되었다.

"스완 경매회사에서 열린 소규모 경매에서 구입한 겁니다." 카플스의 말이다. "제 대리인이었던 바트 오어바크한테는 확인해 보고 말 것도 없이 모르는 척하고, 가짜로 밝혀져도 좋으니까 절대로 냉정을 잃지 말라고 했죠. 워낙에 예상가가 낮게 매겨져 있어서 다른 사람들은 전혀 모르는 것 같더군요. 그런데 갑자기 말콤 포브스의 비서가 경매장에 나타난 겁니다. 포브스는 종종 자기가 직접 경매장에 나타나곤 했는데, 그날만큼은 저와 마찬가지로 남몰래 조용히 사들이고 싶었던 겁니다. 이 물건은 2,000달러라는 상당히 낮은 금액에서 시작해서 점점 높아지기 시작했습니다. 가격이 3만 달러에 이르자 포브스의 비서도 머뭇거리기 시작했고, 바트는 자기가 곧 상대방을 눌러버릴 수 있음을 깨달았죠. 결국 포브스의 비서는 5만 5,000달러에서 물러나 버렸습니다." 카플스는 자기가 오어바크에게 정해 준 한도 금액이 얼마인지는 잊어버린 모양이지만-"아마 10만 달러 정도였을 겁니다"-만약 자기가 이 편지를 놓쳐버렸더라면 정말 비탄에 잠겼을 것이라고 얼른 덧붙였다.

카플스가 내게 보여준 다음 문서는 미국 남부 연방의 헌법으로, 원본을 그대로 복제한 100여 장의 인쇄물 중 하나가 아니라, 1861년 2월 27일에 조지아 주의 토머스 R. R. 콥 장군이 무려 마흔한 장에 달하는 푸른색 종이에 직접 친필로 쓴 원본이었다. "이건 사실 국립문서보관소에 있어야 할 것이 아닌가요?" 나는 오랜 침묵 끝에 이렇게 물어보았다. 그러자 카플스는 미소를 지었다. "그렇게 생각하시죠?" 그의 말이었다. "하지만 바로 여기 있지요."

이 남부 연방 헌법 초안은 1908년 원래 소유주였던 콥의 후손이 애선스에 있는 조지아 대학에 넘겨준 이래 거의 75년 가까이 그곳에 보관되어 있었다. "사실 상당히 오랫동안 우리 쪽에서도 그 자료를 '기증'된 것으로 생각하고 있었죠." 그곳의 희귀본 담당 큐레이터인 메리 엘렌 브룩스는 훗날 전화 인터뷰에서 이렇게 설명했다. "하지만 실제 소유주는 여전히 콥의 상속자로 되어 있었고, 우리에게는 단지 '대여'만 해 주었던 거죠. 물론 남부 연방 헌법 초안의 '최종본'은 여전히 저희가 소장하고 있어요. 말씀하신 캘리포니아의 것은 단지 '임시본' 헌법 초안이죠. 물론 저희로선 그 두 가지를 모두 갖고 있을 수 있다면 좋겠지만요."

카플스는 어느 서적상을 통해 이 문서를 구입할 수 있음을 처음 알았다고 한다. "제가 듣기로는 이 문서의 원래 소유주가 어느 날 갑자기 대학으로 찾아가 그랬다는 겁니다. '죄송하지만 저희 집안의 헌법 초안을 돌려주셨으면 합니다.' 그러자 학교 측에서는 '선생님 집안의 헌법이라뇨? 무슨 말씀이신지?' 라고 반문했죠. 그러자 그가 말했죠. '서류를 확인해 보세요. 지금까지는 단지 대여해 드렸던 겁니다.' 그래서 학교 측에서는 '그러면 이걸 가져 가셔서 뭘 하시게요?' 하고 물었죠. 그랬더니

'저희가 돈이 좀 필요해서요' 라고 하더래요."

원래 소유주 측에서는 대학 측에서 이 문서를 구입할 수 있는 자금을 마련할 수 있을 때까지 잠시 말미를 주기로 했지만, 주 정부나 개인 차원에서의 자금 마련은 결국 수포로 돌아가고 말았다. "제가 듣기로는 그랬다고 합니다." 카플스의 말이다. "어느 업자가 말하길 대학 측에서는 누군가 그 책을 사서 기부했으면 하고 바란다더군요. 하지만 저로선 그걸 사서 기부할 생각은 없었고, 오히려 이렇게 말했죠. '이것 보세요. 차라리 그걸 나한테 파세요. 내가 잘 보관하면서 종종 전시도 할 테니까.'" 하지만 카플스는 남부 연방 헌법을 얼마에 구입했는지, 또한 누굴 통해서 그걸 구입했는지 등에 대해서는 결국 입을 다물었다. "그런 내용은 비밀로 하기로 약속했거든요." 그의 해명이었다. 하지만 나는 또 다른 경로를 통해서 노스캐롤라이나 주 윌밍턴의 서적상 토머스 브로드푸트가 그 문서를 위탁받아 1982년에 경매에 내놓았음을 확인할 수 있었다. 당시의 세 페이지짜리 도서목록에 따르면 원래 소유주는 콥 장군의 후손으로 나와 있었고, 당시 그쪽에서 원했던 금액은 20만 달러였다.

아직까지도 조지아 대학에 남아 있는 또 다른 헌법 초안은 카플스의 소장본보다 2주 뒤에 작성된 것으로서, 마찬가지로 그 소유 관계에 있어서는 매우 복잡한 역사를 지니고 있다. 국립문서보관소의 기록에 따르면, 피지(皮紙)에 작성되어 1861년 3월 11일에 비준된 미국 남부 연방 헌법 초안의 원본은 남북전쟁 직후 연방정부의 재산으로 귀속되었으나 실제로는 워싱턴에 도착하지 않았다고 한다. 왜냐하면 1865년 4월 북부군이 사우스캐롤라이나 주 체스터의 기차역에 도착했을 때, 이들 문서를 넘겨주는 임무를 맡고 있었던 남부군 측 장교가 모든 것을 팽개치고 도망쳐 버렸기 때문이었다. 이 문서 가운데 일부는 그 지역의 신문 발행인이었던 펠릭스 G. 드 폰텐이 찾아내 이후 18년간 보관했다. 하지만 빚에 쪼들려 돈이 필요했던 그는 1883년에 이르러 헌법 초안을 조지 W. J. 드 린의 부인[367]에게 판매했다. 이후 이 문서는 그녀의 가족이 보관하고 있다가 1939년에 이르러 조지아 대학에서 2만 5,000달러에 구입했다.

콥 가문의 소유인 헌법 문서의 경매에 대해서는 가급적 대외적으로 언급을 삼간 까닭에, 실제로 구매가 이루어지고 나서도 주목을 별로 받지 못했다. "미국 필사본 문서협회의 회장이 직접 조지아에서 비행기를 타고 가져왔지요." 카플스의 말이다. "문서가 들어 있는 서류가방을 자기 손목에 사슬로 연결하고서 말입니다. 저는 너무나 신나서 몸을 벌벌 떨었죠. 이후 며칠 동안은 정말 머리가 어질어질했어요." 하지만 이 문서를 조지아 주에 기증하려는 생각은 해 본 적이 없다고 했다. "만약 그쪽에서 이 문서를 정말 보관하고 싶었다면, 차라리 그때 구입했어야지요." 그의 말이다. "저는 자선사업가가 아니지 않습니까?"

1990년 12월 7일—진주만 기념일이기도 하다—에 카플스는 미국 독립전쟁 당시 그린 마운틴 보이스[368]를 이끌고 타이콘데로거 요새를 영국군으로부터 탈환한 버몬트 주의 애국지사 이선 앨런이 1787년에 쓴 두 페이지짜리 편지를 구입했는데, 그때에도 이와 비슷하게 미묘한 문제가 발생했다. 당시 퀘벡 총독이었던 가이 칼턴에게 보낸 이 편지에서, 앨런은 만약 당시 성립된 아메리카 합중국에서 버몬트가 주(州)로 인정받지 못한다면 차라리 캐나다의 한 지방으로 편입되는 편이 낫겠다는 암시를 강하게 풍기고 있었던 것이다. "저는 아메리카 합중국과는 아무런 관련이 없는 이 공화국에 속해 있으니까요." 앨런은 이렇게 적고 있다.

그로부터 4년 뒤, 버몬트는 아메리카 합중국에서 열네 번째 주로 공인

367..당시 남부 연방 관련 자료를 방대하게 수집한 여성 수집가 메리 N. 드 린을 말한다.
368..미국 독립전쟁 당시 버몬트 주에서 조직되어 활약한 의용군.

되었지만, 일부에서는 앨런 대령이 북쪽을 향해 보낸 이 편지를 일종의 반역이라고 봐야 하지 않느냐는 의견이 대두되기도 했다. 딱히 어느 쪽이라고 결론이 내려지진 않았지만, 하여간 그 덕분에 이 편지는 지대한 역사적 중요성을 지닌 것으로 평가되었던 것이다. 이 편지가 경매에 붙여지기 직전, 크리스티에서는 예상 판매가를 대략 1만 5,000달러에서 2만 달러 가량으로 예상했지만, 치열한 경쟁 끝에 카플스가 자신의 서재에 이 편지를 추가했을 때의 최종 낙찰가는 무려 4만 1,800달러였다. 그로부터 1년 뒤, 그는 당시에 만약 필요했더라면 8만 달러라도 기꺼이 낼 용의가 있었음을 인정했다.

카플스가 이선 앨런의 편지의 새로운 소유주가 되었다는 사실이 공표되자마자, 당시 버몬트 주지사였던 매들린 M. 쿠닌이 전화를 걸어 왔다. "저는 그녀가 누구인지 전혀 몰랐죠." 카플스의 말이다. "하지만 제 아내와는 브랜다이스 대학에서 열린 어떤 행사에서 만난 적이 있다고 하더군요." 두 여성은 당시 그 대학의 어느 기관을 위한 기금 마련에 열성적으로 관여하고 있었다. "주지사가 하는 말이, 사실은 버몬트 주 측에서도 앨런의 편지 경매에 입찰했다가 떨어졌다면서, 혹시 그 편지를 자기네 주에 기증할 생각이 없느냐고 하더군요." 쿠닌 주지사의 요청을 이해할 수 없었던 것은 아니었지만, 카플스는 이 자료가 초창기 미국 관련 문서를 수집하는 자기 컬렉션에 포함되는 것이기 때문에 계속 캘리포니아에서 보관하고 싶다고 대답했다.

카플스는 또한 자기가 태어난 주(州)에 관한 수많은 자료를 수집해 놓고 이른바 캘리포니아 문서 컬렉션이라고 불렀다. 그 가운데는 18세기 내내 캘리포니아에 수많은 선교기지[369]를 설립한 장본인인 후니페로 세라 수사(修士)가 쓴 편지만 해도 스무 통 이상 포함되어 있었다. "마치 이 위대한 인물들의 현존을 체험하는 듯한 기분입니다." 그의 말이다. "이

것들이야말로 그들의 손때가 고스란히 묻어 있는 물건들이니 말입니다. 잉크를 떨어트린 것도 있고, 지문이 묻어 있는 것도 있습니다. 제가 가진 것 중에는 조지 워싱턴이 쓴 문서가 있는데, 거기에는 워싱턴의 지문이 묻어 있습니다. 하지만 이런 문서들 덕분에 우리는 이들의 생각뿐만 아니라, 때로는 그런 생각이 어떻게 변화했는지를 알 수도 있죠. 가령 이들은 어떤 내용을 벅벅 지우고 나서 다시 뭔가를 또 쓰곤 했습니다. 따라서 처음 생각이 무엇이었는지를 알 수 있지요. 제가 수집한 필사본 문서 대부분이 원고의 초고이기 때문에, 이후 그것이 책으로 출간되는 과정에서 어떻게 바뀌었는지를 확인할 수 있습니다."

카플스는 자신이 '이 기념비적인 문서들을 하도 자주 들여다본 까닭에, 정말 많은 것을 인식하게' 되었다고 했다. 예를 들어, 그는 권리장전의 초고를 집어 올려 모든 미국인들에게는 '생명, 자유, 그리고 재산'에 대한 권리가 있음을 보여주는 대목을 보여주었다. "물론 잘 알고 계시겠지만, 훗날 노예 소유에 대한 문제가 대두했을 때, 여기서 '재산'에 대한 개념이 문제시되었기 때문에 결국 '재산'이란 말을 '행복의 추구'로 바꾼 겁니다. 결국 이 종이 한 장에 역사가 고스란히 담겨 있는 셈이지요."

데이비드 카플스는 샌타바버라 카운티 내에서 가장 많은 수의 주택을 보유한 재산가이기도 한데, 그 대부분은 그가 훗날 이른바 베이비 붐 세대에게 분양할 목적으로 1960년대에 미리 매입한 것이었다. "저야 예나 지금이나 수학자입니다." 그는 부동산 사업에 뛰어들기 전에 근처의 웨스트먼트 칼리지와 샌타바버라 시립 칼리지에서 학생들을 가르쳤고, 이후에는 한때 컴퓨터 산업 분야에서 일하기도 했다고 설명했다. "학교에

369..에스파냐에서 18세기 말부터 19세기 초까지 북아메리카의 서부 캘리포니아 지역에 가톨릭 선교를 위해 설립한 일련의 정착지를 말하며, 후니페로 세라의 '21개 선교기지'가 대표적이었다.

서 강의실에 하나 가득 들어찬 9학년 이하의 학생들을 보고 있으니, 머지않아 이 수많은 젊은이들이 졸업하게 되면 주택 수요가 크게 늘어나겠구나 하는 생각이 들더군요. 마침 당시에 집값이 뛰어오르던 참이었기 때문에, 저는 이때야말로 이 일에 뛰어들 적기라고 생각했던 거죠. 제가 보기엔 그때만한 기회도 없었습니다. 그래서 저는 부동산 투자를 시작했죠. 정말 그때는 정신도 없이 집을 사들였고, 결국 그쪽 일이 너무 바빠서 더 이상 교직에 있을 수도 없게 되었습니다."

1980년대 말이 되자, 카플스가 이전에 1만 달러에서 2만 달러씩 주고 산 건물들은 하나같이 25만 달러로 가격이 올라 있었다. 비록 1990년대 초에 부동산 경기가 주춤하긴 했지만, 그의 수집열은 결코 식지 않았고, 결국 그는 장서를 계속 관리하기 위해 자산 가운데 50여 채의 건물을 매각해야만 했다. "사실 집을 사는 것과 마찬가지라고 보시면 됩니다." 그의 말이다. "지금 제가 어떤 건물을 상당히 비싼 가격에 샀다고 하더라도, 불과 몇 년이 지나면 그 가격이 오히려 더 싸게 생각될 수 있거든요. 몇 년 전에 우리가 입수한 페르난도와 이사벨의 편지를 예로 들어볼까요?[370] 정확히는 기억이 안 나도, 당시 한스 크로스한테 5만인지 7만인지를 주고 샀는데, 이후에 콜럼버스의 항해 500주년이 되고 나니 당시에 사람들이야 뭐라 했건 무척이나 싸게 산 셈이라는 생각이 들더군요."

앞으로 이 컬렉션이 어떻게 될지를 물어보았다. "카플스 필사본 문서 도서관은 앞으로도 영원히 유지될 겁니다." 그의 말이다. "저는 수학자라고 말씀드렸죠? 이미 다 계산해 두었습니다." 1983년에 이미 이러한

---

[370] 1469년에 결혼한 아라곤의 황태자 페르난도 2세와 카스티야의 공주 이사벨 1세 부부를 말한다. 두 사람이 결혼 후에 각각 아라곤과 카스티야의 왕위를 계승함으로써 1479년에 에스파냐가 통일되었으며, 이후 콜럼버스의 신대륙 발견 등을 원조하는 등의 업적을 남겼다.

이름의 기관이 샌타바버라에서 발족했고 이후 뉴욕, 타코마, 워싱턴 D. C., 그리고 플로리다 주 잭슨빌 등에도 전시관이 설립되었다.

"이게 일종의 강박관념은 아니냐구요? 맞아요. 분명 강박관념이라 할 수 있죠." 카플스의 말이다. "하지만 이게 나쁘다고 할 수는 없지 않겠어요? 뭔가를 하려면 강박관념에 사로잡혀야 한다고 생각합니다. 그렇지 않으면 아무 것도 이룰 수 없으니까요."

평범한 사람이 과연 언제부터 도서수집가로 변하게 되는 것일까? 이 문제를 놓고 지난 수십 년 동안이나 논란이 지속되었지만, 아직까지도 결론은 내려지지 않은 상태이다. 그 중 한 이론에 의하면, 자기가 결코 읽지는 않으리라는 것을 알면서도 책을 구입하는 순간부터 그 사람은 도서수집가가 되는 셈이라고 하는데, 이것은 그나마 다른 이론들에 비하면 덜 냉소적인 편이다. "말 그대로, 참으로 놀라우면서도 또한 참으로 전염성이 강한 사실은, 이 엄청난 열정에 완전히 사로잡히기 전까지는 미처 그 존재를 전혀 깨달을 수 없다는 점이다." 지금으로부터 한 세기 전에 유진 필드는 이렇게 언급하면서, 자기로선 도무지 그 뚜렷한 경계를 정의할 수 없다고 했다.

하지만 이제 소개하려는 북부 캘리포니아에 사는 한 부부의 경우, 애초에는 가구와 장식미술 작품 중에서 멋진 물건을 수집하려는 공통된 열정을 지니고 있다가 1965년의 어느 날, 이제껏 출판되었던 미장본 가운데 가장 유명한 책의 그리 비싸지도 않은 복제품을 사게 되면서부터 본격적으로 도서수집에 나서게 된 사람들이었다. 당시 이들이 구입한 책의 원본은 다름 아닌 켐스콧 판《제프리 초서 작품집》으로, 영국의 시인 겸 디자이너인 윌리엄 모리스가 1890년에 설립한 켐스콧 인쇄소에서 펴낸 것이었다. "별로 대단한 것도 아니었고, 심지어 원본보다 작게 축소된 것이었는데도, 뭔가 대단히 매력적인 데가 있더군요." 어느 여름날 아침, 태평양이 시원하게 내려다보이는 몬트레이 반도에 위치한 편안한 자택에서 샌포드 L. 버거는 이렇게 회고했다.

"순간적으로 제 아버지께서 예전에 만드셨던 도안이며 목각 디자인과 놀랍도록 유사한 부분이 있다는 사실을 깨달았죠. 특히 테두리의 세부묘사와 연속되는 장식 모양이 말입니다. 아버지께서는 그런 세공일을 무척 즐겨 하셨는데, 글쎄 그 책을 제가 펼치자마자 그와 똑같은 게 있었던 겁니다." 샌디 버거의 아버지인 새뮤얼 버거는 루마니아 출신으로, 열아홉 살이던 1904년에 캘리포니아로 이민 온 이후에 샌프란시스코에서 유명한 목각 장인으로 활약했으며, 지금까지도 이 도시의 기념비적인 건물로 유명한 돌로레스 선교회, 그레이스 성당, 보헤미안 클럽 등지에 여러 목각 장식을 남겼다. "제가 갖고 있는 가장 오래 된 기억 중 하나는, 아버지께서 목각 일을 하시는 동안 저를 벤치 위에 앉혀 두고 구경하게 해 주셨던 겁니다. 저는 세 명의 누이와 함께 아버지를 위해 밑그림 작업을 해 드렸고, 아버지는 제게 도안하는 방법을 가르쳐주셨죠. 하지만 아버지께선 제게 늘 '목각수가 아니라 건축가가 되거라. 결국 어디에 목각 장식을 해야 할지를 결정하는 사람은 건축가니까'라고 하셨습니다."

버거는 훗날 건축가가 되었을 뿐만 아니라, 심지어 건축가를 아내로 맞아들이기까지 했는데, 이 두 사람은 이후 반세기가 넘도록 동일한 미적 관심을 공유하게 되었다. 샌디와 헬렌 버거는 1941년 하버드 디자인 대학원에 다닐 때 처음 만났다. "우리는 그곳에서 바우하우스의 설립자인 발터 그로피우스와 그의 동료인 마르첼 브로이어에게 배웠죠. 두 사람 모두 나치 독일에서 미국으로 망명해 온 처지였습니다. 우리 부부가 처음에 살던 아파트를 인터내셔널 양식[371]의 가구로만 장식한 것도 그 두 사람의 영향 때문이었는지 모릅니다. 당시에는 현대적인 스타일이 서서히 인기를 얻게 될 때였기 때문에, 우리 부부도 곧 수집가가 되었던 거죠." 얼마 지나지 않아서, 두 사람은 아르누보 양식의 가구도 수집하기 시작했다.

비록 자신들이 수집한 가구들에 대한 참고문헌을 완벽히 갖춘 장서를 보유하고 있긴 했지만, 버거 부부는 미처 도서수집가가 되려는 생각은 하지 못하고 있었다. 그러던 중인 1965년 12월의 어느 날, 샌디 버거는 문득 점심도 거른 채 샌프란시스코 시내 포스트 가 434번지에 있는 워렌 하우얼의 서점을 찾아갔다. "애초의 목적은 복제본이 아닌 진품 켐스콧 인쇄소 책을 찾아보려는 것이었지요." 그의 말이다. "사실 그 서점에 뭐가 있는지도 몰랐습니다. 다만, 주위의 평판이 좋다기에 그냥 구경이나 할까 하고 들렀던 거죠." 하지만 그날 하우얼의 서점에서 그가 겪은 체험이야말로, 이후 오랜 세월 동안 계속될 버거의 '보물을 만나는 행운'에 대한 믿음의 시작이었던 셈이다. "내가 모은 컬렉션은 단지 운이 좋은 것 이상이었다." 그는 1984년에 캘리포니아 대학 출판부에서 펴낸 전시회 도서목록에서 이렇게 회고했다. 이 도서목록의 서문에서 버거는 '신비주의적이거나 미신적이라는 비난을 감수하고 말하건대, 종종 이 컬렉션이 마치 나름대로의 의지를 지닌 존재처럼 느껴진다'고 고백했다.

"제가 서점에 들어섰을 때, 워렌 하우얼은 마침 자리에 없었습니다. 하지만 혹시 켐스콧 인쇄소 책이 있느냐고 묻자, 가게를 보던 직원이 방금 위탁 판매용으로 들어온 컬렉션이 있다면서 문을 열어 보여주더군요. 미처 진열되지도 않은 상태였어요." 그곳에 있던 켐스콧 인쇄소 판은 모두 53종 66권에 달했다. 그 가운데 51종은 원래 샌프란시스코의 도서수

371..바우하우스의 실용주의적 디자인에 근거한 미술 및 건축 분야의 여러 가지 근대적인(모던) 양식을 말한다.

집가인 고(故) 템플턴 크로커의 소유였는데, 크로커는 1961년에 캘리포니아 대학에서 구입한 캘리포니아 관련 임프린트, 여행서, 골드러시 당시의 일기, 지도, 신문 등을 수집한 인물로도 유명했다. 크로커는 또 미장본을 좋아해서 그의 컬렉션 안에는 15세기 베네치아에서 활약한 전설적인 인쇄업자 알두스 마누티우스가 펴낸 일명 '알두스 판'이 여럿 포함되어 있었다. 또한 크로커가 수집한 윌리엄 모리스 책들은 모두 상태가 훌륭했고, 출처도 분명했으며, 대부분은 중요한 헌사가 적혀 있었다. 무려 세 시간씩이나 점심시간을 초과해 가면서 하우얼의 서점에서 보낸 버거는 결국 꼼꼼한 확인을 거쳐 《제이슨의 생애와 죽음》 단 한 권을 구입했는데, 이 책은 윌리엄 모리스가 1895년 6월 30일에 평생의 친구이자 동료인 화가 에드워드 번 존스 경에게 증정한 것이었다. "그야말로 독특한 수택본(手澤本)이었고, 상당히 멋있고도 훌륭하더군요." 버거의 말이다. "그 커다란 4절판 한 권을 골랐을 뿐인데, 왜인지 그걸 꼭 가져가야겠다는 생각이 들더군요."

하지만 충족감은 고사하고, 그 책을 갖게 되고 나서부터 버거는 오히려 '심각한 전구 증상'[372]에 시달리게 되었는데, 그의 표현에 의하면 마치 '거꾸로 된 금단 증상'이나 마찬가지였다고 한다. 결국 이 증상이 사라진 것은 3주 뒤, 그가 다시 하우얼의 서점을 찾아가 나머지 50권을 전부 사들이고 난 다음의 일이었다. "저는 그 책들을 종이상자 세 개에 담아서 집으로 가져왔죠. 그리고 바로 그 종이상자 세 개로부터 모든 게 시작되었던 겁니다." 그의 말이다. "제가 경험한 것은 뭔가 억누를 수 없는 욕구였지요. 그토록 짧은 시간 동안 그토록 많은 켐스콧 인쇄소 책들을 다룬다는 것은, 마치 대리석 조각을 다루는 것이나 매한가지였습니다.

---

[372] 어떤 병의 잠복기에 나타나는 증상을 가리킨다.

일종의 감정적 전이(轉移)라고나 할까, 이 책들이야말로 보석이라는, 또한 아주 중요한 물건이라는 생각이 들었던 거죠. 그 순간을 다시 떠올리기만 해도 등골이 서늘합니다."

이후 몇 년간, 워렌 하우얼은 버거 부부가 미처 모으지 못한 켐스콧 인쇄소 판을 열심히 구해다 주었다. 그 중 한 권은 몬테비데오[373]에 살던 어느 나이 많은 미국인 망명객의 장서에서 나온 것이었다. "그때까지 워렌은 수많은 책들을 가지고 왔지만, 유독 '이것' 만큼은 특히나 조심스럽게 다루더군요." 버거는 이렇게 말하며 자신이 지금으로부터 25년 전에 복제본을 통해 그토록 매료되었던 책의 원본을 내게 보여주었다. 켐스콧 판 《초서》는 타이포그래피나 장식이나 디자인 등의 모든 면에서 진정한 걸작으로, 윌리엄 버틀러 예이츠는 일찍이 이 책을 가리켜 "모든 인쇄본 가운데서도 가장 아름다운 책"이라고 격찬한 바 있었다. 윌리엄 모리스는 1896년에 모두 425부의 《초서》를 제작했는데, 그 가운데 379부는 아마포로 만든 이음표지[374]로, 표지는 판지 위에 푸른색 종이를 발랐고, 책등에는 아마포를 바르고 상표를 붙인 것이었다. 그리고 나머지 46부는 흰색 돼지가죽으로 장정하고, 모리스 자신이 직접 도안한 디자인을 형압으로 넣었으며, 도브스 인쇄소에서 제본한 것으로서, 다른 어떤 것보다도 더 희귀한 책이었다. 그런데 워렌 하우얼이 우루과이에서 가져온 책이 바로 이 《초서》였던 것이다. "만져보세요." 버거가 책을 내밀었다. "괜찮습니다. 만져보세요. 마치 상아 같답니다."

373..남미 우루과이의 수도.
374..보통 책등과 표지 전체를 같은 재질의 천이나 종이로 싼 것을 '통표지' 라고 하고, 책등과 표지의 재질이 다른 것을 '이음표지(1/4 장정)' 라고 한다. '이음표지' 는 보통 책등 부분에 특수한 재료를 사용한 것이며, '모이음표지(3/4 장정)' 는 책등과 판지의 두 귀퉁이에 특수한 재료를 사용한 것을 말한다.

버거 부부는 수집을 시작한 지 3년여 만에 대부분의 켐스콧 인쇄소 판을 모을 수 있었지만, 이들의 윌리엄 모리스 관련 컬렉션은 그때가 단지 시작에 불과했다. "그 이후에는 자연스럽게 양이 늘어났지요." 버거는 윌리엄 모리스라는 사람의 진정한 모습을 알고자 하는 사람이라면 단지 미장본의 타이포그래피 디자이너일 뿐만 아니라 작가, 시인, 번역가, 출판인, 화가, 방직업자, 계몽주의자, 디자이너, 사업가, 자수예술가, 사회운동가인 모리스에 대해서도 알아야 한다고 강조했다. 1892년에 모리스는 앨프레드 테니슨 경의 뒤를 이어 계관시인이 될 수 있는 기회를 고사했는데, 그것은 단지 여러 가지 일로 바쁘다는 이유 때문이었다. 정치적으로도 모리스는 사회주의 운동에 적극 동조하여 여러 편의 논쟁적인 논문과 소책자를 펴냈는데, 버거는 그것도 대부분 입수했다. 더군다나 모리스 앤드 컴퍼니—1861년부터 1875년까지는 '모리스 마샬 포크너 앤드 컴퍼니'였던—에서는 무려 한 세기 가까이 벽지, 옷감, 가구, 스테인드글라스, 금속세공품, 타일, 카펫 등을 생산해 왔던 것이다.

"실용미술 분야에 있어서 그의 작품은 이후 모든 세대의 디자이너와 건축가들에게 영감을 제공해 왔다. 장식에 있어서 순수성과 진실성을 강조한 그의 방식은 이후 근대 양식의 주요 원칙에 직접적인 영향을 끼쳤다." 엘리자베스 윌하이드는 윌리엄 모리스가 후세에 끼친 커다란 영향력에 대한 논문에서 이렇게 서술하면서, 그가 '19세기의 대량생산이 가져온 평준화에 반기를 들고, 수공예품의 가치를 재인식시킴으로써 이후 장식미술 분야의 양상을 완전히 뒤바꿔놓았다'는 점을 강조했다.

1877년에 가진 강연에서 모리스는 다음과 같이 말했다.

(인간의 손으로 만든 모든 것은) 아름답거나 추악하거나 하는 두 가지 중 한 가지 형태를 지니게 됩니다. 자연과 부합하고, 또한 자연을 촉진하는 경우라

면 아름답다고 할 수 있습니다. 자연과 부합하지 않고, 오히려 거스르는 경우라면 추악하다고 할 수 있습니다. 이 둘 사이엔 분명히 차이가 있습니다. 실내장식이 잘 된 사무실이라면 사람들에게 '쓸모 있는' 물건을 통해 즐거움을 주어야 하며, 사실상 쓸모가 없는 것이라면 결코 예술 작품이라 할 수 없기 때문입니다. 다시 말하자면 올바른 정신이 깃든 육체에 공헌하지 못하는 것, 또한 건전한 상태에 있는 정신을 유쾌하고, 만족스럽고, 고양되게 하지 못하는 것은 결코 예술 작품이라 할 수 없는 것입니다. 이러한 원칙에 따라, 마치 예술 작품인 척하는 터무니없는 쓰레기들은 우리 런던의 모든 집에서 없애버려야 합니다!

이미 미국과 영국의 몇몇 기관에서 모리스 컬렉션을 보유하고는 있었지만, 그 대부분은 모리스의 전체 작품 가운데 일부에만 초점을 맞추고 있었다. "아시다시피 저와 헬렌은 건축가였으니까요." 버거는 이 사실을 강조했다. "그래서 우리는 곧 모리스의 디자인 과정 전 단계를 포함한 자료를 수집하고 싶어 했죠. 즉, 최초의 착상에서부터 준비 과정이며, 마지막 단계에 이르기까지의 모든 것을 말입니다. 흔히 최종 완성품만 보게 되면 그걸 만들기 위해 어떤 과정이 있었는지를 잊게 마련이니까요."

도서 제작의 창조적인 측면을 만끽하기 위해서, 버거는 알비온 인쇄기를 직접 구입해 수동 인쇄 기술을 익혔다. "모리스 덕분에 저도 멋진 문자도안에 관심을 갖게 되었습니다. 그래서 이제는 제법 일가견이 있다고 자부할 수 있지요. 마찬가지로 그가 직접 인쇄 일을 했으면, 저도 직접 인쇄 일을 해 보는 겁니다. 직접 해보고 나서 원본을 보면 정말 감탄할 수밖에 없습니다. 그 각각의 과정이 어떻게 맞아떨어지는지가 한눈에 들어오니까요. 그렇게 함으로써 디자인 과정에 대한 올바른 시야를 확보할 수 있죠."

버거가 이야기하는 사이, 어느새 오후의 햇빛이 한때 랭카셔의 헤이우드에 있던 유니테리언 교회를 장식했던 스테인드글라스 판의 일부인 다섯 개의 조각을 통과하면서 그의 거실을 색색의 빛깔로 가득 채웠다. 그 집의 다른 방에는 같은 스테인드글라스 판의 나머지 조각이 다섯 개나 더 있었고, 원래 그 맨 꼭대기에 얹혀 있었던 장미창(薔薇窓)—나팔 부는 세 천사의 모습—은 집 3층에 보관되어 있었다. "런던의 어느 골동품 상점에서 모리스가 만든 도자기 타일을 샀는데, 그곳 여주인이 혹시 모리스가 만든 스테인드글라스는 필요하지 않느냐고 묻더군요." 그의 말이다. 이 유리판은 가게 안에 전시해 두기엔 너무 컸기 때문에, 무려 2년 동안이나 가게 뒤쪽 창고에서 먼지에 덮여 있었다. 버거는 그 창문이 교회에 끼워져 있었던 원래의 모습을 보여주는 옛날 사진을 주인으로부터 빌려왔는데, 그 당시에 교회는 이미 헐려 없어졌기 때문이었다. "한 덩어리로 치면 폭이 3미터에 높이가 5미터나 되는 것이었지요." 버거의 말이다. "이번에 산 물건이라면서 그 사진을 보여주었더니, 집사람은 바로 그 사진을 산 줄로 알더군요. 그래서 '사진이 아니라, 그 창문 전체를 산 것'이라고 말해 주었죠."

이 스테인드글라스야말로 버거의 컬렉션 중에서도 단일 품목으로는 가장 규모가 크긴 하지만, 그렇다고 가장 중요한 품목이라 할 수는 없다. 오히려 이 컬렉션에서 가장 돋보이는 물건은 '무려 자동차만한 크기에, 무게도 반 톤씩이나 나가는 나무상자 두 개'로, 그 안에는 모리스의 수채화, 편지, 서류, 노트, 타일, 도자기, 책, 도면, 수백 가지의 벽지 및 태피스트리 디자인, 자세히 기록된 염색 지침서, 날염 직물 제조법 및 공식, 옷감 견본, 스테인드글라스 창문의 실제 크기대로 그린 밑그림 등이 한데 뒤섞여 있다. 버거는 이 상자를 1968년에 런던의 모리스 앤드 컴퍼니의 문서보관소에서 통째로 구입했다.

이 자료를 구입하게 된 과정 또한 버거가 자신의 컬렉션을 가리켜 '나름대로의 의지를 지닌 존재'라고 하는 것이 무슨 의미인지를 잘 보여준다. 50여 년간 샌프란시스코에서 활동한 유명한 서적상 데이비드 매기는 정기적으로 물건을 구하러 런던을 한바퀴씩 둘러보곤 했다. 1968년의 어느 날, 그는 런던의 서적상인 앤서니 로타와 이야기하다가 문득 한쪽 벽에 걸려 있는 수채화가 에드워드 번 존스의 작품임을 알아보게 되었는데, 그것은 모리스 앤드 컴퍼니가 1940년에 문을 닫았을 때 당시 대표였던 던컨 덜의 유족이 내놓은 수많은 물품 가운데 하나였다. 매기는 훗날 회고록에서 그 당시 '윌리엄 모리스 자료'를 구입함으로써, 자기의 소중한 고객 중 한 사람에게 '자신이 갖게 되리라곤 미처 꿈도 못 꾸었던' 물건들을 제공해 주었다고 적었다. 그 소중한 고객이 바로 샌디 버거였던 것이다.

영국에서 보낸 상자들이 도착하자, 버거는 곧장 버클리에서 샌프란시스코로 차를 몰고 가서, 그 무더기 위에 잔뜩 쌓인 '성스러운 먼지'에도 아랑곳 않고 장장 세 시간에 걸쳐 짜릿한 발굴 시간을 가졌다. 그 와중에 매기가 둘둘 말려 있는 어느 스테인드글라스의 밑그림을 실수로 바닥에 떨어트렸다. "이봐, 조심하라구!" 버거는 점잖게 나무랐다. "혹시 잊어버린 모양인데, 이건 더 이상 자네 물건이 아니란 말이야!" 평소처럼 가격을 제안하거나 흥정을 하지도 않은 채, 버거는 대뜸 이 자료 전체를 구입하겠다고 했다. 매기는 물론 버거의 경제적 능력에 대해 의구심을 갖지는 않았지만, 그럼에도 불구하고 과연 그가 이 수많은 물건을 어떻게 한꺼번에 꺼내 보관할 수 있을지는 '전혀 상상이 가지 않았다'고 썼다. 하지만 버거의 해결책은 간단했다. "한꺼번에 꺼내지 않고, 그냥 조금씩 꺼내 볼 생각일세."

내가 그를 방문했을 때, 버거는 자기가 그 상자에서 발굴한 몇 가지 물건들을 자랑하고픈 마음을 결코 억누르지 못하는 듯했다. "품질이 어떤

지 한번 만져보세요." 그는 이렇게 말하며 내게 수제 카펫 샘플을 하나 건네주었다. "이것도 좀 보세요." 그가 말했다. "이게 바로 켐스콧 인쇄소에서 최초로 찍어낸 목판 머리글자와 장식문양의 교정쇄랍니다. 인쇄소가 문을 닫았을 무렵, 이 교정쇄는 겨우 세 벌만 남아 있었죠. 지금은 대영도서관에서 하나, 피어폰트 모건 도서관에서 또 하나를 소장하고 있고, 이게 바로 나머지 한 벌입니다. 이쪽에, 여기 있는 건 전부 벽지입니다." 벽지와 직물 옆에는 또 다른 물건들이 있었다. "이게 바로 모리스가 직접 그린 도면입니다." 그는 이렇게 말하며 둘둘 말린 스테인드글라스 창문의 실제 크기만한 밑그림을 펴보였다. "이른바 '선(線)의 경제학'을 논하자면, 그가 어떻게 했는지를 좀 봐야 할 겁니다." 그는 이렇게 말하며 또 다른 것을 펴보였다. "이건 태피스트리용 밑그림입니다. 여기 있는 것만 해도 스테인드글라스용 수채화 밑그림이 700여 장에, 직물과 카펫용 밑그림이 150여 장 가량 됩니다. 그 중에서 모리스가 직접 그린 밑그림 시안은 140여 장 가량 됩니다. 이런 자료를 저희 다음으로 많이 소장한 곳이 런던의 빅토리아 앤드 앨버트 박물관인데, 제가 알기론 그래 봤자 겨우 일곱 점 정도일 겁니다."

버거는 자신이 종종 능력의 한계에 도달할 때까지 자료를 입수하려 함을 인정하면서도, 언젠가 기회가 있었음에도 불구하고 입수하지 못한 물건들을 아쉬워했다. "제겐 '꼭 사야 할 것들'을 적은 목록이 있는데, 이전에 기회가 있었는데도 놓친 것들이죠." 예를 들어 1968년에 그는 모리스의 초창기 식물 모양 디자인에 크게 영향을 주었던 제라드의 《식물지》[375] 1638년 판을 구입할 기회가 있었다. "가격은 겨우 300달러였지만, 1968년 당시에 저는 켐스콧 인쇄소 관련 품목에만 집중하고 있었기 때문에

---

[375]..영국의 의사였던 존 제라드의 《식물지, 혹은 식물의 역사》(1596)를 말한다.

사지 않았죠. 하지만 지금 와서 장식미술 쪽에 깊이 빠져들다 보니, 그때 그 책을 샀으면 얼마나 좋았을까 하는 아쉬움이 남습니다. 그래서 지금도 틈만 나면 도서목록을 찾아보지만, 이제는 어디서도 4,000달러 이상은 줘야 살 수 있더군요. 필요하다면 물론 그 가격에 못 살 건 없지요. 하지만 차라리 기회가 있었을 때 300달러에 사는 게 더 나았다는 아쉬움은 가시지 않는군요." 그렇다면 그가 책을 구입할 때에도 일종의 가격 한도 같은 것이 있다는 이야기였다. "물론 품목에 따라 다르고, 우리 능력에 맞는 것인지 여부에 달려 있지요. 저는 군이 빚을 져 가면서까지 책을 산 적은 없습니다. 그리고 책이 도착하는 즉시 수표를 써 주지요. 능력도 없으면서 주문한 적은 없으니까요."

버거 부부가 소장한 자료 중에는 심지어 이 집에 있는 스테인드글라스 보다도 더 큰 창문의 밑그림도 있다. 가령 그 중 세 장은 무려 6미터 높이의 창문을 위한 멋진 디자인이다. "솔직히 우리 부부도 이걸 완전히 펼친 면으로 본 것은 몬트레이에 있는 미술관에서 전시되었을 때가 처음이었는데, 그때 이걸 걸기 위해 소방서에 부탁을 했다고 하더군요. 결국 소방대원들이 사다리를 타고 천장에다 이 그림을 붙여서 죽 늘어트렸던 거죠."

전직 예일 대학의 희귀본 담당 사서였던 마저리 와인은 1987년에 컬럼비아 대학에서 가진 솔 M. 몰킨 특강[376]에서 도서수집의 궁극적인 이유를 다음과 같이 설명했다. "희귀본과 필사본을 '이용하기' 위해서라는 것이야말로, 그런 자료를 수집하고 보존하는 행동에 대한 가장 좋은 평계다." 1984년에 캘리포니아 대학 버클리 캠퍼스에서 열린 윌리엄 모리스 전시회 도서목록의 서문에서 버거는 자신이 수집한 컬렉션을 이용해

---

376. 서지학자 솔로몬 M. 몰킨을 기념하여 해마다 열리는 서지학 관련 특강을 말한다.

서 '여러 학자들이 펴낸 석사 및 박사학위 논문이며, 연구논문이며, 도서목록이며, 단행본이 책장에 조금씩 쌓여가는 광경이야말로 특별한 즐거움이었다'고 언급했다.

좀 더 가까이서 살펴보면 이들 학자들이 버거 부부에게 얼마나 큰 빚을 지고 있는지를 알 수 있다. 뉴욕 시립 칼리지의 영문학 교수이자 모리스의 편지를 엮어 방대한 책을 펴내기도 했던 노먼 켈빈은 버거와 같은 수집가들이야말로 '학문에 있어 필수적인 자료를 수집하고 접근 가능하게 만드는 인물'이라고 썼다. 윌리엄 S. 피터슨이 최근에 펴낸, 모리스와 1890년대에 그가 겪은 '타이포그래피의 모험'에 대한 저서인 《켐스콧 인쇄소》에는 버거 부부가 '차마 필설로 표현하기 힘들 만큼 많은 도움을 주었다'는 감사의 말이 있으며, 일찍이 모리스 앤드 컴퍼니에서 제작한 스테인드글라스 창문에 대한 두 권짜리 연구서를 펴냈던 찰스 수터는 버거 컬렉션에 있는 자료를 연구한 뒤에 자기 책을 전면 개정해야만 했다. "저는 이 컬렉션에 포함된 밑그림 700개 전부와 직물 밑그림 140개의 사진복사본을 상자 두 개에 담아 그에게 보내주었습니다." 버거의 말이다. "그는 이 자료에 대해서는 전혀 모르고 있었기 때문에, 출간 직전에 교정쇄 단계에서 완전히 개정해야만 했죠. 정말 이 자료들이 없었더라면 학문적으로는 참으로 끔찍한 재난이지 않았겠습니까?" 수터의 저서인 《윌리엄 모리스의 스테인드글라스》의 참고자료 목록에는 세 단락 전체에 걸쳐 'S. L. 버거 소장'이라고 적혀 있다.

이들 연구가 매우 다양한 분야에 걸쳐 있다는 것만 보아도, 버거 부부가 모리스의 활동 전반에 대한 깊이 있는 자료를 소장하고 있음을 알 수 있다. "물론 어느 한 가지 주제에 있어서는 우리보다 많은 자료를 소장한 기관도 있을 겁니다. 하지만 우리처럼 한 곳에서 모리스에 대한 거의 모든 주제를 망라하고 있는 경우는 아직까지 없을 겁니다." 버거의 말이다. "그러다보니 결국 이 컬렉션을 어디에서 끝마쳐야 할지 의문이 생기더군요. 제 희망은 이 컬렉션을 어느 기관에서 모두 한 곳에 보관하여 연구 자료로 활용했으면 하는 것입니다. 그렇게 해야만 이쪽에서 밑그림을 보고 나면 저쪽에서 채식 필사본이나, 창문이나, 태피스트리의 완성본을 볼 수 있지 않겠습니까? 밑그림이라 해서 모두 미술학과로 보내지도 말고, 사회주의 관련 소책자라 해서 모두 역사학과로 보내지 말라는 겁니다. 그 대신 모두 다 한 곳에 모아놓으라는 거죠."

하지만 최종 결정이 내려지기 전까지, 버거 부부는 이 컬렉션을 최대한도로 즐길 생각이다.[377] 현재 이들이 진행하고 있는 새로운 계획은 전 세계 각국에 있는, 모리스 앤드 컴퍼니에서 제작한 창문들을 모두 사진으로 찍어오는 것이었다. "제 나이가 여든여덟쯤 되면, 원래 스케치한 디자인과 실제로 만든 창문을 비교하는 내용으로 박사학위 논문을 쓸 생각입니다." 버거의 말이다. "이제껏 단 하루도 윌리엄 모리스에 대해 생각하지 않고 살았던 적은 없습니다. 특히 제가 은퇴한 이후에는 날마다 그로 인해 즐거움을 얻었죠. 20년 전에 집에 들여놓았던 그 책들 기억하시죠? 이젠 컴퓨터에다 목록을 입력했을 뿐만 아니라, 심지어 직접 읽어보기까지 한다는 것 아닙니까."

1985년에 샌포드 L. 버거는 토머스 모어 경 메달의 열여덟 번째 수상자가 되었는데, 이는 도서수집 분야의 상으로는 미국 내에서 유일한 것이다. 이 상에 대한 아이디어를 처음 낸 사람은 어느 머리 좋은 예수회

377..1999년 12월 10일, 샌포드와 헬렌 버거 부부는 자신들이 35년간 모은 윌리엄 모리스 컬렉션 전체를 헌팅턴 도서관에 매각했다. 책 2,000권을 포함하여 다양한 자료를 포함하고 있는 이들의 컬렉션은 현재 '샌포드 앤드 헬렌 버거 윌리엄 모리스 컬렉션'이라는 이름으로 헌팅턴 도서관에 보관 중이다.

성직자였는데, 그는 희귀본 및 필사본을 포함한 훌륭한 컬렉션을 수집하기 위해 고안한 창의적인 방법으로 '무일푼의 메디치'라는 별명을 얻기도 했다.

예수회 신부 윌리엄 J. 모니헌은 1947년에 샌프란시스코 대학 글리슨 도서관의 특별 컬렉션 담당자로 임명되었다. 이후 40여 년 동안, 그는 무려 40여 개 이상의 훌륭한 컬렉션을 입수했는데, 그 가운데는 20세기 초반 최고의 애서가로 손꼽히며 지난 1993년에 사망한 J. 월터 톰슨 광고대행사의 전(前) 대표이사 노먼 H. 스트로스가 소장하던 것도 대여섯 가지나 있었다.

"토머스 모어 경 메달에 대한 생각은 그롤리에 클럽과 함께 유럽을 방문하던 1967년에 처음 떠올린 것이었죠." 모니헌 신부의 말이다. "마침 저는 스웨덴 왕립도서관에서 그와 비슷한 상을 준다는 것을 알고 그 발상에 매우 깊은 인상을 받았습니다. 심지어 '개인의 도서수집, 공익에도 기여한다'라는 그들의 표어까지 그대로 번역해서 가져 왔을 정도니까요. 귀국한 뒤에, 저는 우리 도서관 관계자들을 불러 '이렇게 하면 어떨까?' 하고 물어보았죠."

그는 이 상에 토머스 모어 경의 이름을 붙였는데, 그 까닭은 자신이 처음으로 입수한 컬렉션이 모어에 대한 것이었기 때문이다. 이 컬렉션에는 존 던이 친필로 적은 각주가 달린 이 순교자[378]의 저서를 포함한 수천 점의 품목이 들어 있다. 모니헌 신부가 이 상을 가장 먼저 주고 싶었던 사람은 바로 노먼 스트로스였다. "1968년에 노먼은 정년퇴임을 앞두고 있었죠. 뉴욕에서 만나 점심을 먹는데 그가 그러더군요. '자네 도서관을

---

378. 토머스 모어는 로마가톨릭 신자였으며, 헨리 8세의 이혼에 끝까지 반대하다가 반역죄로 처형되었기 때문이다.

도와주고 싶네.' 나중에 첫 번째 메달을 받더니 이번에는 또 그러더군요. '내가 캘리포니아로 돌아가게 되면 자네 도서관을 아주 훌륭한 곳으로 만들어주겠네.' 그러더니 결국 자기 말대로 하더군요. 곧바로 그의 이름을 붙인 중요한 컬렉션이 일고여덟 개나 생겨났는데, 그가 책을 기증한 곳은 우리뿐만이 아니었죠. 캘리포니아 대학 산타크루즈 캠퍼스가 처음 생겼을 때에는 매우 탁월한 토머스 칼라일 컬렉션을 기증하기도 했으니까요. 그리고 버클리의 밴크로프트 도서관에도 아예 그의 이름을 딴 서고가 있을 정도입니다. 그만큼 많이 도와주었거든요."

토머스 모어 경 메달은 대학에서 주는 상이긴 하지만, 초창기의 수상자 스물다섯 명 가운데 두 사람—1974년도 수상자인 당시 국회도서관의 희귀본 담당 실장 프레더릭 R. 고프와, 1977년도 수상자인 전직 캘리포니아 대학 로스앤젤레스 캠퍼스의 도서관장 로런스 클라크 파웰—은 개인 수집가였다. 다른 수상자들 중에는 윌마스 S. 루이스, 클리프턴 월러 배러트, 레싱 J. 로젠월드, 메리 하이드 에클스, 윌리엄 H. 샤이드를 비롯해서 독일의 오토 셰퍼, 일본의 고다마 미츠오 박사 등 도서수집계의 새로운 경향을 반영하는 인물들이 포함되어 있었다.[379] 특히 현재 도쿄의 메이세이 대학(明星大學)에 소장되어 있는 고다마 박사의 셰익스피어 및 셰익스피어아나 컬렉션은 1만 점 이상의 품목을 소장하고 있어 워싱턴 D. C.의 폴저 도서관 다음가는 것으로 명성이 높으며, 그의 에이브러햄 링컨 관련 컬렉션은 미국 외에서는 가장 방대하고 포괄적인 것으로 유명하다.

"저는 예수회원이고, 청빈의 서원도 했습니다." 모니헌 신부는 인터뷰

---

[379] 토머스 모어 경 메달의 역대 수상자 명단은 샌프란시스코 대학 글리슨 도서관의 홈페이지(www.usfca.edu/usf/library/rarebook/gla/medal.html)를 참고하라.

에서 이렇게 말했다. "따라서 저 자신을 위해 뭔가를 소유하는 것에는 관심이 없습니다. 하지만 저는 책을 좋아하고, 또 수집합니다. 다른 점이 있다면 저 자신을 위해서가 아니라 우리 기관을 위해 그렇게 한다는 것이지요. 저는 대학의 자금에만 의존한다면 훌륭한 도서관을 만들 수 없다는 사실을 애초부터 알고 있었습니다. 학교 측에서는 대개 이렇게 말하니까요. '우리도 도와드리고 싶어요, 뭘. 하지만 지금은 어렵겠네요.' 결국 저는 1947년에 도서관장이 되자마자 학교 밖으로 나갔죠. 저는 밖에서 여러 사람을 만났습니다. 그리고 지금까지도 계속해 오고 있죠. 저는 후원자들에게 우리를 도와주고픈 마음이 생기게 독려했죠. 결국 이제는 어느 정도 후원 기금도 들어오고, 도서 기증도 계속되고 있습니다. 따라서 지금 여기 보고 계신 책들은 모두 후원자들로부터 받은 것이고, 학교 측의 지원은 일체 받지 않고 모은 것입니다. 말 그대로 한 푼도 들이지 않고 수집한 것이지요."

모니헌 신부는 환한 미소에, 은발머리, 그리고 정중한 태도를 지닌 인물이었다. 책에 대해 이야기하는 동안 그의 푸른 눈에는 불꽃이 튀었고, 자신의 사명에 대한 그의 말은 무척이나 설득력이 있었다. 그토록 많은 외부로부터의 도움을 받을 수 있었던 것도 결국 그의 재능이었던 셈이다. "저는 사람들을 무척 좋아하고, 사람들도 저에 대해 마찬가지죠." 그의 말이다. "사실 그게 더 중요한 것 아니겠습니까." 1993년 5월 9일, 샌프란시스코 대학은 평생을 도서관과 책에 바쳐 온 모니헌 신부를 기리는 뜻에서, 그를 제26회 토머스 모어 경 메달 수상자로 지명했다.

문학을 좋아하는 사람이라면 서부 연안을 여행할 때 반드시 헌팅턴 도서관, 게티 박물관, 윌리엄 앤드류스 클라크 도서관을 비롯해서 남부 캘리포니아의 카플스 필사본 문서 도서관과 버클리의 캘리포니아 대학에 있는 밴크로프트 도서관을 들러볼 것이다. 하지만 만약 19세기의 고서 전문가인 토머스 프라그널 딥딘 목사가 오늘날 그런 여행을 하게 된다면, 그는 분명 노먼 H. 스트로스가 세인트헬레나 산자락에 설립한 애서가들의 오아시스인 네이퍼 밸리의 실버라도 박물관에도 들러볼 것이다. 와인으로 유명한 시골의 포도밭 사이에 우아하게 지어진 이 박물관은 전적으로 로버트 루이스 스티븐슨의 생애와 작품에 대한 자료만을 소장하고 있는데, 스티븐슨은 1880년 신혼여행 도중에 이곳 산중턱에 있는 실버라도 광산의 버려진 광부 합숙소에서 한동안 지냈던 것이다.

워싱턴 주에 살던 젊은 시절에 스트로스는 존 헨리 내시가 펴낸 미장본 《실버라도 유람기》를 구했는데, 광산에서의 체험을 적은 스티븐슨의 이 책을 읽은 뒤 스트로스는 직접 그곳을 찾아가 보기도 했다. 1968년에 은퇴했을 무렵, 스트로스는 아내와 함께 세인트헬레나로 이주한 뒤, 로버트 루이스 스티븐슨에 관한 자신의 훌륭한 컬렉션을 소장하기 위한 박물관을 짓기 위해 베일리마 재단[380]을 설립했다. 이 박물관은 한동안 시내의 어느 멋진 건물 내에 있었다가, 1979년에 세인트헬레나 공립도서관 센터에 인접한 영구적인 안식처로 이전했다. 스트로스가 처음 기증한 800여 개의 품목은 오늘날 무려 8,000여 개 이상으로 늘어났는데, 그 대부분은 스티븐슨 가의 후손 및 친구들로부터 직접 입수한 것이다. 이 컬렉션에는 편지 원본, 친필 원고, 초판본 및 여러 판본, 조각상, 사진, 그리고 기념품 등이 포함되어 있고, 이른바 '금은방 진열장' 식으로 전시되어 있다.

눈에 띄는 품목으로는 스티븐슨이 소장했던 첫 번째 책 《내륙 항해》,

380..저자는 '벨리마(Valima)'로 표기했는데, 실은 '베일리마(Vailima)'가 맞다. 스티븐슨은 1888년에 영국을 떠나 남태평양 사모아섬에 '베일리마'라는 이름의 저택을 짓고 살다가 1894년에 사망했다.

그가 아내에게 선물한 《어린이 시 동산》, 그리고 사모아의 서재에 있었던 100여 권의 장서 등이 있다. 유물 중에는 스티븐슨의 소유였던 장난감 병정 컬렉션, 집필용 책상, 결혼반지 등이 있었다. 토머스 힐, H. R. 블루머, 버질 윌리엄스와 같은 19세기 화가들의 회화를 비롯해서, 세인트 고든스와 존 트위드-이들 모두가 스티븐슨과는 친한 사이였다-의 조각 작품도 전시되어 있었다.

노먼 스트로스는 파킨슨 병으로 오랫동안 고생하다가 1993년 1월에 사망했기 때문에, 생애 막바지에는 어떤 인터뷰에도 응하지 않았다. 하지만 지난 60여 년간 유명한 서적상으로 활약했으며, 1969년의 개장 때부터 23년간이나 큐레이터로 재직하다가 물러난 엘렌 셰퍼는 기꺼이 책과 수집에 관한 이야기를 꺼내며 인터뷰에 응했다. 필라델피아의 자유 도서관에서 희귀본 담당 사서로 근무하다가, 수십 년 전에 자기가 처음 희귀본 분야에 뛰어들었던 장소인 캘리포니아로 돌아와 새로운 일자리를 얻었을 때, 그녀의 나이는 66세였다. 어느 날 아침, 그녀는 실버라도 박물관의 1층에 있는 자기 사무실에서 자신의 경험을 다음과 같이 회고했다.

콜로라도 주 리드빌 출신인 셰퍼 여사는 1924년에 캘리포니아로 이주해 로스앤젤레스에 위치한 어니스트 도슨의 서점에서 일자리를 얻었다. 당시 노먼 스트로스는 J. 월터 톰슨 광고대행사에서 근무하며 서부 연안에서 많은 시간을 보내고 있었다. "노먼과 처음 알게 된 것은 1930년경이었죠." 셰퍼 여사의 말이다. "그는 광고 일에 막 뛰어든 참이었고, 저는 로스앤젤레스에서 일하고 있었지요. 그는 우리 서점에 자주 들렀죠. 처음에는 제가 직접 책을 팔기도 했는데, 나중에는 주로 우편을 통해 팔았어요. 그러다가 그는 결국 다른 80여 명의 부사장을 제치고 세계에서 가장 큰 광고대행사의 사장으로 선출되어 뉴욕으로 옮겨갔고, 이후 약

50여 년 가까이 그곳에서 살았죠."

셰퍼 여사는 1953년에 필라델피아로 자리를 옮겼고, 이후 뉴욕의 컬럼비아 대학에서 희귀본에 대해 강의를 했다. "저는 가을 학기 내내 일주일에 한 번씩 강의를 했고, 종종 학생들을 데리고 노먼을 만나러 갔죠. 학생들로선 일반 도서관이나 고서점에는 얼마든지 갈 수 있지만, 누군가의 소개를 통하지 않으면 개인 컬렉션은 구경할 기회가 없었을 테니, 매우 유익한 시간이었던 셈이죠. 그래서 저는 종종 학생들을 함께 데려갔고, 노먼 자신은 대학을 나오지 못한 걸 아쉬워했기 때문에 학생들이나 대학에 도움이 되는 일이라면 어떻게든 도와주려고 했죠."

스트로스는 미국 전역의 여러 기관에 기금과 도서를 기증했다. "제가 필라델피아에서 희귀본 담당 사서로 있을 때에는 역대 대통령들의 편지를 모은 훌륭한 컬렉션을 기증하기도 했어요. 얼마 전에는 제 사무실에 누가 찾아와 이렇게 말하더군요. '스트로스 씨를 뵙지 못해 유감이군요. 이전에 스탠포드 공립도서관에 파나마 운하 관련 컬렉션을 기증해 주셔서 감사했다는 말씀을 꼭 드리고 싶었는데.' 스트로스 씨와 알고 지낸 지 오래지만, 그 이야기는 또 처음 듣더라구요."

하지만 그런 너그러움에도 불구하고 스트로스는 책을 모으는 데 있어서는 '일종의 가차 없는 태도'를 보이곤 했다고 셰퍼 여사는 말했다. "그는 서점마다 들어가 샅샅이 뒤져보았고, 어떤 책을 보면 자기가 갖고 있는 것인지 아닌지를 단박에 알았죠. 심지어 어디서 얼마를 주고 샀는지도 말이에요. 하지만 그는 언제나 한계를 분명히 정해 놓고 있었어요. 매우 특별한 물건들을 보유하고 있다가도, 뭔가 자기가 정말 갖고 싶은 게 나오면 나머지 전부를 기꺼이 포기해 버렸죠. 그러면서도 결코 가슴이 머리보다 앞서 나가는 적은 없었어요. 자기가 소유한 자료가 적절한 곳으로 가는지를 늘 고려했으니까요."

셰퍼 여사는 평생 애서가였다. "콜로라도에서의 어린 시절에도 마찬가지였죠. 저는 오래 된 책을 구하면 집으로 가져와서 물에 적신 스폰지가 든 접시와 함께 찬장에 같이 넣어두곤 했어요. 해발 3,000미터의 고지대이다 보니 무척이나 건조했거든요. 저는 항상 책을 세심하게 보살폈죠."

도슨의 서점에서 만난 수많은 사람 중에서도 셰퍼 여사와 가장 좋은 추억을 지닌 사람은 에스텔 도헤니였다. "정말 좋은 분이었어요. 저는 전쟁 중에 필리핀의 공군부대에 2년 동안 있었는데, 제대 후에는 제대군인원호법 덕분에 멕시코에 가서 한동안 공부를 하기로 했죠. 당시 그녀는 저를 위해 만찬을 베풀어 줬어요. 제가 앉은 자리에는 예쁘고 커다란 카드와 손수건이 들어 있는 봉투가 있었는데, 그 안에는 100달러짜리 수표가 있더군요. 그녀는 제게 개인적으로 '멕시코에 있는 동안 매달 수표 한 장씩 보내면서 기도할게요' 하더군요. 그 백작부인이 말이에요. 정말 대단한 여자였어요. 아무리 사람들이 그녀를 가리켜 '수집가'가 아니라, 단지 돈 많은 '구매자'에 불과했다고 폄하하지만, 그녀는 정말 책을 아는 사람이었어요. 캘리포니아 대주교가 그녀로부터 기증받은 책이 경매에 나와 무려 4,000만 달러에 팔려나간 걸 보고서야, 사람들도 그제야 그녀가 책 보는 눈이 있었다는 걸 알게 된 셈이죠."

셰퍼 여사는 1992년 11월에 실버라도 박물관의 큐레이터 직에서 은퇴했고, 그로부터 14개월 뒤에 90세를 일기로 사망했다.

이번에는 '점잖은 광기(a gentle madness)' 자체가 이야기의 주제였다. 샌프란시스코의 정신과의사인 해스켈 F. 노먼 박사는 그것이 단순히 '실제의' 광기를 말하는 것인지, 아니면 그저 '무해한' 취미를 말하는 것인지 물었다. 그는 잠시 생각해 본 뒤에 다음과 같은 질문을 던짐으로써 스스로 답변을 대신했다.
"좋습니다. 그렇다면 사람들은 왜 책을 모으는 것일까요?"
그는 잠시 뜸을 들인 뒤에, 다음과 같이 또박또박 말했다.
"뭔가를 수집할 만한 능력이 있을 경우, 과연 무엇 때문에 굳이 다른 것도 아닌 책을 모으는 것일까요? 제 생각엔 이것 역시 처음 던지기에는 상당히 포괄적인 질문인 것 같군요. 왜냐하면 돈이 충분히 많은 사람이라면, 자기가 원하는 건 뭐든지 모을 수 있으니까요. 제 생각엔 책을 모으는 사람들은 뭔가 지적인 호기심을 가진 것 같습니다. 즉, 책에 대해서나, 이 시대에 대해서나, 혹은 책이 상징하는 그 무엇에 대해서 말입니다. 책을 어떤 '대상'으로 수집하는 단계에서, 책을 단지 '정보' 때문에 수집하는 단계로의 이행은 반드시 구분되어야 합니다. 말하자면 일과 놀이처럼 말입니다."

노먼 박사는 평생 인간 감정의 기이한 습벽에 대한 연구를 해 왔다. 즉, 사람들의 행동 동기와 목적과 열정을 올바로 측정해 냄으로써 생계를 이어나가고 명성을 얻어 왔던 셈이다. 그는 지난 45년간 베이 지구에서 성공적으로 진료 활동을 해 왔으며, 그에 덧붙여 과학과 의학과 정신의학에 대한 도서를 모은 최고의 컬렉션을 보유하고 있었다. 이제 그는 희귀본에 대한 자신의 매혹을 스스로 분석하며 이렇게 질문하고 있었다. "제가 일하는 분야에서는 '광기'라는 말을 매우 심각한 뜻으로 받아들이죠." 농담이었지만, 그는 정곡을 찌르고 있었다. "우선적으로는 뭔가를 소유하고픈 관심을 갖고 있어야 하고, 그게 바로 심리학적인 요인이 됩니다. 만약 그 관심이 어느 한도 안에만 머물러 있다면, 그러니까 그 관심이 내 성격의 다른 일부분과 다르지 않다고 내 성격과 마찬가지로 이 사회에 적응한 상태라면, 그때는 당연히 정상이라고 할 수 있지요. 하지만 부적응한 상태라고 한다면, 그때부터는 광기라는 말이 나오게 되는 겁니다."

 바로 이때부터 대화는 보다 활발해지기 시작했는데, 왜냐하면 드디어 그가 수집한 책을 봐야 할 시간이 되었기 때문이었고, 사실 이것이야말로 내가 그날 아침 샌프란시스코를 찾은 진짜 목적이었다. 우리는 아래층 사무실에서 노먼 박사의 아들이자 고서적상인 제레미 노먼을 만났다. 그는 부친의 컬렉션을 소개하는 두 권짜리 도서목록에 마지막 손질을 하고 있던 참이었는데, 사실은 그 일을 하는 데만 무려 7년이 소요되었던 것이다. 이제 노먼 박사가 소유한 가장 인상적인 책들을 둘러볼 차례가 되었다.

 "수집가라면 누구나 '대단한' 책을 한 권씩은 갖고 싶어 하죠." 노먼 박사의 말이다. "여기 제가 보여드릴 것은 웬만한 사람이라면 누구나 '대단한' 책이라고 동의할 만한 물건입니다." 그가 가리킨 성서 낭독대 위에는 1543년 바젤에서 인쇄되고 자주색 고급 실크 벨벳으로 장정된 그의 애장서, 즉 외과의사이자 해부학자인 안드레아스 베살리우스의 저서 《인체의 구조에 관하여》가 놓여 있었다. 흔히 《구조》라고 불리는 이 책은 사상 최초의 인체 해부에 대한 저서이며 골격 및 신경 체계의 모습을 정확히 묘사하고 있는 탓에, 베살리우스의 적들은 심지어 그가 사악한 의도로 인체를 해부했다고 비난하기도 했던 것이다. 당시 종교재판소 측에서는 사형 대신 그에게 예루살렘 순례를 하고 오라는 판결을 내렸다. 베살리우스는 기꺼이 그렇게 했지만, 1564년에 이르러 순례를 끝내고 돌아오는 길에 사망했다. 노먼 박사의 소장본이 진정 대단한 까닭은, 그것이 바로 신성로마제국의 황제인 카를 5세에게 헌정한 증정본이었기 때문이다.

 "이 책은 서구 세계에 있어서 최초로 이루어진 인체 해부를 보여주고 있습니다." 노먼 박사는 대단히 자부심 넘치는 모습으로 말했다. "아마 믿기지 않으실 테지만, 저는 이 책을 어느 프랑스 서적상의 도서목록에서 발견했던 겁니다." 1963년에 이 책이 시장에 나오게 된 까닭 중에는 베살리우스와 신성로마제국 황제 간에 친분이 있었다는 설이 학계에서 약간 불확실하게 여겨졌다는 점도 작용했다. "어떤 사람들은 유독 이 책에만 도판에 채색이 되어 있는 것으로 보아, 오히려 다른 것보다 격이 떨어지는 물건이라고 생각합니다. 하지만 이 책이야말로 그 시대에 만들어진 것으로는 현존 유일의 채색 필사본이라는 점으로 미루어 보면, 분명 누군가에게 증정할 목적으로 특별히 제작한 것임을 알 수 있습니다."

이제껏 알려진 다른 초판본의 경우는 모두 흑백 목판 삽화가 들어 있었다. "목판 삽화본에 색을 입힐 경우에는 대부분 매우 조악하게 되기가 십상이죠. 따라서 이 책은 당시에 통용되던 것과는 뭔가 다른 방법으로 색을 입혔다는 뜻이 됩니다. 즉, 뛰어난 세밀화가들을 시켜 작업을 했고, 금과 은으로 장식까지 했다는 겁니다. 무슨 뜻인지는 직접 확인해 보세요." 그는 이렇게 말하며 16세기에 나온 이 2절판의 속표지를 펼쳤다. 거기에는 베살리우스가 경악하는 관람객들 앞에서 해부를 실시하는 장면이 나와 있었는데, 마치 대가의 작품마냥 생생하고도 정교한 그림이었다.

노먼 박사는 그 책을 사러 파리로 여행하기 전에 책의 역사에 관해서 폭넓게 연구했다. "파리에 도착했을 때, 저는 베살리우스가 카를 5세에게 책을 한 권 증정한 적이 있으며, 그 책이 바로 자주색 고급 실크 벨벳으로 장정되었고, 또한 수작업으로 채색한 것이었다는 사실을 알게 되었습니다." 또한 그는 이 증정본이 이후 신성로마제국에 남아 있지는 않았고, 카를 황제가 당시 프랑스 대사인 자크 메스네에게 선물했다는 사실도 알아냈다. 그 후에 이 책이 어떻게 되었는지는 수수께끼로 남아 있었다. "이 책을 집어든 순간, 저는 이것이야말로 오랫동안 잊혀졌던 《구조》

의 증정본임을 확신할 수 있었습니다."

노먼 박사가 이 최초의 '대단한 책'을 구입했을 무렵, 그는 이미 10여 년째 활발히 도서수집을 하고 있었다. "그때부터 저는 앞으로 증정본과 서명본을 집중적으로 수집해야겠다고 결심했습니다." 그의 말이다. "왜냐하면 그런 책은 여간해서는 찾기 힘들었기 때문이죠. 그래서 제가 원하는 책은 평범한 판본을 갖고 있다가도, 뭔가 특별한 판본이 나오면 기존에 있던 것을 내다 팔거나, 혹은 맞바꾸거나 했습니다." 증정본 수집은 머지않아 그의 컬렉션 중에서도 중요한 면을 차지하게 되었다. "그 덕분에 제 경험에 있어서도 새로운 면이 더해지게 된 셈이죠. 책 자체는 위대한 개척자들의 정신을 보여줄 뿐이지만, 증정본이나 서명본의 경우 이들의 교우관계는 물론 나아가 그들의 생애까지도 엿볼 수 있게 하니까요. 한 가지 확실한 것은, 뭔가 특별한 물건을 갖고 있다는 사실로부터 기쁨이 생겨난다는 점입니다."

1665년에 나온 2절판인 로버트 혹의 《미크로그라피아》는 전적으로 현미경을 통한 관찰을 기술한 최초의 책으로, 노먼 박사의 소장본은 현존하는 초판본 중에서도 유일한 증정본으로 알려져 있다. 1628년에 나온 혈액의 순환—근대 생리학의 기념비라고 할 수 있는—을 설명한 윌리엄 하비의 저서는 본래 근대 인류학의 아버지인 요한 프리드리히 블루멘바흐의 소장본이었다. 1720년에 출간된 존 로크의 에세이집에는 아이작 뉴턴 경의 장서표가 붙어 있었다. 루이 파스퇴르가 미생물학을 연구하기 이전인 1847년에 쓴 입체화학에 대한 논문은 그의 가장 절친한 친구인 샤를 샤푸아에게 준 증정본이었다. 1789년에 나온 앙트완 로렝 라부아지에의 두 권짜리 저서는 최초의 근대적인 화학 교과서라고 할 수 있는데, 이것은 저술가이자 저명한 박물학자였던 미셸 아당송에게 준 증정본이어서 아당송이 적은 각주가 들어 있기도 했다. 1903년에 나온 방사능 현상에 대한 마리 퀴리의 박사학위 논문에는 원자핵의 존재에 대한 가설을 최초로 주장한 어니스트 러더퍼드의 서명이 들어 있다. 1839년에 나온 찰스 다윈의 저서,[381] 즉 자신이 비글호를 타고 했던 '연구 목적 항해'에 대한 내용을 수록한 책의 초판은 저자가 남아프리카에서 만났던 외과의사인 앤드류 스미스 박사에게 준 증정본이다.

노먼 박사가 특히나 집중해서 수집한 정신의학의 역사에 대한 책들의 경우, 개인 소장본으로서는 세계적으로도 필적할 만한 상대가 없다. "제가 처음에 어떻게 시작한 것인지 아십니까?" 그의 말이다. "1950년쯤에 수집을 시작했을 때는 초판본 따위에는 별로 관심도 없었고, 그저 제게 필요한 책만 모았을 뿐이었죠. 그러다가 어느 순간, 마침 정신과의사로 실습도 하고 있으니 프로이트의 《꿈의 해석》 초판을 한번 구해보자는 생각이 들더군요. 그래서 책을 구해 놓고 보니 나름대로 재미가 있기에, 그러면 '에라, 몇 권 더 사자' 했던 거죠. 그렇게 해서 프로이트의 책을 전부 사놓다 보니, 이왕에 모으는 것, 프로이트의 동료들이나 그 이전 사람들의 책도 한번 모아보자 했던 겁니다."

그때쯤 되자, 노먼 박사는 단지 업무상 필요하기 때문에 이 책들을 구입한다는 핑계를 더 이상 댈 수 없게 되었다. "캘리포니아 대학에서 정신분석을 강의하기 시작하면서, 저는 이 책들을 수집하는 까닭이 강의에 도움이 되기 때문이라고 합리화시켰죠. 물론 학생들을 가르치는 데는 굳이 초판본을 살 필요가 없고 아무거나 적당한 판본만 있으면 되는데도 말입니다. 하지만 저는 점점 희귀한 것, 값비싼 것, 깨끗한 것에 관심이 가더군요. 뭐랄까, 일종의 재미를 느꼈다고나 할까요? 어디 더 사 모을 게 있나 보자 싶었던 거죠."

---

[381] 찰스 다윈의 《비글호 항해기》(1839)를 말한다.

그의 '괜찮은' 컬렉션이 곧이어 '최고의' 컬렉션으로 변하게 된 데는, 그의 아들인 제레미 노먼이 전문 서적상이 되기로 결심한 까닭도 작용했다. "이처럼 귀중한 책들을 많이 갖고 있다 보니, 혹시나 저한테 무슨 일이라도 생기는 경우엔 누가 이 책들을 제값에 팔아주나 하는 것이 늘 걱정거리였죠. 그러다 1964년에 제 아들 녀석이 워렌 하우얼의 서점에서 일하기 시작하면서 조금 안심이 되었습니다. 제레미가 그 일에 점점 관심을 보이기에, 저는 이제 책들을 아주 잃을 염려는 없겠구나 하고 마음을 푹 놓게 되었죠. 이 책들이야말로 우리 가족에게는 중요한 자산이었기 때문에, 저로선 무척이나 고무적인 일이었습니다. 저 또한 종종 어떤 컬렉션이 그 가치를 전혀 모르는 사람들에게 상속되기도 한다는 걸 알고 있었으니까요. 하여간 그 덕분에 저로선 마음 편하게 계속 책을 수집할 수 있었습니다. 그렇지 않다면 제 집사람에게는 미안한 일이었겠죠."

가족의 지원에 힘입어 노먼 박사의 의욕은 더욱 강해졌다. "마침 다른 투자로 목돈이 좀 생겼기에, 이제 다시 한 번 대단한 책을 하나 살 때라고 생각했죠." 그가 말했다. "제가 정말 사고 싶었던 책은 바로 코페르니쿠스의 《천체의 회전에 관하여》의 초판이었습니다. 그런데 저는 그 중요한 책을 거의 살 뻔하다가 놓쳤지요." 그는 런던의 어느 서적상을 통해, 그 천문학자의 제자이며 그 책의 출판 책임을 담당했던 레티쿠스가 1543년 4월 20일에 안드레아스 골드슈미트에게 증정한다는 헌사가 적힌 초판본을 다른 업자가 입수하여 약 1만 2,000달러 정도의 가격에 판매하려 한다는 소식을 들었다. "그래서 저는 그걸 사달라고 했죠. 하지만 그땐 이미 팔리고 없더군요. 방금 전에 해리슨 호블리트가 사갔다면서요."

이후 뉴욕을 방문했을 때, 노먼 박사는 유명한 수집가인 호블리트를 만나서, 1958년 그롤리에 클럽에서 열린 〈과학사의 명저 100권〉이라는 큰 전시회에 영감을 준 호블리트의 훌륭한 개인 컬렉션을 구경했다. "그가 1940년대부터 모아 온 특별한 책들을 구경하는 것이야말로 제겐 정말 짜릿한 일이었습니다." 호블리트는 노먼 박사가 아깝게 놓쳐버린, 초판본 당시의 돼지가죽 장정에 형압 처리가 되어 있는 코페르니쿠스의 책을 비롯해서, 1609년 판인 케플러의 《새로운 천문학》을 포함한 훌륭한 책들을 여럿 보여주었다. "우리 두 사람은 친구가 되었고, 저는 이후에 뉴욕에 있는 그의 집을 정기적으로 방문했습니다. 제가 찾아갈 때마다 그 친구는 매번 서지학에 대한 뭔가 새로운 사실을 하나씩 가르쳐주더군요. 제가 모은 컬렉션에 대한 도서목록을 만들고 싶어 했던 것도 바로 그 친구 때문이었습니다."

고(故) 해리슨 D. 호블리트—뉴욕의 카펫 제조업자로 지난 수년간 하버드 대학을 비롯한 여러 기관에 훌륭한 책들을 기증한—는 1974년에 돌연 도서수집을 그만 두고 자기 장서를 팔기로 결심했다. 소더비에서는 《해리슨 D. 호블리트 장서》라는 제목으로 펴낸 두 권짜리 도서목록에 그의 장서 가운데 일부를 소개했는데, 여기에는 이후 런던에서 연달아 개최될 경매의 처음 2회 동안에 출품될 품목들이 기재되어 있었다. 제1회 경매는 1974년 6월에 열렸고, 제2회 경매는 그로부터 5개월 뒤에 열렸다. 다른 중요한 경매 때와 마찬가지로 책들은 저자명의 알파벳 순서대로 기재되었다. 따라서 제1회 경매는 '에이(A)' 부터 '시(C)' 까지의 저자를, 그리고 제2회 경매는 '디(D)' 부터 '지(G)' 까지의 저자를 우선 다루기로 했고, 나머지 19개 알파벳의 저자들은 훗날 별도로 도서목록을 발행한 뒤에 경매에 내놓기로 했다. 하지만 확실히 설명되지 않은 어떤 이유로 인해, 이 경매는 제2회 경매가 끝난 이후에 갑자기 중단되었고, 따라서 남아 있는 책들에 대한 도서목록 또한 간행되지 않았다. 호블리트는 장서 가운데 일부를 하버드 대학에 기증했으며, 이후 나머지 대부분을 한스 P. 크로스에게 매각했다.

매사추세츠 주 케임브리지에 있는 하버드 스미스소니언 천체물리학 센터의 천문학 및 과학사 담당 교수인 오웬 진저리치는 호블리트의 절친한 친구로, 사실 하버드 대학에 기증한 장서도 그가 중간에서 다리를 놓은 셈이었다. 나는 진저리치 박사와의 인터뷰를 통해 현존하는 코페르니쿠스의 초판본과 재판본의 역사를 추적해 온 그의 특이한 연구에 대해 이야기하는 한편, 그가 오랫동안 알고 지낸 또 다른 도서수집가인 헤이븐 오모어에 대한 이야기를 나누기도 했다. 해리슨 호블리트의 이름이 언급되자, 나는 박사에게 어째서 호블리트가 그토록 갑작스럽게 수집을 그만두게 되었는지, 그리고 그 미간행된 도서목록은 어떻게 되었는지를 물어보았다.

"제가 알기로는, 해리슨이 수집을 포기한 것은 책값이 극적으로 상승하는 현실을 받아들일 수 없었던 탓이었을 겁니다. 물론 그 직전까지만 해도 수집을 하긴 했지만, 초창기의 사진 같은 전혀 다른 분야에 손을 대고 있었죠. 가령 그는 토머스 필립스 경이 수집한 19세기의 초창기 사진들을 모두 입수하기도 했습니다. 그러니 뭔가를 계속 적극적으로 수집하기는 한 셈이지요. 다만, 과학사 분야에 대해서는 이미 관심을 잃은 다음이었습니다."

호블리트의 도서목록이 '지(G)'를 마지막으로 끝나버린 것에 대한 진저리치의 설명은 특히나 역설적이었다. "해리슨은 그 도서목록이 자신의 컬렉션에 대한 기념비가 되어주길 원했습니다. 한편으로 그는 여러 기관에 기증을 하겠다고 약속했는데, 도서목록이 완성되지도 않은 상황에서 서둘러 자기 책을 그들에게 내놓기는 싫었던 겁니다. 그래서 그는 자기 책들을 소더비에 위탁해서 경매에 내놓는 대신, 소더비 측으로부터 멋진 도서목록을 제작해 주겠다는 약속을 받아냈지요. 이후 해리슨은 여러 기관에 자금을 지원해 주면서 경매에서 가격 경쟁을 통해 책값을 올려달라고 부탁했지요. 특히 그는 이들 기관에게 존 플레밍을 통해 책을 구입하라고 했기 때문에, 결국 제1회 경매 때에는 존이 거의 절반 가까이 구입하게 되었습니다. 하지만 이런 소문이 밖으로 새어나오게 되자 많은 사람들이 화를 냈죠. 왜냐하면 해리슨이 자기 돈을 사람들에게 쥐어 주면서까지 자기 경매에서 책을 사게 하는 일은 부당하다고들 느꼈으니까요. 결국 제2회 경매가 시작되자 모든 서적상들이 다들 팔짱만 끼고 앉아 있는 판국이 되었죠. 일부 고객들로부터 의뢰를 받은 사람들은 입찰에 참여했지만, 이들은 결코 자기가 사고 싶어서 책을 구입하진 않았습니다. 결국 제2회 경매가 바닥을 치자 소더비에서도 '이렇게 하면 우리도 경매를 진행할 수 없다'고 나온 거죠. 제가 알기로는 그렇게 해서 해리슨은 남아 있는 책들을 모두 돌려받아서 한스 크로스에게 대부분을 팔아넘겼습니다. 결국 도서목록은 '에이(A)' 부터 '시(C)' 까지, 그리고 '디(D)' 부터 '지(G)' 까지는 있지만, '에이치(H)' 부터는 나오지 못했죠."[382]

호블리트 경매의 제1회분에 해당하는 도서목록의 앞부분에는 제240번 품목의 컬러 사진이 들어 있는데, 이것은 초판 당시의 돼지가죽으로 장정되고 형압 처리가 된 커다란 2절판으로, 표지에는 AG라는 머리글자가 찍혀 있고 1543년에 인쇄된 것이다. "이 상태가 훌륭한 초판 증정본이야말로 의심할 나위 없이 과학의 역사상 가장 위대한 기념비를 세운

---

[382] 훗날 오웬 진저리치는 해리슨 호블리트가 하버드 대학에 기증한 책 가운데 일부를 골라 해제집을 펴냈는데, 이 책의 서문에서 호블리트는 다음과 같이 썼다. "모든 수집가의 마음 한켠에는 과연 이 애지중지하는 물건의 운명이 어찌 될 것인가 하는 의문이 자리잡고 있다. 물론 가장 이상적인 해결책은 죽을 때 아예 '가져가는' 방법뿐이다. 하지만 이런 방법이 현실적으로 불가능하기 때문에 차선책으로 '남겨두는' 방법을 취하는 사람도 있다. (……) 내 경우에는 결국 하버드에 '기증하는' 또 다른 방법을 취한 셈이다." — 원주.

중요한 책이다." 이 사진의 설명에는 이렇게 나와 있다. 또한 이 도서목록의 서문에는 동일한 품목이 호블리트의 장서에서 어떤 위치를 차지했는지에 대해 다음과 같은 설명이 나와 있다. "이 컬렉션의 정점이라 할 수 있는 것은 당연히 1543년 판 코페르니쿠스의 《회전》 증정본, 즉 이 위대한 천문학자의 가장 절친한 친구에게 준 책이라 할 수 있다." 이 책은 하우스 오브 엘 디에프의 루 데이비드 펠드먼이 10만 달러에 구입해서 헤이븐 오모어에게 넘겼으며, 이후 1989년의 가든 사 경매에서는 어느 이탈리아의 업자가 47만 3,000달러에 구입했다.

노먼 박사의 입장에서는 '대단한 책' 한 권을 또다시 놓친 셈이었다. 하지만 호블리트와 달리 그는 자기 컬렉션을 완전히 소개한 도서목록을 발간할 수 있었고, 그에겐 이편이 더욱 의미가 있었다. "해리슨은 정말 이 시대 최고 수준의 장서를 모았습니다만, 그가 어떤 책들을 갖고 있었는지를 확인할 수 있는 자료는 전혀 남아 있지 않습니다." 노먼 박사의 말이다. "저는 그야말로 크나큰 비극이라고 생각합니다. 따라서 자기 장서의 도서목록을 준비하는 것이야말로 매우 중요한 계획이었으며, 그건 단지 저 개인에게 갖는 의미뿐만이 아니라, 그 안에 담길 정보 때문에라도 중요합니다. 도서목록은 서지학에 있어서 필수적인 도구임에도 불구하고, 지금 우리가 만든 것처럼 모든 품목에 대한 해제 및 세부사항을 전부 적어놓은 과학 관련 도서목록은 일찍이 나온 적이 없었습니다."

호블리트와는 달리, 노먼 박사는 희귀본 사업에 적극적으로 뛰어든 아들을 두었다는 점에서 축복받은 셈이다. 1970년에 제레미가 독립해서 자기 사업을 시작하자 노먼 박사는 아들을 도와주기도 했다. "우리는 일종의 계약을 했죠." 그의 말이다. "저는 아들 녀석이 사업을 할 수 있도록 책을 빌려주었고, 그 대신 언젠가 아들 녀석이 제 장서의 도서목록을 만들어 주겠다고 말입니다."

제레미 노먼은 자기가 어린 시절부터 책을 좋아하게 된 까닭은 아버지가 보여준 선례 때문이었다고 했다. 감사하는 뜻에서 그는 기꺼이 도서목록을 만들어 아버지를 기리고자 했다. 이 일을 완수하는 데에는 무려 7년이란 세월이 걸렸고, 그 동안 컬럼비아 대학 도서관학과를 졸업하고 1984년부터 이 도서목록 작성 일을 시작한 다이애나 H. 혹과 제레미 두 사람이 거의 끊임없는 관심을 가져야만 했다. 중성지에 인쇄되고 튼튼한 붉은색과 검은색 천으로 장정한 《해스켈 F. 노먼 소장 과학 및 의학 장서》 도서목록은 1992년에 두 권으로 출간되었고, 총 2,597점에 대한 완벽한 해제를 싣고 있다. 여기에는 300여 점 이상의 삽화가 수록되었고, 그 중에서도 베살리우스의 증정본을 비롯한 32점은 컬러로 되어 있다.

도서목록을 마무리했다는 것은 결국 이 컬렉션의 애초 의도와 목표가 완수되었다는 뜻이기도 하다. "솔직히 저는 아직까지도 코페르니쿠스를 갖고 싶습니다. 하지만 이미 컬렉션을 소개하는 도서목록을 발행한 이상, 그건 오히려 문제가 될 수 있습니다. 왜냐하면 더 이상 이 컬렉션에 뭔가를 더 추가해서는 안 되니까요. 따라서 저는 앞으로 보유편을 더 만들 생각입니다."

장서의 미래에 대해 노먼 박사는 분명히 안심한 듯 이렇게 말했다. "그건 제가 결정할 문제는 아닙니다. 나중에 제 가족이 만장일치로 결정해야 할 문제죠. 어쩌면 경매를 통해 뿔뿔이 흩어질 수도 있고, 어쩌면 통째로 팔려나갈 수도 있고, 어찌 되었든 간에 가족이 원하는 대로 될 겁니다. 물론 저로서도 심각하게 고민해 보긴 했지만, 솔직히 제가 죽고 나서 제 이름을 내건 무슨 도서관이 생긴다고 해야 저랑 무슨 상관이겠습니까? 그러니 결국 제 가족이 원하는 대로 맡겨두어야죠. 책을 보존하겠다는 사람도 있고, 차라리 돈으로 바꾸겠다는 사람도 있을 겁니다. 하지만 결국 본인들이 알아서 할 문제죠." 그는 잠시 말을 끊었다가 이렇게 덧붙였다. "제겐 그저 도서목록만으로도 족합니다."

13
블룸버그 컬렉션

"솔직히 저는 선생님께서 무엇 때문에 여기까지 오시겠다는 건지 잘 모르겠습니다." FBI 특별수사관 W. 데니스 에이컨이 좀 귀찮다는 투로 말했다. "여기 있는 것이라고 해야, 천장까지 책이 가득 쌓인 방만 일곱 개뿐인데 말입니다." 어쩌면 그의 말이 맞는지도 몰랐다. 기껏해야 정부의 비밀 창고를 20분 가량 둘러보기 위해 오마하까지 죽어라고 비행기를 타고 가야 한다니, 정말 바보 같은 짓일 수도 있었다. 하지만 '블룸버그 컬렉션'은 곧 뿔뿔이 흩어질 예정이었기 때문에, 무려 19톤 어치나 되는 이 책들이 한자리에 모여 있는 것을 구경하려면 가급적 서둘러야만 했다. 결국 에이컨은 다음 주에 찾아오라고 좀 누그러진 목소리로 허락해 주었다.

그로부터 9개월 전, 그러니까 아이오와 주 남부 지방법원에서 열리던 공판이 중반으로 접어들었을 무렵의 어느 토요일, 스티븐 캐리 블룸버그는 자신이 FBI 수사관들에게 붙잡혔던 장소인 오텀와로 나를 초대했다.

우리가 함께 있었던 아홉 시간 동안, 그는 무엇 때문에 자기가 지난 20년 동안 북아메리카 전역의 수십 군데 도서관 및 기관을 누비며 책을 훔쳐 왔는지 줄곧 이야기해 주었다. "이제 보실 것은 앙상하게 남은 제 인생의 해골이라고 해야 할 겁니다." 그는 노스 제퍼슨 가의 커다란 벽돌집을 향해 가는 동안 이렇게 말했다. "무려 20년 동안의 노력과 지식과 축적이 모두 날아간 셈이죠." 그가 씁쓸하게 말했다. "이제 여기는 속이 텅 빈 조개껍질이나 마찬가지입니다."

네브래스카에 도착한 지 2시간 만에, 나는 택시를 타고 80번 주간(州間) 고속도로에 있는 맥도날드에 내려서 에이컨이 알려준 대로 깃대 옆에 서서 기다렸다. 곧이어 그가 나타나서 나를 태우고 어딘지 알 수 없는 벽돌 건물로 데려갔는데, 그곳의 창문은 불투명 유리로 되어 있고 정면에는 8631F라고 적혀 있었다. 이곳 FBI의 창고에는 기자들조차도 와본 적이 없었고, 도둑맞은 책들을 확인하러 온 각 기관의 전문 사서들을 제외하면 그 위치를 아는 사람도 없었다. 삼엄한 경비망을 통과해 안으로 들어가자, 지난 19개월 동안 이 사건을 담당해 온 수사관 제리 터커가 한창 컴퓨터에 자료를 입력하고 있는 모습이 보였다. 블룸버그가 자신이 훔친 책에서 출처를 식별할 수 있는 표식을 모두 지워버린 까닭에, 어떤 책이 어느 기관에 속한 것인지를 확인하는 것이야말로 가장 큰 문제였다. 결국 터커가 맡은 일은 일종의 '법-서지학'이 된 셈이었는데, 그는 다행히 이 일에 제격이었다. 터커가 한 권 한 권 조심스레 책을 다루는 모습만 봐도 이젠 제법 애서가가 된 듯했다. "이것 참 대단하죠?" 그는 로스앤젤레스 근교의 클레어먼트 칼리지에서 도난당한 겨우 동전 하나만한 크기의 좁쌀책을 집어 올리며 말했다. 그는 남캘리포니아 대학에서 도난당한 초록색 클램셸 박스에 담긴 커다란 지도를 보며 격찬하는가 하면, 조만간 코네티컷으로 되돌아갈 예정인 18세기에 나온 어느 책의 가죽으로 장정된 책등에 새겨진 장식을 보며 감탄을 발하기도 했다.

에이컨의 말마따나 이 건물 안에는 바닥부터 천장까지 책이 가득했지만, 그보다 더 놀라운 광경은 이 전례가 없었던 사건을 처리하기 위해 정부에서 구입한, 총길이가 무려 1,050미터에 달하는 금속제 책장에 가지런히 꽂혀 있는 책들 앞에 붙어 있는 소유주의 명패였다. 그 가운데 일부를 옮겨 적어보면 다음과 같았다. 캘리포니아 대학 로스앤젤레스 캠퍼스, 캘리포니아 대학 리버사이드 캠퍼스, 듀크 대학, 하버드 대학, 미네소타 대학, 콜로라도 칼리지, 신시내티 대학, 뉴멕시코 대학, 코네티컷 주립도서관, 오리건 대학, 위스콘신 주립 역사학회, 워싱턴 주립대학, 남캘리포니아 대학, 다트머스 칼리지, 재머래너 클럽, 미시간 대학, 위스콘신 대학, 웨인 주립대학.

"정말 방방곡곡이죠." 제리 터커의 말이다. 블룸버그는 총 268군데 도서관에서 모두 2만 3,600여 권의 도서를 훔쳤는데, 지역별로는 미국 내 45개 주를 비롯해 캐나다의 두 개 주와 워싱턴 D. C.까지도 포함되어 있었다. 에이컨의 말에 따르면 이 책들을 오텀와에서 오마하까지 실어 나르기 위해 노스 아메리칸 운송 회사 측으로부터 길이 12미터짜리 견인 트레일러를 한 대 빌렸는데, 결국에 가서는 그만한 차를 한 대 더 빌려야만 했다고 한다. "그의 집 안으로 들어서기 전까지는 저희 가운데 어느 누구도 그 물건이 얼마나 엄청난 분량인지 차마 짐작하지 못했습니다." 그의 말이다. "포장용 종이 상자로만 무려 팔백 하고도 일흔 두 개가 나왔으니까요. 그걸 다 끄집어내는 데만 모두 열일곱 명이 동원되어 장장 이틀이나 걸렸습니다. 책이 무려 2만 3,000권이나 된다니, 도대체 이놈의 것들이 어디서 다 나온 건지 모르겠더군요."

문제를 더욱 복잡하게 만든 것은 이 책들 가운데 분실 사실이 확인된 품목이 극히 적었다는 점이었다. "우리가 연락한 기관들마다 자기네가 무슨 책을, 그리고 얼마나 많이 잃어버렸는지에 대해서는 전혀 감을 잡지 못하더군요." 에이컨의 말이다. "결국 여기 들어와 보고 나서야 '어라, 이 책이 여기 와 있었네?' 하고 말한 사람들이 부지기수였습니다."[383]

하버드 대학 호우튼 도서관의 희귀본 담당 큐레이터인 로저 E. 스토다드는 언젠가 자기 동료들에게 이들 기관이 당면한 문제를 다음과 같이 설명했다. "우리 하버드에만 무려 1,250만여 권의 책이 있다. 그러다보니 실질적으로 누군가 어떤 책을 신청하기 전까지는 그 책이 분실되었는지 알 도리가 없다. 기록상으로는 아무도 대출해 간 적이 없는 것으로 나오니, 분실된 것인지 아닌지를 도무지 짐작도 못 하는 것이다. 게다가 우리 하버드에만 무려 100여 군데의 개별 도서관이 있다. 그러니 이처럼 규모가 큰 기관에서는 모든 책의 현황을 동시에 확인해서 학생들에게 제공할 수 있는 방법이 전혀 없다. 바로 이 점이 도서관의 취약점이라 할 수 있을 것이다."

비록 블룸버그가 훔친 책들의 출처 식별이 가능한 표식을 대부분 없애버리긴 했지만, 그는 마치 자신의 여행에 대한 일종의 기념품처럼 책들에 붙어 있던 장서 가운데 일부를 몇 권의 스크랩북에 나누어 보관하고 있었다. "그것이야말로 그가 어떤 도서관을 방문했는지를 알려주는 단서였지요." 에이컨의 말이다. "결국 우리는 그걸 토대로 작업을 시작했습니다. 거기 나와 있는 곳들부터 우선적으로 전화를 걸기 시작했죠." 하지만 나와 가진 인터뷰에서 블룸버그는 자기가 비록 기념품으로 장서

383..이후 FBI를 도와 스티븐 블룸버그가 훔친 귀중본의 출처를 파악하기 위해 일단의 사서로 구성된 자원봉사자들이 나서기도 했다. 그럼에도 불구하고 결국 블룸버그의 집에서 압수한 책들 가운데 3,000여 권은 결국 출처를 알아내지 못해, 이후 오마하에 있는 크레이턴 대학에 기증되었다. 1994년에 블룸버그는 크레이턴 대학 측에 편지를 보내, 그 책들은 자기 집에서 압수당한 것이므로, 출처가 파악되지 않은 이상 자기에게 소유권이 있다고 주장하는 편지를 보내기도 했는데, 대학 측에서는 이러한 주장을 묵살해 버렸다. —원주.

표를 모아두긴 했지만, 그렇다고 거기 나와 있는 기관 모두에서 책을 훔친 것은 아니라고 주장했다. "말하자면 그건 훔친 책과는 상관없는 별도의 컬렉션에 불과합니다. 가령 그 안에는 뉴욕 공립도서관의 장서표도 들어 있을 텐데, 사실 저는 뉴욕 공립도서관에 가 본 적이 한 번도 없으니까요."

이처럼 그의 범죄 사실이 거의 알려지지 않았던 까닭에, 블룸버그가 붙잡히게 될 때까지도 전국에 있는 피해 도서관의 경보장치는 그저 침묵을 지켰을 뿐이었다. 1988년에 이르러 그는 캘리포니아 대학 리버사이드 캠퍼스 내에서 절도 장비를 소지하고 있다가 체포되었으며, 이후 워싱턴 주립대학의 경비 담당자가 블룸버그의 지문을 확인한 뒤에 그가 사용했던 가명을 정부 당국에 신고했던 것이다. 법무부에 의해 5만 6,000달러에 현상 수배되었던 블룸버그는 결국 1990년 3월 20일 새벽 2시, 자기가 15년간 친구로 사귀었던 케네스 J. 로즈의 제보로 인해 오텀와에서 체포되었다.

우연의 일치랄까, 스티븐 블룸버그의 공판이 열리기 삼십 분쯤 전에 호텔 방에서 그의 전화를 받고 난 다음, 나는 호텔 로비에서 로즈와 마주쳐 인터뷰를 요청했다. "인터뷰 비용은 얼마나 주시렵니까?" 그가 물었다. 나는 돈을 줄 수는 없고, 다만 형평성을 위해 양쪽의 이야기를 다 듣고 싶을 뿐이라고 대답했다. 로즈는 공판 전의 회합에서 확인된 자신의 전과 기록, 즉 어느 마약상인으로부터 캘리포니아에 사는 어느 교직원을 처리해 달라는 살인 청부를 받았던 것이며, 그 외에도 세 번 정도 경찰 측에 돈을 받고 정보를 팔기도 했던 것은 사실이라고 인정했다. "말씀하신 내용을 그대로 써버리면 마치 댁이 아주 나쁜 사람인 것처럼 보일 텐데요." 내가 이렇게 묻자 로즈는 어깨를 으쓱거리며 나를 흘겨보았다. "그러면 그만 둡시다." 그가 쏘아붙였다. "나는 정말로 나쁜 놈이니까."

하지만 불과 하루 전에 호텔 로비에서 마주쳤을 때만 해도, 건장한 체구의 로즈는 무척이나 호감이 가는 인물이었다. 그는 어제 일찌감치 증언을 마친 일단의 대학 도서관 사서들과 함께 호텔에서 저녁을 먹었는데, 그때까지만 해도 모두의 주목을 받고 있었다. 흰색과 검은색이 뒤섞인 잘 어울리는 스포츠 재킷 차림으로 앉아 마티니를 홀짝거리는 그는 무척이나 말솜씨가 뛰어나서, 대학 관계자들의 모임에서는 흔히 찾아볼 수 없는 매력적인 건달과도 같은 모습이었다. 심지어 저녁 식사 값을 자기가 떠맡아 수표로 계산하는 호기를 부리기까지 해서, 그 자리에 모인 사람들로 하여금 케니 로즈가 오늘 한 턱 냈다고 믿게 만들었지만, 나중에 알고 보니 이 스타급 증인의 체재비용은 모두 정부에서 부담하고 있었다.

복잡한 과거사에도 불구하고, 로즈는 스티븐 블룸버그에게 결정적으로 불리한 몇 가지 증언을 제공했다. 로즈는 자신이 중죄를 저지르기도 했고, 마약을 판매하기도 했으며, 한때 돈과 면책을 대가로 연방 요원들에게 정보를 제공하기도 했다는 점을 순순히 시인했다. 하지만 동시에 그는 1970년대 중반부터 지속되었던 블룸버그와의 우정에 대해서도 언급했으며, 블룸버그와 함께 곳곳을 누빈 모험에 대한 그의 구체적인 설명은 틀림없는 증거로 받아들여졌다. 적절한 대목에서 로즈는 피고의 전문가다운 능력에 대해 칭찬을 하기까지 했다.

"이야기를 나누어 보니, 블룸버그 씨가 골동품과 스테인드글라스에 대해서 아는, 그것도 잘 아는 사람이었던 것 같던가요?" 린다 R. 리드 검사가 그에게 물었다. "전문가였죠." 로즈가 답변했다. "분명 전국에서도 최고 가운데 한 사람일 겁니다." 반대신문 중에 그는 더 나아가 이렇게 대답했다. "그는 어떤 창문이든지 딱 보면 언제 만든 것인지, 그리고 어느 도시에서 만든 것인지, 어느 제작사에서 만든 것인지를 식별할 수 있을 정도였죠." 그는 블룸버그가 말 그대로 걸어 다니는 백과사전이어서 놀랐다고 했다. 나중에 그는 가족으로부터 매년 7만 2,000달러씩 부족함이 없을 만큼의 생활비를 받는 이 책 도둑의 처지를 부러워한 적도 있다고 시인했다. "어떤 면에서 저는 그가 부러웠습니다. 매우 편하게 살았으니까요. 무슨 일이든 마음대로였죠. 언제든지 여행하고 싶으면 하고, 뭐든지 내키는 대로 하고, 그리고 자기가 원하는 일도 선택할 수 있으니 말입니다."

로즈는 자신이 그를 어떻게 도와주었는지에 대해서도 언급했다. 그는 스티븐이 탄 차를 운전하며 디트로이트에서 신시내티까지, 신시내티에서 블룸버그의 거주지인 세인트폴까지, 또다시 남서부와 텍사스까지 돌아다녔고, 종종 몇 달 내내 함께 여행을 하기도 했다. 한번은 오하이오에서 폭설로 교통이 두절되어 갇혀 있는 동안에도 스티븐은 신시내티 대학의 도서관에 들어가 책을 몇 권 가져오곤 했다. 이들은 종종 버려진 건물에 들어가 무쇠로 된 문짝이니, 스테인드글라스 유리창이니, 굴뚝이니, 문고리 등을 떼어내기도 했다. 한번은 휴스턴에서 일주일 동안 지내면서 '스티븐은 밤마다 라이스 대학에 갔는데, 그곳 도서관에는 경보장치가 설치되어 있지 않았던 까닭에, 일주일 내내 그곳에 가서 양껏 책을 들고 나왔다'고 증언했다.

로즈는 블룸버그가 연구 여행 중인 학자를 자처하며 라이스의 도서관에 들어갔으며, 일단 책을 고른 뒤에는 몰래 들고 나갈 수 있도록 편법을 썼다고 말했다. "우선 책에 있는 대출카드 봉투를 떼고, 장정 안쪽에 있는 도서관 스티커도 떼어냅니다. 그 다음에 책 속에 혹시 금속제 경보장치가 들어 있는지 확인하죠. 그리고 (도서관 인장 표시를 지우기 위해) 책 모서리를 사포로 문지르고 나서, (페이지를) 다시 모아서 풀로 붙입니다. 그는 서류가방 속에 있는 작은 통에 풀과 면도날을 넣어가지고 다니는

데, 그걸 꺼내 책 안에 '라이스 대학'이라고 적힌 페이지가 있으면 도려내는 겁니다. 이것만 해도 사실 시간이 오래 걸리죠. 그는 도서관의 장서표를 떼어내기 위해 풀칠이 눅눅해질 때까지 말 그대로 혀로 싹싹 핥기도 했습니다. 그 다음에 새로 (장서표를) 붙이고 경보장치를 통과해 나오는 거죠."

다음날 AP 통신을 통해 이 특이한 폭로 내용이 전해지자, 라이스 대학 측의 담당자는 아직까지 도난당한 책에 대해서는 아는 바가 없으며, 곧바로 목록을 확인해 보겠다고 했다. "그야말로 놀라운 이야기입니다." 라이스 대학의 보조 사서인 제니퍼 카길은 이후 〈휴스턴 포스트〉지와의 인터뷰에서 이렇게 말했다. 그녀는 블룸버그에게 책을 도둑맞을 당시에는 일반 서고에 경보장치가 되어 있지 않았다는 사실을 인정했다. "피해를 당한 기관 가운데 우리도 포함되어 있었다는 건 전혀 몰랐습니다." 카길의 말이다. "이 문제에 대해서 정확한 사실을 파악할 예정입니다." 머지않아 그녀는 블룸버그가 입수한 가장 훌륭한 물품—이른바 '주교 성서'[384]라고 부르는 멋진 16세기 책—이 바로 라이스에서 훔친 것임을 알게 되었다.

로즈의 증언에 따르면, 어디를 가든지 블룸버그의 수법은 비슷했다. 때때로 블룸버그는 품이 넉넉한 옷을 입고 들어가서 그 안쪽에 꿰매어 붙인 커다란 주머니에 책을 숨겨 가지고 나왔다. 또 책을 여러 권 가지고 나와야 할 때에는 아예 개장시간이 끝난 뒤에 들어갔다. 로즈는 언젠가 일주일간 투손에 갔을 때의 일도 언급했다. 당시 블룸버그는 매일 밤마다 애리조나 대학 도서관에 가서 자기가 원하는 책을 찾아낸 다음, 먼지

384.. '비숍(주교) 성서'라고도 한다. 1568년에 캔터베리 대주교를 비롯한 7명의 주교들이 번역 출간한 영어 성서로, 1611년에 간행된 '킹 제임스(흠정역) 성서'의 토대가 된 것으로도 유명하다.

에 붙어 있는 스티커를 핥아서 떼어내고, 모서리에 있는 인장 표시를 사포로 문질러 지웠다. 그곳에는 경보장치가 되어 있었기 때문에, 블룸버그로서도 신중을 기해야 했다.

"그래서 그는 매번 다른 시간에 들어가곤 했죠." 로즈가 설명했다. "그러면 저는 차를 몰고 그를 태우러 왔습니다." 책이 워낙 많았던 탓에 블룸버그는 로즈가 차를 가지고 도착한 뒤에도 몇 번이나 다시 안에 들어갔다 나와야 했는데, 그는 매번 경비원이 교대하는 시간에 맞춰 움직였다. "일단 한번 들어갔다 나와서는 덤불 속에 책을 숨겨놓고 다시 한번 들어가곤 했죠. 그러면 저는 매일 정해 놓은 시간에 맞춰 와서 그를 데려가곤 했습니다."

애리조나 다음으로 그는 다른 주도 열댓 군데 돌아다니면서 계속해서 골동품을 수집하고, 계속해서 책을 훔쳤다. "우리는 다시 텍사스와 루이지애나를 횡단했고, 이후에는 남부의 켄터키와 테네시 주를 지나가는 내내 물건을 수집했습니다. 내슈빌, 녹스빌, 멤피스, 루이빌에도 갔죠." 로즈는 블룸버그가 언제나 '슬럼 지대'를 예의주시하며, 철물이나 스테인드글라스나 설비 등을 떼어낼 만한 버려진 집이나 판자로 둘러막은 집이 있는지 살폈다고 증언했다.

주택 설비 중 일부는 업자들에게 팔기도 했지만, 대부분은 신시내티에 보관하거나 UPS를 통해 그동안의 전리품을 보관해 온 전세 창고가 있는 '트윈시티스'[385)로 보냈다. "건물을 오래 된 것처럼 꾸미고 싶어 하는 사람들이 물건을 사갔죠. 왜 레스토랑이나 그런 쪽 사업을 하는 사람들 있지 않습니까." 로즈에 따르면 블룸버그는 저녁마다 숙소인 싸구려 모

---

385).. 직역하면 '쌍둥이 도시'란 뜻. 인접하여 발달한 두 도시를 가리키는 용어로, 여기서는 미시시피 강을 끼고 나란히 있는 미네소타 주의 미니애폴리스와 세인트폴 두 도시를 가리킨다.

텔로 돌아와서도 새로 입수한 물건들을 밤새도록 붙들고 앉아 있었다고 한다. 그는 물건들을 다시 한번 닦아내고, 또 말 그대로 녹초가 될 때까지 훑고 또 훑아서 책에 붙은 스티커를 완전히 벗겨내고 평범한 책처럼 보이게 만들곤 했다. 심지어 그는 책 안쪽에다가 연필로 가격을 적어 넣어서 마치 헌책방에서 기껏해야 5센트에서 1달러 정도에 구입한 싸구려처럼 보이게 해 놓았다.

로즈는 이렇게 몇 번 원정을 다니다가, 장장 여섯 달에 걸친 여행이 끝난 직후인 1978년에 미시간의 어느 골동품 매매업자 밑에서 스테인드글라스 창문을 고치는 일자리를 얻었다. 그 와중에도 블룸버그는 여전히 텍사스를 종착지로 삼아 원정을 나갔는데, 매번 경로를 바꿔서 항상 새로운 지역을 방문할 수 있도록 했다. 로즈는 이후 2년 동안 그와 계속 연락을 했는데, 블룸버그가 매번 '자기가 어떤 대학들에 들어가서 어떤 책들을 가져왔는지를 떠벌렸다'고 증언했다. 리드 검사는 블룸버그가 미리 어떤 계획을 세우고 범행을 저질렀는지, 그리고 자신이 무엇을 훔칠 것인지를 알고 행동했는지를 로즈에게 물었다. "그는 어떤 책이 희귀하고 또 귀중한 것인지 미리 상세히 조사하곤 했습니다." 로즈의 말이다. "만약 어떤 컬렉션 전체나 전집을 목표로 삼았다면, 그 도시나 마을에 계속 머물면서 작업했죠. 그렇게 많은 책은 한꺼번에 빼내 올 수가 없으니까요."

로즈의 말에 의하면, 1980년경 블룸버그는 캘러머주로 그를 찾아와서 다시 한번 자기 일에 끌어들였다고 한다. 블룸버그는 여전히 원정을 다니면서 골동품을 사들이고 판매하고, 도서관에서 책을 훔쳐내고 가져오고 있었다. 리드 검사는 어떻게 블룸버그가 외부인은 물론이고, 연구자들조차 출입이 금지되어 있는 구역까지 들어갈 수 있었는지를 로즈에게 물었다. "그의 말에 따르면 그것도 한 열댓 가지 방법이 있다더군요."

로즈가 답변했다. "가령 벽 가까이 있는 천장의 패널을 뜯어내고 그 위로 기어서 옆방의 통풍구로 나올 수도 있다고 했구요. 어느 희귀본 서고에는 철제 창살이 둘러쳐져 있었는데, 그걸 설치한 사람이 누군지, 하여간 위쪽에 한 15에서 20센티미터 정도의 공간을 남겨두었더라고 하더군요. 아마 통풍구였겠죠. 그래서 그곳을 통해 넘어가서 지금까지보다도 훨씬 더 깨끗하고, 훌륭하고, 상태 좋고, 값비싸고, 희귀한 책들을 잔뜩 꺼내왔답니다."

로즈는 블룸버그가 다른 도서관에 들어갈 수 있는 열쇠를 보여준 적도 있다고 말했다. "일단 직원들이 퇴근할 때까지 기다리는 거죠. 워낙 자물쇠 따는 데 능숙했기 때문에, 저는 그가 원래 열쇠공이라도 되는 줄 알았습니다. 일단 자물쇠를 따고 사서의 방으로 들어가서는 열쇠꾸러미를 찾아내는 거죠. (제한구역 내의 서고로 들어가는) 열쇠를 찾아내면 얼른 빼 가지고 와서 복제하고, 다음날 원래 열쇠를 도로 꾸러미에 끼워 넣습니다. 그러면 이제 자기 전용의 열쇠를 하나 갖게 되는 거죠." 리드 검사는 블룸버그의 집에서 발견된 열댓 개의 열쇠를 증거 물품으로 제시했는데, 그 모두가 책을 도난당한 기관들의 자물쇠에 딱 맞는 것이었다고 말했다.

로즈는 이후 한동안 블룸버그와 연락이 끊겼지만, 그러한 절도 행각은 거의 1980년대 내내 지속되었다고 말했다. 두 사람이 다시 만났을 때, 블룸버그는 한동안 서부 연안에서 지냈다며 자랑했다고 했다. "그는 항상 저를 데리고 그쪽에 가고 싶어 했죠. 그쪽에 있는 여러 대학에요. 마침내 그곳에 가 보니 자기 말마따나 '너무 쉬웠다'면서 캘리포니아에 대해 열광하더군요." 리드 검사는 로즈에게 그게 무슨 뜻이냐고 물었다. '그러니까 그곳에서는 정말 트럭으로 한가득 책을 빼내 왔기 때문에 평소보다 더 큰 차가 필요했다'는 것이었다. 블룸버그가 그렇게 할 수 있었던 까닭은 '어느 층에 마음대로 드나들 수 있는 자물쇠를 입수했기 때문'이고, 그는 또한 '남들이 미처 할 수 없는, 어느 층에 엘리베이터를 멈춰 놓는 방법을 터득했는데, 그렇게 해 놓으면 그 층에는 아무도 내릴 수 없었기 때문'이었다는 것이었다. 종종 블룸버그는 '개장시간이 끝난 뒤에 몰래 들어가서, 책 나르는 수레를 끌고 다니면서 희귀본을 수십 권씩 담은 뒤, 엘리베이터에 싣고 아래층으로 내려와 상자에 옮겨 놓았다가, 나중에 차를 타고 와서 실어 갔다'고 한다. 책이 워낙 많았기 때문에 트럭에 싣는 것도 보통 일이 아니었는데, 로즈의 말에 의하면 블룸버그는 그 와중에 지나가던 몇몇 학생들로부터 도움을 받기도 했다.

1988년에 블룸버그는 캘리포니아 대학 리버사이드 캠퍼스의 제한구역에 들어갔다가 발각되어 체포되었다. 당시 블룸버그는 미네소타 대학의 교직원 신분증을 소지하고 있었으며, 치과용 피크와 사포 등의 기구가 담긴 가방과 1파운드 가량의 금이 든 자루를 지니고 있었다. 블룸버그는 훗날 로즈에게 '자기가 붙잡힌 그 순간에 또 다른 절도 장비였던 고무 인장을 삼켜버렸다'고 말했다. 또 다른 증인인 브라이언 티위 역시 그 고무 인장을 기억하고 있었는데, 거기에는 '미네소타 대학'이라고 새겨져 있었다. 체포 당시 블룸버그는 미네소타 대학의 교수인 매튜 맥규로 자칭하면서, 훔친 책에 찍힌 인장을 근거로 그 책은 자기가 가져온 것이라고 주장했다. 나는 블룸버그에게 리버사이드에서 정말로 고무 인장을 삼켰느냐고 물었다. 그가 사실이라고 대답하기에, 나는 왜 그랬느냐고 물었다. "안 그랬으면 어떻게 그걸 없애 버릴 수 있었겠어요?" 그의 대답이었다.

티위는 자기가 일곱 번 가량 블룸버그와 함께 남캘리포니아 대학에 가서 책을 운반한 적이 있다고 증언했다. "스티븐은 종종 7층에 있는 특별 컬렉션 서고에 들어가서 자기가 원하는 책을 꺼낸 다음, 6층에 있는 연구실로 갔습니다. 거기서 면도날과 사포를 사용해 작업을 했고, 심지어 책에 붙어 있는 표식을 없애려고 대출카드 봉투를 핥아서 떼어내고 자기가 만든 것을 붙이곤 했죠. 그러면 저는 책을 차에 실어서 밖으로 가지고 나왔습니다." 티위는 언젠가 블룸버그가 클레어먼트 칼리지에서 책을 빼내오기가 얼마나 쉬웠는지에 대해 농담한 적이 있었고, 자기가 이 나라의 거의 모든 도서관을 돌아다녔다는 사실을 자랑하기도 했다고 말했다.

하지만 리버사이드에서 붙잡히고 나서, 블룸버그의 기분은 유쾌함에서 두려움으로 바뀌고 말았다. 비록 가명을 쓰고 있긴 했지만 그는 혹시나 그 결과로 인해 모든 일이 들통날까봐 두려워했다. 그는 불법침입죄로 지문 날인을 하고 100달러의 보석금을 낸 뒤에 석방되었으며, 차후 지정된 경범죄 재판 날짜에 출석하라는 지시를 받았다. 그는 변호사를 고용했으나 재판에서 유죄가 인정되어 집행유예 3년을 선고받았다. 이 사건에 충격을 받은 그는 캘리포니아에 쌓아 두었던 책들을 모조리 들고 미네소타로 돌아와, 이후 2년 동안은 도서관 원정도 중지했다. 그 동안 그는 아이오와의 어느 집을—주의 한가운데, 그리고 텍사스로 가는 길도 중에 있는—현금 1만 6,000달러에 사들였다.

1989년에 블룸버그가 오텀와로 이사한 직후, 로즈는 옛날 여행 친구에게 연락을 취해 자기가 그쪽으로 가서 같이 지내도 되겠느냐고 물었다. 블룸버그는 그러라고 했다. 로즈는 그곳에 도착한 직후부터 블룸버그의 도서 절도 행각에 대한 자료를 모아 가지고 FBI 측과 협상을 벌였다. 그는 자신이 그 대가로 정부 측에서 5만 6,000달러를 받게 되리라 들었다고 증언했으며, 이후 반대신문에서는 각 대학으로부터 추가로 10퍼센트씩의 발굴 보상금을 받을 수 있을지 타진해 본 적이 있다고 시인했다. 과연 이 책들의 금전적 가치가 어느 정도냐 하는 질문은 공판 내내 제기되었는데, 초기의 추산으로는 최소한 2,000만 달러 이상이라고 나와 있었다. 로즈는 자기가 FBI와 협상을 벌일 때도 그 금액을 기준으로 삼았고, 이후에 돈을 더 많이 받지 못하게 되자 실망했다고 증언했다.

로즈는 단지 블룸버그가 어떻게 책을 훔쳤는지를 증언했을 뿐이지만, 그 희생자들—이를 위해 전국 각지에서 사서 및 큐레이터들이 몰려왔다—은 그 결과로 인해 각 기관이 어떠한 타격을 입었는지를 설명했다. 워싱턴 대학에서 미국 남서부의 개척민 정착 과정에 대한 중요 문서가 사라져 버렸다는 사실이 밝혀진 것은, 멕시코에서 열릴 전시회를 준비하고자 미국 국무부 측에서 대학 도서관 측에 자료 열람을 요청했을 때였다. 오리건 대학의 특별 컬렉션 담당 큐레이터인 프레이저 콕스는 펼친 길이가 무려 6미터에 달하는 필사본이 사라져 버린 사실이 밝혀진 것은, 그 기증자의 친척 중 한 사람이 열람 요청을 한 1987년 1월의 일이었다고 말했다. 1840년대 초부터 1870년대 말에 이르는 오리건 주의 정착 및 수립 초창기에 관한 문서 전부가 사라져 버렸던 것이다.

"그야말로 막대한 손실이었습니다." 콕스는 이렇게 말하면서, 매사추세츠와 뉴욕과 비벌리힐스에 매장을 갖고 있는 유명한 필적 전문가인 케네스 렌덜이 그 컬렉션의 가격을 64만 5,940달러로 감정했다고 덧붙였다. 사라진 자료는 상자로 서른여섯 개 정도의 분량이었는데, 그 가운데는 오리건의 역사적인 개척자들에 대한 문서도 포함되어 있었다. 콕스의 말에 의하면 그 자료들은 모두 도서관 건물의 4, 5, 6층에 위치한 특별 컬렉션 부서의 제한구역에 보관되어 있었는데, 그곳에서는 심지어 전문 연구자라 하더라도 한 번에 몇 가지 이상의 문서는 열람할 수 없도록 엄격히 제한되고 있었다고 한다. 그는 제한구역에는 단지 도서관 직원만이, 그것도 반드시 열쇠가 있어야만 들어갈 수 있었다는 점을 강조했다.

"바로 이들 자료들로부터 나온 정보를 통해 역사가 구성된다고 할 수 있습니다." 콕스가 배심원을 향해 말했다. "역사는 저설로 생겨나지 않습니다. 역사를 쓰는 사람들은 바로 이런 자료들로부터 통찰력을 얻는 것입니다." 콕스는 1990년부터 오리건 대학에서 일을 시작했는데, 바로 블룸버그가 체포되기 겨우 몇 주 전이었다. "제가 거기 부임하자마자 이 모든 문제가 저한테 덜커덕 하고 떨어져 버린 셈입니다." 그는 공판이 끝나고 몇 달 뒤에 이렇게 말했다. "솔직히 그때까지만 해도 저보다는 오히려 스티븐 블룸버그가 저희 컬렉션에 대해 더 잘 알았던 셈이죠."

캘리포니아 주 클레어먼트에 있는 클레어먼트 칼리지 산하 여섯 캠퍼스의 특별 컬렉션을 총괄하고 있는 수전 M. 앨런은, 그곳에서 도난당한 희귀한 웨스턴 아메리카나를 비롯한 책 684권의 가격을 로스앤젤레스의 서적상 글렌 도슨이 총 64만 4,038달러로 감정했다고 증언했다. 그녀는 아이오와 주 배심원에게 '인큐내뷸러'의 뜻을 설명하면서, 블룸버그가 클레어먼트의 컬렉션에서 훔쳐낸 뉘른베르크 연대기를 견본으로 보여 주었는데, 이 책은 하르트만 셰델이 인쇄하고 상아색 송아지 가죽으로 장정한 걸작품이었다. "말하자면 인쇄의 요람기에 나온 책들입니다." 그녀의 말이다. "바로 1450년부터 1500년 사이에 인쇄된 책들을 뜻하죠." 앨런은 그 2절판을 들어올려 배심원에게 보여주면서 셰델의 책이야말로 당대의 주요 역사책 중에서 신대륙의 발견을 언급하지 않았던 것으로는 최후의 저서인데, 그 이유는 1493년에 초판이 인쇄되었기 때문이라고 했다.[386] 이 책에 포함된 600여 점의 삽화 가운데에는 알브레히트 뒤러가 십대 시절에 그린 것도 있다고 그녀는 덧붙였다. 그녀가 이 책을 보며 어떤 심정인지는 마지막 증언이었던 다음과 같은 말을 통해 명확해

---

[386] 콜럼버스가 신대륙을 발견한 것은 1492년 10월의 일이었고, 이 사실이 유럽에 전해진 것은 그가 에스파냐로 귀국한 1493년 3월의 일이었다.

졌다. "저는 영원히 살 수 없습니다. 하지만 이 책은 영원할 겁니다."

짧은 휴정 시간 동안, 나는 법원 측에 요청해 오늘 증거 물품으로 제출된 희귀본 가운데 일부를 구경할 수 있었다. 블룸버그의 변호인 가운데 한 명인 돈 C. 니커슨이 증거 물품을 놓아 둔 탁자 옆에 커피 잔을 들고 서 있는 걸 본 누군가가 혹시나 커피가 쏟아지지 않게 조심하라고 주의를 주었다. "아이고." 그는 깜짝 놀라 피고인석을 재빨리 돌아보며 중얼거렸다. "스티븐이 알면 날 죽이려고 하겠군." 블룸버그는 재판정을 떠나지 않은 채 자기 자리에 앉아서 탁자 위만 뚫어져라 바라보고 있었다. 다음날 함께 차를 타고 오텀와로 가는 도중에, 나는 블룸버그에게 다른 사람들이 '자기' 책의 페이지를 넘기는 것을 보니 기분이 어땠느냐고 물었다. "저야 당장 가서 그들이 찾는 페이지가 어디 있는지 찾아주고 싶었죠." 그는 이렇게 말하면서, 그로 인한 상실감은 몇 달 전에 있었던 조사 과정에서 네브래스카의 창고를 방문한 이후로 많이 누그러졌다고 대답했다. "저는 그때 오마하에서 책들에게 작별을 고한 셈이죠."

휴정 시간이 끝나고 공판이 재개되자, 코네티컷 주립도서관의 관리실장인 린 뉴얼이 나와서 자기가 관리하고 있는 모든 자료는 마치 은행 지하금고와 같은 여러 개의 지하금고에 보관하고 있었으며, '그 금고 가운데 하나는 약 6층 건물 크기'라고 증언했다. 그녀는 FBI 측으로부터 혹시 최근에 열람된 적이 없는 소장 자료 가운데 잃어버린 것이 없느냐는 질문을 받았다고 말했다. "그러면서 저한테 장서표를 몇 개 보여주었는데, 바로 우리 도서관 것이더군요." 훗날 총 271점으로 확인된 주립도서관 소장 자료는 원래 그에 맞춰 특별 제작된 지하금고 안에 보관되어 있었다. 그 가운데는 1710년에 나온 《신앙 고백》이란 제목의 8절판도 있었는데, 이는 코네티컷 주에서 최초로 출판된 책이었다. 또 다른 자료로는 주에서 최초로 출판된 시집도 있었다. 글렌 도슨은 이 책들의 가격을 22

만 5,280달러로 감정했지만, 뉴얼은 '우리는 그 책들이 그보다 훨씬 더 한 가치를 지녔다고 믿습니다. 특히 뉴잉글랜드에서는 말입니다' 하고 덧붙였다.

비록 그런 뒤늦은 발견 자체도 대단하긴 하지만, 이보다 더 흥미로운 사례는 1960년에 오리건 대학 도서관의 귀중본 서고에 넣어 둔 둘도 없는 자기 가문의 자료가 어디론가 사라져 버렸다는 사실을 알게 된 오리건의 어느 여성 작가의 경우였다. 왜냐하면 이 경우에는 이 책 도둑으로 인해 그녀의 인생이—비록 역사 전체는 아니었다 하더라도—완전히 농락당한 셈이기 때문이었다. 섀넌 애플게이트의 이름은 블룸버그 공판 당시에는 호명되지 않았지만, 이후 나와 몇 달에 걸쳐 이야기를 나누면서 그녀는 1988년 1월 2일의 어느 날, 자기가 무려 20년을 바쳐 집필한 책의 완성을 축하하기로 결심했던 때의 일을 이렇게 회고했다.

1988년에 윌리엄 모로 출판사에서 간행된 그녀의 책 제목은 《스쿠컴 : 오리건 주 어느 가문의 역사와 풍속 입문》이었다. 이것은 섀넌 자신의 가문 이야기로, 책의 제목은 그녀의 조상이 얀콜라 밸리에 정착해도 되겠느냐고 치누크 부족의 어느 나이 많은 추장에게 물어보았을 때 들은 말에서 따온 것이었다. "추장은 그들이 '스쿠컴, 히아 스쿠컴' 하다고 대답했는데, 그 말뜻은 '기백이 넘친다'는 뜻이었다." 찰스와 멜린다 애플게이트의 고손녀인 그녀는 이렇게 적고 있다. "올리버 크롬웰 애플게이트 컬렉션에 포함된 편지는 찰스 애플게이트의 가계와 린지 애플게이트의 가계와 제시 애플게이트의 가계, 이 가문의 세 형제가 결혼해서—형제의 배우자들 중 두 명은 다른 가문의 자매였다—오리건까지 오게 된 19세기 당시의 과정을 보여주고 있다. 제시 애플게이트는 오리건 주 최초로 이루어진 1843년도의 이주에서 주역을 담당했으며, 그리하여 하룻밤 사이에 주의 인구를 이전의 세 배로 늘려놓았다. 따라서 이야말로 중

요한 자료라 할 수 있다." [387]

같은 내용을 수록한 비교적 믿을 만한 타자원고가 있었기 때문에, 애플게이트는 굳이 편지 원본을 연구할 필요가 없었다. "아마 누구라도 그렇게 했을 것이고, 피치 못할 경우가 아니라면 원본을 꺼내지 않았을 겁니다." 그녀의 말이다. "애플게이트 가문의 편지 대부분은 그 여백에 정교한 그림이 들어 있습니다. 곰 잡는 덫에서부터 시스킬 산의 그림까지요. 그러니 이 가운데 몇 통의 편지만이 대단한 게 아니라, 이 컬렉션 자체가 매우 특별한 겁니다. 그야말로 매우 풍부한 내용을 담고 있어요."

《스쿠컴》을 집필하기 위한 자료 조사는 1967년부터 시작되었는데, 자녀를 출산하느라 종종 중단되는 중에서도 꾸준히 지속되었다. "사람들은 제가 그 책을 결코 완성하지 못할 거라고 생각했지만, 1987년에 이르러 결국 완성되었습니다. 그래서 저는 그 안에 사용한 인용문들이 제대로 들어간 것인지 확인하기 위해 카드 목록을 가지러 도서관으로 갔죠." 섀넌은 화가이자 《스쿠컴》의 표지 그림을 그리기도 한 사촌 수전 애플게이트와 함께 원고 완성을 축하하기로 했다. "저는 사촌들과 함께 이 일을 끝마쳤는데, 마치 포장마차를 타고 터덜터덜 이곳까지 온 사람들의 여정과도 비슷했던 일이라서, 뭔가 지나온 길을 되새겨보는 일이 필요할 것 같았어요." 그녀는 이 순간을 기념하기 위해 오리건 남부의 금광에서 일했던 초창기의 정착민들이 남긴 자료인 웹푸트 일기를 꺼내 보기로 했다. "저는 책 속에서 이 자료에 나온 내용을 많이 사용했죠." 그녀의 말이다. "하지만 한번도 원본을 만져본 적은 없었거든요."

오리건 대학의 필사본 담당 큐레이터인 힐러리 커밍스가 일기책을 꺼

---

[387]..찰스, 린지, 그리고 제시 애플게이트는 오리건 주의 초기 개척민으로, 이들이 지나간 길은 훗날 '애플게이트 트레일'이란 이름으로 유명해졌다. 이후 애플게이트 가문은 오리건 주의 가장 유력한 가문이 되었다.

내러 갔다. "그런데 아무리 기다리고 기다려도 그 사람이 돌아오지 않는 거예요. 무려 45분이 지나가고 나서야 제가 한마디 했죠. '이게 웬일이야? 도대체 무엇 때문에 그러지? 어디서 만들어 오기라도 하는 건가?' 결국 힐러리가 돌아왔는데, 얼굴이 완전 흙빛에다가 뭔가 걱정하는 표정으로 이렇게 중얼거리더군요. '애플게이트 여사님, 무척이나 죄송한데요. 지금 아무리 그 책을 찾으려고 해도 보이지가 않네요.' 마침 제가 사는 곳이 로즈버그라서 도서관에 오려면 무려 한 시간 반이나 차를 타고 나와야 했거든요. 그래서 제가 대꾸했죠. '괜찮아요, 하지만 다음에 올 때는 그 책을 꼭 봤으면 좋겠군요.' 솔직히 그때까지만 해도 불안하진 않고, 좀 짜증만 났을 뿐이었죠. 그 순간에 만약 누가 저한테 일기책이 없어졌다고 해도, 아마 믿지 않았을 거예요."

1월 22일, 수전 애플게이트가 로즈버그의 사촌에게 깜짝 놀랄 만한 소식을 전화로 알려 왔다. "세상에, 새넌!" 그녀가 소리쳤다. "혹시 〈리지스터가드〉지 봤니?" 유진[388]에서 발간되는 이 신문의 제1면에는 48포인트짜리 활자로 다음과 같은 4단 기사가 나와 있었다. "오리건 대학 소장 문서 도난." 신문 기사에서는 '오리건의 역사 일부분이 사라진 셈'이라고 묘사하고 있었다. "수천 점에 달하는 편지, 일기, 인디언과의 조약서, 열차 기록 및 주식 등의 자료가 오리건 대학 도서관의 특별 컬렉션 구역에서 지난 가을 무렵에 도난당했다고 도서관 측이 목요일에 발표했다."

도난 사건이 공식적으로 확인된 것은 이미 3주 전의 일이었지만—바로 새넌 애플게이트가 웹푸트 일기를 열람 신청한 직후—경찰은 혹시나 절도범이 또다시 침입할 경우에 대비해 발표를 미루어 왔었다. 주요 기

---

[388] 오리건 주 북동부의 도시. 오리건 대학의 캠퍼스가 있는 곳이기도 하다.

사 옆에는 도난 내역을 요약한 작은 기사가 덧붙여져 있었다. "그렇게 해서 알게 되었던 거죠." 섀넌 애플게이트의 말이다. "그야말로 큰 충격이었어요. 수전과 저는 심지어 수화기를 붙든 채 울었죠. 솔직히 그때 기분은 차마 설명할 수도 없어요. 그야말로 그 자료를 위해 엄청나게 헌신했었는데, 이제 와서 허무하게 사라졌다니, 게다가 아무도 그런 사실을 모르고 있었다니. 정말 병이 나게 생겼죠."

1988년 4월 23일, 〈리지스터가드〉지는 캘리포니아 대학 리버사이드 캠퍼스의 특별 컬렉션 서고에서 체포된 어느 남자에 대해 보고하면서, 두 달 전에 보도된 오리건 대학을 비롯해서 다른 여러 도서관에서도 책을 훔쳤다는 강한 의혹을 받고 있다고 소개했다. 그리하여 오리건 대학과 클레어먼트 칼리지와 워싱턴 주립대학 측에도 리버사이드 사건과 관련해 자료 제공요청을 받았다는 것이었다. 하지만 매튜 맥규라는 그 사람은 곧바로 보석금을 내고 석방되어 버렸다. 용의자가 풀려남으로써 이 사건도 결국 흐지부지되나 싶었다.

그 사이에 오리건에서는 슬픔이 분노로, 또다시 분노가 의혹으로 바뀌었다. "이 사건에 대해서 뭔가 무력감 같은 것이 만연해 있었어요." 애플게이트는 회고했다. "하지만 저는 대학 측에 대해서도 분노하고 있었죠. 그야말로 믿을 수 없는 배신이라고 말이에요. 심지어 연구자들까지도 특별 컬렉션 서고에는 들어가지 못하게 하고 있었으니까요. 그러니 마치 내부의 누군가가 공모한 것처럼 보였죠. 그게 유일한 방법인 것 같았어요. 그렇지 않으면 도대체 트럭으로 하나 가득 될 만큼의 자료가 어떻게 그렇게 쉽게 사라질 수 있겠어요?"

대학 도서관 직원은 물론이고, 애플게이트 가문 사람들 중에서도 몇몇이 경찰 조사를 받았다. 하지만 2년이 넘도록 수사는 아무런 성과가 없었다. 1990년 3월 21일, 애플게이트는 비행기를 타고 가다가 문득 옆자리에 앉은 승객의 무릎 위에 놓인 〈리지스터가드〉지의 제1면을 보았다. 그곳에는 다시 한번 커다란 활자로 다음과 같은 표제가 박혀 있었다. "오리건 대학 희귀본 절도범 체포." 비록 단편적인 소식이었지만, 애플게이트 가문의 컬렉션 또한 아이오와 주의 작은 동네에서 FBI가 발견한 수천 점의 희귀본들 가운데 포함되어 있다는 내용이었다.

스티븐 블룸버그는 직접 차를 몰고 엠버시 수츠 호텔 앞으로 나를 데리러 왔다. 그에 대한 공판은 중반에 접어들어 있었고, 마침 주말을 맞아 휴정되어 있었다. 그는 5만 달러의 보석금을 내고 풀려나와 있었지만, 변호사와 동행하지 않고서는 아이오와 주 바깥으로 나가거나, 어떠한 박물관 및 도서관에도 들어가서는 안 된다는 제한이 붙어 있었다. 그렇게 보면 그날의 오텀와 방문은 어디까지나 합법적인 행동이었다.

나는 공판 내내 블룸버그와 이야기를 나눌 수 있었는데, 그 까닭은 지금 심정이 어떤지를 주로 물어보는 다른 기자들과는 달리, 나는 그에게 책에 대해서만 물어보았기 때문이었다. "솔직히 이 건물 안에서 '포인트'가 뭔지 알고 있는 사람은 당신하고 나, 둘뿐일 겁니다." 그는 언젠가 휴정한 틈을 내서, 여러 가지 희귀본을 식별하는 기준인 '포인트'에 대해 언급하며 내게 이렇게 말했다. "내가 갖고 있었던 인큐내뷸러를 보여줄 수 있으면 좋았을 텐데." 2층 복도에서 그와 우연히 마주쳤을 때 그가 한 말이었다. 나는 그에게 명함을 건네주고 내가 머무는 호텔이 어딘지 알려주면서, 공판이 끝나기 전에 한 번 만나자고 했다.

블룸버그가 전화를 걸어 온 것은 토요일 아침의 일이었고, 그때쯤은 모든 기소 내용에 대한 증언이 끝난 다음이었다. 나는 케니 로즈, 브라이언 티위, 드웨인 G. 올슨, 케네스 브로든, 하워드 버그스트롬, 그리고 자기네 기관이 어떻게 약탈당했는지를 설명하는 일련의 사서들과 큐레이터들의 증언을 들었다. 피고 측 변호인도 그 자리에 나오기는 했지만, 그는 이미 기소 내용이 사실이라는 점을 분명히 인정한 상태였다. 결국 블룸버그가 범죄를 저질렀음은 명백했다. 이제 유일하게 남은 문제는 어째서 그랬느냐는 것뿐이었다.

블룸버그의 전화를 받고 나서 15분쯤 뒤, 우리 두 사람은 차를 타고 이스트 디모인의 돔이 다섯 개 있는 시청 건물 앞을 지나가고 있었다. 오텀와로 가는 도중에 잠시 들를 곳이 있어서였다. 우리는 게리 매디슨이라는 중년 여인 집에 찾아가 반시간 가량 머물렀는데, 아홉 명의 젊은 남녀로 구성된 그녀의 가족은 우리가 도착했을 때 TV에서 레슬링 경기를 보고 있었다. 나중에 블룸버그는 그녀의 가족 가운데 한 명인 젊은 남자를 '다리 밑에서', 그러니까 그 지역의 노숙자들이 모여드는 곳에서 만났다고 말했다. "다들 저와 비슷한 사람들이죠." 그가 설명했다.

일단 디모인 시 경계 밖으로 나오자 블룸버그의 기분도 좀 나아진 듯했지만, 침울한 기운은 여전히 남아 있었다. 그에 대한 변론이 시작된 지도 며칠이 지났지만, 배심원이 선택할 수 있는 판결 가운데 무죄 석방의 가능성은 전혀 없었다. 판결은 결국 유죄이거나, 또는 정신이상이기 때문에 무죄이거나, 둘 중 하나가 될 것이었다. 나중의 경우라고 하면, 그의 정신 감정을 의뢰하기도 했던 해럴드 D. 비터 판사의 재량에 따라 블룸버그는 귀가조치를 받을 것이었다.

그러한 전략이 먹혀들기 위해서는, 블룸버그가 미혹적인 망상에 빠져 있다는 사실을 변론에서 보여주어야만 했다. 취약하기 그지없는 미국의 문화유산을 훼손의 위험으로부터 구출해야 한다는 의무감에 전적으로 사로잡혀 있는 블룸버그로선, 정신이상자로 선고된다는 것을 전혀 마음에 들어 하지 않았다. "마치 캐치-22 같아요."[389] 그가 말했다. "가령 패소하면 저는 감옥신세가 되는 거죠. 반대로 승소하면 저는 결국 평생 정신병원에 들어가 살아야 합니다. 제가 승소하면 그거야말로 제가 미친놈이라는 뜻이, 따라서 이 사회에 위험한 인물이라는 뜻이 되지 않겠어요? 그러니 솔직히 말하자면 저로선 차라리 감옥에 가서 형기를 다 살고 나오는 편이 낫겠어요. 이 상황에서 승소해 봤자 뭘 하겠어요? 또 패소하면 뭘 하구요? 양쪽 모두 저한테 불리하긴 마찬가진데요."

결과가 어떻게 되건 상관없이, 이 '미국 정부 대 스티븐 캐리 블룸버그' 건은 미국 법정에서는 유일하게 애서광 범죄자의 행동을 '정신이상으로 인한 무죄'라는 근거에서 변론했다는 점에서만큼은 매우 특기할 만한 사건이 될 것이다.

"책 이야기를 좀 해 보죠." 결국 내가 말을 꺼냈다. "그 '블룸버그 컬렉션'에 대해서 말이에요."

블룸버그는 바로 전날 사서들의 증언에 의해 명백해진 사실, 즉 자기가 아메리카나에 대해 특별한 열정을 갖고 있음을 확인해 주었다. 그런 관심이 점점 높아진 까닭은 자기가 평생 모아 온 골동품들에 대해 좀 더 알고자 하는 열망 때문이었다. "처음에는 그저 참고자료용 장서에 불과했죠." 그의 설명이다. "제가 가져온 책들은 대부분 이전부터 잘 알고 있었던 것들이죠. 얼마나 중요한 것인지를 알고 있었기 때문에, 도서관에 보관되어 있건, 아니면 구멍가게 한구석에 있건 상관은 없었어요." 그는 '갖고 싶은 책 목록'을 작성하기도 했지만, 그 대부분은 여전히 머릿속

389..미국의 소설가 조셉 헬러의 소설 《캐치-22》(1961)에 나오는 공군 폭격부대의 내부 규정. 그 내용은 '정신이상자는 임무가 면제되지만, 단 본인이 직접 면제 신청을 해야 한다'는 것이다. 그러나 이 규정에 따라 본인이 직접 면제 신청을 하는 경우, 신청자는 '정신이상자가 아닌' 사람으로 간주되어 결국 임무를 면제받을 수 없다. 이 소설이 제2차 세계대전 이후 미국의 젊은 세대 간에 큰 반향을 일으키면서 '캐치-22'라는 말은 '딜레마', 혹은 '모순된 조항이나 규칙'을 가리키는 관용어로 널리 사용되었다.

에 들어 있었다. "어떤 책은 제목을 따로 적어놓기도 했지만, 그런 건 얼마 되지 않아요. 제가 원하는 책은 다 머릿속에 있으니까요. 저는 책이 단지 일종의 보관소 역할을 한다고 봐요. 따라서 그 안에 들어 있는 지식이나 예술은 마땅히 누군가에게 향유되어야 하는 것이죠."

도서관에 잠입하는 방법에 대해 구체적으로 말해 달라는 요청에는 마뜩찮아 했지만, 블룸버그는 제한구역에 들어가기 위해 종종 통풍구나 칸막이 사이로 기어다니곤 했다고 말했다. "캘리포니아에서 한번은 거의 깔려 죽을 뻔하기도 했죠." 그의 말이다. "마침 어느 대학에 도서 운반 전용 엘리베이터가 있기에, 그 통로 기둥을 붙잡고 위로 올라가고 있었죠. 그 시간에 누가 건물 안에 있으리라곤 생각도 못했는데, 중간쯤 올라가니까 요란한 소리가 나면서 엘리베이터가 위에서 내려오는 거예요. 저는 간신히 각 층의 엘리베이터 문 앞에 있는 좁은 공간에 몸을 피했죠. 정말 아슬아슬했어요."

그런 위기상황에도 불구하고, 블룸버그는 안전에 대해서는 별로 두려움을 느끼지 못했다고 말했다. "도서관 사서들이 제게 총을 쏘거나 어떻게 하진 못할 거라고 생각했죠. 그래도 물론 아찔한 순간은 있었죠. 저는 뭔가를 수집하는 데에만 골몰해 있었으니까요. 가령 어제 그 사람들이 법정에 가지고 나왔던 미구엘 코스탄소의 일기[390] 같은 것을 보면 정말 완전히 정신이 나가 버리거든요. 정말 넋이 나가버리는 바람에 내가 지금 왜, 어디서, 무엇을 하고 있는지도 미처 기억하지 못하곤 하죠."

함께 이야기하는 동안 블룸버그는 몇 번이나 남에게 인정받는 것에 대해 언급했다. 그는 20세기 최대의 책 도둑으로뿐만 아니라, 책에 대한

---

[390] 에스파냐의 군인 겸 지도제작자인 미구엘 코스탄소의 《포톨라 탐험, 1769-1770년: 미구엘 코스탄소의 일기》를 말한다.

안목 면에서도 사람들에게 인정받고 싶어 했다. 이야기 도중에 그는 농담조로 '언젠가 이 모든 일이 다 잊혀진 후에, 자기가 뉴욕의 그롤리에 클럽에 가서 도서수집 과정에서 무릅써야 할 진정한 위험에 대해 강연을 하게 될 지도 모르겠다' 고 이야기했다. 또 그는 정부 측의 의뢰를 받고 이번 사건의 증거 물품을 감정한 로스앤젤레스의 서적상 글렌 도슨이 '이런 엑스 리브리스 책들을 별로 좋아하지는 않지만—즉, 도서관의 장서표가 붙어 있는 책들을 말한다—솔직히 아메리카나 컬렉션으로는 매우 탁월하다고 본다고 언급했다' 는 소식에 흐뭇해했다.

흥미롭게도, 블룸버그는 경보장치에 대해 불평을 늘어놓은 일부 사서들의 의견에 완전히 찬동하지는 않았다. "단지 경보장치가 취약했기 때문만은 아닙니다. 정작 제게 있어 중요했던 건 바로 '기회'였으니까요. 뭐, 자랑은 아닙니다만, 저는 뭐든지 있으면 교묘하게 잘 써먹는 사람이거든요. 그러니 안으로 들어가는 한 가지 방법이 불가능하더라도, 그 대신 서너 가지 다른 방법을 찾아낼 수 있었죠."

그 문제에 대해서라면 특별수사관 에이컨조차도 블룸버그와 같은 의견이었다. "제가 생각하기에 스티븐 블룸버그는 이 물건들을 얻기 위해서라면 무슨 일이든 마다하지 않았을 겁니다. 그는 주로 야간에 도둑질을 했고, 복잡한 경보장치를 뚫고 들어가서, 자기가 꺼낸 책을 창 밖으로 던졌죠. 평소에 도서관 업무가 어떻게 돌아가는지 정확히 알았기 때문에, 그 취약점을 노린 겁니다. 그러니 만약 도서관 측에서 땅 속 15미터 아래에다가 콘크리트로 둘러싸인 서고를 만들고 모든 자료를 거기 넣어 둔다고 하더라도, 솔직히 블룸버그라면 거기 들어갈 방법조차도 찾아낼 수 있을 겁니다. 물론 장담할 수는 없는 일이지만요. 하여간 그는 무척이나 영리합니다. 책 도둑질이야말로 곧 그의 인생이었던 셈이죠."

블룸버그가 도서수집가로 성장하게 된 결정적인 기회는 엘리베이터

통로나 통풍구 안에서 벌어진 것이 아니라, 말 그대로 우연의 소산이었다. 1980년의 어느 날, 미네소타 대학 도서관에서 나오려는 순간, 열람석 책상 위에 놓여 있는 플라스틱 카드가 그의 눈에 들어왔다. "정말 순간적인 일이었죠." 그의 말이다. "그걸 보자마자 이렇게 생각했죠. '이런 일이 어떻게 벌어지는지 이해할 만하군.' 그리고 그 카드는 이미 제 주머니 속에 들어 있었어요."

그는 심리학과 조교수인 매튜 맥규의 교직원 신분증을 훔친 것이었다. 또 하나의 행운은 맥규 교수가 스티븐 블룸버그와 비슷한 외모를 지녔다는 것이었다. "하지만 저는 일을 완벽하게 하고 싶었죠. 그러니까 그 이름으로 발급받을 수 있는 신분증을 모두 손에 넣고 싶었는데, 미니애폴리스는 집에서 너무 가깝기 때문에 어려웠어요. 그래서 저는 캘리포니아로 가서 거기서 다른 신분증을 만들었죠. 운전면허증을 비롯해서 모두 다요."

블룸버그의 공판에 출석한 가장 극적인 증인은 바로 매튜 맥규 본인이었는데, 그는 증거로 제출된 물품 중에서 교직원 신분증은 자기 것이 맞지만, 나머지는 비록 자기 이름으로 되어 있기는 해도 자기 것이 아니라고 증언했다. 위조된 신분증에는 스티븐 블룸버그의 사진이 들어 있었다. 맥규는 그동안 자기가 겪은 어려움들을 이야기했는데, 그 중에는 몇 번씩이나 요즘 하는 연구에 대해 낯선 사람들로부터 질문받는 것도 있었다. 그는 자기가 캘리포니아 주에서 운전면허를 딴 적도 없고, 리버사이드에서 체포된 적도 없으며, 보스턴 대학, 하버드 대학, 미시간 대학 클레멘츠 도서관, 오하이오 역사학회 등에 자료 열람 신청을 한 적도 없다고 증언했다. 자기 이름으로 되어 있는 다른 신분증을 보고서 그는 이렇게 말했다. "내용은 맞습니다. 하지만 제가 만든 것은 아닙니다."

맥규 교수를 사칭함으로써 블룸버그는 도서수집의 수준을 더욱 높일 수 있었다. 케니 로즈가 증언한 바에 의하면, 블룸버그는 그때까지만 해도 그저 일반적인 품목만을 수집했을 뿐이었다. 하지만 이제 '맥규 교수'라는 전문 연구자를 사칭함으로써, 그는 특별 컬렉션이 소장된 건물이라면 어디든지 들어갈 수 있는 호사를 마음껏 누렸던 것이다. 언제나 '연구 여행' 계획이 잡히면, 그는 외모를 말끔하게 단장하고, 좀 별나 보이긴 해도 비교적 깔끔한 옷을 입고, 서류가방을 들고 갔다. 일단 도서관 내부에 들어서면, 그는 그곳 관계자들을 거의 동료처럼 대하며 이야기를 나누었다. "저는 여러 학교를 돌아다녔고, 가는 곳마다 환영을 받았습니다. 비록 책을 많이 읽은 편이긴 했지만, 사실은 매번 고등학교 때 배운 지식을 가지고 간신히 그럭저럭 넘길 수 있었죠. 솔직히 제가 배운 것이라고는 책에서 읽은 것, 사람들이 하는 이야기, 그리고 분위기를 파악하는 능력과 나름대로의 생각 및 분석이 전부였으니까요. 저는 거기서 방문 교수, 즉 뭔가 연구하기 위해서 온 학자로 행세했습니다. 그러면 모두가 저를 환영했죠."

비록 오리건 주에서는 필사본을 훔쳐내기도 했지만, 블룸버그는 자기가 정말 관심 있어 했던 것은 바로 인쇄본이라고 말했다. "사실 제가 필사본에 손을 댄 경우는 극히 일부에 불과합니다." 하지만 그가 굳이 그 컬렉션을 빼낸 것은 기회가 적절하다고 판단한 까닭이었다. "마침 그게 거기 있었으니까요." 그는 단순하게 말했다. "하지만 솔직히 제가 주로 관심 있어 하는 쪽은 건축과 도시, 그리고 미국 역사에 대한 것들입니다."

과연 그렇다면, 왜 굳이 뉘른베르크 연대기까지 손을 댔을까?

"아, 그건 말이죠. 인쇄의 역사에도 관심이 있다 보니, 한 3년 만에 인큐내뷸러를 100여 권 정도 모으게 되었죠. 그래서 이것은 중요한 문화유산이기 때문에 잘 보관해야 하겠다고 생각한 겁니다." 그는 잠시 생각하다가 웃으면서 이렇게 덧붙였다. "솔직히 20세기 후반에 수집한 인큐내뷸러 컬렉션 치고는 상당히 훌륭한 편이죠, 안 그렇습니까?"

오텀와에 있는 그의 집에 들어서니, 그의 절도 행각의 범위가 좀 더 뚜렷해졌다. 그는 집 1층을 신시내티에서 온 짐 홀이라는 노인에게 내주었기 때문에, 거기에는 책을 보관했던 적이 없었다고 한다. 하지만 위층에 있는 아홉 개의 방에는 송판으로 만든 책장이 가득 들어차 있었다. 천장 높이는 약 4미터였고, 대부분의 책장은 11단으로 되어 있었다. 아직까지도 곳곳에 FBI의 증거물 압류 딱지가 붙어 있긴 했지만, 그것만 빼면 완전히 텅 빈 상태였다.

"원래 여기는 책상이 있던 자리죠. 저기는 화폐학에 대한 책들이 있던 자리인데, 그 중에는 정말 장정이 멋진 것도 있었어요." 나는 그에게 이른바 '캘리포니아 실(室)'이 어디냐고 물어보았는데, 그는 가장 극적인 방법으로 빼돌린 책들을 바로 그 주(州)의 이름대로 명명한 장소에 모두 보관하고 있었다. "바로 여기입니다." 그가 말했다. "원래 여기는 100여 권의 인큐내뷸러가 있던 자리죠. 뉘른베르크 연대기는 여기 아래 칸, 오른쪽에 있었구요. 재머래너 클럽 책들은 저기 있던 유리 진열장 안에 있었습니다. 저는 바로 여기 누워서 잤죠." 그는 내가 사진을 몇 장 찍는 동안 웃어보였다. 이제 그 방에 유일하게 남은 '황금 주(州)'[391]의 흔적은 그가 버클리에서 가져온 캘리포니아 대학의 페넌트뿐이었다. 그것만은 아직까지도 커다란 진열장에 붙어 있었다.

그 밖에도 블룸버그는 건축, 잡지, 사진 포트폴리오를 별도의 공간에 보관했으며, 그 외에도 다른 특별한 책들을 넣어두는 방과, 책을 수선하고 분류하기 위한 장소를 두고 있었다. "저는 나름대로의 기준에 따라

391..캘리포니아 주의 별칭.

책을 분류했습니다." 그가 말했다. "사실은 제가 달달 외우다시피 하는 듀이 십진 분류법을 토대로 한 것이죠. 그 덕분에 전부터 차를 타고 가면서 생각해 놓은 것을 모델로 삼아서, 나중에 여기 모인 책들을 그 기준에 따라 정리했죠." 자료를 정리하는 장소 옆에는 음악실이 있었는데, 블룸버그의 말에 의하면 오래 된 유성기들을 줄줄이 늘어놓았다고 한다. "오래 된 78회전 레코드[392]만 해도 12만 장이 넘었는데, 지금은 다른 물건들하고 함께 모두 창고로 들어가 버렸죠."

그보다 바로 1주일 전, 린다 R. 리드 검사는 지금까지 블룸버그가 살아 온 인생을 개괄하는 대단한 일을 해냈다. 블룸버그와 한때 친하게 지냈던 젊은이들은 공범으로 기소되는 과정에서 형량을 경감해 주겠다는 조건을 받아들여 기꺼이 증언에 나섰다. 드웨인 올슨과 브라이언 티위는 자기들이 어떻게 해서 블룸버그와 함께 벼룩시장에 동행했는지, 그리고 어떻게 해서 여러 차례에 걸쳐 스테인드글라스 창문이며, 샹들리에며, 조명설비며, 벽난로며, 문고리 등을 승합차에 싣고서 여러 주(州)를 거쳐 텍사스까지 돌아다녔는지 증언했다.

블룸버그가 수집한 골동품 창문과 설비가 대부분 철거 예정으로 버려진 건물에서 가져온 것이라고 모두가 증언하긴 했지만, 한편으로는 그가 이른바 '부고 기사 뒤지기' 라는 수법도 병행했다는 사실이 드러났다. 브라이언 티위와 하워드 버그스트롬은 블룸버그가 신문의 부고 기사를 뒤져서 별다른 유족 없이 사망한 노인들의 이름을 찾아내곤 했다고 증언했

---

[392]..보통 SP(스탠더드 플레이)레코드라고도 한다. 1분간 78회전을 하는 초창기 축음기의 레코드판으로 1961년까지만 제작되었다. 이후 EP(익스텐디드 플레이, 일명 '도넛 판'. 45회전)를 거쳐 LP(롱 플레이. 33과 1/3회전)가 나왔고, CD가 등장하기 전까지는 LP가 레코드판의 주류를 이루었다.

다. 최근에 사망한 사람들의 집 위치가 확인되면, 블룸버그는 동료들과 함께 집안으로 들어가서 괜찮다 싶은 골동품은 뭐든지 빼내왔다.

블룸버그의 공범자 중 한 명인 하워드 버그스트롬은 1980년부터 1983년까지 무려 100여 번에 걸쳐 이와 같은 수법으로 일해 왔다고 증언했다. "우리는 오하이오, 켄터키, 펜실베이니아, 뉴욕, 버몬트, 매사추세츠 등지를 돌아다녔습니다." 그가 말했다. 목표는 언제나 스테인드글라스 창문, 문고리, 벽난로 선반 등이었다. "어떤 곳에는 그냥 들어가기도 했고, 어떤 곳에는 부고 기사에 난 것을 보고 들어갔습니다."

증인들은 모두 블룸버그가 평소에도 워낙 지저분했다고 증언했다. 그는 거의 목욕도 하지 않고 빨래도 하지 않았는데, 지난 20년간 내내 그런 식으로 살았다고 한다. 열흘 동안의 공판 기간 중에도 그는 비록 매일 목욕을 하고 깨끗한 옷차림을 하긴 했지만, 늘 똑같은 청바지와 플레이드셔츠, 그리고 카디건 스웨터를 입고 있었다. 훗날 그는 여행 중에 옷을 갈아 입었던 방법을 설명해 주었다. "커다란 박스 안에 들어가서 바지와 셔츠를 벗어놓고, 그 대신 새것으로 갈아 입고 나오는 거죠."

FBI가 오텀와에서 발견한 증거 물품 중에는 이른바 《신 도서목록》이라는 제목으로 스프링 제본이 된 소책자도 있었는데, 이것은 한때 제임스 신이라는 인물이 훔쳐서 판매한 책들의 목록을 적어놓은 것이었다. 1982년에 나온 이 소책자의 지은이는 당시 오하이오 주 오벌린에 있는 오벌린 칼리지의 도서관장이었던 윌리엄 A. 모펫이었다. 모펫은 최초로 제임스 신의 행동에 대해 의혹을 제기한 동시에, 결국 신의 체포와 기소 및 투옥에 결정적인 정보를 수집했다.

제임스 신의 '갖고 싶은 책 목록' 은 블룸버그와는 확연히 달랐지만, 그의 이력이나 평판은 블룸버그에 못지않았다. 총 144페이지에 달하는 이 소책자의 첫 문장은 이렇게 시작된다. "제임스 신이 훔친 도서목록을 작성하게 된 까닭은 《아메리칸 북 컬렉터》에서 이른바 이 시대의 '가장 뛰어난 책 도둑'이라고 묘사한 인물의 이력을 소개함으로써, 도난품을 돌려받는 데 있어 서적상들과 사서들과 사법기관 등에 도움을 주기 위해서이다."

케니 로즈는 블룸버그가 몇 번인가 제임스 신을 가리켜 '지금껏 세상에 알려진 중에 가장 뛰어난 책 도둑'으로 평가되는 인물이라 언급하면서, 그런 사실에 대해 대단히 감격해 하는 듯했다고 증언했다. 내가 블룸버그에게 이에 대해 묻자, 그는 이 경쟁자의 높은 악명에 매료되었다고 시인했을 뿐만 아니라, 심지어 제임스 신이 이룩한 업적에 대해 꼼꼼하게 연구해 보기도 했다고 덧붙였다. "저는 그에 대한 신문 기사를 모두 스크랩했습니다." 그가 말했다. "심지어 언젠가는 오벌린 칼리지의 대학 신문사에 몰래 들어가 서류철을 뒤져보기도 했죠. 심지어 빌 모펫의 집이 어디인지 찾아보기도 했구요. 저는 그 내용에 정말 열광하고 있었습니다. 그래서 모펫이 어디 사나 확인해 봤죠. 빅토리아 시대 풍의 어느 벽돌집이더군요."

무엇 때문에 빌 모펫이 어디 사는지를 알아봤을까?

"제임스 신의 덜미를 붙잡은 장본인이 과연 어떤 집에 사는지 궁금했거든요. 아마도 그 사람에 대해 매력을 느꼈던 모양입니다. 솔직히 한번 만나고 싶었죠. 지금도 마찬가지입니다."

그렇다면 블룸버그가 제임스 신을 존경했다는 뜻일까?

"아니, 저는 그저 매료되었을 뿐이에요. 마치 나방이 불빛에 이끌리듯이 자연스럽게 말입니다. 말하자면 제임스 신이 붙잡힌 과정에 매료된 것이지, 그를 존경하거나 한 것은 아닙니다. 저는 그가 책을 함부로 대했다고 생각합니다. 그가 책을 훔친 것은 단지 돈 때문이었지요. 그 책들을 다른 곳에 팔아먹었으니까요."

제임스 신이 전국적으로 주목을 받은 것은 1981년 4월 23일, 오벌린 칼리지 도서관 내에서 수상쩍은 행동을 하다가 체포되면서부터였다. 그의 모텔 방을 조사하는 과정에서 오벌린 칼리지와 펜실베이니아 대학, 그리고 필라델피아의 루터란 신학교에서 훔친 60여 권의 책과 함께, 상당수의 가짜 신분증명서와 절도 및 위조용 장비가 발견되었다. 4,000달러의 보석금을 내고 풀려난 뒤에 모습을 감춘 그는 이후 여덟 달 동안 계속해서 여러 도서관에서 책을 훔쳐냈으며, 결국 1981년 12월 16일에 펜실베이니아 주의 앨런타운에서 다시 체포되었다.

다시 붙잡힌 후, 조사 과정에서 제임스 신에게 다채로운 전과 경력이 있다는 사실을 비롯해서, 그가 여러 가지 가명―그는 훗날 모펫에게 자기가 가장 자주 사용한 이름은 조지 V. 앨런이었다고 말했다―을 사용했으며, 훔쳐낸 책의 대부분은 고서업계의 유명한 전문지인 《AB 북맨스 위클리》의 거래 면을 통해 아무런 의심도 하지 않았던 서적상들에게 팔려나갔음이 드러났다. "제임스 신은 분명 대단한 도둑인 동시에, 자기가 훔친 책에서 분류기호 표시며, 면지의 장서표와 대출카드 봉투며, 천공 표시며, 인장이며, 그 외에 뚜렷한 표식을 제거하는 데 있어 뛰어난 능력을 지니고 있다." 윌리엄 버튼의 말이다.

이른바 '법-서지학'에 대한 모펫의 관심은 제임스 신에 대해 연구하면서부터 시작되었다. "저는 오랫동안 노력한 끝에 그가 누구인지, 무엇을 훔쳤는지, 그리고 어느 도서관이 그에게 피해를 입었는지 등을 알아낼 수 있었습니다. 물론 도서관 측에서야 책이 도난당했다는 사실을 알건 모르건, 또한 도난당한 책을 돌려받는 데 관심이 있건 없건 간에 말입니다." 실제로 몇 군데 기관은 책을 돌려받는 일에는 관심조차 없었다. "어떤 사람들은 '책'을 수집하는 데 전념하죠. 제 경우에는 '책 도둑'을 수집하는 셈입니다. 저야말로 그들에 대한 내용에 전념하니까요. 제가 가진 수백 개의 문서철에는 각종 책 도둑에 대한 자료가 가득합니다. 아마 이 주제에 대해서는 어디서도 찾아볼 수 없는 방대한 자료일 겁니다."

모펫의 말에 따르면 제임스 신의 사건에서 가장 흥미로운 점은 다음과 같았다. "그렇게 의심스러운 인물이 자기가 훔친 책을 사들일 만한 열성적인 구매자들을 곧잘 발견할 수 있었다는 점이었죠. 그 때문에 저는 한때 모든 고서적상을 의심해 보기도 했습니다. 하지만 곧이어 저는 대학 및 학술 도서관이야말로 계획적인 책 도둑질에 얼마나 취약한지, 그리고 대부분의 도서관이 잃어버린 물건을 되돌려 받는 것은 물론이고 심지어 책 도둑을 붙잡거나 고발하는 것조차도 모를 정도로 얼마나 대비가 허술한지를 알게 되었습니다. 그야말로 하룻밤 새에 제 앞에 새로운 연구 분야가 생겨난 셈이죠. 이후에 저는 그 주제에서 도저히 벗어날 수가 없었습니다."

제임스 신의 절도 행각은 모펫이 배포한 사진을 통해 그를 알아본 어느 사서에 의해 마침표를 찍고 말았다. "물렌버그-시더크레스트 도서관의 패트리시아 색스가 제게 전화를 걸었기에, 저는 FBI에게 연락을 취해 그가 머무는 모텔 밖에서 감시하도록 했죠. 신은 필라델피아 지방법원에서 재판을 받았습니다. 결국 유죄가 확인되어 모두 20년간의 징역형이 선고되었죠."

비록 동부와 서부 양쪽 연안을 비롯해 '그 사이 전 지역'의 기관에서 책을 훔쳐내긴 했지만, 제임스 신은 블룸버그와 마찬가지로 절도죄로 기소된 것이 아니라 장물 은닉 및 운반죄로 기소되었는데, 왜냐하면 이편이 유죄임을 입증하기가 훨씬 용이했기 때문이다. 모펫은 제임스 신이 훔친 책들의 시가를 계산하기는 쉽지 않다고 말했다. "블룸버그의 사건에서도 마찬가지이지만, 그런 책들의 가격은 실제로 경매에 내놓아서 팔려나가기 전까지는 아무도 알 수 없는 겁니다. 바로 그 때문에 우리는 아직까지도 신이 얼마나 많은 책을 훔쳤는지조차 모릅니다. 왜냐하면 그에게 책을 도둑맞은 사실조차도 모르는 도서관들이 여전히 남아 있고, 또한 우리에게 덜미를 잡히기 전에 그가 이미 수많은 책들을 팔아버렸기 때문이죠. 그럼에도 불구하고 대략적으로 보면 75만 달러 정도 될 겁니다. 스티븐 블룸버그가 등장하기 전까지만 해도, 제임스 신이야말로 지금까지 존재한 미국의 책 도둑 가운데 단연 최고였죠."

모펫은 블룸버그의 뛰어난 점을 이렇게 생각했다. "단순 통계상으로 보자면, 스티븐 블룸버그처럼 수많은 도서관에서 그렇게 수준 높은 책들만 골라 잔뜩 훔친 사람은 이제껏 없었습니다. 물론 그보다 훨씬 훌륭한 자료를 훔친 다른 도둑도 — 가령 국립문서보관소에서 훌륭한 필사본을 훔쳐낸 찰스 머릴 마운트가 생각나기도 하는데 — 있긴 합니다만, 제가 말하고자 하는 것은 전체적인 수준이고, 그런 면에서 보자면 다른 책 도둑들이야 스티븐이 모아놓은 양에 비해서는 아무 것도 아닌 셈이죠."[393]

모펫은 1990년에 오벌린 칼리지에서 퇴직한 후 캘리포니아의 헌팅턴 도서관 관장이 되었는데, 불과 1년도 채 지나지 않아서 다시 한번 신문 지상에 오르내리는 유명세를 치렀다. 1991년 9월 22일자 〈뉴욕 타임스〉 제1면에는 헌팅턴 도서관에서 소장하던 사진복사본 사해문서(死海文書)를 일반 연구가들에게도 무제한 공개하겠다는 모펫의 발표에 대한 기사

---

[393] 20세기 최고의 책 도둑이라는 스티븐 블룸버그의 '위업'에 도전장을 내민 또 다른 인물로는 영국의 던컨 찰스 르 워즐리 제번스를 들 수 있다. 1994년 6월 1일, 영국 서펵의 어느 농장 일꾼으로 일하던 49세의 제번스는 지난 39년간 영국 전역의 도서관, 교회, 대학 등을 돌면서 무려 4만 2,000권의 책을 훔쳐온 죄로 체포되었다. 한때 신학을 공부했던 그가 훔친 종교, 철학, 역사 등의 희귀본은 시가로 50만 파운드 상당에 달했으며, 그는 자신이 훔친 책을 판매하려다가 책에 붙은 도서관 장서표를 수상하게 생각한 어느 고객의 신고로 덜미가 잡혔다. 하지만 이런 도전에도 불구하고 블룸버그의 '기록'은 여간해서 깨질 것 같지 않다. —원주.

가 실렸는데, 이야말로 이 분야에서 지난 40여 년간 이스라엘 고고학회의 인가를 받은 일군의 문헌 편집자들만이 누려오던 학문적 독점을 끝내 버린 조치였다. 기원전 200년대의 것을 비롯해서, 히브리어와 아람어로 된 800여 개의 필사본들로 구성된 사해문서는 1947년과 1956년에 예루살렘 동쪽에 위치한 사해(死海)의 쿰란 유적 근처 동굴에서 발굴된 것이었다. 하지만 이스라엘 고고학회에서는 이 문서를 인수한 다음부터 일부 연구자들에게 한해서만 문서를 공개함으로써 비난을 받아 왔다. 1980년대 초에 이 문서의 사진복사본이 제작되어 전 세계에서 단 네 군데에만 소장되었는데, 그 가운데 한 곳이 바로 헌팅턴 도서관이었다. 그러다가 헌팅턴 도서관 소유의 사진복사본을 무제한으로 공개하기로 함으로써, 모펫은 이전까지의 학문적 독점을 깨뜨렸던 것이다. 1995년 2월 20일에 모펫이 사망하자 프린스턴 신학교의 사해문서 프로젝트 책임자인 제임스 H. 찰스워스 박사는 추도문을 발표했다. 찰스워스는 모펫이 '옳다고 생각한 것에 대해서는 본인의 평판이나 경력에 위험이 될 만한 경우라도 기꺼이 감수했다'고 평하면서, 이 고문서를 일반에 공개한 그의 결심이 이 분야에 대한 관심의 폭발을 낳았다고 언급했다.

역사상 가장 중대한 책 도둑질이 발생하게 된 요인에 대한 모펫의 견해 또한 이와 비슷하게 논쟁의 여지를 담고 있다. 블룸버그를 능지처참해야 한다고 생각하는 일부 동료들과는 달리 그는 이 책 도둑에 대한 동정을 표시했기 때문이다. "블룸버그의 행동 자체는 괘씸하고도 용서할 수가 없는 것이지만, 그나 제임스 신은 이처럼 귀중한 도서관들이 얼마나 절도에 취약한지를 보여줌으로써 사실상 공익에 기여했다고 해야 할 겁니다. 블룸버그야말로 이전에 어느 사서조차도 하지 못했던 일을 한 셈이니까요. 바로 FBI를 끌어들임으로써 이 문제를 더욱 확대시킨 것이죠."

모펫은 이렇게 말했다. "도서관 측에 오히려 영구적인 위협이 되는 것은 블룸버그 같이 간혹 있는 무지막지한 수집가라기보다는, 오히려 부정직한 학생 및 교수라고 할 수 있습니다. 하지만 역사적으로 보자면, 이들조차도 사서에 비하면 아무 것도 아닙니다. 희귀본이나 필사본의 경우, 가장 크나큰 위협은 바로 '내부자의 도둑질'이니 말입니다."[394]

실제로 블룸버그가 체포되기 17개월 전에, 전직 조지아 대학의 특별 컬렉션 담당 사서였던 로버트 M. '스키트' 윌링엄 2세는 모두 열세 건의 절도죄로 조지아 주 애선스의 클라크 카운티 고등법원에서 유죄 선고를 받았다. 1986년에 체포되기 전까지, 그는 자기가 10년 동안 관리해 온 하그리트 희귀본실에서 여러 희귀 필사본과 판화, 그리고 책을 훔쳐 왔다. 블룸버그와 마찬가지로 그 또한 체포 당시에 41세였지만, 그가 저지른 범죄는 전국적으로 주목을 끌지 못했고, 따라서 그 자세한 내용 또한 일간지나 전문지 어디에서도 찾아볼 수가 없었다. 윌링엄은 단지 돈벌이를 위해 책을 훔쳤기 때문에, 그가 어느 정도까지 손을 댔는지는 확실히 밝혀지지 않았다.

2주에 걸친 공판에서 제출된 증거 물품에 따르면 '스키트' 윌링엄은 자기가 관리하던 희귀본 서고에서 값비싼 품목을 빼돌렸을 뿐만 아니라, 심지어 도서관 내부에 있는 그 자료에 대한 기록조차도 없애버렸음이 드러났다. 어느 면으로 보나 윌링엄은 훌륭한 매너를 지닌 신사였을 뿐더

---

[394] 1994년 가을에 컬럼비아 대학 버틀러 도서관에 소장되어 있던 시가 100만 달러 상당의 중세 필사본 22점이 감쪽같이 사라진 사실이 밝혀졌다. 이 자료들은 희귀본 및 필사본 도서관의 6층에 있는 출입제한구역 내에 보관되어 있었기 때문에 이른바 "내부자의 소행"이라는 의심이 더욱 짙을 수밖에 없었다. "필사본 한두 권이 없어진 거라면, 어떤 방문객이 훔쳐갔다고 할 수도 있습니다. 하지만 이렇게 여러 권이 사라진 경우에는 분명 이곳을 잘 아는 사람의 소행일 수밖에 없죠." 어느 전문가의 지적이다. 이후 FBI가 이 사건을 맡아 조사하게 되었다. — 원주.

러, 조지아 대학이 특별히 강세를 보이던 남부 연방 당시의 임프린트에 대한 해박한 지식으로도 존경받는 인물이었다. 가령 '스키트' 윌링엄은 '남부의 연방 탈퇴부터 항복 때까지의 간행물을 총 정리한 권위 있는 서지목록'인 《남부 연방 임프린트》라는 책을 텍사스 주 오스틴의 T. 마이클 패리시와 함께 공저하기도 했다. 이 책은 1987년, 그가 조지아 주 정부에 의해 체포된 지 1년 뒤에 출간되었다.

윌링엄을 잘 알던 사람들은 모두 기소 내용에 대해 오히려 의문을 제기하기도 했다. 피고 측 증인들은 그가 주일학교 교사이며, 교회 성가대원이며, 조지아 주 워싱턴 시의원을 역임했고, 무엇보다도 훌륭한 '우리 고장 사람이었다'고 증언했다. "그는 훌륭한 친구입니다." 그와 평생의 지기였던 사람은 이렇게 단언했다. "그가 고결하다는 것은 아무리 강조해도 지나치지 않습니다. 심지어 골프를 칠 때에도 그가 속임수 쓰는 것을 한번도 본 적이 없었으니까요." 이 당시 그를 위해 증언한 사람들 중에는 전직 조지아 주 하원의원이었던 로버트 G. 스티븐스 2세도 있었다.

"윌링엄 씨가 재판을 받게 된 이유는 멋지고 사교적인 인물이어서가 아니라, 도둑질을 했기 때문입니다." 릭 위버 검사가 말했다. 이 과정에서 애틀랜타의 희귀본 판매업자인 게리 지피디 더바가 나와 증언하기도 했다. 더바는 자기와 동업자가 미국 독립전쟁 당시의 장군으로 활약한 너새니얼 그린이 쓴 희귀한 편지를 얻게 된 과정에 대해 경찰에 거짓으로 증언했다는 사실을 시인했다. "우리 두 사람 모두 거짓말을 했습니다." 더바가 말했다. "스키트에게 해를 끼칠까봐 걱정했기 때문입니다."

조지아 주 정부는 1985년에 필라델피아와 뉴욕에서 활동하던 유명한 필사본 및 판화 전문 판매업자인 W. 그레이엄 어레이더가, 자기가 알기로는 조지아 대학에서 소장하고 있는 것이 확실한 너새니얼 그린 장군의 편지를 구입하지 않겠느냐고 하는 제안을 받은 적이 있다며 제보해 옴에 따라 수사에 착수했다. 1년 뒤에 하그리트 측의 직원 중 한 사람이 사우스캐롤라이나를 그린 고지도 한 장이 사라졌음을 확인했고, 이후 조사 과정에서 조지 워싱턴의 소유였던 지도 28점을 비롯하여 수많은 품목이 분실되었음이 밝혀졌다. 윌링엄의 집에 대한 몇 차례의 압수 수사 과정에서 무려 5,000점 이상의 지도와 책, 그리고 다른 고문서들이 발견되었는데, 그 가운데 일부는 본래 대학 소장품이었다.

1987년에 이르러 기소가 이루어졌고, 그 다음해부터 증언이 시작되었다. 윌링엄은 무죄를 주장했다. 그에 대한 주된 기소 내역 중에는 조지아 대학이 소장하던 모두 여덟 권에 달하는 피에르 조셉 레도테의 19세기 식물 판화 컬렉션인 《백합》을 훔친 것도 포함되어 있었는데, 어느 증인은 이 책을 한 권씩 떼어 팔더라도 권당 최소 100만 달러씩은 받을 것이라고 감정했다. 이 가운데 두 권은 되찾을 수 있었지만, 그 중에서도 몇 장의 판화는 이미 사라져 버린 다음이었다. 윌링엄은 이에 대한 도서관 내부의 기록을 모두 없애버린 뒤에, 이 책들을 4만 달러에 어느 외과의사에게 판매했다. 하지만 검찰 측에서는 마침 학내의 다른 곳에 보관되어 있던 도서 대출카드의 사진복사본을 입수할 수 있었다. 이는 윌링엄이 애틀랜타의 어느 업자에게 레도테의 판화를 구입하라고 제안하며 보낸 편지에 묘사된 바와 거의 맞아떨어졌고, 그 중에는 어느 전문가가 배심원 앞에서 증언한 다음과 같은 내용도 들어 있었다.

윌링엄은 이 편지에서 자기가 얼마 전에 사망한 친척으로부터 이 판화집을 물려받았다고 주장했는데, 과학수사연구소의 실험 결과에 따르면 이 책의 1권 속표지에는 'H. 잭슨'이라는 서명의 흔적이 있음이 밝혀졌다. 검찰 측에서는 이것이 바로 프랑스 방문 길에 이 판화집을 구입해 조지아로 가져왔고, 이후 대학에 기증한 10세기의 박물학 교수인 헨리 잭슨의 서명이라고 주장했다. 조지아 주 과학수사연구소의 연구원인 제임스 켈리는 비록 이름은 지워졌지만, 적외선을 이용하면 그 흔적을 확인할 수 있다고 증언했다. 아울러 윌링엄이 이 판화집의 판매 대금으로 현금을 요구해서, 1984년에 우선 계약금조로 2만 7,000달러를 종이봉투에 담아 받았고, 나머지 1만 3,000달러는 책을 넘겨주면서 받았다는 증거도 제출되었다.

켈리는 또한 윌링엄의 집에서 압수한 특대품 지도의 뒷면에 있던 흐릿한 잉크 자국이 대학 도서관의 인장으로 확인되었다고 증언했다. 이 지도의 뒷면에 붙어 있던 천은 이미 떼어버린 상태였지만, 그 사이로 스며들었던 잉크 자국 덕분에 확인이 가능했던 것이다. 켈리는 윌링엄이 소유했던 열두 점의 인디언 판화도 대학 도서관의 또 다른 희귀본에서 뜯어낸 것이라고 증언했다. 그는 종이가 찢어진 모양과 얼룩 등을 대조하여 이들 판화가 대학에서 소장하던 토머스 맥케니와 제임스 홀이 공저한 《북아메리카 인디언 부족의 역사》라는 책에서 뜯어낸 것임을 확인했다고 증언했다.

1988년 9월 8일, 윌링엄은 모두 열세 건의 절도죄에 대해 유죄가 확정되어, 징역 15년에 4만 5,000달러의 벌금을 선고받았다. 단, 한 가지에 대해서는 무죄가 선고되었다. 바로 남북전쟁 당시 북군의 존 댈그런 장군의 명령서 컬렉션을 훔쳐서 대학 측에 제공하고 받은 3,600달러를 유명한 프레지던츠 클럽의 회원권을 구입하는 데 사용했다는 내용이었다. 1991년 7월 8일, 교회 성가대원이었고 골프 경기에서 결코 속임수를 쓴 적이 없었던 이 책 도둑은 최종 항소심에서 패하여 그동안 줄곧 벗어나 있던 감옥으로 되돌아갔다. 1993년 9월 1일, 그는 13개월간 복역한 끝에 향후 조지아 대학 근처 75킬로미터 이내에는 거주하지 않겠다는 서약을 하고서 석방될 수 있었다.

나는 블룸버그에게 정말로 자신이 그 책들을 구출하는 셈이라고 생각했는지 물었다. "그럼요. 바로 그것 때문이었죠. 책뿐만 아니라 문고리며, 창문이며, 옛날 집이며, 심지어 짐 홀 같은 옛날 사람까지요. 맞아요. 정말 그랬던 거죠."

하지만 안전한 장소에 보관되어 있던 책을 빼내오는 행위를 어째서 '구출'이라고 하는 것일까?

"글쎄요, 어쩌면 제 입장에서는 합리화일 뿐인지도 모르죠. 저야 사실……. 그러면 이렇게 생각해 보죠. 저는 이 책들을 빌려와서 일종의 '연합도서관'을 만들어 보았던 거죠. 저야 사실 언제고 이 책들을 모두 돌려줄 의사가 있었으니까요. 이 컬렉션을 여기 모두 모아 놓은 데 대해서는 후회하지 않지만, 타인에 대한 배려가 없었다는 점에서는 미안한 생각이 듭니다. 따라서 이런 일을 다시 하진 않을 겁니다."

또 다른 이야기 중에 그는 캐나다의 임프린트에 대해 설명하고 있었는데, 문득 어느 책의 제목이 생각나지 않는 모양이었다. "젠장." 그가 말했다. "내 책만 여기 있었어도 바로 꺼내서 보여드리는 건데. 종종 그런 생각이 들어요." 그런 생각으로부터 자연스럽게 FBI가 오마하의 창고에 보관하고 있는 책들의 상태에 대한 이야기가 흘러나왔다. "가장 신경이 쓰였던 것은 그 책들이 전혀 순서대로 진열되어 있지 않았다는 것이었죠." 그가 불평했다. "제가 정돈해 놓았던 모습은 온데간데없었어요. 모두 완벽하게 정리해 놓았던 것들인데. 필요한 책은 뭐든지 곧바로 꺼내 볼 수 있게 했었죠. 인큐내뷸러의 경우는 출간년도 순으로, 아메리카나의 경우는 주(州)와 지역별로 정리했죠. 그리고 이런 컬렉션들 사이사이에 작은 특별 컬렉션을 또 소장하고 있었죠. 모두 제 자리에 있었어요. 하지만 오마하에서는 더 이상 '컬렉션'이라고 부를 수가 없었죠." 나는 오마하에 보관된 책이 순서대로 진열되어 있지 않은 까닭은 그의 분류 체계 대신에 원래 소유주를 기준으로 정리되어 있기 때문이라고 지적했다. "어쩌면 그런지도 모르죠." 그가 말했다. "그 사람들이야 그 주제보다는 그 출처에 더 관심이 있을 테니까요. 하지만 저는 여전히 그걸 분야별로 다시 정리해야만 더 나을 거라고 생각해요."

블룸버그는 다른 모든 아메리카나 수집가들 중에서도 조지 브린리와 토머스 W. 스트리터를 가장 존경한다고 말했다. "브린리야말로 확실히 제 목표라 할 수 있지만, 시대가 다르니 그와 비교할 수는 없을 겁니다. 그는 무려 100년 전의 사람이니까요. 하지만 저는 스트리터를 거의 따라잡았고, 가령 임프린트를 비롯한 몇몇 분야에서는 이미 그를 능가했습니다. 스트리터는 임프린트 분야가 특히 강했는데, 저 또한 아메리카나에 있어서는 그가 보유한 양을 거의 따라잡았다고 생각합니다. 저는 종종 그의 서지목록을 들여다보면서, 제가 어디까지 왔는지 확인해 보곤 했죠."

문득 그는 향수에 사로잡히기라도 한 듯 이렇게 덧붙였다. "경쟁이란 원래 힘든 겁니다. 안 그렇습니까? 갈수록 더하죠. 거의 완벽에 도달했을 때는 특히나 말입니다. 정말 피 말리는 일입니다. 때로는 애초에 시작하지도 말 걸 그랬다고 후회할 때도 있죠."

블룸버그는 FBI 측에서 자기 집에서 압수한 책들의 도서목록을 발행했다는 것을 알고서 무척 관심을 보이며 나중에 한 부 봤으면 좋겠다고 했다. 《FBI 오마하 도서목록》은 스프링 제본으로 되어 있는 다섯 권의 두툼한 책으로, 87G-OM-36172라는 식별 기호가 적혀 있었다. 모든 책이 저자명, 혹은 저자가 불분명한 경우에는 도서명으로 해서 알파벳순서로 나열되어 있었고, 각 권마다 상태 및 발행지가 나와 있었다. 책들이 순서대로 진열되어 있지 않은 것에 대한 블룸버그의 불만을 반영하기라도 한 듯, 각 권마다 오마하 창고의 현재 보관 위치와 오텀와의 압수 당시 위치가 명시되어 있었다.

가령 압수 당시 위치가 '2B'인 것은 블룸버그의 오텀와 집에서 '캘리포니아 실'에 있던 것을 가리켰다. 같은 구역에 보관되어 있었던 책들 중에는 1세기 경의 지리학자였던 폼포니우스 멜라의 저서인 《세계지리지》가 있었는데, 이것은 인쇄술이 발명된 지 불과 30년 후인 1482년에 베네치아에서 출간된 것으로, 글렌 도슨에 의하면 아무리 낮게 잡아도 5,000달러 이상 가는 물건이었다. 재머래너 클럽의 책들—캘리포니아 역사에서 매우 중요한—또한 2B 구역에 있었던 것이었는데, 블룸버그가 80종에 달하는 이 컬렉션에 대해 얼마나 자부심을 느끼고 있었는지는, 같은 장소에서 발견된 또 다른 유물인 재머래너 문장(紋章)을 통해서도 알 수 있다.

이야말로 블룸버그로서는 유일하게 수집가들이 추구하는 '목록별 수집'이라는 인기 있는 수집 방식을 취한 경우였다. 이것은 가령 퓰리처상을 수상한 소설책만을 모은다든지, 아니면 아카데미상을 수상한 영화의 원작 소설만을 모은다든지, 아니면 그롤리에 클럽에서 선정 발표한 서양 문학의 100대 고전만을 모은다든지, 1966년에 시릴 코널리가 발표한 20세기의 가장 영향력 있는 작품들[395]만을 모은다든지 하는 것이다. 또한 과학소설 팬이 네뷸러 상[396] 수상작만을 모은다든지, 추리소설 팬이 에드거 앨런 포 상[397] 수상작만을 모은다든지 하는 것이다.

블룸버그의 경우, 그의 목표는 로스앤젤레스의 재머래너 클럽의 회원인 저명한 도서수집가들이 1945년에 펴낸 목록에 나온 책들을 모두 모

---

395. 시릴 코널리는 1965년에 《현대의 동향: 1880년부터 1950년까지 영국, 프랑스, 미국에서 출간된 주요 도서 100권》이라는 저서를 펴내, 플로베르의 《부바르와 페퀴셰》부터 조지 오웰의 《1984년》까지 100권을 현대의 가장 중요한 작품으로 꼽았다. 자세한 목록은 다음 웹사이트(http://home.comcast.net/~dwtaylor1/connolly.html)를 참고하라.

으는 것이었다. 재머래너 클럽은 캘리포니아 최초의 인쇄업자인 돈 어거스틴 재머래너의 이름을 따서 만든 단체였다. 본래의 의도는 캘리포니아의 역사에서 중심적인 역할을 한 100권의 책을 고르는 것이었는데, 여섯 명의 선정위원들은 단지 80권만을 선정해서 이후 그 목록이 그대로 굳어져 버렸다.[398] 그나마도 선정 과정에서는 다분히 정치적인 압력이 작용했다. 당시 목록 선정에 관여했던 로스앤젤레스의 전직 광산업자 헨리 R. 와그너는 1854년 샌프란시스코에서 출간된 존 롤린 리지의 《캘리포니아의 유명한 무법자 호아퀸 뮤리에타의 인생과 모험》이 반드시 들어가야 한다고 주장했는데, 그것은 본인이 이 책의 현존하는 유일한 초판본을 소장하고 있었던 까닭이었다. 물론 워낙에 독특한 물품들이 대개 그렇듯이, 이 목록이 배포된 후에 초판본이 두 권이나 더 발굴되기는 했지만 말이다. 재머래너의 책도 포함되어 있었던 와그너의 장서 대부분은 이후 그의 모교인 예일 대학에 기증되었는데, 그 덕분에 이 동부 연안의 대학이야말로 캘리포니아의 역사를 보여주는 완벽한 자료 컬렉션을 보유한 유일한 기관이 되었다. 헌팅턴 도서관만 해도 웨스턴 아메리카나에 강한 편이었지만, 《호아퀸 뮤리에타》를 갖고 있지는 않았다.

블룸버그는 재머래너의 목록에 나온 책들 중 상당수를 클레어먼트 칼리지의 호널드 도서관에서 가져왔다. 또한 일부는 아예 오랫동안 남캘리포니아 대학 내에 보관되어 있던 재머래너 클럽 장서에서 가져온 것도

---

[396]..1965년에 제정되었으며, 미국 과학소설 및 환상소설 작가협회(SFWA)에서 매년 장편, 중편, 단편소설 등에 대해 시상하며, 휴고 상과 아울러 이 분야의 가장 권위 있는 문학상이다.
[397]..1954년에 제정되었으며, 미국 추리작가협회에서 매년 10여 개 부문에 걸쳐 우수작을 선정해 시상하는 권위 있는 문학상으로, 흔히 '에드가 상' 이라고 약칭한다.
[398]..다음 인터넷 사이트(www.dsloan.com/Auctions/A12/A12Contents.htm)에 가면 재머래너 클럽에서 선정해 발표한 80권의 목록 및 사진 자료를 볼 수 있다.

있었다. 공판 당시에는 결코 풀리지 않았던 한 가지 수수께끼는 블룸버그가 본래 클럽 소유였던 재머래너 80종을 과연 어느 학교에서 훔쳤는가 하는 점이었다. 옥시덴탈 칼리지의 희귀본 담당 사서인 타이러스 G. 함슨은 1990년에 FBI 측으로부터 전화 연락을 받고서야 그런 도난 사실을 알게 되었다고 증언했다. 그전까지만 해도 재머래너 클럽의 도서 컬렉션 자체는 안전히 보관된 것으로 간주되고 있었다. 함슨은 1989년에 이르러 클럽의 장서 전체가 옥시덴탈 칼리지로 옮겨졌으며, 그때 재머래너 80종 또한 함께 옮겨진 것으로 알고 있다고 증언했다. "원래 있던 장소나 새로 옮겨진 장소 모두 평소에 자물쇠로 잠겨져 있었던 까닭에, 굳이 그 시점에서 책이 없어졌는지 확인해 볼 필요는 없었습니다." 함슨이 설명했다.

비록 목록에 있는 책 중에 클럽 장서에는 없는 것도 있긴 했지만, 블룸버그는 완벽한 컬렉션을 만들기 위해서라면 어디든지 찾아갈 작정이었다. 그는 이제껏 알려진 가운데 재머래너 80종을 완벽히 갖춘 컬렉션은 단지 두 개가 있다는 사실을 알아냈다. 그 중 하나는 코네티컷의 예일 대학 내 바이네케 도서관에 소장되어 있었고, 다른 하나는 캘리포니아 주 패서디나에서 은퇴 생활을 보내고 있는 투자 브로커이자 도서수집가인 헨리 H. 클리포드가 소장하고 있었다.

세 명의 검찰 측 증인은 블룸버그가 자기의 재머래너 80종 컬렉션을 완벽히 갖추려는 생각에 사로잡힌 나머지 헨리 클리포드의 집을 감시했으며, 실제로 침입할 수 있는 방법을 다양하게 궁리하기도 했다고 증언했다. 공판 중에는 수백 건에 달하는 불법침입 및 절도에 대한 증언이 이루어졌지만, 블룸버그가 어느 개인으로부터 책을 강탈하려고 의도했던 경우는 이것이 유일했는데, 증인이었던 젊은 친구 가운데 한 사람도 블룸버그가 내게 했던 것과 같은 말을 했다. "저는 아무도 해치지 않았습니다." 그가 말했다. "저는 난폭한 사람이 아니거든요." 그는 헨리 클리포드의 책을 훔치는 것도 결국 계획 단계 이상으로 나아가지 못했음을 강조했다.

브라이언 티위는 '자기와 드웨인 올슨이 클리포드의 집을 감시했을 뿐만 아니라 경보장치를 뚫고 들어갈 방법을 찾기 위해 집 주변을 돌아보기도 했으며, 결국 방법을 찾아냈다'고 증언했다. 그와 올슨은 집 바닥의 배선 공간 속으로 기어들어가 경보장치와 함께 비치된 사용설명서를 발견했다. 블룸버그가 이 설명서를 복사한 뒤, 티위는 다음날 설명서를 원래 자리에 갖다 놓고 그곳의 모습을 사진으로 찍었다. 그들은 '경보장치에 대해 잘 아는 누군가를 찾아낼 것인지, 혹은 피자 배달부로 가장해 현관문을 두드린 다음, (클리포드 부부에게) 총을 들이대고 꽁꽁 묶어 버리는 보다 직접적인 방법'을 쓸 것인지 논의했다. 물론 이 방법을 실행에 옮기지는 못했고, 블룸버그가 리버사이드에서 붙잡혀서 그곳을 떠나야 했기 때문에 더 이상 이에 대한 논의가 진전되지는 않았다. 케니 로즈는 블룸버그를 정부 당국에 넘기려고 작정했을 무렵, 헨리 클리포드에게 전화를 걸어 이 계획에 대해 경고해 주었다. 클리포드는 몇 달 뒤에 내게 그런 사실을 확인해 주었다. "저는 책 말고도 아주 훌륭한 총포 컬렉션을 보유하고 있다는 사실을 그 친구에게 말해 주고 싶었죠." 그의 말이다. "또 그 중 몇 정은 늘 장전해 두고 있다는 것도요."

패서디나의 주택과 거기 사는 사람들에 대한 정보를 모으기 위해 광분하던 블룸버그는 심지어 클리포드의 집에서 버린 쓰레기통을 뒤지기까지 했는데, 내가 이른바 '청소차 몰기'라는 그의 그런 수법에 대해 언급하자 다음과 같이 직접 실연해 보여주었다. 즉, 오텀와에서 차를 몰고 가는 도중에 그는 갑자기 차를 세우라고 하더니, 아무 말 없이 밖으로 내려서 커다란 쓰레기 수집통 속으로 넘어 들어가 뭐 쓸 만한 것이 있는지 뒤

773

지기 시작했다. 쓰레기 냄새를 풀풀 풍기며 돌아온 그는 이런 방법으로 몇 가지 물건을 '구출한' 적이 있다고 의기양양하게 덧붙였다. "클리포드의 집에서도 마찬가지 방법을 썼죠." 그가 설명했다. "그 사람이 버린 쓰레기를 뒤져 보면, 그 사람과 직접 이야기를 나눌 때만큼이나 많은 것을 알게 되니까요."

헨리 클리포드는 84번째 생일을 맞은 지 11일 뒤인 1994년 2월 21일에 사망했다. 스티븐 블룸버그가 훔치고 싶어서 그토록 안달했던 책들은 텍사스 주 오스틴의 희귀본 판매업자인 도로시 슬로언이 위탁받아 경매에 붙였다. 1994년 10월 23일, 로스앤젤레스에서 열린 처음 세 번의 경매에서 클리포드가 소장했던 재머래너 80종 컬렉션이 매각되었다. 개인 소장본으로는 유일했으며, 블룸버그가 특히 탐냈던 클리포드의 《캘리포니아의 유명한 무법자 호아퀸 뮤리에타의 인생과 모험》은 6만 9,000달러에 어느 익명의 수집가에게 넘어갔다. 슬로언에 따르면 클리포드 장서 경매의 총 판매금액은 117만 달러였다고 한다.

제퍼슨 가의 자기 서재를 뒤로 하고, 블룸버그는 시내에 있는 자기 창고로 나를 데려갔다. 그곳 역시 FBI로부터 수색을 당했지만, 정부 측에서는 단지 책만 골라서 가져갔기 때문에 그 외의 나머지는 그대로 남아 있었다. 블룸버그는 체포된 이후 10개월 동안 이곳에 전혀 와보지 못했기 때문에, 안으로 들어가는 순간 무척이나 기뻐했다. 나는 그가 자기 물건 속에 파묻혀서 눈을 반짝이는 광경을 스무 장쯤 사진에 담았다.

"와, 이것 좀 보세요!" 갑자기 블룸버그가 기쁨에 넘쳐 소리쳤다. "시카고 대화재 이전에 출간된 임프린트예요." 《장식미술》이란 제목이 붙은 특대판 삽화본을 발견한 그는 재빨리 책을 열어 페이지를 살펴보았다. 그 방 안에는 어림잡아 200여 권의 책이 보관되었던 것 같았다. "이렇게 선물을 남겨두고 가다니, 어찌나 고마운지." 블룸버그가 말했다. 몇 분 뒤에 그는 플라스틱으로 된 우유 상자에 차곡차곡 쌓여 있는 수백 개의 문고리를 보여주었는데, 이전에 그가 한 말에 따르면 이런 물건이 한 5만 개 정도 있다고 했다. 또 한쪽에는 열댓 개의 오래 된 여행용 가방이 천장에 닿을 정도로 차곡차곡 쌓여 있었는데, 그 중 일부는 비어 있었고 나머지는 갖가지 물건들이 들어 있었다. 사방 벽에는 스테인드글라스 창문들이 기대어 세워져 있었는데, 최소한 100여 개는 되어 보였다. 저만치 구석에는 구식 78회전 레코드판이 잔뜩 쌓여 있었다.

"제가 가진 물건이 여기 다 모여 있을 줄은 몰랐군요." 그가 놀란 듯 말했다. "저는 아직 살아 있는 거예요." 그는 몇 번이고 중얼거렸다. "살아 있다구요."

린다 리드 검사는 이 도서절도 사건의 윤곽을 매우 구체적으로 그려보였다. 피고 측 변호인인 돈 C. 니커슨과 레이먼드 로젠버그는 블룸버그가 책을 훔쳤다는 사실을 부인하지 않았다. 문제는 그의 정신상태 여부였고, 해럴드 D. 비터 판사 또한 이 사건의 변론에 있어서는 '블룸버그가 책을 훔쳐 주(州) 경계 너머 아이오와로 운송했을 당시에 정신상태가 비정상이었다는 사실이 확실하고도 설득력 있는 증거를 통해 확인되어야 할 것'이라고 언급했을 정도였다.

1991년 1월 29일 화요일 오전, 니커슨과 로젠버그는 미네소타 주 세인트폴에서 온 73세의 골동품 판매업자를 첫 번째 증인으로 불러냈다. 에밀리 어거스틴 프레더릭슨은 블룸버그가 열두 살이었던 1960년대에 처음 그를 만났다고 증언했다. 그 '비쩍 마른 작은 꼬마는 때가 꼬질꼬질해서 더럽긴 했지만 무척이나 예의바른 편이었으며, 하루는 오래 된 집에서 가져온 물건들이 담긴 커다란 상자를 고물 자전거에 싣고 가게로 찾아왔다'고 한다. "그의 눈이 아직도 기억나네요. 눈빛이 아주 인상적이었죠." 하지만 무엇보다도 놀라운 것은 그 꼬마가 지닌 지식이었다고 한다. "겨우 열두 살밖에 되지 않은 꼬마가 문이니, 문 경첩이니, 창문 손잡이 같은 것에 관심을 갖고 있다고 생각해 보세요." 두 사람은 곧바로 친해지게 되었다. 프레더릭슨 여사는 자기와 스티븐이 '같은 과'에 속하는 셈이었다고 했지만, 그럼에도 불구하고 두 사람 사이에는 결정적인 차이가 있었다. "저는 생계를 위해 그런 물건을 수집했지만, 그는 판매하지 않고 그저 모으기만 할 뿐이었죠."

그녀의 말에 의하면, 당시는 세인트폴과 미니애폴리스 간 도로를 새로 만들기 위해 고풍스러운 옛날 집들을 많이 철거하던 때였다고 한다. "그 중에는 매우 아름다운 집들도 있었죠, 정말 멋있었던." 그녀가 말했다. "그냥 아무나 들어가서 뭐든지 가지고 나오면 그만이었죠." 왜냐하면 이들 집들은 철거될 예정이었기 때문에 곳곳이 파손을 면치 못했고, 블룸버그가 가져온 물건 또한 아무도 관심을 보이지 않는 것들이었다. "집이 철거되고 불도저로 밀어버리면 그저 땅에 파묻히고 마는 것들이었죠."

간혹 프레더릭슨 여사는 블룸버그와 함께 이런 버려진 건물에 들어가 보기도 했다. "제가 보기에 스티브는 전혀 겁이 없었어요. 뭔가 자기가 갖고 싶은 물건이 눈에 들어오면, 목이 부러지건 허리가 부러지건 상관하지 않고 그것만 쫓아다녔죠." 한번은 그가 오래 된 헛간 주인으로부터 지붕 위에 매달린 풍속계를 떼어내도 좋다는 허락을 받았다고 한다. "그 어린 녀석이 지붕 위로 어찌나 잽싸게 기어 올라가던지. 제가 직접 지붕 위로 올라가서 그를 데리고 내려올 생각을 하니 아찔하더군요. 하지만 그는 아무렇지도 않게 술술 미끄러져 내려왔죠."

프레더릭슨 여사는 자기가 종종 소년을 차로 집에 데려다주는 도중에 그의 아버지인 헨리 블룸버그 박사와 마주치곤 했다고 말했다. 스티븐이 최근에 수집한 물건을 칭찬해 주기는커녕, 블룸버그 박사는 그걸 빼앗아서 길가에 휙 던져버리곤 했다. 나중에서야 그녀는 블룸버그 박사가 자기 아들이 집에 들여놓는 물건들을 정기적으로 내다 버린다는 사실을 알았다. "저와 처음 만났을 때 스티븐은 외톨이였죠. 그는 아무도 원하지 않았어요. 아무 것도. 심지어 먹을 것조차도 말이에요. 그에게 먹을 것은 별로 중요하지 않았어요. 옷이나 놀이 같은 것에도 관심이 없었구요. 오로지 옛날 물건에만 관심을 가졌죠." 여사는 그를 가리켜 '똑똑하고, 정직하고, 진실하며, 전혀 거칠거나, 야비한 면이 없는 점잖은 아이'였다고 말했다. "글쎄요, 말하자면 제가 그 아이를 무척 좋아했던 모양입니다. 어느 날 갑자기 제 앞에 나타났으니까요. 제가 무척 좋아했죠."

1990년에 블룸버그 박사의 의뢰를 받아 그의 아들을 진찰했던 캔자스 주 토피카에 있는 메닝거 클리닉의 정신과의사는 그에게 열 가지 테스트를 해 보았다고 말했다. 1920년에 설립된 메닝거 클리닉은 만성 정신병 환자들을 치료하는 병원이다. 글렌 S. 리프슨 박사는 블룸버그를 '이 세계를 바라봄에 있어 망상적인 체계에 갇혀 있으며, 자기만의 세계를 구축하고, 그로 인해 행동하는 인물'이라고 진단 내렸다. 그는 '망상'이라는 말을 '대부분의 사람들이 현실이라고 인식하는 것과 모순되는 믿음'이라고 정의했다. 리프슨 박사는 훨씬 전인 1965년에 메닝거 클리닉에서 있었던 블룸버그에 대한 진단―그가 아이오와에서 붙잡히기 24년 전에 있었던―에서도 거의 비슷한 점이 확인되었다고 언급했다. 그는 '옛날 것, 혹은 오래 된 것에 대한 블룸버그의 지나친 관심은 물론이고, 그로 인해 현재 벌어지는 일에 대처할 수 없는 무능력과 같은 면에서는 사실상 예나 지금이나 나름대로의 일관성이 있어서 매우 놀랐다'고 말했다. "결국 그로부터 25년 뒤인 지금에는 완전히 거기에 사로잡힌 인물이 된 것입니다." 박사의 말이다. "그는 옛날 물건에 대해서는 전문가이고, 문고리나 책에 대한 이야기라면 열을 올리지만, 정작 누가 그 자신에 대해 묻기라도 하면 금방 움츠러드는 인물입니다."

이어서 변호인은 공판 당시에 메닝거 클리닉의 법의학과 과장으로 재직 중이며—1985년부터 재직해 왔다고 한다—또한 법-정신의학에 있어서는 최고 권위자인 윌리엄 S. 로건 박사를 언급했다. 이런 사건에 있어서는 신빙성이 매우 중요했기 때문에, 니커슨은 무려 30분에 걸쳐 로건 박사의 소견을 청취하도록 했다. 니커슨 박사는 이미 45건의 다른 사건에서 전문가로 증언하기도 했으며, 그 공로를 인정받아 법무부에서 표창을 받기도 한 인물이었다.

로건 박사는 자기가 총 33시간 20분에 걸쳐 블룸버그와 면담했으며, 또한 이 환자의 가족 및 친지들과도 21시간 45분간 면담을 실시했다고 보고했다. 그는 단일 진료에 있어 이토록 오랜 시간을 할애하기는 본인으로서도 매우 특이한 경우이며, '블룸버그 씨의 망상적인 믿음에 대해서는 완전히 안다고 할 수 없는 것이, 그 대부분이 여전히 그 자신만의 암호와 상징으로 표현되기 때문'이라고 언급했다. 로건 박사는 이 '암호' 가운데 하나로 콜럼버스 도서관이라는 가공의 기관을 들었다. 블룸버그는 그로부터 4세기 전에 있었던 신대륙 발굴을 기념하기 위해 1893년에 개최된 세계 콜럼버스 박람회에서 이러한 이름을 따왔다. 찰스 F. 맥킴, 스탠포드 화이트, 루이스 H. 설리번, 프레더릭 로우 옴스테드 등의 건축가들이 설계한 미시간 호반의 전시장에서 6개월간 열려 모두 2,700만여 명이 관람한 이 박람회는 빅토리아 시대 문화의 개가로 평가된다. 로건 박사에 따르면 블룸버그는 그 시대를 매우 숭배한 까닭에 지금은 '시카고 박람회'라는 이름으로 더 유명한 이 박람회를 본떠 자기 책들을 새로이 명명했다고 한다.

이날 블룸버그 측의 변론에서 가장 중요한 대목은 그의 가족사였는데, 로건 박사는 아이오와 출신으로 1800년대 중반에 세인트폴과 미니애폴리스의 트윈시티스 지역으로 이주한 스티븐의 외증조부인 모제스 '모제' 짐머만에 대한 이야기로부터 자세하게 설명하기 시작했다. 진정한 19세기의 실업가라 할 수 있는 모제 짐머만은 미국 기병대뿐만 아니라 보어 전쟁 당시 여러 유럽 각국 부대에도 군용 말을 공급했다. "이 모제라는 인물에 있어 흥미로운 점은 그가 이 가문 최초의 '수집가'였다는 사실입니다." 로건 박사가 말했다. "그는 온갖 잡동사니를 산더미처럼 모아서 커다란 창고에 보관했습니다. 한번은 전혀 쓸모도 없는 어느 방직공장 전체를 사들이기도 했죠. 그가 수집한 물건 중에는 100여 개의 들소 모피와 1만여 개의 마구(馬具)도 있었습니다."

블룸버그의 외증조부가 수집한 물건은 실제로 거의 쓸모가 없는 것이었는데, 그 중에는 당시만 해도 전혀 '가치가 없다'고 생각된 미네소타 주 세인트폴의 방대한 부동산도 포함되어 있었다. "훗날 도시가 팽창하면서―제가 여기서 '훗날'이라고 한 것은 100년 뒤를 말합니다―그 지역의 땅값이 크게 올라 가문에 막대한 재산이 생기게 되었습니다."

오늘날 이 가문의 재산은 짐머만 부동산 회사라는 이름으로 관리되며, 그 대표는 바로 스티븐의 아버지인 헨리 블룸버그 박사이다. 로건 박사가 면담한 사람들은 모두가 모제 짐머만이 '남들은 전혀 거들떠보지도 않은 물건까지도 거의 강박적으로 수집했다'는 것은 물론이고, 동시에 '가족 모두가 그를 매우 존경하면서 가문 내의 위인, 혹은 영웅으로 받들어 모셨다'는 것을 인정했다고 한다.

스티븐의 어린 시절에 가장 큰 영향을 준 인물은 그의 외증조할머니―모제의 부인―와 그 딸인 스티븐의 친할머니였는데, 두 사람 모두 이름이 '캐리'였다. "이 두 분은 80, 90대까지 매우 오래 사셨기 때문에 스티븐의 유년기와 청소년기에도 살아 계셨습니다." 로건 박사가 말했다. "이들은 오래 된 큰 저택에서 함께 살았는데, 두 양반 자체가 워낙 옛날 분들이라서 말 그대로 빅토리아 시대 풍을 좋아하셨습니다. 스티븐은 이 두 할머니를 매우 따랐고, 특히 친할머니인 캐리를 매우 좋아했습니다. 사실 스티븐의 가운데 이름도 '캐리(Carrie)' 입니다. 하지만 그의 아버지는 좀 더 남자답게 '캐리(Cary)' 라고 철자를 바꿔야 한다고 주장했는데, 이 부자(父子)는 제 사무실로 들어오면서부터 또 이 문제를 가지고 말다툼을 시작하더니, 한도 끝도 없더군요." 블룸버그는 자기 가운데 이름을 할머니가 부르시던 그대로 해야 한다고 주장했다. 로건 박사의 설명에 따르면 그는 '할머니에 대한 기억에 매우 애착이 강했기 때문에, 심지어 할머니와 함께 땅 속에 묻혔으면 좋겠다' 고 말한 적도 있었다고 한다.

또 이 가문에서 최초로 정신적 문제가 있었던 사람도 바로 캐리 할머니였다고 한다. 자기가 낳은 아이가 죽은 뒤부터 그녀는 심각한 우울증으로 고생했고, 그로부터 결코 벗어나지 못한 까닭에, 술을 잔뜩 마시고, 약을 남용했다고 한다. 캐리의 남편인 루벤 블룸버그의 가문에도 정신적인 문제를 지닌 사람이 있었는데, 가령 그의 증조할머니의 경우에 "정신분열증으로 병원에 있었다" 는 것이다.

로건 박사는 계속해서 이 집안의 다른 문제도 언급했는데, 그 중에는 헨리 블룸버그 박사의 우울증도 포함되어 있었다. "그는 의과대학에 다닐 때부터 정신과 치료를 받았으며, 자살을 생각한 것은 물론이고, 심지어 아들인 스티븐을 죽여 버렸으면 하고 생각하기도 했습니다." 헨리 블룸버그는 제2차 세계대전 당시에 유럽과 태평양에서 군 복무를 했기 때문에 악몽과 함께, 주기적으로 일어나는 외상(外傷) 후 스트레스 증후군에 시달려야 했다고 한다.

로건 박사에 따르면, '블룸버그의 어머니인 진의 경우에도 정서적 불안을 보였다는 결정적인 증거가 있는데, 그 중 1970년대 초에 이루어진 정신과 기록에 따르면 정신분열증, 또는 분열정동장애[399]가 나타나므로 정신과 치료를 요함이라는 진단이 내려졌다'고 한다. 로건 박사는 진 블룸버그가 '라디오와 TV를 통해 자기에게 비밀 메시지가 전달되고 있다고 믿었다'고 말했다. 스티븐은 어린 시절부터 어머니가 분노에 사로잡혔을 때 '손쉬운 표적'이 되었다고 한다. 그의 어머니는 자신의 노여움을 표현하기 위해 아들과 남편의 옷을 불태웠으며, 심지어 칼을 들고 남편에게 달려들기도 했다.

초등학교 시절부터 블룸버그는 책을 통해 자기 주위의 것들로부터 도피하기 시작했으며, 그에게 독서를 권장한 나이 많은 선생님을 무척 따랐다. "그는 매우 소외되었고, 매우 수줍어하고, 기본적으로 어느 누구와도 동등한 관계를 맺어 본 적이 없었습니다." 로건 박사가 말했다. 집에서 약 20킬로미터나 떨어진 가톨릭계 사립 고등학교에 진학한 블룸버그는 점점 성적이 떨어졌다. 바로 이때부터 그는 여기저기 돌아다니며 골동품에 대한 관심을 키워 나갔다고 로건 박사는 말했다. 특히 그는 수많은 옛날 집들을 헐고 미니애폴리스와 세인트폴을 잇는 94번 주간(州間) 고속도로를 건설하는 현장을 따라 돌아다니곤 했다.

가톨릭계 고등학교에서 1년을 보낸 후, 블룸버그는 공립학교로 전학했다. 그는 점점 집 밖에서 많은 시간을 보내며 오래 된 건물을 찾아 헤맸다. 그의 외모는 점차 볼품없이 되어버렸고, 성격도 더욱 거칠어졌고, 특히 여동생을 매우 못살게 굴었다. 걱정이 된 블룸버그 박사는 급기야 1965년에 열여섯 살짜리 아들을 정신과의사에게 데리고 갔고, 결국 세인트폴의 세인트메리 병원에 입원시켰다. 퇴원 직후에도 스티븐은 계속해서 거슬리는 행동을 했기 때문에, 그의 아버지는 급기야 램지 카운티 소년법원에 자기 아들에 대한 법적 보호 조치를 청원했다. 판사는 스티

399..분열정동(分裂情動)이란 정신분열과 조울증 증상이 동시에 나타나는 것을 말한다.

븐에게 세인트메리 병원에서 다시 한번 입원 치료를 받도록 했고, 그는 이후 6주간 병원에 머물렀다. 정신과의사들은 그의 성격에 정신분열적인 경향이 있다는 진단을 내리면서, 블룸버그가 망상이라고 하기에 충분할 만큼 이상한 생각을 하고 있다고 덧붙였다. 그들은 블룸버그에게 '심한 정신적 문제를 지닌 사람들을 위한 치료 프로그램'에 참여할 것을 권유했다. 1965년에 있었던 세 번째 진료에서는 메닝거 클리닉의 담당 의사 전원이 그에게 정신분열증의 징후가 있음에 동의하며 입원 치료를 권했다.

1966년에 블룸버그는 또다시 일련의 정신과 진료를 받았는데, 그 첫 번째는 세인트폴에 있는 램지 카운티 병원 정신과에 8주간 입원한 것이었다. 의사들은 그를 '불안 및 우울증 증세를 보이는 소년으로, 낡은 집에 들어가 꺼내 온 물건을 수집하는 데 철저한 강박관념을 보이고 있다'고 묘사했다. 그해 말에 이르러 주립병원에서의 치료를 권유받은 그는 또다시 애너카에 있는 미네소타 주립병원에 두 달 반 동안 입원했다. 로건 박사의 말에 의하면, 언젠가 헨리 블룸버그 박사는 자기 변호사를 대동하고 병원에 찾아가 자기 아들이 한동안 독방에 갇혀 있었다는 사실을 놓고 의사와 한바탕 싸웠다고 한다. "이후 스티븐은 병원 시설에서 나오기로 마음먹었습니다." 로건 박사의 말이다. 결국 그는 시카고로 갔고, 그의 아버지는 아들에게 계속해서 갱생 치료를 권했다고 한다.

1967년에 블룸버그는 오하이오 주 워딩턴에 있는 하디 정신과 및 신경외과 병원에 입원했다. 6개월간의 진단 끝에 그는 '정신분열 및 강박증 성향을 보인다'는 판정을 받았는데, 로건 박사가 언급한 바에 의하면 '또다시, 뭔가를 모으려는 강박관념에 사로잡혔다'는 분석이 나왔다고 한다. 1968년에 블룸버그는 하딩 병원에 7주간 입원했으며, 1969년에도 다시 2주간 입원했는데, 역시 이전의 진단 내역과 비슷한 결과가 나왔을 뿐이었다.

결국 헨리 블룸버그 박사도 가장 좋은 방법은 스티븐에게 미니애폴리스에 아파트를 한 채 사 주는 것뿐이라고 결론을 내렸다. 스티븐은 세인트폴의 마샬 고등학교에 다니기로 했지만, 아무런 특별 활동도 하지 않았고 친구도 사귀지 않았으며 여전히 매우 소심하고 소극적인 상태를 유지했다. 블룸버그는 1968년에 고등학교를 졸업했지만, 졸업식에서도 연단에 올라가 졸업장을 받는 대신 아버지와 함께 강당 뒤에 서 있었다.

로건 박사의 말에 의하면, 블룸버그가 아파트 안에 '자기만의 빅토리아 시대 세계'를 만들기 시작한 것이 바로 이때쯤이라고 한다. "여러 면에서 그는 부모와 다른 사람들로부터 무시당하고 냉대받는다고 느꼈기 때문에 이 아름다운 스테인드글라스 창문이나, 빅토리아 시대 풍의 문고리나, 다른 물건들이나, 전등갓처럼 집에서 흔히 볼 수 있는 물건들에 동질감을 느꼈던 겁니다. 그의 생각은 이들 물건들이 파괴되지 않도록 구출해야 한다는 것이었습니다."

로건 박사의 말에 의하면, 블룸버그가 도서관 잠입을 시도한 것도 바로 이때쯤이라고 한다. "처음에는 빅토리아 시대 건축에 대한 책을 찾아보려던 것뿐이었습니다. 그러다보니 미네소타 대학의 희귀본 서고에까지 들어가게 되었죠. 당시 그의 주된 관심사는 1800년대 이후의 건축물 자료집이었죠. 그가 이걸 가지고 어떻게 했는지 보십시오. 가령 세인트루이스 시에 관련된 건축물 자료집을 찾는다고 합시다. 그러면 직접 세인트루이스까지 가서, 그 책에 나와 있는 내용을 토대로 아직까지 헐리지 않고 남아 있는 그 당시의 건물 위치를 알아본 뒤에, 혹시 그 중에 헐리거나 버려진 집이 있는지 확인하는 것이죠. 그런 집을 발견하면 그때부터는 그 안에 들어가서 작업을 하구요."

1990년에 체포되기 전까지는 더 이상 입원 치료를 받지는 않았지만,

블룸버그는 1970년부터 1990년까지 세인트폴의 중앙 의료 센터에서 정기적으로 통원 치료를 받았다. 1974년에 그의 담당 의사는 '심각한 성격 분열 장애 및 망상 단계의 징후가 보인다'고 진단했지만, 이미 그 당시에 블룸버그는 골동품이며, 스테인드글라스 창문이며, 문고리며, 78회전 레코드며, 희귀본을 찾아 미국 전역을 누비고 있었다.

그렇게 되자 헨리 블룸버그도 아들의 수집에 대해 약간 자부심을 갖게 되어, 더 이상 아들이 모은 물건들을 '쓰레기'라고 부르지 않게 되었다. 마침 외부에서도 이에 대해 관심을 보였다. 1972년에는 그 지역 신문과 전국적으로 발행되는 건축 잡지 양쪽에 블룸버그의 활동에 대한 소개 기사가 나오기도 했던 것이다. '스티븐 블룸버그의 빅토리아 시대 세계.' 1972년 1월 16일자 세인트폴 〈파이오니어 프레스〉의 일요 특집면에는 이와 같은 표제가 실렸다. 1972년에 〈히스토릭 프리저베이션〉지에 실린 이보다 짧은 기사도 '스티븐 블룸버그의 세계'라는 비슷한 표제 아래, 이 독특한 근대 이전의 세계를 다음과 같이 소개하고 있었다.

"스티븐 블룸버그는 종이로 된 세계에 살고 있다. 그는 화려한 장식과 스테인드글라스 창문을 지닌 빅토리아 시대 풍 집들을 좋아하지만, 이 건물들은 단지 그가 그린 정교한 그림 속에서만 존재할 뿐이다. 그는 실제와 매우 흡사한 건물을 그렸지만—도시 근교에는 그와 유사한 건물들이 여전히 남아 있다—이 실제 건물들은 대부분 시내의 철거 지구에 버려진 것들이다." 이 기사는 블룸버그가 열네 살 때부터 습득한 기술인 '오래 된 건물 그림 그리기'를 중점적으로 소개하고 있는데, 그는 자기가 특별히 좋아하는 크고 낡은 리무진에 올라타고 미니애폴리스와 세인트폴, 그리고 다른 도시를 돌아다니며 발견한 건물들을 그 모델로 삼았다. "미니애폴리스에 있는 그의 방 세 개짜리 아파트는 이미 없어지거나, 조만간 철거될 예정인 건물들이 남긴 수백 종의 유해로 가득했다."

이 기사는 블룸버그가 '건물의 장식물을 소개하고 생생하게 묘사한 오래 된 여행 안내서를 통해서 그 각각의 위치를 파악했다는 점'을 강조했다.

블룸버그가 기자에게 이야기한 바에 따르면, '이러한 건물들의 완벽하게 사실적인 스케치를 그리기 위해서는 그 주위를 둘러싼 현대적인 건물들의 모습까지도 모두 덧붙여야만 했겠지만, 그는 약간의 속임수와 함께 이른바 건축적 절충을 통해 이상화된 배경을 창조함으로써, 이 도시의 아름다움을 더 잘 보여줄 수 있었다'는 것이다. 로건 박사는 블룸버그가 이렇듯 실제 주위 배경이 생략된 그림을 그린 까닭은 사실상 20세기의 흔적들을 모두 없애버리려 했기 때문이라고 믿었다. "이들 도시에서도 제가 찾는 곳은 항상 가장 낡고 가장 어두운 지역이더군요." 블룸버그는 1972년의 기사에서 이렇게 설명했다. "하지만 이것은 제게 단지 부수적인 이득에 불과합니다. 저는 이 건물들을 구출하고 보전하기 위해 무슨 일이든 하고 싶습니다. 물론 철거를 피할 수는 없으니, 다만 그림으로라도 말입니다."

세인트폴 〈파이오니어 프레스〉에 실린 '스티븐 블룸버그의 빅토리아 시대 세계'에는 지금 와서 생각해 보면 제법 타당한 고찰이 들어 있기도 하다. "스티븐 블룸버그는 미니애폴리스의 헤니펜 가 1605번지에 있는 어느 오래 된 건물의 방 세 개를 가득 채운 빅토리아 시대 아메리카나 사이에 서 있었지만, 그의 생활 방식을 묘사하기란 무척이나 힘들다." 이 기사는 이렇게 시작된다. 글쓴이는 블룸버그가 비교적 젊은 나이임에도—당시 그는 스물세 살이었다—그가 미국 건축 화려한 시기와 그 잔해에 대한 관심에만 푹 빠져서 매우 고독하게 살아간다는 점에 충격을 받았다. 심지어 당시 블룸버그는 격렬하고도 미국 전역에서 개발이라는 명목으로 빅토리아 시대 풍의 멋진 건물들을 헐어버리는 이른바 도시 재개발이 저지르고 있는 죄악에 크게 절망한, 어딘가 시대착오적인 인물'로 묘사되었다.

기자는 블룸버그의 아파트에 있는 몇 가지 유물을 다음과 같이 묘사하기도 했다. "스티븐은 여러 주요 도시의 버려진 맨션, 주택 및 건물에서 가져온 스테인드글라스로 되어 있는 매우 훌륭한 컬렉션을 소장하고 있으며, 그 중에서도 도기 타일 수집품은 참으로 훌륭하고, 그가 수집한 골동품 문고리 컬렉션 또한 수백여 개에 달했다. 이 물건들을 얻기 위해 블룸버그는 시카고의 남부와 서부를 비롯해서 신시내티, 버펄로, 피츠버그, 세인트루이스, 보스턴, 뉴욕, 필라델피아 등지의 한때 화려했지만 이후 쇠락해져서 지금은 사라져 버린 수많은 건물에 드나들었고, 그 과정에서 한번은 미니애폴리스의 어느 오래 된 맨션에 무단 침입해서 장식용 문고리를 훔쳤다는 혐의로 체포되기도 했다. 실제로는 그 주인으로부터 허락을 받고 한 일이었음에도 말이다."

기자는 블룸버그가 어째서 스테인드글라스에 그토록 관심을 갖고 있는지 궁금해 했다.

"그는 자기 집에서 장식용으로 사용하고 있는 한 조각을 가리키며 자랑스럽게 말했다. '스테인드글라스야말로 빅토리아 시대 미국의 가장 훌륭한 유산입니다. 심지어 목각 장식품이나, 소벽(小壁)이나, 난간이나, 목제 벽이나, 도기 타일로 장식한 벽이며, 바닥이며, 벽난로보다도 말입니다.'"

기자는 블룸버그에게 이런 버려진 주택들을 어떻게 발견할 수 있었는지 물어보았다. "그는 1900년 이전에 출간된 오래 된 여행 안내서를 구한 뒤, 그 도시에서 가장 오래 된 구역을 찾아다녔다. '저는 그런 책들을 통해 이 건물들이 어떤 모양인지를 알아냈고, 결국 인적이 드물고 황폐한 지역에서 실물을 발견할 수 있었죠.'"

블룸버그는 자기가 수집품을 어떻게 구했는지도 말해 주었다. "달라고 부탁하거나, 혹은 사들이기도 했죠. 하지만 결코 훔친 적은 없습니다. 제아무리 사람이 살지 않거나, 조만간 철거될 집이라고 해도 말입니다."

기자는 마지막으로 헨리 블룸버그 박사의 이야기를 덧붙였다. "스티븐의 아버지가 걱정하는 바는 과연 이 젊은이가 미국 역사의 한 시대에 깊이 몰두함으로 인해 어떤 결과가 빚어질까 하는 점이었다." 이 기사는 블룸버그 박사의 말을 직접 인용하며 끝나고 있다.

"이 아이는 자기 모든 재능을 수집이며, 그림이며, 장식에 쏟고 있습니다. 게다가 뭐든지 보존하려 하다 보니 가진 돈을 '장식품'을 사들이는 데 모두 바치고, 마치 수도사처럼 가난하게 살아가고 있습니다."

이러한 두 가지 이야기는 '스티븐 블룸버그의 빅토리아 시대 세계'에 대한 초기의 보기 드문 기록인 동시에, 이후 18년 동안이나 지속된 이 특이한 젊은이의 과거에 대한 애착에 대해 외부에서 관심을 표현한 유일무이한 예라고 할 수 있다.

블룸버그가 오텀와의 자기 집에서 텅 빈 방을 보여주었을 때, 나는 텅 빈 송판 책장의 맨 아래쪽에 있는 낡고 네모진 천 조각을 하나 발견했다. FBI 측에서 책장 속의 모든 물건을 가져갔음에도 불구하고, 책이 아니거나 특별히 가치 있어 보이지 않는 이와 같은 물건은 그대로 남아 있었다. 그것은 흰색 바탕에 붉은 색으로 인쇄한 판화로, 화려한 장식의 오래된 주택을 그린 것이었다.

"제가 고등학교 다닐 때 그린 것 같네요." 블룸버그가 슬픈 목소리로 말했다. "리놀륨 조각에 칼로 새긴 다음에, 그걸 목판처럼 사용해서 찍어 낸 거죠. 1965년에 만든 것이니, 제가 열여섯 살 때네요." 그는 오텀와에서의 오늘 일에 대한 기념품으로 내게 그 판화를 선물했고, 나는 그가 오른쪽 하단에 날짜와 함께 서명한 그 물건을 감사의 말과 함께 받아들였다. 나중에 시내에 있는 창고에 갔을 때도 그는 구석에 쌓여 있는 여러 개의 플라스틱 우유 상자에서 골라낸 놋쇠 문고리 하나를 내게 선물했다. 그는 이 물건을 쓱 훑어보더니 1895년에 펜실베이니아 주 레딩의 레딩 철물 회사에서 만든 물건이라고 말했다. "페인트 벗겨내는 세척제나 뭐 그런 걸로 닦으면 됩니다. 혹시 광을 내고 싶으시면 그러셔도 됩니다. 아마 무척 예쁠 거예요."

비록 스티븐 블룸버그가 평생 뭔가를 훔쳐 오긴 했지만, 적어도 1980년대 중반까지만 해도 범죄 동기 가운데 복수심이 들어 있지는 않았다는 것이 로건 박사의 주장이었다. 검찰 측 증인 가운데 한 사람인 브라이언 티위는 자기 친구가 수많은 물건들을 트윈시티스에서 빼내 남쪽으로 가져간 까닭을 다음과 같이 설명했다. "스티브는 자기 평생의 목표가 있다면 미니애폴리스 전체를 훔쳐다가 텍사스에 팔아먹는 것이라고 종종 이야기하곤 했습니다." 로건 박사는 이른바 '엘리엇 하우스'라고 부르던 어느 오래 된 건물이 철거된 일로 인해 스티븐이 크나큰 분노에 사로잡히게 되었다고 증언했다.

1978년에 그는 캐리 할머니가 남긴 신탁 기금에서 매년 받는 7만 2,000달러 가운데 일부로 미니애폴리스의 엘리엇 가 1628번지에 있는 어느 오래 된 건물을 구입했는데, 방이 모두 서른여섯 개인 이 1888년에 세워진 로마네스크 풍의 건물에 자기가 모은 빅토리아 시대 컬렉션을 모두 보관할 예정이었다고 한다. 이곳이야말로 자신이 만들고 싶었던 세계를 만들 수 있는 일종의 명소가 될 뻔했던 것이었다. 하지만 곧이어 그 집은 각종 건축 및 지역상의 규제와 갖가지 법률에 얽히게 되었다. 그의 아버지는 '명백히 밝혀지지는 않은 어떤 이유'로 인해 스티븐이 구입한 집을 싫어하여 팔아버리라고 강요했다. 한번은 스티븐이 어느 난폭한 세입자를 쫓아내는 과정에서 말썽이 생기자, 그의 아버지가 그 세입자에게 임대료를 대신 지불해 주고, 법정에서도 오히려 세입자의 편에 유리한 증언을 했기 때문에, 스티븐은 무척이나 놀랐다고 한다.

이후로도 시 당국과의 여러 가지 갈등이 계속되었기 때문에, 블룸버그는 결국 건물을 팔아버리기로 작정했다. "그는 매우 분노했습니다." 로건 박사가 말했다. "사실 그전까지만 해도 그에게 평생의 목표나 임무 같은 건 없었죠. 하지만 그는 정부 측에서 자기와 비슷한 사람들에 대해 뭔가 음모를 꾸미고 있다고 생각하게 되었고, 그때부터 뭔가를 훔치게 되었던 겁니다." 스티븐은 그때부터 부고 기사가 난 집을 골라 잠입하기 시작했다. 그는 사망자들의 집 가구를 뒤지고 다니면서, 마치 고고학자와도 같이 그들이 어떤 인물이었는지를 알아내려고 했다. 블룸버그는 이 나이 많은 사망자들의 사진을 찾아내서, 자기 집에 걸어두고 사람들에게 자기가 그들의 친척이라고 주장했다.

이때부터 블룸버그의 책에 대한 관심은 아메리카나로부터 점차 가장 오래 된 책인 인큐내뷸러를 포함한 모든 종류의 오래 된 책들을 망라하는 것으로 바뀌었는데, 그럼에도 불구하고 그는 20세기와 관련된 소설이나 예술 등의 분야에는 전혀 관심이 없었다. 로건 박사의 말에 의하면 블룸버그는 '정부 당국이 일반인들로 하여금 이들 아름다운 희귀본들을 접하지 못하게 제한하고 있으며 (……) 따라서 자신이 이 책들을 해방시키고 보존함으로써 정부 측의 계획을 방해해야 한다'고 생각했다. "그리하여 그는 더욱 책을 훔치는 데 집중했고, 점점 자주 여행을 다니기 시작했습니다."

비록 책들 자체도 가치가 있는 것이긴 했지만, 로건 박사는 이러한 책들이 블룸버그에게 돈벌이로 중요한 것은 아니었다는 점을 강조했다. "이 책들은 단지 그의 망상적인 사고방식과, 자신이 생각하는 가치와 의

의에 대한 감정의 연장(延長)이었을 뿐입니다. 절망하거나 분노하면 할수록, 그는 자신의 일생이 어떻게 될 것인지에 대해 더욱 성이 났던 것입니다. 마찬가지로 책들을 훔치거나 소유함으로써 복수를 꾀하면 할수록, 그는 이런 망상적인 사고방식에, 또한 책을 훔치는 과정 전체에 더욱 사로잡히고 빠져들었던 것입니다."

로건 박사가 제시한 가장 충격적인 증거는 블룸버그가 열여섯 살 때인 1965년에 받은 일련의 정신과 테스트에서 직접 그린 그림이었다. 이 그림은 턱수염을 기른 어느 나이 든 사람을 그린 것이었는데, 그는 19세기식 복장을 하고 있었다. "비교적 최근에 이루어진 테스트에서도 비슷한 결과가 나왔습니다." 로건 박사의 말이었다.

그는 또한 블룸버그가 지닌 또 다른 편집증에 대해 언급했는데, 그 중에는 정부가 모든 사람을 통제하는 전체주의적인 국가가 곧 도래할 것이라는 믿음도 포함되어 있었다. 이러한 공포 — 그의 젊은 친구들 가운데 몇 사람도 이미 증언한 바처럼 — 를 잘 보여주는 것은 모든 사람들의 이마에 '바코드'를 문신처럼 새겨서 마치 슈퍼마켓 계산대에서 물건 가격을 읽어내듯이 사람들을 스캔할 수 있다는 블룸버그의 소름끼치는 예측이었다. 또 조만간에 대규모의 경제적 파국이 있을 것이라는 확신 때문에 그는 금화와 금붙이를 잔뜩 쌓아놓고 있었다. "처음에는 단순한 생각에서 시작했지만, 시간이 지날수록 점점 정교해졌습니다." 로건 박사는 결론적으로 이렇게 말했다. "그가 마치 고치를 지어내듯 자기 둘레에 빅토리아 시대 세계를 창조해 냈다는 사실이야말로, 그가 이 세계에 대해 지닌 두려움을 표현하고 있는 것입니다."

결국 로건 박사의 소견을 들을 때가 왔다. 이제껏 블룸버그가 수백만 달러 어치에 달하는 희귀본을 훔쳤다는 사실에 대해서는 모두가 동의했지만, 그가 정신이 이상한 도서수집가였다는 사실은 미처 아무도 생각하지 못했던 것이다. 하지만 그가 정말 정신이상자였을까?

법정 안의 조명이 어두워지자, 로건 박사가 슬라이드를 보여주었다. 흔히 'DSM-III-R'로 지칭되는, 《정신의학 진단 및 통계 편람》 제3판의 한 대목이었다. 그는 이 책의 제297.10항에 나와 있는 '망상적(편집증적) 장애'를 가리키며, 그것이야말로 자기가 기본적으로 내린 진단이라고 했다. 박사는 스티븐 블룸버그가 '과대망상을 포함한 매우 심각하고, 매우 만성적인 장애에 시달려 왔다'고 주장했다. 더 나아가 그는 다음과 같이 설명했다. "(이러한 망상의) 증상은 스스로의 중요성과 능력에 대한 과장된 생각과도 연관되어 있습니다. 스티븐의 경우, 자기가 빅토리아 시대 사람이라는 정체성과, 빅토리아 시대의 유물 및 책, 특히 역사적으로 귀중한 책을 보존해야 한다는 생각을 갖고 있습니다. 다음으로 피해망상은 한 개인이나 집단이 남들로부터 공격이나 괴롭힘이나 속임이나 박해나 음해를 당한다고 (느끼는 경우를) 말합니다. 그리고 이 경우에는 주로 (……) 정부 측에서 (그 사람을) 통제하고 운용하고 또한 부유해지지 못하게 배제하며 (……) 특히 가난하고 불우하거나, 혹은 소수 집단 사람들에게 그렇게 한다는 생각이 포함되어 있습니다. 따라서 자신을 그러한 집단에 포함시키고, 때때로 괴롭힘 당한다고 생각하는 것입니다."

박사의 증언 직후에, 공판은 잠시 휴정되었다.

린다 리드의 반대신문은 로건 박사의 진단에 대해서가 아니라, 오히려 블룸버그의 가족들이 메닝거 클리닉에 진료비로 얼마를 지불했는지에 초점을 맞추고 있었다. 20분 뒤에 박사는 증인석에서 내려갔고, 이번에는 검찰 측의 정신과의사인 디모인의 마이클 테일러 박사가 나와서, 자기가 정부 측의 요청에 따라 단 2시간 동안 블룸버그를 진찰했다고 말했으나, 나중에 변호인이 지적한 바에 의하면 그나마도 45분 내외였던 모양이었다.

테일러 박사는 블룸버그의 가족과는 면담을 해 보지 못했지만, 대신 그의 이전 '정신 장애'에 대한 자세한 진료 기록은 읽어보았다고 했다. 하지만 테일러 박사는 그의 가족이 보유했을지도 모르는 정신건강상의 문제는 어찌 되었던 이 사건과는 아무런 관련이 없다고 말했다. 그의 목표는 '로건 박사가 말한 바에 대한 증거가 존재하는지를 찾아내는 것이었으며, 결국 그의 결론은 변호인 측 정신과의사의 주장을 블룸버그의 정신 상태에 대한 잘못된 판단'으로 모는 것이었다.

테일러 박사는 블룸버그가 저지른 대규모 책 도둑질은 단지 그가 '중요한 인물이 될 수 있다'고 생각한 영역을 나타낼 뿐이라고 주장했다. 테일러 박사는 블룸버그가 빅토리아 시대에 대한 강한 애착을 보이고 있다는 사실은 인정했지만, 그것 또한 단지 그에게는 낭만적으로 이상화된 시기를 나타낼 뿐이라고 주장했다. "그는 오래 된 빅토리아 시대 집들을 그림으로 그렸습니다. 말(馬)에 대해 관심을 가진 사람이 말을 그리는 것이나 마찬가지죠. 그가 그런 집들을 세밀하게 그려낸다고 해서 그런 결론으로 넘어가는 것은 지나친 비약입니다. 그건 단지 블룸버그가 그런 집들에 관심을 갖고 있다는 사실밖에 말해 주지 않습니다."

블룸버그가 과거에 입원한 적이 있다는 사실을 잘 알고 있다고 하면서도, 테일러 박사는 그럼에도 불구하고 그것이 '심각한 정신 상태나 결함이 있다는 충분한 증거는 되지 못한다'고 결론 내렸다. 결국 자기 견해로는 망상이나 편집증이 있다고는 결코 생각되지 않는다는 것이다. 이어진 반대신문에서, 어떻게 두 정신과의사가 그토록 상충되는 결론을 내릴 수 있느냐는 변호인 측의 질문에 대해 테일러 박사는 '그러면 블룸버그 씨가 로건 박사에게는 저한테 한 것과 다른 이야기를 했던 모양'이라고 일축했다.

다음날 최종 변론 뒤에 비터 판사로부터 자세한 지시를 듣고 난 배심원은 점심 식사 후에 돌아와서 평결을 통해 블룸버그에 대한 네 건의 기소 내용은 유죄라는 결정을 내렸다. 판사의 조언에 따라 배심원은 기자들에게 이 평결 내용을 이야기하지 않기로 정했다. 결국 법의 시각에서 스티븐 블룸버그는 정상이며 유죄였고, 따라서 그의 행동에 대해 형사처벌이 가능했던 것이다.

형량 선고는 4월 26일로 예정되었지만, 양측에서 제시한 피해액 감정 집계가 완료되기까지 몇 번이나 미루어졌다. 블룸버그의 형량은 그가 훔친 자료들의 가치에 크게 좌우되기 때문에, 이 책들의 가격이 얼마냐 하는 것이 무척이나 중요했다. 언론에서는 피해액이 2,000만 달러에 달한다고 보도했지만, 서적업계에서는 블룸버그 컬렉션이 아무리 해 봤자 1987년과 1990년에 경매에 붙여져 각각 3,000만 달러 이상에 팔리면서 유명해진 브래들리 마틴이나 에스텔 도헤니의 장서에는 미치지 못하며, 심지어 1989년에 1,600만 달러에 팔린 가든 사 경매에도 미치지 못하는 규모라는 판단이 지배적이었다. 물론 블룸버그 컬렉션 자체는 꽤나 값진 책들을 골라 모은 것이 분명했지만, 그게 과연 '얼마나' 값진 것이냐를 놓고 논쟁이 벌어진 셈이었다.

린다 리드는 블룸버그가 모두 17개 기관에서 훔쳐낸 총 3,345점의 책과 필사본에 대해 로스앤젤레스의 글렌 도슨과 매사추세츠의 케네스 렌덜에게 감정을 의뢰한 결과 231만 377달러라는 감정가가 나왔다고 배심원에게 보고했다. 하지만 그 외에도 200여 곳 이상의 도서관에서 훔쳐낸 2만 점 이상의 다른 자료들의 경우에는 미처 가격을 매기지 못했기 때문에, 양측의 전문가들에 의해 감정이 이루어져야만 했다. 비록 이 나머지가 대부분 쓸모없는 것들이라는 데는 모두의 의견이 일치했지만 말이다. 결국 뉴욕 시의 바트 오어바크와 코네티컷 주 뉴헤이븐의 켄 니스봄이 각각 제출한 나머지의 감정가를 합산한 컬렉션 전체의 평균은 대략

530만 달러였고, 이에 대해서는 리드와 로젠버그 모두 현실적이라고 판단해서 수용하기로 했다.

선고를 기다리는 동안, 블룸버그는 거의 매일같이 오마하의 FBI 창고로 가서 도서 확인 작업을 도왔는데, 이것은 '책임을 감수하겠다'는 것을 표현하기 위해 의도된 자발적인 행동으로서, 비터 판사로선 징역 형량을 결정함에 있어 고려할 만한 또 다른 요인이었다. 7월 31일에 열린 선고 공판에 출석한 FBI 수사관 데이비드 옥슬러는 다음과 같은 질문을 받았다. 듀크 대학의 사서가 창고에서 자기네 기관의 책들을 확인하는 동안 블룸버그가 그곳에 있었는가? 옥슬러는 그렇다고 대답했다. 그리고 블룸버그가 그 사서에게 다가가 책을 훔친 것을 사죄했는가? 옥슬러는 그렇다고 대답했다.

나는 매사추세츠로 돌아간 뒤에 듀크 대학에 전화를 걸어 학술서 담당 사서인 존 L. 샤프 3세에게 그 악명 높은 책 도둑과 만났을 당시의 일을 물어보았다. "수사관들은 블룸버그가 창고 안에 들어와 있는 것을 제가 싫어할까봐 걱정한 모양입니다." 그의 말이다. "그래서 저한테 블룸버그가 한 방에 들어와 있어도 괜찮겠느냐고 물어보더군요. 저는 아무 상관없다고 했습니다. 솔직히 저는 그가 어떻게 생긴 사람이며, 어떻게 말하는 사람인지가 매우 궁금했거든요. 저는 그가 도대체 어떤 인물이기에, 우리 도서관에 숨어 들어와서 그렇게 많은 책을 훔쳐낼 수 있었는지 궁금했던 거죠."

샤프는 그 중 몇몇 책들은 이미 듀크 대학의 소유였던 것으로 확인되었지만, 자기로선 얼마나 많은 책이 분실되었는지 전혀 알 수가 없었다고 말했다. "블룸버그는 결코 아무 물건이나 훔쳐낸 것은 아니었습니다. 오히려 상당히 좋은 것만 골랐죠. 나름대로는 서지학적인 지식이 있었던 겁니다." 샤프는 오마하에서 보낸 첫날 책들 사이를 누비며 아직 듀크 대학의 것으로 판정되지 않은 것이 있는지를 살펴보았다. "저는 책등에 붙어 있었던 표시의 모양을 식별하는 방법으로 미처 FBI의 목록에 들어 있지 않은 우리 책들을 계속 발견했습니다."

그동안 블룸버그는 창고 한쪽 구석에 있었다. 수사관들이 책들을 가져다주면 책상 앞에 앉아 분류하고 있었던 것이다. "그러다가 제가 듀크 대학에서 왔다는 이야기가 나오자 문득 저를 바라보면서 그러더군요. '듀크 대학이요?' 그래서 '맞아요' 그랬죠. 그러자 '캠퍼스가 멋지던데요' 하더군요. 그래서 '감사합니다' 하고 대꾸했죠." 이후 블룸버그는 하던 일을 계속했는데, 다음날의 언젠가는 잠시나마 그 두 사람만 함께 남아 있을 기회가 있었다고 한다. "물론 문은 밖에서 잠겨 있었는데, 수사관들은 농담 삼아서 이렇게 말하곤 했죠. '존, 스티븐이 밖으로 도망 못 가게 잘 감시하세요!' 잠시 후에 그는 제가 일하던 곳으로 오더니 기지개를 쭉 펴면서 저를 바라보고 그러더군요. '제가 이렇게 많은 분들을 괴롭히게 될 줄은 정말 몰랐습니다. 그저 책 한두 권 훔쳐도 별 문제 없을 줄 알았어요.'"

샤프는 그가 듀크에서 훔친 책은 '한두 권'이 아니라 열댓 권 정도나 된다고 대꾸하며, 이렇게 물었다. "그나저나 도대체 우리 도서관에서 몇 권이나 책을 가져간 겁니까?" 블룸버그가 약 500에서 600권일 거라고 대답하자 샤프는 깜짝 놀랐다. 왜냐하면 그때까지 확인한 책은 기껏해야 150권 정도였기 때문이었다. 혹시 학교 예배당에서 사라진 태피스트리도 당신이 가져갔느냐고 샤프가 묻자, 블룸버그는 거기 몇 번 들어가 보긴 했지만 자기가 가져가진 않았다고 대답했다. 그러고 나서 블룸버그는 다음과 같이 폭탄선언을 해 버렸다. "그러고 보니 듀크 대학의 100만 번째 소장 도서를 훔친 기억이 나네요. 그 안에 보니 100만 번째 책이라고 적힌 카드가 들어 있더군요. 듀크 대학 플라워즈 컬렉션[400]이라면서요."

샤프는 블룸버그의 그 말에 완전히 '기절초풍했다'고 말했다. "저는 그 책이 제자리에 없었다는 사실은 알고 있었습니다. 왜냐하면 제가 종종 그 책을 꺼내서 열람자들에게 보여주곤 했으니까요. 원래 그 책은 200만 번째와 300만 번째 소장 도서와 함께 나란히 놓여 있었는데, 언제부턴가 보이지가 않더군요. 그때까지만 해도 저는 무슨 일이 벌어진 것인지 몰랐죠. 다만, 책이 제자리에 없다는 사실만 알았을 뿐이고요." 샤프는 곧바로 노스캐롤라이나 주 더럼에 있는 보조사서에게 전화를 걸어 1711년에 스위스 베른에서 출간된, 번역하자면《스위스에서 캐롤라이나로 가는 독일인 여행객들을 위한 안내서》란 제목의 요나스 오크스의 책에 대한 정보를 불러 달라고 했다. 샤프의 보조사서는 곧바로 이 책의 서지 정보를 불러주었고, 터커 수사관이 그 내용을 FBI 컴퓨터에 입력했다. "그랬더니 거기 나와 있더군요."

그 와중에도 블룸버그는 유별난 관심을 보이며 그 과정을 지켜보았다. 100만 번째 책을 되찾고 나자, 그는 또 한 가지 문제를 냈다. "그러고 보니 존 스미스가 쓴 캐롤라이나 여행에 대한 책도 가져온 것 같군요." 그 책이란 바로 1624년에 나온《버지니아와 뉴잉글랜드와 섬머 섬의 역사》였다. 그 순간 샤프는 이렇게 생각했다고 한다. '맙소사, 그 멋있는 오렌지 색 모로코 가죽 장정본도 결국 그렇게 된 것이었다니!' 그 책도 어디로 갔는지 사라져 버렸기 때문이었다. "그래서 찾아보니 다행히 방 한쪽 구석에 있더군요. 그래서 저는 플라워즈 컬렉션에서 그가 가져온 다른 몇 권도 더 찾아보았죠."

샤프는 여러 귀중한 책들을 되찾은 것에 안도하는 한편으로, 매우 심

400.. 듀크 대학에서 소장하고 있는 조지 워싱턴 플라워즈의 남부 관련 아메리카나 자료를 말한다.

하게 모욕을 당한 기분이었다고 회고했다. "다른 무엇보다도 처참한 기분이 들었던 까닭은, 우리 도서관 직원들이 누군가의 책상 위에 책을 올려놓을 때는 언제나 상호 신뢰를 바탕으로 움직여 왔기 때문이었죠. 저로선 이것이야말로 다른 무엇보다도 더 확고한 원칙이라 믿고 있었어요. 그런데 그 사람은 그걸 무너트림으로써, 결국 공개적인 기관에서 정보를 얻기 위해 필수적인 요건을 무너트린 셈이었죠. 가능한 한 자유롭고 무제한적으로 정보에 접근할 수 있도록 우리가 애써 왔던 그 모든 노력을 일거에 뒤집어 버린 셈이었어요. 제가 가장 화를 낸 까닭도 그거였습니다. 즉, 그 한 사람 때문에 자유로운 정보 접근의 이점이 이제는 사라져 버리게 되었으니까요."

샤프와 그의 직원들은 블룸버그가 어떻게 해서 듀크 대학의 제한구역에 들어갈 수 있었는지를 재구성해 보려 했다. "제 생각에는 그가 열쇠를 훔친 것 같았죠." 샤프의 말이다. "하지만 그는 열쇠를 훔쳐서 그냥 갖고 있지 않고, 일단 훔쳐서 복제한 뒤에 원본을 제자리에 돌려놓았죠. 그러고 보니 언젠가 한번은 열쇠가 보이지 않기에 마침 사무실에 있던 보조열쇠를 사용했는데, 다시 열쇠를 어디선가 찾았던 일이 기억나더군요."

블룸버그는 자신이 듀크를 두 차례에 걸쳐 방문했는데, 매번 2주 가량 머물렀다고 말했다. "정말 놀라운 사실은 그 당시에 경보장치가 작동하기에 몇 번인가 제가 한밤중에 도서관에 가서 확인해 본 적이 있었다는 것이었죠. 우리는 오히려 경보장치가 고장이라도 난 줄 알았습니다. 왜냐하면 센서는 정상 작동중인데 누가 왔다 간 흔적은 없었으니까요. 결국 센서를 모두 교체했는데도 여전히 움직임이 포착되었는데, 기껏 가서 확인해 보면 아무 것도 없는 거예요. 생각해 보면 당시 그 사람이 거기 있었던 거죠."

그는 나와 함께 오텀와에 있을 때에도 듀크에서 훔쳐낸 특별한 책 몇 권에 대해 언급했는데, 그때까지만 해도 자기 운명이 결정되지 않은 상황이었기 때문에, 그는 책을 어디서 훔쳤는지 확인하는 일을 도움으로써 훗날 형량을 결정할 때에 일종의 '할인권'으로 사용할 수 있다고 생각했다. "저는 이 책들을 모두 어디서 갖고 온 건지 알아요. 저 사람들이야 모르겠지만." 그가 말했다. 그러면서 블룸버그는 내게 녹음기를 잠시 꺼달라고 하더니, 이렇게 말했다. "그 사람들이 제가 하버드에서 가져온 것이라고 분류한 《톰 아저씨의 오두막》 있죠? 그건 사실 남캘리포니아 대학에서 가져온 거예요." 하지만 모든 할인권이 그렇듯이, 블룸버그가 내민 할인권도 결국 유효기간이 지난 것이었다. 머지않아 수사관들은 해리엇 비처 스토우가 쓴 이 기념비적인 소설의 극도로 희귀한 초판본이 원래 어디서 나온 것인지를 스스로 밝혀냈던 것이다.

블룸버그는 내게도 미처 이야기하지 않은 책 도둑질에 대한 내용 대부분을 메닝거 클리닉에서 진료를 받기 전에 쓴 일련의 진술서에 대략적으로 언급해 놓았다. 로건 박사와 테일러 박사 모두 공판 당시에 이 진술서에 대해 언급하긴 했지만, 정작 증거로 채택되지는 않았다. 그 중 하나는 '여행'이라는 제목이, 다른 하나는 '생애'라는 제목이 붙어 있었다.

'여행'은 기본적인 사실을 확인하는 데 있어 특별히 유용하다. 로건 박사는 그가 '수집' 여행에 대해 진술한 모든 자료를 취합하여 구체적인 형태로 만들어냈다. 로건 박사는 그에게 다음 여섯 가지 구체적인 질문을 던지며, 1986년부터 지금까지 있었던 일을 매달 간격으로 상세히 대답하도록 했다.

어디에 다녀왔습니까?
누구와 함께 갔습니까?

거기서 뭔가 가져왔습니까?
가져온 물건이 무엇입니까?
어느 도서관에서 가져왔습니까?
왜 가져왔습니까?

가령 1986년 4월에 첫 번째 질문에 대한 답변은 '콜로라도 대학'이었다. 블룸버그는 이곳에서 콜로라도 역사에 관한 내용을 담은 약 25종에서 30종 가량의 팸플릿과 8종에서 10종 가량의 책을 훔쳤다고 썼다. 왜 가져왔을까? "멋진 보관함에 들어 있었고, 평소에 콜로라도 역사를 알고 싶었기 때문. 보관함 모습이 마음에 들었음." 그 여행길에 그는 콜로라도 칼리지에서 서부 역사에 대한 너덧 권의 책을 훔치기도 했는데, 그 이유는 '내 컬렉션에 없는 책들이라서'였다. 이후 9월에 그는 코네티컷 주립 도서관에서 책 모양으로 제본된 얇은 팸플릿을 25종에서 30종 가량 훔쳤다. 그는 1985년 5월에도 같은 곳에서 '몇 개 가져온 적이 있다'면서, 훔친 이유를 '내 컬렉션에 추가해 두고 공부하기 위해서'라고 적었다.

1987년도의 여행에서는 텍사스 주 캔턴의 벼룩시장을 최소한 여섯 번 이상 방문한 것을 비롯해서 캘리포니아, 몬태나, 아이다호, 워싱턴, 오리건, 유타, 네바다, 뉴멕시코 등지의 수많은 도서관에서 책을 훔쳤다. 클리어먼트 칼리지에서는 무려 170권 이상의 책을 훔쳤는데, 그 대부분은 인큐내뷸러를 비롯해서 서지학과 캘리포니아에 대한 책들이었다. 아이다호 대학에서는 서부 역사에 관한 책 다섯 권을 슬쩍 했다. 1987년 12월—섀넌 애플게이트가 '웹푸트 일기'를 열람 신청하기 불과 몇 주 전인—에 블룸버그는 오리건 대학에서 필사본과 팸플릿이 담긴 상자를 20개에서 25개 정도 훔쳐냈고, 그 외에도 서부 역사에 관한 옛날 채권 증서니, 장부니, 편지지니, 팸플릿 등이 담긴 상자를 15개에서 20개 정도 더 훔쳐냈다. 이 물건들을 가져온 까닭은 '한가할 때 읽으면 최고이기 때문'이라고 적었다.

재머래너 80종 컬렉션은 1987년에 혼자서 여행했을 때 '남캘리포니아 대학 도서관의 제한구역'에서 가져온 것이었다. 1986년부터 1988년 사이에 그는 적어도 아홉 군데 기관에서 열쇠를 훔쳐냈다. 그 기간 중에 그가 제한구역 내에 잠입할 수 없었던 기관은 하버드, UCLA, 그리고 신시내티 대학뿐이었다.

자술서에서 블룸버그는 자신이 어린 시절부터 버려진 건물에 매료되었다는 사실을 간혹 언급하고 있다. 그는 애초에 자신의 계획이 어떻게 구체화되었는지를 이렇게 설명했다. "나는 차를 타고 재개발 구역으로 가서 버려진 건물 안에 들어가 골동품을 구해 왔다. 그 당시만 해도 그런 것에는 아무도 관심이 없었고, 간혹 아이들이나 불량배들이 장난삼아 부숴 버리거나 고물로 팔아버리곤 했다. 어느 도시에나 말 그대로 수백 개나 되는 건물들이 텅 빈 채 버려져 있었기 때문에, 공급은 그야말로 무한정이었다."

여러 곳을 계속 돌아다니다 보니 점점 아는 것도 많아졌다. "책에 대한 관심이 늘어나면서 나는 여러 도서관을 찾았고, 점차 그곳에서 자료 조사 및 연구를 했다." 그는 또한 자신의 책 도둑질을 이렇게 정당화했다. 자기가 꺼내 본 자료들은 거의 사용된 적이 없는데다가, 굳이 거기 다시 찾아가자니 귀찮고 해서, '이 기회에 아예 가져와 버리자'고 생각했다는 것이다. 애초부터 그는 책을 팔 생각이 전혀 없었다. "옳지 못한 방법으로 얻은 책을 돈 때문에 파는 것은 정직한 행동이 아니라고 생각했다." 자기가 죽고 나서 이 책들이 어떻게 될 것인지에 대해, 그는 결국 '이 책들이 적절한 사람이나, 적어도 이 책들을 잘 사용하고 보관하고 관리할 사람 손에 들어갈 것'이라고 하면서, '나는 단지 이 책들을 잠시 보관하는 사람에 지나지 않는다'고 썼다.

블룸버그는 나와 이야기할 때 설명했던 것처럼, 자기가 도서관에 들어갈 때면 특별히 어떤 자료를 마음에 두고 있었다고 이야기했다. 그는 이미 갖고 있는 책들 가운데 빠진 것을 채우기 위해 여러 지역에서 여러 책을 가져오곤 했는데, 궁극적인 목표는 일종의 보고(寶庫)를 만드는 것이었다. 여러 도서관에서 중요한 작은 조각들을 가져옴으로써, 그는 '이 건물의 일부며 기물들과 함께, 자기가 좋아하는 분야의 궁극적인 컬렉션을 완성하고 통합할 수 있다'고 생각했다. "나는 죽을 때까지 이를 어느 정도 성취할 수 있으리라 생각했다. 나는 미국 내의 19세기 거주지 및 건물과, 그 건축 및 위치에 관심을 갖고 있었다. 나는 이 책들을 대규모의 자료 도서관으로 사용했다. 나는 책을 통해 이런 건축물들을 확인했으며, 마찬가지로 이들의 역사적 유래를 알게 되었다."

이 궁극적인 컬렉션은 아마도 엘리엇 하우스에 보관될 예정이었을 것이다. 블룸버그는 1978년에 자기가 그 '멋진 옛날 건물'을 구입했을 당시의 기쁨과 기대, 또한 그로부터 3년 뒤에 그 건물을 도로 팔아야 했을 때의 깊은 분노에 대해서도 적었다. "나는 그 건물을 소유하고 있다는 데 대해 대단한 자부심을 갖고 있었다. 그곳을 보존해서 장차 내 일에 사용하려 했던 것이다. 그래서 그 건물을 팔기가 무척 싫었다." 1981년에 이르러 건물에서 떠나야 할 처지가 되자 그는 물건을 모두 처분해야만 했고, 여덟 대나 되는 옛날 자동차는 말 그대로 팽개쳐 버리고 말았다. 그는 이후 7년간의 시간 중 30퍼센트 가량은 완전히, 이리저리 떠돌며 보냈다고 추산하며, 일련의 사건으로 인해 절망의 나락에 빠진 기분이었다고 말했다.

"나는 과열되다 못해 결국 폭발해 버렸다. 도가 지나쳤던 것이다. 나는 스스로를 합리화했다. 내 모든 통찰력과 노력과 열망에도 불구하고,

결국에는 이 도시의 관료주의로부터 거짓말과 속임수밖에는 얻은 것이 없으니, 이렇게 된 바에는 차라리 그들에게도 똑같이 갚아주자고 말이다. 나는 할 수 있는 한 모든 곳에서 모든 것을 털기 시작했다." 하위 버그스트롬을 비롯해서 안면이 있는 몇몇 오토바이족 친구들과 합세한 블룸버그는 마음껏 공격을 펼쳤다. "나는 부고 기사를 뒤지는 방법을 생각해 냈다." 그는 이렇게 썼다. "나는 미니애폴리스 시와 아버지 모두를 향한 분노로 거의 제정신이 아니었다. 내가 아버지에게 남의 집에 여러 번 들어간 적이 있다고 말하자, 아버지는 '지금 날 협박하는 거냐?'라고 대꾸했다."

몇 년 뒤에—정확히 언제인지는 말하지 않았지만—블룸버그는 부고 기사 뒤지기를 그만 두었는데, 그 주된 이유는 그와 함께 일했던 젊은 친구들이 앞장서서 이 동네에서 그 일을 하겠다고 나선 까닭에, 더 이상 그 일에 직접 연관되고 싶지 않아서였다. "나는 그들에게 버려진 집에서 가져온 스테인드글라스 창문, 문짝과 벽난로 등을 사겠다고 말했다. 그들이 물건을 모으는 동안 나는 멀찌감치 도시를 떠나 있었고, 나중에 되돌아와서 그들로부터 물건을 구입했다." 그는 이 젊은이들을 향해 일종의 책임감을 느끼기도 했다.

"이 친구들은 나와 친구가 되어주었고, 정신적으로도 지지해 주었다는 점에서 큰 도움이 되었다. 나는 여행을 많이 했고 도서관에서 책을 훔치는 일도 점점 늘어났다. 나는 대형 도서관과 박물관 등의 제한구역을 모두에게 공개한다는 구실로 이런 행동을 합리화시켰고, 물건도 선별해서 골라잡았다. 그것은 또한 과거의 실패로 인한 분노와 좌절로부터 나 자신을 해방시키는 행위이기도 했다. 내가 생각하기에 우리 가족은 내 소망을 향해 속임수와 완고한 반대밖에 준 것이 없었다. 나는 정말 우연하게라도 그들에게 공짜로 뭔가를 바란 적이 전혀 없었다."

그가 텍사스의 골동품 시장을 확인하는 과정에서 텍사스 주 캔턴을 발견하게 된 것은 1985년 텍사스 여행 중의 일이었다. 그는 캔턴을 '무려 6,000여 명 이상의 골동품상이 매우 오래 된 물건들을 비싼 가격에 파는 정말 대단한 곳'이라고 설명했다. 이와 비슷한 시기에 그는 머지않아 전 세계 경제가 파국을 맞게 될 것이기 때문에 동전 한 푼 까지도 모두 희귀한 금화로 바꿔놓는 편이 낫다고 생각했다. 결국 그는 텍사스의 골동품 시장은 물론이고, 매사추세츠 주 브림필드에서 매년 3주간 열리는 큰 벼룩시장 등지를 누비기 시작했다. 이런 여행은 매번 금을 사들이는 것으로 마무리되었다. 내키지는 않았지만 아버지의 권고에 따라 그는 미네소타에 안전금고를 하나 갖고 있었는데, 훗날 그 안에 보관되어 있던 무려 10만 달러 어치 이상의 동전이 압류되자 자신의 성급한 결정을 후회했다. "그렇지 않아도 마음속에서 뭔가가 자꾸 그걸 멕시코로 가져가서 땅에 파묻어 두라고 말했다." 그는 무척 아쉽다는 듯 적었다.

"그때부터 나는 책들의 보관 문제에 대해 눈뜨기 시작했다." 그는 계속해서 이렇게 썼다. "나는 그 책들을 일종의 자료실처럼 사용했다. 나는 점점 많은 시간을 들여 책을 읽었다. 도서수집에 대한 책을 읽으면서, 책의 가치를 어떻게 가늠하는지 배웠다. 나는 책이야말로 조용한 지혜의 원천이라고 생각했고, 불법적으로라도 그 책들을 방치된 상태로부터, 그러니까 정부로부터, 빼앗아서 잘 활용하고 싶었다. 그 책들을 지키는 것이었다. 다른 사람들을 위해 그 책들을 보존하는 것이었으며, 나아가 어떠한 특권도 갖지 못한 젊은이들과 나누는 것이었다."

결국 1988년에 그는 또 다른 집을 한 채 구입하기로 했는데, 자신이 원하는 집의 모습을 다음과 같이 묘사했다. "아이오와 주 오텀와의 방대한 옥수수 밭 한가운데 있는 초록이 우거진 계곡에 자리 잡은 집. 아이오와 근교의 작은 마을에 사는 인심 좋은 이웃들. 안녕하세요, 여러분! 어서 오게나, 친구들! 만나서 반갑습니다! 멀리서 오셨군요?"

그러나 그가 실제로 발견한 집은 분위기가 전반적으로 좀 달랐다.

"나는 작은 마을에 어울리는 인심 좋은 동네를 기대했다. 멜빵 달린 작업복을 입은 친절한 농부들과, 식당에서 일하는 멋진 여종업원. 머리를 땋아 늘어트린 귀여운 주근깨투성이 소녀. 머리에는 까치집을 지은 덧니 난 꼬마. 깨끗한 접시에 갓 구워 낸 파이를 건네주는 인심 좋은 이웃. 반갑게 맞아들이며 '주님의 축복을' 빌어주는 엄숙하면서도 친절하기 그지없는, 도움이 필요한 사람에게는 기꺼이 친절하고 나이 많은 여신도를 보내 돕게 하는 목사. 위험이나 고난은 결코 입 밖에도 언급되지 않을 것 같은 고장. 나는 아이오와 주 오텀와에서 그런 장소를 찾아내서, 잠시나마 대도시와 그곳의 해악에서 벗어나고자 했다. 그러나 내가 찾아낸 것은 오히려 보다 더 심각한 형태의 유배지였다."

노스 제퍼슨 가 116번지의 벽돌집을 현금 1만 6,000달러에 구입한 후, 그는 마찬가지로 도시에서 혼자 살던 노인이었던 신시내티 출신의 제임스 홀을 자기 집에 살게 했다. "내 생활과 수집 와중에서 겪어야만 했던 불쾌한 일로부터 벗어나기 위해, 아울러 범죄적인 요소로부터 스스로를 멀찍이 떼어놓기 위해 미니애폴리스를 떠나려 했던 것이다. 내가 겪었던 불쾌한 일로 인해 나는 범죄를 저지르고 싶어졌다. 골동품을 팔고, 여행을 다니고, 금을 모으는 일은 만족감 못지않게 고독감을 더해 주기도 했다."

그런 까닭에 그는 오랜 친구로부터 받은 의외의 부탁조차도 기꺼이 수락했던 것이다. "적적하던 차에 켄 로즈가 연락해 와서 그를 우리 집에 살게 했다. 홀 씨도 친구가 있었으면 했고, 로즈도 여기서 지내면서 유리 공예품 수리점을 차렸으면 했다. 그 친구는 믿을 만했고, 실력도 좋았다." 서로 알고 지낸 지가 무려 15년이나 되었기 때문에, 블룸버그는 로즈를 믿을 만한 친구라고 생각했다.

"그가 내 책과 골동품에 대해 어떤 생각을 품고 있었는지는 미처 몰랐다. 그는 거짓말로 나를 속여 경찰에 넘기고 내 물건도 모두 압류당하게 한 다음, 간편하게 나를 밀어내고 '아, 이건 원래 제 것입니다', 혹은 '이건 제가 스티브에게 빌려준 거예요' 하고 주장하면 그만이었을 테니까. FBI는 아마 조사 뒤에도 뭐가 없어졌는지 전혀 모를 것이다. 내가 체포된 후에도 그는 여전히 내 집에 남아서 유리 공예품을 비롯해서 가구 소품, 휘장, 그릇, 심지어 문고리까지 모두 훔쳐냈다. 정부 측에서 이른바 믿을 만한 정보원이라고 하는 놈이 사실은 이런 악당인 것이다."

훗날 공판 중에 로즈는 혹시 블룸버그의 오텀와 집에서 뭔가를 훔쳐낸 적이 있느냐는 질문을 받고서, 일부 물건을 디트로이트의 자기 집으로 가져간 것은 사실이지만 그 이유는 블룸버그 대신 신탁 기금을 만들기 위해서였다고 변명했기 때문에, 심지어 검찰 측 사람들조차도 웃고 말았다.

블룸버그 박사는 전직 내과 전문의였지만 1970년대에 몇 가지 이유 때문에 병원 문을 닫았다고 말했다. 짐머만 부동산 회사를 운영할 사람이 필요했기 때문이기도 했지만, 보다 중요한 이유는 '스티븐이 점점 큰 걱정거리가 되어 더 주의를 많이 기울여야 했기 때문'이라고 했다. 그는 자기 아들이 몰두하는 일에 간섭하려 할 때마다 정말 무기력한 느낌이 들곤 했다고 덧붙였다.

공판 기간 내내 블룸버그 박사는 디모인에 머물러 있었는데, 증인 신문이 있을 때마다 법정 바깥에 나와 있었다. "너무나도, 너무나도 괴롭습니다." 당시 그는 이렇게 말했다. "뭐라 말할 수 없이 슬픕니다. 제 아들 녀석이 어렸을 때부터 쭉 이래 왔으니까요. 이 녀석은 정말 새우처럼 작고 깡마르긴 했지만 그래도 얼굴만큼은 천사 같았거든요. 한번도 데이트라곤 해본 적이 없었죠. 친구가 없어 늘 외톨이였지만 어른들하고는 무척 잘 지냈죠. 늘 자기가 친하게 지내는 어른들을 제게 소개시켜 주기도 했는데, 모두가 아들 녀석을 좋아했습니다."

가문의 부동산 외에도, 블룸버그 박사는 캐리 블룸버그 신탁을 관리했으며, 그로부터 나온 돈을 언제나 아들에게 전해 주었다. 그는 스티븐이 수천여 권이나 책을 모은 것은 알고 있었지만, 불법적으로 훔쳐낸 것임은 미처 몰랐다고 했다. "제가 보기엔 전부 그냥 오래 된 책 같더군요." 그의 말이다. "그러니 저로선 도무지 이 녀석이 왜 책을 훔쳐야 했는지 이해가 안 되는 겁니다." 아들이 체포되자 블룸버그 박사는 변호사 비용으로 무려 50만 달러를 부담했으며, 강력하게 선처를 호소했다. 하지만 1992년에 이 요청은 기각되었고, 박사는 비터 판사가 부과한 20만 달러의 벌금까지도 아울러 부담해야만 했다. 판사는 스티븐 블룸버그에게 징역 5년 11개월을 선고했다.

"지난 26년간 그를 진단한 정신과의사만 열두 명이었습니다. 그런데 유독 테일러 박사만 그를 정상이라 주장한 겁니다." 로건 박사는 비터 판사가 자기 환자에게 형을 선고하는 날 내게 이렇게 말했다. "그는 지금까지 열일곱 번이나 소년법원을 들락날락했습니다." 그 맨 처음은 1965년, 그의 아버지가 아들을 직접 데려가서 보호 조치를 내려 달라고 했을 때였다. "당시 그는 열여섯 살이었는데, 그의 아버지는 아무리 해도 아들이 낡은 건물에 들어가는 것을 막을 수가 없었죠. 1969년까지 블룸버그는 무려 세 번이나 입원 치료를 했고, 이후 전국을 차로 돌면서 버려진 집에 들어가서, 골동품 문고리를 주워 오고, 빅토리아 시대의 잡동사니를 긁어모았습니다." 로건 박사의 말이다. "사실 누군가를 알기 위해서는 그의 말보다는 오히려 기록을 신뢰해야 하지 않을까요? 그와 같은 종류의 사람들은 어디서 갑자기 툭 튀어나오는 게 아닙니다. 스티븐과 다른 여러 범죄자들 간의 공통점이 있다면, 단지 각자의 행동으로 인해 처벌받았다는 사실뿐일 겁니다. 그는 단지 목숨 걸고 책을 '훔쳤다' 기보다는, 오히려 목숨 걸고 책을 '도서관에서 가져왔다'고 해야 할 겁니다. 스티븐은 기록에 도전했던 겁니다. 그가 제임스 신을 능가하려고 애쓴 것도 그 때문입니다." 로건 박사는 멋진 장정에 대한 블룸버그의 취향 또한 의미심장한 바가 있다고 지적했다. "그 자신의 옷차림은 초라하면서도, 다른 책들이 멋지게 '옷을 입은' 모습은 좋아하는 거죠. 그게 무슨 의미가 있는지는 저도 아직 모르지만 말입니다."

"이 사람은 그저 도둑일 뿐입니다." 린다 리드는 법정에서 했던 말을 지역 TV의 뉴스 인터뷰에서 다시 한번 반복했다. "다른 좀도둑과 마찬가지로, 도둑일 뿐입니다." 그녀는 블룸버그에게 선고된 형량이 너무 지나친 것은 아니냐는 의견을 모두 묵살하며 대답했다. "연방교도소에서는 그에게 적절한 의료 조치도 해줄 수 있을 겁니다." 그녀는 블룸버그 자신이 원해서라기보다는, 오히려 사회적인 차원에서라도 그에 대한 전문가의 관리가 필요하지 않겠느냐는 질문에 이렇게 대답했다. 현재 복역하고 있는 미네소타 주 로체스터의 연방교도소에서 풀려날 1996년이 되면 그의 나이는 이미 48세이지만 비교적 젊은 나이다.

비터 판사가 선고를 내린 지 여섯 시간 뒤, 7월말의 기온이 여전히 32도 가까이 되는 상황에서, 디모인에서 사립탐정으로 활동하는 레이 코넬은 나를 데리고 바이킹이라는 이름의 동네 술집으로 갔다. 블룸버그가 체포된 직후에 그의 아버지는 코넬을 고용했고, 그의 조사 덕분에 정부 측에서 정보를 받는 대가로 케니 로즈에게 종종 돈을 지불했다는 사실이 밝혀졌던 것이다. 블룸버그는 공판을 기다리는 동안 코넬의 보호 아래 있었기 때문에, 두 사람은 일 년 내내 함께 있었다.

우리는 맥주 두 잔과, 재판이 시작된 1월에 처음 만났을 때부터 그가 꼭 먹어 보라고 신신당부했던 아이오와의 별미 안주를 시켰다. 기름에 튀긴 돼지고기 안심살을 넣고, 톡 쏘는 겨자 양념에 양파를 두툼하니 썰어 넣은 샌드위치였다. 당연히 우리의 이야기 주제는 그날 있었던 비터 판사의 선고 공판으로 이어졌다. 우리는 블룸버그가 분명히 법을 어겼으며, 그로 인해 여러 사람이 피해를 보았다는 것은 인정했지만, 이 사건은 여전히 뭔가 다른 각도로 볼 필요가 있다는 데에도 동의했다.

"진공상태에서는 아무 일도 없는 법이죠." 코넬이 지적했다. "스티븐은 영리한 도둑이었으니, 자기 행동에 대해 그만한 대가를 치를 만도 합니다. 하지만 저는 그가 교수형 당하는 걸 보고 싶어 안달이 난 사람들 때문에 고생깨나 했거든요. 제가 상당히 다른 각도에서 보고 있는 것인지 몰라도, 솔직히 제가 맡는 사건들 대부분은 살인이니, 강간이니, 가정폭력이니, 마약이니, 아동학대니 하는 것들입니다. 그러니 저로선 스티브가 그런 작자들과는 다른 친구라는 걸 파악하기가 꽤나 힘들었지 뭡니까. 그는 값비싼 책들을 훔치긴 했지만, 훔친 책들을 소중히 다룬 덕분에 모두 결국 원래 있던 곳으로 되돌아가게 되었죠. 피해가 있었던 것은 사실이지만, 이제 여러 도서관에서도 안전 관리에 좀더 신경을 쓰지 않겠습니까. 그가 이 시대의 문화계에서 가장 큰 범죄자라는 것은 사실이지만, 그렇다고 천성이 악한 사람은 아닙니다."

코넬은 맥주를 한 모금 꿀꺽꿀꺽 삼킨 뒤에 다시 한마디 했다. "생각해 보세요. 이 사건에는 폭력이 전혀 없었습니다. 안 그렇습니까? 마약도 없었고, 남의 보험금을 갈취한 것도 아니라구요. 그런 죄를 지은 녀석들도 연방수사국에서 담당하기는 하죠. 하지만 그런 녀석들조차도 스티븐 블룸버그처럼 6년형이나 선고받는 경우는 없었는데, 이게 말이 되느냐 말입니다."

사립탐정은 왼손에 들고 있던 맥주잔을 탁자 위에 올려놓고선 재빠른 동작으로 왼손을 오른쪽 겨드랑이 아래에 갖다댔다.

"이것 좀 보시라구요." 텅 빈 그곳을 툭툭 치면서 그가 말했다. "그동안은 제 총도 안 갖고 다녔습니다. 지난 7개월 동안은 구경 9밀리미터짜리 소형 권총조차도 안 갖고 다녔다니까요. 하지만 이제 월요일이 되면 여기 다시 총집을 차고 현실 세계로 되돌아가야 하는 거죠."

14
카르페 디엠[401]

 진홍색 모로코 가죽으로 장정된 커다란 2절판 네 권이 맨해튼의 어퍼 이스트사이드에 위치한 소더비의 주 경매장 앞쪽 이동식 연단 위에 놓여 있었다. "제100번 품목, 셰익스피어 책들입니다." 존 L. 매리언은 오래된 마호가니 연설대 뒤에서 이렇게 말한 뒤에 잠시 뜸을 들였다. 바야흐로 1980년대의 가장 중대한 도서 거래가 막 시작되려는 참이었기 때문이다.
 입찰은 50만 달러에서 시작되어 곧바로 5만 달러씩 가격이 높아지면서 금방 100만 달러에 달했다. 경매장 곳곳에서 번호판이 올라갔지만, 가격이 150만 달러에 도달했을 무렵에는 단지 두 명의 경쟁자만이 남아 있었다. 그 중 한 사람—나중에 어느 부유한 일본인 사업가라는 헛소문이 돌았다—은 전화로 경매에 참여하고 있었다. 경매장 한가운데 자기

401.. '오늘을 즐겨라', 혹은 '삶을 즐겨라' 라고 번역할 수 있는 라틴어 경구이다.

대리인과 나란히 앉아 있는 다른 한 사람은 1970년대와 1980년대 동안 TV 광고 중개업으로 큰 재산을 모은 인물이었다.

"155만 달러에서, 더 부르시겠습니까?" 매리언이 이렇게 말하며 경매장 한가운데 앉아 있던 리처드 매니를 지목했다. 매니는 고개를 끄덕였다. "전화 입찰에서 165만 달러 나왔습니다." 경매인이 다시 말했다. 매니는 다시 고개를 끄덕였다. 전화 입찰자가 다시 175만 달러를 부르자, 매니는 180만 달러에서 쐐기를 박아 버렸다. 전화 입찰자가 185만 달러를 불렀다고 경매보조인이 말하자, 약 10초간 침묵이 뒤따랐다.

"잘 생각해 보시기 바랍니다." 매리언은 차분한 목소리로 이렇게 말했고, 매니는 그를 향해 고개를 끄덕여서 마침내 경쟁에 마침표를 찍어 버렸다. 10퍼센트의 수수료를 포함해서 무려 210만 달러라는 가격에 리처드 매니는 모두 《희극, 사극, 비극》이라는 똑같은 제목이 붙은 1623년도 초판 2절판, 1632년도 재판 2절판, 1644년도 제3판 2절판, 1685년도 제4판 2절판을 구입했던 것이었다. 그 다음날 종료된 가든 사 경매를 통해 모두 308권의 책들이 새로운 주인을 찾았다. 총 판매 금액은 1,620만 달러로 권당 5만 2,815달러 꼴이었는데, 그 중 12퍼센트에 달하는 금액이 이른바 '셰익스피어 초간본 2절판 네 가지'라고 부르는 책들의 판매 금액이었다. 1970년대 말에 헤이븐 오모어가 한스 P. 크로스에게서 이 책들을 구입했을 당시의 가격은 20만 달러였지만, 1980년대의 경기 호황과 더불어 이것이야말로 이 시대 최후의 값비싼 경매 물품으로 기록되었다.

"마음속에서 저걸 꼭 사야겠다는 생각이 들더군요." 매니는 경매 직후에 가진 전화 통화에서 이렇게 말했고, 훗날 뉴욕에서 만났을 때 도서수집가로서 자기의 목표를 이렇게 설명했다. "그야말로 전 시대를 통틀어 가장 위대한 책들이죠. 원하신다면 '걸작품'이라고 불러도 무방합니다. 하여간 세계에서 가장 위대한 책들, 저는 그것을 추구했을 뿐입니다."

물론 예상 최고가보다도 무려 두 배나 되는 금액을 지불했지만, 그는 자기 정도 수준의 책을 수집하는 것에 대해 다음과 같은 조언을 해 주었다. "가령 최고의 물건을 놓고 경쟁을 벌이게 된다면―물론 그 물건이 무엇이든 간에 말입니다―당연히 다른 사람들이 생각하는 것 이상으로 지불해야 하는 겁니다. 그러려면 미리 준비를 해 두어야죠. 이 점을 반드시 명심해 두시기 바랍니다. 왜냐하면 최고의 물건이라면 늘 그만한 대가를 요구하기 때문이니까요."

10초라는 시간은 그리 길게 생각되지 않을 수도 있지만, 바로 그날 경매장 안에서, 그렇게 비싼 금액을 앞에 둔 상태에서는 그야말로 영원처럼 긴 시간이었다. "가격을 고민한 것은 아니었습니다." 매니의 말이다. "사실은 '내가 정말 이 책을 그렇게 갖고 싶어 하는 걸까?' 하고 생각했죠. 왜냐하면 솔직히 말해서 마음만 먹으면 좀 더 저렴한 가격에 훨씬 더 상태가 좋은 다른 셰익스피어 책들도 얼마든지 구할 수 있거든요. 하지만 저는 그 책들이야말로 제 일생에서 두 번 다시 볼 수 없는 최고의 물건이라고 생각했고, 거기서 사지 못하면 평생 후회하리라 느꼈던 거죠."

매니는 또 가든 경매에서 《돈키호테》의 매우 희귀한 판본도 구입하려 했지만, 입찰가 65만 달러에서 그만 물러서고 말았다. "셰익스피어를 차지하고 나자 긴장이 한꺼번에 풀리더군요. 세르반테스의 예상 낙찰가는 원래 20만 달러였습니다. 물론 그 이상 가게 될 줄은 알았지만, 65만 달러를 넘어서는 걸 보니 문득 저걸 그렇게 갖고 싶어 하는 사람이 있으니 그냥 넘겨주자 하고 생각했죠. 기회는 나중에도 있는 법이니까요." 그가 물러선 뒤에도 경쟁은 지속되어, 결국 165만 달러라는 높은 가격에 어느 익명의 에스파냐인 도서수집가를 대신해 참가한 쿼리치 서점의 아서 프리먼에게 낙찰되었다. 몇 달 뒤에, 나는 프리먼에게 어떻게 해서 그렇게 예상가를 훨씬 웃도는 가격에 구입했는지를 물었다. "그 책을 무척 사고 싶어 하는 사람이 두 명이나 있었죠." 그가 설명했다. "알고 보면 간단했습니다."

이 경매가 끝나고 얼마 뒤에 나는 존 매리언에게 딕 매니로부터 결과적으로 5만 달러를 더 부르게 만들었던 재치 있는 방법에 대해 물어보았다. "제가 보니 그가 고개를 젓고 있더군요. 확고하게요. 이미 결심했던 거죠." 경매인은 이렇게 회고했다. "그래서 저는 그를 똑바로 쳐다보았는데, 그는 여전히 안 되겠다고 고개를 젓고 있었어요. 아주 뚜렷하게요. 정말 그랬죠. 그래서 저는 그에게서 시선을 거두었다가 다시 바라보며 이렇게 말했던 겁니다. '잘 생각해 보시기 바랍니다' 하구요. 그에게 혼자 생각할 수 있는 시간을 준 것이죠. 저는 그가 한번 더 가격을 부를 것이라고 생각했습니다. 전화상으로 가격을 받은 다음, 그것을 확신했죠. 그래서 그렇게 했던 겁니다. 일종의 육감이었죠."

셰익스피어 책들을 구입하기 1년 전에, 매니는 당시 새로 발굴되어 시장에 나온 포의 《태머레인》을 경매에서 익명으로 구입했는데, 이 책은 어느 어부가 뉴햄프셔의 오래 된 창고에서 발견해 겨우 15달러에 구입한 것으로 한때 신문지상을 떠들썩하게 만든 물건이었다. 당시 매니는 그리 치열한 경쟁을 거치지 않고, 미국문학의 이 희귀한 '흑란(黑蘭)'을 19만 8,000달러라는 소더비 측의 예상가에 자기 것으로 만들었다.

1963년에 결혼하기 전만 해도 매니는 라스베이거스의 여러 가지 도박판에서 자신의 운수를 시험해 보곤 했다. 하지만 아내인 글로리아와 함께 도서수집을 시작한 이후, 그는 카지노에 완전히 발을 끊었다. "미술품이며 가구며 골동품이며 책에 관심을 쏟게 된 다음부터는 크랩스나 바카라[402] 따위는 생각도 나지 않더군요." 그의 말이다. "이제는 도박 대신에 경매를 통해 훨씬 더 만족스러운 효과를 얻고 있습니다. 규모가 큰 경매에는 가급적 꼭 참여하려고 하죠. 오로지 책 사냥을 위해서요. 기꺼이 싸울 준비를 하고 경매장에 들어가서 우리가 원하는 물건을 보는 순간 가슴이 쿵쾅쿵쾅 뛰더군요. 그 긴장이며 초조함이 제겐 너무나도 마음에 듭니다. 물론 정말 갖고 싶은 것도 아니면서 아무 물건에나 입찰하지는 않습니다. 왜냐하면 저는 웃음거리가 되지 않으면서 오로지 제가 바라는 것만을 획득하고 싶어 하기 때문이죠. 가격이 오르락내리락하는 것은 사실 아무런 의미도 없습니다. 반드시 그 물건을 가져야 하겠다고 생각한 이상은 말입니다."

 딕과 글로리아 매니 부부는 수집을 처음 시작한 1960년대만 해도 서로의 열정을 경쟁적으로 발휘하곤 했다. 매니는 당시 그들의 다양한 취미 활동이 절정에 달했을 때는 한 해에 약 500만에서 600만 달러 정도를 썼을 것이라고 계산했다. "우리는 몇 가지 특별한 컬렉션을 만들었죠." 그는 첫 번째 인터뷰에서 이렇게 말했다. "저는 세계 문학사상 최고의 걸작들을 망라한 컬렉션을 모으고 있었습니다. 남북전쟁 당시의 가구 컬렉션하고 미국 회화 컬렉션은 저희 부부가 같이 모으는 것이었구요. 또 저희 부부 모두 미술 작품을 항상 사들였죠. 저희는 큰 것이건 작은 것이건 가리지 않고, 마음에 드는 것은 뭐든지 샀습니다. 제가 사지 않더라도 집사람이 뭔가를 사들이곤 했죠. 그렇게 두 사람 모두 항상 바깥에 나가 있었습니다. 집사람은 가게마다 들러보고, 저는 매디슨 가를 이리저리 오가면서 물건을 찾아다니곤 했죠. 판매업자들이 제게 종종 전화를 했기 때문에, 일주일에 단 하루도 뭔가 새로운 물건을 사지 않고 넘어가는 날이 없었습니다. 그러니 한 해에도 무려 400에서 500점 가량을 새로 사들이는 셈이었죠."

 그는 자기 자신을 '브롱크스 거리 출신의 꼬마로 호주머니에 단돈 60

---

402. 두 가지 모두 도박의 일종이다.

달러만 갖고 시작해서 결국 광고업계에서 크게 성장한 인물'로 표현했다. 1980년에는 사람들이 책이나 그림이나 골동품 등에 쓰는 돈은 그냥 '버려도 되는 돈'이라고 부르는 게 유행이었다. "저는 그런 표현이 싫더군요." 매니의 말이다. "제 경우만 해도 '버려도 되는 돈' 따위는 있을 수가 없으니까요. '버려도 되는' 것이라면 사실은 필요 없기 때문에 내다버리는 돈이라는 뜻이고, 결국 그 돈으로 하는 일조차도 원래는 불필요한 일이라는 뜻 아니겠습니까? 저희 부부는 우리가 한 일이 오히려 '반드시 필요한' 일이었다고 생각하고 있습니다."

아름다운 물건을 향한 이러한 열정의 이면에는 '우리가 컬렉션을 소유하는 것이 아니라, 오히려 컬렉션이 우리를 소유하는 듯한 역설'도 있다고 매니는 덧붙였다. "심지어 집을 비우기조차 두려울 때가 있습니다. 상상할 수 있는 한 가장 정교한 경보장치를 설치해 둔다고 하더라도, 누군가 뚫고 들어올 가능성은 항상 있으니까요. 그렇게 되면 이 물건을 관리하고, 복구하고, 보존하는 문제로 걱정을 하게 되죠. 늘 안전장치를 해두고, 보험을 들어 두고, 큐레이터를 동원해 관리하게 해야 합니다. 적어도 책의 경우에는 제가 큐레이터 노릇을 하는 셈이죠."

1991년 5월 17일, 리처드 매니가 셰익스피어 책들을 구입한 지 1년 반이 지난 뒤에, 나는 크리스티 경매회사에서 열리는 스튜어트 B. 시멜 북아트 컬렉션 경매에 참석하기 위해 뉴욕을 찾았다. 경매 도중의 휴식 시간에 뉴욕의 서적상인 바트 오어바크가 내게 혹시 소식을 들었냐고 물어보았다. "딕 매니가 장서를 팔려고 한다는군요."

그의 말에 의하면 경매장에서 몇 블록 떨어진 곳에 위치한 그롤리에 클럽에서는 마침 매니의 장서 가운데서도 가장 멋진 것들만 골라 전시하고 있는 중이라고 했다. 나는 그 클럽의 회원들은 곧 경매에 나올 물품을 전시했던 역사가 없지 않느냐고 반문했다. 마치 누군가 팔 물건을 전시해 주는 듯한 좋지 않은 인상을 주기 싫어서 말이다. "하여간, 직접 확인해 보세요." 오어바크는 이렇게 대답하고 경매장 안으로 들어가 버렸다. 주위 사람들에게 확인해 본 결과, 매니는 단지 장서를 판매하는 것뿐만 아니라, 자기 책이 이미 전시되고 있던 도중에 그롤리에 클럽의 회의에서 그 계획을 털어놓음으로써 적지 않은 분노를 야기했다고 한다. "그야말로 천박한 짓이에요." 오랫동안 클럽 회원으로 있었던 한 여성이 말했다. "마치 이용당한 기분이더군요." 클럽의 전 회장도 이렇게 말했다.

이후 다시 매니를 만났을 때, 그는 이로 인해 생겨난 불쾌감에 대해 매우 미안해 하기는 했지만, 하필 이때 책을 팔기로 결정한 것은 단지 우연의 일치라고 주장했다. "클럽에서 제게 전시회를 열자고 제안한 것은 벌써 1년 전의 이야기입니다. 하지만 이 책을 팔기로 한 결정은 매우 갑작스럽게 내린 겁니다." 그의 설명에 따르면 책을 팔기로 한 까닭은 다름 아닌 지긋지긋하게도 오래 가는 경기 침체 때문이며, 사실 자기 사업도 거의 죽어가는 상황이라고 했다. "이제 우리의 수집벽을 지탱할 만한 자금 여유가 없어졌습니다. 굳이 책을 파는 이유는 다른 컬렉션이나마 보존하고 싶어서입니다. 책에 비하면 오히려 골동품 쪽이 훨씬 더 구하기가 힘들다고 생각하기 때문입니다. 그러니 둘 중 뭔가를 팔아야 한다면 책을 팔아야죠. 장서야 언제든 다시 모을 수 있으니까요."

나는 또한 매니가 가든 사 경매 이전부터, 무슨 물건을 사든지 일단은 외상으로 처리하도록 미리 소더비 측과 합의했다는 사실을 알게 되었다. "솔직히 제가 이때껏 골동품이나 미술품 컬렉션을 구입하기 위해 남에게 동전 한 푼 빌렸던 적이 없었습니다." 그의 말이다. "하지만 이 2절판 대금 결제는 무려 1년간이나 유예를 두었죠. 솔직히 열두 달 내내 사들인 다른 모든 물건보다도 이 네 권의 값이 훨씬 더 비쌌습니다. 그야말로 제 일생에 책 한 권을 산 경우로는 유일한 사건이었을 겁니다."

매니는 1989년 11월 9일에 셰익스피어 책들을 구입했다. 하지만 소더비와 합의한 내용에 대해 내게 이야기할 당시는 그 책들을 구입한 지 19개월이 지난 다음이었는데도, 그는 여전히 경매 회사 측에 '100만 하고도 조금, 아니 100만인지 200만인지'를 빚지고 있었다. 자기 장서를 매각하기로 결심하기 훨씬 전부터, 그는 심각한 현금 융통 문제를 겪고 있었음이 분명했다. "저는 소더비에 돈을 지불해야만 했습니다. 원래의 동기는 그것이었죠. 하지만 곧이어 저는 '상황이 좋지 않군. 사업 자금을 빼올 수는 없으니, 책을 모두 팔아야겠군' 하고 생각했습니다. 그 컬렉션의 가치를 저야 짐작할 수는 없었지만 대략 700만 달러 정도는 나오겠더군요. 어찌 되었든 간에 저로선 그 책들을 평생 간직할 생각은 없었으니까요. 이미 전에도 말씀드렸듯이 말입니다."

사실 매니는 이전에 우리가 만나 인터뷰를 할 때 자기 부부는 결국 이 장서를 시장에 다시 내놓아야 할 것으로 생각한다고 언급한 바가 있었다. "책은 꼭 다시 시장에서 유통되어야 한다고 봅니다." 그의 말이다. "가령 그림의 경우, 워낙에 독특한 작품이라면 모두가 볼 수 있는 장소에 보관되게 마련입니다. 하지만 희귀본의 경우, 일단 어느 기관에 들어가고 나면 학자가 되어 특별히 허락을 받지 않는 한 결코 볼 수가 없으니까요. 심지어 일반에 공개되는 경우는 매우 드물죠. 물론 그렇다고 기관에서 소장하는 책들이 다 잘못되었다는 건 아닙니다. 다만, 저희 부부의 경우에는 이미 수집한 것들을 모두 흩어버려, 이 책들을 사랑하고 즐기려는, 그리고 우리가 갔던 그 길을 찾아올 만한 누군가에게 돌려줘야 한다고 생각하는 겁니다."

매니는 자기가 그 200만 달러짜리 책도 경매 회사에 내놓았다고 말했다. "사실 이게 매우 중요합니다. 아시겠어요? 무슨 뜻이냐면 말이지요.

제가 소더비를 위해 책을 파는 건 아니라는 겁니다. 만약 그런 경우라면 책들 가운데 몇 가지만 골라 팔아도 충분하겠지요. 하지만 저는 이 컬렉션 가운데 핵심적인 것들을 빼돌려서 대중을 기만하지는 않겠다는 겁니다. 뭔가를 내놓아 팔려고 하면 거기 와서 사는 사람들에게 지금까지 모은 것을 모두 내놓아야 한다는 뜻이죠."

매니가 말을 이었다. "다행인 것은 이제 제가 자금 여유가 좀 생기게 되었다는 겁니다. 수집가인 탓에 지금까지 여윳돈은 모조리 우리의 취미활동에 투자했거든요. 요즘 경제가 돌아가는 판국에서는 우리가 모은 그림이나 골동품을 내놓아봤자 오히려 진짜 손해만 볼 거예요." 매니는 계속해서 자기가 자금의 여유가 생겼다는 점을 강조했다. "여유가 생기려면 어떻게 해야 할까요? 뭔가 하는 일이 크게 히트를 치거나, 아니면 뭔가를 제값에 팔아야 하겠지요. 저는 비교적 성공한 사업가입니다. 스물두 살 때 이후로 직접 사업을 꾸려 왔죠. 그러니 뭔가를 팔려면 그 값이 적절할 때 팔아야 한다는 정도는 알고 있습니다. 가령 차일드 해섬의 그림 중에서도 전 세계에서 가장 훌륭한 세 개 가운데 하나로 꼽히는 제 소장품 같으면 어떨까요? 이걸 지금 팔려고 내놓는다면 아마 다들 저더러 제정신이냐고 할 겁니다."

도서수집을 포기하는 이유가 단지 그의 재정 문제 때문만은 아니라는 사실은 본인도 인정했다. "우리 모두 각자의 삶에 대해 결정권이 있지 않습니까. 저는 어느 제삼자의 희생물도 아닙니다. 오히려 저 스스로의 희생물이라고 해야겠지요. 제 삶은 제가 결정하는 겁니다. 저는 단지 돈을 마련하려 할 뿐입니다." 그는 할리우드의 영화 제작자 중 한 사람이었던 마이크 토드의 말을 인용했다. "'가난해서가 아니다. 다만 일시적으로 자금이 부족할 뿐이다.' 저도 마찬가지인 셈입니다." 그는 장서를 파는 대신 미술품은 계속 보유한다는 것에는 아무런 모순점도 없다고 생각했다. "집사람과 저는 이미 미술품 대부분을 처분해 버렸습니다. 우리 이름으로 된 두 가지 컬렉션은 메트로폴리탄 미술관에 하나, 그리고 시카고 예술원에 또 하나가 있으며, 로코코 리바이벌[403] 풍 가구 컬렉션은 델라웨어의 윈터터 박물관에 있습니다. 하지만 책의 경우에는 다음 세대의 수집가들에 대한 의무를 지고 있다고 생각했기 때문입니다. 그러니 저도 이렇게 발표할 자격이 있었던 셈입니다."

1991년 해리 N. 에이브럼즈 출판사에서는 글로리아 매니 상아 미니어처 초상화 컬렉션을 수록한 책을 펴냈다. 뉴욕에서 전시회를 가진 뒤에 이 그림들은 워싱턴 D. C.의 국립미술관에 전시되었다. 1986년에 매니 부부는 독일 출신의 가구제작자인 존 헨리 벨터가 19세기에 만든 가구 71점을 델라웨어의 윈터터 박물관에 기증했으며, 그 설치 및 관리 기금도 기부했다. "저는 매니 부부를 무척 존경합니다." 이 박물관의 설립자인 헨리 F. 뒤퐁의 딸이자 명예 이사이기도 한 폴린 L. 뒤퐁 해리슨 여사의 말이다. "두 분 모두 우리 박물관에 매우 너그러운 일을 해 주셨습니다. 두 분이 주신 가구는 저희가 추구하는 영역의 연장선상에 있기 때문에 이곳에 매우 잘 어울립니다. 저도 매우 각별한 애정을 갖고 있어요." 윈터터 박물관 이사회의 임원으로서 리처드 매니는 '매우 지혜로운 전망과 명석한 관점을 제공했다'고 그녀는 덧붙였다. "저는 애초부터 그분이 우리 박물관을 전 세계적으로 만드는 데 기여해 주시리라 알고 있었습니다. 그분은 사업에 대해서 잘 알고 계시기 때문에, 우리가 처음 문을 열었을 때부터 어떻게 해야 수익성 프로그램을 갖게 될 수 있을지에 대해 많이 조언해 주셨습니다. 리처드와 글로리아 두 분 모두 무척 도움

---

403. 18세기의 로코코 양식을 토대로 한 복고풍으로, 일명 '자연주의 양식'이라고도 한다.

이 되었지요. 그래서 저도 두 분을 모두 매우 좋아 합니다."

1991년 10월 11일, 업계의 유명한 '선수' 들이 또다시 소더비 경매회사에 모였다. 리처드 매니는 경매장 뒤편 위층에 마련된 부스에 있었다. 그 곁에는 소더비 미국 지사의 사장이자 대표이사인 다이애나 D. 브룩스가 서 있었다. 이번 경매에 나온 매니의 책들에 있어서 중요한 점은 그 제목이 아니라 숫자였다. 모두 314권의 책이 400만 달러가 조금 못 되는 가격에 팔려나갔고, 그 중에서도 비싼 가격에 팔린 것들은 잭 런던, 너새니얼 호손, 아서 코난 도일, 어니스트 헤밍웨이, 오스카 와일드 등의 주요 작품과 킹 제임스 성서, 그리고 베이컨의 《수상록》 등이었다. 약 390만 달러 가량이었던 총 판매금액 가운데 100만달러를 지불한 사람은 로스앤젤레스에 있는 헤리티지 서점의 루 와인스타인이었는데, 그 금액 중에서도 3분의 1은 찰스 디킨스의 《유령을 본 남자와 귀신과의 거래》[404]라는 친필 원고를 사는 데 들어갔다. 매니의 컬렉션에 포함된 한 가지 보석은 《허클베리 핀의 모험》의 증정본으로, 예상 낙찰가인 8만 달러를 뛰어넘어 무려 9만 달러에 판매되었다. 맨 앞의 면지에는 다음과 같은 헌사가 적혀 있었다.

리비 L. 클레멘스[405]에게
깊고도 커다란 사랑을 담아
저자가
1884년 크리스마스

404..디킨스의 이른바 '크리스마스 소설' 가운데 맨 마지막 것으로 1848년에 출간되었다. 저자는 이 책을 《유령을 본 남자》와 《귀신과의 거래》 라고 해서 마치 두 권인 것처럼 서술했는데, 실제로는 한 권의 제목이다.

매니가 소장하던 《실락원》의 초판본 퍼스트 이슈도 원래 장정 상태 그대로 현존하는 극소수의 몇 권 가운데 하나로, 역시 이와 비슷한 가격에 판매되었다. 대실 해미트의 《몰타의 매》는 2만 9,700달러에 판매되었고, 브램 스토커가 초판 출간 당일에 쓴 헌사가 적힌 《드라큘라》는 4만 4,000달러에 판매되었다. 반면 《태머레인》에 대한 관심은 실망스러울 정도로 적어서, 볼티모어에 있는 19세기 서점의 스테펀 로웬타일이 14만 3,000달러에 구입했다. 하지만 경매는 대체적으로 성황리에 끝났다. "마치 좋았던 옛날과도 같았죠." 로스앤젤레스의 서적상인 마크 하임이 나중에 한 말이다. "경매장 바깥에서 불황이 한창 진행되고 있다는 사실도 잊어버릴 정도로 말이예요."

그날 새로운 주인을 만나지 못했거나, 또는 소더비에서 자체적으로 사들인 책은 단 두 권이었다. 1661년 판 엘리엇 인디언 성서는 13만 5,000달러에 소더비에서 사들였다. 반면 경매 전까지만 해도 예상 판매가가 150만에서 250만 달러에 달했던 셰익스피어 초간본 2절판 네 권은 정작 경매장에서는 열기가 시들해지고 말았다. 처음부터 번호판을 들어올리는 사람이 몇 없어서, 경매인 데이비드 레던은 110만 달러에서 입찰을 중단시켰다. 외상으로 구입했던 까닭에 매니로 하여금 결국 컬렉션 자체를 팔아야 하는 상황에까지 이르게 한, 바로 그 문제의 책이 판매되지 않았다는 사실은 수집가들의 취향과 유행이 바뀔 수 있다는 데 대한 흥미로운 사례로 남게 되었다.

그로부터 1주일 뒤, 광고업계 전문지에는 또 하나의 사건을 알리는 기사가 실렸다. 이번에는 소더비 경매회사의 반대편 끝에 있는 맨해튼의 미국 파산법원에서 벌어진 일이었다. 매니의 회사 메디에이터즈 사가 미

405..새뮤얼 클레멘스(마크 트웨인)의 아내인 올리비아 '리비' 클레멘스를 말한다.

국 전역의 여러 언론사 및 TV 방송사에 3,200만 달러 이상의 채무를 지고 있었던 것이다. 곧이어 미국연방파산법 제11조에 따라 강제 절차가 시작되어 회사가 재편되었다. 법원 기록에 따르면 이 사건은 곧바로 떠들썩한 결과를 낳았다. 리처드와 글로리아 매니의 회사 측에 적절한 해결 조건을 내세웠지만 결국 뜻을 이루지 못한 데 실망한 채권단은 두 사람이 소유한 미술품 700여 종에 대한 압류 신청을 냈다. 그 가운데는 차일드 해섬이 파리의 거리를 그린 작품으로, 구입 당시 가격이 73만 5,000달러였던 〈보나파르트 가에 내리는 비〉도 포함되어 있었다. 또한 매니 부부가 1982년에 22만 5,000달러에 구입한 노먼 록웰의 〈알 권리〉도 있었다.

법원 기록에 따르면 이 그림들은 모두 원래 메디에이터즈 사에서 구입해 1년여 간 소장하고 있다가 1988년 6월 30일, 총 1,260만 달러에 이 회사의 주식을 100퍼센트 매입한 매니 부부에게 매각되었다고 한다. 변호사들 간에 논쟁이 벌어지긴 했지만 실제로 밝혀진 것은 없었고, 양측의 대리인은 모두 이후 몇 달은 걸려야만 어떻게 될 것인지 알게 되리라고 생각했다. 그 와중에 매니 부부는 어빙턴온허드슨에 있는 커다란 자택마저 경매에 내놓았다.

1993년 6월, 소더비는 대규모의 춘계 아메리카나 경매에서 리처드와 글로리아 매니 부부가 소장했던 훌륭한 골동품을 상당수 내놓았다. 그 가운데는 1825년에 존 W. 포브스가 이리 운하의 완공을 기념하는 뜻에서 제작해 당시 뉴욕 주지사였던 드위트 클린턴에게 선사한 은제 식탁 장식품도 있었다. 매니 부부가 1982년에 미 국무부와의 경쟁 끝에 26만 4,000달러에 구입한 것이었다. 그러나 11년 뒤, 이 물품은 26만 6,500달러에 메트로폴리탄 미술관에 판매되었는데, 마침 매니 부부는 얼마간의 자금을 빌리는 대가로 정교한 문양이 새겨진 은쟁반을 이곳에 담보로 잡힌 상황이었다. "이젠 거의 저희 것이라고 봐야죠. 기일이 너무 오래 지났으니까요." 미술관의 미국관 담당 큐레이터인 모리슨 헤크셔의 말이다. "머지않아 전시에 들어갈 겁니다."

파산 공판 중에도 해결의 기미는 거의 보이지 않았고, 이후 3년간의 법정 공방에도 불구하고 아무런 해결이 나지 않은 상황이다. 1994년 6월, 채권단 측에서 제출한 메디에이터 사에 대한 재편안에는 회사의 청산에 대한 내용도 포함되어 있었다. 그리하여 결국 연말까지는 문제 해결의 전망이 가능한 듯 보였다. 그 와중인 1993년에 매니는 영화 관련 마케팅 및 미디어 회사인 M. P. I. 인터내셔널 사의 대표로 임명되었다.

언젠가 점심식사를 마치고 매디슨 가에서 그의 사무실을 향해 같이 걸어가는 동안, 나는 그를 가리켜 희귀본 업계의 도널드 트럼프라고 하는 표현, 즉 1980년대 당시 젊고 뛰어난 수완가로 성공을 거듭하며 일약 유명인사가 되었다가, 이후 실패를 거듭하며 웃음거리가 되어 버린 인물을 빗댄 표현에 대해 어떻게 생각하느냐고 물어보았다.

"제 말을 분명히 녹음해 주십시오." 매니는 이렇게 말하면서, 보도 위에서 갑자기 걸음을 멈춰버렸기 때문에 지나가는 행인들이 궁금한 표정으로 우리를 바라보았다. "저를 진정으로 아는 사람이라면 제가 단지 한때 반짝였다가 사라지는 인물이 아니라는 사실을 잘 알고 있을 겁니다. 지난 28년 동안 저희 부부는 여러 번 컬렉션을 수집했다가 매각하곤 했으니까요." 그는 미소를 지었다. "저를 싫어하는 사람들이 도널드 트럼프에 비견할 만큼 제가 그렇게 대단한 일을 했다니, 오히려 기분이 좋군요. 그 말은 오히려 칭찬으로 생각하겠습니다."

에필로그

1990년대의 서적업계가 그 직전의 1980년대에서 거품을 싹 걷어버린 형국이라면, 이 시기의 대규모 도서 경매를 주도한 장소는 바로 뉴욕 시 이스트 25번가 104번지에 위치한, 매우 실리적인 경매업체인 스완 경매 회사였다. 1992년 4월의 이틀 동안, 이 세기말에 활동하고 있는 유력한 서적상들이 로워 맨해튼의 어느 육중한 건물로 모여들었다. 한때 호화스러운 미술품 상점이 있었던 이 수수한 모양새의 건물 6층을 스완의 대표인 조지 S. 로우리가 1980년에 경매장으로 개조했던 것이다.

이곳에서는 멋진 플라스틱 번호판 대신 접수 번호가 새겨진 종이 카드가 사용되었다. 맨해튼의 보다 위쪽에 위치한 크리스티나 소더비의 경매장과는 달리, 스완의 경매장 벽에는 우아한 그림이 걸려 있지도 않았고, 천장에 뱀처럼 복잡하게 얽혀 있는 통풍구를 가리려고 애쓴 흔적도 없었다. 하지만 좌석은 편안했고, 음향 설비도 훌륭했으며, 구텐베르크 성서나 오듀본 2절판 같은 종류의 걸작품 대신, 미국에서 활동하는 수집가들 대부분이 찾는 종류의 책들이 출품되었다.

스완 경매회사의 창립 50주년을 기념하기 위해 열린 이번 경매에서는 매우 다양한 분야―미국과 영국 및 유럽 문학, 유대교, 아동문학, 탐정소설, 환상소설, 과학소설 등―에 걸친 519점의 물품이 나왔는데, 이는 본래 시카고의 은퇴한 엔지니어 겸 건축가였던 레이먼드 엡스타인이 위탁한 1만여 권의 책들 가운데 선별한 것이었다.

맨 앞줄에 앉아 있는 엡스타인 옆에 있는 사람은 시카고의 랠프 뉴먼이었다. 캘리포니아에서 온 루 와인스타인과 마크 하임, 그리고 뉴욕을 대표해서 짐 커민즈, 글렌 호로위츠, 스티브 와이즈먼, 저스틴 실러, 바트 오어바크 등도 참가했다. 뉴헤이븐에서 온 빌 리즈, 보스턴에서 온 앤과 데이비드 브로만, 볼티모어에서 온 스테펀 로웬타일, 필라델피아에서 온 클리어런스 울프도 있었다. 런던에서 날아온 아서 프리먼도 있고, 크리스티의 희귀본 부서 책임자인 스티븐 매시도 잠시 구경하러 들렀다. 참가자들만 해도 무척이나 대단했고, 그들 대부분은 고객의 의뢰를 받아 참가한 것이었다.

"저는 지난 40년간 책을 수집해 왔습니다. 그리고 이제 책들을 놓아보낼 때라고 결심했습니다." 레이먼드 엡스타인이 경매 전에 이렇게 설명했다. "제 나이가 일흔넷이나 되어서, 제 집사람과 아이들은 이 책들을 물려받아도 어떻게 할지 모르는 상황이라서 말입니다. 물론 판매 금액은 노후 자금으로 사용할 생각입니다. 오늘 아침에 이곳에 도착해서 책들이 나와 있는 걸 보고 조지 로우리에게 이렇게 말하기도 했답니다. '저걸 그냥 다시 싸 주시면 안 되나요? 도로 집에 가져가는 편이 낫겠소.' 하지만 이 책들을 원하시는 분들이 이렇게 많이 오셔서 마음이 기쁩니다. 이 책들이 다시 시장으로 나오게 되어서 말입니다."

경매가 시작되자마자 켐스콧 판 《초서》가 예상가보다 1만 5,000달러나 더 많은 3만 5,200달러에 낙찰되었다. L. 프랭크 바움의 《오즈의 마법사》는 2만 900달러에, 세 권짜리인 윌키 콜린스의 《하트의 퀸》은 1만 450달러로 강세를 보였다. 경매 두 번째 날, 108번 번호 카드를 든 어느 여성이 잭 런던의 헌사가 들어 있는 《늑대개》를 5,500달러에, 그리고 1908년에 나온 피터 뉴얼의 아동용 그림책인 《구멍 난 책》을 1,320달러에 구입하기 전까지만 해도 특별히 두각을 나타내는 구매자는 보이지 않는 듯했다. 하지만 108번 참가자가 상태가 훌륭한 비어트릭스 포터의 《피터 래빗 이야기》 한정판을 5만 5,000달러에 구입하자 사람들은 곧바로 그녀를 주목하기 시작했다. 그녀는 바로 그 다음에 나온 같은 작품의 첫 트레이드 판도 2만 900달러에 구입했는데, 이는 경매 전의 예상가보다 무려 열 배나 높은 가격이었다. 그녀가 계속해서 책을 구입함에 따라 점점 더 많은 사람들의 이목이 그쪽을 향했다. 417번 품목인 메리 울스턴크래프트 셸리의 《프랑켄슈타인, 혹은 현대의 프로메테우스》는 3만 800달러에, 그리고 418번 품목인 애덤 스미스의 《국부론》은 2만 6,400달러에 또다시 그녀의 차지가 되었다. 곧이어 421번 품목인 로열 저팬 종이[406]에 찍은 열다섯 권의 대형판 가운데 하나인 거트루드 스미스의 《아라벨라와 아라민타의 이야기》도 2만 6,400달러에 그녀에게 팔렸다.

440번 품목에 대한 입찰이 한창 진행 중인 가운데, 스완의 직원 한 사람이 '지금까지 판매 금액이 100만 달러를 돌파했습니다'라고 적힌 종이를 들어올렸는데, 이야말로 스완의 50년 역사상 처음 있는 일이었다. 그러고 나서, 단지 200부만 초판 발행된 짙은 초록색 천 표지에 금박 장식이 인쇄된 월트 휘트먼의 《풀잎》 1855년 판이 500번 품목으로 등장했

---

[406]. 분명치는 않지만 이른바 '저팬 벨럼', 즉 '일본식 피지(皮紙)'라고 불리는 고급 종이를 말하는 것이 아닐까 싶다.

다. 금액이 1만 5,000달러에 달하자 역시 경매장 가운데 앉아 있던 짙은 머리 색깔의 여성이 번호 카드를 들어올렸고, 거듭되는 가격 경쟁 끝에 결국 이 물건을 자기 것으로 만들었다. '구입자 부담'인 10퍼센트의 수수료를 포함한 가격은 무려 3만 800달러였다. 15분 뒤에 경매가 끝나자 적어도 열댓 명은 되는 업자들이 단지 '108번'이라는 참가 번호밖에는 알 수 없는 그 여성에게 몰려가 인사를 나누었다.

"조앤 힐이라고 해요." 그녀는 활짝 웃으며 손을 내밀었다. 그녀는 남편인 대릴과 함께 캘리포니아 주 샌타바버라 근교에 살고 있는데, 아동 서적 매매에 약간 관여하고 있기는 하지만 오늘 산 책들은 자기가 별도로 모으는 것이라고 했다. "바로 얼마 전부터 걸작품 컬렉션을 수집하고 있어요." 새로 받은 업자들의 명함을 지갑에 넣은 뒤, 힐은 레이먼드 엡스타인에게 다가가서 인사를 했다.

나중에 엡스타인은 경매장을 떠나면서 뭔가 아쉬운 듯 말했다. "오늘 여기 나온 책들은 원래 저희 집안 곳곳에 꽂혀 있었는데, 그나마 자리가 없을 지경이었죠. 저는 밤마다 침대에 앉아 경매 도서목록을 읽으면서 종종 집사람에게 그랬답니다. '여보, 이것 좀 봐. 내가 겨우 50달러 주고 산 책을 여기서는 무려 3,500달러에 팔고 있다니까.' 그랬더니 집사람이 그러더군요. '그러면 그것도 내다 파시구려.' 글쎄요, 결국 오늘에야 집사람 소원대로 된 셈이군요."

마치면서[407]

이 책은 지난 25세기에 걸쳐 인류 역사에서 분명하게 드러난 '책을 향한 열망'을 배경 삼아, 과거와 현재의 '애서가'와 '애서광', 즉 책에 미친 사람들을 소개했다. 하지만 본 연구는 책을 수집하려는 충동뿐만 아니라, 책 그 자체의 생명주기에 관한 것이기도 했다. 1995년에 이 책의 하드커버 초판이 나온 이후, 책의 내용과도 관련이 있는 현실에서 여러 가지 변화가 일어났는데, 그런 변화들은 이 책의 내용이 곧 책의 생명주기에 관한 것이기도 하다는 전제를 강화시켜 주었다.

오래 된 역사를 다룬 제1부에서 거론한 자료들이야, 내가 그것들을 처음 접했을 때와 마찬가지다. 반면 저널리즘적인 탐사 방식으로 대부분

---

[407]..이 부분은 본래 이 책의 하드커버 초판(1995)이 출간되고 나서 4년 뒤에 나온 페이퍼백 초판(1999)에 '서문'으로 수록되었던 것이다. 하지만 이 책에 이미 나온 내용 가운데 일부에 대한 '후기'의 성격을 띠고 있기 때문에, 한국어판에서는 본문의 내용 다음에 나오도록 맨 뒤에 놓았다.

생존 인물과 최근 사건들에 초점을 맞추고 있는 제2부의 이야기들은, 신문이나 잡지 기사가 흔히 그렇듯 이 책이 나온 이후에 현실에서 새로운 방향으로 전개되는 경우가 적지 않았다. 그러나 나는 초판의 이야기 구조를 함부로 바꾸려 하지는 않았다. 한번 영원한 것은 영원한 것이 아니던가? 따라서 1995년 초판 당시 살아 있었던 인물들은 이번 판에서도 여전히 살아 있는 것으로 되어 있다. 그러나 이미 세상을 떠난 몇 분들에 대해서는 여기서 잠시 언급하고자 한다. 이분들을 생각할 때면, 나로선 이 책에 모실 수 있었던 것을 영광스럽게 생각하지 않을 수 없는 다른 여러 분들까지도 떠올리게 되기 때문이다.

제1장의 첫 부분에서 나는 실베스트르 드 사시, 자비에르 말미에르, 에드몽 드 공쿠르, 이렇게 19세기 프랑스의 애서가 세 사람을 소개했다. 이들은 각자 나름대로의 방식대로 책의 운명을 새롭게 했다. 저명한 동양학자 드 사시는 자신이 아끼는 책들을 삶의 마지막 순간까지도 가까이 두었고, 자기가 세상을 떠난 뒤에 유산 상속인들이 책의 운명을 결정짓도록 했다. 반면 아카데미 프랑세스 회원이고, 평생 독신이었으며, 센 강변 노점 헌책방의 단골이었던 말미에르는 자기가 세상을 떠나기 전에 공립도서관에 장서를 기증했다. 또한 당대 최고의 인기를 누린 소설가로서 프랑스 최고 권위의 문학상을 제정하기도 한 공쿠르는, 지금까지 비할 데 없는 기쁨이 되어 주었던 자신의 장서를 모두 경매장으로 보냄으로써 새로운 세대의 애서가들에게도 기쁨이 되도록 하겠다고 유언장에 명시했다.

이제 1996년에 세상을 떠난 세 사람들의 수집가들을 떠올려 본다. 과연 그들의 장서는 어떻게 되었을까? 명문 출신의 저명한 뉴요커 카터 버든, 전란으로 피폐해진 헝가리에서 미국으로 이주하여 시카고에 정착했던 루이스 I. 사트마리 2세, 그리고 매사추세츠가 고향이지만 평생 샌프란시스코에서 정신과의사로 활동한 해스켈 F. 노먼 박사.

1996년 1월 23일, 귀족이자 예술 후원자였으며, 20세기 미국문학을 주제로 한 훌륭한 장서 컬렉션을 구축한 카터 버든이 맨해튼의 어퍼 이스트사이드에 있는 자택에서 54세를 일기로 예기치 못한 죽음을 맞았다. 코넬리어스 밴더빌트의 6대손인 버든은 도-집에 필요한 조건, 즉 넉넉한 자산과 섬세한 취향을 최고 수준으로 갖춘 보기 드문 인물이었다.

이 책의 제8장에 나오는 버든에 관한 이야기는, 내가 2년 동안 세 차례에 걸쳐 그와 가진 인터뷰에 바탕을 두고 있다. 그 마지막 인터뷰는 5번가에 있는 그의 새롭게 개조한 아파트에서 이루어졌다. 창 밖으로 메트로폴리탄 미술관이 보이는 그의 아파트는 그가 지난 20여 년간 놀라운 열성으로 수집한 책들로 가득했다. 버든의 본래 계획은 6,000명 정도의 미국 작가들을 주제로 한 완정(完整)한 컬렉션을 구축하는 것이었다. 하지만 시간이 지나면서 그는 수집 장서의 범위를 보다 세련되게 조정하기 시작했다. 그리하여 과학소설은 뉴욕 공립도서관에 기증했으며, 상대적으로 덜 중요하다고 판단한 작가 2,000명의 책들은 캘리포니아 주 버클리에 위치한 고서점 세렌디피티 북스의 피터 B. 하워드에게 매각했다.

만년에 이르러 버든은 이전처럼 책을 많이 사들이진 않았고, 그가 세상을 떠난 뒤 많은 서적상들이 증언했듯이 컬렉션의 핵심적인 부분을 강화하는 데에만 몰두했다. 그와 오랫동안 거래한 서적상 가운데 하나인 캘리포니아의 랠프 B. 시퍼는 버든이 특히 손에 넣고 싶어 했던 몇 가지 책에 대해 이야기해 주었다. 예컨대 작가 이디스 워튼의 첫 번째 책으로, 그녀가 1878년에 이디스 뉴볼드 존스라는 처녀 시절 이름으로 펴낸 《시(詩)》라는 소책자가 있었다. 그리고 블라디미르 나보코프의 두 번째 책으로, 저자가 자비 출판한 시집 《두 길》도 있었다. 《두 길》은 혁명의 소용돌이 속에서 대부분이 사라졌기 때문에,[408] 현존하는 것으로 알려진 책이 전 세계에 단 한 권뿐이다. 오랜 기간 버든을 위해 많은 거래를 성사시킨 뉴욕의 서적상 글렌 호로위츠는 이렇게 말했다. "제가 확신하기로, 그는 대략 75명에서 100명 사이의 가장 중요한 미국 작가들에게만 집중했습니다. 완정(完整)한 작가 컬렉션을 목표로 노력을 집중했던 겁니다."

버든의 급작스런 죽음이 준 충격이 어느 정도 가라앉고 나자, 이제 그의 아파트에 남아 있는 핵심 컬렉션 1만 5,000여 권과 다른 곳에 보관한 장서 5,000여 권의 향방이 관심사로 떠올랐다. 결국 그의 장서 가운데 일부를 입수하고 싶어 하는 개인 수집가들과, 가장 중요한 문헌들이 도서관으로 가야 한다고 생각하는 학자들을 모두 만족시키는 방향으로 일단락되었다.

그 중 토니 모리슨, 트루먼 커포티, 존 더스패서스, 제임스 볼드윈, 조라 닐 허스턴, 워커 퍼시, 아이작 바셰비스 싱어, 앤 타일러, 로버트 펜 워렌, 유도라 웰티를 비롯한 작가 600여 명의 교정쇄, 견본집, 친필원고, 타자원고, 편지 등 1만 6,000여 개의 품목은 뉴욕의 클라우드 힐 북스에 매각되었다. 이 서점이 버든 장서의 매입과 판매를 목적으로 설립되었다는 점도 특기할 만하다. 그리고 1998년 2월 23일, 피어폰트 모건 도서관장인 찰스 E. 피어스 2세는 고(故) 버든의 아내 수전 L. 버든이 남편의 컬렉션에서 핵심적인 3,000여 개 품목을 모건 도서관에 기증했다고 발표했다. 기증한 품목의 가치는 적어도 1,000만 달러 이상으로 평가되었다. 그 밖에도 버든의 유가족은 기증한 품목의 관리 비용으로 150만 달러를 기부했다.

피어스의 발표 내용 중 한 대목은 이랬다. "지금까지 피어폰트 모건

---

408. 블라디미르 나보코프는 본래 러시아의 귀족 출신이었지만 혁명을 피해 독일과 프랑스 등지에서 망명 생활을 했으며, 이후 미국으로 건너와 그곳에서 여생을 보냈다.

도서관은 주로 15세기부터 19세기 초에 이르는 시기의 컬렉션으로 유명했습니다. 이번에 버든 유가족이 기증한 컬렉션은 미국문학에 대한 개인 컬렉션으로는 전무후무한 것입니다. 이 특별한 기증품으로 인해 피어폰트 모건 도서관은 상대적으로 빈약했던 20세기 도서 컬렉션을 비약적으로 강화하게 되었습니다." 버든은 컬렉션의 처분에 관해 자세한 지침을 남겨놓지는 않았다. 하지만 만일 그가 하늘에서 지켜보고 있다면, 아마 이처럼 자신의 컬렉션이 새로운 수집가들의 품에 안기는 것을 흔쾌히 받아들일 것이다.

1996년 10월 4일, 식당 경영자이며, 교사이며, 작가이며, 자선사업가이며, 무엇보다도 열정적인 도서수집가였던 루이스 I. 사트마리 2세가 짧게 병을 앓다가 시카고에서 77세를 일기로 세상을 떠났다. 쾌활한 성격에 삶과 지식을 향한 열정이 대단했던 그는 만나는 사람 모두에게 활력을 불어넣어 주는 인물이었다. 1989년에 '셰프 루이스'—그는 그렇게 불리는 걸 좋아했다—는 자신이 운영하던 시카고의 유명한 식당 '베이커리'의 문을 영원히 닫고 말았다. '책에 관한 일을 돌보는 데 더 많은 시간이 필요하다'는 이유였다. 이 책의 제10장에는 그가 씨름해야 했던 그 책에 관한 일이 얼마나 큰일이었는지, 그리고 그가 그 일을 어떻게 진행시켰는지가 자세히 나와 있다. 그는 그야말로 이례적인 자신의 기증품이 무려 여섯 개의 기관에 자리 잡는 과정을 총지휘했다. 그 중에서도 가장 양이 많은 기증품은 로드아일랜드 주 프로비던스에 위치한 존슨 앤드 웨일스 대학으로 가게 되었다. 견인 트레일러 열여섯 대에 가득 찬, 무려 20만 점에 달하는 요리 관련 자료들이었다. 그 자료들은 존슨 앤드 웨일스 대학 요리 자료관 및 박물관의 중추적인 컬렉션이 되었고, 이후 요리 관련 저술가 및 비평가들로부터 대단한 찬사를 받았다.

셰프 루이스는 식당 일에서 은퇴한 뒤에 한동안 프로비던스에 머물며 자신의 기증품이 제대로 자리 잡는지 감독했다. 대학 당국은 그에게 캠퍼스 근처에 있는 집을 제공하겠다고 했지만, 그는 학생들과 함께 학교 기숙사에 머물렀고, 식사도 학교 식당에서 해결했다. 셰프 루이스의 도움을 받아 예비학교와 대학까지 진학할 수 있었던 68명의 양자와 양녀들 가운데 한 명인 바버러 커크가 현재 프로비던스에 있는 요리 자료관의 책임자이다. 커크는 루이스가 마지막 병고를 치르는 동안 그의 곁에 있으면서, 그가 가장 좋아하는 책을 읽어주기도 하고, 앞으로의 계획에 관해 서로 이야기를 나누기도 했다.

프랑스의 애서가 자비에르 말미에르는 오랜 세월 자신을 도와준 서적상들을 위한 보답으로, 파리에서도 최고급인 식당에서 성대한 만찬을 베푼 바 있었다. 셰프 루이스가 주위 사람들에게 거듭 말하곤 했던 꿈들 가운데 하나도 그와 비슷한 것이었다. 그는 호텔관광 및 요리기술 분야의 단과대학이며, 자신에게 '계관 요리사' 칭호를 수여한 존슨 앤드 웨일스 대학에서 그처럼 성대한 연회를 열고 싶어 했다. 그는 연회를 준비하고 진행하는 모든 과정에 학생들을 직접 참여시킴으로써, 향후 자료관 및 박물관을 위한 기금을 마련할 수도 있으리라 기대했다. 아쉽게도 그 성대한 연회는 결국 계획에 그치고 말았지만, 우리는 그 계획에 관해 긴 이야기를 나누며 즐거운 시간을 보냈다.

셰프 루이스는 내 책이 성공을 거둔 것을 무척이나 기뻐했다. 그는 내 책의 초판본을 수십 권이나 구입해서 서명을 부탁했다. 그리고 속표지에 적힌 내 서명 밑에 자기 서명을 적어 친구와 주위 사람들에게 선물했다. 심지어 그는 내게 직접 전화를 걸어서는, 내 책에 대한 최신 서평 기사를 특유의 강한 억양을 섞어가며 큰 소리로 읽어주기도 했다. 뿐만 아니라 이 책의 자매편으로 내가 집필 중인, 서적 문화의 일반적 개념에 관한 일화 중심의 저서[409]에 대해서도 참신한 아이디어를 제안하곤 했다. 세상을 떠나기 몇 주 전, 셰프 루이스는 내게 전화를 걸어 집필이 잘 되고 있는지 물어보았다. 내가 진행 상황을 설명해 주자, 그는 몇 가지 중요한 조언을 해주면서 아예 나를 시카고로 초대했다. 그곳에서 그는 몇몇 중요한 인물과의 인터뷰를 주선해 주었고, 자택에서 헝가리식 만찬까지 직접 마련해 주었다. 역사적으로 중요한 유럽의 여러 도서관을 방문할 계획이라고 하자, 나로선 미처 생각하지도 못한 몇몇 다른 도서관들까지 일러주기도 했다. 그는 이렇게 말했다. "한 가지 약속해 주십시오. 그렇게 특별한 장소를 방문할 때는 반드시 부인과 함께 가겠다고 말입니다. 그런 경험이라면 반드시 사랑하는 사람과 함께 해야 하는 법이니까요."

그의 말을 듣는 순간, 문득 몇 년 전의 일이 떠올랐다. 당시 나는 그에게 자신의 영혼이나 마찬가지였던 그 수많은 책들과 이별하는 기분이 어떠냐고 물었다. 인정 많고 유쾌하며 명민한 사람, 하얗고 풍성한 콧수염을 휘날리며 미소 짓던 그 사람은 이렇게 말했다. "지금은 떠나보내는 책들이지만, 제 마음속 깊은 곳에는 언제까지라도 남아 있을 겁니다. 제가 아는 모든 사람들과 마찬가지로 말이죠. 제가 항상 그들을 만날 수 없다고 해서, 그들을 향한 제 사랑이 식어버리는 건 아니지 않습니까."

사트마리가 세상을 떠나기 두 달 전인 1996년 12월 11일, 헤스켈 F. 노먼 박사가 짧게 병을 앓다가 81세를 일기로 샌프란시스코에서 세상을 떠났다. 그는 정신과의사로 활동하다 은퇴했으며, 과학과 의학에 관한 한 전 세계에서 유례를 찾아보기 힘들 만큼 훌륭한 개인 장서를 구축한

---

[409] 2001년 가을에 출간된 저자의 두 번째 책 《안내와 용기: 책동네 사람, 명소, 문화기행》을 말한다.

인물이었다. 그의 장서 가운데 상당수는 그 희귀도나 중요도가 매우 높은 증정본이나 수택본(手澤本)이었다. 따라서 그 어떤 도서관이라 하더라도 그의 장서를 소장하게만 된다면 더 없이 큰 영예로 생각하는 것은 물론이고, 그의 장서를 소중하고 각별하게 관리할 것이 분명했다. 그러나 노먼 박사는 이 책의 제5장에 나오는 로버트 호우 3세의 전통을 따르는 수집가였다. 호우는 이렇게 말한 바 있다. "만약 예전에 누가 모아 놓았던 훌륭한 컬렉션이 다른 사람에게 팔리지 않았더라면, 지금 내가 모은 책들이 다 어디서 나왔겠소?"

나와 가진 인터뷰에서 노먼 박사는, 장서의 처분은 자기 사후에 가족들이 만장일치로 합의하여 결정할 문제라고 강조했다. "제가 죽고 난 다음이라면, 이 책들이 제 이름을 따서 지은 특별 서고에 들어간다고 해도 저와 무슨 상관이 있겠습니까?" 노먼 박사의 바람은 다만 자신의 업적을 기록으로 남기는 것이었고, 이에 따라 당시 박사의 아들이자 샌프란시스코의 서적상인 제레미 M. 노먼이 한창 장서의 상세한 도서목록을 만들고 있었다. 다시 노먼 박사의 말이다. "제 욕심을 채우는 데는 도서목록만으로 충분하지요." 하지만 수집가로서의 노먼 박사의 명성이 향후 오래 지속된다 하더라도, 그것은 단지 그 도서목록 때문만은 아닐 것이다. 그것은 박사가 세상을 떠나기 한 해 전부터 뉴욕의 그롤리에 클럽을 위해 준비했던 획기적인 책인 《의학 명저 100권》 때문이기도 할 것이고, 또한 무엇보다도 1998년 3월 18일, 6월 15일과 16일, 그리고 10월 29일, 모두 세 차례에 걸쳐 뉴욕 크리스티에서 열린 경매가 성황리에 막을 내렸기 때문이기도 할 것이다.

르네상스 시대부터 20세기의 것까지 망라한 2,500여 권의 책이 모두 1,860만 달러에 팔려나갔고, 경매 역사상 여러 신기록을 낳으면서 이제껏 열린 도서 관련 경매 가운데서도 가장 풍성하고도 유익했던 행사 중

하나로 평가받았다. 이 책의 제12장에서 노먼 박사가 가장 자랑스러워하며 언급했던 책인 안드레아스 베살리우스의 《인체의 구조에 관하여》 증정본은 경매 주최측의 감정가가 무려 100만 달러 이상이었고, 최종 낙찰가는 165만 2,500달러였다. 또한 혈액 순환에 관한 세계 최초의 신뢰할 만한 연구보고서라고 할 수 있는 윌리엄 하비의 《동물의 심장과 혈액의 운동에 관한 해부학적 연구》는 감정가가 30만 달러 이상이었고, 낙찰가는 53만 500달러였다. 경매가 끝난 뒤 크리스티 측이 작성한 보고서에 따르면 당시 경매의 낙찰자 대부분이 '개인', 혹은 '익명의' 입찰자였다. 이로 미루어 보건대, 노먼 박사의 가장 귀중한 품목들 가운데 대부분은 개인 수집가의 집에서 새로운 안식처를 찾았을 것이다.

노먼 박사는 자신을 포함한 어떤 사람들이 왜 그토록 책을 열광적으로 추구하게 되는지부터 이야기했다. 또한 그런 사람들의 대다수가 주체하기 힘든 열정을 눌러 완화시킨다는 것도 이야기했다. "제가 일하는 분야에서는 '광기'라는 말을 매우 심각한 뜻으로 받아들이죠." 주의 깊은 독자라면 이 책의 제12장 끝부분에 노먼 박사에 관한 자세한 설명이 나온다는 걸 알게 될 것이다. 그에 뒤이은 제13장은 책을 향한 열정, 그것도 고삐 풀린 말처럼 날뛰는 열정에 관한 사례 연구라고 할 수 있다. 20세기의 가장 철저하고도 성공적이었으며 기술적으로도 뛰어났던 책 도둑 스티븐 캐리 블룸버그의 전무후무한 행각을 담고 있기 때문이다. 1991년에 열린 그의 재판은 미국 사법 역사상 최초로 변호인 측에서 애서광인 피고의 정신 이상을 이유로 들어 변론을 이끌어 나갔던 사례였다.

내가 이 책을 집필하던 당시에도 블룸버그 사건은 여전히 재판이 진행 중이었기 때문에, 이후 여러 가지 변화가 있었다. 아이오와 주 디모인 지방법원은 블룸버그의 유죄를 인정하고 벌금 20만 달러와 징역 5년 11개월을 선고한 바 있었다. 그리하여 이 책의 초판이 나온 1995년 여름에 그는 여전히 1년 이상의 형기를 남겨두고 복역 중이었다.

1991년의 재판 당시 지방법원 판사 헤럴드 D. 비터는 판결문에서, 명백히 치료가 필요해 보이는 블룸버그에게 교정 당국이 적절한 정신과 치료를 제공하기를 바란다는 의견을 밝혔다. 하지만 실제로는 아무런 조치도 취해지지 않았다. 나는 복역 중인 블룸버그와 여러 차례 편지를 주고받았는데, 그가 새로운 환경에 그다지 잘 적응하지 못하고 있음이 분명했다. 나의 가장 큰 걱정은, 그가 출소 후에 무슨 일을 할 수 있을지 아무런 전망을 갖지 못하고 좌절감을 표출한다는 사실이었다. 그가 교도소 안에서 어떻든 말이 통한다고 느꼈던 사람들은 오로지 다른 수감자들뿐이었다.

1995년 12월에 블룸버그는 가석방되었다. 그의 석방이 임박했다는 소식이 도서관 업계에 전해지면서 관련 인터넷 홈페이지들에 방문객이 들끓기도 했다. 이 비범한 책 도둑의 석방 이후 행보를 놓고 이런저런 추측이 난무하는 가운데, 도처의 큐레이터들과 사서들은 다시 한번 두려움에 휩싸였다. 내가 이 책을 위해 촬영한 블룸버그의 사진이 마치 현상 수배범 포스터인 양 널리 유포되기까지 했다. 심지어 나는 워싱턴 D. C.의 스미스소니언 연구소 후원으로 열린 전국 문화재보호회의의 주최측으로부터 블룸버그에 관해 알고 있는 것들을 모두 발표해 달라는 요청까지 받았을 정도였다. 그 회의에는 북미 전역의 보안 전문가들도 참석할 예정이었던 것이다.

가석방 이후 블룸버그는 자신의 활동 무대였던 미네소타 주 미니애폴리스와 세인트폴, 즉 이른바 '트윈시티스' 지역으로 돌아갔다. 이후 그가 자신이 깊이 사랑해 마지않던 골동품이나 오래된 책을 거래하는 일을 하면서 법을 준수하는 시민으로 조용하게 살아갔다고 말할 수 있으면 정말 좋았으련만, 안타깝게도 그렇지 못했다. 그가 연방교도소에서 가석방으로 풀려나 보호관찰에 들어가면서 지켜야 했던 조건들 가운데는 버려진 건물에 들어가지 말아야 한다는 것도 있었다. 이 책의 제13장에서 묘사된 그의 행위 때문에 특별히 붙은 조건이었다. 또한 그가 도서관이나 서점을 방문하고자 할 때는 자신이 유죄 선고를 받은 책 절도범이라는 내용을 담은 서류를 반드시 사전에 제출해야만 했고, 아울러 도서관이나 서점에서 나올 때는 반드시 몸수색을 받아야만 했다. 하지만 그는 가석방 보호관찰의 조건들을 여러 차례 어겼고, 결국 1996년에 연방교도소에 재수감되어 남은 형기를 마쳐야 했다.

1997년 12월 8일, 블룸버그는 마침내 출소하여 6년 전 유죄 판결을 받은 아이오와 주 디모인으로 돌아왔지만, 얼마 뒤에 또다시 빅토리아풍의 어느 버려진 집에 들어가 낡은 문고리와 조명 설비를 훔친 혐의로 구속 수감되었다. 1998년 4월 8일, 그는 지방법원에서 절도를 목적으로 한 불법 침입 혐의에 대해 유죄가 확정되어, 주 교도소에서의 징역 5년을 선고받았다. 수갑을 찬 채 법정에서 나오면서, 블룸버그는 한 지방 신문 기자에게 이렇게 말했다. "비어 있는 건물에 들어간 행위를 놓고 이런 판결을 내린다는 건 좀 심하다고 생각합니다. 뭐, 이 사회의 경각심을 촉구하려는 처사인지도 모르지만 말입니다." 내가 이 글을 쓰고 있는 지금, 그는 보석으로 풀려나 상고심 판결을 기다리고 있는 중이다.[410]

마지막으로, 이 책의 제6장에서 언급했던, 매사추세츠에 사는 수수께끼의 수집가 헤이븐 오모어에 관한 몇 가지 정보를 추가하고자 한다. 어

---

410. 2003년 7월 3일, 블룸버그는 아이오와 주 키오컥의 어느 버려진 집에 20대 동료 한 명과 함께 들어가 문고리 등을 훔치다가 또다시 경찰에 체포되었다. 그해 11월에 그는 유죄가 확정되어 벌금 7,500달러에 집행유예 5년형을 선고받았다.

떤 이유에선지 이른바 '가든 사 컬렉션'으로 알려진 컬렉션의 역사에 대해서는 핵심적인 수수께끼가 여전히 풀리지 않은 채 남아 있다. 즉, 다른 사람의 돈 수백만 달러를 유용해 20세기 말의 가장 훌륭한 개인 장서를 구축한 장본인의 정체가 정확히 밝혀져 있지 않은 것이다. 그는 도대체 누구일까? 이 수수께끼의 열쇠는 1988년부터 1989년까지 매사추세츠 주 케임브리지에서 있었던 한 민사 재판의 기록 속에 들어 있다. 하지만 이 재판의 기록은 아직까지 공개되지 않고 있다. 한편 그로부터 몇 년 뒤에 캔자스 주 위치토에서 벌어진 다른 민사 소송에서는 오모어의 배경에 관한 새로운 정보가 나타났다. 특히 이것이 오모어 자신의 증언이라는 점에 주목할 필요가 있다.

물론 내가 이 책을 집필하기 위해 자료를 조사하는 동안 열람한 모든 공문서에는 '헤이븐 오모어', 혹은 '헤이븐 무어'라는 이름과 캔자스 주를 연결시켜 줄 만한 단서가 아무 것도 나와 있지 않았다. '리처드 H. 무어'라는 이름도 마찬가지였다. 하지만 최근에 조사한 그의 출생 관련 기록에서 나는 비로소 그 이름을 알게 되었던 것이다. 이 책이 출간되고 나서 6개월 후, 캔자스에 사는 어느 독자가 위치토에서 진행된 어느 민사 소송에 대해 제보해 왔다. 오모어가 자기 부친인 윌리엄 H. F. 무어 목사의 유언을 무효화시키기 위해 제기한 소송이었다. 법원 기록에 따르면 무어 목사는 1991년 9월 21일에 사망했다. 장로교 목사였던 그는 25만 달러의 자기 재산을 기독교 간행물을 펴내는 기관 세 곳에 기부했다. 그러나 헤이븐 오모어는 부친의 유언을 법적으로 무효화시키기 위해 자기 누이와 함께 공동 원고 자격으로 민사 소송(사건번호 91C3106, 제18사법관할구역, 시지윅 카운티)을 제기했다. 하지만 그들은 지방법원에서 패소했고, 캔자스 주 항소법원(사건번호 93-69398-A)에서도 패소했다. 1992년 4월 3일, 심리 절차의 하나로 헤이븐 오모어는 자신이 '리처드 H. 무어'에서 '헤이븐 무어'로, 다시 '헤이븐 오모어'로 이름을 바꾸며 살아온 것에 관해 증언했다.

증언에서 오모어는 자신이 1929년 텍사스 주 오스틴에서 태어났으며, 출생 당시 이름은 '리처드 헤이븐 무어'였고, 자신은 어린 시절부터 이미 그 이름을 버리기로 결정했다고 말했다. "저는 출생 당시의 이름을 한번도 좋게 생각한 적이 없습니다. 법적으로 '헤이븐 오모어'라는 이름을 얻게 된 1974년에 이르기까지 무려 4, 50년 동안이나 말입니다." 그는 법적으로 인정받기 전부터 그 이름을 사용해 오고 있었다. 피고 측 변호사인 윌리엄 P. 트렛바가 이름 문제에 대해 거듭해서 질문하자, 그는 이렇게 답변했다. "어째서 출생 당시의 이름을 싫어했는지는 저도 잘 모르겠습니다. 그저 그 이름이 싫었을 뿐입니다. 그런데 제가 조금 철이 들 무렵, 지금은 돌아가신 대고모한테서 우리 가족의 성(姓)이 원래는 '오모어'였다는 이야기를 들은 겁니다." '리처드'라는 이름에 관해서도 그는 처음부터 그 이름이 싫었고, 오히려 '헤이븐'이라는 이름을 좋아했다고 말했다. 그는 열세 살 때 위치토의 부모님 집을 떠난 이후로 계속 '헤이븐'이라는 이름을 사용했고, 이후 한번도 부모님과 함께 살지 않았다.

그는 부모 곁을 떠난 이후의 자기 인생행로에 대해서 그저 애매하게만 언급했다. "오클라호마와 캔자스 일대를 떠돌았고, 텍사스와 콜로라도에서도 살았고, 여러 가지 직업을 전전했습니다." 오모어는 자신이 1940년대에 지금은 위치토 주립대학으로 이름이 바뀐 프렌즈 대학에 다니며 학사학위를 취득했고, 오클라호마 대학과 매사추세츠 주에 위치한 브랜다이스 대학의 대학원 과정에 적을 둔 적이 있지만 학위를 취득하지는 않았다고 밝혔다. 마이클 데이비스와의 협력 관계 및 가든 사 컬렉션의 구축과 관련된 증언에서도, 오모어는 1989년에 뉴욕 소더비에서 컬렉션을 매각하게 된 결정적인 계기를 마련한 매사추세츠 주에서의 민사 소송에서 '자신을 향해 제기된 소송의 정확한 내용'까지 언급하지는 않았다. 오모어는 이렇게 말했다. "데이비스와 그의 변호사들이 처음부터 끝까지 모호한 태도를 유지하는 통에, 저로서는 태도를 분명히 하기가 곤란했습니다."

오모어는 데이비스가 책을 구입하는 데 모두 1,400만 달러 정도를 배정한 것으로 안다고 말했다. 트렛바가 오모어에게 물었다. "당신도 가든사에 투자를 했습니까?" 오모어가 그렇다고 답변하자, 트렛바는 정확히 무엇을 얼마만큼 투자했는지 물었다. 그러자 오모어는 간단하게 답변했다. "나의 지적 능력을 투자했습니다." 당시 컬렉션의 내용을 설명해 달라는 요청을 받자, 오모어는 자신이 니콜라우스 코페르니쿠스의 《천체의 회전에 관하여》를 소장했었다는 말부터 꺼냈다. 오모어에 따르면 그것은 '세계에서 가장 훌륭한 판본'이었다. 트렛바가 다시 물었다. "구텐베르크 성서도 있었습니까?" 오모어가 답했다. "그렇습니다. 둘이나 있었죠." 그러더니 그는 트렛바가 다음 질문을 던지기도 전에 그것에 대해 장황한 설명을 늘어놓았다. "맞습니다. 두 권이었죠. 하나는 피지(皮紙)로 만든 것이었어요. 피지가 뭔지 아시죠? 하나는 피지 인쇄본이고, 다른 하나는 종이 인쇄본이었습니다. 그렇습니다."

나는 트렛바에게 전화를 걸어 당시의 흥미로운 문답 내용에 관해 물었다. 트렛바는 장서의 내용에 관해서 보다 자세하게 진술하라고 요청하지는 않았다고 말했다. 장서 그 자체가 소송과 직접 상관이 있다고 생각하지는 않았기 때문이라는 것이다. 하지만 오늘날 구텐베르크 성서는 전 세계에 겨우 48권만이 남아 있으며, 그 가운데 미국에는 10권이 있는데 개인이 소유하고 있는 건 단 한 권, 즉 뉴저지 주 프린스턴의 윌리엄 H. 샤이드가 소유하고 있는 것뿐이다. 트렛바는 당시만 해도 그런 사실을 전혀 몰랐다고 말했다. 더군다나 미국에 있는 10권 중 피지에 인쇄된 것은 3권뿐이며, 그나마 서로 다른 기관 세 곳에서 각기 한 권씩만 소장하고 있다는 사실을 말이다.

오모어가 완정(完整)한 구텐베르크 성서를 획득할 수 있었던 기회는 1978년에 딱 한 차례 있었다. 당시 그는 뉴욕의 제너럴 신학교가 경매에 위탁한 구텐베르크 성서를 매입하려 했지만 실패했다. 그때 뉴욕 경매에서 구텐베르크 성서의 낙찰가는 220만 달러였다. 하지만 그는 독일 뮌헨의 이디온 출판사가 1977년과 78년에 인쇄한 967세트의 복제본 가운데 하나를 가지고 있었고, 그것은 가든 경매에서 6번 품목으로 나와 7만 1,500달러에 팔렸다. 그리고 4번 품목으로 나온 '피지 인쇄본의 낱장' 하나는 6,875 달러에 팔렸다. 구약성서 중 다니엘 전체와 호세아의 첫 세 장이 포함된 있는 '종이 인쇄본의 낱장' 열두 쪽은 5번 품목으로 나와 39만 6,000달러에 팔렸다.

그러나 트렛바가 말했듯이, 구텐베르크 성서에 관한 질문은 트렛바의 의뢰인에게는 지엽적인 문제에 불과했다. 그리하여 트렛바는 가든 장서에 관한 사항을 더 이상 자세히 검토하지 않고 소송 내용과 보다 직접적으로 관련 있는 문제로 넘어가려고 했지만, 오모어는 희귀본에 관해서라면 기꺼이 더 길게라도 이야기할 수 있다고 밝혔다. 그가 말했다. "다른 사례들에 관해 더 듣고 싶으시다면 저는 하루 종일이라도 이야기할 수 있습니다. 제가 원래 그런 이야기를 무척 좋아하거든요."

니콜라스 A. 바스베인스
매사추세츠 주 노스그래프턴에서
1999년 1월 1일

역자후기

《젠틀 매드니스》는 옮긴이가 세 사람이다. 모두 책을 읽는 데는 둘째가라면 서러워할 '평론가 · 작가 · 번역가' 셋이 한데 모여, 번역하면서 있었던 일들과 생각들에 대해 허심탄회하게 이야기를 했다. 특별히 역자후기를 따로 적기보다는 그들의 얘기를 자연스럽게 적어놓는 것이 더 맞을 듯싶어 이들의 대담을 정리해서 역자후기로 대신한다.-편집자 주

박중서 : 꼭 책에 대한 말보다는 그냥 편하게 얘기하는 게 좋을 것 같습니다. 번역하면서 있었던 일, 가령 책의 제목처럼 정말 미칠 뻔했다든가(웃음) 하는 것부터 얘기하는 게 어떨까요? 저는 번역하는 내내 한 특정 음료수에 의존하게 되더군요. 그 음료수가 아니었다면 아주 힘들었을 거예요.

김연수 : 제 경우는, 와이프가 책 두께에 질려가지고 '우리 남편이 일을 참 많이, 열심히 하는구나! 이 두꺼운 책을 다 해야 한다니 정말 힘들겠다'고 하더라구요. 그래서 '그렇다'고 했더니 '돈은 언제 받느냐'고 하더군요. 하하하.

표정훈 : 외국 사람들은 이런 경우가 많긴 하지만, 이 책을 쓰기 위해

서건 어떤 이유에서였건 간에 저자가 유럽과 미국을 넘나들며 온갖 도서관을 찾아다니고 도서수집가들을 만나며 취재여행을 다녔다는 사실에, '이 사람이 그동안 어떻게 먹고 살았을까' 하는 궁금증이 살짝 들기도 했지만 한편 너무 부러웠습니다. 시간도 많이 들었을 텐데⋯⋯ 그래서 좋은 책이 나왔겠지만⋯⋯.

박중서 : 전에 한번 표 선생님이 어느 매체에 《젠틀 매드니스》라는 책이 있다. 이 책은 우리나라에서 꼭 나와야 한다'고 쓴 칼럼을 봤습니다. 그때 '아, 나하고 똑같은 생각을 하고 있는 사람이 적어도 한 명은 더 있다'는 사실에 기쁜 마음이 들더군요. 이렇게 번역도 같이 하게 되고요.

표정훈 : 그런 얘길 했지만, 정작 제가 번역을 할 때는 너무 힘들었습니다. 서양 고전 인용문도 많이 나오는데다가 고유명사도 엄청 많이 나와서, 여타의 책들과 비교했을 때 단위 페이지당 인터넷은 물론이고 사전 등 참고자료를 가장 많이 찾아 본 책일 겁니다. 오히려 그 시간이 번역하는 시간보다 훨씬 많이 걸렸던 것 같아요.

김연수 : 그것 때문에 혹시 일본에서 번역돼 나온 책이 있나 찾아보기도 했습니다. 없더군요. 일본에서 번역된 책이 있었으면 그 일에 드는 시간이 훨씬 줄어들 수도 있었을 텐데, 출간이 안 된 것 같았습니다.

박중서 : 앞부분의 고대 수집가들 이야기는 2000~3000천 년의 역사를 적은 분량에 압축해 놓아서 힘들었을 겁니다. 뒤쪽의 현대 수집가들로 넘어오면 인터뷰가 많아서 좀 수월한 부분도 있었는데요. 그러면 제가 좀 수월하게 하긴 한 건가요? 하하하.

표정훈 : 이 책의 이야기는 김 선생님과도 관련이 아주 깊은데, 우리는 이런 문화가 전혀 없잖아요. 책에서는 뒤로 가면 작가들 초판본 얘기도 나오고 하는데, 김 선생님도 잘 챙겨놓으셔야 되겠어요. 아무나 주지 말고…… 하하하.

김연수 : 저도 번역을 하다가 그런 가능성을 발견했는데, 우리는 이제 육필원고가 없어요. 있다면 교정쇄가 있는데, 육필로 교정하는 게……. 그리고 우리한테는 시장이 없어서 유통도 안 되구요. 또 우리나라 독자들은 책을 실용적으로 접근하는 것 같아요. 책의 가치보다는 내용만 읽으면 된다고 생각하는 거죠. 그렇기 때문에 한정판이나 작가 사인본이라고 하더라도 돈을 더 많이 내고 사려고 하지 않고요. 또 돈이 있어도 문화에 대한 다른 마인드가 있어야 되는데, 그런 것도 별로 보이지 않는 것 같고.

박중서 : 시장이 형성되지 않는 이유 중 하나가, 영어는 200년 전에도 지금과 마찬가지이지만, 우리는 100년 전 책도 볼 수가 없지 않습니까! 그 이후에 국한문 혼용시대의 책도 읽기 힘들고요. 또 지금 나오는 책은 장정이나 판형이나 전부 갖고 싶을 정도로 예쁘지만 안 팔리니까 더 잘 만들려고 노력하게 되는 것 정도의 수준이 아닌가 생각됩니다.

표정훈 : 독립신문도 읽기 힘들더라고요. 그리고 요즘은 인터넷 때문에 책을 단순히 하나의 콘텐츠로 생각할 뿐 문화로 보지 않는 것 같아요. 2005년 프랑크푸르트 도서전에 가보니 우리가 '직지심경'을 전시하긴 했지만, 책에 대한 문화의식은 우리에게는 '과거의 사실'이고, 저들에게는 '현재의 사실'로 받아들여지고 있는 것 같은 느낌을 받았습니다.

김연수 : 《젠틀 매드니스》에 등장하는 사람들은 정말로 책에 대한 열정이 대단한 사람들, 어떻게 보면 대부분 미친 사람들이라고 해도 과언이 아닌데, '한 권의 낙질도 없이 모든 책들을 다 모아야 한다고 생각하는 이런 사람들'처럼 하기는 너무 힘들더라구요. 집요함, 강박관념 등 뭔가 다른 유전자가 필요한 사람들 같아요. 저는 한때 여행책을 좋아해서 온갖 종류의 여행 관련서를 모은 적이 있었는데, 책이 많이 쌓이니까 쓸모없는 것까지 갖고 있기가 어렵더라고요. 버리게 되더군요.

박중서 : 우리나라에도 얼마 전 작고한 한 시인의 한정판 특제본이 있었답니다. 그게 어느 도서관에 한 권이 남아 있었는데, 도서관에서 책이 오래 돼서 제본이 허술해지니까 그냥 제본을 갈아버렸다고 하더군요. 나중에 윤동주 시인 장서에서 한 권이 나왔고, 또 어디에서 두 권이 나온 적 있다는 얘긴 들었지만 말입니다.

표정훈 : 제가 알기로 육필 교정쇄나 초간본, 사인본을 수집하는 사람들이나 기관이 몇 있습니다. 대표적인 곳으로 삼성출판박물관이나 영인문학관 등이 있는데, 대체적으로 활발한 활동을 하고 있지 못하고 그냥 잊혀져 가는 게 안타깝습니다.

김연수 : 시장이 없으니까 그냥 가지고만 있는 거겠지요. 저도 몇 년 전에 이상 시인의 시집을 구하려고 한 적이 있었습니다. 한 25년 정도 지난 책이었는데 물건이 없더라구요. 표지를 꼭 보고 싶었는데……. 그래서 수집가 한 분을 찾아갔더니 그분은 다른 판 한 질이 더 있으니까 자신한테는 필요 없다며 그냥 가져가라고 하시더군요. 공짜로 그냥 받아왔죠. 아직 우리나라에는 '책수집'이라는 문화와 의식이 제대로 형성되지 않았다고 볼

수 있는 예지요.

박중서 : 출판사에서도 육필 원고나 교정쇄를 그냥 버리는 곳들이 많아서 그런 것만 몇 박스를 모아놓은 사람을 봤습니다. 아까도 얘기했지만 아무 의식 없이 막 바꿔버리는 도서관도 문제이지만, 이런 쪽에서는 가장 중요하게 생각해야 할 작가들이나 출판사조차도 인식이 바뀌어야 된다고 생각됩니다. 어떤 것이라도 모아놓으면 또 하나의 역사가 되는데, 그렇지 못한 우리가 한편으로는 안타까우면서 그들의 문화가 부러운 것도 사실인데요. 결국 관련 있는 우리들이 먼저 그런 문화를 만들어나가야 되지 않겠습니까!

제3부

A Gentle Madness

용어해설

2절판(Folio) 도서 판형의 한 종류. 전지(全紙)를 한 번 접어서 두 장(2절, 4페이지)으로 만들었기 때문에 이런 이름이 붙었다. 세로가 약 15인치(38센티미터) 이상인 큰 판형을 말한다.

4절판(Quarto, 4to) 도서 판형의 한 종류. 전지를 두 번 접어서 네 장(4절, 8페이지)으로 만들었기 때문에 이런 이름이 붙었다. 가로가 약 9인치(23센티미터), 세로가 약 12인치(30센티미터) 정도이며, 오늘날 일반적인 잡지 판형과 비슷하다.

8절판(Octavo, 8vo) 도서 판형의 한 종류. 전지를 세 번 접어서 여덟 장(8절, 16페이지)으로 만들었기 때문에 이런 이름이 붙었다. 가로가 약 6인치(15센티미터), 세로가 약 9인치(23센티미터) 정도이며, 오늘날 일반적인 단행본 판형(신국판)과 비슷하다.

12절판(Duodecimo, 12mo) 도서 판형의 한 종류. 전지를 네 번 접어서 열두 장(12절, 32페이지)으로 만들었기 때문에 이런 이름이 붙었다. 가로가 약 4인치(10센티미터), 세로가 약 6인치(15센티미터) 정도이며, 오늘날 일반적인 문고 판형과 비슷하다.

-아나(-ana) 고서업계의 용어. 고유명사의 어미에 붙어서 '-관련서', 혹은 '-관련 자료' 전체를 지칭하는 뜻으로 쓰인다. 가령 '아메리카나'는 '아메리카(미국) 관련서'를, '셰익스피어아나'는 '셰익스피어 관련서'를 말한다.

캑스턴 판(Caxton Edition) 영국의 초창기 인쇄업자 윌리엄 캑스턴이 1476년부터 1491년까지 펴낸 약 100여 종의 인쇄본을 말한다.

교정쇄(Proof) 출판사에서 책을 출간하기 직전에 교정용으로 만드는 인쇄물을 뜻한다. 본문 편집 및 내용은 초판본과 똑같지만 간혹 수정이나 첨삭이 있을 수 있기 때문에, 교정쇄를 초판본보다 한발 앞선 '스테이트'로 간주하기도 한다. 때로는 '가제본' 책 형태로 만들어 서평용이나 검토용으로 배포하기도 한다.

당대 초판본(Contemporary First Editions) 이른바 '현대 초판본'과 비교하여 그보다 최근 작가들의 초판본을 지칭한다. 보통 생존 작가들의 초판본을 말하기도 한다.

초대형 2절판(Double Elephant Folio) 도서 판형의 한 종류. 2절판보다 세로 길이가 더 큰 '대형 2절판(약 23인치)'의 두 배인 초대형 판형으로, 세로 길이가 약 130센티미터(약 50인치)에 달한다.

모로코 가죽(Morocco) 고급 도서의 표지 장정용 재료로 사용되는 염소가죽을 말한다. '무어인'들이 처음 만들었다고 해서 이러한 이름이 붙었다. 원산지에 따라 '레반트 모로코', '니제르 모로코', '페르시안 모로코' 등으로 구분된다.

미도련본(未刀鍊本, Uncut Copy) 도서 제본의 한 형태. 사전적 의미로는 도서 본문의 가장자리를 '잘라내지 않은' 책을 말한다. 보통 오래 된 책은 새로 표지를 제본하며 본문의 가장자리를 보기 좋게 잘라내곤 한다. 따라서 결국 '미도련본'은 '맨 처음의 제본 상태 그대로임'을 나타내는 표현이다.

미장본(美裝本, Fine Press Edition) 주로 수집가들을 위해 펴내는 고급 인쇄본을 말한다. 소규모 전문 출판사에서 한정 출판되며, 세련된 디자인과 장정이 특징이다. 19세기 영국의 켐스콧 프레스와 도브 인쇄소 등은 대표적인 미장본 전문 출판사였다.

브로드사이드(Broadside) 사전적으로는 '한쪽 면에만 인쇄를 한 종이.' 가령 포스터나 악보, 광고지 같은 '이페머러'에 속하는 물건들을 말한다. '브로드시트'라고도 한다.

브로드시트(Broadsheet) → 브로드사이드

셰익스피어아나(Shakespeareana) 고서업계의 용어. '셰익스피어 관련 자료'를 말한다. 그중에서도 가장 유명한 것은 셰익스피어의 사후에 출간된 2절판 네 가지, 즉 1623년도 초판 2절판, 1632년도 재판 2절판, 1644년도 제3판 2절판, 1685년도 제4판 2절판을 들 수 있다.

수비아코 판(Subiaco Edition) 이탈리아의 수비아코에서 독일 출신의 초창기 인쇄업자 콘라트 스베인하임과 아르놀트 판나르츠가 1464년부터 1467년까지 펴낸 30여 종의 책을 말한다.

수택본(手澤本, Association Copy) 고인의 애장서, 즉 '손때 묻은 책'을 가리키는 말이다. 가령 유명인사의 장서표나 서명이 들어있는 책을 들 수 있다.

스테이트(State) 고서업계의 용어. 같은 쇄에 속하는 책에서 인쇄 중에 나타나는 수정이나 추가, 대체 등의 변화를 가리킨다. 가령 초판 1쇄 3천 부를 인쇄하는 도중에 오자가 발견되어 수정한 경우, 오자가 포함된 그대로 인쇄된 처음 2천 부는 '퍼스트 스테이트', 오자가 수정된 나머지 1천 부는 '세컨드 스테이트'가 된다. 스테이트의 여부는 인쇄 과정에서 결정된다는 점에서 '이슈'와는 다르다.

아메리카나(Americana) 고서업계의 용어. 좁은 의미로는 '미국 관련 자료'를 뜻하고, 넓은 의미로는 캐나다, 멕시코, 중남미, 서인도제도 등을 망라한 '아메리카 대륙 관련 자료'를 뜻한다. 그 중에서도 미국 서부에 대한 것은 '웨스턴 아메리카나'라고도 한다.

아센덴 판(Ashendene Edition) 영국 허트포드셔의 아센덴에 설립된 존 혼비의 출판사에서 1895년부터 1935년까지 펴낸 40여 종의 책을 말한다.

알두스 판(Aldine Edition) 이탈리아 베네치아의 초창기 인쇄업자 알두스 마누티우스가 펴낸 책을 말한다.

애서가(愛書家, Bibliophile) '책(書)'이란 뜻의 '비블리오'와 '사랑(愛)'이란 뜻의 '필리아'가 합쳐진 그리스어 '비블리오필리아(愛書)'에서 유래한 말이며, '책을 좋아하는 사람'을 일컫는 일반적인 말이다.

애서광(愛書狂, Bibliomania) '책(書)'이란 뜻의 '비블리오'와 '광기(狂)'란 뜻의 '마니아'가 합쳐진 그리스어로, '책을 좋아하다 못해 미치다시피 한 상태', 혹은 그러한 '사람'을 일컫는 말이다. 1809년에 영국의 서지학자 토머스 프로그널 딥딘이 저서 《애서광(愛書狂)》을 통해 만들어낸 신조어다.

에디티오 프린켑스(Editio Princeps) '최초의 판본'이라는 뜻이다. 서양에서 일찍이 필사본 형태로만 유포돼 있던 텍스트의 첫 인쇄본을 뜻한다. 복수형은 '에디티오네스 프린켑스'이다.

에디티오네스 프린켑스(Editiones Princeps) → 에디티오 프린켑스

엘제비르 판(Elzevier Edition)   네덜란드의 초창기 인쇄업자 루이 엘제비르가 설립한 출판사에서 펴낸 책을 말한다. 그의 가문은 대대로 인쇄업에 종사하여 1583년부터 1791년까지 모두 2,000종에 달하는 책을 펴냈다.

웨스턴 아메리카나(Western Americana) → 아메리카나

윈킨 드 워드 판(Wynkin de Worde Edition)   영국의 초창기 인쇄업자 윈킨 드 워드가 1491년부터 1535년까지 펴낸 약 800여 종의 책을 말한다.

이슈(Issue)   고서업계의 용어. 같은 쇄에 속하는 책 가운데서 인쇄 후에 약간의 변화가 있는 경우를 말한다. 가령 속표지를 교체한다든지, 부록에 새로 내용을 추가하는 경우이다. 이때 변화가 생기기 전의 판본은 '퍼스트 이슈'가 되고, 변화가 생긴 뒤의 판본은 '세컨드 이슈'가 된다. 이슈는 대부분 인쇄 후에 출판사에 의해 결정된다는 점에서 '스테이트'와 다르다.

이페머러(Ephemera)   고서업계의 용어. 사전적으로는 '단명(短命)하다'는 뜻이다. 즉, 포스터나 유인물처럼 보존 가치가 상대적으로 떨어지는 인쇄물, 혹은 심지어 '잡동사니'나 '허섭스레기' 정도로 폄하될 만한 잡다한 자료까지도 포함된다.

인큐내뷸러(Incunabula)   고서업계의 용어. 구텐베르크가 인쇄술을 발명한 1450년부터 1500년까지 유럽에서 활자로 인쇄된 서적을 가리키는 말이다. '요람'을 뜻하는 라틴어에서 유래한 명칭으로 '인쇄술의 요람기'라는 의미로 사용된다. 단수형은 '인큐내뷸룸'이다.

인큐내뷸룸(Incunabulum) → 인큐내뷸러

임프린트(Imprint)   고서업계의 용어. 좁은 의미에서는 책의 '판권면'처럼 출판사를 나타내는 표시를 의미하지만, 고서업계에서는 '출판물', 특히 '특정 시기에 특정 장소의 특정 출판사에서 출간된 책'을 지칭하는 용어로 사용된다. 가령 '초창기 미국 임프린트'라고 하면 베이 시편집처럼 뉴잉글랜드 식민지에서 출간된 초창기 인쇄물 모두를, 또한 '남부 연방 임프린트'라고 하면 남북전쟁 당시 남부 연방에서 출간된

인쇄물 모두를 지칭한다. 이른바 '출판사의 자회사'를 가리키는 오늘날의 '임프린트'와는 다른 개념이다.

증정본(Presentation Copy) 어떤 책의 저자가 다른 사람에게 증정하는 문구, 헌사 등이 담긴 책을 말한다. 특히 유명인사끼리 주고받은 책은 역사적 가치가 높다고 평가되어 고가에 매매된다.

채색 필사본(Illustrated Manuscripts) 중세에 제작된 필사본 책들 가운데 채색 기술자가 일일이 그려 넣은 채색 삽화가 들어 있는 책을 말한다. 이런 책은 주로 표지에도 금은과 보석으로 장식을 했기 때문에 무척이나 호화스럽고 귀중한 것으로 여겨졌다.

켐스콧 판(Kelmscott Edition) 영국의 디자이너 윌리엄 모리스가 설립한 켐스콧 프레스에서 1891년부터 1898년까지 펴낸 53종의 책을 말한다.

코덱스(Codex) 서양 책의 전통적 형태로, 종이를 낱장으로 잘라 접어 한 묶음으로 철해놓은 것이다. 종이 두루마리에서 진일보한 책의 형태이며, 오늘날 우리가 흔히 보는 책 형태의 원형이다.

타자원고(Typescripts) 저자의 원고를 조판하기 이전에 타자기로 쳐서 만든 원고의 한 형태이다. 주로 교정용으로 사용된다.

트레이드 판(Trade Edition) 일명 '트레이드 페이퍼백'이라고도 한다. 품질은 좋지만 가격이 비싼 하드커버(양장본) 판과, 가격은 싸지만 품질이 낮은 페이퍼백(문고) 판의 절충형이다. 즉, 판형과 품질은 하드커버 판과 동일하되, 제본 방식은 페이퍼백 판과 동일하기 때문에 가격이 싸다. 우리나라 책의 주종인 '신국판 반양장' 단행본도 넓은 의미에서는 '트레이드 판'에 속한다고 할 수 있다.

파피루스(Papyrus) 고대 이집트에서 사용하던 종이의 일종. 본래 '파피루스'란 지중해 연안에서 자라는 갈대 비슷한 식물의 일종으로, 이 섬유를 잘게 찢어 펼친 다음 다져서 종이로 만들어 썼다.

포인트(Point) → 포인트 오브 이슈

포인트 오브 이슈(Point of Issue) 책의 특정한 판본이나 간행년도 등을 식별할 수 있는 오타나 오식 등의 특이점을 말하는 고서업계 특유의 용어. 그 중에서도 인쇄 과정에서의 특이점을 '스테이트' 라고 하고, 인쇄 이후 제본 과정에서의 특이점을 '이슈' 라고 한다. 자세한 내용은 각 항목을 참고하라.

피지(皮紙, Vellum) 양이나 염소의 가죽으로 만든 종이의 일종. 파피루스나 종이에 비해 질기고 오래 간다는 장점이 있지만, 값이 비싸고 무겁다는 단점이 있다. 한때는 파피루스보다 더 수요가 많았지만, 서양에서 종이가 제조되기 시작하면서 수요가 급격히 줄었다.

필사자(筆寫者, Scribe) 중세의 수도원 등에서 필사본을 만들었던 사람들을 말한다. 인쇄가 발명되기 전이었기 때문에 원본을 보고 그대로 베껴 쓰는 식이었으며, 주로 학식이 있는 수도사들이 이 업무를 담당했다.

현대 초판본(Modern First Editions) 보통 20세기에 출간된 책의 초판본을 말한다. 주로 현존 작가의 것을 망라하는 '당대 초판본' 보다는 조금 앞선 개념이다.

형압(Blind-stamped) 책의 표지 등에 사용하는 가공 방법의 한 가지. 보통 금박이나 은박으로 글자나 도형을 새겨 넣는 것과 같은 방식이지만, 형압의 경우에는 색깔을 넣지 않기 때문에 글자나 도형의 형태만 양각이나 음각으로 새겨진다.

인명해설

가비, 마커스 (Marcus Moziah Garvey, 1887~1940) 자메이카 출신의 흑인 인권운동가. 1920년대에 미국 뉴욕의 할렘가에 국제흑인개선협회(UNIA)를 설립하여, 흑인 사회에 아프리카 문화 붐을 일으키는 데 결정적인 역할을 했으며, '흑인 모세' 라는 별명을 얻기도 했다.

가워, 존 (John Gower, 1330~1408) 중세 영국의 시인. 대표작으로는 《연인의 고백》(1390~1393) 등이 있다.

갈레노스, 클라우디오스 (Claudios Galenos, 129~199) 고대 로마의 의사. 페르가몬 출신으로 알렉산드리아와 로마에서 활동하였으며, 고대 그리스 의학의 집대성자로 유명하다.

갈릴레오 갈릴레이 (Galileo Galilei, 1564~1642) 이탈리아의 과학자. 피렌체 출신으로 직접 망원경을 제작해 천체를 관측했으며, 코페르니쿠스의 이론을 지지하다가 로마 교황청에 의해 탄압받았다. 뉴턴과 함께 근대 물리학의 기초를 닦은 위대한 과학자로 평가되며, 대표작으로는 《두 체계에 대한 대화편》(1632), 《새로운 과학》(1638) 등이 있다.

갈바 황제 (Emperor Servius Sulpicius Galba, BC 3?~AD 69) 고대 로마의 황제(재위 68~69). 귀족 출신으로 여러 속주의 총독을 역임했고, 네로 황제 사후에 70대의 고령으로 황제에 즉위했으나 불과 1년 만에 암살당했다.

거스리, 마저리 (Marjorie Guthrie) 우디 거스리의 세 번째 부인. 1945년에 결혼해서 1953년에 이혼했으며, 남편과의 사이에 네 명의 자녀를 두었다. 유대계 여성 시인 얼라이자 그린블라트의 딸이기도 하다.

거스리, 우디 (Woody Guthrie, 1912~1967) 미국의 포크가수. 본명은 우드로우 윌슨 거스리. 오클라호마 출신으로 주로 서민의 삶을 다룬 노래를 불렀으며, 이후의 밥 딜런 등에게 큰 영향을 끼쳤다.

거피, 헨리 (Henry Guppy, 1861~1948) 영국의 서지학자. 라일랜즈 도서관 관장을 역임했다.

건스백, 휴고 (Hugo Gernsback, 1884~1967) 미국의 과학소설가 겸 출판인. 룩셈부르크 출신으로 1905년에 미국으로 이주했으며, 1926년부터 《어메이징 스토리》라는 잡지를 발간하며 미국 과학소설계를 주도했다. 이 분야의 가장 권위 있는 상인 '휴고 상'의 명칭은 그의 이름에서 딴 것이다.

게르마니쿠스 (Germanicus Caesar, BC 15~AD 19) 고대 로마의 군인. 티베리우스 황제의 조카이자 양자가 되어 '게르마니쿠스 카이사르'로 통칭되었으나, 왕위를 물려받기 전에 일찍 사망했다. 그의 창작으로 알려진 시 〈아라테아〉에 대해서는 후대의 위작설이 있기도 하다.

게이, 존 (John Gay, 1685~1732) 영국의 극작가. 대표작 〈거지의 오페라〉(1728)는 훗날 브레히트에 의해 〈서푼짜리 오페라〉(1928)라는 제목으로 각색되어 더욱 유명해졌다.

게이, 피터 (Peter Gay, 1923~) 미국의 역사가. 본명은 페터 요아힘 플로리히. 독일 출신의 유대인으로 1939년에 나치의 박해를 피해 미국으로 이주했다. 컬럼비아와 예일 대학에서 강의하며 서구 지성사 연구의 대가로 명성을 얻었으며, 대표작으로는 《계몽주의의 기원》(1966), 《프로이트 : 우리 시대의 삶》(1988) 등이 있다.

게이블, 클라크 (Clark Gable, 1901~1960) 미국의 영화배우. 오하이오 출신이며 매력적인 외모로 여성 관객들에게 절대적인 인기를 끈 배우로, 1934년에 아카데미 남우주연상을 수상했다. 대표작으로는 〈바람과 함께 사라지다〉(1939)가 있다.

게이지, 조앤 폴슨 (Joan Paulson Gage) 미국의 여성 작가 겸 언론인.

게이츠 3세, 윌리엄 '빌' H. (William H. Gates III, 1955~) 미국의 사업가. 시애틀 출신으로 하버드 대학을 중퇴하고 1975년에 마이크로소프트사를 설립했다. IBM 컴퓨터의 운영 프로그램인 DOS와 윈도우즈를 개발했고, 오늘날 세계 최고의 부자로 유명하다.

게이츠 경, 토머스 (Sir Thomas Gates, 1585~1621) 영국의 관료. 1609년에 북아메리

카 버지니아 식민지의 지사로 발령받아 부임 도중, 버뮤다 해역에서 난파하여 10개월간 표류했다. 그의 체험담은 훗날 책으로 출간되어 인기를 끌었으며, 특히 셰익스피어의 희곡《태풍》에 영향을 준 것으로 간주된다.

겔, 폴 (Paul F. Gehl) 미국의 서지학자 겸 역사가. 현재 시카고의 뉴베리 도서관의 존 M. 윌 컬렉션 담당 큐레이터이다.

고갱, 폴 (Paul Gauguin, 1848~1903) 프랑스의 화가. 파리 출신으로 늦은 나이에 화가가 되었으며, 1891년에 유럽을 떠나 남태평양 타히티 섬에 거주하다가 그곳에서 사망했다. 독특한 색채의 화풍을 지닌 후기 인상파 화가로 손꼽힌다.

고다마 미츠오 박사 (兒玉三夫, Dr. Kodama Mitsuo, 1915~) 일본의 영문학자. 셰익스피어 전문가로 오늘날 메이세이 대학에 소장된 '셰익스피어 컬렉션'과 '링컨 컬렉션'의 수집가이다. 1978년부터 1995년까지 메이세이 대학 총장을 역임했다.

고더드, 로버트 헤일 아이브즈 (Robert Hale Ives Goddard, 1837~1916) 미국의 정치가. 로드아일랜드의 명문가 출신으로 남북전쟁에 참가했으며, 이후 정계에서 활동했다.

고딘, 데이비드 R. (David R. Godine) 미국의 출판인. 다트머스 칼리지와 하버드 대학을 졸업하고 1970년에 소규모 독립 출판사인 '데이비드 R. 고딘'을 설립했다.

고르디아누스 2세 황제 (Gordian II, 192?~238) 고대 로마의 황제(재위 238~238). 고르아누스 1세의 아들로 부친과 함께 공동 황제에 올랐으나, 아프리카 속주의 반란을 진압하는 과정에서 전사했다. 황제가 된 지 3주 만이었다.

고어, 크리스토퍼 (Christopher Gore, 1758~1827) 미국의 정치가. 보스턴 출신으로 하버드 대학을 졸업했고 하원 및 상원의원을 역임했다. 애서가로도 유명하며 하버드 대학 도서관인 '고어 홀'은 그의 이름을 따서 명명된 것이다.

고틀립, 하워드 B. (Howard B. Gottlieb) 미국의 서지학자. 현재 보스턴 대학 특별 컬렉션 담당 사서이다.

고프, 프레더릭 R. (Frederick R. Goff, 1916~) 미국의 서지학자. 미국 국회도서관 희

귀본실장을 역임했으며, 1974년에 토머스 모어 경 메달을 수상했다.

고흐, 빈센트 반 (Vincent van Gogh, 1853~1890) 네덜란드의 화가. 파리로 진출해 작품 활동을 했고, 이후 아를에 거주하며 수많은 걸작을 남겼으나 지병인 정신 발작으로 인해 자살했다. 생전보다도 사후에 더욱 각광을 받은 화가로 평가된다.

골드버거, 폴 (Paul Goldberger) 미국의 건축평론가. 예일 대학을 졸업하고 〈뉴욕 타임스〉 기자로 근무하며 건축평론을 연재해 명성을 얻었다. 1984년에 퓰리처상을 수상했다.

골턴 경, 프랜시스 (Sir Francis Galton, 1822~1911) 영국의 유전학자. 찰스 다윈의 사촌으로 우생학의 창시자이다. 케임브리지 대학을 졸업하고 유전학을 연구해 명성을 얻었으며, 지문 감별법과 기상학 분야의 개척자이기도 하다.

공쿠르, 에드몽 드 (Edmond de Goncourt, 1822~1896) 프랑스의 소설가. 동생 쥘 드 공쿠르와 함께 합작 형식으로 작품을 발표해 명성을 얻었다. 그의 유언에 의해 1903년부터 시작된 공쿠르 상은 프랑스에서 가장 권위 있는 문학상으로 평가되고 있다.

공쿠르, 쥘 드 (Jules de Goncourt, 1830~1870) 프랑스의 소설가. 형 에드몽 드 공쿠르와 함께 합작 형식으로 작품을 발표해 명성을 얻었다.

교황 그레고리우스 1세 (Gregory the Great, 540?~604) 제64대 로마가톨릭 교황(재위 590~604). 탁월한 정치력으로 교황의 권위를 확립했고 신학자로서도 명성을 얻었다. 특히 기존의 성가를 수집, 정리한 공을 기려 이후 가톨릭 성가를 '그레고리우스 성가'라고 부른다.

교황 니콜라우스 5세 (Pope Nicholas V, 1397~1455) 제208대 로마가톨릭 교황(재위 1447~1455). 이탈리아 출신으로 본명은 토마소 파렌투첼리. 교회 분열을 수습하고 평화 정책을 펼쳤으며, 오스트리아의 프리드리히 3세를 신성로마제국의 황제로 임명했다. 인문주의의 옹호자이며 바티칸 도서관을 세운 것으로도 유명하다.

교황 루키우스 3세 (Lucius III, 1097~1185) 제171대 로마가톨릭 교황(재위 1181~1185). 이탈리아 출신으로 본명은 우발도 알루친골리. 제3차 십자군 원정을 제안하고, 이단 척결을 위한 칙서를 발표하기도 했다.

교황 알렉산데르 8세 (Pope Alexander VIII, 1610~1691) 제241대 로마가톨릭 교황(재위 1689~1691). 베네치아 출신으로 본명은 피에트로 비토 오토보니. 재위 중에는 여러 가지 외교적 업적을 남겼지만, 족벌주의로 인해 부정적인 평가를 받았다.

교황 피우스 12세 (Pope Pius XII, 1876~1958) 제260대 로마가톨릭 교황(재위 1939~1958). 로마 출신으로 본명은 에우제니오 마리아 주세페 조반니 파첼리. 교회 내부적으로는 여러 가지 업적을 세웠지만, 제2차 세계대전 당시 유대인 문제에 대해 침묵한 까닭에 지금도 논란의 대상이 되고 있다.

구스망, 누뇨 데 (Nuno de Guzman, ? ~1544) 에스파냐의 탐험가. 코르테스와 동시대인으로 신대륙으로 건너와 멕시코에서 주로 활동했으며, 이후 멕시코 북부에 새로운 식민지를 건설했다.

구스타프 2세 (Gustavus II, 1594~1632) 스웨덴의 왕(재위 1611~32). 본명은 구스타프 아돌프. 대내적으로는 여러 가지 개혁을 추진하고, 대외적으로는 군사 및 외교 부문에서 업적을 남겼다. 30년 전쟁에 개입하여 남부 독일에서 전투 중에 전사했다.

구텐베르크, 요한(네스) (Johann(es) Gutenberg, 1397~1468) 독일의 발명가 겸 인쇄업자. 마인츠 출신으로 1450년경에 서양 최초로 금속활자를 만들고 인쇄소를 차렸다. 특히 1460년에 발행된 '구텐베르크 성서'는 훗날 종교개혁을 촉진시킨 기념비적인 출판물로 평가되고 있다.

굴드, 존 (John Gould, 1804~1881) 영국의 생물학자. 아시아 및 오스트레일리아의 조류를 연구하고, 이국적인 모습의 각종 새와 동물을 그린 화려한 채색삽화가 들어 있는 책을 펴내 명성을 얻었다.

굿리치, 새뮤얼 그리스월드 (Samuel Griswold Goodrich, 1793~1860) 미국의 아동문학가. 코네티컷 출신이며, 본래는 문학잡지의 편집자 겸 발행인이었다. 1827년부터 '피터 팔리'라는 필명으로 아동서를 발표해 명성을 얻었다.

굿맨, 베니 (Benny Goodman, 1909~1986) 미국의 재즈 클라리넷 연주자. 시카고 출신으로 본명은 벤저민 데이비드 굿맨. 이른바 스윙 재즈의 대표 주자이며, 클래식 연주로도 명성을 얻었다.

굿스피드, 찰스 (Charles Eliot Goodspeed, 1867~1950) 미국의 서적상. 보스턴에서 고서점을 경영했으며, 서적업계 및 서지학에 대한 여러 권의 저서를 남겼다.

그래디, 제임스 (James Grady, 1949~) 미국의 소설가. 몬태나 출신으로 대학을 졸업하고 언론 및 방송계에서 일했다. 첫 소설 《콘돌의 엿새》(1974)는 훗날 영화로 제작되어 더욱 유명해졌다.

그래츠, 사이먼 (Simon Gratz) 미국의 법조인 겸 교육가. 필라델피아 출신의 변호사로 펜실베이니아 주의원을 역임했으며, 도서 및 서명을 수집한 것으로도 유명하다.

그랜트, 율리시스 S. (Ulysses Simpson Grant, 1822~1885) 미국의 제18대 대통령(재임 1869~1877). 오하이오 출신으로 웨스트포인트를 졸업했고, 남북전쟁 당시 북군 총사령관으로 활약했다. 그러나 대통령 재임시에는 측근들의 비리로 인해 위신이 크게 실추되었다.

그랜트, 줄리아 (Julia Grant, 1826~1902) 율리시즈 S. 그랜트 대통령의 부인.

그랜트, 캐리 (Cary Grant, 1904~1986) 미국의 영화배우. 세련된 이미지를 지닌 영국 출신의 미남 배우로 인기를 끌었고, 대표작으로는 《오명》(1946), 《북북서로 진로를 돌려라》(1959) 등이 있다.

그레고리우스 (Gregorius Florentius ; St. Gregory of Tours, 538?~594) 중세 유럽의 성직자 겸 역사가. 투르 주교를 역임했고 대표작으로는 《프랑크의 역사》(전10권)가 있다.

그레고리우스 1세 (Gregory the Great) → 교황 그레고리우스 1세

그레이엄, 톰 (Tom Graham) → 루이스, 싱클레어

그로티우스, 후고 (Hugo Grotius, 1583~1645) 네덜란드의 법학자. 델프트 출신으로 11세 때 대학에 입학한 신동이었다. 종교적 박해를 받고 조국을 떠나 프랑스와 스웨덴

등지를 전전했으며, 이른바 자연법과 국제법의 기초를 확립한 인물로 평가된다.

그로피우스, 발터 (Walter Gropius, 1883~1969) 미국의 건축가. 독일 베를린 출신으로 바우하우스의 교장을 역임했으며, 나치의 대두로 인해 1937년에 미국으로 이주해 하버드 대학 교수를 역임했다.

그롤리에 드 세비에르, 장 (Jean Grolier de Servières, 1479~1565) 프랑스의 정치가 겸 도서수집가. 이탈리아 대사로 재직하는 동안 인쇄업자 알두스 마누티우스와 친교를 맺기도 했고, 독특한 장정의 장서 소유자로도 유명하다. 1884년에 뉴욕에서 창립된 애서가 단체 '그롤리에 클럽'의 명칭은 그의 이름에서 따온 것이다.

그루얼, 존 '자니' 바턴 (John Barton 'Johnny' Gruelle, 1880~1938) 미국의 만화가. 풍경화가의 아들로 태어났으며, 이후 신문 연재만화와 아동용 그림책의 삽화가로 명성을 얻었다.

그리어, 루스벨트 (Roosevelt 'Rosey' Grier, 1932~) 미국의 미식축구선수. 브루클린 출신으로 펜실베이니아 주립대학을 졸업하고, 1955년부터 뉴욕 자이언츠와 LA 램스에서 선수로 뛰었다. 1967년에 부상으로 은퇴한 후에는 사회사업가로도 활동했다.

그린, 그레이엄 (Graham Greene, 1904~1991) 영국의 소설가. 한때 공산주의자였으나 훗날 가톨릭에 귀의했고, 진지한 내용을 대중소설의 기법으로 묘사해 인기를 얻었다. 대표작으로는 《권력과 영광》(1940), 《제3의 사나이》(1949) 등이 있다.

그린, 너새니얼 (Nathanael Greene, 1742~1786) 미국의 군인. 로드아일랜드 출신으로 독립전쟁 당시 조지 워싱턴 휘하에서 장교로 근무했다.

그린, 벨 다 코스타 (Belle da Costa Greene, 1884~1950) 미국의 여성 서지학자 겸 도서수집가. J. P. 모건의 사서 겸 도서구입 대리인으로 일하며 여러 가지 중요한 도서 컬렉션을 확보했고, 모건 도서관의 초대 관장을 역임했다.

그린, 새뮤얼 (Samuel Green, 1615~1702) 미국의 초창기 인쇄업자. 1649년에 매사추세츠 주 케임브리지에 인쇄소를 설립했다. 1661년에 존 엘리엇이 번역한 '엘리엇 인디언 성서'를 펴냈으며, 1692년에 이르러 아들에게 인쇄소를 물려주고 은퇴했다.

그린블라트, 얼라이자 (Aliza Greenblatt, 1885~1975) 미국의 유대계 시인. 동유럽 출신으로 1900년에 미국으로 이주했다. 시오니즘 지지자였으며, 이디시어로 시를 써서 명성을 얻었다. 포크가수 우디 거스리의 부인이었던 마저리 거스리의 어머니이기도 하다.

글로스터 공작 (Duke Gloucester) → 험프리, 글로스터 공작

기랄두스 캄브렌시스 (Giraldus Cambrensis, 1146?~1223?) 영국의 역사가 겸 성직자. 웨일스의 귀족 가문 출신으로 한때 헨리 2세의 궁정에서 일했다. 대표작으로는 《아일랜드 정복사》(1189) 등이 있다.

기번, 에드워드 (Edward Gibbon, 1737~1794) 영국의 역사가. 런던 출신으로 옥스퍼드 대학을 중퇴한 뒤, 평생 독신으로 살면서 문필 작업에 전념했다. 대표작으로는 《로마제국쇠망사》(전6권, 1776~88), 《자서전》(1827) 등이 있다.

기싱, 조지 (George Robert Gissing, 1857~1903) 영국의 작가. 웨이크필드 출신으로 대학을 중퇴한 뒤, 빈민의 생활을 사실적으로 묘사한 작품으로 명성을 얻었다. 대표작으로는 소설 《꿈꾸는 문인들의 거리》(1890), 에세이 《헨리 라이크로프트의 수기》(1902) 등이 있다.

길다스 (Gildas, 516?~570?) 중세 영국의 역사가 겸 성직자. 가톨릭 수도사로 브르타뉴에 자신의 이름을 딴 '생 길다스 드 뤼 수도원'을 세웠다. 대표작으로는 《브리타니아 정복기》(565) 등이 있다.

나다르 (Nadar, 1820~1910) 프랑스의 사진가 겸 만화가. 파리 출신으로 본명은 가스파르 펠릭스 투르나숑. 신문 및 잡지에 만화와 소설을 기고했고, 당대의 유명 문인과 화가 등의 초상사진 작가로도 명성을 얻었다.

나보코프, 블라디미르 (Vladimir Nabokov, 1899~1977) 미국의 소설가. 러시아 출신으로 혁명 직후 외국으로 망명했다. 1940년부터 미국에 거주했고, 1958년부터 사망할 때까지는 스위스에 거주했다. 대표작으로는 소설 《롤리타》(1955), 《창백한 불꽃》(1962), 《아다》(1969) 등이 있다.

나폴레옹 (Napoleon) → 보나파르트, 나폴레옹

남캘리포니아 백작부인 (Countess of Southern California) → 도헤니, 캐리 에스텔 베촐드

내시, 존 헨리 (John Henry Nash, 1871~1947) 미국의 인쇄업자 겸 도서수집가. 캐나다 우드브리지 출신으로 1894년에 미국으로 이주했다. 여러 권의 미장본을 펴낸 인쇄업자인 동시에 수제 장정본 수집가로도 유명하다.

내시, 토머스 (Thomas Nashe, 1567~1601) 영국의 작가. 케임브리지 대학을 졸업하고 '파스킬'이라는 필명으로 활동했다. 벤 존슨과 합작한 희곡으로 인해 필화 사건에 휘말리기도 했으며, 주로 비판적이고 풍자적인 작품을 발표해 명성을 얻었다.

내시, 프레더릭 (N. Frederick Nash, 1936~) 미국의 서지학자. 일리노이 대학 도서관의 희귀본 담당 큐레이터를 역임했다.

네로 황제 (Emperor Nero, 37~68) 고대 로마의 황제(재위 54~68). 본명은 루키우스 도미티우스 아에노바르부스. 클라우디우스 1세 황제의 의붓아들로 실정을 거듭하여 후세에까지 '폭군'으로 낙인찍혔으며, 반란이 일어나자 자살했다.

네빈, 에셀버트 우드브리지 (Ethelbert Woodbridge Nevin, 1862~1901) 미국의 작곡가. 펜실베이니아 출신으로 피아니스트로 활동하며 작곡가로도 명성을 얻었다. 대표작으로는 〈로자리오〉(1898)가 있다.

네프, 월리스 (Wallace Neff, 1895~1982) 미국의 건축가. 20세기 중반에 캘리포니아주에서 활동하며 명성을 얻었다. 석유 재벌인 도헤니 부부의 주택을 설계했고, 에드워드 도헤니의 사후에는 기념 도서관을 설계하기도 했다.

넬슨 제독, 호레이쇼 (Lord Horatio Nelson, 1758~1805) 영국의 군인. 노퍽 출신으로 해군에 입대해 전투 중에 오른쪽 눈과 오른쪽 팔을 연달아 잃었다. 1805년에 트라팔가르 해협에서 나폴레옹의 프랑스~에스파냐 함대에 완승을 거두고 전사했다.

노데, 가브리엘 (Gabriel Naude, 1600~1653) 프랑스의 서지학자. 파리 출신으로 본래 의사였지만 마자랭의 사서로 일하며 탁월한 컬렉션을 구축해 전 유럽에 명성을 떨쳤

다. 한때 크리스티나 여왕의 초빙으로 스웨덴에 갔지만, 마자랭의 요청에 의해 프랑스로 돌아왔다.

노르망디 공 윌리엄 (William of Normandy) → 윌리엄 1세

노먼 박사, 해스켈 F. (Dr. Haskell F. Norman, 1915~1996) 미국의 정신과의사 겸 도서수집가. MIT와 존스홉킨스 대학을 졸업하고 샌프란시스코에서 정신과의사로 활동했으며, 과학 및 의학 관련 고서수집가로 유명하다.

노먼, 제러미 M. (Jeremy M. Norman, 1945~) 미국의 서적상. 도서수집가 해스켈 F. 노먼 박사의 아들이다. 캘리포니아 대학을 졸업하고 1970년에 고서점 '제러미 M. 노먼 앤드 컴퍼니'를 설립했다.

노터리, 줄리언 (Julian Notary, 15세기경) 영국의 초창기 인쇄업자. 1496년부터 1518년까지 런던과 웨스트민스터에서 인쇄소를 운영하며 모두 40여 종의 책을 출간했다.

놀스, 리처드 (Richard Knolles, 1545~1610) 영국의 역사가. 옥스퍼드 대학을 졸업했고, 대표작으로는 《투르크의 역사》(1596)가 있다.

뉴먼, 랠프 G. (Ralph G. Newman, 1911~1998) 미국의 서적상. 대학을 중퇴하고 1933년에 시카고에서 고서점 '에이브러햄 링컨 서점'을 설립해 운영했고, 남북전쟁 관련 문헌의 전문가로 유명하다.

뉴베리, 월터 루미스 (Walter Loomis Newberry, 1804~1868) 미국의 사업가. 유통업 및 부동산 사업으로 막대한 재산을 모았으며, 사후에 그의 유언에 따라 시카고에 뉴베리 도서관이 설립되었다.

뉴베리, 존 (John Newbery, 1713~1767) 영국의 출판인. 이른바 아동문학의 선구자로 평가되며, 1922년부터 미국 도서관협회에서 매년 우수한 아동서를 선정해 시상하는 '뉴베리 상'의 명칭은 그의 이름에서 따온 것이다.

뉴얼, 피터 (Peter Newell, 1862~1924) 미국의 아동문학가 겸 삽화가. 일리노이 출신으로 미술학교를 졸업한 직후인 1883년부터 여러 신문 및 잡지에 만화를 기고했다.

대표작으로는 《구멍 난 책》 등이 있다.

뉴얼, 린 (Lynne Newell) 미국의 서지학자. 코네티컷 주립도서관 사서를 역임했다.

뉴턴 경, 아이작 (Sir Isaac Newton, 1642~1727) 영국의 물리학자 겸 수학자. 미적분법을 창시하고 역학의 체계를 확립하는 등, 근대 수학과 물리학의 정립에 큰 공적을 남긴 위대한 과학자다. 대표작으로는 《프린키피아》(1687) 등이 있다.

뉴턴, A. 에드워드 (A. Edward Newton, 1863~1940) 미국의 도서 수집가. 필라델피아 출신으로 평생 1만 권 이상의 희귀본을 수집했으며, 도서 수집에 관한 여러 권의 저서를 남겼다.

니스봄, 켄 (Ken Nyesbaum) 미국의 서적상.

니진스키, 바슬라프 (Vaslav Nijinsky, 1890~1950) 러시아의 무용가. 폴란드 출신으로 왕립 무용학교를 졸업했다. 1909년에 첫 무대에 올라 탁월한 기량으로 주목을 받았으나, 1916년에 정신발작을 일으켜 이후 불우한 말년을 보냈다.

니커크, 로버트 L. (Robert L. Nikirk) 미국의 서지학자. 그롤리에 클럽의 사서를 역임했다.

니콜라우스 5세 (Pope Nicholas V) → 교황 니콜라우스 5세

니콜리, 니콜로 데 (Niccolo de Niccoli, 1364?~1437) 이탈리아의 학자. 피렌체 출신으로 르네상스 시대를 대표하는 인문주의자 가운데 한 사람이다. 부유한 집안 출신으로 희귀한 미술품 및 필사본을 망라한 개인 컬렉션을 소유했다.

닐, 존 (John Neal, 1793~1876) 미국의 작가. 메인 주 포틀랜드 출신이며 독학으로 변호사가 되었다. 토속적인 색채가 강하지만 예술적인 면에서는 부족한 작품을 남겨, 오늘날에는 거의 잊혀지고 말았다.

닐리 2세, 마크 E. (Mark E. Neely, Jr.) 미국의 역사가. 예일 대학을 졸업하고 펜실베이니아 주립대학 교수로 재직 중이다. 남북전쟁사의 전문가이며, 1992년에 저서 《자유

의 운명》으로 퓰리처상을 수상했다.

다 빈치, 레오나르도 (Leonardo da Vinci, 1452~1519) 이탈리아의 화가 겸 과학자. 피렌체 근교의 빈치 출신으로 미술과 과학기술 등 여러 분야에서 다재다능한 활약을 펼친 르네상스 시대의 대표적인 인물이다.

다윈, 찰스 (Charles Darwin, 1809~1882) 영국의 생물학자. 대학 졸업 후에 5년간 비글호를 타고 남아메리카와 남태평양에서 연구 활동을 했다. 저서《종의 기원》(1859)에서 자연 선택에 의한 생물의 진화를 주장해 큰 반향을 일으켰다.

닥터 수스 (Dr. Seuss, 1904~1991) 미국의 아동문학가. 본명은 시오도어 가이젤. 미국을 대표하는 아동 그림책 작가이며, 1984년에 퓰리처상을 수상했다.

단테, 알리기에리 (Alighieri Dante, 1265~1321) 이탈리아의 시인. 피렌체 출신으로 정치에도 깊이 개입하여 만년에는 반대파에 의해 국외로 추방당했다. 이탈리아 최고의 작가로 평가되며 대표작으로는 서사시《신곡》(1370 ~ 1321),《신생》(1293) 등이 있다.

달리, 펠릭스 O. C. (Felix Octavius Carr Darley, 1821~1888) 미국의 삽화가. 독학으로 미술을 배웠고 디킨스, 호손, 롱펠로우, 어빙, 포 등의 작품에 삽화를 그린 것으로 유명하다.

대니얼, 새뮤얼 (Samuel Daniel, 1562~1619) 영국의 작가. 옥스퍼드 대학을 졸업했고, 교훈적이고 철학적인 시와 희곡을 남긴 것으로 유명하다.

댄, 존 (John Dann) 미국의 서지학자. 델라웨어 출신으로 1977년부터 미시간 대학 역사학 교수 겸 클레멘츠 도서관장으로 재직 중이며, 아메리카나 전문가로 유명하다.

댄포스, 수전 L. (Susan L. Danforth) 미국의 서지학자. 존 카터 브라운 도서관의 지도 및 판화 담당 큐레이터이다.

댈그런, 존 (John A. B. Dahlgren, 1809~1870) 미국의 군인. 필라델피아 출신으로 1826년에 해군에 입대했고, 남북전쟁 당시 북군 측 해군 지휘관으로 활약했다.

더글러스, 노먼 (Norman Douglas, 1868~1952) 영국의 소설가. 오스트리아 출신으로 영국 외무부에서 근무하다가 훗날 유럽에 체재하며 작가로 활동했다. 대표작으로는 소설 《남풍》(1917) 등이 있다.

더글러스, 스티븐 A. (Stephen Arnold Douglas, 1813~1861) 미국의 정치가. 민주당 소속 일리노이 주 상원의원을 역임하며, 같은 주의 공화당 소속 정치인 링컨과는 여러 차례에 걸쳐 승부를 펼친 라이벌이기도 했다.

더바, 게리 지피디 (Gary Zippidy Duba) 미국의 서적상.

더스패서스, 존 (John Dos Passos, 1896~1970) 미국의 소설가. 시카고 출신이며 '잃어버린 세대'의 대표적인 작가이다. 대표작으로는 '미국 3부작'인 《북위 42도》(1930), 《1919년》(1932), 《거금》(1936)이 있다.

더친스, 필립 C. (Philip C. Duschenes) 미국의 서적상.

더프티, 윌리엄 F. (William F. Dufty, 1916~2002) 미국의 언론인 겸 작가. 아내인 여배우 글로리아 스완슨의 영향을 받아 설탕의 백해무익함을 경고한 《슈거 블루스》(1975)를 써서 베스트셀러 작가가 되었다.

던, 존 (John Donne, 1572~1631) 영국의 시인 겸 성직자. 런던 출신으로 옥스퍼드와 케임브리지 대학에서 공부했다. 뛰어난 종교시를 남겼고, 17세기 영국의 '형이상학파 시인'의 대표적인 인물이다.

던랩, 엘렌 S. (Ellen S. Dunlap) 미국의 서지학자. 텍사스 대학 인문학연구소를 거쳐 로젠바흐 도서관과 필라델피아 도서관 관장을 역임했으며, 1992년부터는 미국 고서협회의 회장으로 재직하고 있다.

던햄, 캐서린 (Katherine Dunham, 1910~) 미국의 무용가. 시카고 출신으로 대학에서 인류학을 전공했다. 이후 카리브 해 지역의 민속무용을 연구하다가 무용에 관심을 갖게 되었고, 자신의 무용단을 조직하고 작품을 발표해 명성을 얻었다.

덜, 던컨 (Duncan Dearle) 영국의 디자이너. 윌리엄 모리스의 사후인 1896년에 '모리스 앤드 컴퍼니'의 경영권을 물려받은 존 헨리 딜의 아들이다. 부친의 뒤를 이어 대표로 일하다가 1940년에 회사 문을 닫았다.

덜레스, 앨런 (Allen Welsh Dulles, 1893~1969) 미국의 관료. 뉴욕 출신으로 프린스턴 대학을 졸업하고 국무부에서 일했으며, 1953년부터 1961년까지 중앙정보국(CIA) 국장을 역임했다.

데 쿠닝, 빌렘 (Willem de Kooning, 1904~1997) 미국의 화가. 네덜란드 출신으로 1926년에 미국으로 이주해 추상표현주의 작가로 크게 주목을 받았으며, 20세기의 대표적인 미국 화가로 평가된다.

데 파스, 크리스핀 판 (Crispin van De Pass, ?~1670) 네덜란드의 판화가. 세밀화로 된 식물도감인 《꽃의 정원》(1614)의 저자이다.

데닝, 캐서린 (Catherine Denning) 미국의 여성 서지학자. 브라운 대학 존 헤이 도서관의 사서로 재직 중이다.

데메트리오스 팔레레우스 (Demetrius Phalereus, BC 350?~280?) 고대 그리스의 정치가 겸 철학자. 아리스토텔레스의 제자이며, 정치가로 활동하다 아테네에서 추방당한 뒤 이집트로 망명해 알렉산드리아 도서관에서 일했다.

데모스테네스 (Demosthenes, BC 384~322) 고대 그리스의 정치가. 아테네 출신으로 마케도니아와의 전쟁 당시 웅변가로 명성을 얻었으며, 훗날 아테네가 마케도니아의 속국이 된 후에 독립운동을 도모하다가 발각되어 자살했다.

데바인, 마리 (Marie Devine) 미국의 여성 서지학자. 예일 대학 도서관의 사서를 역임했다.

데본셔 공작 (Duke of Devonshire) → 캐번디시, 윌리엄

데브루, 로버츠, 에섹스 백작 (Robert Devereux, Earl of Essex, 1567~1601) 영국의 정치가. 부친 사후에 작위를 물려받고 엘리자베스 1세의 총애를 크게 받았다. 프랜시스 베이컨 등과도 교우하였으나, 훗날 반란을 도모하다가 실패하여 처형되었다.

데스트레, 가브리엘 (Gabrielle d' Estrées, 1573~1599) 프랑스의 사교계 인사. 앙리 4세의 애인으로 유명하다.

데이, 도리스 (Doris Day, 1924~) 미국의 가수 겸 영화배우. 신시내티 출신으로 여러 영화와 뮤지컬 등에서 활약했으며, 발랄하고 귀여운 용모로 큰 인기를 누렸다.

데이, 스티븐 (Stephen Daye, 1594~1668) 미국의 인쇄업자. 영국 출신으로 1638년에 북아메리카 매사추세츠로 이주해 케임브리지에 인쇄소를 설립했다. 《베이 시편집》을 비롯한 미국의 초창기 인쇄본을 대부분 펴낸 인물로 알려져 있다.

데이비스, 레너드 (Leonard Davis, 1925~2001) 미국의 자선사업가. 뉴욕 출신이며 보험업으로 크게 성공한 뒤에, 부인 소피 데이비스와 함께 자선 활동에 전념했다. 도서 수집가 마이클 데이비스의 아버지이기도 하다.

데이비스, 마이클 (Michael Davis) 미국의 사업가. 자선사업가인 레너드와 소피 데이비스의 아들이다. 1989년에 뉴욕 소더비에서 성황리에 매각된 '가든 사 장서'를 구축하는 데 자금을 지원한 인물이지만, 그 수집 및 매각 경위에 대해서는 아직 정확히 밝혀진 바가 없다.

데이비스, 소피 (Sophie Davis, 1926~2000) 미국의 자선사업가. 뉴욕 출신이며 레너드 데이비스의 부인이며, 마이클 데이비스의 어머니이다.

데이비스, 제퍼슨 (Jefferson Davis, 1808~1889) 미국의 정치가. 켄터키 출신으로 웨스트포인트 사관학교를 졸업했다. 이후 미시시피 주 상원의원을 역임했으며, 남북전쟁 당시 남부 연방의 대통령으로 재임했다.

데이턴 대령, 엘리아스 (Colonel Elias Dayton, 1737~1807) 미국의 군인. 뉴저지 출신으로 군 복무 뒤에 귀향해서 상업에 종사하다가, 독립전쟁 당시 뉴저지 지역 의용군의 장교로 활약했다.

데카르트, 르네 (René Descartes, 1596~1650) 프랑스의 철학자 겸 과학자. 기하학 및 광학 분야에서 여러 저술을 남겼으며, 이후 철학 연구에 몰두했다. 대표작으로는 《방법서설》(1637), 《성찰》(1641) 등이 있다.

델레피에르, 옥타브 (Octave Delepierre, 1802~1879) 프랑스의 서지학자.

도나투스, 아엘리우스 (Aelius Donatus, 4세기경) 고대 로마의 문법학자. 라틴어 성서의 번역자인 히에로니무스의 스승이기도 하다.

도미티아누스 황제 (Emperor Domitian, 51~96) 고대 로마의 황제(재위 81~96). 본명은 티투스 플라비우스 도미티아누스. 베스파시아누스 황제의 아들로, 형인 티투스 황제의 뒤를 이어 즉위하였다. 전제적인 성향이 짙어 원로원을 탄압하고 기독교를 박해했으며, 측근에 의해 암살당했다.

도슨, 글렌 (Glen Dawson, 1913~   ) 미국의 서적상. 어니스트 도슨의 아들로, 형인 무어 도슨과 함께 '도슨 서점'을 운영했다.

도슨, 무어 (Muir Dawson, 1912~2005) 미국의 서적상. 어니스트 도슨의 아들로, 동생인 글렌 도슨과 함께 '도슨 서점'을 운영했고, 1995년에 아들 마이클 도슨에게 경영권을 물려주었다.

도슨, 어니스트 (Ernest Dawson, 1882~1947) 미국의 서적상. 1905년에 LA에 '도슨 서점'을 설립했다. 자연보호 활동에도 관심을 가져 환경단체인 시에라 클럽의 회장을 역임했다.

도일, 아서 코난 (Arthur Conan Doyle, 1859~1930) 영국의 소설가. 에든버러 대학을 졸업하고 의사로 일하며 작품을 발표했다. 명탐정 '셜록 홈즈'가 등장하는 장편과 단편 소설의 작가로 유명하다.

도지, 윌리엄 (William Henry Dorsey, 1837~1923) 미국의 흑인 도서수집가. 필라델피아에서 노예 출신 흑인 지식인의 아들로 태어났고, 화가로 활동하며 미국 흑인 관련 자료를 수집한 것으로 유명하다.

도지슨, 찰스 (Charles Dodgson) → 캐럴, 루이스

도헤니, 에드워드 L. (Edward Laurence Doheny, 1856~1935) 미국의 사업가. 위스콘신 출신으로 캘리포니아에서 유전을 개발하고 팬아메리칸 석유회사를 설립해 막대한

재산을 모았다. 말년에는 이른바 '티폿 돔 스캔들'로 인해 구설수에 오르기도 했다.

도헤니, 캐리 에스텔 베촐드 (Carrie Estelle Betzold Doheny, 1875~1958) 미국의 도서수집가. 석유 재벌 에드워드 L. 도헤니의 부인이다. 막대한 재산을 바탕으로 탁월한 희귀본 컬렉션을 수집하여, 20세기 초반 미국 최고의 도서수집가 중 한 명으로 평가된다. 그녀의 컬렉션은 1987년에 이르러 무려 2년간의 경매를 통해 절찬리에 매각되었다.

돔, 레이먼드 W. (Raymond W. Daum) 미국의 서지학자. 텍사스 대학 인문학연구소의 글로리아 스완슨 컬렉션 담당 사서를 역임했다.

두란두스, 귈리엘무스(Guillielmus Durandus, 1237~1296) 중세 프랑스의 법학자 겸 신학자. 볼로냐 대학을 졸업하고 교황청에서 일했으며, 훗날 망드 주교를 역임했다. 대표작으로는 일명 '두란두스서'로 통칭되는 《성무원리》(1286) 등이 있다.

두브노프, 시몬 (Simon Dubnow, 1860~1941) 러시아의 유대인 역사가. 벨로루시 출신으로 독학으로 동유럽 유대인의 역사에 관한 논저를 발표했다. 제2차 세계대전 중에 라트비아 게토에서 독일군에 의해 학살되었다.

뒤러, 알브레히트 (Albrecht Dürer, 1471~1528) 독일의 화가. 뉘른베르크 출신으로 판화 작가로 활동했으며, 종교화와 초상화 작가로도 명성을 얻었다. 르네상스 시기 독일 회화의 대표적인 작가로 평가된다.

뒤퐁, 헨리 F. (Henry Francis Du Pont, 1880~1969) 미국의 사업가. 재벌인 뒤퐁 가문 출신으로 미술 애호가였으며, 1951년에 윈터터 미술관을 설립했다.

뒤피에프, 니콜라스 구앵 (Nicholas Gouin Dufief, 1776~1834) 미국의 서적상. 프랑스 출신으로 훗날 미국으로 이주해 필라델피아에서 서적상으로 활동했다.

듀스 경, 사이먼즈 (Sir Simonds d'Ewes, 1602~1650) 영국의 도서수집가. 장기의회에서 활동하다 찰스 1세에 항거하여 의원직을 박탈당하기도 했으며, 영국사에 관한 여러 가지 필사본을 수집한 것으로도 유명하다.

드 린, 조지 W. J. (George Wymberley Jones De Renne, 1827~1880) 미국의 역사가. 조지아 출신으로 그곳 역사에 관련된 자료를 다양하게 수집했으며, 조지아 주 역사 협회장을 역임했다.

드 린, 메리 N. (Mary Nuttall De Renne, 1835~1887) 미국의 여성 도서수집가. 조지 W. J. 드 린의 부인이며, '헌법 초안'을 비롯한 남부 연방 관련 자료를 방대하게 수집했다. 그 컬렉션은 현재 버지니아 주 리치먼드의 남부 연방 박물관과 조지아 대학 등에 보관되어 있다.

드 베리, 리처드 (Richard de Bury, 1287~1345) 영국의 성직자 겸 도서수집가. 본명은 리처드 엉거빌. 서포크 출신의 베네딕투스회 수도사로 더럼 주교를 역임했고, 에드워드 3세의 총신으로 막강한 권력을 휘둘렀다. 대표작으로는 책을 예찬한 《애서(愛書)》(1345)가 있다.

드 브리, 테오도르 (Theodor de Bry, 1528~1598) 독일의 삽화가 겸 출판인. 벨기에 출신으로 독일 프랑크푸르트에서 삽화가로 활동했다. 주로 영국에서 출간된 각종 여행기의 삽화를 그린 것으로 유명하다.

드 퐁텐, 펠릭스 G. (Felix G. de Fontaine, 1832~1896) 미국의 언론인 겸 작가. 남북전쟁 당시 종군기자로 활동했고, 종전 직후 행방이 묘연했던 남부 연방 헌법 초안을 발굴하기도 했다.

드레이크 경, 프랜시스 (Sir Francis Drake, 1545?~1596) 영국의 군인 겸 항해가. 데번셔 출신으로 무역업에 종사하다가 에스파냐 함선을 약탈해 명성을 얻었다. 1580년에 세계일주 항해에 성공했고, 1588년에 에스파냐 무적함대를 격파하여, 넬슨 제독과 함께 영국 해군 역사상 최고의 영웅으로 평가된다.

드레이크, 새뮤얼 가드너 (Samuel Gardner Drake, 1798~1875) 미국의 서적상. 뉴햄프셔 출신으로 1828년에 보스턴에 미국 최초의 고서점을 설립했다. 자신이 수집한 미국 초창기 역사 관련 자료를 바탕으로 역사 논저를 펴내기도 했다.

드레이턴, 마이클 (Michael Drayton, 1563~1631) 영국의 시인. 워릭셔의 부유한 상인 집안 출신으로 영국사를 소재로 한 여러 편의 시를 남겼다.

드루얀, 앤 (Ann Druyan, 1949~　) 미국의 과학 저술가. 천문학자 칼 세이건의 세 번째 부인으로, 남편과 《혜성》(1985), 《잃어버린 조상의 그림자》(1992) 등을 공저했다.

디 박사, 존 (Dr. John Dee, 1527~1608) 영국의 수학자 겸 신비주의자. 케임브리지 대학을 졸업하고 엘리자베스 1세의 측근으로 일하며 지도 및 달력을 제작했다. 마술과 연금술에 관심이 많아서 사후에도 여러 가지 전설의 주인공이 되었다.

디쉬, 토머스 '톰' M. (Tom Disch, 1940~　) 미국의 과학소설가. 아이오와 주 디모인 출신으로 주로 단편을 발표했으며 존 캠벨 상, O. 헨리 상 등을 수상했다.

디오도루스 시켈로스 (Diodorus Siculus, BC 1세기경) 고대 로마의 역사가. 대표작으로는 《세계사》(전40권)가 있다.

디오판토스 (Diophantus of Alexandria, 200?~284?) 고대 그리스의 수학자. 특히 방정식의 이론을 확립해 '대수학의 아버지'로 평가된다. 수학자 페르마의 유명한 '마지막 정리' 역시 디오판토스의 저서를 읽다가 영감을 얻은 것으로 알려져 있다.

디즈레일리, 벤저민 (Benjamin Disraeli, 1804~1881) 영국의 정치가. 런던 출신으로 훗날 수상을 역임하며 빅토리아 여왕을 수장으로 한 '대영제국'의 전성기를 구가한 정치가이다.

디킨스, 찰스 (Charles Dickens, 1812~1870) 영국의 소설가. 가난한 사람들의 생활과 애환을 소재로 한 사회비판적이며 풍자적인 소설을 써서 큰 인기를 얻었다. 19세기 영국을 대표하는 작가의 한 사람이다.

디킨슨, 에밀리 (Emily Elizabeth Dickinson, 1830~1886) 미국의 시인. 매사추세츠 출신으로 평생 독신으로 살며 시를 썼다. 청교도주의를 배경으로 한 시인으로, 생존 당시보다는 20세기에 더욱 각광을 받았다.

딥딘 목사, 토머스 프로그널 (Reverend Thomas Frognall Dibdin, 1776~1847) 영국의 도서수집가. 옥스퍼드 대학을 졸업하고 목사가 되었다. 제2대 스펜서 백작의 도서목록 작성자 겸 서적구입 대리인으로 활동했으며, 당시 서적업계의 일화를 그린 《애서광》(1809)의 저자로 유명하다.

라로케트, 리즈 (Liz Larroquette) 존 라로케트의 부인.

라로케트, 존 (John Bernard Larroquette, 1947~) 미국의 배우. 대표작인《야간 법정》(1984~1992)으로 무려 4년 연속 에미상을 수상하는 대기록을 세웠으며, 현대 초판본 도서수집가로도 유명하다.

라미레즈, 돈 호세 페르난도 (Don Josè Fernando Ramirèz, 1804~1871) 멕시코의 정치가 겸 역사가. 대학 졸업 후 정치에 입문하여 상원의원과 대법원장을 역임했다. 콜럼버스 이전 멕시코 역사의 권위자이며, 국립박물관 설립을 주도하기도 했다.

라부아지에, 앙트완 로렝 (Antoine-Laurent Lavoisier, 1743~1794) 프랑스의 정치가 겸 화학자. 파리 출신으로 근대 화학의 기반을 닦은 인물이지만, 프랑스 혁명의 와중에서 단두대에 올라 처형당했다.

라신, 장 밥티스트 (Jean-Baptiste Racine, 1639~1699) 프랑스의 극작가. 샹파뉴 출신으로 비극 작품에 탁월한 재능을 보였으며, 대표작으로는《페드르》(1677) 등이 있다. 코르네유, 몰리에르와 함께 프랑스 고전극의 3대 작가로 평가된다.

라이스, 존 A. (John A. Rice) 미국의 도서수집가.

라이트 박사, 루이스 B. (Dr. Louis Booker Wright, 1899~1984) 미국의 교육가 겸 서지학자. 폴저 셰익스피어 도서관의 관장을 역임했다.

라이트, 리처드 (Richard Wright, 1908~1960) 미국의 흑인 소설가. 미시시피 출신이며 소설《토박이》(1940)로 크게 주목받았다. 한때 공산당에 관여하기도 했으며, 훗날 미국을 떠나 프랑스 파리에 정착했다.

라이트, 프랭크 로이드 (Frank Lloyd Wright, 1867~1959) 미국의 건축가. 위스콘신 출신으로 독창적인 양식의 작품을 추구한 20세기 미국 건축의 거장이다. 대표작으로는 '폴링워터(낙수장)', 구겐하임 미술관 등이 있다.

라이펜베르크 남작, 프레데릭 A. F. 토마 (Baron de Reiffenberg, Frédéric Auguste Ferdinand Thomas, 1795~1850) 벨기에의 역사가. 루뱅과 리에주 대학에서 교수로

재직했으며, 벨기에 왕립도서관의 초대 관장을 역임했다.

라일랜즈, 엔리케타 어거스티나 테넌트 (Enriqueta Augustina Tennant Rylands, 1843~1908) 영국의 자선사업가. 쿠바 출신으로 1860년에 친구의 남편이었던 존 라일랜즈와 결혼했다. 남편 사후인 1899년에 맨체스터에 '존 라일랜즈 도서관'을 건립했다.

라일랜즈, 존 (John Rylands, 1801~1888) 영국의 사업가. 부친 및 형제들과 함께 직물업으로 막대한 재산을 쌓았다. 맨체스터의 '존 라일랜즈 도서관'은 그의 사후에 부인 엔리케타가 남편을 기념해 설립한 것이다.

라일리, 스티븐 T. (Stephen T. Riley, 1949~) 미국의 역사가. 매사추세츠 역사학회장을 역임했다.

라피네스크, C. S. (Constantine Samuel Rafinesque-Schmaltz, 1783~1840) 미국의 박물학자. 터키에서 태어나 프랑스에서 자라며 독학으로 방대한 지식을 쌓았다. 1805년에 미국으로 건너가 사업을 벌이는 한편, 자연과학 분야에서의 연구를 병행했다.

람세스 2세 (Ramses II, BC 13세기경) 고대 이집트의 왕(재위 BC 1279~1213). 치세 중에 여러 곳에 신전을 건립하고 자신의 모습을 딴 조상을 남긴 것으로도 유명하며, 이른바 이집트 왕조의 전성기를 마지막으로 장식한 군주로 평가된다.

래넌, 존 (John Lannon) 미국의 서지학자. 보스턴 애시니엄 사서를 역임했다.

랜들, 데이브 (Dave Randall) 미국의 서지학자. 인디애나 대학 릴리 도서관의 사서를 역임했다.

랜섬, 해리 헌트 (Harry Huntt Ransom, 1908~1976) 미국의 교육가. 텍사스 출신으로 하버드와 예일 대학을 졸업했다. 1935년에 텍사스 대학 영문학과 교수로 부임한 이래 요직을 거쳐 총장을 역임했다. 강력한 추진력과 탁월한 협상력을 바탕으로 단시일 내에 텍사스 대학을 미국 내에서도 명문 가운데 하나로 끌어올렸으며, 인문학연구소를 설립하여 20세기 작가의 희귀본 및 원고를 25만 권 가량 수집한 것으로도 유명하다.

랜스키, 게일 (Gail Lansky) 아론 랜스키의 부인. 1999년부터 이디시 도서연구소의 일에 관여하고 있다.

랜스키, 아론 (Aaron Lansky, 1955~) 미국의 도서수집가. 매사추세츠의 유대인 집안 출신으로 햄프셔 칼리지를 졸업했다. 이후 맥길 대학 재학 중에 이디시어 도서의 보존에 관심을 갖고 1980년에 '미국 이디시 도서연구소'를 설립했다.

램, 찰스 (Charles Lamb, 1775~1834) 영국의 작가. 대표작으로는 '엘리아'라는 필명으로 쓴 에세이를 모은 《엘리아 수필집》(1820~1823)과, 누나인 메리 램과 공저한 《셰익스피어 이야기》(1807) 등이 있다.

랭런드, 윌리엄 (William Langland, 1332?~1400?) 중세 영국의 시인. '로버트 랭런드,' 또는 '윌리엄 랭퍼드'라고도 한다. 중세 영국의 풍자시 《농부 피어스의 꿈》의 저자로 추정되는 인물이다.

랭보, 아르튀르 (Jean-Nicholas-Arthur Rimbaud, 1854~1891) 프랑스의 시인. 일찍부터 시를 쓰기 시작해 천재로 평가되었으며, 시인 베를렌과의 깊은 관계로도 유명하다. 말년에는 문학에 흥미를 잃고 유럽 각국을 유랑했으며, 37세라는 이른 나이에 사망했다.

랭퍼드, 윌리엄 (William Langford) → 랭런드, 윌리엄

러더퍼드, 어니스트 (Ernest Rutherford, 1871~1937) 영국의 물리학자. 뉴질랜드 출신으로 케임브리지 대학을 졸업하고 캐번디시 연구소에서 근무하며, 우라늄의 방사선을 연구하여 알파(α)와 베타(β)선을 발견하고 원자핵의 존재를 설명했다. 1908년에 노벨화학상을 수상했다.

러셀, 새뮤얼 (Samuel Russell, 18세기경) 미국의 교육가. 예일 대학의 전신인 칼리지에이트 스쿨의 설립자이다.

러스, 로렌스 C. (Lawrence Counselman Wroth, 1884~1970) 미국의 서지학자. 존 카

터 브라운 도서관의 사서를 역임했고, 여러 권의 서지학 관련서를 펴냈다.

럭케트, 리처드 (Richard Luckett, 1945~) 영국의 서지학자. 케임브리지 대학에서 영문학 박사학위를 취득하고 모들린 칼리지의 피프스 문고 담당 사서로 재직 중이다.

런던, 잭 (Jack London, 1876~1916) 미국의 작가. 본명은 존 그리피스 채니. 일찍부터 육체노동에 종사했고, 한때 사회주의에 경도되어 자본주의를 비판하는 소설을 발표해 큰 명성을 얻었으나 자살로 생을 마감했다.

레녹스, 제임스 (James Lenox, 1800~1880) 미국의 도서수집가. 뉴욕 출신으로 19세기 미국의 대표적인 도서수집가 중 한 명이다. 뉴욕에 레녹스 도서관을 건립하고 자신이 수집한 회화 및 도서 컬렉션을 기증했다.

레도테, 피에르 조셉 (Pierre-Joseph Redouté, 1759~1840) 프랑스의 화가. 마리 앙트와네트의 전속 궁정화가로 활동했으며, 특히 꽃과 식물을 묘사한 세밀화로 유명하다.

레드포드, 로버트 (Robert Redford, 1937~) 미국의 영화배우 겸 감독. 배우로서는 〈내일을 향해 쏴라〉(1969), 〈스팅〉(1973), 〈대통령의 사람들〉(1976) 등에 출연했고, 〈보통 사람들〉(1980)로 아카데미 감독상을 받았다.

레스터 백작 (Earl of Leicester) → 시드니, 로버트; 코크, 토머스

레이건, 로널드 (Ronald Wilson Reagan, 1911~2004) 미국의 제40대 대통령(재임 1980~1988). 일리노이 출신으로 헐리우드에서 영화배우로 활동하다가 정계에 입문하여 캘리포니아 주지사가 되었다. 이후 지미 카터를 누르고 대통령에 당선되어 강경하고 보수적인 정책을 추진했다.

레이먼, 워드 힐 (Ward Hill Lamon, 1828~1893) 미국의 법조인. 에이브러햄 링컨과는 1850년대부터 변호사 사무실을 함께 사용했던 막역한 친구이며 측근이기도 했다.

레이크, 칼턴 (Carlton Lake, 1915~) 미국의 서지학자. 매사추세츠 출신으로 컬럼비아 대학을 졸업하고 미술 평론가로 활동했다. 프랑스 현대 문학 및 미술에 관한 탁월한 컬렉션을 수집한 것으로도 유명하며, 이후 자신의 컬렉션을 인수한 텍사스 대학

인문학연구소에서 큐레이터로 일했다.

레인, 이브니저 (Ebenezer Lane, 1793~1866) 미국의 법조인. 매사추세츠 출신으로 하버드 대학을 졸업하고 변호사가 되었다. 이후 오하이오로 거주지를 옮겨 주 대법원 판사를 역임했고, 은퇴 후에도 여러 기업에서 임원으로 재직했다.

레인 2세, 이브니저 (Ebenezer Lane, Jr., 19세기경) 이브니저 레인의 아들.

레티쿠스, 게오르크 요아힘 폰 라우헨 (Georg Joachim von Lauchen Rheticus, 1514~1576) 독일의 천문학자. 코페르니쿠스의 제자로 스승의 사후에 《천체의 회전에 관하여》(1543)를 비롯한 유작의 출판을 맡았다.

렌, 존 헨리 (John Henry Wrenn, 1841~1911) 미국의 사업가 겸 도서수집가. 17세기와 18세기 영미 작가 관련 문헌을 주로 모았으며, 그 와중에 토머스 J. 와이즈에게 속아 위조품을 구입하기도 했다. 그의 컬렉션은 사후인 1918년에 텍사스 대학 인문학연구소에 매각되었다.

렌덜, 케네스 (Kenneth W. Rendell) 미국의 서적상. 1959년부터 뉴욕에서 서적상으로 활동했다. 역사적 문서에서부터 워터게이트 사건 관련 문서에 이르기까지 다양한 활동을 펼친 필사본 감정 분야의 권위자이다.

렘브란트 (Rembrandt Harmenszoon van Rijn, 1606~1669) 네덜란드의 화가. 초기에는 초상화가로 이름을 날렸고, 후기의 〈야간순찰〉(1642) 이후에는 특유의 명암 효과를 사용한 걸작들을 남겼다.

로건, 제임스 (James Logan, 1674~1751) 미국의 정치가 겸 학자. 아일랜드 출신으로 윌리엄 펜을 따라 1699년에 북아메리카 식민지의 필라델피아로 건너왔다. 이후 아메리카 인디언과의 교역을 통해 막대한 부를 쌓고 여러 관직을 역임했다. 뛰어난 학식으로 다양한 과학 저술을 남겼으며, 사후에 방대한 장서를 필라델피아 시에 기증했다.

로드하멜, 존 (John Rhodehamel) 미국의 서지학자. 헌팅턴 도서관의 미국사 담당 큐레이터를 역임했고, 링컨 수집가인 루이즈 테이퍼와의 공저도 있다.

로디언 후작 (Marquess of Lothian) → 커, 필립 헨리

로렌스, D. H. (David Herbert Lawrence, 1885~1930) 영국의 소설가. 노팅엄셔의 탄광촌 출신으로 대학을 졸업한 후에 교직에 있다가 자전적 소설《아들과 연인》(1913)으로 명성을 얻었다. 대표작인《무지개》(1915)와《채털리 부인의 사랑》(1928)은 대담한 성 묘사로 센세이션을 일으켰다.

로렌스, T. E. (Thomas Edward Lawrence, 1888~1935) 영국의 군인 겸 고고학자. 웨일스 출신으로 옥스퍼드 대학을 졸업하고 제1차 세계대전 당시에 육군 정보장교로 중동 지방에서 활약하여 '아라비아의 로렌스'라는 별명을 얻었다. 대표작으로는《지혜의 일곱 기둥》(1926)이 있다.

로렌스, 프리다 (Frieda Lawrence, 1879~1956) D. H. 로렌스의 부인. 독일의 귀족 출신으로 영국인 대학 교수 어니스트 위클리와 결혼해 세 자녀를 두었지만, 1914년에 남편과 이혼하고 로렌스와 재혼했다. 1930년에 로렌스가 사망하자 미국에서 말년을 보냈다.

로리, 마틴 (Martin Lowry, 1940~) 미국의 서지학자.

로마노, 칼린 (Carlin Romano) 미국의 언론인.〈필라델피아 인콰이어러〉지의 문학평론가이다.

로버츠, 워렌 (Francis Warren Roberts, 1916~) 미국의 교육가. 텍사스 대학에서 영문학 박사학위를 받고 인문학연구소의 소장으로 재직했으며, 은퇴와 동시에 자신의 전공 분야였던 D. H. 로렌스 관련 문헌을 연구소에 기증했다.

로버츠, 줄리언 (Julian Roberts) 영국의 서지학자. 현재 옥스퍼드 대학 보들리 도서관 사서로 재직 중이다.

로베르, 모리스 (Maurice Robert) 프랑스의 도서수집가.

로브슨, 폴 (Paul Robeson, 1898~1976) 미국의 흑인 배우 겸 가수. 뉴저지 주 프린스턴에서 노예 출신 목사의 아들로 태어났다. 컬럼비아 대학을 졸업한 뒤 연극 무대에

섰으며, 탁월한 베이스 가수로도 인정받았다. 한때 공산주의에 경도되어 미국에서 논란을 빚고 유럽에 체재하기도 했다.

로빈슨 형제 (Robinson Brothers) → 로빈슨, 라이오넬 ; 로빈슨, 필립

로빈슨, 라이오넬 (Lionel Robinson) 영국의 서적상. 형제인 필립 로빈슨과 함께 3대째 런던에서 고서점을 운영한 바 있다.

로빈슨, 필립 (Philip Robinson, 1902~1991) 영국의 서적상. 형제인 라이오넬 로빈슨과 함께 3대째 런던에서 고서점을 운영한 바 있다.

로스, 필립 (Philip Roth, 1933~   ) 미국의 소설가. 뉴저지 출신으로 시카고 대학을 졸업했다. 20세기 미국 문단을 대표하는 유대계 작가 중 한 사람이며, 대표작으로는 《콜럼버스여 안녕》(1959), 《포트노이의 불만》(1969) 등이 있다.

로우리, 조지 S. (George S. Lowry) 미국의 서적상. 1970년에 설립자 벤저민 스완의 은퇴와 함께 서적 전문 경매업체인 '스완 경매회사'의 대표를 역임했고, 현재는 아들인 니콜라스 로우리에게 경영권을 넘겨주고 회장으로 재직 중이다.

로웬타일, 스테펀 (Stephan Loewentheil) 미국의 서적상. 볼티모어에서 고서점 '19세기 서점'을 운영하고 있다.

로웰, 애보트 로렌스 (Abbott Lawrence Lowell, 1856~1943) 미국의 교육가. 천문학자 퍼시벌 로웰의 동생이며, 시인 에이미 로웰의 오빠이다. 보스턴 출신으로 하버드 대학을 졸업하고, 1909년부터 1933년까지 모교의 총장을 역임했다.

로웰, 에이미 (Amy Lowell, 1874~1925) 미국의 여성 시인. 천문학자 퍼시벌 로웰과 교육가 애보트 로웰의 여동생이다. 대학에 다니진 못했으나 독서와 도서수집에 각별한 관심을 두어 시인 존 키츠 관련 문헌을 열성적으로 수집했다. 1926년에 퓰리처상을 수상했다.

로제티, 단테 가브리엘 (Dante Gabriel Rossetti, 1828~1882) 영국의 시인 겸 화가. 런던 출신으로 대학 졸업 직후 일군의 젊은 화가들과 '라파엘 전파'를 결성했으며, 말년

에는 시 창작에 몰두했다. 대표작으로는 《시집》(1870) 등이 있다.

로제티, 엘리자베스 '리지' 엘리너 시덜 (Elizabeth 'Lizzie' Eleanor Siddal Rosseti, 1829~1862) 단테 가브리엘 로제티의 부인. 본명은 엘리자베스 시덜. 남편 로제티를 비롯하여 존 에버릿 밀레이, W. H. 헌트 등 '라파엘 전파' 화가들의 단골 모델 노릇을 했다. 밀레이의 〈오필리아〉(1852)는 그녀를 모델로 해서 그린 대표적인 작품이다.

로제티, 윌리엄 마이클 (William Michael Rossetti, 1829~1915) 영국의 작가 겸 평론가. 시인 단테 가브리엘 로제티의 동생이다.

로젠바흐, 에이브러햄 사이먼 울프 (Abraham Simon Wolf Rosenbach, 1876~1952) 미국의 서적상. 20세기 초반 미국 최고의 희귀본 전문 서적상으로 활약했으며, 형인 필립과 함께 '로젠바흐 서점'을 설립해 운영했다.

로젠바흐, 필립 (Philip Rosenbach, 1863~1953) 미국의 서적상. A. S. W. 로젠바흐의 형이다.

로젠월드, 레싱 J. (Lessing Julius Rosenwald, 1891~1979) 미국의 사업가 겸 자선사업가. 부친의 뒤를 이어 시어즈 로벅 사의 대표가 되었으나, 일찌감치 자리에서 물러나 평생 미술품 및 도서수집과 자선사업에 전념했다. 사후에 자신의 컬렉션을 국립미술관과 국회도서관에 나누어 기증했다.

로젠탈, 로버트 (Robert Rosenthal, 1926~) 미국의 서지학자. 시카고 대학 조셉 리젠스타인 도서관 사서를 역임했다.

로즈베리, 아치볼드 필립 프림로즈, 제5대 로즈베리 공작 (Archibald Philip Primrose Rosebury, 5th Earl of Rosebery, 1847~1929) 영국의 정치가. 자유당 소속으로 글래드스턴의 뒤를 이어 수상을 역임했으며, 은퇴 후에는 저술 활동에 전념했다.

로크, 엘레인 (Alain LeRoy Locke, 1886~1954) 미국의 흑인 작가 겸 교육가. 필라델피아 출신으로 하버드 대학을 졸업하고, 워싱턴 D. C.의 하워드 대학에서 철학 교수로 재직했다. 이른바 '할렘 르네상스'의 중심인물 가운데 한 명이다.

로크, 존 (John Locke, 1632~1704) 영국의 철학자. 옥스퍼드 대학을 졸업하고 한때 정치에 관여했다가 외국으로 망명하기도 했다. 정치학자 겸 철학자로 후대에 큰 영향을 끼쳤으며, 대표작으로는 《관용에 대한 서한》(1689~92), 《통치론》(1690), 《인간오성론》(1690) 등이 있다.

로타, 앤서니 (Anthony Rota) 영국의 서적상. 1952년부터 고서업계에서 일했으며, 1966년에 갑작스레 사망한 부친의 뒤를 이어 영국의 유명한 고서점 '버트럼 로타'의 4대째 주인이 되었다.

로프팅, 휴 (Hugh Lofting, 1886~1947) 미국의 아동작가. 영국 출신으로 1912년에 미국으로 건너왔으며, '두리틀 선생'이 등장하는 아동서 저자로 유명하다.

록스버그 공작 (Duke of Roxburghe) → 커, 존

록웰, 노먼 (Norman Rockwell, 1894~1978) 미국의 화가. 뉴욕 출신으로 예술학교를 졸업하고 언론계에서 활동했으며, 〈새터데이 이브닝 포스트〉를 비롯한 유명 잡지의 표지화를 그려 20세기 초반 최고의 상업화가로 명성을 얻었다.

록펠러, 존 D. (John Davidson Rockefeller, 1839~1937) 미국의 사업가. 뉴욕 출신으로 정유업으로 막대한 재산을 축적하고 스탠더드 오일 트러스트를 결성했다. 역사상 최고의 부자로 손꼽히면서도, 불법적인 활동까지도 서슴지 않은 대표적인 냉혈 자본가로도 평가된다.

롤리 경, 월터 (Sir Walter Raleigh, 1552?~1618) 영국의 탐험가. 엘리자베스 여왕의 총애를 받아 작위를 받고, 신대륙을 탐험한 뒤에 감자와 담배를 영국으로 가져온 인물로도 유명하다. 한때 반역사건에 연루되어 옥고를 치르기도 했고, 신대륙 탐험 직후에 문책을 받아 처형되었다.

롤링스, 마저리 키넌 (Marjorie Kinnan Rawlings, 1896~1953) 미국의 여성 작가. 워싱턴 D. C. 출신으로 한때 언론계에서 일했으며, 이후 플로리다로 이주해 그곳의 자연을 무대로 한 여러 작품을 썼다. 대표작으로는 퓰리처상 수상작인 소설 《아기사슴 플랙》(1938)이 있다.

루번, 칼 M. (Carl M. Rheuban, 1949~   ) 미국의 금융업자. 1983년에 캘리포니아 주에서 퍼스트 네트워크 저축은행을 설립해 운영하다가 1990년에 파산했다.

루벤스, 페터 파울 (Peter Paul Rubens, 1577~1640) 네덜란드의 화가. 독일 베스트팔렌 출신으로 이탈리아에서 그림을 공부하고 플랑드르에서 궁정화가로 활동하며 명성을 얻었다.

루소, 장 자크 (Jean-Jacques Rousseau, 1712~1778) 프랑스의 사상가. 스위스 출신으로 예술 및 정치 등 다양한 분야에서 활발한 저술 활동을 펼쳤다. 18세기 유럽을 대표하는 계몽주의자 가운데 한 사람이며, 대표작으로는 《사회계약론》(1762), 《에밀》(1762) 등이 있다.

루오, 조르주 (Georges Rouault, 1871~1958) 프랑스의 화가. 파리 출신으로 어린 시절부터 그림을 공부했으며, 가톨릭 신자로 종교적인 소재를 주로 다루어 명성을 얻었다.

루이 14세(Louis XIV, 1638~1715) 프랑스의 왕(재위 1643 ~ 1715). 루이 13세의 아들로 5세에 왕위에 올랐다. 재상 마자랭이 사망한 뒤에 친정을 실시하였으며, 콜베르를 중용하여 산업을 육성하는 등의 업적을 남겼다. '짐은 곧 국가다'라는 유명한 말을 남겼고, 프랑스 절대왕정의 전성기를 구가한 군주였다.

루이 15세 (Louis XV, 1710~1774) 프랑스의 왕(재위 1715 ~ 1774). 루이 14세의 증손자로 5세에 왕위에 올랐다. 1726년부터 친정을 실시했으나 폴란드와 오스트리아의 왕위 계승 전쟁에 휘말려 국력을 낭비했고, 그로 인해 프랑스 혁명의 빌미를 제공하기도 했다.

루이스, 싱클레어 (Sinclair Lewis, 1885~1951) 미국의 소설가. 1930년에 미국 작가로선 최초로 노벨문학상을 받았고, 대표작으로는 《메인 스트리트》(1920), 《엘머 갠트리》(1927) 등이 있다. 그 외에도 '톰 그레이엄'이란 이름으로 아동서를 쓰기도 했다.

루이스, 윌마스 셀던 (Wilmarth Sheldon Lewis, 1895~1979) 미국의 도서수집가. 캘리포니아 출신으로 예일 대학을 졸업했다. 영국 작가 호레이스 월폴에 대한 각종 자료를 수집하고 연구 논저를 발표하기도 했으며, 사후에 자신이 모은 컬렉션을 모교에 기증했다.

루키아노스 (Lucian of Samosata, 120?~180?) 고대 로마의 작가. 시리아 출신으로 젊은 시절 로마제국 전역을 유랑했고, 이후 아테네에 머물면서 당시의 사회를 풍자한 여러 편의 대화편 및 서한문을 남겼다.

루키우스 3세 (Lucius III) → 교황 루키우스 3세

루터, 마르틴 (Martin Luther, 1483~1546) 독일의 종교 개혁가. 아우구스티누스회 수도사로 1517년에 면죄부 판매를 반대하는 '95개조 반박문'을 발표했다. 이후 종교개혁 운동의 핵심 인물이 되었으며, 오늘날 '루터파'로 불리는 새로운 교회를 설립했다.

뤼시, 플로랑스 드 (Florence de Lussy) 프랑스의 여성 서지학자. 파리 국립도서관의 사서를 역임했다.

르노아르, A. A. (A. A. Renouard) 프랑스의 서지학자.

르누아르, 피에르 오귀스트 (Pierre Auguste Renoir, 1841~1919) 프랑스의 화가. 인상주의의 대표적인 화가 중 한 사람이며, 대표작으로는 《목욕하는 여인들》(1887) 등이 있다.

리가리우스, 퀸투스 (Quintus Ligarius, BC 50년경) 고대 로마의 군인. 카이사르의 휘하에서 근무 중에 명령 불복종으로 고발당했으나 키케로의 옹호로 사면되어 로마로 귀환했고, 훗날 브루투스와 함께 카이사르 암살을 모의했다.

리뉴 공작 (Prince de Ligne) → 리뉴, 샤를 조셉

리뉴, 샤를 조셉, 제1대 리뉴 공작 (Charles Joseph Ligne, 1st Prince of Ligne, 1735~1814) 오스트리아의 군인 겸 정치가. 신성로마제국의 요제프 2세와 러시아의 예카테리나 2세를 비롯한 당시 유럽 각국의 귀족 및 문인들과 교제를 나눈 것으로도 유명하다.

리버모어, 조지 (George Livermore, 1809~1865) 미국의 도서수집가. 매사추세츠 출신으로 보스턴에서 사업으로 큰 재산을 모았다. 미국 내에서도 가장 뛰어난 것으로 손꼽힌 성서와 채식 필사본 컬렉션을 보유한 인물이기도 했다.

리버스, 래리 (Larry Rivers, 1923~2002) 미국의 화가. 본명은 로이자 그로스버그. 뉴

욕 출신으로 본래는 재즈 색소폰 연주자였으나 이후 미술로 전향했다. 1960년대의 대표적인 팝아트 작가로 명성을 얻었다.

리브리-카루치 백작, 구글리엘모 (Count Guglielmo Libri-Carruci, 1803~1869) 프랑스의 도서절도범. 프랑스 내의 공립도서관에 소장된 각종 희귀본의 서지사항을 정리하면서 그 중 상당수의 희귀 문헌을 훔쳐 판매했고, 훗날 그 사실이 알려지자 영국으로 도주했다.

리비어, 폴 (Paul Revere, 1735~1818) 미국의 독립운동가. 보스턴 출신으로 본래 은세공인이었으나, 미국 독립전쟁 직전인 1775년 4월 18일 밤에 직접 말을 달려 매사추세츠 교외를 돌면서 영국군의 기습을 경고한 일로 인해 일약 국민적 영웅이 되었다.

리비우스, 티투스 (Titus Livy, BC 59~AD 17) 고대 로마의 역사가. 파두아의 귀족 출신으로 아우구스투스 황제의 총애를 받았다. 대표작으로는 로마의 건국에서부터 아우구스투스 때까지의 역사를 다룬 《역사》가 있다.

리빙스턴, 루터 (Luther Livingstone) 미국의 도서수집가.

리스카, 로버트 (Robert Liska) 미국의 서적상. 뉴햄프셔 주 엑서터에서 고서점 '콜로폰 북스'를 운영하고 있다.

리스카, 크리스틴 (Christine Liska) 미국의 서적상. 로버트 리스카의 아내이며 '콜로폰 북스'의 공동 운영자이다.

리스트, 프란츠 (Franz Liszt, 1811~1886) 헝가리의 작곡가 겸 피아니스트. 빈과 파리에서 공부했으며, 이후 낭만주의를 대표하는 음악가이자 뛰어난 피아니스트로 명성을 얻었다.

리어, 에드워드 (Edward Lear, 1812~1888) 영국의 화가 겸 아동문학가. 런던 출신으로 기발한 언어유희가 특징인 시에 직접 삽화를 곁들인 작품들로 큰 인기를 얻었다.

리어쿠러스, 피터 J. (Peter J. Liacouras, 1930~) 미국의 법학자 겸 교육가. 펜실베이니아 주립대학을 졸업했고, 1982년부터 2000년까지 템플 대학 총장을 역임했다.

리즈, 윌리엄 '빌' S. (William 'Bill' S. Reese) 미국의 서적상. 1975년부터 뉴헤이븐에서 아메리카나 전문 고서점 '윌리엄 리즈 컴퍼니'를 운영하고 있으며, 여러 매체에 고서 관련 기사를 기고하고 있다.

리즈모그, 윌리엄 (William Rees-Mogg, 1928~) 영국의 언론인 겸 서적상. 1967년부터 1981년까지 〈타임스〉의 편집자를 역임했고, 1983년부터 영국의 명성 높은 고서점 피커링 앤드 채토의 대표를 맡고 있다.

리지 (Lizzie) → 로제티, 엘리자베스 '리지' 엘리너

리지, 존 롤린 (John Rollin Ridge, 1827~1867) 미국의 소설가. 조지아의 체로키 부족 출신으로 그의 소설 《호아퀸 뮤리에타》(1854)는 아메리카 인디언 출신 작가가 쓴 최초의 소설인 동시에, 캘리포니아에서 나온 최초의 소설이기도 하다.

리직, 짐 (Jim Rizik) 미국의 서적상.

리치, 시모어 드 (Seymour de Ricci, 1881~1942) 프랑스의 서지학자. 영국 출신으로 소르본 대학을 졸업했고, 1901년에 프랑스 시민권을 얻었다. 한동안 박물관에서 이집트학과 고문자학을 연구해 명성을 얻었다.

리치, 오버다이어 (Obadiah Rich, 1777~1850) 미국의 서적상. 영국 런던에 거주하며 주로 미국의 도서수집가들을 상대로 아메리카나 등의 고서를 매매했다. 그가 수집한 라틴아메리카나 컬렉션은 현재 뉴욕 공립도서관에 보관되어 있다.

리히텐스타인, 마이클 (Michael Lichtenstein) 미국의 언론인. 뉴욕 출신으로 〈뉴욕 타임스〉에서 활동하고 있다.

린네, 카를 폰 (Carl von Linne, 1707~1778) 스웨덴의 식물학자. 라틴어 이름은 카롤루스 린네우스. 대학에서 의학과 생물학을 공부하고 웁살라 대학의 교수를 역임했다. 생물 분류법의 기초를 확립한 인물로 유명하며, 대표작으로는 《자연의 체계》(1758)가 있다.

린네우스, 카롤루스 (Carolus Linnaeus) → 린네, 카를 폰

릴런드, 존 (John Leland, 1506?~1552) 영국의 서지학자. 헨리 8세 밑에서 왕실 사서로 근무했으며, 1533년부터 왕명을 받들어 영국 전역을 돌며 고서와 희귀본 및 각종 유물을 수집하고 목록을 작성했다. 그가 조사한 자료는 영국 최초의 서지학적 연구로 평가된다.

링컨, 메리 토드 (Mary Todd Lincoln, 1818~1882) 에이브러햄 링컨의 부인. 켄터키 출신으로 1842년에 링컨과 결혼했다. 남편이 암살된 이후 20여 년 가까이 정신병에 시달리며 불우한 말년을 보냈다.

링컨, 에이브러햄 (Abraham Lincoln, 1809~1865) 미국의 제16대 대통령(재임 1860~1865). 켄터키 출신으로 정규 교육을 받지 못하고 독학으로 변호사가 되었고, 대통령에 당선된 직후에는 남부 여러 주가 합중국에서 이탈함으로써 위기에 직면했다. 남북전쟁을 북군의 승리로 이끌었으나, 종전 직후에 워싱턴의 한 극장에서 암살되었다.

링컨, 제시 (Jessie Lincoln, 1875~1948) 링컨의 손녀.

마그리아베치, 안토니오 (Antonio Magliabechi, 1633~1714) 이탈리아의 서지학자. 피렌체 출신으로 고전어에 능통했고, 탁월한 기억력으로 전 유럽에 명성을 떨쳤다. 1673년부터 코시모 데 메디치의 전담 사서로 일했고, 사후에 3만 권에 달하는 자신의 장서를 피렌체 시에 기증했다.

마그리아베치우스, 안토니우스 (Antonius Magliabechius) → 마그리아베치, 안토니오

마누티우스, 알두스 (Aldus Manutius, 1449~1515) 이탈리아의 초창기 인쇄업자. 본명은 알도 마누치오. 1490년부터 베니스에 인쇄소를 차리고 그리스와 라틴 고전을 출판했으며, '이탤릭체' 활자를 고안한 것으로도 유명하다.

마누티우스, 파울루스 (Paulus Manutius, 1512~1574) 이탈리아의 초창기 인쇄업자. 본명은 파올로 마누치오이며, 알두스 마누티우스의 아들이다.

마르더슈타이크, 지오바니 (Giovanni Mardersteig, 1892~1977) 독일의 인쇄업자. 본명은 한스 마르더슈타이크. 1922년에 이탈리아에서 인쇄소를 차렸고, 최고의 인쇄 기

술을 자랑하는 출판인 겸 활자연구가로 명성을 날렸다.

마르코니, 구글리엘모 (Guglielmo Marconi, 1874~1937)　이탈리아의 물리학자 겸 발명가. 무선통신을 발명한 것으로 유명하며, 1909년에 노벨물리학상을 수상했다.

마르티알리스, 마르쿠스 발레리우스 (Marcus Valerius Martial, 40?~104?)　고대 로마의 시인. 에스파냐 속주 출신으로 로마에 진출하여 시인으로 명성을 얻었고, 도미티아누스와 티투스 황제를 비롯하여 플리니우스와 퀸틸리아누스 등 당대의 명사들과 교제했다.

마블, 앤드류 (Andrew Marvell, 1621~1678)　영국의 작가. 케임브리지 대학을 졸업하고 한때 존 밀턴의 비서로 일했으며, 이후 하원의원을 역임했다. 이른바 17세기 영국의 '형이상학파' 시인 가운데 한 명이다.

마스턴, 존 (John Marston, 1576~1634)　영국의 극작가 겸 성직자. 옥스퍼드 대학을 졸업하고 극작가로 활동해 인기를 얻었고, 필화 사건에 연루되어 곤욕을 치른 이후에는 성직자가 되어 여생을 보냈다.

마에키나스, 카이우스 (Caius Maecenas, BC 8세기경)　고대 로마의 정치가 겸 문인. 부유한 집안 출신으로 아우구스투스 황제의 고문을 역임했다. 은퇴한 후에는 호레이쇼, 베르길리우스 등의 작가를 후원함으로써, 그의 이름은 메디치와 마찬가지로 부유하고 너그러운 예술 애호가의 대명사가 되었다.

마운트, 찰스 머릴 (Charles Merrill Mount)　미국의 도서절도범. 본명은 스탠리 머릴 서처우. 본래 화가로 유명 작가의 작품을 위조해 판매하기도 했고, 1960년대부터 국회도서관과 국립문서보관소 등의 여러 기관에서 시가 20만 달러 상당의 희귀본을 훔쳤다. 1988년에 이르러 재판을 받고 3년 징역형에 처해졌다.

마일스, 잭 (Jack Miles, 1942~   )　미국의 언론인 겸 작가. 시카고 출신으로 기독교 신학을 전공했고, 이후 출판사 편집자를 거쳐 여러 신문 및 잡지에 글을 기고하고 있다. 《신의 전기》(1996)로 퓰리처상을 받았다.

마자랭 추기경, 쥘 (Cardinal Jules Mazarin, 1602~1661)　프랑스의 정치가. 이탈리아 출

신이며 로마 교황의 사절로 파리에 왔다가 리슐리외 추기경에게 발탁되어 프랑스로 귀화했다. 루이 13세 사후에 재상이 되어 나이 어린 루이 14세를 보필했으며, 프랑스 절대왕정의 전성기를 마련한 뛰어난 정치가로 평가된다.

마커스, 스탠리 (Stanley Marcus, 1905~2002) 미국의 도서수집가. 댈러스의 부유한 집안 출신으로 하버드 대학을 졸업했다. 이후 고향에 돌아와 평생 희귀본 및 미술품을 수집했으며, 훗날 자신의 컬렉션을 여러 기관과 대학에 기증했다.

마키아벨리, 니콜로 (Niccolo Machiavelli, 1469~1527) 이탈리아의 외교관 겸 저술가. 피렌체 출신으로 공화국 정부에서 외교관으로 활약했고, 메디치 가문이 재집권함과 동시에 투옥되기도 했다. 이른바 근대적 정치 이론의 확립자로 평가되며, 대표작으로《군주론》(1532),《로마사론》(1531) 등이 있다.

마타 하리 (Mata Hari) → 매클레오드, 마르가레테 게르트루이다 젤레

마티스, 앙리 (Henri Matisse, 1869~1954) 프랑스의 화가. 법률을 공부하다가 화가로 전향했고, 야수파 운동에 참여해 대담한 원색을 가미한 작품을 남겼다.

마틴, H. 브래들리 (H. Bradley Martin, 1906~1988) 미국의 도서수집가. 앤드류 카네기의 동업자 가운데 한 사람인 헨리 필립스의 손자로 집안에서 물려받은 막대한 유산을 바탕으로 고서를 수집해 명성을 얻었다. 그의 사후에 2년간 열린 장서 경매는 그 수량이나 품질, 그리고 가격 면에서 미국 고서업계 역사상 전설적인 행사 가운데 하나로 전해진다.

마틴, 조사이어 (Josiah Martin, 18세기경) 영국의 서적상.

막시미아누스 황제 (Emperor Maximianus, 240?~310) 고대 로마의 황제(재위 286~305). 디오클레티아누스 황제의 동료로 285년에 부황제가 되어 서부 지역을 다스렸다. 305년에 제위에서 은퇴했으나 정계 복귀를 도모하다 뜻을 이루지 못하고 자살했다.

막시밀리안 황제, 요제프 페르디난드 (Emperor Joseph Ferdinand Maximilian, 1832~1867) 멕시코의 황제(재위 1864~1867). 오스트리아 황제 프란츠 요제프 1

세의 동생으로 프랑스 측의 추대로 멕시코 황제가 되었으나, 훗날 자유주의 세력에 의해 체포되어 총살당했다.

만, 토마스 (Thomas Mann, 1875~1955) 독일의 작가. 20세기 독일을 대표하는 소설가로 손꼽히며, 나치 정권에 반대하여 미국으로 망명했으며 훗날 스위스에서 사망했다. 1929년에 노벨문학상을 수상했고, 대표작으로는 《부덴브로크 가의 사람들》(1901), 《마의 산》(1924), 《요셉과 그의 형제들》(1933~1943) 등이 있다.

말라르메, 스테판 (Stéphane Mallarmé, 1842~1898) 프랑스의 시인. 상징주의의 대표적인 시인 가운데 한 명으로 꼽히며, 대표작으로는 《목신의 오후》(1876) 등이 있다.

말로, 크리스토퍼 (Christopher Marlowe, 1564~1593) 영국의 극작가. 켄터베리 출신으로 케임브리지 대학을 졸업하고 활발하게 작품 활동을 벌이다가, 우연히 싸움에 휘말려 젊은 나이에 사망했다. 대표작으로는 《파우스트 박사》(1592), 《몰타의 유대인》(1589) 등이 있다.

말미에르, 자비에르 (Xavier Marmier, 1809~1892) 프랑스의 작가. 언론계에서 일하며 여행 작가로 명성을 얻었고, 1870년에 아카데미 프랑스의 회원이 되었다.

매기, 데이비드 (David Bickersteth Magee, 1905~1977) 미국의 서적상. 영국 출신으로 1920년대에 샌프란시스코로 건너와 빅토리아 시대 문학을 전문으로 다루는 고서점을 경영했다.

매니, 글로리아 (Gloria Manney) 리처드 매니의 부인.

매니, 리처드 '딕' (Richard 'Dick' Manney) 미국의 사업가 겸 도서수집가.

매더, 리처드 (Richard Mather, 1596~1669) 미국의 성직자. 영국 랭커셔 출신으로 옥스퍼드 대학을 졸업하고 청교도 목사가 되었다. 1635년에 북아메리카 식민지의 매사추세츠로 이주했으며, 존 엘리엇 등과 함께 《베이 시편집》을 편찬한 인물로 알려져 있다.

매더, 인크리스 (Increase Mather, 1639~1723) 미국의 성직자. 매사추세츠 출신으로

리처드 매더의 아들이다. 하버드 대학을 졸업하고 청교도 목사가 되었으며, 북아메리카 식민지의 초창기에 큰 영향력을 발휘한 인물 중 하나였다.

매더, 코턴 (Cotton Mather, 1663~1728) 미국의 성직자. 보스턴 출신으로 인크리스 매더의 아들이다. 하버드 대학을 졸업하고 목사가 되었으며, 정치 분야에서도 큰 영향력을 발휘했다. 한편으로는 지나치게 완고한 사고방식으로 세일럼의 마녀 재판과 같은 불합리한 일조차 방조했다는 비판을 받기도 한다.

매디슨, 제임스 (James Madison, 1751~1836) 미국의 제4대 대통령(재임 1809~1817). 버지니아 출신으로 미국 헌법을 기초했으며, 이후 여러 관직을 거쳐 1808년에 대통령에 당선되었다. 해밀턴, 제이와 《연방주의자》(1788)를 공저했다.

매시, 스티븐 T. (Stephen T. Massey) 미국의 서지학자. 런던 출신으로 대대로 고서 관련 분야에서 일하고 있다. 런던 크리스티를 거쳐 1976년부터 크리스티 뉴욕 지사에서 희귀본 및 필사본 담당자로 일했고, 2000년에 독립해서 고서 감정 전문 업체를 설립했다.

매콜리 경, 토머스 배빙턴, 제1대 매콜리 남작 (Thomas Babington Macaulay, 1st Baron of Macaulay, 1800~1859) 영국의 역사가 겸 저술가. 케임브리지 대학을 졸업하고 하원의원을 역임했으며, 이후 동인도회사에서 근무하기도 했다. 영국사 및 로마사 연구가로도 유명하다.

매크러클런, 패트리시아 (Patricia McLachlan) 미국의 여성 작가. 와이오밍 출신으로 주로 아동용 소설 및 그림책을 썼으며, 《구혼 광고》(1986)로 뉴베리 상을 수상했다.

매클레오드, 마르가레테 게르트루이다 젤레 (Margarethe Geertruida Zelle McLeod, 1876~1917) 네덜란드 출신의 독일 스파이. 제1차 세계대전 동안 파리에서 무용가로 활동하며, 깊은 관계를 맺은 프랑스 장교들로부터 군사기밀을 빼내 독일 측에 전달하다가 체포되어 처형당했다.

매킨티, 저비스 (Jervis McEntee, 1828~1891) 미국의 화가. 뉴욕 출신으로 이른바 19세기의 낭만주의적 풍경화를 대표하는 '허드슨 강 유파'에 속하는 화가이다.

맥규, 매튜 (Matthew McGue) 미국의 심리학자. 미네소타 대학을 졸업하고 모교의 심리학과 교수로 재직 중이다. 도서절도범 스티븐 블룸버그가 1980년에 대학 도서관에서 그의 교직원 신분증을 훔쳐 체포될 때까지 본인으로 행세하고 다니기도 했다.

맥머트리, 래리(Larry McMurtry, 1936~) 미국의 소설가. 대표작으로는 훗날 영화로 제작되어 더 유명해진 《마지막 영화 상영》(1966), 《애정의 조건》(1975) 등이 있다. 열성 도서수집가이기도 하며, 텍사스 주 아처시티에 미국의 '책 마을'을 설립하기도 했다.

맥스, 어니스트 (Ernest Maggs) 영국의 서적상. 고서점 '맥스 브라더즈'의 설립자 유라이어 맥스의 아들로, 형제인 벤저민, 헨리, 찰스와 함께 2대째 서점을 운영했다.

맥스, 존 (John Maggs) 영국의 서적상. 고서점 '맥스 브라더즈'의 3대째 대표인 프랭크 맥스의 아들로, 현재 4대째 대표를 맡고 있다.

맥스웰, 제임스 클러크 (James Clerk Maxwell, 1831~1879) 영국의 물리학자. 케임브리지 대학을 졸업하고 1871년에 모교의 실험물리학 교수로 부임했으며, 캐번디시 연구소를 이끌며 전자기 분야의 실험으로 명성을 얻었다.

맥아더, 존 D. (John D. MacArthur, 1897~1978) 미국의 자선사업가. 보험 및 부동산 사업으로 막대한 재산을 모았으며, 일명 '천재 장학금'을 지급하는 '존 D. 앤드 캐서린 T. 맥아더 재단'의 설립자이다.

맥카시, 빌 (Bill McCarthy) 미국의 서적상.

맥캐그, 에즈라 C. (Ezra C. McCagg, 19세기경) 미국 시카고의 도서수집가. 1871년의 시카고 대화재로 장서를 모두 잃었다.

맥케니, 토머스 (Thomas Loraine McKenney, 1785~1859) 미국의 역사가. 아메리카 인디언 및 미국 서부의 역사에 대한 저서를 남겼다.

맥케이, 클라우드 (Claude McKay, 1890~1948) 미국의 흑인 작가. 자메이카 출신으로 캔자스 대학을 졸업했다. 한때 급진 정치 운동에 관여했으나 훗날 로마가톨릭으로 개종했으며, '할렘 르네상스'의 대표적인 작가로 활동했다.

맥코리슨, 마커스 A. (Marcus A. McCorison, 1926~   ) 미국의 서지학자. 컬럼비아 대학을 졸업하고 1960년부터 미국 고서협회에 재직했으며, 대표를 역임하고 1992년에 퇴직했다.

맥코믹 2세, 사이러스 H. (Cyrus H. McCormick, Jr., 1859~1936) 미국의 사업가 겸 도서수집가. 프린스턴 대학을 졸업하고 시카고에서 회사를 운영했으며, 그가 수집한 아메리카나 컬렉션 중 일부는 사후에 모교에 기증되었다.

맥코이, 존 F. (John F. McCoy) 미국의 도서수집가.

맥킴, 찰스 F. (Charles F. McKim, 1847~1909) 미국의 건축가. 펜실베이니아 출신으로 주로 고대 및 르네상스의 건축 양식을 응용한 작품을 남겼으며, 대표작으로는 모건 도서관, 보스턴 공립도서관, 컬럼비아 대학 등이 있다.

맥티그, 버나드 (Bernard McTigue) 미국의 서지학자. 뉴욕 공립도서관 특별 컬렉션 담당 큐레이터를 역임했다.

맥피, 윌리엄 (William McFee, 1881~1966) 미국의 소설가. 영국 출신으로 원래는 기술자였으나 1923년부터 전업 작가가 되었다. 바다를 소재로 한 해양소설 분야에서 뛰어난 작품을 남겼다.

맬러리 경, 토머스 (Sir Thomas Malory, ?~1471) 영국의 작가. 1442년에 작위를 받았지만, 사생활 면에서는 건전하지가 못해서 종종 감옥을 들락거렸다. 대표작인 《아서 왕의 죽음》(1485)은 영국과 프랑스에 전해지는 아서 왕 전설을 엮은 것으로, 중세 영어로 된 최후의 작품으로 꼽힌다.

맬러무드, 버나드 (Bernard Malamud, 1914~1986) 미국의 작가. 뉴욕 출신으로 컬럼비아 대학을 졸업했다. 주로 자신이 속한 유대계 특유의 전통과 인생의 아이러니를 즐겨 묘사했고, 대표작으로는 퓰리처 상 수상작인 《수선공》(1966)이 있다.

맬런, 듀머스 (Dumas Malone, 1892~1986) 미국의 역사가 겸 편집자. 미시시피 출신으로 예일 대학을 졸업했다. 버지니아 대학과 컬럼비아 대학 교수를 역임했고, 대표작으로는 토머스 제퍼슨의 전기 《제퍼슨과 그의 시대》(전6권, 1948~1982)가 있다.

맹트농 부인 (Madame de Maintenon, 1635~1719) 루이 14세의 두 번째 부인. 본명은 프랑수아즈 도비네. 일찍이 부모를 잃고 궁정에서 일을 하다가 루이 14세의 눈에 띄어 '맹트농 부인'이라는 칭호와 영지를 하사받았다. 왕비 마리 테레즈의 사후인 1684년에 루이 14세와 비밀 결혼식을 올렸고, 왕의 사후에는 은퇴하여 조용한 말년을 보냈다.

머단, 팔코너 (Falconer Madan, 1851~1935) 영국의 서지학자. 옥스퍼드 대학 보들리 도서관과 대영도서관 사서를 역임했다.

머릴, 제임스 (James Merrill, 1926~1995) 미국의 시인. 뉴욕 출신으로 애머스트 칼리지를 졸업하고 이후 시작 활동에 전념했다. 대표작으로는 퓰리처상 수상작인 《신곡》(1976) 등이 있다.

먼비, A. N. L. (Alan Noel Latimer Munby, 1913~1974) 영국의 작가 겸 서지학자.

멀홀랜드, 존 (John Mulholland, 1898~1970) 미국의 마술사. 시카고 출신으로 20세기 최고의 마술사 가운데 한 사람으로 손꼽힌다.

메디치, 로렌초 데 (Lorenzo de' Medici, 1449~1492) 이탈리아의 상인 겸 정치가. 피렌체의 명문 메디치 가 출신으로, 부친 피에로의 뒤를 이어 정권을 장악하고 문예 활동을 장려하여 '위대한 로렌초'라고 일컬어지기도 했다.

메디치, 카트린 데 (Catherine de' Medici, 1519~1589) 프랑스 왕 앙리 2세의 부인. 로렌초 메디치의 외동딸로 14세 때 훗날 앙리 2세가 되는 오를레앙 공과 결혼했다. 1559년에 남편이 사망하자 세 아들이 차례대로 왕위에 오른 30여 년간 최고 권력자로 군림했다.

메디치, 코시모 데 (Cosimo de' Medici, 1389~1464) 이탈리아의 상인 겸 정치가. 메디치 가에서 최초로 피렌체의 정권을 장악한 인물로, 한때 반대파에 의해 추방되기도 했지만 1년 만에 시민들의 지지를 받아 돌아왔다. 뛰어난 금융가로 막대한 재산을 모았고,

문예 활동을 장려하여 유명한 '메디치 도서관(라우렌치아나 도서관)'을 설립했다.

메디치, 코시모 3세 데, 토스카나 공작 (Cosimo III de' Medici, the Grand Duke of Tuscany, 1642~1723) 이탈리아의 정치가. 페르디난도 2세의 아들이며, 1670년에 토스카나 공작의 작위를 물려받았다.

메레스, 프랜시스 (Francis Meres, 1565~1647) 영국의 작가 겸 성직자. 케임브리지 대학을 졸업했고, 대표작으로는 여러 철학 및 문학서에서 뽑은 문구를 모은 책《팔라디스 타미아》(1598)가 있다.

메리 1세 (Mary I, 1516~1558) 영국의 여왕(재위 1555~1558). 헨리 8세와 그의 첫 부인 캐서린 사이에 태어난 딸로 이복형제인 에드워드 6세의 사후에 왕위를 계승했으나, 프로테스탄트를 박해한 것으로 악명이 높아 '피의 메리'라고도 한다.

메어만, 얀 (Jean Meerman, 1753~1815) 네덜란드의 도서수집가. 헤라르트 메어만의 아들.

메어만, 헤라르트 (Gerard Meerman, 1722~1771) 네덜란드의 도서수집가.

메일러, 노먼 (Norman Mailer, 1923~) 미국의 소설가. 하버드 대학을 졸업하고 제2차 세계대전 당시 태평양 전선에서 해군으로 복무했다. 당시의 경험을 토대로 장편소설《나자와 사자》(1948)를 발표해 명성을 얻었고,《밤의 군대》(1968)로 퓰리처상을 수상했다.

멘델레 모이헤르 스포림 (Mendele Moykher Sforim) → 숄렘 알레이헴

멘델스존-바르톨디, 펠릭스 (Felix Mendelssohn-Bartholdy, 1809~1847) 독일의 작곡가. 대표작으로는〈핑갈의 동굴〉(1830),〈무언가〉(1829~1845),〈한여름 밤의 꿈〉(1842) 등이 있다.

멜라, 폼포니우스 (Pomponius Mela, 50년경) 고대 로마의 지리학자. 저서로는《세계지리지》가 있다.

멜론, 폴 (Paul Mellon, 1907~1999) 미국의 자선사업가 겸 도서수집가. 재벌 앤드류 멜론의 아들로 예일 대학을 졸업했다. 미국 국립미술관을 비롯한 여러 기관에 기금과 예술품을 기증한 것으로 유명하며, 그가 수집한 도서 컬렉션은 현재 버지니아 대학에 소장되어 있다.

멜빌, 허먼 (Herman Melville, 1819~1891) 미국의 소설가. 젊은 시절의 포경선 선원 경험을 토대로 이국적인 취향의 소설을 써서 호평을 받았다. 대표작인 《모비 딕》(1851)은 발표 당시 그리 주목을 받지 못했지만, 사후에 오히려 평판이 높아져서 지금은 19세기 최고의 미국 소설로 꼽힌다.

모건, J. 피어폰트. (John Pierpont Morgan, 1837~1913) 미국의 사업가. 부친 J. S. 모건의 금융업을 이어받아 모건 재벌의 2대로 활약하며, 카네기 철강과 합병하여 사상 최대 규모의 회사인 U. S. 철강을 설립했다. 희귀본 및 미술품 수집가로도 유명했으며, 그의 컬렉션은 오늘날 모건 도서관과 메트로폴리탄 미술관에 소장되어 있다.

모건 2세, J. 피어폰트 (J. Pierpont Morgan, Jr., 1861~1943) 미국의 사업가. J. P. 모건의 아들로 부친 사후에 사업을 물려받았다.

모건, 주니어스 스펜서 (Junius Spencer Morganm 1813~1890) 미국의 은행가. 'J. S. 모건 앤드 컴퍼니'의 설립자이며, J. P. 모건의 아버지이기도 하다.

모네, 클로드 (Claude Monet, 1840~1926) 프랑스의 화가. 파리 출신으로 1874년에 발표한 〈일출〉로 '인상파'의 선구자가 되었다.

모니헌 신부, 윌리엄 J. (Father William J. Monihan, 1914~1996) 미국의 도서수집가. 예수회 성직자로 샌프란시스코 대학에서 47년간 근무하며, 글리슨 도서관을 설립했고, 수많은 도서수집가들로부터 희귀본을 기증받은 인물로 유명하다.

모랑쥬, 샤를 앙리 발랑탱 (Charles Henri Valentin Morhange, 1813~1888) 프랑스의 피아니스트 겸 작곡가. '알칸'이란 예명으로 활동했으며, 당대의 가장 뛰어난 피아니스트 가운데 한 사람으로 손꼽혔다.

모리스, 레슬리 A. (Leslie A. Morris) 미국의 여성 서지학자. 로젠바흐 서점을 거쳐

1992년부터 하버드 대학 호우튼 도서관의 큐레이터로 재직 중이다.

모리스, 윌리엄 (William Morris, 1834~1896) 영국의 작가 겸 미술가. 옥스퍼드 대학을 졸업하고 실내장식 분야에서 두각을 나타내며 '모리스 앤드 컴퍼니'라는 디자인 회사를 운영했다. 이후 사회운동가로도 활동하며 문학 및 예술 분야에서 여러 권의 저서를 남겼다. 특히 그가 설립한 '켐스콧 인쇄소'에서 펴낸 초서의 《켄터베리 이야기》는 탁월한 미장본으로 유명하다.

모리슨, 토니 (Toni Morrison, 1931~) 미국의 흑인 여성 소설가. 본명은 클로이 앤서니 워퍼드. 하워드 대학을 졸업하고 모교에서 영문학을 강의했다. 대표작인 《사랑 받는 사람》(1987)으로 퓰리처상을 받았고, 1993년에 노벨문학상을 받았다.

모스, 새뮤얼 (Samuel Finley Breese Morse, 1791~1872) 미국의 발명가 겸 화가. 매사추세츠 출신으로 예일 대학을 졸업하고 영국 유학 후에 풍경화가로 명성을 얻었다. 1832년에 처음 전신기에 대한 아이디어를 떠올린 이후, 12년간의 각고 끝에 무선전신기를 발명한 것으로도 유명하다.

모어 경, 토머스 (Sir Thomas More, 1477~1535) 영국의 작가 겸 정치가. 런던 출신으로 법학을 공부하고 외교관으로 활약했으며, 헨리 8세의 신임을 얻어 대법관에 임명되었다. 그러나 왕의 이혼에 반대하다가 반역죄로 수감되었고, 끝내 단두대에서 처형되었다. 대표작으로는 《유토피아》(1516)가 있다.

모차르트, 볼프강 아마데우스 폰(Wolfgang Amadeus von Mozart, 1756~1791) 오스트리아의 작곡가. 잘츠부르크 출신으로 어려서부터 신동으로 유명했고, 36세로 사망하기까지 수많은 걸작을 남겼다. 대표작으로는 오페라 〈피가로의 결혼〉(1786), 〈돈 지오반니〉(1787), 〈마적〉(1791) 등이 있다.

모티머, 아만더 제이 (Amanda Jay Mortimer, 1943~) 미국의 여성 관료. 유명한 사교계 인사인 베이브 쿠싱 페일리의 딸이다. 1964년에 도서수집가 카터 버든과 결혼했다가 이혼했고, 현재는 '아만더 M. 버든'이라는 이름으로 뉴욕 시청 도시계획과에서 근무하고 있다.

모펫, 윌리엄 '빌' A. (William 'Bill' A. Moffett, 1933~1995) 미국의 서지학자. 1979년

부터 1990년까지 오벌린 칼리지 도서관장으로 재직했고, 이후 헌팅턴 도서관장을 역임했다. 유명한 도서절도범 제임스 신을 체포하는 데 결정적인 역할을 한 인물로도 유명하다.

몬터규, 에드워드, 제1대 샌드위치 백작 (Edward Montagu, 1st Earl of Sandwich, 1626~1672) 영국의 군인. 잉글랜드공화국과 왕정복고시기에 해군 제독으로 근무하며 찰스 2세를 영국으로 데려오는 임무를 맡기도 했으며, 훗날 네덜란드와의 전투 도중 전사했다.

몬터규, 존, 제4대 샌드위치 백작 (John Montagu, 4th Earl of Sandwich, 1718~1792) 영국의 정치가. 국무장관과 해군장관을 역임한 당대의 명사였으며, 태평양의 '샌드위치 제도'와 오늘날의 '샌드위치'라는 음식은 모두 그의 이름에서 유래한 것이다.

몬테펠트로, 페데리코, 우르비노 공작 (Federico Montefeltro, Duke of Urbino, 1422~1482) 이탈리아의 귀족 겸 정치가. 이탈리아 르네상스 시기에 미술품 수집가로도 활동하며 명성을 얻었다.

몬티, 로라 V. (Laura Virginia Monti) 미국의 서지학자. 보스턴 공립도서관 사서를 역임했고, 현재 플로리다 대학 도서관의 희귀본 담당 사서로 재직 중이다.

몰리에르 (Molière, 1622~1673) 프랑스의 극작가. 본명은 장 밥티스트 포클랭. 파리 출신으로 당대 최고의 희극 작가로 명성을 얻었으며, 대표작으로는 《타르튀프》(1664), 《돈 주앙》(1665), 《서민귀족》(1670) 등이 있다.

몰킨, 솔로몬 '솔' M. (Solomon 'Sol' M. Malkin, 1910~1986) 미국의 서지학자.

몸, W. 서머셋 (William Somerset Maugham, 1874~1965) 영국의 소설가. 파리 출신으로 의대 재학 중에 소설을 쓰기 시작했으며, 극작가로 먼저 명성을 얻었다. 대표작으로는 장편 《인간의 굴레》(1915), 《달과 6펜스》(1919) 등이 있다.

몸젠, 테오도르 (Christian Matthias Theodor Mommsen, 1817~1903) 독일의 역사가. 슐레스비히 출신으로 본래 법학 교수였으나, 로마사 관련 저술을 발표하며 역사가로 더욱 명성을 얻었다. 1902년에 노벨문학상을 수상했다.

몽고메리, 루시 (Lucy Montgomery, 1874~1942) 캐나다의 여성 작가. 대표작으로는 《빨강머리 앤》(1908) 시리즈가 있다.

몽테뉴, 미셸 드 (Michel Eyquem de Montaigne, 1533~1592) 프랑스의 사상가. 보르도의 귀족 집안 출신으로 법관으로 재직하다가 일찍 은퇴하여 저술 활동에 전념했다. 저서로는 《수상록》(전3권, 1580) 등이 있다.

무라토리, 로도비코 안토니오 (Lodovico Antonio Muratori, 1672~1750) 이탈리아의 성직자 겸 서지학자. 1695년에 주교가 되었으며, 이후 이탈리아 여러 명문가의 장서를 관리하며 역사 및 서지학 관련 저서를 펴냈다.

무어, 레니 (Leonard 'Lenny' Edward Moore, 1933~) 미국의 미식축구 선수. 펜실베이니아 주 레딩 출신으로 펜실베이니아 주립대학을 졸업하고 프로 팀 볼티모어 콜츠에서 활약했다.

무어, 리처드 헤이븐 (Richard Haven Moore) → 오모어, 헤이븐

무어, 조지 (George Moore, 1852~1933) 영국의 작가. 아일랜드 출신으로 젊은 시절 프랑스에 체재했고, 이후 빅토리아 시대의 영국 소설에 자연주의를 처음 도입한 인물로 평가된다.

무어, 헤이븐 (Haven Moore) → 오모어, 헤이븐

무어런드, 제시 E. (Jesse Edward Moorland, 1863~1940) 미국의 흑인 성직자 겸 인권 운동가. 오하이오 출신으로 하워드 대학을 졸업하고 조합교회파 목사가 되었으며, 이후 YMCA를 중심으로 흑인 계몽 활동에 종사했다. 1914년에 자신이 수집한 장서를 모교에 기증함으로써 '무어런드 스핑간 연구소'의 토대를 마련했다.

뮤어, 퍼시 H. (Percival 'Percy' Horace Muir, 1894~1979) 영국의 서적상. 1930년부터 런던의 '엘킨 매튜스 서점'에서 일하기 시작했다. 1945년에 '영국 고서적상협회 (ABA)'를 설립하고 초대 회장을 지냈으며, 서적업계 전문지인 〈북 컬렉터〉를 펴내기도 했다.

미치너, 제임스 A. (James A. Michener, 1907~1997) 미국의 작가. 단편집《남태평양 이야기》(1948)로 퓰리처상을 수상했고, 이후 전 세계 각지를 무대로 하는 역사장편소설을 발표하며 미국 최고의 베스트셀러 작가로 각광을 받았다.

미켈란젤로 (Michelangelo Buonarroti, 1475~1564) 이탈리아의 화가 겸 조각가. 어려서부터 미술에 재능을 보였으며, 메디치 가와 교황청 등의 의뢰를 받아 수많은 걸작품을 만들어냈다. 대표작으로는 《피에타》(1499), 《다비드》(1504), 시스티나 대성당 벽화 등이 있다.

밀른, A. A. (Alan Alexander Milne, 1882~1956) 영국의 아동문학가. 케임브리지 대학을 졸업하고 언론인으로 활동했으며, 대표작으로는 동화《위니 더 푸우》(1926) 시리즈가 있다.

밀리건, 조셉 (Joseph Milligan, 19세기경) 미국의 서적상.

밀턴, 존 (John Milton, 1608~1674) 영국의 시인. 런던 출신으로 케임브리지 대학을 졸업하고 시인으로 명성을 얻었다. 이후 정치에 투신하여 언론 및 출판의 자유를 주장하는《아레오파지티카》(1644) 등의 저서를 집필하기도 했으나, 1652년에 완전 실명하고 말았다. 대표작으로는 서사시《실락원》(1667), 《복낙원》(1671), 《투사 삼손》(1671) 등이 있다.

바그너, 빌헬름 리하르트(Wilhelm Richard Wagner, 1813~1883) 독일의 작곡가. 라이프치히 출신으로 독일의 대표적인 오페라 작곡가이다. 대표작으로는 오페라 〈탄호이저〉(1845), 〈로엔그린〉(1850), 〈트리스탄과 이졸데〉(1865), 〈뉘른베르크의 명가수〉(1868), 〈니벨룽겐의 반지〉(1876), 〈파르치팔〉(1882) 등이 있다.

바로, 마르쿠스 (Marcus Terentius Varro, BC 116~27) 고대 로마의 작가. 에스파냐 속주에서 폼페이우스의 부하로 근무했으나, 훗날 카이사르의 신임을 얻어 공립도서관장으로 근무했다.

바벨, 이삭 (Isaac Emmanuelovich Babel, 1894~1940) 러시아의 작가. 오데사 출신의 유대인으로 1917년 볼셰비키 혁명에 가담했으며, 러시아 유대인 특유의 정서를 담은 작품을 남겼다. 그러나 1930년대에 공산당 내부에서 비판을 받고 체포되어 총살당했다.

바브, 제임스 T. (James Tinkham Babb, 1899~1968) 미국의 서지학자. 소설가 윌리엄 맥피의 친구로 1931년에 그의 작품 서지목록을 펴냈다.

바스, 존 (John Barth, 1930~) 미국의 소설가. 메릴랜드 출신으로 존스홉킨스 대학을 졸업하고 모교에서 창작 전공 교수로 재직했다. 실험적인 소설을 발표해 이른바 포스트모던 소설의 대표적인 작가로 평가된다. 대표작으로는 《여로의 끝》(1958) 등이 있다.

바에르 박사, 루트비히 (Dr. Ludwig Baer) 독일의 서적상.

바울 (Paul) → 사도 바울

바움, L. 프랭크 (Lyman Frank Baum, 1856~1919) 미국의 작가. 뉴욕 출신으로 한때 언론계에서 활동했으며, 동화 《오즈의 마법사》(1900)로 큰 성공을 거두며 유명해졌다. 대표작으로는 오즈 시리즈 14편 외에도 60여 편의 아동 소설이 있다.

바이네케, 에드윈 (Edwin John Beinecke, 1886~1970) 미국의 사업가 겸 도서수집가. 바이네케 삼형제 가운데 첫째. 예일 대학을 졸업하고 건축업계에서 일하다가 동생들과 함께 스페리 앤드 허친슨 사를 설립해 운영했다. 로버트 스티븐슨 관련서 컬렉션과, 독일제 도자기 컬렉션의 수집가로도 유명하며, 훗날 동생들과 함께 모교에 '바이네케 도서관'을 설립했다.

바이네케, 월터 (Walter Beinecke, 1888~ ?) 미국의 사업가. 바이네케 삼형제 가운데 셋째. 예일 대학을 졸업하고 보험회사에 근무하다가 형들과 함께 스페리 앤드 허친슨 사를 설립해 운영했다.

바이네케, 프레더릭 (Frederick W. Beinecke, 1887~ ?) 미국의 사업가 겸 도서수집가. 바이네케 삼형제 가운데 둘째. 예일 대학을 졸업하고 철강회사와 철도회사에 근무했으며, 이후 형제들과 함께 스페리 앤드 허친슨 사를 설립해 운영했다. 웨스턴 아메리카나 수집가로도 유명했다.

바이런 경, 조지 고든 (Lord George Gordon Byron, 6th Baron of Byron, 1788~1824) 영국의 시인. 런던의 귀족 집안 출신으로 케임브리지 대학을 졸업하고 서사시 〈차일드 해럴드의 편력〉(1812)을 발표해 하루아침에 유명해졌다. 1824년에 그리스 독립전쟁에 의용군으로 참전했다가 말라리아로 사망했다.

바이어트, A. S. (Antonia Susan Byatt, 1936~) 영국의 여성 소설가. 케임브리지 대학을 졸업했고 대표작인《소유》(1989)로 부커 상을 수상했다.

바커, 니콜라스 (Nicholas Barker) 영국의 서지학자. 대영도서관의 문서보존과 담당 사서이며, 〈북 컬렉터〉의 편집자로 활동하고 있다.

바커, 마저리 (Margery Barker, 1901~1980) 미국의 여성 서적상. 1928년에 동료 프랜시스 해밀과 함께 시카고에 '해밀 앤드 바커' 서점을 설립해 운영했다.

바클리, 알렉산더 (Alexander Barclay, 1475?~1552) 영국의 성직자 겸 시인. 세바스티안 브란트의 시 〈바보들의 배〉(1509)의 영어 번역자로 유명하다.

바흐, 요한 세바스티안 (Johann Sebastian Bach, 1685~1750) 독일의 작곡가. 음악가 집안 출신으로 교회의 오르간 연주자로 활동하며 작곡을 했고, 바로크 음악을 비롯한 여러 양식을 총괄한 공로를 기려 이른바 '음악의 아버지'로 추앙된다.

반필드, 리처드 (Richard Barnfield, 1574~1627) 영국의 시인. 일찍부터 활발한 시작 활동을 펼쳐 명성을 얻었고, 대표작으로는 〈신시아〉(1595) 등이 있다.

반힐, 조지아 B. (Georgia Brady Barnhill, 1944~) 미국의 여성 서지학자. 미국 고서협회에서 25년간 재직해 왔으며, 미국 임프린트 및 이페머러에 대한 여러 권의 저서를 펴냈다.

발다퍼, 크리스토퍼 (Christopher Valdarfer, 15세기경) 이탈리아 베니스의 초창기 인쇄업자.

발레리, 폴 (Paul Valery, 1871~1945) 프랑스의 시인 겸 비평가. 20세기 최고의 프랑스 시인 중 한 사람으로 꼽힌다. 대표작으로는 〈젊은 운명의 여신〉(1917), 〈해변의 묘지〉(1932) 등이 있다.

발렌티노, 루돌프 (Rudolph Valentino, 1895~1926) 미국의 영화배우. 본명은 로돌포 구글리엘미. 이탈리아 출신으로 1913년에 미국으로 이주했으며, 20세기 초반을 풍미한 미남 영화배우로 큰 인기를 끌었다.

발부스, 요한네스 (Johannes Balbus, 13세기경) 중세 이탈리아의 문인. 본명은 '요한(네스) 야누엔시스 데 발비스(발부스).' 일명 '카톨리콘'으로 통하는 라틴어 사전의 저자이다.

발트슈타인 백작 (Count of Waldstein, Joseph Charles Emmanuel Waldstein, 18세기경) 보헤미아의 귀족. 1785년에 카사노바를 사서로 고용하여 자신의 성에 머물게 함으로써 그 유명한 《회상록》(1792)이 나올 수 있도록 독려했다.

배든 포얼, 로버트 (Robert Stephenson Smyth Baden-Powell, 1857~1941) 영국의 군인. 육군사관학교를 졸업하고 인도와 아프리카 등지에서 복무했으며, 1908년에 보이스카우트와 걸스카우트 조직을 창설했다. 1929년에 작위를 하사받았다.

배러트, 올리버 R. (Oliver R. Barrett, 1873~1952) 미국의 변호사 겸 도서수집가. 일리노이 출신으로 어린 시절부터 유명인사의 서명과 역사적 문서를 수집했으며, 특히 링컨 관련 문서 수집가로 명성을 날렸다.

배러트, 클리프턴 월러 (Clifton Waller Barrett, 1901~1991) 미국의 사업가 겸 도서수집가. 1775년부터 1950년까지 활동한 미국 작가들의 작품을 다양하게 수집했으며, 1960년에 이르러 자신의 컬렉션을 버지니아 대학에 기증했다.

배스커빌, 존 (John Baskerville, 1706~1775) 영국의 인쇄업자. 버밍엄에서 인쇄소를 운영했으며, 일명 '바스커빌 체'로 알려진 독특한 활자를 디자인한 것으로 유명하다.

배스킨, 레너드 (Leonard Baskin, 1922~2000) 미국의 조각가 겸 출판인. 뉴저지 출신으로 스미스 칼리지와 햄프셔 칼리지 등에서 강의했으며, 한정판 미장본 전문 출판사인 기헤너 프레스를 운영했다.

배스킨, 리자 (Lisa Unger Baskin) 미국의 작가. 레너드 배스킨의 두 번째 부인으로, 남편의 화집과 여성운동에 관한 여러 권의 저서를 펴냈다.

배스킨, 호지어 (Hosea Thomas Baskin, 1969~) 미국의 서적상. 레너드와 리자 배스킨 부부의 아들이며, 출판인 겸 고서적상으로 활동하고 있다.

밴 뷰태넌, J. A. B. (Johannes Adrianus Bernardus van Buitenen, 1928~1979) 미국의 인도학자. 《바가바드 기타》(1981)와 《마하바라타》(1973~1978, 미완)의 번역자로 유명하다.

밴 사인더렌, 에이드리언 (Adrian Van Sinderen, 1887~1963) 미국의 도서수집가. 예일 대학을 졸업했으며, 1957년부터 매년 모교 재학생들을 대상으로 열리는 '에이드리언 밴 사인더렌 도서수집 경연대회'를 제정한 인물이다.

밴 윈젠, 피터 M. (Peter M. Van Wingen, 1948~1995) 미국의 서지학자. 미시간 출신으로 컬럼비아 대학을 졸업했고, 뉴욕 공립도서관을 거쳐 1977년부터 국회도서관 로젠월드 컬렉션의 담당 큐레이터를 역임했다.

밴 혼, 존 (John Van Horn) 미국의 서지학자. 필라델피아 도서관 조합 사서를 역임했다.

밴더빌트, 코넬리어스 (Cornelius Vanderbilt, 1794~1877) 미국의 사업가. 19세기의 대표적인 '강도 귀족' 가운데 한 명이며, 편법조차도 마다않고 미국의 철도를 장악하며 막대한 재산을 모았다.

밴크로프트, 조지 (George Bancroft, 1800~1891) 미국의 역사학자 겸 정치가. 매사추세츠 출신으로 하버드 대학을 졸업하고 정계에서 활동했으며, 역사 저술로는 《미국사》(전10권, 1834~1874) 등을 남겼다.

밴크로프트, 휴버트 하우 (Hubert Howe Bancroft, 1832~1918) 미국의 출판인 겸 도서수집가. 오하이오 출신으로 1852년부터 샌프란시스코에서 인쇄 및 출판업으로 크게 성공했고, 자신이 수집한 아메리카나를 1905년에 캘리포니아 대학에 기증했다.

버거, 샌포드 '샌디' L. (Sanford 'Sandy' L. Berger, 1919~) 미국의 건축가 겸 도서수집가. 하버드 대학을 졸업하고 샌프란시스코에서 건축가로 활동했으며, 특히 윌리엄 모리스 관련 자료를 방대하게 수집한 것으로 유명하다.

버거, 시드니 E. (Sidney E. Berger) 미국의 서지학자. 캘리포니아 대학 리버사이드 캠퍼스의 특별 컬렉션 담당 큐레이터이며, 미국 도서관협회에서 발간하는 《희귀본 및 필사본 담당 사서 회보》의 편집자이다.

버거, 헬렌 (Helen Berger) 미국의 건축가. 샌포드 L. 버거의 부인.

버그 형제 (The Berg Brothers) → 버그, 헨리 W. ; 버그, 앨버트 A.

버그, 앨버트 A. (Albert A. Berg, 1872~1950) 미국의 의사 겸 도서수집가. 컬럼비아 의대를 졸업하고 마운트 시나이 병원에서 근무했다. 평생 독신으로 형 헨리와 함께 살았으며, 영미 문학 관련 희귀본을 수집해 훗날 뉴욕 공립도서관에 기증했다.

버그, 헨리 (Henry W. Berg, 1858~1938) 미국의 의사 겸 도서수집가. 컬럼비아 의대를 졸업하고 마운트 시나이 병원에서 근무하며 모교에서 교수로 재직했다. 평생 독신으로 동생 앨버트와 함께 살았으며, 영미 문학 관련 희귀본을 수집해 훗날 뉴욕 공립도서관에 기증했다.

버니, 패니 (Fanny Burney, 1752~1840) 영국의 소설가. 정규교육을 받지 않았지만 음악가인 아버지를 통해 새뮤얼 존슨 등 당대의 명사들과 사귀며 교양을 쌓았다. 대표작으로는 익명으로 발표한 첫 소설 《이블리너》(1778) 등이 있다.

버닛, 프랜시스 호지슨 (Frances Eliza Hodgson Burnett, 1849~1924) 미국의 여성 작가. 영국 출신으로 1865년에 미국으로 이주했다. 본래 성인 대상의 소설을 썼지만, 오늘날에는 아동소설인 《소공자》(1886), 《소공녀》(1888), 《비밀의 화원》(1911) 등의 저자로 더욱 유명하다.

버드 2세, 윌리엄 (William Byrd II, 1674~1744) 미국의 정치가. 영국 출신으로 훗날 북아메리카에 건너와 버지니아 식민지의 대표로 정계에서 활동했다.

버드, 로버트 몽고메리 (Robert Montgomery Bird, 1806~1854) 미국의 작가. 델라웨어 출신으로 펜실베이니아 대학을 졸업하고 극작가 겸 소설가로 명성을 얻었다.

버든, 수전 L. (Susan L. Burden) 카터 버든의 두 번째 아내.

버튼, 아만더 (Amanda Burden) → 모티머, 아만더 제이

버튼, 카터 (Shirley Carter Burden, Jr., 1941~1996) 미국의 도서수집가. 재벌인 밴더빌트 가문의 후손으로 태어나 하버드 대학을 졸업했다. 정계에 관심이 있었지만 뜻을 이루지 못하고, 훗날 개인투자자로 활동하며 미국 현대문학 관련서 수집가로 명성을 얻었다.

버배지, 리처드(Richard Burbage, 1567~1619) 영국의 배우. '시종장 극단'에서 활동하며 셰익스피어의 여러 작품에 출연했다.

버제스, 앤서니 (Anthony Burgess, 1917~1993) 영국의 소설가. 맨체스터 출신으로 본명은 앤서니 버제스 윌슨. 대표작으로는 훗날 스탠리 큐브릭에 의해 영화화되어 더욱 유명해진 《시계태엽 오렌지》(1962) 등이 있다.

버클리 주교, 조지 (Bishop George Berkeley, 1685~1753) 영국의 철학자 겸 성직자. 아일랜드 출신으로 트리니티 칼리지를 졸업했고, 절대적 관념론을 주장한 철학자로 유명하다. 대표작으로는 《인간 지식의 원리론》(1709), 《하일라스와 필로누스의 대화》(1713) 등이 있다.

버튼, 로버트 (Robert Burton, 1577~1640) 영국의 작가 겸 성직자. 옥스퍼드 대학을 졸업하고 평생 독신으로 살면서 문필 활동에 전념했다. 대표작으로는 《우울의 해부》(1621) 등이 있다.

버튼, 리처드 (Richard Burton, 1925~1984) 영국의 배우. 본명은 리처드 젠킨스. 웨일스 출신으로 셰익스피어 극에 출연해 명성을 얻었고, 이후 여배우 엘리자베스 테일러와 결혼해 함께 영화에 출연하기도 했다.

버튼, 존 힐 (John Hill Burton, 1809~1881) 영국의 역사가. 애버딘 출신으로 변호사 시험에 합격한 뒤, 스코틀랜드에서 형무소장으로 근무했다. 이후 역사 연구에 전념하여 《스코틀랜드의 역사》(1853) 등을 펴냈다.

버펄로 빌 (Buffalo Bill) → 코디, 윌리엄

벅, 펄 S. (Pearl Sydenstricker Buck, 1892~1973) 미국의 여성 작가. 웨스트버지니아 출신으로 선교사인 부모를 따라 중국에서 10여 년간 살았다. 미국에서 대학을 졸업한 뒤 중국으로 돌아가 존 로싱 벅과 결혼했으며, 중국을 무대로 한 소설을 발표해 명성을 얻었다. 1938년에 노벨문학상을 수상했다.

번 존스 경, 에드워드 (Sir Edward Burne-Jones, 1833~1898) 영국의 화가. 옥스퍼드 대학을 졸업하고 시인 로제티와 교제하며 이른바 '라파엘 전파' 결성에 참여했다. 디자이너 윌리엄 모리스와의 친분으로 인해 '켐스콧 판 초서'를 비롯한 여러 디자인 작품을 남기기도 했다.

번스, 로버트 (Robert Burns, 1759~1796) 영국의 시인. 스코틀랜드 출신으로 농사일에 전념하며 시를 창작했고, 스코틀랜드의 국민 시인으로 평가받는다. 대표작으로는 《스코틀랜드 방언 시집》(1786) 등이 있다.

번연, 존 (John Bunyan, 1628~1688) 영국의 작가. 종교 문제로 탄압을 받아 1660년부터 12년간 감옥 생활을 하면서 기독교인의 삶을 은유적으로 표현한 《천로역정》(1678) 등을 저술했다.

베네딕투스 (Benedict) → 성 베네딕투스

베네트, 리처드 (Richard Bennett) 영국의 서적상.

베도이르 백작, 앙리 드 라 (Count Henri~Noel~François de la Bédoyére, 1782~1861) 프랑스의 귀족 겸 군인.

베르길리우스 (Virgil, BC 70~BC 19) 고대 로마의 시인. 법학을 공부했으나 훗날 문학으로 전향했으며, 예술가를 후원하던 마에키나스를 통해 아우구스투스 황제로부터 신임을 얻었다. 당대 최고의 시인으로 손꼽히며, 대표작으로는 서사시 《아에네이스》 등이 있다.

베멜만스, 루드비히 (Ludwig Bemelmans, 1898~1962) 미국의 화가 겸 아동문학가. 오스트리아 출신으로 1914년에 미국으로 이주했다. 대표작으로는 아동용 그림책인 《마들린느》 시리즈가 있다.

베살리우스, 안드레아스 (Andreas Vesalius, 1514~1564) 벨기에의 의사 겸 해부학자. 이탈리아의 파두아 대학에서 의학 교수로 재직하면서 근대 해부학의 기초를 닦았다. 대표작으로는 《인체의 구조에 대하여》(1543)가 있다.

베셀즈, 에밀 (Emil Bessels, 1846~1888) 독일의 의사 겸 탐험가. 1871년에 미국의 찰스 홀이 이끄는 북극 탐험대에 참가했다가 조난당해 천신만고 끝에 생환했으며, 훗날 자신의 경험을 책으로 펴냈다.

베스파시아누스 황제 (Emperor Titus Flavius Vespasian, 9~79) 고대 로마의 황제(재위 69~79). 본래 군인으로 팔레스타인 지방에서 유대인의 반란을 진압하고 돌아와 황제로 추대되었으며, 네로 이후에 분열 양상을 보이던 제국의 기반을 다시 한 번 굳게 다진 인물로 평가된다.

베스푸치, 아메리고 (Amerigo Vespucci, 1454~1512) 이탈리아의 탐험가. 피렌체 출신으로 메디치 가에 고용되어 선원으로 일했으며, 1499년부터 1502년까지 아마존 강 유역을 탐험했다. 오늘날의 '아메리카'는 그의 이름에서 비롯된 명칭이다.

베이커, 재커리 M. (Zachary M. Baker) 미국의 서지학자. 뉴욕 YIVO 유대연구소의 사서로 재직 중이다.

베이컨 경, 프랜시스 (Sir Francis Bacon, 1561~1626) 영국의 철학자 겸 정치가. 케임브리지 대학을 졸업하고 여러 관직을 거쳤으나, 수뢰 사건에 휘말려 불명예 퇴직하고 저술에 전념했다. 실험과 관찰에 기초를 둔 귀납적 방법을 중시하여 근대 과학과 영국 경험론의 토대를 마련했다. 대표작으로는 《학문의 진보》(1605), 《신기관》(1627), 《새로운 아틀란티스》(1627) 등이 있다.

베일, 존 (John Bale, 1495~1563) 영국의 극작가 겸 성직자. 헨리 8세의 종교개혁을 적극 옹호했으며, 여러 편의 희곡을 통해 자신의 신념을 피력하기도 했다.

베케트, 새뮤얼 (Samuel Barclay Beckett, 1906~1989) 아일랜드의 극작가. 현대 '부조리극'의 대표적인 작가이며, 희곡 《고도를 기다리며》(1952), 소설 《몰로이》(1951) 등이 유명하다. 1969년에 노벨문학상을 수상했다.

베토벤, 루드비히 판 (Ludwig van Beethoven, 1770~1827) 독일의 작곡가. 음악가 집안에 태어나 일찍부터 음악에 재능을 보였으며, 특히 청각을 잃는 시련에도 굴하지 않고 작곡 활동을 한 것으로 더욱 유명하다. 하이든, 모차르트와 함께 고전파의 대표적인 작곡가로 평가된다.

벡위드, 로버트 토드 링컨 (Robert Todd Lincoln Beckwith, 1904~1985) 링컨의 증손자이며, 링컨의 손녀인 제시 링컨의 아들이다.

벤야민, 발터 (Walter Benjamin, 1892~1940) 독일의 평론가. 베를린의 유대인 집안 출신으로 교직을 희망했으나 좌절하고 이후 문필 생활에 전념했다. 한때 마르크스주의에 경도되었다가 훗날에는 시오니즘에 관심을 보였으며, 나치를 피해 해외로 망명하다가 자살했다.

벤츨리, 로버트 (Robert Benchley, 1889~1945) 미국의 작가. 유명한 '앨곤퀸 원탁 모임'의 일원이며, 현대인의 삶을 풍자하는 위트 넘치는 경구와 에세이로 큰 인기를 모았다. 훗날 영화로 더욱 유명해진 《죠스》의 원작자 피터 벤츨리의 할아버지이기도 하다.

벤튼, 토머스 하트 (Thomas Hart Benton, 1889~1975) 미국의 화가. 미주리 출신으로 시카고 미술학교를 졸업하고 프랑스에 유학했으며, 이후 1930년대와 40년대에 벽화 전문 화가로 명성을 떨쳤다.

벨, 알렉산더 그레이엄 (Alexander Graham Bell, 1847~1922) 미국의 발명가. 스코틀랜드 출신으로 청각장애인을 위한 수화 체계를 개발하는 일에 종사했으며, 1876년에 전화를 발명한 것으로도 더욱 유명하다.

벨랭 여사, 테오필 (Madame Théophile Bélin) 프랑스의 여성 서적상

벨로우, 솔 (Saul Bellow, 1915~2005) 미국의 소설가. 캐나다 출신의 유대인으로 1976년에 노벨 문학상을 수상했다. 대표작으로는 장편 《허공에 매달린 사나이》(1944), 《오우기 마치의 모험》(1953), 《비의 왕 헨더슨》(1957), 《허조그》(1964) 등이 있다.

벨크냅 목사, 제레미 (Reverend Jeremy Belknap, 1744~1798) 미국의 역사가 겸 성직자. 보스턴 출신의 조합교회파 목사였으며, 자신이 수집한 고서 자료를 바탕으로 미

국 역사에 대한 저서를 남겼고, 미국 최초의 역사학회인 매사추세츠 역사학회를 창설했다.

벨크냅, 조셉 (Joseph Belknap, 18세기경) 제레미 벨크냅의 아들.

벨터, 존 헨리 (John Henry Belter, 1804~1863) 미국의 가구제작자. 독일 출신으로 1833년에 미국으로 이주했고, 뉴욕에 가구점을 열어 크게 성공했다.

보나벤투라 (Bonaventura) → 성 보나벤투라

보나파르트, 나폴레옹 (Napoléon Bonaparte, 1769~1821) 프랑스의 군인 겸 정치가. 탁월한 군사력으로 전 유럽을 제패하고 프랑스의 황제가 되었다. 1812년의 러시아 원정 실패 후 유배되었다가 1815년에 복귀하였으나, 워털루 전투에서 패하고 다시 유배지에서 쓸쓸한 최후를 맞았다.

보네거트 2세, 커트 (Kurt Vonnegut, Jr., 1922~) 미국의 소설가. 인디애나폴리스 출신으로 제2차 세계대전 당시 독일군의 포로로 '드레스덴 폭격'을 체험했다. 과학소설에 바탕을 둔 기발한 상상력과 기괴한 유머가 돋보이는 작품을 썼으며, 대표작으로는 《제5도살장》(1969) 등이 있다.

보다-데몰랭, 장 밥티스트 (Jean Baptiste Bordas-Demoulin, 1798~1859) 프랑스의 철학자. 주로 기독교와 현대 문명 사이의 화해를 도모하는 논저를 발표했고, 파스칼 연구자로도 유명하다.

보드, 제인 (Jane Board) 프레드 보드의 부인.

보드, 프레드 J. (Fred J. Board) 미국의 도서수집가. 특이한 책을 모으는 것으로 유명하다.

보들레르, 샤를 (Charles Baudelaire, 1821~1867) 프랑스의 시인 겸 평론가. 불우한 생애를 보내면서도 뛰어난 시와 평론을 창작했으며, 프랑스 상징주의의 대표적인 작가로 손꼽힌다. 대표작으로는 시집《악의 꽃》(1857) 등이 있다.

보들리 경, 토머스 (Sir Thomas Bodley, 1545~1613) 영국의 학자 겸 외교관. 옥스퍼드 대학의 그리스어 교수로 재직했으며, 이후 외교관으로 활동하기도 했다. 옥스퍼드 대학 '보들리 도서관' 의 설립자이다.

보스퍼, 로버트 (Robert Gordon Vosper, 1913~1994) 미국의 서지학자. 1961년부터 20년간 UCLA의 윌리엄 앤드류스 클라크 기념 도서관에서 일했고, 훗날 도서관장을 역임했다.

보이드, 줄리언 P. (Julian P. Boyd, 1903~1980) 미국의 역사학자. 프린스턴 대학 교수를 역임했고 토머스 제퍼슨 연구로 유명하다.

보이티우스 (Anicius Manlius Severinus Boethius, 475?~525) 고대 로마의 철학자 겸 정치가. 동(東)고트 왕 테오도리쿠스 밑에서 고위직을 역임했으나, 반역죄로 모함을 받아 처형되었다. 대표작으로는 감옥에서 처형을 기다리며 쓴《철학의 위안》이 있다.

보일, 엘리자베스 (Elizabeth Boyle) 영국의 시인 에드먼드 스펜서의 부인. 1594년에 스펜서와 결혼했다.

보즈웰, 제임스 (James Boswell, 1740~1795) 영국의 작가. 스코틀랜드 출신으로 런던에 와서 변호사가 되었다.《영어사전》의 편찬인 새뮤얼 존슨과 가까이 사귀면서 생전의 활동을 상세히 기록했으며, 훗날《새뮤얼 존슨의 생애》(1791)를 써서 유명해졌다.

보카치오, 지오반니(Giovanni Boccaccio, 1313~1375) 이탈리아의 작가. 법학을 공부했지만 훗날 문필 생활로 접어들었고, 대표작《데카메론》(1353)을 통해 근대 소설의 창시자로 평가된다.

보티, 케네스 J. (Kenneth J. Botty, 1928~2000) 미국의 언론인. 뉴욕 출신으로 매사추세츠 우스터의《텔레그램 앤드 가제트》지의 편집장 겸 부사장을 역임했다.

보하타, 한스 (Hanns Bohatta, 1864~1947) 독일의 서지학자. 오스트리아 출신으로 고전 언어학을 공부하고 빈 대학 교수로 재직했다.

본, 헨리 (Henry Vaughan, 1622~1695) 영국의 시인. 웨일스 출신으로 옥스퍼드 대학을 졸업하고 의사로 일하며 시를 창작했다. 이른바 '형이상학파 시인' 가운데 한 사람으로 손꼽힌다.

볼, 엘리자베스 W. (Elisabeth Woodworth Ball, 1897~1982) 미국의 도서수집가. 조지 A. 볼의 딸로, 부친이 수집한 아동서 컬렉션을 인디애나 대학에 기증하여 '릴리 도서관'을 설립했다.

볼, 조지 A. (George Alexander Ball, 1862~1955) 미국의 사업가 겸 도서수집가. 인디애나 주 먼시에서 유리 공장을 경영하며 큰 재산을 모았고, 자신이 수집한 아동서 컬렉션을 딸 엘리자베스에게 물려주었다.

볼드윈 박사, 토머스 W. (Dr. Thomas Whitfield Baldwin, 1890~ ?) 미국의 영문학자. 일리노이 대학 영문학 교수를 역임했으며, 셰익스피어 연구자로 명성을 얻었다.

볼드윈, 루스 M. (Ruth Marie Baldwin, 1918~1999) 미국의 서지학자 겸 도서수집가. 토머스 W. 볼드윈의 딸로 도서관학을 전공했으며, 1953년부터 아동서를 모으기 시작했다. 1977년에 3만 5,000권에 달하는 자신의 컬렉션을 플로리다 대학에 기증했고, 이후 사망할 때까지 '볼드윈 문고'의 큐레이터로 근무하며 장서량을 9만여 권까지 늘려놓았다.

볼드윈, 엘리자베스 (Elisabeth Baldwin) 토머스 W. 볼드윈의 아내이자, 루스 M. 볼드윈의 어머니.

볼드윈, 제임스 (James Arthur Baldwin, 1924~1987) 미국의 흑인 작가. 뉴욕 출신으로 소설 《산에 가서 말하라》(1953)로 일약 명성을 얻었다. 대표작으로는 《조반니의 방》(1956), 《또 하나의 나라》(1955) 등이 있으며, 그 외에도 다양한 평론과 희곡을 발표했다.

볼린, 앤 (Anne Boleyn, 1507~1536) 영국 왕 헨리 8세의 부인이며, 영국 여왕 엘리자베스 1세의 어머니이다. 아들을 원하는 헨리 8세의 두 번째 부인이 되었으나, 딸 엘리자베스를 낳고 또다시 아들을 유산한 뒤에 모함을 받아 참수형에 처해졌다.

볼테르 (Voltaire, 1694~1778) 프랑스의 작가. 본명은 프랑스와즈~마리 아루에. 자유럽고 발랄한 비판 정신의 소유자로 당대에 큰 인기를 누렸고, 여러 차례 필화 사건을 겪기도 했다. 대표작으로는 철학소설《캉디드》(1759),《자디그》(1747) 등이 있다.

부버, 마르틴 (Martin Buber, 1878~1965) 독일 출신의 유대교 철학자. 빈 출신으로 프랑크푸르트 대학을 비롯한 여러 대학의 교수를 역임했고, 시온주의를 지지했다. 유대교의 신비주의인 '하시디즘'의 영향을 크게 받은 실존주의 철학자로 평가된다. 대표작으로는《나와 너》(1923) 등이 있다.

부스, 에드윈 (Edwin Booth, 1833~1893) 미국의 배우. 메릴랜드 출신으로 배우인 아버지와 함께 일찍부터 무대에 올랐다. 1865년에 동생 존 윌크스 부스가 링컨 대통령을 암살한 사건으로 인해 본인의 의지와 상관없이 은퇴했다가 훗날 다시 무대에 복귀했다.

부스, 존 윌크스 (John Wilkes Booth, 1838~1865) 미국의 배우. 링컨 대통령의 암살범이다. 메릴랜드의 배우 집안에서 태어났으며, 아버지와 형 모두 당대의 유명한 배우였다. 남북전쟁 당시 남부 연방을 지지했으며, 종전 후인 1865년 4월 14일에 워싱턴의 포드 극장에서 링컨 대통령을 암살했다.

부코우스키, 찰스 (Charles Bukowski, 1920~1994) 미국의 작가. 독일 출신으로 어려서 미국으로 이주했다. 알코올중독자였으며, 노골적인 폭력과 섹스 묘사가 특징인 이색적인 소재의 작품을 발표해 명성을 얻었다.

분, 대니얼(Daniel Boone, 1734~1820) 미국의 탐험가. 1755년부터 미국 서부를 탐험했고, 오늘날의 플로리다와 켄터키 주 일대를 처음 개척한 인물이다.

뷰트, 존 스튜어트, 제3대 뷰트 백작 (John Stuart Bute, 3d Earl of Bute, 1713~1792) 영국의 정치가. 한때 조지 3세의 가정교사 노릇을 했으며, 그 인연으로 조지 3세 등극 후에 여러 요직을 거쳐 수상을 역임했다.

브라우닝, 로버트 (Robert Browning, 1812~1889) 영국의 시인. 런던 출신으로 일찍부터 시와 희곡을 써서 명성을 얻었다. 1846년에 엘리자베스 배러트와 결혼한 이후에는 이탈리아에 머물렀고, 아내가 사망하자 영국으로 돌아와 대표작인〈반지와 책〉(1868~1869) 등을 썼다. 빅토리아 시대를 대표하는 영국 시인 중 한 명이다.

브라우닝, 엘리자베스 배러트 (Elizabeth Barrett Browning, 1806~1861) 영국의 시인. 더럼 출신으로 32세 때 처음으로 시를 발표해 명성을 얻었다. 시인 브라우닝과 연애를 했지만 가족의 반대로 우여곡절을 겪다가 1846년에 결혼했고 사망할 때까지 이탈리아에서 살았다.

브라운 경, 토머스 (Sir Thomas Browne, 1605~1682) 영국의 작가 겸 의사. 런던 출신으로 옥스퍼드 대학을 졸업하고 1671년에 작위를 하사받았다.

브라운, 존 니콜라스 (John Nicholas Brown, 1861~1900) 미국의 자선사업가. 존 카터 브라운의 아들. 부친으로부터 물려받은 장서를 사후에 브라운 대학에 기증해 '존 카터 브라운 도서관'을 설립했다.

브라운, 존 니콜라스 (John Nicholas Brown, 1900~1979) 미국의 자선사업가. 브라운 대학에 장서를 기증한 존 니콜라스 브라운의 아들이다.

브라운, 존 카터 (John Carter Brown, 1797~1874) 미국의 자선사업가 겸 도서수집가. 로드아일랜드 주 프로비던스의 유력한 집안 출신으로, 평생에 걸쳐 아메리카나를 위주로 한 훌륭한 도서 컬렉션을 수집했다. 현재 브라운 대학에 있는 '존 카터 브라운 도서관'은 그의 장서와 기금으로 설립된 곳이다.

브라운, 찰스 브록든 (Charles Brockden Brown, 1771~1810) 미국의 소설가. 필라델피아 출신이며 미국 최초의 전업 작가로 간주되는 인물이다.

브라운, 패니 (Fanny Brawne, 19세기 경) 영국의 시인 존 키츠의 연인. 키츠가 런던에 거주할 때 옆집에 살던 소녀였다. 키츠는 그녀를 무척 좋아했지만, 이후 로마로 여행을 떠나 그곳에서 사망함으로써 더 이상의 진전은 없었다.

브라운, 헤이블럿 나이트 (Hablot Knight Browne, 1815~1882) 영국의 삽화가. 21세 때 찰스 디킨스의 소설 《피크위크 클럽 회보》의 삽화를 그려 크게 인기를 얻었다. 이후 '피즈'라는 필명으로 활동했으며, 디킨스의 소설 대부분에 삽화를 그렸다.

브라이언트, 윌리엄 컬렌 (William Cullen Bryant, 1794~1878) 미국의 시인 겸 신문편집자. 매사추세츠 출신으로 법학을 공부하고 변호사가 되었으며, 이후 존 비글로우와 함께 〈뉴욕 이브닝 포스트〉의 편집자 겸 공동발행인으로 활약했다.

브란트, 제바스티안 (Sebastian Brant, 1457~1521) 중세 독일의 인문주의자. 대표작으로는 《바보들의 배》(1494)가 있다.

브래드버리, 레이 (Ray Bradbury, 1920) 미국의 과학소설가. 일리노이 출신으로 치밀한 과학적 묘사보다는 기발한 아이디어와 휴머니즘에 바탕을 둔 대중적 작가로 평가된다. 대표작으로는 《화성연대기》(1950), 《화씨 451도》(1953) 등이 있다.

브래드포드, 윌리엄 (William Bradford, 1590~1657) 미국의 정치가. 영국 요크셔 출신으로 1620년에 메이플라워 호를 타고 미국으로 건너왔다. 이후 사망할 때까지 플리머스 거주지의 지사를 역임하며, 인근의 아메리카 인디언들과 우호 관계를 유지하는 등 영국령 북아메리카의 초기 정착민 사회를 이끌었다.

브랙, 메이벌 C. (Mabel Caroline Bragg, 1870~1945) 미국의 아동문학가. 보스턴에서 교사로 일했으며 유명한 그림책 《힘센 작은 엔진》(1930)의 저자이다.

브레슬로어, 버나드 (Bernard H. Breslauer, 1918~2004) 미국의 서적상.

브레히트, 베르톨트(Bertolt Brecht, 1898~1956) 독일의 시인 겸 극작가. 20세기 독일을 대표하는 극작가이다. 한때 나치의 박해를 피해 미국에 망명했으며, 이후 스위스를 거쳐 동독에 정착했다. 대표작으로는 《서푼짜리 오페라》(1928), 《억척어멈과 그 자식들》(1939), 《코카서스의 백묵원》(1945) 등이 있다.

브로드스키, 루이스 대니얼 (Louis Daniel Brodsky, 1941~   ) 미국의 도서수집가. 세인트루이스 출신으로 예일 대학을 졸업하고 한때 고향에 돌아가 부친의 의류회사를 운영했다. 시인인 동시에 현재 사우스이스트 미주리 주립대학에 소장된 윌리엄 포크너 관련 자료 컬렉션의 수집가로서도 유명하다.

브로드스키, 솔 (Saul Brodsky) 미국의 사업가. 도서수집가 루이스 대니얼 브로드스키의 아버지. 세인트루이스의 유지로 의류회사를 운영해 큰 재산을 모았으며, 1983년에는 '솔 브로드스키 유대인 도서관'을 건립하기도 했다.

브로드푸트, 토머스 (Thomas Broadfoot) 미국의 서적상.

브로머, 데이비드 (David J. Bromer) 미국의 서적상. MIT를 졸업했고, 1966년부터 아내 앤과 함께 보스턴에서 '브로머 서점'을 운영하고 있다.

브로머, 앤 (Anne C. Bromer) 미국의 여성 서적상. 1966년부터 남편 데이비드와 함께 보스턴에서 '브로머 서점'을 운영하고 있다.

브로이어, 마르첼 (Marcel Lajos Breuer, 1902~1981) 미국의 건축가 겸 디자이너. 헝가리 출신으로 독일 바우하우스에서 공부하고 훗날 그곳에서 강의를 하기도 했다. 1937년에 미국으로 건너와 하버드 대학 교수를 역임했고, 발터 그로피우스와 함께 작업하며 건축가로 명성을 얻었다.

브로치, 밴스 카터 (Vance Carter Broach) 윌리엄 포크너의 육촌 동생. 1976년에 자신이 보유한 포크너 관련 자료를 도서수집가인 루이스 대니얼 브로드스키에게 매각했다.

브론테, 에밀리 (Emily Jane Brontë, 1818~1848) 영국의 여성 소설가. 요크셔에서 목사의 딸로 태어났다. 언니 샬럿 브론테와 동생 앤 브론테도 모두 소설가로 유명하다. 대표작으로는 《폭풍의 언덕》(1847)이 있다.

브루니, 레오나르도 (Leonardo Bruni, 1374~1444) 이탈리아의 인문주의자. 피렌체 출신으로 이른바 '최초의 근대적 역사가'로 평가된다.

브루커, T. 킴볼 (T. Kimball Brooker) 미국의 사업가 겸 도서수집가. 예일 대학을 졸업했으며, 16세기 도서 전문 수집가로 유명하다. 또한 시카고 대학에서 매년 개최되는 'T. 킴볼 브루커 도서수집 경연대회'를 후원하고 있다.

브루투스, 마르쿠스 (Marcus Junius Brutus, BC 85~42) 고대 로마의 정치가. 율리우스 카이사르의 측근이었으나, 공화파를 지지했기 때문에 훗날 롱기누스와 모의하여 카이사르를 암살하고 달아났다. 이후 필리포스에서 옥타비아누스와 안토니우스의 군대와 격전을 벌이다가 형세가 기울어지자 자살로 생을 마쳤다.

브룩스, 다이애나 D. (Diana D. Brooks, 1951~) 미국의 여성 기업인. 소더비 경매회사의 미국 지사 사장을 역임했다. 2000년에 크리스티 측과 커미션 담합을 벌인 혐의로 기소되었으며, 2002년에 유죄가 확정되어 집행유예 3년과 벌금 35만 달러를 선고받았다.

브룩스, 메리 엘렌 (Mary Ellen Brooks) 미국의 서지학자. 현재 조지아 대학 희귀본 및 필사본 부서 전담 큐레이터로 재직 중이다.

브리검, 클리어런스 S. (Clarence S. Brigham, 1877~1963) 미국의 서지학자. 1908년부터 반세기 가량 미국 고서협회에서 일하며 대표를 역임했고, 약 10만 권에 달하던 장서를 30년 만에 여섯 배로 늘려놓는 등의 혁혁한 업적을 남기고 1959년에 은퇴했다.

브리지스 경, 새뮤얼 이거튼 (Sir Samuel Egerton Brydges, 1762~1837) 영국의 서지학자. 케임브리지 대학을 졸업하고 변호사가 되었으며 1814년에 작위를 하사받았다. 한때 소설과 시를 쓰기도 했으나 오늘날은 서지학 관련 저서로 더욱 유명하다.

브리지스, 마릴린 (Marilyn Bridges, 1948~) 미국의 여성 사진작가. 뉴저지 출신으로 미국 최고의 항공사진작가로 손꼽히며, 지금까지 50여 권에 달하는 작품집을 펴냈다.

브린리, 조지 (George Brinley, 1817~1875) 미국의 도서수집가. 보스턴의 부유한 집안 출신으로, 평생 아메리카나를 중심으로 한 희귀본 도서수집에 열중했다. 예일 대학에서 명예박사 학위를 받았으며, 그의 유언에 따라 사후인 1879년에 약 1만 2,000권에 달하는 장서가 경매를 통해 매각되었다.

브린리, 찰스 (Charles A. Brinley, 1847~1892) 미국의 사업가. 도서수집가 조지 브린리의 아들이다. 예일 대학에서 금속공학을 전공했고, 이후 필라델피아에서 사업에 종사했다.

블라이든, 에드워드 윌모트 (Edward Wilmot Blyden, 1832~1912) 라이베리아의 교육가 겸 정치가. 버진아일랜드 출신으로 1851년에 신생국 라이베리아로 이주했으며, 이후 아프리카 민족주의 및 범(凡)아프리카주의 사상가로 명성을 떨쳤다.

블랜퍼드 후작 (The Marquis of Blandford) → 처칠, 조지 스펜서

블레이즈, 윌리엄 (William Blades, 1824~1890) 영국의 서지학자. 런던 출신으로 부친의 인쇄소에서 일하며 서지학 및 인쇄사에 대해 연구하기 시작했다. 대표작으로는 에세이 《책의 적들》(1881)이 있다.

블레이크, 윌리엄 (William Blake, 1757~1827) 영국의 시인 겸 화가. 런던 출신으로 정규 교육은 받지 못했지만 어려서부터 화가로 일했고, 신비적인 성향의 독특한 시와 회화 작품을 남겼다. 대표작으로는 시집 《순수의 노래》(1789), 《천국과 지옥의 결혼》(1790), 《경험의 노래》(1794) 등이 있다.

블레젠, 시어도어 C. (Theodore C. Blegen, 1891~1969) 미국의 역사학자. 미니애폴리스 출신으로 햄린 대학과 미네소타 대학 교수를 역임했다. 미네소타 주의 산림에 관심이 많아 산림 역사학회(FHS)를 설립했으며, 사후에 그를 기념하는 '시오도어 C. 블레젠 상'이 제정되었다.

블로트너, 조셉 (Joseph Leo Blotner, 1923~) 미국의 전기 작가. 대표작으로는 《포크너 전기》(1974)와 《로버트 펜 워렌 전기》(1997) 등이 있다.

블록슨, 찰스 '찰리' L. (Charles 'Charlie' L. Blockson, 1933~) 미국의 흑인 역사학자 겸 서지학자. 펜실베이니아 주 노리스타운 출신으로 대학 시절에는 미식축구 선수로 활약했으나, 이후 프로선수 생활을 포기하고 도서수집에 전념해 세계 최대 수준의 흑인 역사 컬렉션을 구축했다. 이 장서는 1984년에 템플 대학에 기증되어 '찰스 L. 블록슨 아프로아메리칸 컬렉션'으로 관리되고 있다.

블루멘바흐, 요한 프리드리히 (Johann Friedrich Blumenbach, 1752~1840) 독일의 박물학자 겸 인류학자. 독일 최초로 비교해부학을 연구했으며, 인종 분류법 등을 고안해 인류학의 기초를 닦은 선구자로도 평가된다.

블루멘탈, 월터 하트 (Walter Hart Blumenthal, 1883~1969) 미국의 작가 겸 도서수집가. 기이한 책들을 수집한 것으로 유명하며, 이후 자신의 컬렉션을 코네티컷의 도서수집가 프레드 F. 보드에게 매각했다.

블루멘탈, 플로렌스 (Florence Blumenthal) 미국의 여성 도서수집가.

블룸버그 박사, 헨리 (Dr. Henry Blumberg) 미국의 사업가. 도서절도범 스티븐 블룸버그의 아버지이다. 본래 의사였지만 훗날 처가에서 운영하는 '짐머만 부동산 회사' 의 대표로 재직했다.

블룸버그, 스티븐 캐리 (Stephen Carrie Blumberg, 1948~) 미국의 도서절도범. 무려 20여 년에 걸쳐 미국 전역의 도서관 268개소를 돌며 희귀본 2만 3,600여 권을 훔친 혐의로 체포되어, 1991년에 징역 5년 11개월을 선고받았다. 형기를 마치고 출소한 직후인 1997년에 다시 체포되어 징역 5년을, 그리고 2003년에 또다시 체포되어 집행유예 5년을 선고받았다.

블리스, 레슬리 E. (Leslie E. Bliss) 미국의 서지학자. 헌팅턴 도서관과 캘리포니아 대학 밴크로프트 도서관 사서를 역임했다.

비거, 메리 베스 (Mary Beth Bigger) 미국의 여성 서지학자. 현재 텍사스 대학 해리 랜섬 인문학연구소의 수석 사서로 재직 중이다.

비글로우, 존 (John Bigelow, 1817~1911) 미국의 작가 겸 외교관. 뉴욕 출신으로 변호사로 활동하며 윌리엄 컬렌 브라이언트와 함께 〈뉴욕 이브닝 포스트〉지의 공동소유주가 되었다. 1861년에 프랑스 주재 공사로 임명되었으며, 그 와중에 실전되었던 벤저민 프랭클린의 자서전 원고를 입수하기도 했다.

비리스포드, 제임스 (James Beresford, 1764~1840) 영국의 작가 겸 성직자. 대표작으로는 풍자적인 내용의 저술인 《인간 생활의 슬픔》(1806 ~ 1807)이 있다. 미국의 서지학자 윌리엄 A. 잭슨은 비리스포드를 당시 어느 익명의 저자가 펴낸 《서지(書誌), 혹은 책에 관한 지혜》(1810)의 실제 저자로 추정하기도 했다.

비비, 루시어스 (Lucius Morris Beebe, 1902~1966) 미국의 작가 겸 도서수집가. 예일 대학을 졸업하고 언론인으로 활동하며 30여 권의 책을 펴냈다. 특히 철도에 관심이 많아 자신이 수집한 관련 자료 컬렉션을 사후에 '캘리포니아 주립 철도박물관' 에 기증했다.

비스티치, 베스파시아노 데 (Vespasiano de Bisticci, 1421~1498) 중세 이탈리아의 인문주의자 겸 서지학자. 피렌체 출신으로 코시모 데 메디치의 라우렌치아노 도서관 설립에 관여했으며, 당대의 주요 도서관 및 장서에 관해 해박한 지식을 자랑한 전설적인 인물이다.

비어스태트, O. A. (Oscar Albert Bierstadt, 1850~ ?) 미국의 서지학자. 뉴욕 애스터 도서관의 사서를 역임했다.

비텔리우스 황제 (Emperor Vitellius, 15~69) 고대 로마의 황제(재위 69년). 라인 강 남부의 군단장이었다가, 갈바 황제가 사망한 직후에 부하들에 의해 황제로 추대되었다. 그러나 라이벌인 베스파시아누스의 군대에게 패배하여 붙잡힌 뒤에 살해되었다.

빅스비, 윌리엄 K. (William K. Bixby, 1857~1931) 미국의 사업가 겸 도서수집가. 미시간 주 세인트루이스에서 주물 공장을 운영해 모은 재산을 바탕으로 미술품 및 도서를 수집했으며, 워싱턴 대학에 '빅스비 홀'을 건립했다.

빈, 로버트 (Robert Bean) 미국의 의사. 〈니그로 인종의 두뇌에 나타나는 몇 가지 특이성〉(1906)이란 논문을 발표해 흑인에 대한 인종차별을 옹호하는 과학적 근거를 제시하려 한 인물로 악명이 높다. 그 외에도 그의 '과학적' 논문 중에는 유대인 특유의 매부리코에 대한 것도 있다.

빈센테, 돈 (Don Vincente, 19세기경) 에스파냐의 도서절도범. 전직 수도사로 희귀본을 입수하기 위해 살인조차도 서슴지 않았으며, 결국 체포되어 재판을 받고 처형되었다. 그의 이야기는 훗날 플로베르의 단편 〈애서광〉(1836)의 소재가 되었다.

사누도, 마리노 (Marino Sanudo, 1466~1533) 이탈리아의 역사가. '마리노 사누토'라고도 한다. 베네치아의 명문가 출신으로 의회에서 활동하며 당대의 지식인들과 교류했고, 희귀본 수집가로도 명성이 높았다.

사도 바울 (Paul the Apostle, ? ~ 64?) 고대 로마의 기독교 사상가. 유대인으로 태어나 기독교를 받아들인 후에 지중해 인근 여러 지역을 순회하며 포교 활동에 전념했다. 신약성서에 수록된 여러 서한문의 저자로 간주되며, 이를 통해 초기 기독교 신학의 기틀을 정립한 인물로 평가된다.

사도 요한 (John the Apostle) 고대 로마의 기독교 사상가. 신약성서의 제4복음서와 서한문 가운데 일부, 그리고 계시록의 저자로 간주되는 인물이다. 예수 그리스도의 제자 중 한 명이었으며, 예수 사후에 포교 활동을 펼치다 유배 생활을 했다는 설도 있다.

사벨리코, 마르칸토니오 (Marcantonio Sabellico, 1436?~1506) 이탈리아의 역사가. 본명은 마르코 안토니오 사벨리코. 로마 출신으로 베네치아를 무대로 활동한 유명한 인문주의자 겸 역사가였다.

사시, 실베스트르 드 (Silvestre de Sacy, 1758~1838) 프랑스의 동양학자. 본명은 앙트완 이작 사시. 프랑스의 근대 아라비아어 연구에 있어 개척자로 평가되는 인물이다.

사우디, 로버트 (Robert Southey, 1774~1843) 영국의 시인 겸 전기 작가. 옥스퍼드 대학을 졸업하고 시인으로 명성을 얻었으며, 한때 정치에 관여하기도 했다. 1813년에 계관시인이 되었으며, 대표작으로는 여러 편의 서사시를 비롯해 넬슨과 웨슬리 등의 전기가 있다.

사우어, 크리스토퍼 (Christopher Saur, 1695~1758) 미국의 초창기 인쇄업자. 독일 출신으로 1738년부터 영국령 북아메리카에서 인쇄소를 운영하며 '독일어 성서'를 비롯해 여러 권의 책을 펴냈다.

사이토 료에이 (齋藤了英, Saito Ryoei, 1917~1996) 일본의 사업가 겸 미술품 수집가. 1990년에 크리스티에서 고흐의 〈가셰 박사의 초상〉을 8,250만 달러에, 소더비에서 르누아르의 〈물랭 드 라 갈레테〉를 7,820만 달러에 구입하여 파문을 일으켰다.

사트마리 2세, 루이스 I. (Louis I. Szathmary II, 1919~1996) 미국의 요리사 겸 도서수집가. 헝가리 출신으로 부다페스트 대학에서 심리학 박사 학위를 받았다. 1951년에 미국으로 이주해 시카고에 '베이커리'라는 식당을 차려 큰 성공을 거두고 '셰프 루이스'라는 예명으로 활동하며 여러 권의 요리책을 펴냈다. 은퇴 후에는 자신이 모은 요리 관련 희귀본 및 각종 자료를 미국 내 여러 대학에 기증했다.

사트마리, 사다코 (Sadako Tanino Szathmary) 루이스 사트마리의 부인. 캘리포니아 출신의 일본계 미국인으로 남편 루이스와 함께 시카고에서 26년간 '베이커리' 식당을 운영했다.

살루타티, 콜루치오 (Coluccio Salutati, 1331~1406) 이탈리아의 정치가 겸 인문학자. 1375년부터 12년간 혼란한 시기에 피렌체의 서기관을 역임하며 평화를 유지했고, 고전 문헌 수집가로도 유명해서 키케로 등의 실전된 저서를 발굴하기도 했다.

상드, 조르주 (George Sand, 1804~1876) 프랑스의 여성 작가. 본명은 아망딘 오로르 뤼시 뒤팽. 귀족 집안 출신이지만 당시로선 매우 파격적인 언행으로 주목을 받았다. 시인 뮈세와 작곡가 쇼팽 등과의 연애로도 유명하며, 당대의 인기 작가로 무려 80여 편의 작품을 남겼다.

새들러, 마이클 (Michael Sadleir, 1888~1957) 영국의 작가 겸 서지학자. 옥스퍼드 대학을 졸업하고 영국의 유서 깊은 출판사인 '콘스터블 앤드 컴퍼니'에서 평생 근무했으며, 여러 권의 소설과 앤서니 트롤럽에 관한 연구서를 남겼다.

새먼스, 크리스타 (Christa Sammons) 미국의 서지학자. 예일 대학 바이네케 도서관 큐레이터로 재직 중이다.

새턱, 로저 (Roger Shattuck) 미국의 작가. 대표작으로는 《금지된 지식》(1996) 등이 있다.

색스, 패트리시아 (Patricia Sacks) 미국의 여성 서지학자. 물렌버그~시더크레스트 도서관 사서를 역임하며, 도서절도범 제임스 신을 체포하는 데 일익을 담당했다.

샌드버그, 칼(Carl Sandberg, 1878~1967) 미국의 시인 겸 전기 작가. 어려서부터 여러 가지 직업을 전전했으며, 뒤늦게 고학으로 학교를 졸업하고 언론계에서 일했다. 이후 시인으로 명성을 얻어 1918년과 50년 두 차례에 걸쳐 시 부문 퓰리처상을 수상했으며, 모두 여섯 권에 달하는 링컨 전기로 1939년에 전기 부문 퓰리처상을 수상했다.

샌드위치 백작, 제4대 (The 4th Earl of Sandwich) → 몬터규, 존

샌디스 경, 존 에드윈 (Sir John Edwin Sandys, 1844~1922) 영국의 고전학자. 케임브리지 대학을 졸업하고 모교의 교수가 되었으며, 그리스어와 라틴어 고전의 권위자로 명성을 얻었다. 1911년에 작위를 하사받았다.

샐린저, J. D. (J. D. Salinger, 1919~) 미국의 소설가. 뉴욕 출신으로 젊은 세대로부터 폭발적인 인기를 끈 소설 《호밀밭의 파수꾼》(1951)의 저자로 유명하다. 1965년부터 일체의 대외 활동을 중단하고 은둔 중이다.

샤갈, 마르크(Marc Chagall, 1887~1985) 러시아의 화가. 상트페테르부르크에서 미술을 공부했고, 1922년부터 사망할 때까지 프랑스 파리에 거주했다. 단순하면서도 환상적인 색채가 강한 독특한 화풍으로 명성을 얻었고, 이른바 초현실주의의 선구적인 작가로 평가된다.

샤이드, 윌리엄 '빌' H. (William 'Bil' Hurd Scheide, 1914~) 미국의 도서수집가. 할아버지와 아버지에 이어 3대째 도서수집가 집안에서 태어났으며, 이 시대 최후의 거물급 개인 수집가로 평가된다. 1959년부터 자신의 소장도서를 프린스턴 대학 파이어스톤 도서관에 '샤이드 문고'라는 독립된 컬렉션으로 위탁 보관하고 있다.

샤이드, 윌리엄 테일러 (William Taylor Scheide, 1847~1907) 미국의 도서수집가. 존 힌스데일 샤이드의 아버지이다. 19세기 중반에 정유업으로 막대한 재산을 모았으며, 일찌감치 은퇴한 후에는 세계적인 희귀본을 망라한 탁월한 도서 컬렉션을 수집했다. 그가 모은 컬렉션은 아들과 손자 대에 이르러 미국 최고의 개인 컬렉션으로 발전했다.

샤이드, 존 힌스데일 (John Hinsdale Scheide, 1875~1942) 미국의 도서수집가. 윌리엄 테일러 샤이드의 아들이며, 윌리엄 H. 샤이드의 아버지이다. 프린스턴 대학을 졸업하고 한때 정유업계에서 일했다. 로젠바흐 등 당대의 유명한 서적상들과 거래하며, 부친에게 물려받은 장서에 구텐베르크 성서를 비롯한 걸작 희귀본들을 더했다.

샤프 3세, 존 L. (John Lawrence Sharpe III) 미국의 서지학자. 듀크 대학 사서로 재직 중이다.

사함, 나단 (Nathan Shaham, 1925~) 이스라엘의 작가. 텔아비브 출신으로, 현재 시프리앗 포알림 출판사의 편집장으로 재직 중이다.

샬롱, 르니에르 (Renier-Hubert-Ghislain Chalon) 벨기에의 도서수집가. 벨기에 애서가협회 회장을 역임했으며, 1840년에 이른바 '포르타스 백작'이라는 가상의 도서수집가가 모은 희귀본을 판매한다며 장난을 벌여 전 유럽의 도서수집가들을 골탕 먹인 바 있다.

서프, 베네트 (Bennett A. Cerf, 1898~1971) 미국의 출판인. 뉴욕 출신으로 컬럼비아 대학을 졸업했다. 1925년에 모던 라이브러리를 인수하고, 1927년에 랜덤하우스를 설립해 오늘날 미국 최대의 출판 기업 중 하나로 만들었다.

설리번, 데이비드 (David Sullivan) 미국의 서지학자. 스탠포드 대학을 거쳐 현재 캘리포니아 대학 버클리 캠퍼스 도서관의 희귀본 담당 사서로 재직 중이다.

설리번, 루이스 H. (Louis Henry Sullivan, 1856~1924) 미국의 건축가. 보스턴 출신으로 MIT를 졸업하고 훗날 파리에서 건축을 공부했다. 건물의 외양은 그 기능을 반영해야 한다는 것으로 요약되는 그의 실용주의적 노선은 미국 현대 건축에 지대한 영향력을 끼친 것으로 평가된다.

성(聖) 베네딕투스 (St. Benedict, ?~547) 이탈리아의 성직자. 베네딕투스 수도회의 창설자이며 중세 수도원 운동에서 중요한 역할을 담당했다.

성(聖) 보나벤투라 (St. Bonaventura, 1221~1274) 중세 이탈리아의 신학자. 토스카나 출신으로 프란체스코회 수도사였으며, 신비적인 면을 강조한 신학자로도 유명하다.

성(聖) 아우구스티누스 (St. Aurelius Augustinus, 354~430) 고대 로마 시대의 신학자 겸 철학자. 북아프리카 출신으로 청년 시절에 수사학을 공부하고, 한때 마니교에 심취했으나 이후에 기독교로 개종했다. 훗날 히포의 주교가 되어 수많은 저술을 펴냈으며, 서양 중세를 대표하는 철학자 가운데 한 사람이다. 대표작으로는 《고백록》(397~398), 《신국론》(413~426) 등이 있다.

성(聖) 커스버트 (St. Cuthbert, 635~687) 영국의 성직자. 스코틀랜드 출신으로 린디스판 주교를 역임했다. 사후 400여 년이 지난 뒤에 그의 관 속에서 훗날 '스토니허스트 복음서'로 알려지게 된 문헌이 발굴되기도 했다.

성(聖) 토마스 아퀴나스 (St. Thomas Aquinas, 1225?~1274) 이탈리아의 신학자. 도미니크회 소속 수도사로 1257년에 신학교수가 되었다. 아리스토텔레스의 철학에 크게 영향을 받았으며, 중세 스콜라 철학의 대표적 인물이다. 대표작으로는 《신학대전》(1266~1273) 등이 있다.

세네카, 루키우스 (Lucius Annaeus Seneca, BC 4?~AD 65) 고대 로마의 철학자. 에스파냐 출신으로 로마에서 수사학과 철학을 공부했고, 네로 황제의 어린 시절 스승이기도 했다. 이후 정계에서 은퇴하여 학문에 전념했으나 모반 혐의를 받고 자살했다.

세라, 후니페로 (Junipero Serra, 1713~1784) 에스파냐의 성직자. 마요르카 출신의 프란체스코 회 수도사로 캘리포니아 지역 선교사로 부임하여 여러 곳에 선교기지를 개척했다. 1988년에 이르러 시성(諡聖)되었으나, 아메리카 인디언 쪽에서는 그가 인디언을 착취했다며 반대의 목소리가 나오기도 했다.

세르반테스 사아베드라, 미구엘 데 (Miguel de Cervantes Saavedra, 1547~1616) 에스파냐의 작가. 젊은 시절 레판토 해전에서 부상을 입어 평생 왼손을 쓸 수 없었고, 귀국하던 도중 해적들에게 습격당해 알제리에서 노예 생활을 하기도 했다. 에스파냐를 대표하는 작가이며, 대표작으로는《돈키호테》(1615) 등이 있다.

세이건, 칼 (Carl Edward Sagan, 1934~1996) 미국의 천문학자 겸 과학저술가. 뉴욕 출신으로 시카고 대학을 졸업하고 1971년부터 코넬 대학 교수로 재직했다. 보이저 호를 비롯한 NASA의 우주계획에 참여했으며, PBS의 다큐멘터리 〈코스모스〉(1980)에 해설자로 등장하여 대중적으로도 인기를 얻었다. 대표작으로는 퓰리처상 수상작인《에덴의 용》(1977), 소설《접촉》(1985) 등이 있다.

세이빈, 조셉 (Joseph Sabin, 1821~1881) 미국의 서적상. 영국 출신으로 1848년에 미국으로 이주했고, 뉴욕과 필라델피아에서 서적상으로 활동하며 여러 권의 서지학 관련서를 펴냈다.

세인트 고든스, 오거스터스 (Augustus Saint-Gaudens, 1848~1907) 미국의 조각가. 아일랜드 출신으로 파리 미술학교를 졸업하고 이탈리아를 거쳐 미국으로 건너와 조각가로 명성을 얻었다.

세잔, 폴 (Paul Cézanne, 1839~1906) 프랑스의 화가. 엑상프로방스 출신으로 초기에는 인상파와 가까웠으나 훗날 독자적인 화풍을 개척했으며, 이후 야수파와 입체파에 큰 영향을 준 20세기 회화의 거장으로 평가되고 있다.

센닥, 모리스 (Maurice Sendak, 1928~) 미국의 아동문학가 겸 삽화가. 환상적인 내용의 아동 그림책으로 큰 인기를 얻었으며, 대표작으로는 《괴물들이 사는 나라》(1963), 《한밤중에 부엌에서》(1970) 등이 있다.

셀린, 루이~페르디낭 (Louis-Ferdinand Celine, 1894~1961) 프랑스의 작가. 본명은 루이 페르디낭 데투슈. 제1차 세계대전 참전 경험으로부터 소설 《밤의 끝으로의 여행》(1932)을 써서 명성을 얻었다. 작품 속에서 공공연히 반유대주의를 표방했기 때문에, 제2차 세계대전 직후에 신변의 위협을 느끼고 덴마크로 망명하기도 했다.

셀즈닉, 데이비드 O. (David O. Selznick, 1902~1965) 미국의 영화제작자. 피츠버그 출신으로 1936년에 자신의 제작사를 설립했고, 곧이어 《바람과 함께 사라지다》(1936)의 대성공으로 할리우드의 거물이 되었다.

셀프, 윌리엄 (William Self, 1921~) 미국의 영화제작자. 오하이오 출신으로 처음에는 단역 배우로 활동했지만, 이후 제작자로 진로를 바꿔 여러 편의 인기 TV 시리즈를 만들었다. 찰스 디킨스의 희귀본 컬렉션을 보유한 도서수집가로도 유명하다.

셀프, 페기 (Peggy Self) 윌리엄 셀프의 부인.

셔노프스키, 제이콥 L. (Jacob L. Chernofsky) 미국의 출판인. 서적상 및 도서수집가를 위한 전문지 〈AB 북맨스 위클리〉의 편집자로 오래 근무했다.

셔먼 장군, 윌리엄 T. (General William Tecumseh Sherman, 1820~1891) 미국의 군인. 오하이오 출신으로 육군사관학교를 졸업하고 멕시코 전쟁에 참전했다. 남북전쟁 당시 북군 준장으로 그랜트 장군 밑에서 혁혁한 전과를 올렸으며, 전후에는 육군 총사령관을 역임했다.

셔번, 조지 (George Sherburn, 1884~ ?) 미국의 영문학자. 18세기 영문학의 권위자이며 시카고 대학 교수를 역임했다.

셔틀레프, 너새니얼 B. (Nathaniel Bradstreet Shurtleff, 1810~1874) 미국의 도서수집가. 보스턴 출신으로 하버드 대학에서 의학을 전공했지만, 이후 문학에 전념했다. 보스턴 시장을 세 번이나 역임했고, 특히 자신이 수집한 자료를 바탕으로 미국에 최초로 도착한 청교도들의 가계를 조사하기도 했다.

셜리, 벳시 B. (Betsy Beinecke Shirley) 미국의 여성 도서수집가. 예일 대학 바이네케 도서관의 설립자 가운데 한 명인 월터 바이네케의 딸이다. 1970년대부터 아동서를 수집하기 시작했고, 1990년대에 자신의 컬렉션을 예일 대학에 기증했다.

셜리, 칼 (Carl Shirley) 벳시 B. 셜리의 남편.

셰델, 하르트만 (Hartmann Schedel, 1440~1514) 독일의 인쇄업자 겸 인문학자. 본래 의사였으나 1484년부터 뉘른베르크에서 인쇄소를 운영했고, 1493년에 유명한 인큐내뷸러 '뉘른베르크 연대기'를 출간했다.

셰익스피어, 윌리엄(William Shakespeare, 1654~1616) 영국의 극작가. 스트랫퍼드어폰에이본 출신으로, 구체적인 생애에 대해서는 확실히 전해지는 것이 드물다. 희극과 비극, 사극을 포함한 37편의 희곡과 소네트 등이 있다.

셰퍼, 엘렌 (Ellen Shaffer, 1904~1994) 미국의 여성 서지학자. 콜로라도 출신으로, 도슨 서점과 필라델피아 자유 도서관을 거쳐 실버라도 박물관의 큐레이터를 역임했다.

셰퍼, 오토 (Otto Schäfer, 1912~2000) 독일의 도서수집가. 주로 삽화본과 수제본에 관심을 두고 컬렉션을 구축했으며, 1989년에 독일 슈바인푸르트에 '오토 셰퍼 도서관'을 설립했다.

셰프 루이스 (Chef Louis) → 사트마리 2세, 루이스 I.

셸리, 메리 울스턴크래프트 (Mary Wollstonecraft Shelley, 1797~1851) 영국의 여성 작가. 본명은 메리 고드윈. 부모인 윌리엄 고드윈과 메리 울스턴크래프트 모두 작가였으며, 훗날 시인 퍼시 비시 셸리와 결혼했다. 대표작으로는 고딕 공포소설의 걸작인 《프랑켄슈타인》(1818)이 있다.

셸리, 퍼시 비시(Percy Bysshe Schelly, 1792~1822) 영국의 시인. 자유사상가인 고드윈으로부터 크게 영향을 받았고, 훗날 그의 딸이며 《프랑켄슈타인》의 저자인 메리 고드윈과 결혼했다. 영국 낭만주의를 대표하는 시인 가운데 한 사람이며, 대표작으로는 시집 《풀려난 프로메테우스》(1820)와 시론 〈시의 옹호〉(1821) 등이 있다.

소렌슨, 리 (Lee Sorenson) 미국의 서지학자. 애리조나 대학 도서관과 듀크 대학 도서관 사서를 역임했다.

소로, 헨리 데이비드(Henry David Thoreau, 1817~1862) 미국의 작가. 하버드 대학을 졸업하고, 에머슨과 함께 '초월주의자'로 알려진 콩코드의 문인 집단에 관여했다. 대표작으로는 자신의 숲속 생활을 소재로 한 《월든》(1854)과 훗날 간디의 비폭력 투쟁에 큰 영향을 끼친 《시민의 불복종》(1849) 등이 있다.

소크라테스 (Socrates, BC 469~399) 고대 그리스의 철학자. 아테네 출신으로 평생 사람들과 대화를 나누며 덕과 지식의 중요성을 깨우치려 노력했다. 펠로폰네소스 전쟁 직후의 혼란한 정치 상황 속에서 젊은이들을 타락시킨다는 죄목으로 고발되어 유죄 판결을 받고 처형되었다. 그 자신의 저작이나 학파는 없었으나 제자인 플라톤이 쓴 대화편에 주인공으로 등장함으로써, 역사상 가장 위대한 철학자로 평가된다.

소포클레스 (Sophoclesm BC 496?~406?) 고대 그리스의 극작가. 콜로누스 출신으로 아이스킬로스의 동시대 인물이다. 한때 정치에도 관여하였으며 평생 120여 편의 희곡을 썼다고 하지만, 현존하는 것은 《안티고네》, 《오이디푸스 왕》 등 7편과 단편들뿐이다.

쇠엔, 마르틴 (Martin Shøyen) 노르웨이의 도서수집가. 1920년대와 30년대에 집중적으로 희귀 필사본과 인큐내뷸러를 수집하기 시작했다. 컬렉션 가운데 일부인 인큐내뷸러는 1991년에 경매에 나와 매각되었고, 나머지 장서는 오늘날 노르웨이 국립도서관에 보관되어 있다.

쇠퍼, 페터 (Peter Schöffer, 1425?~1502) 독일의 인쇄업자. 1457년부터 요한 구텐베르크의 인쇄소에서 조수로 일했으며, 훗날 요한 푸스트와 동업하여 마인츠 시편 등의 인큐내뷸러를 제작했다.

쇼, 조지 버나드 (George Bernard Shaw, 1856~1950) 영국의 극작가. 아일랜드 출신으로 대표작 《인간과 초인간》(1903)을 발표해 세계적인 극작가로 명성을 얻었다. 페이비언협회 설립에 관여하고 반전 운동을 벌이기도 했으며, 1925년에 노벨문학상을 받았다.

솔렘 알레이헴 (Sholem Aleichem, 1859~1916) 미국의 작가. 본명은 숄렘 야코프 라비노비츠(얀케브 아브라모비치). 러시아 출신의 유대인으로 1905년에 미국으로 이주했다. '멘델레 모이헤르 스포림(책 도붓장사 멘델레)' 이라는 필명을 써서 이디시어로 작품을 썼다. 뮤지컬과 영화로도 제작되어 유명한 《지붕 위의 바이올린》은 그의 단편소설이 원작이다.

솜버그, 아서 알폰소 (Arthur Alfonso Schomburg, 1874~1938) 미국의 흑인 역사가 겸 도서수집가. 푸에르토리코 출신으로 뉴욕에서 은행원으로 일하며 흑인의 역사와 문화에 대한 자료를 방대하게 수집했다. 1926년에 자신의 컬렉션을 뉴욕 공립도서관에 매각했고, 사망할 때까지 그곳의 큐레이터로 일했다.

수에토니우스 (Gaius Suetonius Tranquillus, 69?~122?) 고대 로마의 작가. 로마 출신으로 법률을 공부했으며 한때 하드리아누스 황제의 비서로 일하기도 했다. 대표작으로는 카이사르 이후 열두 황제의 전기인 《황제전》(121)이 있다.

수터, 셈 (Sem Sutter) 미국의 서지학자. 시카고 대학 리젠스타인 도서관에 재직 중이다.

술라 (Lucius Cornelius Sulla, BC 138~78) 로마의 군인 겸 정치가. BC 88년에 집정관이 되었으며, 동부 속주에 침입한 폰투스 왕 미트리다테스를 치기 위해 원정을 나가는 와중에 한때 자신의 상사였던 마리우스와 적대 관계가 되었다. 5년 뒤에 로마로 개선하여 마리우스 파를 일소하고 다시 정권을 장악했다.

술라, 파우스투스 (Faustus Cornelius Sulla, BC 1세기경) 로마의 정치가 술라의 아들. 부친 사후에 아리스토텔레스의 장서를 물려받았으나 이후 빚에 쪼들려 모두 매각한 것으로 전한다.

쉬라트, 카타리나 (Katharina Schratt, 1853~1940) 오스트리아의 여배우. 프란츠 요제프 황제의 애인이기도 하다.

슈라이버, 프레드 (Fred Schreiber, 1935~) 미국의 서적상. 독일 출신으로 하버드 대학을 졸업하고 뉴욕에서 서점을 운영했으며, 특히 고전 및 만화 분야의 전문가로 유명하다.

슈와츠, 제이콥 '제이크' (Jacob 'Jake' Schwartz) 영국의 서적상. 미국 출신으로 1920년대에 런던에서 고서점 '율리시즈 서점'을 운영했다.

스미스 박사, 앤드류 (Dr. Andrew Smith, 1797~1872) 영국의 의사 겸 동물학자. 스코틀랜드 출신으로 의학을 공부하고 선의(船醫)로 일했다. 1820년부터 1837년까지 남아프리카의 케이프 식민지에 거주하며 그곳의 동물을 연구했다.

스미스, 리타 (Rita Smith) 미국의 여성 서지학자. 플로리다 대학 볼드윈 문고 담당 큐레이터이다.

스미스, 새뮤얼 H. (Samuel H. Smith, 1772~1845) 미국의 언론인 겸 정치가. 친구인 토머스 제퍼슨의 요청을 받아 미국 국회도서관에서 제퍼슨 장서를 구입하도록 도운 인물이다.

스미스, 애덤 (Adam Smith, 1723~1790) 영국의 경제학자. 스코틀랜드 출신으로 옥스퍼드 대학을 졸업하고 글래스고 대학에서 철학 교수로 재직했다. 대표작인 《국부론》(1776)을 통해 이른바 '근대 경제학의 아버지'로 평가된다.

스미스, 에드워드 J. (Edward John Smith, 1850~1912) 미국의 항해가. 타이타닉 호의 선장이었다.

스미스, 제시 윌콕스 (Jessie Willcox Smith, 1863~1935) 미국의 여성 화가. 필라델피아 출신으로 유명한 삽화가 하워드 파일 밑에서 그림을 공부했고, 아르누보 풍의 섬세하고도 매력적인 화풍으로 인기를 얻었다.

스미스, 조지 D. (George D. Smith, 1870~1920) 미국의 서적상. 헨리 E. 헌팅턴의 의뢰로 '헌팅턴 도서관'에 소장될 수많은 희귀본을 수집한 것으로도 유명하며, 20세기 최고의 서적상 중 한 명으로 꼽힌다.

스미스, 존 (John Smith, 1580~1631) 영국의 군인 겸 탐험가. 북아메리카의 버지니아 식민지에 '제임스타운'을 개척했다. 당시 알곤퀸 인디언으로부터 습격을 받았지만 추장의 딸인 포카혼타스에 의해 구출되었다는 낭만적인 이야기의 주인공으로도 유명한데, 그 이야기의 진실성 여부는 아직까지도 논란의 대상이다.

스미스, 페리 H. (Perry H. Smith, 19세기경) 미국 시카고의 도서수집가. 1871년의 시카고 대화재로 장서를 모두 잃었다.

스미스, 해리 B. (Harry B. Smith, 1860~1936) 미국의 작곡가.

스미스, 허먼 (Herman Smith) 미국의 서지학자. 뉴베리 도서관장을 역임했다.

스베덴보리, 에마누엘 (Emanuel Swedenborg, 1688~1772) 스웨덴의 과학자 겸 신학자. 스톡홀름 출신으로 웁살라 대학을 졸업하고 광산기술자로 일했다. 개인적인 신비 체험을 한 뒤에 기독교의 틀 안에서 독특한 신학 체계를 세운 것으로도 유명하다.

스베인하임, 콘라트 (Conrad Sweynheym, ?~1477?) 독일 출신의 초창기 인쇄업자. 마인츠 출신으로 1464년에 동료인 아르놀트 판나르츠와 함께 수비아코에서 이탈리아 최초로 인쇄소를 설립했고, 1467년에 로마로 이주했다. 이들이 함께 펴낸 책은 30여 종에 달하며, 그 대부분은 성서와 신학서였다.

스완슨, 글로리아 (Gloria Swanson, 1899~1983) 미국의 영화배우. 무성영화 배우로 인기를 얻었지만 유성영화가 나오면서 인기를 잃어 1934년에 은퇴했다가, 1950년에 빌리 와일더 감독의 《선셋 대로》에서 열연하며 다시 한 번 호평을 받았다.

스위프트, 조너선 (Jonathan Swift, 1667~1745) 영국의 작가. 아일랜드 출신으로 트리니티 칼리지를 졸업하고 목사가 되었다. 정계 진출의 뜻을 이루지 못하고 귀향했으며, 정신착란으로 불우한 말년을 보냈다. 대표작으로는 《걸리버 여행기》(1726) 등이 있다.

스캐드, 로버트 O. (Robert Oliver Schad, 1900~) 미국의 서지학자.

스캐먼, 조너선 영 (Jonathan Young Scammon, 1812~1890) 미국의 법조인. 메인 출신으로 변호사가 되었으며, 1835년에 시카고로 이주하여 법률회사를 운영하며 지역 유지가 되었다. 그러나 1871년의 대화재와 1873년의 공황으로 재산과 장서를 모두 잃고 말았다.

스콧 경, 월터 (Sir Walter Scott, 1771~1832) 영국의 작가. 스코틀랜드 출신으로 변호사가 되었으나 오히려 문학에 관심을 두었다. 처음에는 시를 쓰다가 익명으로 발표한 《웨이벌리》(1814)가 큰 인기를 끌면서 역사소설가로 명성을 얻었다.

스콰이어, J. C. (John Collings Squire, 1882~1958) 영국의 작가. 플리머스 출신으로 케임브리지 대학을 졸업하고 여러 문학 잡지의 편집자를 역임했다. 뛰어난 에세이스트이자 제1차 세계대전을 전후한 영국 문단에서 지대한 영향력을 행사한 인물로 평가되고 있다.

스쿠노버, 데이비드 (David E. Schoonover) 미국의 서지학자. 아이오와 대학 도서관의 희귀본 담당 큐레이터이다.

스키너, 마크 (Mark Skinner, 19세기경) 미국 시카고의 도서수집가. 1871년의 시카고 대화재로 장서를 모두 잃었다.

스타레트, 빈센트 (Vincent Starrett, 1886~1974) 미국의 작가.

스타인벡, 존 (John Steinbeck, 1902~1968) 미국의 소설가. 캘리포니아 출신으로 스탠포드 대학을 졸업했다. 미국 사실주의 문학의 대표적인 작가로 평가되며, 1962년에 노벨문학상을 받았다. 작품으로는 《생쥐와 인간》(1937), 《분노의 포도》(1939) 등이 있다.

스탈 부인 (Madame de Staël, 1766~1817) 프랑스의 소설가. 본명은 안느 루이제 제르멘느 네케르. 파리 출신으로 훗날 스웨덴 대사를 역임한 스탈 남작과 결혼했다. 자유주의와 민주주의의 옹호자로 혁명 당시부터 나폴레옹 시대까지 여러 번에 걸쳐 국외로 망명하기도 했다. 대표작으로는 소설 《델핀느》(1802), 《코린느》(1805) 등이 있다.

스탈린, 요시프 (Iosif Vissarionovich Stalin, 1879~1953) 러시아의 정치가. 레닌의 뒤를 이어 권력을 장악했고, 이후 반대파를 숙청하는 등의 탄압 정치로 악명이 높았다. 생전에는 열광적인 숭배의 대상이 되었으나, 사후에는 급격히 지위가 격하되어 오늘날은 잔인한 독재자로 평가되고 있다.

스탈링, 케년 (Kenyon Law Starling, 1905~1983) 미국의 사업가 겸 도서수집가. 오하이오 주 데이턴 출신으로 디킨스를 비롯한 영국 작가들의 훌륭한 도서 컬렉션을 구축했고, 사후에 친구이며 디킨스 수집가인 윌리엄 셀프에게 자신의 컬렉션을 양도했다.

스탠호프, 필립 (Philip Stanhope, 1774~ ?) 제4대 체스터필드 백작 필립 도머 스탠호프의 아들. 체스터필드가 네덜란드 헤이그 공사로 재직하던 시절에 어느 프랑스 여인으로부터 낳은 사생아로, 그에게 보낸 부친의 편지가 훗날 책으로 출간되어 유명해졌다.

스탠호프, 필립 도머, 제4대 체스터필드 백작 (Philip Dormer Stanhope, 4th Earl of Chesterfield, 1694~1773) 영국의 정치가 겸 작가. 하원의원과 아일랜드 총독을 역임했으며, 프랑스에 있는 아들 필립 스탠호프에게 보낸 편지가 사후에 책으로 출간되면서 서한문 작가로도 명성을 얻었다.

스테일리, 토머스 F. (Thomas F. Staley) 미국의 영문학자. 제임스 조이스 연구의 권위자로 10여 권의 관련서를 편저했으며, 현재 텍사스 대학 해리 랜섬 인문학연구소의 소장을 맡고 있다.

스텔라, 프랭크 (Frank Stella, 1936~) 미국의 화가. 화풍에 있어서는 실험적이고 대담한 표현 방식이 특징이며, 20세기 '미니멀 아트'의 대표적인 작가로 평가된다.

스토다드, 로저 E. (Roger E. Stoddard) 미국의 서지학자. 하버드 대학 호우튼 도서관의 희귀본 담당 큐레이터이다.

스토우, 해리엇 비처 (Harriet Beecher Stowe, 1811~1896) 미국의 여성 작가 겸 인도주의자. 본명은 해리엇 비처. 코네티컷 출신으로 대표작 《톰 아저씨의 오두막》(1851~1852)은 비참한 노예제도의 현실을 고발한 문제작으로 평가된다.

스토커, 브램 (Bram Stoker, 1847~1912) 아일랜드의 소설가. 본명은 에이브러햄 스토커. 더블린 출신으로 대학 졸업 후 연극계에서 활동하며 틈틈이 소설을 썼다. 대표작 《드라큘라》(1897)는 흡혈귀가 등장하는 공포소설의 전형으로 여겨지며, 이후의 소설 및 영화 등에 큰 영향력을 발휘했다.

스톡턴, 프랭크 (Francis 'Frank' Al Stockton, 1834~1902) 미국의 아동작가.

스톤먼, 윌리엄 P. (William P. Stoneman) 미국의 서지학자. 프린스턴 대학 파이어스톤 도서관을 거쳐, 현재 하버드 대학 호우튼 도서관에 재직 중이다.

스트라보 (Strabo, BC 63?~AD 21?) 그리스의 지리학자 겸 역사학자. 폰투스 출신으로 지중해 각지를 여행한 체험담을 바탕으로 대표작인 《지리지(地理誌)》를 썼다.

스트라빈스키, 이고르 (Igor Stravinsky, 1882~1971) 러시아 출신의 미국 작곡가. 페테르부르크 출신이며 러시아 혁명 직후에 외국으로 망명했고, 1945년에 미국으로 이주했다. 대표작으로는 발레곡 《불새》(1910), 《봄의 제전》(1913) 등이 있다.

스트로스, 노먼 H. (Norman H. Strouse, ?~1993) 미국의 도서수집가. 광고업계에서 활동했으며 자신이 수집한 문학 컬렉션을 미국 내의 여러 대학에 기증했다. 1969년에 영국 작가 로버트 루이스 스티븐슨의 자료를 망라한 '실버라도 박물관'을 캘리포니아에 설립했다.

스트로치 장군, 피에트로 (Marshal Pietro Strozzi, 1510~1588) 프랑스의 군인.

스트리터, 토머스 W. (Thomas Winthrop Streeter, 1883~1965) 미국의 사업가 겸 도서수집가. 역사상 가장 훌륭한 아메리카나 컬렉션을 구축한 인물 중 하나이며, 그의 컬렉션은 사후인 1966년부터 3년간 경매를 통해 매각되었다.

스티븐스 2세, 로버트 G. (Robert Grier Stephens, Jr., 1913~2003) 미국의 정치가. 조지아 출신으로 민주당 소속 하원의원을 역임했다.

스티븐스, 헨리(Henry Stevens, 1819~1886) 미국의 서적상 겸 서지학자. 버몬트 출신으로 예일 대학을 졸업했고, 1845년에 영국으로 이주하여 줄곧 그곳에 살았다. 런던에서 서적상으로 활동했으며, 특히 아메리카나 전문가로 명성이 높았다.

스티븐슨, 로버트 루이스 (Robert Louis Balfour Stevenson, 1850~1894) 영국의 소설가. 에든버러 출신으로 법학을 공부하고 변호사가 되었으나, 폐결핵으로 요양하며 작품을 써서 명성을 얻었다. 훗날 남태평양의 사모아 섬으로 이주해 살다가 그곳에서 사망했다. 대표작으로는 《보물섬》(1883), 《지킬 박사와 하이드 씨》(1886) 등이 있다.

스틸웰, 마거릿 (Margaret Stillwell, 1887~1984) 미국의 여성 서지학자. 프로비던스의 앤메리 브라운 기념박물관의 사서를 역임했고, 인큐내뷸러 분야의 전문가로 명성을 얻었다.

스파크스, 제어드 (Jared Sparks, 1789~1866) 미국의 역사학자 겸 교육가. 코네티컷 출신으로 하버드 대학을 졸업하고 유니테리언파 목사가 되었으며, 이후 하버드 대학 총장을 역임했다.

스펜서, 조지 존, 제2대 스펜서 백작(George John Spencer, 2nd Earl of Spencer, 1758~1834) 영국의 정치가. 해군장관 시절 넬슨 제독을 천거하는 등의 업적을 남겼고, 이후 내무장관을 역임했다. 평생 문학 및 과학 연구를 했고, 훌륭한 인큐내뷸러 컬렉션을 수집한 것으로도 유명하다.

스펜서, 존 찰스, 제3대 스펜서 백작 (John Charles Spencer, 3rd Earl of Spencer, 1782~1845) 영국의 귀족. 제2대 스펜서 백작 조지 존의 아들이다. 일찍이 정계에 진출하여 하원의원을 역임했지만, 부친 사후에 작위를 물려받자 곧바로 은퇴했다.

스펜서, 에드먼드 (Edmund Spenser, 1552?~1599) 영국의 시인. 런던 출신으로 당대의 귀족 및 문인 등의 저명인사들과 널리 교제했으며, 당대의 가장 위대한 시인으로 추앙되었다. 대표작으로는 미완성 서사시인 《선녀 여왕》(1596)이 있다.

스푸어, 존 A. (John A. Spoor, 1851~1926) 미국의 사업가 겸 도서수집가.

스피라, 요한네스 데 (Johannes de Spira, ? ~1470) 이탈리아의 초창기 인쇄업자. '요한 스페예르(슈파이에르)'라고도 한다. 현재는 러시아 영토인 바바리아의 스페예르 출신으로, 훗날 이탈리아 베네치아로 이주해 인쇄업자로 활동했다.

스핑간, 아서 (Arthur Barnett Spingarn, 1878~1971) 미국의 법조인 겸 인권운동가. 백인이었지만 변호사로 활동하며 흑인 인권운동에도 깊이 관여했고, 전국 유색인지위향상협회 회장을 역임했다. 그가 수집한 흑인 작가 컬렉션은 1946년에 하워드 대학에 매각되어, 이후 무어런드~스핑간 연구소의 근간이 되었다.

슬로언, 도로시 (Dorothy Sloan) 미국의 여성 서적상. 텍사스 주 오스틴에서 '도로시 슬로언 서점'을 운영 중이다.

슬로언 경, 한스 (Sir Hans Sloane, 1660~1753) 영국의 의사 겸 골동품수집가. 아일랜드 출신으로 젊은 시절부터 박물학에 관심을 가져 표본을 수집했고, 이후 의학을 공부하여 의사가 되었다. 1716년에 작위를 하사받았으며, 사후에 자신의 컬렉션을 국가에 헌납했다.

시드니, 로버트, 제1대 레스터 백작 (Robert Sidney, 1st Earl of Leicester, 1563~1626) 영국의 정치가. 옥스퍼드 대학을 졸업하고 외교관으로 활동했으며, 제임스 1세의 측근으로 일하며 1618년에 작위를 하사받았다. 문학 애호가로 유명해서 여러 작가들을 후원했다.

시드니, 필립 (Philip Sidney, 1554~1586) 영국의 시인. 엘리자베스 1세의 궁정에서 총애를 받고 외교관으로도 활동했으며, 훗날 전투에 참전해 부상을 입고 사망했다.

시먼스, A. J. A. (Alphonse James Albert Symons, 1900~1941) 영국의 전기 작가 겸 도서수집가. 소설가 줄리언 시먼스의 형이다. 런던 출신으로 여러 권의 전기를 썼으며, 1920년대에 애서가 단체인 '퍼스트 에디션즈 클럽'을 조직했다.

시먼스, 줄리언 (Julian Gustave Symons, 1912~1994) 영국의 추리소설가. A. J. A. 시먼스의 동생이다. 런던 출신으로 제2차 세계대전에 참전했으며, 이후 카피라이터로 일하다가 1947년부터 전업작가가 되었다.

시먼즈, 존 에딩턴 (John Addington Symonds, 1840~1893) 영국의 작가. 옥스퍼드 대학을 졸업하고 병약한 체질로 인해 생애 대부분을 이탈리아와 스위스 등지에서 요양하며 보냈다. 외국 여행의 체험을 담은 에세이와 셸리, 시드니, 존슨 등의 전기 작가로도 유명하다.

시아, 로니 포치아 (Ronnie Po-Chia Hsia, 1953~) 미국의 종교사학자. 중국계 미국인이며 현재 펜실베이니아 주립대학 교수로 재직 중이다.

시어즈, 데이비드 (David Sears) 미국의 도서수집가.

시퍼, 랠프 B. (Ralph Bruno Sipper, 1932~) 미국의 서적상. 1970년부터 캘리포니아 주 샌타바버라에서 '조셉 더 프로바이더' 서점을 설립해 운영했으며, 1996년에 은퇴했다.

시프턴, 클리포드 K. (Clifford Kenyon Shipton, 1902~1973) 미국의 서지학자. 미국 고서협회와 하버드 대학 도서관에서 사서로 근무했고, 여러 권의 서지학 관련서를 저술했다.

신, 제임스 (James Shinn) 미국의 도서절도범. 본명은 제임스 리처드 코프먼. 미국 전역의 도서관 및 기관에서 책을 훔쳐 팔다가 1981년에 체포되어 20년 형을 선고받았다.

실러, 저스틴 G. (Justin G. Schiller) 미국의 서적상. 1959년에 뉴욕에 '저스틴 G. 실러 서점'을 설립해 운영 중이며, 아동서 분야의 전문가로 유명하다.

실버, 루이스 H. (Louis H. Silver, 1902~1963) 미국의 사업가 겸 도서수집가. 시카고에서 호텔을 운영하는 한편, 1940년대와 50년대에 걸쳐 수많은 희귀본을 수집하기도 했다. 그의 사후에 컬렉션을 매각하는 과정에서 텍사스 대학과 뉴베리 도서관 사이에 신경전이 벌어지기도 했다.

실버, 에이미 (Amy Silver) 루이스 실버의 부인.

실버, 조엘 (Joel Silver, 1951~) 미국의 서지학자. 인디애나 대학 릴리 도서관에 재직 중이다.

실버, 존 (John Silber, 1926~) 미국의 교육가. 텍사스 출신으로 예일 대학을 졸업하고 텍사스 대학에서 철학 교수로 재직했다. 1971년부터 1996년까지 보스턴 대학 총장을 역임했고, 1990년에는 민주당 소속으로 매사추세츠 주지사 선거에 출마했으나 패배하고 말았다.

실버스톤, 마릴린 (Marilyn Silverstone, 1929~1999) 미국의 사진가. 영국 출신으로, 훗날 미국으로 이주해 웰즐리 칼리지를 졸업했다. 잡지사에 근무하다가 1955년부터 프리랜서 사진가가 되었다. 국제적인 사진가 단체인 '매그넘'의 일원이었으며, 만년에는 불교에 귀의하여 인도에 거주했다.

심즈, 윌리엄 길모어 (William Gilmore Simms, 1806~1870) 미국의 소설가. 사우스캐롤라이나 출신이며, 미국 초창기를 배경으로 한 역사소설의 작가로 유명하다.

심프슨, 토머스 (Thomas Sympson, 1660년경) 영국의 목수. 영국 해군 소속이었으며, 새뮤얼 피프스의 요청으로 그의 서재에 놓을 책장을 제작한 인물로 유명하다.

싱어, 아이작 바셰비스 (Isaac Bashevis Singer, 1904~1991) 미국의 소설가. 폴란드 출신으로 1935년에 미국으로 이주한 후에도 계속 이디시어로 작품을 발표했다. 대표작으로는 《모스카트 가》(1945), 《쇼샤》(1978) 등이 있고, 1978년에 노벨문학상을 수상했다.

아가토클레스 (Agathocles, BC 361~289) 고대 시라쿠사의 독재자. 본래 군인이었으나 무력으로 정권을 장악했고, 이후 카르타고와의 전쟁 등을 통해 그리스 지역에 대한 영향력을 행사했다.

아골리, 안드레아 (Andrea Argoli, 1570~1650) 이탈리아의 천문학자. 파두아 대학 교수를 역임했고, 천문력 제작자로도 유명하다.

아낙시메네스 (Anaximenes, BC 6세기경) 고대 그리스의 철학자. 밀레토스 학파의 마지막 인물이다. 공기를 만물의 근본 물질로 보았고, 그 농도에 따라 다양한 물질이 생긴다고 보았다.

아널드, 베네딕트 (Benedict Arnold, 1741~1801) 미국의 군인. 코네티컷 출신으로 독립전쟁 당시에 혁혁한 전공을 세웠지만, 영국 측 스파이 존 앙드레와 협상해 자신이 점령한 웨스트포인트를 영국 측에 넘기려다 발각되어 도주했다.

아널드, 윌리엄 해리스 (William Harris Arnold, 1854~1923) 미국의 도서수집가.

아당송, 미셸 (Michel Adanson, 1727~1806) 프랑스의 박물학자. 엑상프로방스 출신으로 파리의 국립식물원에서 일했고, 아프리카 세네갈에서 연구하기도 했다. 자신이 수집한 표본을 바탕으로 뷔퐁이나 린네와는 다른 독창적인 분류체계를 제시해 주목을 받았다.

아렌츠 2세, 조지 (George Arents, Jr., 1885~1960) 미국의 사업가 겸 도서수집가. 담배 관련 사업에 뛰어들어 막대한 재산을 모았으며, 1944년에 담배에 관한 문헌 자료를 망라한 '아렌츠 컬렉션'을 뉴욕 공립도서관에 기증했다.

아르키메데스 (Archimedes, BC 287?~212) 고대 그리스의 수학자 겸 과학자. '유레카' 라는 말로 유명한 부력의 원리를 비롯하여, 그가 고안한 발명품 등에 대한 일화가 많이 전해진다. 제2차 포에니 전쟁 당시 시라쿠사를 점령한 로마군에게 피살되었다고 한다.

아르키아스 (Archias) 고대 로마의 시인. 그리스 출신으로 훗날 정치적인 이유로 박해를 받았을 때, 키케로가 그를 위해 법정에서 한 변론인 〈시인 아르키아스를 변호함〉(BC 62)의 주인공으로 유명하다.

아리스토텔레스 (Aristotle, BC 384~322) 고대 그리스의 철학자. 플라톤의 제자였으며, 이후 마케도니아에 가서 황태자 알렉산드로스를 가르쳤다. 논리학, 자연학, 윤리학, 시학 등에서 탁월한 업적을 남긴 대표적인 고대 철학자이다.

아리스토파네스 (Aristophanes of Byzantium, BC 257~180) 고대 이집트의 문법학자. 일명 '비잔틴의 아리스토파네스'라고 한다. 알렉산드리아 도서관장을 역임하며 유명한 고대 작가들의 작품을 교정한 것으로 유명하다.

아리스토파네스 (Aristophanes, BC 445?~385?) 고대 그리스의 극작가. 아테네 출신으로 당대 최고의 희극 작가로 명성을 떨쳤다. 대표작으로는 철학자 소크라테스를 풍자한 《구름》(BC 423)을 비롯해 《벌》(BC 424), 《새》(BC 414) 등이 있다.

아문센, 로알드 (Roald Amundsen, 1872~1928) 노르웨이의 탐험가. 대학에서 의학을 공부한 뒤 벨기에의 남극탐험대에 참가했다. 사상 최초로 북서항로 개척에 성공했으며, 1911년에는 사상 최초로 남극점에 도달하는 업적을 세웠다.

아므르 이븐-알-아스 (Amr Ibn-al-As, ? ~663) 아랍의 군인. 640년경에 있었던 이집트 정복에서 사령관으로 활약했다.

아벨 대령, 루돌프 (Colonel Rudolph Abel, 1903~1971) 러시아의 스파이. 본명은 빌람 겐리코비치 피셔. 1946년에 KGB의 스파이로 미국에 잠입해 활동하다가 1957년에 체포되어 30년형을 선고받았으나, 1962년에 U2 첩보기의 조종사인 게리 파워스와 교환되어 조국 러시아로 돌아갔다.

아브라모비치, 숄렘 얀케브 (Sholem Yankev Abramovitch) → 숄렘 알레이헴

아서(Asser, ? ~908?) 중세 영국의 작가 겸 성직자. 셔본 주교를 역임했으며 대표작으로는《알프레드 대왕의 생애》(893)가 있다.

아시모프, 아이작 (Isaac Asimov, 1920~1992) 미국의 소설가 겸 과학자. 러시아 출신으로 컬럼비아 대학을 졸업했고, 평생 400여 권 이상의 대중과학서와 과학소설을 집필했다. 대표작으로는 '로봇공학 3원칙'을 정립한 기념비적 작품인《아이 로봇》(1950)과《강철도시》(1954), 그리고 파운데이션 삼부작(1951~1953) 등이 있다.

아우구스투스 황제 (Emperor Augustus, BC 63~AD 14) 고대 로마의 황제(재위 BC 27~AD 14). 본명은 가이우스 옥타비아누스. 율리우스 카이사르의 후계자로 안토니우스를 물리치고 실권을 장악했다. 이후 원로원으로부터 '아우구스투스'라는 칭호를 받음으로써 실질적인 황제의 자리에 올랐다.

아우구스티누스 (Augustinus) → 성 아우구스티누스; 전도자 아우구스티누스

아우소니우스, 데키무스 마그누스 (Decimus Magnus Ausonius, 310?~395?) 고대 로마의 작가. 프랑스 보르도 출신으로 한때 관직에 있었고, 당시의 인물과 생활상을 잘 보여주는 작품을 남겼다.

아이빈즈, 몰리 (Molly Ivins, 1944~) 미국의 여성 언론인. 본명은 메리 타일러 아이빈즈. 캘리포니아 출신으로 컬럼비아 대학을 졸업했고, 이후 텍사스 주 오스틴에 거주하며 자유주의적 성향의 칼럼니스트로 활동해 명성을 얻었다.

아이스킬로스 (Aeschylus, BC 525?~456) 고대 그리스의 극작가. 아티카 출신으로 페르시아와의 전쟁에도 참전했고, 뒤늦게 극작가로 성공했다. 평생 90여 편의 작품을 썼다고 하지만, 현존하는 것은 '오레스테이아 3부작'을 포함한 7편뿐이다.

아이젠하워, 드와이트 D. (Dwight D. Eisenhower, 1890~1969) 미국 제34대 대통령(재임 1953~1961). 텍사스 출신으로 웨스트포인트를 졸업한 후 더글라스 맥아더의 참모로 근무했다. 제2차 세계대전 당시 유럽 연합군 최고사령관으로 활약했고, 퇴역 후 미국 대통령을 2회 연임했다.

아이즐리, 로렌 (Loren Corey Eiseley, 1907~1977) 미국의 인류학자. 네브라스카 출신으로 캔자스 대학과 오벌린 칼리지를 거쳐 펜실베이니아 대학에서 인류학 교수로 재직했다.

아인슈타인, 알베르트 (Albert Einstein, 1879~1955) 독일 출신의 미국 물리학자. 나치를 피해 1933년에 독일을 떠나 미국의 프린스턴 고등연구소에서 활동했으며, 1921년에 노벨물리학상을 받았다.

아일랜드, 윌리엄 헨리 (William Henry Ireland, 1777~1835) 영국의 문서위조범. 17세 때 《보티건과 로웨나》라는 작품을 쓰고 '셰익스피어의 실전된 작품'을 발견했다고 주장해 파문을 일으켰다. 사실이 들통 난 후에도 극작가로 활동하려 했지만 성공을 거두진 못했다.

아티쿠스 (Titus Pomponius Atticus, BC 110?~BC 32?) 고대 로마의 문인 겸 출판업자. 로마 출신으로 어린 시절부터 키케로의 절친한 친구이며 사돈이기도 했다. BC 85년부터 아테네에 거주하며 노예들을 시켜 출판업을 벌이기도 했고, 만년에 로마로 돌아와 사망했다.

아펠리콘테스 (Apellicon(tes) of Teos, ?~BC 84) 고대 그리스의 도서수집가. 아테네 출신으로 넬레우스에게서 아리스토텔레스와 그 제자 테오프라스투스의 장서를 구입했다. 하지만 문헌의 실전된 부분을 나름대로 교정, 첨삭하는 과정에서 오히려 신뢰도를 떨어트린 것으로 평가된다.

안데르센, 한스 크리스티안 (Hans Christian Andersen, 1805~1875) 덴마크의 아동문학가. 코펜하겐 출신으로 배우를 지망했으나 뜻을 이루지 못하고, 자전적 소설 《즉흥시인》(1835)으로 명성을 얻었다. 모두 130여 편에 달하는 동화의 저자로도 유명하다.

안토네티, 마틴 (Martin Antonetti) 미국의 서지학자. 1990년부터 그롤리에 클럽 사서로 재직 중이다.

안토니우스, 마르쿠스 (Marc Antony, BC 82?~30) 고대 로마의 군인 겸 정치가. 카이사르 암살 후에 민심을 수습했고, 옥타비아누스 등과 삼두정치 체제를 수립해 브루투스와 카시우스를 격파해 실권을 장악했다. 이후 악티움 해전에서 옥타비아누스에게 패배해 자살했다.

알렉산데르 8세 (Pope Alexander VIII) → 교황 알렉산데르 8세

알렉산드로스 대왕 (Alexander the Great, BC 356~323) 마케도니아의 왕(재위 BC 336~323) 필리포스 2세의 아들로 20세의 젊은 나이에 왕위에 올라 그리스, 페르시아, 인도에 이르는 제국을 건설하고 동방 원정 중에 사망했다. 이른바 '헬레니즘 문명'의 기반을 마련한 인물로 평가된다.

알렉산드리나 (Alexandrina) → 크리스티나 여왕

알머스, 로베르트 (Robert Allmers, 1872~1951) 독일의 작가.

알칸 (Alkan) → 모랑쥬, 샤를 앙리 발랑탱

앙드레, 존 (John Andr?, 1751~1780) 영국의 스파이. 미국 독립전쟁 당시 웨스트포인트 요새를 점령하고 있던 미국 측의 베네딕트 아널드를 회유하여 영국 측에 가담하도록 했으나, 이후 체포되어 워싱턴의 사령부에서 재판을 받고 교수형에 처해졌다.

앙리 2세 (Henry II, 1519~1559) 프랑스의 왕(재위 1547~1559). 프랑수아 1세의 차남으로 1547년에 왕위를 계승했다. 전쟁을 거듭하여 칼레 등의 실지를 회복했고, 신교도를 탄압한 것으로도 유명하다.

앙케틸~뒤페롱, A. H. (Abraham~Hyacinthe Anquetil~Duperron, 1731~1805) 프랑스의 동양학자. 본래 가톨릭 사제였지만 동양어에 관심을 가졌으며, 페르시아의 경전 《젠드 아베스타》와 인도의 경전 《우파니샤드》를 번역해 유럽에 동양학 열풍을 불러일으킨 장본인이다.

애덜먼, 시모어 (Seymour Adelman, 1906~1985) 미국의 도서수집가. 필라델피아에서 활동하며 로젠바흐 등 당대의 유명한 서적상들과 거래했으며, 훗날 도서수집에 관한 여러 권의 저서를 펴내기도 했다.

애덤, 로버트 B. (Robert B. Adam, 1833~1904) 미국의 사업가. 스코틀랜드 출신으로

1857년에 미국으로 건너와 뉴욕 주 버팔로에 백화점을 설립했다. 그가 수집한 새뮤얼 존슨 관련 컬렉션은 훗날 조카인 로버트 B. 애덤 2세를 거쳐 1948년에 도서수집가인 도널드와 메리 하이드 부부의 소유가 되었다.

애덤 2세, 로버트 B. (Robert B. Adam II, 1863~?) 미국의 사업가. 로버트 B. 애덤의 조카이며, 뉴욕 주 버팔로 시장을 역임한 제임스 애덤의 아들이다. 삼촌의 뒤를 이어 백화점을 운영했다.

애덤스, 랜돌프 G. (Randolph G. Adams, 1892~1951) 미국의 서지학자. 펜실베이니아 대학을 졸업했고, 1923년부터 사망할 때까지 클레멘츠 도서관의 초대 관장을 역임했다. 그 외에도 미국 역사에 대한 여러 권의 저서가 있다.

애덤스, 앤젤 (Ansel Adams, 1902~1984) 미국의 사진가. 샌프란시스코 출신으로, 1930년부터 전문 사진가로 활동하기 시작했다. 주로 미국의 자연 경관을 찍은 여러 권의 사진집을 펴내 명성을 얻었다.

애덤스, 존 (John Adams, 1785~1826) 미국의 제2대 대통령(재위 1796~1800). 매사추세츠 출신으로 하버드 대학을 졸업하고 변호사로 활동했다. 영국 대사와 부통령을 역임하고 워싱턴에 이어 제2대 대통령을 역임했다.

애덤스, 존 퀸시 (John Quincy Adams, 1767~1848) 미국 제6대 대통령(재임 1824~1828). 제2대 대통령 존 애덤스의 아들이다. 하버드 대학을 졸업하고 상원의원과 국무장관을 거쳐 미국 대통령이 되었다. 퇴임 후에는 사망할 때까지 하원의원을 역임했다.

애덤스, 토머스 (Thomas Adams) 미국의 서지학자. 존 카터 브라운 도서관 사서를 역임했다.

애머스트, 윌리엄 피트, 제1대 애머스트 백작 (William Pitt Amherst, 1st Earl of Amherst, 1773~1857) 영국의 외교관 겸 정치가. 1816년에 영국의 사절로는 처음으로 중국 황제를 만나려 했지만 전례상의 문제로 알현에 실패하고 본국으로 돌아간 일화가 유명하다. 이후 인도와 캐나다 총독을 역임했다.

애비, 에드윈 (Edwin Abbey, 1852~1911) 미국의 화가. 필라델피아 출신으로 여러 잡지 등에 정치 만평을 기고하기도 했으며, 1878년부터는 영국으로 거처를 옮겨서 활동했다.

애쉬버리, 존 (John Ashbery, 1927~) 미국의 시인. 뉴욕 출신으로 매우 실험적인 스타일의 작품을 펴내 주목을 받았으며, 현존하는 미국 시인 가운데 가장 뛰어난 작가로 손꼽힌다. 1975년에 퓰리처상을 수상했다.

애쉬번햄, 베트럼, 제4대 애쉬번햄 백작 (Bertram Ashburnham, 4th Earl of Ashburnham, 1797~1878) 영국의 도서수집가. 각종 채식 필사본 및 역사적 문서를 수집한 것으로 유명하다. 그의 컬렉션은 사후인 1883년에 대영박물관에 매각되었다.

애스터 4세, 존 제이콥 (John Jacob Astor IV, 1864~1912) 미국의 사업가. 미국 동부의 명문가인 애스터 집안 출신으로, 1912년에 타이타닉 호 사고로 목숨을 잃었다.

애스터, 매들린 탤미지 (Madeleine Talmage Astor, 1893~1940) 존 제이콥 애스터 4세의 부인. 1912년의 타이타닉 호 사고 당시 남편을 잃고 혼자서 살아남았다.

애스터, 윌리엄 B. (William B. Astor, 1792~1875) 미국의 사업가. 뉴욕 출신으로 부친 존 제이콥 애스터의 사후에 물려받은 재산의 일부를 기증해 뉴욕 공립도서관의 전신인 '애스터 도서관'을 설립했다.

애즈베리, 이디스 (Edith Evans Asbury, 1910~) 미국의 여성 언론인. 소설가 허버트 애즈베리의 부인이다. 〈뉴욕 타임스〉에서 오랫동안 근무했으며, 헬렌 토머스와 함께 미국의 대표적인 원로 여성 언론인으로 손꼽힌다.

애즈베리, 허버트 (Herbert Asbury, 1889~1963) 미국의 언론인 겸 작가. 언론인 이디스 애즈베리의 남편이다. 미주리 출신으로 주로 미국의 사회상을 고발하는 논픽션을 남겼다. 대표작인 《뉴욕의 갱들》은 2002년에 마틴 스코시즈 감독에 의해 영화화되기도 했다.

애커맨, 포리스트 J. (Forrest J. Ackerman, 1916~) 미국의 도서수집가. 일찍부터 SF 분야에서 편집자와 에이전트로 활약했으며, 이후 SF 및 호러 관련 도서를 비롯한 각종 물품을 수집, 전시하여 유명해졌다.

애플게이트, 섀넌 (Shannon Applegate) 미국의 여성 역사학자. 오리건 출신으로, 20여 년간의 노력 끝에 자신의 조상인 '애플게이트' 가문의 초기 역사를 다룬 저서《스쿠컴》(1988)을 펴냈다.

앤 여왕 (Queen Anne, 1665~1714) 영국의 여왕(재위 1702 ~ 1714). 제임스 2세의 둘째 딸이며, 형부인 윌리엄 3세의 사후에 왕위를 물려받았다. 입헌군주제를 확립하고 대영제국의 기틀을 닦은 군주로 평가된다.

앨드레드 (Aldred, ?~1069) 영국의 성직자. 요크 대주교를 역임하며 정치에도 적극 관여했고, 왕의 사절로 프랑스 등지를 방문하여 외교관 역할도 수행했다. 8세기 경에 만들어진 '린디스판 복음서'에 중세 영어로 번역문을 적어놓은 것으로도 유명하다.

앨드리지, 아이라 (Ira Aldridge, 1807~1867) 미국 출신의 흑인 배우. 뉴욕 출신으로 미국의 인종차별을 거부하고 영국으로 가서 셰익스피어 극에 출연해 성공을 거두었으며, 말년에는 러시아에 거주했다.

앨런, 수전 M. (Susan Macall Allen, 1944~) 미국의 여성 서지학자. 위스컨신 대학을 졸업했고, 클레어먼크 칼리지와 UCLA의 특별 컬렉션 담당자를 거쳐, 현재 폴 게티 박물관에 사서로 재직 중이다.

앨런, 이선 (Ethan Allen, 1738~1789) 미국의 군인. 버몬트 출신이며 독립전쟁 당시 의용군 부대 '그린 마운틴 보이즈'를 지휘해 전쟁 영웅이 되었다.

앨런, 제임스 (James Allen, 1809~1837) 미국의 범죄자. 당대의 악명 높은 노상강도였으며, 체포되어 처형되기 직전에 쓴 수기《제임스 앨런, 일명 버디 그로브의 회고록》(1837)을 자신의 가죽으로 장정해 달라는 유언을 남겼다. 이 책은 현재 보스턴 애시니엄에 보관되어 있다.

앨런, 조지 V. (George V. Allen) → 신, 제임스

앨프릭 (Aelfric, 955?~1010?) 중세 영국의 작가. 당대 영국 최고의 종교 문필가 겸

수도원 부흥운동의 지도자였다.

어드릭, 루이스 (Karen Louise Erdrich, 1954~　) 미국의 여성 작가. 모친이 아메리카 인디언의 혈통으로, 그쪽에 관련된 소재의 작품을 써서 주목을 받았고 O. 헨리 상 등을 수상했다.

어레이더 3세, W. 그레이엄 (W. Graham Arader III) 미국의 서적상. 예일 대학을 졸업하고 필라델피아와 뉴욕 등지에서 고서점을 운영했으며, 특히 고지도 분야에서 세계적인 권위자로 손꼽힌다. 한편으로는 지나치게 공격적인 사업 방식으로 비난을 받아, 1983년에 미국 서적상협회에서 제명당하는 수모를 겪기도 했다.

어빙, 워싱턴 (Washington Irving, 1783~1859) 미국의 작가 겸 외교관. 뉴욕 출신으로 에스파냐 주재 미국 공사를 역임했다. 그의 작품인 《스케치북》(1819)은 본격적인 미국 문학의 원조로 평가된다.

어세이, 에드워드 G. (Edward G. Asay) 미국 시카고의 도서수집가.

어셔, 제임스 (James Ussher, 1581~1656) 아일랜드의 성직자. 더블린 출신으로 트리니티 칼리지를 졸업하고 아마주 주교를 역임했다. 성서에 나온 연대를 계산하여 천지창조가 기원전 4004년에 일어났다고 주장한 것으로도 유명하다.

어윈, 시오도어 (Theodore S. Irwin, 1827~ ?) 미국의 사업가 겸 도서수집가. 뉴욕 주 오스웨고에서 금융업 등으로 재산을 모았고, 희귀본 수집가로도 유명해서 1900년에 자신의 컬렉션을 존 피어폰트 모건에게 매각했다.

어윈, 프랭크 C. (Frank Craig Erwin, Jr., 1920~1980) 미국의 교육가. 텍사스 대학을 졸업하고 변호사로 활동했으며, 이후 텍사스 대학 평의회장으로 재직했다. 1977년에 건립된 텍사스 대학 체육관 '프랭크 어윈 센터'는 그의 이름을 딴 것이다.

업다이크, 존 (John Updike, 1932~　) 미국의 소설가. 펜실베이니아 출신으로 하버드 대학을 졸업하고 첫 소설 《달려라 토끼야》(1960)를 발표해 각광을 받았다. 대표작인 '토끼' 연작으로 퓰리처상을 2회 수상했으며, 현존하는 미국 최고의 소설가로 평가받고 있다.

엉거빌, 리처드 (Richard Aungerville) → 드 베리, 리처드

에델, 레온 (Joseph Leon Edel, 1907~1997) 미국의 영문학자 겸 전기 작가. 피츠버그 출신으로 뉴욕 대학과 하와이 대학 교수를 역임했고, 대표작인 헨리 제임스 전기로 퓰리처상을 수상했다.

에드워드 2세 (Edward II, 1284~1327) 영국의 왕(재위 1307~1327). 에드워드 1세의 아들이며, 왕위에 오른 뒤에 거듭되는 실정으로 왕비와 측근 등에 의해 폐위당하고 훗날 피살되었다.

에드워드 3세 (Edward III, 1312~1377) 영국의 왕(재위 1327~1377). 에드워드 2세의 아들로, 재위 후에 아버지를 폐위시켰던 측근들을 처형하고 권력을 장악했다. 강력한 대외정책으로 '백년전쟁'을 일으키는 한편, 대내적으로는 산업 발전을 도모하는 등의 치적을 남겼다.

에드워드 6세 (Edward VI, 1537~1553) 영국의 왕(재위 1547~1553). 헨리 8세의 아들로 10세에 왕위에 올라 16세에 사망했다.

에디슨, 조셉 (Joseph Addison, 1672~1719) 영국의 정치가 겸 작가. 옥스퍼드 대학을 졸업하고 아일랜드 총독과 하원의원을 역임했으며, 에세이 작가로도 명성을 얻었다.

에라스무스, 데시데리우스 (Desiderius Erasmus, 1469~1536) 네덜란드의 인문학자. 로테르담 출신으로 젊은 시절 수도사가 되어 신학을 공부했으며, 영국 등지를 여행하며 견문을 쌓았다. 가톨릭교도이면서도 인문주의에 기초한 자유주의적인 정신을 발휘했으며, 당대 최고의 저술가로 명성을 날렸다. 대표작으로는 《우신예찬》(1511) 등이 있다.

에라토스테네스 (Eratosthenes, BC 275?~195?) 고대 그리스의 학자. 키레네 출신으로 알렉산드리아 도서관장을 역임했으며, 천문학을 비롯한 여러 분야에서 업적을 남겼다.

에버레트, 에드워드 (Edward Everett, 1794~1865) 미국의 정치가 겸 성직자. 매사추세츠 출신으로 하버드 대학을 졸업하고 유니테리언파 목사가 되었다. 이후 모교의 교

수로 재직했고, 국무장관과 상원의원을 역임했다. 남북전쟁 당시 북군 측의 연설가로 명성을 얻었으며, 훗날 게티스버그에서 링컨과 나란히 연단에 오르기도 했다.

에섹스 백작 (Earl of Essex) → 데브루, 로버츠

에스데일, 아룬델 (Arundell James Kennedy Esdaile, 1880~1965) 미국의 서지학자.

에우리피데스 (Euripides, BC 484?~406?) 고대 그리스의 극작가. 아테네 출신으로 이른바 3대 비극작가 중 한 사람으로 평가되지만, 구체적인 생애에 대해서는 알려진 바가 별로 없다. 대표작으로는 《메데이아》(BC 431), 《히폴리토스》(BC 428), 《트로이의 여인들》(BC 415) 등이 있다.

에우메네스 1세 (Eumenes I, ?~BC 241) 고대 페르가몬의 왕(재위 BC 263~241). 필레타루스 왕의 양자이자 후계자로 그의 사후에 왕위를 물려받았다. 훗날 전쟁을 통해 셀류키드 왕조의 지배 하에 있던 페르가몬을 독립시켰다.

에우메네스 2세 (Eumenes II, ?~BC 159) 고대 페르가몬의 왕. 에우메네스 1세의 사촌으로 왕위를 물려받은 아탈루스 1세의 아들이다. 대외적으로는 로마와의 동맹 관계를 통해 영토 확장을 도모했으며, 대내적으로는 훌륭한 도서관을 구축해 문화 발전에 노력했다.

에우클레이데스 (Euclid, BC 330?~275?) 고대 그리스의 수학자. 보통 영어식 이름인 '유클리드'로 유명하다. 생애에 대해서는 자세히 알려진 것이 없으나, 그 이전까지의 수학을 모두 집대성해 체계적으로 정리한 업적으로 '기하학의 아버지'로 통한다.

에이언, 앨런 (Allen Ahearn) 미국의 서적상 겸 작가. 1962년부터 고서점 '퀼 앤드 브러시'를 직접 경영하며 부인 패트리시아와 함께 희귀본 및 초판본의 가격 및 수집에 대한 가이드북을 펴냈다.

에이언, 패트리시아 (Patricia Ahearn) 미국의 서적상 겸 작가. 앨런 에이언의 부인이다.

에이지, 제임스 (James Agee, 1909~1955) 미국의 작가. 테네시 출신으로 하버드 대학을 졸업하고 작가 겸 평론가로 일했다. 대표작으로는 사후에 출간되어 퓰리처상을

수상한《가족의 죽음》(1957) 등이 있다.

에이컨, W. 데니스 (W. Dennis Aiken) FBI 특별수사관. 1974년부터 FBI에서 일했으며, 20세기 최대의 도서절도 사건으로 손꼽히는 '블룸버그 사건'을 비롯한 지능범죄 및 특수범죄 분야의 전문 수사관으로 활동하고 있다.

에이컨, 콘래드 (Conrad Potter Aiken, 1889~1973) 미국의 작가. 조지아 출신으로 하버드 대학을 졸업했고, 음악적이고 서정성 풍부한 시 작품을 남겼다. 대표작으로는 퓰리처상 수상작인《시 선집》(1929), 소설《푸른 항해》(1927) 등이 있다.

에이킨스, 토머스 (Thomas Eakins, 1844~1916) 미국의 화가. 필라델피아 출신으로 유럽에서 공부했고, 엄격한 사실 묘사로 이후의 사실주의 화가들에게 큰 영향을 끼쳤다.

에이트컨, 로버트 (Robert Aitken, 1734~1802) 미국의 초창기 인쇄업자. 필라델피아에서 인쇄소를 운영했으며, 독립전쟁 당시 영국 측에서 성서 수입이 불가능해지자 의회의 의뢰를 받아 북아메리카 대륙에서 최초로 성서를 출간했다.

에코, 움베르토 (Umberto Eco, 1932~) 이탈리아의 기호학자 겸 소설가. 피에몬테 출신으로 토리노 대학을 졸업했고, 이후 볼로냐 대학 교수로 재직하면서 기호학, 철학, 미학 등 다양한 분야에서의 활동으로 명성을 얻었다. 또한 베스트셀러인 소설《장미의 이름》(1983),《푸코의 진자》(1989) 등의 저자로도 유명하다.

에클스, 데이비드, 제1대 에클스 자작 (David Eccles, 1st Viscount of Eccles, 1904~1999) 영국의 정치가 겸 도서수집가. 교육부 장관 및 대영도서관장을 역임했다. 1929년에 작위를 수여받았고, 1984년에 미국의 도서수집가 메리 하이드 에클스와 재혼했다.

에클스, 메리 하이드 (Mary Hyde Eccles, 1912~2003) 미국의 여성 도서수집가. 본명은 메리 몰리 크레이포. 디트로이트 출신으로 컬럼비아 대학을 졸업했다. 1939년에 도널드 하이드와 결혼했다가 사별했고, 1984년에 데이비드 에클스와 재혼했다. 새뮤얼 존슨 관련 컬렉션을 수집하고, 그 자료를 바탕으로 저술 활동을 했으며, 여성 수집가로선 최초로 영국의 애서가 모임인 록스버그 클럽에 가입하기도 했다.

엘리스 2세, 랠프 N. (Ralph Nicholson Ellis, Jr., 1908~1945) 미국의 도서수집가. 뉴욕

출신으로 어려서부터 조류에 관심이 많았고, 1930년부터 탁월한 조류학 컬렉션을 구축했다가, 사망하기 직전에 자신의 컬렉션을 캔자스 대학에 모두 기증했다.

엘리슨, 랠프 (Ralph Ellison, 1914~1994) 미국의 흑인 작가. 음악을 전공했지만 유명한 흑인작가 리처드 라이트를 만난 후에 작가로 전향하였다. 대표작《보이지 않는 인간》(1952)으로 내셔널 북 어워드를 수상했다.

엘리아 (Elia) → 램, 찰스

엘리엇, T. S. (Thomas Sterns Eliot, 1888~1965) 영국의 시인. 미국 출신으로 하버드 대학을 졸업했으며, 1927년에 영국국교회로 개종하며 영국 국적을 얻었다. 〈황무지〉(1922)로 20세기 최고의 시인 가운데 한 사람으로 각광을 받았으며, 대표작으로는 시집〈재의 수요일〉(1930),〈네 사중주〉(1944) 등이 있다.

엘리엇, 조지 (George Eliot, 1819~1880) 영국의 여성 소설가. 본명은 메리언 에반스(메리 앤)이다. 인습에 매이지 않는 성격으로 유부남인 작가 G. H. 루이스와 동거하기도 했고, 그의 격려로 '조지 엘리엇'이라는 필명으로 작품을 발표했다. 대표작으로는《플로스 강의 물방앗간》(1860),《사일러스 마너》(1861) 등이 있다.

엘리엇, 존 (John Eliot, 1604~1690) 미국의 청교도 선교사. 영국 허트포드셔 출신으로 케임브리지 대학을 졸업하고 1631년에 북아메리카로 건너왔다. 이후 성서를 알곤퀸 부족의 언어로 번역하여 1661년에 '엘리엇 인디언 성서'를 펴냈다. 아울러 리처드 매더 등과 함께 미국 최초의 인쇄본인《베이 시편집》의 편집자였던 것으로도 간주된다.

엘리자베스 1세 (Queen Elizabeth I, 1533~1603) 영국의 여왕. 헨리 8세와 앤 불린의 딸로 이복 언니 메리 1세의 사후인 1558년에 즉위하여 영국 절대주의 왕정의 전성기를 구가했다. 가톨릭과 청교도를 억압하고 국교회를 확립했으며, 동인도회사를 설립하여 식민지를 경영하고, 에스파냐의 무적 함대를 격파하는 등의 업적을 남겼다.

엘링턴, 듀크 (Duke Ellington, 1899~1974) 미국의 재즈 음악가. 워싱턴 출신으로 뉴욕 할렘을 주무대로 재즈 악단을 이끌며 연주자로 명성을 얻었다. 20세기 초 미국 재즈계를 대표하는 명 연주자 겸 작곡가의 한 사람이다.

엘스미어 남작, 제1대 (The 1st Baron of Ellesmere) → 이거튼, 토머스

엘스미어 남작, 제4대 (The 4th Baron of Ellesmere) → 이거튼, 존 프랜시스

엘제비르, 루이 (Louis Elzevier, 1542~1617) 네덜란드의 초창기 인쇄업자. 1583년에 레이덴에 최초로 인쇄소를 설립했고, 주로 작은 판형의 라틴어 고전을 펴내 명성을 얻었다. 그의 사후에도 아들 다섯 명이 모두 인쇄업자로 일했으며, 1791년까지 모두 2,000종에 달하는 책을 펴냈다.

엡스타인, 레이먼드 (Raymond Epstein) 미국의 도서수집가. 시카고에 거주하며 건축가 겸 엔지니어로 활동했고, 1992년에 자신이 수집한 컬렉션을 스완 갤러리에서 경매에 붙였다.

여비, 프랭크 (Frank Garvin Yerby, 1916~1991) 미국의 소설가. 조지아에서 백인 어머니와 흑인 아버지 사이의 혼혈로 태어났고, 1955년에 인종차별에 항의하는 뜻으로 에스파냐로 이주해 줄곧 그곳에 살았다. 대표작으로는 《다호메이에서 온 사람》(1971)이 있다.

영, 브리검 (Brigham Young, 1801~1877) 미국의 모르몬교 지도자. 버몬트 출신으로 1832년에 모르몬교로 개종하고, 교조인 J. 스미스의 사후에 최고 지도자가 되어 유타 주로 이주해 모르몬교도 공동체를 건설했다.

영, 오웬 D. (Owen D. Young, 1874~1962) 미국의 사업가. 뉴욕 출신으로 보스턴 대학을 졸업했다. 1919년에 RCA를 설립해 대표를 맡았고, 이후 제너럴 일렉트릭의 대표를 역임했다.

영, 조지 B. (George B. Young) 미국의 서지학자. 뉴베리 도서관장을 역임했다.

예르터, 캐슬린 G. (Kathleen G. Hjerter) 미국의 여성 미술사학자. 1972년부터 1992년까지 텍사스 대학 해리 랜섬 인문학연구소에서 미술품 담당 큐레이터로 재직했다.

예이츠, 윌리엄 버틀러 (William Butler Yeats, 1865~1939) 아일랜드의 시인. 더블린 출신으로 미술을 공부했으며, 이후 시와 희곡을 발표해 명성을 얻었다. 대표작으로는

시집 《오이진의 방랑기》(1889), 《탑》(1928), 희곡 《캐서린 백작부인》(1899) 등이 있으며, 1923년에 노벨문학상을 수상했다.

예이츠, 프랜시스 (Frances Amelia Yates, 1899~1981) 영국의 여성 역사학자. 르네상스의 오컬트 및 신플라톤주의 철학에 관심을 갖고, 이에 관련된 여러 권의 저서를 남겼다.

예일, 일라이후 (Elihu Yale, 1649~1721) 영국의 사업가. 미국 보스턴 출신으로 어린 시절에 영국으로 이주했다. 동인도회사에서 일하며 막대한 재산을 축적했고, 1718년에 코튼 매더의 요청에 따라 코네티컷의 칼리지에이트 스쿨에 기부금을 냈다. 훗날 뉴헤이븐으로 이전한 칼리지에이트 스쿨은 그에게 감사하는 뜻에서 '예일 대학'으로 명칭을 바꾸었다.

오나시스, 재클린 부비에 케네디 (Jacqueline Bouvier Kennedy Onasis, 1929~1994) 미국의 출판편집자. 뉴욕 출신으로 언론인 겸 사진작가로 일하다가 존 F. 케네디와 결혼했고, 케네디 사후에 그리스의 선박왕 오나시스와 재혼했다. 오나시스 사후인 1978년부터 사망할 때까지는 더블데이 출판사에서 아동서 편집자로 일했다.

오듀본, 존 제임스 (John James Audubon, 1785~1851) 미국의 화가 겸 조류학자. 도미니카 출신으로 프랑스에서 미술을 공부한 뒤, 20세 때 미국으로 건너가 새를 연구하기 시작했다. 이후 평생을 조류 연구에 바쳤으며 자신의 그림을 엮어 《미국의 새들》(전4권, 1827~1838)을 출간했다. 미국의 자연보호 단체인 '오듀본협회'는 그의 이름을 따서 세워진 곳이다.

오든, W. H. (Wystan Hugh Auden, 1907~1973) 영국의 시인. 1930년대부터 영국의 대표적인 현대시인으로 두각을 나타냈고, 제2차 세계대전 중에는 미국 국적을 취득했다. 이후에는 영국국교회 신자가 되어 작품 속에서도 종교적 색채를 드러낸 것으로 평가된다.

오르테가 이 가세트, 호세 (José Ortega y Gasset, 1883~1955) 에스파냐의 철학자. 마드리드 출신으로 독일에서 유학하고 마드리드 대학의 철학교수로 재직했다. 대표작으로는 《돈 키호테의 성찰》(1914), 《대중의 반역》(1929) 등이 있다.

오마르 (Caliph Omar, 581?~644) 고대 사라센 제국의 칼리프. 보통 '우마르 이븐 알 카타브' 라고 한다. 618년에 무슬림으로 개종한 이래 시리아, 이집트, 페르시아를 정벌하여 대제국을 건설했으나 자객에게 암살당했다.

오모어, 로리아 (Lorea O' More) 헤이븐 오모어의 부인.

오모어, 헤이븐 (Haven O' More, 1929~) 미국의 도서수집가. 텍사스 주 오스틴 출신으로 본명은 '리처드 헤이븐 무어.' 젊은 시절의 행적은 정확히 알려지지 않았으며, 1980년대에 여러 도서 경매에서 고가의 희귀본을 다량 구입하며 돌풍을 일으켰다. 1989년에 이르러 뉴욕 소더비에서 일명 '가든 사 경매'를 통해 자신의 컬렉션을 모두 매각해서 큰 화제를 불러 일으켰으며, 이 컬렉션이 사실은 보험업계의 재벌 2세인 마이클 데이비스의 재산을 유용하여 수집한 것이라는 사실이 알려지면서 충격을 주었다.

오브라이언, 팀 (Tim O' Brien, 1946~) 미국의 소설가. 미네소타 출신으로 맥칼리스터 대학을 졸업하고 징집되어 베트남 전쟁을 겪었다. 이후 자신의 체험을 바탕으로 한 반전소설을 써서 주목을 받았다.

오브리, 존 (John Aubrey, 1626~1697) 영국의 작가 겸 서지학자. 옥스퍼드 대학을 졸업하고 회고록 및 서한문 작가로 당대에 인기를 끌었다.

오비디우스 (Ovid, BC 43~AD 17) 고대 로마의 시인. 본명은 푸블루스 오비디우스 나소. 한때 관직에 머물기도 했지만 훗날 시작에만 전념했다. 이후 아우구스투스 황제의 노여움을 사서 외지로 추방되어 그곳에서 사망했다. 대표작으로는 《사랑의 기교》, 《변신 이야기》 등이 있다.

오스본 2세, 토머스 (Thomas Osborne II, 18세기경) 영국의 서적상. 당대 최고의 고서 및 희귀본 전문 서적상으로, 제2대 옥스퍼드 백작 에드워드 할리의 장서를 입수한 것으로 유명하다.

오스본, 루시 E. (Lucy E. Osborne) 미국의 여성 서지학자. 1930년대에 윌리엄스 칼리지의 채핀 도서관 사서를 역임했다.

오스본, 메이블 (Mabel Osborne, ?~1946) 영국의 도서수집가. 에드가 오스본의 부인.

오스본, 에드가 (Edgar Osborne) 영국의 도서수집가. 본래 사서로 일했으며, 제1차 세계대전 직후부터 아동문학 컬렉션을 수집하기 시작했다. 아내 메이블의 사후인 1949년에 자신의 컬렉션을 토론토 공립도서관에 기증했다.

오스틴, 제인 (Jane Austen, 1775~1817) 영국의 여성 소설가. 평생을 독신으로 지내며 여러 편의 소설을 창작했다. 주로 영국의 가정생활과 그 주변에서 벌어지는 사건들을 담담하면서도 풍자적으로 묘사한 것이 특징이다. 대표작으로는 《이성과 감성》(1811), 《오만과 편견》(1813), 《에마》(1815), 《설득》(1818) 등이 있다.

오어바크, 바트 (Bart Auerbach) 미국의 서적상. 뉴욕의 하우스 오브 엘디에프 서점을 거쳐, 소더비와 크리스티의 자문위원을 역임했고, 현재 뉴욕에서 자신의 고서점 '바트 오어바크 사'를 운영중이다.

오언스, 제시 (Jesse Owens, 1913~1980) 미국의 육상선수. 본명은 J. C. 오언스. 1936년 베를린 올림픽에 미국 대표로 참가하여, 이른바 '아리안족'의 우수성을 과시하던 히틀러의 코앞에서 100미터와 200미터, 그리고 멀리뛰기 분야의 세계기록을 경신하며 4관왕의 위업을 달성해 흑인의 영웅이 되었다.

오웰, 조지 (George Orwell, 1903~1950) 영국의 소설가. 인도 출신으로 한때 미얀마에서 경찰로 근무하고 에스파냐 내전에 참전하기도 했으며, 당대의 현실을 비판한 풍자적인 작품으로 유명하다. 대표작으로는 《동물농장》(1944), 《1984년》(1949) 등이 있다.

오이와, 에마뉘엘 (M. Emmanuel Hoyois, 19세기경) 벨기에의 서적상. 몽스에서 'M. 에마뉘엘 오이와 서점'을 운영했으며, 1840년에 서지학자 르니에르 샬롱과 짜고 이른바 '포르타스 백작 장서 경매'를 개최한다며 장난을 치기도 했다.

오토 황제 (Emperor Otho, 32~69) 로마의 황제(재위 69). 68년에 네로를 몰아내고 황제가 된 갈바가 피살되자, 그 뒤를 이어 황제가 되었다. 그러나 1년도 못 가서 마찬가지로 황제를 자처한 라이벌 비텔리우스와의 전투에서 패하고 자살했다.

옥스퍼드 백작, 제1대 (The 1st Earl of Oxford) → 할리, 로버트

옥스퍼드 백작, 제2대 (The 2nd Earl of Oxford) → 할리, 에드워드

올그런, 넬슨 (Nelson Algren, 1909~1981) 미국의 소설가. 디트로이트 출신으로 주로 뒷골목 생활을 소재로 작품을 썼고, 대표작으로는《황금 팔을 가진 사나이》(1949)가 있다.

올덤, 에스텔 (Estelle Oldham, 1897~1977) 윌리엄 포크너의 부인. 텍사스 출신으로 여섯 살 때 미시시피 주 옥스퍼드로 가족과 함께 이사해 윌리엄 포크너와 소꿉친구가 되었다. 1918년에 코넬 프랭클린과 결혼해 딸을 낳았으나, 1929년에 남편과 이혼하고 포크너와 재혼했다.

올리펀트, 데이브 (Dave Oliphant, 1939~) 미국의 작가 겸 출판편집자. 텍사스 대학을 졸업하고 해리 랜섬 인문학연구소에서 일한 바 있다.

올소프 자작 (Viscount Althorp) → 스펜서, 조지 존; 스펜서, 존 찰스

옴스테드, 프레더릭 로우 (Frederick Law Olmsted, 1822~1903) 미국의 건축가. 뉴욕 센트럴 파크의 설계를 공동으로 담당했으며 이후 브루클린, 시카고, 몬트리올, 보스턴 등의 공원 설계를 담당하여 명성을 얻었다.

와그너, 헨리 R. (Henry R. Wagner, 19세기경) 미국의 사업가 겸 도서수집가. '재머래너 클럽'의 회원이기도 했다.

와이드너, 엘리너 엘킨스 (Eleanor Elkins Widener, 1861~1937) 헨리 엘킨스 와이드너의 어머니. 1912년에 타이타닉 호 사고로 남편과 아들을 잃고 혼자 살아남은 뒤, 아들이 수집한 장서를 하버드 대학에 기증하고 '헨리 엘킨스 와이드너 기념 도서관'을 설립했다.

와이드너, 조셉 E. (Joseph E. Widener, 1872~1943) 미국의 사업가 겸 미술품 수집가. 조지 D. 와이드너의 동생이며, 1942년에 자신이 모은 미술품 컬렉션을 국립미술관에 기증했다.

와이드너, 조지 D. (George Dunton Widener, 1861~1912) 미국의 은행가. 엘리너 엘킨스 와이드너의 남편이자, 헨리 엘킨스 와이드너의 아버지이다. 1912년에 아내와 아들을 대동하고 영국 여행을 갔다 돌아오는 길에 타이타닉 호 사고로 사망했다.

와이드너, 피터 A. B. (Peter Arrell Brown Widener, 1834~1915) 미국의 사업가. 조지 D. 와이드너와 조셉 E. 와이드너의 아버지이다. 가난한 벽돌공의 아들로 태어나 필라델피아에서 운수업과 금융업으로 막대한 재산을 축적했다.

와이드너, 헨리 엘킨스 (Henry Elkins Widener, 1885~1912) 미국의 도서수집가. 하버드 대학을 졸업하고 27세의 젊은 나이에 타이타닉 호 사고로 숨졌다. 사후에 그의 어머니가 아들의 모교에 '헨리 엘킨스 와이드너 기념 도서관'을 건립하고, 아들이 수집한 컬렉션을 기증했다.

와이어스, N. C. (N. C. Wyeth, 1882~1945) 미국의 화가. 매사추세츠 출신으로 유명한 삽화가 하워드 파일과 함께 미술을 공부했다. 아동서 삽화가로 명성을 얻었으며, 그의 아들 앤드류 와이어스 역시 화가로 명성을 얻었다.

와이즈, 토머스 J. (Thomas J. Wise, 1859~1937) 미국의 서지학자 겸 문서위조범. 당대 최고의 서지학자로 명성을 떨쳤으나, 그가 발굴했다고 주장한 대부분의 고서 필사본 등이 위조된 것이라는 사실이 사후에 밝혀지며 명예가 실추되었다.

와이즈먼, 스티브 (Steve Weissman) 미국 뉴욕의 서적상.

와인, 마저리 G. (Marjorie G. Wynne) 미국의 여성 서지학자. 예일 대학 도서관 사서를 역임했다.

와인스타인, 루이스 '루' (Louise 'Lou' Weinstein) 미국의 서적상. 1963년에 동생인 벤 와인스타인과 함께 LA에 '헤리티지 서점'을 설립했다.

와인스타인, 벤저민 '벤' (Benjamin 'Ben' Weinstein) 미국의 서적상. 1963년에 형인 루 와인스타인과 함께 LA에 '헤리티지 서점'을 설립했다.

와일드, 오스카 (Oscar Fingal Olahertie Wills Wilde, 1854~1900) 아일랜드의 작가. 더

블린 출신으로 옥스퍼드 대학을 졸업하고 탐미주의적인 작품으로 명성을 얻었지만, 동성애 혐의로 유죄 판결을 받고 2년간 수감 생활을 하는 등 불우한 말년을 보냈다. 대표작으로는 소설 《도리언 그레이의 초상》(1891), 희곡 《정직함의 중요성》(1895), 《살로메》(1892) 등이 있다.

왁스먼, 데이비드 (David G. Waxman) 미국의 서적상. 뉴욕 주 그레이트네크에서 고서점을 운영하고 있으며, 한때 도서수집가 헤이븐 오모어와 긴밀한 관계를 유지했다.

요세푸스, 플라비우스 (Flavius Josephus, AD 37~100) 고대 이스라엘의 군인 겸 역사가. 예루살렘 출신으로 유대 전쟁에서 로마군과 싸웠으나, 훗날 전황이 불리해지자 당시 로마군의 사령관이었던 베스파시아누스에게 항복했다. 이후 로마에 살면서 유대 전쟁사와 고대사 등의 저서를 남겼다.

우드슨, 카터 G. (Carter Godwin Woodson, 1875~1950) 미국의 흑인 역사학자 겸 언론인. 흑인의 역사를 올바로 가치매김한 최초의 인물로 평가되며, '흑인 역사의 달'을 처음 제정한 인물이기도 하다.

우드하우스, P. G. (Pelham Grenville Wodehouse, 1881~1975) 미국의 작가. 영국 출신으로 초기에는 언론인으로 활동했으며, 1955년에 미국 국적을 획득했다. 제2차 세계대전 당시 나치의 선무방송을 도와 비난을 받기도 했다. 대표작으로는 《사냥꾼》(1902), 《도시의 스미스》(1910) 등이 있다

우르비노 공작 (Duke of Urbino) → 몬테펠트로, 페데리코

우잔느, 옥타브 (Octave Uzanne, 1822~1931) 프랑스의 작가. 서지학에 대한 여러 권의 저서를 남겼다.

운터, 제니퍼 (Jennifer Unter) 미국의 여성 출판인. 미시간 대학을 졸업하고 헨리 홀트 출판사에서 근무했으며, 지금은 문학 저작권 에이전시인 RLR 어소시에이츠의 부대표를 맡고 있다.

울프 2세, 에드윈 (Edwin Wolf 2nd, 1911~1984) 미국의 서지학자. 1953년부터 사망할 때까지 필라델피아 도서관 조합의 사서를 역임했다.

울프, 로버트 리 (Robert Lee Wolff) 미국의 역사학자. 하버드 대학 교수를 역임했고, 특히 빅토리아 시대 영국소설을 광범위하게 수집해서 훗날 텍사스 대학에 매각했다.

울프, 버지니아 (Virginia Woolf, 1882~1941) 영국의 소설가. 대학을 다니지 않았지만 '블룸즈베리 그룹'의 일원으로 활동하며 당대의 유명 문인들과 교우했다. 여러 매체에 서평을 기고해 명성을 얻었고, 이른바 '의식의 흐름' 기법을 도입한 소설로 주목을 받았다. 지병인 우울증으로 인해 자살했다.

울프, 클리어런스 (Clarence Wolf) 미국의 서적상. 필라델피아에서 고서점 '조지 S. 맥매너스 사'를 운영 중이다.

울프, 토머스 (Thomas Clayton Wolfe, 1900~1938) 미국의 소설가. 노스캐롤라이나 출신으로 하버드 대학을 졸업했고, 네 편의 장편소설을 비롯해서 그리 많지 않은 작품을 남기고 일찍 사망했다. 20세기의 가장 뛰어난 미국 소설가 중 한 명으로 손꼽힌다.

워, 이블린 (Evelyn Arthur St. John Waugh, 1903~1966) 영국의 소설가. 옥스퍼드 대학을 졸업하고, 제1차 세계대전 직후의 분위기를 반영한 풍자적인 작품을 발표했으며, 1930년에 가톨릭으로 개종한 이후부터는 종교적인 주제를 다루기도 했다. 대표작으로는《한 줌의 흙》(1934),《브라이즈헤드 재방문》(1945) 등이 있다.

워너, 찰스 더들리 (Charles Dudley Warner, 1829~1900) 미국의 작가. 매사추세츠 출신으로 펜실베이니아 대학을 졸업하고 한때 변호사로 일했으며, 이후 각종 잡지에 여행 관련 기사를 연재하기도 했다. 대표작으로는 마크 트웨인과 공저한《도금시대》(1873) 등이 있다.

워드, 윈킨 드 (Wynkin de Worde, 1452?~1535) 영국의 초창기 인쇄업자. 프랑스 출신으로 1476년에 영국으로 건너와 윌리엄 캑스턴의 인쇄소에서 일했다. 1491년에 캑스턴이 사망하자 인쇄소를 물려받았고, 이후 런던으로 자리를 옮겨 1535년까지 약 800여 종에 달하는 책을 펴냈다.

워렌 박사, 존 C. (Dr. John C. Warren) 미국의 도서수집가.

워렌, 로버트 펜 (Robert Penn Warren, 1905~1989) 미국의 시인 겸 평론가. 1950년부터 예일 대학의 영문과 교수로 재직했고, 소설 《왕의 모든 부하들》(1946)과 시집 《약속》(1957)으로 퓰리처상을 2회 수상했다.

워싱턴, 부커 T. (Booker Talifero Washington, 1856~1915) 미국의 흑인 교육가 겸 인권운동가. 버지니아에서 노예의 아들로 태어나, 각고의 노력 끝에 대학에 진학하여 최초의 흑인 지식인으로 명성을 얻었다. 대표작으로는 자서전 《노예에서 벗어나》(1901) 등이 있다.

워싱턴, 조지 (George Washington, 1732~1799) 미국의 초대 대통령(재임 1789~1797). 이른바 '미국 건국의 아버지'로 평가된다. 버지니아 출신으로 독립전쟁 당시 미군 총사령관으로 활약했고, 전쟁을 승리로 이끌고 은퇴하여 낙향했다. 이후 미국 최초의 대통령으로 선출되어 2회 연임하였다.

워커, 마가렛 (Margaret Abigail Walker Alexander, 1915~1998) 미국의 흑인 여성 작가. 앨라배마 출신으로 아이오와 대학을 졸업했고, 이후 잭슨 주립대학에서 교수로 재직했다.

워커, 프랭크 (Frank Walker) 미국의 서지학자. 뉴욕 대학 도서관 페일즈 문고에서 큐레이터로 재직 중이다.

워큰, 크리스토퍼 (Christopher Walken, 1943~   ) 미국의 배우. 뉴욕 출신으로 본명은 로널드 워큰. 여러 편의 영화에서 개성 있는 연기를 선보인 중견 배우다.

워튼, 이디스 (Edith Wharton, 1862~1937) 미국의 여성 소설가. 뉴욕 출신으로 본명은 이디스 뉴볼드 존스. 대표작으로는 여성 최초의 퓰리처상 수상작인 소설 《순수의 시대》(1920), 《환락의 집》(1905), 《이선 프롬》(1911) 등이 있다.

워홀, 앤디 (Andy Warhol, 1928~1987) 미국의 화가 겸 영화제작자. 피츠버그 출신으로 본명은 앤드류 워홀러. 20세기를 대표하는 예술가이자 '팝아트'의 선구적인 작가로 커다란 명성을 누렸다.

원리, 험프리 (Humfrey Wanley, 1672~1726) 영국의 서적상 겸 서지학자. 옥스퍼드

대학을 졸업하고 보들리 도서관과 왕립도서관에서 근무했으며, 이후 조지 힉스와 로버트 할리 등의 개인 장서를 관리하기도 했다. 17세기 말부터 18세기 초까지의 영국 고서업계의 분위기를 잘 보여주는 기록을 남기기도 했다.

월러, 에드먼드 (Edmund Waller, 1606~1687) 영국의 시인 겸 정치가. 케임브리지 대학을 졸업하고 일찍이 하원의원이 되었으며, 찰스 1세를 지지하다가 의원직을 박탈당하고 왕정복고 뒤에 다시 의원을 역임했다.

월쉬, 엘리자베스 (Elizabeth Walsh) 미국의 여성 서지학자. 폴저 셰익스피어 도서관의 사서로 재직 중이다.

월싱엄, 토머스 (Thomas Walsingham, ? ~1422?) 중세 영국의 역사가 겸 성직자. 베네딕투스 회 수도사로 거의 평생을 세인트올번스 수도원에서 보냈으며, 영국 중세사에 대한 저서를 남겼다.

월턴, 아이작 (Izaac Walton, 1593~1683) 영국의 작가. 대표작으로는 낚시의 즐거움을 예찬한 에세이 《조어대전》(1653)이 있다.

월튼, 레스터 A. (Lester A. Walton) 미국의 흑인 언론인 겸 외교관. 미주리 주 세인트루이스 출신으로 일찍부터 언론계와 연예계에서 활동하며 흑인의 인권 신장을 위해 노력했다. 1933년에는 프랭클린 루스벨트에 의해 아프리카의 신생국 라이베리아 주재 전권대사로 임명되었다.

월튼, 레이 (Ray Walton) 미국 텍사스의 서적상.

월폴, 로버트, 제1대 오퍼드 백작 (Robert Walpole, 1st Earl of Orford, 1676~1745) 영국의 정치가. 소설가 호레이스 월폴의 아버지이다. 노포크 출신으로 휘그당의 지도적인 인사 가운데 한 명이었으며, 이후 조지 1세와 2세 재위 중에 오늘날의 수상에 해당하는 요직을 역임했다. 1742년에 작위를 하사받았다.

월폴, 호레이스 (Horace Walpole, 1717~1797) 영국의 소설가. 케임브리지 대학을 졸업하고 하원의원을 역임했으며, 이후 시골 저택에 머물면서 저술 활동에 전념했다. 대표작으로는 고딕 소설의 효시인 《오트란토 성》(1765)이 있으며, 무려 3,000통이 넘는 방대한 서한문을 남긴 것으로도 유명하다.

웜저, 리처드 S. (Richard S. Wormser) 미국의 도서수집가.

웨버, 막스 (Max Weber, 1881~1961) 미국의 화가. 러시아 출신의 유대인으로 1891년에 미국으로 이주했다. 유럽에서 미술을 공부하며 초기에는 야수파와 큐비즘의 영향을 받았고, 나중에는 보다 실험적이고 과감한 작품으로 명성을 얻었다.

웨스턴, 에드워드 (Edward Weston, 1886~1958) 미국의 사진가. 일리노이 출신으로 캘리포니아에서 활동하며 사실주의적인 풍경 사진을 찍어 명성을 얻었다. 1930년대에 동료 사진가들과 F/64 그룹을 결성했고, 이후 미국 사진계에 지대한 영향을 준 인물로 평가된다.

웨스트, 너새니얼 (Nathaniel West, 1903~1940) 미국의 소설가. 본명은 네이선 와인스타인. 뉴욕 출신으로 브라운 대학을 졸업하고 소설을 쓰기 시작했으며, 이후 할리우드에서 극작가로 활동하던 중에 교통사고로 사망했다. 대표작으로는 《미스 론리하트》(1933), 《메뚜기의 하루》(1939) 등이 있다.

웨스트, 앤드류 플레밍 (Andrew Fleming West, 1853~1943) 미국의 교육가. 펜실베이니아 출신으로 프린스턴 대학을 졸업하고, 이후 모교의 대학원장을 역임했다. 리처드 드 베리가 라틴어로 쓴 《애서》의 영어 번역자이기도 하다.

웨슬리, 존 (John Wesley, 1703~1791) 감리교의 창설자. 영국 출신으로 옥스퍼드 대학을 졸업하고 한때 미국에 건너가 활동했으며, 이후 감리교를 설립하고 대규모 신앙 운동을 통해 크게 부흥시켰다.

웨인, 존 (John Wayne, 1907~1979) 미국의 영화배우. 서부 영화의 단골 주연 배우로 큰 인기를 누렸으며, 〈진정한 용기〉(1969)로 아카데미 남우주연상을 받았다.

웰스, 제임스 M. (James M. Wells) 미국의 서지학자. 뉴베리 도서관 사서를 역임했다.

웰티, 유도라 (Eudora Welty, 1909~2001) 미국의 여성 소설가. 미시시피 출신으로 컬럼비아 대학을 졸업했다. 남부의 전원적 풍경과 유머를 절묘하게 혼합시킨 작품으로 유명하다.

웹, 메리 (Mary Webb, 1881~1927) 영국의 여성 소설가. 생존 당시보다는 오히려 사후에 더욱 인정받은 작가로 평가된다.

웹스터, 대니얼 (Daniel Webster, 1782~1852) 미국의 정치가. 뉴햄프셔 출신으로 다트머스 칼리지를 졸업하고 변호사가 되었으며, 이후 하원 및 상원의원을 역임하며 당대의 뛰어난 연설가이자 정치가로 활약했다.

웹스터, 폴 프랜시스 (Paul Francis Webster, 1907~1984) 미국의 작사가. 뉴욕 출신으로 코넬 대학을 졸업했으며, 이후 여러 영화 주제가를 작사해 명성을 얻었고 아카데미상을 3회 수상했다.

위고, 빅토르 (Victor Hugo, 1802~1885) 프랑스의 작가. 희곡 《크롬웰》(1827)에 붙인 서문을 통해 낭만주의의 선두적인 작가로 명성을 얻었고, 19세기 프랑스 문학을 대표하는 인물이다. 대표작으로는 소설 《파리의 노트르담》(1831)과 《레 미제라블》(1862) 등이 있다.

위스, 루스 R. (Ruth R. Wisse) 미국의 여성 비교문학자. 이디시 및 유대 현대문학을 전공했고, 현재 하버드 대학의 비교문학 교수로 재직 중이다. 맥길 대학 재직 당시 대학원생이었던 아론 랜스키를 격려해 '이디시 도서연구소'를 설립하도록 한 바 있다.

위스턴, 존 (John Whiston, 18세기경) 영국의 서적상. 런던 플리트 가에서 서점을 경영했으며, 당대의 문인들과 친분 관계가 있었다.

윈스롭, 존 (John Winthrop, 1588~1649) 미국의 정치가. 영국 서포크 출신으로 케임브리지를 졸업하고 북아메리카로 이주해 매사추세츠 식민지의 지사를 역임했다.

윈십, 조지 파커 (George Parker Winship, 1871~1952) 미국의 서지학자. 하버드 대학을 졸업하고 존 카터 브라운 도서관에서 일했으며, 1915년부터 하버드 대학 와이드너 도서관의 희귀본 담당 큐레이터로 일했다. 또한 부유층 자제들로 엄선된 학부생들을 대상으로 서지학 특강을 실시해 미래의 도서수집가들을 길러내기도 했다.

윈저, 저스틴 (Justin Winsor, 1831~1897) 미국의 서지학자. 하버드 대학을 졸업하고 보스턴 공립도서관에서 일했으며, 1877년부터 사망할 때까지 하버드 대학 사서를 역임하며 서지학 및 미국사 관련 저서를 펴냈다.

윈저, 프레더릭 (Frederick Windsor, 1900~1958) 미국의 작가.

윌리엄 1세 (William I, 1027~1087) 영국의 왕(재위 1066~1087). 일명 '윌리엄 정복왕.' 노르망디공 로베르의 서자로 1066년에 잉글랜드의 왕위 계승권을 주장하며 노르만 정복을 감행, 헤이스팅스 전투에서 해럴드 왕을 격파하고 왕위에 올랐으나 이후 노르망디에서 프랑스의 필립 1세와 싸우다 전사했다.

윌리엄 정복왕 (William the Conqueror) → 윌리엄 1세

윌리엄스, 가스 (Garth Williams, 1912~1996) 미국의 삽화가 겸 아동문학가. 대표작으로는 E. B. 화이트의 《샬롯의 거미줄》(1952), 로라 잉걸스 와일더의 《초원의 집》 시리즈의 삽화 등이 있다.

윌리엄스, 로저 (Roger Williams, 1603~1683) 미국의 정치가 겸 성직자. 런던 출신으로 케임브리지 대학을 졸업하고 신대륙으로 이주해 매사추세츠 주에서 목사로 활동했다. 급진적인 민주주의 사상을 전파하다 추방당한 뒤, 로드아일랜드에 신앙의 자유를 허락하는 식민지를 개척하고 초대 지사를 역임했다.

윌리엄스, 버질 (Virgil Williams, 1830~1886) 미국의 화가. 메인 출신으로 브라운 대학을 졸업하고 유럽에 유학하고 돌아와 샌프란시스코를 중심으로 활동했다. 풍경화와 인물화 등에 뛰어난 재능을 보인 화가로 평가되고 있다.

윌리엄스, 윌리엄 칼로스 (William Carlos Williams, 1883~1963) 미국의 시인 겸 의사. 뉴저지 출신으로 펜실베이니아 대학을 졸업하고 의사가 된 후에도 계속해서 시를 썼다. 1963년에 퓰리처상을 수상했다.

윌리엄스, 테네시 (Tennessee Williams, 1911~1983) 미국의 극작가. 미주리 출신으로 아이오와 대학을 졸업하고 첫 작품 《유리 동물원》(1944)으로 호평을 받았다. 대표작 《욕망이라는 이름의 전차》(1947)와 《뜨거운 양철 지붕 위의 고양이》(1955)로 퓰리처

상을 2회 수상했다.

윌링엄 2세, 로버트 M. '스키트' (Robert M. 'Skeet' Willingham, Jr., 1945~   ) 미국의 도서절도범. 조지아 대학 도서관에 사서로 근무하면서 수많은 희귀본을 훔쳐 판매했으며, 1986년에 체포되어 징역 15년을 선고받았다.

윌슨, 로건 (Logan Wilson, 1907~1990) 미국의 교육가. 텍사스 출신으로 텍사스 대학을 졸업했고, 1953년부터 1960년까지 모교의 총장을 역임했다.

윌하이드, 엘리자베스 (Elizabeth Wilhide) 미국의 여성 작가. 인테리어 디자인 및 장식 분야에 대한 여러 권의 저서를 펴냈다.

윙, 존 M. (John M. Wing, 1844~1917) 미국의 사업가 겸 도서수집가. 시카고에서 사업가로 활동했으며, 19세기 말엽에 나온 각종 신문 기사를 스크랩한 컬렉션을 사후에 뉴베리 도서관에 기증했다.

유리스, 레온 (Leon Uris, 1924~2003) 미국의 소설가. 볼티모어 출신으로 주로 대중소설을 써서 베스트셀러 작가가 되었다. 대표작으로는 《영광의 탈출》(1958) 등이 있고, 서부극의 고전인 《OK 목장의 결투》(1957)의 대본을 쓰기도 했다.

유리스, 윌리엄 (William Uris) 소설가 레온 유리스의 아버지.

유스티니아누스 1세 황제 (Emperor Justinian I, 483~565) 고대 동로마제국의 황제(재위 527~565). 마케도니아 출신으로 숙부 유스티누스 1세를 뒤이어 황제가 되었다. 적극적인 대외 정책으로 서로마의 영토 가운데 일부를 회복했고, 이른바 '유스티니아누스 법전'으로 알려진 법전을 편찬하기도 했다.

율리우스 (Julius) → 카이사르, 율리우스

이거튼, 존 프랜시스, 제4대 엘스미어 남작 (John Francis Granville Scrope Egerton, 4th Baron of Ellesmere, 11872~1944) 영국의 귀족. 1915년에 조상인 제1대 엘스미어 남작이 수집한 중세 및 르네상스 시대 필사본을 미국의 도서수집가 헨리 헌팅턴에게 매각했다.

이거튼, 토머스, 제1대 엘스미어 남작 (Thomas Egerton, 1st Baron of Ellesmere, 1540~1617) 영국의 법조인 겸 정치가. 엘리자베스 1세의 신임을 얻어 대법관으로 임명되었으며, 베이컨과 존슨 등 당대의 명사들에 버금가는 지식인으로 존경받은 한편, 도서수집가로도 명성을 얻었다.

이글, 살러먼 (Solomon Eagle) → 스콰이어, J. C.

이몰라, 벤베누토 다 (Benvenuto Rambaldi da Imola, 1330?~1387?) 이탈리아의 인문주의자. 보카치오의 제자였으며 이후 볼로냐 대학에서 단테의 작품을 강의해 명성을 얻었다.

이븐 알키프티 (Ibn al-Kifti, 1172~1248) 중세 아랍의 역사가.

이블린, 존 (John Evelyn, 1620~1706) 영국의 작가. 부유한 시골 지주로 평생 저술 및 연구 활동에 종사했다. 왕립학회의 설립자 중 한 명이기도 하며, 일기 작가로도 유명하다.

이사벨 1세 (Isabelle I, 1451~1504) 카스티야의 여왕(재위 1474~1504). 1469년에 아라곤의 페르난도와 결혼했고, 이후 부부가 양국의 왕위를 계승함으로써 에스파냐의 통일을 이루었다. 콜럼버스의 항해를 원조한 것으로 유명하며, 향후 에스파냐 발전의 기반을 닦은 것으로 평가된다.

이솝 (Aesop, BC 6세기경) 고대 그리스의 우화 작가. 본래 이름은 '아이소포스'이고, '이솝'은 영어식 표기이다. 생애에 대해서는 정확히 알려진 바가 없으나 일반적으로 '이솝 우화'로 알려진 작품의 작자로 간주된다.

이튼, J. 로이드 (J. Lloyd Eaton) 미국의 도서수집가. 과학소설 애호가로 레이 브래드버리나 로버트 하인라인 등과 같은 작가들과도 교제를 나누었고, 1969년에 자신이 모은 과학소설 관련 자료를 캘리포니아 대학 리버사이드 캠퍼스에 매각했다.

임스, 윌버포스 (Wilberforce Eames, 1855~1937) 미국의 서지학자. 뉴저지 출신으로 1885년부터 뉴욕 공립도서관의 전신인 레녹스 도서관에서 일하기 시작했고, 아메리카나 전문가로 명성을 얻었다.

자이드버그, 데이비드 (David Zeidberg) 미국의 서지학자. 캘리포니아 대학 LA 캠퍼스의 특별 컬렉션 담당자를 역임했다.

자이틀린, 제이콥 '제이크' (Jacob 'Jake' Zeitlin, 1902~1987) 미국의 서적상. 1928년에 LA에 '제이크 자이틀린 고서점'을 설립해 운영했으며, 20세기의 대표적인 서적상 가운데 한 명으로 명성을 떨쳤다.

장송, 니콜라스 (Nicolas Jenson, 1420?~1480) 이탈리아의 초창기 인쇄업자. 프랑스 출신으로 이탈리아 베네치아로 이주해 인쇄소를 운영했으며, 이른바 '로만' 글자체를 창안한 인물이다.

재거드, 아이작 (Isaac Jaggard, 17세기경) 영국의 인쇄업자. 셰익스피어의 초판 2절판본을 펴낸 인물이다.

재머래너, 돈 어거스틴 (Don Agustin Zamorano, 1798~1842) 미국의 정치가 겸 인쇄업자. 캘리포니아 최초의 인쇄업자로 이후에 주지사를 역임했다. 훗날 LA에서 설립된 '재머래너 클럽'은 그의 이름을 따서 만든 애서가 단체이다.

잭슨 장군, 토머스 조너선 '스톤월' (General Thomas Jonathan 'Stonewall' Jackson, 1824~1863) 미국의 군인. 버지니아 출신으로 웨스트포인트를 졸업하고 남북전쟁 당시 남부 연방의 장군으로 활약하다가 전사했다.

잭슨, 앤드류 (Andrew Jackson, 1767~1845) 미국의 제7대 대통령(재임 1828~1936). 사우스캐롤라이나 출신으로 변호사로 활동했고, 독립전쟁 당시에는 민병대를 지휘하기도 했다. 대통령을 2회 연임했으며, 이른바 '잭슨 민주주의'로 불리는 그의 사상은 훗날 큰 영향력을 끼쳤다.

잭슨, 윌리엄 A. (William A. Jackson, 1905~1964) 미국의 서지학자. 하버드 대학 호우튼 도서관 사서를 역임했다.

제노도토스 (Zenodotus, BC 3세기경) 그리스의 문법학자 겸 평론가. 알렉산드리아 도서관에서 근무했으며, 이른바 호메로스 시의 비평본을 처음 만든 인물로 간주된다.

제라드, 존 (John Gerarde, 1545~1612) 영국의 식물학자. 의학을 공부하고 선의(船醫)가 되어 오랫동안 해외 여행을 했다. 1577년부터 런던에 식물원을 운영했고, 1597년에 저서 《식물지》를 펴내 격찬을 받았다.

제번스, 던컨 찰스 르 워즐리 (Duncan Charles Le Worsley Jevons, 1945~) 영국의 도서절도범. 서퍽 지방의 농장 일꾼으로 무려 39년간에 걸쳐 영국 전역의 도서관 등지에서 4만 2,000권의 책을 훔쳤고, 1994년에 이르러 체포되었다.

제이, 리키 (Ricky Jay, 1948~) 미국의 배우 겸 마술사. 뉴욕 출신으로 본명은 리처드 포태시. 현존하는 미국 최고의 마술사 가운데 한 명으로 평가되며, 특히 마술 관련 도서수집가 겸 작가로도 유명하다.

제이, 존 (John Jay, 1745~1829) 미국의 정치가. 뉴욕 출신으로 컬럼비아 대학을 졸업하고 변호사로 활동했으며, 이후 초대 연방대법원장 등의 관직을 역임했다. 매디슨, 해밀턴 등과 함께 《연방주의자》(1788)의 저자로도 유명하다.

제이미슨, T. H. (Thomas Hill Jamieson, 1843~1876) 영국의 평론가.

제임스 1세 (James I, 1566~1625) 영국의 왕(재위 1603~1625). 스코틀랜드 여왕 메리 스튜어트의 아들로, 엘리자베스 1세의 뒤를 이어 왕위를 계승했다. 왕권신수설을 주장하여 의회와 계속 갈등을 빚었고, 훗날 귀족들의 반감을 사서 암살당했다.

제임스 2세 (James II, 1633~1701) 영국의 왕(재위 1685~1688). 찰스 1세의 차남이며 찰스 2세의 동생이다. 외국에 망명했다가 왕정복고로 귀국했으며, 왕위를 계승한 후 1688년 명예혁명이 일어나 다시 프랑스로 망명해 그곳에서 사망했다.

제임스, 헨리 (Henry James, 1843~1916) 미국의 소설가. 뉴욕 출신으로 하버드 대학을 졸업하고 작가가 되었으며, 유럽에 대한 동경으로 평생 런던에 살면서 사망 직전에는 아예 영국 국적을 얻었다. 대표작으로는 《아메리칸》(1877), 《데이지 밀러》(1879), 《대사들》(1903) 등이 있다.

제슬슨, 루드윅 (Ludwig Jesselson, 1911~1993) 미국의 자선사업가. 부인 에리카와 함께 여러 유대인 단체에 기금을 지원한 것으로 유명하다.

제즐슨, 에리카 (Erica Jesselson, 1922~2003) 미국의 자선사업가. 루드윅 제즐슨의 부인. 오스트리아 출신으로 나치를 피해 미국으로 이주했으며, 남편 루드윅과 함께 자선사업가로 활동했다.

제퍼슨, 토머스 (Thomas Jefferson, 1743~1826) 미국의 제3대 대통령(재임 1800~1808). 버지니아 출신으로 미국 독립선언문의 기초자이며, 소수의견의 존중 및 언론의 자유 등을 확립한 이른바 '제퍼슨 민주주의'의 주창자로 유명하다.

젠킨스, 자니 (Johnny Jenkins, 1940~1989) 미국의 서적상 겸 출판인. 본명은 존 홈스 젠킨스 3세. 텍사스 대학을 졸업하고 오스틴에서 출판사 겸 고서점을 운영했으며, 서지학 및 미국 역사에 대한 여러 권의 저서를 펴냈다.

조던 스미스, 폴 (Paul Jordan-Smith, 1895~1971) 미국의 언론인 겸 평론가.

조이스, 윌리엄 L. (William Leonard Joyce) 미국의 서지학자. 프린스턴 대학 파이어스톤 도서관 사서를 역임했다.

조이스, 제임스 (James Joyce, 1882~1941) 아일랜드의 작가. 대학 졸업 후에 유럽 대륙으로 건너가 취리히와 트리에스테, 그리고 파리 등지를 37년간이나 떠돌아 다녔다. 이른바 '의식의 흐름' 기법을 사용한 작품으로 유명하고, 20세기 최고의 소설가 중 한 사람으로 평가된다.

조지 1세 (George I, 1660~1727) 영국의 왕(재위 1714~1727). 제임스 1세의 증손자이며 독일 하노버 선거후의 아들이다. 앤 여왕이 후계자 없이 사망하자 왕위를 물려받았다. 영어를 모르는 데다 고향인 하노버를 떠나지 않았기 때문에 내각과 의회에 의존함으로써, 내각 및 의회의 권한 강화에 기여했다고 평가된다.

조지 3세 (George III, 1738~1820) 영국의 왕(재위 1760~1820). 조지 2세의 손자로 재위 중에 미국 독립전쟁을 겪었으며, 말년에는 정신이상 증세를 보여 폐인으로 지냈다.

조지 4세 (George IV, 1762~1830) 영국의 왕(재위 1820~1830). 조지 3세의 장남이다. 부친의 정신이상으로 인해 장기간 섭정을 했으며, 원만치 못한 성격으로 별다른 업적을 남기진 못했다.

존 왕 (King John, 1167~1216) 영국의 왕(재위 1199~1216). 헨리 2세의 막내아들. 형인 리처드 1세 사후에 조카를 죽이고 왕위를 차지했다. 이후 프랑스와의 전쟁으로 유럽 대륙의 영토를 잃고, 종교 문제로 교황으로부터 파문당하는 등의 굴욕을 겪었으며, 1215년에 귀족들에 의해 '마그나카르타'를 승인하게 되었다.

존스, 이디스 뉴볼드 (Edith Newbold Jones) → 워튼, 이디스

존스, 재스퍼 (Jasper Johns, 1930~) 미국의 화가. 1950년대에 이른바 '팝아트'의 대표적인 화가로 활약했다.

존스, 제니퍼 (Jennifer Jones) 미국의 여배우. 본명은 필리스 리 아이즐리. 오클라호마 출신으로 제작자 데이비드 O. 셀즈닉의 부인이기도 했다. 1944년에 아카데미 여우주연상을 수상했다.

존슨 박사 (Doctor Johnson) → 존슨, 새뮤얼

존슨, 레이디 버드 (Lady Bird Johnson, 1912~) 린든 B. 존슨의 부인. 텍사스 출신으로 본명은 클로디아 앨터 테일러. 1934년에 존슨과 결혼했고, 이후 남편의 정치 활동에서 적극적인 역할을 수행했다.

존슨, 린든 B. (Lyndon Baines Johnson, 1908~1973) 미국의 제36대 대통령(재임 1963~1969). 텍사스 출신으로 하원 및 상원의원을 역임하고 1960년에 케네디의 러닝메이트로 부통령이 되었으며, 1963년에 케네디 암살과 동시에 대통령직을 승계했다. 이후 재선에 성공했지만 베트남 전쟁의 상황 악화로 임기만료와 함께 정계에서 은퇴하였다.

존슨, 벤 (Ben Jonson, 1572~1637) 영국의 시인. 런던 출신이며 한때 살인죄로 감옥 신세를 지기도 했다. 풍자적이고 사실적인 희극을 써서 명성을 얻었고, 한때 제임스 1세의 총애를 받기도 했으나 말년은 불우했다.

존슨, 새뮤얼 (Samuel Johnson, 1709~1784) 영국의 작가. 대학 중퇴의 학력이지만

생전의 업적으로 인해 후세에 박사학위를 추증받아 '존슨 박사'라고 한다. 1747년부터《영어사전》편찬 작업을 시작해서 7년여 만에 완성했고, 사후에 친구인 보즈웰이 쓴 전기로 더욱 유명해졌다.

존슨, 엘드리지 R. (Eldridge R. Johnson, 1867~1945) 미국의 발명가 겸 사업가. 델라웨어 출신으로 1896년에 전기로 작동하는 축음기를 발명해 '빅터'라고 이름 짓고, 이후 '빅터 유성기 회사'를 설립해 막대한 재산을 모았다.

존슨, 제임스 웰던 (James Weldon Johnson, 1871~1938) 미국의 흑인 작가. 애틀랜타 대학을 졸업하고 플로리다 주 최초의 흑인 변호사가 되었다. 이후 흑인 인권운동에 적극 앞장섰으며, 대표작인 《전(前) 유색인》(1912)과 《하느님의 트롬본》(1927)을 발표해 주목을 받았다.

주벨리스, 프리실라 (Priscilla Juvelis) 미국의 여성 서적상. 뉴욕의 서적상 존 플레밍 밑에서 근무했으며, 1980년에 독립하여 매사추세츠 주 케임브리지에 '프리실리 주벨리스 서점'을 설립했다. 서지학에 대한 여러 권의 저서가 있다.

주치, 앨런 (Alan H. Jutzi, 1945~   ) 미국의 서지학자. 헌팅턴 도서관의 사서로 재직 중이다.

쥬에트, 찰스 코핀 (Charles Coffin Jewett, 1816~1868) 미국의 서지학자. 메인 출신으로 앤도버 신학교를 졸업했다. 1848년에 스미스소니언 연구소의 사서가 되어 미국 내의 도서관 현황을 조사했고, 이후 보스턴 공립도서관 사서를 역임했다.

지랄두스 캄브렌시스(Giraldus Cambrensis, 1146?~1223?) 영국의 역사가 겸 성직자. 노르만족 출신으로 '웨일스의 제럴드,' 혹은 '제럴드 드 배리'라고도 한다. 아일랜드 및 웨일스에 관한 역사 논저로도 유명하다.

지로드, 빈센트 (Vincent Giroud) 미국의 서지학자. 예일 대학 바이네케 도서관의 희귀본 담당 사서를 역임했다.

진먼, 마이클 (Michael Zinman, 1938~   ) 미국의 사업가 겸 도서수집가. 개인 수집가로선 최대 규모의 미국 임프린트를 수집한 것으로 유명하며, 2000년에 자신의 컬렉션을 필라델피아 도서관 조합에 매각했다. 오늘날 텍사스 대학에 소장된 '외설물 컬렉션' 또한 그의 기증품이다.

진저리치 박사, 오웬 (Owen Jay Gingerich, 1930~) 미국의 천문학자. 스미스소니언 연구소와 하버드 대학에서 천문학 담당 교수를 역임했고, 과학 분야의 희귀본에 대한 전문가로도 유명하다.

찰스 1세 (Charles I, 1600~1649) 영국의 왕(재위 1625~1649). 제임스 1세의 아들로 대외정책에 실패하여 국고를 탕진하고 민심을 잃었으며, 의회를 해산하는 등의 극단적 조치로 혼란을 자초, 1642년에 청교도 혁명이 일어나 처형되었다.

찰스 2세 (Charles II, 1630~1685) 영국의 왕(재위 1660~1685). 찰스 1세의 아들로 청교도 혁명의 와중에 프랑스로 피신했다가, 크롬웰의 사후에 귀국하여 왕정복고를 이룩했다. 네덜란드와 연이어 전쟁을 치렀으며, 의회와 대립하여 훗날 명예혁명의 원인을 제공한 것으로 평가된다.

찰스워스 박사, 제임스 H. (Dr. James H. Charlesworth) 미국의 신학자 겸 고고학자. 프린스턴 신학교의 신약학 교수로 재직 중이다.

채프먼, 조지 (George Chapman, 1559~1634) 영국의 극작가 겸 번역가. 고전학에 정통해서 순수 창작보다도 호메로스의 〈일리아스〉(1612)와 〈오디세이아〉(1615) 번역자로 더욱 유명하다.

채핀, 앨프레드 C. (Alfred Clark Chapin, 1848~1937) 미국의 정치가 겸 도서수집가. 버몬트 출신으로 윌리엄스 칼리지를 졸업하고 변호사로 활동했으며, 이후 브루클린 시장을 역임했다. 훗날 모교에 장서를 기증해 '채핀 도서관'을 설립했다.

책 도붓장사 멘델레 (Mendele the Itinerant Book Peddler) → 숄렘 알레이헴

챔프니스, 배질 (Basil Champneys, 1842~1935) 영국의 건축가. 케임브리지 대학을 졸업하고 건축가로 명성을 얻었으며, 대표작으로는 맨체스터의 라일랜즈 도서관, 옥스퍼드의 오리얼 칼리지, 케임브리지의 뉴햄 칼리지 건물 등이 있다.

처치, E. 드와이트 (Elihu Dwight Church, 1835~1908) 미국의 사업가 겸 도서수집가. 그가 수집한 장서는 사후인 1911년에 헨리 헌팅턴에게 매각되어, 오늘날 헌팅턴 도서관에 소장되어 있다.

처칠, 윈스턴 S. (Winston S. Churchill, 1874~1965) 영국의 정치가. 육군사관학교를 졸업하고 정계에 진출해 하원의원 및 내각의 요직을 역임했다. 1940년에 총리에 취임해 제2차 세계대전을 연합군의 승리로 이끌었고, 작가로서도 탁월하여 1953년에 노벨문학상을 받았다.

처칠, 조지 스펜서, 제5대 말보로 공작 (George Spencer Churchill, 5th Duke of Marlborough, 1766~1840) 영국의 귀족 겸 정치가. 윈스턴 처칠의 5대조이며, 옥스퍼드 대학을 졸업하고 재무장관을 역임했다. 도서수집가로도 유명했지만, 재정 악화로 1819년에 이르러 자신의 컬렉션을 경매에 내놓았다.

체스터턴, G. K. (Gilbert Keith Chesterton, 1874~1936) 영국의 작가. 런던 출신으로 보수적인 취향이면서도 명쾌한 논리 전개가 돋보이는 평론을 기고해 명성을 얻었다. 또한 '브라운 신부'가 등장하는 추리 단편 시리즈의 작가로도 유명하다.

체스터필드 백작, 제4대 (The 4th Earl of Chesterfield) → 스탠호프, 필립 도머

초서, 제프리 (Geoffrey Chaucer, 1342~1400) 중세 영국의 시인. 런던 출신으로 한때 궁정에서 일했으며, 이후 시인으로 명성을 얻었다. 대표작으로는 《트로일루스와 크리세이드》(1380~1386?), 《캔터베리 이야기》(1393~1400) 등이 있다.

추, 린 (Lynn Chu) 미국의 여성 출판 에이전트. 변호사 출신으로 1985년부터 남편인 글렌 하틀리와 함께 출판 저작권 에이전시인 '라이터즈 리프리젠터티브 사'를 운영하고 있다.

츄, 비벌리 (Beverly Chew, 1850~1924) 미국의 도서수집가. 뉴욕에서 활동했으며 그롤리에 클럽의 회원이기도 했다. 말년에 자신이 모은 영국 문학 관련 컬렉션을 헨리 헌팅턴에게 매각했다.

치버, 존 (John Cheever, 1912~1982) 미국의 작가. 매사추세츠 출신으로 특히 단편

소설에서 뛰어난 재능을 보였고, 《존 치버 단편집》(1978)으로 퓰리처상을 수상했다.

카길, 제니퍼 (Jennifer Cargill) 미국의 여성 서지학자. 라이스 대학 도서관 사서를 거쳐 루이지애나 대학 교수 겸 도서관장으로 재직 중이다.

카네기, 앤드류 (Andrew Carnegie, 1835~1919) 미국의 사업가. 스코틀랜드 출신으로 미국으로 이주한 뒤, 철강업에서 크게 성공해 '강철왕'이란 별명을 얻었다. 무자비한 노조 탄압도 불사하는 독점 재벌로 비난받은 한편, 은퇴 후에는 카네기재단을 통해 부를 사회에 환원함으로써 자선사업가로서 칭찬받기도 했다.

카네티, 엘리아스 (Elias Canetti, 1905~1994) 독일 출신의 영국 작가. 불가리아 출신의 유대계로 오스트리아 빈에 살다가 제2차 세계대전의 발발과 함께 영국으로 망명했다. 대표작으로는 《현혹》(1935), 《군중과 권력》(1960) 등이 있으며, 1981년에 노벨문학상을 수상했다.

카를 5세 (Emperor Charles V, 1500~1558) 신성로마제국 및 오스트리아 황제(재위 1519~1558). 조부인 막시밀리안 1세의 뒤를 이어 왕위에 올랐다. 재위 중에 루터의 종교개혁 운동이 일어나 제국 내의 프로테스탄트 군주들과 대립했고, 말년에는 동생 페르디난트 1세에게 왕위를 물려주고 수도원에 은거했다.

카를로타 황후 (Empress Carlotta, 1840~1927) 멕시코 황제 막시밀리안의 부인. 벨기에의 레오폴드 1세의 딸로 1857년에 오스트리아의 막시밀리안 대공과 결혼했고, 1864년에 황제로 즉위한 남편을 따라 멕시코로 갔다. 우울증 치료차 유럽에 체재하는 사이에 혁명이 일어나 남편이 처형당했고, 이후 건강을 회복하지 못한 채 60여 년간을 더 살았다.

카민즈, 도로시 B. (Dorothy B. Commins, 1889~1991) 미국의 출판 편집자 색스 카민즈의 부인. 남편의 사후에 편지와 기록 등을 모아 《편집자란 무엇인가》(1978)라는 책을 펴냈다.

카민즈, 색스 (Saxe Commins, 1892~1958) 미국의 출판 편집자. 리브라이트 출판사와 랜덤하우스에서 근무하며 유진 오닐, 윌리엄 포크너, 싱클레어 루이스, 이삭 디네센, 에드가 스노우 등 유명 저자들의 편집자로 일했다.

카버, 조지 워싱턴 (George Washington Carver, 1864~1943) 미국의 흑인 농업학자. 미주리 주의 한 농가에서 노예의 아들로 태어나 아이오와 주립대학을 졸업했다. 혁신적인 농작물 재배 방법을 개발해 남부의 농업 생산성을 향상시켰으며, 특히 '땅콩박사'라는 별명으로 불린다.

카사노바, 지오반니 지아코모 (Giovanni Giacomo Casanova, 1725~1798) 이탈리아의 작가. 베네치아 출신으로 여러 직업을 전전하며 파란만장한 인생을 살았으며, 후세에는 화려한 엽색 행각의 주인공이자 바람둥이의 대명사로 유명해졌다. 대표작으로는 《회고록》(1826~1838)이 있다.

카스틸리오네 백작 (Conte Baldassare Castiglione, 1478~1529) 이탈리아의 외교관 겸 작가. 만토바 출신으로 당대의 여러 궁정에 출입하며 외교관으로 활약했다. 대표작으로는 상류사회의 교양에 대한 글을 모은 《궁정인》(1528) 등이 있다.

카시오도루스 (Flavius Magnus Aurelius Cassiodorus Senator, 485?~585?) 고대 로마의 정치가 겸 작가. 동(東)고트의 테오도리쿠스 황제 밑에서 요직을 역임했으며, 은퇴 후에 수도원을 세워 고전의 필사본 제작에 전념하기도 했다.

카시우스 (Gaius Cassius Longinus, ?~BC 42) 고대 로마의 군인 겸 정치가. 브루투스의 의형제로 카이사르 암살의 주동자 가운데 한 명이다. 이후 안토니우스 및 옥타비아누스의 연합군과 필리포스에서 싸우다 패하여 자살했다.

카우스, 살로몽 드 (Salomon de Caus, 1576~1626) 프랑스의 기술자. 루이 13세 밑에서 기술자 겸 건축가로 일하기도 했으며, 한때 증기기관의 발명자로 간주되기도 했지만 사실과는 다르다.

카울리, 말콤 (Malcolm Cowley, 1898~1989) 미국의 문학평론가. 펜실베이니아 출신으로 하버드 대학을 졸업했고, 이후 평론가로 활동해 명성을 얻었다. 특히 그가 편집한 《포크너 선집》(1946)은 그때까지만 해도 제대로 평가를 제대로 받지 못했던 포크너를 일약 유명 작가로 만든 기념비적인 작품으로 유명하다.

카이사르, 율리우스 (Gaius Julius Caesar, BC 100~44) 고대 로마의 군인 겸 정치가. 귀족 출신으로 폼페이우스 및 크라수스와 함께 삼두정치 체제를 수립하고 집정관이 되었다. 이후 갈리아와 브리튼 등지에서 군사 지휘관으로 명성을 높인 뒤, 폼페이우스를 제압하고 실권을 장악했으나 공화파에 의해 암살되었다.

카터, 마샤 맥기 (Marcia McGhee Carter) 미국의 여성 서적상. 워싱턴 D. C.에서 소설가 래리 맥머트리와 함께 고서점 '북트 업'을 운영하고 있다.

카터, 존 (John Carter, 1905~1975) 영국의 서지학자. 1941년에 동료인 그레이엄 폴라드와 함께 영국의 서적상 토머스 J. 와이즈의 위조 행각을 밝혀내 명성을 얻었다.

카터, 지미 (Jimmy Carter, 1924~) 미국의 제39대 대통령(재임 1976~1980). 조지아 출신으로 상원의원과 주지사를 역임하고, 1976년에 민주당 소속으로 대통령에 당선되었다. 재임기간 내내 국내 및 국외 정책에서 파탄을 거듭했지만, 퇴임 후에는 오히려 국제 분쟁의 해결사 노릇을 하여 2002년에 노벨평화상을 수상했다.

카토 (Marcus Porcius Cato, BC 234~149) 고대 로마의 정치가 겸 작가. 에스파냐 속주의 장관을 역임하며 영향력 있는 정치가로 활약했다. 웅변가 겸 작가로도 유명해서 대표작으로는 《농업론》,《도덕시편》 등이 있다.

카툴루스 (Gaius Valerius Catullus, BC 84~54) 고대 로마의 시인.

카플스, 데이비드 (David Karpeles, 1936~) 미국의 사업가 겸 도서수집가. 캘리포니아 출신으로 미네소타 대학을 졸업하고 여러 대학에서 수학과 물리학을 강의했으며, 이후 부동산 개발업자로 성공했다. 1978년부터는 역사적 가치가 있는 원본 문서를 수집하는 데 전념했고, 자신의 컬렉션을 바탕으로 캘리포니아, 뉴욕, 사우스캐롤라이나, 플로리다, 워싱턴, 미네소타 등지에 '카플스 박물관'을 설립했다.

카플스, 마샤 (Marsha Karpeles) 데이비드 카플스의 부인.

칼데콧, 랜돌프 (Randolph Caldecott, 1846~1886) 영국의 화가. 체스터 출신이며 특히 아동서의 삽화가로 유명하다. 1938년에 미국 도서관협회에서 아동 그림책 분야의 우수작에 수상하기 위해 제정한 '칼데콧 상'은 그의 이름을 딴 것이다.

칼라일, 토머스 (Thomas Carlyle, 1795~1881) 영국의 평론가 겸 역사가. 스코틀랜드 출신으로 에든버러 대학을 졸업하고 평론가로 활약하며 역사 연구에 몰두했다. 대표작으로는 《의상철학》(1832), 《프랑스 혁명》(1837), 《영웅숭배론》(1841) 등이 있다.

칼리마코스 (Callimachus, BC 305~240?) 고대 그리스의 시인 겸 문법학자. 키레네 출신으로 알렉산드리아에서 학교를 운영했으며, 훗날 알렉산드리아 도서관의 사서로 일하기도 했다. 평생 800여 편의 작품을 썼다고 하지만, 현존하는 것은 극히 일부에 불과하다.

칼턴, 가이 (Guy Carleton, 1724~1808) 영국의 군인 겸 정치가. 1768년과 1785년에 모두 두 차례 퀘벡 주 총독을 역임했으며, 미국 독립전쟁 당시에는 영국군 총사령관을 역임했다.

캐글, 윌리엄 R. (William Rea Cagle, 1933~   ) 미국의 서지학자. 인디애나 대학 릴리 도서관 사서를 역임했다.

캐럴, 루이스 (Lewis Carroll, 1832~1898) 영국의 수학자 겸 작가. 본명은 찰스 도지슨. 옥스퍼드 대학을 졸업하고 모교의 수학 교수로 재직했으며, 대표작으로는 친구의 딸을 모델로 삼아 만든 동화 《이상한 나라의 앨리스》(1865)와 《거울 나라의 앨리스》(1871)가 있다.

캐리, 조지, 제2대 헌스던 남작 (George Carey, 2nd Baron of Hunsdon, 1547~1603) 영국의 귀족. 케임브리지 대학을 졸업하고 제임스 1세의 측근으로 일했으며, 셰익스피어가 속해 있던 '시종장 극단'의 감독 겸 후원자였다.

캐링턴, 피터 알렉산더 루퍼트, 제6대 캐링턴 남작 (Peter Alexander Rupert Carrington, 6th Baron of Carington) 영국의 정치가. 육군사관학교를 졸업하고 외무장관 등의 주요 관직을 역임했으며, 1982년에 정계에서 은퇴한 후 크리스티를 비롯한 여러 민간 기업의 대표를 역임했다.

캐번디시, 윌리엄, 제6대 데본셔 공작 (William George Spencer Cavendish, 6th Duke of Devonshire, 1790~1858) 영국의 정치가. 파리에서 태어나 1811년에 부친이 사망하면서 작위와 막대한 재산을 물려받았다. 윌리엄 4세의 측근으로 일했으며, 찰스 디킨스를 비롯한 당대의 유명인사들과도 친교를 나누었다.

캐서린 (Catherine of Aragon, 1485~1536) 영국 왕 헨리 8세의 첫 번째 부인. 에스파냐의 페르난도 2세와 이사벨 1세 사이의 딸이다. 본래 헨리 7세의 큰아들과 정략 결혼했으나, 결혼 5개월 만에 남편을 잃고 1509년에 왕위에 오른 시동생 헨리 8세와 재혼했다. 딸 메리를 낳은 뒤에 아들을 바라던 남편으로부터 이혼을 당했다.

캐어리, 매튜 (Matthew Carey, 1760~1839) 미국의 출판인. 아일랜드 출신으로 정치적 견해로 인해 영국 정부의 박해를 받고 프랑스 파리로 건너가 벤저민 프랭클린을 알게 되었다. 1784년에 미국으로 이주해 신문을 발행하였으며, 1790년부터는 출판 및 인쇄업을 병행했다.

캑스턴, 윌리엄 (William Caxton, 1422~1491) 영국의 초창기 인쇄업자. 켄트 출신으로 훗날 런던에 가서 여러 가지 상업에 종사했다. 1475년에 영국 최초로 웨스트민스터에 인쇄소를 차렸으며, 사망할 때까지 맬러리의 《아서왕의 죽음》과 초서의 《캔터베리 이야기》를 비롯하여 100여 종의 책을 출판했다.

캠던, 윌리엄 (William Camden, 1551~1623) 영국의 역사가. 웨스트민스터 스쿨의 교장을 역임했으며, 고문서 수집 및 연구로도 유명하다. 대표작으로는 《브리타니아》 (1586)가 있다.

커, 존, 제3대 록스버그 공작 (John Ker, 3rd Duke of Roxburghe, 1740~1804) 영국의 귀족 겸 도서수집가. 런던 출신으로 1755년에 부친의 작위를 승계했다. 조지 3세의 처남이자 막역한 친구로 요직을 역임했으며, 특히 보카치오의 발다퍼 판 《데카메론》을 비롯한 1만여 점의 희귀본을 보유한 도서수집가로도 유명했다.

커, 필립 헨리, 제11대 로디언 후작 (Philip Henry Kerr, 11th Marquess of Lothian, 1882~1940) 영국의 정치가. 로이드조지의 측근으로 일했고 이후 주미대사를 역임했다. 환경운동에도 관심이 있어서, 훗날 가문의 영지인 '블릭클링 홀'을 내셔널 트러스트에 증여했다.

커널리, 존 B. (John B. Connally, 1917~1993) 미국의 정치가. 텍사스 출신의 변호사로 상원의원 린든 B. 존슨의 측근으로 활동했다. 이후 텍사스 주지사를 역임했으며, 존 F. 케네디 대통령 암살 당시 차에 동승했다가 피격당해 부상을 입기도 했다.

커러, 리처드슨 (Frances Mary Richardson Currer, 1785~1861) 영국의 여성 도서수집가. 평생 독신으로 살면서 증조부인 식물학자 리처드 리처드슨으로부터 물려받은 장서를 관리했다. 디브딘은 그녀를 가리켜 '유럽 최고의 여성 도서수집가'로 격찬했으며, 소설가 샬럿 브론테는 그녀의 이름에서 딴 '커러'라는 필명을 사용하기도 했다.

커민즈, 제임스 '짐' (James 'Jim' Cummins) 미국의 서적상. 1978년부터 뉴욕에 '제임스 커민즈 서점'을 설립해 운영하고 있다.

커밍, 더그 (Doug Cumming) 미국의 언론인 겸 학자. 여러 언론 매체에서 기자 겸 편집자로 근무했으며, 현재 버지니아 주 렉싱턴의 워싱턴 앤드 리 대학에서 언론학 교수로 재직 중이다.

커밍스, e. e. (e. e. Cummings, 1894~1961) 미국의 작가. 매사추세츠 출신으로 하버드 대학을 졸업했고, 제1차 세계대전 당시 프랑스에서 군 복무 중에 스파이 혐의로 구치소 신세를 지기도 했다. 전후에 '잃어버린 세대'의 작가로 명성을 얻었다.

커밍스, 힐러리 (Hilary Cummings) 미국의 여성 서지학자. 오리건 대학 도서관의 희귀본 담당 사서를 역임했다.

커버데일, 마일스 (Miles Coverdale, 1488~1568) 영국의 성직자. 요크셔 출신으로 케임브리지 대학을 졸업하고 아우구스티누스 수도회에 들어갔으며, 이후 루터의 영향을 받아 유럽에 거주하며 종교개혁 운동에 참여하는 한편, 1535년에 스위스에서 영어 성서를 번역, 출간했다.

커벌리, 너새니얼 (Nathaniel Coverly, 17세기경) 미국 보스턴의 초창기 인쇄업자.

커센바움, 데이비드 '데이브' (David 'Dave' Kirschenbaum, 1895~1994) 미국의 서적상. 1928년에 뉴욕에 '카네기 서점'을 설립해 운영했으며, 1911년부터 1991년까지 80년간 주요 도서 경매에 모두 참석한 전설적인 서적상이다.

커스버트 (Cuthbert) → 성 커스버트 (St. Cuthbert)

커크, 바버러 (Barbara Kuck) 미국의 서지학자. 로드아일랜드 주 프로비던스에 있는

' 존슨 앤드 웨일스 대학 요리 자료관 및 박물관장이다.

커틀러, 매너세 (Manasseh Cutler, 1742~1823) 미국의 성직자 겸 과학자. 코네티컷 출신으로 법학과 신학을 공부하여 변호사 겸 조합교회파 목사가 되었다. 천문학과 식물학 분야의 연구로도 유명하며, 이후 하원의원을 역임했다.

커퍼필드, 데이비드 (David Copperfield, 1956~) 미국의 마술사. 본명은 데이비드 세스 코트킨. 뉴저지 출신으로 12세 때부터 무대에 서기 시작했으며, 현존하는 세계 최고의 마법사인 동시에 마술 관련 고서 및 골동품 수집가로도 유명하다.

커포티, 트루먼 (Truman Capote, 1924~1984) 미국의 소설가. 대표작으로는 훗날 영화화되어 더욱 유명해진 소설 《티파니에서 아침을》(1958), 실제로 일어난 살인사건을 직접 취재해서 쓴 르포 소설 《냉혈》(1966) 등이 있다. 말년에는 지나친 음주와 기벽으로 언론매체의 단골 가십거리가 되기도 했다.

컨, 제롬 (Jerome David Kern, 1885~1945) 미국의 작곡가. 뉴욕 출신으로 브로드웨이에서 연극 및 영화음악 작곡가로 명성을 얻었고, 아카데미 주제가상을 2회 수상했다. 대공황 직전인 1929년 1월에 실시된 그의 장서 경매는 물품의 양과 질, 그리고 가격 면에서 사상 초유의 기록을 세우며, 이후 반세기 동안 전설로 남았다.

컨하트, 도로시 (Dorothy Meserve Kunhardt, 1901~1979) 미국의 여성 작가. 대표작으로는 아동용 그림책인 《토끼 팻》(1940)이 있으며, 에이브러햄 링컨 연구가로도 유명하다.

컬렌, 카운티 (Countee Cullen, 1903~1946) 미국의 흑인 시인. 뉴욕 출신으로 하버드 대학을 졸업했고, 1920년대의 이른바 '할렘 르네상스'를 대표하는 작가로 명성을 얻었다.

케널리, 미첼 (Mitchell Kennerley, 1878~1950) 미국의 출판인 겸 서적상. 영국 출신으로 1896년에 미국으로 이주했고, 이후 출판계에 뛰어들어 잡지 및 한정본 등을 출간해 성공을 거두었다. 앤더슨 경매회사와 렉싱턴 애비뉴 서점을 설립해 운영하다가 돌연한 자살로 생을 마감했다.

케네디 2세, 존 F. (John F. Kennedy, Jr., 1960~1999) 미국의 언론인. 존 F. 케네디와 재클린 케네디 오나시스의 아들이다. 브라운 대학을 졸업하고 언론계와 법조계에서 활동했으며, 아내인 캐롤라인 비셋과 함께 경비행기 사고로 사망했다.

케네디, 로버트 (Robert Kennedy, 1925~1968) 미국의 정치가. 존 F. 케네디의 동생이다. 하버드 대학을 졸업하고 변호사가 되었으며, 이후 케네디와 존슨 행정부에서 법무장관과 상원의원을 역임했다. 1968년에 민주당 대통령 후보로 출마한 직후에 의문의 암살을 당했다.

케네디, 로저 G. (Roger G. Kennedy) 미국의 역사학자. 국립 미국사박물관과 스미스소니언 자연사 박물관의 관장을 역임했다.

케네디, 윌리엄 (William Kennedy, 1928~) 미국의 소설가. 뉴욕 출신으로 시에나 칼리지를 졸업하고 언론인으로 활동하다가 1980년대부터 전업작가가 되었다. 대표작으로는 내셔널 북 어워드와 퓰리처상을 동시 수상한 《섬꼬리풀》(1983)이 있다.

케이스, 조제핀 영 (Josephine Young Case, 1907~1990) 미국의 여성 작가 겸 교육가. RCA의 설립자인 오웬 D. 영의 딸이다.

케인, 그렌빌 (Grenville Kane, 1854~1943) 미국의 사업가 겸 도서수집가. 뉴욕 출신으로 컬럼비아 대학을 졸업하고 여러 사업에 투자해 막대한 재산을 축적했다. 오늘날 프린스턴 대학과 헌팅턴 도서관 등지에 소장되어 있는 뛰어난 인큐내뷸러 및 아메리카나 컬렉션의 수집가로도 유명하다.

케인스 경, 제프리 (Sir Geoffrey Langdon Keynes, 1887~1982) 영국의 의사 겸 도서수집가. 경제학자인 존 네빌 케인스의 아들이며, 경제학자 존 메이너드 케인스의 동생이다. 케임브리지 대학을 졸업하고 의사가 되었으며, 윌리엄 블레이크에 관한 세계적인 권위자이자 관련 컬렉션 수집가로도 명성을 얻었다.

케인스, 존 네빌 (John Neville Keynes, 1852~1949) 영국의 경제학자. 케임브리지 대학의 교수를 역임했으며, 경제학자 존 메이너드 케인스와 의사 제프리 케인스의 아버지로 더욱 유명하다.

케인스, 존 메이너드 (John Maynard Keynes, 1883~1946) 영국의 경제학자. 자유방임주의 대신 정부의 적극적인 관여를 주장하여 20세기 경제학에 큰 영향을 끼쳤고, 대표작으로는 《고용, 이자 및 화폐의 일반이론》(1936)이 있다.

케플러, 요한네스 (Johannes Kepler, 1571~1630) 독일의 천문학자. 본래 신학을 공부했으나 코페르니쿠스의 지동설에 감동받아 천문학으로 전향했다. 이후 프라하로 가서 티코 브라헤 밑에서 천문학을 연구했고, 스승의 연구 결과를 바탕으로 유명한 '케플러의 법칙'을 정립했다.

켄트, 록웰 (Rockwell Kent, 1882~1971) 미국의 화가 겸 디자이너. 20세기 초 미국 최고의 상업 화가로 각종 잡지와 단행본의 표지화 및 삽화를 그려 명성을 얻었다. 북 디자이너로도 유명했으며, 랜덤하우스와 바이킹 출판사의 마크를 디자인하기도 했다.

켈빈, 노먼 (Norman Kelvin) 미국의 영문학자. 뉴욕 시립 칼리지 교수이며 윌리엄 모리스 전문가로 여러 권의 저서를 펴냈다.

켐블, E. W. (E. W. Kemble, 1861~1933) 미국의 만화가 겸 삽화가. 캘리포니아 출신으로 1880년대부터 미국의 주요 잡지에 삽화를 그려 명성을 얻었다.

켐블, 존 필립 (John Philip Kemble, 1757~1823) 영국의 배우. 아버지 로저 켐블을 비롯해서 세 명의 다른 형제자매도 모두 배우였다. 햄릿과 코리올라누스 역으로 절찬을 받았으며, 탁월한 비극 배우로 명성을 얻었다.

코널리, 시릴 (Cyril Connolly, 1903~1974) 영국의 평론가 겸 편집자. 코벤트리 출신으로 옥스퍼드를 졸업하고 언론계에서 일했으며, 시인 스티븐 스펜더를 발굴하기도 했다. 이후 여러 잡지에 평론을 써서 당대의 일급 평론가로 명성을 얻었다.

코디, 윌리엄 (William Cody, 1846~1917) 미국의 흥행사. 아이오와 출신으로 일찍이 서부 전역을 떠돌며 벌인 모험으로 '버펄로 빌'이란 별명을 얻었다. 1872년부터는 흥행사로 변신해 '와일드 웨스트 쇼'라는 극단을 이끌고 미국 전역을 순회해 인기를 끌었다.

코마이어, 로버트 (Robert Edmund Cormier, 1925~2000) 미국의 작가. 매사추세츠 출

신으로 고등학교 졸업 후 카피라이터로 일했으며, 이후 언론인으로 명성을 얻었다. 대표작으로는 현대의 학교 문제를 적나라하게 묘사한 문제작 《초콜릿 전쟁》(1974) 이 있다.

코스탄소, 미구엘 (Miguel Costansó, 18세기경) 에스파냐의 군인 겸 지도제작자. 캘리포니아를 탐험한 것으로 유명하다.

코시모 3세 (Cosimo III) → 메디치, 코시모 3세 데, 토스카나 공작

코에이트, 루퍼스 (Rufus Choate, 1799~1859) 미국의 법조인 겸 정치가. 매사추세츠 출신으로 변호사 겸 연설가로 명성을 얻었고, 이후 하원 및 상원의원을 역임했다.

코크, 에드워드 '에드' (Edward 'Ed' Irving Koch, 1924~) 미국의 정치가. 브롱크스 출신으로 뉴욕 시립 칼리지를 졸업했고, 1978년부터 1989년까지 뉴욕 시장을 역임했다.

코크, 토머스, 제1대 레스터 백작 (Thomas Coke, 1st Earl of Leicester, 1697~1759?) 영국의 귀족 겸 도서수집가. 부유한 시골 지주 집안 출신으로 예술 애호가였다. 일명 '코덱스 레스터'로 알려진 레오나르도 다 빈치의 친필 원고 소유자이기도 했다.

코크런, 알렉산더 스미스 (Alexander Smith Cochran, 1874~1929) 미국의 도서수집가. 부유한 집안 출신으로 예일 대학을 졸업했으며, 1911년에 학부생을 위한 소규모 희귀본 도서관인 '엘리자베스 시대 클럽'을 모교에 설립하고 장서를 기증했다.

코턴 경, 로버트 (Sir Robert Bruce Cotton, 1571~1631) 영국의 도서수집가. 헌팅턴셔 출신으로 케임브리지 대학을 졸업했다. 오늘날 대영박물관에 소장되어 있는 《베오울프》를 비롯한 국보급 희귀본과 문서 등을 수집한 인물이다.

코턴 경, 존 (Sir John Cotton, 18세기경) 로버트 코턴 경의 증손자로, 집안 대대로 전해져 내려오던 '코턴 장서'를 국가에 헌납했다.

코페르니쿠스, 니콜라우스 (Nicolaus Copernicus, 1473~1543) 폴란드의 천문학자. 대학에서 수학과 천문학을 공부하고 프라우엔부르크에서 성직자로 생활하며 천체 관측을 했다. 당시에 정설로 통용되던 프톨레마이오스의 체계와 다른 지동설을 수립했지

만, 이단 판정을 염려하여 생전에는 저술을 발표하지 않았다. 대표작으로는 사후에 간행된 《천체의 회전에 관하여》(1543)가 있다.

코흐, 로베르트 (Heinrich Hermann Robert Koch, 1843~1910) 독일의 세균학자. 괴팅엔 대학에서 의학을 공부하고 개업의로 일하면서 이른바 '세균학'의 기본 개념과 원칙을 정립했다. 결핵균과 콜레라균을 발견하는 등의 연구 업적을 거두었고, 1905년에 노벨생리의학상을 수상했다.

콕스, 프레이저 (Fraser Cox) 미국의 서지학자. 오리건 대학 도서관의 특별 컬렉션 담당 사서를 역임했다.

콕스웰, 조셉 그린 (Joseph Green Cogswell, 1786~1871) 미국의 서지학자. 매사추세츠 출신으로, 하버드 대학 도서관과 뉴욕 애스터 도서관의 사서로 근무했다. 이른바 '카드식 도서목록'을 처음 창안한 인물로도 유명하다.

콕토, 장 (Jean Cocteau, 1889~1963) 프랑스의 작가. 실험적인 시와 그림, 그리고 영화 등으로 1920년대 프랑스의 아방가르드 예술을 선도한 인물이다. 대표작으로는 소설 《무서운 아이들》(1929), 영화 《미녀와 야수》(1946) 등이 있다.

콘, 루이스 헨리 (Louis Henry Cohn. 1899~1953) 미국의 서적상. 부인 마지 콘과 함께 1930년에 고서점 '하우스 오브 북스'를 설립하고 대표를 역임했다.

콘, 마거리트 '마지' A. (Marguerite Arnold 'Margie' Cohn, 1887~1984) 미국의 여성 서적상. 남편 루이스 헨리 콘과 함께 1930년에 뉴욕에 고서점 '하우스 오브 북스'를 설립해 운영했다.

콘델, 헨리 (Henry Condell, 17세기경) 영국의 배우. '국왕 극단' 소속으로 윌리엄 셰익스피어가 쓴 희곡에 출연했다. 셰익스피어 사후인 1623년에 동료인 존 헤밍스와 함께 이른바 '초판 2절판'으로 불리는 희곡 선집을 펴냈다.

콘라드, 조셉 (Joseph Conrad, 1857~1924) 영국의 소설가. 우크라이나 출신으로 일찍이 선원이 되어 세계 각지를 돌아다니다가 훗날 영국에 귀화했다. 자신의 경험을 바탕으로 쓴 해양소설로 큰 인기를 누렸으며, 대표작으로는 《어둠의 속》(1899), 《로드 짐》(1900), 《노스트로모》(1904) 등이 있다.

콜, 조지 왓슨 (George Watson Cole, 1850~1930) 미국의 서지학자. 한때 헨리 헌팅턴의 개인 사서로 근무했고, 서지학에 관련된 여러 권의 저서를 펴냈다.

콜럼버스, 크리스토퍼 (Christopher Columbus, 1451~1506) 이탈리아의 탐험가. 본명은 크리스토포로 콜롬보. 카스티야 여왕 이사벨 1세와 아라곤 왕 페르난도 2세의 후원을 받아 1492년 바하마 제도에 도착함으로써 신대륙을 최초로 발견한 유럽인으로 인정되고 있다.

콜론나, 프란체스코 (Francesco Colonna, 1433?~1527) 이탈리아의 작가 겸 성직자. 베네치아에 살던 도미니코회 수도사라는 것 이외에 생애에 대해서는 자세히 알려진 바가 없고, 《꿈속의 사랑다툼》이란 작품의 저자로 간주된다.

콜리어 형제 (Collyer Brothers) → 콜리어, 호머 러스크 ; 콜리어, 랭글리

콜리어, 랭글리 (Langley Collyer, 1885~1947) '콜리어 형제' 가운데 동생. 컬럼비아 대학을 졸업하고 군 법무관을 역임했지만, 40대 이후부터 형 호머와 함께 칩거하며 집안에 온갖 잡동사니를 쌓아두었다. 훗날 형과 함께 집안에서 사망한 채로 발견되어 당시 미국 사회에 큰 충격을 주었다.

콜리어, 호머 러스크 (Homer Lusk Collyer, 1881~1947) '콜리어 형제' 가운데 형. 40대부터 시각장애인이 되어 동생 랭글리와 함께 뉴욕의 '할렘' 지구 한가운데 있는 집에 칩거했다. 훗날 동생과 함께 사망한 채로 발견되었다.

콜리지, 새뮤얼 테일러 (Samuel Taylor Coleridge, 1772~1834) 영국의 시인 겸 평론가. 케임브리지 대학을 졸업하고 친구인 워즈워스와 《서정가요집》(1798)을 공저했고, 그 책에 유명한 서사시 〈늙은 선원의 노래〉를 수록했다. 대표작으로는 평론집 《문학 전기》(1817) 등이 있다.

콜린스, 윌키 (William Wilkie Collins, 1824~1889) 영국의 소설가. 본래 변호사였지만 문필 활동에 치중하여 평생 30여 편의 작품을 썼다. 대표작으로는 추리소설 《월장석》(1868) 등이 있다.

콜베르, 장 밥티스트 (Jean-Baptiste Colbert, 1619~1683) 프랑스의 정치가. 루이 13세 시절에는 재상인 마자랭의 측근으로 일했고, 이후 루이 14세 시절에는 재무장관을 역임하며 중상주의를 주장하여 산업을 육성시켰다.

콜베르, 클로데트 (Claudette Colbert, 1903~1996) 미국의 여배우. 프랑스 파리 출신으로 이후 미국에 건너와 영화 〈클레오파트라〉(1934)에 출연해 큰 인기를 끌었다.

콥 장군, 토머스 R. R. (General Thomas Reade Rootes Cobb, 1823~1862) 미국의 군인 겸 법조인. 조지아 출신으로 변호사로 활동하며 각종 법률 제정 및 법조문 작성에 관여했으며, 남북전쟁 당시에는 남부 연방의 헌법을 기초했다.

쿠닌, 매들린 M. (Madeleine May Kunin, 1933~   ) 미국의 외교관 겸 정치가. 스위스 출신으로 어린 시절 미국으로 이주해 컬럼비아 대학을 졸업하고 언론인으로 활동했다. 버몬트 주지사를 역임했고, 클린턴 행정부에서는 교육부 장관과 스위스 대사를 역임했다.

쿠퍼, 제임스 페니모어 (James Fenimore Cooper, 1789~1851) 미국의 소설가. 뉴저지 출신으로 예일 대학을 중퇴하고 선원 및 군인 등의 직업을 거쳐 30세 때부터 소설을 쓰기 시작했다. 대표작으로는 《모히컨 족의 최후》(1825)를 비롯해 식민지 시대 아메리카 대륙을 배경으로 한 다수의 모험 소설이 있다.

쿨리지, 아치볼드 캐리 (Archibald Cary Coolidge, 1866~1928) 미국의 교육가. 하버드 대학 역사학과 교수 및 도서관장을 역임했다.

쿼리치, 버나드 (Bernard Quaritch, 1819~1899) 영국의 서적상. 독일 출신으로 영국 런던으로 이주해 1858년에 고서점을 설립해 유럽에서도 손꼽히는 서적상이 되었다. 아울러 출판업을 병행해서 에드워드 피츠제럴드의 《루바이야트》를 처음 출간하기도 했다.

쿼리치, 앨프리드 (Alfred Quaritch, 1871~1913) 영국의 서적상. 버나드 쿼리치의 아들로 부친 사후에 사업을 물려받았지만, 42세의 젊은 나이에 갑작스레 사망했다.

퀴리, 마리 (Marie Curie, 1867~1934) 프랑스의 물리학자. 폴란드 출신으로 본명은 마리아 스쿠오도프스카이다. 1891년에 파리 소르본 대학에 유학했고, 1895년에 피에르 퀴리와 결혼하여 공동 연구를 시작했다. 이후 방사능 연구를 거듭해 폴로늄과 라듐을 발견하고, 1903년에 노벨물리학상을, 1911년에 노벨화학상을 받았다.

퀸, 존 (John Quinn, 1870~1924) 미국의 법조인 겸 도서수집가. 뉴욕에서 변호사로 활동하면서 조이스와 콘래드를 비롯한 '현대 작가'들의 초판본 및 친필 원고 등을 수집한 것으로 유명하다.

퀸틸리아누스, 마르쿠스 파비우스 (Marcus Fabius Quintilian, 35?~95) 고대 로마의 수사학자. 에스파냐 속주 출신으로 로마에 와서 수사학을 가르쳤고, 베스파시아누스 황제 밑에서 집정관으로 근무했다. 대표작으로는 수사학 이론서인《웅변가 교육》이 있다.

크노프, 블랜치 (Blanche Wolf Knopf, 1894~1966) 미국의 출판편집자. 출판인 앨프레드 크노프의 부인이며, 남편과 함께 설립한 출판사에서 편집자로 일하며 뛰어난 유럽 작가들을 미국에 소개했다.

크노프, 앨프레드 A. (Alfred A. Knopf, 1892~1984) 미국의 출판인. 컬럼비아 대학을 졸업하고 더블데이 출판사에서 근무했으며, 1915년에 부인 블랜치와 함께 '크노프 출판사'를 설립했다. 이후 미국 최고의 문학 출판사로 격찬을 받았으며, 1960년에 랜덤하우스와 회사를 합병하고 은퇴했다.

크라수스 (Crassus, BC 115~53) 고대 로마의 정치가. 부유한 집안 출신으로 스파르타쿠스 반란을 진압하고 폼페이우스와 함께 집정관이 되었다. 카이사르와 함께 이른바 '삼두정치'를 구성해 집권했으나, 이후 파르티아와의 전투 중에 전사했다.

크라우닌실드, 에드워드 A. (Edward A. Crowninshield, ?~1860) 미국의 사업가 겸 도서수집가.

크렌, 토머스 (Thomas Kren, 1950~) 미국의 서지학자. 폴 게티 박물관 큐레이터를 역임했다.

크로스, 한스 P. (Hans Peter Kraus, 1906~1987) 미국의 서적상. 오스트리아 출신으로 1932년 빈에 고서점 '한스 P. 크로스 사'를 열어 운영했다. 1939년에 나치를 피해 미국으로 이주하여 이후 뉴욕에서 다시 서점을 열어 운영하며 거물급 서적상으로 명성을 떨쳤다.

크로스, 해니 (Hanni Kraus, ?~2003) 미국의 여성 서적상. 한스 P. 크로스의 부인으로 남편 사후에 말년까지 '한스 P. 크로스 사'를 운영했다.

크로제, M. F. M. (M. F. M. Crozet) 프랑스의 도서수집가.

크로커, 템플턴 (Templeton Crocker, 1884~1948)
미국의 도서수집가. 그가 수집한 캘리포니아 관련 컬렉션은 1961년에 캘리포니아 대학에 매각되었다.

크로켓, 데이비드 '데이비' (David 'Davy' Crockett, 1786~1836) 미국의 서부개척가. 테네시 출신으로 군인으로 복무했으며 1823년부터 서부 변경지대를 개척하기 시작했다. 한때 하원의원을 역임했으며, 이후 텍사스로 가서 유명한 알라모 요새 방어전 당시에 전사했다.

크롬웰, 올리버 (Oliver Cromwell, 1599~1658) 영국의 정치가. 케임브리지 대학을 졸업하고 하원의원을 역임했고, 내란 당시 청교도 측 지휘관으로 왕당파 군대를 격파하고 찰스 1세를 처형했다. 의회를 해산하고 호국경이 되어 권력을 장악했으나 왕위에 오르기는 거부했다.

크룩섕크, 조지 (George Cruikshank, 1792~1878) 영국의 만화가 겸 삽화가. 아버지 역시 만화가였으며, 독학으로 그림을 공부해서 일련의 정치 풍자 만화로 명성을 얻었다. 평생 850여 편 이상의 책에 삽화를 그렸고, 대표작으로는 그림 형제의 《동화집》과 디킨스의 《올리버 트위스트》 등이 있다.

크뤼소로라스, 마누엘 (Manuel Chrysoloras, 1350?~1415) 그리스의 학자 겸 작가. 콘스탄티노플 출신으로 외교관이 되어 이탈리아를 방문했으며, 이후 피렌체와 다른 도시에서 그리스 문학 및 문법을 가르쳤다. 그로 인해 훗날 이탈리아 르네상스 시대에 그리스의 고전에 대한 관심이 배양되었다.

크리스티나 여왕 (Queen Christina of Sweden, 1626~1689) 스웨덴 여왕(재위

1632~1654). 구스타프 2세의 딸로 부친 사후에 왕위를 계승했다. 1654년에 이르러 왕위를 사촌인 카를로스 10세에게 물려주고, 독실한 로마가톨릭 신자가 되어 말년까지 로마에 거주했다.

크리어러, 존 (John Crerar, 1827~1889) 미국의 사업가. 뉴욕 출신으로 시카고에서 공장을 운영하며 막대한 부를 쌓았으며, 훗날 '존 크리어러 도서관'을 설립했다.

크세노폰 (Xenophon, BC 430?~355) 고대 그리스의 군인 겸 작가. 아테네 출신으로 젊은 시절 소크라테스에게 배웠다. 이후 유명한 '아나바시스'에 참여하여 그 체험을 기록으로 남겼으며, 훗날 아테네에서 추방되어 스파르타에서 여생을 보냈다. 대표작으로는《아나바시스》와《소크라테스 회상록》등이 있다.

크테시비오스 (Ctesibius, BC 2세기경) 고대 그리스의 발명가. 알렉산드리아에서 활동하며 물시계와 오르간, 펌프 등을 발명했다고 전한다.

클라우디우스 황제 (Emperor Claudius, BC 10~AD 54) 고대 로마의 황제(재위 AD 41~54). 본래 귀족 출신으로 칼리굴라 황제의 친척이었지만, 신체장애로 인해 공직에 오르진 못했다. 칼리굴라가 피살된 뒤에 근위병들에 의해 황제로 옹립되었고, 사후에는 양자인 네로가 황제의 자리를 계승했다.

클라크 2세, 윌리엄 앤드류스 (William Andrews Clark, Jr., 1877~1934) 미국의 자선사업가 겸 도서수집가. 1919년에 로스앤젤레스 필하모닉 오케스트라를 설립했고, 1926년에 자신의 장서를 바탕으로 부친의 이름을 딴 '윌리엄 앤드류스 클라크 도서관'을 설립했다. 사후에 도서관을 UCLA에 기증했다.

클라크, 딕 (Dick Clark, 1929~) 미국의 방송인. 본명은 리처드 클라크. 주로 TV 오락 프로그램의 사회자로 활약했고, 에미상을 4회 수상한 방송계의 원로이다.

클램피트, 에이미 (Amy Clampitt, 1920~1994) 미국의 여성 시인. 아이오와 출신으로 한때 사서와 편집자로 일했으며, 1960년대 들어서면서 늦깎이로 시를 쓰기 시작했다. 이후 63세 때 첫 시집을 펴내 주목을 받았다.

클랩, 토머스 (Thomas Clap(p), 1703~1767) 미국의 성직자 겸 교육가. 매사추세츠 출신으로 하버드 대학을 졸업하고 목사가 되었으며, 예일 대학 총장을 역임했다.

클레멘스, 새뮤얼 (Samuel Clemens) → 트웨인, 마크

클레멘스, 올리비아 '리비' (Olivia 'Livy' Langdon Clemens, 1845~1904) 마크 트웨인의 부인.

클레멘츠, 윌리엄 L. (William L. Clements, 1861~1934) 미국의 사업가 겸 도서수집가. 미시간 주 앤아버 출신으로 미시간 대학을 졸업하고 부친의 기계 공장을 물려받아 운영했다. 도서수집가로도 유명해서 1923년에 자신의 컬렉션을 미시간 대학에 기증해 '클레멘츠 도서관'을 설립했다.

클레오파트라 7세 (Cleopatra VII, BC 69~BC 30) 고대 이집트의 여왕(재위 BC 51~BC 30). 프톨레마이오스 11세의 딸로, 17세 때 동생 프톨레마이오스 12세와 정략 결혼해서 공동 통치자가 되었다가 권좌에서 밀려났다. 이후 이집트를 점령한 로마의 율리우스 카이사르에게 접근해 권력을 되찾았고, 카이사르 사후에는 마르쿠스 안토니우스에게 접근해 권력을 유지했다. 안토니우스가 옥타비아누스에 패해 자살한 직후, 역시 자살로 생을 마감했다.

클로슨, 존 L. (John L. Clawson) 미국의 도서수집가. 뉴욕 주 버팔로에서 활동했으며, 1926년에 그의 장서가 앤더슨 경매회사에서 매각되었다.

클로즈, 글렌 (Glenn Close, 1947~) 미국의 여배우. 코네티컷 출신으로 브로드웨이 무대를 거쳐, 존 어빙 원작의 《가프가 본 세상》(1982)으로 처음 영화에 등장했다. 《위험한 정사》(1987)로 일약 세계적인 연기파 배우로 명성을 얻었다.

클리포드, 헨리 H. (Henry H. Clifford, 1910~1994) 미국의 사업가 겸 도서수집가. 미국 내에 단 두 개뿐이었던 '재머래너 80종 컬렉션'의 유일한 개인 소유주이기도 했으며, 이 컬렉션은 그의 사후에 경매를 통해 뿔뿔이 흩어졌다.

클린턴, 드위트 (De Witt Clinton, 1769~1828) 미국의 정치가. 뉴욕 출신으로 변호사로 활동하다가 훗날 상원의원과 뉴욕 시장을 역임했다.

키츠, 존 (John Keats, 1795~1821) 영국의 시인. 런던 출신으로 의학을 공부했으나 시작에만 전념하다가 25세의 나이로 요절했다. 대표작으로는 〈엔디미온〉(1818), 〈그리스 항아리에 부치는 노래〉(1818), 〈나이팅게일에게〉(1818) 등이 있다.

키케로, 마르쿠스 툴리우스 (Marcus Tullius Cicero, BC 106~43) 고대 로마의 철학자 겸 정치가. 수사학의 대가이자 라틴 문학의 최고 작가로 평가된다. 영향력 있는 정치가로 활약했으나 정적이었던 카이사르 사후에 반대파에 의해 암살되었다. 대표작으로는 《국가론》,《의무론》 등이 있다.

키케로, 퀸투스 툴리우스 (Quintus Tullius Cicero, BC 102?~43) 고대 로마의 군인. 유명한 철학자 마르쿠스 툴리우스 키케로의 동생이다. 한때 형의 라이벌인 카이사르 밑에서 근무하며 폼페이우스와 싸우기도 했으며, 훗날 형과 함께 암살되었다.

킬, 하워드 (Howard Keel, 1919~2004) 미국의 배우. 일리노이 출신으로 1950년대에 각종 뮤지컬 영화에 단골로 출연한 인기 배우였다. 대표작으로는 〈쇼 보트〉(1951), 〈컬래머티 제인〉(1953) 등이 있다.

킬고어 2세, 베이어드 L. (Bayard L. Kilgour, Jr., 1904~1984) 미국의 도서수집가. 하버드 대학을 졸업하고 훗날 모교에 자신이 모은 T. E. 로렌스 컬렉션과 일명 러시아 문학 컬렉션을 기증했다.

킴, 알베르 (Albert Cim, 1845~1924) 프랑스의 역사가.

킹, 루퍼스 (Rufus King, 1755~1827) 미국의 정치가. 메인 출신으로 변호사로 활동하다가 이후 상원의원 및 영국 대사를 역임했다. 한때 대통령 및 부통령 후보로도 나섰지만 당선에는 실패했다.

킹, 사이러스 (Cyrus King, 1772~1817) 미국의 정치가. 루퍼스 킹의 이복동생이다. 메인 출신으로 컬럼비아 칼리지를 졸업하고 변호사가 되었으며, 이후 하원의원을 역임했다.

킹, 스티븐 (Stephen King, 1947~) 미국의 소설가. 메인 출신으로 대학에서 영문학을 전공하고 여러 직업을 전전했으며, 공포소설 《캐리》(1974)의 성공으로 단숨에 유명 작가가 되었고, 이후 수많은 베스트셀러를 펴냈다.

타일러, 앤 (Anne Tyler, 1941~　) 미국의 여성 소설가. 대표작으로는《홈시크 레스토랑》(1982),《우연한 여행자》(1985), 그리고 퓰리처상 수상작인《종이시계》(1988) 등이 있다.

타키투스 (Publius Cornelius Tacitus, 55?~117?) 고대 로마의 정치가 겸 역사가. 여러 관직을 거쳐 97년에 집정관이 되었고 이후 아시아 속주의 총독이 되었다고 하나, 구체적인 생애는 알 수 없다. 대표작으로는《게르마니아》,《연대기》,《역사》등이 있다.

타킹턴, 부스 (Booth Tarkington, 1869~1946) 미국의 소설가 겸 극작가. 인디애나폴리스 출신으로 프린스턴 대학을 졸업했으며, 생존 당시 최고의 인기를 누린 작가였다. 대표작인《훌륭한 앰버슨 가문》(1918)과《앨리스 애덤스》(1921)로 퓰리처상을 2회 수상했다.

탄셀, G. 토머스 (George Thomas Tanselle, 1934~　) 미국의 서지학자 겸 평론가. 구겐하임 재단의 이사를 역임했고, 허먼 멜빌에 대한 권위자로 유명하다.

터너, 데처드 (Decherd H. Turner, Jr., 1923~2002) 미국의 성직자 겸 서지학자. 브리드웰 도서관, 퍼킨스 신학교, 서던 메소디스트 대학 등에서 30여 년간 근무했고, 이후 텍사스 대학 해리 랜섬 인문학연구소장을 역임했다.

터너, 저스틴 (Justin G. Turner) 미국의 링컨 전문 도서수집가.

터너, 프레더릭 잭슨 (Frederick Jackson Turner, 1861~1932) 미국의 역사학자. 위스콘신 대학과 하버드 대학 교수를 역임했다. 특히 서부 개척시대사의 권위자로 인정받고 있다.

터켈, 루이스 '스터즈' (Louis 'Studs' Terkel, 1912~　) 미국의 작가 겸 방송인. 뉴욕 출신으로 시카고 대학을 졸업하고 연방작가지원계획(WPA)에 참여해 방송 일을 시작했다. 제2차 세계대전을 다룬 논픽션으로 1985년에 퓰리처상을 수상했다.

테니슨 경, 앨프레드 (Lord Alfred Tennyson, 1809~1892) 영국의 시인. 랭카셔 출신으

로 케임브리지 대학을 중퇴하고, 이후 여러 편의 시집을 펴내 명성을 얻었다. 1850년에 워즈워스의 후임으로 계관시인이 되었고, 빅토리아 시대를 대표하는 영국 시인으로 평가된다.

테니얼, 존 (John Tenniel, 1820~1914) 영국의 만화가 겸 삽화가. 특히 루이스 캐럴의 《이상한 나라의 앨리스》와 《거울 나라의 앨리스》의 삽화가로 유명하다.

테르노 콩팡, H. (Henri Ternaux-Compans, 1807~1864) 프랑스의 서지학자.

테오도리쿠스 (Theodoric, 456~526) 고대 동(東)고트의 왕(재위 471~526). 어린 시절 동로마제국의 인질로 있었으며, 이후 본국으로 돌아와 서로마를 멸망시킨 게르만의 용병대장 오도아케르를 격파하고 이탈리아를 수중에 넣었다.

테오크리토스 (Theocritus, BC 3세기경) 고대 그리스의 시인. 시라쿠사 출신으로 당대에 큰 인기를 누린 작가였다.

테오프라스토스 (Theophrastus, BC 372?~287?) 고대 그리스의 철학자. 아리스토텔레스의 제자이자 후계자로, 스승의 사후에 모든 장서와 문서를 물려받았다.

테이버, 스티븐 (Stephen Tabor) 미국의 서적상. LA의 도슨 서점에서 근무했다.

테이퍼, 루이즈 (Louise Taper) 미국의 여성 도서수집가. 현존하는 최고의 링컨 관련 자료 수집가로 손꼽히며, 링컨에 대한 여러 권의 저서를 펴냈다.

테이퍼, 배리 (Barry H. Taper, 1930~2001) 미국의 사업가. 영국 출신으로 링컨 수집가인 루이즈 테이퍼의 남편이다.

테일러, 로버트 H. (Robert Hill Taylor, 1908~1985) 미국의 도서수집가. 프린스턴 대학을 졸업하고 1930년대부터 희귀본 및 미술품을 수집하기 시작했고, 1960년에 자신의 컬렉션을 모교에 기증했다.

테일러, 아이작 (Isaac Taylor, 1829~1901) 영국의 성직자 겸 작가. 요크 출신이며 특히 언어학 연구로 유명하다.

테일러, 에드워드 (Edward Taylor, 1642?~1729?) 미국의 시인 겸 성직자. 영국 출신으로 1668년에 북아메리카로 건너와 하버드 대학을 졸업했다. 이후 조합교회파 목사로 활동했으며, 북아메리카 최초의 시인으로 간주된다.

테일러, 엘리자베스 (Elizabeth Taylor, 1932~) 미국의 영화배우. 영국 출신으로 〈버터필드 8〉(1960)과 《누가 버지니아 울프를 두려워하랴?》(1966)로 두 번 아카데미 여우주연상을 수상했고, 여덟 번이나 결혼한 화려한 사생활로도 유명하다.

테일러, 피터 (Peter Matthew Hillsman Taylor, 1917~1994) 미국의 작가. 내슈빌 출신으로 밴더빌트 대학을 졸업하고 작가 생활을 시작했으며, 뛰어난 단편소설 작가로 평가된다. 대표작인 《멤피스를 향한 설교》(1986)로 퓰리처상을 수상했다.

토드, 마이클 '마이크' (Michael 'Mike' Todd, 1909~1958) 미국의 영화제작자. 본명은 에이브럼 허쉬 골드보겐. 대표작으로는 아카데미 작품상을 수상한 《80일간의 세계 일주》(1956)가 있다. 한때 엘리자베스 테일러와 결혼하기도 했으며, 비행기 사고로 사망했다.

토마스 아 켐피스 (Thomas à Kempis, 1380?~1471) 독일의 성직자. 켐펜 출신으로 네덜란드에서 학교를 다니고 아우구스티누스 수도회에 입회했다. 기독교 신앙서적의 고전인 《그리스도를 본받아》의 저자로 간주되는 인물이다.

토마스 아퀴나스 (Thomas Aquinas) → 성 토마스 아퀴나스

토머스, 딜런 (Dylan Thomas, 1914~1953) 영국의 시인. 웨일스 출신으로 1934년에 첫 시집을 펴내며 천재시인으로 인정받았다. 평생 음주와 기벽으로 더욱 유명세를 떨쳤으며, 1953년 미국 방문 중에 갑작스레 세상을 떠났다.

토머스, 벤저민 프랭클린 (Benjamin Franklin Thomas, 1813~1878) 미국의 정치가. 초창기 인쇄업자 아이제이어 토머스의 손자. 보스턴 출신으로 우스터에서 자랐으며, 브라운 대학을 졸업하고 변호사로 활동하며 하원의원을 역임했다.

토머스, 아이제이어 (Isaiah Thomas, 1749~1831) 미국의 인쇄업자 겸 도서수집가. 보스턴 출신으로 일찍부터 언론인으로 활동했으며, 독립전쟁 당시 우스터에서 인쇄소

를 차려 큰 성공을 거두었다. 초창기 미국의 각종 인쇄물을 망라한 컬렉션을 수집한 것으로 유명하며, 훗날 이 자료를 자신이 설립한 미국 고서협회에 모두 기증했다.

토머슨, 조지 (George Thomason, 1602~1666) 영국의 서적상 겸 도서수집가. 1640년부터 1661년까지 왕당파와 의회파 간의 내전 당시에 출간된 각종 서적, 신문, 소책자, 전단 등 다양한 문헌 자료를 방대하게 수집한 인물로 유명하다. 그의 컬렉션은 오늘날 대영박물관에 소장되어 있다.

투키디데스 (Thukydides, BC 460?~400?) 고대 그리스의 역사가. 아테네 출신으로 펠로폰네소스 전쟁에 참전했고, 이후 장군이 되었으나 작전 실패로 추방당해 20여 년간 망명생활을 했다. 대표작으로는 《펠로폰네소스 전쟁사》가 있다.

트럼바우어, 호레이스 (Horace Trumbauer, 1868~1938) 미국의 건축가. 필라델피아 출신으로 미국 동부에서 건축가로 명성을 얻었다. 대표작으로는 듀크 대학 및 필라델피아 미술관 등의 건물이 있다.

트럼불, 조너선 (Jonathan Trumbull, 1710~1785) 미국의 정치가. 코네티컷 출신으로 하버드 칼리지를 졸업하고 독립전쟁 전후에 걸쳐 코네티컷 주지사를 역임했다.

트럼불 2세, 조너선 (Jonathan Trumbull, Jr., 1740~1809) 미국의 정치가. 코네티컷 주지사를 역임한 조너선 트럼불의 아들로, 훗날 하원의원을 역임했다.

트럼프, 도널드 (Donald John Trump, 1946~) 미국의 사업가. 뉴욕 출신으로 워튼 스쿨을 졸업하고 부친의 부동산 사업을 물려받았다. 1980년대에 부동산 재벌로 명성을 날렸으나, 1990년대에 이르러 부동산 경기의 침체로 막대한 재산을 잃고 파산 지경에 몰리기도 했다.

트레이시, 스펜서 (Spencer Tracy, 1900~1967) 미국의 영화배우. 영화 〈우리는 바다의 아들〉(1937)과 〈소년의 거리〉(1938)로 2회 연속 아카데미 남우주연상을 받으며 큰 인기를 누렸다.

트렐러니, 에드워드 존 (Edward John Trelawny, 1792~1881) 영국의 탐험가. 시인 바이런과 셸리의 친구로, 셸리가 익사했을 당시는 물론이고 바이런이 사망 직전 그리스에 갔을 때도 동행한 바 있다.

트롤럽, 앤서니 (Anthony Trollope, 1815~1882) 영국의 소설가. 런던 출신으로 평생 우체국에서 일하면서 짬을 내어 수십 편의 소설을 써냈다. 대표작으로는 연작 장편 소설 '바셋 주 이야기' (1855 ~ 1867) 등이 있다.

트뤼브너, 니콜라스 (Nicholas Trübner, 1817~1884) 영국의 서지학자 겸 출판인. 그가 1851년에 세운 '트뤼브너 출판사'는 훗날 '루틀리지 출판사'에 합병되었다.

트웨인, 마크 (Mark Twain, 1835~1910) 미국의 작가. 본명은 새뮤얼 클레멘스. 인쇄소와 신문사 등에서 일하며 독학으로 글을 썼고, 《톰 소여의 모험》(1867)과 《허클베리 핀의 모험》(1884) 등의 소설로 미국을 대표하는 작가가 되었다.

트위드, 존 (John Tweed, 1869~1933) 영국의 조각가. 글래스고 출신으로 런던의 왕립 미술학교를 졸업했고, 파리 미술학교에서 공부하며 로댕과 절친한 사이가 되었다. 이후 런던에 거주하며 조각가로 명성을 얻었다.

티마이오스 (Timaeus, BC 356?~BC 260?) 고대 그리스의 역사가. 시라쿠사 출신으로 독재자인 아가토클레스에 의해 추방당한 뒤, 아테네에 거주하면서 역사 저술에 전념했다.

티몬, (Timon of Phlius, BC 320?~BC 230?) 고대 그리스의 철학자. 피론의 제자이며 회의주의 철학자로 유명하다.

티무르 (Timour, 1336~1405) 티무르제국의 황제(재위 1369 ~ 1405). 본래 귀족 출신으로 전투 중에 부상당해 한쪽 발을 절었기 때문에 '티무르이랑(절름발이 티무르)'이라는 별명을 얻었고, 훗날 그 이름이 유럽에 전파되어 '태머레인'으로 불렸다. 중세 시대에 중앙아시아의 대부분을 평정하고 대제국을 건설했다.

티베리우스 황제 (Emperor Tiberius Claudius Nero, BC 42~AD 37) 고대 로마의 황제 (재위 AD 14~37). 아우구스투스 황제의 의붓아들로 젊은 시절 여러 곳에서 무훈을 세우고 황제가 되었으며, 만년에는 카프리 섬에 은둔하며 공포정치를 펼쳤다.

티크너, 조지 (George Ticknor, 1791~1871) 미국의 작가 겸 교육가. 보스턴 출신으로 다트머스 칼리지를 졸업하고 독일에 유학했다. 이후 하버드 대학 교수를 역임했으며, 자신이 수집한 에스파냐어 자료를 바탕으로 《에스파냐 문학사》(1849)를 썼다.

티투스 황제 (Emperor Titus Flavius Vespasianus, 39~81) 고대 로마의 황제(재위 79~81). 베스파시아누스 황제의 아들로 젊은 시절부터 부친을 따라 게르마니아와 브리타니아, 유대 지방 등에서 혁혁한 전과를 올렸다. 즉위 후에는 짧은 치세에도 불구하고 여러 가지 재건 사업을 펼치는 등 선정을 펼쳤다.

틴들, 윌리엄 (William Tyndale, 1494?~1536) 영국의 성직자 겸 종교개혁가. 글로스터셔 출신으로 옥스퍼드 대학을 졸업했고, 독일로 건너가 1525년에 신약성서를 영어로 번역 출간했다. 훗날 안트베르펜에서 이단 혐의로 체포되어 처형되었다.

팅커, 촌시 브루스터 (Chauncey Brewster Tinker, 1876~1963) 미국의 서지학자. 메인 출신으로 예일 대학을 졸업하고 모교의 영문학 교수가 되었다. 예일 대학 도서관장을 역임했고 특히 제임스 보즈웰 전문가로 유명했다.

파데레프스키 (Ignacy Jan Paderewski, 1860~1941) 폴란드의 피아니스트. 바르샤바 음악원을 졸업하고 피아니스트로 명성을 얻었으며, 말년에는 폴란드의 총리를 역임했다.

파들로, 앙트완 미셸 (Antoine Michel Padeloup, 1685~1758) 프랑스의 제본업자. 18세기 최고의 제본업자로 명성을 날렸다.

파렌투첼리, 토마소 (Tommaso Parentucelli) → 교황 니콜라우스 5세

파브리치우스, 요한 알베르트 (Johann Albert Fabricius, 1668~1736) 독일의 고전학자 겸 서지학자. 라이프치히 출신으로 고전학과 의학, 그리고 신학을 공부했고 함부르크 대학의 논리학 및 철학 교수를 역임했다.

파블로프, 이반 페트로비치 (Ivan Petrovich Pavlov, 1849~1936) 러시아의 생리학자. 랴잔 출신으로 상트페테르부르크에서 의학을 공부하고 독일에 유학한 뒤, 육군 군의학교에서 교수로 일했다. 이후 소화계 및 신경계 연구로 명성을 얻었고, 1904년에 노

벨생리의학상을 받았다.

파스칼, 블레즈 (Blaise Pascal, 1623~1662) 프랑스의 과학자 겸 철학자. 일찍이 뛰어난 수학자로 명성을 얻었고, 이후 기독교에 귀의하여 신학에도 관심을 가졌으나 39세의 나이에 병으로 사망했다. 대표작인 《팡세》(1670)는 사후에 단편적인 유고를 엮어 간행한 것이다.

파스테르나크, 보리스 (Boris Pasternak, 1890~1960) 러시아의 작가. 1957년에 유일한 장편소설 《의사 지바고》를 완성했지만 러시아 내에서 출간이 금지되어 이탈리아에서 발표했고, 다음 해에 노벨문학상 수상자로 결정되었으나 수상을 거부한 바 있다.

파스퇴르, 루이 (Louis Pasteur, 1822~1895) 프랑스의 화학자 겸 미생물학자. 에콜 노르말을 졸업하고 스트라스부르 대학의 화학 교수가 되었다. 실험을 통해 이른바 '자연발생설'을 반박했고, 백신 접종법을 혁신시킨 것으로도 유명하다.

파슨즈, 에드워드 알렉산더 (Edward Alexander Parsons, 1878~1962) 미국의 도서수집가. 사후에 자신의 고대사 컬렉션을 텍사스 대학에 기증했다.

파우스투스 (Faustus) → 술라, 파우스투스

파우스티나 (Faustina) 고대 로마의 황후. 안토니우스 황제의 부인 대(大) 파우스티나(104?~141)와, 그 딸이며 마르쿠스 아우렐리우스 황제의 부인인 소(少) 파우스티나(125?~176)가 있다. 이 책에서 언급한 코턴 장서의 '파우스티나'가 이 중 누구인지는 불확실하다.

파운드, 에즈라 (Ezra Pound, 1885~1972) 미국의 시인. 1909년에 영국으로 건너가 신문학운동의 중심인물로서 T. S. 엘리엇과 제임스 조이스를 발굴해 세상에 알렸다. 제2차 세계대전 당시 이탈리아에서 반미활동을 한 까닭에 종전 후에 재판을 받았으나, 정신이상 판정을 받고 오랫동안 병원 생활을 하다가 1960년에 석방되었다.

파울, 제카리어 (Zechariah Fowle, 18세기경) 미국의 초창기 인쇄업자. 보스턴에서 인쇄소를 운영했으며, 아이제이어 토머스도 어렸을 때 그의 밑에서 도제로 일했다.

파울즈, 존 (John Fowles, 1926~) 영국의 소설가. 에섹스 출신으로 옥스퍼드 대학을 졸업하고 첫 소설 《컬렉터》(1963)로 센세이션을 일으키며 문단에 등장했다. 대표작으로는 그 외에도 《프랑스 중위의 여자》(1969) 등이 있다.

파워, 유진 (Eugene Power) 미국의 도서수집가. 1966년에 캑스턴 판 오비디우스의 하권을 구입해 케임브리지 대학 모들린 칼리지의 피프스 문고에 기증했다.

파웰, 로렌스 클라크 (Lawrence Clark Powell, 1906~2001) 미국의 서지학자. 워싱턴 D. C. 출신으로 캘리포니아 대학을 졸업하고, 1938년부터 UCLA 도서관장을 오랫동안 역임했다.

파이어링, 노먼 (Norman Fiering, 1935~) 미국의 서지학자. 뉴욕 출신으로 다트머스 칼리지를 졸업하고 1983년부터 브라운 대학 역사학과 교수 겸 존 카터 브라운 도서관장으로 재직 중이다. 저서 《버지니아의 변모》(1982)로 퓰리처상을 수상했다.

파일, 하워드 (Howard Pyle, 1853~1911) 미국의 삽화가 겸 작가. 델라웨어 출신으로 《로빈 후드》나 《아서 왕 이야기》 같은 중세의 모험담을 재구성해 직접 쓴 작품에 삽화를 그린 것으로 유명하다.

파커, 매튜 (Matthew Parker, 1504~1575) 영국의 성직자. 노위치 출신으로 케임브리지 대학을 졸업하고 성직자가 되었으며, 훗날 캔터베리 대주교를 역임했다. 특히 영국 역사에 관한 희귀본 및 각종 문헌을 방대하게 수집하고 또 정리한 인물로도 유명하다.

파크먼, 프랜시스 (Francis Parkman, 1823~1893) 미국의 역사가. 보스턴 출신으로 미국 및 캐나다 역사의 전문가이며, 특히 남북전쟁 당시 남부 연방에서 펴낸 여러 가지 자료를 수집한 것으로 유명하다.

파크스, 스티븐 (Stephen Parks) 미국의 서지학자. 예일 대학 '엘리자베스 시대 클럽'의 담당 사서로 재직 중이다.

판 페엔, 오토 (Otto van Veen, 1556~1629) 네덜란드의 화가. 레이덴의 귀족 가문 출신으로 궁정화가로 일하며 루벤스 등의 제자를 가르쳤다.

판나르츠, 아르놀트 (Arnold Pannartz, ?~1476) 이탈리아의 초창기 인쇄업자. 독일 마인츠 출신으로 1464년에 동료인 콘라트 스베인하임과 함께 이탈리아 수비아코에서 인쇄소를 설립했다. 이들이 함께 펴낸 책은 30여 종에 달하며, 그 대부분은 성서와 신학서였다.

판햄 목사, 루터 (Reverand Luther Farnham, 1816~) 미국의 성직자 겸 서지학자. 뉴햄프셔 출신으로 다트머스 대학을 졸업하고 목사가 되어 보스턴에서 활동했으며, 1855년에는 미국 최초로 개인 장서에 대한 연구서를 펴냈다.

팔라디오, 안드레아 (Andrea Palladio, 1508~1580) 이탈리아의 건축가. 본래 조각가였지만 훗날 로마에 유학해 고대 유적을 연구하고 돌아와 건축가로 명성을 얻었다. 18세기 영국의 신고전주의 양식에 큰 영향을 끼친 인물이다.

팔라비 왕, 모하메드 레자 샤 (Mohammad Reza Shah Pahlavi, 1919~1980) 이란의 왕(재위 1941~1979). 즉위 후에 친미 정책을 고수하며 근대화를 추진했으나, 계속된 실정으로 인해 반정부 시위가 일어나 외국으로 망명했다.

팔마르트, 람베르트 (Lambert Palmart, 15세기경) 에스파냐 최초의 인쇄업자.

패러츠키, 새러 (Sara Paretsky, 1947~) 미국의 여성 소설가. 캔자스 출신으로 시카고 대학을 졸업했고, 여성 탐정 'V. I. 바르샤브스키'가 등장하는 탐정 소설 시리즈를 써서 유명해졌다.

패런드, 맥스 (Max Farrand, 1869~1945) 미국의 역사학자. 예일 대학 교수와 헌팅턴 도서관장을 역임했다.

패리시, T. 마이클 (T. Michael Parrish) 미국의 역사학자. 현재 베일러 대학의 역사학과 교수로 재직 중이다.

패리시, 맥스필드 (Maxfield Parrish, 1870~1966) 미국의 화가 겸 삽화가. 필라델피아 출신으로 하워드 파일에게 그림을 배웠고, 이후 여러 책에 삽화를 그려 명성을 얻었다.

패리스, 매튜 (Matthew Paris, 1200~1259) 중세 영국의 역사가. '파리(프랑스)의 매

튜'라고도 한다. 본래 수도사로 세인트올번스에서 필사자 노릇을 했으며, 영국 중세사에 대한 저술을 남겼다.

퍼먼, 가브리엘 (Gabriel Furman, 1800~1854) 미국의 법조인. 브루클린 출신으로 변호사로 활동했으며, 훗날 상원의원과 판사를 역임했다. 역사가 겸 서지학자로도 활동해서 수많은 희귀 필사본을 수집했다.

퍼버, 에드나 (Edna Ferber, 1885~1968) 미국의 작가. 언론계에서 근무하다가 소설과 희곡을 쓰기 시작했다. 베스트셀러가 된 소설 《너무 큰》(1924)으로 퓰리처상을 받았다.

퍼시, 워커 (Walker Percy, 1916~1990) 미국의 소설가. 앨러배마 출신으로 컬럼비아 대학에서 의학을 공부했고, 지병인 결핵으로 인해 요양하며 문학에 전념했다. 이른바 '철학적 소설'의 대가로 유명하며, 소설 《관객》(1966)으로 내셔널 북 어워드를 수상했다.

퍼트넘, 새뮤얼 (Samuel Putnam, 1892~1950) 미국의 작가. 일리노이 출신으로 시카고 대학을 졸업하고 언론계에서 활동했다. 한동안 파리에 머무르며 집필 활동을 했으며, 이후 미국에 돌아와 브라질 문학 전문 번역가로 활동했다.

퍼트넘, 조지 헤이븐 (George Haven Putnam, 1844~1930) 미국의 출판인. 영국 출신으로 '퍼트넘 출판사'의 설립자인 G. P. 퍼트넘의 아들이다. 부친 사후에 출판 사업을 물려받아 운영하는 한편, 미국사 및 출판 역사에 관한 여러 권의 저서를 펴냈다.

페로, H. 로스 (Henry Ross Perot, 1930~) 미국의 사업가. 텍사스 출신으로 벤처 사업에 투자해 막대한 재산을 모았고, 1992년과 1996년에 대통령 선거에 무소속으로 출마해 화제를 모았다.

페로, 샤를 (Charles Perrault, 1628~1703) 프랑스의 동화작가. 파리 출신으로 훗날 아카데미 프랑세즈 회원으로 선출된 진보파의 논객이었지만, 오늘날에는 동화집 《마더 구스의 이야기》(1697)의 작가로 더욱 유명하다.

페르난도 2세 (Fernando II, 1452~1516) 아라곤의 왕(재위 1479~1516). 아내인 이사

1001

벨이 훗날 카스티야의 여왕이 된 까닭으로, 부부가 나란히 아라곤과 카스티야의 군주가 되어 자연스레 에스파냐 통일을 이루었다.

페리, 마스튼 J. (Marsden Jaseal Perry, 1850~1935) 미국의 사업가 겸 도서수집가. 특히 그의 셰익스피어 컬렉션은 훗날 매각되어 폴저 셰익스피어 도서관의 컬렉션에 포함되었다.

페리어, 존 (Dr. John Ferriar, 1761~1815) 영국의 의사. 록스버그셔 출신으로 에딘버러 대학을 졸업하고 맨체스터에서 의사로 활동했다. 친구인 도서수집가 리처드 히버를 풍자하는 시 〈애서광〉(1809)을 쓰기도 했다.

페어뱅크스 1세, 더글러스 (Douglas Fairbanks, Sr., 1883~1939) 미국의 영화배우. 덴버 출신으로 연극배우로 활동하다가 1915년부터 영화에 출연해 큰 인기를 모았다. 여배우 메리 픽포드와 결혼했으며 동료인 찰리 채플린, D. W. 그리피스 등과 함께 '유나이티드 아티스츠' 영화사를 설립했다.

페어뱅크스, 플로벨 (Flobelle Fairbanks, 1899~1969) 미국의 여배우. 영화배우 더글러스 페어뱅크스의 조카딸이며, 도서수집가 카터 버든의 어머니이다.

페어번, 앤드류 마틴 (Andrew Martin Fairbairn, 1838~1912) 영국의 성직자 겸 교육가. 에딘버러 출신으로 조합교회파 목사가 되었으며, 이후 옥스퍼드 대학 맨스필드 칼리지의 학장을 역임했다.

페일리, 바버라 '베이브' 쿠싱 모티머 (Barbara 'Babe' Cushing Mortimer Paley, ?~1978) 미국의 사교계 인사. 본명은 바버라 쿠싱. 첫 남편인 석유 재벌 스탠리 모티머와 이혼한 직후에 CBS의 대표인 윌리엄 S. 페일리와 재혼했으며, 종종 가십거리로 등장하면서 미국의 패션계를 선도한 인물로 유명하다.

페일리, 윌리엄 S. (William S. Paley, 1901~1990) 미국의 사업가. 시카고 출신으로 위튼 스쿨을 졸업하고 방송계로 진출했다. 1929년에 22개의 라디오 방송국을 보유하고 있던 CBS를 인수해 오늘날과 같은 대형 미디어 복합회사로 키웠다.

페일즈, 드코시 (DeCoursey Fales, 1888~1966) 미국의 사업가 겸 도서수집가. 1957년

에 자신이 모은 희귀본 컬렉션을 뉴욕 대학에 기증했다.

페일즈, 핼리버튼 (Haliburton Fales) 드코시 페일즈의 아버지. 드코시가 1957년에 뉴욕 대학에 기증한 컬렉션은 부친의 이름을 따서 '페일즈 문고' 라고 명명되었다.

페토, 드니 (Denys Petau, 1583~1652) 프랑스의 신학자. 오를레앙 출신으로 파리에서 공부하고 예수회에 가입했으며, 당대의 뛰어난 신학자로 명성을 얻었다.

페트라르카 (Petrarch, 1304~1374) 이탈리아의 시인 겸 인문주의자. 본명은 프란체스코 디 페트라코. 대학에서 법학을 공부하고 아비뇽의 교황청에서 일했으며, 보카치오와 친교를 맺으며 고전 연구에 전념했다. 대표작인 시집 《칸초니에레》로 뛰어난 서정시인이란 명성을 얻었으며, 이탈리아 르네상스의 기반을 닦은 것으로 평가되는 인물이다.

페트라코, 프란체스코 디 (Francesco di Petracco) → 페트라르카

페트라코, 피에트로 디 (Pietro di Petracco) 시인 페트라르카의 아버지. 본래 토스카나의 관리였으나 반대파에 의해 추방당했다.

펜, 윌리엄 (William Penn, 1644~1718) 영국의 정치가. 옥스퍼드 대학을 졸업하고 신대륙으로 건너가 식민지를 건설하고 자신의 이름을 따서 '펜실베이니아' 라고 이름 붙였다. 필라델피아의 지사가 되어 퀘이커 교도를 중심으로 종교적 관용을 베풀었으나, 이후 의회와의 대립으로 사임한 뒤 영국으로 귀국해 생애를 마쳤다.

펜노, 존 (John Fenno, 19세기경) 보스턴의 사업가. 1833년에 노상강도 제임스 앨런을 체포한 인물이다. 이후 제임스 앨런은 죽어가면서 자신의 가죽으로 장정한 회고록을 존 펜노에게 증정하도록 유언을 남겼고, 이 책은 오늘날 보스턴 애시니엄에 보관되어 있다.

펜로즈, 보이스 (Boies Penrose) 미국의 도서수집가. 하버드 대학 재학 시절에 원섭의 '예술 5e' 과목을 수강했으며, 이후 여행 및 아메리카나 분야의 컬렉션을 수집한 것으로 유명하다.

펜윅, 토머스 피츠로이 (Thomas Fitzroy Phillipps Femwick, 1856~1938) 영국의 도서수집가. 토머스 필립스 경의 외손자로 무려 반세기 가까이 걸쳐 이루어진 '필립스 컬렉션'의 매각 작업을 관리했다.

펠드먼, 루 데이비드 (Lew David Feldman, ?~1976) 미국의 서적상. 뉴욕에서 고서점 '하우스 오브 엘 디에프'를 운영하며 당대 최고의 서적상으로 명성을 얻었다.

펠프스, 윌리엄 라이언 (William Lyon Phelps, 1865~1943) 미국의 작가 겸 평론가. 예일 대학을 졸업하고 이후 40여 년간 모교의 영문학 교수로 재직했다.

포, 에드거 앨런 (Edgar Allen Poe, 1809~1849) 미국의 작가. 보스턴 출신으로 뛰어난 단편 작가이며, 현대의 추리 및 공포소설의 전형을 창조했다. 대표작으로는 단편 〈황금 풍뎅이〉(1843), 〈어셔 가의 몰락〉(1839), 〈모르그 가의 살인사건〉(1841), 〈검은 고양이〉(1845) 등이 있다.

포드, 워싱턴 C. (Worthington Chauncey Ford, 1858~1941) 미국의 역사가. 브루클린 출신으로 국회도서관의 필사본 부서 담당자를 역임했고, 미국사에 관한 여러 권의 저서를 남겼다.

포르타스 백작 (Count Fortsas) → 피쇼, 장 네폼뮈센 오귀스트

포브스, 말콤 (Malcolm Forbes, 1919~1990) 미국의 출판인. 뉴저지 출신으로 프린스턴 대학을 졸업하고 부친이 펴내던 경제지 《포브스》의 사업을 이어받았다. 이후 이 잡지를 미국 내에서도 가장 유력한 매체로 만들면서 20세기 출판계의 거물로 명성을 누렸다.

포브스, 존 W. (John W. Forbes, 1781~1864) 미국의 귀금속 세공업자.

포스, 피터 (Peter Force, 1790~1868) 미국의 언론인 겸 역사가. 뉴저지 출신으로 워싱턴 D. C.에서 인쇄업자로 활동했으며, 훗날 그곳 시장을 역임했다. 또한 역사적 가치가 있는 희귀 자료를 수집해 편찬하기도 했다.

포스터, E. M. (Edward Morgan Forster, 1879~1970) 영국의 소설가. 런던 출신으로 케

임브리지 대학을 졸업하고 블룸즈베리 그룹의 일원으로 활동했다. 대표작으로는 소설 《전망 좋은 방》(1908), 《하워즈 엔드》(1910), 《인도로 가는 길》(1924) 등이 있다.

포시도니우스 (Posidonius, BC 135?~51?) 고대 그리스의 스토아 철학자.

포시우스, 게르하르트 (Gerhard Johann Vossius, 1577~1649) 독일의 고전학자 겸 신학자. 레이덴 대학에서 고전학과 신학을 졸업하고 모교에서 강의하며, 유럽 전역에 명성을 떨쳤다.

포와티에, 디안느 드 (Diane de Poitiers, 1499~1566) 프랑스 왕 앙리 2세의 애인.

포조 브라치올리니, 지안 (Gian Francesco Poggio Bracciolini, 1380~1459) 이탈리아의 인문주의자. 로마 교황청에서 교황의 비서로 일했으며, 이후 피렌체 공국에서 일했다. 그의 가장 큰 업적으로는 오랫동안 실전된 루크레티우스와 퀸틸리아누스 등의 사본을 발견한 것을 들 수 있다.

포츠하이머, 릴리 (Lily Pforzheimer) 칼 H. 포츠하이머의 부인.

포츠하이머, 아서 (Arthur Pforzheimer) 미국의 사업가. 칼과 월터 포츠하이머의 형제.

포츠하이머, 월터 (Walter Pforzheimer) 미국의 사업가 겸 도서수집가. 월터 L. 포츠하이머의 아버지이며, 세계적인 수준의 '몰리에르 컬렉션'을 수집한 것으로 유명하다.

포츠하이머, 월터 L. (Walter Lionel Pforzhemer, 1914~2003) 미국의 관료 겸 도서수집가. 월터 포츠하이머의 아들. 예일 대학을 졸업하고 OSS와 CLA에서 오랫동안 근무했으며, 첩보 관련 자료 수집가로 유명하다. 사망 직전인 2001년에는 자신의 '스파이 컬렉션'과 부친의 '몰리에르 컬렉션'을 모교의 바이네케 도서관에 나란히 기증했다.

포츠하이머, 칼 H. (Carl H. Pforzheimer, 1879~1957) 미국의 사업가 겸 도서수집가. 부인인 릴리와 함께 영문학 관련 컬렉션을 수집한 것으로 유명하다. 1986년에 이르러 그 중 초창기 영문학 컬렉션은 텍사스 대학에, 그리고 낭만주의 영시 관련 컬렉션은 뉴욕 공립도서관에 매각되었다.

포츠하이머 2세, 칼 (Carl Pforzheimer, Jr., 1907~1996) 미국의 사업가 겸 도서수집가. 칼과 릴리 포츠하이머의 아들이다. 하버드 대학을 졸업하고 부친이 설립한 사업을 이어받아 자선사업 및 도서수집을 해 왔다.

포크너, 윌리엄 (William Faulkner, 1897~1962) 미국의 소설가. 미시시피 출신으로 미국 남부 사회의 변천을 묘사한 일련의 작품으로 명성을 얻었다. 특히 1946년에 《포크너 선집》이 발간되며 다시 한 번 진가를 인정받았고, 1949년에 노벨문학상을 받았다.

포터, 비어트릭스 (Helen Beatrix Potter, 1866~1943) 영국의 아동문학가. 그림책 《피터 래빗 이야기》(1902)로 큰 인기를 얻었고, 평생 23권의 시리즈를 펴내 세계적인 아동문학가가 되었다.

포티스큐 경, 존 (Sir John Fortescue, 1533~1607) 영국의 정치가. 옥스퍼드 대학을 졸업하고 한때 엘리자베스 여왕의 가정교사로 일했으며, 훗날 여러 관직을 역임했다.

포프, 알렉산더 (Alexander Pope, 1688~1744) 영국의 시인. 런던 출신으로 신체적 장애가 있었음에도 불구하고 약관의 나이에 영국 문단에서 확고한 지위를 얻었다. 대표작으로는 풍자시 〈머리타래 약탈〉(1712), 〈바보열전〉(1728), 〈인간론〉(1733~1734) 등이 있다.

포프, 애비 엘렌 핸스컴 (Abbie Ellen Hanscom Pope, 19세기 말경) 미국의 여성 도서수집가. 그녀가 1885년에 입수한 캑스턴 판 《아서 왕의 죽음》은 오늘날 모건 도서관에 소장되어 있다.

포프, 존 러셀 (John Russell Pope, 1874~1937) 미국의 건축가. 뉴욕 출신으로 뉴욕 시립 칼리지와 컬럼비아 대학을 졸업했다. 워싱턴 D. C.의 국립문서보관소, 국립미술관, 제퍼슨 기념관 등 고전적인 양식을 사용한 건축물을 설계해 명성을 얻었다.

폭스, 존 (John Foxe, 1516~1587) 영국의 성직자 겸 작가. 프로테스탄트 신자로 박해를 피해 프랑스로 건너갔으며, 그곳에서 기독교 역사상 유명한 순교자들의 이야기를 엮은 대표작 《순교사화》(1554)를 펴냈다.

폴딩, 제임스 K. (James Kirke Paulding, 1778~1860) 미국의 작가 겸 관료. 뉴욕 출신

으로 워싱턴 어빙 등의 작가들과 교제하며 작품 활동을 했고, 밴 뷰런 정권 당시 해군장관을 역임했다.

폴라드, 그레이엄 (Graham Pollard, 1929~　) 영국의 서지학자. 1941년에 동료인 존 카터와 함께 영국의 서적상 토머스 J. 와이즈의 위조 행각을 밝혀내 명성을 얻었다.

폴록, 모제스 (Moses Polock, 18세기경) 미국의 서적상. 필라델피아에서 서점을 운영하며 아메리카나 분야의 대가로 명성을 얻었으며, 서적상 A. S. W. 로젠바흐의 삼촌이기도 하다.

폴저, 에밀리 조던 (Emily Jordan Folger, 1858~1936) 미국의 여성 도서수집가. 남편 헨리와 함께 방대한 셰익스피어 컬렉션을 구축해, 훗날 워싱턴 D. C.에 '폴저 셰익스피어 도서관'을 설립했다.

폴저, 헨리 클레이 (Henry Clay Folger, 1857~1930) 미국의 사업가 겸 도서수집가. 록펠러의 동료로 반세기 동안 스탠더드 오일 뉴욕 사의 대표로 재직했으며, 특히 부인 에밀리와 함께 방대한 셰익스피어 컬렉션을 구축해 훗날 워싱턴 D. C.에 '폴저 셰익스피어 도서관'을 설립했다.

폴터, 롤런드 (Roland Folter) 미국의 서적상. 유명한 서적상 한스 P. 크로스의 사위로, 부인 메리 앤 크로스 폴터와 함께 크로스 서점에서 일했다.

폴터, 메리 앤 크로스 (Mary Ann Kraus Folter) 미국의 여성 서적상. 유명한 서적상인 한스와 해니 크로스 부부의 딸이다. 부친 사후에도 모친을 도와 남편과 함께 '한스 P. 크로스 사'를 운영했고, 2003년에 모친이 사망하자 서점을 처분하고 남편과 함께 새로운 사업을 시작했다.

폼페이우스 (Gnaeus Pompeius Magnus, BC 106~48) 고대 로마의 군인 겸 정치가. 탁월한 군인으로 스파르타쿠스의 반란을 진압하고 해적을 소탕해 명성을 얻었다. 크라수스 및 카이사르와 함께 삼두정치를 실시하고 연이어 집정관이 되었으나, 훗날 카이사르와 싸워 패배하고 달아나 이집트에서 암살당했다.

퐁파두르 부인 (Madame de Pompadour, 1721~1764) 프랑스의 귀족. 파리 출신으로

루이 15세의 총애를 받아 작위를 하사받고 정치에도 적극 관여했다. 또한 계몽 사상가들을 후원하고 예술품을 수집한 것으로도 유명하다.

푸슈킨, 알렉산드르 (Aleksandr Pushkin, 1799~1837) 러시아의 작가. 모스크바의 귀족 출신으로 일찍부터 시인으로 명성을 얻었고, 1837년에 결투로 목숨을 잃었다. 대표작으로는 소설 《예프게니 오네긴》(1830), 《대위의 딸》(1836) 등이 있다.

푸스트, 요한 (Johann Fust, ? ~1466?) 독일의 인쇄업자. 최초의 인쇄업자인 구텐베르크에게 돈을 빌려주었으나, 원금을 돌려받지 못하자 대신 그의 인쇄소를 넘겨받았다. 이후 구텐베르크의 조수였던 페터 쇠퍼와 함께 인쇄소를 운영했다.

푸치니, 지아코모 (Giacomo Puccini, 1858~1924) 이탈리아의 작곡가. 일찍부터 음악에 재능을 보였고, 특히 베르디 이후 이탈리아 최고의 오페라 작곡가로서 명성을 얻었다. 대표작으로는 《라 보엠》(1896), 《토스카》(1900), 《나비부인》(1904) 등이 있다.

풀, 윌리엄 F. (William Frederick Poole, 1821~1894) 미국의 서지학자 겸 역사가. 매사추세츠 출신으로 보스턴 애시니엄과 뉴베리 도서관의 사서를 역임했으며, 당시 도서관의 운영 면에 있어 혁신을 가져온 인물로 평가된다.

풀러, 벅민스터 (Richard Buckminster Fuller, 1895~1983) 미국의 건축가. 매사추세츠 출신으로 현대적이고도 혁신적인 디자인을 지향한 건축가로 명성을 얻었다.

프라이스, 레이놀즈 (Reynolds Price, 1933~) 미국의 작가. 노스캐롤라이나 출신으로 듀크 대학을 졸업하고 모교에서 영문학 교수를 역임했으며, 여러 권의 작품집을 펴냈다.

프란츠 요제프 황제 (Emperor Franz Joseph I, 1830~1916) 오스트리아의 황제(재위 1848~1916). 재위 후에 발칸 반도를 합병하여 오스트리아~헝가리 제국을 수립했다. 입헌 정치를 도모하였고 장기간 평화를 유지하여 문화 발전에 기여했으나, 훗날 발칸 문제가 악화되며 제1차 세계대전의 원인을 제공한 것으로 평가되고 있다.

프랑스, 아나톨 (Anatole France, 1844~1924) 프랑스의 소설가. 본명은 자크 아나톨 프랑스와즈 티보. 대표작으로는 《실베스트르 보나르의 죄》(1881), 《타이스》(1890)

등이 있으며, 1921년에 노벨문학상을 받았다.

프랑켄탈러, 헬렌 (Helen Frankenthaler, 1928~　) 미국의 여성 화가. 뉴욕 출신으로 한때 잭슨 폴록 밑에서 그림을 배웠고, 20세기 추상표현주의의 대표적인 화가 중 한 명으로 평가된다.

프랭클린, 벤저민 (Benjamin Franklin, 1706~1790) 미국의 정치가 겸 작가. 보스턴 출신이며 독학으로 작가 겸 언론인으로 활동했으며, 과학에도 관심을 가져 여러 가지 실험을 하기도 했다. 이후 외교관으로 유럽에서 활약했으며, 미국 헌법의 제정에도 관여하는 등 당대의 유력한 정치가로 명성을 얻었다. 대표작으로는 사후 출간된 《자서전》 등이 있다.

프랭클린, 빅토리아 (Victoria Franklin) 빅토리아 '초초' 프랭클린의 딸. 모친의 소유였던 윌리엄 포크너 관련 자료를 훗날 포크너 수집가인 루이스 대니얼 브로드스키에게 매각했다.

프랭클린, 빅토리아 '초초' (Victoria 'Cho-Cho' Franklin, 1919~　) 윌리엄 포크너의 의붓딸. 포크너의 아내 에스텔 올덤이 코넬 프랭클린과의 첫 결혼에서 낳은 딸이다.

프랭클린, 샬럿 (Charlotte Franklin) 영국의 서적상. 콜린 프랭클린의 부인이다.

프랭클린, 윌리엄 (William Franklin, 1730~1813) 미국의 정치가. 벤저민 프랭클린의 서자. 필라델피아 출신으로 부친을 따라 영국에 가서 공부했고, 영국 정부가 임명한 최후의 뉴저지 지사였던 까닭에 독립전쟁 당시 영국 편을 들어 아버지와 반목하기도 했다.

프랭클린, 윌리엄 템플 (William Temple Franklin, 1760~1823) 윌리엄 프랭클린의 서자. 할아버지인 벤저민 프랭클린의 사후에 모든 문서를 넘겨받아 프랑스로 건너갔다. 그중 《자서전》의 원고는 프랑스 주재 미국 공사였던 존 비글로우가 1868년에 되찾아 미국으로 가져왔다.

프랭클린, 콜린 (Colin Franklin) 영국의 서적상. 루틀리지 출판사에서 오랫동안 근무했고, 1970년부터 옥스퍼드에서 고서점을 운영했다.

프레스코트, 윌리엄 H. (William Hickling Prescott, 1796~1859) 미국의 역사학자. 매사추세츠 출신으로 본래 법학을 공부하고 훗날 역사학을 연구했다. 특히 에스파냐와 중남미 역사 분야의 권위자로 인정받았다.

프로스트, A. B. (A. B. Frost, 1851~1928) 미국의 만화가 겸 삽화가. 필라델피아 출신으로 펜실베이니아 미술학교를 졸업하고 삽화가로 명성을 얻었다.

프로스트, 로버트 (Robert Frost, 1874~1963) 미국의 시인. 버몬트의 시골 마을에 살면서 농민과 자연을 소재로 한 시를 썼다. 현대 미국을 대표하는 시인 가운데 한 명이며 무려 네 번에 걸쳐 퓰리처상을 받았다.

프로이트, 지그문트 (Sigmund Freud, 1856~1939) 오스트리아의 정신분석가. 빈 대학을 졸업하고 프랑스에 유학하고 돌아와 개업의로 일하면서 히스테리의 치료법을 연구해 '정신분석학'을 창안했다. 이른바 심층심리학의 개척자로 20세기의 사상에 지대한 영향을 끼친 인물이다.

프루스트, 마르셀 (Marcel Proust, 1871~1922) 프랑스의 소설가. 부유한 집안 출신으로 사교계에 드나들며 작품 집필에만 전념했다. 대표작으로는 1913년부터 쓰기 시작해 사후에 완간된 《잃어버린 시간을 찾아서》(전7부)가 있으며, 이른바 '의식의 흐름' 기법을 통해 새로운 소설의 지평을 연 작가로 평가된다.

프리먼, 아서 (Arthur Freeman, 1938~) 영국의 서적상. 런던의 고서점 버나드 쿼리치 사에서 근무하며 국제적으로 명성을 얻었다.

프린스, 토머스 (Thomas Prince, 1687~1758) 미국의 성직자 겸 역사학자. 매사추세츠 출신으로 하버드 대학을 졸업하고 보스턴에서 조합교회파 목사로 활동했다. 이후 미국 역사에 관한 수많은 책과 문서를 수집한 인물로도 유명하다.

프림로즈, 아치볼드 필립, 제5대 로즈베리 공작(Archibald Philip Primrose, 5th Earl of Rosebery, 1847~1929) 영국의 정치가. 런던 출신으로 1871년에 상원의원이 된 이후 내각의 요직을 거쳤으며, 1894년 글래드스턴의 뒤를 이어 수상이 되었으나 이듬해 아일랜드 자치 문제로 인해 사퇴했다.

프톨레마이오스 (Claudius Ptolemy, 85?~165?) 고대 그리스의 천문학자 겸 지리학자. 이집트의 알렉산드리아에 거주하며 천문학을 연구했다. 저서인 《알마게스트》는 훗날 코페르니쿠스가 등장하기 전까지 천문학 분야에서 확고부동한 권위를 누렸다.

프톨레마이오스 1세 (Ptolemy I Soter, BC 367~283) 고대 이집트의 왕(재위 BC 305~BC 283). 알렉산드로스의 부하로 그의 사후에 이집트 지역에서 스스로 왕위에 올라 '소테르(구원자)'라는 별명을 얻었다.

프톨레마이오스 5세 (Ptolemy V Epiphanes, ?~BC 180) 고대 이집트의 왕(재위 BC 205~180). 프톨레마이오스 4세의 아들로 어린 나이에 즉위하여 오랫동안 내전을 겪었다. 유명한 '로제타 스톤'은 바로 이 프톨레마이오스 5세의 치적을 기록한 것이다.

프톨레마이오스 12세 (Ptolemy XII, BC 61~47) 고대 이집트의 왕(재위 BC 51~BC 47). 프톨레마이오스 11세의 아들로, 부친 사후에 누나인 클레오파트라와 정략결혼을 했다. 한때 클레오파트라를 몰아내는 데 성공했으나 카이사르의 압력을 받고 저항하다가 죽었다.

플라워즈, 조지 워싱턴 (George Washington Flowers) 미국의 도서수집가. 그가 수집한 남부 관련 아메리카나 컬렉션은 현재 듀크 대학에 소장되어 있다.

플라톤 (Plato, BC 429?~BC 347) 고대 그리스의 철학자. 아테네 출신으로 정계 진출이 좌절된 뒤 소크라테스 밑에서 철학을 공부했으며, 훗날 아카데메이아 학원을 개설했다. 대표작으로는 소크라테스가 주인공으로 등장하는 여러 대화편이 있다.

플램스티드, 존 (John Flamsteed, 1646~1719) 영국의 천문학자. 찰스 2세 치하에서 왕립 천문대장을 역임했다.

플레밍, 이언 (Ian Lancaster Fleming, 1908~1964) 영국의 소설가. 런던 출신으로 한때 해군 정보부에 근무했고 '제임스 본드'가 등장하는 첩보물 시리즈의 작가로 명성을 얻었으며, 역사적인 명저의 초판본을 모으는 도서수집가로도 유명했다.

플레밍, 존 (John Fleming, 1910~1987) 미국의 서적상. 뉴욕 출신으로 15세 때부터 로젠바흐 서점에서 일하기 시작해 이후 부사장을 역임했다. 1952년에 로젠바흐가 사망하자 독립해서 '존 플레밍 서점'을 설립했다.

플레처, 존 (John Fletcher, 1579~1625) 영국의 극작가. 서섹스 출신으로 케임브리지 대학을 졸업하고 극작가로 활동했다. 셰익스피어와 함께 당대 최고의 극작가로 인기를 끌었다.

플렉, 로버트 (Robert D. Fleck, 1947~) 미국의 출판인 겸 서적상. 버지니아 대학을 졸업하고 현재 출판사 겸 고서점 '오크놀 북스'의 대표를 맡고 있다.

플로베르, 귀스타브 (Gustave Flaubert, 1821~1880) 프랑스의 소설가. 대학에서 법학을 전공했으며, 지병인 신경증으로 인해 고향에 은거하며 집필에 전념했다. 소설 《보바리 부인》(1857)으로 사실주의 소설가로서의 명성을 확립했다.

플루타르코스 (Plutarch, 46?~120?) 고대 로마의 작가. 그리스 출신으로 철학과 과학을 공부한 뒤 로마 시민권을 얻고, 훗날 그리스 지방으로 가서 관직을 역임했다. 박학다식한 재능을 발휘하여 《영웅전》을 비롯한 여러 작품을 남겼다.

플리니우스, 대(大) (Pliny the Elder, 23~79) 고대 로마의 정치가 겸 작가. 본명은 가이우스 플리니우스 세쿤두스. 여러 관직을 거쳐 나폴리 근처에서 해군 지휘관으로 재직하다가 베수비오 화산 폭발 당시 사망했다. 대표작인 《박물지》(전37권)는 당대의 문물을 총망라한 백과사전으로 유명하다.

플리니우스, 소(小) (Pliny the Younger, 61~113) 고대 로마의 정치가 겸 작가. 본명은 가이우스 플리니우스 카에킬루스 세쿤두스. 대 플리니우스의 조카이자 양자이다. 집정관 및 속주 총독을 역임했고, 당대의 뛰어난 작가이자 웅변가로 명성을 얻었다.

피르맹 디도, A. (A. Firmin~Didot, 1764~1836) 프랑스의 인쇄업자. 파리의 인쇄업자인 프랑수아 디도의 아들로, 부친의 사업을 이어받아 훌륭한 고전을 펴낸 인쇄업자로 평가된다.

피셔, 존 (John Fisher, 1469~1535) 영국의 성직자. 로체스터 주교와 케임브리지 대학의 총장을 역임했으나, 헨리 8세의 종교개혁에 저항하다가 체포되어 참수형에 처해졌다.

피쇼, 장 네퐁뮈센 오귀스트 (Jean-Nepomucene-Auguste Pichaud) 일명 '포르타스 백작.' 1840년에 벨기에의 서적상 르니에르 샬롱이 벌인 '포르타스 장서 경매'라는 장난스러운 사기극의 주인공으로, 물론 가공의 인물인 도서수집가이다.

피시먼, 조슈아 A. (Joshua A. Fishman, 1926~) 미국의 언어학자. 현재 예시바 대학 명예교수이다.

피어스 2세, 찰스 E. (Charles E. Pierce, Jr.) 미국의 서지학자. 모건 도서관장을 역임했다.

피에르 오귀스트 르누아르 (Pierre-Auguste Renoir, 1841~1919) 프랑스의 화가. 특유의 밝고 선명한 색채 표현이 특징이며, 대표작으로는《물랑 드 라 갈라트》(1876) 등이 있다.

피우스 12세 (Pope Pius XII) → 교황 피우스 12세

피즈 (Phiz) → 브라운, 헤이블럿 나이트

피츠제럴드, F. 스콧 (F. Scott Fitzgerald, 1896~1940) 미국의 소설가. 미네소타 출신으로 프린스턴 대학을 졸업했다. 첫 소설《낙원의 이쪽》(1920)으로 이른바 신세대를 대표하는 작가로 명성을 얻었으나, 알코올 중독으로 말년을 불우하게 보냈다. 대표작으로는《위대한 개츠비》(1925) 등이 있다.

피츠패트릭, 토머스 제퍼슨 (Thomas Jefferson Fitzpatrick, 1868~1952) 미국의 식물학자 겸 도서수집가. 토머스 제퍼슨의 직계자손이기도 하다. 네브라스카 대학의 식물학 교수를 역임했고, 그가 수집한 식물학 컬렉션은 사후에 캔자스 시립도서관과 캔자스 대학에 매각되었다.

피카소, 파블로 (Pablo Picasso, 1881~1973) 에스파냐의 화가. 특유의 추상화로 수많은 평론가와 대중으로부터 격찬을 받으며, 20세기를 대표하는 화가로 명성을 얻었다.

피커스 박사, 쥘 (Dr. Jules Piccus) 미국의 언어학자. 매사추세츠 대학 교수를 역임했고, 이디시어를 비롯한 여러 언어에 능통한 덕분에 '이디시 도서연구소'의 설립자인 아론 랜스키에게 개인 교습을 해주기도 했다.

피터슨, 윌리엄 S. (William S. Peterson) 미국의 영문학자. 메릴랜드 대학 명예교수로 재직하고 있으며, 윌리엄 모리스에 대한 논저를 펴낸 바 있다.

피터슨, 칼 (Carl Petersen, 1929~1991) 미국의 도서수집가. 특히 개인이 소장한 것 중에 최상의 '포크너 컬렉션'을 보유한 것으로 유명했고, 사망 직전인 1989년에 자신의 컬렉션을 매각했다.

피트킨, 티모시 (Timothy Pitkin, 1766~1847) 미국의 정치가. 코네티컷 출신으로 예일 대학을 졸업하고 변호사로 활동했으며, 이후 하원의원을 역임했다

피프스, 새뮤얼 (Samuel Pepys, 1633~1703) 영국의 작가 겸 도서수집가. 런던 출신으로 케임브리지 대학을 졸업하고 해군성에서 근무했으며, 명예혁명과 함께 관직에서 은퇴했다. 1660년부터 1669년까지 쓴 《일기》의 작가로도 유명하며, 사후에 그의 서재는 모교의 모들린 칼리지에 '피프스 문고'로 기증되어 오늘날까지 원형 그대로 보존되어 있다.

핀다로스 (Pindar, BC 518?~438?) 고대 그리스의 시인. 명문가 출신으로 아테네에서 공부하고 시인으로 명성을 얻었다. 그의 시풍은 이른바 '핀다로스 풍'으로 불리며 후세에 큰 영향력을 끼쳤다.

핀슨, 리처드 (Richard Pynson, ?~1530) 영국의 초창기 인쇄업자. 노르망디 출신으로 1482년경에 런던에서 인쇄소를 운영했다. 헨리 8세 시대에 국왕 직속 인쇄업자로 일했고, 영국에서 최초로 '로만' 글자체를 사용했으며, 평생 370여 종의 책을 펴냈다.

필드, 유진 (Eugene Field, 1850~1895) 미국의 작가. 세인트루이스 출신으로 미국 중서부의 여러 신문에서 칼럼니스트로 활동하며 인기를 끌었으며, 특히 동시 작가로도 명성을 얻었다.

필로포누스, 요한 (John Philoponus, 490?~570?) 고대 이집트의 기독교 신학자. '문법학자 요한', 혹은 '알렉산드리아의 요한'이라고도 하며, 알렉산드리아의 신플라톤주의 철학자로 유명했다.

필립스 경, 토머스 (Sir Thomas Phillipps, 1792~1872) 영국의 도서수집가. 이른바 '피

지광(皮紙狂)'을 자처한 열혈 도서수집가로 당시까지 개인 소장품으로선 사상 최대인 10만여 점에 달하는 컬렉션 '비블리오테카 필립피카'로 유명했다. 사후에 매각된 컬렉션 가운데 희귀본이 계속해서 발견됨으로써 20세기까지도 그 명성이 계속 이어졌다.

필즈, 애니 애덤스 (Annie Adams Fields, 1834~1915) 미국의 여성 작가. 제임스 T. 필즈의 부인이다.

필즈, 제임스 T. (James T. Fields, 1817~1881) 미국의 작가 겸 출판인. 뉴햄프셔 출신으로 19세기 중반에 보스턴에서 '틱노어 앤드 필즈' 출판사를 설립해 운영했다. 이후 언론계에서 활동했으며, 시인 겸 전기 작가로도 명성을 얻었다.

핑커튼, 앨런 (Alan Pinkerton, 1819~1884) 미국의 탐정. 스코틀랜드 출신으로 경찰로 근무하다가 1842년에 미국으로 이주했다. 시카고에 미국 최초의 탐정 사무소를 개설해 열차강도를 체포하는 등의 성과로 명성을 얻었고, 링컨 대통령의 경호를 담당하기도 했다. 그러나 한때는 록펠러와 카네기 등 재벌의 파업 분쇄 작전에 동원되어 원성을 사기도 했다.

하디, 토마스 (Thomas Hardy, 1840~1928) 영국의 소설가. 건축을 공부하면서 쓴 습작이 호평을 받으며 전업 작가가 되었다. 고향인 웨섹스 지방을 무대로 해서 인간의 비극적인 운명을 그린 여러 편의 소설로 각광을 받았다. 대표작으로는 《더버빌 가의 테스》(1891), 《비운의 쥬드》(1895) 등이 있다.

하딩, 워렌 (Warren Gamaliel Harding, 1865~1923) 미국 제29대 대통령(재임 1921~1923). 오하이오 출신으로 언론계에서 활동하다가 상원의원을 역임했으며, 이후 공화당 후보로 대통령에 당선되었다. 재임 중 측근들의 부정부패로 위신을 잃었으며, 재선 유세 도중에 갑작스럽게 사망했다.

하르샤브, 벤저민 (Benjamin Harshav, 1928~) 미국의 학자. 예일 대학에서 비교문학 및 히브리~슬라브 문학 담당 교수로 재직 중이다.

하버드, 존 (John Harvard, 1607~1638) 미국의 성직자. 영국 출신으로 케임브리지 대학을 졸업하고 1637년에 매사추세츠로 이주해 목사로 재직했다. 임종 당시 인근의 케임브리지에 설립 중이던 대학에 재산의 절반인 780파운드와 320권의 도서를 기증함으로써, 훗날 그의 이름을 기려 학교명을 '하버드 대학'이라 명명했다.

하비, 윌리엄 (William Harvey, 1578~1657) 영국의 의사 겸 생리학자. 케임브리지 대학을 졸업하고 제임스 1세와 찰스 1세의 주치의를 역임했다. 인체의 구조에 대한 연구로 혈액의 순환 현상을 처음으로 발견해 명성을 얻었다.

하우스먼, A. E. (Alfred Edward Housman, 1859~1936) 영국의 시인 겸 학자. 옥스퍼드 대학을 중퇴하고 한때 관직에 있다가 케임브리지 대학의 라틴어 교수가 되었으며, 당대의 가장 뛰어난 고전학자이자, 시인으로 명성을 얻었다.

하우얼, 워렌 (Warren Howell, 1912~1984) 미국의 서적상. 샌프란시스코에서 서적상으로 활동하던 부친으로부터 '존 하우얼 서점'을 물려받아 운영했고, 20세기 중반 미국 도서수집의 황금기를 수놓은 위대한 서적상들 가운데 한 명으로 평가된다.

하우얼, 찰스 어거스터스 (Charles Augustus Howell, 1840~1890) 영국의 미술품 상인. 러스킨, 로제티, 휘슬러 등의 화가와 친분을 유지하며 이들의 비서로도 활동했다. 한편으로는 일종의 '해결사' 노릇을 하기도 해서, 로제티의 죽은 아내 무덤을 파고 그 속에 묻혀 있던 시 원고를 꺼내오는 등의 일도 서슴지 않았던 것으로 전해진다.

하워드, 피터 B. (Peter B. Howard) 미국의 서적상. 캘리포니아 주 버클리에서 고서점 '세렌디피티 북스'를 운영하고 있다.

하이드, 도널드 (Donald Frizell Hyde, 1909~1966) 미국의 법조인 겸 도서수집가. 부인 메리와 함께 '새뮤얼 존슨 컬렉션'을 수집한 것으로 유명하다.

하이드, 메리 (Mary Hyde) → 에클스, 메리 하이드

하이먼, 트리나 샤트 (Trina Schart Hyman, 1939~2004) 미국의 삽화가. 필라델피아 출신으로 본명은 트리나 샤트이다. 평생 150여 권의 작품에 삽화를 그렸고, 4회에 걸쳐 칼데콧 상을 수상한 인기 작가였다.

하임, 마크 (Mark Hime) 미국의 서적상. 캘리포니아 주 비벌리힐스에서 고서점 '비블

리옥토퍼스'를 운영하고 있다.

하크니스, 메리 스틸먼 (Mary Stillman Harkness, 1874~1950) 미국의 자선사업가. 에드워드 S. 하크니스의 부인.

하크니스, 에드워드 S. (Edward Stephen Harkness, 1874~1940) 미국의 자선사업가. 록펠러의 동업자인 스티븐 V. 하크니스의 아들로 예일 대학을 졸업했고, 이후 부인 메리와 함께 자선사업가로 활동했다.

하틀리, 글렌 (Glen Hartley) 미국의 출판 에이전트. 사이먼 앤드 슈스터와 하퍼 앤드 로우 등의 대형 출판사에서 편집자로 일했고, 1985년부터 부인 린 추와 함께 출판 저작권 에이전시인 '라이터즈 리프리젠티브 사'를 운영하고 있다.

하틀리, 마스던 (Marsden Hartley, 1877~1943) 미국의 화가. 메인 출신으로 뉴욕에서 미술을 공부한 뒤에 유럽 각지를 여행하며 큐비즘과 표현주의의 영향을 받았고, 이후 고향인 메인 주의 풍경을 담은 작품을 발표해 유명해졌다.

하퍼, 래드롭 C. (Lathrop Colgate Harper, 1867~1950) 미국의 서적상. 뉴욕에서 고서점 '래드롭 C. 하퍼 사'를 운영했다.

할리, 로버트, 제1대 옥스퍼드 백작 (Robert Harley, 1st Earl of Oxford, 1661~1724) 영국의 정치가 겸 도서수집가. 하원의원을 역임하고 토리당의 당수가 되었으며, 앤 여왕 시절에 국무장관을 역임하며 막강한 권력을 휘둘렀다. 그의 '할리 장서'는 오늘날 대영도서관에 소장되어 있는 최상의 컬렉션 가운데 하나로 평가되고 있다.

할리, 에드워드, 제2대 옥스퍼드 백작 (Edward Harley, 2nd Earl of Oxford, 1699~1741) 영국의 귀족. 제1대 옥스퍼드 백작 로버트 할리의 아들이다.

할리웰, 제임스 어처드 (James Orchard Halliwell, 1820~1889) 영국의 학자. 런던 출신으로 케임브리지 대학을 졸업하고 셰익스피어 연구의 권위자로 명성을 얻었다. 도서수집가 에드워드 할리의 사위이기도 하다.

할리웰, 헨리에타 (Henrietta Halliwell) 영국의 도서수집가인 토머스 필립스 경의 딸이며, 영문학자 제임스 어처드 할리웰의 아내이다.

함슨, 타이러스 G. (Tyrus G. Harmsen) 미국의 서지학자. 스탠포드 대학을 졸업하고 옥시덴탈 칼리지 도서관에서 희귀본 담당 사서를 역임했다.

해너, 배리 (Barry Hannah, 1942~) 미국의 작가. 미시시피 칼리지를 졸업하고 모교에서 창작을 강의하고 있으며, 대표작으로는 《제로니모 렉스》(1976) 등이 있다.

해너, 아치볼드 (Archibald Hanna, 1916~) 미국의 서지학자. 예일 대학 바이네케 도서관의 사서를 역임했고, 서지학에 관한 여러 권의 저서가 있다.

해들리, 아서 트위닝 (Arthur Twining Hadley, 1856~1930) 미국의 교육가. 코네티컷 출신으로 예일 대학을 졸업하고 모교의 교수를 거쳐 총장을 역임했다.

해럴드 2세 (Harold II, 1022?~1066) 영국의 왕(재위 1066). 참회왕 에드워드의 처남으로 왕위를 계승했지만, 왕위 계승권을 주장하며 영국을 침략한 노르망디 공을 맞아 '헤이스팅스 전투'에서 싸우다가 전사했다.

해리스, 조엘 챈들러 (Joel Chandler Harris, 1848~1908) 미국의 작가. 옛 남부의 추억과 일화를 소재로 동화나 일화집을 발표했다. 대표작으로는 늑대와 토끼 등을 흑인으로 의인화한 《엉클 레무스》가 있다.

해리슨, 폴린 L. 뒤퐁 (Pauline L. Du Pont Harrison) 미국의 자선사업가. 윈터터 미술관의 설립자인 헨리 F. 뒤퐁의 딸로, 이후 미술관의 명예 이사를 역임했다.

해머, 아먼드 (Armand Hammer, 1898~1990) 미국의 사업가. 뉴욕 출신으로 1950년대에 '옥시덴탈 석유 회사'를 설립해 재벌이 되었고, 평생 자신이 수집한 미술품 컬렉션을 바탕으로 '아먼드 해머 미술관'을 건립했다.

해먼드, 트럼불, J. (James Hammond Trumbull, 1821~1897) 미국의 언어학자. 코네티컷 출신으로 예일 대학을 중퇴하고 고향에서 역사학과 인디언 언어 등을 연구하는 한편, 코네티컷 주 정부에서 오랫동안 근무했다.

해미트, 대실 (Dashiell Hammett, 1894~1961) 미국의 추리소설가. 메릴랜드 출신으로 여러 직업을 전전하다가 첫 소설《붉은 수확》(1929)을 발표해 주목을 받았으며, 이후《몰타의 매》(1930)를 발표해 미국 하드보일드 소설의 대가로 인정받았다.

해밀, 프랜시스 (Francis Hamill, 1904~1987) 미국의 여성 서적상. 1928년에 동료 마저리 바커와 함께 시카고에 '해밀 앤드 바커' 서점을 설립해 운영했다.

해밀턴, 다이앤 (Diane Hamilton, 1938~) 미국의 서적상. 남편 찰스 해밀턴과 함께 뉴욕에서 고문서 전문 서점을 운영하며, 필적 감정 전문가로 명성을 날렸다.

해밀턴, 알렉산더 (Alexander Hamilton, 1757~1804) 미국의 정치가. 독립전쟁 당시 워싱턴의 휘하에서 근무했다. 매디슨, 제이와 함께《연방주의자》(1788)를 발표해 명성을 얻었고, 이후 워싱턴 정부에서 재무장관을 역임했다.

해밀턴, 찰스 (Charles Hamilton, 1914~1996) 미국의 서적상. 뉴욕에서 고문서 전문 서점을 운영하며 필적 감정 전문가로 명성을 얻었다. 특히 1983년에 일명 '히틀러의 일기'를 가짜로 판정해 일약 유명인사가 되었고, 아내인 다이앤과 함께 여러 권의 저서를 펴냈다.

해섬, 프레더릭 차일드 (Frederick Childe Hassam, 1859~1935) 미국의 화가. 매사추세츠 출신으로 고등학교를 중퇴하고 한때 판각공으로 일했으며, 이후 유럽에서 유학하며 인상주의 화풍의 영향을 크게 받고 돌아와 미국을 대표하는 화가로 명성을 얻었다.

해저드, 이브니저 (Ebenezer Hazard, 1744~1817) 미국의 관료 겸 역사가. 필라델피아 출신으로 한때 뉴욕에서 출판사를 운영했고, 이후 체신부의 고위 관료로 재직하며 여러 권의 역사 논저를 펴냈다.

해커먼, 노먼 (Norman Hackerman, 1912~) 미국의 교육가. 메릴랜드 출신으로 존스홉킨스 대학을 졸업하고 1945년에 텍사스 대학 교수로 부임했다. 이후 학과장과 부총장 등의 요직을 역임하고, 1970년에 라이스 대학으로 자리를 옮겨 총장으로 재직하다가 은퇴했다.

핸리, 토머스 에드워드 (Thomas Edward Hanley, 1893~) 미국의 도서수집가. 펜실베이니아의 부유한 집안 출신으로 하버드 대학을 졸업하고 도서수집가로 활동하기 시작했으며, 훗날 자신의 장서를 여러 대학에 나누어 기증했다.

핼리 경, 에드먼드 (Sir Edmond Halley, 1656~1742) 영국의 천문학자 겸 수학자. 런던 출신으로 옥스퍼드 대학을 중퇴하고, 세인트헬레나 섬에서의 연구 결과를 논문으로 발표해 명성을 얻었다. 이후 모교 교수와 그리니치 천문대장을 역임했고, 이른바 '핼리 혜성'을 관찰하여 그 주기를 계산한 것으로 유명하다.

핼시, 프레더릭 R. (Frederick R. Halsey) 미국의 도서수집가. 뉴욕에서 변호사로 활동하며 영국 문학 컬렉션을 구축했다. 이 컬렉션은 1915년에 헨리 헌팅턴에게 매각되었다.

햄블린, 로버트 W. (Robert W. Hamblin, 1938~) 미국의 영문학자. 현재 사우스이스트 미주리 주립대학의 영문학 교수로 재직 중이며, 윌리엄 포크너 연구의 권위자로 손꼽힌다.

행콕, 존 (John Hancock, 1737~1793) 미국의 정치가. 매사추세츠 출신으로 대륙의회 당시 의장을 역임했고, 미국 독립선언서의 서명자 중 한 명이기도 하다.

허바드, L. 론 (Lafayette Ronald Hubbard, 1911~1986) 미국의 작가 겸 종교인. 신흥 종교인 '사이언톨로지'의 창시자이며, 여러 권의 과학소설을 쓰기도 했다.

허스턴, 조라 닐 (Zora Neale Hurston, 1891~1960) 미국의 흑인 여성 작가. 앨러배마 출신으로 바나드 칼리지를 졸업하고 남부 흑인의 토속적인 색채가 강한 소설을 썼다. 대표작으로는 《그들의 눈은 신을 보고 있었다》(1937) 등이 있다.

헌, 라프카디오 (Lafcadio Hearn, 1850~1904) 미국의 작가. 일본 여성과 결혼하고 일본으로 건너가 여러 대학에서 강의를 하는 한편, 일본에 관한 책을 영어로 저술해 명성을 얻었다.

헌스던 경 (Lord Hunsdon) → 캐리, 조지

헌트, 리 (James Henry Leigh Hunt, 1784~1859) 영국의 작가. 평론가 겸 언론인으로

명성을 얻었으며 바이런, 램, 키츠, 셸리 등 당대의 유명한 작가들과 친분을 나누었다.

헌팅턴, 아처 M. (Archer Milton Huntington, 1870~1955) 미국의 사업가 겸 미술품 수집가. 콜리스 P. 헌팅턴의 아들로 에스파냐 문화에 관심을 가져 '미국 히스패닉학회'를 설립했고, 이후 텍사스 대학에 '아처 M. 헌팅턴 도서관'을 설립했다.

헌팅턴, 콜리스 P. (Collis Potter Huntington, 1821~1900) 미국의 사업가. 아처 M. 헌팅턴의 아버지이며, 헨리 E. 헌팅턴의 삼촌이다. 코네티컷 출신으로 훗날 미국 서부에서 철도업으로 막대한 재산을 축적하고, 19세기에 서부의 철도를 주름잡은 거물 중 한 명으로 부상했다.

헌팅턴, 헨리 E. (Henry Edwards Huntington, 1850~1927) 미국의 사업가 겸 도서수집가. 뉴욕 출신으로 삼촌인 콜리스 P. 헌팅턴과 함께 서부에서 철도 사업으로 막대한 재산을 모았다. 1903년부터 도서수집에 눈을 돌려 다량의 희귀본을 사들이기 시작해서, 1920년에 캘리포니아 주 샌마리노에 '헌팅턴 도서관'을 건립했다.

헐리, 마이클 D. (Michael D. Hurley, ?~1984) 미국의 도서수집가. 우체국에서 근무하며 평생 독신으로 살면서 책을 모은 인물이다. 그의 사후에 장서 중 일부가 도슨 서점을 통해 매각되었다.

험프리, 글로스터 공작 (Humphrey, Duke of Gloucester, 1391~1447) 영국의 귀족. 헨리 4세와 첫 번째 부인 메리 사이에 태어난 다섯 번째 아들이다. 1414년에 글로스터 공작 작위를 물려받았고, 형인 헨리 5세가 사망하자 조카인 헨리 6세를 보필하며 섭정을 맡았다. 그러나 훗날 역모를 꾸몄다는 혐의로 체포되어 감옥에서 사망했다.

헤로필로스 (Herophilus, BC 335~280) 고대 그리스의 의사. 칼케돈 출신으로 알렉산드리아에서 활동했으며, 사상 최초로 공개 해부를 실시한 해부학자로도 유명하다.

헤밍스, 존 (John Heminges, 17세기경) 영국의 배우. '국왕 극단'에서 배우로 활약하며 셰익스피어가 쓴 작품에 출연했고, 1623년에 헨리 콘델과 함께 이른바 '초판 2절판'으로 불리는 최초의 셰익스피어 희곡 선집을 펴냈다.

헤밍웨이, 어니스트(Ernest Miller Hemingway, 1899~1961) 미국의 작가. 시카고 출신

이며 소설《해는 또다시 떠오른다》(1926)를 발표해 일약 '잃어버린 세대'의 대표 작가로 인정받았고, 1954년에 노벨문학상을 수상했다. 대표작으로는《무기여 잘 있거라》(1928),《누구를 위하여 종은 울리나》(1940),《노인과 바다》(1952) 등이 있다.

헤이븐, 프랭클린 (Franklin Haven, 19세기경) 미국 보스턴의 도서수집가.

헤이스, 러더퍼드 B. (Rutherford Birchard Hayes, 1822~1893) 미국의 제19대 대통령(재임 1877~1881). 오하이오 출신으로 변호사로 활동했으며, 훗날 공화당 소속으로 대통령에 당선되었으나 재임 기간 동안 측근의 부패가 끊이지 않아 위신을 잃고 말았다.

헤이스, 찰스 (Charles Hayes, 1678~1760) 영국의 수학자 겸 지리학자.

헤이워드, 존 (John Hayworth) 영국의 서지학자

헤크셔, 모리슨 (Morrison Heckscher) 미국의 미술품 큐레이터. 메트로폴리탄 미술관에 재직 중이다.

헨드릭스, 패트리셔 D. (Patricia D. Hendricks) 미국의 미술품 큐레이터. 텍사스 대학 아처 M. 헌팅턴 미술관에 재직 중이다.

헨리 4세 (Henry IV, 1366~1413) 영국의 왕(재위 1399~1413). 에드워드 3세의 손자로 한때 프랑스로 쫓겨나기도 했으나, 부친 사후에 귀국하여 사촌형이자 영국 왕이었던 리처드 2세를 물리치고 왕위에 올랐다. 대내외적으로 혼란스러운 시기를 맞아 비교적 훌륭한 정치를 했다는 평가를 받는다.

헨리 8세 (Henry VIII, 1491~1547) 영국의 왕(재위 1509~1547). 헨리 7세의 아들로, 후계자를 얻기 위해 이혼을 결심하였으나 가톨릭 측에서 인정하지 않으므로 1534년 국교회를 설립하여 종교개혁을 단행한 것으로 유명하다. 치세 내내 왕권을 강화하는 데 주력했으며, 여러 왕비와 공신을 처형하는 등 잔혹한 면모를 보이기도 했다.

헨리, O. (O. Henry, 1862~1910) 미국의 소설가. 본명은 윌리엄 시드니 포터. 여러 직업을 전전하면서 한때 감옥 생활을 하기도 했으며, 이후 작가가 되어 10여 년 사

이에 300여 편이 넘는 뛰어난 단편소설을 발표했다. 특히 독자들이 예상하지 못한 '극적인 결말'을 끌어내는 솜씨가 탁월하다.

헬러, 조셉 (Joseph Heller, 1923~1999) 미국의 소설가. 뉴욕 출신으로 제2차 세계대전 당시 이탈리아 전선에서 싸웠다. 이때의 경험을 토대로 한 반전 풍자소설 《캐치22》(1961)를 펴내 젊은 독자들 사이에 폭발적인 인기를 끌었다.

헵번, 캐서린 (Katharine Hepburn, 1907~2003) 미국의 여배우. 코네티컷 출신으로 브린머 대학에서 심리학으로 박사학위를 받았다. 이후 연극 무대를 걸쳐 영화배우로 큰 인기를 끌었으며, 무려 4회나 아카데미 여우주연상을 수상했다.

호건, 프랭크 J. (Frank J. Hogan, 1877~1944) 미국의 법조인. 조지타운 법과대학을 졸업하고 1904년부터 워싱턴 D. C.에서 변호사로 활약했다. 에드워드 도헤니의 '티폿 돔 스캔들' 재판에서 변론을 맡는 등, 미국 최고의 변호사로 명성을 얻었다.

호라티우스 (Horatio, BC 65~BC 8) 고대 로마의 시인. 본명은 퀸투스 호라티우스 플라쿠스. 해방노예의 아들로 태어나 아테네에서 공부하고, 카이사르 사후에는 브루투스의 부하로 전투에 참여하기도 했다. 이후 로마에서 하급 관리로 일하며 시인으로 명성을 얻었다.

호로위츠, 글렌 (Glenn Horowitz) 미국의 서적상. 뉴욕에서 고서점 '글렌 호로위츠 사'를 운영하고 있다.

호머, 윈슬로 (Winslow Homer, 1836~1910) 미국의 화가. 보스턴 출신으로 한때 언론사에서 종군기자로 일했으며, 훗날 풍경화가와 삽화가로 명성을 얻었다.

호메로스 (Homer, BC 800?~BC 750?) 고대 그리스의 시인. 서사시 《일리아스》와 《오디세이아》의 저자로 전한다.

호블리트, 해리슨 D. (Harrison D. Horblit, 1912~1988) 미국의 도서수집가. 보스턴 출신으로 하버드 대학을 졸업했고, 특히 과학 및 사진 분야의 희귀본과 자료를 소장한 것으로 유명했다. 훗날 자신의 컬렉션을 모교의 호우튼 도서관에 기증했다.

호손, 너새니얼 (Nathaniel Hawthorne, 1804~1864) 미국의 소설가. 매사추세츠 출신으로 보스턴의 세관에서 근무했고, 말년에는 영국 리버풀 주재 영사를 역임했다. 대표작으로는 장편 《주홍글씨》(1850), 《일곱 박공의 집》(1851) 등이 있다.

호스, 스티븐 (Stephen Hawes, 1475?~1530) 중세 영국의 시인. 대표작으로는 우의적인 작품인 《미덕의 모범》(1504?)과 《쾌락의 유희》(1505?) 등이 있다.

호우 3세, 로버트 (Robert Hoe III, 1839~1909) 미국의 사업가 겸 도서수집가. 뉴욕 출신. 19세기 미국 최고의 도서수집가로 탁월한 컬렉션을 이룩했으며, 사후인 1911년부터 14개월간에 걸쳐 이루어진 '호우 장서 경매'는 지금까지도 사상 최고의 도서경매 중 하나로 손꼽힌다.

호우튼 2세, 아서 A. (Arthur A. Houghton, Jr., 1906~1989) 미국의 사업가 겸 도서수집가. 이른바 '코닝'이란 상표명으로 유명한 스튜번 유리 회사의 상속자로 하버드 대학을 졸업했다. 도서수집가로도 유명하고, 1942년에 모교에 '호우튼 도서관'을 설립했다.

호킨스 대령, 러쉬 C. (Colonel Rush Christopher Hawkins, 1831~1920) 미국의 군인. 남북전쟁 당시 '호킨스 의용대'를 이끌고 싸운 북군의 전쟁 영웅이었다. 1907년에 아내 앤메리 브라운을 기념하기 위해 프로비던스에 기념도서관을 설립했다.

호킨스, 앤메리 브라운 (Annmary Brown Hawkins, ?~1903) 러쉬 C. 호킨스 대령의 아내. '앤메리 브라운 기념도서관'은 그녀의 남편이 죽은 아내를 기리기 위해 설립한 곳이다.

호킨스, 존 (John Hawkins, 1719~1789) 영국의 작가. 변호사로 활동하며 음악 애호가로 여러 단체를 설립하기도 했다. 1772년에 작위를 하사받았고, 작품 중에서는 새뮤얼 존슨의 전기가 유명하다.

호퍼, 필립 (Philip Hofer, 1898~1984) 미국의 서지학자 겸 도서수집가. 하버드 대학을 졸업하고 뉴욕 공립도서관과 모건 도서관을 거쳐 1938년부터 40여 년간 하버드 대학 도서관의 사서를 역임했다.

호프만, 마이클 E. (Michael E. Hoffman, 1942~2001) 미국의 출판인. 미술 및 사진 전문 출판사인 '애퍼튜어 재단'의 대표이사를 역임했다.

호프만, 마크 (Mark Hofmann, 1954~) 미국의 문서위조범. 유타 주의 모르몬교 집안 출신으로 일찍부터 고문서를 위조해 판매했으며, 1985년에 솔트레이크시티에서 2명을 폭발물로 살해한 후에 체포되어 종신형 선고를 받았다.

호프만, 한스 (Hans Hofmann, 1880~1966) 미국의 화가. 독일 출신으로 1930년에 미국으로 이주했고, 뉴욕에 미술학교를 설립해 이후 추상표현주의의 메카로 만들었다.

홀든, 윌리엄 (William Holden, 1918~1981) 미국의 영화배우. 일리노이 출신으로 1950년대 할리우드의 대표적인 영화배우 중 한 사람이며, 1953년에 아카데미 남우주연상을 수상했다.

홀리스 5세, 토머스 (Thomas Hollis V, 1659~1731) 영국의 사업가. 말년에 이르러 미국 하버드 대학 측의 요청을 받고 여러 가지 물자와 기부금을 희사한 인물이다.

홀츠먼, 셜리 (Shirley Holtzman) 어윈 T. 홀츠먼의 부인.

홀츠먼, 어윈 T. '토비' (Irwin T. 'Toby' Holtzman, 1927~) 미국의 사업가 겸 도서수집가. 미시간 대학을 졸업하고 부친의 부동산 사업을 물려받았으며 미국, 러시아, 이스라엘 문학 등 다양한 컬렉션을 수집해 모교에 기증한 열혈 도서수집가로도 유명하다.

홀포드, 로버트 스테이너 (Robert Stayner Holford, 1808~1892) 영국의 도서수집가.

홈스, 올리버 웬델 (Oliver Wendell Holmes, 1841~1935) 미국의 법조인. 보스턴 출신으로 하버드 대학을 졸업하고 변호사로 활동했으며, 이후 모교의 법학교수를 역임했다. 1902년에 시오도어 루스벨트 대통령에 의해 연방 대법원장으로 지명되어 30년간 재임했다.

홉슨, 앤서니 (Anthony Hobson, 1921~) 영국의 서지학자.

화이트, E. B. (Elwyn Brooks White, 1899~1985) 미국의 작가. 〈뉴요커〉지의 칼럼니

스트로 명성을 얻었으며, 《스튜어트 리틀》(1945)과 《샬롯의 거미줄》(1952) 같은 아동문학의 고전을 남겼다.

화이트, 마이너 (Minor Martin White, 1908~1976) 미국의 사진가. 미니애폴리스 출신으로 스티글리츠, 웨스턴, 애덤스 등과 같은 20세기의 대표적인 사진가들과 친분을 유지했고, '애퍼튜어' 출판사의 공동 창업자이기도 했다.

화이트, 스탠포드 (Stanford White, 1853~1906) 미국의 건축가. 뉴욕 출신으로 1879년에 보스턴의 유명한 건축회사 '맥킴 앤드 미드'에 입사하면서 매디슨 스퀘어 가든 등을 설계하여 미국을 대표하는 건축가로 명성을 떨쳤다. 훗날 치정 문제로 피살당했다.

화이트, 윌리엄 A. (William Augustus White, 1843~1927) 미국의 사업가 겸 도서수집가. 브루클린 출신으로 뉴욕에서 투자회사를 운영했으며, 1885년부터 도서수집을 시작해 미국 내에서 가장 훌륭한 블레이크와 셰익스피어 컬렉션을 보유한 바 있다.

화이트힐, 월터 (Walter Whitehill, 1905~1978) 미국의 작가 겸 서지학자. 하버드 대학을 졸업하고 보스턴 애시니엄의 대표를 역임했다.

후디니, 해리 (Harry Houdini, 1874~1926) 미국의 마술사. 헝가리 출신으로 본명은 에리히 바이스. 특히 '탈출 묘기'의 명수로 유명했으며 19세기 말부터 20세기 초를 풍미한 최고의 마술사였다.

후퍼, 프랜시스 (Frances Hooper, 1892~1986) 미국의 여성 도서수집가. 스미스 칼리지를 졸업하고 시카고에서 언론인으로 활동했으며, 1985년에 자신이 수집한 '버지니아 울프 컬렉션'을 모교에 기증했다.

훅, 다이애나 H. (Diana H. Hook) 미국의 여성 서적상. 컬럼비아 대학을 졸업하고 필라델피아 도서관 조합에서 일했으며, 1984년부터 서적상 제레미 노먼의 고서점에서 일하며 해스켈 노먼 컬렉션의 카탈로그를 공편했다.

훅, 로버트 (Robert Hooke, 1635~1703) 영국의 과학자. 옥스퍼드 대학을 졸업하고 모교의 교수로 재직하며 생물학, 화학, 천문학, 물리학 등 여러 분야에서 다양한 업적을 남겼다.

휘트니, 거트루드 밴더빌트 (Gertrude Vanderbilt Whitney, 1875~1942) 미국의 미술품 수집가. 뉴욕 출신으로 재벌 코넬리어스 밴더빌트의 손녀이며, 21세 때 역시 재벌 출신 사업가인 해리 페인 휘트니와 결혼했다. 이후 미술품 수집가 겸 후원자로 명성을 얻었고, 1931년에 휘트니 미술관을 설립했다.

휘트먼, 월트 (Walt Whitman, 1819~1892) 미국의 시인. 19세기 미국의 대표적인 시인 가운데 한 사람이며, 대표작으로는 시집 《풀잎》(1855)이 있다.

휘틀리, 헨리 B. (Henry Benjamin Wheatley, 1838~1917) 영국의 서지학자. 특히 새뮤얼 피프스 전문가로 그의 일기를 편집 출간하고 전기를 쓰기도 했다.

휴즈, 랭스턴 (James Langston Hughes, 1902~1967) 미국의 흑인 시인. 미주리 출신으로 링컨 대학을 졸업했고, 시인으로 대단한 명성을 얻으며 '할렘 르네상스'의 중심적인 인물로 활동했다.

휴트, 앨프레드 (Alfred Henry Huth, 1850~1910) 영국의 도서수집가. 부친 헨리 휴트로부터 물려받은 그의 장서는 1917년에 이르러 소더비 경매회사를 통해 매각되었다.

휴트, 헨리 (Henry Huth, 1815~1878) 영국의 도서수집가. 사후에 자신의 장서를 아들인 앨프레드 휴트에게 물려주었다.

히버 목사, 레지널드 (Reverend Reginald Heber, ?~1804) 영국의 성직자. 도서수집가 리처드 히버의 아버지이며, 찬송가 〈거룩 거룩 거룩〉(9장)과 〈저 북방 얼음산과〉(273)의 작사가인 레지널드 히버 주교의 아버지이기도 하다.

히버, 리처드 (Richard Heber, 1773~1833) 영국의 도서수집가. 찬송가 작사가인 레지널드 히버 주교와는 이복형제이다. 일찍부터 도서 수집에 열성을 보여 무려 4개국에 자리한 8채의 집을 책으로 가득 채운 '애서광'으로 유명했다.

히틀러, 아돌프 (Adolf Hitler, 1889~1945) 독일의 정치가. 1919년에 훗날 나치스의 전신인 독일 노동자당에 가입했고, 뮌헨 봉기가 실패로 돌아간 후 옥중에서 《나의 투쟁》(1925~1927)을 집필했다. 독일의 최고 지도자가 된 이후 제2차 세계대전을 일으켰으며, 패색이 짙어지자 베를린 함락 직전에 자살하였다.

히포크라테스 (Hippocrates, BC 460?~BC 377?) 고대 그리스의 의학자. 이전까지 전해지는 의학을 집대성한 인물로, 흔히 '의학의 아버지'로 평가된다.

힉스, 조지 (George Hickes, 1642~1715) 영국의 성직자 겸 학자. 요크셔 출신으로 옥스퍼드 대학을 졸업하고 성직자가 되어 셋퍼드 주교를 역임했다. 신학 관련 논저와 앵글로색슨 필사본 연구로도 유명하다.

힐, 월터 M. (Walter Martin Hill, 1868~?) 미국의 서적상. 시카고에서 활동했으며 20세기 미국 고서업계의 전설적인 인물이다.

힐, 토머스 (Thomas Hill, 1829~1908) 미국의 화가. 영국 출신으로 1844년에 가족과 함께 미국으로 건너왔으며, 1861년에 샌프란시스코로 이주했다. 이른바 '허드슨 강 유파'에 속하는 19세기 미국의 대표적인 풍경화가로 손꼽힌다.

힝클리, 토머스 (Thomas Hinckley, 1618~1706) 미국의 정치가. 영국 출신으로 1635년에 가족과 함께 미국으로 이주했고, 이후 플리머스 식민지의 지사를 역임했다. 도서수집가인 토머스 프린스의 외할아버지다.

찾아보기

2절판(Folio) 19, 79, 86, 150, 175n, 182n, 210, 219, 245, 247, 269, 289, 294, 329, 374, 412, 415, 417n, 550, 718, 719, 724, 743, 827
4절판(Quarto) 87, 160, 187, 196, 245, 254, 261, 284, 305, 314-318, 341, 374, 699
8절판(Octavo) 136, 245, 663, 744
9월 성서(September Testament) 374, 427
12절판(Duodecimo) 187, 196, 245, 298
〈15인의 여성 도서수집가들(Fifteen Women Book Collectors)〉 58
〈1900년 이전에 출판된 가장 중요한 미국 서적 100권(One Hundred Influential American Books Printed Before 1900)〉 598
《1984년(1984)》 770n
19세기 서점(19th Century Shop) 822
《19세기 소설: 개인 소장 컬렉션에 기초한 서지 기록(XIX Century Fiction: A Bibliographical Record Based on His Own Collection)》 48
30년 전쟁(Thirty Years' War) 55
36행 성서(36-line Bible) 429, 430 = 리버풀 소장본 36행 성서
42행 성서(42-line Bible) 78, 132, 287, 289, 361, 416, 417, 428, 429 = 구텐베르크 성서
《5월의 어느 따뜻한 날(Very Warm for May)》 334
70인 역 성서(Septuagint) 111 = 셉투아긴트
〈A 열차를 탔다네(Take the A Train)〉 631n
AAS → 미국 고서협회

《AB 북맨스 위클리(AB Bookman's Weekly)》 580, 760
AP 통신(AP News) 736
CBS(Columbia Broadcasting System) 435, 659
CIA → 미국 중앙정보국
FBI → 미국 연방수사국
《FBI 오마하 도서목록(FBI Omaha Book List)》 769
H. P. 크로스 서점(H. P. Kraus, Inc.) 376, 429 ⋯→ 크로스, 한스 P.
H. 브래들리 마틴 경매(H. Bradley Martin Sales) → 마틴 경매
H. 브래들리 마틴 컬렉션(H. Bradley Martin Collection) → 마틴 컬렉션
HRC → 해리 랜섬 인문학연구소
《HRC 소식(HRC Notes)》 547
J. 월터 톰슨 사(J. Walter Thompson) 709, 713
J. 폴 게티 박물관(J. Paul Getty Museum) → J. 폴 게티 예술사 및 인문학 센터
J. 폴 게티 예술사 및 인문학 센터(J. Paul Getty Center for the History of Art and the Humanities) 9, 20, 644
J. 프랭크 도비 실(室)(J. Frank Dobie Room) (해리 랜섬 인문학 연구소) 543
KGB(Komitet Gosudarstvennoy Bezopasnosti) 568
L. D. 458, 463 = 브로드스키, 루이스 대니얼
L. D. F. 519, 529n = 펠드먼, 루 데이비드
《LA 타임스(Los Angeles Times)》 9
LBJ 도서관(LBJ Library) (텍사스 대학) 203, 536 ⋯→ 존슨, 린든 B.
M. P. I. 인터내셔널 사(M. P. I. International Ltd.) 824
M. 에마뉘엘 오이와 출판사 겸 서점(M Em. Hoyois, Printer and Bookseller) 193, 194 ⋯→ 오이와, M. 에마뉘엘
R. 호우 사(R. Hoe & Co.) 280 ⋯→ 호우 3세,

1029

로버트
RCA(Radio Corporation of America) 337
RTC → 부실정리공사
S & H 그린 스탬프 사(S & H Green Stamps) 590
SADEV 출판사(SADEV) 370, 397-399, 403
UCLA 644, 800 = 캘리포니아 대학 LA 캠퍼스
UPS(United Parcel Service) 737
WNTA-TV 384
WPA 미국 여행안내서 시리즈(WPA American Guide Series) 635, 636, 641
YIVO 유대연구소(YIVO Institute for Jewish Research) 610

(ㄱ)

가든 사(Garden, Ltd.) 368-370, 383-390, 396-402, 844
가든 사 경매(Garden, Ltd. Sale) 86, 354-356, 359-362, 367, 369, 377, 378, 381, 390, 391, 400, 406, 724, 793, 812, 817, 845
가든 사 컬렉션(Garden, Ltd. Collection) 354, 355, 359, 368, 372, 380, 392, 396, 841, 844, 845
《가든 사의 서적 및 필사본 컬렉션(The Collection of the Garden Ltd. Magnificent Books and Manuscripts)》 406
《가디안(Guardian)》 297
가비, 마커스(Marcus Garvey) 620
《가셰 박사의 초상(Portrait of Dr. Gachet)》 355
가워, 존(John Gower) 299
《가웨인 경과 녹색 기사(Sir Gawain and the Green Knight)》 149
〈가을에(To Autumn)〉 57
갈레노스(Galen) 110

갈릴레오 갈릴레이(Galileo Galilei) 511
갈바 황제(Emperor Galba) 149
《감리교에서 벗어나(Up from Methodism)》 637
《감상적인 장서(The Sentimental Library)》 71
《감성과 이성(Sense and Sensibility)》 335
《개구리(The Frogs)》 104
《개인 장서 일람(A Glance at Private Library)》 252, 254
갤버스턴(Galveston, TX) 495
거스리, 마저리(Marjorie Guthrie) 612
거스리, 우디(Woody Guthrie) 612
《거지의 오페라(A Beggar's Opera)》 235n
거틸 박사, 토머스 고든(Dr. Thomas Gordon Gutheil) 383
거피, 헨리(Henry Guppy) 205, 206
건스백, 휴고(Hugo Gernsback) 653n
게르마니쿠스(Germanicus) 130
게이, 존(John Gay) 235n
게이, 피터(Peter Gay) 56
게이블, 클라크(Clark Gable) 647
게이지, 조앤 폴슨(Joan Paulson Gage) 10
게이츠 3세, 윌리엄 '빌' H.(William H. Gates III) 356, 357, 408
게이츠 경, 토머스(Sir Thomas Gates) 154
게인즈빌(Gainesville, FL) 579, 585
게티 박물관(Getty Museum) → J. 폴 게티 박물관
겔, 폴(Paul Gehl) 9, 670
〈결혼행진곡(Wedding March)〉 685
《경매 탐닉(Auction Madness)》 529, 530
계관 시인(Poet Laureate) 710
계관 요리사(Chef Laureate) 561, 836
고갱, 폴(Paul Gauguin) 500
〈고기를 놓고 올리는 감사기도(Grace Before Meat)〉 58
고다마 미츠오 박사(Dr. Kodama Mitsuo) 710

⋯ 셰익스피어 및 셰익스피어아나 컬렉션; 링컨 컬렉션
《고대에서 근대까지 도서 전래의 역사(History of the Transmission of Ancient Books to Modern Time)》 122
고더드, 로버트 헤일 아이브즈(Robert Hale Ives Goddard) 30
《고도를 기다리며(Waiting for Godot)》 500
고딕체(Gothic) 79, 136
고딘, 데이비드 R.(David R. Godine) 374
고르디아누스 2세 황제(Emperor Gordian II) 118
《고백(The Sandpiper)》 660n
《고백록(Confessions)》(루소) 125
고어 홀(Gore Hall) 301, 303
고어, 크리스토퍼(Christopher Gore) 246
고틀립, 하워드 B.(Howard B. Gottlieb) 544
고프, 프레더릭 R.(Frederick R. Goff) 79, 710
고흐, 빈센트 반(Vincent van Gogh) 355, 363, 500, 558
《곡식과 금속(Crops and Metal)》 488
골드버거, 폴(Paul Goldberger) 408
골드슈미트, 안드레아스(Andreas Goldschmidt) 721
골든 북스 시리즈(Golden Books) 589
골턴 경, 프랜시스(Sir Francis Galton) 92
공공사업촉진국(Works Progress Administration, WPA) 635
공쿠르 상(賞)(Le Prix de Goncourt) 27
공쿠르 장서(Bibliothequè de Goncourt) 27n = 비블리오테크 드 공쿠르
공쿠르, 에드몽 드(Edmond de Goncourt) 26, 30, 832
공쿠르, 쥘 드(Jules de Goncourt) 26
〈과거를 캐내는 니그로(The Negro Digs Up His Past)〉 624
과학 · 산업 · 비즈니스 도서관(Science, Industry and Business Library, SIBL) (뉴욕 공립도서관) 408
〈과학사의 명저 100권(One hundred Books Famouis in the History of Science)〉 721
과학소설(Science Fiction, SF) 89, 436, 437, 559, 653, 770, 771m, 828, 833
《괴물들이 사는 나라(Where the Wild Things Are)》 593
교정쇄(Proof) 70, 217, 305, 346, 437-441, 486, 550, 704, 707, 834
교황 그레고리우스 1세(Gregory the Great) 145
교황 니콜라우스 5세(Pope Nicholas V) 131, 133 = 파렌투첼리, 토마소
교황 루키우스 3세(Lucius III) 688
교황 알렉산데르 8세(Pope Alexander VIII) 56
교황 피우스 12세(Pope Pius XII) 357
교황청(Curia) 123, 140
구겐하임 재단(Guggenheim Foundation) 498
《구르메(Gourmet)》 560
《구멍 난 책(The Hole Book)》 829
구스망, 누뇨 데(Nuno de Guzman) 273
구스타프 2세(Gustavus II) 55
《구조(Fabric)》 → 《인체의 구조에 관하여》
구텐베르크 성서(Gutenberg Bible) 20, 78, 261, 262, 284, 287, 289, 291, 292, 296, 297, 359, 361, 362, 413, 426-428, 525, 576, 827, 844, 845
리버풀-샤이드 소장본 36행 성서
엘스워스-브린리-샤이드 소장본 42행 성서
구텐베르크, 요한(네스) (Johann(es) Gutenberg) 18, 77, 131, 290n, 416, 427-429, 509
《구혼 광고(Sarah, Plain and Tall)》 348
《국가(Republic)》(플라톤) 380
《국가론(De Republica)》(키케로) 167
국립도서관(Bibliothequè Nationale) (프랑스)

1031

→ 프랑스 국립도서관
국립도서관(National Library) (이탈리아) →
　이탈리아 국립중앙도서관
국립문서보관소(National Archives) (독일) →
　뷔르템베르크 국립문서보관소
국립문서보관소(National Archives) (시카고)
　10
국립문서보관소(National Archives) (워싱턴
　D. C.) 18, 689, 691, 762
국립미국사박물관(National Museum of
　American History) 498
국립미술관(National Gallery of Art) (미국) →
　미국 국립미술관
국립해양박물관(National Maritime Museum)
　(영국) 202
국방정보 대학(Defense Intelligence College)
　573
《국부론(Wealth of Nations)》 829
국왕 극단(King's Men) 83, 153
국제 법-정신의학회(International Academy of
　Law and Mental Health) 384
국회도서관(The Library of Congress) (미국) 9,
　19, 77, 81, 224, 229, 231, 241, 246-248,
　253, 256, 258, 471, 474, 477, 710
국회도서관 운영위원회(Congressional Library
　Committee) 224
국회도서관 합동 운영위원회(Joint Committee
　on the Library) 243n
굴드, 존(John Gould) 42
굿리치, 새뮤얼 그리스월드(Samuel Griswold
　Goodrich) 594
굿맨, 베니(Benny Goodman) 401
굿스피드, 찰스(Charles Goodspeed) 265, 337
권리장전(Bill of Rights) 688, 694
그래디, 제임스(James Grady) 574
그래츠, 사이먼(Simon Gratz) 327
그랜섬(Grantham, NH) 387

그랜트, 율리시스 S.(Ulysses S. Grant) 428,
　567
그랜트, 줄리아(Julia Grant) 567
그랜트, 캐리(Cary Grant) 658
그레고리우스(Gregorius Florentius; St.
　Gregory of Tours) 120
그레고리우스 1세(Gregory the Great) →
　교황 그레고리우스 1세
그레이, 오스틴 K.(Austen K. Gray) 212
그레이스 성당(Grace Cathedral) 697
그레이엄, 톰(Tom Graham) 447 - 루이스,
　싱클레어
그레이트네크(Great Neck, NY) 398
그레이트솔트 호수(Great Salt Lake, UT) 634
그로브 출판사(Grove Press) 678
그로티우스, 후고(Hugo Grotius) 55
그로피우스, 발터(Walter Gropius) 697
그롤리에 드 세비에르, 장(Jean Grolier de
　Servières) 18n, 136, 137, 575
그롤리에 클럽(The Grolier Club) 9, 17, 58,
　137, 283, 286, 289, 307, 313, 372, 427,
　497, 570, 598, 709, 721, 753, 770, 816,
　817, 838
그루얼, 자니(Johnny Gruelle) 595
그리니치(Greenwich) (영국) 202
그리스(Greece) (고대) 64, 102, 103, 106, 107,
　115, 119, 126, 130, 133, 135, 217, 221,
　222n
《그리스도의 수난에 대한 묵상(Meditations de
　Passione Christi)》 210
그리스어(Greek) 36, 56, 111, 115, 120, 126,
　130, 132, 135, 140, 145, 183, 214, 217,
　218, 244, 154, 363, 369, 374n, 379, 395,
　396, 415n, 421n, 478
그리어, 루스벨트(Roosevelt Grier) 625, 626,
　631
그리피스 파크 천문대(Griffith Park

Observatory) 653
그리핀, 조지 B.(George B. Griffin) 8
그린 마운틴 보이스(Green Mountain Boys) 692
그린, 그레이엄(Graham Greene) 494, 659
그린, 너새니얼(Nathanael Greene) 765
그린, 벨 다 코스타(Belle da Costa Greene) 289, 291, 293-296, 333, 334
그린, 새뮤얼(Stephen Green) 212
그린블라트, 얼라이자(Aliza Greenblatt) 612
그린포드(Greenford) (영국) 184
글래드스톤(Gladstone, NJ) 60
글래스톤버리(Glastonbury) (영국) 146
글로리아 매니 상아 미니어처 초상화 컬렉션(Gloria Manney Collection of Miniature Portraits on Ivory) 820
글로브 극장(Glove Theater) 83, 87
글로스터 공작(Duke Gloucester) → 험프리, 글로스터 공작
글리슨 도서관(Gleeson Library) (샌프란시스코 대학) 708, 710n
《글을 모르는 책 애호가(To an Illiterate Book-Fancier)》 105
기랄두스 캄브렌시스(Giraldus Cambrensis) 148
기번, 에드워드(Edward Gibbon) 118, 128, 149
《기하학 원론(Elementa Geometriae)》 423
기헤너 프레스(Gehenna Press) 449
긴 소장본 셰익스피어(Gwynne Volume) 316
길다스(Gildas) 148
〈까마귀(The Raven)〉 335
《깡통 나무(The Tin Can Tree)》 679
《꼬마 도리트(Little Dorrit)》 300
《꼭두각시(Guignol's Band)》 550
《꿈속의 사랑 다툼(Hypnerotomachia Poliphili)》 78

〈꿈을 그리는 사람들: 미국 아동서 삽화가들(Dream Makers: American Children's Book Illustrators)〉 590
《꿈의 요정(Queen Mab)》 335, 337
《꿈의 해석(Die Traumdeutung)》 720

(ㄴ)

《나는 남자 전쟁신부였다(I Was a Male War Bride)》 658
나다르(Nadar) 549
《나르시소스호(號)의 흑인(The Nigger of the Narcissus)》 72
나머지(Residue) → 필립스 컬렉션의 나머지
나보코프, 블라디미르(Vladimir Nabokov) 833, 834n
《나비부인(Madame Butterfly)》 686
《나의 생애와 시대(My Life and Times)》 96
〈나의 서재 소개(Ich packe meine Bibliothek aus)〉 38n
나폴레옹(Napoleon) → 보나파르트, 나폴레옹
나폴리(Naples) (이탈리아) 119, 274
〈남 몰래 한 사랑(Secret Love)〉 660
남부 연합(Southern Conference) → 미국 남부 연합
《남부 연합 임프린트(Confederate Imprints)》 765
남북전쟁(Civil War) 250, 251n, 263, 427, 571, 594n, 598, 619, 628, 691, 767, 815
남캘리포니아 대학(University of Southern California) 730, 731, 741, 771, 798, 800
남캘리포니아 백작부인(Countess of Southern California) 357 = 도헤니, 캐리 에스텔 베촐드
《내란기(內亂記, Civil Wars)》 115
내러건싯 선언서(Narrowganset Declaration)

1033

264, 265 = 《영국과 내러건싯 간의 기존
　　조약 및 조처에 관한 선언서》
《내려가라, 모세(Go Down, Moses)》 461
《내륙 항해(Inland Voyage)》 712
내셔널 북 어워드(National Book Award) 439
《내셔널 인텔리전서 앤드 워싱턴
　　어드버타이저(National Intelligencer and
　　Washington Advertiser)》 244
《내셔널 지오그래픽(National Geographic)》
　　628
내셔널 텔레필름 방송국(National Telefilm
　　Association) 384
내슈빌(Nashville, TN) 623, 737
내시, 존 헨리(John Henry Nash) 712
내시, 토머스(Thomas Nashe) 152
내시, 프레더릭(Frederick Nash) 582
네덜란드(Netherlands) 55, 163, 169, 174n,
　　178, 196, 201, 274, 448, 572
네덜란드 판 베스푸치(Dutch Vespucius) 262
네로 황제(Emperor Nero) 106, 149, 150
네바다 대학(University of Nevada) 562
네바다 주(Nevada) 799
네뷸러 상(Nebular Award) 770
네브래스카 대학(University of Nebraska) 44,
　　545
네브래스카 주(Nebraska) 15, 44, 730, 744
네빈, 에셀버트 우드브리지(Ethelbert
　　Woodbridge Nevin) 341
네이퍼 밸리(Napa Valley, CA) 711
네프, 월리스(Wallace Neff) 357
넬레우스(Neleus) 113
넬슨 제독, 호레이쇼(Lord Horatio Nelson)
　　170
노데, 가브리엘(Gabriel Naudé) 55
노르만 정복(Norman Conquest) 139, 418
노르망디 공 윌리엄(William of Normandy)
　　140n, 418n □ 윌리엄 1세

노르웨이(Norway) 153n, 279
노리스타운(Norristown, PA) 629, 632
노리스타운 고등학교(Norristown High
　　School) 625, 626
노먼 박사, 해스켈 F.(Dr. Haskell F. Norman)
　　527, 715-726, 833, 837-839 ⋯▶《해스켈
　　F. 노먼 소장 과학 및 의학 장서》
노먼, 제레미 M.(Jeremy M. Norman) 716,
　　720, 725, 838
노바스코샤(Nova Scotia)(캐나다) 236
노벨문학상(Nobel Prize for Literature) 68, 75,
　　88, 89n, 533, 601, 609
노샘프턴(Northampton)(영국) 611
노섬브리아(Northumbria) 158
《노스 아메리칸 리뷰(North American
　　Review)》 257
노스 아메리칸 운송 회사(North American Van
　　Lines) 731
노스 애틀랜틱 앤드 걸프 선박회사(North
　　Atlantic and Gulf Steamship Company)
　　441
노스그래프턴(North Grafton, MA) 845
노스보로우(Northborough, MA) 268
노스캐롤라이나 주(North Carolina) 10, 236,
　　245, 691, 796
《노스트로모(Nostromo)》 72, 647
노예 해방 포고문(Emancipation Proclamation)
　　675, 687
〈노예로부터의 탈출: 언더그라운드
　　레일로드(Escape from Slavery: The
　　Underground Railroad)〉 628
노터리, 줄리언(Julian Notary) 189
노트르담 성당(Notre Dame)(프랑스) 29
노포크(Norfolk)(영국) 418
녹스빌(Knoxville, TN) 737
놀스, 리처드(Richard Knolles) 152
《농부 피어스의 꿈(The Vision of Piers

Plowman)》 150
《농업론(De Agricultura)》 130
누에바 갈리치아(Nueva Galicia) 273
누에바 비즈차야(Nueva Vizcaya) 273
누에바 에스파냐(Nueva Spain) 274n
뉘른베르크 연대기(Nuremberg Chronicle) 423, 743, 755, 756
《뉴 니그로(The New Negro)》 624
뉴 베드포드(New Bedford, MA) 601, 605, 606
뉴 콩코드(New Concord, OH) 580
뉴먼, 랠프 G.(Ralph G. Newman) 670, 671, 675, 828
뉴먼, 로절린(Rosalyn Newman) 615
뉴먼, 조셉(Joseph Newman) 615
뉴멕시코 대학(University of New Mexico) 731
뉴멕시코 주(New Mexico) 799, 499
뉴버그(Newburgh, NY) 233
뉴버그 성명(Newburgh Address) 233, 234n
뉴베리 도서관(Newberry Library) (시카고) 9, 18, 20, 269-271, 292, 530, 506, 508-512, 670
　루이스 실버 컬렉션
　윙 컬렉션
뉴베리 상(Newbery Prize) 592, 593n
뉴베리, 메리(Mary Newberry) 270
뉴베리, 월터 루미스(Walter Loomis Newberry) 270, 271
뉴베리, 존(John Newbery) 592, 593n
뉴베리, 줄리아(Julia Newberry) 270
뉴세일럼(New Salem, IL) 675
뉴얼, 린(Lynne Newell) 744, 745
뉴얼, 피터(Peter Newell) 829
뉴올리언즈(New Orleans, LA) 678, 680
《뉴요커(New Yorker)》 45, 549
뉴욕 공립도서관(New York Public Library) 9, 202, 205, 231, 266n, 329, 338, 408, 437, 494, 523, 532, 557-559, 576, 618, 623, 624, 733, 833
　과학 · 산업 · 비즈니스 도서관
　레녹스 도서관
　쇼버그 컬렉션
　아렌츠 컬렉션
　애스터 도서관
뉴욕 대학(New York University) 81, 522, 523
　로버트 베롤 컬렉션
　페일즈 문고
뉴욕 도서전시회(New York Book Fair) 666
뉴욕 시(New York City, NY) 8, 10, 16-18, 20, 30, 32n, 43, 58, 60, 72, 73, 78, 86, 93, 137, 176, 203, 229, 237, 249, 252, 258, 261, 267, 269, 271, 274, 280-288, 298, 299, 304, 309, 312, 313, 318, 320, 330, 333, 335, 336, 339, 355, 357n, 358, 360, 361, 363n, 364, 366, 367, 376, 37, 387, 390, 394, 400, 402, 412, 414, 433, 435, 436, 443, 463, 469, 474, 477n, 486, 497, 503, 504, 517, 519, 521, 522, 525, 527, 529, 534, 549, 558, 565, 570-2, 579, 583, 591, 607, 609, 610-615, 617, 618, 620n, 623, 631, 634, 646, 639, 644, 649, 656, 657, 661, 665, 677, 695, 709, 713, 721, 722, 742, 753, 758, 765, 786, 793, 812, 816, 820, 827, 828, 833, 834, 838, 845
뉴욕 시립 칼리지(City College of New York) 384, 706
뉴욕 역사학회(New York Historical Society) 232, 266, 523
뉴욕 자이언츠(New York Giants) 625
뉴욕 주(New York State) 9, 41, 59, 233, 544-546, 569, 294, 308, 310, 370, 385, 387, 390, 398, 402, 464, 473, 502, 573n, 685, 823

1035

〈뉴욕 타임스(New York Times)〉 9, 287, 292, 293, 295, 355n, 384, 408, 494, 517, 518, 557, 613, 636, 762
〈뉴욕 타임스 북 리뷰(New York Times Book Review)〉 409
〈뉴욕 트리뷴(New York Tribune)〉 291
〈뉴욕 해럴드(New York Harald)〉 291
《뉴욕의 갱들(The Gangs of New York)》 637
뉴잉글랜드(New England) 210, 212, 222, 239, 245, 263, 264, 387, 549, 565, 745
《뉴잉글랜드 교본(The New-England Primer)》 594
《뉴잉글랜드 위클리 저널(New England Weekly Journal)》 225
뉴잉글랜드 은행(Bank of New England) 383
《뉴잉글랜드 인디언들과의 분쟁(Troubles with the Indians in New-England)》 239
뉴잉글랜드 장서(New England Library) (프린스) 225-227 ⋯▸ 프린스, 토머스
뉴저지 주(New Jersey) 59, 60, 231, 334, 365, 384, 464, 465, 591, 590, 845
뉴캐슬(New Castle, DE) 10
뉴타운(Newtowne, MA) 209 = 케임브리지(미국)
뉴턴, A. 에드워드(A. Edward Newton) 297, 298, 344
뉴턴, 아이작(Isaac Newton) 20, 38, 172, 214, 719
뉴턴, 일레인 J.(Elaine J. Newton) 10
뉴햄프셔 주(New Hampshire) 10, 231, 236, 246, 387, 666, 814
《뉴햄프셔의 역사(History of New Hampshire)》 232
뉴헤이븐(New Haven, CT) 210, 475, 577, 793, 828
《늑대개(White Pang)》 829

《니그로 다이제스트(Negro Digest)》 621
니그로 도서수집가 거래소(The Negro Book Collectors Exchange) 621
니그로 역사학회(Negro Historical Society) → 미국 니그로역사학회
《니그로 역사 개척자들(Negro Makers of History)》 631
〈니그로 인종의 두뇌에 나타나는 몇 가지 특이성(Some Racial Peculiarities of the Negro Brain)〉 620
니덤, 폴(Paul Needham) 428, 430
니스(Nice) (프랑스) 274
니스봄, 켄(Ken Nyesbaum) 793
니진스키, 바슬라프(Vaslav Nijinsky) 374
니커슨, 돈 C.(Don C. Nickerson) 744, 775, 778
니커크, 로버트 L.(Robert L. Nikirk) 372, 497
니콜라우스 5세(Pope Nicholas V) → 교황 니콜라우스 5세
니콜리, 니콜로 데(Niccol? de Niccoli) 128, 129
니타니 라이온 팀(Nittany Lion) 625
닐, 존(John Neal) 441
닐리 2세, 마크 E.(Mark E. Neely, Jr.) 677

(ㄷ)

다 빈치, 레오나르도(Leonardo da Vinci) 356, 357, 408
다니엘(Book of Daniel) (성서) 845
다르누빌, A. 쇼팽(A. Choppin d'Arnouville) 28, 29
다윈, 찰스(Charles Darwin) 38, 92, 719, 720n
다트머스 칼리지(Dartmouth College) 246, 247, 731
닥터 수스(Dr. Seuss) 593
단테, 알리기에리(Alighieri Dante) 19, 120,

122, 374, 638
달리, 펠릭스 O. C.(Felix O. C. Darley) 595
당대 초판본(Contemporary First Editions) 679
《대(大) 문법론(Ars Maior)》 130
《대(大) 카토(Cato Major)》 220
대공황(Great Depression) 350, 359, 427, 448,
  501, 563, 624, 633, 651, 657
《대니얼 분(Daniel Boone)》 659
대니얼, 새뮤얼(Samuel Daniel) 7, 152
《대리석 목신(The Marble Faun)》 461, 462,
  466, 470
대영도서관(British Library) 8, 17, 21, 36, 72,
  87, 93, 146, 148, 160, 202, 247, 334,
  391, 419, 428, 498, 507n, 576, 644, 704
대영박물관(British Museum) 58, 114n, 159,
  200, 229, 248, 284, 291, 318, 417n
대영박물관 도서관(British Museum Library)
  148, 164, 179, 318 = 대영도서관
《대통령의 뱃속(The First Stomach)》 567
대학 및 칼리지(Universities)
  국방정보 대학
  남캘리포니아 대학
  네바다 대학
  네브래스카 대학
  뉴멕시코 대학
  뉴욕 대학
  뉴욕 시립 칼리지
  다트머스 칼리지
  데저릿 대학 = 유타 대학
  듀크 대학
  라이스 대학
  로체스터 대학
  루이지애나 주립대학
  링컨 대학
  마운트 홀리오크 칼리지
  매사추세츠 공과 대학
  매사추세츠 대학

맥길 대학
맨스필드 칼리지
맨체스터 대학
머스킹엄 칼리지
메이세이 대학
모들린 칼리지(케임브리지 대학)
몽펠리에 대학
미네소타 대학
미시간 대학
밴더빌트 대학
버지니아 대학
보스턴 대학
부다페스트 대학
브라운 대학
브랜다이스 대학
브레이스노즈 칼리지
브리스톨 뱁티스트 칼리지
브리머 칼리지
빌라노바 대학
사우스이스트 미주리 주립대학
샌타바버라 시립 칼리지
샌프란시스코 대학
샌프란시스코 주립대학
서던 메서디스트 대학
세인트 보너벤튜어 대학
소르본 대학
스미스 칼리지
스탠포드 대학
스토니허스트 칼리지
시러큐스 대학
시카고 대학
신시내티 대학
아이다호 대학
아이오와 대학
애리조나 대학
애머스트 칼리지
예시바 대학

예일 대학
예일 칼리지 = 예일 대학
오리건 대학
오벌린 칼리지
오클라호마 대학
옥스퍼드 대학
옥시덴탈 칼리지
올브라이트 칼리지
워싱턴 대학
워싱턴 주립대학
웨스트먼트 칼리지
웨인 주립대학
위스콘신 대학
위치토 주립대학
윌리엄 앤드 메리 칼리지
윌리엄스 칼리지
유니버시티 칼리지
유타 대학
인디애나 대학
일리노이 대학
조지아 대학
조지타운 법과대학
존슨 앤드 웨일스 대학
지저스 칼리지(케임브리지 대학)
체이니 주립대학
칼리지에이트 스쿨 = 예일 칼리지
캔자스 대학
캘리포니아 대학 LA 캠퍼스
캘리포니아 대학 리버사이드 캠퍼스
캘리포니아 대학 버클리 캠퍼스
캘리포니아 대학 산타크루즈 캠퍼스
컬럼비아 대학
케임브리지 대학
켄터키 대학
코넬 대학
코퍼스크리스티 칼리지(케임브리지 대학)
콜로라도 대학

콜로라도 칼리지
크라이스트처치 칼리지(옥스퍼드 대학)
크레이턴 대학
클레어먼트 칼리지
킹스 칼리지(케임브리지 대학)
털사 대학
텍사스 대학
템플 대학
트리니티 칼리지(케임브리지 대학)
펜실베이니아 대학
펜실베이니아 주립대학
프랜즈 대학
프린스턴 대학
플로리다 대학
피스크 대학
하버드 대학
하버드 칼리지
하워드 대학
햄프셔 칼리지

댄, 존(John Dann) 8
댄포스, 수전 L.(Susan L. Danforth) 9
댈그런, 존(John Dahlgren) 767
더글러스(Douglas, MA) 8
더글러스, 노먼(Norman Douglas) 637
더글러스, 스티븐 A.(Stephen A. Douglas) 675
더럼(Durham)(영국) 35, 139, 140n
더럼(Durham, NC)(미국) 796
더럼 대성당(Durham Cathedral) 36
더바, 게리 지피디(Gary Zippidy Duba) 765
더블데이 출판사(Doubleday) 61n, 97n
더블린(Dublin)(아일랜드) 217, 218
더스패서스, 존(John Dos Passos) 834
더싯 백작(Earl of Dorset) 157
더친스, 필립 C.(Philip C. Duschenes) 559
더프티, 윌리엄 F.(William F. Dufty) 544n
던, 존(John Donne) 709
던랩, 엘렌 S.(Ellen S. Dunlap) 9, 525, 544

던햄, 캐서린(Katherine Dunham) 636
딜, 던컨(Duncan Dearle) 704
딜레스, 앨런(Allen Dulles) 573
데 쿠닝, 빌렘(Willem de Kooning) 355
데 파스, 크리스핀 판(Crispin van De Pass) 448
데닝, 캐서린(Catherine Denning) 9
데머레스트, 머틀 레이미(Myrtle Ramey Demarest) 465
데메트리오스 팔레레우스(Demetrius Phalereus) 109, 110
데모스테네스(Demosthenes) 105, 111
데바인, 마리(Marie Devine) 9
데본셔 공작(Duke of Devonshire) → 캐번디시, 윌리엄 190, 311, 315
데브루, 로버츠, 에섹스 백작(Robert Devereux, Earl of Essex) 558
데스트레, 가브리엘(Gabrielle d'Estr?es) 54
데이, 도리스(Doris Day) 660n
데이, 스티븐(Stephen Daye) 211, 264
《데이비드 커퍼필드(David Copperfield)》 663
데이비스 재단(Davis Foundation) → 레너드 앤드 소피 데이비스 재단
데이비스, 레너드(Leonard Davis) 384, 390, 405
데이비스, 마이클(Michael Davis) 367-369, 371-373, 376, 377, 382-384, 385-388, 390, 399, 401, 402, 405, 406, 844
데이비스, 소피(Sophie Davis) 384, 390
데이비스, 제퍼슨(Jefferson Davis) 20
데이비스, 존(John Davis) 221, 222
데이턴(Dayton, OH) 658, 665, 666
데이턴 대령, 엘리아스(Colonel Elias Dayton) 571
데인 족(Danes) 35, 147, 149, 158
데저릿 대학(University of Deseret) 638n = 유타 대학
데저릿 알파벳(Deseret Alphabet) 638

데카르트, 르네(Ren? Descartes) 55, 173
《데카메론(Decameron)》 126, 189, 190
델라웨어 밸리(Delaware Valley) 213
델라웨어 주(Delaware) 10, 222, 245, 628, 820
델레피에르, 옥타브(Octave Delepierre) 195
뎁포드(Deptford)(영국) 170
도금시대(Gilded Age) 282
《도금시대(The Gilded Age)》 282n
도나투스, 아엘리우스(Aelius Donatus) 130
《도덕시편(道德詩篇, Moral Distichs)》 219
도드, 에이더 S.(Ada S. Dodd) 337
도미니카 공화국(Dominican Republic) 618n
도미티아누스 황제(Emperor Domitian) 149
《도박꾼의 여정(Sucker's Progress)》 637
도버 해협(English Channel) 145
《도보 여행과 비행기(Hike and the Aeroplane)》 446
도브스 성서(Doves Bible) 509
도브스 인쇄소(Doves Press) 509n, 700
도브스 제본소(Doves Bindery) 509n
도서경매(Book Auctions)
  H. 브래들리 마틴 경매 → 마틴 경매
  가든 사 경매
  도헤니 경매
  레이먼드 엡스타인 장서 경매 → 엡스타인 장서 경매
  록스버그 경매
  리브리 경매
  마틴 경매
  브리트웰 코트 장서 경매
  브리니 장서 경매
  스톡하우젠 경매
  스튜어트 B. 시멜 북아트 컬렉션 경매
  아서 호우튼 경매 → 호우튼 경매
  에스텔 도헤니 경매 → 도헤니 경매
  엡스타인 장서 경매
  제롬 컨 경매

존 L. 클로슨 경매 → 클로슨 경매
존스 경매
퀸 장서 경매
클로슨 경매
호우 경매
호우튼 경매
휴트 경매
도서관(Libraries)
　LBJ 도서관(텍사스 대학)
　과학·산업·비즈니스 도서관(뉴욕 공립도서관)
　국립도서관(이탈리아) → 이탈리아
　　국립중앙도서관
　국립도서관(프랑스) → 프랑스 국립도서관
　국회도서관(미국)
　국립문서보관소(독일) → 뷔르템베르크
　　국립문서보관소
　국립문서보관소(시카고)
　국립문서보관소(워싱턴 D. C.)
　글리슨 도서관(샌프란시스코 대학)
　뉴베리 도서관
　뉴욕 공립도서관
　대(大)도서관 → 알렉산드리아 도서관
　대영도서관
　대영박물관 도서관 = 대영도서관
　독일 바이에른 주립도서관
　라우렌지아나 도서관
　라일랜즈 도서관
　레녹스 도서관
　로건 도서관
　로젠바흐 박물관 겸 도서관
　루이스 월폴 도서관
　리젠스타인 도서관(시카고 대학)
　릴리 도서관(인디애나 대학)
　모건 도서관
　물렌버그-시더크레스트 도서관
　미국 국회도서관 → 국회도서관
　미시간 대학 클레멘츠 도서관 → 클레멘츠 도서관

　바이네케 도서관(예일 대학)
　바이네케 희귀본 및 희귀원고 도서관 → 바이네케
　　도서관
　바티칸 도서관
　밴크로프트 도서관(캘리포니아 대학 버클리 캠퍼스)
　버틀러 도서관(컬럼비아 대학)
　베를린 왕립도서관
　보들리 도서관(옥스퍼드 대학)
　보스턴 공립도서관
　보스턴 애시니엄
　뷔르템베르크 국립문서보관소
　브뤼셀 왕립도서관(벨기에)
　비블리오테카 나치오날레 센트랄레(이탈리아) =
　　국립중앙도서관(이탈리아)
　비블리오테카 팔라티나(이탈리아)
　세인트헬레나 공립도서관 센터
　스웨덴 왕립도서관
　스탠포드 공립도서관
　아르세날 도서관(프랑스 국립도서관)
　아이오와 대학 도서관
　알렉산드리아 도서관 = 대(大) 도서관
　애스터 도서관
　앤메리 브라운 기념 도서관
　앵페리알 도서관 = 프랑스 국립도서관
　에드워드 로렌스 도헤니 기념 도서관
　오벌린 칼리지 도서관
　와이드너 도서관(하버드 대학)
　왓킨슨 도서관
　왕립도서관(독일) → 베를린 왕립도서관
　왕립도서관(벨기에) → 브뤼셀 왕립도서관
　왕립도서관(스웨덴) → 스웨덴 왕립도서관
　왕립도서관(영국)
　윌리엄 L. 클레멘츠 미국사 도서관(미시간 대학)
　　→ 클레멘츠 도서관
　윌리엄 앤드루스 클라크 도서관
　이스라엘 국립 히브리도서관
　이탈리아 국립중앙도서관 → 비블리오테카

나치오날레 첸트랄레
인문학연구소 → 해리 랜섬 인문학연구소
일리노이 주 역사 도서관
자유 도서관(필라델피아)
조셉 리젠스타인 도서관(시카고 대학) →
　리젠스타인 도서관
존 라일랜즈 도서관 → 라일랜즈 도서관
존 카터 브라운 도서관(브라운 대학)
존 크리어러 도서관(시카고)
존 헤이 도서관(브라운 대학)
존스 도서관
채핀 도서관
카네기 도서관
카플스 필사본 문서 도서관
캔자스 시 공립도서관
코네티컷 주립도서관
콜럼버스 도서관(스티븐 블룸버그의 상상도서관)
클레멘츠 도서관(미시간 대학)
토론토 공립도서관
파이어스톤 도서관(프린스턴 대학)
폴저 셰익스피어 도서관(워싱턴 D. C.)
프랑스 국립도서관
피어폰트 모건 도서관 → 모건 도서관
필라델피아 도서관 조합
해리 랜섬 인문학연구소(텍사스 대학)
햄든 부스 극단 도서관
헌팅턴 도서관 = 헨리 E. 헌팅턴 도서관
헨리 E. 헌팅턴 도서관 → 헌팅턴 도서관
호널드 도서관(클레어먼트 칼리지)
호우튼 도서관(하버드 대학)
《도서수집: 도서 가격 편람(Collected Books: The Guide to Values)》 96
〈도서절도 행위에 관한 고찰(Notes on Bibliokleptomania)〉 64
도서절도(Bibliokleptomania) 64-66, 758-767
도슨 서점(Dawson's Book Shop) 649, 650, 652, 653, 713, 714

도슨, 글렌(Glen Dawson) 650-652, 743, 744, 753, 770, 793
도슨, 무어(Muir Dawson) 650
도슨, 어니스트(Ernest Dawson) 650, 713
도일, 아서 코난(Arthur Conan Doyle) 821
도지, 윌리엄(William Dorsey) 619, 620
도지도(Dos-?-dos) 633, 634n
도지슨, 찰스(Charles Dodgson) 19 = 캐럴, 루이스
도헤니 경매(Doheny Sale) 345, 354, 358, 359, 367, 377, 378, 644, 675
도헤니 컬렉션(Doheny Collection) 56, 354, 358, 793
도헤니, 에드워드 L.(Edward Laurence Doheny) 339, 342, 357 … 에드워드 로렌스 도헤니 기념 도서관
도헤니, 캐리 에스텔 베촐드(Carrie Estelle Betzold Doheny) 17, 56, 340, 343-345, 349, 357, 358, 406, 650, 651, 714
독립기념관(Independence Hall) 222
독립선언서(Declaration of Independence) (미국) 233
독일(Germany) 25, 68, 80, 81, 88, 124, 125, 130-132, 136, 172n, 235n, 274, 287, 289, 298n, 328, 361, 362, 374, 376, 428, 529n, 565, 570, 591, 608, 697, 710, 820, 834n, 845
독일 바이에른 주립도서관(Deutsche Staatsbibliothek) 428
《돈쥬앙(Don Juan)》 286
《돈키호테(Don Quixote)》 83, 84, 86-88, 813
돌란, 제나(Jenna Dolan) 11
돌로레스 선교회(Mission Dolores) 697
돌핀 부동산 신탁회사(Dolphin Realty Trust) 383, 388-390
돔, 레이먼드 W.(Raymond W. Daum) 544
동(東) 고트(Ostrogoth) 120, 121

《동력의 원리(Les Raisons des Forces Mouvantes)》 451
《동물의 심장과 혈액의 운동에 관한 해부학적 연구(Exercitatio Anatomica de Motu Cordis et Sanguinis in Animalibus)》 839
《두 가지 재능(Doubly Gifted)》 515
《두 길(Dva Puti; Two Paths)》 833
《두 도시 이야기(A Tale of Two Cities)》 659
두란두스, 귈리엘무스(Guillielmus Durandus) 427
두란두스서(Durandus) 427, 430 = 《성무원리》
《두리틀 선생 이야기(The Story of Dr. Doolittle)》 593
두브노프, 시몬(Simon Dubnow) 613, 614
두에이 성서(Douay Bible) 478
뒤러, 알브레히트(Albrecht Dürer) 83, 173, 743
뒤퐁, 헨리 F.(Henry F. Du Pont) 820
뒤피에프, 니콜라스 구앵(Nicholas Gouin Dufief) 223, 224
듀스경, 시먼즈(Sir Simonds d'Ewes) 156, 178
듀이 십진 분류법(Dewey Decimal System) 757
듀크 대학(Duke University) 98, 731, 794-797
드 런, 메리 N.(Mary Nuttall De Renne) 691n
드 런, 조지 W. J.(George W. J. De Renne) 691
드 베리, 리처드(Richard de Bury) 139-145, 280
드 브리, 테오도르(Theodor de Bry) 268
드 퐁텐, 펠릭스 G.(Felix G. de Fontaine) 691
《드라큘라(Dracula)》 822
드레이크 경, 프랜시스(Sir Francis Drake) 173
드레이크, 새뮤얼 가드너(Samuel Gardner Drake) 263
드레이턴, 마이클(Michael Drayton) 284

드루얀, 앤(Ann Druyan) 101
드아네 성(Château d'Anet) 54
디 박사, 존(Dr. John Dee) 136, 151-155
디모인(Des Moines, IA) 14, 750, 790, 805, 807, 841
디쉬, 톰(Tom Disch) 11
디오도루스 시켈로스(Diodorus Siculus) 102, 112
디오판토스(Diophantus) 109
디즈니랜드(Disneyland) 655
디즈레일리, 벤저민(Benjamin Disraeli) 199
디킨스 컬렉션(Dickens Collectino) (셸프) 658-668
디킨스 컬렉션(Dickens Collection) (수잔네 백작) 664
디킨스 컬렉션(Dickens Collection) (스탈링) 664-668
디킨스, 찰스(Charles Dickens) 70, 149, 284, 300, 312, 567, 592, 648, 658, 659, 663-667, 821
디킨슨, 도널드 C.(Donald C. Dickinson) 10
디킨슨, 에밀리(Emily Dickinson) 478n, 602
디트로이트(Detroit, MI) 732, 805
디트로이트 타이거즈(Detroit Tigers) 483
딥딘 목사, 토머스 프로그널(Reverend Thomas Frognall Dibdin) 48-52, 157, 180, 182, 87-190, 192, 198, 204, 280, 711

(ㄹ)

라로케트, 리즈(Liz Larroquette) 680, 681
라로케트, 존(John Larroquette) 678-684
라미레즈 컬렉션(Ramiréz Collection) 275
라미레즈, 돈 호세 페르난도(Don José Fernando Ramiréz) 275
〈라미아(Lamia)〉 652
라부아지에, 앙트완 로랭(Antoine-Laurent

Lavoisier) 719
《라셀라스(Rasselas)》 58
라스베이거스(Las Vegas, NV) 562, 657, 814
라신, 장 밥티스트(Jean-Baptiste Racine) 173
라우렌치아나 도서관(Laurenziana Library)
    128 → 메디치, 코시모 데
라이노타이프(Linotype) 617
라이베리아(Liberia) 623
라이스 대학(Rice University) 735, 736
라이스, 존 A.(John A. Rice) 268
라이트 박사, 루이스 B.(Dr. Louis B. Wright)
    512
라이트, 리처드(Richard Wright) 446, 636
라이트, 프랭크 로이드(Frank Lloyd Wright)
    485
라이펜베르크 남작, 프레데릭 A. F.
    토마(Baron de Reiffenberg, Frédéric
    Auguste Ferdinand Thomas) 195
라인 강(Rhine) 274
라일랜즈 도서관(Rylands Library) 205-207,
    428
라일랜즈 컬렉션(Rylands Collection) 205-207
라일랜즈, 엔리케타 어거스티나
    테넌트(Enriqueta Augustina Tennant Rylands)
    205-207
라일랜즈, 존(John Rylands) 205-207
라일리, 스티븐 T.(Stephen T. Riley) 9
라틴어(Latins) 36, 56, 68, 81, 112, 115, 126,
    130, 132, 134, 135, 140, 145, 150n, 167,
    174, 181, 183, 210, 214, 217-219, 244,
    254, 396, 397, 415, 428n, 532, 582,
    811n
라틴어 성서(Biblia Sacra Latina) 289, 412 =
    구텐베르크 성서
라피네스크, C. S.(C. S. Rsfinesque) 45
《락탄티우스(Lactantius)》 294
람세스 2세(Ramses II) 102

람프사코스(Lampsacus) 111
래넌, 존(John Lannon) 9, 249-251
랜덤하우스 출판사(Random House) 466
랜들, 데이브(Dave Randall) 571
랜섬, 해리 헌트(Harry Huntt Ransom)
    491-499, 504-508, 512-521, 524-527,
    530-534, 536-555
랜스키, 게일(Gail Lansky) 617
랜스키, 새러 레이절(Sarah Rayzel Lansky) 617
랜스키, 아론(Aaron Lansky) 601-618
랠프 N. 엘리스 조류학 컬렉션(The Ralph N.
    Ellis Collection of Ornithology) 42, 43
램, 찰스(Charles Lamb) 19, 58, 76, 77, 284,
    431
램지 카운티 병원(Ramsey County Hospital)
    782
랭글리(Langley, VI) 568, 573
랭런드, 윌리엄(William Langland) 150
랭보, 아르튀르(Arthur Rimbaud) 549
랭카셔(Lancashire)(영국) 702
랭퍼드, 윌리엄(William Langford) →
    랭런드, 윌리엄
러더퍼드, 어니스트(Ernest Rutherford) 719
러복(Lubbock, TX) 492
러셀, 새뮤얼(Samuel Russell) 210
러셀, 존(John Russell) 445
러스, 로렌스 C.(Lawrence C. Wroth) 21, 22,
    211
러시아(Russia) 308, 408, 488, 613, 623, 834n
럭케트, 리처드(Richard Luckett) 9, 167-177
런던(London) 17, 19, 20n, 47, 58, 71, 83, 85,
    88, 90-93, 146, 148, 151-154, 155n,
    159-161, 163, 164, 170, 171, 175, 176,
    179, 183-185, 187, 188, 96, 201, 202,
    214-217, 227, 242, 249, 256, 258, 274,
    274, 281, 283, 287, 292, 298, 299, 305,
    333, 360, 361, 364, 400, 408, 424, 499,

502, 504, 510, 512, 524, 526, 532, 534,
586, 660, 702, 703, 705, 721, 722, 728,
828
런던 고문서협회(Society of Antiquaries of
London) 238
런던 대화재(Great Fire of London) 164
런던 도서전(London Book Fair) 393
런던, 잭(Jack London) 821, 829
《런던교(Le Pont de Londres)》 550
런던탑(Tower of London) 120
레굴루스(Regulus) 119
레나에아 극 경연대회(Lenaea Competition)
104
레너드 데이비스 공연예술 센터(Leonard Davis
Center for the Performing Arts) 384
레너드 앤드 소피 데이비스 재단(Leonard and
Sophie Davis Foundation) 390
레녹스 도서관(Lenox Library) (뉴욕
공립도서관) 266n, 291
레녹스, 제임스(James Lenox) 258-267, 559
레든, 데이비드 W.(David W. Redden) 10,
354, 375, 377
레도테, 피에르 조셉(Pierre-Joseph Redouté)
766
레드포드, 로버트(Robert Redford) 574
레딩(Reading, PA) 502, 626, 788
레딩 철물 회사(Reading Hardware Company)
788
레보비치, 아네트(Annette Rebovich) 10
레스터(Leicester, MA) 225
레스터 백작(Earl of Leicester) → 시드니,
로버트; 코크, 토머스
레이건, 로널드(Ronald Reagan) 537n, 572n
레이놀즈, 마이크(Mike Reynolds) 9
레이덴(Leiden) (네덜란드) 174, 217
레이먼, 워드 힐(Ward Hill Lamon) 311
레이먼드 엡스타인 장서(Epstein Library) →

엡스타인 장서
레이먼드 엡스타인 장서 경매(Epstein Library
Sale) → 엡스타인 장서 경매
레이크, 칼턴(Carlton Lake) 500, 549-553 ⋯→
칼턴 레이크 컬렉션
레인 장서(Lane Library) 268-270
레인, 이브니저(Ebenezer Lane) 268-270
레인 2세, 이브니저(Ebenezer Lane, Jr.) 270
레티쿠스, 게오르크 요아힘 폰 라우헨(Georg
Joachim von Lauchen Rheticus) 721
레프트 뱅크(左岸, Left Bank) 27 = 센 강
좌안
렉싱턴(Lexington, MA) 236
렌, 존 헨리(John Henry Wrenn) 494
렌덜, 케네스(Kenneth Rendell) 742, 793
렘브란트(Rembrandt Harmenszoon van Rijn)
173, 456, 457
로가니아(Logania) 217 ⋯→ 로건, 제임스
로건 도서관(Loganian Library) 220, 221 ⋯→
로건, 제임스
로건 박사, 윌리엄 S.(Dr. William S. Logan)
778-792, 798, 806, 807
로건, 제임스(James Logan) 212-222 ⋯→
로가니아; 로건 도서관
《로드 짐(Lord Jim)》 647
로드아일랜드 주(Rhode Island) 21, 30, 31,
262, 265, 306, 315, 561, 835
로드하멜, 존(John Rhodehamel) 9
로디언 후작(Marquess of Lothian) → 커, 필립
헨리
로렌스(Lawrence, KS) 43
로렌스, D. H.(D. H. Lawrence) 495, 499, 500,
515, 517
로렌스, T. E.(T. E. Lawrence) 308, 494, 501,
515, 518
로렌스, 프리다(Frieda Lawrence) 499
로리, 마틴(Martin Lowry) 137

로마(Rome) (고대) 64, 102, 106, 108, 112, 114, 115, 117-120, 127, 131, 149, 221
로마(Röme) (이탈리아) 56, 126, 131, 32, 135, 139, 142, 191, 274
로마노, 칼린(Carlin Romano) 9
《로마사(Römische Geschichte)》 68
《로미오와 줄리엣(Romeo and Juliet)》 305
로버츠, 워렌(Warren Roberts) 495, 496, 499-502, 516, 517, 519, 524, 552, 554
로버츠, 줄리언(Julian Roberts) 9, 86, 87
로버트 베롤 컬렉션(The Robert Berol Collection) (뉴욕 대학) 523
로베르, 모리스(Maurice Robert) 431
로브슨, 폴(Paul Robeson) 620, 629
로빈슨 형제(Robinson Brothers) 201-203, 534, 535 = 로빈슨, 라이오넬; 로빈슨, 필립
로빈슨, 라이오넬(Lionel Robinson) 201
로빈슨, 필립(Philip Robinson) 201
로스, 필립(Philip Roth) 95, 439
《로엔그린(Lohengrin)》(오페라) 78n, 685
로엔그린 전설(Legend of Lohengrin) 78
로우리, 조지 S.(George S. Lowry) 363, 364, 827, 828
로웬타일, 스테판(Stephan Loewentheil) 822, 828
로웰(Lowell, MA) 11
로웰, 애보트 로렌스(Abbott Lawrence Lowell) 301, 302
로웰, 에이미(Amy Lowell) 56, 57 …→ 에이미 로웰 컬렉션
〈로자리오(Rosary)〉 341
로제티, 단테 가브리엘(Dante Gabriel Rossetti) 34, 35
로제티, 엘리자베스 '리지' 엘리너 시덜(Elizabeth 'Lizzie' Eleanor Siddal Rosseti) 33

로제티, 윌리엄 마이클(William Michael Rossetti) 34n
로젠바흐 박물관 겸 도서관(Rosenbach Museum and Library) 9, 17, 71, 525
로젠바흐 서점(The Rosenbach Company) (뉴욕지사) 571
로젠바흐 서점(The Rosenbach Company) (필라델피아 본사) 314, 317, 329, 332, 338, 339, 426
로젠바흐, 에이브러햄 사이먼 울프(Abraham Simon Wolf Rosenbach) 37, 38, 54, 55, 57, 59, 71, 72, 80, 202, 229, 292, 299, 300, 304, 310, 314-319, 322, 326-337, 339-349, 365, 413, 418, 419, 424-427, 644, 647, 652
로젠바흐, 필립(Philip Rosenbach) 332, 424
로젠버그, 레이먼드(Raymond Rosenberg) 775, 794
로젠월드 컬렉션(Rosenwald Collection) 78, 81
로젠월드, 레싱 J.(Lessing J. Rosenwald) 77-81, 333, 349, 710
로젠탈, 로버트(Robert Rosenthal) 268, 270
로즈 앤드 크라운 서점(Rose and Crown) 159
로즈 힐(Rose Hill) 358
로즈, 케네스 '케니(켄)' J.(Kenneth 'Ken(ny)' J. Rhodes) 733-742, 749, 754, 759, 773, 804, 805, 807
로즈버그(Roseburg, OR) 747
로즈베리, 아치볼드 필립 프림로즈, 제5대 로즈베리 공작(Archibald Philip Primrose Rosebery, 5th Earl of Rosebery) 343
로체스터(Rochester) (영국) 146
로체스터(Rochester, MN) (미국) 807
로체스터 대학(University of Rochester) 59
로크, 엘렌(Alain Locke) 622, 624
로크, 존(John Locke) 244, 374, 719

1045

로타, 앤서니(Anthony Rota) 704
로테르담(Rotterdam) (네덜란드) 136
로프팅, 휴(Hugh Lofting) 593
록빌(Rockville, MD) 96
록스버그 경매(Roxburghe Sale) 188-192
록스버그 공작(Duke of Roxburghe) → 커, 존
록스버그 컬렉션(Roxburghe Collection) 188, 189
록스버그 클럽(Roxburghe Club) 188, 196
록웰, 노먼(Norman Rockwell) 823
록펠러 센터(Rockefeller Center) 377
록펠러, 존 D.(John D. Rockefeller) 229n, 296, 301, 317, 422
롤리 경, 월터(Sir Walter Raleigh) 153
롤링스, 마저리 키넌(Marjorie Kinnan Rawlings) 593n
롱에이커, 글렌 V.(Glenn V. Longacre) 10
루드비히 컬렉션(Ludwig Collection) (폴 게티 박물관) 20
루마니아(Romania) 697
루번, 칼 M.(Carl M. Rheuban) 656, 657
루벤스, 페터 파울(Peter Paul Rubens) 450
루브르 박물관(Museé du Louvre) 29
루소, 장 자크(Jean-Jacques Rousseau) 125, 244
루오, 조르주(Georges Rouault) 547
루이 14세(Louis XIV) 54n, 196
루이 15세(Louis XV) 54n
루이 16세(Louis XVI) 686
루이빌(Louisville, KY) 737
루이스 대니얼 브로드스키 컬렉션(Louis Daniel Brodsky Collection) (미주리 주립대학) → 포크너 컬렉션(브로드스키)
루이스 실버 컬렉션(Louis Silver Collection) (뉴베리 도서관) 503-513 ⋯ 실버, 루이스

루이스 월폴 도서관(Lewis Walpole Library) 46 ⋯ 루이스, 윌마스 셸던
루이스, 싱클레어(Sinclair Lewis) 446, 447
루이스, 윌마스 셸던(Wilmarth Sheldon Lewis) 45-47 ⋯ 루이스월폴 도서관
루이지애나 주(Louisiana) 245, 246, 678, 737
루이지애나 주립대학(Louisiana State University) 581, 584
《루크리스의 능욕(Rape of Lucrece)》 305
루키아노스(Lucian of Samosata) 17, 105
루키우스 3세(Lucius III) → 교황 루키우스 3세
루터, 마르틴(Martin Luther) 374, 424, 427, 688
루터란 신학교(Lutheran Theological Seminary) 760
루틀리지 앤드 케건 폴 출판사(Routledge and Kegan Paul) 378, 526
뤼시, 플로랑스 드(Florence de Lussy) 8, 553
르 그랑 베푸(Le Grand V?four) 28
르네상스(Renaissance) 18n, 123, 129, 131, 135, 137, 150, 222, 454, 457, 534, 645, 838 ⋯ 이탈리아 르네상스
르노아르, A. A.(A. A. Renouard) 48
르누아르, 피에르 오귀스트(Pierre Auguste Renoir) 355, 363
르와얄 다리(Pont Royal) 28
리가리우스, 퀸투스(Quintus Ligarius) 118
리뉴 공작(Prince de Ligne) → 리뉴, 샤를 조셉
리뉴 공작부인(Princesse de Ligne) 195
리뉴, 샤를 조셉, 제1대 리뉴 공작(Charles Joseph Ligne, 1st Prince of Ligne) 195
《리더스 다이제스트(Reader's Digest)》 645n
《리더스 다이제스트 축약본(Reader's Digest Condensed Books)》 646
리드, 린다 R.(Linda R. Reade) 21, 734, 738,

739, 757, 775, 791, 793, 794, 807
리드빌(Leadville, CO) 713
리버모어, 조지(George Livermore) 229, 254
리버스, 래리(Larry Rivers) 545
리버풀-샤이드 소장본 36행 구텐베르크
　　성서(Liverpool-Scheide Copy of
　　Gutenberg Bible, 36-line Bible) 429
리브르 다티스테(Livres d'Artiste) 547 =
　　아티스츠 북
리브리 경매(Libri Sale) 65, 260
리브리 사건(L'affaire Libri) 65
리브리-카루치 백작, 구글리엘모(Count
　　Guglielmo Libri-Carruci) 65
리비어, 폴(Paul Revere) 233, 236
리비우스, 티투스(Titus Livy) 130
리빙스턴, 루터(Luther Livingstone) 347
리스카, 로버트(Robert Liska) 10, 666, 667
리스카, 크리스틴(Christine Liska) 10
리스트, 프란츠(Franz Liszt) 562
《리어 왕(King Lear)》 20
리어, 에드워드(Edwar Lear) 515
리어쿠러스, 피터 J.(Peter J. Liacouras) 626,
　　627
리에주(Liege) (벨기에) 124
리젠스타인 도서관(Regenstein
　　Library) (시카고 대학) 9, 268, 529, 562
리젠스타인 재단(Regenstein Foundation) →
　　조셉 앤드 헬렌 리젠스타인 재단
리즈, 윌리엄 '빌' S.(William 'Bill' S. Reese)
　　459, 475, 828
리즈모그, 윌리엄(William Rees-Mogg) 503
리지(Lizzie) → 로제티, 엘리자베스 '리지'
　　엘리너
리지, 존 롤린(John Rollin Ridge) 771
《리지스터가드(Register-Guard)》 747, 748
리직, 짐(Jim Rizik) 480
《리처드 2세(Richard II)》 154

《리처드 2세의 비극(The Tragedie of King
　　Richard the Second)》 317 = 《리처드
　　2세》
《리처드 3세(Richard III)》 305
리치, 시모어 드(Seymour de Ricci) 183, 188,
　　199, 201
리치, 오버다이어(Obadiah Rich) 249,
　　255-258
리치먼드(Richmond, VI) 250
《리치먼드 디스패치(Richmond Dispatch)》
　　251
리치필드 백작(Earl of Lichfield) 36
리카즈, J. L.(J. L. Rickards) 663
《리터러리 컬렉터(Literary Collector)》 310
리투아니아(Lithuania) 616
리프슨 박사, 글렌 S.(Dr. Glen S. Lipson) 777
리히텐스타인, 마이클(Michael Lichtenstein) 9
릭스 내셔널 은행(Riggs National Bank) 343
린네, 카를 폰(Karl von Linne) → 린네우스,
　　카롤루스
린네우스, 카롤루스(Carolus Linnaeus) 45, 217
　　= 린네, 카를 폰
린디스판 복음서(Lindisfarne Gospels) 150,
　　158, 159, 374
린디스판 섬(Lindisfarne Island) 35, 158
릴(Lille) (프랑스) 194
릴런드, 존(John Leland) 146, 147
릴리 도서관(Lilly Library) (인디애나 대학) 8,
　　20, 93, 596 … 볼, 조지 A; 볼,
　　엘리자베스 W.
링컨(Lincoln) (영국) 418
링컨(Lincoln, NE) 44
링컨 가 컬렉션(Lincoln Family
　　Collection) (테이퍼) 677
링컨 대학(Lincoln University) 629
《링컨 수집가(The Lincoln Collector)》 670
링컨 컬렉션(Lincoln Collection) (고다마) 710

1047

링컨 컬렉션(Lincoln Collection) (배러트) 669
링컨 컬렉션(Lincoln Collection) (터너) 671, 672
링컨 컬렉션(Lincoln Collection) (테이퍼) → 메리 링컨 컬렉션(테이퍼)
링컨 컬렉션(Lincoln Collection) (테이퍼) 668-677
링컨, 메리 토드(Mary Todd Lincoln) 567, 671, 672
링컨, 에이브러햄(Abraham Lincoln) 19, 311, 656n, 668-677, 685, 686
링컨, 제시(Jessie Lincoln) 674

(ㅁ)

마그나 카르타(Magna Carta) 151
마그리아베치 장서(Biblioteca Magliabechiana) 70 = 비블리오테카 마그리아베치아나
마그리아베치, 안토니오(Antonio Magliabechi) 68-70
마그리아베치우스, 안토니우스(Antonius Magliabechius) → 마그리아베치, 안토니오
마누엘 아르누스 호(號) (Manuel Arnus) 623
마누티우스, 알두스(Aldus Manutius) 78, 135, 137, 698 ⋯→ 알두스 출판사
마누티우스, 파울루스(Paulus Manutius) 136
마더 구스(Mother Goose) 592-594
《마더 구스의 노래(Mother Goose's Melody)》(뉴베리) 593n
《마더 구스의 이야기(Mother Goose Tales)》(페로) 593n
마드리드(Madrid) (에스파냐) 83, 242, 255, 256, 274
《마들린느(Madeleine)》 593
《마라톤 전투(The Battle of Marathon)》 335
마르더슈타이크, 지오바니(Giovanni Mardersteig) 397
마르세유(Marseilles) (프랑스) 274
마르코니, 구글리엘모(Guglielmo Marconi) 686
마르티알리스, 마르쿠스 발레리우스(Marcus Valerius Martial) 118, 127
《마리노 팔리에로(Marino Faliero)》 286
《마미온(Marmion)》 186
마블, 앤드류(Andrew Marvell) 284
마샬 고등학교(Marshall High School) 783
《마세도언의 딸(Captain Macedoine's Daughter)》 97
마스턴(Marston) (영국) 186
마스턴, 존(John Marston) 312
마에키나스(Maecenas) 442
마운트 버논(Mount Vernon) 248
마운트 버논 장서(Mount Vernon Library) (워싱턴) 248, 249
마운트 홀리오크 칼리지(Mount Holyoke College) 611, 617
마운트, 찰스 머릴(Charles Merrill Mount) 762
마이크로소프트 사(Microsoft Corporation) 356, 408
마인츠(Mainz) (독일) 131, 289, 361, 427, 429, 511
마인츠 시편, 1457년 판(Mainz Psalter, 1457) 231, 427, 430
마인츠 시편, 1459년 판(Mainz Psalter, 1459) 191, 287, 427, 430
마인츠의 대성서(大聖書) (The Great Bible of Mainz) 77, 78
마일스, 잭(Jack Miles) 9
마자랭 추기경(Cardinal Mazarin) 55
마커스, 스탠리(Stanley Marcus) 309
마키아벨리, 니콜로(Niccolo Machiavelli) 511
마타 하리(Mata Hari) 572 = 매클레오드, 마르가레테 게르트루이다 젤레

마태복음(Gospel of Matthew) 420, 421, 427
마티스, 앙리(Henri Matisse) 547
마틴 경매(Martin Sale) 359, 377, 378, 644, 661
마틴 컬렉션(Martin Collection) 354, 358, 793
마틴, H. 브래들리(H. Bradley Martin) 252n, 349, 358, 409, 520, 793
마틴, 조사이어(Josiah Martin) 215
《마하바라타(Mahābhārata)》 403
막시미아누스 황제(Emperor Maximianus) 130
막시밀리안 황제(Emperor Maximilian) 518, 519
만, 토마스(Thomas Mann) 682
만토바(Mantua) (이탈리아) 124
말라르메, 스테판(Stéphane Mallarmé) 549
말로, 크리스토퍼(Christopher Marlowe) 411
《말론 죽다(Malone Dies)》 500
말미에르, 자비에르(Xavier Marmier) 27-30, 832, 836
말보로 서점(Marlboro Books) 565
매기, 데이비드(David Magee) 703, 704
매니, 글로리아(Gloria Manney) 815, 823
매니, 리처드 '딕'(Richard 'Dick' Manney) 377, 649, 812-824
매더 가(家) (Mathers) 239
매더 목사, 존(Reverend John Mather) 226
매더, 리처드(Richard Mather) 239
매더, 인크리스(Increase Mather) 478
매더, 코턴(Cotton Mather) 211
매디슨 스퀘어 가든(Madison Square Garden) 631
매디슨, 게리(Gerry Madison) 750
매디슨, 제임스(James Madison) 252n, 255
매리언, 존 L.(John L. Marion) 376, 811, 812, 814
《매사추세츠 거류민을 위한 일반 법률 및 권리

설명서(The Book of the General Lawess and Libertyes Concerning the Inhabitants of the Massachusetts)》 287
매사추세츠 공과 대학(Massachusetts Institute of Technology, MIT) 389
매사추세츠 대학(University of Massachusetts) 604, 611
《매사추세츠 법률(Laws of Massachusetts)》 479
《매사추세츠 법전(Massachusetts Laws)》 239
《매사추세츠 스파이(The Massachusetts Spy)》 236
매사추세츠 역사학회(The Massachusetts Historical Society) 9, 232, 246, 255, 474
매사추세츠 주(Massachusetts) 8, 11, 17, 19, 41, 80, 225, 226, 243, 246, 255, 247, 263, 268, 275, 319, 320, 324, 326, 337, 362, 365, 381-383, 386, 387, 399, 406
《매쉬(M*A*S*H)》(드라마) 15, 659
매시, 스티븐 T.(Stephen T. Massey) 10, 356, 360-363, 365-368, 378, 391, 475, 828
매카시, 레베카(Rebecca McCarthy) 9
매콜리 경, 토머스 배빙턴, 제1대 매콜리 남작(Thomas Babington Macaulay, 1st Baron of Macaulay) 105
매크러클런, 패트리시아(Patricia McLachlan) 659n
매클레오드, 마르가레테 게르트루이다 젤레(Margarethe Geertruida Zelle McLeod) 572 = 마타 하리
매킨지, 찰스 D.(Charles D. McKenzie) 594
매킨티, 저비스(Jervis McEntee) 676
맥규, 매튜(Matthew McGue) 740, 748, 754, 755
맥길 대학(McGill University) 601, 605-607
맥머트리, 래리(Larry McMurtry) 7, 643
맥밀런 출판사(Macmillan Publishing) 653n

1049

《맥베스(Macbeth)》 87
맥스 브라더스 서점(Maggs Brothers) 202
맥스, 어니스트(Ernest Maggs) 287, 652
맥스, 존(John Maggs) 532
맥스웰, 제임스 클러크(James Clerk Maxwell) 92
맥아더 재단(The MacArthur Foundation) 602
맥아더, 존 D.(John D. MacArthur) 602n
맥카시, 빌(Bill McCarthy) 571
맥캐그, 에즈라 C.(Ezra C. McCagg) 268
맥케니, 토머스(Thomas McKenney) 767
맥케이, 클라우드(Claude McKay) 620n
맥코드, 찰스 H.(Charles H. McCord) 620
맥코리슨, 마커스 A.(Marcus A. McCorison) 9, 240, 525
맥코믹 2세, 사이러스 H.(Cyrus H. McCormick, Jr.) 296
맥코이, 존 F.(John F. McCoy) 269
맥킴, 찰스 F.(Charles F. McKim) 778
맥티그, 버나드(Bernard McTigue) 9, 559, 579
맥피, 윌리엄(William McFee) 97, 98
맨스필드 칼리지(Mansfield College) 206
맨체스터(Manchester)(영국) 49, 205, 206, 294
맨체스터 대학(Manchester University) 205n, 207
맨체스터 문학 및 철학회(Manchester Literary and Philosophical Society) 49
《맨프레드(Manfred)》 286
맨해튼(Manhattan)(뉴욕 시) 31, 41, 259, 283, 338, 358, 377, 443n, 445, 513, 516, 631, 811, 823, 827, 833
맬러리 경, 토머스(Sir Thomas Malory) 58, 295, 509
맬러무드, 버나드(Bernard Malamud) 439
맬런, 듀마스(Dumas Malone) 242, 246
맬퍼스(Malpas)(영국) 184

맹트농 부인(Madame de Maintenon) 284
머단, 팔코너(Falconer Madan) 160, 164
《머리 좋은 돼지와 불을 먹는 여인(Learned Pigs and Fireproof Women)》 657
머릴, 제임스(James Merrill) 354
머스킹엄 칼리지(Muskingum College) 580
머신스키, 니나(Nina Musinsky) 10
먼로, 헨리 T.(Henry T. Monroe) 268
먼비, A. N. L.(A. N. L. Munby) 183, 184, 197, 199, 202, 203, 522
먼시(Muncie, IN) 596
멀홀랜드 마술 및 관련 분야 장서(Mulholland Library of Conjuring and the Allied Arts) 656, 657
멀홀랜드, 존(John Mulholland) 656, 657
메닝거 클리닉(Menninger Clinic) 777, 778, 782, 791, 798
메디에이터즈 사(The Mediators, Inc.) 823
메디치 가(家)(Medicis) 129, 221
메디치, 로렌초 데(Lorenzo dé Medici) 128, 221, 222n, 283
메디치, 카트린 데(Catherine dé Médicis) 54
메디치, 코시모 3세 데, 토스카나 공작(Cosimo III de' Medici, Grand Duke of Tuscany) 69
메디치, 코시모 데(Cosimo dé Medici) 128, 132, 221, 222n ⋯▶ 라우렌치아나 도서관
메레스, 프랜시스(Francis Meres) 341, 342
메리 1세(Mary I) 153, 161n
메리 로즈 호(Mary Rose) 173
메리 링컨 컬렉션(Mary Lincoln Collection)(테이퍼) 671, 672, 677
메리 앤드 제임스 M. 미치너 20세기 미국 미술 컬렉션(Mari and James A. Michener Collection of Twentieth-Century American Art) 545, 546, 548 ⋯▶ 미치너

컬렉션
메릴랜드 주(Maryland) 96, 245, 365
메소포타미아(Mesopotamia) 102, 119
메스(Metz) (프랑스) 201
메스네, 자크(Jacques Mesnae) 718
메어만, 얀(Jean Meerman) 201
메어만, 헤라르트(Gerard Meerman) 201
메이세이 대학(明星大學, Meisei University) 710
메이슨, 아서(Arthur Mason) 382
메이슨시티(Mason City, IA) 635
메이플라워 호 일지(Log of the Mayflower) 227 = 《플리머스 플랜테이션의 역사》
《메인 앤티크 다이제스트(Maine Antique Digest)》 9, 676
메인 주(Maine) 637, 676
메일러, 노먼(Norman Mailer) 95
메트로폴리탄 미술관(Metropolitan Museum) 820, 824, 833
메트로폴리탄 클럽(Metropolitan Club) 330
멕시코(Mexico) 273-275, 370, 428, 514, 518, 663, 715, 742, 803
멕시코 국립박물관(National Museum of Mexico) 275
멕시코시티(Mexico City) (멕시코) 275
멘델레 모이헤르 스포림(Mendele Moykher Sforim) 605, 606 = 아브라모비치, 숄렘 얀케브
멘델스존, 펠릭스(Felix Mendelssohn) 685
멜라, 폼포니우스(Pomponius Mela) 770
멜론, 폴(Paul Mellon) 504
멜빌, 허먼(Herman Melville) 20, 47, 71, 652
멤피스(Memphis, TN) 737
모건 도서관(The Morgan Library) 9, 58, 73, 237, 283-286, 334, 414, 419, 428, 523, 532, 704, 834, 835
모건, J. 피어폰트(J. Pierpont Morgan) 40, 73, 191, 201, 269, 283-289, 293-297, 302, 311, 318, 328, 333
모건 2세, J. 피어폰트(J. Pierpont Morgan, Jr.) 301-303
모건, 주니어스 스펜서(Junius Spencer Morgan) 302
모네, 클로드(Claude Monet) 500
모니헌 신부, 윌리엄 J.(Father William J. Monihan) 708-711
〈모닝 뉴스(Morning News)〉 542
《모두에게 기쁨이 되는: 헤이븐 오모어의 〈희생 갑골문〉에 대한 에세이(Delighting All Who Pay: An Essay on Haven O'More's "Sacrifical Bone Inscriptions")》 397
《모든 것 가운데(Of All Things)》 96
《모든 것이 제자리에: 포크너 수집가의 비망록(Each in Its Ordered Place: A Faulkner Collector's Notebook)》 463
모들린 칼리지(Magdalene College) (케임브리지 대학) 9, 20
모랑쥬, 샤를 앙리 발랑탱(Charles Henri Valentin Morhange) 67 = 알캉
모로코가죽(Morocco) 180, 215, 266, 796, 811
모르몬교(Mormon) 45, 477, 638
모리스 마샬 포크너 앤드 컴퍼니 사(Morris, Marshall, Faulkner & Company) 701 = 모리스 앤드 컴퍼니 사
모리스 앤드 컴퍼니 사(Morris & Company) 701, 703, 707, 708
모리스 컬렉션(Morris Collection) (버거) 702-708
모리스, 레슬리 A.(Leslie A. Morris) 9
모리스, 윌리엄(William Morris) 294, 449, 696, 698-708
모리슨, 토니(Toni Morrison) 354, 834
모리타니아 호(Mauritania) 298

1051

모린, 레이먼드(Raymond Morin) 11
《모비 딕(Moby Dick)》 71
모셔 프레스(Mosher Press) 637
모스, 새뮤얼(Samuel Morse) 686
모어 경, 토머스(Sir Thomas More) 87, 120, 369, 709
〈모정(Love is a Many Splendored Thing)〉〈노래〉 660
《모정(Love is a Many-Splendored Thing)》〈영화〉 660n
모차르트, 볼프강 아마데우스 폰(Wolfgang Amadeus von Mozart) 565, 686
모카 웨어(Mocha Ware) 456
모트레이크(Mortlake)(영국) 154
모티머, 아만더 제이(Amanda Jay Mortimer) 435 = 버튼, 아만더
모펫, 윌리엄 '빌' A.(William 'Bill' A. Moffett) 8, 758-764
목록별 수집(List Collecting) 770
몬태나 주(Montana) 799
몬터규, 에드워드(Edward Montagu) 169
몬터규, 존, 제4대 샌드위치 백작(John Montagu, 4th Earl of Sandwich) 567
몬테비데오(Montevideo)(우루과이) 699
몬테카시노(Monte Cassino) 119, 121, 127-129
몬테펠트로, 페데리코, 우르비노 공작(Federico Montefeltro, Duke of Urbino) 133
몬트레이 반도(Monterey Peninsula) 696
몬트리올(Montreal)(캐나다) 601, 605, 606, 611
몬티, 로라 V.(Laura V. Monti) 9
《몰래카메라(Bloopers and Practical Jokes)》 680
《몰로이(Molloy)》 500
《몰리 아이빈스는 차마 말 못할걸, 안 그래?

(Molly Ivins Can't Say That, Can She?)》 492n
몰리에르(Molieré) 173, 575
몰리에르 컬렉션(The Moli?re Collection)(포츠하이머) 575, 577 ⋯▸ 포츠하이머, 월터
몰킨, 솔로몬 '솔' M.(Solomon 'Sol' M. Malkin) 706
《몰타의 매(The Maltese Falcon)》 822
《몰타의 유태인(The Jew of Malta)》 411
몸, W. 서머셋(W. Somerset Maugham) 667
몸젠, 테오도르(Theodor Mommsen) 68
몽고메리, 루시(Lucy Montgomery) 594
몽스(Mons)(벨기에) 193
몽테뉴(Montaigne) 374
몽펠리에 대학(University of Montpellier) 122
《무기여 잘 있거라(A Farewell to Arms)》 458
무라토리, 로도비코 안토니오(Lodovico Antonio Muratori) 415
무세이온(Museion) 109, 111
무어 목사, 윌리엄 H. F.(Reverend William H. F. Moore) 842
무어, 레니(Lenny Moore) 625, 626, 632, 633
무어, 리처드 헤이븐(Richard Haven Moore) 842, 843 = 오모어, 헤이븐
무어, 조지(George Moore) 91
무어, 헤이븐(Haven Moore) 400, 842, 843 = 오모어, 헤이븐
무어런드, 제시 E.(Jesse E. Moorland) 620, 621
무어런드-스핑간 연구소(Moorland-Spingarn Research Center) 621 ⋯▸ 무어런드, 제시 E.; 스핑간, 아서
무어런드 장서(Moorland Library) 620-621
무적함대(Spanish Armada) → 에스파냐 무적함대
《무제(The Unnamable)》 500
《무지개(The Rainbow)》 500

문고, 장서 및 컬렉션(Libraries & Collections)

H. 브래들리 마틴 컬렉션 → 마틴 컬렉션
가든 사 컬렉션
공쿠르 장서 = 비블리오테크 드 공쿠르
글로리아 매니 상아 미니어처 초상화 컬렉션
뉴잉글랜드 장서(프린스)
도헤니 컬렉션 = 에스텔 도헤니 컬렉션
디킨스 컬렉션(수잔네 백작)
디킨스 컬렉션(스탈링)
라미레즈 컬렉션
라일랜즈 컬렉션
랠프 N. 엘리스 조류학 컬렉션
레이먼드 엡스타인 장서 → 엡스타인 장서
레인 장서
로버트 베롤 컬렉션(뉴욕 대학)
로젠월드 컬렉션
루드비히 컬렉션(폴 게티 박물관)
루이스 대니얼 브로드스키 컬렉션(미주리 주립대학)
루이스 실버 컬렉션(뉴베리 도서관)
링컨 가 컬렉션(테이퍼)
링컨 컬렉션(고다마)
링컨 컬렉션(배러트) = 배러트 컬렉션
링컨 컬렉션(테이퍼) → 메리 링컨
　컬렉션(테이퍼)
링컨 컬렉션(테이퍼)
마그리아베치 장서 = 비블리오테카
　마그리아베치아나
마운트 버논 장서(워싱턴)
마틴 컬렉션 = H. 브래들리 마틴 컬렉션
멀홀랜드 마술 및 관련 분야 장서
메리 링컨 컬렉션(테이퍼)
메리 앤드 제임스 M. 미치너 20세기 미국 미술
　컬렉션 = 미치너 컬렉션
모리스 컬렉션(버거)
몰리에르 컬렉션(포츠하이머)
미치너 컬렉션 → 메리 앤드 제임스 M. 미치너
　20세기 미국 미술 컬렉션

배러트 컬렉션 → 링컨 컬렉션(배러트)
버든 장서 = 카터 버든 장서
벳시 B. 설리 컬렉션 → 설리 컬렉션
볼드윈 문고(플로리다 대학)
부스 가(家) 컬렉션(테이퍼)
브로드스키 컬렉션 → 루이스 대니얼 브로드스키
　컬렉션
브리지워터 하우스 장서
브리트웰 코트 장서
블룸버그 컬렉션
비블리오테카 나치오날레 센트랄레 → 이탈리아
　국립중앙도서관
비블리오테카 마그리아베치아나 = 마그리아베치
　장서
비블리오테카 알레산드리나 = 알렉산드리나 장서
비블리오테카 파소니아나 = 파슨스 장서
비블리오테카 피프시아나 → 피프스
　문고(케임브리지 대학)
비블리오테크 드 공쿠르 = 공쿠르 장서
사우스 교회 장서(프린스)
사트마리 조리법 컬렉션(존슨 앤드 웨일스 대학)
샤이드 가(家) 장서
샤이드 문고(프린스턴 대학)
샤이드 장서
설리 컬렉션 = 벳시 B. 설리 컬렉션
셰익스피어 및 셰익스피어아나 컬렉션(고다마)
셰익스피어 컬렉션(페리)
숌버그 컬렉션(뉴욕 공립도서관)
스튜어트 B. 시멜 북아트 컬렉션
스파이 컬렉션(포츠하이머) = 월터 포츠하이머
　첩보 컬렉션
슬라브 컬렉션(하버드 대학)
실버 장서
아렌츠 컬렉션(뉴욕 공립도서관)
알랭 드 수잔네 백작 디킨스 컬렉션
알렉산드리나 장서 = 비블리오테카 알레산드리나
애슐리 장서

1053

어윈 T. 앤드 셜리 홀츠먼 윌리엄 포크너 컬렉션
에스텔 도헤니 컬렉션 → 도헤니 컬렉션
에이미 로웰 컬렉션
에이브러햄 링컨 컬렉션(고다마) → 링컨
　컬렉션(고다마)
에이브러햄 링컨 컬렉션(테이퍼) → 링컨
　컬렉션(테이퍼)
엡스타인 장서
오스본 초기 아동서 컬렉션(토론토 공립도서관) →
　오스번 컬렉션
올리버 크롬웰 애플게이트 컬렉션(오리건 대학)
올소프 장서
월터 포츠하이머 첩보 컬렉션
윙 컬렉션(뉴베리 도서관)
이오나 앤드 피터 오피 아동문학 컬렉션(보들리
　도서관)
재머래너 80종 컬렉션
제시 E. 무어런드 장서
제임스 포드 벨 컬렉션(미네소타 대학)
조리법 컬렉션 → 사트마리 조리법 컬렉션
존 윌크스 부스 컬렉션(테이퍼)
존슨 앤드 웨일스 대학 사트마리 조리법 컬렉션 →
　사트마리 조리법 컬렉션
진먼 외설물 컬렉션(텍사스 대학)
진먼 컬렉션 → 진먼 외설물 컬렉션
찰스 L. 블록슨 아프로아메리칸 컬렉션
처치 컬렉션(헌팅턴 도서관)
카터 버든 장서 = 버든 장서
칼 앤드 릴리 포츠하이머 컬렉션(텍사스 대학)
칼턴 레이크 컬렉션(텍사스 대학)
캘리포니아 문서 컬렉션(카플스)
코턴 장서
크리스티 밀러 컬렉션
클리프턴 월러 배러트 문고(버지니아 대학)
토머스 칼라일 컬렉션
토머스 필립스 경 장서 → 필립스 컬렉션
토머슨 청교도 혁명 시기 문헌 컬렉션(대영박물관)

투비 장서
파슨스 장서 = 비블리오테카 파소니아나
페리 장서 → 셰익스피어 컬렉션
페일즈 문고(뉴욕 대학)
포크너 컬렉션(브로드스키)
포크너 컬렉션(홀츠먼) → 어윈 T. 앤드 셜리
　홀츠먼 윌리엄 포크너 컬렉션
프린스 컬렉션
플라워즈 컬렉션(듀크 대학)
피프스 문고(케임브리지 대학) = 비블리오테카
　피프시아나
필립스 컬렉션
한스 슬로언 경 장서
할리 장서
해리 엘킨스 와이드너 컬렉션
헨리 W. 앤드 앨버트 A. 버그 영미문학 컬렉션
《문예 산업(Literary Industries)》 272, 275
《물랭 드 라 갈라트(Le Moulin de la Gallette)》
　355
물렌버그-시더크레스트
　도서관(Muhlenburg/Cedar Crest
　Libraries) 761
뮌헨(München) (독일) 845
뮤어, 퍼시 H.(Percy H. Muir) 47, 71, 72, 92
뮤즈(Muses) 109, 218
《뮤즈의 사랑(Musophilus)》 7
미국 고서적상 연합회(Antiquarian Booksellers
　Association of America, ABAA) 377
미국 고서협회(The American Antiquarian
　Society, AAS) 9, 17
미국 국립문서보관소(National Archives) →
　국립문서보관소
미국 국립미술관(National Gallery of Art) 33,
　820
미국 국회도서관(U. S. Library of Congress) →
　국회도서관(미국)
미국 국회의사당(U. S. Capitol) 571n

1054

미국 남부 연방(Confederate States of America) 20, 205, 251, 327, 689-691, 765
미국 남부 연방 헌법 초안(Permanent Constitution of the Confederate States of America) 20, 689-691
《미국 내 공립도서관에 대한 보고서(Notices of Public Libraries in the United States of America)》 253
미국 니그로역사학회(American Negro Historical Society) 617
미국 도서관협회(American Library Association, ALA) 593n, 654
미국 독립전쟁(American Revolution) 223, 227, 233n, 237, 427, 689, 692, 765
《미국 문학 서지학 입문(Bibliographical Guide to American Literature)》 25
미국 법-정신의학회(American Academy of Psychiatry and Law) 384
미국 변호사협회(American Bar Association) 344
미국 서적상협회(American Booksellers Association, ABA) 440
《미국 서지(書誌) (Bibliothéque Americaine)》 258
미국 서지학협회(Bibliographical Society of America) 39
미국 연방수사국(Federal Bureau of Investigation, FBI) 64, 563, 650, 729, 730, 732n, 741, 742, 744, 749, 756, 758, 761, 763, 764n, 768, 769, 772, 774, 787, 794-796, 805
《미국 요리백과(Cookery America)》 561
미국 유대인 역사학회(American Jewish Historical Society) 80
미국 육군 소속 공군(The Army Air Force) 569
〈미국 육군 총사령관 워싱턴 장군의 명에 의해 열린 장성 회의에서 다루어진, 영국 육군 소속 참모장 존 앙드레 대위에 대한 공판 기록(Proceedings of a Board of General Officers, Held by Order of His Excellency Gen. Washington, Commander in Chief of the Army of the United States of America, Respecting Major John Andr?, Adjutant General of the British Army)〉 573
미국 이디시 도서거래소(National Yiddish Book Exchange) 611
미국 이디시 도서연구소(National Yiddish Book Center) 602, 607, 609, 611, 613, 615, 616, 617n
미국 이디시 도서연구소 별관(Yiddish Book Annex) 613
《미국 인쇄사(History of Printing in America)》 238
미국 제헌 국회(Constitutional Convention) 222
미국 중앙정보국(Central Intelligence Agency, CIA) 362, 568-570, 573, 574
미국 철학회(American Philosophical Society) 223
미국 파산법원(United States Bankruptcy Court) 823
미국 필사본문서협회(American Manuscript Society) 692
《미국 해부학회지(American Journal of Anatomy)》 620
《미국의 새(Birds of America)》 19, 246, 359
미네소타 대학(University of Minnesota) 37, 731, 740, 754, 783
《미네소타 애로우헤드 카운티(The Minnesota Arrowhead County)》 636
미네소타 주(Minnesota) 737n, 741, 775, 803, 807, 840
미네소타 주립병원(Minnesota State Hospital)

1055

782
미니애폴리스(Minneapolis, MN) 707n, 754, 776, 778, 781, 783-786, 788, 802, 804, 840
《미덕의 모범(The Example of Virtue)》172
미도련본(未刀鍊本, Uncut Copy) 427, 509
미들 템플(Middle Temple) 151
〈미소 속의 그늘(The Shadow of Your Smile)〉 660
미술관 및 박물관(Museums)
   J. 폴 게티 박물관 = J. 폴 게티 예술사 및 인문학 센터
   J. 폴 게티 예술사 및 인문학 센터
   게티 박물관 → J. 폴 게티 박물관
   국립미국사박물관
   국립미술관(미국) → 미국 국립미술관
   국립해양박물관
   대영박물관
   로젠바흐 박물관 겸 도서관
   루브르 박물관
   메트로폴리탄 미술관
   멕시코 국립박물관
   미국 국립미술관
   부스베이 극단 박물관
   브랜디와인 리버 박물관
   빅토리아 앤드 앨버트 박물관
   시애틀 예술박물관
   실버라도 박물관
   아처 M. 헌팅턴 미술관
   에르미타슈 미술관
   영국 국립미술관
   요리 자료관 및 박물관
   윈터터 박물관
   폴 게티 박물관 → J. 폴 게티 박물관
   필라델피아 미술관
   하이 박물관
   헌팅턴 미술관 = 아처 M. 헌팅턴 미술관

미시간 대학(University of Michigan) 8, 40, 245, 484, 488n, 545, 731, 754
   클레멘츠 도서관
미시간 주(Michigan) 176, 483, 486, 581, 587, 738
미시간 호수(Lake Michigan) 778
미시시피 대학 출판부(University Press of Mississippi) 468
미시시피 주(MIssissippi) 464, 465, 557
미장본(Fine Press Edition) 509, 696, 698, 700, 712, 308, 378, 406, 441, 449
미주리 주(Missouri) 16, 457, 460, 461
미치너 컬렉션(The Michener Collection) 545, 549, 548, 549 = 메리 앤드 제임스 M. 미치너 20세기 미국 미술 컬렉션
미치너, 제임스 A.(James A. Michener) 98, 545, 546, 548
미켈란젤로(Michelangelo) 129
《미크로그라피아(Micrographia)》719
밀라노(Milan)(이탈리아) 124, 191
밀른, A. A.(A. A. Milne) 652
밀리건, 조셉(Joseph Milligan) 245
《밀브룩 라운드 테이블(Millbrook Round Table)》387
밀스, 토머스(Thomas Mills) 152
《밀턴(Milton)》291
밀턴, 존(John Milton) 98, 99, 160, 180, 261, 284, 285, 312, 349, 369, 371, 374

(ㅂ)

《바가바드 기타(Bhagavad-gitā)》403
바그너, 리하르트(Richard Wagner) 78n, 685
《바다의 아이들(The Children of the Sea)》647
《바다의 젊은 귀족들(Casuals of the Sea)》97
바로, 마르쿠스(Marcus Varro) 111, 115, 127, 129

바르샤바(Warsaw) 609
바르셀로나(Barcelona) (에스파냐) 61-64, 274
바벨, 이삭(Isaac Babel) 488
《바보 윌슨(Pudd'nhead Wilson)》 73
《바보들의 배(Narrenschiff; Ship of Fools)》 81, 82
바브, 제임스 T.(James T. Babb) 97
바스, 존(John Barth) 95
바스베인스, 니콜 스텔라(Nicole Stella Basbanes) 11
바스베인스, 바버러 조지아(Barbara Georgia Basbanes) 11
바스베인스, 조지 J.(George J. Basbanes) 10
바스베인스, 조지아(Georgia Basbanes) 11
바스베인스, 존(John Basbanes) 11
바스베인스, 콘스턴스 V.(Constance V. Basbanes) 11
〈바야돌리드에서의 만남(A Meeting in Valladolid)〉 83
바에르 박사, 루트비히(Dr. Ludwig Baer) 287
바우하우스(Bauhaus School) 697, 698n
바울(Paul) → 사도 바울
바움, L. 프랭크(L. Frank Baum) 829
바이네케 도서관(Beinecke Library) (예일 대학) 457n, 460, 577n, 589, 590, 596, 598, 772
바이네케 희귀본 및 희귀원고 도서관(The Beinecke Library of Rare Books and Manuscripts) → 바이네케 도서관
바이네케, 에드윈(Edwin Beinecke) 590
바이네케, 월터(Walter Beinecke) 590
바이네케, 프레더릭(Frederick Beinecke) 590
바이런, 조지 고든(George Gordon Byron) 285, 286n
바이어트, A. S.(A. S. Byatt) 90
바이킹 출판사(The Viking Press) 441
바젤(Basel) (스위스) 260, 395, 423, 717

바커, 니콜라스(Nicholas Barker) 8, 21, 197, 391, 392, 419, 498, 644
바커, 마저리(Margery Barker) 662
바클리, 알렉산더(Alexander Barclay) 81, 82
바티칸 도서관(Vatican Library) (로마) 56, 131, 133, 146, 247
바흐, 요한 세바스티안(Johann Sebastian Bach) 427
박물관 → 미술관 및 박물관
《박물지(博物誌, Natural History)》 125
반스 재단(Barnes Foundation) 408
〈반역(反逆, Traison)〉 154
《반지와 책(The Ring and the Book)》 70
반필드, 리처드(Richard Barnfield) 327
반힐, 조지아 B.(Georgia B. Barnhill) 9
발다퍼, 크리스토퍼(Christopher Valdarfer) 189-191
발도네가 인쇄소(Stamperia Valdonega) 397
발레리, 폴(Paul Valery) 549, 553
발렌시아(Valencia) (에스파냐) 255, 276
《발렌시아 칙령과 포고령(Furs e Ordinations de Valencia)》 62
발렌차스, 루이스 G.(Louis G. Valentzas) 11
발렌차스, 스텔라(Stella Valentzas) 11
발렌티노, 루돌프(Rudolph Valentino) 647
발부스, 요하네스(Johannes Balbus) 428
발트슈타인 백작(Count of Waldstein) 53
방돔 광장(Place Vendôme) 551
배든 포얼, 로버트(Robert Baden-Powell) 92
배럿 컬렉션(Barrett Collection) → 링컨 컬렉션(배럿)
배럿, 올리버 R.(Oliver R. Barrett) 669-672
배럿, 클리프턴 월러(Clifton Waller Barrett) 39, 42, 349, 441, 42, 710 ⋯ 클리프턴 월러 배럿 문고
《배반의 스파이(Spy of the Rebellion)》 571
배스커빌 체(Baskerville) 236n

1057

배스커빌, 존(John Baskerville) 236
배스킨, 레너드(Leonard Baskin) 447-457
배스킨, 리자(Lisa Baskin) 447-457
배스킨, 호지어(Hosea Baskin) 449
배의 책(Book of the Ships) 110
배턴루지(Baton Rouge, LA) 581, 584
〈배트맨(Batman)〉〈드라마〉 659
배틀 수도원(Battle Abbey) 329n
배틀 수도원 관련 공문서(Muniments of Battle Abbey) 329
백악관(White House) 542, 567
《백조의 기사(The Knight of the Swan)》 78
《백합(Les Liliacées)》 766
밴 뷰태넌, J. A. B.(J. A. B. van Buitenen) 403
밴 사인더렌, 에이드리언(Adrian Van Sinderen) 459 ⋯▶ 에이드리언 밴 사인더렌 도서수집 경연대회
밴 윈젠, 피터 M.(Peter M. Van Wingen) 9, 19
밴 혼, 존(John Van Horn) 9
밴더빌트 대학(Vanderbilt University) 548
밴더빌트, 코넬리어스(Cornelius Vanderbilt) 229, 267, 434, 833
밴크로프트 도서관(Bancroft Library) (캘리포니아 대학 버클리 캠퍼스) 276, 710, 711
밴크로프트, 조지(George Bancroft) 257
밴크로프트, 휴버트 하우(Hubert Howe Bancroft) 272-276, 619, 620
밸리 포지(Valley Forge, PA) 689
뱅슈(Binche) (벨기에) 193, 196
뱅커스 트러스트 은행(Banker's Trust) 524, 621, 623
버거, 새뮤얼(Samuel Berger) 697
버거, 샌포드 '샌디' L.(Sanford 'Sandy' L. Berger) 696-708
버거, 시드니 E.(Sidney E. Berger) 8, 654, 655
버거, 헬렌(Helen Berger) 697-708

버그 형제(The Berg Brothers) 559 = 버그, 헨리 W.; 버그, 앨버트 A.
버그, 앨버트 A.(Dr. Albert A. Berg) 338, 559n ⋯▶ 헨리 W. 앤드 앨버트 A. 버그 영미문학 컬렉션
버그, 헨리(Henry W. Berg) 559n ⋯▶ 헨리 W. 앤드 앨버트 A. 버그 영미문학 컬렉션
버그스트롬, 하워드 '하위'(Howard 'Howie' Bergstrom) 749, 757, 758, 802
버나드 쿼리치 서점(Bernard Quaritch Ltd) 298, 299, 305, 334, 364, 366, 393, 394, 400, 479, 813
버니, 패니(Fanny Burney) 509
버닛, 프랜시스 호지슨(Frances Hodgson Burnett) 593
버드 2세, 윌리엄(William Byrd II) 213
버드, 로버트 몽고메리(Robert Montgomery Bird) 442
버든 장서(Burden Library) 433-447, 832-835 = 카터 버든 장서
버든, 수전 L.(Susan L. Burden) 435
버든, 아만다(Amanda Burden) 435 = 모티머, 아만더 제이
버든, 카터(Carter Burden) 433-447, 559, 832-835
버몬트 주(Vermont) 229, 245, 248, 692, 693, 758
버뮤다(Bermuda) 622, 154, 210n, 236
버밍햄(Birmingham, AL) 465
버배지, 리처드(Richard Burbage) 87
버제스, 앤서니(Anthony Burgess) 83, 679
버지니아 대학(University of Virginia) 39, 441, 466, 467
버지니아 주(Virginia) 22, 213, 243, 245, 251, 316, 358, 568
《버지니아 주에 대한 보고서(Notes on the State of Virginia)》 268, 374

《버지니아와 뉴잉글랜드와 섬머 섬의 역사》(Generall Historie of Virginia, New-England, and the Summer Isles)》 796
《버지니아의 역사(History of Virginia)》 18, 266
버진아일랜드(Virgin Islands) 618
버클리(Berkeley) → 캘리포니아 대학 버클리 캠퍼스
버클리(Berkeley, CA) 43, 437, 444, 469, 645, 7014, 756, 833
버클리 주교, 조지(Bishop George Berkeley) 210
버트럼 로타 서점(Betram Rota) 524
버튼, 로버트(Robert Burton) 77n, 284
버튼, 리처드(Richard Burton) 660n
버튼, 윌리엄(William Burton) 152, 760
버튼, 존 힐(John Hill Burton) 26, 36, 276n, 283, 431
버틀러 도서관(Butler Library) (컬럼비아 대학) 764n
버펄로(Buffalo, NY) 59, 274, 786
버펄로 빌(Buffalo Bill) 96 = 코디, 윌리엄
벅, 펄 S.(Pearl S. Buck) 436
번 존스 경, 에드워드(Sir Edward Burne-Jones) 699, 703
〈번개의 구부러지고 각진 모양에 대하여(The Crooked and Angular Appearance of Lightning)〉 217
번스, 로버트(Robert Burns) 19, 284, 336, 509
번연, 존(John Bunyan) 261, 419
《번쩍이는 돌(Silex Scintillans)》 230
벌로프, 제프리(Geoffrey Bullough) 154
법-정신의학 연구소(Law and Psychiatry Research Center) 383
《법-정신의학 임상 편람(Clinical Handbook of Psychiatry and the Law)》 384

《법-정신의학의 의사 결정(Decision Making in Psychiatry and the Law)》 384
《법학제요(法學提要, Institutiones)》 423
베네딕투스(Benedict) → 성 베네딕투스
베네딕투스 수도회(Benedictine Order) 35, 121, 127, 145
《베네룩스 지역에서 벌인 전투와 매일매일 점령한 요새들의 목록(My Campaigns in the Low Countries, with the List, Day by Day, of the Fortresses That I Have Lifted to the White Arm)》 195
베네치아(Venice) (이탈리아) 78, 124, 133-135, 137, 189, 191, 274, 289, 345, 423, 698, 770
베네트, 리처드(Richard Bennett) 294
베니스(Venice, CA) 678
베다(Vedas) 399
베도이르 백작, 앙리 드 라(Count Henri de la Bédoyère) 66
베로나(Verona) (이탈리아) 124, 397
베로나, 가스파레 다(Gaspare da Verona) 132
베르길리우스(Virgil) 122, 137, 442n
《베르너(Werner)》 286
베른(Bern) (스위스) 796
베를린(Berlin) (독일) 68, 569, 570
베를린 왕립도서관(Royal Library, Berlin) 200
베리 세인트 에드먼드(Bury St. Edmunds) (영국) 139
베멜만스, 루드비히(Ludwig Bemelmans) 565, 593n, 595
베살리우스, 안드레아스(Andreas Vesalius) 374, 717, 718, 726, 839
베셀즈, 에밀(Emil Bessels) 66
베스파시아누스 황제(Emperor Vespasian) 149, 150
베스푸치, 아메리고(Amerigo Vespucci) 262
《베오울프(Beowulf)》 149, 374

1059

베이 시편집(詩篇集)(Bay Psalm Book) 20, 211, 228, 230, 231, 239, 254, 261, 263, 264, 267, 287, 428, 473 = 《시편집》
베이드, 앤서니(Anthony Bade) 336
〈베이욘(Bayonne)〉 440
베이커, 재커리 M.(Zachary M. Baker) 610
베이커리 식당(The Bakery) 560, 566, 835
베이컨 경, 프랜시스(Sir Francis Bacon) 153, 247, 298, 305, 821
베일, 존(John Bale) 147
베일리마(Vailima) 712n
베일리마 재단(Vailima Foundation) 712
베케트, 새뮤얼(Samuel Beckett) 499, 500, 678, 679, 683
《베케트의 부랑자들(Beckett's Bums)》 501
《베크가 돌아왔다(Bech is Back)》 94
베토벤, 루드비히 판(Ludwig van Beethoven) 58, 427, 686
베트먼 기록보관소(Bettman Archive) 408
벡위드, 로버트 토드 링컨(Robert Todd Lincoln Beckwith) 674
벤야민, 발터(Walter Benjamin) 37
벤츨리, 로버트(Robert Benchley) 95, 96
벤튼, 토머스 하트(Thomas Hart Benton) 545
벤팅크 스미스, 윌리엄(William Bentinck-Smith) 302
벨, 알렉산더 그레이엄(Alexander Graham Bell) 92, 686
벨기에(Belgium) 182n, 192, 193, 195, 210, 518
벨기에 애서가협회(Société des Bibliophiles Belges) 193
벨기에 혁명(Belgian Revolution) 194
벨랭 여사, 테오필(Madame Théophile Bélin) 287, 292
벨레뷰(Bellevue, WA) 408
벨로우, 솔(Saul Bellow) 636

벨크냅 목사, 제레미(Reverend Jeremy Belknap) 227, 231-235
벨크냅, 조셉(Joseph Belknap) 234
벨터, 존 헨리(John Henry Belter) 820
벳시 B. 셜리 컬렉션(The Betsy B. Shirley Collection) 590-599 ⋯ 셜리 컬렉션
〈변호사의 가계(The Lawyer's Pedigree)〉 235
《보그(Vogue)》 435, 445
보나벤투라(Bonaventura) → 성 보나벤투라
〈보나파르트 가에 내리는 비(Rain Shower on Rue Bonaparte)〉 567
보나파르트, 나폴레옹(Napoleon Bonaparte) 567, 190
보네거트 2세, 커트(Kurt Vonnegut, Jr.) 446
보다-데몰랭, 장 밥티스트(Jean Baptiste Bordas-Demoulins) 67
보던 사(Borden Company) 634
보드, 제인(Jane Board) 635
보드, 프레드 J.(Fred J. Board) 633-641
보들레르, 샤를(Charles Baudelaire) 549-551
보들리 경, 토머스(Sir Thomas Bodley) 220
보들리 도서관(Bodleian Library)(옥스퍼드 대학) 9, 17, 86, 88, 174, 178, 184, 220, 597
보르도(Bordeaux)(프랑스) 105, 201
《보물섬(Treasure Island)》 596
보스버그, 제임스 R.(James R. Vosburgh) 9
보스턴(Boston, MA) 41, 56, 57, 73, 209, 216, 225, 227, 232, 233n, 234-238, 249, 251, 253, 258, 263, 265, 301, 337, 365-368, 374, 383, 387, 394, 479, 537, 551, 657, 661, 682, 786, 828
보스턴 고서전시회(Boston Anquarian Book Fair) 377, 451
보스턴 공립도서관(Boston Public Library) 9, 19, 228, 230, 231
보스턴 대여금고사(Boston Safe Deposit

1060

Company) 383
보스턴 대학(Boston University) 400, 537,
    542, 544, 549, 551, 562, 754
보스턴 애시니엄(Boston Athenæum) 9, 17,
    249, 250, 253, 255
《보스턴 이브닝 포스트(Boston Evening Post)》
    237
보스턴 차 사건(Boston Tea Party) 227
《보스턴 패트리어트(The Boston Patriot)》 228
보스퍼, 로버트(Robert Vosper) 42-44
보어 전쟁(Boer War) 779
보이드, 줄리언 P.(Julian P. Boyd) 276, 277,
    421, 422
보이스카우트(Boy Scout) 92
보이티우스(Boethius) 120, 121, 373
보일, 엘리자베스(Elizabeth Boyle) 342
보즈웰, 제임스(James Boswell) 182n, 341n,
    652
보카치오(Boccaccio)(영어 판) 189-191, 297
    = 영어 판 보카치오
보카치오, 지오반니(Giovanni Boccaccio)
    126-129, 188, 189, 191
보티, 케네스 J.(Kenneth J. Botty) 10
《보티건과 로웨나(Vortigern and Rowena)》
    114n
보하타, 한스(Hanns Bohatta) 25
보헤미아(Bohemia) 53
보헤미안 클럽(Bohemian Club) 697
본, 헨리(Henry Vaughan) 230
볼, 엘리자베스 W.(Elisabeth W. Ball) 596 …▶
    릴리 도서관
볼, 조지 A.(George A. Ball) 596 …▶ 릴리
    도서관
볼드윈 문고(Baldwin Library)(플로리다 대학)
    577-589
볼드윈 박사, 토머스 W.(Dr. Thomas W.
    Baldwin) 579-584

볼드윈, 루스 M.(Ruth M. Baldwin) 577-589,
    596
볼드윈, 엘리자베스(Elisabeth Baldwin) 579
볼드윈, 제임스(James Baldwin) 834
볼로냐(Bologna)(이탈리아) 274
볼린, 앤(Anne Boleyn) 145
볼테르(Voltaire) 244, 254
볼티모어(Baltimore, MD) 567, 679, 822, 826
《볼티모어 선(Baltimore Sun)》 528
볼티모어 콜츠(Baltimore Colts) 625
《봄의 축전(Rite of Spring)》 686
부다페스트 대학(University of Budapest) 564
《부바르와 페퀴셰(Bouvard et Pecuchet)》 770n
부버, 마르틴(Martin Buber) 609
부스 가(家) 컬렉션(Booth Family Collection)
    (테이퍼) 677
부스, 에드윈(Edwin Booth) 656n, 676, 677
부스, 존 윌크스(John Wilkes Booth) 656n,
    668, 671, 673, 676, 677, 686n
부스베이 극단 박물관(Boothbay Theater
    Museum) 676
부실정리공사(Resolution Trust Company,
    RTC) 657
부커 상(賞)(Booker Prize for Fiction) 90
부코우스키, 찰스(Charles Bukowski) 683
〈북 컬렉터(The Book Collector)〉 17, 92, 298,
    391, 510
북서항로(Northwest Passage) 153
북아메리카(North America) 148, 154, 209,
    210, 219, 240, 274n, 276, 473, 477, 518,
    596, 693n, 730
《북아메리카 인디언 부족의 역사(History of
    the Indian Tribes of North America)》 767
《북아프리카 해변(The Barbary Coast)》 637
북트 업 서점(Booked Up) 643
분, 대니얼(Daniel Boone) 591
분류 목록(Appendix Classica)(피프스) 171

1061

분서(焚書, Book Burning) 88-90
《붉은 강(Red River)》 658
《붉은 페티코트(The Red Petticoat)》 334
뷔르템베르크 국립문서보관소
 (Württembergische Landesbibliothek)
 362
뷰트 경(Lord Bute) 164
브라우닝, 로버트(Robert Browning) 70, 335
브라우닝, 엘리자베스 배러트(Elizabeth
 Barrett Browning) 335, 346
브라운 경, 토머스(Sir Thomas Browne) 32,
 284
브라운 대학(Brown University) 9, 30, 32, 212,
 246
 존 카터 브라운 도서관
 존 헤이 도서관
브라운, 존 니콜라스(John Nicholas Brown)
 (아버지) 30, 31
브라운, 존 니콜라스(John Nicholas Brown)
 (아들) 30
브라운, 존 카터(John Carter Brown) 17, 30,
 258-262, 264, 265, 267
브라운, 찰스 브록든(Charles Brockden Brown)
 441
브라운, 패니(Fanny Brawne) 70
브라이언트, 윌리엄 컬렌(William Cullen
 Bryant) 232
브라질(Brazil) 621
브란트, 제바스티안(Sebastian Brant) 81
브래드버리, 레이(Ray Bradbury) 89, 354,
 653n
브래드포드(Bradford, PA) 498, 499, 502
브래드포드, 윌리엄(William Bradford)
 226-228
브랙, 메이벌 C.(Mabel C. Bragg) 593
브랜다이스 대학(Brandeis University) 399,
 400, 693, 843

브랜디와인 리버 박물관(Brandywine River
 Museum) 590
브레머하펜(Bremerhaven) (독일) 565
브레슬로어, 버나드(Bernard Breslauer) 362
브레이버, 안드레아(Andrea Braver) 10
브레이스노즈 칼리지(Brasenose College) 186
브레히트, 베르톨트(Bertolt Brecht) 235n
브로드사이드(Broadside) 161, 437, 448, 473,
 477, 521, 590, 626 = 브로드시트
브로드스키 컬렉션(Brodsky Collection) →
 포크너 컬렉션(브로드스키)
브로드스키, 루이스 대니얼(Louis Daniel
 Brodsky) 458-473
브로드스키, 솔(Saul Brodsky) 461
브로드시트(Broadsheet) 159, 173, 235, 237,
 238, 250 = 브로드사이드
브로드웨이(Broadway) 70, 335, 486n, 565
브로드푸트, 토머스(Thomas Broadfoot) 691
브로든, 케네스(Kenneth Broden) 749
브로머, 데이비드(David Bromer) 377, 828
브로머, 앤(Anne Bromer) 377, 828
브로이어, 마르첼(Marcel Breuer) 697
브로치, 밴스 카터(Vance Carter Broach) 461,
 462
브론테, 에밀리(Emily Bront?) 663
브루니, 레오나르도(Leonardo Bruni) 128, 130
브루커, T. 킴볼(T. Kimball Brooker) 459
브루클라인(Brookline, MA) 383, 448
브루클린(Brooklyn, NY) 41, 58, 269, 282,
 499, 614, 645
브루투스(Brutus) 117, 125
브룩스, 다이애나 D.(Diana D. Brooks) 821
브룩스, 메리 엘렌(Mary Ellen Brooks) 690
브뤼셀(Brussels) (벨기에) 183, 195, 196, 201
브뤼셀 왕립도서관(Royal Library, Brussels)
 201
브리검, 클리어런스 S.(Clarence S. Brigham)

267, 315, 319-326
브리스톨 뱁티스트 칼리지(Bristol Baptist
　College) 507n
브리지즈 경, 새뮤얼 이거튼(Sir Samuel
　Egerton Brydges) 187
브리지스, 마릴린(Marilyn Bridges) 398
브리지워터 하우스 장서(Bridgewater House
　Library) 312 … 엘스미어 남작, 제1대
《브리타니아(Britannia)》 150
브리트웰 코트 장서 경매(Britwell Court
　Library Sale) 313, 322, 326-328
브린리 장서 경매(Brinley Library Sale) 266,
　267, 280
브린리, 조지(George Brinley) 262-267, 406,
　412, 414, 474, 476, 480, 769
브린리, 찰스(Charles A. Brinley) 264, 267
브린머 칼리지(Bryn Mawr College) 39
브림필드(Brimfield, MA) 803
브릿맨, 수전(Susan Britman) 10
블라이든, 에드워드 윌모트(Edward Wilmot
　Blyden) 623
블랙번(Blackburn) (영국) 36
블랙프라이어스(Blackfriars) (영국) 152
블랜퍼드 후작 조지 스펜서(George Spencer,
　Marquis of Blandford) 191, 192 = 처칠,
　조지 스펜서, 제5대 말보로 공작
블레이즈, 윌리엄(William Blades) 167, 194
블레이크, 윌리엄(William Blake) 78, 284,
　291, 294, 300, 314, 366, 391-394, 515,
　647
블레젠, 시어도어 C.(Theodore C. Blegen) 37
블로이(Blois) (프랑스) 54
블로트너, 조셉(Joseph Blotner) 93, 464, 465
블록슨, 제임스(James Blockson) 628
블록슨, 찰스 '찰리' L.(Charles 'Charlie' L.
　Blockson) 624-633 … 찰스 L. 블록슨
　아프로아메리칸 컬렉션

블루머, H. R.(H. R. Bloomer) 712
블루멘바흐, 요한 프리드리히(Johann
　Friedrich Blumenbach) 719
블루멘탈, 월터 하트(Walter Hart Blumenthal)
　638, 639
블루멘탈, 플로렌스(Florence Blumenthal) 559
블루밍턴(Bloomington, IN) 20
블루필드(Bluefield, WV) 635
블룸버그 공판(Blumberg Trial) 14, 21,
　729-809, 839-841
블룸버그 박사, 헨리(Dr. Henry Blumberg)
　776, 777, 779-784, 787, 805, 806
블룸버그 컬렉션(Blumberg Collection)
　729-810
블룸버그, 루벤(Reuben Blumberg) 780
블룸버그, 스티븐 캐리(Stephen Carrie
　Blumberg) 14-16, 21, 563, 650,
　729-810, 839-842
블룸버그, 진(Jeanne Blumberg) 780
블룸버그, 캐리(Carrie Blumberg) 779
블룸즈데이(Bloomsday) 547
블룸즈버리(Bloomsbury) (영국) 76
블리스, 레슬리 E.(Leslie E. Bliss) 326, 332
블릭클링 호밀리에스(Blickling Homilies)
　418, 419n, 421
블릭클링 홀(Blickling Hall) 418
비거, 메리 베스(Mary Beth Bigger) 533
비글로우, 존(John Bigelow) 288
《비글호(號) 항해기(The Voyage of Beagle)》
　720n
비렌봄, 캐롤라인(Caroline Biernbaum) 10
비르투오조(Virtuoso) 172, 177
비리스포드, 제임스(James Beresford) 50
《비밀의 정원(The Secret Garden)》 593
비블리오고니(Bibliogony) 50
비블리오그노스트(Bibliognost) 50
《비블리오그라피카(Bibliographica)》 160

1063

비블리오러트리(Bibliolatry) 50
비블리오마니(Bibliomanie) 52 =
　비블리오매니아
비블리오매니아(Bibliomania) 51, 52n =
　애서광
비블리오맨시(Bibliomancy) 50
비블리오소피아(Bibliosophia) 51 =
　서지(書誌)
비블리오클레이즘(Biblioclasm) 50
비블리오타프(Bibliotaph) 51
비블리오테카 나치오날레 센트랄레(Biblioteca
　Nazionale Centrale) → 이탈리아
　국립중앙도서관
비블리오테카 마그리아베치아나(Biblioteca
　Magliabechiana) 70 = 마그리아베치
　장서
비블리오테카 알레산드리나(Bibliotheca
　Alessandrina) 56 = 알렉산드리나 장서
비블리오테카 파소니아나(Bibliotheca
　Parsoniana) 116 = 파슨즈 장서
비블리오테카 팔라티나(Biblioteca Palatina)
　70
비블리오테카 피프시아나(Bibliotheca
　Pepysiana) 166 = 피프스 문고
《비블리오테카 필립피카(Bibliotheca
　Phillippica)》 204 = 필립스 서지총람
비블리오테크 드 공쿠르(Bibliothéque de
　Goncourt) 27 = 공쿠르 장서
비블리오파지스트(Bibliophagist) 51
비블리오퍼지(Bibliopegy) 50
비블리오포비아(Bibliophobia) 50
비블리오포지(Bibliopoesy) 51
비블리오폴(Bibliopole) 51
비비, 루시어스(Lucius Beebe) 309
비스티치, 베스파시아노 데(Vespasiano dé
　Bisticci) 132, 133
비어스태트, O. A.(O. A. Bierstadt) 280

비잔티움(Byzantium) 112
비터 판사, 해럴드 D.(Judge Harold D. Vietor)
　750, 792, 794, 806-808, 840
비텔리우스 황제(Emperor Vitellius) 149
《비트 퀸(The Beet Queen)》 439
빅스비, 윌리엄 K.(William K. Bixby) 297
빅터 유성기 회사(Victor Talking Machine
　Company) 334
《빅토리아 시대 서지 여행(Excursions in
　Victorian Bibliography)》 47
빅토리아 앤드 앨버트 박물관(Victoria and
　Albert Museum) 705
빈(Vienna) (오스트리아) 274
빈, 로버트(Robert Bean) 620
빈센테, 돈(Don Vincente) 61-63
빌라노바 대학(Villanova University) 629
빌트웰 사(Biltwell) 461
〈빛의 군대의 전쟁(Charge of the Light
　Brigade)〉 300
《빨간 머리 앤(Anne of Green Gables)》 594
《빨간 모자(Little Red Riding Hood)》 595

(ㅅ)

사누도, 마리노(Marino Sanudo) 134
사도 바울(Paul the Apostle) 371
사도 요한(John the Apostle) 371
사도행전(The Book of Acts) (성서) 419
사라고사(Saragossa) (에스파냐) 274
《사라진 닻(Swallowing the Anchor)》 97
《사랑에 빠진 여인들(Women in Love)》 500
《사랑은 모든 것을 이긴다(Love Conquers
　All)》 96
사마리아 오경(五經) (Samaritan Pentateuch)
　151
사모아 섬(Samoa) 712
사벨리코, 마르칸토니오(Marcantonio

Sabellico) 134
사시, 실베스트르 드(Silvestre de Sacy) 26, 30, 832
사우디, 로버트(Robert Southey) 517
사우샘프턴(Southampton) (영국) 310
사우스 교회 장서(South Church Library) (프린스) 225-231 ⋯→ 프린스, 토머스
사우스 해들리(South Hadley, MA) 617
사우스이스트 미주리 주립대학(Southeast Missouri State University) 460, 468, 469
사우스캐롤라이나 주(South Carolina) 236, 245, 464, 580, 691, 766
사우어, 크리스토퍼(Christopher Saur) 478
⟨사이렌 이야기(The Story of the Siren)⟩ 91
사이토 료에이(齊藤了英, Saito Ryoei) 355
《사자(死者) 기일(忌日)의 헌정(Offering for the Day of the Dead)》 514
《사자(死者)의 서(The Book of the Dead)》(이집트) 376
⟨사탄 연도(連禱) (Les Litanies de Satan)⟩ 550
사트마리 2세, 루이스 I.(Louis I. Szathmary II) 560-568, 832, 835-837 = 셰프 루이스
사트마리 조리법 컬렉션(Szathmary Culinary Arts Collection) (존슨 앤드 웨일스 대학) 560-568, 835-837
사트마리, 사다코(Sadako Szathmary) 566
사해(死海, Dead Sea) 763
사해문서(死海文書, Dead Sea Scrolls) 762
사해문서 프로젝트(Dead Sea Scrolls Project) 763
산 로렌초(San Lorenzo) (이탈리아) 132
산페드로(San Pedro) (에스파냐) 64
산후안(San Juan) (도미니카공화국) 618
살루타티, 콜루치오(Coluccio Salutati) 129, 130
삼위일체송(三位一體頌, Invocation to the Trinity) 593

상드, 조르주(George Sand) 67
상트페테르부르크(St. Petersburg) (러시아) 408
《새 그림 교본(The New Picture Primer)》 594
새들러, 마이클(Michael Sadleir) 7, 47, 48
새러넉 레이크(Saranac Lake, NY) 423
《새로운 천문학(Astronomia Nova)》 721
새먼스, 크리스타(Christa Sammons) 9
《새뮤얼 존슨의 생애(The Life of Samuel Johnson)》(보즈웰) 182n, 341n, 652
《새뮤얼 존슨의 생애(The Life of Samuel Johnson)》(호킨스) 182n
《새터데이 이브닝 포스트(Saturday Evening Post)》 316, 337
새턱, 로저(Roger Shattuck) 537
색스, 패트리시아(Patricia Sacks) 761
샌게이브리얼 산맥(San Gabriel Mountains) 33, 330
샌더, 맥스(Max Sander) 61
샌드버그, 칼(Carl Sandburg) 582, 669, 670, 672
샌드위치(Sandwich, MA) 225
샌드위치 백작, 제4대(The 4th Earl of Sandwich) → 몬터규, 존
샌디스 경, 존 에드윈(Sir John Edwin Sandys) 121
샌마리노(San Marino, CA) 33, 237, 292, 323, 330, 677, 686
샌타모니카(Santa Monica, CA) 644
샌타바버라(Santa Barbara, CA) 437, 681, 684, 694, 695, 830
샌타바버라 시립 칼리지(Santa Barbara City College) 694
샌프란시스코(San Francisco, CA) 272, 276, 362, 364, 527, 643, 644, 697, 698, 703, 704, 715, 716, 771, 832, 837, 838
샌프란시스코 대학(University of San

1065

Francisco) 708, 710n, 711
글리슨 도서관
샌프란시스코 만(San Francisco Bay) 276
샌프란시스코 주립대학(San Francisco State University) 461
샐린저, J. D.(J. D. Salinger) 595
《생각과 모험(Thoughts and Adventures)》 75
《생명의 바다(Ocean of Life)》 398
생미셸 다리(Pont Saint-Michel) 28
생샤펠(Sainte Chapelle) 29
샤갈, 마르크(Marc Chagall) 547
샤이드 가(家) 장서(Scheide Family Library) 411-430
샤이드 문고(The Scheide Library) (프린스턴 대학) 9, 411-430
샤이드 장서(Scheide Library) 411-430
샤이드, 윌리엄 '빌' H.(William 'Bill' H. Scheide) (3대) 20, 231, 349, 365, 391, 411-430, 710, 845
샤이드, 윌리엄 테일러(William Taylor Scheide) (1대) 413, 421-423
샤이드, 존 힌스데일(John Hinsdale Scheide) (2대) 333, 413-430
샤푸아, 샤를(Charles Chappuis) 719
샤프 3세, 존 L.(John L. Sharpe III) 794-797
샤프, 케빈(Kevin Sharpe) 151
샤함, 나단(Nathan Shaham) 488
샬러츠빌(Charlottesville, VI) 39, 441
《샬럿의 거미줄(Charlotte's Web)》 593
샬롱, 르니에르(Renier Chalons) 193, 196, 197
서던 메서디스트 대학(Southern Methodist University, SMU) 548
서리(Surrey) (영국) 162
《서베이 그래픽(Survey Graphic)》 624
서부 연안(West Coast) 20, 293, 330, 344, 644, 656, 711, 713, 739
서인도제도(West Indies) 260, 621

〈서재 옮기기(Moving a Library)〉 432
서적출판업 조합(Stationer's Company) 161
《서정시(敍情詩, Odes)》(핀다로스) 117
서지(書誌, Bibliosophia) 50, 51 = 비블리오소피아
《서지(書智), 혹은 책에 관한 지혜(Bibliosophia; or, Book-Wisdom)》 50
《서지학 데카메론(Bibliographical Decameron)》 188
서치(書癡, The Book-Fool) 49, 51n, 82, 83
서퍽(Suffolk) (영국) 139, 762n
《서푼짜리 오페라(Die Dreigroschenoper)》 235n
서프, 베네트(Bennett Cerf) 93, 94
《서훈(敍勳) 목록(Catalogue of Honour)》 152
《선녀 여왕(Faerie Queene)》 342
《선데이 타임스(Sunday Times)》 502
설리번, 데이비드(David Sullivan) 667
설리번, 루이스 H.(Louis H. Sullivan) 485, 778
설스테인 하우스(Thirlestaine House) 198, 199, 201, 522
《섬의 부랑자(An Outcast of the Islands)》 72
〈성 아그네스일 전야(The Eve of St. Agnes)〉 57, 652
성(聖) 베네딕투스(St. Benedict) 119, 121
성(聖) 보나벤투라(St. Bonaventura) 76
성(聖) 아우구스티누스(St. Augustinus) 145n, 212, 289
성(聖) 커스버트(St. Cuthbert) 35, 36
성(聖) 토마스 아퀴나스(St. Thomas Aquinas) 371, 423, 450
성당기사단(Knights Templar) 688
《성무원리(聖務原理, Rationale Divinorum Officiorum)》 427 = 두란두스서
성서(Bibles)
9월 성서

《욥기》(블레이크)
구텐베르크 성서
다니엘(구약)
도브스 성서
두에이 성서
린디스판 복음서
마인츠의 대성서
마태복음(신약)
미국 성서
베이 시편집
사도행전(신약)
사마리아 오경
셉투아긴트
스토니허스트 복음서
신약성서
아이슬란드어 성서
애쉬번햄 성서
엘리엇 인디언 성서
영어 성서
요한복음(신약)
장송 성서
전도서(구약)
주교 성서
창세기(구약)
카타 마타이온 = 마태복음
코턴 창세기
콤플루툼 다국어 대역본 성서
킹 제임스 성서
호세아(구약)
히브리어 성서
성실청(星室廳, Star Chamber) 156
세계 콜럼버스 박람회(World's Columbian Exposition) 778 = 시카고 박람회
《세계사(Historie of the World)》 153
《세계지리지(Cosmographia Siue De Situ Orbis)》 770
세네카(Seneca) 17, 106, 117

세라, 후니페로(Junípero Serra) 693
세렌디피티 북스 서점(Serendipity Books) 437, 471, 645, 833
세르반테스, 미구엘 데(Miguel de Cervantes) 83, 84, 813
세이건, 칼(Carl Sagan) 101
세이빈, 조셉(Joseph Sabin) 269
세인트 고든스, 오거스터스(Augustus Saint-Gaudens) 712
세인트 보너벤튜어 대학(St. Bonaventure University) 502
세인트루이스(St. Louis, MO) 297, 457, 460, 461, 463, 470, 472, 783, 786
세인트메리 병원(St. Mary's Hospital) 781, 782
《세인트올번스의 책(The Book of St. Albans)》 186, 289, 294
세인트존 신학교(St. John Seminary) 357
에드워드 로렌스 도헤니 기념 도서관
세인트폴(St. Paul, MN) 735, 737n, 775, 776, 778, 779, 781-785, 840
세인트폴 성당(St. Paul Cathedral) 159n
《세인트폴 파이오니어 프레스(St. Paul Pioneer Press)》 784, 785
세인트폴스 처치야드(St. Paul's Churchyard) 159
세인트헬레나(St. Helena, CA) 712
세인트헬레나 공립도서관 센터(St. Helena Public Library Center) 712
세인트헬레나 산(Mount St. Helena) 711
세잔, 폴(Paul C?zanne) 500
센 강변 좌안(左岸, Left Bank) 27-29 = 레프트 뱅크
센닥, 모리스(Maurice Sendak) 593, 595
센터빌(Centerville, IA) 44
센트럴 파크(Central Park) 229, 433, 438
셀린, 루이-페르디낭(Louis-Ferdinand C?line) 550

셀즈닉, 데이비드 O.(David O. Selznick) 533
셀프, 윌리엄(William Self) 527, 528, 658-668
셀프, 페기(Peggy Self) 660
셉투아긴트(Septuagint) 111 = 70인 역 성서
셔노프스키, 제이콥 L.(Jacob L. Chernofsky) 580
셔먼 장군, 윌리엄 T.(General William T. Sherman) 669
셔번, 조지(George Sherburn) 311
셔틀레프, 너새니얼 B.(Nathaniel B. Shurtleff) 229
셜리 컬렉션(The Shirley Collection) 589-599
셜리, 벳시 B.(Betsy B. Shirley) 589-599
셜리, 칼(Carl Shirley) 591
셰델, 하르트만(Hartmann Schedel) 743
셰익스피어 1판(초판) 2절판, 1623년 판(First Folio, 1623) 19, 85-87, 268, 294, 343, 373, 812
셰익스피어 2판(재판) 2절판, 1632년 판 (Second Folio, 1632) 343, 373, 653, 812
셰익스피어 3판 2절판, 1644년 판(Third Folio, 1664) 343, 373, 812
셰익스피어 4판 2절판, 1685년 판(Fourth Folio, 1685) 373, 812
셰익스피어 도서관(Shakespeare Library) → 폴저 셰익스피어 도서관
셰익스피어 및 셰익스피어아나 컬렉션(Shakespeare and Shakespeareana Collection)(고다마) 710
셰익스피어 초간본 2절판 네 가지(First Four Folios of Shakespeare) 86, 373, 377, 407, 646, 811-819, 822
셰익스피어 컬렉션(Shakespeare Collection) (페리) 314-316 → 페리, 마스든 J.
셰익스피어, 윌리엄(William Shakespeare) 18, 19, 33, 71, 83-85, 87, 88, 102, 108, 113,
115n, 115, 153-155, 254, 261, 284, 296, 305, 314, 316-318, 340-342, 369, 402n, 580, 582, 584, 585, 623, 647, 649, 664, 677, 811, 813-816
셰익스피어아나(Shakespeareana) 95n, 294, 317, 341, 344
《셰익스피어의 이야기와 희곡의 원천 (Narrative and Dramatic Sources of Shakespeare)》 154
셰퍼, 엘렌(Ellen Shaffer) 713-715
셰퍼, 오토(Otto Schäfer) 710
셰퍼, 제이콥(Jacob Schaefer) 614
셰프 루이스(Chef Louis) → 사트마리 2세, 루이스 I.
《셰프의 비법 요리책(The Chef's Secret Cookbook)》 561
셸리, 메리 울스턴크래프트(Mary Wollstonecraft Shelley) 829
셸리, 퍼시 비시(Percy Bisshe Shelley) 70, 71, 91, 284, 312, 335, 576, 647
《소년 고수(The Little Drummer Boy)》 594
《소년들을 위한 스카우트 활동(Scouting for Boys)》 92
소더비 경매회사(Sotheby's) (뉴욕) 10, 20, 80, 86, 340, 354, 355, 358, 362, 363, 367, 368, 372, 373, 375-377, 381, 388, 392, 403, 406, 428, 478n, 646, 664, 723, 724, 811, 814, 817-819, 821-823, 827, 844
소더비 경매회사(Sotheby's) (런던) 176, 202, 205, 298, 312n, 328, 334, 343, 504-507, 509, 510, 512, 517, 532, 584, 664
소더비 파크 버넷 경매회사(Sotheby Park-Bernet) 527, 528n = 소더비
소렌슨, 리(Lee Sorenson) 502
소로, 헨리 데이비드(Henry David Thoreau) 19
소르본 대학(Sorbonne) 65

《소리와 분노(The Sound and the Fury)》459, 468
소아시아(Asia Minor) 111
소여, 앨비언 T.(Albion T. Sawyer) 389
《소원나무(The Wishing Tree)》 466
《소유(Possession)》 90
소크라테스(Socrates) 103
소포클레스(Sophocles) 104, 110
솔 M. 몰킨 특강(Sol M. Malkin Lecture) 706
솔리스 코헨, 리타(Lita Solis-Cohen) 9
솔트레이크 시티(Salt Lake City, UT) 477, 638
쇠엔, 마르틴(Martin Shøyen) 279
쇠퍼, 페터(Peter Schöffer) 427
《쇼 보트(Show Boat)》 15, 335
쇼, 조지 버나드(George Bernard Shaw) 108, 499, 511
숌버그 컬렉션(The Schomburg Collection) (뉴욕 공립도서관) 618-624
숌버그 흑인문화연구소(Schomburg Center for Research in Black Culture) 618, 631
숌버그, 아서 알폰소(Arthur Alfonso Schomburg) 559, 618-624, 631
숌버그, 카를로스 페데리코(Carlos Féderico Schomburg) 618
《수도원(The Monastery)》 186
수비아코(Subiaco) (이탈리아) 132
수비아코 판(Subiaco Edition) 294
《수상록(Essays)》(베이컨) 298, 305, 821
수에토니우스(Suetonius) 115
〈수집가들을 위하여: 뉴욕 공립도서관에 찾아온 역사적 기증(In Praise of Collectors: Historic Gifts to the New York Public Library)〉 559
《수집역정(Collector's Progress)》 46
수택본(手澤本, Association Copy) 20, 58, 71, 105, 466, 699, 838
수터, 셈(Sem Sutter) 9

수터, 찰스(Charles Sewter) 707
《순교사화(殉教史話, Book of Martyrs)》 415
《순수의 노래와 경험의 노래(Songs of Innocence and of Experience)》 78, 300, 392
술라(Sulla) 105, 114
술라, 파우스투스(Faustus Cornelius Sulla) 114
《숲 속의 호수에서(In the Lake of the Woods)》 439
쉬라트, 카타리나(Katharina Schratt) 563
《슈거 블루스(Sugar Blues)》 544n
슈라이버, 프레드(Fred Schreiber) 394-397
슈롭셔(Shropshire) (영국) 186, 190
슈와츠, 제이콥 '제이크'(Jacob 'Jake' Schwartz) 499
슈투트가르트(Stuttgart) (독일) 362
슈피리어 호수(Lake Superior) 634
스노프스 3부작(Snopes Trilogy) (포크너) 464, 557
스미스 박사, 앤드류(Dr. Andrew Smith) 719
스미스 칼리지(Smith College) 611
스미스, 거트루드(Gertrude Smith) 829
스미스, 리타(Rita Smith) 9, 578-588
스미스, 매튜(Matthew Smith) 573
스미스, 새뮤얼 H.(Samuel H. Smith) 241, 247
스미스, 애덤(Adam Smith) 829
스미스, 에드워드 J.(Edward J. Smith) 299
스미스, 제시 윌콕스(Jessie Willcox Smith) 595
스미스, 조지 D.(George D. Smith) 282-292, 294-296, 299, 310, 313-315, 326
스미스, 존(John Smith) 18, 266, 796
스미스, 페리 H.(Perry H. Smith) 268
스미스, 해리 B.(Harry B. Smith) 70, 71, 549
스미스, 허먼(Herman Smith) 508
스미스소니언 연구소(Smithsonian Institution) 240, 258, 686, 840

1069

스베덴보리, 에마누엘(Emanuel Swedenborg) 268
스베인하임, 콘라트(Conrad Sweynheym) 132
스완 경매회사(Swann Galleries) 10, 363, 364, 446, 461, 656-658, 689, 827-829
스완슨, 글로리아(Gloria Swanson) 533, 544
스웨덴(Sweden) 45, 55, 56, 178, 268, 609
스웨덴 왕립도서관(Royal Library of Sweden) 709
스위스(Switzerland) 130, 131, 274, 376, 796
《스위스에서 캐롤라이나로 가는 독일인 여행객들을 위한 안내서(A Guide for German Travelers from Switzerland to the Carolinas)》796
스위프트, 조너선(Jonathan Swift) 51, 71, 178, 300
스칸디나비아(Scandinavia) 55
스캐드, 로버트 O.(Robert O. Schad) 326, 329
스캐먼, 조너선 영(Jonathan Young Scammon) 268
스케한, 에버렛 A.(Everette M. Skehan) 10
스코틀랜드(Scotland) 213, 509n, 633, 634n
《스코틀랜드 방언 시집(Poems, Chiefly in the Scotish Dialect)》336
스콜닉, 네이선(Nathan Skolnik) 614
스콜닉, 소렐(Sorell Skolnik) 614
스콧 경, 월터(Sir Walter Scott) 186, 284, 300
스콧, 캐서린 L.(Katherine L. Scott) 11
스콰이어, E. 조지(E. George Squire) 275
스콰이어, J. C.(J. C. Squire) 432 = 이글, 살러먼
스쿠노버, 데이비드(David Schoonover) 563, 564
《스쿠컴: 오리건 주 어느 가문의 역사와 풍속 입문(Skookum: An Oregon Primer of a Family's History and Lore)》745
스크라이브너스 서점(Scribner's) 571

스키너, 마크(Mark Skinner) 268
스타, 허버트(Hubert Starr) 461
스타레트, 빈센트(Vincent Starrett) 337
스타인벡, 존(John Steinbeck) 445, 648, 667
스탈 부인(Madame de Staël) 195n
스탈린, 요시프(Yosif Stalin) 610
스탈링, 케년(Kenyon Starling) 664-667
스탠더드 브랜즈 사(Standard Brands) 634, 636
스탠더드 오일 사(Standard Oil) 296, 317
스탠포드 공립도서관(Stanford Public Library) 714
스탠포드 대학(Stanford University) 574n, 667
스탠호프, 필립(Philip Stanhope) (아들) 51
스탠호프, 필립 도머, 제4대 체스터필드 백작(Philip Dormer Stanhope, 4th Earl of Chesterfield) (아버지) 51, 52, 511
스탬포드(Stamford, CT) 633
스테이트(State) 439
스테인드글라스(Stained Glass) 146, 645, 701-707, 734, 735, 737, 738, 757, 758, 775, 783, 784, 786, 802
스테일리, 토머스 F.(Thomas F. Staley) 494, 519, 526, 548, 554, 555
스텐턴(Stenton) 216
스텔라, 프랭크(Frank Stella) 434
스토니허스트 복음서(Stonyhurst Gospel) 36
스토니허스트 칼리지(Stonyhurst College) 36n
스토다드, 로저 E.(Roger E. Stoddard) 8, 254, 309, 310, 497, 732
스토우, 해리엇 비처(Harriet Beecher Stowe) 669, 798
스토커, 브램(Bram Stoker) 822
스톡턴, 프랭크(Frank Stockton) 634, 635
스톡하우젠 경매(Stockhausen Sale) 527
스톡홀름(Stockholm) (스웨덴) 55
스톤, 에밀리(Emily Stone) 465

스톤, 필(Phil Stone) 464
스톤먼, 윌리엄 P.(William P. Stoneman) 9, 414
스튜번 유리회사(Steuben Glass) 308, 359
스튜어트 B. 시멜 북아트 컬렉션(Stuart B. Schimmel Collection of Book Arts) 816
스트라보(Strabo) 112, 113, 115
스트라빈스키, 이고르(Igor Stravinsky) 686
스트라타, 필립포 디(Filippo di Strata) 134
스트랜드 서점(Strand Bookstore) 486
스트랫퍼드(Stratford) →
　스트랫퍼드어폰에이번
스트랫퍼드어폰에이번(Stratfod-upon-Avon) (영국) 83, 84n, 88
스트레이트메이어 신디케이트(Stratemeyer Syndicate) 593n
스트로베리 힐(Strawberry Hill) 46
스트로스, 노먼 H.(Norman H. Strouse) 709, 711-714
스트로치 장군, 피에트로(Marshal Pietro Strozzi) 55
스트리터, 토머스 W.(Thomas W. Streeter) 349, 406, 480, 650, 651, 769
〈스티븐 블룸버그의 빅토리아 시대 세계(The Victorian World of Steve Blumberg)〉 784, 785
〈스티븐 블룸버그의 세계(The World of Steve Blumberg)〉 784
스티븐스 2세, 로버트 G.(Robert G. Stephens, Jr.) 765
스티븐스, 헨리(Henry Stevens) 229, 248, 249, 257-262, 264-267, 275, 412
스티븐슨, 로버트 루이스(Robert Louis Stevenson) 312, 590, 711, 712
스틸웰, 마거릿(Margaret Stillwell) 428
스파이 컬렉션(Spy Collection) (포츠하이머) 568-577 ⋯▶ 포츠하이머, 월터 L.

스파크스, 제어드(Jared Sparks) 258
스페리 앤드 허친슨 사(Sperry and Hutchinson Company) 590
《스페쿨룸 후마네 살바티오니스(Speculum Humanae Salvationis)》 210
스펜서, 에드먼드(Edmund Spenser) 284, 331, 342
스펜서, 조지 존, 제2대 스펜서 백작(George John Spencer, 2nd Earl of Spencer) 48, 182, 190, 191, 204, 205, 430 = 올소프 자작
스펜서, 존 찰스, 제3대 스펜서 백작(John Charles Spencer, 3rd Earl of Spencer) 190n = 올소프 자작
스푸어, 존 A.(John A. Spoor) 347
스프링필드(Springfield, IL) 673
스피라, 요한네스 데(Johannes de Spira; John of Speier) 289
스핑간, 아서(Arthur Spingarn) 621, 622
슬라브 컬렉션(Slavic Collection) (하버드 대학) 309 ⋯▶ 킬고어 2세, 베이어드
슬로언 경, 한스(Sir Hans Sloane) 179n ⋯▶ 한스 슬로언 경 장서
슬로언, 도로시(Dorothy Sloan) 774
슬로언, 바버라(Barbara Sloan) 10
〈습관(The Habit)〉 440
《승리(Victory)》 72
《승부의 종말(Endgame)》 678
《시(詩, Verses)》(위튼) 800
《시가선(詩歌選, The Poetic Garland)》 586
《시계 소리(The Tick of the Clock)》 637
시너트, 엘리너 데스 버니(Elinor Des Verney Sinnette) 618-620
시더 래피즈(Cedar Rapids, IA) 651
시더 메도우즈(Cedar Meadows, PA) 94
시드니, 로버트, 제1대 레스터 백작(Robert Sidney, 1st Earl of Leicester) 294

1071

시드니, 필립(Philip Sidney) 284
시라쿠사(Syracuse) (이탈리아) 102
시러큐스 대학(Syracuse University) 545
시먼스, A. J. A.(A. J. A. Symons) 91
시먼스, 줄리언(Julian Symons) 91
시먼즈, 존 에딩턴(John Addington Symonds) 137
시스킬 산(Siskeel Mountains) 746
시아, 로니 포치아(Ronnie Po-Chia Hsia) 81
시애틀 예술박물관(Seattle Art Museum) 357n
시어스 로벅 사(Sears, Roebuck Co.) 77
시어즈, 데이비드(David Sears) 254
《시인 아르키아스를 변호함(Pro Archia Poeta)》 106, 124
시종장 극단(Lord Chamberlain's Men) 153
《시집(詩集, Poems)》(로제티) 35
《시집(詩集, Poems)》(키츠) 70
시칠리아(Sicily) (이탈리아) 102
시카고(Chicago, IL) 18, 20, 58, 268-271, 292, 296, 494, 497, 503, 504, 506, 508, 512, 528, 560-563, 565, 662, 665, 669, 670, 774, 782, 786, 828, 832, 835, 837
시카고 국립문서보관소(National Archives, Chicago) 10
시카고 대학(University of Chicago) 9, 268, 270, 271, 311, 365, 569, 529, 562 리젠스타인 도서관
시카고 대학 출판부(University of Chicago Pres) 403
시카고 박람회(Chicago Fair) 778 = 세계 콜럼버스 박람회
시카고 역사학회(Chicago Historial Society) 269
시카고 예술원(Art Institute of Chicago) 820
《시카고 인터오션(Chicago Inter-Ocean)》 271
시토회(Cistercian) 61
시퍼, 랠프 B.(Ralph B. Sipper) 437, 443, 444,

681, 682, 833
시편, 1457년 판(1457 Psalter) → 마인츠 시편, 1457년 판
시편, 1459년 판(1459 Psalter) → 마인츠 시편, 1459년 판
시편집(詩篇集, Psalms) → 베이 시편집
《시편집(詩篇集, The Whole Booke of Psalmes)》 211, 230 = 베이 시편집
시프턴, 클리포드 K.(Clifford K. Shipton) 237
《식물의 발생에 대한 실험 및 연구(Experimenta et Meletemata de Plantarum Generatione)》 217
《식물지, 혹은 식물의 역사(The Herball, or Generall Historie of Plantes)》 705
《신 도서목록(The Shinn Lists)》 758
신, 제임스(James Shinn) 758-763
《신곡(神曲, The Divine Comedy)》 19, 120, 638 ⋯ 〈지옥편〉
《신국론(神國論, De Civitate Dei)》 289
신대륙(New World) 213, 262, 695n, 743, 778
신시내티(Cincinnati, OH) 308, 735, 737, 757, 786, 804
신시내티 대학(University of Cincinnati) 731, 735, 800
《신시아(Cynthia)》 327, 328
《신앙 고백(A Confession of Faith)》 744
《실락원(Paradise Lost)》 98, 99, 180, 285, 348, 822
실러, 저스틴 G.(Justin G. Schiller) 10, 366, 392-394, 583-586, 590, 591, 828
실버 장서(Silver Library) 503-513, 534
실버, 루이스 H.(Louis H. Silver) 503-513
실버, 에이미(Amy Silver) 505-507
실버, 조엘(Joel Silver) 8
실버, 존(John Silber) 537-542
실버라도 광산(Silverado Mine) 712
실버라도 박물관(Silverado Museum) 711-715

《실버라도 유랑기(Silverado Squatters)》 712
실버스톤, 마릴린(Marilyn Silverstone) 398
심즈, 윌리엄 길모어(William Gilmore Simms) 441
심프슨, 토머스(Thomas Sympson) 170
십자군(Holy Crusades) 688
싱어, 아이작 바셰비스(Isaac Bashevis Singer) 834, 533, 601, 609, 610

(ㅇ)

아가토클레스(Agathocles) 102
아거시 북스 서점(Argosy Books) 477n
아골리, 안드레아(Andrea Argoli) 216
《아기사슴 플랙(The Yearling)》 593
아나바시스(Anabasis) 103
《아나바시스(進軍記, Anabasis)》 103
아낙시메네스(Anaximenes) 111
아널드, 베네딕트(Benedict Arnold) 573
아널드, 윌리엄 해리스(William Harris Arnold) 347
아당송, 미셸(Michel Adanson) 719
《아라벨라와 아라민타의 이야기(The Arabella and Araminta Stories)》 829
《아라테아(Aratea)》 130
《아레오파기티카: 검열 없는 출판의 자유를 위해 영국 의회를 상대로 작성한 존 밀턴의 연설문(Areopagitica: A Speech of Mr John Milton for the Liberty of Unlicenced Printing to the Parliament of England)》 160
아레조(Arezzo) (이탈리아) 125
아렌츠 2세, 조지(George Arents, Jr.) 558, 559
아렌츠 컬렉션(The Arents Collection) (뉴욕 공립도서관) 557-559
아론 데이비스 홀(Aaron Davis Hall) 384
아르노 출판사(Arno Press) 561

아르누보(Art Nouveau) 697
아르세날 도서관(Bibliothèque de l'Arsenal) 66 ⋯▸ 프랑스 국립도서관
아르키메데스(Archimedes) 109
아르키아스(Archias) 106
아리스테아(Aristea) 110
아리스토텔레스(Aristotle) 90, 112-114, 119, 120, 137, 395, 427
아리스토파네스(Aristophanes of Byzantium) (문법학자) 112
아리스토파네스(Aristophanes) (극작가) 104, 105
아머 식품회사(Armour) 566
아메리카 인디언(American Indian) 41, 263, 488
아메리카 합중국(American Union) 692 = 미국
아메리카나(Americana) 41, 45, 95n, 255, 262, 267, 269, 272n, 280, 294, 314, 475, 479, 751, 753, 768, 769, 785, 789, 796n, 823
《아메리카의 기록(American Archives)》 257
아메리칸 기계 주물 회사(American Machine and Foundry Company, AMF) 558
아메리칸 담배 회사(American Tobacco Company) 558
《아메리칸 북 컬렉터(The American Book Collector)》 758
아문센, 로알드(Roald Amundsen) 153
아므르 이븐-알-아스(Amr Ibn-al-As) 119
〈아버지 에이브러햄(Father Abraham)〉 557, 558
〈아버지와 아들(Father and Son)〉 184
아벨 대령, 루돌프(Colonel Rudolph Abel) 568
아브라모비치, 숄렘 얀케브(Sholem Yankev Abramovitch) 605
아비뇽(Avignon) (프랑스) 123

1073

《아비시니아의 왕자 라셀라스의 이야기》(The History of Rasselas, Prince of Abissinia)》 58n = 《라셀라스》
아서(Asser) 148
《아서 왕의 죽음》(Le Morte d'Arthur)》 295
아서 호우튼 경매(Arthur Houghton Sale) → 호우튼 경매
아셴덴 판(Ashendene Edition) 509
아슈케나지 유대인(Ashkenazi Jews) 608
아시모프, 아이작(Isaac Asimov) 653n
아우구스투스 황제(Emperor Augustus) 149, 442n
아우구스티누스(Augustinus) → 성 아우구스티누스 전도자 아우구스티누스
아우소니우스, 데키무스 마그누스(Decimus Magnus Ausonius) 105, 127
〈아이가 꾸는 꿈의 정원〉(A Child's Garden of Dreams)》 590
《아이네이스》(The Aeneid)》 117, 122
아이다호 대학(University of Idaho) 799
아이다호 주(Idaho) 263n, 636, 799
《아이들의 길거리와 운동장 놀이》(Children's Games in Street and Playground)》 597
《아이들이 좋아하는 이야기》(Stories Children Love)》 588
《아이반호》(Ivanhoe)》 284
아이비리그(Ivy League) 245, 492n
아이빈즈, 몰리(Molly Ivins) 492, 495
아이스킬로스(Aeschylus) 104, 110, 217
아이슬란드어 성서(Icelandic Bible) 284, 424, 426
아이오와 대학(The University of Iowa) 561, 563, 566
아이오와 대학 도서관(The University of Iowa Library) 561, 563
아이오와 대학 출판부(The University of Iowa Press) 563
아이오와 사트마리 요리서 시리즈(Iowa Szathmary Culinary Series) 563
아이오와 주(Iowa) 10, 14, 16, 44, 563, 635, 650, 651, 741, 743, 749, 775, 777, 778, 803, 804, 808, 840, 841, 842n
아이오와 주 역사학회(Iowa State Historical Society) 44
아이젠하워, 드와이트 D.(Dwight D. Eisenhower) 567
아이즐리, 로렌(Loren Eiseley) 636
아이티(Haiti) 621, 622
아인슈타인, 알베르트(Albert Einstein) 92
아일랜드(Ireland) 90n, 131, 158, 483n
아일랜드, 윌리엄 헨리(William Henry Ireland) 113, 114n
아즐리(Ardsley, NY) 473
아처 M. 헌팅턴 미술관(Archer M. Huntington Gallery) 545, 546
《아침이 오면》(If Morning Ever Comes)》 679
아카데미 공쿠르(Académie Goncourt) 27
아카데미 상(Academy Award) 660, 770
아카데미 시카고 출판사(Academy Chicago) 440
아카데미 프랑세즈(Académie Française) 27, 832
아카데미아(School of Athens) 119
아카풀코(Acapulco) (멕시코) 378
아칸소 주(Arkansas) 378, 390, 400
아테네(Athens) (그리스) 102, 104, 105, 107, 109, 110, 113, 114, 119, 222n, 171
아티스츠 북(Artist's Book) 547n
아티쿠스(Atticus) 107, 114, 118
《아티쿠스에게 보내는 편지》(Letters to Atticus)》 114, 125
《아퍼튜너티》(Opoortunity)》 624
아펠리콘테스(Apellicontes of Teos) 113, 11

《아프리카 영웅전(African Heroes and Heroines)》 631
아프리카계 미국인 역사의 달 (African-American History Month) 631 = 흑인 역사의 달
《악의 꽃(Les Fleurs du Mal)》 549
안데르센, 한스 크리스티안(Hans Christian Andersen) 659
〈안셀(Ansell)〉 91
안토네티, 마틴(Martin Antonetti) 9
《안토니와 클레오파트라(Antony and Cleopatra)》 87
안토니우스, 마르쿠스(Marc Antony) 108, 117
안트베르펜(Antwerp)(네덜란드) 56, 183, 262
〈알 권리(The Right to Know)〉 823
알곤퀸 족(Algonquin Tribe) 211
알두스 출판사(Aldine Press) 135-137 → 마누티우스, 알두스
알두스 판(Aldine Edition) 137, 285, 294, 427, 698
알래스카 주(Alaska) 464, 666
알랭 드 수잔네 백작 디킨스 컬렉션(Comte Alain de Suzannet Dickens Collection) → 디킨스 컬렉션(알랭 드 수잔네 백작)
알렉산데르 8세(Pope Alexander VIII) → 교황 알렉산데르 8세
알렉산드로스 대왕(Alexander the Great) 109, 112
알렉산드리나(Alexandrina) → 크리스티나 여왕
알렉산드리나 장서(Bibliotheka Alessandrina) 56n = 비블리오테카 알레산드리나
알렉산드리아(Alexandria)(이집트) 108-120, 158, 375, 431, 554
알렉산드리아 도서관(Library of Alexandria) 108-120

알링턴 가 교회(Arlington Street Church) 232
알링턴 국립묘지(Arlington National Cemetery) 32
《알마게스트(Almagest)》 217, 218
알머스, 로베르트(Robert Allmers) 570
알비온 인쇄기(Albion Press) 702
《알을 품은 호턴(Horton Hatches the Egg)》 593
알칸(Alkan) 67 = 모랑쥬, 샤를 앙리 발랑탱
암스테르담(Amsterdam)(네덜란드) 214, 242, 262, 448
앙드레, 존(John André) 573
앙리 2세(Henri II) 54
앙케틸-뒤페롱, A. H.(Abraham-Hyacinthe Anquetil-Duperron) 67
애너카(Anoka, MN) 782
애너하임(Anaheim, CA) 440
애덜먼, 시모어(Seymour Adelman) 37, 42, 349
애덤, 로버트 B.(Robert B. Adam)(숙부) 59
애덤 2세, 로버트 B.(Robert B. Adam II)(조카) 59
애덤스 가(家) 문서(Adams Family Papers) 223
애덤스, 랜돌프 G.(Randolph G. Adams) 245, 246, 263
애덤스, 앤젤(Ansel Adams) 397
애덤스, 존(John Adams) 7, 228, 234n, 241
애덤스, 존 퀸시(John Quincy Adams) 234n, 594
애덤스, 토머스(Thomas Adams) 310
애디론댁 산맥(Adirondacks) 423
애리조나 대학(University of Arizona) 501, 502, 736
애리조나 대학 도서관 후원회(The Friends of the University of Arizona Library) 502
애리조나 주(Arizona) 501, 644, 737
애머스트(Amherst, MA) 478n, 602, 604, 611,

1075

13, 617
애머스트 칼리지(Amherst College) 611
애머스트, 윌리엄 피트, 제1대 애머스트 백작(William Pitt Amherst, 1st Earl of Amherst) 295
애비, 에드윈(Edwin Abbey) 595
《애서(愛書, Philobiblon)》 140, 143, 144, 178
애서가(愛書家, Bibliophile) 11, 25, 26, 28, 33, 37, 39, 47, 55, 59, 78, 92, 106, 133, 134, 136, 137, 139, 144, 186, 188-190, 197, 215, 219, 246, 262, 267, 274, 281, 282, 286, 288, 293, 301n, 309, 334, 349, 350, 354, 375, 389, 406, 409, 411, 431, 590, 650, 656, 709, 711, 714, 831, 832, 836
애서가협회(Philobiblon Club) (필라델피아) 39
애서가협회(Philobiblon Club) (벨기에) → 벨기에 애서가협회
애서가의 묘(A Booklover's Shrine) 32
〈애서광(Bibliomania)〉(페리어) 49, 182
〈애서광(Bibliomania)〉(플로베르) 63
《애서광(愛書狂), 혹은 책을 향한 광기: 그 역사, 증상, 그리고 이 치명적인 질병의 치료에 관하여(The Bibliomania; or, Book-Madness; Containing Some Account of the History, Symptoms, and Cure of This Fatal Disease)》 48, 50, 182, 189
애서광(愛書狂, Bibliomania) 17, 25, 42, 44, 48-54, 61, 139, 167, 182, 183, 192, 193, 198, 240, 267, 272, 273, 292, 341, 751, 831, 839 = 비블리오매니아, 서치
〈애서광의 자서전에서(Passages from the Autobiography of a Bibliomaniac)〉 47
애선스(Athens, GA) 690, 764
애쉬버리, 존(John Ashbery) 354
애쉬번햄 경, 베트럼(Lord Bertram Ashburnham) 65
애쉬번햄 성서(Ashburnham Bible) 284
애쉬번햄 하우스(Ashburnham House) 157
애슐리 장서(Ashley Library) (와이즈) 72, 348 … → 와이즈, 토머스 J.
애스터 4세, 존 제이콥(John Jacob Astor IV) 299
애스터 도서관(Astor Library) (뉴욕 공립도서관) 259, 266n, 271, 280, 299n
애스터, 매들린 탤미지(Madeleine Talmage Astor) 299n
애스터, 윌리엄 B.(William B. Astor) 266n, 271, 299n
애즈베리, 이디스(Edith Asbury) 636
애즈베리, 허버트(Herbert Asbury) 636, 637
애커맨, 포리스트 J.(Forrest J. Ackerman) 653-655
애커맨션(Ackermansion) 655n
애틀랜타(Atlanta, GA) 250, 251n, 590, 765, 766
애틀랜타 연방교도소(Atlanta Federal Penitentiary) 568
《애틀랜타 저널(Atlanta Journal)》 9
《애틀랜타 컨스티튜션(Atlanta Constitution)》 9
《애틀랜틱 먼슬리(Atlantic Monthly)》 549
애퍼튜어 재단(Aperture Foundation) 370, 385, 387, 397, 398, 402-404
애플게이트, 린지(Lindsay Applegate) 745, 746n
애플게이트, 멜린다(Melinda Applegate) 745
애플게이트, 섀넌(Shannon Applegate) 745-749, 799
애플게이트, 수전(Susan Applegate) 746, 747
애플게이트, 제시(Jesse Applegate) 745, 746n
애플게이트, 찰스(Charles Applegate) 745, 746n
애플턴, 빅터(Victor Appleton) 593n

앤 여왕(Qneen Anne) 177
앤더슨 경매회사(Anderson Galleries) 288, 290, 299, 331, 335, 418
앤메리 브라운 기념 도서관(Annmary Brown Memorial Library)(프로비던스) 31, 32
《앤서니 트롤럽: 전기적 주석(Anthony Trollope: A Commentary)》 48
앤서니, 앤서니(Anthony Anthony) 173
앤솔로지협회(Anthology Society) 255 = 보스턴 애시니엄
앤아버(Ann Arbor, MI) 176, 245
앨드레드(Aldred) 150
앨드리지, 아이라(Ira Aldridge) 623
앨라배마 주(Alabama) 465
앨런, 수전 M.(Susan M. Allen) 743
앨런, 이선(Ethan Allen) 692, 693
앨런, 제임스(James Allen) 250
앨런, 조지 V.(George V. Allen) 760 = 신, 제임스
앨런타운(Allentown, PA) 760
《앨리스(Alice)》 → 《이상한 나라의 앨리스》
앨프레드 A. 크노프 실(室)(Alfred A. Knopf Room)(해리 랜섬 인문학연구소) 513
앨프릭(Aelfric) 148
앵페리알 도서관(Bibliothèque Impériale) 67 = 프랑스 국립도서관
《야간법정(Night Court)》 678, 679
《양치기 소녀의 부케(Les Bouquets des Bergeres)》 448, 450
《어느 19세기 소책자의 성격에 대한 논고(An Enquiry Into the Nature of Certain Nineteenth Century Pamphlets)》 345
《어느 문학 고고학자의 고백(Confessions of a Literary Archaeologist)》 550
《어느 문학가의 회상(Reminiscences of a Literary Life)》 187
어드릭, 루이스(Louise Erdrich) 439

어레이더 3세, W. 그레이엄(W. Graham Arader III) 459, 765
《어린이 ABC(The Young Child's ABC)》 594
《어린이 시(詩) 동산(A Child's Garden of Verses)》 712
《어린이를 위한 원더 북(Wonder Book for Girls and Boys)》 594
어배나(Urbana, IL) 579, 582
어빙, 워싱턴(Washington Irving) 256
어세이, 에드워드 G.(Edward G. Asay) 268, 269
어셔, 제임스(James Ussher) 151
어스웜 사(Earthworm, Inc.) 474
어윈 T. 앤드 셜리 홀츠먼 윌리엄 포크너 컬렉션(Irwin T. and Shirley Holtzman Collection of William Faulkner) 484-485 … 홀츠먼, 어윈 T. '토비'
어윈, 시오도어(Theodore Irwin) 269, 294
어윈, 프랭크 C.(Frank C. Erwin) 537-542
〈어이쿠 세상에(Good Heavens)〉 409
《언더그라운드 레일로드(The Underground Railroad)》 628
언더그라운드 레일로드(Underground Railroad) 628
언셜 자체(字體)(Uncial) 36
얼 스탠리 가드너 실(室)(The Earl Stanley Gardner Room)(해리 랜섬 인문학연구소) 543
업다이크, 존(John Updike) 94, 354, 439, 441, 446
업사이드다운(Upside Down) 633
엉거빌, 리처드(Richard Aungerville) 140 = 드 베리, 리처드
《엉클 레무스의 노래와 말: 식민지 시절의 옛 이야기(Uncle Remus, His Songs and His Sayings: The Folk-Lore of the Old Plantation)》 594

1077

에노(Hainaut) (벨기에) 193
에델, 레온(Leon Edel) 442
에드거 앨런 포 상(Edgar Allen Poe Award) 770
에드워드 2세(Edward II) 140
에드워드 3세(Edward III) 139, 143n
에드워드 6세(Edward VI) 147
에드워드 로렌스 도헤니 기념 도서관(Edward Laurence Doheny Memorial Library) (세인트존 신학교) 358 ⋯▸ 도헤니, 에스텔
에디슨, 조셉(Joseph Addison) 175
에디티오 프린켑스(Editio Princeps) 135, 289, 297, 374, 426, 509
에디티오네스 프린켑스(Editiones Princeps) → 에디티오 프린켑스
에라스무스, 데시데리우스(Desiderius Erasmus) 136, 145, 374
에라토스테네스(Eratosthenes) 109, 431
에르미타슈 미술관(State Hermitage) 408
에미 상(Emmy Awards) 678, 683, 684
에버레트, 에드워드(Edward Everett) 254, 257
에섹스(Essex) (영국) 163
에섹스 백작(Earl of Essex) → 데브루, 로버츠
에스데일, 아룬델(Arundell Esdaile) 146
에스텔 도헤니 경매(Estelle Doheny Sale) → 도헤니 경매
에스텔 도헤니 컬렉션(Estelle Doheny Collection) → 도헤니 컬렉션
에스파냐(Spain) 61, 62, 64, 66, 83, 85n, 86, 87, 125, 188, 255, 256, 275, 358, 415n, 594, 604, 623, 693n, 695n, 743n, 752n, 813
에스파냐 무적함대(Spanish Armada) 83, 173
에스파냐 종교재판소(Spanish Inquisition) 88
에우리피데스(Euripides) 104, 110
에우메네스 1세(Eumenes I) 111

에우메네스 2세(Eumenes II) 112
에우클레이데스(Euclid) 109, 373, 423
에우티데모스(Euthydemus) 103
에이드리언 밴 사인더렌 도서수집 경연대회 (The Adrian Van Sinderen Book Collecting Prize) 458-460
에이미 로웰 컬렉션(Amy Rowell Collection) 57, 58 ⋯▸ 로웰, 에이미
에이브러햄 링컨 컬렉션(Abraham Lincoln Collection) (고다마) → 링컨 컬렉션(고다마)
에이브러햄 링컨 컬렉션(Abraham Lincoln Collection) (테이퍼) → 링컨컬렉션 (테이퍼)
에이언, 앨런(Allen Ahearn) 96
에이언, 패트리시아(Patricia Ahearn) 96
에이지, 제임스(James Agee) 445
에이컨, W. 데니스(W. Dennis Aiken) 729-732, 753
에이컨, 콘래드(Conrad Aiken) 636
에이킨스, 토머스(Thomas Eakins) 456
에이트컨, 로버트(Robert Aitken) 478
에코, 움베르토(Umberto Eco) 89
에클스, 데이비드(David Eccles) 60
에클스, 메리 하이드(Mary Hyde Eccles) 58-60, 710
《에트루리아 기행(Etruscan Places)》 517
엑서터(Exeter, NH) 10, 666
엑스레뱅(Aix-les-Bains) (프랑스) 296
엔드리스, 클리퍼드(Clifford Endres) 9
《엔디미온(Endymion)》 284
엘 디에프 서점(House of El Dieff) → 하우스 오브 엘 디에프 서점
엘더, R. M.(R. M. Elder) 676
엘레게니 강(Allegheny River) 421
엘리스 2세, 랠프 N.(Ralph N. Ellis, Jr.) 42-44
엘리슨, 랠프(Ralph Ellison) 636

1078

엘리아(Elia) 76 = 램, 찰스
《엘리아 수필집(Essays of Elia)》 58n
엘리엇 성서(Eliot Bible) → 엘리엇 인디언 성서
엘리엇 인디언 성서(Eliot Indian Bible) 41, 212, 237, 254, 263, 475, 478, 646, 649, 822 =《우스쿠 우테스타멘툼 눌로두문 예수스 크리스트 누포쿼우수에네우문》
엘리엇 하우스(Elliot House) 788, 801
엘리엇, T. S.(T. S. Eliot) 499
엘리엇, 조지(George Eliot) 58, 149, 648
엘리엇, 존(John Eliot) 41, 211, 212
엘리자베스 1세(Queen Elizabeth I) 136, 152, 153, 155, 158, 189
엘리자베스 시대 골동애호협회(Elizabethan Society of Antiquaries) 151
엘리자베스 시대 클럽(Elizabethan Club) 304-306
《엘리자베스 시대의 오컬트 철학(Occult Philosophy in the Elizabethan Age)》 155
엘링턴, 듀크(Duke Ellington) 631
엘스미어 남작, 제1대(The 1st Baron of Ellesmere) → 이거튼, 토머스
엘스미어 남작, 제4대(The 4th Baron of Ellesmere) → 이거튼, 존 프랜시스
엘스미어 초서(Ellesmere Chaucer) 312
엘스워스-브린리-샤이드 소장본 42행 구텐베르크 성서 (Ellsworth-Brinley-Scheide Copy of Gutenberg Bible, 42-line Bible) 262, 412-417, 426
엘제비르, 루이(Louis Elzevier) 174n
엘제비르 출판사(Elzevier Press) 174
엘제비르 판(Elzevier Edition) 285
엠버시 수츠 호텔(Embassy Suites Hotel) 749
엡스타인 장서(Epstein Library) 446, 828-830
엡스타인 장서 경매(Epstein Library Sale) 446, 828-830
엡스타인, 레이먼드(Raymond Epstein) 446, 828-830
여비, 프랭크(Frank Yerby) 636
《여우 레이너드(Reynard the Fox)》 172
《역사(歷史, History)》(타키투스) 128
〈역사학회에서 드리는 회칙 서한(Circular Letter of the Historical Society)〉 233
《연대기(年代記, Annals)》(타키투스) 128
《연방 해체를 향한 북부의 목소리(Northern Voice Toward Dissolution of the Union)》 634
연방작가지원계획(Federal Writers Project) 563, 633, 635
《연방주의자(The Federalist)》 251, 520
《연보 형식으로 서술한 뉴잉글랜드의 연대기(A Chronological History of New England in the Form of Annuals)》 226
《연인의 고백(Confessio Amantis)》 299
《열 번째 사나이(The Tenth Man)》 659
영, 브리검(Brigham Young) 638n
영, 오웬 D.(Owen D. Young) 333, 337
영, 조지 B.(George B. Young) 509
영·미 전쟁(The War of 1812) 241n
영국(England) 17, 20, 32, 33, 35, 40-42, 46, 47, 50, 56n, 60, 65, 74, 76, 77n, 83, 84n, 86, 90, 91, 122, 125, 136, 139-216, 221, 223, 227, 236, 246, 250n, 254, 255, 257, 259, 266, 273, 280, 283-288, 290, 294, 298, 299n, 301, 306, 311-313, 318-320, 322-324, 326, 329, 331, 334, 341, 344, 345, 347, 358n, 360, 373, 376, 393, 400, 402, 418, 419, 430, 432, 437, 449, 456, 494, 497, 500, 503, 505, 507, 509, 518, 521, 526, 528n, 534, 544, 547, 551, 555, 567n, 573, 575, 576, 579, 583, 584, 587, 591, 592, 593n, 596-598, 647, 652, 664,

696, 702, 704, 762n, 770n, 828
《영국 교회사(De Antiquitate Britannicae
　Ecclesiae)》 148
영국 국교회(Church of England) 146, 148
영국 국교회 기도서, 1549년 판(Book of
　Common Prayer, 1549) 428
영국 국립미술관(National Gallery) 408
영국 학술원(British Academy) 391
영국 해군성(Navy Board) 170
《영국과 내러건싯 간의 기존 조약 및 조처에
　관한 선언서(A Declaration of Former
　Passages and Proceedings betwixt the
　England and the Narrowgansets)》 264 =
　내러건싯 선언서
〈영국의 도서 및 필사본 수집가들(English
　Collectors of Books and Manuscripts)〉
　201
영어 판 보카치오(English Boccaccio) →
　보카치오(영어 판)
영인본(Facsimile) 41, 394, 652
예루살렘(Jerusalem)(이스라엘) 484, 488,
　717, 763
예르터, 캐슬린 G.(Kathleen G. Hjerter) 8,
　513-516, 543
예수회(Jesuits) 36, 275, 708, 710
예술 5e 과목(Art 5e) 307-309
예시바 대학(Yeshiva University) 81
예이츠, 윌리엄 버틀러(William Butler Yeats)
　374, 378, 700
예이츠, 프랜시스(Frances Yates) 155
예일 대학(Yale University) 9, 46, 202, 210,
　212, 229, 231, 245, 246n, 257, 266, 267,
　306, 309, 323, 457n, 458-461, 468, 469,
　491, 494, 496, 504, 519, 569, 570, 574,
　575, 577, 589, 590, 596, 598, 599, 603,
　610, 615, 641, 706, 771, 772
　바이네케 도서관

예일 대학 출판부(Yale University Press) 46,
　81
예일 미술대학(Yale School of Art) 449
예일 칼리지(Yale College) 253, 304 = 예일
　대학
예일, 일라이후(Elihu Yale) 210
《옛날 소방관들(Ye Olde Fire Laddies)》 637
《옛날이야기(The Classic Fairy Tales)》 597
오나시스, 재클린 부비에 케네디(Jacqueline
　Bouvier Kennedy Onasis) 60
오니온타(Oneonta, NY) 310
오듀본, 존 제임스(John James Audubon) 19,
　246, 247, 359, 827
오든, W. H.(W. H. Auden) 437
《오래된 책 한 시렁(A Shelf of Old Books)》 73,
　75
오르테가 이 가세트, 호세(José Ortega y
　Gasset) 371
오리건 대학(University of Oregon) 731, 742,
　743, 745-749, 799
오리건 주(Oregon) 263n, 742, 745-749, 755,
　799
오마르(Caliph Omar) 119
오마하(Omaha, NE) 729, 731, 732n, 744,
　768, 769, 794
오모어, 로리아(Lorea O'More) 365, 366, 378,
　386, 390, 395
오모어, 헤이븐(Haven O'More) 353-410, 723,
　724, 812, 841-845
오벌린(Oberlin, OH) 758
오벌린 칼리지(Oberlin College) 758-760, 762
오벌린 칼리지 도서관(Oberlin College
　Library) 758, 759
오브라이언, 팀(Tim O'Brien) 439
오브리, 존(John Aubrey) 151
오비디우스(Ovid) 127, 176, 203
오스본 2세, 토머스(Thomas Osborne II)

179-182, 215
오스본 초기 아동서 컬렉션(The Osborne
　　Collection of Early Children's Books)
　　(토론토 공립도서관) → 오스본 컬렉션
오스본 컬렉션(The Osborne Collection) 596,
　　597
오스본, 루시 E.(Lucy E. Osborne) 41
오스본, 메이블(Mabel Osborne) 596
오스본, 에드가(Edgar Osborne) 596
오스웨고(Oswego, NY) 269, 294
오스트리아(Austria) 563-565
오스틴(Austin, TX) 9, 98, 250, 481, 491, 492,
　　496n, 497, 503, 515, 533, 536
오스틴, 제인(Jane Austen) 149, 335, 648
오시리스(Osiris) 376
오어바크, 바트(Bart Auerbach) 8, 355, 356,
　　520, 521, 524, 525, 531, 532, 689, 793,
　　816, 817, 828
오언스, 제시(Jesse Owens) 629
오웰, 조지(George Orwell) 770n
오이와, 에마뉘엘(Emmanuel Hoyois)
　　193-197 ⋯ M. 에마뉘엘 오위아 출판사
　　겸 서점
《오즈의 마법사(The Wizard of Oz)》 593, 598,
　　829
오크놀 북스(Oak Knoll Books) 10
오크스, 요나스(Jonas Ochs) 796
오클라호마 대학(University of Oklahoma)
　　400, 843
오클라호마 주(Oklahoma) 461, 464, 548, 843
오클랜드(Auckland) (영국) 140, 144
오텀와(Ottumwa, IA) 14, 15, 563, 729, 731,
　　733, 741, 744, 749, 750, 756, 758, 769,
　　770, 773, 787, 797, 803-805
《오텀와 쿠리어(Ottumwa Courier)》 15
《오토 더 페이(Auto-da-fé)》 88 = 《현혹》
오토 황제(Emperor Otho) 149

오하이오 역사학회(Ohio Historical Society)
　　754
오하이오 주(Ohio) 269, 580, 605, 658, 665,
　　735, 758, 782
옥스퍼드(Oxford) (영국) 145, 160, 364, 376,
　　449, 526
옥스퍼드(Oxford, MS) (미국) 464
옥스퍼드 대학(Oxford University) 9, 17, 86,
　　88, 140, 144, 145, 163, 164, 166, 174,
　　186, 206, 212, 220, 358, 597, 603
　　보들리 도서관
　　크라이스트처치 칼리지
《옥스퍼드 동요사전(The Oxford Dictionary of
　　Nursery Rhymes)》 597
옥스퍼드 백작, 제1대(The 1st Earl of Oxford)
　　→ 할리, 로버트
옥스퍼드 백작, 제2대(The 2nd Earl of Oxford)
　　→ 할리, 에드워드
옥스퍼드 영어사전(Oxford English
　　Dictionary) 50
옥슬러, 데이비드(David Oxler) 794
옥시덴탈 석유 회사(Occidental Petroleum)
　　356
옥시덴탈 칼리지(Occidental College) 772
올그런, 넬슨(Nelson Algren) 563, 636
올덤, 에스텔(Estelle Oldham) 466
올드 사우스 교회(Old South Church) 225,
　　227, 228, 230, 231, 237
올드 이스트 스트리트 스쿨(Old East Street
　　School) 613
올리버 크롬웰 애플게이트 컬렉션(Oliver
　　Cromwell Applegate Collection) (오리건
　　대학) 745
《올리버 트위스트(Oliver Twist)》 300
올리펀트, 데이브(Dave Oliphant) 8, 516
《올메이어의 우행(愚行)(Almayer's Folly)》 72
올바니(Albany, NY) 385

1081

올브라이트 칼리지(Albright College) 502
올소프 자작(Viscount Althorp) → 스펜서, 조지 존; 스펜서, 존 찰스
올소프 장서(Althorp Library) 190, 204 ⋯→ 스펜서, 조지 존
올슨, 드웨인 G.(Dwaine G. Olson) 749, 757, 773
옴스테드, 프레더릭 로우(Frederick Law Olmsted) 778
와그너, 헨리 R.(Henry R. Wagner) 771
와이그만, 매튜(Matthew Weigman) 10
와이너, 노먼 S.(Dr. Norman S. Weiner) 53, 54, 56
와이드너 도서관(Widener Library)(하버드 대학) 17, 306, 297-304
와이드너 실(室)(Widener Room)(와이드너 도서관) 307
와이드너, 엘리너 엘킨스(Eleanor Elkins Widener) 298-300, 302, 303
와이드너, 조셉 E.(Joseph E. Widener) 290, 291, 297, 316
와이드너, 조지 D.(George D. Widener) 298, 299
와이드너, 피터 A. B.(Peter A. B. Widener) 300
와이드너, 해리 엘킨스(Harry Elkins Widener) 290, 297-300, 302, 303, 306, 307
와이어스, N. C.(N. C. Wyeth) 596
와이즈, 토머스 J.(Thomas J. Wise) 71-73, 346-348, 494, 505, 538
와이즈먼, 스티브(Steve Weissman) 828
와인, 마저리 G.(Marjorie G. Wynne) 210, 706
와인스타인, 루(Lou Weinstein) 645-649, 821, 828
와인스타인, 벤(Ben Weinstein) 645, 647, 649
와일드 와일드 웨스트 쇼(Wild Wild West Show) 96n

와일드, 오스카(Oscar Wilde) 494, 499, 517, 558, 821
《와트(Watt)》 500
왁스먼, 데이비드(David Waxman) 397-400
왓킨슨 도서관(Watkinson Library)(하트퍼드) 18, 266
왕당파(Royalists) 159-161, 163
왕립도서관(Royal Library)(독일) → 베를린 왕립도서관
왕립도서관(Royal Library)(벨기에) → 브뤼셀 왕립도서관
왕립도서관(Royal Library)(스웨덴) → 스웨덴 왕립도서관
왕립도서관(Royal Library)(영국) 179
왕립학회(Royal Society)(런던) 172, 217
왕의 소책자(King's Pamphlets) 164 ⋯→ 토머슨 청교도 시기 문헌 컬렉션
왕정복고(王政復古, Restoration) 160, 165, 170, 174, 318, 319
외설 및 음란물에 관한 대통령 직속위원회 (President's Commission on Pornography and Obscenity) 482
요리 자료관 및 박물관(Culinary Archives and Museum)(존슨 앤드 웨일스 대학) 836
요세푸스, 플라비우스(Flavius Josephus) 109, 112
《요셉과 그 형제들(Joseph and His Brothers)》 682
요크(York)(캐나다) 241 = 토론토
요하네스 구텐베르크 성서(Johann Gutenberg's Bible) → 구텐베르크 성서
요한(John) → 사도 요한
요한복음(Gospel of St. John)(성서) 35, 36 ⋯→ 스토니허스트 복음서
《욕망이라는 이름의 전차(A Streetcar Named Desire)》 680
《욥기(Book of Job)》(블레이크) 284, 294

우드슨, 카터 G.(Carter G. Woodson) 631
우드하우스, P. G.(P. G. Wodehouse) 652
우루과이(Uruguay) 699n, 700
우르비노 공작(Duke of Urbino) →
　몬테펠트로, 페데리코
〈우리 폴리는 불쌍한 암캐라네(Our Polly is a
　Sad Slut)〉 235
《우리들의 시대에(In Our Time)》 60, 95
《우스쿠 우테스타멘툼 눌로두문 예수스
　크리스트 누포쿼우수에네우문(Wusku
　Wuttestamentum nul-lordumun Jesus
　Christ Nuppoquohwussuaeneumun)》 211
　= 엘리엇 인디언 성서
우스터(Worcestor, MA) 235, 236, 238-241,
　319, 321, 337
《우울증의 해부(The Anatomy of Melancholy)》
　76
《우인열전(愚人列傳, The Dunciad)》 180
우잔느, 옥타브(Octave Uzanne) 28, 29
《우주시대의 마더 구스(Space Child's Mother
　Goose)》 594
우크라이나(Ukraina) 609, 616
《우화집(Fables)》(이솝) 202
운터, 제니퍼(Jennifer Unter) 11
울리치(Woolwich) (영국) 170
울프 2세, 에드윈(Edwin Wolf 2nd) 73, 214,
　225, 300, 413
울프, 로버트 리(Robert Lee Wolff) 547
울프, 버지니아(Virginia Woolf) 149
울프, 클리어런스(Clarence Wolf) 828
울프, 토머스(Thomas Wolfe) 443n
《웅변가 교육(Institutio Oratorio)》 118, 131
《웅변술(De Oratore)》(키케로) 41
워, 이블린(Evelyn Waugh) 494, 544
워너, 찰스 더들리(Charles Dudley Warner)
　669
워드, 윈킨 드(Wynkin de Worde) 172, 189

··· 윈킨 드 워드 판
워딩턴(Worthington, OH) 782
워렌 박사, 존 C.(Dr. John C. Warren) 254
워렌, 로버트 펜(Robert Penn Warren) 446,
　834
워싱턴(Washington, NC) 10
워싱턴 D. C.(Washington D. C.) 18, 19, 33,
　237, 241, 244, 247, 256, 257, 316n, 343,
　498, 512, 568, 619, 643, 664, 673, 686,
　691, 695, 710, 731, 820, 840
워싱턴 대학(Washington University) 461,
　742
〈워싱턴 데일리 뉴스(Washington Daily
　News)〉 339
워싱턴 문서(Washington Papers) 248
워싱턴 주(Washington) 263n, 408, 712, 799
워싱턴 주립대학(Washington State
　University) 731, 733, 748
워싱턴, 부커 T.(Booker T. Washington) 629
워싱턴, 조지(George Washington) 19, 38,
　233, 234n, 248, 249, 251, 311, 520, 567,
　571, 572, 594, 688, 689, 694, 766
워커, 마가렛(Margaret Walker) 636
워커, 프랭크(Frank Walker) 523
워큰, 크리스토퍼(Christopher Walken) 659n
워터게이트 아파트(Watergate Apartment)
　568
워튼, 이디스(Edith Wharton) 648, 833 =
　존스, 이디스 뉴볼드
워홀, 앤디(Andy Warhol) 457
원리, 험프리(Humfrey Wanley) 177, 178, 418
월 스트리트(Wall Street) 282, 290, 313, 576,
　621
〈월 스트리트 저널(The Wall Street Journal)〉
　617
월드론, 마틴(Martin Waldron) 518, 519
월러, 에드먼드(Edmund Waller) 284

1083

월샘(Walthamm, MA) 80
월쉬, 엘리자베스(Elizabeth Walsh) 9
월싱엄, 토머스(Thomas Walsingham) 148
월터 포츠하이머 첩보 컬렉션(Walter Pforzheimer Collection on Intelligence Service) 568-577 ···▶ 포츠하이머, 월터
월턴, 아이작(Izaac Walton) 77n
월튼, 레스터 A.(Lester A. Walton) 623
월튼, 레이(Ray Walton) 481
월폴 경, 로버트(Sir Robert Walpole) 46
월폴, 호레이스(Horace Walpole) 46, 47
웜저, 리처드 S.(Richard S. Wormser) 313
웨버, 막스(Max Weber) 545
웨스턴 아메리카나(Western Americana) 272, 590, 743, 771 ···▶ 아메리카나
웨스턴, 에드워드(Edward Weston) 397
웨스트 팜비치(West Palm Beach, FL) 390
웨스트, 너새니얼(Nathaniel West) 488
웨스트, 앤드류 플레밍(Andrew Fleming West) 143
웨스트먼트 칼리지(Westmont College) 694
웨스트민스터(Westminster)(영국) 149, 155, 157, 295
웨스트민스터 스쿨(Westminster School) 150, 151
웨스트버지니아 주(West Virginia) 464, 465, 635
웨스트오버(Westover, VI) 213
웨스트포인트(West Point, NY) 573
웨슬리, 존(John Wesley) 146n
웨인 주립대학(Wayne State University) 731
웨인, 존(John Wayne) 658
웨일스(Wales)(영국) 148, 201
웰스, 제임스 M.(James M. Wells) 509
웰티, 유도라(Eudora Welty) 446, 834
웹, 메리(Mary Webb) 637
웹스터, 대니얼(Daniel Webster) 246, 247

웹스터, 폴 프랜시스(Paul Francis Webster) 660
웹푸트 일기(Webfoot Diary) 746, 747, 799
위(僞) 보나벤투라(Pseudo-Bonaventura) 210
위고, 빅토르(Victor Hugo) 67
위니페소키 호수(Lake Winnipesaukee) 634
《위대한 도서관들(Great Libraries)》 494
《위대한 항해(Great Voyages)》 268
위데트 슬레이터 앤드 골드먼 사(Widett, Slater & Goldman) 383
위버, 릭(Rick Weaver) 765
위스, 루스 R.(Ruth R. Wisse) 605, 607
위스콘신 대학(University of Winsconsin) 731
위스콘신 주립 역사학회(Wisconsin State Historical Society) 731
위스턴, 존(John Whiston) 216
위치토(Wichita, KS) 842, 843
위치토 주립대학(Wichita State University) 843
위트레흐트(Utrecht)(네덜란드) 201
윈스롭, 존(John Winthrop) 212, 226, 264
윈십, 조지 파커(George Parker Winship) 262, 306-310
윈저, 저스틴(Justin Winsor) 301
윈저, 프레더릭(Frederick Windsor) 594
《윈저의 명랑한 아낙네들(The Merry Wives of Windsor)》 402
윈킨 드 워드 판(Wynkin de Worde Edition) 172, 189, 285 ···▶ 워드, 윈킨 드
윈터터 박물관(Winterthur Museum) 820
윌도프, 모리스(Morris Wildorf) 614
윌도프, 새러(Sarah Willdorf) 614
윌리엄 1세(William I) 140n, 418n = 노르망디 공 윌리엄; 윌리엄 정복왕
윌리엄 A. M. 버든 컴퍼니(William A. M. Burden Company) 434
윌리엄 L. 클레멘츠 미국사 도서관(William L.

1084

Clements Library of American History)
(미시간 대학) → 클레멘츠 도서관
《윌리엄 맥피 작품 서지목록(A Bibliography of
 the Writings of William McFee)》 97n
윌리엄 모로 출판사(William Morrow) 745
《윌리엄 모리스의 스테인드글라스(The
 Stained Glass of William Morris)》 707
《윌리엄 셰익스피어의 마을 학교(William
 Shakspere's Petty School)》 582
《윌리엄 셰익스피어의 빈약한 라틴어와
 어설픈 그리스어(William Shakespeare's
 Small Latine & Lesse Greeke)》 582
윌리엄 앤드 메리 칼리지(William and Mary
 College) 247
윌리엄 앤드 아이작 재거드 출판사(William
 and Isaac Jaggard) 87
윌리엄 앤드류스 클라크 기념 도서관(William
 Andrews Clark Memorial Library)
 (캘리포니아 대학 LA 캠퍼스) 657, 711
 …→ 클라크 2세, 윌리엄 앤드류스
윌리엄 정복왕(William the Conqueror) →
 윌리엄 1세
윌리엄스 칼리지(Williams College) 41, 252
 채핀 도서관
윌리엄스, 가스(Garth Williams) 595
윌리엄스, 로저(Roger Williams) 212
윌리엄스, 버질(Virgil Williams) 712
윌리엄스, 윌리엄 칼로스(William Carlos
 Williams) 446
윌리엄스, 테네시(Tenessee Williams) 446,
 494, 680
윌링엄 2세, 로버트 M. '스키트'(Robert M.
 'Skeet' Willingham, Jr.) 764-767
윌밍턴(Wilmington, NC) 691
윌슨, 로건(Logan Wilson) 538
윌킨스, 찰스(Charles Wilkins) 240
윌킨슨, L. 폴(L. Paul Wilkinson) 125

윌하이드, 엘리자베스(Elizabeth Wilhide) 701
윙 컬렉션(The Wing Collection) (뉴베리
 도서관) 269n
윙, 존 M.(John M. Wing) 269n
유니버시티 칼리지(University College) 90
유럽(Europe) 18, 21, 41, 48, 63, 67, 69, 70,
 78n, 81, 110, 119, 120, 30, 133, 136,
 137, 151, 175, 192, 211, 212, 214, 217,
 233, 241n, 243, 252, 254-258, 268, 269,
 273, 275, 276, 280-282, 286, 291, 313,
 319, 320, 328, 350, 370, 407, 412, 22,
 452n, 518, 519, 562, 564, 565, 569,
 593n, 608, 610, 621, 622, 654, 687, 709,
 743n, 779, 780, 828, 837
유럽 주재 미국 공군 사령부(the United States
 Strategic Air Force in Europe) 569
《유령을 본 남자와 귀신과의 거래(The
 Haunted Man and The Ghost's Bargain)》
 821
유리스, 레온(Leon Uris) 612
유리스, 윌리엄(William Uris) 612
유스티니아누스 1세 황제(Emperor Justinian I)
 423
유진(Eugene, OR) 747
유타 대학(University of Utah) 638n
유타 주(Utah) 799
《유황도의 모래(Sands of Iwo Jima)》 658
《율리시즈(Ulysses)》 72, 547, 548
율리시즈 서점(Ulysses Bookshop) 499
율리우스(Julius) → 카이사르, 율리우스
〈읍내 저택(Town House)〉 440
《의존적이고 불완전하고 사악한 미국
 니그로(The American Negro as a
 Dependant, Defective and Delinquent)》
 620
《의학 명저 100권(One Hundred Books
 Famous in Medicine)》 838

1085

의회파(Parliamentarians) 159-161, 163
《이 왕국이 처한 위험과 그 치료법(The Danger wherein this Kingdom now Standeth, and the Remedy)》 155
이거튼, 존 프랜시스, 제4대 엘스미어 남작(John Francis Egerton, 4th Baron of Ellesmere) 312n
이거튼, 토머스, 제1대 엘스미어 남작(Thomas Egerton, 1st Baron Ellesmere) 312n
이글, 살러먼(Solomon Eagle) → 스콰이어, J. C.
《이동 무대(The Moving Pageant)》 39
이디시어(Yiddish) 532, 501-618
〈이디시어의 사회학(The Sociology of Yiddish)〉 608
《이디시어의 의미(The Meaning of Yiddish)》 610
이디온 출판사(Idion Verlag) 845
이리 운하(Erie Canal) 823
이몰라, 벤베누토 다(Benvenuto da Imola) 127
이븐 알-키프티(Ibn al-Kifti) 120
《이블리너(Evelina)》 509
이블린, 존(John Evelyn) 170, 175
《이비스(Ibis)》 127
이사벨 1세(Isabelle I) 695
《이상한 나라의 앨리스(Alice's Adventures in Wonderland)》 19, 333, 334, 653n, 660-663
이솝(Aesop) 202
이슈(Issue) 327, 822
이스 우누스 비블리오테카 마그나(Is Unus Bibliotheca Magna) 68 = 마그리아베치우스, 안토니우스
이스라엘(Israel) 484, 487, 488, 602, 610, 611
이스라엘 고고학회(Israel Antiques Authority) 763
이스라엘 국립 히브리도서관(Israel National Hebrew University Library) 484
이스턴 쇼어(Eastern Shore, MD) 365
《이스트윅의 마녀들(The Witches of Eastwick)》 439
이시턴 홀(Eshton Hall) 186
〈이야기 들려 주세요, 그림책 읽어 주세요(Read Me a Story, Show Me a Book)〉 589
이오나 앤드 피터 오피 아동문학 컬렉션(Iona and Peter Opie Collection of Children's Literature) (보들리 도서관) 597
이조, 캐서린 라이어코스(Katherine Liacos Izzo) 382, 383, 390
이집트(Egypt) 80b, 102, 107, 109, 111, 112, 115, 234, 376, 419n, 682n
이탈리아(Italy) 55, 65, 70, 79, 89, 105, 120, 121, 123, 125, 126, 130, 32, 33, 135, 136, 142, 45, 185, 202, 221, 222n, 250n, 270, 283, 345n, 356, 357, 376, 392, 397, 402, 500, 725
이탈리아 국립중앙도서관(National Library) 70 = 비블리오테카 나치오날레 센트랄레
이탈리아 르네상스(Italian Renaissance) 129, 137, 222n ⋯ 르네상스
이탈리아 판 베스푸치(Italian Vespucci) 296
이탤릭체(Italic) 50, 136
이튼, J. 로이드(J. Lloyd Eaton) 654
이페머러(Ephemera) 162, 173, 237, 433, 448, 453, 562, 597, 621
《인내와 용기: 책동네 사람, 명소, 문화기행(Patience & Fortitude: A Roving Chronicle of Book People, Book Places, and Book Culture)》 837n
《인도로 가는 길(A Passage to India)》 518
인디애나 대학(Indiana University) 8, 93, 562, 566

릴리 도서관
인디애나 주(Indiana) 20, 481, 596
인디언 리버 밸리(Indian River Valley, MI) 581, 587
인디언 성서(Indian Bible) → 엘리엇 인디언 성서
인문학연구소(Humanities Research Center, HRC) → 해리 랜섬 인문학연구소
《인사이드 미디어(Inside Media)》 9
〈인쇄와 인간 정신(Printing and the Minds of Man)〉 93, 419
인지세(Stamp Act) 227
《인체의 구조에 관하여(De Humani Corporis Fabrica)》 717, 839
인큐내뷸러(Incunabula) 18, 31, 41, 279, 284, 294, 307, 328, 358, 373, 409, 423, 427, 429, 590, 647n, 743, 749, 755, 756, 768, 789, 799
인큐내뷸룸(Incunabulum) 647 ⋯→ 인큐내뷸러
인터내셔널 양식(International Style) 697
인터내셔널 여송연 기계 회사(International Cigar Machinery Company) 558
일뤼소스 강(Ilyssus) 221
일리노이 대학(University of Illinois) 506, 579-582
일리노이 센트럴 철도회사(Illinois Central Railroad) 269
일리노이 주(Illinois) 459, 503, 583, 675
일리노이 주 역사 도서관(Illinois State Historical Library) 673, 676
《일리아드(The Iliad)》 117, 126, 180
일본(Japan) 41, 355n, 376, 710, 829
《잃어버린 소녀(The Lost Girl)》 500
《잃어버린 조상의 그림자(Shadows of Forgotten Ancestors)》 101
임스, 윌버포스(Wilberforce Eames) 229, 329

임프린트(Imprint) 250, 251, 263, 327, 329, 473-476, 479, 480n, 698, 765, 768, 769, 774
잉글랜드 공화국(Commonwealth) 159

(ㅈ)

자경위원회(Committee for Public Safety) 236
《자서전(Autobiography)》(프랭클린) 18, 223, 287, 288n
자유 도서관(Free Library) (필라델피아) 327, 713
《자유민의 서약(The Oath of a Freeman)》 477
자이드버그, 데이비드(David Zeidberg) 9
《자이언트(Giant)》 15
자이틀린, 제이크(Jake Zeitlin) 644, 499
〈자줏빛 봉투(The Purple Envelope)〉 91
《작은 인간(Dos Kleyne Mentschele)》 605
〈잠과 시(Sleep and Poetry)〉 74
《장미의 이름(The Name of the Rose)》 89
장서(Libraries) → 문고, 장서 및 컬렉션
장송 성서, 1476년 판(Jensen Bible, 1476) 345
장송, 니콜라스(Nicolas Jenson) 134, 345n, 423
《장식미술(Ornament Art)》 774
장크트갈렌(Sankt-Gallen; St. Gall) (스위스) 131
재거드, 아이작(Isaac Jaggard) 19, 297
재머래너 80종 컬렉션(Zamorano 80) 770, 772, 774, 800
재머래너 클럽(Zamorano Club) 731, 756, 770-772
재머래너, 돈 어거스틴(Don Augustin Zamorano) 771
잭슨 장군, 토머스 조너선 '스톤월'(General Thomas Jonathan 'Stonewall' Jackson)

1087

369
잭슨, 앤드류(Andrew Jackson) 594
잭슨, 윌리엄 A.(William A. Jackson) 50, 202, 230, 309
잭슨, 존(John Jackson) 165
잭슨, 헨리(Henry Jackson) 766
잭슨빌(Jacksonville, FL) 695
잼러(Zamlers) 613, 614
《전(前) 유색인(The Autobiography of an Ex-Colored Man)》 620n
전국 문화재보호회의(National Conference on Cultural Property Protection) 840
전국 유색인지위향상협회(The National Association for the Advancement of Colored People, NAACP) 621
전도서(Ecclesiastes) (구약) 371
《전망 좋은 방(A Room with a View)》 91
《전문가의 판단(The Judgment of Experts)》 478
전쟁기록보관소(War Records Office) (워싱턴 D. C.) 673
전토 클럽(Junto) 219, 223
전통학문연구소(Institute of Traditional Science) 362, 370, 383, 388, 390, 394, 398, 400, 401, 403
〈젊고 즐거운 삶(The Young-Joyous Life)〉 435
《정신의학 진단 및 통계 편람(Diagnostic and Statistical Manual of Psychiatry)》 791
《정직함의 중요성(The Importance of Being Ernest)》 558
《정탐꾼(The Spy)》 593
제1차 세계대전(World War I) 622
제1호기(Number One) 236, 240
제2차 세계대전(World War II) 21, 64, 88, 348, 449, 564, 569, 619n, 751n, 780
제너럴 신학교(General Theological Seminary) 361, 845

제너럴 일렉트릭 사(General Electric Company) 333, 337
제노도토스(Zenodotus) 109
제노아(Genoa) (이탈리아) 274
제대군인원호법(G. I. Bill) 715
제라드, 존(John Gerarde) 705
제롬 컨 경매(Jerome Kern Sale) 334-337, 359
··→ 컨, 제롬
제번스, 던컨 찰스 르 워즐리(Duncan Charles Le Worsley Jevons) 762n
제시 E. 무어런드 장서(Jesse E. Moorland Library) → 무어런드 장서
제이, 리키(Ricky Jay) 656, 657
제이, 존(John Jay) 252n
제이미슨, T. H.(T. H. Jamieson) 81
《제이슨의 생애와 죽음(The Life and Death of Jason)》 699
제이콥 앤드 힐다 블라우스타인 재단(Jacob and Hilda Blaustein Foundation) 610n
제임스 1세(James I) 152, 153, 155
제임스 2세(James II) 170
《제임스 레녹스에 대한 회상(Recollections of James Lenox)》 248
《제임스 앨런, 일명 버디 그로브의 회고록(Narrative of the Life of James Allen, alias Burdy Grove)》 249, 250
제임스 포드 벨 컬렉션(James Ford Bell Collection) (미네소타 대학) 37
제임스, 헨리(Henry James) 442
제즐슨, 루드윅(Ludwig Jesselson) 80
제즐슨, 에리카(Erica Jesselson) 80
제퍼슨 기념관(Jefferson Memorial) 243n
제퍼슨, 토머스(Thomas Jefferson) 7, 19, 33, 223, 224, 233-235, 241-248, 268, 374
《제프리 초서 작품집(Works of Geoffrey Chaucer)》(켐스콧 판) 696 = 《초서》; 켐스콧 판 초서

젠킨스, 자니(Johnny Jenkins) 481
젠킨타운(Jenkintown, PA) 80
젠트 아베스타(Zend-Avesta) 67
조 더 프로(Joe the Pro) 443, 681 = 조셉 더
　프로바이더 서점
조던 스미스, 폴(Paul Jordan-Smith) 350
조로아스터교(Zoroastrianism) 67
조리법 컬렉션(Culinary Collection) →
　사트마리 조리법 컬렉션
조셉 더 프로바이더 서점(Joseph the Provider
　Books) 437, 681 = 조 더 프로
조셉 리젠스타인 도서관(Joseph Regenstein
　Library)(시카고 대학) → 리젠스타인
　도서관
조셉 앤드 헬렌 리젠스타인 재단(Joseph and
　Helen Regenstein Foundation) 528 ⋯
　리젠스타인 도서관
조셉, 메리(Mary Joseph) 618
《조어대전(釣魚大全, The Compleat Angler)》
　76
조이스, 윌리엄 L.(William L. Joyce) 9
조이스, 제임스(James Joyce) 72, 374, 494,
　499, 547, 548, 647
조지 1세(George I) 358n
조지 3세(George III) 148, 164, 189, 430, 445
조지 4세(George IV) 358n
조지아 대학(University of Georgia) 690, 691,
　764-767
조지아 주(Georgia) 202, 245, 638, 689, 692,
　764-766
조지타운 법과대학(Georgetown University
　Law School) 339
존 D. 앤드 캐서린 맥아더 재단(John D. and
　Catherine MacArthur Foundation) 602
　⋯ 천재 장학금
존 L. 클로슨 경매(John L. Clawson Sale) →
　클로슨 경매

존 라일랜즈 도서관(John Rylands Library) →
　라일랜즈 도서관
《존 불의 다른 섬(John Bull's Other Island)》
　511
존 왕(King John) 151n
《존 왕: 제1부(King John, First Part)》 314
《존 왕: 제2부(King John, Second Part)》 314
존 윌크스 부스 컬렉션(John Wilkes Booth
　Collection)(테이퍼) 677
《존 치버 미간행 소설집(The Uncollected
　Stories of John Cheever)》 440
존 카터 브라운 도서관(John Carter Brown
　Library)(브라운 대학) 9, 18, 21, 30, 31,
　229, 231, 262, 265, 306, 310, 414 ⋯
　브라운, 존 카터
존 크리어러 도서관(John Crerar Library)
　(시카고) 271, 365
존 포스터 덜레스 실(室)(The John Foster
　Dulles Room)(해리 랜섬 인문학연구소)
　543
존 헤이 도서관(John Hay Library)(브라운
　대학) 9, 32
존스 경매(Jones Sale) 424
존스 도서관(Jones Library)(애머스트) 478n
존스, 이디스 뉴볼드(Edith Newbold Jones)
　833 = 워튼, 이디스
존스, 재스퍼(Jasper Johns) 434
존스, 제니퍼(Jennifer Jones) 660n
존슨 박사(Doctor Johnson) → 존슨, 새뮤얼
존슨 앤드 웨일스 대학(Johnson & Wales
　University) 561, 562, 566, 567, 835, 836
　사트마리 조리법 컬렉션
　요리 자료관 및 박물관
존슨, 레이디 버드(Lady Bird Johnson) 542
존슨, 린든 베인스(Lyndon Baines Johnson)
　203, 481, 536, 537, 540, 542
존슨, 벤(Ben Jonson) 152, 153, 184

1089

존슨, 새뮤얼(Samuel Johnson) 51, 58-60, 148, 181, 182n, 284, 341, 590
존슨, 엘드리지 R.(Eldridge R. Johnson) 334
존슨, 제임스 웰던(James Weldon Johnson) 620n, 623
《종의 기원(Origin of Species)》 38
주교 성서(Bishop's Bible) 736
《주르날 데 사방츠(Journal des Savants)》 65
주벨리스, 프리실라(Priscilla Juvelis) 8, 21, 365
주치, 앨런(Alan Jutzi) 9
《줄리어스 시저(Julius Caesar)》 114, 314
중앙정보단(Central Intelligence Group) 570 ···▸ 미국 중앙정보국
쥬에트, 찰스 코핀(Charles Coffin Jewett) 253
증정본(Presentation Copy) 18, 70, 72, 151, 266, 300, 301, 336, 340, 360, 374, 461, 465, 549, 654, 659, 717-719, 724, 726, 821, 838, 839
《지나간 것들(Things Past)》 48
지로드, 빈센트(Vincent Giroud) 598, 599
《지리학(Cosmographia)》 78
지방 문서보관소(Provicial Archives) (네덜란드) 201
《지상 최후의 가장 큰 희망: 에이브러햄 링컨과 미국의 약속(The Last Best Hope of Earth: Abraham Lincoln and the Promise of America)》 677
〈지옥편(地獄篇, Inferno)〉 638 ···▸ 《신곡》
지저스 칼리지(Jesus College) (케임브리지 대학) 151
《지하 세계의 앨리스(Alice's Adventures Under Ground)》 652 ···▸ 《이상한 나라의 앨리스》
《지혜의 일곱 기둥(Seven Pillars of Wisdom)》 501
《진리론(De Veritate)》(아퀴나스) 423

진먼 외설물 컬렉션(Zinman Collection of Pornography) (텍사스 대학) 480-482
진먼 컬렉션(Zinman Collection) ⟶ 진먼 외설물 컬렉션
진먼, 마이클(Michael Zinman) 10, 473-482
진저리치 박사, 오웬(Owen Gingerich) 389, 390, 409, 722, 723, 724n
짐머만 부동산 회사(Zimmerman Realty) 805
짐머만, 모제스 '모제'(Moses 'Mose' Zimmerman) 779
짐머만, 캐리(Carrie Zimmerman) 779, 780

(ㅊ)

찰스 1세(Charles I) 156, 157
찰스 2세(Charles II) 156n, 160, 164, 169, 170, 173, 212
찰스 L. 블록슨 아프로아메리칸 컬렉션 (Charles L. Blockson Afro-American Collection) 624-633 ···▸ 블록슨, 찰스 L.
찰스 강(Charles River) 75, 209
찰스워스 박사, 제임스 H.(Dr. James H. Charlesworth) 763
창세기(Genesis) (성서) 158, 682
채드포드(Chadds Ford, PA) 590
채식 필사본(Illustrated Manuscripts) 20, 77, 150, 158, 210, 307, 310, 28, 373, 590, 707, 717
채프먼, 조지(George Chapman) 292, 300, 312
〈채프먼의 호메로스를 처음 읽고(On First Looking into Chapman's Homer)〉 57
채핀 도서관(Chapin Library) (윌리엄스 칼리지) 41, 252
채핀, 앨프레드 C.(Alfred C. Chapin) 41, 42
《책 도붓장사(The Book Peddler)》 616
책 도붓장사 멘델레(Mendele the Itinerant

Book Peddler) 605 = 숄렘 알레이헴
《책 사냥꾼의 휴일(A Book Hunter's Holiday)》 54
〈책을 향한 광기의 주목적(The Chief End of Book Madness)〉 22
〈책의 신비에 대해서(On the Mystery of the Book)〉 371
《책의 적들(The Enemies of Books)》 167, 194
《책장수의 정신병원(Bookmen's Bedlam)》 638
챔프니스, 배질(Basil Champneys) 206
《처녀와 집시(The Virgin and the Gypsy)》 500
처치 컬렉션(Church Collection) (헌팅턴 도서관) 287, 288, 311
처치, E. 드와이트(E. Dwight Church) 282, 287, 288, 292
처칠, 윈스턴 S.(Winston S. Churchill) 75, 190n
처칠, 조지 스펜서, 제5대 말보로 공작(George Spencer Churchill, 5th Duke of Marlborough) 190n = 블랜퍼드 후작 조지 스펜서
《천로역정(天路歷程, Pilgrim's Progress)》 419
《천문학 도표(Tabulae Astronomicae)》 217
천재 장학금(Genius Grant) 602
《천체력(天體曆, Ephemerides)》 216
《천체의 회전에 관하여(De Revolutionibus Orbium Coelestium)》 360, 389, 407, 721, 844
《철학의 위안(Consolation of Philosophy)》 120
《첩보부의 회상(The Memoirs of Secret Service)》 573
체셔(Cheshire) (영국) 184
체스터(Chester, SC) 691
체스터턴, G. K.(G. K. Chesterton) 515
체스터필드 백작, 제4대(The 4th Earl of Chesterfield) → 스탠호프, 필립 도머

《체스터필드 백작이 그의 아들에게 보낸 서한문(The Letters of the Earl of Chesterfield to His Son)》 52
체이니 주립대학(Cheyney State University) 619
첼튼엄(Cheltenham) (영국) 198, 522
초대형 2절판(Double Elephant Folio) 19, 247
《초서(Chaucer)》 509, 700, 828 = 《제프리 초서 작품집》
초서, 제프리(Geoffrey Chaucer) 108, 172n, 312
《초콜릿 전쟁(The Chocolate War)》 595
추, 린(Lynn Chu) 11
추리소설(Detective Novel) 543n, 770
《출간할 수 없는 회고록(The Unpublishable Memoirs)》 340
〈취미(Hobbies)〉 75
츄, 비벌리(Beverly Chew) 282, 312, 329
치누크 족(Chinook) 745
치버, 존(John Cheever) 440, 636
친필원고(Manuscripts) 19, 38, 57, 58, 72, 88, 149, 186, 233, 284, 285, 287, 300, 312, 331, 33, 349, 374, 378, 442, 466, 500, 511, 515, 517, 518, 529, 557, 567, 575, 686, 689, 712, 821, 834

(ㅋ)

카길, 제니퍼(Jennifer Cargill) 736
카네기 도서관(Carnegie Library) 302, 502
카네기 서점(Carnegie Bookstore) 519
카네기 재단(The Carnegie Corporation) 623
카네기, 앤드류(Andrew Carnegie) 301
카네티, 엘리아스(Elias Canetti) 88, 89n
카디프(Cardiff) (영국) 201
카롤링 왕조(Carolingian) 421
《카르데니오(Cardenio)》 83

카르투지오 수도회(Carthusian Order) 146
카를 5세(Emperor Charles V) 688, 717, 718
카를로타 황후(Empress Carlotta) 518
카마릴로(Camarillo, CA) 357
카민즈, 도로시 B.(Dorothy B. Commins) 466
카민즈, 색스(Saxe Commins) 466
카버, 조지 워싱턴(George Washington Carver) 629
카사노바, 지오반니 지아코모(Giovanni Giacomo Casanova) 53
카스틸리오네 백작(Conte Baldassare Castiglione) 511
카시오도루스(Cassiodorus) 120, 121
카시우스(Cassius) 117
카우스, 살로몽 드(Salomon de Caus) 451
카울리, 말콤(Malcolm Cowley) 468
카이사르, 율리우스(Julius Caesar) 108, 112, 114-117
카타 마타이온(Kata Mathaion) 421n = 마태복음
카터 버든 장서(Carter Burden Library) → 버든 장서
카터, 마샤 맥기(Marcia McGhee Carter) 643
카터, 존(John Carter) 72, 345, 413, 497, 505-507, 509, 510
카터, 지미(Jimmy Carter) 572n
카토(Cato) 130, 219
《카톨리콘(Catholicon)》 428, 429
카툴루스(Catullus) 130
카프리 공작(Prince of Capri) 135
카플스 필사본 문서 도서관(The Karpeles Manuscript Library) 684-696
카플스, 데이비드(David Karpeles) 684-696
카플스, 마샤(Marsha Karpeles) 686
카플스, 셰릴(Cheryl Karpeles) 685
칼 앤드 릴리 포츠하이머 컬렉션(Carl and Lily Pforzhemer Collection) (텍사스 대학)

547, 575, 576 ⋯→ 포츠하이머, 칼; 포츠하이머, 릴리
칼 앤드 에스터 호블리첼 실(室)(Karl and Esther Hoblitzelle Room) (해리 랜섬 인문학연구소) 543
칼데콧 상(Caldecott Prize) 592, 593n
칼데콧, 랜돌프(Randolph Caldecott) 592, 593n
칼라일, 토머스(Thomas Carlyle) 164
칼리마코스(Callimachus) 109
칼리지(Colleges) → 대학
칼리지에이트 스쿨(Collegiate School) 210 = 예일 칼리지
칼턴 레이크 컬렉션(The Carlton Lake Collection) (텍사스 대학) 549-554 ⋯→ 레이크, 칼턴
칼턴 호텔(Hotel Carlton) 333
칼턴, 가이(Guy Carleton) 692
캐글, 윌리엄 R.(William R. Cagle) 8
캐나다(Canada) 153n, 241n, 596, 597, 606, 614, 628, 692, 731, 768
《캐딜락 잭(Cadillac Jack)》 7
캐럴, 루이스(Lewis Carroll) 19, 333, 652, 653n, 660n, 661 = 도지슨, 찰스
《캐리 네이션(Carry Nation)》 637
캐리 블룸버그 신탁(Carrie Blumberg Trust) 806
캐리, 조지, 제2대 헌스던 남작(George Carey, 2nd Baron of Hunsdon) 152, 153
캐링턴, 피터 알렉산더 루퍼트, 제6대 캐링턴 남작(Peter Alexander Rupert Carrington, 6th Baron of Carington) 368
캐번디시, 윌리엄, 데본셔 공작(William Cavendish, Duke of Devonshire) 190
캐서린(Catherine of Aragon) 148
캐어리, 매튜(Matthew Carey) 478

1092

캐치-22(Catch-22) 750, 751n
《캐치-22(Catch-22)》 751n
캑스턴 판(Caxton Edition) 285, 294-296, 299, 311
캑스턴, 윌리엄(William Caxton) 20, 58, 172, 176, 189, 203, 295, 647
캔자스 대학(University of Kansas) 42, 43, 45
캔자스 시 공립도서관(Kansas City Public Library) 45
캔자스 주(Kansas) 43, 842, 43, 777
캔터베리(Canterbury) (영국) 145
캔터베리 대주교(Archibishop of Canterbury) 148, 736n
캔턴(Canton, TX) 788, 802, 803
캘러머주(Kalamazoo, MI) 738
캘리포니아 대학 LA 캠퍼스(University of California in LA, UCLA) 9, 18, 48, 644, 710, 731
　　윌리엄 앤드류스 클라크 기념 도서관
캘리포니아 대학 리버사이드 캠퍼스(University of California in Riverside) 8, 654, 731, 733, 40, 748
캘리포니아 대학 버클리 캠퍼스(University of California in Berkeley) 276, 644, 706, 711
　　뱅크로프트 도서관
캘리포니아 대학 산타크루즈 캠퍼스 (University of California in Santa Cruz) 709
캘리포니아 대학 출판부(University of California Press) 698
캘리포니아 문서 컬렉션(California Archive) (카플스) 693 ⋯⋯ 카플스, 데이비드
캘리포니아 주(California) 10, 17, 20, 33, 43, 237, 263, 272-275, 282, 310, 311, 314, 318, 320, 322, 330-333, 339, 345, 350, 357, 358, 435, 437, 440,
443, 464, 469, 501, 543, 614, 619, 643-645, 650, 651, 655, 656, 665, 671, 675, 676, 678, 681, 682, 690, 693, 696, 697, 709, 711, 713, 733, 739, 741, 743, 752, 754, 762, 770-772, 799, 828, 830, 833
《캘리포니아의 유명한 무법자 호아퀸 뮤리에타의 인생과 모험(The Life and Adventures of Joaquin Murieta, the Celebrated California Bandit)》 771, 774
캠던, 윌리엄(William Camden) 150
《캥거루(Kangaroo)》 500
커, 존, 록스버그 공작(John Ker, Duke of Roxburghe) 189, 295n
커, 필립 헨리, 제11대 로디언 후작(Philip Henry Kerr, 11th Marquess of Lothian) 418, 419n
커널리, 존 B.(John B. Connally) 536, 542
《커다란 숲(Big Woods)》 466
커러, 리처드슨(Richardson Currer) 186, 187
커민즈, 제임스 '짐'(James 'Jim' Cummins) 377, 828
커밍, 더그(Doug Cumming) 9
커밍스, e. e.(e. e. Cummings) 515
커밍스, 힐러리(Hilary Cummings) 746
커버데일, 마일스(Miles Coverdale) 284
커벌리, 너새니얼(Nathaniel Coverly) 238
커셴바움, 데이비드 '데이브'(David 'Dave' Kirschenbaum) 519-523
커스버트(Cuthbert) → 성 커스버트(St. Cuthbert)
커크, 바버라(Barbara Kuck) 836
커틀러, 매너세(Manasseh Cutler) 222
커퍼필드, 데이비드(David Copperfield) 657
커포티, 트루먼(Truman Capote) 95, 834
커훈, 허브(Herb Cahoon) 532

컨, 제롬(Jerome Kern) 334-336, 406 ⋯▶ 제롬
  컨 경매
컨하트, 도로시(Dorothy Kunhardt) 593n
《컬래머티 제인(Calamity Jane)》 660n
컬럼비아 대학(Columbia University) 18, 210,
  246n, 305, 491, 523, 534, 639n, 706,
  713, 725, 764n
  버틀러 도서관
컬럼비아 법과대학(Columbia Law School)
  436
컬렉션(Collections) → 문고, 장서 및 컬렉션
컬렌, 카운티(Countee Cullen) 620n
케너번크(Kennebunk, ME) 676
케널리, 미첼(Mitchell Kennerley) 335, 336
케네디 2세, 존 F.(John F. Kennedy, Jr.) 60
케네디, 로버트(Robert Kennedy) 436
케네디, 로저 G.(Roger G. Kennedy) 498
케네디, 윌리엄(William Kennedy) 354
케이스, 조제핀 영(Josephine Young Case) 338
케이프 지라도(Cape Girardeau, MO) 458,
  460, 463, 465
케인, 그렌빌(Grenville Kane) 311
케인스 경, 제프리(Sir Geoffrey Keynes) 391,
  392, 394
케인스, 존 네빌(John Neville Keynes) 391n
케인스, 존 메이너드(John Maynard Keynes)
  391
케임브리지(Cambridge, MA) 8, 210, 211,
  264, 303, 321, 365, 382, 385, 387,
  388, 390, 401, 407, 409, 477, 722,
  842
케임브리지 대학(Cambridge University) 9,
  17, 19, 20, 93, 146, 148, 151, 165,
  166, 201, 203, 12, 391, 555
  모들린 칼리지
  지저스 칼리지
  코퍼스크리스티 칼리지

킹스 칼리지
트리니티 칼리지
케임브리지 역사학회(Cambridge Historical
  Commission) 389
케플러, 요한네스(Johannes Kepler) 721
케피소폰(Cephisophon) 104
켄터키 대학(University of Kentucky) 64
켄터키 주(Kentucky) 240, 245, 737, 758
켄트, 록웰(Rockwell Kent) 595
켈리, 제임스(James Kelly) 767
켈빈, 노먼(Norman Kelvin) 706
켐블, E. W.(E. W. Kemble) 595
켐블, 존 필립(John Philip Kemble) 312
켐스콧 판(Kelmscott Edition) 698-700
켐스콧 판 초서(Kelmscott Chaucer) 509, 696,
  700, 828 = 《제프리 초서 작품집》
켐스콧 인쇄소(Kelmscott Press) 449, 696,
  698-700, 704, 705
《켐스콧 인쇄소(The Kelmscott Press)》 707
코널리, 시릴(Cyril Connolly) 502, 503, 770
코네티컷 강(Connecticut River) 613
코네티컷 식민지(Colony of Connecticut) 210
코네티컷 주(Connecticut) 46, 210, 229, 233,
  246, 262, 263, 412, 475, 633, 730,
  744, 772, 793
코네티컷 주립도서관(Connecticut State
  Library) 731, 744, 799
코넬 대학(Cornell University) 246n
코넬, 레이(Ray Cornell) 10, 807, 808
코닝(Corning, NY) 308
코덱스(Codex) 125, 128, 129
코덱스 레스터(Codex Leicester) 356n =
  코덱스 해머
코덱스 해머(Codex Hemmer) 356 = 코덱스
  레스터
코디, 윌리엄(William Cody) 96n = 버펄로
  빌

코란(Koran) 119n
코마이어, 로버트(Robert Cormier) 595
코비스 사(Corbis Corporation) 408
코스탄소, 미구엘(Miguel Costansó) 752
코시모 3세(Cosimo III) → 메디치, 코시모 3세 데, 토스카나 공작
코에이트, 루퍼스(Rufus Choate) 254
코크, 토머스, 제1대 레스터 백작(Thomas Koch, 1st Earl of Leicester) 356n
코크, 에드(Ed Koch) 436
코크런, 알렉산더 스미스(Alexander Smith Cochran) 304-306
코크레인, 에릭(Eric Cochrane) 69
코턴 경, 로버트(Sir Robert Cotton) 148-159, 178, 198, 374
코턴 경, 존(Sir John Cotton) 157
코턴 장서(Cottonian Library) 148-159, 179
코턴 창세기(Cotton Genesis) 158
코트맨체, 돌로레스(Dolores Courtemanche) 10
코퍼스크리스티 칼리지(Corpus Christi College)(케임브리지 대학) 148
코페르니쿠스, 니콜라우스(Nicolaus Copernicus) 360, 373, 389, 407, 721, 722, 724, 726, 844
코흐, 로베르트(Robert Koch) 92
콕스, 프레이저(Fraser Cox) 742, 743
콕스웰, 조셉 그린(Joseph Green Cogswell) 257
콕토, 장(Jean Cocteau) 515
콘, 루이스 헨리(Louis Henry Cohn) 443n
콘, 마거리트 '마지' A.(Marguerite A. 'Margie' Cohn) 443n, 461, 462
콘델, 헨리(Henry Condell) 87
〈콘돌의 사흘(Three Days of the Condor)〉(영화) 574
《콘돌의 엿새(Six Days of the Condor)》(소설) 574

콘래드, 조셉(Joseph Conrad) 72, 647, 648, 667
콘스탄츠 공의회(Council of Constance) 130
콘스탄티노플(Constantinople) 69, 130
콜, 조지 왓슨(George Watson Cole) 264, 318, 320, 321
콜럼버스 도서관(Columbian Library)(스티븐 블룸버그의 상상도서관) 778
콜럼버스, 크리스토퍼(Christopher Columbus) 255, 260, 695, 743n
콜로니얼 펜 보험회사(Colonial Penn Insurance Group) 384
콜로라도 대학(University of Colorado) 799
콜로라도 주(Colorado) 799, 843
콜로라도 칼리지(Colorado College) 731, 799
《콜로폰(The Colophon)》 7
콜로폰 북스 서점(Colophon Books) 10, 660
콜론나, 프란체스코(Francesco Colonna) 78
콜리어 형제(Collyer Brothers) → 콜리어, 호머 러스크; 콜리어, 랭글리
콜리어, 랭글리(Langley Collyer) 639
콜리어, 호머 러스크(Homer Lusk Collyer) 639
콜리지, 새뮤얼 테일러(Samuel Taylor Coleridge) 77
콜린스, 윌키(Wilkie Collins) 667, 829
콜베르, 장 밥티스트(Jean-Baptiste Colbert) 264
콜베르, 클로데트(Claudette Colbert) 108
콤플루툼 다국어 대역본 성서(Complutensian Polyglot Bible) 415
콥 장군, 토머스 R. R.(General Thomas R. R. Cobb) 689-691
콥트어(Coptic Language) 419, 420
콩코드(Concord, MA) 236
쿠닌, 매들린 M.(Madeleine M. Kunin) 693
쿠바(Cuba) 621

쿠오모체스, 스텔라(Stella Koumoutseas) 11
쿠퍼, 제임스 페니모어(James Fenimore
　　Cooper) 593
쿨리지, 아치볼드 캐리(Archibald Cary
　　Coolidge) 301-303
쿰란(Qumran) 763
쿼리치 서점(Quaritch, Ltd.) → 버나드
　　쿼리치 서점
쿼리치, 버나드(Bernard Quaritch) 287, 298n
쿼리치, 앨프레드(Alfred Quaritch) 287, 289,
　　290, 292, 652
퀘벡(Quebec)(캐나다) 692
퀘이커교도(Quaker) 213, 218
퀴리, 마리(Marie Curie) 92, 719
퀸 장서 경매(Quinn Sale) 72, 73
퀸, 존(John Quinn) 72, 73
퀸틸리아누스, 마르쿠스 파비우스(Marcus
　　Fabius Quintilian) 118, 125, 131, 374
크노프, 블랜치(Blanche Knopf) 94, 513
크노프, 앨프레드 A.(Alfred A. Knopf) 93,
　　513, 543 … 앨프레드 A. 크노프 실
크라수스(Crassus) 107
크라우닌실드, 에드워드 A.(Edward A.
　　Crowninshield) 229, 254
크라이스트처치 칼리지(Christ Church
　　College)(옥스퍼드 대학) 358
《크라이시스(Crisis)》 624
크래커 잭 사(Cracker Jack) 634
크레이번(Craven)(영국) 186
크레이턴 대학(Creighton University) 732n
크레타(Crete)(그리스) 135
크렌, 토머스(Thomas Kren) 9
크로스, 한스 P.(Hans P. Kraus) 203, 364, 419,
　　525, 644, 647, 695, 722, 724, 812 …
　　H. P. 크로스 서점
크로스, 해니(Hanni Kraus) 204
크로제, M. F. M.(M. F. M. Crozet) 195

크로커, 템플턴(Templeton Crocker) 698
크로켓, 데이비(Davy Crockett) 591
크로포드 목사, 제임스 W.(Reverend James W.
　　Crawford) 230
크롬웰, 올리버(Oliver Cromwell) 159, 164
크룩섕크, 조지(George Cruikshank) 300
크뤼소로라스, 마누엘(Manuel Chrysoloras)
　　130
〈크리스마스 저녁 식사(The Christmas
　　Dinner)〉 596
《크리스마스 캐럴(A Christmas Carol)》 284,
　　659
《크리스찬 사이언스 모니터(Christian Science
　　Monitor)》 549
《크리스토퍼 콜럼버스의 생애와 항해의
　　역사(A History of the Life and Voyage
　　of Christopher Columbus)》 256
크리스티 경매회사(Christie's)(뉴욕) 10, 20n,
　　56, 344, 355, 356, 358, 360-363,
　　366-368, 429, 475, 692, 816, 827,
　　828, 838, 839
크리스티 경매회사(Christie's)(런던) 429, 518
크리스티 밀러 컬렉션(Christie-Miller
　　Collection) 321
크리스티나 여왕(Queen Christina of Sweden)
　　55, 56
크리어러, 존(John Crerar) 271 … 존
　　크리어러 도서관
크세노폰(Xenophon) 103
크테시비오스(Ctesibius) 109
클라우드 힐 북스 서점(Cloud Hill Books) 834
클라우디우스 황제(Emperor Claudius) 149
클라크 2세, 윌리엄 앤드류스(William
　　Andrews Clark, Jr.) 316, 333, 344,
　　650 … 윌리엄 앤드류스 클라크
　　도서관
클라크, 데보라 밀턴(Deborah Milton Clarke)

99
클라크, 딕(Dick Clark) 680
클램셸 박스(Clamshell Box) 411, 446, 515, 730
클램피트, 에이미(Amy Clampitt) 354
클랩, 토머스(Thomas Clap) 210
《클레리아두스와 멜라디체(Cleriadus et Melladice)》 292
클레멘스, 새뮤얼(Samuel Clemens) 669, 822n
= 트웨인, 마크
클레멘스, 올리비아 '리비'(Olivia 'Livy' Clemens) 821
클레멘츠 도서관(Clements Library) (미시간 대학) 8, 40, 245, 754
클레멘츠, 윌리엄 L.(William L. Clements) 40, 42
클레어먼트 칼리지(Claremont College) 730, 741, 743, 748, 771
호널드 도서관
클레오파트라 7세(Cleopatra VII) 107, 108, 116, 117, 149
클로슨 경매(Clawson Sale) 331
클로슨, 존 L.(John L. Clawson) 331
클로즈, 글렌(Glenn Close) 659
클루, 윌리엄 T.(William T. Clew) 10
클리포드, 헨리 H.(Henry H. Clifford) 772-774
클리프턴 월러 배러트 문고(The Clifton Waller Barrett Library) (버지니아 대학) 441, 442 ⋯ 배러트, 클리프턴 월러
클린턴, 드위트(De Witt Clinton) 823
키오컥(Keokuk, IA) 842n
키츠, 존(John Keats) 57, 70, 71, 74, 75, 91, 149, 360, 652
키케로, 마르쿠스 툴리우스(Marcus Tullius Cicero) 41, 106-108, 114, 115, 118,

122, 124, 125, 130, 167, 220, 373, 511
키케로, 퀸투스 툴리우스(Quintus Tullius Cicero) 125
킨제이연구소(Kinsey Institute) 481
킬, 하워드(Howard Keel) 660n
킬고어 2세, 베이어드 L.(Bayard L. Kilgour, Jr.) 308, 309 ⋯ 슬라브 컬렉션
킴, 알베르(Albert Cim) 66
킹 제임스 성서(King James Bible) 736n, 821
킹, 루퍼스(Rufus King) 246
킹, 사이러스(Cyrus King) 243, 244
킹, 스티븐(Stephen King) 354, 441
킹스 칼리지(King's College) (케임브리지 대학) 93

(ㅌ)

타라고나(Tarragona) (에스파냐) 61
타이콘데로거 요새(Fort Ticonderoga) 692
타이타닉 호(號)(Titanic) 299, 301, 311
타이터스빌(Titusville, PA) 333, 422, 423, 425, 26
《타이피(Typee)》 652
타일러, 앤(Anne Tyler) 354, 439, 679, 834
〈타임(Time)〉 561
타임 비잉 북스 출판사(Time Being Books) 472
〈타임스(The Times)〉(런던) 283
〈타임스(Times)〉(뉴욕) → 〈뉴욕 타임스〉
타자원고(Typescripts) 461, 466, 563, 746, 834
타코마(Tacoma, WA) 695
타키투스(Tacitus) 128, 129
타킹턴, 부스(Booth Tarkington) 436
〈탁월한 여성 책 사냥꾼들(Mighty Women Book Hunters)〉 54

1097

탄셀, G. 토머스(G. Thomas Tanselle) 398
《태머레인: 시 선집(Tamerlane and Other
　　Poems)》 20, 231, 312, 337, 527, 528,
　　660-663, 814, 822
《태틀러(Tatler)》 297
태평양(Pacific Ocean) 153, 274, 275, 696,
　　780
《태풍(The Tempest)》(셰익스피어) 18, 85-87,
　　154
《태풍(Typhoon)》(콘래드) 72
터너, 데처드(Decherd Turner) 545-548
터너, 저스틴(Justin Turner) 671
터너, 프레더릭 잭슨(Frederick Jackson Turner)
　　31
터커, 제리(Jerry Tucker) 730, 731, 796
터켈, 스터즈(Studs Terkel) 636
털사(Tulsa, OK) 461, 462
털사 대학(University of Tulsa) 548
테네시 주(Tennessee) 245, 464, 623, 737
테니슨 경, 앨프레드(Lord Alfred Tennyson)
　　74, 300, 701
테니얼, 존(John Tenniel) 19, 660n
테르노 콩팡, H.(Henri Ternaux-Compans)
　　258
테베(Thebes) 102
테오도리쿠스(Theodoric) 120, 121
테오크리토스(Theocritus) 109
테오프라스토스(Theophrastus) 113
테이버, 스티븐(Stephen Tabor) 653
테이타테잇(Teit-a-teit) 633
테이퍼, 루이즈(Louise Taper) 668-677
테이퍼, 마크(Mark Taper) 671
테이퍼, 배리(Barry Taper) 671-677
테일러 박사, 마이클(Dr. Michael Taylor) 791,
　　792, 798, 806
테일러, 로버트 H.(Robert H. Taylor) 40, 42,
　　231, 349

테일러, 아이작(Isaac Taylor) 122
테일러, 에드워드(Edward Taylor) 480
테일러, 엘리자베스(Elizabeth Taylor) 108,
　　660n
테일러, 피터(Peter Taylor) 445
텍사스 대학(University of Texas) 8, 116, 203,
　　481, 482, 491-555, 576, 577, 662
LBJ 도서관
해리 랜섬 인문학연구소
《텍사스 대학 도서관 회보(The Library
　　Chronicle of the University of Texas)》
　　501, 516
《텍사스 먼슬리(Texas Monthly)》 546, 548
텍사스 주(Texas) 9, 98, 203n, 275, 400, 480,
　　481, 491-555, 735, 737, 738, 741,
　　757, 765, 774, 788, 799, 802, 803,
　　843
템플 대학(Temple University) 626, 627
《토끼 팻(Pat the Bunny)》 593
《토끼의 결혼식(The Rabbit's Wedding)》 595
토드, 마이크(Mike Todd) 819
토론토(Toronto) (캐나다) 241, 597
토론토 공립도서관(Toronto Public Library)
　　596
토마스 아 켐피스(Thomas á Kempis) 374
토마스 아퀴나스(Thomas Aquinas) → 성
　　토마스 아퀴나스
토머스 모어 경 메달(Sir Thomas More Medal)
　　708
토머스 칼라일 컬렉션(Thomas Carlyle
　　Collection) (캘리포니아 대학
　　산타크루즈 캠퍼스) 709 …▶
　　스트로스, 노먼
토머스 필립스 경 장서(Sir Thomas Phillipps
　　Library) → 필립스 컬렉션
토머스, 딜런(Dylan Thomas) 499, 663
토머스, 벤저민 프랭클린(Benjamin Franklin

Thomas) 17, 236, 240
토머스, 아이제이어(Isaiah Thomas) 17, 235-241, 474, 594
토머슨 청교도 혁명 시기 문헌 컬렉션 (Thomason Collection of Civil War Tracts) (대영박물관) 159-164, 174
토머슨, 조지(George Thomason) 159-164
토비아스, 보니(Bonnie Tobias) 10
토스카나(Tuscany) (이탈리아) 123
토스카나 공작(The Grand Duke of Tuscany)
→ 코시모 3세
《토피카(Rhetoric)》(키케로) 122
토피카(Topeka, KS) 777
톰 스위프트 시리즈(Tom Swift Series) 593n
《톰 스위프트와 오토바이(Tom Swift and His Motor Cycle)》 593
《톰 아저씨의 오두막(Uncle Tom's Cabin)》 798
《톰 존스(Tom Jones)》 38n
톰 폴리오(Tom Folio) 175
톰슨, 로렌스 S.(Lawrence S. Thompson) 64
톰슨, 진(Jean Thompson) 597
투르(Tours) (프랑스) 120
《투르크의 역사(The Generall Historie of the Turkes)》 152
투비 장서(Toovey Library) 294
투손(Tucson, AZ) 501, 502, 736
투스쿨룸(Tusculum) (고대 로마) 107
투키디데스(Thucydides) 105
트라팔가르 해전(Battle of Trafalgar) 170
트럼바우어, 호레이스(Horace Trumbauer) 303
트럼불, J. 해먼드(J. Hammond Trumbull) 267
트럼불, 조너선(Jonathan Trumbull) 233n
트럼불 2세, 조너선(Jonathan Trumbull, Jr.) 233

트럼프, 도널드(Donald Trump) 824
트레이드 판(Trade Edition) 441, 829
트레이시, 스펜서(Spencer Tracy) 647, 658
트렌토(Trent) (이탈리아) 79
트렌토의 유대인들에 대한 재판 처리(Prozess gegen die Juden von Trent) 79 = 프로체스 게겐 디 유덴 폰 트렌트
《트렌토 1475년(Trent 1475)》 81
트렐러니, 에드워드 존(Edward John Trelawny) 70
트렛바, 윌리엄 P.(William Tretbar) 843-845
트롤럽, 앤서니(Anthony Trollope) 47, 48, 667
《트롤럽: 서지목록(Trollope: A Bibliography)》 48
트뤼브너, 니콜라스(Nicholas Trübner) 255
트리니티 칼리지(Trinity College) (케임브리지 대학) 166
《트리에 전투(Kampf um Thurant)》 570
트리폰(Trypho) 118
트웨인, 마크(Mark Twain) 73, 282n, 445, 532, 582, 669, 822 = 클레멘스, 새뮤얼
트위드, 존(John Tweed) 712
트윈시티스(Twin Cities) 737, 779, 788, 840
티란니온(Tyrannion) 114
티마이오스(Timaeus) 102
티몬(Timon of Phlius) 111
티무르(Timour) 20n
티베르 강(Tiber) 221
티베리우스 황제(Emperor Tiberius) 149
티위, 브라이언(Brian Teeuwe) 740, 741, 749, 757, 773, 788
티크너, 조지(George Ticknor) 254, 257
《티투스 안드로니쿠스(Titus Andronicus)》 317
티투스 황제(Emperor Titus) 149

티폿 돔 스캔들(Teapot Dome Scandal) 339
틱노어 앤드 필즈 출판사(Ticknor & Fields) 73
틴들, 윌리엄(William Tyndale) 507
팅커, 촌시 브루스터(Chauncey Brewster Tinker) 309

(ㅍ)

파데레프스키(Paderewski) 686
파도바(Padua)(이탈리아) 124
파들로, 앙트완 미셸(Antoine Michel Padeloup) 284
파렌투첼리, 토마소(Tommaso Parentucelli) 133 = 교황 니콜라우스 5세
파르마(Parma)(이탈리아) 70n, 124
파리(Paris)(프랑스) 17, 26-28, 65, 66, 72, 124, 133, 39, 142, 158, 183, 187, 195, 201, 223, 242, 258, 270, 274, 281, 287, 292, 451, 549, 550, 551, 553, 666, 718, 823
파리조약(Treaty of Paris) 427
파밍턴(Farmington, CT) 46
파밍턴(Farmington, MO) 461
파브리치우스, 요한 알브레히트(Johann Albert Fabricius) 217
파블로프, 이반 페트로비치(Ivan Petrovich Pavlov) 92
파비아(Pavia)(이탈리아) 120
파스칼, 블레즈(Blaise Pascal) 55, 173
파스테르나크, 보리스(Boris Pasternak) 488
파스퇴르, 루이(Louis Pasteur) 719
파슨즈 장서(Bibliotheca Parsoniana) 116 = 비블리오테카 파소니아나
파슨즈 판사, 제임스 B.(Judge James B. Parsons) 504
파슨즈, 에드워드 알렉산더(Edward Alexander Parsons) 116

파우스투스(Faustus) → 술라, 파우스투스
파우스티나(Faustina) 149
파운드, 에즈라(Ezra Pound) 499
파울, 제카리아(Zechariah Fowle) 235
파울즈, 존(John Fowles) 679
파워, 유진(Eugene Power) 176
파웰, 로렌스 클라크(Lawrence Clark Powell) 644, 710
파이어링, 노먼(Norman Fiering) 9
파이어스톤 도서관(Firestone Library) (프린스턴 대학) 9, 413, 414
파일, 하워드(Howard Pyle) 595
파치먼트(Parchment) → 피지
파커, 매튜(Matthew Parker) 148
파크 버넷 경매회사(Parke-Bernet Galleries) 504, 528n, 670
파크먼, 프랜시스(Francis Parkman) 250, 251, 258
파크스, 스티븐(Stephen Parks) 9, 305, 460
파트호트, 아우구스티노(Augustino Patxot) 62
파피루스(Papyrus) 112, 115, 120, 376, 590
판 페엔, 오토(Otto van Veen) 450, 451
판나르츠, 아르놀트(Arnold Pannartz) 132
판테온 출판사(Pantheon Books) 636
판햄 목사, 루터(Reverand Luther Farnham) 252-254, 276
《팔라디스 타미아(Palladis Tamia)》 341
팔라디오, 안드레아(Andrea Palladio) 250n
팔라비 왕, 모하메드 레자 샤(Mohammad Reza Shah Pahlavi) 572n
팔레스타인(Palestine) 488
팔마르트, 람베르트(Lambert Palmart) 62
팜필리아(Pamphylia)(그리스) 110
패러츠키, 새러(Sara Paretsky) 354
패런드, 맥스(Max Farrand) 324, 5
패리스, 매튜(Matthew Paris) 148

패리시, T. 마이클(T. Michael Parrish) 765
패리시, 맥스필드(Maxfield Parrish) 595
패서디나(Pasadena, CA) 292, 772, 773
《팻과 마이크(Pat and Mike)》 658
퍼먼, 가브리엘(Gabriel Furman) 263
퍼버, 에드나(Edna Ferber) 15
《퍼블리셔스 위클리(Publishers Weekly)》 334, 486
퍼스트 네트워크 예금 은행(First Network Savings Bank) 656
퍼스트 에디션즈 클럽(The First Editions Club) 91
퍼시, 워커(Walker Percy) 834
퍼트넘, 새뮤얼(Samuel Putnam) 636
퍼트넘, 조지 헤이븐(George Haven Putnam) 121
페라라(Ferrara) (이탈리아) 124
페로, H. 로스(H. Ross Perot) 547
페로, 샤를(Charles Perrault) 593n
페루 독립선언서(Declaration of Independence of Peru) 687
페르가몬 왕국(Pergamum) 111, 112, 117
페르난도 2세(Fernando II) 695
페르시아(Persia) 103, 112
페리 메이슨 시리즈(Perry Mason Stories) 543
페리 장서(Perry Library) 315, 316 = 셰익스피어 컬렉션
페리, 마스든 J.(Marsden J. Perry) 314-316, 318 → 셰익스피어 컬렉션
페리어, 존(Dr. John Ferriar) 49, 51, 52, 182
페어뱅크스 1세, 더글러스(Douglas Fairbanks, Sr.) 435
페어뱅크스, 플로벨(Flobelle Fairbanks) 435
페어번, 앤드류 마틴(Andrew Martin Fairbairn) 206
《페이링의 악마(The Devil of Pei-ling)》 637
《페이턴 플레이스(Peyton Place)》(드라마) 659

페일리, 베이브 쿠싱 모티머(Babe Cushing Mortimer Paley) 435
페일리, 윌리엄 S.(William S. Paley) 435
페일즈 문고(The Fales Library) (뉴욕 대학) 521-523
페일즈, 드코시(DeCoursey Fales) 521-523
페일즈, 핼리버튼(Haliburton Fales) 523
페토, 드니(Denys Petau) 55
페트라르카(Petrarch) = 프란체스코 디 페트라코 122-126, 129, 130, 136, 142
페트라코, 프란체스코 디(Francesco di Petracco) → 페트라르카
페트라코, 피에트로 디(Pietro di Petracco) 122
펜, 윌리엄(William Penn) 213, 214
펜노, 존(John Fenno) 250
펜로즈, 보이스(Boies Penrose) 307
펜실베이니아 주(Pennsylvania) 80, 94, 213, 214n, 215, 216, 218, 221, 245, 246, 333, 421, 478, 498, 499, 502, 619, 625, 626, 689, 758, 760, 788
《펜실베이니아 가제트(The Pennsylvania Gazette)》 221
펜실베이니아 대학(University of Pennsylvania) 220, 384, 760
펜실베이니아 역사학회(Historical Society of Pennsylvania) 214, 266
〈펜실베이니아 젊은이들의 교육에 대한 제안서(Proposals Relating to the Education of Youth in Pennsylvania)〉 220
펜실베이니아 주립대학(Pensylvania State University) 624, 626, 631
《펜실베이니아 흑인사(Pennsylvania's Black History)》 628
펜윅, 존(John Fenwick) 200
펜윅, 토머스 피츠로이(Thomas Fitzroy

1101

Fenwick) 200
펠드먼, 루 데이비드(Lew David Feldman)
　　176, 203, 360, 516-537, 665, 724
펠프스, 윌리엄 라이언(William Lyon Phelps)
　　304-306
포 오크스 농장(Four Oaks Farm) 59, 60
포, 에드거 앨런(Edgar Allen Poe) 20, 231,
　　335, 337, 529, 660, 661, 663, 814
포널, 윌리엄(William Pownall) 418
포드, 워싱턴 C.(Worthington C. Ford) 239
포르타스 백작(Count Fortsas) 192-197 =
　　피쇼, 장 네퐁뮈셍 오귀스트
〈포르타스 백작의 장서(Count de Fortsas's
　　Library)〉 194
《포르투갈인의 소네트(Sonnets from the
　　Portuguese)》 346
포브스, 말콤(Malcolm Forbes) 687, 689
포브스, 존 W.(John W. Forbes) 823
포브스, 티모시(Timothy Forbes) 218, 219
포스, 피터(Peter Force) 257
포스터, E. M.(E. M. Forster) 90, 91n
포스터, 메리 앨리슨(Mary Allison Foster) 9
포시도니우스(Posidonius) 114
포시우스, 게르하르트(Gerhard Vossius) 55
포와티에, 디안느 드(Diane de Poitiers) 54, 58
포인트(Point) 679, 749
포인트 오브 이슈(Point of Issue) 680n =
　　포인트
포조 브라치올리니, 지안(Gian Francesco
　　Poggio Bracciolini) 128-130, 132, 374
포츠머스(Portsmouth)(영국) 173
포츠하이머, 릴리(Lily Pforzheimer) 547, 577,
　　662 ⋯→ 칼 앤드 릴리 포츠하이머
　　컬렉션
포츠하이머, 아서(Arthur Pforzheimer) 576
포츠하이머, 월터(Walter Pforzheimer)
　　(아버지) 575, 576 ⋯→ 몰리에르

컬렉션
포츠하이머, 월터 L.(Walter L. Pforzhemer)
　　(아들) 568-577 ⋯→ 스파이 컬렉션;
　　월터 포츠하이머 첩보 컬렉션
포츠하이머, 칼 H.(Carl H. Pforzheimer) 333,
　　344, 346, 547, 575-577, 662 ⋯→ 칼
　　앤드 릴리 포츠하이머 컬렉션
포츠하이머 2세, 칼(Carl Pforzheimer, Jr.) 309
포크너 대령, W. C.(Colonel W. C. Falkner)
　　461, 462n
《포크너 선집(The Portable Faulkner)》 468
《포크너 전기(Faulkner: A Biography)》 464
포크너 컬렉션(Faulkner Collection)
　　(브로드스키) 458-473
포크너 컬렉션(Faulkner Collection) (홀츠먼)
　　→ 어윈 T. 앤드 셜리 홀츠먼 윌리엄
　　포크너 컬렉션
포크너, 윌리엄(William Faulkner) 38, 93, 94,
　　436, 458-472, 484, 485, 487, 518,
　　557, 645
포킵시(Poughkeepsie, NY) 9, 385
《포킵시 저널(Poughkeepsie Journal)》 387
포터, 비어트릭스(Beatrix Potter) 829
포토맥 강(Potomac River) 33
《포톨라 탐험, 1769-1770년: 미구엘
　　코스탄소의 일기(The Portola
　　Expedition of 1769-1770: Diary of
　　Miguel Constanso)》 752n
포틀랜드(Potland, ME) 637
포티스큐 경, 존(Sir John Fortescue) 158
포프, 알렉산더(Alexander Pope) 51, 178, 180
포프, 애비 엘렌 핸스컴(Abbie Ellen Hanscom
　　Pope) 58
포프, 존 러셀(John Russell Pope) 33
폭스, 존(John Foxe) 415
폴 게티 박물관(Paul Getty Museum) → J. 폴
　　게티 박물관

폴딩, 제임스 K.(James K. Paulding) 442
폴라드, 그레이엄(Graham Pollard) 72, 345, 346
폴록, 모제스(Moses Polock) 38n
폴저 셰익스피어 도서관(Folger Shakespeare Library)(워싱턴 D. C.) 9, 19, 237, 316n, 447, 521, 710
폴저, 에밀리 조던(Emily Jordan Folger) 33, 315, 447, 664
폴저, 헨리 클레이(Henry Clay Folger) 33, 296, 315-317, 328, 331, 343, 447, 665
폴터, 롤런드(Roland Folter) 429
폴터, 메리 앤 크로스(Mary Ann Kraus Folter) 10, 204
폼파노 비치(Pompano Beach, FL) 11
폼페이우스(Pompeius) 130
퐁탈리에르(Pontarlier)(프랑스) 27
퐁텐블로(Fontainebleau)(프랑스) 54
퐁파두르 부인(Madame de Pompadour) 54
《표식(Markings)》 398
푸슈킨, 알렉산더(Alexander Pushkin) 623
푸스트, 요한(Johann Fust) 289, 427
푸에르토리코(Puerto Rico) 618
푸치니, 지아코모(Giacomo Puccini) 686
풀 윌슨, 엘리자베스(Elizabeth Poole-Wilson) 9
풀, 윌리엄 F.(William F. Poole) 251
풀러, 벅민스터(Buckminster Fuller) 485
풀러, 엘리자베스 E.(Elizabeth E. Fuller) 9
《풀잎(Leaves of Grass)》 829
풀햄 궁(Fulham Palace) 227
풋, 미리엄 M.(Mirjam M. Foot) 8
퓰리처 상(Pulitzer Prize) 439n, 670, 676, 770
프라이스, 레이놀즈(Reynolds Price) 98, 99
프란츠 요제프 황제(Emperor Franz Joseph) 563
프랑슈콩테(Franche-Comt?)(프랑스) 29

프랑스(France) 26, 27, 48, 51, 54, 55, 63, 65-67, 123n, 125, 130, 136, 137, 143, 146n, 154, 158, 172n, 173n, 178, 188-190, 223, 241, 243, 244, 254, 271, 273, 287, 288n, 293, 294, 295n, 296n, 376, 421, 427, 431, 492, 547, 549, 551, 553, 568, 572, 575, 576, 591, 593, 633, 686, 717, 718, 766, 770, 832, 834n, 836
프랑스 국립도서관(Biblioth?que Nationale de France, BnF) 9, 17, 26, 54, 65-67, 231, 247, 428, 492, 550, 553
아르세날 도서관
앵페리알 도서관
프랑스 혁명(French Revolution) 66, 198, 243
프랑스, 아나톨(Anatole France) 28
《프랑켄슈타인, 혹은 현대의 프로메테우스(Frankenstein, or the Modern Prometheus)》 829
프랑켄탈러, 헬렌(Helen Frankenthaler) 545
프랑크푸르트(Frankfurt)(독일) 242, 287
프랜즈 대학(Friends University) 843
프랭클린, 벤저민(Benjamin Franklin) 18, 212, 216, 219-224, 287, 288n
프랭클린, 빅토리아(Victoria Franklin)(딸) 466, 467
프랭클린, 빅토리아 '초초'(Victoria 'Cho-Cho' Franklin)(어머니) 466
프랭클린, 샬럿(Charlotte Franklin) 377
프랭클린, 윌리엄(William Franklin)(아버지) 223
프랭클린, 윌리엄 템플(William Temple Franklin)(아들) 223, 287, 288n
프랭클린, 콜린(Colin Franklin) 364, 377-381, 449, 497, 526, 555
프레더릭슨, 에밀리 어거스틴(Emily Augustin Fredericksen) 775, 776

프레스코트, 윌리엄 H.(William H. Prescott)
254, 256, 257, 259
프레지던츠 클럽(President's Club) 767
프로방스(Provence) (프랑스) 202
프로비던스(Providence, RI) 18, 21, 30, 31,
229, 258, 260, 267, 414, 561, 562,
835, 836
프로스트, A. B.(A. B. Frost) 595
프로스트, 로버트(Robert Frost) 443n
프로이트, 지그문트(Sigmund Freud) 48, 54,
57, 92, 686, 720
《프로체스 게겐 디 유덴 폰 트렌트(Prozess
gegen die Juden von Trent)》 79 =
트렌트의 유대인들에 대한 재판 처리
프록터 앤드 갬블 사(P&G) 634
프루스트, 마르셀(Marcel Proust) 374, 647
프리먼, 아서(Arthur Freeman) 298, 364, 400,
813, 828
《프리아페이아(Priapeia)》 127
프린스 컬렉션(Prince Collection) 225-231 ⋯
뉴잉글랜드 장서
프린스, 토머스(Thomas Prince) 225-231, 235,
239
프린스턴(Princeton, NJ) 231, 365, 426, 845
프린스턴 대학(Princeton University) 9, 40,
246n, 276, 297, 413, 414, 421, 423,
491
샤이드 문고
파이어스톤 도서관
《프린스턴 대학 도서관 회보(Princeton
University Library Chronicle)》 415
프린스턴 신학교(Princeton Theological
Seminary) 763
《프린키피아(Principia Mathematica)》 20, 38,
172, 214
프톨레마이오스(Ptolemy) (천문학자) 78, 109,
217, 218, 374

프톨레마이오스 1세(Ptolemy I Soter) 109,
110
프톨레마이오스 5세(Ptolemy V Epiphanes)
112, 113
프톨레마이오스 12세(Ptolemy XII) 108
플라워즈 컬렉션(Flowers Collection) (듀크
대학) 795, 796
플라워즈, 조지 워싱턴(George Washington
Flowers) 796n
플라톤(Plato) 126, 137, 374, 379, 380n, 395
플랑드르(Flanders) 137, 448
플램스티드, 존(John Flamsteed) 216
플레밍, 이언(Ian Fleming) 92, 93
플레밍, 존(John Fleming) 360, 364, 365, 366,
400-402, 503-508
플레이어스 클럽(The Players' Club) 656, 658,
677
플레이픽스 프로덕션 사(Play-Pix Productions,
Inc.) 384
플레처, H. 조지(H. George Fletcher) 9
플레처, 존(John Fletcher) 83
플렉, 로버트(Robert Fleck) 10
플로레스, 하이메(Jaime Flores) 514
플로리다 대학(University of Florida) 9, 559,
577-579, 581, 596
플로리다 주(Florida) 11, 390, 464, 466, 467,
695
플로베르, 구스타브(Gustave Flaubert) 63,
770n
플루타르코스(Plutarch) 117, 373
플리니우스, 대(大) (Pliny the Elder) (아버지)
125
플리니우스, 소(小) (Pliny the Younger) (아들)
111, 119
플리머스 식민지(Plymouth Colony) 225
《플리머스 플랜테이션의 역사(History of
Plimmoth Plantation)》 226 =

메이플라워 호 일지
〈피가로의 결혼(Marriage of Figaro)〉 686
피드몬트 산맥(Piedmont) 246
피렌체(Florence) (이탈리아) 68-70, 122, 126, 128-130, 133, 222n, 274
피르맹 디도, A.(A. Firmin-Didot) 292
피셔, 존(John Fisher) 146
피쇼, 장 네폼뮈센 오귀스트(Jean-Nepomucene-Auguste Pichaud) 192 = 포르타스 백작
피스크 대학(Fisk University) 623
피시먼, 조슈아 A.(Joshua A. Fishman) 608
피어스 2세, 찰스 E.(Charles E. Pierce, Jr.) 834, 835
피어폰트 모건 도서관(The Pierpont Morgan Library) → 모건 도서관
피에르 오귀스트 르누아르(Pierre-Auguste Renoir) 355, 363
피우스 12세(Pope Pius XII) → 교황 피우스 12세
피즈(Phiz) 284, 300 = 브라운, 헤이블럿 나이트
피지(皮紙, Vellum) 36, 63, 79, 112, 120, 128, 131, 137, 142, 145, 150, 173, 197, 198, 281, 284, 287, 289, 290, 292, 297, 374, 420, 427, 509, 534, 691, 829n, 844, 845
피지광(皮紙狂, Vello-maniac) 198, 199
피츠버그(Pittsburgh, PA) 786
피츠제럴드, F. 스콧(F. Scott Fitzgerald) 443n
피츠패트릭, 토머스 제퍼슨(Thomas Jefferson Fitzpatrick) 42, 44, 45
피카소, 파블로(Pablo Picasso) 547, 549
피커링 앤드 채토 서점(Pickering & Chatto) 323, 503
피커스 박사, 쥘(Dr. Jules Piccus) 604
피코크, 앨런 H.(Allen H. Peacock) 11

《피크위크 클럽 회보(The Posthumous Papers of the Pickwick Club)》 284, 659
《피터 래빗 이야기(The Tale of Peter Rabbit)》 829
《피터 팔리의 아메리카 이야기(Tales of Peter Parley About America)》 594
피터슨, 윌리엄 S.(William S. Peterson) 707
피터슨, 칼(Carl Petersen) 463, 464, 469, 470, 471
피트킨, 티모시(Timothy Pitkin) 246
피프스 문고(Pepys Library) (케임브리지 대학) 9, 17, 164-177, 203 = 비블리오테카 피프시아나
피프스, 새뮤얼(Samuel Pepys) 20, 164-177, 200, 203
핀다로스(Pindar) 117
핀슨, 리처드(Richard Pynson) 172, 189
필드, 유진(Eugene Field) 696
필라델피아(Philadelphia, PA) 17, 39, 53, 57, 71, 72, 202, 213, 215, 216, 221-223, 269, 290, 292, 297, 299, 314, 316, 317, 326, 327, 332, 333, 338, 40, 413, 421, 525, 619, 626, 629, 638, 713, 714, 760, 765, 786, 828
필라델피아 100주년 박람회(Centennial Exhibition in Philadelphia) 240
필라델피아 도서관 조합(Library Company of Philadelphia) 9, 20, 212, 219, 222, 223, 225, 253, 474, 480n
필라델피아 미술관(Philadelphia Museum) 408
필라델피아 애서가협회(Philadelphia's Philobiblion Club) 341
《필라델피아 인콰이어러(Philadelphia Inquirer)》 9
필라델피아 철학회(Philosophical Society of Philadelphia) 223
필로무수스(Philomusus) 105

1105

《필로비블리온(The Philobiblion)》 194
《필로소피컬 트랜스액션즈(Philosophical
　　Transactions)》 217
필로포누스, 요한(John Philoponus) 119
필리포스(Phillippi) 117, 158
필립스 경, 토머스(Sir Thomas Phillipps) 176,
　　183, 197-204, 261, 328, 414, 427,
　　522, 534-536, 723
필립스 서지총람(Bibliotheca Phillippica) 204
　　= 《비블리오테카 필립피카》
필립스 컬렉션(Phillipps Collection) 197-204,
　　329, 534-536
필립스 컬렉션의 '나머지'(Residue of Phillipps
　　Collection) 201-204, 534-536
필사자(Scribe) 111, 118, 121, 126, 130, 132,
　　133, 136, 143, 145, 148, 158
필즈, 애니 애덤스(Annie Adams Fields) 73-75
필즈, 제임스 T.(James T. Fields) 73-75
핌리코(Pimlico)(영국) 187
핑커튼, 앨런(Alan Pinkerton) 571

(ㅎ)

하그리트 희귀본실(Hargrett Rare Book Room)
　　(조지아 대학) 764
《하느님의 트롬본(God's Trombones)》 620n
하디 정신과 및 신경외과 병원(Hardy Hospital
　　for Psychiatry and Neurology) 782
하디, 토머스(Thomas Hardy) 667
하딩 병원(Harding Hospital) 782
하딩, 워렌(Warren Harding) 339n
하르샤브, 벤저민(Benjamin Harshav) 610,
　　611
하버드 대학(Harvard University) 8, 17, 35,
　　50, 57, 164, 201, 202, 225, 230, 235,
　　245, 246, 253, 257, 297, 300-303,
　　306, 307, 309, 310, 360, 389, 400,
　　491, 494, 496, 497, 501, 506, 519,
　　547, 577, 607, 644, 722, 724n, 731,
　　732, 754, 798, 800
슬라브 컬렉션
와이드너 도서관
호우튼 도서관
하버드 대학 출판부(Harvad University Press)
　　677
하버드 디자인 대학원(Harvard Graduate
　　School of Design) 697
하버드 스미스소니언 연구소(Harvard
　　-Smithsonian Center) 389, 409, 722
하버드 스퀘어(Harvard Square) 98, 385
하버드 야드(Harvard Yard) 406
하버드 의과대학(Harvard Medical School)
　　302, 383, 384
하버드 칼리지(Harvard College) 41, 231, 365,
　　436
하버드 칼리지 도서관 후원회(Friends of
　　Harvard College Library) 365
하버드, 존(John Harvard) 209
하비, 윌리엄(William Harvey) 511, 719, 839
하시딕 유대인(Hasidic Jews) 608
《하우스 앤드 가든(House & Garden)》 445
하우스 오브 북스 서점(House of Books) 443,
　　461
하우스 오브 엘 디에프 서점(The House of El
　　Dieff, Inc.) 516, 529n, 664, 724 →
　　펠드먼, 루 데이비드
하우스먼, A. E.(A. E. Housman) 106
하우얼, 워렌(Warren Howell) 362, 364, 644,
　　698-700, 720
하우얼, 찰스 어거스터스(Charles Augustus
　　Howell) 34, 35
하워드 대학(Howard University) 619, 621,
　　622
하워드, 저스틴(Justin Howard) 595

하워드, 피터 B.(Peter B. Howard) 437,
441-434, 469-471, 483, 487, 645, 833
《하워즈 엔드(Howards End)》 90, 91n
하이 박물관(High Museum) 590, 596
하이게이트 묘지(Highgate Cemetery) 34, 35
하이드, 도널드(Donald Hyde) 59
하이드, 메리(Mary Hyde) → 에클스, 메리 하이드
하이먼, 트리나 샤트(Trina Schart Hyman) 595
하인시우스, 니콜라스(Nicholas Heinsius) 55
하임, 마크(Mark Hime) 822, 828
하조프, 맥스(Max Harzoff) 229
하크니스, 메리 스틸먼(Mary Stillman Harkness) 229, 559
하크니스, 에드워드 S.(Edward S. Harkness) 229
《하타 요가 다르샤나(Hatha Yoga Darshana)》 403
《하트의 퀸(The Queen of Heart)》 829
하트퍼드(Hartford, CT) 18, 262, 265-267, 412
하틀리, 글렌(Glen Hartley) 111
하틀리, 마스던(Marsden Hartley) 545
하퍼, 래드롭 C.(Lathrop C. Harper) 423
《학생들의 전래동화와 언어(The Lore and Language of School-Children)》 597
《한 남자의 교육(One Man's Education)》 46
한스 슬로언 경 장서(Sir Hans Sloane Library) 179 ⋯ 슬로언, 한스
《한여름 밤의 꿈(A Midsummer Night's Dream)》 84
할러데이, 테리(Terry Halladay) 481, 482
할렘(Harlem) 618, 620n, 631, 639
할렘 르네상스(Harlem Renaissance) 620, 624
《할렘의 집으로(Home to Harlem)》 620n
《할렘의 그림자(Home to Harlem)》 620n

할리 장서(Harleian Library) 177-181, 418
할리 장서 도서목록(Catalogus Bibliothecae Harleianae) 180, 181
할리 장정(裝幀)(Harleian Bindings) 179, 180
할리, 로버트, 제1대 옥스퍼드 백작(Robert Harley, 1st Earl of Oxford) 177-181, 198
할리, 에드워드, 제2대 옥스퍼드 백작(Edward Harley, 2nd Earl of Oxford) 178, 179
할리우드(Hollywood) 461, 463, 527, 653, 658, 680, 819
할리웰, 제임스 어처드(James Orchard Halliwell) 200
할리웰, 헨리에타(Henrietta Halliwell) 200
함부르크(Hamburg)(독일) 217
함슨, 타이러스 G.(Tyrus G. Harmsen) 772
핫스프링스(Hot Springs, VI) 316
《항해자들(Sailors of Fortune)》 97
해군성(Navy Board) → 영국 해군성
《해군성 시절의 회고록(Memoires Relating to the State of the Royal Navy)》 172
해너, 배리(Barry Hannah) 679
해너, 아치볼드(Archibald Hanna) 9
해들리, 아서 트위닝(Arthur Twining Hadley) 305
해럴드 2세(Harold II) 329n, 418n
해리 N. 에이브럼즈 출판사(Harry N. Abrams) 515, 820
해리 랜섬 연구소(Harry Ransom Center, HRC) → 해리 랜섬 인문학연구소
해리 랜섬 인문학연구소(Harry Ransom Human Research Center) 8, 482, 491, 494-496, 500, 508, 511, 513, 515, 516, 518, 525, 526, 533, 539, 542, 543, 545, 546, 548, 549, 551, 552, 554, 555, 576
해리 엘킨스 와이드너 컬렉션(Harry Elkins

1107

Widener Collection) 300
해리스, 조엘 챈들러(Joel Chandler Harris) 594
해리스, 존(John Harris) 586
《해리슨 D. 호블리트 장서(The Celebrated Library of Harrison D. Horblit)》 722
⋯▸ 호블리트, 해리슨 D.
해리슨, 폴린 L. 뒤퐁(Pauline L. Du Pont Harrison) 820
해머, 아먼드(Armand Hammer) 356
해미트, 대실(Dashiell Hammett) 822
해밀, 프랜시스(Francis Hamill) 662
해밀턴, 다이앤(Diane Hamilton) 532
해밀턴, 알렉산더(Alexander Hamilton) 252n
해밀턴, 찰스(Charles Hamilton) 497, 529-532, 539
해섬, 프레더릭 차일드(Frederick Childe Hassam) 595, 819, 823
《해스켈 F. 노먼 소장 과학 및 의학 장서 (The Haskell F. Norman Library of Science and Medicine)》 725 ⋯▸ 노먼, 해스켈 F.
〈해와 달이 지평선에 가까울 때 더 크게 보이는 이유에 대하여(The Sun and the Moon, when Nearing the Horizon, Appearing Larger)〉 217
《해저 2만리, 혹은 데이비드 커퍼필드(20,000 Leagues Under the Sea; or David Copperfield)》 96
《해저 여행(Voyage to the Bottom of the Sea)》 659
해저드, 이브니저(Ebenezer Hazard) 232
해커먼, 노먼(Norman Hackerman) 537, 538
핸리, 토머스 에드워드(Thomas Edward Hanley) 498-502
핼리 경, 에드먼드(Sir Edmond Halley) 217
핼시, 프레더릭 R.(Frederick R. Halsey) 312

햄든 부스 극단 도서관(Hampden Booth Theater Library) 677
《햄릿(Hamlet)》 314
햄블린, 로버트 W.(Robert W. Hamblin) 468
햄튼, 마크(Mark Hampton) 433, 445
햄프셔(Hampshire) (영국) 597
햄프셔 칼리지(Hampshire College) 603-605, 611, 617
햅굿, 조지(George Hapgood) 332
행콕, 존(John Hancock) 233
허드스페스, 프랜시스(Francis Hudspeth) 513, 514
허바드, L. 론(L. Ron Hubbard) 653n, 654
허바드, 윌리엄(William Hubbard) 239
〈허블 우주망원경 사진자료집 시디롬(Hubble Space Telescope CD-ROM Archive)〉 409
허스턴, 조라 닐(Zora Neale Hurston) 834
《허영의 시장(Vanity Fair)》 284
《허클베리 핀의 모험(The Adventures of Huckleberry Finn)》 821
헌, 라프카디오(Lafcadio Hearn) 637
헌법 초안(Permanent Constitution) → 미국 남부 연방 헌법 초안
헌스던 경(Lord Hunsdon) → 캐리, 조지, 제2대 헌스던 남작
헌트, 리(Leigh Hunt) 74, 75
헌팅턴 도서관(Huntington Library) 8, 9, 17, 18, 33, 237, 312, 324, 329, 330, 332, 474, 494, 676, 686, 708n, 711, 762, 763, 771 = 헨리 E. 헌팅턴 도서관
《헌팅턴 도서관 회보(Huntington Library Bulletin)》 311, 323, 326
헌팅턴 미술관(Huntington Gallery) 545, 546 = 아처 M. 헌팅턴 미술관
헌팅턴, 아처 M.(Archer M. Huntington) 545-546 ⋯▸ 아처 M. 헌팅턴 미술관

헌팅턴, 콜리스 P.(Collis P. Huntington) 310, 545
헌팅턴, 헨리 E.(Henry E. Huntington) 17, 33, 40, 201, 231, 265, 282, 288, 291-293, 296, 297, 299, 310-333, 545, 644
헌팅턴셔(Huntingtonshire) (영국) 150
헐리, 마이클 D.(Michael D. Hurley) 651-653
험프리, 글로스터 공작(Humphrey, Duke of Gloucester) 144
헝가리(Hungary) 560-565
헤로필로스(Herophilus) 109
헤리티지 서점(Heritage Book Shop) 645-649, 821
헤밍스, 존(John Heminges) 87
헤밍웨이, 어니스트(Ernest Hemingway) 27n, 95-97, 436, 443, 458, 459, 821
헤이그(Hague) (네덜란드) 201
헤이븐, 프랭클린(Franklin Haven) 254
헤이스, E. 넬슨(E. Nelson Hayes) 11
헤이스, 러더퍼드 B.(Rutherford B. Hayes) 669
헤이스, 찰스(Charles Hayes) 215
헤이스팅스 전투(Battle of Hastings) 140n, 329n, 418
헤이우드(Haywood) (영국) 702
헤이워드, 존(John Hayworth) 510, 511
헤일 앤드 도어 사(Hale and Dorr) 383
헥크셔, 모리슨(Morrison Heckscher) 824
헨드릭스, 패트리셔 D.(Patricia D. Hendricks) 546
헨리 4세(Henry IV) 144
《헨리 4세(Henry IV)》 402n
《헨리 7세 시대사(The History of Henry VII)》 153
헨리 8세(Henry VIII) 36, 145, 146, 158, 173, 329n, 709n
헨리 E. 헌팅턴 도서관(Henry E. Huntington Library) → 헌팅턴 도서관
헨리 W. 앤드 앨버트 A. 버그 영미문학 컬렉션(Henry W. and Albert A. Berg Collection of English and American Literature) 559n
헨리 홀트 출판사(Henry Holt and Company) 11, 439
헨리, O.(O. Henry) 342, 515
헨트(Ghent) (벨기에) 183, 187
헬러, 조셉(Joseph Heller) 751
헵번, 캐서린(Katharine Hepburn) 658
현대 초판본(Modern First Editions) 72, 96, 444, 485-487, 678, 679, 684
《현대의 동향: 1880년부터 1950년까지 영국, 프랑스, 미국에서 출간된 주요 도서 100권(The Modern Movement, 100 Key Books from England, France and America, 1880-1950)》 770n
《현혹(眩惑, Die Blendung)》 88 = 《오토-더-페이》
《혜성에 대하여(Kometographia)》 478
호건, 프랭크 J.(Frank J. Hogan) 17, 339-349
호널드 도서관(Honnold Library) (클레어먼트 칼리지) 771
호드넷(Hodnet) (영국) 186
호라티우스(Horatio) 32, 442n
《호레이스 월폴 서한집(Horace Walpole's Correspondence)》 46
《호레이스 월폴의 장서(Horace Walpole's Library)》 46
호로위츠, 글렌(Glenn Horowitz) 443, 446, 469, 828, 834
호머, 윈슬로(Winslow Homer) 595
호메로스(Homer) 104, 109, 126, 137, 180n, 292, 296, 300, 329, 425, 426, 509
《호밀밭의 파수꾼(The Catcher in the Rye)》 595

호블리트, 해리슨 D.(Harrison D. Horblit) 360, 721-725 ⋯ 《해리슨 D. 호블리트 장서》
호세아(Hosea) (성서) 845
호손, 너새니얼(Nathaniel Hawthorne) 71, 594, 821
호스, 스티븐(Stephen Hawes) 172
《호아퀸 뮤리에타(Joaquin Murieta)》 → 《캘리포니아의 유명한 무법자 호아퀸 뮤리에타의 인생과 모험》
호우 3세, 로버트(Robert Hoe III) 58, 265, 279, 280, 286, 287, 290, 297, 335, 406, 414, 425, 428, 838
호우 경매(Hoe Sale) 279-283, 287, 288, 290, 284-299, 311, 313, 520
호우튼 2세, 아서 A.(Arthur A. Houghton, Jr.) 57, 308, 344, 349, 360, 365, 391, 504, 525
호우튼 경매(Houghton Sale) 360, 366, 92
호우튼 도서관(Houghton Library) (하버드 대학) 8, 19, 35, 50, 57, 201, 230, 231, 308, 309, 360, 497, 577, 732
호지슨, 시드니(Sidney Hodgson) 290, 291
호킨스 대령, 러쉬 C.(Colonel Rush C. Hawkins) 31, 32
호킨스 의용대(Hawkins' Zouaves) 31
호킨스, 앤메리 브라운(Annmary Brown Hawkins) 31, 32 ⋯ 앤메리 브라운 기념 도서관
호킨스, 존(John Hawkins) 182n
호퍼, 필립(Philip Hofer) 41, 42, 309
호프만, 마이클 E.(Michael E. Hoffman) 402-405
호프만, 마크(Mark Hofmann) 477, 478n
호프만, 한스(Hans Hofmann) 545
〈혹시 우리 집 다락에 《태머레인》이?(Have you a Tammerlane in Your Attic?)〉 337

혼북(Hornbook) 593
홀, 제임스(James Hall) 767
홀, 제임스 '짐'(James 'Jim' Hall) 756, 768, 804
홀든, 윌리엄(William Holden) 660n
홀로코스트(Holocaust) 603, 611
홀리스 5세, 토머스(Thomas Hollis V) 164
홀리오크(Holyoke, MA) 603, 613, 617
홀마크 명예의 전당 시리즈(Hallmark Hall of Fame) 659
홀마크 사(Hallmark) 659m
홀츠먼 가(家) 이스라엘 작가 컬렉션 (Holtzman Family Collection of Israeli Writers) 484, 488
홀츠먼, 셜리(Shirley Holtzman) 483
홀츠먼, 어윈 T. '토비'(Irwin T. 'Toby' Holtzman) 483-489 ⋯ 어윈 T. 앤드 셜리 홀츠먼 윌리엄 포크너 컬렉션
홀포드, 로버트 스테이너(Robert Stayner Holford) 419
홈스, 올리버 웬델(Oliver Wendell Holmes) 669
《홈시크 레스토랑(Dinner at the Homesick Restaurant)》 439
홉슨, 앤서니(Anthony Hobson) 494, 500
《화씨 451(Fahrenheit 451)》 89
화이트 설퍼 스프링즈(White Sulphur Springs, WV) 465
화이트 스타 라인(White Star Line) 299
화이트, E. B.(E. B. White) 593
화이트, 마이너(Minor White) 397
화이트, 스탠포드(Stanford White) 778
화이트, 윌리엄 A.(William A. White) 317
화이트홀(Whitehall) 155
화이트힐, 월터(Walter Whitehill) 309
《환상특급(The Twilight Zone)》 659
〈환영(幻影) 이론을 위한 논고(An Essay

Towards a Theory of Apparitions》 49
활인화(活人畵, Tableaux Vivant) 452
《활판인쇄의 기원(Origines Typographicae)》 201
《황금 잔(Cup of Gold)》 667
《황량한 집(Bleak House)》 659
《회상록(Memorabilia)》(크세노폰) 103
《회전(Revolutionibus)》→《천체의 회전에 관하여》
후디니, 해리(Harry Houdini) 656
후버 연구소(The Hoover Institution) 574
후퍼, 프랜시스(Frances Hooper) 58
훅, 다이애나 H.(Diana H. Hook) 725
훅, 로버트(Robert Hooke) 719
휘트니, 거트루드 밴더빌트(Gertrude Vanderbilt Whitney) 229
휘트먼, 월트(Walt Whitman) 58, 829
휘튼, 필리스 버턴(Phyllis Button Whitten) 10
휘틀리, 헨리 B.(Henry B. Wheatley) 168
휴런 호수(Lake Huron) 634
휴스턴(Houston, TX) 735
《휴스턴 포스트(Houston Post)》 736
휴즈, 랭스턴(Langston Hughes) 620, 623
휴즈백, 메리 엘리자베스(Mary Elizabeth Hugeback) 10
휴트 경매(Huth Sale) 298, 305, 313, 331, 424
휴트, 앨프레드(Alfred Huth) 298
휴트, 헨리(Henry Huth) 298
《흑인 계보학(Black Genealogy)》 628
흑인 역사 주간(Black History Week) 631
흑인 역사의 달(Black History Month) 631 = 아프리카계 미국인 역사의 달
〈흑인 장서가들과 수집가들: 흑인의 역사를 지킨 사람들(Black Bibliophiles and Collectors: Preservers of Black History)》 619
《희귀본 및 필사본 담당 사서 회보(Rare Books and Manuscripts Librarianship)》 654
희귀본협회(Club of Odd Volumes) 365
《희극, 사극, 비극(Comedies, Histories, and Tragedies)》(셰익스피어) 87, 812
《희생 갑골문(Sacrificial Bone Inscriptions)》 380, 397, 398, 400
히긴스, 브라이언 A.(Brian A. Higgins) 10
히버 목사, 레지널드(Reverend Reginald Heber) 184-186
히버, 리처드(Richard Heber) 49, 182-188
《히스토릭 프리저베이션(Historic Preservation)》 784
히틀러, 아돌프(Adolf Hitler) 38, 529, 570, 610
히포크라테스(Hippocrates) 110
힉스, 조지(George Hickes) 178
힉스, 킴벌(Kimball Higgs) 9
힐, 대릴(Daryl Hill) 830
힐, 월터 M.(Walter M. Hill) 292
힐, 조앤(Joan Hill) 830
힐, 토머스(Thomas Hill) 712
《힘센 작은 엔진(The Little Engine That Could)》 593
힝클리, 토머스(Thomas Hinckley) 225

1111